AUTEURS ET DIRECTEURS DES COLLECTIONS
Dominique AUZIAS & Jean-Paul LABOURDETTE

DIRECTEUR DES EDITIONS VOYAGE
Stéphan SZEREMETA

RESPONSABLES EDITORIAUX VOYAGE
Patrick MARINGE et Morgane VESLIN

EDITION ✆ 01 72 69 08 00
Julien BERNARD, Caroline MICHELOT, Pierre-Yves SOUCHET

ENQUETE ET REDACTION
Maxime DRAY, Stéphanie BRAUDEAU, Manon LIDUENA, Damien LICATA CARUSO, Marianne COUSSERAN, Marguerite PILVEN, Emmanuelle BLUMAN et alter

STUDIO
Sophie LECHERTIER et Romain AUDREN

MAQUETTE & MONTAGE
Julie BORDES, Élodie CLAVIER, Sandrine MECKING, Delphine PAGANO, Laurie PILLOIS et Evelyne AMRI

CARTOGRAPHIE
Philippe PARAIRE, Thomas TISSIER

PHOTOTHEQUE ✆ 01 72 69 08 07
Robin BEDDAR

REGIE INTERNATIONALE ✆ 01 53 69 65 50
Karine VIROT, Camille ESMIEU, Guillaume LABOUREUR, Romain COLLYER et Elise CADIOU

DIRECTEUR COMMERCIAL
Olivier AZPIROZ assisté de Michel GRANSEIGNE, Victor CORREIA, Nathalie GONCALVES et Vimla MEETTOO

RESPONSABLE RÉGIE NATIONALE
Aurélien MILTENBERGER

PUBLICITE ✆ 01 53 69 70 66
Stéphanie MORRIS, Perrine DE CARNE MARCEIN, Caroline AUBRY, Caroline GENTELET, Virginie SMADJA, Orianne BRIZE, et Sacha GOURAND, assistés de Sandra RUFFIEUX

INTERNET
Lionel CAZAUMAYOU, Jean-Marc REYMUND, Cédric MAILLOUX, Anthony GUYOT, Caroline LOLLIEROU, Florian FAZER et Christophe PERREAU

RELATIONS PRESSE ✆ 01 53 69 70 19
Jean-Mary MARCHAL

DIFFUSION ✆ 01 53 69 70 68
Eric MARTIN, Bénédicte MOULET assistés d'Aissatou DIOP et Alicia FILANKEMBO

RESPONSABLE DES VENTES
Jean-Pierre GHEZ

DIRECTEUR ADMINISTRATIF ET FINANCIER
Gérard BRODIN

RESPONSABLE COMPTABILITE
Isabelle BAFOURD assistée de Christelle MANEBARD, Oumy DIOUF et Jeannine DEMIRDJIAN

DIRECTRICE DES RESSOURCES HUMAINES
Dina BOURDEAU assistée de Sandra MORAIS, et Claudia MARROT

LE PETIT FUTÉ GRANDE BRETAGNE 2013
■ 10e édition ■

NOUVELLES ÉDITIONS DE L'UNIVERSITÉ©
Dominique AUZIAS & Associés©
18, rue des Volontaires - 75015 Paris
Tél. : 33 1 53 69 70 00 - Fax : 33 1 53 69 70 62
Petit Futé, Petit Malin, Globe Trotter, Country Guides et City Guides sont des marques déposées ™®©

ISBN - 9782746964846
Imprimé en France par IMPRIMERIE CHIRAT - 42540 Saint-Just-la-Pendue
Dépôt légal : mai 2013
Date d'achèvement : mai 2013

Pour nous contacter par email, indiquez le nom de famille en minuscule suivi de @petitfute.com
Pour le courrier des lecteurs : country@petitfute.com

e
e
sorti du tunnel ou débarqué du bateau, on remarque déjà de nombreuses différences : le gazon est plus vert, les moutons plus nombreux, on roule à gauche et il faut déjà changer d'heure. Car ses différences, la Grande-Bretagne les cultive jalousement. L'Angleterre possède encore une certaine douceur de vivre, ce charme « cosy », un peu vieillot, auquel on l'associe souvent. Bucolique, élégante et pudique, la campagne anglaise a inspiré nombre de peintres et d'écrivains. Il est difficile de rester insensible aux charmes discrets de ces paysages où sont semés, épars, des petits villages pittoresques. Aux paysages de landes, côtes sauvages et parcs nationaux propices à la randonnée s'ajoutent nombre de témoignages historiques. Mais la Grande-Bretagne est loin de s'endormir sur son passé. Elle abrite plusieurs villes vibrantes, avec une vie culturelle intense, des restaurants en tout genre, une vie nocturne animée… Summum de cette agitation : Londres, mégapole de 12 millions d'âmes. Ville du shopping, de l'excentricité et de la vie nocturne, à la pointe de l'avant-garde artistique, la capitale britannique aura tôt fait de vous happer. Le pays de Galles est plus industrieux et plus campagnard, de tradition minière et portuaire. Pays à la toponymie étrange, qui célèbre son histoire par de magnifiques fêtes de tradition folk, les *eisteddfodau*. Au-delà du mur d'Hadrien, l'Ecosse envoûte l'œil par ses lacs, ses châteaux et… ses pubs. Il y traîne toujours une brume qui rappelle le douillet confort d'un feu de cheminée avec un bon verre de whisky. En fait, le grand avantage de la Grande-Bretagne réside dans sa diversité. Laissez-vous guider au gré de vos envies, de vos rencontrer…

L'équipe de rédaction

Certifié PEFC
Ce produit est issu de forêts gérées durablement et de sources contrôlées.
PEFC 10-31-1895
pefc-france.org

Découvrir le guide en ligne

Sommaire

INVITATION AU VOYAGE

DÉCOUVERTE

LONDRES

L'EST ET LE SUD-EST

LE SUD-OUEST

LE CENTRE

LE NORD

PAYS DE GALLES (CYMRU)

ÉCOSSE

ORGANISER SON SÉJOUR

PLUS DE LIGNES-PLUS DE CHOIX

DFDS Seaways

PLUS D'ÉCONOMIES

FRANCE - GRANDE-BRETAGNE

DFDS.FR

0232 14 6850

DFDS SEAWAYS

Grande-Bretagne

MER D'IRLANDE
LA MANCHE
PAYS DE GALLES
ANGLETERRE
LONDRES
LONDON
CARDIFF
Île de Man
Barrow-in-Furness
Blackpool
Preston
Bradford
Leeds
York
Kingston-upon-Hull
Grimsby
Liverpool
Birkenhead
Manchester
Doncaster
Sheffield
Skegness
Lincoln
Mansfield
Boston
Holyhead
Chester
Stoke
Derby
Nottingham
Shrewsbury
Wolverhampton
Leicester
Peterborough
King's Lynn
Cromar
Norwich
Lowestoft
Aberrystwyth
Birmingham
Coventry
Cambridge
Ipswich
Felixstowe
Harwich
Hereford
Worcester
Banbury
Bedford
Colchester
Luton
Chelmsford
Gloucester
Oxford
Southend-on-Sea
Milford Haven
Swansea
Newport
Bristol
Swindon
Reading
Ramsgate
Bath
Canterbury
Winchester
Folkestone
Dover
Crawley
Barnstaple
Brigwater
Salisbury
Southampton
Taunton
Portsmouth
Hastings
Exeter
Brighton
Eastbourne
Bournemouth
Île de Wight
Plymouth
Torquay
Truro
Penzance
Îles de Scilly
Snowdon 1085 m
MONTS CAMBRIENS
NORTH WEST
YORKSHIRE
EAST MIDLANDS
HEART OF ENGLAND
EAST OF ENGLAND
SOUTH EAST
SOUTH WEST
National Park
Moors National Park
Peak District National Park
Brecon Beacons National Park
Exmoor National Park
Dartmoor National Park
M56
M54
M1
M5
M40
M4
M3
M2
Severn
Cam
Ouse
Tamise
Medway
Exe
Stour
Avon
N
0
100 km
Altitude (en mètres)
1000
500
200
Parcs nationaux
Routes principales
Routes secondaires
Frontières
Limites de régions

London Zoo.

Brixton Market, étal de produits exotiques.

Trafalgar Square, quartier de St James's.

Kensington Palace, quartier de Kensington.

Les plus de la Grande-Bretagne

Londres !

Capitale du pays, Londres mérite à elle seule le détour. Il y a d'abord la « City », impressionnante concentration de gratte-ciel et d'hommes d'affaires pressés, mais aussi Big Ben et son fameux carillon, le magasinage dans les rues de Regent Street et de Picadilly, les bus rouges à double étage et les vieux taxis noirs, les Horse Guard impassibles devant vos grimaces, le carnaval jamaïcain et son cortège de « rastas », le quartier chinois de Soho... Bref, Londres, la vieille métropole plus branchée que jamais, est une étape incontournable pour tous ceux qui passent de l'autre côté de la Manche !

Les pubs

S'accouder au bar, commander une Guinness dans une ambiance intimiste... Les pubs anglais ont ce petit plus que les pubs installés en dehors du pays ne peuvent pas posséder : c'est cette petite différence dans les rapports entre les clients, cette musique de fond qui couvre le bruit des chopes qui se tapent en se remplissant, le tout dans une ambiance feutrée...

Des paysages grandioses

Dans certaines régions du royaume comme l'Ecosse ou le pays de Galles, des paysages grandioses s'offrent à vous : vallées verdoyantes, petites rivières, murets en pierre, vieux châteaux issus de la « ceinture de fer » et construits par Edward, qui n'ont rien perdu de leur superbe.

Le caractère « so british »

Les Anglais entretiennent les paradoxes. Ils sont souvent vus, de l'extérieur, comme étant à la pointe de l'élégance et des bonnes manières : ils sont « smart » avant tout. Mais derrière cette attitude très chic, on retrouve le fameux humour anglais qui, lui, ne fait pas l'unanimité : le célèbre Benny Hill, les Monty Pythons, Mr Bean et plus récemment Borat ont quand même réussi à traverser la Manche pour inonder nos médias de leurs gags so british. On remarquera aussi le flegme typiquement anglais.

Une campagne douillette

En Grande-Bretagne, l'hospitalité anglaise prend tout son sens dans les campagnes. Si vous dormez dans un Bed & Breakfast, vous aurez vite l'impression d'appartenir à la famille. L'hospitalité est encore plus marquée au pays de Galles où les habitants savent accueillir les visiteurs comme il se doit.

L'Art et l'Architecture avec un grand A

C'est la Grande-Bretagne des universités et des collèges prestigieux, mais aussi des châteaux, des palais et des musées grandioses. Quelques noms suffisent pour y évoquer la puissance architecturale et artistique passée, toujours présente : les universités de Cambridge et Oxford, le château d'Edimbourg, Big Ben, le palais de Westminster, the Tower of London, etc.

L'insularité

Grâce à son caractère insulaire, la Grande-Bretagne vit par et pour la mer. En témoigne l'esprit « marin » présent le long des côtes, mais aussi les nombreux ports de commerce, les petits ports de pêche... Le fait que la Grande-Bretagne est une île a aussi préservé le pays des invasions, les habitants ayant su conserver leurs traditions. La Grande-Bretagne cultive jalousement son non-conformisme, même s'il s'applique à de petits détails comme le fait de conduire à gauche. Et l'ouverture du tunnel sous la Manche ne semble guère affecter ce trait essentiel du caractère national. Les habitants sont très attachés à leurs coutumes, depuis les simples danses villageoises jusqu'aux grandes cérémonies monarchiques.Cependant, contrairement à ce que l'on pourrait croire, il n'y a pas d'arrogance derrière ce comportement. Au contraire, d'une visite en Grande-Bretagne, on en ressort avec une impression unanime : la modestie et l'humilité qui caractérisent ces habitants.

Fiche technique

Argent

- **Monnaie :** une livre sterling = 100 pence (pluriel de penny).

£1 = 1,24 € ; 1 € = £0,80. Il s'agit du cours croisé au 19/11/2012. Contrairement à la monnaie unique instaurée dans la zone euro, le taux de la livre sterling n'est pas fixe (bien que relativement stable).

Idées de budget en Grande Bretagne

La Grande-Bretagne est un pays relativement cher comparé à la France, surtout pour des produits comme l'alcool et le tabac. Pour le reste, si les prix sont relativement plus élevés, des disparités existent néanmoins entre des villes comme Londres (hors de prix) et Liverpool, où le coût de la vie est nettement moindre.

- **Budget très serré à petit budget :** vous pouvez voyager pour £35 par jour si vous logez en auberge de jeunesse, vous nourrissez de sandwichs ou fast-foods et vous contentez d'un verre le soir. Comptez au moins £50 pour un peu plus de confort.
- **Budget moyen :** compter entre £70 et 100 par personne pour une nuit en hôtel, deux repas dans des petits restaurants, un verre le soir, les transports...
- **Gros budget :** à partir de £160 par personne (nuit en hôtel de charme, deux repas dans de bons restaurants, parking ou taxi...)

La Grande Bretagne en bref

- **Nom officiel :** United Kingdom of Great Britain and Northern Ireland. La Grande-Bretagne ne comprend donc pas l'Irlande du Nord, mais les statistiques suivantes sont valables pour la totalité du Royaume-Uni.
- **Pays** : Angleterre, Écosse, pays de Galles.
- **Superficie :** 244 050 km².
- **Plus haut sommet :** Ben Nevis (1 343 m).
- **Population :** 62,4 millions d'habitants.
- **Population urbaine :** 92 %.
- **Taux de croissance de la population :** 0,3 %.
- **Espérance de vie :** 81 ans pour les femmes ; 76 ans pour les hommes.
- **Langues :** anglais, écossais et gallois.
- **Nature de l'État :** monarchie constitutionnelle.
- **Nature du régime :** démocratie parlementaire.
- **Premier ministre :** David Cameron.
- **Possessions, territoires et Etats associés :** Gibraltar, îles anglo-normandes, Bermudes, Falkland, Saint-Hélène, Anguilla, Caïman, Montserrat, Turbes et Caïcas, Pitcairn et îles Vierges britanniques.

L'économie

- **PIB :** 2 481 milliards de dollars.
- **Croissance du PIB :** 1,6 %.
- **PIB/hab :** 35 000 dollars.
- **Taux d'inflation :** 4,5 %.
- **Taux de chômage :** 7,6 % (2010).
- **Population active :** 29,7 millions.
- **Répartition par secteur :** agriculture (1,4 %), industrie (24,9 %), services (73,7 %).
- **Principaux fournisseurs :** Union européenne 51,7 % (Allemagne 12,7 %, France 8,6 %, Pays-Bas 6,7 %, Benelux 5,1 %), Etats-Unis 13,2 %.
- **Principaux clients :** Union européenne 58,1 % (Allemagne 12,5 %, France 10,2 %, Pays-Bas 7,7 %, Irlande 7,3 %), Etats-Unis 15,4 %.

Téléphone

- **L'indicatif de la Grande-Bretagne** est le 44.
- **Pour téléphoner de la France vers la Grande-Bretagne,** composez le 00 + 44 + indicatif de la ville sans le 0, puis le numéro de votre correspondant.
- **Pour téléphoner de la Grande-Bretagne vers la France,** faites le 00 + 33 + numéro de votre correspondant sans le 0, soit 9 chiffres.
- **Pour téléphoner en Grande-Bretagne,** attention il existe de multiples indicatifs régionaux ou locaux. Il faut donc bien composer les 11 chiffres du numéro de téléphone.

Quelques préfixes à connaître

- **Appel gratuit :** numéro commençant par 0500 ou 0800
- **Appel facturé au tarif local :** 0845
- **Appel facturé au tarif national :** 0870
- **Appel facturé avec un tarif majoré :** 09

Décalage horaire

La Grande-Bretagne à l'heure GMT de fin octobre à fin mars, puis GMT + 1 heure

Drapeau du Royaume-Uni

L'Union Jack, littéralement le « pavillon de l'Union » est né de la réunion des croix de Saint-George, Saint-André et Saint-Patrick, respectivement les patrons de l'Angleterre, de l'Ecosse et de l'Irlande. La première croix (rouge sur fond blanc) a été adoptée au XIIIe siècle lors de la guerre entre l'Angleterre et le pays de Galles. La seconde, celle de Saint-André, blanche sur fond bleu, est d'abord devenue l'emblème de l'Ecosse à la fin XVIIIe siècle. Enfin, la croix de Saint-Patrick (rouge sur fond blanc) a été rajoutée à la première version de l'Union Jack (1606) le 1er janvier 1801, date à laquelle l'Irlande a été intégrée au Royaume-Uni. Cette dernière a scellé définitivement les formes de l'Union Jack.

d'avril à octobre (l'heure d'été, c'est le British Summer Time). Il est toujours une heure plus tôt qu'en France.

Climat

Il ne pleut pas tous les jours en Grande-Bretagne. L'hiver est souvent froid et humide, les températures varient entre 1 et 6 degrés. Quand la mer est plus chaude que la terre, les températures ne descendent pas en dessous de zéro degré. Les précipitations sont légèrement différentes selon les régions, elles sont plus importantes dans le Devon et les Cornouailles qu'à Londres. L'été, le thermomètre peut atteindre 22 degrés, mais pensez à apporter des vêtements chauds pour le soir, car la température baisse. Le printemps et l'automne sont des mois imprévisibles.

Liverpool

Janvier	Février	Mars	Avril	Mai	Juin	Juillet	Août	Sept.	Octobre	Nov.	Déc.
2°/7°	2°/7°	3°/9°	5°/11°	8°/14°	12°/16°	13°/19°	13°/18°	11°/16°	8°/13°	5°/9°	3°/7°

Londres

Janvier	Février	Mars	Avril	Mai	Juin	Juillet	Août	Sept.	Octobre	Nov.	Déc.
2°/7°	2°/8°	3°/9°	4°/13°	8°/17°	11°/20°	13°/22°	12°/21°	10°/18°	7°/14°	4°/9°	3°/8°

Newcastle-upon-Tyne

Janvier	Février	Mars	Avril	Mai	Juin	Juillet	Août	Sept.	Octobre	Nov.	Déc.
3°/6°	3°/7°	3°/8°	5°/10°	7°/12°	10°/16°	12°/18°	12°/18°	11°/16°	8°/13°	5°/9°	3°/7°

Plymouth

Janvier	Février	Mars	Avril	Mai	Juin	Juillet	Août	Sept.	Octobre	Nov.	Déc.
4°/8°	4°/8°	5°/10°	6°/12°	8°/15°	11°/18°	13°/19°	13°/19°	12°/18°	9°/15°	7°/11°	5°/9°

Idées de séjour

SÉJOURS COURTS

Le nord de l'Angleterre en une semaine

Jour 1 : Manchester. C'est la « capitale du Nord » et la ville anglaise la plus dynamique après Londres. Commencez par vous rendre dans le Northern Quarter, pour une flânerie dans les boutiques, les petites galeries... Puis mangez un morceau dans l'un des nombreux *tea-rooms* ou *coffee-shops* du quartier. Visitez ses galeries d'art qui abritent des expos temporaires de photo ou de design. Ensuite, prenez le tram à Piccadilly Square, juste à côté, direction G-Mex pour descendre au MoSI, ancienne gare de chemin de fer transformée en un passionnant musée sur la ville. En période estivale, rejoignez ensuite les rives du canal et offrez-vous une bière à la terrasse de bars qui la jouxtent. En soirée, optez pour un restaurant du Northern Quarter et un bar pour un dernier verre, avant de prendre un taxi direction Rusholme, dans le quartier indien, pour un bon curry.

Jour 2 : Liverpool. Encore une matinée à Manchester pour visiter un ou deux musées de la ville : la Manchester Art Gallery et la Whitworth Art Gallery. Ensuite, dirigez-vous vers Liverpool, à une trentaine de minutes de Manchester et allez directement sur Albert Dock où l'on trouve de quoi se restaurer avant de visiter les trois incontournables musées : Beatles Museum, Maritime Museum et Tate. Passez ensuite la soirée dans les bars animés du Cavern Quarter où l'on boit et l'on danse, sur les traces des Beatles.

Jour 3 : York. Encore une matinée à Liverpool pour une petite croisière sur la River Mersey et une vue panoramique sur le site classé par l'Unesco. C'est le moment de faire des photos ! Ensuite, offrez-vous une dernière visite à la Walker Art Gallery avant de mettre le cap sur York où vous commencez par visiter la Minster, avant de rejoindre le quartier de Stonegate et ses adorables ruelles où se concentrent commerces, restaurants et bars de nuit.

Jour 4 : Allez prendre votre petit déjeuner du côté des Shambles, dans les bars autour du marché qui se tient jusqu'en fin de matinée avant de visiter le Yorkshire museum et les jardins. Ensuite, cap sur le Coppergate quarter où se concentrent la plupart des autres musées historiques : York Castle Museum, Fairfax House et Yorvik Centre. Si le temps manque pour une visite des trois, nous conseillons les deux premiers.

Jour 5 : Lake District, Coniston. De York, cap sur Lake District et le village d'Ambleside. Déjeunez au Lucy on The Plate, puis direction le village de Coniston, pour une visite du musée et de Brantwood, la maison de John Ruskin à laquelle on accède en traversant le lac, lors d'une délicieuse croisière. En soirée, goûtez à l'ambiance locale d'Ambleside en buvant un verre au bar à vin Lucy 4, ou bien au Zefirelli's où des concerts gratuits, d'excellente qualité, ont lieu tous les samedis soir.

Jour 6 : Grasmere. Commencez par faire un tour au Ambleside Museum avant de rejoindre Grasmere, pour visiter Dove Cottage où vécut le poète Wordsworth, puis le musée consacré aux Lake Poets. Rejoignez ensuite le centre du village et jeter un coup d'œil sur la charmante Oswald Church où se trouve une plaque à la mémoire du poète, enterré avec sa famille dans le cimetière verdoyant qui la jouxte. Juste à côté, ne manquez pas de passer par la boutique de Sarah Nelson, célébrité locale, pour goûter son Gingerbread. Ensuite, rejoignez les rives du lac de Grasmere, où vous ferez une halte au salon de thé – embarcadère, pour un petit tour en barque, ou marchez tranquillement le long des rives. De retour à Ambleside, allez boire un verre ou dînez au Druncken Duck Inn, un pub incroyable, au milieu de la nature, qui brasse sa propre bière et surplombe le lac de Windermere.

Jour : Bowness on Windermere. Passez la matinée à Bowness on Windermere pour y visiter The World of Beatrix Potter, charmant musée consacré à son univers enfantin. Cette maison sur les hauteurs du lac de Windermere, conçue par M.H Baillie Scott est l'un des exemples les plus raffinés du mouvement Arts and Crafts, courant britannique de design et d'architecture. Retour à Manchester.

Le sud de l'Angleterre en une semaine

Jours 1 et 2. Londres : consacrez votre première journée au Londres royal et politique. Les principaux monuments étant dans un même périmètre, vous visiterez à pied : Houses of Parliament, (Big Ben), l'abbaye de Westminster, Trafalgar Square (visite en pointillé de la National Gallery, histoire de voir les principaux tableaux) et l'incontournable Buckingham Palace. Le soir, rendez-vous à Picadilly Circus – illuminé de tous ses feux – et profitez des rues animées de Soho, pour vous trouver un restaurant et bien sûr un pub !
Le lendemain, c'est le Londres d'origine qui occupera vos pensées, la City (là où les Romains il y a 2 000 ans se sont installés) et les monuments majeurs au rang desquels vous ne pouvez pas manquer Tower Bridge et la cathédrale Saint-Paul. Si vous avez le temps, faites un tour au musée de Londres pour mieux cerner l'histoire de la ville ou si votre porte-monnaie vous démange, gagnez Oxford Street pour faire quelques emplettes dans la ville (officielle) du shopping.

Jour 3. Oxford : ville d'étudiants, de chercheurs et de loufoques « so british », Oxford est la plus ancienne ville universitaire de Grande-Bretagne. Si les collèges quadrillent toute la ville, attardez-vous seulement dans les plus beaux : Christ Church, The Queen's College, Meron et Magadlen. Ne pas manquer non plus l'un des monuments phares de la ville : le Ashmolean Museum, qui recèle une impressionnante collection archéologique. Survolez également 800 ans d'histoire, en parcourant The Oxford Story Museum, musée de cire où bruits, images et odeurs se mélangent dans une mise en scène ludique.

Jour 4. Winchester : ancienne capitale du Wessex, Winchester mérite qu'on s'y arrête. Son centre historique qui gravite autour de la cathédrale, étant relativement petit, vous pouvez y circuler à pied. En priorité, jetez un œil (voire, même deux) à la cathédrale vieille de 900 ans qui abrite la tombe de la célèbre romancière Jane Austen. Continuez vers Winchester College, la plus ancienne école d'Angleterre avant de regagner le centre par High Street, une rue bordée de bâtiments splendides : Grand Hall, Buttercross et le Victorian Guilghall. En fin de journée, pourquoi ne savoureriez-vous pas une bière, au Royal Oak, pub le plus ancien de la ville situé lui aussi sur High Street.

Jour 5. Salisbury et Stonehenge : Salisbury, ville médiévale aux nombreuses ruelles, voies piétonnes et colombages, est connue pour sa cathédrale gothique « early English » à la vue imprenable. Même si ce monument est une pure merveille, sa visite ne doit pas vous dispenser d'explorer le reste de la ville. Vous y verrez notamment des trésors architecturaux comme The Guildhall construit en 1795 ou l'église Saint-Edmund (XIIIe siècle).
Poursuivez votre route jusqu'à Stonehenge, un site préhistorique tout simplement fascinant. Cet ensemble de mégalithes, entouré d'un fossé, semble établir une connexion avec les astres et ce depuis 5 000 ans. L'énigme de ce lieu n'est toujours pas élucidée et l'origine de ses pierres bleues gigantesques – elles ont été ramenées du pays de Galles – brouille de plus belle les pistes. Ici, le mystère plane ; fermez les yeux et vous entendrez la voix des druides.

Jour 6. Brighton : c'est à Brighton que les premiers Anglais se sont baignés, aussi quoi de plus naturel si cette ville est devenue la première station balnéaire du pays. Pontons (piers), promenade bordée de bâtiments géorgiens, espaces verdoyants, Brighton est élégante à l'image de son pavillon royal construit sous George IV dans un style purement oriental.

Jour 7 : Retour vers Dover ou Londres.

SÉJOURS LONGS

L'Angleterre en deux à trois semaines

Jours 1 à 7 : Vous pourrez reproduire l'itinéraire du Sud en une semaine. Nous vous conseillons cependant de vous rendre à Oxford plus tard, lorsque vous vous dirigerez vers le nord. Passez également un peu plus de temps à Londres pour apprécier toute la diversité de la capitale britannique. Dirigez-vous ensuite vers l'ouest.

Jour 8. Bath : déambuler dans les rues de cette charmante petite ville et admirer les chefs-d'œuvre d'architecture de style Régence.

Jour 9. Wells : une très belle ville médiévale qui se trouve en outre dans une des plus belles régions rurales de Grande-Bretagne, le Somerset.

Jour 10 : Faire un crochet par le Devon, paradis des amoureux de la nature. Egalement quelques stations balnéaires agréables pour une journée de détente plage et « fish and chips ».

Jour 11 : Se diriger ensuite vers Oxford à travers les Costwolds.

Jour 12 : Stratford-upon-Avon, le village natal de Shakespeare.

Jours 13 et 14 : Manchester ou Liverpool : les deux rivales du Nord.

Jours 15 et 16 : Lake District et le mur d'Hadrien. Un paradis pour les randonneurs, avec des paysages magnifiques et variés, où les étendues vertes et les montagnes entourent les lacs et les petits villages. Passez une nuit à Newcastle et admirez ses nombreux ponts de nuit.

Jour 17 : York. Magnifique cité médiévale extrêmement bien conservée.

Jour 18 : Cambridge et ses collèges historiques. Retour sur Londres.

Si vous disposez d'un peu plus de temps, faites un crochet par le pays de Galles, l'Ecosse ou encore les Cornouailles. Ou prenez le temps de vous attarder dans un endroit qui vous a séduit ! C'est le meilleur moyen d'apprécier la campagne anglaise et ses habitants.

Le pays de Galles en deux semaines

Jours 1, 2 et 3. Cardiff et ses environs. Prendre une journée pour flâner dans la capitale, découvrir le château, le musée et Cardiff Bay. Le lendemain, rendez-vous au château de Caerphilly, facilement accessible depuis Cardiff. Il a traversé les grandes étapes de l'histoire galloise : la conquête par les Romains, les foudres de Llywelyn le Grand, la guerre civile… L'après-midi, se rendre au château Coch, fruit d'une fantaisie d'un riche seigneur. A la fin des années 1870, il convertit ce château en ruine en une excentrique demeure. Le troisième jour, découvrir l'histoire des Celtes et leur façon de vivre, de façon très ludique, à St Fagans. Pour l'histoire plus récente du pays de Galles, le musée Big Pit à Blaenafon vous fera voir les dures conditions de travail dans les mines, dans lesquelles vous aurez la possibilité de descendre en petite carriole.

Jour 4. Hay on Wye. Capitale mondiale du livre d'occasion, Hay est surréaliste. Les jardins du château abritent des étagères de livres que l'on peut acheter à toute heure du jour et de la nuit. Le village, très pittoresque, est aussi une bonne base pour partir en randonnées.

Jour 5. Brecon. Capitale du parc naturel des Brecon Beacons, c'est aussi un excellent point de départ pour une randonnée. On peut choisir de visiter la magnifique cathédrale, de se promener le long des canaux ou de jeter un œil au musée de l'Armée et y découvrir les événements tragiques de la bataille des Gallois contre les Zoulous pendant la guerre des Boers.

Jour 6. Swansea. Héritière d'un riche passé industriel mais également de la poésie du très célèbre poète Dylan Thomas, Swansea ne laisse jamais indifférent. Son allure de grand port décrépi en voie de restructuration a un charme fou pour certains, un aspect plutôt lugubre pour d'autres. Mais tous s'accorderont sur l'intérêt du Centre d'égyptologie et du nouveau musée maritime.

Jour 7. Péninsule de Gower. Classée par les autorités Zone de beauté naturelle à préserver, Gower recèle de petites plages et de grandes baies, toutes imprégnées de légendes.
Cette presqu'île a longtemps attiré des faussaires qui allumaient de grands feux pour faire croire aux navires qu'ils pouvaient amerrir en toute sécurité. Alors, ils échouaient sur les falaises et se faisaient dépouiller de leurs trésors.

Jour 8. Saint David's, Solva et le chemin côtier. Construite avec des pierres légèrement bleutées, la cathédrale de Saint-David's est sans doute la plus imposante du pays de Galles. Le petit village avec ses galeries d'art et ses bons restaurants attire beaucoup de visiteurs. Dans les environs, le village de Solva, plus calme, abrite les œuvres d'artistes locaux. Si le cœur vous en dit, de Saint-David's, profitez d'une randonnée le long du chemin côtier du Pembrokeshire.

Jour 9. Pentre Ifan Castel Henllys, Newport, Newquay. Une journée pour remonter dans le temps : la chambre funéraire de Pentre Ifan fut construite il y a plus de 4 000 ans. A Castel Henllys, des archéologues ont reconstitué un habitat de l'âge de fer, sur les fondations d'un village qui a vraiment existé. Newport est un joli petit village, près de la plage. Depuis Newquay, vous embarquerez sur des petits bateaux à la recherche de dauphins.

Jour 10. Aberystwyth et la réserve naturelle de Ynys-las. La ville universitaire d'Aberystwyth occupera facilement toute une journée : promenade sur le front de mer victorien, sortie en mer, visite de l'Observatoire, sans oublier la Bibliothèque nationale dans laquelle est conservé le plus ancien manuscrit gallois. Pour ceux qui préfèrent la nature aux villes, une marche dans la réserve naturelle d'Ynys-las est incontournable.

Jour 11. Centre pour les technologies alternatives, Celtica, et Machynlleth. A Corris, très proche de Machynlleth, ce centre est l'une des principales sources d'information en Europe pour le développement d'éco-énergies et pour la préservation de l'environnement en général. A Celtica, un spectacle de son et lumière retrace tout au long de la journée la façon de vivre et de penser des Celtes. La ville de Machynlleth est elle-même une halte agréable.

Jour 12. Barmouth et Portmeirion. A Barmouth, le nouveau musée, contenant les restes d'une épave, illustre l'importance des mers et de la piraterie dans l'histoire galloise ! Vous remonterez l'estuaire afin de profiter de vues imprenables. Se diriger ensuite vers Portmeirion, ce village « italisant » est surréaliste.

Jour 13. Beddgelert et Mount Snowdon. Beddgelert reste le village le plus pittoresque de Snowdonia, avec sa petite rivière et ses maisons en ardoise. Le nom vient probablement de la tombe du chien Gelert, compagnon du célèbre Llywelyn le Grand. De Beddgelert, partent plusieurs chemins conduisant au sommet du mont Snowdon (1 085 m), le plus élevé du pays de Galles.

Jour 14. Caernarfon. Centre du royaume d'Edouard Ier, premier prince normand à réussir l'invasion du pays de Galles. Le château de Caernarfon se veut être l'illustration de la perfection architecturale et militaire de ce grand guerrier.

L'Écosse en trois semaines

Jours 1, 2 et 3. Edimbourg : capitale de l'Ecosse, détonne par son environnement hors norme. Construite sur des collines volcaniques, la richesse de son patrimoine architectural et son activité culturelle étonnent. En outre, Edimbourg a deux visages : Old Town (vieille ville) et New Town (nouvelle ville), deux villes en une.
Consacrez votre première journée à Old Town, en empruntant à pied le Royal Mile, au départ du château en direction du palais royal. Perché sur son rocher, le château de la couronne écossaise est plus ancien que la ville elle-même (fondée en 850).
Il abrite, en autres, la division écossaise de l'armée britannique. En direction de Holyrood, la résidence royale, vous croiserez bon nombre d'édifices, héritages des XVIe et XVIIe siècles comme Galdstone's Land ou la Maison de John Knox. En sillonnant les rues perpendiculaires, vous vous enfoncerez dans l'Edimbourg d'antan.
Au nord de New Town se trouvent les « B&B » les plus sympathiques de la ville, un hébergement idéal pour découvrir les autochtones. Profitez de votre deuxième journée pour visiter la nouvelle ville et ses rues élégantes : Charlotte Square et son musée, le National Trust of Scotland, Princes Street et ses jardins.
Edimbourg s'enorgueillit de ses nombreux musées, aussi n'hésitez pas à y consacrer une demi-journée. En priorité, rendez-vous au Royal Museum of Scotland. Elle regorge également de magasins : Waverley Market, Victoria Street, à vous de voir !
Les alentours de la capitale valent le détour, plusieurs excursions comme le village de Dalmeny, à 10 km, célèbre pour son église, ou North Berwick et Tantallon Castle s'offrent à vous.

Jour 4 et 5. Tweed Valley. C'est à Berwick-upon-Tweed que la Tweed, troisième fleuve d'Ecosse, se jette dans la mer. Sa vallée, frontière entre l'Angleterre et l'Ecosse, est jalonnée de monuments divers voire fascinants.
Forts construits sous les Romains, demeures monastiques, avec en toile de fond les montagnes, rappellent à chaque instant les conquêtes passées. A ne pas manquer : Kelso et Floors Castle, St Boswells et son Drysburgh Abbey et Melrose et Abbotsford House (demeure de Walter Scott).

Jours 6, 7 et 8. Glasgow . Ville écossaise par excellence, vaut le détour en raison de ses monuments mais surtout de ses Glaswegiens. C'est dans le centre-ville, situé sur la rive nord de la Clyde, que vous ferez la connaissance de ses habitants. Sauchiehall Street, centre névralgique de la ville regorge de pubs, restaurants et boutiques. Allez y prendre la température, vous comprendrez bien vite qu'ici l'accueil n'a rien à voir avec le climat, il est chaleureux !

Que ramener de son voyage ?

Voici quelques suggestions de souvenirs typiquement « british » qui trouveront sûrement une place dans vos bagages :

- **D'Angleterre :** porcelaines de Wedgwood, la faïence, les Teddy bears, le thé et tout ce qui s'y rapporte, le Burberry, vêtement de pluie totalement imperméable, ainsi que tout ce qui est en laine (plaids, tartans, jupes, etc.), de nombreux produits de qualité.
- **En Ecosse,** on travaille le bois, le verre, la pierre, la laine et de nombreux bijoutiers sont spécialisés dans les objets en argent. Vous pourrez aussi trouver du saumon sauvage fumé à emporter et, bien sûr, le whisky écossais.
- **Le pays de Galles** n'est pas exactement le paradis du shopping, mais vous y trouverez de bons produits locaux. D'abord, tout ce qui est à base de laine. Rien d'étonnant, vu le nombre de moutons, surtout dans le Nord et l'Est du pays de Galles, vers Betws-y-Coed, Llangollen et Welshpool. Ensuite, c'est l'occasion d'acheter des bijoux celtes, des bagues et des colliers entrelacés en or gallois. Tregaron, petit village près de Fishguard, est le centre de l'or gallois et accueille un nombre époustouflant de bijoutiers. Enfin, si les spécialités culinaires vous ont plu, vous pouvez toujours acheter du « laverbreadbread » (spécialité à base d'algues) en conserve !

A l'est, la vieille ville vous occupera au moins une journée. Gravitent autour de la cathédrale gothique de Glasgow, le musée de St-Mungo, les ravissantes demeures et les entrepôts de Merchant City (XVIIIe siècle) ou bien encore la Tenement House, reconstitution de l'appartement d'une famille du début du siècle.
Pour terminer votre séjour, faites un tour à la Burrell Collection, située dans le Pollok Country Park, à 5 km au sud de la ville. Léguée par William Burrell en 1944, cette collection d'art réunit aussi bien des objets antiques que des tableaux de Renoir. Profitez-en pour jeter un œil à la Pollok House, manoir du XVIIIe siècle arborant de grands tableaux espagnols.

- **Jours 9 et 10.** Les Trossachs : paysage célébrissime d'Ecosse fait de montagnes et de pentes boisées cernées par des lochs, ils sont la terre du clan McGregor et de son chef Rob Roy. De Callander, centre estival, rejoignez le loch Venachar et un autre loch de renom, le loch Katrine sur lequel une balade en bateau s'impose.
- **Jours 11 et 12.** La péninsule de Fife : après avoir visité la ville de Stirling et son château du XVe siècle, aventurez-vous dans la péninsule de Fife en longeant le littoral parsemé de petites bourgades typiques jusqu'à St-Andrews, capitale du royaume de Fife. Ville à part de l'Ecosse, St-Andrews est célèbre pour sa cathédrale du XIIe siècle et son université mais surtout pour son importante culture du golf, d'ailleurs vous y verrez le British Golf Museum.
- **Jours 13 et 14.** La région de Perth : sur la route de Perth, arrêtez-vous dans l'ancienne capitale ecclésiastique d'Ecosse Dunkeld afin d'y admirer sa cathédrale. Puis rejoignez Scone Palace, maison du comte de Mansefield. Ce palais possède une incroyable collection d'œuvres d'art : porcelaine, broderies exécutées par Marie Stuart, ivoires anciens... Si le temps le permet, visitez Glamis Castle, le fief de la Reine mère.
- **Jours 16 et 17.** Les châteaux des Grampians : dans l'arrière-pays d'Aberdeen, les châteaux des XVIe et XVIIe siècles font partie du paysage comme autant de témoins du style baronnial écossais à ne pas manquer ! Crathes Castle à Banchory est l'un des plus beaux exemples de cette créativité architecturale au même titre que Dunottar Castle, situé sur un promontoire bordé de falaises. L'Ecosse et ses châteaux... comme on se l'imagine.
- **Jour 18.** La route du whisky : dans la région de Speyside, l'une des plus pittoresques d'Ecosse, le whisky est roi. Pour preuve, le Glenfiddich à Doffotown, le Strathisla à Keith... Goûtez aux produits de ces distilleries mais avec modération !
- **Jours 19, 20 et 21.** Les Highlands : en route vers l'ouest, Inverness, la capitale des Highlands vous attend. Célèbre pour son Loch Ness, cette ville est un point de départ idéal pour de nombreuses excursions dont le château d'Urquhart ou le Fort William. Gagnez le Sud par Glen Coe, endroit grandiose tristement célèbre pour avoir été le théâtre du massacre du clan McDonalds en 1692 par les troupes anglaises. Retour vers Glasgow ou Edimbourg.

SÉJOURS THÉMATIQUES

Les archipels des Orcades et des Shetland

Situées entre la mer du Nord, celle de Norvège et l'océan Atlantique, les archipels Orcades et Shetland méritent une attention particulière pour les amoureux des grands espaces et de la nature la plus sauvage qui soit. Le séjour qui vous est présenté ici vous propose de découvrir les différentes facettes de ces îles balayées par la pluie et sculptées par le seul maître des lieux, Eole. Vous l'aurez compris, ici le tourisme balnéaire n'a pas sa place. Eté comme hiver, on y vient davantage pour les éléments, les paysages et les habitants que pour se pavoiser en terrasse ou sortir en discothèque.

▸ **En arrivant à Stromness** sur l'île de Mainland, la principale île des Orcades, commencez par louer une voiture. Si le temps n'est pas clément, vous serez toujours à l'abri ; sinon, un VTT fera l'affaire pour les courtes distances. Si vous arrivez par bateau, profitez de la vue pour admirer le port fondé en 1035.

▸ **Ensuite, direction le nord** pour découvrir les Stones of Stenness, Maes Howe et le cromlech du Ring of Brodgar (36 énormes pierres dressées), et poussez un peu plus votre chemin jusqu'au village néolithique de Skara Brae. D'autres sites méritent le détour : Brough of Birsay, Earl's Palace ou encore Broch of Gurness, et vous voilà rendu à Kirkwall. Passer la nuit sur place. La ville attire les visiteurs pour son artisanat, ses magasins, la cathédrale St-Magnus, la distillerie de Highland Park et le musée des Orcades (Orkney Museum). D'ici, vous pouvez prendre le ferry pour vous rendre sur l'île de Shapinsay et admirer le château de Balfour. En revenant sur vos pas, dirigez-vous vers St Mary's. Vous passerez une journée à découvrir l'Italian Chapel ou Lamb Holm.

▸ **En continuant vers le sud,** il faut voir la Tombe des aigles à South Ronaldsay. Ensuite, cap vers le nord : prendre le ferry de Houton à Lyness (sur l'île de Hoy), et visiter le Scapa Flow Interpretation Centre et Dwarfie Stane.
Possibilité ensuite de retourner à Stromness et d'embarquer vers l'archipel des Shetlands par ferry.

▸ **A votre arrivée à Lerwick,** se balader au bord des falaises, visiter le musée sur l'histoire de l'archipel, Fort Charlotte, les magasins, etc. Ensuite, direction nord sur les îles de Yell et d'Unst : là se trouvent le phare le plus septentrional des Shetland, donc de Grande-Bretagne, ainsi que La Hermaness National Nature Reserve.
Plus au sud, les falaises sauvages d'Esha Ness, puis, à l'ouest de la grande île, les falaises de Westerwick, le village néolithique de Stanydale et celui de Walls.

INVITATION AU VOYAGE

© ISTOCKPHOTO.COM/STEPHENMEESE

Vue des terres agricoles depuis le lac Bala.

Princess Street Garden, vue sur la ville.

Enfin, un dernier passage vers le sud vous réservera encore des surprises : le Shetland Textile Working Museum à Weisdale, et les villes de Tingwall et Scalloway. Sur l'île inhabitée de Moussa a été érigée, il y a plus de 2 000 ans, une tour (un broch) de 15 m de diamètre et de 13 m de haut. Encore plus au sud, le loch of Spiggie, grand lac entouré de pâturages, l'ensemble faisant partie d'une réserve naturelle de 115 hectares.

Pour quitter les Shetland, rendez-vous à l'aéroport de Sumburgh, à la pointe méridionale de Mindland, ou à Lerwick si vous prenez le bateau.

Le pays de Galles d'Edouard 1er

Suivre les traces d'Edouard Ier en découvrant quelques-uns des châteaux qu'il a fait construire à la fin du XIIIe siècle au pays de Galles, en plus de ceux qui se trouveront sur votre route.

En arrivant par Cardiff, vous allez pouvoir entrer de plain-pied dans l'univers gallois. Cette ville, c'est d'abord le rugby et le Millenium Stadium, mais aussi et surtout la fierté de posséder une identité forte et sans complexe face au reste de la Grande-Bretagne. En plus du National Museum of Wales, trois châteaux vous y attendent. Le Cardiff Castle, tout d'abord, et ses deux mille ans d'histoire, mais aussi, plus au nord, les châteaux de Caerphilly (deuxième forteresse la plus grande d'Europe) et Castell Coch. Ensuite, dirigez-vous vers la Wye Valley pour visiter trois châteaux forts dans le nord de Monmouth : Skenfrith, Grosmont et White Castle. Ces trois bâtisses ont été construites aux XIe et XIIIe siècles. Non loin de là, à quelques kilomètres au sud de Welshpool, le Powis Castle, devenu depuis une résidence d'agrément, mais n'a rien perdu de sa superbe.

Traversez maintenant le parc naturel de Snowdonia, la région la plus haute du pays de Galles dont le mont Snowdon culmine à 1 085 m, et prenez la route de Caernarfon, où s'élève un superbe château construit sous les ordres d'Edouard Ier et rénové au XIXe siècle.

Sur l'île d'Anglesey, le château de Beaumaris est le dernier château à avoir été construit par Edward Ier. Fief de ce même roi, le village devenu ville de Conway (ou Conwy) se situe sur la côte nord. Les huit tours et les remparts du château ont été construits entre 1283 et 1287, et ce Conwy Castle attire de très nombreux visiteurs qui viennent se perdre dans les méandres de l'histoire médiévale du pays. Si vous souhaitez seulement profiter de la vue qu'offraient d'anciens châteaux, aujourd'hui en ruine, rendez-vous à Denbigh ou Llangollen (Castle Dinas).

DÉCOUVERTE

Old Man of Storr.

La Grande-Bretagne en 25 mots-clés

BBC

Cette société publique de radiotélévision, mondialement réputée, a été créée par le gouvernement en 1927. Elle développe sa première chaîne de télé en 1934. Après avoir traversé une période de crise, avec le scandale de l'affaire Kelly, des licenciements et les hésitations du gouvernement britannique quant à la poursuite du financement de la chaîne, la BBC vient de renouveler pour dix ans sa charte fondatrice qui garantit son indépendance ainsi que son financement par la redevance publique. Autant dire un avantage économique indéniable par rapport à ses concurrentes du privé. Il faut dire qu'elle est également tenue de ne pas diffuser de publicités. La BBC compte deux chaînes nationales de télévision et plusieurs chaînes thématiques ainsi que plusieurs radios.

Bière

Les Britanniques, hommes comme femmes, adorent la bière. Celle-ci se boit généralement à la pression, servie dans des *pint* (56 cl) ou *half pin*t (28 cl), ces dernières étant plutôt bues par les femmes. La lager (bière blonde) se boit fraîche, ale (ou bitter) se boit chambrée peu ou pas du tout gazeuse, la stout (bière brune comme la Guinness) a un goût plus sucré dont l'arôme provient du rôtissage du grain. Les meilleurs endroits pour essayer différentes bières sont bien sûr les pubs.

Chant

La Grande-Bretagne est une nation qui a produit de grands talents musicaux. Mais, sur un plan plus traditionnel, ce sont les Gallois qui sont passés maîtres dans l'art du chant. Ils ont la musique et la poésie dans le sang. Le Male Voice Choir et les nombreux Eisteddfodau en sont la preuve. Les chœurs gallois qui se produisent dans les pubs et les théâtres sont des organisations sociales très respectées.

Châteaux

On pourrait presque dire qu'il y a autant de châteaux en Grande-Bretagne que de bars tabac en France. De toutes les tailles, dans tous les états, fortifiés, manoirs, ruines romantiques, géants au pied des villes, sur l'eau, au sommet des collines, hantés, visités. Qu'ils soient en ruine ou rénovés pour l'industrie touristique, on peut les contempler du nord de l'Ecosse au sud de l'Angleterre. Les constructions les plus authentiques, les tours de guet ou les manoirs médiévaux, sont plus présents dans la partie septentrionale de l'île : les confrontations entre les différents clans de l'Ecosse obligeaient les seigneurs à investir dans la pierre. Au pays de Galles et en Angleterre, les châteaux sont plus classiques et d'apparence moins trapue : bien qu'ils aient eu une utilité défensive, ils étaient surtout aménagés pour l'habitation et le confort.

Cornemuse

Cet instrument relatif aux pays celtes, et typique de l'Ecosse, est en fait issu de l'Asie mineure du premier millénaire avant Jésus-Christ et a sûrement été importé par les Romains. Utilisant plusieurs tons musicaux à la fois, l'instrument national écossais (The Great Pipe of Highlands) est traditionnellement constitué d'une poche en peau de mouton et de hampes d'ivoire ou d'os. Elle est utilisée pour jouer des marches militaires mais aussi de la musique philharmonique.

Cuite

La cuite du vendredi soir est un événement majeur de la vie hebdomadaire d'un Britannique, surtout dans les villes. En général, on recommence aussi le samedi. Ces soirs-là, après la fermeture des pubs, vous risquez d'assister à des scènes dramatico-comiques, ça dépendra de votre degré de tolérance. Et ne croyez pas que la coutume est réservée aux hommes. Il est tout à fait commun de se saouler entre copines. Vous serez donc peut-être étonné de voir, à une heure avancée de la nuit, des jeunes filles se promener en titubant, portant leurs chaussures à talons dans leur main, s'arrêtant devant le caniveau pour y vomir. Pas vraiment l'idée que vous aviez de l'élégance british ?

Dragon

Le dragon est depuis très longtemps l'emblème du pays de Galles. Un dragon rouge est d'ailleurs présent sur le drapeau gallois, sur fond vert et blanc. Au VIIe siècle, le héros gallois Cadwaladr importe le dragon au pays de Galles. Rapidement, l'animal devient le symbole du pays. Aujourd'hui, il est partout au pays de Galles, sur les bannières, les tee-shirts, les biceps…

English

A ne pas confondre avec Scottish (Ecossais) ou Welsh (Gallois), car les deux parties seraient vexées. Résultat d'une histoire trouble et du mécontentement de certains à ne pas être indépendants. Ne vous avisez jamais de dire à un Ecossais ou un Gallois qu'il est anglais, il le prendrait certainement très mal. L'Angleterre ne représente après tout qu'une partie du pays et de la population. D'ailleurs, l'Union Jack (drapeau du Royaume-Uni) est la superposition des drapeaux anglais, écossais et gallois. Si vous voulez employer un terme neutre, vous pouvez dire British (Britannique) et parler de United Kingdom (Royaume-Uni) ou de Great Britain (Grande-Bretagne).

Eurosceptique

L'Europe est une source de discorde en Grande-Bretagne. L'euroscepticisme paraît y être profondément enraciné. De nombreux Anglais voient Bruxelles comme une institution qui tente de leur voler leur souveraineté nationale. L'ascension aux élections européennes de 2004 du UKIP (Parti pour l'indépendance du Royaume-Uni), qui revendique le retrait de l'Union européenne, démontre que ce sentiment a gagné un terrain considérable ces dernières années. Pourtant le 19 juin 2008, le Parlement ratifie le Traité de Lisbonne, constitution européenne « simplifiée », seulement quelques jours après le « non » du référendum des voisins irlandais. Mais s'agissant de l'euro, ce n'est certainement pas encore pour demain : plus de 60 % des Britanniques y sont opposés.

Famille royale

Bien que son rôle politique soit aujourd'hui surtout symbolique, la reine Elizabeth II reste un personnage majeur dans le pays. En plus de cinquante ans de règne, elle a vu le rôle de la famille royale s'affaiblir et l'image de celle-ci s'entacher des frasques de ses belles-filles et de ses petits-fils qui ont fait la Une des tabloïds. Mariée au prince Philippe et mère de 4 enfants (Charles, Anne, Andrew et Edward), elle doit faire face à un problème qui ne s'était pas posé à ses illustres ancêtres : celui de la modernisation de la monarchie. Dans les années 1990, le peuple anglais tend à se détourner de la famille royale, et ce, bien que le décès de la princesse Diana en 1997 ait entraîné une vague d'hystérie collective. Quelques années et quelques travaux de relations publiques plus tard, les choses semblent aller mieux, en particulier au printemps 2002, avec les très populaires célébrations du Jubilé des 50 ans de règne d'Elizabeth II.

Bière brune London Pride.

Elle doit aussi faire face à des problèmes de trésorerie, maintenant qu'elle a accepté de payer des impôts. Aussi tente-t-elle de faire des économies : la reine vise désormais l'autofinancement des institutions royales. Le prince Charles, quant à lui, s'occupe activement depuis 1979 de sa fondation The Prince of Wales Charitable Foundation. L'attention se porte maintenant sur William, le fils de Charles et Diana, que certains aimeraient voir, après la mort d'Elizabeth II, sur le trône à la place de son père.

Fantômes

La Grande-Bretagne est sans doute l'une des régions les plus hantées au monde (ou en tout cas réputée l'être). Il est vrai que de nombreuses régions et châteaux ont été le théâtre de guerres de clans, donc de morts violentes (condition sine qua none pour l'apparition d'esprits). La liste d'endroits où l'on témoigne d'apparitions spectrales est tout bonnement impressionnante. Vous n'aurez donc pas de problème pour vous adonner à la chasse aux fantômes : on en trouve au moins un dans presque tous les villages et des visites sont même organisées pour partir sur leurs traces (ghost tour).

Frogs

C'est le surnom que les Anglais donnent à leurs voisins d'outre-Manche, mangeurs de cuisses de grenouilles. Les Français et les Anglais entretiennent depuis des siècles cette étrange relation, mélange de haine et d'attirance. Bien que fascinés par la culture française (en Angleterre, tout ce qui est français est considéré comme chic), la plupart des Anglais détestent les Français eux-mêmes. Ceux-ci ont la réputation d'être arrogants et antipathiques. A vous de prouver le contraire…

Grands magasins

Les grands magasins anglais, particulièrement à Londres, sont mondialement réputés. Harrod's est sans aucun doute le plus connu, le plus chic et le plus beau. Mais il y en a bien d'autres qui méritent le détour : Selfridges, Harvey Nichols, Debenhams, Mark and Spencers ou encore Primark (le plus populaire, mais très apprécié). Les magasins sont généralement ouverts de 9h à 17h30 sans interruption. A Londres, la plupart sont ouverts tous les jours, samedi compris et parfois en nocturne. A noter également, beaucoup de magasins ouvrent maintenant le dimanche, en général de 10h à 16h ou de 12h à 17h.

Brompton Road et le magasin Harrods, quartier de Brompton.

Hospitalité

En Grande-Bretagne, ce n'est pas un vain mot. Si les Anglais, particulièrement les citadins, peuvent sembler froids et distants, les gens qui vous recevront en « Bed and Breakfast » ou en « Guest House » devraient se montrer accueillants. Dans les campagnes, particulièrement, les touristes sont peu fréquents et l'on est toujours prêt à vous aider. Au pays de Galles, le sens de l'hospitalité est une véritable tradition. Dans l'histoire et la culture galloises, l'invité est sacré. Dans les textes anciens, il est expliqué que les seigneurs du pays de Galles étaient jugés sur l'hospitalité qu'ils offraient aussi bien que sur leur puissance militaire. Aujourd'hui, l'hospitalité galloise est toujours de mise. Vous trouverez toujours une bonne âme pour vous aider ou vous renseigner, le sourire aux lèvres.

Humour

L'humour anglais, si difficile à comprendre pour les étrangers, est avant tout un état d'esprit. L'humour british ne fait pas l'unanimité mais le célèbre Benny Hill, les Monty Pythons, Mr Bean et plus récemment Borat ont quand même réussi à traverser la Manche pour inonder nos médias de leurs gags so british. Que l'on aime ce genre d'humour ou non, ces humoristes ont le mérite de faire rire hors de leur pays d'origine, ce qui est rare en France.

Jardins

Amoureux des jardins, l'Angleterre sera pour vous un paradis. Les Anglais se sont préoccupés du sort de leurs jardins historiques bien avant la plupart des autres pays et ils sont encore un modèle dans ce domaine. Le pays compte un nombre incalculable de jardins et de serres dont beaucoup valent vraiment le détour. Pour vous y retrouver, des associations publient des catalogues : Le « Yellow book » recense les jardins publics et privés, dont le revenu des entrées, aux jours précisés, est versé intégralement à des œuvres de charité.

Kilt

La tenue traditionnelle écossaise se compose d'une pièce de tweed pouvant atteindre les sept mètres que l'on entoure autour de la taille et qui recouvre les jambes et l'abdomen. Cette jupe qui fut popularisée en Grande-Bretagne par le régiment écossais de l'armée britannique a la particularité de n'être portée traditionnellement que par les hommes, et sans sous-vêtements.

Porter un kilt est tout un art !

Légendes

Les légendes sont nombreuses en Grande-Bretagne, particulièrement au pays de Galles, car elles font partie de son histoire, de sa culture et de sa géographie. A chaque lieu est attachée une légende, qui concerne très souvent le roi Arthur, le Graal ou Merlin ! Il doit bien y avoir une dizaine d'endroits qui ont vu naître ou mourir Arthur. Des formules comme : « c'est ici qu'Arthur est né », « Il est mort ici », « Il a marché par ici », « on l'a vu passer par-là » berceront votre voyage. C'est sans fin mais tellement charmant !

Licences

En Angleterre, la législation concernant la vente d'alcool est draconienne. Pour vendre de l'alcool, il faut une licence et la plupart de celles-ci n'autorisent la vente que jusqu'à 23h (22h le dimanche). Il est interdit de boire de l'alcool dans la rue après 23h30. Sont autorisés à vendre de l'alcool après 23h, les restaurants, les clubs et certains bars qui possèdent une licence spéciale. Obtenir cette « late licence » s'avère très difficile et demande de remplir certaines conditions (sécurité, insonorisation…).

DÉCOUVERTE

La majorité des bars ferment donc à 23h. Après l'heure autorisée, inutile d'insister pour obtenir un dernier verre, le bar risquerait la fermeture sur-le-champ. On comprend donc pourquoi les Anglais sortent bien plus tôt que chez nous…

National Trust

Cette organisation est la garante de la protection du patrimoine culturel, historique, artistique et naturel de l'Angleterre et du pays de Galles. Ne recevant aucune subvention de l'Etat, elle vit des dons et des cotisations des membres. Les Britanniques y sont fortement attachés. Le National Trust possède aussi bien des jardins que des châteaux ou des sentiers qui longent les falaises. Il existe également un National Trust pour l'Ecosse.

Pubs

Véritables institutions britanniques, les « public houses », plus connues sous le nom de pubs, sont bien plus que de simples débits de boissons. Populaire et chaleureux, le pub est un lieu où l'on se rencontre entre amis, entre collègues pour discuter, boire, manger, ou encore regarder un match de football. Le pub est fréquenté par tous, de l'homme d'affaires en costume cravate sortant du bureau à la ménagère et ses enfants venus déguster un « *Sunday roast* », repas traditionnel du dimanche. Bien que les pubs servent également du vin ainsi que d'autres alcools, on y boit généralement de la bière. On y sert également des plats traditionnels anglais, voire de la cuisine internationale. Les pubs sont tellement anglais que certains des mots utilisés dans leurs descriptions sont difficilement traduisibles. Voici donc un petit glossaire qui vous aidera à trouver le bon mot et le vrai feeling de ces établissements, qu'il faut absolument visiter pour mieux connaître la culture anglaise.

Faire – Ne pas faire

Faire

- Laisser un pourboire de 10 % au restaurant, en règle générale le service n'est pas compris dans l'addition.
- Aller au pub pour raison de socialisation.
- Marcher sur les pelouses dans les parcs (eh oui, c'est permis !).
- Bien regarder quand vous traversez une rue (en vous rappelant que les voitures roulent à gauche en Angleterre).

Ne pas faire

- Confondre ce qui est anglais et américain.
- Parler français dans les endroits publics en pensant que personne ne vous comprendra, surtout à Londres. N'oubliez pas que la capitale est bourrée de Français !
- Passer avant son tour dans une file d'attente ; les Anglais sont plus disciplinés que les Français en la matière et ne se gêneront pas pour vous faire remarquer votre incivisme.
- Critiquer la famille royale quand on est un étranger, polémiquer foot ou religion avec les Glaswegiens, tenir des propos d'ordre raciste ou sexiste, boire et conduire, râler et vociférer.
- Il y a une chose à ne jamais dire à un Gallois ou un Ecossais : « vous êtes Anglais » ou « vous, les Anglais ! ». Vous vous mettez alors dans une situation délicate où votre ami risque de perdre son sens de l'hospitalité et de vous rappeler sévèrement à l'ordre. De la même façon, il est fortement déconseillé de s'afficher au pays de Galles ou en Ecosse avec un drapeau anglais ou de critiquer les stars nationales du rugby !
- Ne choquez pas votre interlocuteur sur des sujets sensibles comme l'avortement, la religion ou pire parler de l'élargissement de l'Europe et de sa politique agricole à un fermier du Donegal. Clash assuré.
- Ne refusez pas une invitation à boire un verre. Cela surprendra voire choquera ! Jouez finement en commandant le plus petit verre (la fameuse « pint of Guinness » fait 0,57 cl, mais il existe des « half pints » à 0,27 cl).

The Market Porter Pub, à Borough Market.

- **The local :** le pub du coin. On va *down the local.*
- **Regulars :** clientèle régulière, les habitués.
- **Garden – Beer Garden :** traduire « *jardin* », ce qui ne veut pas dire qu'il y ait une pelouse. Plutôt des pavés avec des tables et des bancs.
- **Free House :** pub qui n'est pas rattaché à une brasserie particulière.

Real ale

Expression britannique indispensable à connaître ! Elle désigne la bière brassée de façon traditionnelle. La fermentation se fait naturellement et produit un faible gaz. Résultat : pas besoin d'ajouter du gaz artificiel. Beaucoup de pubs servent de la real ale, souvent produite localement.

Soltire

Le drapeau du royaume d'Ecosse représente la croix sur laquelle fut crucifié le saint patron du pays, saint Andrew, sur le fond bleu du ciel.

Thé

Selon une chanson populaire anglaise, « tout s'arrête pour le thé ». Le tea time, moment sacré de l'après-midi est une vraie tradition britannique. Le thé se sert dans une théière de porcelaine et se boit avec un peu de lait, accompagné de biscuit ou de gâteaux. Mais aujourd'hui, dans une ville comme Londres, le rythme de vie effréné de la plupart de ses habitants laisse peu de place à la cérémonie du thé. Les afternoon tea se font plus rares et sont souvent réservés à la bourgeoisie. Le thé est cependant resté, dans toutes les couches de la société, une boisson très populaire, beaucoup plus que le café, préféré des autres pays d'Europe.

Whisky

C'est la boisson typique de l'Ecosse. De mémoire de Highlander, cette eau-de-vie a toujours été produite dans ces contrées. On peut le boire pour la dégustation ou pour accompagner le repas. Il existe trois sortes de whiskies : celui confectionné à base de malt, à base de graines, et le meilleur, le mélange de plusieurs céréales.

Survol de la Grande-Bretagne

GÉOGRAPHIE

La Grande-Bretagne est une île, baignée par l'Atlantique au nord et au nord-est, par le canal du Nord qui la sépare de l'Irlande au sud-ouest, et par la mer du Nord à l'est. La côte britannique est fortement entaillée par des vallées et des golfes et découpée en vastes péninsules (Cornouailles, pays de Galles, Kent). Aucun point du pays n'est éloigné de plus de 150 km de la mer. La Grande-Bretagne est divisée en trois pays : l'Angleterre, l'Ecosse, le pays de Galles.

L'Angleterre, dont la superficie est de 128 000 km², est un pays plat, avec quelques collines. Sa capitale est Londres, qui est aussi la capitale du Royaume-Uni.
Le Sud et particulièrement l'Est du pays sont des régions globalement plates. La péninsule du Sud-Ouest de l'Angleterre (Cornouailles, Devon, Dorset) est un plateau recouvert de landes et une côte très découpée.
Le Nord du pays, quant à lui, est plus vallonné, avec notamment le massif des Pennines qui s'étire de Manchester à la côte écossaise et les montagnes du Lake District dont le Scafell Pike (978m), point culminant de l'Angleterre. Ces vallées et collines sont formées de calcaire et de matériaux anciens, tandis que le Sud-Est, avec le bassin londonien, est une cuvette sédimentaire.

L'Écosse est la partie la plus septentrionale de la Grande-Bretagne. Sa superficie est de 77 100 km² et Edimbourg, sa capitale, est située au sud-est de l'Ecosse, au bord de la mer du Nord. En son centre, on se trouve à la même latitude que Moscou. Et les îles Shetland, encore plus au nord, sont très proches du cercle Arctique. Baignées de lacs intérieurs d'eau douce (lochs, dont le célèbre loch Ness) et de profonds fjords qui s'ouvrent dans la mer, les Highlands (hautes terres) abondent en étroites vallées ou glens. Dans la partie méridionale des Highlands, les monts Grampians, les plus élevés de Grande-Bretagne, culminent au Ben Nevis (1 343 m). L'archipel des Hébrides à l'ouest, les Orcades et les Shetland au nord font géographiquement partie de l'ensemble des Highlands.

Le pays de Galles se situe au sud-ouest de la Grande-Bretagne. Sa capitale est Cardiff et sa superficie est de 20 700 km². C'est un pays de moyennes montagnes et de collines. Les monts Cambriens (Cambrian Mountains) s'étendent du nord-ouest jusqu'au sud-ouest du pays de Galles. Le massif le plus élevé se trouve au nord-ouest où le mont Snowdon culmine à 1 085 m. Le massif de Snowdonia, vieux de 600 à 400 millions d'années et plusieurs fois recouvert par l'océan, est formé de roches d'éruptions sous-marines.
Les monts Cambriens sont liés à la chaîne des Brecon Beacons (886 m), au-dessus de Cardiff, située au sud et constituée de collines et plateaux. Les différents dépôts de sédiments qui ont recouvert ces massifs pendant 350 à 400 millions d'années, sont à l'origine des mines de charbon du sud du pays de Galles. La péninsule de Gower et le parc du Pembrokeshire au sud, ainsi que l'île d'Anglesey au nord-ouest, constituent les basses terres.

CLIMAT

La majorité de la Grande-Bretagne est soumise à un climat océanique correspondant à des températures plutôt douces et à une atmosphère plutôt humide. La température de la mer joue ici un rôle important. En été, elle est plus froide que la terre, ce qui empêche généralement les températures de monter au-dessus de 30 °C. En hiver, par contre, la mer est plus chaude que la terre, ce qui fait que les températures descendent rarement

en dessous de zéro degré. On remarquera cependant que les températures à l'intérieur des terres en Ecosse sont souvent bien plus basses.
Pour ce qui est des précipitations, le moins que l'on puisse dire est que la Grande-Bretagne a mauvaise réputation. Cependant il ne pleut pas tous les jours ! Les précipitations sont plus importantes en été qu'en hiver et varient également beaucoup selon les régions. Il pleut généralement plus à l'ouest du pays qu'à l'est. Mais il y a des exceptions à la règle. Ainsi les Cornouailles, à l'extrême-ouest, bénéficient d'un climat plutôt clément alors que le Lake District, à l'est, est une région très pluvieuse. On retiendra cependant une chose : le temps en Grande-Bretagne est très changeant.

- **En Angleterre,** l'été, le thermomètre peut grimper haut. Mais pensez à apporter des lainages le soir car la température baisse. Le printemps et l'automne sont des mois imprévisibles, la température peut varier énormément.

- **En Ecosse,** on peut distinguer deux grandes zones climatiques. La côte ouest voit passer le courant tiède du Gulf Stream, venu du golfe du Mexique, le climat y est donc particulièrement doux, compte tenu de la latitude. A l'inverse, la mer du Nord et ses courants froids expliquent les longs hivers et les étés plutôt austères de la côte est. Par contre, les précipitations sont plus importantes sur la côte ouest et les Highlands sont l'une des régions les plus pluvieuses de Grande-Bretagne. A noter aussi, le caractère très changeant des Lowlands et des îles écossaises.

- **Au pays de Galles,** les étés sont frais et les hivers peuvent être très froids, en particulier dans les montagnes, où les fortes chutes de neige ne sont pas rares. On compte 127 cm de précipitations/an pour la côte ouest et cela diminue au fur à mesure que l'on s'éloigne de la côte, à l'est des montagnes. La météo galloise est une véritable énigme pour nous, continentaux. Sachez que le temps est en perpétuel mouvement, vous pouvez connaître un matin pluvieux pour finir la journée sous un soleil tapant et vice-versa ! C'est donc une bonne idée de toujours prendre son coupe-vent pour les longues randonnées même si le soleil est au beau fixe.

FAUNE ET FLORE

La faune

La Faune littorale

C'est le littoral de la Grande-Bretagne qui présente le plus grand nombre d'animaux sauvages.

- **En Angleterre**, les falaises des Cornouailles feront également le bonheur des ornithologues, particulièrement au début de l'été, lorsque les oiseaux arrivent par milliers pour y faire leur nid. Vous pourrez également apercevoir sur la côte des phoques, des dauphins, voire des baleines.

- **L'Écosse** se distingue du reste de la Grande-Bretagne par sa faune extrêmement variée. Les milliers de kilomètres du littoral permettent d'observer facilement la faune à l'état sauvage. Sur les îles et les rochers élevés, comme dans les Shetland, vit le plus grand nombre d'oiseaux marins au monde. Les Northern Isles sont probablement le lieu le plus fréquenté par les ornithologues amateurs, avec le célèbre observatoire de Fair Isle, la réserve de North Hoy, dans les Orcades, intéressante pour ses nids d'oiseaux des landes (mouettes pillardes), ou la Hermaness National Nature Reserve dans les Shetland, qui sert d'habitat à 50 000 macareux. Et le magnifique aigle des mers, présent sur la côte ouest et les îles, est le quatrième aigle du monde par sa taille.
L'observation des baleines, des dauphins qui se rapprochent des côtes au printemps pour suivre les bancs de poissons (spécialement à Moray Firth), des phoques et des oiseaux marins, est devenue une attraction de l'Ecosse.

- **Au pays de Galles,** les kilomètres de côtes hébergent également de nombreuses espèces d'oiseaux. Les falaises galloises sont sur le chemin de migration nord-sud. C'est le Pembrokeshire qui accueille le plus d'espèces. Les îles de Skokholm et Skomer hébergent pétrels, guillemots et petits pingouins appelés *razorbills*. Le macareux reste l'oiseau le plus représentatif du pays de Galles. Leurs colonies se trouvent partout mais surtout dans le Pembrokeshire où ils élisent domicile sur les îles de Skomer et Skokholm ou l'île de Bardsey à la pointe de la péninsule de Llyn.

Au pays de Galles, les côtes du Pembrokeshire sont également des réserves naturelles pour les animaux marins. Elles abritent des dauphins, des tortues de mer et des phoques gris, qui forment une colonie près de l'île de Ramsey.
Malheureusement, les côtes britanniques ont, ces dernières années, particulièrement souffert de la pollution. Outre la pollution provoquée par l'industrie locale (usines, agriculture...), les touristes apportent aussi leur lot de dégâts. Autre cause majeure de pollution : le pétrole. On se rappelle notamment le naufrage aux abords de Milford Heaven du Sea Empress qui transportait des tonnes de pétrole en 1996.
Cependant, la protection de l'environnement en Grande-Bretagne est aujourd'hui meilleure que jamais. Et si certaines zones côtières sont encore polluées, d'autres sont bien préservées et ont une eau très claire.

À l'intérieur des terres

En Grande-Bretagne, le gibier est présent sous toutes ses formes : oiseaux, lapins, lièvres, et chevreuils. Et les Highlands écossais constituent un jardin zoologique hors pair en Europe : chèvres exotiques, aigles rares, cerfs rouges...

- **Les daims** sont facilement observables. Il existe 6 différentes espèces, comme le *red deer* ou le *roe deer*. Vous trouverez des troupeaux dans les parcs nationaux d'Exmoor, de Dartmoor, dans le Lake District et la New Forest.

- **Les écureuils** sont très communs, particulièrement dans les parcs. Il s'agit d'écureuils gris. Quant à l'écureuil roux, plus rare, vous aurez peut-être la chance de l'apercevoir dans certaines forêts, principalement en Ecosse.

- **Les collines et les landes d'Ecosse** sont souvent recouvertes de bruyères. Les exemples les plus spectaculaires de ce genre de paysage sont les sombres Glen Coe et Rannoch Moor. Ces lieux servent d'habitat aux troupeaux de cerfs et probablement au plus grand nombre d'aigles et de faucons pèlerins en Europe.

- **Au nord,** dans le Caithness et le Sutherland, les collines et les régions tourbeuses sont émaillées de petites mares, les dubh lochans, et servent d'habitat à de nombreuses variétés d'oiseaux.
A Strathspey, Glen Affric et dans le Royal Deesideles, les forêts ont encore un autre visage. Vestiges de l'immense pinède calédonienne, leurs pins indigènes accueillent l'écureuil roux, le grand tétras, le bec croisé écossais, la mésange huppée et la martre des pins.

- **L'Ecosse** est également renommée pour ses lochs profonds, tels le loch Ness et le loch Tay, et pour ses rivières rapides des Highlands comme la Dee et la Spey. Ces lieux sont peuplés de saumons, de truites sauvages et de loutres. On aura toutes les chances d'observer les loutres dans la réserve de l'île de Skye. Il existe un nombre croissant de réserves d'oiseaux et d'autres animaux.

- **Au pays de Galles**, la recrudescence des forêts de conifères a favorisé la réapparition, ces cinquante dernières années, de martres et de putois. D'autres mammifères plus communs peuplent la campagne galloise : des renards, des lapins, des lièvres, hermines, belettes, blaireaux... La loutre qui avait pratiquement disparu du sol gallois, a récemment repeuplé la région suite à l'effort du gouvernement, mais reste une espèce en voie d'extinction.
Cependant, la plupart des mammifères sauvages que l'on trouve au pays de Galles sont des poneys et des chevaux, notamment dans les Brecon Beacons et le Pembrokshire, et des chèvres, descendantes d'animaux échappés des élevages.
Les rapaces sont aussi des espèces répandues au pays de Galles. Les *red kites*, sorte de faucons aux ailes rouges, ont pratiquement disparu du pays à cause, entre autres, des

Animaux domestiques

Les Anglais sont fans de leurs animaux de compagnie... parfois même à l'excès. Il suffit pour s'en rendre compte de jeter un coup d'œil au rayon qui leur est consacré chez Harrod's, à Londres.
Les Gallois, en revanche, sont bien moins attachés et fans de leurs animaux domestiques que les Anglais, ce qui n'est pas très difficile ! Les Gallois sont un peuple d'agriculteurs et les animaux domestiques doivent mériter leur nourriture.

pesticides qui fragilisaient les œufs. Une centaine de paires, principalement aux environs de l'Elan Valley, ont été récemment repérées.

La flore

Vous trouverez en Angleterre de nombreux conifères comme le chêne, l'orme, le châtaignier, le frêne, le hêtre et le citronnier. Au printemps, les fleurs sauvages apparaissent. Dans les forêts, vous pourrez apercevoir entre les mois d'avril et juin des « bluebelles » qui sont des fleurs bleues en forme de clochettes. Vous découvrirez également des *lesser celandines*, petites fleurs jaunes fleurissant de mars à mai dans de nombreux parcs anglais.

Les régions écossaises de Galloway, de l'Argyll et du Lochaber sont couvertes de forêts de chênes, de frênes, de bouleaux, de sorbiers, riches en lichens, fougères et mousses rares, et tapissées au printemps de jacinthes des bois.

Le pays de Galles est un massif ancien transformé à l'état de plateau par l'érosion. Jadis recouvert de forêts, il ne reste plus, aujourd'hui, que quelques poches forestières ici et là, phénomène dû au climat et à une déforestation intense. La forêt de Pengelli dans le Pembrokeshire représente la plus grande forêt ancienne au pays de Galles. Beaucoup de chênes, de frênes... Sous les arbres, en mai, les parterres sont recouverts de jacinthes bleues. Le pays de Galles est riche en espèces végétales, on y trouve 1 100 des 1 600 espèces britanniques. Il y a même des espèces alpines ; loin des pâturages sur les monts du Snowdonia, on trouve la Snowdon Lily, sorte de petite tulipe blanche. Dans le reste du pays, les collines sont recouvertes d'une herbe bien verte, de thym sauvage, et de bruyère violette.

PARCS NATIONAUX

La Grande-Bretagne dispose d'une telle diversité de paysages qu'une politique de création de parcs naturels s'est d'elle-même imposée. Ce sont les « National Parks ».
Les parcs nationaux ont deux objectifs : protéger certains paysages remarquables et offrir des activités de loisirs en plein air aux milliers de personnes qui les visitent chaque année.

Il y a 10 parcs nationaux en Angleterre : Broads, Dartmoor, Exmoor, Lake District, New Forest, North York Moors, Northumberland, Peak District, South Downs et Yorkshire Dales.

Le pays de Galles possède trois parcs nationaux : Brecon Beacons, Pembrokeshire Coast et Snowdonia, qui représentent au total près de 20 % de la superficie du pays.

En Ecosse, Loch Lomond et Cairngorms constituent les deux premiers parcs nationaux. Ces parcs nationaux (qui malgré leur nom n'appartiennent pas à l'Etat mais à des propriétaires privés) sont gérés par la National Park Authority.
De grandes parties des parcs nationaux appartiennent au National Trust. Cette organisation privée est aujourd'hui devenue le premier propriétaire foncier du pays. Elle protège un territoire de 200 000 hectares de campagne auxquels il faut ajouter 800 km de littoral.
Vous vous étonnerez peut-être de voir non seulement des routes mais également des villages et des villes à l'intérieur des parcs. En effet, si le développement et les constructions y sont strictement contrôlés, il n'empêche que des gens vivent et travaillent sur le territoire des parcs nationaux.

Volontariat écologiste

Chaque année, des chantiers de bénévoles sont organisés dans les réserves naturelles en fonction des besoins liés à la gestion des sites : travaux de défrichage, mise en place de clôture, aménagement de sentiers... En dehors du temps de travail, la moitié du séjour est consacrée à la découverte du patrimoine régional : sorties nature, randonnées, activités sportives et culturelles.
Renseignez-vous auprès du British Trust for Conservation Volunteers (www.btcv.org), organisme œuvrant pour la protection de la nature au Royaume-Uni.

JARDINS ANGLAIS

Par son climat doux et humide, la Grande-Bretagne permet la culture d'une infinie diversité de végétaux. Les images de jardins où palmiers et azalées se côtoient sous un ciel gris et brumeux sont fréquentes. Ces conditions naturelles se doublent d'une circonstance historique : puissance coloniale ayant prospéré sous tous les cieux, la Grande-Bretagne a une longue tradition d'acclimatation des plantes. La richesse botanique de ses jardins est infinie et, surtout, parfaitement maîtrisée, protégée et contrôlée par leurs propriétaires. Enfin, et ce n'est évidemment pas négligeable, les Anglais aiment leurs jardins et leur campagne. Les amateurs se réunissent et échangent leurs plantes; les pépinières de qualité existent à profusion ; la visite des jardins historiques est possible partout, et leur conservation est sourcilleuse. Le jardin anglais des XVIe et XVIIe siècles, influencé par les styles français et italien, est formel, tracé géographiquement. La végétation n'y est pas toujours très diversifiée, mais un soin extrême est apporté à la complexité des motifs floraux. Ce style, de plus en plus grandiose, perdure jusqu'à l'apparition du créateur du jardin anglais « naturel », Lancelot Brown. Le jardin cherche alors à imiter le paysage naturel : chemins sinueux, lacs, arbres en massif remplacent les tracés rectilignes. Les très vastes propriétés de la noblesse anglaise permettent cette transformation du jardin en un immense paysage où se promène une société policée. Au XIXe siècle apparaît un certain éclectisme : les anciennes traditions formelles luttent contre les formes naturelles. William Robinson est sans conteste le plus grand paysagiste de cette époque. La figure emblématique du début du XXe siècle est Gertrude Jekyll. Très influencée par le mouvement d'inspiration artisanale « Arts and Crafts », elle défend un jardin de plates-bandes artisanalement plantées. En ce début de XXIe siècle, le jardin anglais offre une image d'une très grande qualité technique mais généralement bien traditionnelle.

Jean-Paul Pigeat,
directeur du Conservatoire international des parcs et jardins et du paysage.

Queens Garden est éclatant de couleurs en été.

L'ÉTABLISSEMENT DU ROYAUME

La présence humaine sur le sol britannique remonte à plus de 400 000 ans, des traces d'habitations datant de cette époque ayant été découvertes. Cependant, c'est à partir d'environ 40 000 av. J.-C, que l'on sait un peu mieux ce qu'il se passait en Grande-Bretagne, grâce à des découvertes archéologiques. A cette époque, il y avait régulièrement des périodes de glaciation sur Terre. Des montées et des descentes d'eaux faisaient que la Grande-Bretagne était parfois reliée ou séparée du continent. La dernière période de glaciation prit fin vers 10 000 av. J.-C., et sépara définitivement la Grande-Bretagne du continent. Cependant, cela n'empêcha pas les migrations et, vers 3500 av. J.-C., un groupe de migrants arriva, apportant avec lui la culture néolithique et provoquant ainsi un tournant dans le style de vie des habitants de l'île. Les chasseurs nomades commencèrent à se sédentariser et à pratiquer l'agriculture et l'élevage.

La transition du Néolithique à l'âge de bronze, qui fut elle aussi provoquée par des migrants, commença vers 3000 av. J.-C. et le passage à l'âge de fer se fit environ 500 ans plus tard. A cette époque, la population commença à s'étendre sur tout le territoire et à se séparer en groupes et tribus spécifiques.

C'est vers 600 av. J.-C. qu'arrivèrent les Celtes. Originaires d'Europe centrale et combattants farouches, ils furent les premiers envahisseurs du pays. Ils s'installèrent sur tout le territoire britannique et leur culture fut largement assimilée par les populations conquises. La langue celtique de type brittonique s'impose au pays de Galles, et la religion druidique se répand au nord du pays surtout. Les Celtes dominèrent le pays jusqu'à l'arrivée des Romains, qui s'établiront à partir de 55 av. J.-C., et de plus en plus solidement jusqu'au Ve siècle. Dès l'an 50 apr. J.-C, les Romains contrôlaient presque tout le Sud de l'Angleterre. Bien établis, ils s'engagent dans la conquête du pays de Galles. En 51, ils sont vainqueurs de tribus galloises. Bien sûr, il y eut de nombreuses batailles territoriales avec les Celtes, que les Romains décrivaient comme un peuple de sauvages qui se peignaient le visage en rouge et s'habillaient de peaux d'animaux. En 61, la reine Boadicéa, mena son armée jusqu'à Londinium (Londres), mit la ville à sac et l'incendia. Mais il y eut aussi des collaborations entre les deux peuples. Ainsi, l'Angleterre s'est enrichie des différentes cultures apportées par les invasions successives. De plus, les Celtes pouvaient difficilement combattre dans la durée les forces romaines et leur célèbre organisation. Ainsi, vers l'an 80, les Romains occupaient à peu près tout le territoire de l'Angleterre et du pays de Galles actuel.

Ils construisirent des forts ainsi que des routes pavées qui suivent encore aujourd'hui le tracé de ces voies romaines. Les Romains eurent cependant plus de difficultés avec le Nord du pays, future Ecosse. Le territoire était en grande partie occupé par les Pictes. Les Romains essayèrent maintes fois de les soumettre, mais devant leurs échecs répétés, l'empereur Hadrien décida, en l'an 122, de construire un mur afin de marquer la frontière de l'empire romain et le protéger des invasions barbares. Ils restèrent près de 400 ans en Angleterre. Les indigènes adoptèrent de nombreux aspects de la culture romaine, particulièrement dans les villes alors que les campagnes restèrent plutôt imprégnées de culture celtique.

Naissance des trois pays

Lorsqu'ils quittent le pays au début du Ve siècle, les Romains laissent un territoire morcelé et rendu instable par l'arrivée de différents envahisseurs dont les principaux sont les Angles et les Saxons. A cette période de déclin et de chaos succédera une vague, pacifique celle-là, de conversions des Saxons par les catholiques de Rome. Au VIIe siècle, le pape Grégoire manda un émissaire, Augustine de Canterbury, pour convertir l'Angleterre. La primatie d'Angleterre s'installa à Canterbury où elle demeure encore aujourd'hui.

Au VIIe siècle, Mercia est le plus puissant des royaumes anglo-saxons. A sa tête, le roi Offa traça la frontière entre l'Angleterre et le pays de Galles en creusant un large fossé (Offa's Dyke).

Car sur les terres galloises, la culture celte est encore bien vivante, bien que la conversion au christianisme se soit propagée jusque-là. Alors que les Anglo-Saxons envahissaient l'Est de la Grande-Bretagne, sur la côte ouest, ce sont les Scots – c'est-à-dire les « brigands » – qui ont profité du déclin de l'Empire romain. Au Ve siècle, les féroces guerriers venus d'Irlande et parlant le gaélique occupent le pays de Galles et l'Ecosse. D'autres envahisseurs, venus d'Ecosse, d'Irlande, de Cornouailles et de Normandie s'installeront également au pays de Galles provoquant de fréquents conflits. Mais les plus grands ennemis des peuples gallois sont les Anglo-Saxons contre qui ils luttèrent pendant des siècles. Les vestiges de ces attaques et invasions sont encore visibles un peu partout sur les terres galloises avec, notamment au sud, les nombreuses ruines des forts normands.

Conséquence de ces luttes, les tribus galloises commencèrent à s'unir contre l'ennemi commun. Les Gallois commencent à se voir comme un peuple uni, des « Cymry », des compatriotes. Le plus célèbre des rois gallois est sans aucun doute le roi Arthur qui inspira de nombreux contes et légendes.

En Ecosse, la situation est quelque peu similaire à celle du pays de Galles. Dans la vague de chaos qui a suivi le départ des Romains, les Pictes qui occupaient jusque-là le territoire écossais ont dû faire face aux invasions des Scots (qui donneront leur nom à l'Ecosse : Scotland, le pays des Scots) et des Anglo-Saxons.

La première unification de l'Ecosse est l'œuvre de missionnaires chrétiens. Aidan fonda sur la côte est, une importante communauté religieuse dont le rôle majeur consista à alphabétiser les rois de ces différentes peuplades. A la fin du VIIIe siècle, à défaut d'un équilibre politique, l'harmonie religieuse régnait donc en Ecosse. C'est au IXe siècle que naît véritablement le royaume de Scotland, lorsque Kenneth McAlpine réussit à lier Pictes et Scots, peut-être pour mieux se défendre contre les attaques des Vikings.

Car c'est également à cette époque, alors que les territoires anglais, gallois et écossais commencent à s'établir, qu'ils doivent faire face à ces nouveaux redoutables envahisseurs. Les Vikings, venus de Norvège attaquent l'Ecosse, alors qu'une autre vague, venue cette fois du Danemark envahit l'Est de l'Angleterre. Ces nouvelles menaces entraînent le rassemblement des « tribus » anglo-saxonnes autour d'un grand homme, Alfred le Grand : vainqueur des Vikings et des armées danoises, il est non seulement un soldat courageux mais un excellent tacticien qui décide la construction de nombreuses fortifications protectrices autour des places militaires ou des villes importantes. On peut aussi le qualifier de père de la Royal Navy puisque, prenant en compte l'importance de la défense côtière contre les invasions nordiques, il organise, le premier, une force navale importante.

Alfred le Grand devint ainsi le premier roi d'Angleterre, regardé comme un souverain unique et non plus comme un chef de tribu. Au cours des décennies suivantes, des rois saxons et danois, parmi lesquels Edward le Confesseur, vont se succéder, jusqu'à la conquête normande en 1066. A cette époque, c'est le roi saxon Harold qui règne sur l'Angleterre. Cependant, de l'autre côté de la Manche, le roi Guillaume de Normandie, qui est en fait le cousin d'Edward le Confesseur, se dit que la couronne anglaise aurait dû lui revenir. Il décide donc d'envahir le pays et vainc les armées d'Harold à la bataille de Hasting, où le roi Harold lui-même est tué. Guillaume de Normandie, surnommé le Conquérant, monte alors sur le trône d'Angleterre.

Luttes entre les rois et les barons

La conquête normande est un tournant dans l'histoire de l'Angleterre. Elle met fin aux invasions et apporte une culture plus tournée vers la France. Après la conquête normande, le royaume d'Angleterre s'enrichit du duché de Normandie et des châteaux sont construits partout sur le territoire pour consolider l'implantation normande et d'un système féodal de lords, de barons et de serfs. Guillaume II succède à Guillaume le Conquérant, puis c'est au tour d'Henri Ier. La mort de celui-ci fut suivie d'une guerre civile relative à sa succession. Finalement, c'est Henri II, le premier de la dynastie des Plantagenêts qui monte sur le trône en 1154. Par son mariage avec Aliénor, duchesse d'Aquitaine et de Gascogne, Henri II hérite de ces territoires français. Ajoutant à cela d'autres héritages, il se retrouve à la tête de la moitié du royaume de France, tout en restant le vassal du roi de France, position assez inconfortable pour Henri et plutôt menaçante pour son suzerain.

Lorsque Henri II monte sur le trône, le royaume est en pleine anarchie et une noblesse rebelle n'hésite pas à braver le pouvoir royal. Tout en passant la majeure partie de son règne des deux côtés de la Manche, il s'emploie à pacifier et à réorganiser son royaume d'Angleterre morcelé.

A sa mort, les dissensions entre les membres de la famille royale anglaise (ses fils Richard et Jean et leur mère, Aliénor) sont plus fortes. Richard Cœur de Lion passe la plus grande partie de son règne hors d'Angleterre, en croisade et les choses s'aggravent encore sous le règne de son frère Jean sans terre. Celui-ci perd la Normandie au profit du roi de France et ses disputes avec le Vatican et les barons anglais sont incessantes. Finalement, ces derniers le forcent à signer la Magna Carta, en 1215, traité qui augmente les droits et privilèges des barons et limite celui du souverain. Sous le règne d'Edouard Ier (1272-1307), les choses s'améliorent pour la monarchie anglaise. Mais le roi voudrait étendre son royaume et va tourner la bride de sa cavalerie vers le pays de Galles, dont il se rend maître en 1284, après une guerre meurtrière de huit ans. C'est la fin des rois gallois. Le pays de Galles devient une principauté devant allégeance à la couronne anglaise. Le fils aîné du roi est nommé prince de Galles, une tradition qui se perpétue encore aujourd'hui.

La guerre entre l'Écosse et l'Angleterre

Il faut attendre la fin du XIIIe siècle pour que la suprématie de l'Ecosse soit remise en question. Après avoir soumis le pays de Galles, Edouard Ier se tourne vers l'Ecosse. C'est le début d'une guerre qui va durer 400 ans. Quatre siècles de troubles sanglants déclenchés à la suite d'un incident : héritière de la Couronne d'Ecosse, Margaret, fille d'Eric de Norvège et petite-fille d'Alexandre III, avait été promise au fils d'Edward Ier ». Il s'agissait d'un mariage d'union entre l'Ecosse et l'Angleterre. Mais Margaret mourut pendant la traversée. Un conflit pour le trône d'Ecosse s'ensuivit et les barons écossais exigèrent d'Edouard qu'il choisisse entre les deux prétendants à la Couronne, Robert the Bruce et John Balliol. Après s'être prononcé en faveur de John Balliol, le souverain anglais revint sur son choix, et ne cessa d'humilier Balliol au point que ce dernier décida d'envahir le nord du territoire de son puissant voisin. Le roi d'Angleterre répliqua par le terrible massacre de Berwick.

Après une victoire contre les troupes écossaises, l'armée anglaise fut vaincue en 1297, à la bataille de Stirling Bridge par les Ecossais menés par William Wallace, héros national dont l'histoire est contée dans le film *Braveheart*. C'est également à cette époque que l'Ecosse signe avec la France un traité d'alliance contre l'Angleterre (Auld Alliance).

Les Ecossais, menés cette fois par Robert the Bruce, infligeront également une défaite cuisante à Edouard II, successeur d'Edouard Ier, en 1314, à la bataille de Bannockburn.

La guerre de Cent Ans

Edouard II, le fils d'Edouard Ier, est un roi faible. Sa femme Isabelle, surnommée la Louve de France, et son amant Roger Mortimer le feront finalement abdiquer en faveur de son fils avant de le faire assassiner dans sa prison. Mais bien mal leur en prit car Edouard III (1327-1377) commence son règne en faisant emprisonner sa mère et exécuter son amant. Fort de son héritage maternel, Edouard III tente, durant son règne, de faire valoir ses droits à la couronne de France. Une démarche qui débouche en 1337 sur la guerre de Cent Ans. Pendant un siècle, les armées anglaise et française s'affrontent. Les Anglais s'illustreront à Crécy (1346) et Poitiers (1356). Sous le règne de Richard II, en 1381, dans le Kent, dans le Sussex et dans d'autres régions d'Angleterre, les paysans se soulèvent et marchent sur Londres. Lors de cette révolte, menés par Wat Tyler, 20 000 paysans occupent Londres pendant deux jours avant de donner l'assaut à la Tour de Londres. La révolte fut ensuite réprimée dans le sang par les troupes royales. Le roi sera finalement écarté du trône par le futur Henri IV, un puissant baron, premier de la dynastie des Lancastres. Son fils, Henri V, est un homme pieux et belliqueux. Encouragé par l'Eglise d'Angleterre, Henri V traverse la Manche et, en 1415, livre la bataille d'Azincourt où il remporte une écrasante victoire sur les troupes françaises. Par le traité de Troyes (1420), il devient héritier du royaume de France et épouse Catherine, fille de Charles VI le Fou et d'Isabeau de Bavière. Mais Henri V meurt deux ans après, à l'âge de trente ans. Henri VI lui succède. Les années à venir seront marquées par une série de défaites anglaises. Les troupes françaises, menées par Jeanne d'Arc, reprennent l'avantage. Lorsque la guerre des Cent Ans prit fin en 1453, seul Calais restait aux mains des Anglais. Sombre époque pour l'Angleterre : Henri VI, l'héritier du trône, présente les mêmes troubles mentaux que son grand-père et l'absence de lignée royale entraîne en Angleterre une lutte de pouvoir.

Chronologie

La période préceltique

524 000 avant J.-C. > première présence humaine (dans le Sussex).

250 000 avant J.-C. > les plus anciennes traces d'habitation sur le territoire gallois.

6 000 avant J.-C. > premières occupations en Ecosse.

Vers 2 000 avant J.-C. > période préceltique : différentes colonies d'Ibères venues d'Espagne, et de Ligures.

La période celtique

1700 avant J.-C. > les Pictes s'installent au sud-est de l'Est de la Grande-Bretagne et développent l'âge de bronze. Les Goidels colonisent l'Irlande, puis une de leurs branches, les Scots, occupe l'Ecosse.

Entre 500 et 300 avant J.-C. > les tribus bretonnes développent l'agriculture et la langue gauloise.

200 avant J.-C. > débarquement de tribus belges.

La période romaine

55 avant J.-C. > début de l'occupation romaine (deux raids de Jules César).

43 après J.-C. > invasion de la Grande-Bretagne par Claude, et colonisation romaine.

130 après J.-C. > construction du mur d'Hadrien en Angleterre.

Invasions et christianisme

430 > début des invasions « barbares » : Angles, Saxons et Jutes à l'Est et au Sud-Est de la Grande-Bretagne.

446 > les Celtes sont refoulés vers le pays de Galles. Constitution de sept royaumes en Angleterre : Essex, Wessex et Sussex (Saxons), Kent (Jutes), Est-Anglie, Mercie et Northumbrie (Angles), unifiés par Egbert.

500 > saint Illud débarque d'Irlande, apportant avec lui le catholicisme, et fonde le monastère de Llanilltud Fawr.

542 > mort du chef des Bretons, le roi Arthur, qui rétablit le culte chrétien et conquit l'Irlande et l'Ecosse, ainsi que les pays nordiques.

597 > évangélisation du Kent (Angleterre) par saint Augustin.

597 > saint Colomba participe à la christianisation de l'Ecosse (au long du VIe siècle).

616 > suite à la bataille de Chester, le pays de Galles devient distinct de la Grande-Bretagne.

685 > bataille de Nechtansmere opposant Pictes et Angles, et qui définit la frontière sud de l'Ecosse.

789 > le roi anglais Ethelbert se convertit au christianisme.

791 > invasions Vikings en Grande-Bretagne.

794 > invasions Vikings en Ecosse.

843 > union des Pictes et des Scots pour contrer les Vikings : création du Scotland.

1039-63 > Gruffydd ap Llywelyn réunit le pays de Galles.

Les guerres de pouvoir

1066 > bataille d'Hastings (Angleterre) et invasion de William plus connu sous le nom de Guillaume le Conquérant, duc de Normandie.

1138 > bataille perdue contre les Anglais à Northallenton (Ecosse).

1139 > second traité de Durhan (Ecosse) où David Ier est reconnu roi d'une Ecosse indépendante par le roi d'Angleterre Stephen.

1154 > Henri Plantagenêt, comte d'Anjou, devient roi d'Angleterre (Henri II).

1169 > invasions anglo-normandes de l'Irlande.

1171 > Henri II conquiert l'Irlande sur ordre du pape.

1175 > traité de Windsor : le dernier roi irlandais reconnaît la suzeraineté anglaise.

1276-77 > première guerre d'indépendance galloise.

1282-83 > deuxième guerre d'indépendance galloise.

1284 > le pays de Galles est annexé au royaume d'Angleterre.

1295 > alliance entre l'Ecosse et la France contre le royaume d'Angleterre.

1296 > première guerre d'indépendance d'Ecosse. Le roi Edouard Ier bat le roi écossais Balid à Dunbar et annexe l'Ecosse.

1301 > Edouard Ier proclame son propre fils, Edouard II, prince de Galles, titre qui, jusqu'à aujourd'hui, revient au fils aîné de la couronne anglaise.

1327 > Robert Bruce est reconnu roi d'une Ecosse indépendante par Edouard Ier.

- **1337-1453 >** guerre de Cent Ans contre la France.
- **1400-1412 >** troisième guerre d'indépendance galloise.
- **1437 >** Jacques Ier, roi d'Ecosse, est assassiné par les barons à qui il voulait imposer son pouvoir. Début d'une guerre civile.
- **1536-1542 >** acte de l'Union, loi qui forme l'union entre le pays de Galles et l'Angleterre. Avec des droits égaux mais un système légal différent.
- **1485-1603 >** dynastie des Tudors en Angleterre.
- **1559 >** sermon de John Knox à Perth considéré comme le début de la réforme en Ecosse.
- **1563 >** instauration de l'anglicanisme.
- **1568 >** fuite de la reine écossaise (catholique) Marie Stuart en Angleterre.
- **1603 >** Jacques VI d'Ecosse devient roi d'Angleterre (Jacques Ier). Union personnelle de l'Ecosse et de l'Angleterre.
- **1642 >** guerre civile au pays de Galles.
- **1642-1646 >** guerre civile en Angleterre.

L'émancipation

- **1649-1658 >** république de Cromwell.
- **1651 >** Cromwell envahit l'Ecosse et la rattache au royaume d'Angleterre.
- **1654 >** Cromwell impose l'union de l'Irlande, de l'Angleterre et de l'Ecosse.
- **1655 >** l'Angleterre conquiert la Jamaïque aux dépens des Espagnols.
- **1660 >** restauration de la monarchie galloise.
- **1679 >** Habeas Corpus (garantie contre les arrestations arbitraires).
- **1689 >** Bill of Rights.
- **1707 >** acte d'union, l'association personnelle des royaumes d'Angleterre et d'Ecosse devient un Royaume-Uni de Grande-Bretagne (Parlement uni). Le Parlement d'Ecosse est supprimé.
- **1742 >** le pouvoir anglais s'affirme en Irlande : c'est l'âge d'or de Dublin.
- **1745 >** Charles-Edouard Stuart, dit Bonnie Prince Charlie, s'empare de l'Ecosse. Il est défait à Culloden en 1746 par les troupes anglaises. Terrible répression britannique, notamment envers les chefs de clan gaéliques.
- **1776-1783 >** guerre d'indépendance américainc. Lc Royaume-Uni perd ses colonies d'Amérique.
- **1800 >** acte d'union avec la Grande-Bretagne permettant d'envoyer des députés irlandais au Parlement de Londres et suppression du Parlement irlandais.
- **1801 >** l'Angleterre, l'Ecosse, le pays de Galles et l'Irlande forment le Royaume-Uni.
- **1811 >** séparation de l'église méthodique galloise de l'Eglise d'Angleterre.
- **1853 >** création d'une « Association nationale pour la revendication des droits de l'Ecosse ».
- **1870 >** premier match international de rugby entre l'Ecosse et l'Angleterre.
- **1884 >** droit de vote accordé aux hommes britanniques sans distinction de classe sociale.
- **1885 >** nomination d'un secrétaire pour l'Ecosse dans le gouvernement britannique.
- **1914 >** le gouvernement Anglais soutient la France contre l'empire germanique.
- **1916 >** David Lloyd George devient le Premier ministre gallois.
- **1918 >** droit de vote accordé aux femmes britanniques de plus de 30 ans.
- **1918 >** début du déclin du charbon. Accélération de l'émigration écossaise.
- **1919-1921 >** guérilla et indépendance de l'Irlande mais elle est privée de six comtés de l'Ulster où les protestants sont majoritaires.
- **1920 >** séparation entre l'Etat et l'Eglise galloise.
- **1922 >** proclamation officielle de l'Etat libre d'Irlande avec Dublin comme capitale.
- **1925 >** fondation du parti nationaliste gallois Plaid Cymru.
- **1928 >** droit de vote accordé aux hommes et aux femmes britanniques de plus de 21 ans.
- **1934 >** création d'un parti national écossais par John Mc Cormick.
- **1939 >** déclaration de guerre de la Grande-Bretagne à l'Allemagne nazie.
- **1948 >** l'Eire devient la république d'Irlande et rompt ses relations avec le Commonwealth.

Le Royaume-Uni d'Elizabeth II

- **1952 >** intronisation d'Elizabeth II.
- **1955 >** Cardiff devient officiellement la capitale galloise.
- **1967 >** la loi galloise reconnaît le gallois au même titre que l'anglais.
- **1968 >** début des troubles en Irlande du Nord.
- **1969 >** arrivée des troupes britanniques en Irlande du Nord.

1972 > le Parlement d'Irlande du Nord, le Stormont, est suspendu. L'Irlande du Nord est placée sous administration britannique.

1973 > la Grande-Bretagne entre dans la CEE.

1974 > les nationalistes écossais obtiennent 30 % des suffrages (11 élus).

1974 > le gouvernement local gallois réorganise la principauté en huit nouveaux comtés.

1979 > échec du référendum sur l'instauration d'une assemblée écossaise. Forte abstention.

1979 > référendum sur la question de l'Assemblée galloise. 80 % des votants ne veulent pas d'un Parlement distinct.

1979 > élection de Margaret Thatcher au poste de Premier ministre.

1982 > guerre des Malouines qui oppose l'Angleterre à l'Argentine.

1985 > signature entre les gouvernements irlandais et britannique d'un accord reconnaissant la souveraineté britannique sur l'Ulster et un rôle consultatif du gouvernement de Dublin dans les affaires de l'Irlande du Nord.

1988 > « Education reform act ». Le gallois doit être enseigné dans tous les établissements du pays de Galles.

1992 > un acte de loi donne statut égal au gallois et à l'anglais dans les organismes publics gallois.

1994 > cessez-le-feu de l'I. R. A.

1996 > « The stone of destinity », la pierre de couronnement des rois écossais est rapportée à Edimbourg après 700 ans passés à Londres.

1996 > fin du cessez-le-feu de l'I. R. A.

1997 > élection de Tony Blair après 18 années de pouvoir des Conservateurs britanniques.

1997 > référendum positif sur la création d'un Parlement écossais et ses attributions fiscales.

1998 > accord entre les différentes parties en Irlande du Nord. Election d'un Parlement autonome.

1999 > premières élections autonomes au pays de Galles et en Ecosse.

2002 > décès de la reine mère à l'âge de 101 ans, provoquant une vague d'émotion dans tout le pays. Le 2 juin, la reine Elizabeth II fête ses 50 ans de règne.

7 mars 2003 > soumission au conseil de l'ONU, avec les USA, et l'Espagne, d'une résolution imposant à l'Irak le 17 mars de désarmer.

20 mars 2003 > entrée en guerre contre l'Irak aux côtés des USA.

Juillet 2003 > scandale David Kelly.

Avril 2005 > mariage du Prince Charles avec Camila Parker-Bowles

Mai 2005 > Tony Blair est réélu Premier ministre pour un 3e mandat consécutif.

6 juillet 2005 > Londres obtient les Jeux Olympiques d'été de 2012 lors de la 117e session du Comité olympique à Singapour.

7 juillet 2005 > quatre attentats presque simultanés tuent 56 personnes et en blessent des centaines d'autres dans le métro londonien et dans un bus.

26 mars 2006 > Irlande du Nord : accord historique entre Ian Pesley, président du parti unioniste démocrate (DUP) et Gerry Adams, chef du Sinn Féin, sur la constitution d'un gouvernement de coalition.

27 juin 2007 > Gordon Brown devient Premier ministre et chef du Labour, le parti travailliste. Le jour même, Tony Blair est nommé représentant du Quartet (UE, ONU, Etats-Unis, et Russie) au Proche-Orient.

30 juin 2007 > tentative d'attentat à la voiture piégée contre l'aéroport de Glasgow en Ecosse.

1er mai 2008 > élections municipales en Angleterre et au pays de Galles : large défaite des travaillistes. Boris Johnson prend la mairie de Londres au travailliste Ken Livingstone.

19 juin 2008 > le Parlement ratifie le Traité de Lisbonne, constitution européenne « simplifiée », quelques jours seulement après le « non » irlandais.

6 mai 2010 > David Cameron, conservateur, devient Premier ministre après un accord avec les Libéraux-Démocrates. Coalition conservateurs et démocrates au Parlement.

Richard, duc d'York (dont l'emblème est une rose blanche) revendique le trône d'Henri VI, de la maison Lancastre (dont l'emblème est une rose rouge) : la guerre des Deux-Roses éclate en 1454. Richard est finalement battu en 1460 par les troupes de Margareth d'Anjou, la femme d'Henri VI. Mais un an plus tard, son fils Edouard d'York s'empare du trône et devient le roi Edouard IV. Cette guère civile ne prit réellement fin qu'en 1485, quand le dernier des rois Plantagenêt, Richard III d'Angleterre, mourut au champ d'honneur, et qu'Henri VII, premier de la dynastie Tudor, devint roi.

En Écosse : les Stuarts

En Ecosse, après la mort de Robert the Bruce en 1329, son fils David monte sur le trône. A cette époque, les guerres civiles et les épidémies de peste ravagent le pays. A la mort de David en 1371, ses opposants couronnent Robert Stuart, petit-fils de Robert the Bruce. C'est le début de la dynastie qui conservera la Couronne pendant une cinquantaine d'années. Après les règnes de Robert II et Robert III s'ouvre la régence du duc d'Albany. Durant cette période, le pouvoir des barons ne cesse de croître.

En 1424, le prétendant à la Couronne, Jacques Ier, fils de Robert III, rentre en Ecosse. Etabli à Linlithgow, le nouveau roi, qui a été retenu prisonnier en Angleterre jusqu'à l'âge de 21 ans, guerroie inlassablement contre les Anglais.

De son enfance, Jacques Ier a gardé des manières anglaises qu'il tente d'introduire : elles lui valent d'être froidement assassiné par les barons qu'il voulait soumettre. C'est le début d'une guerre civile qui va durer un siècle. Jacques II succède à son père après quelques années de régence.

Sous Jacques III, les îles Orcades et Shetland, qui constituent la dot de sa femme, d'origine scandinave, sont intégrées à l'Ecosse. Son règne est marqué par une série de complots. Il est tué à Sauchieburn, pendant une énième bataille contre l'Angleterre.

A la fin du XVe siècle, sous Jacques IV, s'amorce enfin la renaissance de l'Ecosse. Réformateur et bâtisseur, il fonde l'université d'Aberdeen, construit le grand hall du château d'Edimbourg. Le souverain ordonne la construction d'une série de places fortes à travers le pays, afin de mieux contrôler les clans des Highlands. Beau-frère d'Henri VIII d'Angleterre, Jacques IV commet l'erreur d'intercéder auprès de lui pour que l'Angleterre fasse la paix avec la France. Non content de refuser sa médiation, Henri VIII revendique son droit à la Couronne écossaise. En 1513, les deux armées se rencontrent à Flodden. Jacques IV est tué dans la bataille désastreuse qui s'ensuit.

Jacques V, son héritier, est encore un nourrisson à la mort de son père. Eduqué en France, il épouse Madeleine, fille de François Ier. Sa seconde épouse, Marie de Guise, lui donne une fille, Marie Stuart, qui, elle aussi, sera orpheline. Henri VIII d'Angleterre tente de négocier un mariage entre cette enfant et Edouard, son fils malade. Vains efforts ! Henri VIII est furieux et saccage Edimbourg pour forcer ces fiançailles. A la fin de la régence de Marie de Guise, Marie Stuart la catholique devient reine d'Ecosse. Au même moment, en Angleterre, Elizabeth succède à sa demi-sœur, Marie Tudor. A la mort de son mari, Marie Stuart ose faire valoir ses droits sur la Couronne anglaise. Car par une subtilité de non-reconnaissance du divorce, Elizabeth, fille d'Anne Boleyn, peut être considérée comme une enfant illégitime.

Mais cette tentative échouera. De plus, à cette période, le catholicisme a perdu du terrain en Ecosse. John Knox, pasteur protestant radical, en grande partie responsable de la Réforme, a conduit l'Eglise écossaise à se séparer de Rome. Marie refuse de se convertir au protestantisme, ses proches sont assassinés. Obligée d'abdiquer en faveur de son fils, le futur Jacques VI, Marie s'enfuit en Angleterre en 1568. Elle y sera emprisonnée par la reine Elizabeth. Les nombreuses tentatives pour la faire libérer se solderont par son exécution en 1587 : Marie Stuart est décapitée après dix-neuf ans d'emprisonnement.

Pendant ce temps au pays de Galles

Edouard Ier a annexé le pays de Galles en 1282. Après cette victoire anglaise, Edouard Ier commence une lourde tâche : celle de la construction de la ceinture de fer, une ligne de châteaux au nord du pays de Galles, censés assurer ses nouvelles conquêtes. De ces châteaux restent aujourd'hui d'impressionnants édifices : Caernarfon, Caerphilly, Chepstow, Beaumaris... En 1284, le pays de Galles devient officiellement propriété de la Couronne anglaise avec la signature d'un traité. Mais, au cours des deux siècles suivants, les Gallois, fort attachés à leur civilisation celtique, se révoltent à de nombreuses reprises.

Le dernier soubresaut de l'indépendance galloise a lieu en 1404 et est mené par Owain Glyndower (Owain Glyn Dwr), un héros pour les Gallois. Le pays a été saccagé et la haine entre les deux peuples n'a jamais été aussi forte. Sous le règne des Tudor, et par le biais d'alliances familiales, leur résistance faiblit, et le XVIe siècle voit la signature des Actes d'Union en 1536 et 1542 qui intègrent le pays de Galles à l'Angleterre. Depuis, les deux pays sont unis par une même histoire politique, en dépit de forts particularismes culturels gallois et d'un courant autonomiste qui n'a pas du tout disparu. Mais un véritable fossé se creuse entre les deux peuples. Les Gallois sont pauvres et la noblesse est anglaise. L'usage du gallois est interdit, et le catholicisme est remplacé par le protestantisme sous Henri VIII.

La dynastie des Tudors

Lorsqu'en 1485 Henri VII accéda au trône, il initia le règne de la dynastie Tudor. Celui-ci allait durer plus de cent ans. Henri VII aura la tâche difficile de rétablir le pouvoir royal : il interdit aux barons d'entretenir des serviteurs armés, exige des « dons » de ses sujets les plus riches et encourage les marchands à aller découvrir des terres inconnues, ce qui entraîne la naissance de la marine marchande. Lorsque le second roi de la dynastie, Henri VIII, demanda au pape la permission de divorcer Catherine d'Aragon pour épouser Anne Boleyn, celui-ci refusa. Henri VIII provoqua alors le schisme avec l'Eglise catholique. En 1534, il créa l'Eglise anglicane dont il se proclama chef. Le roi fit fermer les monastères et répandit les idées de la Réformation.

Après la mort d'Henri VIII, son unique fils (après six mariages), Edouard VI accéda au trône, mais il mourut peu après. Sa demi-sœur, Mary, fille de Catherine d'Aragon, lui succéda. Catholique, celle-ci fut surnommée « Mary la Sanglante » (Bloody Mary) pour ses persécutions envers les protestants.

C'est à ce moment, en 1558, que la fille d'Henri VIII et d'Anne Boleyn, Elizabeth Ire, hérita de la couronne. Anglicane, elle fut le monarque le plus influent de la dynastie Tudor. Cultivée, parlant plusieurs langues, elle fut également le symbole de la Renaissance anglaise.

Elle s'applique à affermir définitivement les bases de l'Eglise anglicane et se retourne contre le catholique Philippe II d'Espagne afin de lui disputer la suprématie des mers. En cette fin du XVIe siècle, l'Angleterre compte 4 ou 5 millions d'habitants. L'époque est favorable à l'enrichissement du royaume et la découverte de nouvelles sources de richesses va de pair avec le développement de la marine marchande : en 1600 est fondée la Compagnie des Indes. De fait, les réformes d'Elizabeth Ire, essentiellement au profit des gros propriétaires, condamnent la plupart des paysans à se faire marins. Ayant refusé de se marier et se trouvant sans héritier, Elizabeth Ire désigne sur son lit de mort son successeur : le fils de Marie Stuart, Jacques VI d'Ecosse.

RÉVOLTES ET ÉVOLUTIONS

A l'aube du XVIIe siècle, l'avènement sur le trône d'Angleterre de Jacques VI symbolise d'abord l'union du lion anglais et du chardon écossais, mais elle est si fragile que les deux royaumes restent distincts : à l'extinction de la dynastie des Stuarts, chacun reprendra son indépendance. Dès son arrivée au pouvoir, Jacques VI, devenu Jacques Ier d'Angleterre, se rend impopulaire auprès des Anglais, hostiles en raison de ses origines écossaises. Pour autant, le développement se poursuit avec l'essor de nouvelles industries métallurgiques et minières. Charles Ier lui succède sans plus de succès. Des révoltes éclatent en Ecosse, en Irlande, et Londres est en plein soulèvement. La guerre civile, entre les royalistes et les « têtes rondes » commandées par Oliver Cromwell, débute : elle va durer quatre ans (1642-1646). Défait, Charles Ier est livré au Parlement, jugé, condamné et décapité le 9 février 1649. Il fut le premier et unique roi anglais à être exécuté publiquement. Cromwell, qui dirige la République, liquide le Parlement, soumet l'Ecosse, écrase l'Irlande catholique, lutte contre l'empire colonial espagnol. Durant cette période de puritanisme, tous les théâtres furent fermés et les vitraux des églises détruits...

Les troubles qui ravagent le pays sont activés par les prétentions au trône de Charles II, le fils de Charles Ier, et par une guerre contre la Hollande, rivale de l'Angleterre sur les mers mais aussi terre d'exil du descendant des Stuarts. A la mort d'Oliver Cromwell, le « réformateur » et le dictateur trop rigide d'une nation anarchique et d'une armée en révolte, Charles II est rappelé et monte sur le trône dans l'enthousiasme général. Lui non plus ne saura pas répondre aux espérances du pays. A ce climat politiquement incertain s'ajoutent des calamités qui plongent le pays au bord de l'abîme : en 1665, la grande peste décime une partie de la population. Frère et successeur de Charles II, catholique convaincu, Jacques II ne paraît croire qu'en l'absolutisme et accumule tant de répressions et de bévues que les Anglais font appel à son gendre hollandais. Guillaume III d'Orange débarque sur le sol anglais le 5 novembre 1688, contraignant Jacques II à se réfugier en France. Guillaume III et sa femme Marie d'Orange sont proclamés souverains d'Angleterre. Le nouveau roi fait voter une loi interdisant le trône à un catholique.

L'EXPANSION COLONIALE

Dans les Highlands écossais, également, le sentiment anti-anglais reste fort et les Jacobites sont nombreux. Guillaume d'Orange veut obliger les clans récalcitrants à signer un pacte et, pour cela, le roi d'Angleterre n'hésite pas à monter la puissante famille des Campbell de Breadalthane contre les non moins puissants McDonald de Glencoe. Le massacre de Glencoe qui en découle, en 1692, est le scandale le plus fortement ancré dans les mémoires écossaises.
Guillaume III d'Orange va diriger les affaires intérieures avec sagesse et diplomatie. Sur les océans, la marine anglaise s'impose au détriment de la flotte française. A l'intérieur du pays, de nouvelles évolutions, capitales pour l'avenir de l'Angleterre, s'opèrent : elles stimulent la naissance des partis politiques et favorisent l'éclosion de la presse. En 1694, la Banque d'Angleterre est fondée en dix jours par une quarantaine de marchands.
Anne Stuart, seconde fille de Jacques II, succède à son beau-frère Guillaume III. Son règne sera essentiellement marqué par l'union définitive de l'Angleterre et de l'Ecosse. En 1707, un Parlement unique pour l'Angleterre, l'Ecosse et le pays de Galles est créé. Le Royaume-Uni de Grande-Bretagne est né.
En 1708, la Compagnie des Indes orientales voit le jour et un peu plus tard, la Compagnie des mers du Sud, créée en 1711, favorisera l'expansion coloniale anglaise tandis que les guerres menées contre la France permettent d'agrandir les territoires du Nouveau Monde. Lentement mais sûrement, l'empire colonial se constitue. Ce riche XVIIIe siècle est aussi l'époque de l'évolution politique. Sous le règne des trois Georges, princes de Hanovre, de religion protestante, mais fort peu influents, l'Angleterre se tourne de plus en plus vers le régime parlementaire : face à la Chambre des Lords, la Chambre des Communes joue un rôle actif, en particulier dans le vote des impôts. En 1702, Anne, la sœur de Marie d'Orange, monte sur le trône. Elle meurt en 1714 sans héritier. La Couronne revient alors à George Ier, un lointain parent héritier de la maison de Hanovre, et protestant.

L'ÈRE VICTORIENNE

Au cours du XIXe siècle, un mal ronge l'Angleterre, comme le notera Karl Marx, réfugié politique à Londres : non seulement les différences de classes perdurent, mais elles s'accentuent. Afin d'endiguer toute possibilité de révolte, journaux subversifs et réunions publiques sont interdits. Une nouvelle ère monarchique s'ouvre lorsqu'en 1837, Victoria, une jeune reine de dix-huit ans monte sur le trône. Son règne durera 64 ans. Victoria rétablit le rayonnement monarchique et accentue l'importance du Parlement. Le début de son règne voit, avec l'homme politique conservateur Robert Peel la victoire du libre-échange. Les Trade Unions, à savoir les syndicats, autorisés en 1824, s'organisent. En 1867, le Premier ministre Benjamin Disraeli fait voter, un « acte de réforme » qui favorise les classes moyennes et les ouvriers aisés. En 1868, plusieurs réformes dans un sens démocratique voient le jour. Gladstone, le successeur de Disraeli, réorganise la justice, l'enseignement, l'armée... Les grandes injustices sociales tant décrites par Charles Dickens s'atténuent. Depuis les années 1830, la présence des femmes dans les mines est interdite et des lois plus humaines sont votées en faveur des ouvriers.
L'ère victorienne est d'une prospérité sans précédent. La Grande-Bretagne est la première puissance au monde.
Les inventions font progresser le pays : le chemin de fer, la navigation à vapeur, le télégraphe, le timbre-poste, le téléphone changent la face de l'Empire colonial britannique qui ne cesse de se développer.

LE XXᴱ SIÈCLE

La mort de la reine Victoria en 1901 marque la fin d'une époque et d'un Empire. Le règne de son successeur Edouard VII marque le passage de la stabilité du XIXe siècle au désordre du XXe siècle. Surnommé « The Peacemaker » pour sa politique diplomatique en Europe, le roi doit faire face au mécontentement toujours grandissant à l'intérieur du royaume. La Grande-Bretagne, depuis la fin des années 1860, vit une instabilité sociale qui ne cesse de s'aggraver. Les « Trade Union », qui protègent les intérêts des prolétaires, deviennent de véritables forces politiques émergentes.

De grèves en concessions, la vie politique anglaise ne pouvait résister à l'émergence, en 1906, d'un nouveau parti : le Labour Party. A cette époque, des réformes de l'enseignement et de la défense sont également mises en place par le Premier ministre Arthur Balfour et, en 1904, l'Entente cordiale est signée avec la France.

La Première Guerre mondiale

Edward VII meurt en 1910 et George V prend sa succession. Il fait véritablement entrer son royaume dans le XXe siècle. Il change le nom de la famille royale, qui s'appelle désormais Windsor au lieu de Saxe-Coburg-Gotha, et c'est le premier roi à utiliser les nouveaux moyens de communication en usant des ondes radiophoniques et télévisuelles pour développer un sentiment d'identité nationale commun et asseoir la popularité de la monarchie.

C'est également une réelle période d'expérience socialiste. Les Trade Unions peuvent utiliser des fonds pour faire de la politique, ce qui permet l'entrée des prolétaires au Parlement.

En 1911, le gouvernement répond à une importante grève des dockers, des cheminots et des mineurs, en créant The National Insurance Act, qui assure les traitements médicaux, le minimum salarial, l'aide à la maternité, ainsi que des mesures pour les chômeurs, la nourriture gratuite dans les écoles et les examens médicaux périodiques, grâce à un fonds débloqué par le gouvernement, les employeurs et les travailleurs.

Mais peu après, la Première Guerre mondiale éclate en Europe. Le Royaume-Uni entre dans le conflit le 4 août 1914 après l'invasion de la Belgique par les troupes allemandes. Plus d'un million de Britanniques, y laisseront leur vie.

L'année 1917 marque un tournant décisif dans le conflit. Alors que les Etats-Unis d'Amérique s'engagent dans la guerre, l'armée britannique, forte de sa nouvelle arme – le tank – prend à revers les Allemands qui préparaient l'invasion des ports de la Manche.

Le 11 novembre 1918, l'Armistice est signé. La Couronne britannique a perdu une génération entière.

L'entre-deux-guerres

Pendant la guerre, le fossé existant entre les classes ouvrières et les classes dirigeantes a été mis en exergue. Une fois l'Armistice signé, le Parlement accorde alors le droit de vote à tous les hommes de plus de 21 ans ainsi qu'aux femmes de plus de 30 ans. Ce n'est qu'en 1928 que les femmes obtiendront le droit de vote à 21 ans, au même titre que les hommes.

Le parti Labour devient également de plus en plus influent, face aux partis libéral et conservateur qui se partageaient jusqu'à présent le pouvoir. Le programme politique du Labour Party promet des mesures sociales : nationalisation des industries d'infrastructures, imposition sur les plus riches pour assurer une Sécurité sociale et réduire la dette nationale, et la création du Dole, une sorte d'Assedic.

Toutes ces mesures permirent sûrement la paix sociale de l'époque. Le parti travailliste arrive au pouvoir pour la première fois en 1923 sous James Ramsey McDonald.

Mais l'année suivante voit le retour des conservateurs, avec Stanley Baldwin. La monnaie britannique souffre alors d'une dévaluation et les biens produits deviennent hors de prix. Les exportations chutent.

Au pays de Galles, en 1925, le Plaid Genedlaethol Cymru, parti nationaliste, est formé sous l'impulsion de Saunders Lewis. Le parti a pour mission de se battre pour les causes galloises : culture, langue… Il faudra 40 ans pour que le Plaid Cymru soit pris au sérieux et gagne son premier siège au Parlement.

En 1926 une grève générale paralyse l'Angleterre, qui dure neuf jours et implique plus de 500 000 travailleurs et le gouvernement charge l'armée d'y remédier. Après le crack boursier de Wall Street en 1929, la Grande-Bretagne entre dans une période de grande récession. En 1931, 2,8 millions de personnes sont au chômage, ce qui entraîne de nombreuses manifestations.

En 1936, un scandale secoue le pays. Le roi Edward VIII abdique pour épouser Wallis Simpson, une Américaine deux fois divorcée. Son frère George VI lui succède, mais l'image de la monarchie est fortement entachée.

La Seconde Guerre mondiale

Le 3 septembre 1939, l'Angleterre entre en guerre après l'invasion de la Pologne et instaure la conscription des hommes de plus de 20 ans. Mais c'est après l'annexion de la Finlande par l'Armée Rouge de Staline que la Grande-Bretagne se prépare à une guerre totale d'invasion : les villes sont mises sous couvre-feu et la population est rationnée.

En 1940, Chamberlain échoue en Norvège dans sa tentative de contrer les nazis. Il démissionne au profit de Churchill, très apprécié, qui promet la victoire après de lourds sacrifices. L'Angleterre se trouve alors être la seule force d'opposition aux prétentions de domination européenne et mondiale d'Hitler.

Le 10 juillet 1940 la flotte aérienne allemande entreprend le bombardement de l'Angleterre avec l'aide de l'artillerie. En septembre 1940, les bombes s'abattent sur Londres pendant deux mois consécutifs, faisant au moins 30 000 victimes.

De nombreuses villes anglaises subissent de lourdes pertes. C'est grâce aux exploits de la Royal Air Force et à l'invention du « r.a.d.a.r. » que les Britanniques prennent l'avantage sur les Allemands.

Le 17 septembre, Hitler se décourage de l'invasion de la Grande-Bretagne, et met en place un embargo pour étouffer l'île. Les navires de ravitaillements sont systématiquement coulés par des sous-marins allemands. Après l'entrée en guerre du Japon, les USA s'impliquent également dans le conflit, et c'est grâce à leur aide que la Royal Air Force reprend le contrôle de la Méditerranée.

En octobre 1942, l'armée britannique participe à un tournant de la guerre par la victoire stratégique en Afrique du Nord. Pendant la bataille d'El-Alamein, The Seventh Armoured Division, appelée aussi « The Desert Rats » dirigée par Montgomery, met en échec 250 000 militaires allemands.

En juin 1944, les troupes alliées débarquent en Normandie. L'Allemagne, également attaquée à l'est par les Russes, capitule en mai 1945.

Au sortir de la guerre

Après la guerre, les Britanniques ne font plus confiance au Parti conservateur pour résoudre leurs problèmes économiques et sociaux.

Ils désirent le changement. En 1945, Winston Churchill se retrouve de nouveau dans l'opposition après la large victoire du parti travailliste dirigé par Clément Atlee.

Le Premier ministre engage une politique de nationalisation des outils de production, comme l'électricité, le gaz ou la production de charbon et des infrastructures de transport. En 1947, la première pile nucléaire est mis en service à Harwell, et le pays de Galles ainsi que l'Ecosse connaissent le développement de centrales hydrauliques. Il met également en place des mesures sanitaires sans précédent. La mise en œuvre de la « National School Lunch Act » en juin 1946 assure la restauration gratuite de tous les écoliers, et la « National Health Service » en 1948 promulgue des soins médicaux gratuits pour tous.

Mais, malgré ces nouvelles mesures sociales et l'instauration du plan Marshall, la vie après-guerre n'est pas facile pour les Britanniques et le rationnement alimentaire, maintenu jusqu'en 1954.

En 1952, Elizabeth II succède à George VI. L'événement du couronnement passe à la télévision.

DÉCOUVERTE

Grandes figures de l'histoire britannique

Macbeth (1005-1057) Macbeth était le roi de l'Ecosse de 1040 à 1057. Rendu célèbre par Shakespeare avec la pièce qui porte son nom, il fut le premier roi écossais à faire le pèlerinage à Rome en 1050.

Guillaume le Conquérant (1027-1087) Né en Normandie, Guillaume Ier vainquit le roi Harold II pour accéder au trône. Roi d'Angleterre de 1066 à 1087, il est célèbre pour ses victoires militaires, mais aussi parce qu'il fut à l'origine de l'établissement d'un régime féodal fort et structuré en Angleterre.

Richard Ier Cœur de Lion (1157-1199) Fils d'Henri II, il fut roi d'Angleterre de 1189 à 1199. Il passa cependant la majeure partie de sa vie à l'extérieur de son royaume, d'abord en révolte contre son père, Henri II, puis après être devenu roi lui-même, à partir de la Troisième Croisade – aux côtés de Philippe-Auguste – et de la prise de Saint-Jean-d'Acre (1191). Fait prisonnier en Autriche (1193), alors qu'il tentait de rejoindre son royaume pour lutter contre les velléités d'expansion de Philippe-Auguste, roi de France, il resta une année en détention avant de remporter plusieurs victoires contre son ancien allié en Normandie. Il pardonna, à son retour, à son frère, Jean sans Terre d'avoir voulu accaparer le trône en son absence. Il mourut quelques années plus tard, au combat, tandis qu'il tentait de s'emparer du château de Châlus.

Oliver Cromwell (1599-1658) Cet homme politique intraitable et fanatique n'a pas laissé un très agréable souvenir au peuple anglais. Il fut à l'origine de la condamnation du roi Charles Ier, de la réorganisation de l'armée et surtout de l'instauration du Commonwealth. D'autre part, il mena de sanglantes batailles pour asservir l'Irlande et l'Ecosse. A l'étranger, luttant contre les intérêts espagnols dans les Caraïbes, il parvint à annexer la Jamaïque pour le compte de la Couronne.

David Lloyd George (1863-1945) Eminent homme politique britannique d'origine galloise, il devint chef de l'aile gauche du Parti libéral. Il est à l'initiative de nombreuses réformes sociales (le système de Sécurité nationale, retraite...) avant de devenir Premier ministre britannique de 1916 jusqu'en 1922.

Winston Churchill (1874-1965) Ce très grand homme d'Etat débute modestement dans la vie. Après des études moyennes, il se lance dans la carrière militaire comme correspondant à Cuba et en Egypte. Versatile en politique, il s'allie d'abord avec le Parti conservateur puis il rejoint le Parti libéral. Il participe à différents gouvernements : comme sous-Secrétaire d'Etat aux colonies, ministre du Commerce et de l'Industrie. Il est ensuite nommé Premier Lord de l'Amirauté en 1911 et prépare la flotte britannique à la Première Guerre mondiale. L'échec de l'expédition des Dardanelles le contraint à donner sa démission en 1915. Après une enquête, il sera pourtant réhabilité. Il est nommé ministre des Munitions de 1917 à 1919, puis ministre de la Guerre et de l'Air de 1919 à 1922. Il se consacre ensuite à l'écriture et reste à l'écart de la vie politique. Réélu aux Communes en 1924 comme conservateur, il est Chancelier de l'Echiquier de 1924 à 1929 et opère le rattachement de la livre sterling à l'étalon or. En 1929, les conservateurs échouent aux élections générales et Churchill se retire une nouvelle fois de la scène politique jusqu'à la Seconde Guerre mondiale. Il est nommé Lord de l'Amirauté puis Premier ministre en 1940, dans un gouvernement d'union nationale (travaillistes, conservateurs et libéraux). Pendant cinq ans, il met en œuvre ses talents de chef de guerre hors du commun et place toute son énergie au service d'un but unique : la victoire. Il est également de toutes les réunions internationales (Québec, Yalta, Postdam). Rappelé par les conservateurs au pouvoir en 1951, il reste Premier ministre jusqu'en 1955, date à laquelle il se retire définitivement de la vie politique.

Décolonisation et construction européenne

Le Conseil pour le pays de Galles est formé en 1948, et en 1951 le poste de ministre des Affaires galloises au gouvernement britannique est créé. Cette époque marque aussi le début du « terrorisme gallois ». On met le feu aux bâtiments de la RAF, aux maisons de campagne achetées par des Anglais... Dans les années 1960, le Plaid Cymru représente une forte opposition pour le gouvernement anglais. En 1964, le poste de Secrétaire d'Etat pour le pays de Galles (Secretary of State for Wales) est créé.

Durant les années 1950, la Grande-Bretagne se reconstruit, mais le pays semble avoir laissé ses heures de gloire derrière lui. Les colonies britanniques deviennent indépendantes les unes après les autres. Le Royaume-Uni n'est plus la puissance mondiale qu'il était mais connaît un boom économique et inaugure la construction d'une centrale atomique. En 1959, après plusieurs manifestations populaires, le gouvernement renonce à la production de missiles atomiques en faisant ainsi « allégeance » à la Défense américaine : cela en est fini de l'indépendance militaire britannique.

Les années 1950 marquent aussi le début de la construction d'une Europe unie. Le Royaume-Uni refuse cependant, en 1957, de ratifier le Traité de Rome qui instaure la Communauté économique européenne. A la place, la Grande-Bretagne consolide ses relations avec le Commonwealth. Plus tard, c'est le président de Gaulle qui oppose un veto à leur introduction par méfiance envers la relation privilégiée entre le Royaume-Uni et les USA. La Grande-Bretagne entre finalement dans l'Europe économique en 1973.

Swinging Sixties et Sad Seventies

Dans les années 1960, alors que le Premier ministre travailliste Harold Wilson est au pouvoir, la Grande-Bretagne, comme le reste de l'Europe, connaît une reprise de la croissance et de la consommation. C'est aussi l'heure des importantes avancées sociales (légalisation de l'avortement, de l'homosexualité...).

Les yeux du monde entier se tourne alors vers la Grande-Bretagne, temple de la mode et de la musique (Beatles, Rolling Stones). Durant ces « Swinging Sixties », Londres devient la ville la plus branchée au monde.

Mais les années 1970 s'annoncent moins roses. Déjà en 1967, le gouvernement est obligé de dévaluer la livre pour réduire une inflation galopante. Le début des années 1970 apporte également la crise du pétrole. Une époque de récession et de grèves commence.

Lorsque l'on découvre du pétrole et du gaz en mer du Nord, à l'est de l'Ecosse, les choses s'améliorent à peine. Alors que ces ressources naturelles se trouvent en territoire écossais, ce sont des compagnies anglaises qui viennent les exploiter et c'est l'Angleterre qui profite de ce qu'elles rapportent. Ce qui ne fait qu'augmenter le sentiment nationaliste en Ecosse.

Le règne de Thatcher

Représentante de la branche la plus conservatrice du parti, la première femme à occuper le poste de Premier ministre du Royaume-Uni, se fait rapidement surnommer la Dame de Fer pour son contrôle de la politique monétaire et attire la haine des masses populaires après des coupes sèches dans les aides sociales et le budget de l'éducation.

Elle écrase les syndicats et lance un programme de privatisation de la production gazière et électrique, ainsi que de British Airways et British Telecom.

Après deux mois de combat, l'Angleterre remporte la guerre des Malouines et Margaret Thatcher est considérée comme un héros national.

© AUTHOR'S IMAGE – LAWRENCE BANAHAN

Ecusson.

En général, les années 1980, bien que marquées par des heurts sociaux et la terreur instaurée par l'I. R. A., furent des années prospères. Alors que l'on assiste à l'enrichissement de certaines classes socioprofessionnelles, le chômage progresse. Les sans-abri refont leur apparition en grand nombre dans les rues pour la première fois depuis l'époque victorienne. Aidée par la perte de vitesse du parti travailliste, Margaret Thatcher, fut cependant réélue, devenant ainsi le seul Premier ministre à avoir cumulé trois mandats de suite.

Mais, en 1990, un nouvel impôt très impopulaire (Poll Tax) provoque de nombreuses émeutes. Le Premier ministre doit également faire face à la division du pays résultant de l'engagement militaire dans la guerre du Golfe et des victimes des « tirs amis » des USA. Margaret Thatcher doit finalement démissionner avant la fin de son mandat et céde sa place à John Major.

En 1992, malgré sa personnalité effacée, il remporte les élections générales, en misant sur la continuité face à la politique de changement du Parti travailliste. Mais le début de l'année 1993 connaît un souffle nouveau. Plusieurs scandales relayés par la presse ébranlent le Parti conservateur qui, malgré une économie florissante, perd de sa popularité. Mais les conservateurs ne sont pas les seuls à subir une perte de popularité. En effet, c'est en 1994 que le prince Charles et Diana divorcent et les révélations sur la manière dont la princesse de Galles avait parfois été traitée entache fortement la réputation la famille royale. Diana, quant à elle, est portée au rang d'héroïne nationale et, lorsqu'elle meurt dans un accident de voiture à Paris en 1997, tout le pays la pleure.

Un drame d'une toute autre nature frappe également le Royaume-Uni en cette fin de XXe siècle : la crise de la vache folle.

LE XXIE SIÈCLE

Ce n'est qu'en 1997 que le Parti Labour, avec Tony Blair à sa tête, revient au pouvoir après 18 années d'absence. Ayant abandonné sa doctrine socialiste originelle pour s'engager sur la « troisième voie » – économie de marché, privatisations et intégration européenne, le Parti travailliste conquiert alors un électorat enclin au changement.

Le « New Labour » s'attacha notamment à la lourde tâche de régler les questions nationalistes des différents pays constituant le Royaume-Uni. Le pays de Galles et l'Ecosse furent dotés de parlements autonomes. Tony Blair, par son implication dans ces dossiers, sortit renforcé de ces transformations institutionnelles.

Le Labour connaît pourtant depuis 2005 quelques difficultés aussi bien sur le plan intérieur, où ses réformes peinent à porter leurs fruits, qu'au niveau international où ses choix de politique étrangère et les crises économiques à répétition ont fini par lasser l'opinion. Lors des élections législatives de 2010, le Labour perd le pouvoir au profit d'une coalition conservateurs-libéraux-démocrates. David Cameron, le chef du Parti conservateur, devient Premier ministre après 13 années de Labour.

Entente cordiale

En 2004 fut célébré le centième anniversaire de l'Entente cordiale signée entre la Grande-Bretagne et la France. Ce traité colonial, signé à Londres le 8 avril 1904, avait pour but d'accorder les différentes politiques menées dans divers coins du monde. Les deux pays étaient alors des superpuissances coloniales et aucun des deux ne pouvait envisager un quelconque développement au détriment de l'autre. Mais l'Entente cordiale eut une signification plus large puisqu'elle marque la transition entre des siècles de conflits et de tensions entre les deux pays à une ère de rapprochements et d'alliances. Grâce à cette entente, les deux Etats se sont dirigés vers des horizons communs tout au long du XXe siècle. Cependant, leurs vues divergent encore sur certains sujets comme par exemple, la construction européenne ou encore l'attitude face aux Etats-Unis dans la crise irakienne. Il est également difficile d'effacer ainsi des siècles de conflits dans l'esprit des gens et on ne peut pas dire que les Britanniques portent les Français dans leur cœur. Entente cordiale ou pas, la rivalité ancestrale entre les « Frogs » et les « Rosbifs » n'est pas près de cesser.

Politique et économie

POLITIQUE

L'Angleterre est une monarchie constitutionnelle et parlementaire. Contrairement à la plupart des pays au monde, l'Angleterre ne dispose pas d'une Constitution écrite. Ses lois fondamentales sont issues de coutumes nées du jeu institutionnel et politique. Si les principes fondamentaux (droits et garanties) ont été transcrits dans des chartes à partir du XIIIe siècle afin de limiter les pouvoirs du monarque, les règles institutionnelles relèvent majoritairement de la pratique.

Le Parlement est divisé en deux institutions : la Chambre des Lords et la Chambre des Communes. Le Premier ministre est le chef du parti majoritaire à la Chambre des Communes. Il est nommé par la reine consécutivement à la victoire de son parti aux législatives et n'est donc pas élu au suffrage universel.

Le jeu politique semblait circonscrit au bipartisme autour des Partis conservateur (Tories) et travailliste (Labour Party). Mais les libéraux-démocrates, la troisième force politique du pays, ont fait leur entrée au gouvernement en 2010 grâce à un accord avec les conservateurs qui n'avaient pas de majorité claire au Parlement.

Les institutions britanniques

La Constitution britannique

Au Royaume-Uni, la coutume et les usages règlent le fonctionnement des institutions. Certains « Acts of Parliament » apportent néanmoins des garanties quant à l'exercice du pouvoir et les droits inhérents aux citoyens : The Bill of Rights (1689), The Act of Settlement (1701), The Reform Act (1832), The Parliament Act (1911). Mais ces textes n'ont qu'une valeur législative et pourraient parfaitement être modifiés comme une simple loi par le Parlement.

La Reine

Chef de l'Etat, la reine ne dispose que de quelques rares prérogatives comme le droit de veto sur les lois du Parlement ou le droit de déclarer la guerre. Mais la pratique a largement réduit les marges de manœuvre du pouvoir royal. Il réside principalement dans l'autorité morale, la continuité et l'unité du royaume que le monarque est censé incarner. Elle est également à la tête du Commonwealth qui regroupe certaines anciennes colonies de l'Empire britannique (Canada, Australie, Inde, Pakistan...). Son influence sur les « dominions » est cependant très limitée, ces Etats étant souverains et indépendants. Chef de l'Eglise anglicane, elle nomme également les évêques.

Depuis la loi de 1701, les souverains britanniques ne peuvent être catholiques. Si les finances de la famille royale sont souvent source d'irritation populaire bien que la reine paie depuis 1992 des impôts, les Britanniques sont très attachés au décorum monarchique et se délectent des frasques des princes et princesses, largement relatées par les tabloïds.

Le gouvernement

Au Royaume-Uni, les pouvoirs exécutifs et législatifs constitués par le gouvernement et le Parlement ne sont pas strictement séparés. Le gouvernement, composé du Premier ministre, des membres du cabinet disposant d'un budget et des ministres sans portefeuille, est issu des rangs parlementaires et siège à la Chambre des Communes.

L'exécutif comprend, outre le gouvernement, les grands commis de l'Etat et l'ensemble de l'administration.

Le terme de Premier ministre apparaît au XVIIIe siècle pour désigner celui qui coordonne l'action gouvernementale.

Ce n'est qu'en 1905 qu'il acquiert son statut actuel de chef de l'exécutif. Il jouit d'une totale liberté pour composer son cabinet et son gouvernement. Les ministres les plus importants s'appellent tous « Secretaries of State » à l'exception de ceux qui portent un nom spécifique comme le Chancellor of the Exchequer (ministre des Finances) ou le Lord Chancellor (ministre de la Justice).

Le Parlement

Le Parlement se compose de deux chambres : la Chambre des Communes (House of Commons) et la Chambre des Lords (House of Lords). Malgré de timides réformes engagées en 1999, la Chambre des Lords relève quelque peu de l'anachronisme. Initialement composée de 1 223 sièges, elle ne compte plus aujourd'hui que 713 membres, dont 601 pairs ainsi nommés à vie par la reine sur proposition du Premier ministre. L'hérédité, autrefois de principe, ne concerne plus que 92 pairs. 26 archevêques et évêques complètent l'effectif sous la dénomination de « Lords of Parliament ».

La Chambre des Communes actuelle comprend 646 députés élus au suffrage universel direct uninominal à un tour. La pratique établit la durée de la législature à 5 ans mais il est courant que le Parlement soit dissous au bout de 4 ans. La législature se subdivise en périodes appelées sessions parlementaires. Une session comprend 160 jours de travail (sitting days) et dure d'octobre à octobre. Le gouvernement est responsable devant elle, le Premier ministre ne conservant sa place que s'il bénéficie de son soutien. La Chambre des Communes consacre son temps à trois activités principales : l'élaboration des lois, le contrôle des dépenses budgétaires et le contrôle du travail du gouvernement.

L'évolution politique du système britannique a conduit à l'effacement progressif mais inéluctable de la Chambre des Lords au profit de la Chambre des Communes. Le Parlement actuel siège à Westminster dans ce qu'il est convenu d'appeler « The House of Parliament ».

Le pouvoir judiciaire

Le système britannique peut être qualifié d'original. En effet, si les instances judiciaires ne diffèrent pas profondément des autres pays, le droit en vigueur dans le royaume n'est pas directement adopté par le Parlement. Contrairement à la France et à bon nombre de pays européens, le système juridique n'est pas issu du droit romain privilégiant des lois votées et codifiées dans des recueils de lois. Il est formé de coutumes et de décisions jurisprudentielles que l'on nomme « common law ». Le « fait précédent » est ainsi à la base du droit britannique, les juges gardant toute latitude pour rendre leur jugement. Ces spécificités confèrent à la « common law » une grande souplesse très appréciée du monde des affaires. Le Royaume-Uni a exporté son modèle dans la plupart des anciennes colonies de l'empire, ce qui en fait aujourd'hui le système juridique le plus répandu à travers le monde.

Le système politique

L'électorat

C'est au lendemain de la Première Guerre mondiale que les hommes majeurs (21 ans à l'époque) et les femmes de plus de 30 ans ont acquis le droit de vote. En 1969, la majorité électorale fut abaissée à 18 ans. Les électeurs ne votent pas de manière stéréotypée, selon leur catégorie sociale. Le Parti travailliste, présenté comme le parti des travailleurs, devrait, étant donné le pourcentage d'ouvriers par rapport aux autres catégories de la population anglaise, remporter toutes les élections. Ce n'est pas le cas et beaucoup d'ouvriers votent pour le Parti conservateur. Les jeunes ont tendance à voter majoritairement pour les travaillistes alors que les anciens se tournent plus facilement vers les conservateurs. Au cours de ces dernières années, on a vu émerger un troisième parti : les libéraux démocrates. Ce parti, arrivé en troisième position aux législatives de 2010, a obtenu son entrée au gouvernement de David Cameron.

Les partis politiques

Le système politique anglais est dominé par le bipartisme qui conduit alternativement au pouvoir les Partis travaillistes et conservateurs, et ce, depuis plus de 150 ans. En 2010, le Parti libéral-démocrate a changé la donne en acceptant un coalition avec les conservateurs pour intégrer le gouvernement.

▸ **Issu des Tories fondés au XVIIe siècle, le Parti conservateur** est assurément libéral. Sa ligne politique réside principalement dans son refus viscéral d'une trop grande intervention de l'Etat, quasiment réduit à ses fonctions régaliennes (justice, armée, police). Les dépenses publiques sont à limiter fortement tandis que le libre-échange et la concurrence doivent seuls réguler le marché. Au plan social, l'individu est placé au centre de la société dirigée par des valeurs morales clairement définies. Aux yeux des conservateurs, l'inégalité que traduit la hiérarchie sociale est non seulement inévitable mais naturelle et bénéfique. Le chemin emprunté par le « New Labour » a conduit les conservateurs à durcir encore un peu plus leur ligne politique. Celle-ci s'est teintée de nationalisme et d'euroscepticisme. Son chef politique, David Cameron, a été élu Premier ministre en mai 2010.

Le Parti travailliste est fondé en 1900 par des syndicats soucieux d'avoir un représentant au sein du jeu politique. Il s'impose rapidement au point de devancer le Parti libéral démocrate et de devenir la deuxième force du pays. Il est membre du Parti socialiste européen (PSE) et de l'Internationale socialiste. Aujourd'hui, la nouvelle génération de travaillistes a rompu avec ses positions purement socialistes, proches de celles des syndicats. Le « New Labour » développe une politique de centre-gauche libéral, connue sous le nom de « troisième voie ». Elle consiste à développer une politique mêlant socialisme démocratique et libéralisme qui lui aura permis d'accéder au pouvoir en 1997.

Apparu en 1988, le Parti démocrate libéral est né de la fusion de franges dissidentes du Parti travailliste et de l'ancien Parti libéral. Occupant le centre de l'échiquier politique, il se veut favorable à l'intégration européenne et entend développer une politique étrangère apaisée. Grâce à ce positionnement novateur en Grande-Bretagne, il a su gagner la sympathie d'une frange toujours plus importante de la population britannique déçue par les partis traditionnels. Le Parti libéral démocrate s'est imposé dans la vie politique du pays en 2010 en évinçant l'un des deux poids lourds grâce à une coalition avec les conservateurs.

Le pays de Galles

Le pays de Galles est une principauté, ce que le titre de « prince de Galles » vient symboliquement rappeler. Il est divisé, depuis 1974, en huit comtés (Counties) que l'on a rebaptisés de leur nom gallois : Clwyd, Dyfed, Gwent, Gwynedd, Powys, Mid-South-West Glamorghan...

L'histoire politique du pays de Galles commence en 1536 lors de la signature du premier « acte d'union » qui intègre le pays de Galles à l'Angleterre. Le second « acte d'union » en 1542 découpe le pays de Galles en différents comtés.

Après la Première Guerre mondiale, l'idée d'un transfert de pouvoir – ou « *devolution* » – est évoquée lors d'une conférence, en octobre 1919. La désillusion due aux fausses promesses des travaillistes et des conservateurs gallois favorise la création d'un nouveau parti défendant l'idée d'un gouvernement autonome. Le Parti national gallois, le Plaid Cymru, voit le jour en 1925 sous l'impulsion de Saunders Lewis.

1951 est une grande année pour le pays de Galles : les conservateurs au pouvoir créent le premier poste de ministre délégué aux Affaires galloises. En 1955, Londres reconnaît Cardiff comme capitale officielle du pays de Galles. En 1957, face à la pression autonomiste, le gouvernement conservateur crée le poste de ministre d'Etat pour le pays de Galles, suivi trois ans plus tard par le Comité gallois. Mais il faut attendre les années 1960 et l'ère travailliste pour que le pays obtienne une représentation plus fidèle avec la désignation de son premier Secrétaire d'Etat. Les Gallois se font enfin entendre avec l'élection du premier représentant gallois au Parlement, Gwynfor Evans. En 1976, une proposition de loi pour la « devolution » (transfert des pouvoirs au pays de Galles et en Ecosse) est déposée. Trois ans après, un référendum sur la question est voté. Véritable défaite pour les nationalistes gallois puisque seulement 20 % de la population votent en faveur de la création d'une Assemblée galloise. La lutte continue dans les années 1980-90. En 1996, le Labour s'engage à préparer la création d'une assemblée qui réglerait les questions législatives « secondaires ». En 1997, un deuxième référendum est organisé. Le retour en force de la culture et de la langue galloises fait pencher la balance vers un « oui ». Depuis la « devolution » de 1999, les affaires galloises, en ce qui concerne les questions de santé, d'éducation, de culture relèvent de la compétence de l'Assemblée nationale, située à Cardiff. Celle-ci élue tous les 4 ans compte 60 membres.

L'Écosse

En Ecosse, les principaux partis politiques sont les mêmes qu'ailleurs en Grande-Bretagne : conservateurs, travaillistes, libéraux démocrates, plus un parti nationaliste écossais (SNP). Le Parlement écossais, créé à la suite de la dévolution de 1999 est entré en fonction en l'an 2000, et se compose de 129 membres élus pour 4 ans. Son siège est établi près du palais de Holyrood House, à Edimbourg. Comme au pays de Galles, ce Parlement est responsable des questions d'éducation, de santé avec en plus, la gestion des impôts, pouvoir dont ne bénéficie pas l'Assemblée galloise. Le Parlement de Londres conserve cependant le contrôle de la Défense, des Affaires étrangères et de la Sécurité sociale. Bien que la langue gaélique ait pratiquement disparu, la culture et le nationalisme écossais demeurent profondément enracinés dans la conscience populaire.

ÉCONOMIE

Le Royaume-Uni détient aujourd'hui la quatrième économie mondiale avec un PIB dépassant les 2 100 milliards d'euros. L'économie est largement dominée par le secteur tertiaire, principalement celui de la finance, Londres étant une place boursière incontournable.

Agriculture

Si le secteur agricole ne représente que 0,9% du PIB britannique et n'embauche plus que 2% de la population active, le Royaume-Uni possède le plus grand cheptel ovin de l'Union européenne. Les produits laitiers en constituent la production principale. Cette industrie fut donc touchée de plein fouet par les épizooties de la vache folle et de la fièvre aphteuse.

En Angleterre, seulement 20 % des terres sont « défavorisées », 25 % de la population habite en milieu rural et la production agricole ne représente que 1 % du PIB pour 430 000 producteurs et salariés dont le revenu a chuté de 60 %.

L'industrie céréalière se situe au sud-est dans le Fens et 10 % du revenu agricole est assuré par la production fruitière et légumière dans le Fens et le Kent. A cela viennent s'ajouter la production de viande bovine et l'industrie laitière, qui furent affaiblies par l'épizootie de la vache folle.

Un des grands atouts de l'Ecosse est la sylviculture. Les forêts représentent 1,2 million d'hectares, soit la moitié de la production de bois britannique. La politique agricole de l'Ecosse se concentre sur l'encouragement à une agriculture biologique. Les Lowlands possèdent les terres les plus fertiles de l'Ecosse, propices aux cultures céréalières et fruitières et à l'élevage des bovins. Les Highlands ont une économie encore rurale et pastorale : élevage ovin alimentant l'industrie lainière des Cheviot, de la vallée de la Tweed et des îles Shetland. L'Ecosse est aussi un bon producteur de poissons, surtout sur la côte est (Aberdeen, Dundee). La frontière avec l'Angleterre passe par les rivières Tweed et Liddell. C'est de là que vient la laine utilisée pour la fabrication du tweed. Bordées par la mer du Nord, les plaines de l'Est offrent de bons sols et de riches cultures (blé, orge, avoine).

La production agricole du pays de Galles est majoritairement axée sur l'élevage bovin dans les vallées, et ovin sur les plateaux, pour la viande et les produits laitiers. 40 % des terres sont réservés aux pâturages, alors que seulement 10 % concernent les cultures de l'orge, de pommes de terre, de l'avoine, et du fourrage. Les exploitations agricoles sont représentées par de petites fermes. Le pays couvre environ 60 % de ses besoins alimentaires.

Industrie

Les deux tiers de la production houillère britannique sont réalisés en Angleterre dans les bassins de Northumberland-Durham et Yorkshire-East Midlands. Cette matière première est utilisée dans les centrales thermiques pour produire de l'électricité. Sheffield et Newcastle sont encore traditionnellement ancrées dans l'industrie métallurgique avec la production d'acier spéciaux pour le premier, et la métallurgie lourde pour le second. L'industrie chimique, les raffineries de pétrole et les chaînes de montage automobiles se concentrent autour de Liverpool et Manchester.

La dernière vague d'industrialisation s'affaire au cœur même de l'Angleterre. Il s'agit d'emplois à forte qualification. On trouve, par exemple, de la production automobile à Oxford et de l'électronique à Cambridge. Enfin, Londres accueille en majorité le secteur tertiaire. Ce sont les services financiers qui prédominent le paysage économique : la City est le siège de la troisième bourse mondiale et des administrations banquières des plus grands groupes mondiaux.

En Ecosse, c'est également dans les Lowlands, de Gervon à Dunbar, que s'exerçait jusqu'ici la quasi-totalité de l'activité industrielle, notamment autour de Glasgow, dans l'estuaire de la Clyde et, à l'est, dans la région de Dundee, avec ses confitureries où est produite la fameuse marmelade d'oranges. Les principales ressources énergétiques se partagent entre l'hydroélectricité des Highlands et l'important bassin houiller des Lowlands.

La Silicon Glen, près de Glasgow, est une véritable Silicon Valley européenne. Le site regroupe de nombreuses starts-up ainsi qu'un florilège des plus grandes entreprises informatiques mondiales qui s'appuie sur la proximité d'universités comme celle de Glasgow, pour recruter des ingénieurs ou de la main-d'œuvre.

© STÉPHANE SAVIGNARD

Les boules à neige font toujours mouche !

▶ **L'industrie galloise** est principalement basée sur le charbon, les mines et les moutons. Le Sud recèle d'importants gisements houillers, et la côte, qui compte de florissantes cultures maraîchères et fruitières, est également, fortement industrialisée autour des ports charbonniers de Swansea, Cardiff et Newport. L'industrie métallurgique est maintenant spécialisée dans la fabrication du fer-blanc. C'est pourquoi l'essentiel de la population vit dans ce Sud très industrialisé. Quant à Milford Haven, c'est le plus grand port pétrolier du Royaume-Uni. L'élevage des moutons sur les landes, l'élevage laitier sur les plus basses terres sont les activités majeures du Nord et du Centre.

L'industrie du pays de Galles est en pleine rénovation. Pour s'adapter aux besoins dans les secteurs du transport, de l'e-commerce, et de la communication, de nombreuses entreprises investissent : 1 500 sociétés étrangères sont implantées au pays de Galles, et 75 000 employés travaillent pour la fabrication internationale.

Tourisme

Le tourisme britannique est en nette augmentation ces dernières années. Malgré les vagues d'attentats qui ont touché Londres et sa région, la Grande Bretagne reste la sixième destination touristique mondiale et attire chaque année plus de 27 millions de visiteurs sur son territoire.

▶ **En Angleterre,** le tourisme aide au développement des régions excentrées par rapport à Londres à travers l'hôtellerie et les pubs.

▶ **Le tourisme est le secteur économique** le plus important d'Ecosse. Les zones les plus fréquentées sont les Highlands, Edimbourg, et Glasgow. Pour favoriser ce secteur d'activité, primordial pour l'économie écossaise, plusieurs nouveaux projets ont été initiés.

75 millions de livres ont été investis dans le Glasgow Science Center où l'on peut découvrir les nouvelles technologies visuelles. Un nouveau parc national, le Lock Lomond and Trossachs proposera de découvrir la faune et la flore spécifiques à cette région, le Millenium link permet le développement du tourisme fluvial.

▶ **Bien que moins important qu'en Ecosse**, le tourisme est devenu une source importante de revenus pour le pays de Galles. Les principaux touristes sont bien sûr les Anglais qui viennent profiter des plages de sable et du temps un peu plus clément qu'au Nord. Puis viennent les amoureux des randonnées et de la nature qui arpentent sans relâche les Brecon Beacons et les sentiers côtiers du Pembrokeshire. Mais, malgré tout cela, le tourisme demeure plus faible que chez ses voisins. C'est surtout dû à la mauvaise réputation de la météo galloise et au manque de promotion touristique.

Population et langues

POPULATION

La Grande-Bretagne comprend environ 61,4 millions d'habitants. Autant qu'en France alors que la superficie de l'île, avec une superficie de 230 000 km², est près de 2,5 fois plus petite que celle de l'Hexagone. L'espérance de vie est en moyenne de 76 ans pour les hommes, et de 81 ans pour les femmes. La population britannique est vieillissante.

L'Angleterre est le pays le plus peuplé du Royaume-Uni avec 51 millions d'habitants (80 % de la population totale), pour une superficie de 131 770 km². Soit près de 390 hab/km². Les plus grandes densités ont été enregistrées à Londres et à Portsmouth, alors que les plus faibles se situent à Eden dans le Cumbria. Birmingham est la deuxième ville la plus peuplée après Londres, suivie de Manchester en troisième position. L'Angleterre connaît un déséquilibre dans l'évolution quantitative de sa population. Alors qu'elle augmente dans les régions de l'Est, du Sud-Est, du Sud-Ouest et de Londres, elle est en chute dans le Nord-Est et le Nord-Ouest.

L'Ecosse, qui compte environ 5 millions d'âmes, est le pays le moins densément peuplé avec 65 habitants au kilomètre carré. Le territoire écossais est très irrégulièrement peuplé : la majeure partie de la population, est concentrée dans la ceinture industrielle du Centre-Ouest du pays tandis que, dans les Highlands, la densité n'excède pas 7 hab/km². Les trois-quarts des Ecossais sont des citadins. Glasgow compte 680 000 habitants et Edimbourg, 450 000.

Le pays de Galles compte 3 millions d'habitants. La densité moyenne tourne autour de 140 habitants par kilomètre carré. Les deux tiers des habitants se concentrent dans le Sud, le long de la côte, principalement à Cardiff (10,5 %). Certaines villes, qui furent très importantes pendant la révolution industrielle perdent aujourd'hui beaucoup de leurs habitants.

Les principales minorités ethniques en Grande-Bretagne sont des Antillais ou des Africains (1 274 000 personnes), des Indiens (984 000) et des Pakistanais et des Bangladais (932 000). Au total, ces minorités représentent 9 % de la population britannique. Elles sont le résultat des grandes migrations des années 1950 et 1960 en provenance des anciennes colonies britanniques.

Boutique d'antiquités Alice à Portobello Road.

LANGUES

L'anglais est la seule langue officielle à être utilisée au Parlement pour la rédaction des lois et les débats politiques, ainsi que pour les institutions juridiques et les services gouvernementaux. Mais les minorités ethniques peuvent désormais se servir de leur langue maternelle lors de leur relation avec l'administration et les services publics. Cela s'applique évidemment au gaélique écossais, irlandais et au gallois mais aussi aux quelque 200 langues importées par les différentes communautés issues de l'immigration. La langue de Shakespeare reste bien sûr obligatoire, mais divers aménagements ont été mis en place par exemple dans le monde judiciaire, où des interprètes sont disponibles. Dans les écoles, il sera possible d'enseigner dans une autre langue à condition d'assurer un minimum d'heures d'anglais : dans certaines d'entre elles il est possible d'apprendre soixante langues différentes.
Plus traditionnellement, une deuxième langue associée aux relations européennes est obligatoirement enseignée, c'est souvent le français.

Langues parlées en Écosse

Même si la langue officielle reste l'anglais, on parle aussi deux dialectes rassemblant environ 50 000 locuteurs : le *braid scots* parlé dans les Lowlands, et le gaélique d'Ecosse dans les Highlands, dans les îles du Nord, dans le centre des Lowlands, et dans les Uplands du sud du pays. Ces langues sont moins utilisées qu'en Irlande, mais elles connaissent aujourd'hui un regain d'intérêt par désir d'identité nationale. L'anglais, quant à lui, est entendu plus particulièrement au Sud, et dans les villes, on peut entendre des langues issues des nouvelles vagues migratoires.
Malgré une série de lois relatives à sa légitimité, le gaélique écossais n'a pas de droit reconnu par le Parlement britannique ou par le Scottish Office (le Parlement écossais). Sur le plan médiatique, il n'est pas très représenté, malgré les efforts de la BBC, il n'y a que 300 heures de programme télévisuel par an, deux sociétés de production de téléfilms, et une seule revue. Enfin, pour finir sur une note optimiste, la connaissance de cette langue devient un atout surtout pour l'industrie touristique.

Langues parlées au pays de Galles

Sur les 3 millions d'habitants que comporte le pays de Galles, 18 % parlent le gallois. Parmi eux, 94,3 % sont bilingues et considèrent le gallois comme leur deuxième langue, et 5,7 % le considèrent comme leur langue maternelle. Le pays de Galles reconnaît ces deux langues officielles depuis 1999 à l'occasion du Government of Wales Act, même si le gallois a, par deux reprises, connu un certain avantage : grâce aux lois de 1967 qui toléraient les deux langues dans les tribunaux, et grâce à la loi de 1997 qui instaure l'égalité de l'anglais et du gallois dans les services d'administration. Malgré ce privilège, le gallois reste peu utilisé, même au pays de Galles.

▶ **Le « Welsh »** , la langue de cœur du pays de Galles. Le mot vient du vieil anglais « wealh » qui signifie « étranger », c'est ainsi que les Saxons désignaient leurs voisins celtes. Le gallois (Cymraeg) fait partie avec le breton, d'une des deux familles de langues celtiques. Parlé par la moitié de la population au début du siècle, le gallois n'est plus parlé couramment que dans les comtés plus ruraux de Dyfed et Gwynedd. La langue est maintenant enseignée à l'école comme langue maternelle. Pour les touristes, cela ne pose aucun problème, la signalisation est bilingue et tous les Gallois parlent bien sûr l'anglais.

DÉCOUVERTE

RELIGION

La religion dominante en Grande-Bretagne est le christianisme : les anglicans, les protestants et les catholiques représentent 71,6 % de la population. La Grande-Bretagne étant une terre d'immigration, on trouve un nombre impressionnant de croyances diverses (environ 300). On dénombre 2,7 % de musulmans (1,6 million), 0,6 % de sikhs (336 000), 0,5 % de juifs (267 000), et 0,3 % de bouddhistes (152 000), pour les religions les plus représentées. Les catholiques sont également nombreux (environ 10 % des Britanniques sont catholiques). Depuis le XVIe siècle, ceux-ci furent souvent persécutés. Ils n'ont obtenu des droits politiques qu'en 1829 et des structures officielles en 1850. Parmi les autres mouvements chrétiens, on peut citer les méthodistes, les baptistes, l'église presbytérienne ainsi que les Mormons, les Témoins de Jéhovah et l'Eglise de scientologie.

Llanthony Priory.

Si, de manière générale, 76,8 % de la population se dit croyante, il existe un certain déséquilibre sur le territoire : ils sont 77 % au pays de Galles et en Angleterre, et 67 % en Ecosse.

▶ L'Eglise anglicane (The Church of England) est l'Eglise officielle du pays. Elle fut fondée par Henri VIII en 1534, à la suite de la rupture avec Rome. A la suite de ce schisme avec l'Eglise catholique, le roi fit fermer les monastères et répandit les idées de la Réformation. En 1534, fut promulgué l' « Acte de Suprématie » qui soumettait l'Eglise d'Angleterre à la seule autorité royale.

Dans l'Eglise anglicane, les prêtres peuvent se marier et, depuis 1994, des femmes sont ordonnées prêtres. Récemment, c'est l'ordination de prêtres ouvertement homosexuels qui a provoqué une polémique. Aujourd'hui encore, la reine est le chef de l'Eglise anglicane.

Il n'y a donc pas de véritable séparation entre l'Etat et l'Eglise, bien que celle-ci soit de plus en plus indépendante. L'enseignement des religions fait également partie du programme officiel des écoles publiques anglaises.

A en croire le nom des lieux au pays de Galles, les Gallois sont très croyants. Tous ceux possédant le préfixe « llan » désignent d'anciens saints gallois : Llanberis (saint beris), llandudno, etc.

Le méthodisme calviniste étant la branche la plus développée, surtout dans les régions où l'on parle gallois. L'Eglise galloise a ses propres évêques et est proche de l'Eglise anglicane dont elle s'est séparée en 1920. Il existe une minorité catholique importante dans le Nord-Est du pays.

En Ecosse, la majorité des habitants sont anglicans (Eglise d'Ecosse) et protestants ; il y a une minorité Free Church baptiste et réformée (1,3 million). Les communautés juive et catholique sont particulièrement actives autour de Glasgow.

Église

Le moindre village est doté d'une église. La plupart du temps, on en trouve deux ou trois : l'une est anglicane, l'autre protestante, la dernière est parfois catholique, baptiste ou réformée. La cathédrale est souvent anglicane. Liverpool est la seule ville du pays à posséder une cathédrale catholique et une anglicane. Les églises restent souvent ouvertes et abritent un service de bénévoles qui vous guidera. Quelle que soit la confession, catholique ou protestante, la présence active des églises est fondamentale. Il suffit, pour s'en convaincre, de traverser la ville un dimanche matin : personne, mais la majeure partie des activités reprennent juste après la messe. Enfin, le poids de l'Eglise sur la vie quotidienne – la douloureuse question de l'avortement, par exemple – est décisif, même si la jeune génération s'en détache de plus en plus.

Mode de vie

Comme dans tous les pays celtiques de la Grande-Bretagne, c'est au travers de la pratique de la langue que se cristallise le sentiment d'appartenance culturelle face au sentiment, autrefois justifié, d'être écrasé par la culture impérialiste anglaise.

CARACTÈRE NATIONAL

Coutume galloise

Les Gallois ont beaucoup de coutumes bien particulières, certaines d'entre elles sont inventées ou du moins entretenues par les offices du tourisme, d'autres sont désuètes comme la tradition de la « Lovespoon », qui voulait que l'amoureux (se) offre une cuillère en bois sculpté à l'élu(e) de son cœur pour lui témoigner son amour ! C'est assez rare de nos jours...

Impossible de définir un caractère britannique, tant les Anglais, Gallois et Ecossais sont différents et se définissent par opposition aux autres. Les Anglais sont les ennemis jurés des Gallois et des Ecossais, et ces derniers méprisent tout ce qui vient d'Angleterre.

Les Anglais ont la réputation d'être réservés, courtois, calmes, mais pas très chaleureux. Il est vrai que ces caractéristiques peuvent s'appliquer à un certain nombre d'Anglais, particulièrement issus des classes supérieures de la société. Mais cependant, vous vous rendrez vite compte que tous les Anglais ne sont pas comme ça et qu'ils peuvent se montrer aussi passionnés, sympathiques et exubérants que n'importe qui d'autre.

Les Ecossais sont connus pour leur amabilité et leur sens de l'hospitalité. Ils en sont fiers et préservent ces qualités.

Les Gallois, quant à eux, sont de bons vivants qui aiment bien manger et bien boire, qui n'ont pas leur langue dans leur poche et sont particulièrement sensibles aux blagues sarcastiques et aux jeux de mots. D'un autre côté, ils ont la réputation de ne jamais tenir leurs promesses. D'ailleurs le verbe « to welsh », en anglais, signifie « revenir sur sa parole ». Enfin, les Gallois sont fiers de l'être et vous le découvrirez bien assez tôt. Au fur et à mesure de vos discussions, ils vous diront qu'eux – les Gallois – sont héritiers de l'une des plus vieilles cultures européennes qui rayonnaient en Europe à l'époque où les Anglo-Saxons n'étaient qu'une bande de barbares illettrés !

National Gallery à Trafalgar Square.

MŒURS

Les hommes sont passionnés de jardinage, lisent volontiers la page des résultats de cricket du *Times* et retrouvent leurs amis le soir au pub. Les femmes boivent du thé en regardant à la télévision des émissions humoristiques tout à fait britanniques ou en faisant des mots croisés, sans oublier de bichonner le chat ou le chien de la famille… Clichés ? Un peu, bien sûr. Mais pas tellement éloignés de la réalité non plus.

Evidemment, les mœurs ne seront pas les mêmes à Londres ou au fin fond du Devon… Mais le mode de vie, et le rythme effréné des Londoniens est un cas à part. Dans le reste du pays, à partir de 17h30-18h, la vie publique et professionnelle s'arrête au profit de la vie personnelle et familiale, qui occupe une place très importante. On dîne très tôt, de 18h à 19h30, ce qui laisse de longues soirées devant soi.

FAMILLE

Notion très importante. La plupart des week-ends se passent en famille ; de nombreux Londoniens qui ne sont pas originaires de la capitale rentrent le week-end dans leur famille, en province. L'esprit de famille passe obligatoirement par le mariage même si aujourd'hui la société est plus ouverte aux *girl* et *boyfriend*. L'esprit de clan est particulièrement fort dans les Highlands écossais. De manière générale, on pense beaucoup aux enfants. En tout lieu, des écriteaux rappellent aux parents qu'ils doivent surveiller leurs chers petits : dans les ruines à cause du danger, dans les restaurants à cause des voisins…

PLACE DE LA FEMME

A partir des années 1960, la place de la femme dans la société est devenue de plus en plus importante.

En 1970, la loi exige des entrepreneurs qu'ils donnent le même salaire à travail égal entre hommes et femmes. En 1975, une loi contre la discrimination sexuelle est promulguée, le Sex Discrimination Act. L'accès au travail est égal pour la femme et l'homme. Une loi est également votée pour la protection de la femme enceinte. Elle bénéficie de pensions lors d'un arrêt de maternité et est protégée face à ses employeurs. La Family Planning Act permet aux femmes d'obtenir des conseils gratuits sur les moyens contraceptifs. Et, depuis 1976, une législation protège la femme contre la violence domestique.

ÉDUCATION

En Angleterre

L'enseignement est obligatoire jusqu'à l'âge de 16 ans et gratuit jusqu'à 18 ans. Au niveau de l'enseignement secondaire, on distingue les écoles publiques (*Comprehensive Schools*) et les écoles privées (paradoxalement appelées *Publics Schools*). La plus célèbre des Publics Schools est Eton, où les princes William et Harry ont étudié. Les deux examens les plus importants sont le G.C.S.E. (*General Certificate of Secondary Education*) et le *A level,* qui ont lieu à la fin des études secondaires (17-18 ans). La plupart des étudiants passent le A level, l'équivalent du baccalauréat. Les résultats du *A level* déterminent le choix de l'université.

En Angleterre, à partir de la Seconde Guerre mondiale, l'éducation est devenue l'une des priorités des gouvernements. L'arrivée de Margaret Thatcher au pouvoir dans les années 1980 changea cependant la politique d'éducation. D'une opportunité égale pour tous, on passa alors à une opportunité individuelle. Les étudiants doivent passer plus de tests, on les incite à devenir plus autonomes, on développe l'élitisme. Ainsi, les dépenses consacrées à l'éducation diminuent et l'on incite les élèves à aller dans les écoles privées où l'éducation est d'un niveau plus élevé.

Camden Town et son marché.

Ces dernières années, de plus en plus d'étudiants vont à l'université. Ils y passent généralement 3 ans (degree) ou 4 ans (master). Jusque dans les années 1990, l'enseignement universitaire était financé par l'Etat. Cependant, devant le nombre croissant d'étudiants, ils doivent aujourd'hui prendre eux-mêmes en charge leur frais d'inscription. En conséquence, la plupart d'entre eux souscrivent des prêts auprès du gouvernement.

Au pays de Galles

Au pays de Galles, le système éducatif fonctionne plus ou moins de la même manière qu'en Angleterre. Les programmes scolaires comportent un noyau national de base comprenant des matières obligatoires et des cours de religion. L'anglais y est obligatoire, mais le pays de Galles bénéficie de la possibilité d'avoir ses cours enseignés en gallois. Bien que certaines écoles du secondaire enseignent également en gallois, leur nombre est moins élevé. L'élève peut choisir par la suite s'il veut passer ses examens finaux en gallois ou en anglais.

Il n'y a qu'une université au pays de Galles, University of Wales, institution énorme divisée en différents pôles dans tout le pays : Cardiff University, Swansea University, Bangor University, Aberystwyth etc. Beaucoup des spécialisations universitaires touchent l'archéologie, l'histoire celte, l'étude des langues celtes...

En Écosse

Le système éducatif écossais est indépendant du système anglais, mais lui ressemble néanmoins. Le premier enseignement bilingue de l'école primaire fut développé dans les îles Hébrides, bientôt suivi par les Highlands. Ces ouvertures montrent alors la volonté d'instituer le gaélique écossais comme langue secondaire au sein des établissements scolaires.

En 2000, le Standards in *Scotland's Schools Act* demande aux autorités de rendre compte des programmes en matière d'enseignement du gaélique. Les orientations institutionnelles visent à ce que les élèves scolarisés de 5 à 14 ans aient une culture littéraire écossaise et terminent leur cursus avec la maîtrise correcte du gaélique.

Le pays compte plusieurs universités à Glasgow et Edimbourg ainsi que la prestigieuse université de Saint-Andrew's fondée en 1413.

Gays

Les Britanniques sont généralement tolérants envers les homosexuels. Cependant, vous remarquerez évidemment de grandes différences entre les villes et les campagnes.

L'arrivée au pouvoir du Labour en 1997 a fait évoluer les lois concernant les homosexuels, notamment en abaissant la majorité sexuelle à 16 ans, et en autorisant les homosexuels à adopter. La plus récente est le « Civil Partnerships bill », sorte de Pacs à l'anglaise. Londres est sans aucun doute la capitale gay européenne, avec plusieurs centaines de bars, pubs, clubs, saunas... En dehors de Londres, Manchester et Brighton sont les villes britanniques qui ont les scènes gays les plus animées.

Arts et culture

ARCHITECTURE

Voici les grandes époques et styles architecturaux que vous rencontrerez durant votre voyage.

Anglo-saxon. Les quelques vestiges d'architecture anglo-saxonne en Grande-Bretagne témoignent de la conversion, à cette époque, de ses habitants au christianisme, qui se manifeste par la construction d'églises. Celles-ci étaient généralement construites en bois, d'autres en pierre ont survécu. Deux exemples d'architecture de cette époque : les églises St-Lawrence à Bradford-on-Avon dans le Wiltshire et All Saints à Brixworth près de Northampton.

Normand. Suite à l'avènement du Normand Guillaume le Conquérant, en 1066 apparaît une architecture normande, puis anglo-normande, caractérisée par des voûtes en berceau, des piliers robustes et des extérieurs massifs. Les églises construites à cette époque sont beaucoup plus grandes que celles de la période anglo-saxonne. L'église David I à Dunfermline en Ecosse, Strata Florida Abbey au pays de Galles ainsi que la très belle cathédrale de Durham témoignent de l'architecture de cette période.

La période gothique. Au XIIe siècle, le style gothique s'imposa. L'architecture gothique en Grande-Bretagne est divisée en trois périodes : le gothique primitif (fin du XIIe siècle-début du XIVe), le gothique flamboyant (fin du XIIIe siècle-fin du XIVe) et le gothique perpendiculaire (fin du XIVe siècle-début du XVIe).

Renaissance. Au début du XVIe siècle, les architectes commencent à se consacrer plus à des constructions laïques qu'ecclésiastiques. D'autre part, la dissolution des monastères par Henri VIII laisse vacants de larges espaces où les nantis bâtiront de grandes demeures. La brique est le plus souvent utilisée comme matériau. Le style de cette période sera qualifé de « style Tudor », car il apparaît sous le règne de la dynastie du même nom (1485-1603). Ce style est illustré par le palais de Hampton Court (1 514) à Londres, Longleat (1568-1580) dans le Wiltshire ou Hartfield House dans le Hertfordshire (1607-1611). Le style Tudor accorde de l'importance aux détails, aux ornements.

Baroque. Le style baroque ne fut pas présent longtemps en Angleterre. On le retrouve dans des constructions du XVIIe siècle. L'architecte le plus marquant de cette période est, sans aucun doute, Christopher Wren (1632-1723), influencé à la fois par les architectures classique et baroque. Lorsque, en septembre 1666, le Grand Incendie détruisit presque complètement Londres, c'est à lui que fut confiée la reconstruction. Il restaura entièrement la cathédrale Saint-Paul et construisit également de nombreuses autres églises (St-Bride sur Fleet Street, St-Mary-le-Bow) et bâtiments.

Style géorgien et renouveau classique. Au XVIIIe siècle apparaît le style géorgien et, avec lui, le retour au classicisme, influencé par les styles grec et romain. A la tête de ce mouvement se trouve Lord Burlington (1694-1753) dont le chef-d'œuvre est la Chiswick House, à Londres. Burlington collabora avec l'architecte William Kent (1675-1748) sur des bâtiments tels que Holkham Hall, dans le Norfolk.

Architecture galloise

Les amateurs d'architecture seront ravis au pays de Galles qui est un pays riche en constructions historiques. Villages de l'âge de fer, maisons circulaires aux murs de pierre et au toit de paille, caractéristiques de la culture celtique (comme Fort Henrys), mais aussi et surtout des châteaux aux styles différents : normands, anglais… C'est au pays de Galles que l'on trouve la plus forte concentration de châteaux au monde. Deux architectes gallois ont marqué l'histoire de l'architecture : William Burges qui est à l'origine de l'aménagement du château de Cardiff et de Castell Coch, chef-d'œuvre d'imagination, et Sir Clough, le père du village italien de Portmeiron dans la péninsule de Llyn.

Le XIXe siècle. L'architecte le plus influent de cette époque fut John Nash (1752-1835). Employé par le Prince Regent (futur George V), son style fut qualifié de « Regency ». A Londres, il supervisa l'aménagement de Regent's Park entouré de grands ensembles cossus disposés en croissant, avec squares et terrasses. Comme il fallait mesurer les dépenses, les bâtiments alignés étaient montés en brique ; mais comme il fallait également en « mettre plein la vue », ils étaient recouverts de stuc, et décorés en trompe-l'œil. Il construisit également Regent's street et Trafalgar square. Mais son œuvre la plus célèbre est certainement le très original Pavillion à Brighton.

Néogothique. Au cours de l'ère victorienne (1837-1901) le néoclassicisme céda la place au néogothique. De grands projets d'urbanisation, à Chelsea, Paddington et Kensington furent lancés et le style gothique s'imposera pour tout bâtiment public ou religieux. En 1836, la reconstruction des Houses of Parliament incendiées donna à Charles Barry et August Pugin l'occasion de réaliser une œuvre d'envergure.

CINÉMA

Robert William Paul peut être considéré comme le pionnier du cinéma britannique. En 1894, on lui demande de réaliser une copie du kinétoscope mis au point par l'Américain Edison. Paul s'associe alors à un certain Birt Acres pour créer une caméra 35 mm et projeter ses propres films. En 1895, le cinéma anglais fait ainsi ses débuts, quelques jours seulement après la célèbre projection des frères Lumière. Birt Acres réalise quelques films courts tels que la course de bateau d'Oxford et Cambridge, l'arrestation d'un pickpocket...

En 1927, le Parlement vote le Cinematographic Film Act, qui impose un quota de films produits et diffusés en Grande-Bretagne, afin d'endiguer la profusion de films américains. La période de l'entre-deux-guerres est marquée par deux figures importantes : Alexander Korda, qui fonde la société de production London Films en 1931, et John Grieson, auteur de documentaires. La London Films va, au fil des années, se spécialiser dans les reconstitutions historiques et les films romantiques : *La Vie privée de Don Juan* (1934), *La Grande Catherine* (1934).

A la même époque, Alfred Hitchcock réalise *L'homme qui en savait trop* (1934), *Les 39 Marches* (1935). La Seconde Guerre mondiale apportera une désorganisation générale de la production cinématographique anglaise.

Après la guerre, les films sont toujours empreints d'un certain réalisme. On assiste également à l'émergence du genre fantastique. Parallèlement, des réalisateurs adaptent des grands classiques comme *Hamlet et Richard III*, mis en image par Laurence Olivier. Le film d'humour apparaît également et fait recette. Ce sont les fameuses comédies des studios Ealing, qui connaissent leur période de gloire à la fin des années 1940 et au début des années 1950. La période est globalement morose, malgré les productions importantes d'auteurs exilés comme Charles Chaplin (*Un roi à New York,* 1956) ou David Lean (*Le Pont de la rivière Kwaï,* 1957).

Les changements économiques des années 1960 influent sur le cinéma britannique qui se lance désormais dans des productions de prestige : *Docteur Jivago, Laurence d'Arabie, les James Bond...* La fin des années 1960 et le début des années 1970 sont marqués par une nouvelle génération de réalisateurs issus pour la plupart du monde de la télévision : les Monty Python (*Holy Graal, The Life of Brian*) et Ken Loach (*Poor Cow*, 1967, *Kes*, 1970, *Family Life,* 1972).

La crise économique des années 1980 entraîne une baisse des capitaux. Les films eux-mêmes sont, à cette période, assez contestataires, comme les œuvres de Ken Loach ou Stephen Frears (*My Beautiful Launderette*, 1985). Les années 1990 sont, quant à elles, caractérisées par les films de ces mêmes réalisateurs aux préoccupations avant tout sociales, par les films de Kenneth Branagh (*Beaucoup de bruit pour rien,* 1993) et par la sortie de *Trainspotting* de Danny Boyle en 1996. Elles voient également le retour incontestable de la comédie britannique sur les écrans du monde entier, avec les énormes succès de *The Full Monty, Quatre Mariages et un enterrement, Coup de foudre à Notting Hill*, etc. La fin de la décennie marque un retour à des comédies plus sarcastiques comme *Lock, Stock and Two Smoking Barrels* réalisé en 1998, immédiatement suivi par *Snatch.* Guy Ritchie signe alors avec ces deux longs métrages des succès planétaires et générationnels.

Depuis l'an 2000, c'est sur le terrain des comédies sociales que le cinéma anglais rencontre le plus de succès avec des films tels que *Billy Elliott* ou *Bend It Like Beckham,* qui mêlent humour et observation de la société anglaise. Enfin, les cinéastes engagés, comme Ken Loach qui obtient pourtant la palme d'or pour *Le vent se lève* en 2006 ou Mike Leigh, continuent à faire des films qui restent très confidentiels. En 2002, Danny Boyle réalise *28 Jours plus tard.*

En 2006, Stephen Frears réalise *The Queen*, film biographique sur la reine Elisabeth. Cette même année, c'est le long métrage *This Is England* réalisé par Shane Meadows qui rencontre le succès. Le cinéma anglais continue à tenir la dragée haute au reste du monde avec ses films d'animation. Wallace et Gromit, personnages en pâte à modeler inventés par Nick Park, ont ainsi rencontré un vif succès.

Mais si le cinéma anglais est de qualité, il ne peut rivaliser avec les productions américaines, et nombreux sont les acteurs et réalisateurs anglais qui préfèrent la gloire d'Hollywood. Enfin, récemment, les films d'inspiration culturelle anglaise mais financés par Hollywood ont remporté le jackpot : les Bridget Jones, les Harry Potter…

Le fim *Slumdog Millionaire* de Danny Boyle a remporté une pluie d'Oscars en 2009.

Cinéma écossais

Parmi les films écossais les plus connus, on peut citer *The Prime of Miss Brodie* (1969) et *Kidnapped* (1972), *Local Hero* de Bill Forsyth en 1983, qui réalisa également *Gregory's Girl*, film sur les exploits romantiques d'un adolescent (1980). En 1986, *Highlander,* avec Sean Connery et Christophe Lambert est devenu un film célèbre, dont l'action se déroule à Eleian Donan Castle, un lieu féerique près de Kyle of Lochalsh. Tourné dans la région de Stirling, *Braveheart* (1996) raconte l'histoire du personnage historique de William Wallace, interprété par Mel Gibson (qui reçut un oscar), et déclencha une arrivée massive de touristes sur les lieux. Les acteurs écossais les plus célèbres sont Sean Connery, connu pour son interprétation de l'agent secret anglais James Bond, Robert Carlyle, couronné par le succès de *Full Monty* en 1997, Ewan McGregor qui joua dans *Trainspotting* et dans le dernier épisode de *Star Wars*. Le début du XXIe siècle est marqué par un renouveau, pour ne pas dire un essor du cinéma écossais. En 2001, la réalisatrice Lynn Ramsay est primée aux Oscars pour son film : *Morven Caller* ; en 2002, Peter Mullan, réalise *The Magdalen Sisters* qui s'attira les foudres du Vatican mais qui reçut le Lion d'or au Festival de Venise ; enfin, en 2003, c'est Paul Laverty qui avec *Sweet Sixteen* a obtenu le prix du meilleur scénario au Festival de Cannes. En 2004 sort un film de Ken Loach qui, même s'il n'est pas écossais mais anglais, aura pour titre *A Fond Kiss* extrait du titre d'un poème de l'Ecossais Robbie Burn. En 2005, l'Ecossais Peter Mackie Burns obtient l'Ours d'or au Festival de Berlin pour son court-métrage *Milk*. En 2007, le cinéma écossais s'illustre à nouveau grâce au long métrage de Kevin MacDonald, *Le Dernier Roi d'Ecosse.*

Cinéma gallois

Indépendamment du cinéma britannique, le cinéma du pays de Galles, en anglais ou en gallois, s'est beaucoup développé. Il retranscrit de plus en plus une forte identité galloise. Cardiff est d'ailleurs un des pôles majeurs du film d'animation au Royaume-Uni. Le pays de Galles a donné naissance à plusieurs grand acteurs comme Timothy Dalton, Christian Bale, Catherine Zeta-Jones ou encore Anthony Hopkins.

Parmi les films les plus connus, quelques documentaires gallois ont marqué l'industrie cinématographique. *A Letter from Wales* (1953) présente à l'écran une vision idyllique du pays de Galles rural. Le documentaire *Dylan Thomas* (1962) de Jack Howell, portrait du célèbre poète, a reçu l'Oscar du meilleur documentaire en 1962.

Grands noms du cinéma britannique

- **Richard Burton** (1925-1984). Né Jenkins, cet acteur gallois a partagé sa vie entre le cinéma et le théâtre shakespearien. Il est aussi connu pour ses deux mariages tourmentés avec Elizabeth Taylor, avec qui il figura dans *Cléopâtre.* A son actif : *Qui a peur de Virginia Woolf ?* (1966), *L'Espion qui venait du froid* (1966).

- **Charlie Chaplin** (1889-1977). Charles Spencer (dit Charlie). Chaplin, l'un des personnages les plus emblématiques du XXe siècle est né à Londres, dans le quartier d'East Lane à Walworth. Il monte sur les planches très jeune.

Son talent pour la pantomime est vite reconnu et il part en tournée en Europe, au Canada et aux Etats-Unis. En 1913, il signe un contrat avec Hollywood et c'est là qu'il devient véritablement célèbre grâce à sa première apparition en tant que Charlot dans le film *Kid Auto Races at Venice*. Ce personnage, avec son chapeau melon, sa petite moustache, sa canne et sa démarche de canard lui sera à jamais associé. Devenu réalisateur, Chaplin se met en scène dans plus de 70 films. Parmi les plus connus, citons *Le Vagabond* (1916), *The Kid* (1921), *La Ruée vers l'or* (1925), *Les Temps modernes* (1936) et *Le Dictateur* (1940). Après avoir fui l'Amérique du maccarthysme en 1952, Chaplin part s'installer en Suisse. En 1975, il est anobli par la reine d'Angleterre avant de mourir en Suisse deux ans plus tard, le 25 décembre 1977.

- **Alec Guinness** (1914-2000). Ce comédien et acteur aujourd'hui mondialement connu a commencé sa carrière au théâtre en jouant des rôles classiques shakespeariens. Il a aussi mené une importante carrière cinématographique grâce aux premiers rôles qu'il a tenus dans de nombreux succès parmi lesquels *Le Pont de la rivière Kwaï* (1957) et *Lawrence d'Arabie* (1961). Il fut également le premier Obi-Wan Kenobi dans *La Guerre des Etoiles* en 1977.
- **Alfred Hitchcock** (1899-1980). Alfred Joseph Hitchcock est né le 13 août 1899 à Leytonstone dans la banlieue de Londres. Après un stage d'assistant technicien, il obtient son premier emploi où il conçoit des sous-titrages pour les films muets. En 1923, il devient assistant puis metteur en scène. Son talent lui permet une ascension rapide dans le milieu cinématographique alors florissant. Son premier film important, *Les Cheveux d'or* (*The Lodger*) sort en 1926. En 1929, il réalise *Chantage*, son premier film parlant. Mais, dans les films qui suivront, Hitchcock utilisera encore de longues séquences muettes. Ses films mettent beaucoup l'accent sur la peur et sur l'imagination. Surnommé « le maître du suspense », Hitchcock parvient à doser l'art de nouer et dénouer les fils de l'intrigue, avec humour et angoisse pour retenir l'attention du spectateur et le faire frissonner. Dans les années 1930, il réalise deux de ses chefs-d'œuvre : *Les 39 Marches* (1935) et *Une femme disparaît* (1938). Hitchcock part ensuite pour Hollywood où il y restera tout au long de sa carrière. Parmi ces films produits aux Etats-Unis, on peut noter les célèbres *L'homme qui en savait trop* (1934), *Fenêtre sur cour* (1954), *Le crime était presque parfait* (1954), *Psychose* (1960) et *Les Oiseaux* (1963). Il meurt le 29 avril 1980 à Los Angeles.

LITTÉRATURE

Littérature anglaise

L'*Histoire ecclésiastique de la nation anglaise* du moine Bède le Vénérable, publiée en 732, raconte la vie quotidienne au Moyen Age, dépeinte avec moult détails. D'autres traces de la littérature de cette époque sont présentes dans des poèmes surtout, écrits entre les VIIIe et Xe siècles. A partir de la conquête normande en 1066, le français remplace largement l'anglais dans les œuvres littéraires.

Les véritables débuts de la littérature anglaise au XIVe siècle sont initiés par l'écrivain Geoffrey Chaucer qui est l'auteur des *Contes de Canterbury* (1387).

Aux XVe-XVIe siècles, trois auteurs humanistes préparent la période brillante qui va suivre : John Colet, William Grocyn et Thomas Linacre. En 1516, Thomas More rédige *Utopie*, une critique sociale et politique où il décrit une île où régnerait un système sans propriété. Trois auteurs vont marquer cette période. Tout d'abord, Edmund Spenser, qui compose des poèmes d'une grande pureté. John Lyly, dont l'œuvre, au style raffiné, connaîtra un grand succès. Enfin, Philip Sidney, adoptera un style voisin de Lyly et son travail restera un modèle du roman pastoral.

Mais la Renaissance verra surtout un développement exceptionnel du théâtre.

Les dramaturges de l'époque annoncent l'œuvre de William Shakespeare, le maître incontesté des scènes anglaises. Le philosophe Francis Bacon et les poètes et dramaturges Marlowe et Johnson demeurent également des figures incontournables de cette période.

La première moitié du XVIIe siècle, marquée par le puritanisme, est peu propice à la littérature à l'exception des productions théâtrales qui, avec des auteurs comme James Shirley ou John Ford, continuent à faire œuvre d'une grande vitalité jusqu'en 1642, date de la fermeture des salles.

La restauration des Stuart favorise la réouverture des théâtres. Cette résurrection suscite un réel foisonnement littéraire. La nouvelle génération se caractérise par la recherche du bon goût, de la modération et par l'imitation des classiques grecs et latins.

La poésie de John Dryden possède une force de ton que l'époque accueille avec enthousiasme. En prose, c'est le rationalisme qui prévaut, notamment en philosophie avec Thomas Hobbes. Cette époque voit également la production d'œuvres en prose de nature différente. On retiendra tout particulièrement Samuel Pepys qui, dans son *Journal* (*Pepys' Diary*), tenu entre 1659 et 1669, décrit d'une manière colorée la vie quotidienne à Londres.

Un siècle plus tard, le poète classique Alexander Pope écrit en vers un *Essai sur la critique* (1711) et un *Essai sur l'homme* (1734). Plus satirique, Jonathan Swift, est l'auteur des *Voyages de Gulliver*, publié en 1726, dans laquelle il critique la société absolutiste.

C'est à cette même période que le roman fait son apparition comme genre littéraire à part entière, avec Daniel Defoe et son célèbre *Robinson Crusoé* publié en 1719. D'autres auteurs s'illustreront dans cette discipline comme Richardson avec *Paméla ou La Vertu récompensée* (1740).

La mort d'Alexander Pope (1744) et de Jonathan Swift (1745) marque un tournant et la fin d'une époque féconde. Samuel Johnson devient le nouveau chef de file.

Johnson compose des poésies perpétuant les traditions et les exigences des poètes classiques, mais il est plus connu pour sa prose. Il publie aussi un *Dictionnaire de la langue anglaise* en 1755.

D'autres auteurs se dégagent également. Ami de Johnson, Oliver Goldsmith se montre à la fois conservateur dans la forme et précurseur du romantisme dans un roman, le *Vicaire de Wakefield* (1766), où se mêlent de nombreux personnages. En philosophie, citons les travaux de David Hume et de George Berkeley très influencés par John Locke.

A la fin du XVIIIe et au début du XIXe siècle, la poésie anglaise est influencée par le courant romantique qui se développe en Allemagne. Des auteurs comme William Cowper ou Thomas Gray marquent leur époque, suivis de Samuel Coleridge et William Wordsworth qui publient *Les Ballades lyriques*, une œuvre collective.

Ce seront ensuite Parcy Bysshe Shelley, Lord Byron et John Keats qui symboliseront le triomphe du romantisme. On peut également retenir de cette période l'autobiographie passionnée et fantasmagorique de Thomas De Quincey, *Confessions d'un mangeur d'opium anglais* (1822), qui inspira à Baudelaire ses *Paradis artificiels*. L'époque proprement romantique ne va durer qu'une trentaine d'années, jusqu'en 1830.

Parallèlement à ce changement littéraire, des bouleversements historiques vont également se produire. En poésie, on rencontre deux principaux courants. Celui incarné par Alfred Tennyson, dont les poèmes, empreints d'une grande sensibilité, se font l'écho des inquiétudes de l'époque. Et celui de Robert Browning, qui se détache du romantisme et propose une poésie marquée par une analyse scientifique. Charles Dickens illustre le mieux cette période par ses romans, *Oliver Twist* (1838) et *David Copperfield* (1849), qui peignent la société de son temps et dénoncent la misère grandissante dans les villes.

A la fin du XIXe siècle, un nouveau courant voit le jour : l'esthétisme, dont le meilleur représentant est sans conteste Oscar Wilde (*Le Portrait de Dorian Gray*, 1891).

Les premières années du XXe siècle sont marquées par une nouvelle génération d'écrivains. On retiendra William Henley et Rudyard Kipling dont les livres traitent de l'impérialisme britannique. Chesterson et Belloc, quant à eux, s'investissent dans des luttes d'idées.

A cette même période, de nombreux autres écrivains participent à ce foisonnement faisant de la littérature anglaise l'une des plus riches du monde : Joseph Conrad, Arnold Bennet, John Galsworthy ainsi que les poètes Wilfried Owen et Rupert Brooke...

L'entre-deux-guerres est marquée par une remise en question des modes de pensée. Parmi les romanciers et les nouvellistes, c'est Aldous Huxley qui exprime le mieux le sentiment de désillusion de la période d'après-guerre. E. M. Forster fait dans la *Route des Indes* (1924) une critique acerbe du colonialisme ; DH Lawrence provoque un scandale avec *L'Amant de Lady Chatterley* (1928) et les romans de Virginia Woolf, dont *Mrs Dalloway* (1925) et *La Promenade au phare* (1927), portent à son apogée la technique du monologue intérieur. Parmi les autres talents de cette période, on retiendra Evelyn Waugh et Graham Greene.

Dans les années 1930, celle qui devait devenir la « reine du crime », Agatha Christie (*Le Crime de l'Orient Express, Dix petits Nègres*), invente ses célèbres personnages, Miss Marple et le détective Hercule Poirot.

Après la Seconde Guerre mondiale, arrive une nouvelle génération d'écrivains. Certains, font montre d'un véritable classicisme, tandis que d'autres s'orientent vers des œuvres profondément pessimistes et inquiètes (William Golding ou George Orwell). Et c'est en 1953 que Ian Fleming donne naissance à James Bond, le célèbre agent 007 auquel il consacrera 13 romans.
La génération d'écrivains suivante sera marquée du sceau de la révolte. Un groupe d'écrivains, les « jeunes gens en colère », parmi lesquels figurent Kingsley Amis, John Wain, John Braine et Colin Wilson, fustige les valeurs traditionnelles de la « bonne vieille Angleterre ». Pendant les années 1950-60, plusieurs femmes se font également remarquer, parmi lesquelles Doris Lessing qui a dénoncé l'apartheid (*Nouvelles africaines,* 1951).
Mais c'est surtout au théâtre qu'un véritable bouleversement va se produire avec des auteurs comme John Osborne, Arnold Wesker et surtout Harold Pinter (prix Nobel de littérature 2005), dont les pièces présentent souvent des situations cocasses dans une atmosphère de plus en plus dramatique. Ces auteurs ouvrent la voie postmoderniste que l'Irlandais Samuel Beckett, dont le théâtre minimaliste donne une vision dérisoire de l'activité humaine (*Pas moi*, 1973 ; *What Were*, 1983).
Dans les années 1980, Martin Amis (fils de Kingsley Amis) deviendra l'un des écrivains anglais les plus influents de sa génération grâce à ses féroces satires (*Money*, 1984 ; *London Fields*, 1989).
Parmi les auteurs contemporains, plusieurs se sont intéressés aux minorités ethniques. Dans *Bouddha de banlieue*, Hanif Kureshi raconte la vie d'immigrés pakistanais et *Sourires de loup*, le premier roman de Zadie Smith est une saga familiale se déroulant dans un quartier multiethnique du nord de Londres. En 2003, *Bricklane* de Monica Ali, qui se passe dans la communauté d'immigrants bangladais de l'East End londonien, a rencontré un énorme succès public et critique.
Dans un style plus léger, on notera l'impressionnant succès du *Journal de Bridget Jones* d'Helen Fielding, publié en 1997 et adapté au cinéma ainsi que celui des Harry Potter, de J.-K Rowling.

Littérature écossaise

La poésie bardique des makaris (poètes gaéliques écossais) a perduré jusqu'au XVIIIe siècle. L'inspiration héroïque et la complexité des rythmes apparaissent notamment dans *Le Livre du doyen de Lismore* (1512-1526). L'exil, l'urbanisation, l'adoption d'un bardisme souvent frelaté par le romantisme européen réduiront à néant au XIXe siècle la littérature des Highlands.
C'est ainsi, en l'honneur du plus grand poète écossais de langue anglaise, qu'est célébré le *Burns supper*. A cette occasion, il est de tradition de déguster le « Haggis » accompagné d'un bon whisky le 25 janvier.
Cet hommage est respecté par toutes les couches de la société que ce soit dans un pub ou un au sein d'un club.
La renaissance poétique ne s'effectuera qu'après 1918, avec des auteurs comme McLean, Hay, Crichton, Smith, McDiarmid, qui s'ouvrent aux problèmes internationaux et aux techniques modernes pour s'enraciner dans l'universel.
La littérature des Basses Terres, au contraire s'inscrit très tôt dans l'histoire de la littérature anglaise. Jacques VI d'Ecosse, lui-même écrivain, devenant Jacques Ier d'Angleterre en 1603, met paradoxalement fin au particularisme écossais.
L'originalité de l'enracinement écossais se traduit en façon intellectuelle. Ainsi Edimbourg est pour la philosophie du XVIIIe siècle le lieu d'un humanisme rigoureux, refusant de se séparer d'une vision sceptique teintée d'espoir.
Tandis que l'Ecosse devient le décor de la passion sauvage (Emily Brontë), elle crée le roman historique (Walter Scott) et se lance dans la découverte de la diversité du monde avec le roman d'aventures (Robert Louis Stevenson). Cependant, la réalité écossaise est absente : l'Ecosse, menacée d'assimilation, offre son passé idéalisé comme utopie à l'Angleterre ou au monde, mais ne se représente pas. Entre nostalgie, révolte et insertion culturelle (Ronald Laing), la littérature écossaise inscrit sa paralysie : Robert Burns et Walter Scott auront créé un cliché de l'Ecossais que les écrivains d'aujourd'hui ne peuvent ni assumer, ni changer.

Littérature galloise

Comme la plupart des pays celtiques, le pays de Galles a connu une longue tradition de récits oraux. Ils ont été regroupés au XIe siècle dans le *Livre du Mabinogion* (publié en traduction anglaise au XIXe). On y retrouve toutes les bases des légendes arthuriennes et l'histoire des rois gallois. Un des plus vieux chefs-d'œuvre de la littérature européenne.

Le quotidien des mineurs gallois a été raconté avec réalisme et humour par Richard Llewelyn (1907-1983) dans *How Green Was My Valley* (1939 – *Qu'elle était verte ma vallée*) qui fut un succès mondial. Kate Roberts (1891-1985), romancière et nouvelliste galloise a décrit la vie des ouvriers des carrières du comté de Gwynedd. Un autre célèbre homme de lettres au pays de Galles est Saunders Lewis (1893-1985), qui fut aussi en 1925 le fondateur de *Plaid Genedlaethol Cymru*, parti nationaliste et autonomiste. Quant à Daniel Owen (1836-1895), il est considéré comme le plus grand romancier de langue galloise. Mais l'écrivain le plus célèbre reste bien sûr Dylan Thomas (1914-1953), connu pour ses pièces *Under the Milk Wood*, sa poésie et ses nouvelles autobiographiques comme *Portrait of the Artist as a Young Dog* (1940).

Le panthéon de la littérature britannique

▶ **Jane Austen (1775-1817).** Enfant d'une famille nombreuse et fille de pasteur, c'est à la mort de celui-ci qu'elle se met à l'écriture pour distraire ses frères et sœurs. On lui doit *Amour et amitié*, *Raison et sensibilité* ou les *Deux manières d'aimer* (1811), *Orgueil et préjugé* (1813). Son œuvre s'oppose au roman romantique qu'elle ne cesse de fustiger avec humour. Elle reste une des grandes figures du roman moderne anglais.

▶ **Sir James Barrie (1860-1937).** Né à Kirriemuir, il est le célèbre créateur de Peter Pan, dans la pièce de théâtre *L'Enfant qui ne voulait pas grandir.*

▶ **Emily Jane Brontë (1818-1848).** Romancière et poétesse, elle eut comme ses deux sœurs, Charlotte et Anne, une enfance difficile qui fut à l'origine de son écriture. Elle reste la plus célèbre des trois sœurs, alors qu'elle fut celle qui écrivit le moins. De son grand chef-d'œuvre, mondialement connu, les *Hauts de Hurlevent* (1847), émane une communion avec la nature.

▶ **John Burgess Wilson dit Antony Burgess (1917-1993).** Cet universitaire débute sa carrière d'écrivain tardivement, à 40 ans, ce qui ne l'empêche pas d'être un auteur très prolixe. On lui doit notamment *Orange mécanique* (1962), qui a été adapté au cinéma par Stanley Kubrick en 1971.

▶ **Robert Burns (1759-1796).** Né à Alloway, au sud d'Ayr, fils d'un jardinier, il est célèbre pour son écriture populaire. Il eut surtout du succès à Edimbourg, grâce à ses écrits satiriques contre l'ordre établi. Il mourut à Dumfries où un musée lui est consacré.

▶ **Lord Byron (1788-1824).** Héritier d'une famille excentrique et siégeant à la chambre des Lords dès l'âge de 21 ans, Byron fut un voyageur insatiable. Il mena une vie dissolue, parsemée de scandales avant de s'établir en Italie où il composa la majeure partie de son œuvre. Sa mort prématurée aux côtés des combattants grecs fit de lui un personnage clé du romantisme. On lui doit notamment *Le Pèlerinage de Child Harold* (1812), *Le Corsaire* (1813), *Caïn* (1821) et *Don Juan* (1824).

▶ **Charles Lutwidge Dodgson (dit Lewis) Caroll (1832-1898).** Mathématicien, il enseigne à Oxford et publie de nombreux ouvrages scientifiques. Sa formation initiale se retrouve dans la construction très structurée de ses livres. Il prit un pseudonyme en 1856. Personnage assez timide, il aimait davantage l'univers de l'enfance que le monde des adultes. C'est le souvenir d'une amitié enfantine, avec une prénommée Alice, qui lui inspira *Alice aux pays des merveilles*.

▶ **Barbara Cartland (1901-2000).** Son univers est rose, comme l'amour. Auteur le plus vendu au monde (600 millions d'exemplaires), Barbara Cartland bouclait habituellement un livre en quinze jours. Leurs noms : *Une vierge à Paris, Les Vibrations de l'amour, L'Extraordinaire Lune de miel,* etc. Deux principes, pas de sexe et moins de 200 pages.

▶ **Sir Arthur Conan Doyle (1859-1930).** Né à Edimbourg, où il étudia la médecine, il est célèbre pour avoir écrit *Les Aventures du détective Sherlock Holmes*, dont la statue s'élève à Picardy place, où Doyle est né.

▶ **Joseph Conrad (1857-1924).** Ce romancier britannique d'origine polonaise fut également un grand navigateur. Ses romans les plus célèbres sont *Lord Jim* (1900), *Fortune* (1913), *La Flèche d'or* (1919), mais aussi des nouvelles, *Au cœur des ténèbres* (1899), *Entre terre et mer* (1912). Personnage sombre et tourmenté, il est devenu un classique dans les écoles, alors qu'il a été d'abord relativement contesté.

▶ **Daniel Defoë (1660-1731).** Issu d'un milieu social modeste, il voyage en Europe et écrit pour gagner sa vie. Son œuvre est riche et variée.

Il fonde également *La Review* (1704) qui devient par la suite *Le Mercator* (1713). C'est assez tardivement qu'il se lance dans l'écriture de romans. On peut citer *Lady Roxane ou*

L'heureuse catin (1724) et surtout *Robinson Crusoé* (1719).

Charles Dickens (1812-1870). Ce grand écrivain nous a laissé un tableau précis et souvent pathétique de la vie quotidienne des pauvres de Londres au XIXe siècle. Il s'est inspiré de sa propre enfance, puisqu'il a grandi dans le quartier du port, dans le dénuement. Clerc de notaire, puis chroniqueur au Parlement et journaliste, il écrivait en marge de son métier. Son premier roman, *Les Aventures de M. Pickwick* (1837), typique de l'humour anglais mais plein de tendresse, lui apporta le succès. Il fut suivi de *Oliver Twist* et de *David Copperfield*, deux ouvrages et deux jeunes héros qui ont enchanté le monde. Il reste l'un des auteurs anglais les plus populaires et les plus lus.

William Golding (1911-1993). Le roman qui le rendit célèbre, *Sa majesté des mouches*, publié en 1954, fut adapté au cinéma par P. Brook. Dans ce livre, comme dans les suivants, il dépeint la cruauté de l'homme envers la nature et ses semblables, et sa destruction. Il reçut le prix Nobel de littérature en 1983.

Aldous Huxley (1894-1963). Ce célèbre journaliste, poète et romancier, débute sa carrière par de brillantes études à Oxford. Très jeune, il commence à écrire des articles et des poèmes, et à être publié. Il trouvera sa principale expression dans le roman. Son œuvre est caractérisée par une critique du monde, et particulièrement de la société des médias : *Jaune de chrome* (1921), *Antic Hay* (1923), *Contrepoint* (1928). Son livre le plus célèbre est *Le Meilleur des mondes* (1932), dans lequel il dresse un tableau acerbe de la société américaine et du totalitarisme qui guette les sociétés modernes.

Phyllis Dorothy James, dit P. D. James (1920). Nouvelle « reine du crime », elle a repris la tradition britannique de ces dames parfaitement policées qui concoctent avec délices les crimes les plus abominables devant une tasse de thé. Héritiers directs d'Agatha Christie, P. D. James et son héros, le policier Adam Dalgliesh, résolvent les mystères les plus impénétrables. Elle a terminé sa carrière au département de police scientifique du ministère de l'Intérieur. En 2001, à l'âge de 80 ans, elle a publié son dernier roman, *Meurtre en soutane*. Elle siège à la Chambre des Lords.

John Keats (1795-1821). Ce poète romantique, issu d'un milieu très modeste, connut surtout un succès posthume. Mort de tuberculose à 26 ans, il laissa quelques-uns des textes qui figurent parmi les plus fameux du romantisme anglais : *La Belle Dame sans merci* (1820), *Hypérion* (1820) et *La Veille de la Saint-Marc* (1820).

Rudyard Kipling (1865-1936). Né en Inde dans une famille anglo-indienne, il y débute une carrière de journaliste et publie ses premiers poèmes et nouvelles. Il voyage ensuite beaucoup et ses pérégrinations le conduisent en Amérique où il écrit *Le Livre de la jungle*. Peu après, il s'installe en Angleterre. Toute sa carrière sera marquée par son enfance passée à Bombay. Il publie des nouvelles (*La Tâche quotidienne* en 1898), des récits (*Les Bâtisseurs de ponts, Guillaume le Conquérant*). Il reste aussi célèbre pour sa morale que l'on retrouve notamment dans le célèbre poème *If* et son éloge de la grandeur de l'empire britannique. Il a reçu le prix Nobel de littérature en 1907.

David Herbert Lawrence (1885-1930). Il s'agit du célébrissime auteur de *L'amant de lady Chatterley*. Ce texte qui fit scandale à sa parution en 1928, reflète la sensibilité d'un écrivain et poète amoureux de la sensualité et de la nature dans une société conservatrice.

Thomas Edward Lawrence, dit Lawrence d'Arabie (1888-1935). Officier et écrivain d'origine anglo-irlandaise, T. E. Lawrence fait ses études à Oxford. Parallèlement, il apprend également la langue arabe et voyage ensuite plusieurs années en Mésopotamie et en Syrie. C'est à lui que l'Angleterre doit sa victoire à Damas en 1918 contre les troupes turques commandées par Falkenhayn. Il renonce à son grade et aux avantages qui lui sont liés. Il débute alors une carrière d'écrivain avec *Les Sept Piliers de la Sagesse* (1926) et une traduction de *L'Odyssée*.

Arthur Machen (1863-1947). Ecrivain et journaliste originaire de Caerlon. Spécialiste du roman de science-fiction gothique, il a terrifié ses lecteurs avec *Le grand Dieu Pan* et *Le Roman du cachet noir*. Son univers doit beaucoup aux légendes et traditions médiévales galloises. Lovecraft le cite comme une influence majeure.

Marie Clarissa Miller, dite Agatha Christie (1890-1976). Auteur de près de 70 romans, ses livres sont des modèles du roman policier classique. Parmi son abondante production, on retiendra notamment *Le Crime de l'Orient-Express* (1934) et *Dix Petits Nègres* (1939). Ses principaux protagonistes, Hercule Poirot et Miss Marple, connaissent une renommée mondiale.

John Milton (1608-1674). Le père d'une partie de l'école romantique connut une existence plutôt difficile. Après avoir fait le séminaire, Milton choisit finalement de voyager et de se marier. Il divorça peu de temps après, atteint de cécité et chassé de son emploi au ministère des Affaires étrangères, il consacra les dernières années de sa vie à son œuvre maîtresse : *Le Paradis perdu* (1667), long poème tragique aux accents bibliques dont le personnage principal est Satan.

Harold Pinter (1930-2008). Né à Londres en octobre 1930, Harold Pinter, prix Nobel de littérature 2005 et récompensé auparavant par de nombreux autres prix, représentant du « théâtre de l'absurde », est l'auteur du *Gardien* (1959), *Collection* (1962), *L'Amant* (1962), *Le Retour* (1965) et *No man's land* (1975). Outre sa trentaine de pièces de théâtre, Pinter a travaillé avec le cinéma en écrivant les scénarios de plusieurs films dont *The Servant* (1963) de Joseph Losey, *The Last Tycoon* (*Le Dernier Nabab*, 1974) d'Elia Kazan ou encore *La Femme du lieutenant français* (1980) de Karel Reisz.

William Shakespeare (1564-1616). William Shakespeare fut l'un des plus grands dramaturges de tous les temps. Pourtant, on sait relativement peu de choses de lui, au point que certains ont même suggéré qu'il n'avait jamais existé et n'avait été qu'un prête-nom pour un auteur illustre de l'époque, voire que son œuvre aurait été réalisée par plusieurs personnes. Aujourd'hui cependant, la plupart des historiens reconnaissent l'existence du poète génie. William Shakespeare est né à Stratford-upon-Avon, fils d'un riche commerçant. A dix-huit ans, il épouse Anne Hathaway, dont il aura trois enfants. Mais, malheureux dans ce mariage, il quitte rapidement son foyer pour aller s'installer à Londres, où il commence une carrière de comédien et de poète. Il débute sa brillante carrière en reprenant des pièces à sujet historique, sur les rois d'Angleterre d'abord, puis sur l'Antiquité. Il écrira également ses célèbres tragédies *Roméo et Juliette* (1595), *Hamlet* (1602), *Othello* (1604), *Macbeth* (1606) et des comédies dramatiques. Shakespeare jouera notamment au Globe Theatre à Londres. Mais, au plus fort de son succès, Shakespeare s'éloigne de plus en plus de la capitale. L'incendie du Globe Theatre en 1613 le décide à retourner définitivement à Stratford où il meurt en 1616. Shakespeare fut l'auteur d'une œuvre immense. On lui attribue 37 pièces dont seulement 16 furent publiées de son vivant.

Robert Louis Balfour Stevenson (1850-1894). Après avoir suivi des cours dans une école d'ingénieur, il fait des études de droit puis s'inscrit au Barreau en 1875. Atteint de tuberculose, il passera sa vie à voyager en quête de lieux et de climats plus cléments. Au fil des années, il délaisse le droit pour la littérature. De ses pérégrinations, il rapportera *Un voyage dans les terres* (1878), puis, l'année suivante, *Un voyage avec un âne à travers les Cévennes*. En 1885, il publie *Docteur Jekyll et Mister Hyde*, chef-d'œuvre de l'épouvante, puis *L'Ile au trésor* (1883).

Dylan Thomas (1914-1953). Poète maudit gallois, originaire de la région de Swansea. Thomas n'écrit qu'en anglais mais ses écrits reflètent toute sa sensibilité galloise. Ses thèmes favoris oscillent entre adolescence et sexualité. Le poète est incompris et taxé de pornographe. Il meurt de fatigue et des suites de ses nombreux excès d'alcool, après avoir écrit *Poèmes Choisis*, une pièce. La bibliographie compte de nombreux chefs-d'œuvre comme la pièce de théâtre *Under the Milk Wood*, et des nouvelles autobiographiques.

Herbert George Wells (1866-1946). *L'Homme invisible* (1897), c'est lui ! Professeur, journaliste, puis romancier, il est avant tout l'auteur d'une importante œuvre d'anticipation dont on retiendra particulièrement *La Machine à explorer le temps* (1895), *La Guerre des mondes* (1898) et *L'Ile du docteur Moreau* (1896).

Oscar Wilde (1854-1900). Après des études à Oxford, il devient rapidement l'un des dandys les plus admirés en Angleterre, tant pour sa beauté, son élégance et son raffinement que pour son esprit ironique fertile en bons mots. Il publie *Poèmes* (1881), *Le Prince heureux et autres contes* (1888), puis des histoires, des essais, un roman fantastique. *Le Portrait de Dorian Gray* (1891), que l'on dira un peu autobiographique, sera un grand succès même si son hédonisme souleva les polémiques. Son théâtre (*L'Eventail de Lady Windermere*, 1892, *De l'importance d'être constant*, 1895, etc.) propose une satire des mœurs de l'aristocratie britannique. Compromis dans un retentissant scandale relatif à son homosexualité, Wilde est condamné à deux ans de travaux forcés et emprisonné. Il quitte ensuite l'Angleterre pour la France où il meurt dans la déchéance.

Virginia Woolf (1882-1941). Romancière et critique littéraire, elle fonde sa propre maison d'édition. Féministe, elle se fait remarquer par de fortes prises de position. Elle s'illustre en écrivant des romans qui sont également des poèmes : *La Chambre de Jacob* (1922), *Promenade au phare* (1927), *Orlando* (1928). Hantée par la crainte de sombrer dans la folie, elle se suicide en 1941. Son œuvre, moderne et complexe, est remarquable de subtilité.

MUSIQUE

Les plus grands noms de la musique classique anglaise sont les compositeurs Henry Purcell (1659-1695), Edward Elgar (1857-1934) et Benjamin Britten (1913-1976). Cependant, ce n'est pas dans ce domaine que les Anglais ont été les plus productifs.

Au XXe siècle, l'Angleterre exerça une influence incontestable sur le monde musical. Les évolutions qu'elle introduisit dans le rock'n'roll américain révolutionnèrent la musique et la société des années 1960. Elles eurent des répercussions dans tous les domaines de la vie sociale. Alors que les Beatles donnaient naissance à la musique pop, d'autres groupes comme les Rolling Stones, les Who ou encore les Yardbirds créaient un authentique « son anglais » en imposant un modèle composé d'une basse et de deux guitares électriques.

Au sortir de ces « Swinging Sixties », le rock anglais prend de nouvelles formes et repoussent une nouvelle fois les frontières des codes musicaux. Les années 1970 sont marquées par la vague psychédélique et la consommation de psychotropes. Cette inventivité ainsi que l'excentricité des formations anglaises se retrouvent chez Led Zeppelin et Pink Floyd ou encore chez David Bowie ou Queen et son chanteur Freddie Mercury.

Les seventies s'achèvent sur l'émergence du mouvement punk. Contestataire, celui-ci rejette les codes établis et les valeurs morales véhiculées par une société jugée réactionnaire. Porté par des groupes comme les Sex Pistols ou les Clash, le son punk se veut revendicatif mais en aucun cas élitiste. La technique importe peu et se résume le plus souvent à des rythmes simplistes et ultrarapides.

Les années 1980 opèrent un retour à des sonorités plus consensuelles. Avec un contraste saisissant, un certain romantisme gagne les formations anglaises comme Bananarama, Wham ou George Michael. L'émergence du synthétiseur et des boîtes à rythmes donnent ainsi naissance à de nouveaux styles comme la New Wave portée par des groupes comme The Cure ou Depeche Mode qui marqueront plus qu'une génération. A la fin de cette décennie apparaissent les premiers morceaux house et techno.

La jeunesse se presse dans les clubs pour se balancer, pupilles dilatées, sur ces nouveaux rythmes. Dans le sillage de ces sons électroniques apparaissent également les premières « raves » sauvages qui donneront naissance à une nouvelle contre-culture.

Les années 1990 marquent le retour d'une certaine « Brit pop » avec des groupes comme Pulp, Blur, Oasis. Dans la tradition des groupes rock/pop anglais, la fin des années 1990 et le début 2000 virent l'arrivée sur la scène musicale d'excellents groupes comme Radiohead, Coldplay ou encore Muse. L'Angleterre renoue alors avec son passé bien qu'il soit parfois éclipsé par des hits plus commerciaux comme ceux des Spice Girls, Robbie Williams et autres pop stars.

La musique anglaise a également su prendre de nouvelles voies en se nourrissant de toutes ses influences communautaires. Ainsi Talvin Singh ou Asian Dub Foundation, en mélangeant rythmes jungle et musique indienne traditionnelle, ont su imposer leur genre tandis que les Chemical Brothers ou Prodigy se faisaient un nom dans le monde des musiques électroniques.

Avec des artistes tels que Ms Dynamite et Dizzee Rascal et son *Grime*, le UK garage s'est affirmé comme l'une des révélations musicales de ce début de millénaire. Et l'Angleterre s'est finalement découvert sa propre culture hip-hop, définitivement dégagée de l'influence américaine.

Ce style a même déjà donné naissance à d'autres courants musicaux comme le Dub step né dans les quartiers sud de Londres. Burial, Kode 9 et MRK1, précurseurs du genre, continuent ainsi à entretenir et à perpétuer l'esprit révolutionnaire et novateur de la musique britannique.

Grands noms de la musique britannique

▶ **The Beatles (1962-1970).** Idoles de toute une génération, les Beatles continuent, quarante ans après leur séparation, de susciter les passions. L'histoire débute à Liverpool en 1957, quand John Lennon, Paul McCartney et George Harrisson décident de former un groupe : The Quarry Men. Pete Best, le premier batteur des Beatles, les rejoint.

Mais il faut attendre 1960 pour que le groupe, devenu Johnny and The Moondogs, connaisse le succès. En 1962, Pete Best est remplacé par un certain Richard Starkey, dit Ringo Starr. Cette même année, *Love me do*, leur premier 45 tours est un succès phénoménal. Les tubes s'enchaînent ensuite et leur réputation traverse les frontières : c'est la Beatlemania. Ils sortiront en tout douze albums entre 1963 et 1970, un tous les 9 mois ! Mais, dès la fin des années 1960, des tensions se font sentir au sein du groupe. Les drogues sont de plus en plus présentes tandis que l'emprise de Yoko Ono sur John Lennon – ils enregistreront ensemble par la suite plusieurs albums dont le célèbre *Imagine* – crée un climat délétère au sein de la formation. En 1970, le groupe se sépare définitivement. Malgré cela, leurs tubes inoubliables, de *Yesterday* à *Sergent Pepper*, de *Let it Be* à *Back in the USSR*, continuent encore aujourd'hui, à tenir le haut du pavé. La légende connut pourtant une issue tragique avec l'assassinat de John Lennon en 1980. George Harrison décède en 2002. Paul McCartney, quant à lui, poursuit avec succès une carrière solo et donne régulièrement des concerts aux quatre coins du globe. Les Beatles demeurent les artistes ayant vendu le plus grands nombres d'albums à travers le monde.

▶ **The Bee Gees (1958-2003).** Souvent pris pour des Australiens, les trois frères à l'origine du groupe sont en fait originaire de Manchester en Angleterre où ils passèrent une partie de leur enfance. Débarqués en Australie, ils commencent avec des ballades rock. Les années 1970 marquent un tournant dans leur carrière. Celle-ci s'oriente en effet vers le disco en pleine essor. Des titres comme *Stayin'Alive* ou *Night Fever* ont d'ailleurs largement contribué au succès de ce mouvement et le film *Saturday night fever* avec John Travolta leur ouvre la voie du succès mondial. Après la mort de l'un d'entre eux, les frères, aux relations difficiles, se séparent définitivement en 2003.

Quelques albums qui ont marqué la musique anglaise

- **The Beatles** : *Revolver* (1966).
- **The Rolling Stones** : *Aftermath* (1966), *Beggar's Banquet* (1968).
- **Led Zeppelin** : *Led Zeppelin* (1969), *II* (1969).
- **The Who** : *Who's next* (1971).
- **David Bowie** : *The Rise and Fall of Ziggy Stardust and the Spiders from Mars* (1972).
- **Supertramp** : *Crime of the Century* (1974), *Crisis ? What Crisis ?* (1975).
- **Pink Floyd** : *Dark Side of the Moon* (1973), *Wish You Were Here* (1975).
- **The Sex Pistols** : *Never Mind The Bollocks* (1977).
- **Dire Straits** : *Dire Straits* (1978).
- **The Clash** : *London Calling* (1979).
- **Madness** : *One Step Beyond* (1979).
- **The Police** : *Reggatta de blanc* (1979).
- **The Cure** : *Seventeen Seconds* (1980), *The Head on the Door* (1985).
- **Massive Attack** : *Blue Lines* (1991).
- **Blur** : *Modern Life is Rubbish* (1993).
- **Radiohead** : *Pablo Honey* (1994).
- **Prodigy** : *Music for the Jilted Generation* (1994).
- **Oasis** : (*What's the Story*) *Morning glory ?* (1995), *Be here now* (1997).
- **Jamiroquai** : *Travelling Whithout Moving* (1996).
- **Muse** : *Absolution* (2003), *Black Holes of Generation* (2006).

Benjamin Britten (1913-1976). Britten était un compositeur extrêmement fertile et un excellent pianiste. Son œuvre aborde tous les genres avec une prédilection pour la musique à texte. Il connaît son premier succès international grâce à ses Variations données au Festival de Salzbourg en 1937. C'est grâce à l'opéra qu'il acquiert sa célébrité. Il en composa plus de quinze jusqu'à *Death in Venice* en 1973. Il écrit le plus souvent suite à des commandes comme pour l'English Opera Group, le ténor Peter Pears ou le violoncelliste Rostropovitch. Britten est considéré comme le créateur de la mélodie anglaise moderne.

Blur (1989-2003). Adepte de la britpop lors de la décennie 1990, Blur a largement influencé les formations de sa génération. Le succès sera au rendez-vous de ce groupe originaire de Colchester en Angleterre, notamment pour ses titres *Song 2* ou *Stereotypes*. Après sa dissolution en 2003, Damon Albarn, leader du groupe, poursuit sa route et fonde avec Jamie Hewlett le groupe virtuel Gorillaz. Après 5 albums, il tourne la page réussie de ce groupe virtuel et s'oriente vers d'autres projets. Avec le bassiste des Clash, Paul Simonon, il forme le groupe The Good, The Bad & The Queen. Il se lance également dans une aventure plus ambitieuse avec *Monkey, journey to the west*, un opéra pop qui rencontre un vrai succès.

The Chemical Brothers (1992-). Poursuivant la voie tracée par des groupes comme Prodigy, les Chemical Brothers restent à l'heure actuelle l'une des références du « big beat », amalgame de sonorités les plus diverses au service d'une techno sans concession. Initialement appelé The Dust Brothers, ce duo composé de Tom Rowlands et d'Ed Simons fait toujours le bonheur des festivals et grandes manifestations mondiales.

The Clash (1976-1985). Rarement un groupe aura autant matérialisé la vision musicale et l'intégrité absolue. Le Clash se forme à Londres en pleine effervescence punk (1976-1977). Là où les Sex Pistols s'engouffrent dans l'autodestruction, le Clash se fait le porte-parole d'une rage sociale et politisée. Au punk rock des débuts s'ajoutent des sons reggae, ska et dub. Leur premier album éponyme reste un concentré de dynamite et demeure un des meilleurs albums punk de cette génération.

Avec *London Calling*, en 1979, le groupe sort un double album, chef-d'œuvre de vision, d'intensité et d'équilibre musical. Porté par la voix révoltée et l'écriture acérée de Strummer, le groupe s'envole. Punk, rock, reggae, pop, rockabilly s'entremêlent et se croisent pour faire de ce disque un manifeste de la jeunesse contre le contexte social sacrificiel qui règne en ce début d'ère thatchérienne. *Combat Rock* amènera le succès commercial planétaire avec des hits comme *Should I Stay or Should I Go* ou *Rock the Casbah*. Très abouti, le disque est un peu moins fou que les précédents.

Alors qu'ils n'ont jamais vendu autant de disques, ils décident de se séparer en 1985, craignant de devenir des stars uniquement motivées par l'argent. Joe Strummer est décédé d'un arrêt cardiaque le 22 décembre 2002.

The Cure (1976-). L'endurance et la créativité sont deux adjectifs souvent utilisés pour décrire la musique et la carrière de l'un des plus grands groupes alternatifs de la scène anglaise. Tout comme U2 et Dépêche Mode, The Cure est emblématique de la musique anglo-saxonne de la fin du XXe siècle. The Cure est passé de la chasse gardée des gothiques à l'appréciation populaire, jusqu'aux concerts dans des stades remplis sans avoir failli sur la qualité de leur musique. Né en pleine vague punk à la fin des années 1970, The Cure est mené par le charismatique Robert Smith. Parmi leurs titres incontournables : *Killing an arab, A forest, The hanging garden, Lullaby, 10.15 Saturday night, Close to me, Just like heaven*... Bien qu'il n'ait plus la notoriété qu'il obtint à la fin des années 1980, The Cure reste aujourd'hui un des groupes les plus novateurs de la musique anglo-saxonne.

David Bowie (1964-). L'excentricité est la mieux à même de caractériser le personnage. Ce touche-à-tout démarre sa carrière en pleine effervescence rock mais rencontre quelques difficultés avec ses compositions en décalage total avec cette période. En 1969, il signe chez Mercury et compose *Space Oddity*, qui sera utilisé par la BBC lors de la télédiffusion du premier pas sur la Lune. Il lui faudra attendre les années 1970 pour s'imposer dans le paysage musical anglais, en jouant surtout d'un style provocateur et sexuellement ambigu, le glam rock. L'album *The Rise and Fall of Ziggy Stardust and the Spiders from Mars*, publié en 1972, est toujours considéré comme sa plus grande réussite. Sa carrière sera ensuite marquée par l'éclectisme. Son dernier album, *Reality*, sorti en 2003 a connu un nouveau succès.

Dire Straits (1977-1995). Alors que le rock vient de connaître son heure de gloire et commence quelque peu à décliner face à la montée de nouveaux genres musicaux, Dire Straits réussit à imposer son rock sans complaisance et à contre-courant des rifs agressifs qui se faisaient alors. Mark Knopfler, compositeur, chanteur et guitariste virtuose impose en effet son style proche du blues et de la country. Leur plus grand titre reste incontestablement *Sultan of swing*, hymne à la vie de bohême des musiciens de cabaret. *Money for nothing* et *Calling Elvis* ont également marqué la carrière du groupe. Considéré comme l'un des plus grands groupes des trente dernières années, Dire Straits a vendu plus de 120 millions d'albums à travers le monde.

Eric Clapton (1945-). Surnommé « God », guitariste de génie, Eric Clapton est considéré comme l'un de ses plus grands représentants, si ce n'est le meilleur. Enfant terrible, il se découvre un talent pour la guitare et s'initie au blues américain. Sa carrière décolle en 1963 avec les Yardbirds. Sa vitesse de jeu est déjà l'une des plus importantes du milieu. Ils intègrent par la suite des groupes tout aussi mythiques comme la formation de John Mayall and the Bluesbreakers, Cream, Blind Faith ou encore Derek and the Dominos. Il compose alors l'un de ses plus grands titres : *Layla*. Les années qui suivent sont marquées par une grande consommation de drogues et d'alcool et ce n'est qu'en 1974 qu'il sort la tête de l'eau et débute une carrière solo. Sa reprise de *I shot the sheriff*, écrite par Bob Marley, fera connaître cet illustre inconnu ainsi que le reggae au monde entier. Ses dernières années sont marquées par un retour à ses racines de bluesman et ses nombreuses collaborations avec des grands noms du genre comme J.J. Cale.

Freddie Mercury (1946-1991). Le chanteur des Queen est né sous le nom de Farrokh Bulsara le 5 septembre 1946 à Zanzibar. Un an après, il déménage en Inde avec sa famille, où il est élevé jusqu'en 1963. Il est alors envoyé avec sa sœur en Angleterre pour étudier. Connu pour sa voix qui est capable de couvrir de trois octaves et demie et sa technique d'opéra, il est l'un des chanteurs les plus versatiles et accomplis de la scène pop anglaise des années 1970 à 90. Mercury travaille à la composition de plusieurs succès du groupe Queen tels *Bohemian Rhapsody, Somebody to Love et We Are the Champions*. Il fait en parallèle une carrière solo avec deux albums *Mr. Bad Guy* (1985) et *Barcelona* (1988). Son grand succès solo fut *The Great Pretender* en 1987 de son vivant et *Living On My Own*, après sa mort. Il déclare son homosexualité la veille de son décès, alors qu'il est atteint du Sida. Il meurt le 24 novembre 1991 à Londres.

Genesis (1967-). Ce fut un des groupes les plus populaires dans les années 1970, 80 et 90. Genesis est fondé à partir du groupe « Garden Wall » fondé par Peter Gabriel et Tony Banks à leur quinzième anniversaire en 1965. Le groupe subit de nombreux départs. Phil Collins est alors engagé comme batteur et Steve Hackett comme guitariste. Ils sortent ensemble leur premier album *Nursery Crime*. Le deuxième album sort en 1972, *Foxtrot*, un bijou de rock progressif. Il est suivi de *Selling England by the Pound* en 1973, aussi encensé par la critique. En 1975, Gabriel annonce qu'il quitte le groupe pour des raisons personnelles. Phil Collins endosse le rôle de leader et le groupe sort un nouvel album en 1975 *The Trick of the Tail*. A l'image de *Abacab* (1981), *That's All* (1983), *Invisible Touch* (1985), les hits s'enchaînent. En 1991, l'album *We Can't Dance* est premier des ventes en Angleterre et quatrième aux Etats-Unis. Genesis resurgit en 1997, avec *Calling All Stations*, à qui la critique et les fans font un accueil plutôt tiède. Depuis Genesis ne sort que des rétrospectives.

George Michael (1982-). Originaire d'Angleterre, de son vrai nom Georgios Kyriakos Panayotou, George Michael est une machine à succès. Avec plus de 85 millions d'albums vendus dans le monde, cet auteur, compositeur et interprète, souvent remarqué pour ses excentricités et ses prises de position sur des sujets sensibles, est connu pour ses titres comme *I want your sex*, tube planétaire qui le fera connaître au grand public.

Julian Cope (1957-). Après avoir fait les belles heures de l'after-punk et de la new wave au début des années 1980 avec son groupe The Teardrop Explodes, ce jeune Gallois originaire de Deri se lance dans une carrière solo en 1984. Totalement à part sur la scène pop anglo-saxonne, il tente de prolonger les expériences du psychédélisme des années 1960 et 1970, sur le plan musical autant que comportemental. Il en résulte une quinzaine d'albums tous plus fous et baroques les uns que les autres et souvent imprégnés de mythologie celtico-galloise.

Jamiroquai (1992-). Mené par le chanteur Jay Kay, Jamiroquai réussit l'exploit d'imposer au milieu des années 1990 un son acid jazz perçu jusqu'alors comme confidentiel et élitiste. Son premier album, *Emergency on Planet Earth*, est un succès immédiat, presque contre toute attente. Le troisième, *Travelling Without Moving*, avec ses titres *Virtual Insanity* et *Cosmic Girl,* lui ouvre les portes du succès mondial. Sans délaisser ses racines, le groupe se tourne alors vers des influences plus marquées par le funk la soul ou le disco, avec ses titres *Supersonic* et *Destitute Illusions*, pour des résultats tout aussi probants.

The Kinks (1963). La qualité de leurs mélodies en faisait de parfaits rivaux des Beatles. Certaines de leurs chansons figurent d'ailleurs au panthéon des plus grandes réussites musicales britanniques : *Waterloo Sunset, All days and all of the nights, Sunny afternoon*… Leur leader, Ray Davies, reste un des plus fins mélodistes de la scène pop britannique des années 1960.

Joe Cocker (1944-). Sa voix rauque, si particulière, ainsi que sa gestuelle unique l'ont rendu célèbre dans le monde entier. Assurément, Joe Cocker restera parmi les grands noms du rock anglais des années 1960/70. Il se fait connaître en 1968 avec le titre *With a little Help from My Friends*, une reprise des Beatles qui l'influenceront toute sa carrière. 1969 le fera rentrer définitivement au Panthéon des grands artistes avec une session mémorable au Festival de Woodstock. La légende voudrait qu'il se cassait alors la voix en ingurgitant un litre de whisky avant de monter sur scène. Après de lourds problèmes d'alcool au tournant des années 1980, il renoue avec le succès. En 2007 est sorti son dernier opus intitulé *Hymn for my soul.*

Led Zeppelin (1968-). Composé de Robert Plant, Jimmy Page, John Paul Jones et de John Bonham, Led Zeppelin est considéré comme la formation ayant le plus contribué à l'édification du mouvement rock. Le groupe se forme autour de Jimmy Page, ancien membre des Yardbirds et guitariste de génie. Il rencontre immédiatement le succès et se forgera une réputation sulfureuse pour les écarts de ses membres. Le mythe est déjà né et les quatre premiers opus restent dans le paysage musical comme des références absolues. Les prestations scéniques sont à l'image du groupe : démesurées. Certains titres comme *Stairway to Heaven* et *Since I've Been Loving you* sont encore aujourd'hui considérés comme les plus beaux morceaux rock jamais composés. Led Zeppelin, par son approche visionnaire de la musique, est un des précurseurs du hard rock et du Heavy metal. En 2007, le groupe se reforme avec, à la batterie, Jason Bonham, fils de John décédé en 1980 de ses excès d'alcool.

Madness (1979-). Lorsque débarque sur les ondes les beats saccadés de Madness au début des années 1980, personne ou presque ne connaît alors le ska. Fait de rythmes bancals et explosifs, donnant la prééminence aux cuivres, le ska est originaire de Jamaïque où il a régné en maître durant les années 1960. Madness, s'il ne l'a pas introduit, a fait connaître au public britannique et mondial ce style musical ultra dansant si particulier avec des titres comme *One Step Beyond* ou *Night Boat to Cairo*. Le groupe, qui s'était séparé en 1986, se reforme régulièrement et a sorti en 2008 un nouvel album dénommé *Nw5*.

Manic Street Preachers. Punk et provocant, c'est le principal groupe rock du pays de Galles. Au top dans les années 1990, ils sont Gallois et fiers de l'être puisqu'ils ont refusé de jouer devant la Reine lors d'une de ses visites au pays de Galles.

Massive Attack (1988-). Avec ce groupe atypique, l'Angleterre allait connaître une nouvelle révolution musicale. Massive Attack, formation issue des sounds systems, transcende en effet les genres pour donner naissance à des sonorités mêlant électro et hip-hop. Ce qu'il est désormais convenu d'appeler trip-hop a ainsi apporté un nouveau souffle au son des années 1990 pour devenir un genre musical à part entière repris par des groupes tels que Portishead.

Muse (1994-). Groupe de rock progressif originaire du Devon, il se fait connaître par ses prestations scéniques données dans des clubs locaux. Formé en 1994, ce trio composé de Matthew Bellamy, Christopher Wolstenholme et de Dominic Howard ne tarde pas à rencontrer le succès avec des titres comme *Plug in Baby* ou *Hysteria*. Rejetant l'étiquette « britpop », leurs influences amalgament les mouvances rock, folk et même électro pour des compositions hétéroclites. Formation novatrice, Muse redonne un nouveau souffle au son british et enchaîne depuis ses débuts les succès planétaires.

Oasis (1991-2009). Groupe emblématique de la scène britannique des années 1990 mené par les deux frères Gallagher, Oasis fait au moins autant parler de lui par sa musique que par le comportement de ses membres. Avec des titres tels que *Definitely Maybe*, *Supersonic* ou *Wonderworld*, ils ont vendu des millions de disques, squattant les premières places des charts, usé tous les membres originels du groupe (seuls les Gallagher restent), ont eu de nombreux problèmes de drogue, d'alcool et de bagarres. Des superstars comme on n'en fait plus.

Pink Floyd (1964-1996). Groupe mythique du mouvement progressif et psychédélique, Pink Floyd fait incontestablement partie des légendes du rock. Formé initialement autour de Syd Barett, Richard Wright, Roger Waters et Nick Mason, la formation a connu par la suite quelques mutations. En 1968, Syde Barett, schizophrène et grand consommateur de psychotropes, incapable de jouer, est écarté du groupe au profit de David Gilmour, son ami d'enfance. En 1971 sort l'album *Meddle* et les titres *One of These Days* et *Echoes* qui consacre définitivement le groupe comme un pilier du mouvement. A partir de 1973, le groupe enchaîne les succès avec ses albums *Whish You Were Here, Animals* ou encore *The Wall*. Mais c'est *Dark Side of the Moon* qui apparaît comme le projet le plus abouti et reste encore aujourd'hui le 3e album le plus vendu de tous les temps. Le groupe aurait vendu à ce jour plus de 200 millions d'albums. S'il s'est séparé en 1996, il continue pourtant à se produire occasionnellement.

The Police (1977-). Issu de la génération New Wave et post-punk, le groupe connaît plusieurs formations avant de se fixer à trois membres dont l'un, Sting, connaîtra une grande carrière solo. Avec des titres phares comme *Message in a bottle, Every Breath You Take* ou *Roxanne*, le groupe enregistre d'énormes succès à travers le monde. Jamais officiellement séparés, le groupe a effectué en 2007 une dernière tournée mondiale.

Prodigy (1993-). Fondé par Liam Howlett, ce groupe anglais a largement contribué à l'émergence de la scène électro alternative au Royaume-Uni. En ce début des années 1990, Prodigy devient ainsi le porte-voix de la contre-culture anglaise. Les albums qui suivront sont plus consensuels mais toujours aussi débordant d'énergie, la marque de fabrique de Prodigy. *Music For the Jilted Generation* devient ainsi disque d'or moins d'une semaine après sa sortie. S'il s'est éloigné des scènes underground, Prodigy reste un des groupes phares de la scène électro anglaise.

Purcell Henry (1659-1695). Mort à l'âge de 36 ans, le génie musical anglais du XVIIe siècle a cependant laissé une œuvre abondante où se côtoient musiques religieuse et profane. Son opéra le plus célèbre et le plus abouti est certainement Dido and Aeneas (1689), mais on lui doit également d'autres pièces, davantage marquées par la mode de l'époque,

Madame Tussauds – Les Beatles.

parmi lesquelles King Arthur (1691) et The Tempest (1695).

Rolling Stones (1962-). A l'opposé des Beatles et de leur image de gendres idéals, les Rolling Stones acquièrent dès leur début une image de « mauvais garçons ». Textes provocateurs, comportements outranciers sur scène comme au quotidien, les Stones se démarquent rapidement et imposent dans le même temps leur vision d'un rock puissant et novateur. En 1962, Mick Jagger, Keith Richards, Brian Jones, Bill Wyman et Charlie Watts donnent leur premier concert au Marquee à Londres. En 1964, *It's All over now* est un énorme succès et marque l'envolée de leur carrière. Un an plus tard, le titre *Satisfaction* les élève définitivement au rang de superstars. Suivront ensuite les albums *Aftermath* (1966) et *Beggar's Banquet* (1968), incontestablement leurs plus belles réalisations avec des titres comme *Paint it Black* ou *Sympathy for the Devil*. En 1969, Brian Jones quitte le groupe et meurt un mois plus tard. Le groupe engage Mick Taylor et enregistre *Let It Bleed* (1969), *Sticky Fingers* (1971) puis *Exile on Main Street* (1972). Après le départ de Mick Taylor et son remplacement par Ron Wood, les membres du groupe continueront à travailler ensemble bien qu'à partir des années 1980, Jagger et Richards se tournent vers une carrière solo. Bill Wyman quittera la formation en 1991. Remplacé par Darryl Jones, le groupe produit en 1994 *Voodoo Lounge* puis *Bridges to Babylon* en 1997. En 2002, pour fêter ses 40 ans, le groupe sort la compilation *Forty Licks* et s'engage dans une tournée mondiale pharaonique. L'album *A Bigger Bang*, dernier opus sorti en 2005, sonne comme un retour aux sources en faisant la part belle au rythm'n'blues.

Radiohead (1991-). Fondé en 1991, Radiohead connaît un succès immédiat avec son titre *Creep* diffusé sur les radios du monde entier. Depuis lors, la carrière du groupe originaire d'Oxford ne ralentit pas. En 2007, il se fait remarquer pour la sortie de son nouvel album, *In Rainbows*, mis en vente dans un premier temps seulement sur Internet à un prix fixé par l'acheteur. Cette démarche ne l'empêche pas de gagner rapidement la première place des charts et de prouver par la même occasion qu'un groupe de cette envergure peut connaître le succès avec un autre modèle.

The Sex Pistols (1975-1978). S'il n'est pas à l'origine du mouvement punk, ce groupe restera comme l'un de ses plus principaux représentants. En l'espace d'à peine trois ans, leur verve et leur énergie auront suffi à bouleverser le paysage pop-rock qui prévalait jusqu'alors. Réunis et propulsés par le manager au nez creux Malcom McLaren, les quatre membres du groupe sortent quelques titres aux accents novateurs. Un style à contre-courant promouvant l'idéal libertaire, comme avec *Anarchy in the UK*, qui ébranle alors l'establishment britannique par sa violence et son nihilisme clairement affiché. Le titre *God Save the Queen*, parodiant l'hymne national du Royaume-Uni restera comme l'une de leur principale provocation et l'un des symboles du mouvement punk anglo-saxon. En 1977 sort l'album *Never Mind the Bollocks*, seul album complet livré par les Sex Pistols, suivi de quelques apparitions télévisées ainsi que de prestations scéniques pour le moins tapageuses. Les Sex Pistols auront également servi de modèle à toute une génération en perte de repère dans un pays touché par la crise.

Spice Girls (1994-1998). Les Spices Girls resteront comme le phénomène pop de la scène anglaise des années 1990. Ce « girls band » surfa sur la vague de la tradition dance-pop qui avait déjà élevé Take That au rang du groupe le plus populaire d'Angleterre dans les années 1990, mais elles imposèrent un style plus indépendant et des paroles plus féministes. Chacune des membres du groupe est renommée par la presse britannique en fonction de leur personnalité : Geri Estelle Halliwell devient « sexy Spice » ; Melanie B « scary Spice » ; Victoria Adams « the posh Spice » ; Melanie C « the sporty Spice » et Emma Lee Bunton « the baby Spice. » Le bombardement médiatique du groupe permet à leur album *Wanabee* de devenir un des bestsellers de l'été 1996. Mais en mai 1998, Geri Halliwell fait sa révérence et quitte le groupe sans véritable raison. C'est l'occasion pour chacune de se séparer pour avancer.

Supertramp (1969-). Groupe de rock progressif, Supertramp a connu un grand succès au cours des années 1970 avec des titres comme *Dreamer, Give a little Bit* ou encore *Goodbye Stranger*. A l'image des Who, le groupe a également réalisé plusieurs albums-concepts. Après une séparation en 1983, le groupe se reforme en 1995 et réalise plusieurs nouveaux opus, toujours marqués par les sonorités qui ont fait le succès du groupe.

Texas (1986-). Originaire de Glasgow en Ecosse, le groupe Texas s'impose rapidement sur les ondes au milieu des années 1980. Surtout connu à travers le visage et la voix de Sharleen Spiteri, le groupe passa successivement du blues rock à la soul jusqu'à une pop toute britannique matinée de sonorités disco. Certains titres sont depuis devenus des classiques comme *I Don't Want a Lover ou Summer.*

The Who (1964-). Groupe parmi les plus influents de la scène rock des années 1960-70, les Who resteront à tout jamais une source d'inspiration pour bon nombre de musiciens. Tant sur la technique, que chacun des membres fit évoluer pour son propre instrument, que pour les titres qu'ils composèrent, les Who ont en effet considérablement marqué leur époque. *My Generation*, titre composé en 1966, deviendra ainsi un hymne pour toute une génération jusqu'à influencer le mouvement punk une décennie plus tard. Après quelques disques pop-rock très énergiques, le groupe se lance dans de plus vastes projets et compose un opéra rock nommé *Tommy* puis *Quadrophenia*. Les Who sont surtout réputés pour leurs prestations scéniques, jugées exceptionnelles, qui se terminaient le plus souvent par la démolition de leur matériel. Après s'être séparés en 1983, il faudra attendre 2007 pour que le groupe décide de remonter sur scène, et ce, malgré la mort par overdose en 1981 de leur incroyable batteur, Keith Moon.

PEINTURE

La Grande-Bretagne n'a pas dominé la scène artistique comme la France, l'Italie ou les Pays-Bas. Cependant, certains artistes anglais ont produit quelques œuvres remarquables et on peut certainement compter le peintre William Turner parmi les plus grands peintres de tous les temps.
Les premiers grands peintres en Angleterre étaient majoritairement étrangers. Ainsi, l'Allemand Hans Holbein (1497-1543) devient peintre officiel d'Henri VIII. *Les Ambassadeurs* (1533) est son plus célèbre tableau. Au siècle suivant, c'est le Belge Anthony Van Dyck (1599-1641) qui devient le portraitiste de la cour.
C'est au XVIIIe siècle que les artistes britanniques commencent à se révéler avec des maîtres tels que William Hogarth, à la fois graveur et portraitiste, Thomas Gainsborough et l'aquarelliste William Blake.
John Constable poursuivra le courant paysagiste de Gainsborough. Son travail précède et préfigure ce que sera le courant impressionniste. Mais c'est, le Londonien Joseph Turner qui deviendra, au début du XIXe siècle, et reste encore aujourd'hui, le peintre anglais le plus admiré. Il a, dans son œuvre, une perception unique de la nature, qu'il retranscrit sur la toile.
Les préraphaélites John Everett Millais (1829-1896), Dante Gabriel Rossetti (1828-1882) et Edward Burne-Jones (1833-1898) rejettent, eux, une peinture qu'ils jugent trop académique et produisent des œuvres plus romantiques sur des thèmes médiévaux et religieux.
L'impressionnisme pénètre en Angleterre avec James Whistler, peintre et graveur américain, qui vient s'installer à Londres en 1863. Son influence sur la peinture anglaise sera déterminante tout comme celle de Walter Sickert et de Wilson Steer. Ces derniers fondent, en 1886, le New English Art Club, en réaction au conformisme de l'Académie.
Au XXe siècle, on peut remarquer, entre autres, les sculpteurs Henry Moore et Barbara Hepworth ainsi que le peintre Francis Bacon dont les œuvres sont proches du surréalisme.
En 1956, un photomontage du Londonien Richard Hamilton (1937) lança en Angleterre le mouvement Pop art avec ses références à la culture populaire et dont David Hockney est l'un des représentants les plus éminents.
Ces quinze dernières années, la scène artistique britannique a connu une véritable révolution. Londres est à l'origine et au centre de ce nouveau mouvement d'art contemporain souvent appelé « Britart ». Tracey Emin est certainement l'artiste la plus connue de ce mouvement qui compte de nombreux autres jeunes artistes provocateurs. Entre Damien Hirst qui exposa une vache coupée en deux et conservée dans du formol, la *Vierge noire* de Chris Ofili et des œuvres composées à base d'excréments, les artistes du Britart semblent avoir un objectif commun : choquer.
Après avoir atteint son apogée, il semblerait que le mouvement commence à s'essouffler. Mais la scène artistique londonienne n'a jamais eu autant d'énergie et il ne fait aucun doute qu'elle restera sur le plan international pour quelque temps encore.

© AUTHOR'S IMAGE – LAWRENCE BANAHAN

Waterloo Bridge Book Market à South Bank.

Peinture écossaise

Peu de peintres écossais sont connus internationalement, malgré les riches collections de la National Gallery d'Edimbourg, les galeries de Glasgow, Aberdeen et Dundee. Les peintres reconnus, comme George Jameson et John Wright, émergent surtout au XVIIe siècle et réalisent des portraits. Leur succès atteint son apogée à la fin du XVIIIe siècle, avec des figures comme Alan Ramsay et Henry Raeburn. Dans la même période, Alexander Nasmyth apparaît comme un important peintre de paysages, qui aura une grande influence au XIXe siècle. Peintre de la vie rurale, David Wilkie marque le même siècle. A Edimbourg, l'académie des Trustes, dirigée par William Scott Lauder, offre également de grands artistes à ce siècle, dont William McTaggart. Dès la fin du XIXe siècle, Glasgow domine la scène artistique, surtout grâce à la Glasgow School of Arts, dont les plus célèbres élèves sont sans doute Charles Rennie Mackintosh, créateur de l'Art nouveau, et Mary Armour, qui y étudia dans les années 1920.

Dans les années 1890, les Glasgow Boys, dont font partie James Guthrie et E.-A. Walton, sont influencés par les impressionnistes français et sont secondés ensuite par les coloristes écossais, dont les œuvres fortes s'inspirent du postimpressionnisme et du fauvisme français. Dans la même période, les Glasgow Girls (Jessie Newbery, Anne Macbeth, les sœurs Margaret et Frances McDonald) exposent des objets d'Art déco, du design dans un style au croisement de l'Art nouveau et des influences celtes. L'école d'Edimbourg des années 1930 (William Gillies, William McTaggart, Anne Redpath) travaille de façon moderne sur le paysage écossais. D'autres artistes suivent, comme Alan Davie ou Edouardo Paolozzi, qui hors de la tendance « écossaise » ont une production artistique abstraite influencée par l'expressionnisme ou le Pop art. Un engagement social caractérise les peintres actuels, parmi lesquels une nouvelle génération de Glasgow Boys.

Les grands noms de la peinture et de la sculpture britanniques

▶ **Francis Bacon (1909-1992).** Francis Bacon fut certainement le peintre anglais le plus remarquable du XXe siècle. Né à Dublin, il s'installe à Londres en 1929 où il commence à travailler comme décorateur d'intérieur. Influencé par le surréalisme, par Picasso, il a également été marqué par les œuvres de Van Gogh et Soutine. Les débuts du peintre sont malheureusement mal connus car il a détruit pratiquement toutes ses premières toiles. L'œuvre qui le révéla, *Trois études pour une crucifixion* (1944) est visible au Tate Britain tandis que d'autres de ses tableaux sont exposés au Tate Modern.

William Blake (1757-1827). A la fois poète, peintre et graveur, le Londonien William Blake est sans nul doute l'une des plus hautes figures des arts anglais. Sujet à des hallucinations, il s'en inspira pour illustrer ses textes, retranscrivant les figures qui le hantaient. Il inventa un procédé original de gravure (illuminated painting) qui lui permettait de graver en relief le texte et l'illustration qu'il rehaussait d'aquarelle. On lui doit *Le Mariage du Ciel et de l'Enfer* (1793), *Les Chants de l'expérience* (1794) et *Le Livre d'Urizen* (1795),. L'œuvre de Blake fut, de son vivant, ignorée et incomprise de ses contemporains.

Thomas Gainsborough (1727-1788). Portraitiste et paysagiste du XVIIIe siècle, Gainsborough fut marqué par l'école hollandaise. Il s'attacha à peindre l'aristocratie anglaise de manière raffinée quoique souvent bucolique. Il doit beaucoup de sa renommée à la fluidité de sa lumière et à sa technique de rendu de la texture des tissus.

William Hogarth (1697-1764). Adolescent, William Hogarth se destinait à l'orfèvrerie. Il travaille comme apprenti graveur et, en même temps, s'initie à la peinture et au dessin à l'académie de Saint Martin's Lane. Il excelle dans l'art du dessin au trait, de la peinture et surtout de la gravure sur cuivre. Ses œuvres sont empreintes d'une ironie féroce qui a fait de lui l'un des critiques les plus sévères de son temps et le fondateur de la caricature de mœurs en Angleterre. Parmi elles, on peut citer *La Carrière de la prostituée* (A Harlot's Progress) dont les huit planches retracent l'histoire d'une jeune campagnarde débarquée à Londres et qui finit par se prostituer ou encore *Gin Lane* qui montre des ivrognes titubant. Nommé peintre du roi en 1757, Hogarth est également l'auteur d'un ouvrage théorique *Analyse de la Beauté* (1753). Les œuvres de Hogarth sont exposées à la Tate Britain, à la National Gallery et au Sir John Soane's Museum.

Henry Moore (1898-1986). Henry Moore exerce tout d'abord le métier d'instituteur. Il suit ensuite des cours d'art au Royal College of Art de Londres. Ses nombreux voyages le conduisent notamment en Italie et à Paris. Influencé aussi bien par Brancusi et Picasso que par l'art précolombien, il réalise des sculptures de taille imposante. Ses œuvres, d'abord figuratives, deviennent de plus en plus abstraites. La richesse et la diversité de ses recherches font d'Henry Moore un des artistes les plus ingénieux et novateurs de son époque.

Joseph Mallord William Turner (1775-1851). Le talent de cet artiste principalement autodidacte est reconnu très tôt. A 14 ans, il étudie à l'Académie royale et devient académicien à seulement 27 ans. A cette époque, Turner vit déjà de son travail. Il voyage ensuite en Europe d'où il rapporte croquis et aquarelles. Influencé par Nicolas Poussin et Claude Gellée, dit le Lorrain, il représente des figures mythologiques et des paysages en utilisant des couleurs intenses. Ses recherches sur les multiples nuances de la lumière, notamment dans ses tableaux de Venise et des bords de la Loire, l'ont souvent fait considérer comme un génial précurseur de l'impressionnisme. Pour admirer les œuvres de Turner, rendez-vous à la Tate Gallery.

Architectures anciennes et modernes se croisent sur les bords de la Tamise.

Festivités

Janvier

- **London Parade (Londres).** 1er janvier. Manifestation à l'américaine qui va de Westminster Bridge à Berkeley Square.
- **Up Helly Aa, Lerwick (Iles Shetland).** Littéralement « fête du feu », issue des traditions vikings, cette manifestation qui se déroule le dernier mardi de janvier a pour but de hâter le retour du soleil en mettant le feu à un drakkar construit pour l'occasion. www.visitshetland.com
- **Celtic Connection (Glasgow).** L'Ecosse met à l'honneur ses origines celtes en conviant tous les amoureux de cette culture. Deuxième quinzaine de janvier. www.celticconnections.com
- **Burns Night (Ecosse).** Célébration le 25 janvier du poète Robert Burns, personnage historique écossais auteur de nombreux poèmes et chansons folkloriques.

Février

- **Nouvel an chinois** (Londres).
- **Bath – Festival de Littérature** – www.bathlit.org.uk

Mars

- **St. David's day (Pays de Galles).** Fête nationale le 1er mars, saint Patron des Gallois, célébré en arborant des tulipes et des poireaux, symboles du pays.
- **St. Patrick's Day (Irlande du Nord).** Fête nationale le 17 mars, saint Patron honoré par des trèfles, aujourd'hui célébré dans le monde entier.
- **Festival folklorique international (Edimbourg).** Danses et chants traditionnels, concours et jeux de force : l'Ecosse tout simplement.
- **Festival de Théâtre (Brighton)** – www.brightonfestival.org.
- **Course d'aviron (Londres).** Course d'aviron sur la Tamise entre les équipes des universités d'Oxford et de Cambridge.
- **Exposition florale (Londres).** Royal Hospital – Chelsea.
- **Foire internationale du livre (Londres).** Hall d'Olympia – Kensington.
- **Oxford Folk Festival** – www.oxfordfolkfestival.com

Avril

- **Anniversaire de la reine (Royaume-Uni).** Fête nationale le 21 avril en l'honneur de la souveraine dans l'ensemble du royaume.
- **St. George'Day (Angleterre).** Fête nationale anglaise commémorée le 23 avril en l'honneur du saint Patron.
- **Festival folklorique (Iles Shetlands).** Tout le patrimoine de ces îles de légende mis en avant lors de ces grandes festivités.
- **Floralies de printemps (Harrogate).** Les meilleurs jardiniers de Grande-Bretagne y sont présents. Jeudi saint.
- **Festival international de Jazz (Ile de Wight)** – www.iowjazzfestival.co.uk
- **John Smith's Grand National** – Steeple-Chase (Liverpool). Course de chevaux.

Mai

- **English Music Festival (Oxfordshire).** Tous les talents britanniques réunis pour promouvoir la création nationale et les compositions classiques – www.englishmusicfestival.org.uk
- **Glyndebourne Opera Festival (Sussex).** L'un des plus grands festivals dédiés à l'opéra. Généralement six grandes œuvres programmées jusqu'en août – www.glyndebourne.com
- **Festival folklorique des îles Orcades (Ecosse).** Fêtes des traditions encore vivaces des habitants de ces îles méconnues.
- **Festival de Littérature de Hay-on-Wye (Pays de Galles).** La ville des livres accueille chaque année un festival de renommée internationale – www.hayfestival.co.uk
- **Urdd National Eisteddfod (Pays de Galles).** Le plus grand festival artistique de la jeunesse en Europe – www.urdd.org
- **Bath – Bath International Music Festival** – durant trois semaines, musique classique, jazz et world music - www.bathmusicfest.org.uk
- **Brighton Festival.** Spectacle, musique, danse, théâtre… et parade le 1er mai – www.brightonfestival.org

Des festivités toute l'année

En Angleterre

Véritables institutions, les Prom's ou promenades concerts sont depuis 1895 un rendez-vous incontournable des festivités londoniennes. Se déroulant de mi-juillet à mi-septembre dans plusieurs endroits de la capitale, notamment au mythique Royal Albert Hall. D'abord réservées à la musique classique, les Prom's se sont par la suite ouvertes au jazz avant de faire une place au rock et à la world music. Beaucoup de villes anglaises ont copié ce modèle et organisent également leurs Prom's. Des festivités à ne pas rater.

En Écosse

Chaque année, une centaine de rencontres, se déroulant en été et en automne, rassemblent les Ecossais pour participer à un tournoi traditionnel, les Highlands Games. L'origine de cet événement remonte au XIVe siècle. Il s'agissait de mettre en compétition les prétendants à la charge de garde du corps des seigneurs locaux. La forme actuelle de ces festivités fut définie dans les années 1820 et regroupe des épreuves sportives et artistiques. Les hommes s'opposent dans différentes épreuves de force : le lancer d'un tronc mesurant 6 m et pesant de 60 kg à 65 kg ; le tir à la corde ; deux formes de lutte ; le lancer d'une pierre pouvant atteindre jusqu'à 14 kg… La partie artistique accueille des jeunes filles pratiquant la danse des épées et aussi un concours de cornemuses en solo ou en bande.

Au pays de Galles

Les Eisteddfodau constituent probablement la plus ancienne tradition galloise, la plus populaire. Des Eisteddfodau – célébration et concours de musique et de poésie – ont lieu toute l'année dans presque toutes les villes et petits villages. Les gagnants d'eisteddfodau locaux vont alors concourir au niveau national au Royal national Eisteddfod of Wales (Eisteddfod Genedlaethol Cymru). C'est le plus large festival folk d'Europe, il est tenu dans une ville galloise différente en Galles du Sud et en Galles du Nord. Il faut absolument participer à cette réunion pour connaître la véritable atmosphère galloise. Se renseigner sur le site (www.eisteddfod.org.uk) pour connaître les prochaines dates et lieux.

Eastbourne international folk dance festival – www.eiff.org.uk

Festival d'Opéra (Gyndebourne) – www.glyndebourne.com

Rochester – Festival des Ramoneurs (Sweeps festival) – début du mois – www.cometorochester.co.uk

Norfolk & Norwich Festival (Norwich) – www.nnfestival.org.uk

Padstow May Day Festival – 1er mai ou le 2 si le 1er tombe un dimanche – tradition ancestrale, tout le monde s'habille de blanc et la ville est décorée, un homme déguisé en cheval sauvage parcourt les rues du village en dansant- www.cornishlight.co.uk.

Festival international (Salisbury). Musique, théâtre, art, autour d'un thème – www.salisburyfestival.co.uk

Festival international de cerfs-volants (Weymouth). Kite festival.

Weymouth oyster festival (Weymouth). Festival de l'huître – www.weymouth.gov.uk

Juin

Festival de Glastonbury (Somerset). L'un des plus importants rassemblements du Royaume-Uni, de renommée mondiale et dédié aux musiques actuelles et aux arts du spectacle. Dernier week-end du mois – www.glastonbury.co.uk

Glasgow International Jazz Festival (Ecosse). L'une des plus grandes manifestations de jazz en Europe. Deuxième quinzaine de juin – www.jazzfest.co.uk

National Eisteddfod (Ecosse). La culture galloise y est fêtée tous les ans, c'est le plus ancien et le plus important des festivals remontant à 1176 quand Lord Rhys organisa dans son château de Cardigan une réunion des musiciens et des poètes. www.eisteddfod.org.uk

Bath – Festival international (art contemporain, théâtre de rue, musique classique…) – www.bathmusicfest.org.uk

Blenheim (près d'Oxford) – Festival de musique – www.wakestock.co.uk

Broadstairs – Dickens Festival – www.broadstairsdickensfestival.co.uk

Canterbury – Stour Music Festival (10 jours consacrés à la musique renaissance et baroque) – www.stourmusic.org.uk

Eastbourne – Tournoi international de tennis.

Glastonbury – Festival de musique, art contemporain – dernière semaine – www.glastonburyfestivals.co.uk

Gyndebourne – Festival d'Opéra – www.glyndebourne.com

Ile de Wight – Festival – www.isleofwhightfestival.com

Looe – Looe Festival by the Sea – régate d'anciens voiliers pendant la semaine du boucanier – www.bestofsecornwall.co.uk

Londres – Tournoi de tennis de Wimbledon – www.wimbledon.org.

Londres – Trooping the Colours – parade militaire pour l'anniversaire de la Reine – www.trooping-the-colour.co.uk.

Londres – Royal Ascot – Course de chevaux fin juin – www.ascot.co.uk.

Penzance – Golowan Festival – fête de la St-Jean fêté d'une façon celte en dansant – www.golowan.org

Peterborough – Dragon Boat Festival – www.dragonboatfestivals.co.uk

Rochester – Charles Dickens Festival – 1re semaine.

Torquay – English Riviera Dance Festival.

Weymouth – Festival de jazz – début juin.

THREE PEAKS YACHT RACE
BARMOUTH (ABERMAW)
✆ +44 13 41 24 75 53
www.threepeaksyachtrace.co.uk
Généralement, le dernier week-end de juin mais la date varie un peu en fonction des marées.
Une course d'équipes entre Barmouth et Fort William en Ecosse, qui allie voile, vélo et course à travers les montagnes. Le record ? Il date de 2002 : 2 jours, 14 heures et 4 minutes...

Juillet

Eisteddfod musical international de Llangollen (Pays de Galles). Musique, danse, folklore gallois : l'une des plus importantes manifestations du pays – www.international-eisteddfod.co.uk

Festival d'été de Cardiff (Pays de Galles). Spectacles de rue, concerts et animations s'enchaînent tout au long de l'été et ce, jusqu'à la fin août dans la capitale galloise – www.cardiff-festival.com

Comices royaux gallois (Llanelwedd). Sorte de grande foire aux bestiaux, ces comices agricoles sont les plus fréquentés de Grande-Bretagne – www.rwas.co.uk

Festival Folk de Cambridge (Cambridgeshire). L'un des plus importants festivals folk d'Europe au cœur d'une des plus charmantes villes d'Angleterre – www.cambridgefolkfestival.co.uk

Hebridean Maritime Festival (Ecosse). Festival dédié à la voile, yachts, canots et autres bateaux en tout genre s'y rencontrent – www.sailhebrides.com

Bideford – Bedford River Festival – www.bedfordevents.co.uk

Bristol – Bristol Festival (musique) – www.thebristolfestival.org

Chichester – Theatre Festival – tout l'été – www.cft.org.uk

Deal – Carnaval et Regatta (1 semaine d'activités liées à la mer : manifestation, défilé, spectacles…)

Exmouth – Carnaval.

Glastonbury – Théâtre médiéval dans les ruines de l'abbaye.

Gyndebourne – Festival d'Opéra – www.glyndebourne.com

Hastings – Hastings Beer & Music Festival.

Henley – Royal Regatta – Course de régates près d'Oxford – www.hrr.co.uk

Looe – dernière semaine de juillet – Carnaval – www.looe.org

Manchester – Festival international (musique, danse, théâtre…) – www.manchesterinternationalfestival.com

Minehead – Minehead and Exmoor Festival (concerts, défilés, animations…) – mi-juillet à mi-août – www.visit-exmoor.co.uk

Plymouth – Défilé de bateaux vikings sur la rivière Tamar.

- **Poole – Legion Week-end** (une légion romaine s'installe au Upton Coutry Park et met en marche les catapultes).
- **Silverstone –** Championnat course automobile – www.silverstone.co.uk
- **Torbay –** Carnaval.
- **Winchester –** Festival musique.

Août

- **Carnaval de Notting Hill (Londres).** Une institution depuis 1964 qui rassemble tout ce que la ville compte de fêtards. Un des très grands moments de l'année, imité à Manchester à la mi-août et dans de très nombreuses localités du sud de l'Angleterre.
- **The Carling Weekend : Leeds/Reading (Yorkshire).** Attire les amateurs de rock de tout le Royaume-Uni depuis 1972. Généralement organisé le dernier week-end d'août – www.readingfestival.com
- **Aberdeen International Youth Festival** (Aberdeen et Grampians). Théâtre, musique, chorales, danse... Toutes les disciplines artistiques sont mises à l'honneur par la jeunesse du monde entier – www.aberdeenfestival.com
- **Championnat du monde de cornemuse (Glasgow).** Une grande démonstration du savoir-faire écossais ainsi que des amateurs mondiaux.
- **Festival International d'Edimbourg (Ecosse).** Musique classique, théâtre, opéra et festival off, « The Fringe », c'est l'événement artistique majeur de l'Ecosse depuis sa création en 1947 – www.eif.co.uk
- **Military Tattoo (Edimbourg).** Célèbre parade militaire donnée sur l'esplanade du château de la ville sur des airs de cornemuses – www.edintattoo.co.uk
- **Festival de jazz de Brecon (Pays de Galles).** Une manifestation haute en couleur où se côtoient les plus grands noms du jazz – www.breconjazz.co.uk
- **Brighton – Carnaval et Brighton Pride** – www.brightonpride.org
- **Dartmouth – Paignton – course de régates –** www.dartmouthregatta.co.uk
- **Glastonbury – Abbey Extravaganza – Festival de musique** – www.glastonburyfestivals.co.uk
- **Gyndebourne – Festival d'opéra –** www.glyndebourne.com
- **Hastings – Carnaval** (1 semaine de fête dans la vieille ville).
- **Ile de Wight – Festival médiéval château de Carisbrooke** – www.english-heritage.org.uk
- **Ilfracombe – Carnaval –** fin août.
- **Liverpool – Beatles festival.**
- **Priddy (près de Wells) – Priddy Sheep Fair** – fête du mouton – www.priddysheepfair.co.uk
- **Portsmouth & Plymouth – Navy Days :** Les années paires à Portsmouth et les années impaires à Plymouth.
- **Rye – Festival médiéval.**
- **Sidmouth – Festival international des arts traditionnels (Folk festival)** – 1 semaine de concerts et spectacles, l'un des meilleurs dans le genre.

Septembre

- **Blackpool Illuminations.**
- **Bristol – Bristol Kite Festival** (festival du cerf-volant) a lieu parfois fin août – www.kite-festival.org.uk
- **Eastbourne – Victorian Festival.**
- **Exmouth – Show automnal** par le club des jardiniers.
- **Hastings – Festival des fruits de mer et du vin –** www.visit1066country.com
- **Ile de Wight – Festival Folk & Blues –** www.iowfolkblues.co.uk
- **Londres – Cérémonie des druides** à l'équinoxe d'automne.
- **Paignton – Festival de théâtre.**
- **Portsmouth – Crafts of the Sea.**
- **Rye – Rye arts festival – Festival de la ville –** www.ryefestival.co.uk.
- **Sidmouth – Carnaval**
- **St Ives – September festival** (art, musique, célébration de la ville) – www.stivesseptemberfestival.co.uk
- **Torquay – Festival Agatha Christie –** www.englishriviera.co.uk

Octobre

- **Canterbury Festival** (théâtre, art, danse, opéra...) – www.canterburyfestival.co.uk
- **Hastings – Bataille d'Hastings –** reconstitution.

Les Horse Guards défilent au rythme de la musique militaire.

- **Nottingham – Robin Hood Pageant.**
- **Wells – Festival de Littérature.**

Novembre

- **St. Andrew's Day (Ecosse).** Fête nationale, bien que la Burns' Night rencontre aujourd'hui plus de succès, le 30 novembre reste un jour hautement festif en Ecosse.
- **Guy Fawkes Day (Angleterre).** Tous les 5 novembre se déroule la commémoration de « la conspiration des poudres » de l'année 1605, lorsque Guy Fawkes a tenté de faire exploser le Parlement. A cette occasion, on fait des feux de joie, on brûle des mannequins, et on fait exploser pétards et feux d'artifice. C'est la fête dans toute l'Angleterre.
- **Halloween (Royaume-Uni).** Tradition celte à l'origine, Nos Galan Gaeaf (All Hallow's Eve) devenu Halloween est fêté dans l'ensemble du royaume le 31 octobre. Au pays de Galles, Nos Galan Gaeaf est une nuit où les esprits marchent libres. Les fantômes de personnes décédées apparaissent à minuit. Dans certaines parties du pays de Galles, le fantôme est connu comme étant Ladi wen (la Dame blanche).
- **Exeter – Exeter autumn festival –** www.exeter.gov.uk
- **Exmouth – Parade illuminée.**
- **Folkestone – Festival de Littérature –** www.folkestonelitfest.co.uk
- **Glastonbury – Carnaval –** www.glastonburycarnival.co.uk
- **Londres – Brighton – Course de voitures de collection Veteran Car Run.**
- **Plymouth – Illumination des rues de Noël.**
- **Wells – Défilé de chars pour la parade électrique.**

Décembre

- **Célébrations, marchés de Noël** un peu partout en Angleterre.
- **Edimburgh's Hogmanay (Ecosse).** Célébration du nouvel an connu à travers toute l'Europe donnant lieu à de nombreux spectacles de rues ainsi qu'un gigantesque feu de joie sur Calton Hill. www.edinburghshogmanay.org

Cuisine locale

CUISINE ANGLAISE

En Grande-Bretagne, la répartition des repas dans la journée est légèrement différente de celle sur le continent. Le petit déjeuner, breakfast, est en général servi assez tôt et compris comme un repas à part entière. Le déjeuner, lunch, est servi de 12h à 14h.

L'heure du thé, véritable institution, s'étale de 15h à 18h environ. Le dîner, se prend tôt dans la soirée, 19h.

Un petit déjeuner à l'anglaise s'entend avec des toasts grillés et de la marmelade d'orange, du thé bien sûr ou du café, mais aussi, des œufs et du bacon frits, des saucisses, du porridge (une bouillie d'avoine) ou des céréales et un jus d'orange. Bien sûr, dans les villes, on n'a pas toujours le temps pour cela…

Le lunch est souvent composé de sandwichs, surtout dans les villes. Il est courant à midi, de se nourrir dans un fast-food d'un hot-dog ou d'un *fish and chips*.

Le thé, de toute origine s'accompagne de *scones* et de muffins. Les premiers sont des petits pains au lait, que l'on déguste beurrés avec de la confiture ; les seconds que l'on connaît mieux sont des petits cakes ou brioches aux fruits, accompagnés de crème ou de confiture.

Le plat de cuisine le plus connu est le rosbif, servi le dimanche (Sunday roast). Ce plat était si prisé en Angleterre que les Français ont pris l'habitude d'appeler les Britanniques « les rosbifs » ! Il est servi avec des pommes de terre au four, des légumes et une sauce composée de jus de viande et de bouillon.

Le dessert est souvent constitué de l'incontournable pudding accompagné de jelly ou de custard, sorte de crème pâtissière. Les fromages sont peu variés, mais les plus connus sont le cheddar et le derby, très crémeux, le stilton qui est une sorte de bleu et le gloucester. Mais on peut aussi déguster un délicieux crumble, dessert composé de compote de fruits recouverte d'un mélange de sucre, de beurre, de farine et d'amandes qui forme une croûte passée au four. Rien de tel que les pubs pour goûter une cuisine traditionnelle.

Plus récemment, l'alimentation en Angleterre s'est enrichie de tout un éventail de plats exotiques disponibles dans les magasins et dans les restaurants, de la cuisine indienne à la cuisine thaïlandaise en passant par les spécialités italiennes et chinoises. De fait, le curry – plat épicé à base de viande, de poisson ou de légumes – est aujourd'hui la spécialité préférée des Britanniques.

A Londres enfin, on assiste depuis plusieurs années à l'apparition d'une nouvelle cuisine anglaise, raffinée et ayant intégré différentes influences internationales. Londres abrite désormais certains des meilleurs chefs de la planète, devenus de véritables stars et les nouveaux restaurants branchés ne cessent de se multiplier.

Recettes

Jacket potatoes

Prenez une pomme de terre. Vous ne l'épluchez pas. Vous la faites cuire au four pendant deux heures jusqu'à ce que la peau soit bien croustillante. Vous l'ouvrez dans le sens de la longueur, sans cependant séparer complètement les deux moitiés. Vous y mettez du poivre, du sel, du beurre et l'emplissez de thon, de maïs, d'ananas, de fromage, ou de tout ce qui vous tombe sous la main.

Salade de chou cru (*coleslaw*)

- **Ingrédients** : 1 petite tête de chou finement râpée – 1 tasse de carottes râpées.
- **Sauce** : demi-tasse de sauce au raifort – 1 cuillère à soupe de sucre – demi-tasse d'huile – demi-tasse de vinaigre blanc – demi-tasse de mayonnaise – persil frais émincé, sel et poivre.
- **Préparation** : préparer le chou et les carottes. Mélanger les ingrédients pour la sauce et ajouter les carottes et le chou. Saler, poivrer à votre convenance et mettre au frais avant de servir.

Muffin aux morceaux de chocolat (*chocolate chip muffin*)

- **Ingrédients** : 1 quart de tasse de beurre fondu non salé – 1 tasse de sucre blanc – demi-tasse de sucre roux – 2 œufs – 1 tasse de lait – 1 petite cuillère de vanille – 3 tasses de farine – 4 petites cuillères de levure – demi-petite cuillère de sel – 1 tasse de petits morceaux de chocolat.

Préparation : vous pouvez saupoudrer les muffins de sucre glace après la cuisson. Préchauffer le four à 180 °C. Placer du papier sulfurisé dans les moules à muffins. Dans un saladier, travailler le beurre et le sucre (blanc et roux) en crème. Ajouter les œufs et la vanille. Incorporer la farine, la levure et le sel. Bien mélanger. Ajouter du lait pour obtenir une pâte plus onctueuse. Incorporer les morceaux de chocolat.
Verser la pâte dans les moules à muffins. Mettre au four pendant 20 à 25 minutes. Une fois cuits, laissez-les dans les moules pendant 10 minutes. Ensuite, les enlever des moules pour les refroidir.

Apple Crumble

Traditionnellement proposé avec une crème anglaise ou de la glace à la vanille.
Ingrédients pour 4 à 6 personnes. Préparation : 30 minutes. Cuisson : 30 minutes.

Ingrédients : 4 grosses pommes tranchées – 1 cuillère à soupe de sucre roux –2 cuillères à soupe de mélasse raffinée – 2 cuillères à soupe de jus de citron – 3/4 de tasse de farine – 1 sachet de levure – demi-tasse de noix de coco râpée – demi-tasse de flocons d'avoine – demi-tasse de sucre roux – 100 g de beurre.

Préparation : préchauffer le four à 180 °C. Beurrer un plat à gratin, mettre les pommes, le sucre, la mélasse et le jus de citron dans une casserole. Couvrir et faire cuire à feu doux 10 minutes puis les verser dans le plat à gratin. Dans un récipient, mélanger la farine, la noix de coco, les flocons d'avoine et le sucre. Creuser un puits au milieu, faire fondre le beurre et versez-le dedans. Enfin, mélanger du bout des doigts de façon à former de gros grumeaux, c'est-à-dire le crumble. Répartir le crumble de façon égale sur les pommes et faites cuire au four jusqu'à ce que la croûte bien dorée apparaisse.

Porridge

Généralement servi au petit déjeuner (breakfast). Pour une personne. Préparation : 10 minutes. Cuisson : 20 minutes.

Ingrédients : 25 cl de lait entier – 4 cuillères à soupe de flocons d'avoine – 1 cuillère à café de miel liquide – beurre, cannelle, sel.

Préparation : verser le lait dans une petite casserole à fond épais, ajouter les flocons d'avoine. Saler et porter à ébullition en remuant. Baisser le feu et prolonger la cuisson de 15 bonnes minutes tout en remuant régulièrement. Au moment de servir, sucrer le porridge avec le miel liquide, le verser dans une assiette creuse et ajouter une noix de beurre et 1 pincée de cannelle.

Fish and chips

Traditionnellement proposé avec du vinaigre et beaucoup de sel. Pour 6 personnes. Préparation : 15 minutes et laisser reposer 10 minutes. Cuisson : 30 minutes.

Ingrédients : 2 tasses de farine – 1 sachet de levure – sel – 150 ml d'eau – 180 ml de lait – 1 œuf battu – 2 cuillères à soupe de vinaigre blanc – 1 kg de filets de cabillaud – 5 grosses pommes de terre – 2 citrons – ainsi qu'une friteuse.

Préparation : pour la pâte, mettre dans un récipient la farine, la levure et le sel. Creuser un puits. Mélanger, dans un bol à part, au fouet, l'eau, le lait, l'œuf et le vinaigre. Verser ce mélange progressivement sur la farine. Mélanger avec une cuillère de bois jusqu'à ce que la pâte devienne lisse. Laisser reposer 10 minutes avant utilisation. Veiller à bien enlever toutes les arêtes du poisson. Pendant ce temps, préparer des frites assez épaisses. Faire chauffer le bain d'huile puis les faire cuire une première fois durant 4 minutes, les retirer et les égoutter (au moment de servir, les replonger dans l'huile jusqu'à ce qu'elles soient bien dorées).
Réduire le feu sous la friteuse. Plonger chaque morceau de poisson dans la pâte en prenant soin de l'enrober sur toute la surface. Faire frire 4 à 5 minutes jusqu'à ce que la pâte soit dorée et croustillante puis égoutter.

Les *scones* (pour 6 personnes)

Ingrédients : 120 g de farine – 45 g de sucre semoule – 1 sachet de levure chimique – 50 g de beurre – 1 œuf – 30 g de raisins de Corinthe – 30 g de raisins de Smyrne – 1 sachet de lait – 50 g de beurre – sel.

Préparation : coupez le beurre en petits morceaux. Dans une terrine, faire tremper les raisins secs dans l'eau tiède. Pendant ce temps, verser la farine dans un saladier et ajouter le sel, la levure et le sucre. Mélanger bien, puis incorporer les morceaux de beurre. Travailler du bout des doigts afin d'obtenir une pâte granuleuse à mouiller avec le lait. Ajoutez l'œuf pour lier le tout, et mélanger avec la cuillère en bois. Obtenir une pâte souple, égoutter les raisins secs égouttés et incorporez-les à votre pâte. Faire préchauffer le four à 200 °C (th. 6). Abaisser la pâte au rouleau, jusqu'à une épaisseur de 1 cm. Découper des disques à l'aide d'un verre retourné et les placer sur la plaque du four beurrée et farinée. Mettre à cuire 10 minutes.

Melton mowbray pie (pour 6 personnes)

- **Ingrédients.** Fond : 1 os de porc ou de veau – 60 cl d'eau – 1 feuille de sauge –1 feuille de laurier 1 brin de thym – 1 oignon – sel, poivre. Garniture : 450 g de porc – 1 feuille de sauge hachée finement – sel, poivre. Croûte à chaud : 225 g de farine – 50 g de saindoux 6 cl d'eau et 6 cl de lait mélangés – sel, poivre.
- **Fond** : porter le tout à ébullition afin de réduire à environ 30 cl de bouillon qui doit gélifier en refroidissant.
- **Garniture** : hacher grossièrement le porc (1/2 cm), s'il est trop fin la texture n'est pas bonne.

Croûte : la gelée et la garniture doivent être prêtes avant de préparer la croûte.

- **Préparation** : Dans un grand saladier, mélanger la farine, le sel, le poivre. Porter à ébullition le liquide et la graisse et l'incorporer rapidement à la farine. Pétrir pour obtenir une pâte lisse et ferme.

Former la pâte autour d'un moule haut en réservant 1/3 de pâte pour le couvercle. Précuire 20 minutes dans un four à 220 °C. Garnir avec la viande et mettre le couvercle en réservant une cheminée. Cuire 1h30 dans un four à 180 °C et en glaçant avec l'œuf 10 min avant la fin de la cuisson. Réchauffer le bouillon et le verser dans la pâte en utilisant un entonnoir.

CUISINE ÉCOSSAISE

Ne manquez pas de goûter le poisson écossais qui est excellent : les saumons, haddocks (la cullen skink est une soupe au haddock fumé). L'intérieur des terres n'est pas en reste. On y élève des moutons et des bœufs, et on récolte des fruits rouges et des baies. On mange généralement de la viande, bouillie ou rôtie (du gigot ou des côtes d'agneau, du bœuf ou du poulet et, en saison, du gibier, dont la fameuse « grouse » ou coq de bruyère), accompagnée de légumes (carottes, choux, pois, et pommes de terre).

Au pub...

Les pubs sont des lieux de vie à découvrir absolument, particulièrement en début de soirée, car c'est l'endroit où l'on se retrouve, où la convivialité s'exprime, autour d'une pinte. Cependant les consommations alcoolisées ne sont servies généralement qu'à partir de 11h30 le matin et jusqu'à 23h ou minuit, 22h30 le dimanche. On y sert assez souvent dans le courant de l'après-midi des choses à grignoter. Vous y dégusterez toutes sortes de bières, chaque ville et parfois chaque pub brassant la sienne, brune, assez alcoolisée, à cause de sa forte teneur en houblon, porter ou stout, rousse, bitter couleur de miel, ou mild et plus douce, ou blonde, lager.

Quelques plats de pub :

- **Cold cuts** : assortiment de charcuteries.
- **Scotch eggs** : œufs durs roulés dans la chair à saucisse et frits.
- **Cornish pasties** : pâtés fourrés à la viande hachée aux oignons et aux pommes de terre.
- **Jjellied eels** : anguilles en gelée.
- **Smoked trout** : truite fumée.
- **Oxtail soup** : soupe à la queue de bœuf.
- **Asparagus soup** : crème d'asperge.
- **Sheperd pie** : viande de mouton hachée avec des carottes et des oignons et nappée de purée de pommes de terre (cela ressemble au hachis Parmentier).
- **Steak and kidney pie** : tourte au bœuf et aux rognons.
- **Welsh rarebit** : toast au fromage fondu à la moutarde et à la bière.

Scotch Drops : les bouchées écossaises

Le repas typique est le plus souvent constitué de soupes, de poissons fumés, de panse de brebis farcies, et de *black pudding*. Le plat écossais le plus typique et célèbre reste le « haggis », composé de farine d'avoine, d'épices et d'abats d'agneau. Les panses de brebis farcies se doivent d'être très sèches, bien poivrées et grasses. Elles sont traditionnellement consommées avec un whisky pour étancher la soif, mais aussi pour faciliter la digestion de ce plat très riche. Vous trouverez aussi la farine d'avoine dans le délicieux porridge du matin, dans des biscuits et dans des fromages connus comme le Dunsyre Blue ou le Isle of Mull Cheddar.

Recettes

Scotch Drops : les bouchées écossaises

Ingrédients : 200 g de chocolat noir – 12,5 cl de sucre glace – 3 cuillerées à soupe de sirop de maïs – 3 cuillerées à soupe de scotch – 200 g de biscuits d'avoine émiettés – 50 g de noix de Grenoble hachées.

Préparation : faire fondre le chocolat au bain-marie. Ajouter les 2/3 du sucre glace, le sirop et le scotch. Remuer et retirer la casserole du feu. Incorporer petit à petit le biscuit préalablement concassé, les noix et le reste de sucre. Enfin, placer les bouchées dans un plat couvert d'un papier d'aluminium et laisser reposer pendant 24 heures.

Fish Tobermory (filet de poisson sur lit d'épinards

Ingrédients : 500 g d'épinards blanchis – 2 cuillères à soupe de beurre – sel et poivre, noix de muscade râpée, 500 g de filet de poisson – 35 cl de lait – 35 cl de fumet de poisson.

Sauce : 3 cuillères à soupe de beurre – 3 cuillères à soupe de farine – 100 g de fromage râpé – flocon de beurre.

Préparation : porter le four à 200 °C. Exprimer les épinards dans un linge, puis les hacher. Dans une sauteuse, mettre le beurre, saler, poivrer et ajouter la noix de muscade, puis faire lentement revenir les épinards jusqu'à ce qu'ils soient bien secs. Placer le poisson dans un moule, ajouter le lait et le fumet de poisson à niveau, couvrir le plat d'une feuille d'aluminium graissée. Cuire au four 15 min et retirer le poisson du plat. Passer le bouillon et le réserver.
Nettoyer le moule et le graisser, y déposer les épinards puis répartir le poisson sur ce lit. Mettre au four chaud et couvert. Faire un roux avec la farine et le beurre, mouiller avec le bouillon pour réaliser une sauce blanche, réserver et laisser bouillir 5 min. Incorporer la moitié du fromage avec une spatule en bois. Verser la sauce sur le poisson et répartir dessus le reste du fromage et quelques flocons de beurre. Placer sous le gril du four, jusqu'à ce que le fromage soit gratiné.

CUISINE GALLOISE

Les Gallois sont de plus fins gourmets que leurs voisins anglais et se débrouillent très bien aux fourneaux ! De plus en plus de chefs utilisent des produits frais et locaux, que ce soit dans les restaurants, pubs ou salons de thé.
La cuisine galloise trouve ses origines dans le souci de faire une cuisine économique. Les recettes traditionnelles sont à base de mouton, saumon, truite, accompagnés parfois du légume national, le poireau. La recette la plus originale est le *laverbread*, à base d'algues et flocons d'avoine. Un plat que les mineurs gallois prenaient au petit déjeuner, bien qu'aujourd'hui la plupart d'entre eux l'aient troqué pour un traditionnel *english breakfast*. Il y a aussi la saucisse de Glamorgan (« Glamorgan sausage ») qui malgré son nom n'a rien à voir avec la viande puisqu'il s'agit en fait d'une sorte de mélange de pain de mie et d'épices. Citons encore le *cawl*, un « pot au feu » de mouton, et le fromage de Caerphilly.

Recettes

Le *Bara Brith*

Le Bara Brith, sorte de cake, que l'on prend au tea time.

Ingrédients : 450 g de fruits secs (raisins secs) – 300 ml de thé – 2 cuillerées à soupe de marmelade – 1 œuf battu – 6 cuillerées à soupe de sucre brun – 1 cuillerée à soupe d'épices mélangées (cannelle, muscade) – 450 g de farine avec levure – miel.

Préparation : faire tremper les fruits secs dans le thé toute la nuit. Le lendemain, mélanger la marmelade à l'œuf battu, aux épices et à la farine. Verser le mélange dans un plat beurré et mettre le tout au four à 170 °C durant une heure, jusqu'à ce que le centre soit bien cuit.
Une fois cuit, laisser le Bara Brith reposer 5 minutes puis le sortir du moule. Le badigeonner de miel et servir avec du beurre salé et le fameux fromage anglais, le cheddar.

Le *Cawl*

Le *cawl*, sorte de pot-au-feu que l'on prépare en faisant bouillir de la viande salée avec des pommes de terre, des topinambours, des carottes, des panais (turnip), du chou et des poireaux. On mélange ensuite de la farine d'avoine avec de l'eau pour épaissir la soupe.

Ingrédients : 500 g de bacon – 4 grosses pommes de terre – 4 carottes – 1 poireau – 2 oignons – navet – une noix de beurre – une cuillerée à soupe de farine – sel et poivre – 1 bouillon Kub.

Préparation : éplucher les légumes, faire fondre le beurre et rajouter les légumes avec la farine. Faire revenir la viande légèrement, saupoudrer de sel et de poivre. Verser le bouillon et cuire à petit feu en mélangeant régulièrement. Laisser refroidir et enlever la graisse sur le dessus.

Glamorgan sausage

Autre spécialité galloise qui, malgré son nom, est végétarienne : c'est une saucisse faite de mie de pain, d'œufs et d'oignons :

Ingrédients : 250 g de chapelure ou mie de pain blanc – 250 g d'oignons finement coupés – Un œuf battu – un œuf, blanc et jaune séparés – 1 pincée d'herbes – farine, sel, poivre.

Préparation : mélanger tous les ingrédients ensemble (chapelure, oignons...). Rajouter l'œuf battu. Former des saucisses avec la pâte obtenue. Monter le blanc en neige. Tremper les saucisses dans les œufs en neige et la farine. Les saisir dans une poêle jusqu'à ce qu'elles soient brunes.

Confiture d'oignons rouges

Ingrédients : 400 g d'oignons rouges pelés et hachés – 25 g de beurre – 1 cuillère à café de thym frais – 3 cuillères à soupe de vinaigre balsamique – sel et poivre.

Fish and Chips.

Préparation : faire fondre le beurre dans une casserole. Ajouter les oignons, le vinaigre balsamique, le thym et l'assaisonnement, puis remuer le tout. Faire cuire à feu doux pendant 30 minutes en remuant fréquemment. A la fin de la cuisson, lorsque l'eau s'est évaporée, vous obtiendrez une belle confiture d'oignons, riche et luisante.

Terrine de truite fumée à l'orange (pour 4 personnes)

Ingrédients : 185 g de filets de truite fumés – 50 g de beurre fondu – 2 cuillères à soupe de jus d'oranges – 100 g de fromage frais – 100 ml de crème fraîche – sel et poivre – aneth et zestes d'orange.

Préparation : ôter les arêtes des filets de truite. Mettre les filets dans un mixeur avec le jus d'oranges et l'assaisonnement. Mélanger jusqu'à ce que la préparation devienne lisse. Ajouter la crème fraîche, le fromage frais et le beurre fondu. Rectifier l'assaisonnement. Placer dans des ramequins individuels, lisser et laisser refroidir. Décorer de brins d'aneth et de zestes d'orange. Servir avec du pain aux céréales ou des toasts.

BOISSONS

Le thé

Introduit en 1 650 en Angleterre grâce au développement de la Compagnie des Indes pour contrecarrer les flottes françaises, allemandes et espagnoles, c'est à l'origine un produit de luxe directement importé de Chine et de l'Est de l'Inde. C'est la duchesse Anna de Bedford qui eut l'idée de proposer, comme on le faisait déjà en France et en Hollande, un encas en fin d'après-midi pour couper la faim entre le breakfast et le dîner. Elle recevait ses amies dans son château de campagne, le Belvoir Castle, à 17h et leur proposait des petits gâteaux, du pain beurré et du thé. Cette idée fut rapidement reprise par toutes les classes de la société.

Le plus populaire des thés a été composé il y a une centaine d'années par le Scottish Tea Master Drysdale à Edimbourg, sous l'appellation de « Breakfast tea ». Popularisé par la reine Victoria, il devint le « English Breakfast Tea » en arrivant sur les étals de Londres. Ce thé est composé d'un mélange de plusieurs variétés de thés noirs.

Le Earl Grey, qui à l'origine est le nom d'un ancien Premier ministre du roi William IV, est le second thé le plus apprécié au monde. Il se déguste fumant et bien sucré et il se compose d'un mélange de thés noirs et d'huile de bergamote.

Le thé des après-midi réussis est le Darjeeling. Il provient d'une zone montagnarde indienne extrêmement délimitée. C'est un thé unique, très subtil avec un arrière-goût de muscade, que l'on réserve pour ses invités préférés. On peut le boire avec du citron mais jamais avec du lait.

Enfin le Oolong est le champagne des thés. Originellement importé de Chine en 1869, son meilleur représentant, le Formosa Oolongs, vient de Taiwan. Il s'agit d'un croisement de thés noirs et verts qu'on laisse fermenter pour lui donner un goût fruité.

La bière

Les Britanniques, hommes comme femmes, adorent la bière. Celle-ci se boit généralement à la pression, servie dans des pints (56 cl) ou half pints (28 cl). Vous pourrez demander une lager (bière blonde) qui se boit fraîche, ale (ou bitter) qui se boit chambrée et est peu ou pas du tout gazeuse, stout (bière brune comme la Guinness) au goût plus sucré dont l'arôme provient du rôtissage du grain. Les bières écossaises sont plus fortes que les bières anglaises ordinaires.

Les meilleurs endroits pour essayer différentes bières sont bien sûr les pubs.

Le whisky

En Écosse, ne manquez pas de goûter au fameux scotch whisky, un des meilleurs (si pas le meilleur) au monde.

Pour porter l'appellation « Scotch Single Malt », un whisky doit satisfaire à trois conditions : être le produit d'une seule distillerie, être exclusivement fabriqué à partir de malt d'orge, et être de provenance écossaise.

Autres

Les Anglais apprécient également beaucoup le sherry, le brandy et le porto.

Le vin importé de France est très cher, celui du Chili plutôt bon marché, de même pour les vins du Rhin. Ce qui explique les nombreuses tentatives d'adaptation de cépages français. A goûter, les vins biologiques d'arbres, de baies et de ronces.

Jeux, loisirs et sports

Alpinisme

L'Angleterre n'est pas à proprement parler un pays montagneux, mais vallonné, oui. En Galles du Nord, on trouve quelques montagnes à escalader (environ 1 000 m) mais point d'alpinisme. On le pratiquera plutôt en Ecosse dans le Southern Upland Way de Portpatrick ou bien près de Stranraer au sud-ouest, à Cockburnspath à l'est (près de Berwick), autour de Glasgow, dans les Highlands à Loch Lomond, à Skye, sans oublier les fabuleuses montagnes des Glens Coe, Shiel et Lyon.

Cricket

Le cricket et ses règles obscures aux yeux des étrangers est un jeu très populaire en Angleterre. La blague récurrente est que les joueurs ont le temps de prendre le thé sur le terrain tellement les choses sont lentes ! Le cricket est pratiqué par des gentlemen et il est, après le football et la course de lévriers, le sport le plus populaire. C'est une activité très élégante, les joueurs étant tout de blanc vêtus sur des pelouses vertes…

Le Lord's cricket Ground à Saint John's Wood est le temple et le QG du cricket international et chaque « cricketeur » rêve d'y jouer. Etre membre du Lord's, c'est un peu comme si on l'était du très privé club de Saint James. Les Anglais ne sont pas les seuls à se passionner pour le cricket.

Il y a également d'excellentes équipes indiennes et pakistanaises.

Football

Le sport le plus populaire au monde, le football, a été inventé en Angleterre durant le XIXe siècle. Originellement très violent, ce sport, non dissociable du rugby à l'époque, connaît en 1828 une adaptation dans les cours de récréation des publics schools. Les règles différentes selon la nature du terrain favorisent l'apparition d'une nouvelle façon de jouer : sur le dallage, par exemple, il n'y a pas de mêlée, et le jeu aux pieds, le *dribbling game*, est favorisé. Il faut attendre 1848 pour que soit codifié ce sport par les étudiants de l'université de Cambridge, et 1885 pour la création du premier championnat professionnel. En 1905, on dénombre 10 000 clubs constitués. Aujourd'hui, la Fédération anglaise de football, The Football Association, est composée de plus de 42 000 clubs. Bien que certains d'entre eux aient une renommée européenne indiscutable, la Ligue des champions et la Coupe de l'UEFA ont été gagnées respectivement treize fois et sept fois par des formations britanniques, l'équipe nationale anglaise déçoit par son palmarès modeste : c'est seulement en 1966 qu'elle gagne la Coupe du monde dans le temple de Wembley, le stade emblématique de l'Angleterre. Elle a échoué en 8e de finale en 2010.

Cette configuration n'est pas valable pour le reste des Etats composant le Royaume-Uni. En Ecosse, le championnat national n'est pas du même niveau. Il n'existe en fait que deux équipes représentatives d'une certaine qualité de jeu : ce sont les formations de la ville de Glasgow, Le Glasgow Rangers, 53 fois champion d'Ecosse et le Celtic Glasgow 42 fois promu. On voit donc toutes les années les deux équipes sur la liste prestigieuse des coupes européennes, mais il n'y a eu qu'une victoire écossaise, dans la Coupe des coupes (l'actuelle Coupe de l'UEFA) en 1972. L'équipe nationale, quant à elle, n'a jamais excellé : la formation a rarement dépassé le premier tour de l'Euro ou de la Coupe du monde.

Le Petit Poucet footballistique britannique, le pays de Galles, n'a pas son propre championnat : ses équipes sont intégrées dans les divisions anglaises. Son palmarès mondial est quasi inexistant puisque cette formation n'a participé qu'une fois à la Coupe du monde en 1958 où elle a atteint les quarts de finale.

Golf

Avec ses 450 terrains de golf, l'Ecosse possède le plus grand nombre de practices par habitant. Il est vrai que ce sport est originaire du pays : « Gowff » signifie frapper en gaélique écossais. Sa première apparition officielle est due au roi Jacques II qui interdit, par décret en 1457, aux archers de pratiquer ce sport au lieu de s'entraîner. Il faut attendre 1744 pour que ce sport soit codifié par l'Honorable Company Of Edinburgh.

Pour profiter de ces terrains appréciés par tous les amateurs de la planète, il est possible de souscrire un abonnement auprès des centres d'information touristique : 65 livres pour 3 jours et 90 livres pour 10 jours. Attention toutefois. Le practice le plus célèbre, celui de St Andrew, est soumis à une longue liste d'attente. Pour plus d'information, le site Internet (www.golfscotland.com) est à votre disposition & 00 33 87 00 60 80 404.

Jeux nationaux

The Pools, sorte de loto sportif, et le Bingo sont les jeux de hasard les plus populaires. Cependant, les Anglais ne sont pas spécialement joueurs.

Randonnées

En Ecosse, le sport est axé principalement sur la découverte de la nature. Si vous désirez vous livrer à votre passe-temps préféré, pratiquer la marche à pied ou faire d'autres activités sportives, la campagne écossaise vous offre toutes sortes de possibilités : canoë, alpinisme, VTT... On ne peut rêver de meilleur pays pour les randonnées. A l'échelle du pays, on trouve des pistes partout, toutes balisées. En fonction de son niveau de compétence, de sa forme et de ses goûts, le marcheur aura le choix entre des balades tranquilles sur des pistes en forêt, des chemins plus abrupts qui longent les côtes ou des itinéraires d'excursion de plusieurs jours. Les offices du tourisme tiennent des cartes d'itinéraires à votre disposition (en général gratuites). Si vous allez dans le Nord, pensez aux vêtements chauds, même en été. Un détail à savoir, certaines zones écossaises sont infestées de petits moustiques aux morsures sournoises. Prévoyez donc bougies à la citronnelle et crèmes antimoustiques.

Dans tous les cas, l'Ecosse réservera au marcheur des paysages inoubliables, et des points de vue sur une nature qui a, hélas, presque complètement disparu dans le reste de l'Europe.

Pour faire une randonnée de plusieurs jours, suivre les itinéraires longues distances, comme le West Highland Way, qui couvre 153 km entre la banlieue nord de Glasgow et Fort William, jusqu'au plus haut sommet du pays : le Ben Nevis (1 344 m). Le Speyside Way couvre 68 km dans les Grampians Highlands. D'ouest en est, le Southern Upland Way est long de 341 km de Portpatrick à Cockburnspath. Ces itinéraires, que vous pouvez aussi emprunter par tronçon, présentent l'avantage d'être jalonnés de différents types d'hébergement (campings, Bed and breakfast, pensions), à réserver à l'avance en été.

La campagne écossaise est aussi agréable à explorer en vélo. Apportez le vôtre ou louez-en un. Vous devrez verser une caution, mais des compagnies proposent également des forfaits vacances, ainsi que le transport des bagages sur un long itinéraire préparé à l'avance.

Le pays de Galles est réputé pour son riche éventail d'activités en plein air. Les amoureux de randonnées pédestres traverseront à loisir le territoire du nord au sud, ou pratiqueront leur sport favori dans les sites de Snowdonia et Llyn peninsula au nord, Elan valley et Strata Florida au centre, et Whitesands bay au sud-ouest.

Snowdonia possède également le meilleur site de tout le Royaume-Uni (22 ha de forêt) pour faire du Mountain Bike.

Il est aussi possible de faire du trekking dans les Black Mountains, et bien sûr de pratiquer tous les sports d'eaux sur la côte. Site Internet (www.activitywales.com).

Rugby

C'est lors d'un match de football en Angleterre au mois de novembre 1823 que William Web Ellis commet une infraction. Il prend le ballon dans les mains et court vers le but adverse : le rugby est né.

Mais il faut attendre le 24 décembre 1870 pour voir une codification de ce sport. Une année plus tard, la création le 26 janvier de la Rugby Union of England permet au public d'assister au premier match international : Ecosse/Angleterre à Edimbourg. Le tournoi des Cinq Nations est créé en 1910 et rassemble l'Angleterre, l'Ecosse, le pays de Galles, L'Irlande et la France. Ce n'est qu'en 2000 que l'Italie entrera dans le tournoi qui compte désormais 6 Nations.

Le rugby est plus qu'un sport pour les Anglais, c'est une religion. La grande messe est célébrée dans le temple du rugby : le stade de Twickenham. Situé au sud-ouest de Londres, il peut contenir 80 000 personnes et la période d'avant match est l'occasion de pique-niquer sur son parking. Car si messe il y a, elle est populaire. Il faut, pour s'en convaincre, assister à un match du XV de la Rose au stade pour ressentir la cohésion du peuple derrière son équipe.

L'équipe anglaise est la plus titrée, elle a gagné 11 fois le grand Chelem et se positionne comme l'une des plus grandes équipes de rugby.

En 2003, elle remporte le tournoi des 6 Nations en accomplissant son premier grand Chelem du millénaire et enchaîne avec la Coupe du monde 2003. Les Anglais furent enfin le bourreau des espoirs français lors de la Coupe du monde 2007, les battant en demi-finale. Mais Johnny Wilkinson et ses acolytes devront s'incliner en finale face au rouleau compresseur sud-africain. Les Français prennent leur revanche en 2011 en élminant les Anglais en quarts de finale.

- **En Ecosse,** la pratique du rugby est aussi une institution. L'histoire de ce sport prend ses origines dans les internats où les élèves étaient obligés, sauf certificat médical du médecin de l'établissement scolaire, de pratiquer ce sport. Aujourd'hui, fort de ses 276 clubs, l'Ecosse développe un jeu puissant et difficilement flexible. L'hymne national de l'équipe du Chardon est « Flower of Scotland » qui symbolise la défaite historique du roi Edward II d'Angleterre. Ce chant repris à l'unisson dans le stade mythique de Murrayfield en a fait trembler plus d'un : le palmarès de l'équipe, sans être remarquable, n'est toutefois pas négligeable. Lors des Coupes du monde de rugby, les joueurs sont tombés deux fois en quart de finale face aux All Blacks, et une fois en demi-finale face aux Anglais. Pourtant, depuis quelques années, le rugby écossais connaît une désaffection du public, des stades à moitié vides et de lourds problèmes financiers.

- **Le pays de Galles,** est, comme ses voisins britanniques, une nation « historique » dans le développement et l'institutionnalisation du rugby. Il fait partie des fondateurs de l'International Rugby Board en 1886 avec l'Ecosse et l'Irlande. L'équipe nationale et les 222 clubs du pays sont dirigés par la Welsh Rugby Union (créée en 1881) et les matchs internationaux se disputent dans le célèbre stade de Cardiff. De toutes les grandes nations du rugby, le palmarès du pays de Galles en Coupe du monde est plus contrasté. En 1987, l'équipe galloise réalise un très beau parcours lors de la première Coupe du monde de l'histoire. Elle échoue en demi-finale face à la Nouvelle-Zélande, qui gagne la finale face à la France. Les coupes suivantes, en 1991 et 1995, sont beaucoup moins heureuses, puisque les Gallois sont éliminés à l'issue des matchs de poule (tout comme en 2007). En 1999 et en 2003, ils sont éliminés en quart de finale, respectivement par l'équipe d'Australie et d'Angleterre. La Coupe du monde 2011 les verra échouer en demi-finale.

Ballade équestre sur une plage du Pays de Galles.

Sports nautiques

Les Anglais sont marins par tradition, ils sont à l'origine de courses-croisières très réputées au départ de Newport ou de Plymouth. La voile reste un sport de classe, assez peu démocratisé. La région des Highlands est une des régions du monde les mieux adaptées à la voile toute catégorie : des paysages fabuleux, navigation à l'œil et des vents toute l'année. Dans le Sud-Ouest de l'Ecosse, le meilleur endroit pour se baigner se trouve sur le Solway Firth, où l'on ne craint pas les courants… Les Highlands offrent des plages sublimes entourées de rochers. Enfin, vous pouvez pratiquer en Ecosse un grand nombre de sports nautiques : plongée, voile, canoë, ski nautique…

Tennis

Wimbledon est le plus connu des tournois du grand Schelem avec Rolland Garros, l'Open de France, et l'U.S. Open. Il se déroule fin juin, sur un site comprenant 18 courts, un musée, et divers restaurants au sud-ouest de Londres. Il a la particularité de se tenir sur gazon, et d'être le plus exigeant des tournois. La première finale, en 1877 s'est tenue devant 200 personnes. Aujourd'hui, le court central contient 35 000 spectateurs et l'affluence est de 500 000 personnes. La 125e session, en 2010, a vu s'opposer chez les hommes Nadal à Berdych ; c'est l'Espagnol qui a remporté le tournoi. Côté dames, on a pu assister à un retour flamboyant de Serena Williams qui l'a emporté face à la russe Zvonareva.

Enfants du pays

David Beckham

Footballeur. David Beckham naît le 2 mai 1975 à Londres. Dès son plus jeune âge, il montre des qualités de footballeur et, en 1991, signe son premier contrat de footballeur professionnel avec Manchester United où il jouera pendant douze ans avant de partir pour le Réal Madrid puis aux Etats-Unis chez les Los Angeles Galaxy. Capitaine de l'Equipe d'Angleterre, Beckham est un sportif de talent tantôt adulé par les supporters, tantôt critiqué. Mais plus que ses qualités sportives, c'est son physique et sa vie sentimentale qui en ont fait l'idole de nombreuses jeunes filles. Et depuis quelques années, Beckham fait autant parler de lui dans les pages people des magazines que dans les pages sportives. En 1999, il épouse l'ex-Spice Girl Victoria Adams (Posh Spice). Posh & Becks, comme on les appelle familièrement forment certainement le couple le plus admiré, le plus envié et surtout le plus médiatisé de l'Angleterre. Malgré toutes ses frasques, David reste un (très bon) joueur de football.

Colin Firth

L'acteur britannique est né le 10 septembre 1960 à Grayshott dans le comté de Hampshire. Il a été remarqué au Drama Centre de Chalk Farm à Londres dans *Hamlet*. Il a remporté le Bafta du meilleur acteur en 2010 pour son rôle dans *A single man*, l'Oscar et le Golden Globe du meilleur acteur en 2011 pour *Le Discours d'un roi*. Il a joué dans des films célèbres tels que *Love actually*, *Le Patient anglais*, *Le Journal de Bridget Jones*, ou encore *Mamma Mia*.

Sean Connery

Thomas Connery est né en 1930 dans une famille modeste d'Edimbourg. Il commence à travailler à 9 ans et s'engage plus tard dans la marine avant d'être exempté pour un ulcère. Il découvre alors le théâtre en 1951 et il est même médaille de bronze du concours de Monsieur Univers en 1952. Quatre ans plus tard, il débute au cinéma avec un petit rôle dans *Les Criminels de Londres* avant de connaître une période de doute cinématographique. C'est en 1961 qu'il incarne le célèbre agent secret James Bond dans une adaptation du roman de Ian Fleming (il le sera 7 fois) et qu'il devient alors l'un des acteurs les plus appréciés du cinéma mondial. Sean Connery n'a jamais pour autant oublié ses racines écossaises. Il verse la totalité de ses droits sur le film *Les Diamants sont éternels*, soit 1,2 million $, pour la construction du Scottish International Education Trust, et il parraine le Parti nationaliste écossais (SNP) lors de la campagne pour la décentralisation des pouvoirs en faveur d'un gouvernement écossais autonome : il a depuis longtemps un tatouage mentionnant « Scotland Forever ». Sean Connery a été anobli à Edimbourg par la reine Elizabeth II en juillet 2000.

Elizabeth II

Fille du roi George VI, elle épouse, en 1947, Philippe de Grèce, duc d'Edimbourg. Elle succède à son père lors de la mort de celui-ci en 1952. Elle règne depuis sur le Royaume-Uni de Grande-Bretagne et d'Irlande et assume le rôle de chef du Commonwealth. Garante du principe de l'unité monarchique, elle demeure en retrait de la vie politique du pays. L'année 2002 a marqué son Golden Jubilee, le cinquantième anniversaire de son accession au trône.

Stephen Frears

Metteur en scène anglais né en 1941, il est l'un des cinéastes du renouveau britannique en matière de longs-métrages. Ses premiers films, tels *My beautiful Launderette* (1985), *Prick up your Ears* ou *Sammy and Rosie get laid* : *Sammy et Rosie s'envoient en l'air* évoquaient les banlieues de Londres, le racisme anti-pakistanais, la classe ouvrière au chômage. Comme la plupart des cinéastes britanniques qui atteignent un certain niveau de reconnaissance, il s'est ensuite tourné vers Hollywood pour tourner Les *Liaisons dangereuses*, d'après le roman français de Choderlos de Laclos, avec des acteurs américains. A confirmé son talent avec *The Grifters* (Les Arnaqueurs), *The Snapper* (1993), *High Fidelity* (2000) ou *Dirty pretty things* avec Audrey Tautou. Son film, *The Queen*, a rencontré un grand succès critique.

Anthony Hopkins

Acteur né en 1937 à Port Talbot, qui a commencé sa carrière au théâtre en 1961, puis au cinéma en 1967. Un prestigieux palmarès de films allant d'*Elephant Man* (1980) de David Lynch, *Les Révoltés du Bounty* (1984), *Les Vestiges du jour* (1993), *Retour à Howards End,* sans oublier sa performance dans le rôle d'Hannibal Lecter dans *Le Silence des Agneaux* (1991) qui lui valut un Oscar. Il a joué aux côtés de sa compatriote Catherine Zeta-Jones dans *Le Masque de Zorro* (1998).

Mick Jagger

Chanteur des Rolling Stones depuis plus de trente ans, Mick Jagger est l'un des personnages de l'histoire du rock les plus populaires et influents. Depuis quelques années, il sort quelques albums solo, mais qui ne connaissent pas le succès des Rolling Stones.

Michel Philip Jagger est né le 26 juillet 1943 à Dartford. Sa première rencontre musicale fut celle du guitariste Keith Richards avec lequel il usait ses pantalons sur les bancs de l'école primaire. Mais quelques années plus tard ils se perdent de vue et Jagger développe seul dès le lycée un goût immodéré pour la musique et surtout le rock et pour le business à la London School of Economics. Il retrouve Richards quelques années plus tard. Tous les deux s'associent avec le second guitariste Brian Jones, le bassiste Bill Wyman et le batteur Muddy Waters pour créer les Rolling Stones. Dès la fin des années 1960, ils rivalisent avec les Beatles sur les rangs des groupes de rock les plus populaires au monde. Ils accumulent les hits à cette époque avec les grands classiques *Paint It Black, Time Is on My Side, Get Off of My Cloud, I Can't Get No, Satisfaction, Jumpin' Jack Flash* et quelques autres. A partir de 1968, leurs albums sont considérés comme des légendes du rock : *Beggar's Banquet* (1968), *Let It Bleed* (1969), *Get Yer Ya-Ya's Out* (1970), *Sticky Fingers* (1971), *Exile on Main Street* (1972).

A cette époque Mick Jagger joue à l'acteur et il devient une figure incontournable de la jet-set. Jagger souhaite se lancer dans le style pop et dance alors que Richards veut rester un vrai groupe de rock and blues. En 1984, Jagger enregistre donc son premier album solo, qui est un succès.

Le chanteur renoue avec le groupe en 1989 pour la tournée Steel Wheels. Il relance ensuite sa carrière en collaborant avec les Red Hot Chili Peppers, les Beastie Boys et Rick Rubins. Il sort avec ce dernier le single *Wandering Spirit* en 1993 bien accueilli par la critique et le public. Le dernier album des Rolling Stones *Bridges to Babylon* sort en 2001 alors que Mick jagger sort un autre album solo *Goddess in the Doorway*, plus de dix ans après le dernier, dans lequel apparaissent des pointures tels Pete Townshend, Bono, Lenny Kravitz, Missy Elliot..

Joe Wright

Joe Wright est né en 1972 à Londres. Ses parents ont fondé le Islington's Little Angel Theater, un théâtre de marionnettes. Il étudie au Camberwell College of Arts, et à l'école d'art London's St. Martins. Particulièrement connu pour le film *Orgueil et préjugés* basé sur l'œuvre de Jane Austen, réalisé en 2006 avec des acteurs tels que Keira Knightley ou Rosamund Pike, il reçoit 4 citations à l'Oscar et une citation au BAFTA du meilleur film britannique. On peut citer *Reviens-moi, Le Soliste*, ou encore le récent *Anna Karenine*.

Ewan McGregor

L'acteur fétiche de Danny Boyle que l'on a découvert dans les films Petits meurtres entre amis et Trainspotting est né en 1971, à Crieff. Il quitte à 16 ans cette petite bourgade du centre de l'Ecosse pour suivre des cours de théâtre à Perth puis à Fife. C'est à Londres, où il poursuit sa formation de comédien, qu'il fait ses débuts dans une série intitulée, Du rouge à lèvres sur ton col. L'acteur révèle ensuite son jeu dans des registres aussi diversifiés que le thriller (*Le Veilleur de nuit*), la comédie musicale (*Moulin-Rouge*) ou la science-fiction, en incarnant le personnage d'Obi-Wan Kenobi pour la trilogie *Star Wars*, de Georges Lucas. En 2007, il partageait l'affiche avec Renée Zellweger dans *Miss Potter*. Depuis, il a tourné *Manipulation* aux côtés de Hugh Jackman et Michelle Williams, *I love you Phillip Morris* où il partage l'affiche avec Jim Carrey, ou encore *Ghost Writer* avec Pierce Brosnan.

Ellen McArthur

Née à Derby en 1977. Très vite elle est atteinte du virus de la voile, et s'inscrit dans la longue tradition maritime de l'ancien Empire. A 11 ans, elle s'offre son premier dériveur, et passe la plus grande partie de son adolescence sur l'eau. Elle met à profit cette initiation en devenant skipper professionnel à 18 ans. Elle se fait remarquer en 1995 lors du Tour de l'Angleterre et d'Irlande où elle est sacrée meilleure jeune navigatrice de l'année. Ce tour de force est le signe annonciateur d'une vie hors norme. En 1998, elle fait parler d'elle en terminant la Route du Rhum en première position de sa catégorie : la classe 2 monocoque.

En 2000, la Britannique gagne la remontée en solitaire de l'Atlantique, concurrençant ainsi la suprématie masculine des itinéraires au long cours : elle gagne le respect des grands skippers. Elle termine deuxième du Vendée Globe 2001, mais première dans la catégorie des monocoques. Grâce à cet exploit, elle devient la première femme à faire un tour du

Monde en moins de cent jours. Elle a détenu dur sept ans le record du tour du monde à la voile en solitaire (2005-2012).

Stella McCartney

La fille du célèbre Beatle Paul Mc Cartney et de sa femme photographe Linda a vu le jour en septembre 1971. Sa famille la garde hors des projecteurs et des journaux à sensation toute son enfance et la jeune fille n'a pas spécialement droit à une jeunesse dorée. Par contre elle sait très tôt ce qu'elle fera plus tard, et Stella commence à créer des vêtements dès 12 ans. Trois ans plus tard, elle rejoint la maison Christian Lacroix pour un stage de design. Elle étudie la mode au Saint-Martin College de Londres. Dès la sortie de l'école, elle fait taire ses détracteurs : ses collections sont un triomphe commercial et médiatique. Elle propose un style sexy et féminin tout en l'alliant à des pièces humoristiques.

En 1997, elle devient la directrice artistique de chez Chloé et fait augmenter les ventes de 500 %. En 1998, Stella devient végétarienne et refuse de travailler la fourrure et le cuir.

En avril 2001, la jeune styliste quitte Chloé pour signer avec la maison Gucci sous son propre label. La jeune fille connaît le succès professionnel et personnel avec son mariage avec Alasdhair-Willis en 2003.

J. K. Rowlings

Ancienne enseignante, Johanne Kathleen Rowling est l'auteur de la fameuse série de livres pour enfants, *Harry Potter*. Le premier tome des aventures de *Harry Potter*, qu'elle écrivit dans un café, fut rejeté par trois maisons d'édition avant d'être accepté par Bloomsbury Children's Books. De peur que les garçons soient moins enclins à lire Harry Potter s'ils savaient que le livre était écrit par une femme, la maison d'édition choisit d'utiliser les initiales et non le prénom entier de l'auteur. Le premier *Harry Potter*, publié en 1997, remporta un succès immédiat. Six autres tomes ont été publiés. Six films, tirés de ses livres, ont eux aussi connu un succès planétaire. A 44 ans, J. K. Rowling est ainsi devenue en un temps record la personnalité la plus riche d'Angleterre (elle a dépassé la reine en 2005 !). Elle est divorcée et mère d'une petite fille.

Paul Smith

Le styliste Paul Smith est né en 1947 à Nottingham. Son premier rêve est d'être champion de vélo, mais un accident l'empêche de faire carrière. En 1969, il rencontre Pauline Denyer, étudiante en stylisme en Royal College or Art, qui devient le moteur de la carrière de Smith. Il ouvre une boutique en 1970, où il développe un style sobre de vêtements pour homme. Ses collections reprennent les formes classiques de l'élégance british auxquelles il ajoute des couleurs un peu criardes pour les faire ressortir. Il étend sa collection aux femmes à partir de 1993, après avoir développé une ligne pour enfants trois ans auparavant. En 1995, le musée du Design de Londres propose une rétrospective du travail de Smith, une première exposition concentrée sur un seul designer. Il est connu pour avoir réussi à garder les pieds sur terre malgré son succès.

Vivienne Westwood

Créatrice de mode. Vivienne Isabel Swire est née le 8 avril 1941 à Glossopdale. Très jeune, elle commence à créer elle-même ses vêtements. Elle s'installe à Londres à l'âge de 17 ans et épouse Derek Westwood en 1963. Elle rencontre ensuite Malcom Mc Laren qui devient son amant. Ensemble, ils ouvrent « Let it Rock », un petit magasin à Chelsea pour y exposer leurs modèles. Au milieu du mouvement hippie, ils vendent des disques rock des années 1950 et des jeunes de tout le pays viennent voir leurs créations. En 1972, le magasin est redécoré et devient « Too Fast to Live, Too Young to Die » (Trop rapide pour vivre, Trop jeune pour mourir). Peu après, le magasin devient « Sex » et l'on y trouve des accessoires SM et des T-shirts sur lesquels sont imprimés des images pornographiques. Avec leurs créations provocantes et uniques à l'époque, Westwood et Mc Laren révolutionnent la mode. Fin des années 1970, c'est de là que partira la mode « punk ». Les Sex Pistols montent sur scène avec ses créations, et MacLaren devient leur manager. En 1981, Vivienne Westwood organise son premier défilé avec la collection « Pirate ». Ses T-shirts asymétriques, baggies et chemises de pirates font fureur. Le magasin est renommé World's end, nom qu'il porte encore aujourd'hui.

En 1983, Westwood et MacLaren se séparent mais Vivienne continue ses collections, toujours innovatrices et diverses. Aujourd'hui, elle figure sans aucun doute parmi les plus grands créateurs internationaux. Elle a des magasins dans toutes les grandes villes du monde.

DÉCOUVERTE

Jonny Wilkinson

Rugbyman. Jonny Wilkinson, demi de mêlée pour l'équipe nationale de Rugby Union, est un des joueurs les plus connus du marché international. Il est mis sur l'orbite de la célébrité après son essai marqué lors du temps additionnel de la finale pendant la Coupe du monde de 2003. Le jeune homme fit ses débuts dans le ballon ovale au club des Newcastle Falcons en 1998. Sur le terrain il a la réputation d'avoir un coup de pied précis alors qu'en dehors il s'entraîne intensément et tente d'éviter la publicité médiatique. Il est pourtant devenu un héros national en Angleterre. En 2004, il publie une autobiographie *My World* et obtient le brassard de capitaine de l'équipe de rubgy d'Angleterre. Après quelques années d'errance, il revient très fort lors de la Coupe du monde de 2007, où il réussit à mener son équipe en finale. Il joue pour le RC Toulon et termine sa carrière internationale en 2011.

Le prince William

William Arthur Philip Louis Windsor est né le 21 juin 1982. Son titre est officiellement : Sa Grandeur Royale, le prince William de Galles. Il est l'héritier direct du trône britannique après son père. Il passe ainsi beaucoup de temps en compagnie de sa grand-mère au château de Windsor. Il est désormais pilote d'hélicoptère de combat.

Adele

Adele Laurie Blue Adkins est née le 5 mai 1988 à Londres. Élevée par sa mère, elle a grandi dans le quartier de Brixton. Après une fête scolaire durant laquelle elle a chanté le titre « Rise » de Gabrielle, Adele décide d'être chanteuse. Diplomée en 2006 de la Brit School, et proposant ses chansons sur le site Myspace, son premier single *Hometown Glory* est produit par le label XL Recordings. Ses albums « 19 » et « 21 » ont eu un succés fulgurant. Elle dit avoir été influencée par les Spice girls qui ont fait d'elle ce qu'elle est aujourd'hui. La chanteuse a été nommée 99 fois et a remporté 48 de ces prix.

Kate Winslet

Issue d'une famille d'artistes, née en 1975, Kate Winslet fut très tôt immergée dans le monde du théâtre. De 11 à 16 ans, elle suivit des cours à la Redroof Theatre School à Maidenhead. Après quelques rôles au théâtre et à la télévision, elle décrocha son premier grand rôle au cinéma, celui d'une adolescente meurtrière dans *Heavenly Creatures* de Peter Jackson (1994). On la vit ensuite dans *Raison et sentiments*, de Ang Lee (1995), *Jude* (1996) et *Hamlet* de Kenneth Brannagh (1998). Mais c'est avec le rôle de l'héroïne principale dans le film *Titanic* de James Cameron, en 1998, que Kate Winslet rencontra son plus gros succès. Après cette énorme production hollywoodienne, elle choisit, à la surprise générale, de se tourner vers des films indépendants : *Holy Smoke* de Jane Campion (1999), *Enigma* (2001) et *Iris* (2002). Kate Winslet est divorcée et mère d'une petite fille. En 2003, elle a doublé le personnage de Juliette dans le film d'animation, *Gnomeo and Juliet* et a joué, en 2004, dans la comédie musicale de Michel Gondry, *Eternal sunshine of the spotless mind*, avec Jim Carrey et Kirsten Dunst. Oscar de la meilleure actrice en 2009 pour *The Reader*.

Amy Whinehouse

Enfant terrible de la scène musicale anglaise, Amy Winehouse avait réussi l'exploit de remettre au goût du jour des sonorités oubliées en imposant un mélange de soul, jazz et rythm'n'blues, le tout teinté de beats électro. Née en 1983 à Londres, la jeune auteure, compositrice et interprète s'était faite remarquer avec son 1er album – *Frank* sorti en 2003 ; sa voix puissante impressionnait les critiques. En 2006, elle connut la consécration : son 2e opus, *Back to Black*, mélange détonnant d'influences des 60's reçu 5 Grammy awards, du jamais vu ! Si Amy était souvent comparée à Janis Joplin ou à Billie Holiday pour son talent unique, la ressemblance ne s'arrêtait pas là : ses frasques comme ses addictions à l'alcool et aux drogues ont régulièrement fait la une des tabloïd. Le 23 juillet 2011, la diva meurt dans son appartement de Londres d'une overdose, rejoignant le « club des 27 », personnalités telles que Janis Joplin ou Jimmy Hendrix morts à l'âge de 27 ans.

Catherine Zeta-Jones

Actrice galloise, née à Swansea, exportée aux Etats-Unis. Elle a été lancée par le film Le *Masque de Zorro*, aux côtés d'Antonio Banderas en 1998 et a enchaîné les succès internationaux. Mariée à Michael Douglas.

Keira Knightley

Keira Knightley est née le 26 mars 1985 à Teddington dans le Middlesex. Fille d'un acteur et d'une scénariste, elle est baignée dès son enfance dans le monde du cinéma. En 2003, elle devient connue grâce au succès mondial de *Pirates des Caraïbes* avec Johnny Depp et Orlando Bloom comme partenaires. Actrice fétiche du réalisateur anglais Joe Wright, elle reçoit le récompense de meilleure actrice aux Empire Awards pour son rôle dans *Reviens-moi*. On peut citer *Orgueil et préjugés, Last night*, mais aussi le magistral *The duchess*.

La version numérique de ce guide offerte !

1. Rendez vous sur http://boutique.petitfute.com.
2. «Ajouter au panier» la version numérique de votre guide papier, puis «Valider».
3. Entrez le code de remise ci-dessous et cliquez sur « Utiliser un bon de réduction ».

BUWDLMGKZAES

Le code ne peut être utilisé qu'une seule fois.

4. Cliquez sur « Passez la commande ».
5. Créez votre compte en cliquant sur le lien « S'enregistrer » ou connectez-vous à votre compte existant.
6. Sélectionnez l'adresse de facturation et cliquez sur « Poursuivre ».
7. Sélectionnez le mode de paiement « Valider ma commande offerte », cliquez sur « Poursuivre » puis « Valider la commande ».
8. Cliquez directement sur le lien « Mes guides téléchargeables », ou alors cliquez tout en haut sur le lien « Mon compte », puis à gauche sur « Mes guides téléchargeables » et sélectionnez à droite votre version numérique « Télécharger ».

Formats disponibles* pour smartphones, tablettes, liseuses et ordinateurs PC ou MAC. Offre valable jusqu'au 31/12/2014 sous réserve de l'arrêt de commercialisation de certains titres en France métropolitaine et dans le monde et sous réserve que le nombre de téléchargements soit inférieur ou égal au nombre d'exemplaires de guides papier imprimés.

Connexion internet et espace disque disponible suffisant

Il faut respecter la taille des caractères lorsque l'on rentre le code dans le champ « Code de remise ».

*** Formats disponibles :**

PDF : format lisible avec un lecteur compatible PDF, tel Adobe Acrobat Reader®, dont la dernière version, entièrement gratuite, est accessible sur le site Adobe.

EPUB : Format basé sur XHTML (le format de texte majoritairement utilisé sur le Web), et donc théoriquement lisible sur tous types de périphériques, grâces à de nombreux logiciels de lecture, souvent disponibles gratuitement.

Mobipocket : format lisible avec le lecteur Mobipocket®, particulièrement pratique pour les appareils mobiles (téléphone), et certains e-reader (cybook et Kindle). Voir le site mobipocket pour plus d'informations.

Streaming : format vous permettant d'accéder en streaming aux ouvrages via notre liseuse web. Pour accéder à ce format, vous devez impérativement disposer d'une connexion à l'Internet et d'une largeur d'écran supérieure à 800 pixels. Actuellement compatible avec Firefox 3 ou supérieur, Safari 4 et Internet Explorer 7 ou supérieur.

LONDRES

Vue panoramique sur Londres depuis le London Eye.

Abbey Road
St John's Wood
Zoo de Londres
REGENT'S PARK
Crowndale Rd
Mornington Crescent
SOMERS TOWN
Wellington Road
Abercorn Place
Outer Circle
Mosquée centrale de Londres
Théâtre de plein air de Regent's Park
REGENT'S PARK
Albany Street
Hampstead Road
Eversholt Street
Euston
Grove End Road
Edgware Road
Park Road
St. John's Wood Rd
Lisson Grove
REGENT'S CANAL
Drummond Street
Euston Road
Tavistock Square
Euston Square
Gordon Square
Rossmore Road
Great Portland Street
Regent Park
Warren Street
Tottenham Court Road
Sherlock Holmes expérience
Madama Tussaud s et London Planetarium
Warwick Avenue
Baker Street
Fitzroy Square
Torrington Pl
Gower St
MARYLEBONE
Marylebone
Église St Marylebone
Little Venice
Edgware road (Bakerloo)
Marylebone Road
Goodge Street
Harrow Road
Gloucester Place
Marylebone High Street
Portland Place
WESTWAY
A40(M)
Edgware road (Metropolitan and Circle)
Goodge St
Paddington (Metropolitan)
PADDINGTON
Bridge Road
Mortimer St
Charlotte Street
Wallace Collection
Eastbourne Terrace
Praed Street
Sussex Gardens
All Saints
Tottenham Court Road
Wigmore Street
Westbourne Terrace
Gloucester Terrace
Paddington
Oxford Street
Selfridges
Oxford Circus
Soho Square
SOHO
Marble Arch
Bond Street
Hanover Square
Église protestante française
Notting Hill
Portobello Road
Statues de Churchill et Roosevelt
New Bond Street
Regent Street
Lancaster Gate
Bayswater Road
Marble Arch
Hamley's
Grosvenor Square
Savile Row
Shaftesbury Ave
Speaker's Corner
MAYFAIR
N.D. de France
National Gallery
Piccadilly Circus
Berkeley Square
Académie royale des Arts
Piccadilly
Jermyn Street
HYDE PARK
KENSINGTON GARDENS
Park Lane
Waterloo Place
Sheperd's Market
Fortnum & Mason
Pall Mall
Horse Guards Parade
Green Park
St Jame's Palace
Saint James Park
The Ring
The Mall
Hyde Park corner
Albert Memorial
Constitution Hill
Grosvenor Cres
Knightsbridge
Buckingham Palace
Queen Anne's Gate
Kensington Rd
Kensington Gore
Kensington Road
Birdcage Walk
Knightsbridge
Grosvenor Place
Royal Albert Hall
Upper Belgrave St
Buckingham Gate
Exhibition Road
Sloane Street
Harrods
High St Kensington
Holland Park
St Mary Abbots
Kensington Square
Queen's Gate
Kensington High Street
Belgrave Place
Abbaye de Westminster
St James's Park
Grosvenor Gardens
WESTMINSTER
South Kensington
Musée de la Science
Musée d'Histoire Naturelle
Victoria and Albert Museum
BELGRAVIA
Lower Belgrave St
Victoria Street
Victoria
Eccleston St
Cathédrale de Westminster
Horseferry
Hammersmith Road
Consulat français
KENSINGTON
Brompton Rd
BROMPTON
Gare de Victoria
Gloucester Road
South Kensington
Pelham St
Eaton Square
Sloane Square
Ebury Street
Buckingham Palace Road
Vauxhall Bridge Road
Belgrave Road
Bâtiment Michelin
Sloane Avenue
Old Brompton Road
Sydney St
Pimlico Road
Ebury Bridge Rd
Pimlico
Fulham Road
King's Road
Royal Hospital Road
Chelsea Bridge Road
PIMLICO
Royal Chelsea Hospital
King's Road
Oakley Street
Chelsea Embankment
Grosvenor Road
Chelsea Bridge
Nine Elms
VAUXHA
Battersea Park

PENTONVILLE
ST PANCRAS
FINSBURY
BLOOMSBURY
CLERKENWELL
BARBICAN
HOLBORN
CITY
SOUTHWARK
THE BOROUGH
NEWINGTON
KENNINGTON
LA TAMISE
King's Cross
St Pancras
King's Cross St Pancras
Angel
Pentonville Road
Caledonian Road
York way
Goods Way
City Road
Goswell Road
New North Rd
East Road
Pitfield Street
A10 Kingslandroad
Hackney Road
Columbia Rd
Old Street
Shoreditch High St
Great Eastern St
Cheshire St
Gray's Inn Road
King's Cross Road
Rosebery Avenue
St John Street
Farringdon Road
Exmouth Market
Marx Memorial Library
Clerkenwell Green
Little Italy
Dickens House
Russel Square
Guilford Street
Clerkenwell Road
St John's Gate
Charterhouse
Southampton Row
Theobald's Road
Gray's Inn
Chancelery Lane
Farringdon
Barbican
Beech St
Chiswell St
Moorgate
Musée de Londres
Saint Bartholomew-the-Great
London Wall
Liverpool Street
A1202 Commercial Street
Folgate
Morton
19 Princelet St
Spitalfields Market
Christ Church
Middlesex Street
Petticoat Lane Market
Wormwood St
Camomile St
Houndsditch
Bevis Marks Synagogue
Aldgate
Aldgate High St
Duke's Pl
High Holborn
Holborn
Oxford Street
Kingsway
Lincoln's Inn
Lincoln's Inn Field
Holborn Viaduct
Newgate St
The Old Bailey
Guidhall
Freemason's Hall
Endell Street
Drury Lane
Royal Courts of Justice
St Paul's
Cheapside
Threadneedle St
Bank
Leadenhall Street
Cathédrale St Paul
Cambridge Circus
Long Acre
Fleet Street
Cannon Street
King William St
Lombard St
Fenfurch Street
Minories
Mansell Street
Theatre Museum
Covent Garden
Marché couvert
St-Mary-le-Strand
Middle Temple
Inner Temple
Aldwych
New bridge St
Queen Victoria Street
Mansion House
Temple
Somerset House
Blackfriars
White Lion Hill
Upper Thames St
Cannon Street
Musée du transport de Londres
Leicester Square
Victoria Embankment
GT Tower Street
Monument
Tower Hill
Lower Thames St
Tower of London
National Portrait Gallery
Strand
Millennium Bridge
Blackfriars Bridge
Southwark Bridge
London Bridge
Tower Bridge
Waterloo Bridge
St-Martin-in-the-F
Charing Cross
Embankment
Gabriel's Wharf
Oxo Tower
Royal National Theatre
Shakespeare's Globe Theatre
New Scotland Yard
National Film Theatre
Stamford Street
Tate Modern
Southwark Street
Cathédrale de Southwark
Borough Market
London Bridge
Tooley Street
Whitehall
Hayward Gallery
South Bank Centre
Southwark
Blackfriars Road
St Thomas Street
City Hall
Docklands Greenwich
Parliament St
Banqueting House
London Eye
Waterloo
York Road
Gare de Waterloo
Waterloo Road
Westminster
County Hall
Westminster Bridge
Borough
Long Lane
Tower Bridge Road
St Margaret
London Necropolis Station
Lambeth North
Westminster Bridge Road
Borough Road
Southwark Bridge Road
Borough High St
Great Dover Street
Big Ben
Houses of Parliament
Lambeth Palace Road
London Road
Harper Road
Newington Causeway
Imperial War Museum
St George's Road
Elephant and Castle (Waterloo)
Elephant and Castle (Northern)
New Kent Road
Lambeth Road
Lambeth Bridge
Kennington Road
Millbank
Albert Embankment
Kennington Lane
Kennington
Kennington Park Road
Walworth Road
Vauxhall Bridge
Vauxhall
Wandsworth Road
South Lambeth Road
Kennington Oval
Oval
N
0
500 m
Curiosité
Bâtiment historique
Musée
Cathédrale ou église
Mosquée
Galerie d'art
Théâtre

Londres

Londres, mégalopole de plus de 13 millions d'habitants est la ville la plus cosmopolite d'Europe et il y en a pour tous les goûts. Des dizaines de minorités ethniques s'y côtoient et y vivent en harmonie. S'il n'y avait qu'un mot pour résumer Londres, ça serait son ouverture. Synonyme de modernité, Londres est désormais dotée d'un téléphérique survolant la Tamise, et The Shard, le plus haut gratte-ciel d'Europe érigé en 2012. A la pointe de la culture, la ville compte plus d'une centaine de salles de théâtre et recense un nombre incroyable de spectacles, comédies musicales et ballets, certains shows sont d'ailleurs joués au public depuis des années, voire même plusieurs décennies alors que d'autres font place aux nouveautés. Londres est aussi connue pour ses nombreux musées, pour la plupart gratuits et interactifs et ses monuments chargés d'histoire comme Buckingham Palace, Houses of Parliament et Westminster Abbaye pour ne citer que les principaux. Capitale gastronomique, à Londres se multiplient les restaurants du monde entier. Petit déjeuner anglais, déjeuner japonais et dîner indonésien, rien n'est difficile à trouver. Et pour sortir, on compterait plus de 7 000 pubs à Londres ! Côté sportif, Londres n'est pas en reste. Le succès des derniers jeux Olympiques est là pour l'attester. Le tournoi de tennis de Wimbledon et les nombreux matchs de football aussi.
Visiter Londres inclut aussi une case shopping. Qe ce soit à Oxford Street pour ses department stores (centres commerciaux) ou Regent Street pour ses marques de luxe, Londres demeure l'une des places fortes de la mode.
Londres est une ville aux multiples facettes, à vous de choisir celle que vous souhaitez découvrir...

QUARTIERS

Chaque quartier a sa propre identité, que ce soit Camden le quartier punk, Kensington le chic, Brixton pour son côté Carribéen ou encore Mayfair pour les affaires.

Soho, Westminster et Mayfair

Voici le cœur de Londres, incontournable et de toute façon, immanquable. Totalement centrale, cette zone abrite parmi les plus célèbres monuments et musées de la capitale, les boutiques branchées et les plus célèbres chaînes de magasins, de nombreux bars, restaurants et boîtes de nuit et les fameux théâtres et comédies musicales qui font la renommée internationale de la capitale. Préparez-vous à plonger dans la foule londonienne, qui se meut inlassablement vers les différents quartiers du centre, Soho, Westminster et Mayfair.

- **Soho.** C'est d'abord à ce quartier que l'on pense, quand on imagine la vibrante Londres. Clubs gay et boutiques pop en fond de toile, Soho ennivre les touristes avec la tourbillonnante Picadilly Circus, le charmant Covent Garden ou encore les libraires de Charing Cross. Impossible de s'ennuyer dans ces rues.

- **Westminster.** Pour découvrir le Londres politique, avec les palais royaux, le Parlement, Big Ben et bien sûr l'abbaye. C'est une étape obligatoire lors d'une première visite à Londres.

- **Mayfair**. La partie ouest du centre de Londres, lovée entre Hyde Park et Green Park, jouit d'une situation exceptionnelle. Et les riches Londoniens ne s'y trompent pas. On vient ici pour les palaces, les boutiques de luxe et les restaurants huppés. On aime cette élégance toute britannique, où les tailleurs de costumes côtoient les salles de vente aux enchères (Sotheby's et Christie's en tête).

Marylebone, Camden, Islington et Hampstead

Le Nord de Londres est particulièrement bien desservi et reste une bonne option d'hébergement. Le mieux est de séjourner dans Marylebone et Bloomsbury, les quartiers les plus centraux, qui comptent de nombreux hôtels bon marché, à proximité de la gare et du British Museum. Islington ou Hampstead intéresseront plus ceux qui recherchent une atmosphère particulière de fête ou de village.

Arsenal FC
Drayton Park Rail.
0
350 m
N
Highbury Gr.
Aberdeen Road
Riddestone Road
Holloway Road
Hornsey Rd.
Queensland G
Benwell Road
Bryantwood Rd.
Highbury Hill
Leigh Road
Kelvin Rd.
Whistler
Framfield
Battledean Rd.
Highbury Terrace
Highbury Fields
Highbury Grove
Aberdeen Park
Aberdeen Ln
Hornsey Street
Holloway road
Eden Grove
George's Road
Chillingworth
Palmer Pl.
Whiterington Rd
Arvon Road
Ronalds Road
Melgund Rd.
Baalbec Road
Highbury Crescent
Corsica Street
Liberia Rd.
Calabria Road
Grosvenor Avenue
Mackenzie Road
Paradise Park
Lough Road
Madras Pl.
Holloway Road
Liverpool Road
Highbury Place
St Paul's Road
Vulcan W.
Westbourne Road
Furlong Road
Bride Street
Highbury & Islington
St Paul's Road
St Mary's Grove
Grange Grove
Canonbury Park
Ellington Street
Hen & Chickens Théâtre
Roman Way
Arundel Sq
Laycock St.
Compton terrace
Compton Av.
Canonbury Place
Wheelwright St
Offord Road
Caledonian Road & Barnsbury
Canonbury
Thornhill Road
Barnsbury Park
Islington Park St.
Liverpool Road
Upper Street
Alwyne Villas
Canonbury Grove
Offord Road
Huntington Street
Bewdley St.
College Cross
Canonbury Road
Brooksby St.
Braes Street
Pleasant Place
Halton Road
Bridgeman Rd.
Lofting Road
Morland M.
Barnsbury Street
Essex Road Rail
Essex Ro
New N R
Thornhill Square
Ripplevale Grove
Thornhill Road
Hawes St
Almeida St
Greenman
Popham Rd
Essex Road
Richmond Cre.
Cross Street
Richmond Ave.
Richmond Ave.
Milner Place
Stonefield
Islington
St.
Barnard Park
Cloudesley Road
Theberton Street
Packington Sq.
Prebent St
Arne Road
Cloudesley
Liverpool Road
Upper Street
Essex Road
Copenhagen Street
Muriel St.
Charlotte Ter.
Barnsbury Road
St Peter's Street
Rheidol terrace
Packington Square
Cloudesley Pl.
Carnegie Street
Batchelor St.
Road
Charlton
Colebrooke Row
Devonia
Grantbrid.
Wynford Road
Tolpuddle Street
Berners
Gerrad road
St Peter's Street
Frome St.
Burgh St.
Penton
Upper Street
Duncan St.
Noel Rd.
Chapel Market
Tamise
Rodney Street
Baron St.
Vincent Terrace
Collier St.
White Lion Street
The Angel
Duncan Ter.
Nelson terrace
Elia Mews
Penton Street
Pentonville road
lle road
Old Red Lion Théâtre
City Road
Curiosité
Théâtre
Gare ferroviaire

Musée
Edifice religieux
Curiosité
Hôpital
Poste
Police
Station de métro
Route commerciale intérieure
Route avec service bus
London Canal Museum
Goodsway
Wharfdale Road
Battle Bridge
Pancras Road
York Way
Purchase St. Open Space
Balfe Street
Caledonian Road
Northtown
Killick Street
St. Pancras Station
King's Cross Station
Pentonville
Phoenix Road
Ossulston Street
British Library
King's Cross St. Pancras
Gray's Inn Road
Brtinannia
Eversholt Street
St. Aloysius
Chalton Street
Drummond Crescent
Argyle St.
St. Chad's Street
Euston Station
Euston
Shaw
Euston Road
Argyle Street
Bidborough St.
Euston Square
Judd Street
Hastings St.
Cromer Street
Harrison Street
Melton St.
The Place
Sandwich St.
Thanet St.
St. Pancras
Sidmouth Street
Cartwright Gardens
St. George's Gardens
Euston Road
Ensleigh Gardens
Upper Woburn Place
Burton Street
United Reformed
Vers Great Portland Street
Ensleigh Street
Taviton Street
Hunter Street
Founding Museum
Taistock Place
Marchmont Street
Brunswick Shopping
Bloomsbury
Herbrand Street
Coram's Filds
Gower Street
Gordon Street
Woburn Place
Landsdowne
Bedford Way
Byng Place
Bernard St.
Guilford Street
Russell Square
Huntley St.
BLOOMSBURY
Guilford Street
National Hospital
Torrington Place
Russell Squ.
Great Ormond Stree
Malet Street
Russell Square
Southampton
RADA
Old Gloucester Street
Boswell Street
Chenies Street
Russell Squ.
Keppel St.
Bedford Place
Goodge Street
Montague Place
Montague Street
Store Street
BRITISH MUSEUM
Tottenham Court Road
Bloomsbury Street
Bloomsbury Square
Cochrane
Drake St.
Windmill St.
Adeline
Bedford Square
Russell Street
Percy St.
Row
St. George
Bloomsbury Way
Bedford Avenue
Cartoon Museum
Rathbone Street
Oxford Street
Holborn

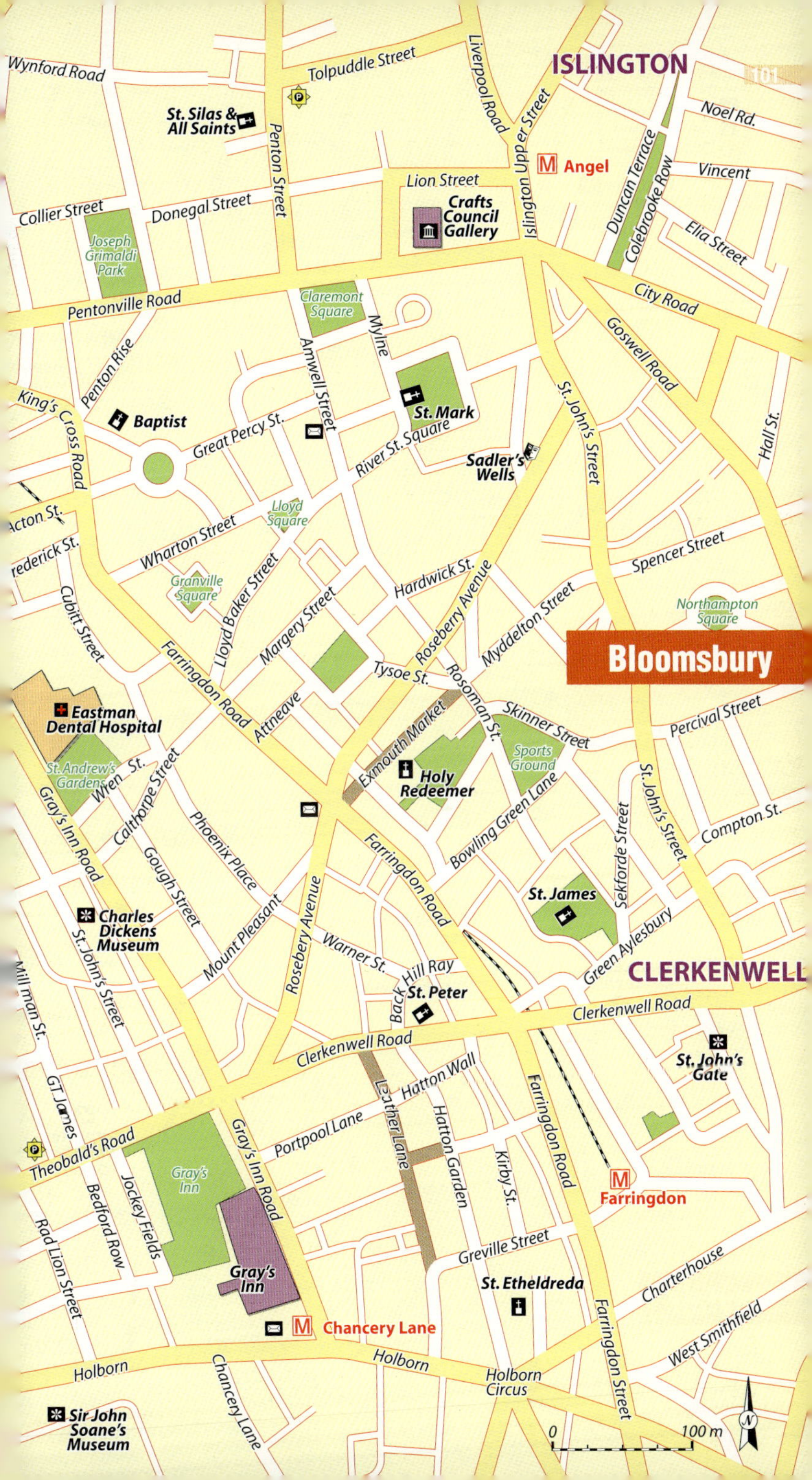
ISLINGTON
Bloomsbury
CLERKENWELL
Wynford Road
Tolpuddle Street
Liverpool Road
Islington Upper Street
Noel Rd.
St. Silas & All Saints
Penton Street
Angel
Vincent
Lion Street
Crafts Council Gallery
Duncan Terrace
Colebrooke Row
Elia Street
Collier Street
Donegal Street
Joseph Grimaldi Park
City Road
Pentonville Road
Claremont Square
Goswell Road
Mylne
Penton Rise
Amwell Street
King's Cross Road
St. Mark
St. John's Street
Hall St.
Baptist
Great Percy St.
River St. Square
Sadler's Wells
Acton St.
Lloyd Square
Wharton Street
rederick St.
Hardwick St.
Spencer Street
Granville Square
Lloyd Baker Street
Roseberry Avenue
Northampton Square
Cubitt Street
Margery Street
Myddelton Street
Farringdon Road
Tysoe St.
Rosoman St.
Eastman Dental Hospital
Attneave
Skinner Street
Percival Street
Exmouth Market
St. Andrew's Gardens
Wren St.
Calthorpe Street
Holy Redeemer
Sports Ground
Gray's Inn Road
Phoenix Place
Bowling Green Lane
Sekforde Street
Compton St.
Gough Street
Farringdon Road
St. James
Charles Dickens Museum
Mount Pleasant
Green Aylesbury
St. John's Street
Warner St.
Rosebery Avenue
Hill Ray
Back
St. Peter
Mill man St.
Clerkenwell Road
Clerkenwell Road
St. John's Gate
Hatton Wall
GT. James
Leather Lane
Portpool Lane
Theobald's Road
Gray's Inn
Hatton Garden
Kirby St.
Farringdon Road
Farringdon
Bedford Row
Jockey Fields
Gray's Inn Road
Rad Lion Street
Greville Street
Gray's Inn
St. Etheldreda
Charterhouse
Chancery Lane
West Smithfield
Holborn
Holborn
Chancery Lane
Holborn Circus
Farringdon Street
Sir John Soane's Museum
0
100 m
N

Curiosité
Edifice religieux
Station de métro
Queen Anne Street
Wimpole Street
Harley Street
Chandos
Great Portland Street
Great Titchfield Street
Portland St
Little
Cavendish Place
Regent Street
Wigmore Hall
Wigmore Street
Cavendish Square Gardens
Cavendish Sq.
Cavendish
Margaret Street
John Prince's St.
Great Castle Street
Market Pl.
Oxford Circus
Oxford Street
vers Soho
London Palladium
Argyll Street
St.Christophe
James Street
Marylebone Lane
Henrietta Place
Vere Street
Chapel Place
Old Cavendish
Holles Street
Barrett St.
Stratford Pl.
Harewood
Princes Street
Tenterden St.
Dering St.
New Bond Street
Woodstock St.
Hanover Sq. Gardens
Hanover Street
Kingley Street
Binney
Gilbert
Davies Street
South Molton Street
Weighhouse Street
Gardens
Street
Street
Brook Street
Avery Row
Maddox Street
Saint George Street
Mill Street
Maddox St.
Duke Street
Brook's Mews
Conduit Street
Savile Row
Grosvenor Square Gardens
MAYFAIR
Grosvenor Street
Grosvenor Hill
Carlos Place Street
Mountain Row
Bourdon Street
Bruton Place
Bruton Street
Bruton Lane
Old Bond Street
Clifford Street
Cork Street
Old Burlington St.
Adam's Row
Berkeley Street
Grafton St.
Abemarle Street
Burlington Gardens
Royal Academy of Arts
Burlington Arcade
Mount Street
Immaculate Conception
Berkeley Square Gardens
Farm Street
Hill Street
Hay's Mews
Charles Street
Hay Hill
Dover Street
Stafford St.
Chesterfield Hill
Mews
Lansdowne Row
Carpenters Workshop Gallery
Waverton Street
Hay's
Charles Street
Queen Street
Berkeley Street
Bolton Street
Stratton Street
Green Park
Piccadilly
St James's St
Arlington
Tilney St.
Clarges street
Curzon Street
Half Moon Street
vers Westminster
N
0
250 m
Curzon Street
Market Mews
White horse Street
Hertford Street
Piccadilly
GREEN PARK
vers Victoria Station

Mayfair

Westminster
Curiosité
Edifice religieux
Station de métro
Gare ferroviaire
WHITEHALL
WESTMINSTER
BELGRAVIA
GREEN PARK
ST JAMES'S PARK
St-James's Park Lake
Tamise
Banqueting House
Victoria Embankment Gardens
Cabinet Office 10 Downing St.
Cabinet War Rooms et Churchill Museum
Westminster
Big Ben
Houses of Parliament
Palace of Westminster
Westminster Abbey
Victoria Tower Gardens
Smith Square
St. James's Palace et Clarence House
Queen Victoria Mémorial
Buckingham Palace
Queen's Gallery
Royal Mews
St-James's Park
Westminster Cathedral
Victoria
Victoria Station
St Peter's
Whitehall
Parliament St.
Richmond Terr.
Victoria Embankment
Bridge Street
Horse Guards Approach
Downing Street
King Charles Street
Parliament Square
St Margaret Street
Old Palace Yard
Storey's Gate
Little St.
Old Queen St.
Anne's Gate
Queen
Tothill Street
Broad Sanctuary
Great Smith Street
Dean's Yard
Tufton Street
Great College Street
St Anne's Street
Abbey Orchard
Victoria Street
Old Pye Street
Perkin's Street
Great Peter Street
Marsham St.
North
Stanley
Strutton Gr.
Broadway
Caxton Street
Petty France
Row
Greencoat Place
Francis Street
Howick Place
Thirleby Ave.
Birdcage Walk
Spur Road
Buckingham Gate
Wilfred Street
Castle Lane
Palace Street
Stafford Place
Stag Place
Warwick Row
Allington S.
Victoria Square
Beeston Pl.
Buckingham Palace Road
Terminus P.
Grosvenor Gardens
Grosvenor Place
Hobart Place
Lower Belgrave Street
Eaton Square
Ebury Street
Chester
Chester Street
Wilton Street
Chapel Street
The Mall
Marlborough Road
Stable Yard Road
Constitution Hill
Piccadilly
Old Park Lane
Hyde Park Corner
0
250 m
N

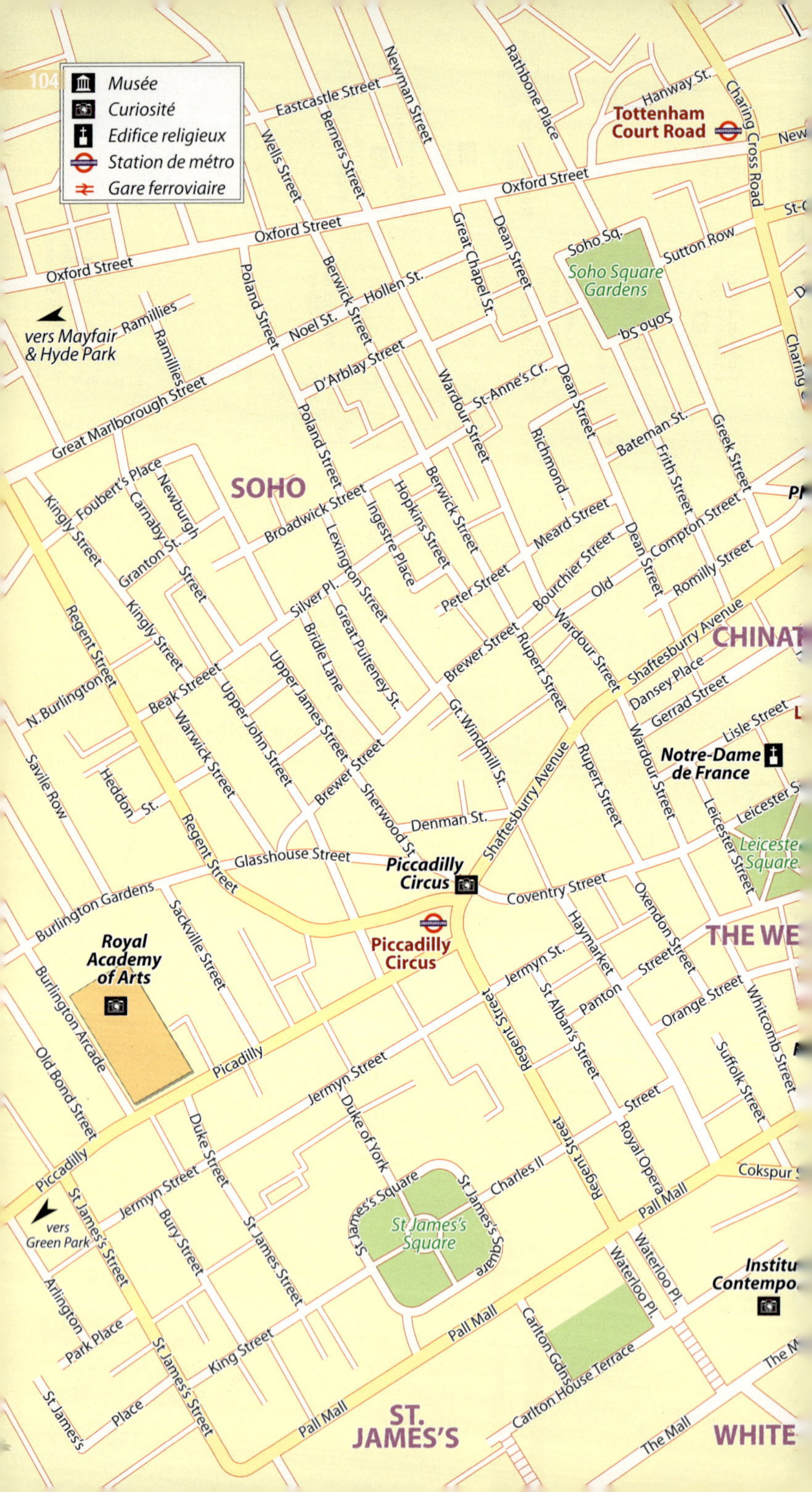
Musée
Curiosité
Edifice religieux
Station de métro
Gare ferroviaire
Eastcastle Street
Newman Street
Rathbone Place
Hanway St.
Tottenham Court Road
Charing Cross Road
New
Berners Street
Wells Street
Oxford Street
Oxford Street
Oxford Street
St-G
Great Chapel St.
Dean Street
Soho Sq.
Sutton Row
Soho Square Gardens
Soho Sq.
Poland Street
Berwick Street
Hollen St.
Noel St.
Ramillies
Ramillies
vers Mayfair & Hyde Park
D'Arblay Street
Wardour Street
St-Anne's Cr.
Dean Street
Charing
Great Marlborough Street
Poland Street
Richmond
Bateman St.
Frith Street
Greek Street
SOHO
Foubert's Place
Newburgh
Carnaby
Kingly Street
Broadwick Street
Lexington Street
Ingestre Place
Hopkins Street
Berwick Street
Meard Street
Compton Street
Granton St.
Street
Silver Pl.
Peter Street
Bourchier Street
Old
Dean Street
Romilly Street
Regent Street
Kingly Street
Bridle Lane
Great Pulteney St.
Brewer Street
Rupert Street
Wardour Street
Shaftesbury Avenue
CHINAT
N. Burlington
Beak Streeet
Upper John Street
Upper James Street
Gt.Windmill St.
Dansey Place
Gerrad Street
Lisle Street
Warwick Street
Brewer Street
Notre-Dame de France
Savile Row
Heddon St.
Sherwood St.
Shaftesbury Avenue
Rupert Street
Wardour Street
Leicester Street
Leicester S
Regent Street
Denman St.
Leicester Square
Glasshouse Street
Piccadilly Circus
Coventry Street
Burlington Gardens
Oxendon Street
Sackville Street
Piccadilly Circus
Haymarket
THE WE
Royal Academy of Arts
Burlington Arcade
Jermyn St.
Street
St Alban's Street
Panton
Orange Street
Regent Street
Whitcomb Street
Picadilly
Old Bond Street
Jermyn Street
Suffolk Street
Duke of York
Duke Street
Street
Piccadilly
Jermyn Street
St James's Square
Charles II
Regent Street
Royal Opera
Cokspur S
vers Green Park
St James's Street
Bury Street
St James's Street
St James's Square
St James's Square
Pall Mall
Waterloo Pl.
Waterloo Pl.
Institu Contempo
Arlington
Park Place
Pall Mall
Carlton Gdns
King Street
Carlton House Terrace
The M
St James's
Place
St James's Street
Pall Mall
ST. JAMES'S
The Mall
WHITE

Holborn
New Oxford Street
Bloomsbury St.
Coptic Street
Museum St.
Newton Street
Whetstone Park
Remnant
Kingsway
Lincoln's Inn Fields
Grape St.
Dyott St.
High Holborn
Smart's Street
Stukkey Street
Shaftesbury Avenue
Drury Lane
Macklin Street
Street
Great Queen Street
Endell Street
Shorts Gardens
Parker
Freemerson's Hall
Wild Court
Keeley Street
Sardinia St.
Betterton Street
Shelton Street
Ame St.
Wild Street
Neal Street
Monmouth Street
Drury Lane
Kemble St.
Kean Street
Earlham Street
Broad Ct.
Crown Ct.
Marlett Ct.
Bow Street
Mercer Street
Covent Garden
Long Acre
Royal Opera House
Russell Street
Tavistock St
Aldwych
Catherine Street
James St.
Floral Street
St. Newport
COVENT GARDEN
Russell
Wellington Street
vers The City
Covent Gardens
Musée des transports
Rose St.
Covent Garden Market
Garrick Street
St. Paul
Henrietta Street
Tavistock Street
Burleigh St.
Exeter Street
The Strand
Somerset House & Courtauld Institute
New Row
Martin
St Matins Lane
Bedfordbury
Bedford Street
Maiden Lane
The Strand
Savoy Street
Lancaster Place
Chandos Place
William IV Street
The Strand
Savoy Place
St Martin-in-the-Fields
St Mary-le-Strand
John Adam Street
Robert Street
St-Martin's Place
Villiers Street
Victoria Embankment Gardens
vers Waterloo Station
Charing Cross
The Strand
Craven Street
TAMISE
Charing Cross Station
Victoria Embankment
Soho
Charing Cross Square
Northumberland Avenue
Trafalgar Square
Whitehall
Great Scotland Yard
Whitehall Place
Whitehall Ct.
vers Palais de Westminster
Victoria Embankment Gardens
Victoria Embankment
SOUTH BANK ART CENTRE
0
250 m

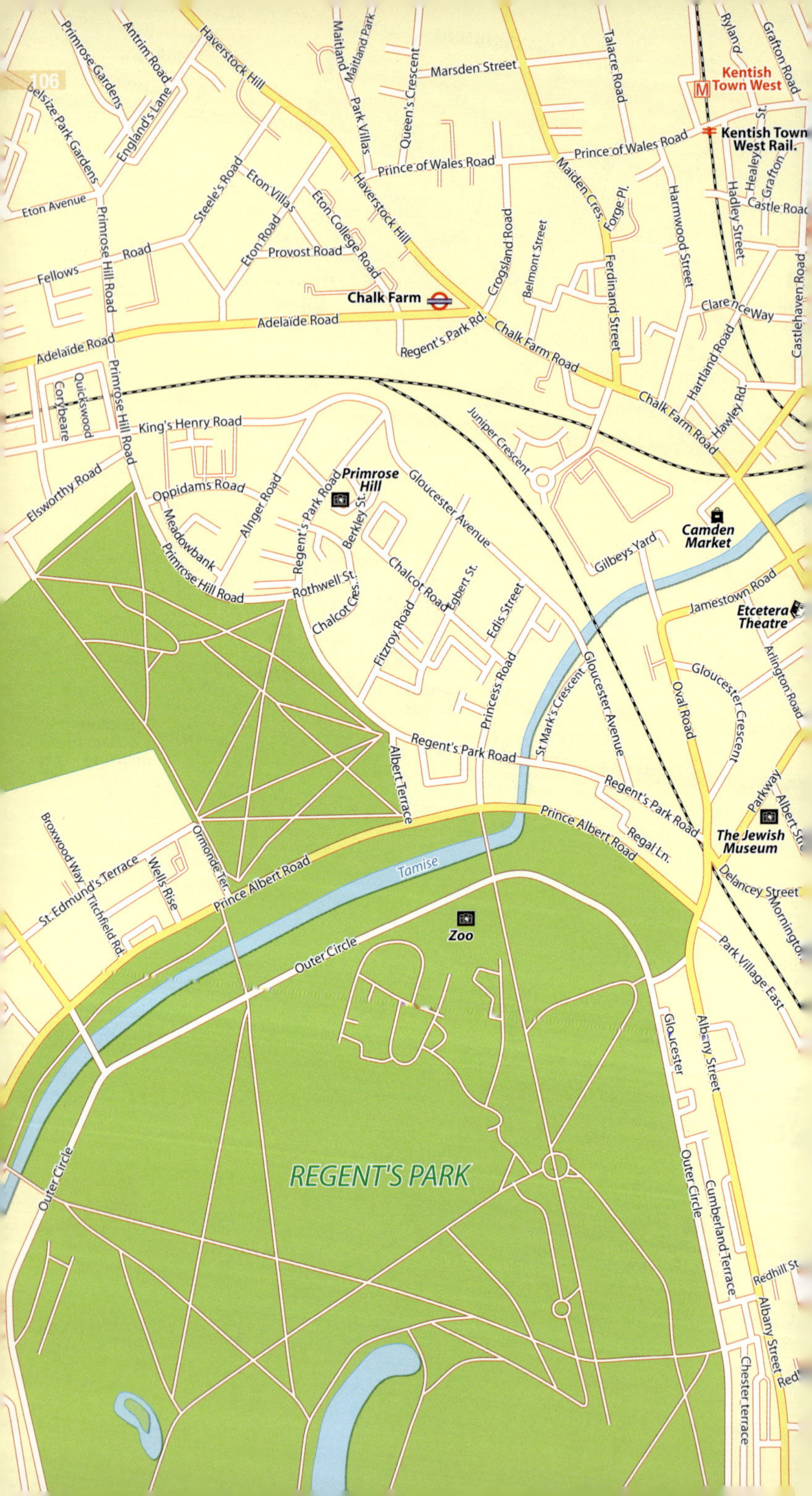
Primrose Gardens
Antrim Road
Haverstock Hill
Maitland
Maitland Park
Marsden Street
Talacre Road
Ryland
Grafton Road
Kentish Town West
Belsize Park Gardens
England's Lane
Park Villas
Queen's Crescent
Prince of Wales Road
Kentish Town West Rail.
Healey St.
Grafton
Hadley Street
Castle Road
Eton Avenue
Primrose Hill Road
Steele's Road
Eton Villas
Eton College Road
Haverstock Hill
Maiden Cres.
Forge Pl.
Harmwood Street
Fellows Road
Eton Road
Provost Road
Crogsland Road
Belmont Street
Ferdinand Street
Chalk Farm
Clarence Way
Castlehaven Road
Adelaïde Road
Regent's Park Rd.
Chalk Farm Road
Hartland Road
Quickswood
Corybeare
King's Henry Road
Juniper Crescent
Hawley Rd.
Elsworthy Road
Oppidams Road
Alnger Road
Regent's Park Road
Primrose Hill
Berkley St.
Gloucester Avenue
Meadowbank
Camden Market
Gilbeys Yard
Primrose Hill Road
Rothwell St.
Chalcot Cres.
Chalcot Road
Egbert St.
Edis Street
Jamestown Road
Etcetera Theatre
Fitzroy Road
Princess Road
St Mark's Crescent
Gloucester Avenue
Oval Road
Gloucester Crescent
Arlington Road
Regent's Park Road
Albert Terrace
Parkway
Albert Str.
Broxwood Way
Ormonde Ter.
Prince Albert Road
Regal Ln.
The Jewish Museum
St. Edmund's Terrace
Wells Rise
Titchfield Rd.
Tamise
Delancey Street
Mornington
Zoo
Outer Circle
Park Village East
Gloucester
Albany Street
REGENT'S PARK
Outer Circle
Cumberland Terrace
Redhill St.
Albany Street
Chester terrace

Camden et Primrose Hill

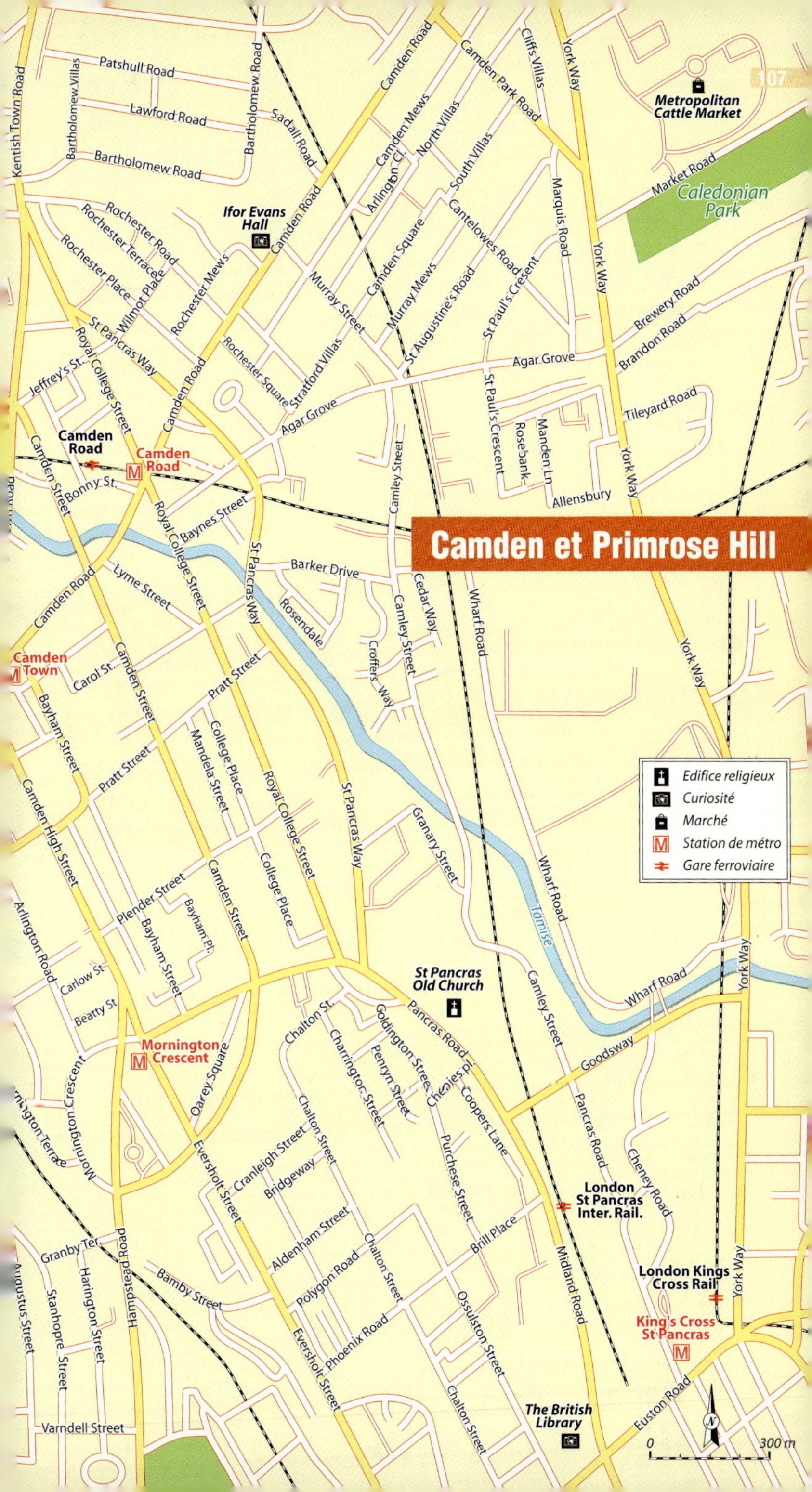

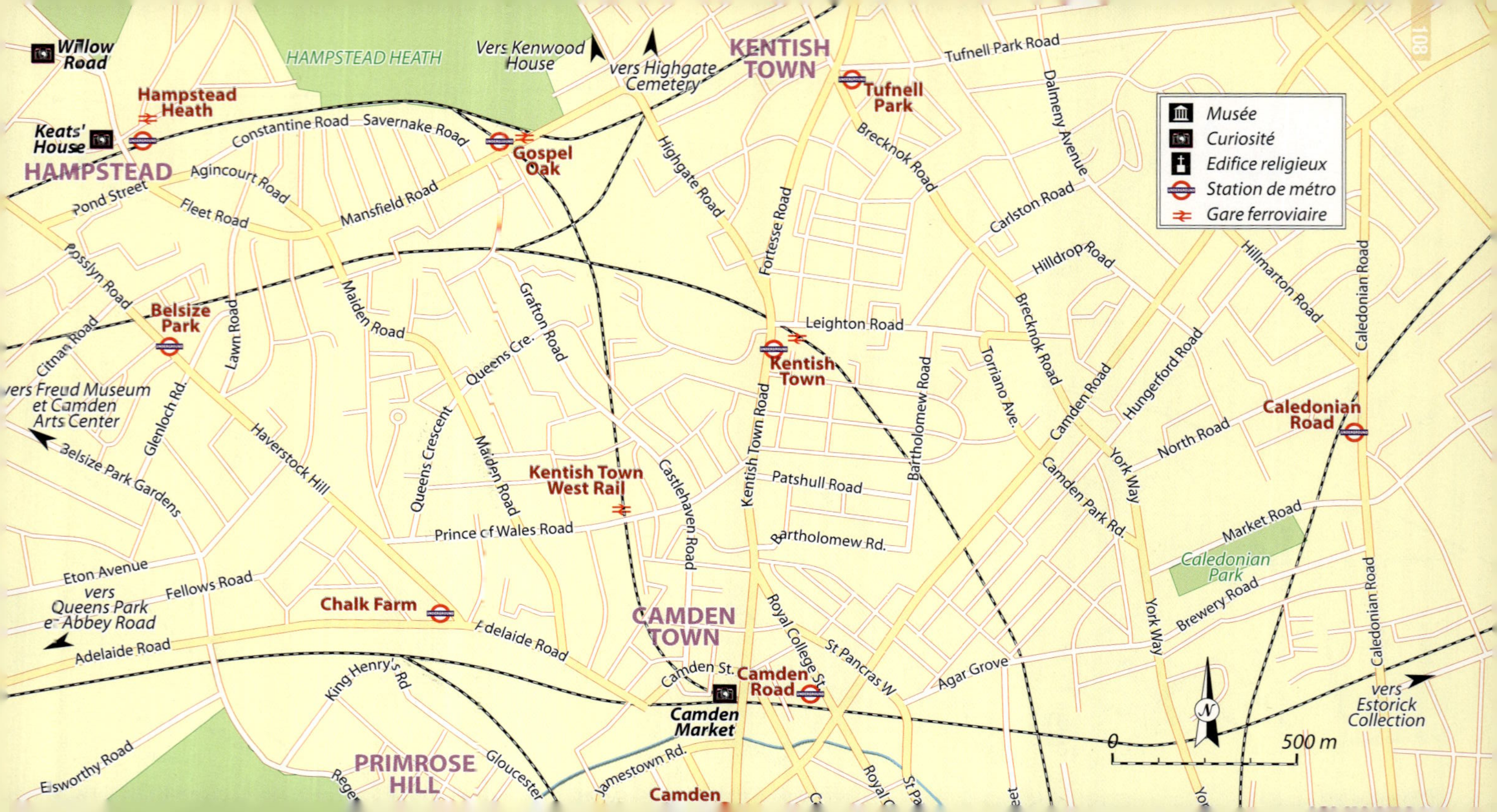

Musée
Curiosité
Edifice religieux
Station de métro
Gare ferroviaire
KENTISH TOWN
CAMDEN TOWN
HAMPSTEAD
PRIMROSE HILL
HAMPSTEAD HEATH
Willow Road
Keats' House
Hampstead Heath
Gospel Oak
Tufnell Park
Kentish Town
Kentish Town West Rail
Belsize Park
Chalk Farm
Camden Road
Camden Market
Camden
Caledonian Road
Caledonian Park
Vers Kenwood House
vers Highgate Cemetery
vers Freud Museum et Camden Arts Center
vers Queens Park et Abbey Road
vers Estorick Collection
Tufnell Park Road
Dalmeny Avenue
Brecknok Road
Carlston Road
Hilldrop Road
Hillmarton Road
Caledonian Road
Constantine Road
Savernake Road
Agincourt Road
Pond Street
Fleet Road
Mansfield Road
Highgate Road
Fortesse Road
Leighton Road
Torriano Ave.
Camden Road
Hungerford Road
North Road
York Way
Camden Park Rd.
Market Road
Brewery Road
Agar Grove
Rosslyn Road
Citnan Road
Lawn Road
Maiden Road
Grafton Road
Queens Cre.
Queens Crescent
Glenloch Rd.
Haverstock Hill
Belsize Park Gardens
Kentish Town Road
Patshull Road
Bartholomew Road
Bartholomew Rd.
Castlehaven Road
Prince of Wales Road
Eton Avenue
Fellows Road
Adelaide Road
King Henry's Rd
Camden St.
Royal College St
St Pancras W
Jamestown Rd.
Gloucester
Elsworthy Road
0
500 m
N

Marylebone, Camden, Islington et Hampstead
ST JOHN'S WOOD
MARYLEBONE
BLOOMSBURY
REGENT'S PARK
Regent's park Boating Lake
London Zoo
Lord's Cricket Ground
London Central Mosque
Madame Tussauds
The Jewish Museum
The London Canal Museum
British Library
British Museum
Pollock's Toy Mus.
The Dickens House Mus.
St Pancras
Coram's Fields
Russell Square
London St Pancras Inter. LL Rail
London Kings Cross Rail
King's Cross St. Pancras
Euston Rail. Station
Euston Square
Warren Street
Great Portland St.
Regent's Park
Baker Street
Marylebone
Edgware Road
Goodge Street
Russell Square
vers Farrington et Victoria Miro Gallery
vers Covent Garden
vers Soho
vers Wallace Collection
vers Hyde Park
Prince Albert Road
St Edmund's Te.
Allitsen Rd.
Park Rd.
Outer Circle
Inner Circle
Chester Road
York Bridge
Park Road
Rossmore Road
Harewood
Broadley
Lisson Grove
Gloucester Place
Marylebone Road
York St.
Crawford
Paddington
Marylebone High St.
Devonshire St.
Weymouth St.
Park Crescent
Portland Place
Great Portland
Cleveland Street
Grafton Way
Maple St.
Fitzroy St
Gower Street
Torrington
Malet St.
Taviton St.
Endsleigh Street
Place
Southampton Row
Theobald's Road
Doughty St.
Euston Road
Robert Street
Hampstead Road
Park Village East
Delancey Street
Albert Street
Arlington Road
Camden High Street
Plender Street
Crowndale Road
Oakley Square
Chalton St.
Polygon Rd.
Phoenix Rd.
Evenholt Street
Chalton Street
Ossulston Rd.
Euston Rd.
Hunter Street
Cromer Street
Granary Street
Pancras Road
Goodsway
York Way
Copenhagen St.
Caledonian Road
Pentonville Rd.
King's Cross Road
Gray's Inn Road
Swinton
Acton St.

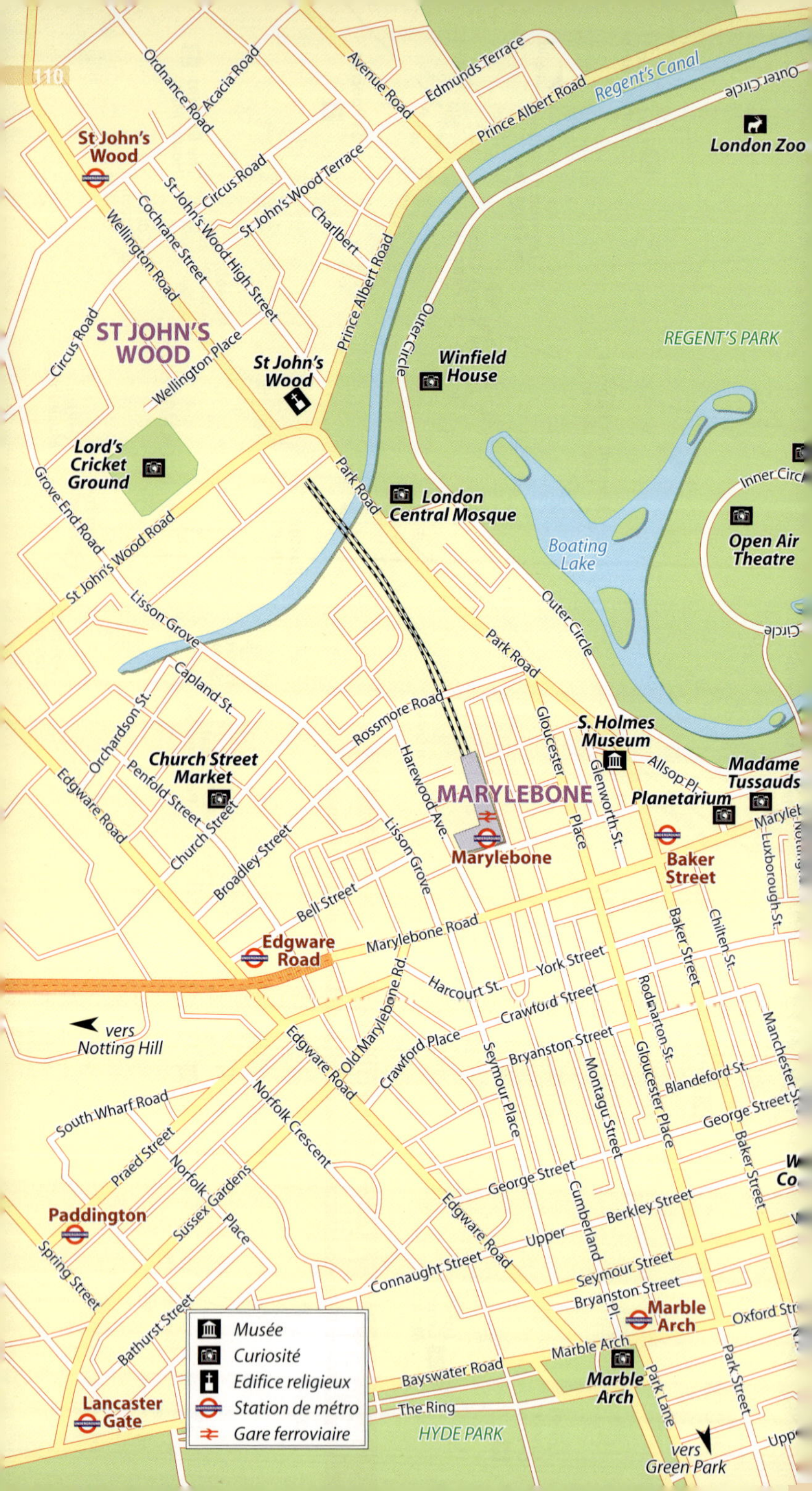
ST JOHN'S
WOOD
REGENT'S PARK
MARYLEBONE
HYDE PARK
St John's
Wood
London Zoo
Winfield
House
Lord's
Cricket
Ground
St John's
Wood
London
Central Mosque
Boating
Lake
Open Air
Theatre
S. Holmes
Museum
Madame
Tussauds
Planetarium
Church Street
Market
Marylebone
Baker
Street
Edgware
Road
Paddington
Marble
Arch
Marble
Arch
Lancaster
Gate
vers
Notting Hill
vers
Green Park
Regent's Canal
Ordnance Road
Acacia Road
Avenue Road
Edmunds Terrace
Prince Albert Road
Outer Circle
Circus Road
St John's Wood Terrace
Charlbert
Cochrane Street
Wellington Road
St John's Wood High Street
Circus Road
Wellington Place
Grove End Road
St John's Wood Road
Park Road
Inner Circle
Lisson Grove
Capland St.
Orchardson St.
Penfold Street
Church Street
Edgware Road
Broadley Street
Bell Street
Rossmore Road
Harewood Ave.
Lisson Grove
Gloucester Place
Glenworth St.
Allsop Pl.
Luxborough St.
Chiltern St.
Baker Street
Marylebone Road
York Street
Harcourt St.
Crawford Street
Crawford Place
Old Marylebone Rd.
Bryanston Street
Seymour Place
Montagu Street
Rodmarton St.
Gloucester Place
Blandeford St.
Manchester St.
George Street
Baker Street
Edgware Road
Norfolk Crescent
South Wharf Road
Praed Street
Norfolk Place
Sussex Gardens
George Street
Cumberland Pl.
Berkley Street
Upper
Connaught Street
Seymour Street
Bryanston Street
Spring Street
Bathurst Street
Oxford Str
Marble Arch
Park Lane
Park Street
Bayswater Road
The Ring
Musée
Curiosité
Edifice religieux
Station de métro
Gare ferroviaire

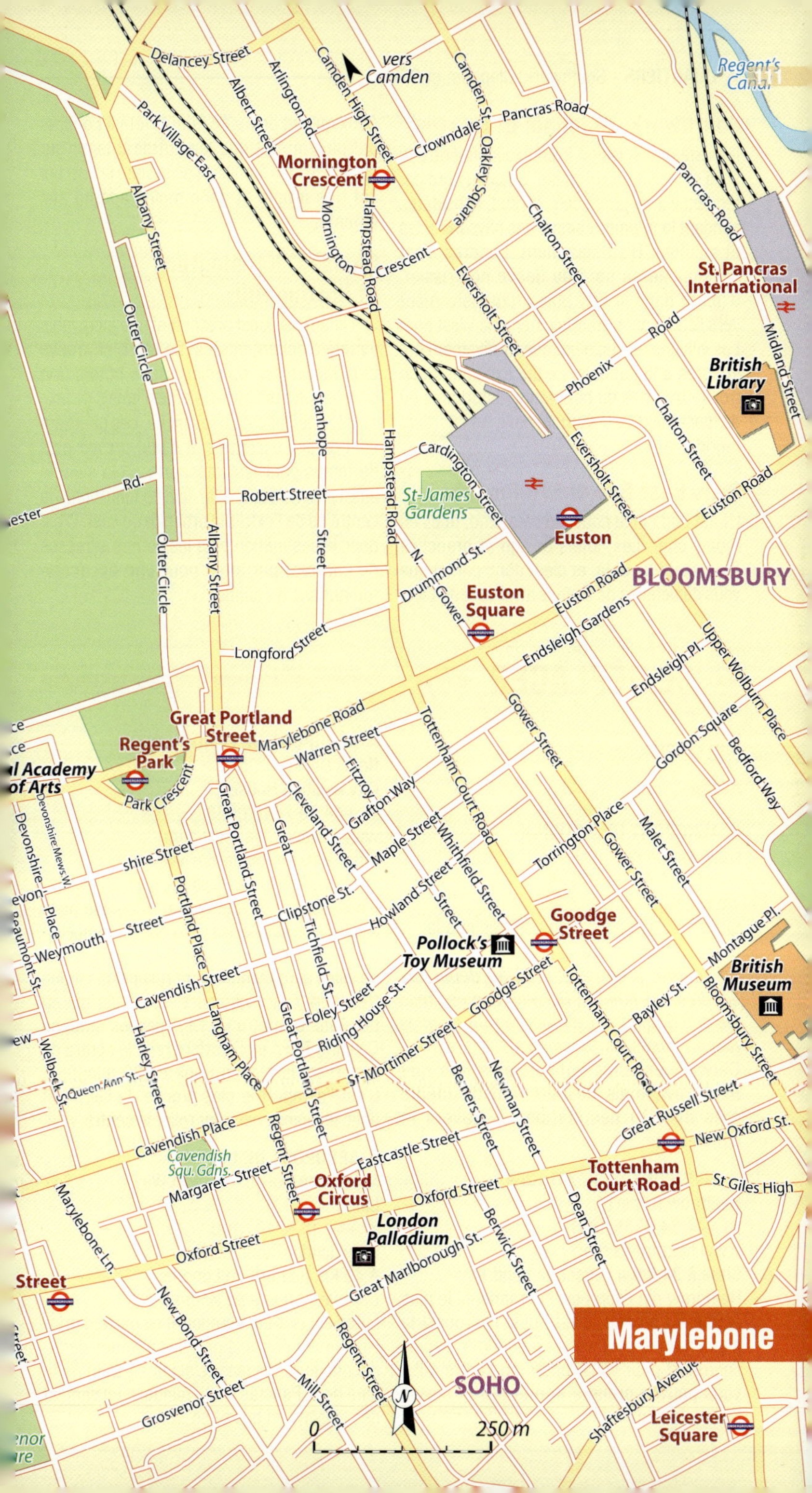

Marylebone
BLOOMSBURY
SOHO
vers Camden
Regent's Canal
Delancey Street
Albert Street
Arlington Rd.
Camden High Street
Camden St.
Pancras Road
Crowndale
Oakley Square
Park Village East
Mornington Crescent
Albany Street
Mornington Crescent
Hampstead Road
Chalton Street
Pancrass Road
St. Pancras International
Eversholt Street
Outer Circle
Phoenix Road
Midland Street
British Library
Stanhope Street
Cardington Street
Chalton Street
Robert Street
St-James Gardens
Euston
Euston Road
Rd.
Outer Circle
Albany Street
N. Gower
Drummond St.
Euston Square
Euston Road
Endsleigh Gardens
Longford Street
Endsleigh Pl.
Upper Wolburn Place
Great Portland Street
Marylebone Road
Tottenham Court Road
Gower Street
Gordon Square
Bedford Way
Regent's Park
Warren Street
Fitzroy
Academy of Arts
Park Crescent
Grafton Way
Devonshire Mews W.
Great Portland Street
Great
Cleveland Street
Maple Street
Whitfield Street
Torrington Place
Malet Street
Gower Street
shire Street
Devonshire Place
Portland Place
Clipstone St.
Howland Street
Street
Goodge Street
Weymouth Street
Beaumont St.
Tichfield St.
Pollock's Toy Museum
Montague Pl.
British Museum
Cavendish Street
Foley Street
Riding House St.
Goodge Street
Bayley St.
Bloomsbury Street
Welbeck St.
Harley Street
Langham Place
Great Portland Street
St-Mortimer Street
Berners Street
Newman Street
Tottenham Court Road
Queen Ann St.
Great Russell Street
Cavendish Place
Regent Street
Eastcastle Street
New Oxford St.
Cavendish Squ. Gdns.
Margaret Street
Oxford Circus
Tottenham Court Road
St Giles High
Marylebone Ln.
Oxford Street
Dean Street
London Palladium
Berwick Street
Oxford Street
Great Marlborough St.
Street
New Bond Street
Regent Street
Shaftesbury Avenue
Grosvenor Street
Mill Street
N
0
250 m
Leicester Square

Southwark, Clapham et Brixton

Il existe une scission irréconciliable entre le nord et le sud de la Tamise. Ceux du nord ont tendance à mépriser ceux du sud, considérés pendant longtemps comme des paysans sales et incultes. Historiquement, Londres s'est développée au nord du fleuve nourrissier, d'abord dans la City puis progressivement vers l'ouest dans Westminster et le West End. Les villages du sud n'ont que tardivement été intégrés à la capitale, ce qui explique qu'on trouve très peu de bâtiments historiques ou de monuments d'envergure dans les quartiers méridionaux.

City, East End et Greenwich

L'East End est le nouveau West End, mais en moins cher. Les hôtels design et branchés fleurissent çà et là, et c'est donc par ici que vous dénicherez de bonnes affaires tendance. Ceux qui ont prévu de faire la fête à Londres ont plus intérêt que les autres à loger sur place. Pour les familles, sachez que le quartier est très urbain et donc moins adapté aux enfants.

Chelsea, Kensington et Notting Hill

Les quartiers ouest présentent une incroyable variété d'hébergements. En effet, on trouve plus facilement qu'ailleurs des hôtels bon marché mais tendance, à côté d'hôtels de luxe ou intermédiaires. En revanche, ces quartiers sont un peu excentrés et il faut prévoir plus de temps pour les transports. Cela signifie aussi plus de tranquillité, loin du tohu-bohu du centre ou de l'extrême urbanité de l'est. C'est donc la destination pour les petites adresses de charme, parfaites pour une escapade romantique au calme.

SE DÉPLACER

L'arrivée

Avion

AÉROPORT DE GATWICK
Gatwick Airport
✆ +44 84 4335 1802
www.gatwickairport.com
Situé à 45 km du sud de Londres et à la même distance de Brighton.
En voiture, prendre la M23 au départ de Londres. En train, le Gatwick Express relie Victoria Station et l'aéroport en 30 minutes (départ toutes les 15 minutes).
Gatwick est plus petit et plus loin que Heathrow, mais dessert tout de même près de 200 destinations à travers le monde.

AÉROPORT DE HEATHROW
Heathrow Airport
✆ +44 84 4335 1801
www.heathrowairport.com
Situé à 24 km à l'ouest de Londres.
Heathrow est l'aéroport international le plus animé du monde, c'est aussi l'aéroport le plus pratique pour arriver à Londres. Depuis l'aéroport pour vous rendre au centre-ville, vous pouvez prendre le métro, le train, le bus ou le taxi.

AÉROPORT DE LONDON CITY
Royal Docks
City Aviation House
✆ +44 20 7646 0088
www.londoncityairport.com
Situé à 10 km du centre-ville.
Le dernier venu dans le paysage aérien anglais. Il ne possède qu'une courte et unique piste d'envol et accueille des vols courts essentiellement liés aux voyages d'affaires. Une trentaine de villes européennes sont reliées, ainsi que New York City, l'aéroport est accessible en taxi, bus et métro (le DLR par les stations Canning Town ou Stratford relie le centre de Londres à la station Bank en 20 minutes). C'est l'aéroport le plus proche du centre et donc le moins cher pour relier le centre-ville.

AÉROPORT DE LUTON
Navigation House – Airport Way
Luton
✆ +44 15 8240 5100
www.london-luton.co.uk
A 40 km au nord de Londres.
Comptez 1 heure en voiture.
Luton est un petit aéroport d'où partent principalement des vols pour les grandes destinations européennes. Liaison en train de la gare de St Pancras en 20 minutes. Egalement des liaisons en bus et en taxi.

La City et East End

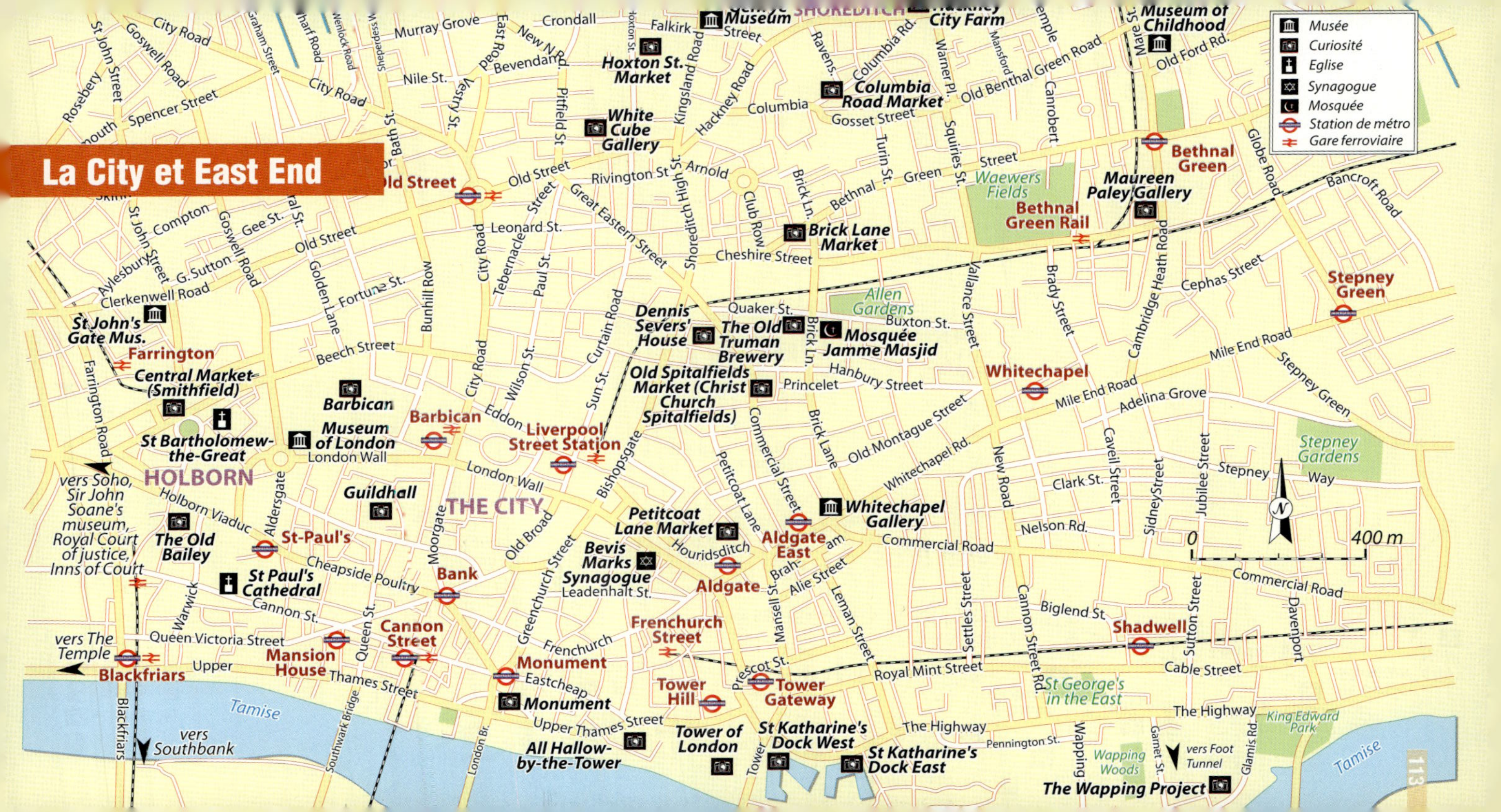

Musée
Curiosité
Edifice religieux
Station de métro
Gare ferroviaire
vers Soho
Embankment
Northumberland Ave.
Whitehall Parlament
Victoria Embankment
Queen Elizabeth Hall
Royal Fest. Hall
Hayward Gallery
Royal Nat. Theatre
Upper Ground
Stanford Dtreet
Millennium Bridge
Tate Modern
Blackfriars Road
Shakespeare's Globe
Clinke Prison Museum
Vinopolis
Bramah Tea Musem
Southwark Street
Southwark Bridge Rd.
London Br.
London Bridge Experience
The Design Museum
City Hall
Tooley Street
High
London Bridge
London Dungeon
Southwark Cathedral
vers Greenwich
Tamise
SOUTHBANK
BANKSIDE
Roupel Street
Waterloo
Southwark
Union Street
Union St.
The Mall
WHITEHALL
St James' Park
Jubilee Gds.
London Eye
London Aquarium
Belvedere Road
York Road
Waterloo
The Cut
Westminster
Birdcage Walk
SOUTHWARK
Borough
Webber Street
Road
Webber Street
Borough
St-Thomas's Street
Bermondsey Street
Long Lane
Buckingham Gate
vers Hyde Park
Victoria Street
WESTMINSTER
Abington Street
Tamise
Westminster Bridge
Baylis Road
Lambeth North
Borough Road
Kennington Causeway
Borough High
Great Suffolk Stret=et
Harper Road
Long Lane
St George's Road
Lambeth Palace Road
Elephant & Castle
Falmouth Road
Tower Bridge Road
Imperial War Museum
Kennington Road
Lambeth Road
Horseferry Road
Garden Museum
Brook Drive
New Kent Road
Old Kent Road
Regency Street
Newport Street
Black Prince Road
LAMBETH
Heygate Street
BERMONDSEY
Rodney Road
Walworth Road
Brandon Street
Belgrave Road
Vauxhall Bridge Road
Tate Britain
Millbank
Albert Embankment
Kennington Lane
Penton Place
Manor Place
Flint Street
East Street
Pimlico
Lupus Street
PIMLICO
uxhall Street
Newburn Street
Kennington Road
Kennington
Road
Road
East Street Market
Portlan
Thurlow St
Road

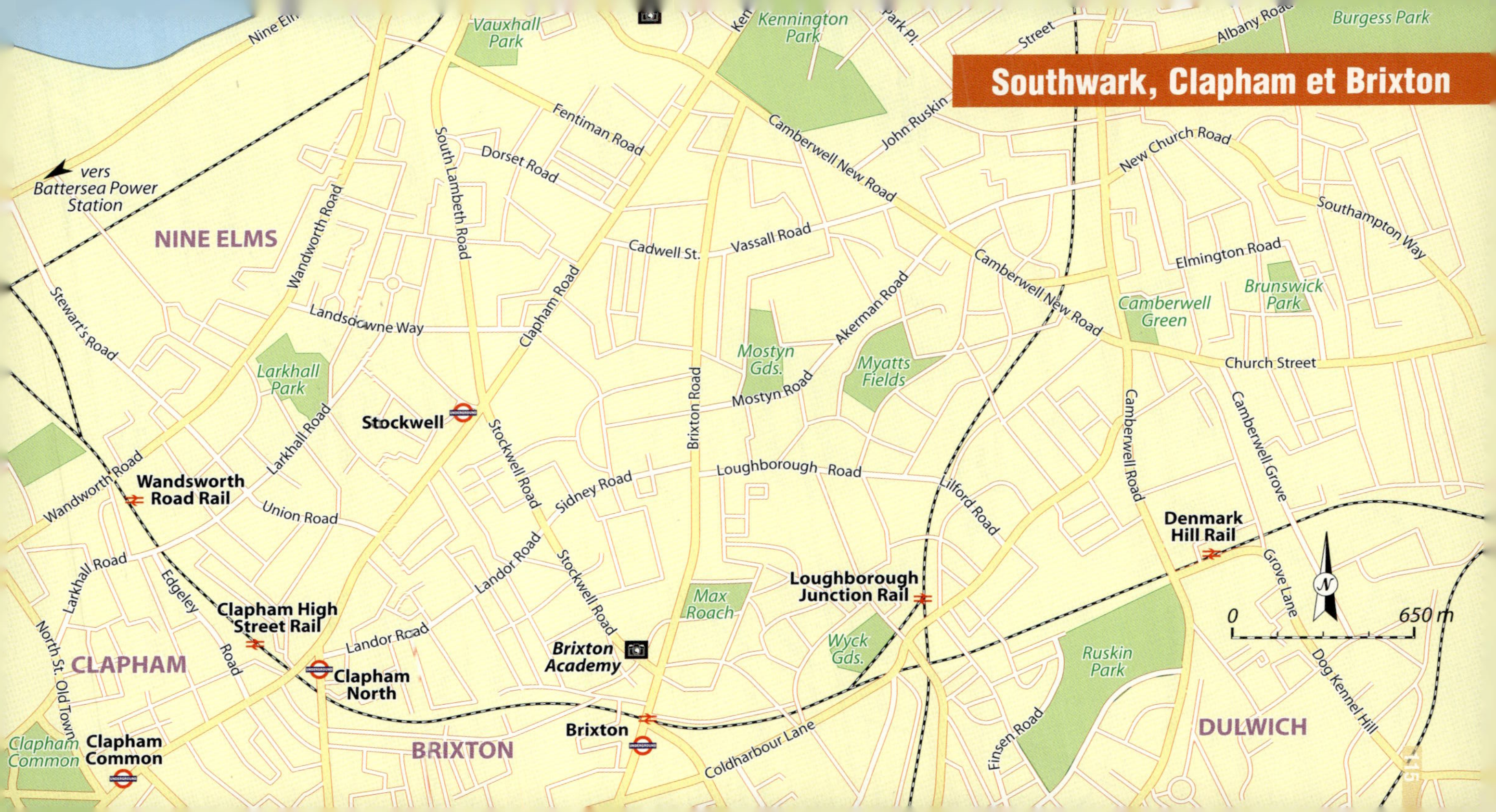
Southwark, Clapham et Brixton
vers Battersea Power Station
NINE ELMS
CLAPHAM
BRIXTON
DULWICH
Vauxhall Park
Kennington Park
Burgess Park
Larkhall Park
Mostyn Gds.
Myatts Fields
Camberwell Green
Brunswick Park
Max Roach
Wyck Gds.
Ruskin Park
Clapham Common
Stockwell
Wandsworth Road Rail
Clapham High Street Rail
Clapham North
Clapham Common
Brixton Academy
Brixton
Loughborough Junction Rail
Denmark Hill Rail
Nine Elms
Stewart's Road
Wandsworth Road
Landsdowne Way
South Lambeth Road
Dorset Road
Fentiman Road
Clapham Road
Stockwell Road
Larkhall Road
Union Road
Edgeley Road
North St.
Old Town
Landor Road
Sidney Road
Cadwell St.
Vassall Road
Brixton Road
Mostyn Road
Akerman Road
Loughborough Road
Lilford Road
Coldharbour Lane
Camberwell New Road
John Ruskin
Park Pl.
Street
Albany Road
New Church Road
Southampton Way
Elmington Road
Church Street
Camberwell Road
Camberwell Grove
Grove Lane
Dog Kennel Hill
Finsen Road
0
650 m
N

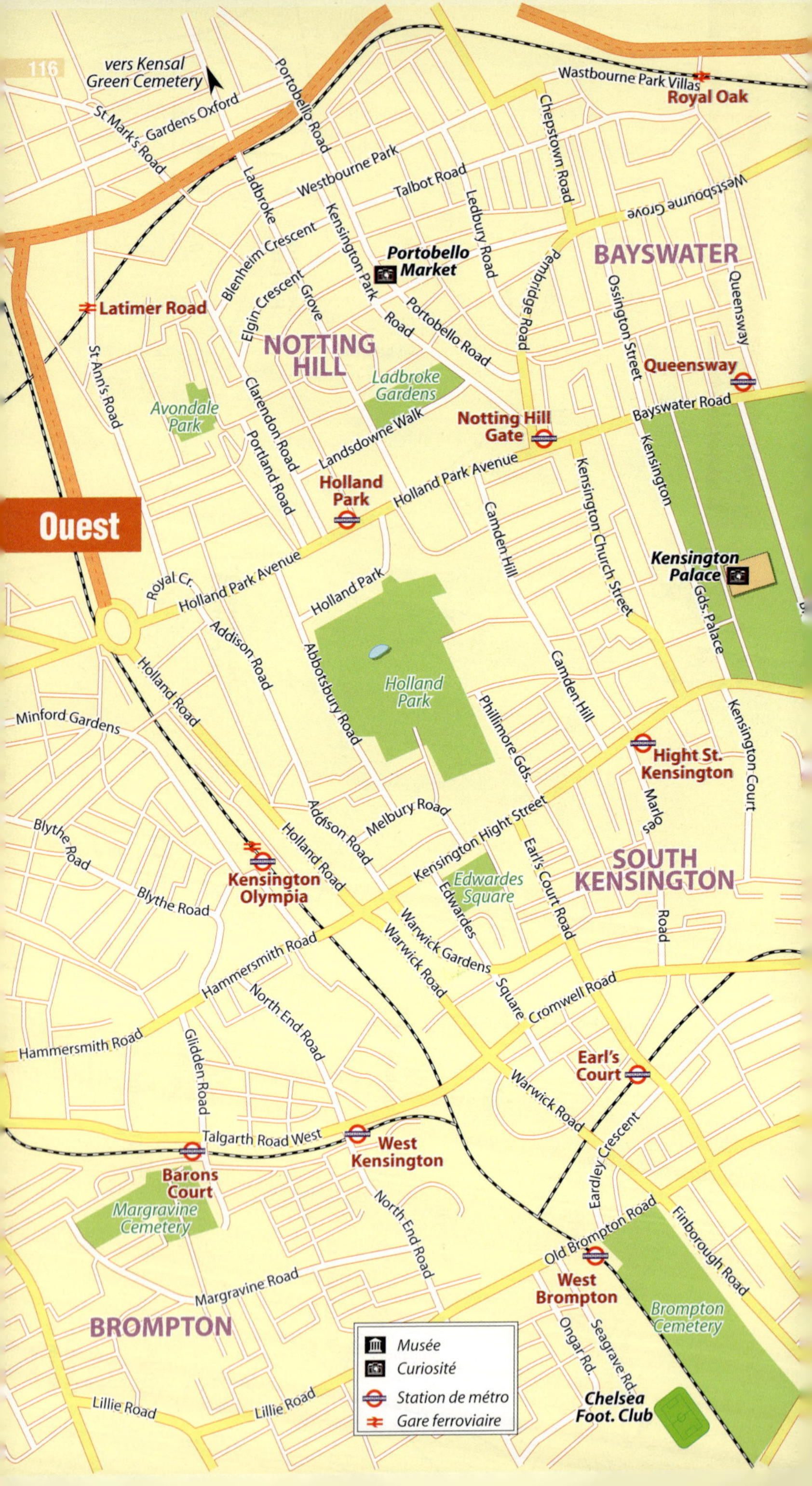
vers Kensal Green Cemetery
St Mark's Road
Gardens Oxford
Portobello Road
Wastbourne Park Villas
Royal Oak
Chepstown Road
Westbourne Park
Talbot Road
Ladbroke
Kensington Park Road
Ledbury Road
Westbourne Grove
Blenheim Crescent
Portobello Market
Pembridge Road
BAYSWATER
Ossington Street
Queensway
Latimer Road
Elgin Crescent
Grove
Portobello Road
NOTTING HILL
Ladbroke Gardens
Queensway
St Ann's Road
Avondale Park
Clarendon Road
Portland Road
Landsdowne Walk
Notting Hill Gate
Bayswater Road
Kensington
Holland Park
Holland Park Avenue
Kensington Church Street
Camden Hill
Kensington Palace
Gds. Palace
Royal Cr.
Holland Park Avenue
Holland Park
Addison Road
Holland Road
Abbotsbury Road
Holland Park
Camden Hill
Phillimore Gds.
Kensington Court
Minford Gardens
Hight St. Kensington
Marloes
Melbury Road
Addison Road
Kensington Hight Street
Earl's Court Road
Blythe Road
Holland Road
SOUTH KENSINGTON
Kensington Olympia
Edwardes Square
Edwardes
Road
Blythe Road
Warwick Gardens
Warwick Road
Hammersmith Road
Square
North End Road
Cromwell Road
Hammersmith Road
Glidden Road
Earl's Court
Warwick Road
Talgarth Road West
West Kensington
Eardley Crescent
Barons Court
Margravine Cemetery
North End Road
Old Brompton Road
Finborough Road
Margravine Road
West Brompton
Brompton Cemetery
BROMPTON
Ongar Rd.
Seagrave Rd.
Musée
Curiosité
Station de métro
Gare ferroviaire
Chelsea Foot. Club
Lillie Road
Lillie Road

PADDINGTON
Paddington
Paddington
Bishop's
Eastbourne Te.
Westbourne Terrace
Praed Street
Lon. St.
Sussex
Sussex Gardens
Hyde Park Street
Stanhope Terrace
Edgware Road
George Street
Berkley St.
Connaught St.
Gloucester Pl.
Portman Sq. Gardens
Wigmore Street
Marble Arch
Oxford St.
Bond St.
Park
Audley Street
Street
Brook Street
Grosvenor Sq. Gardens
Lancaster Gate
Bayswater Road
North Carriage Drive
Speaker's Corner
Park Lane
Park Lane
Park Lane
Park Lane
Adams Row
Mount Street
MAYFAIR
Curzon St.
vers Soho
Piccadilly
West Carriage Drive
Lancaster Walk
the Long Water
HYDE PARK
Serpentine Road
The Serpentine
Serpentine Gallery
Apsley House
Albert Memorial
South Carriage Drive
Hyde Park Corner
Green Park
Grosvenor Place
Knightsbridge
Royal Albert Hall
Prince Consort
Prince's Gate
Prince's G.
Ennismore Gds.
Belgrave Sq.
Science Museum
Queen's Gate
Exhibition Road
Victoria & Albert Mus.
Natural History Museum
Brompton Road
Walton Street
Sloane Street
BELGRAVIA
Eaton Square
Pont Street
Cadogan Gardens
Cadogan Gardens
Sloane Street
Thurloe Place
Cromwell Road
Walton Street
Cliveden Place
Eccleston Street
Elizabeth Street
Buckingham Palace Rd
South Kensington
Pelham Street
Onslow Sq.
Draycott Avenue
Sloane Avenue
Elystan Street
Sloane Square
Saatchi Gallery
Ebury Street
Lower Sloane Street
Pimlico Road
vers Tate Britain
Fulham Road
Sydney Street
CHELSEA
Chelsea Sq.
Manresa Road
King's Road
Flood Street
Ormonde Gate
Franklins Row
Chelsea Royal Hospital
Ranelagh Gardens
vers Westminster
Royal Hospital Road
Beaufort Street
Oakley Street
Chelsea Embankment
Chelsea Physic Garden
Chelsea Embankment
Tamise
King's Road
N
0
650 m

Greenwich

Musée
Curiosité
Edifice religieux
Station de métro
Gare ferroviaire
Vers The O2
Mudchute Park
Mudchute
Millwall Park
Island Gardens
NORTH GREENWICH
Queen's House
Old Royal Naval College
Cutty Sark
St Alfege
National Maritime Museum
Fan Museum
Royal Observatory
Maze Hill Rail
Greenwich
GREENWICH
GREENWICH PARK
BLACK HEATH
Elverson Road
Lewisham
Blackheath Rail
Spindritt Ave.
Termopilae
East Ferry Road
Stebondale St.
Westferry Road
Saunders Ness Road
Ferry St.
Blackwall Tunnel App
Christchurch Way
Banning Street
Pellon Road
Woolwich R
Trafalgar Road
Earlswood St.
Colomb Street
Vanbrugh Hill
Calvert Road
Annandal
Old Woolwich Rd.
Humber R
Restell Close
Park Row
Park Vista
Maze Hill
Rommey Road
Creek Road
Haddo St.
Roan Street
Foyle Road
Westcombe Park Road
Norman Road
Royal Hill
The Avenue
Vanbrugh Fields
George St.
King
Croom's Hill
Blackheath Avenue
Bower Avenue
Ashburnshire Gr.
Egerton Dr.
Devonshire Drive
Greenwich Street
Blissett Street
Point Hill
Hyde Vale
Gen. Wolfe Rd.
Charlton Way
Guildford Gr.
Blackhead Road
Shooters Hill Road
J. Penn St.
Coldbath St.
Lewisham Road
Dartmouth Row
Hare & Billet Road
Golfers Rd
Long pond Rd.
Prince Charles Road
Wat Tyler Road
Mounts Pond Road
Morden Hill
Elverson
Thurston Rd.
Conington Rd
Lewisham Road
Lewisham Hill
Tranquil Vale
Royal Parade
Prince of Wales Rd.
Eliot Vale
Heath Lane
Baizdon Road
Granville Park
Wemys
Hurran Close
Jerrard
Loampit Hill
Renell St
Cressingham
Boyne Road
0
400 m
N

AÉROPORT DE STANSTED

Stansted ✆ 084 4335 1803
www.stanstedairport.com
A 65 km au nord-est de Londres.
Comptez 1 heure 15 en voiture.
C'est l'aéroport le plus moderne mais aussi le plus éloigné. Des vols de plus en plus nombreux arrivent maintenant à Stansted car Heathrow et Gatwick saturent. Liaison en train avec la gare de Liverpool Street dans Londres en 45 minutes, départ toutes les 15 minutes pour £22,50. Egalement bus et taxis.

Train

BRITRAIL

www.britrail.com
Vous pourrez y obtenir les horaires et les tarifs des trains en Grande-Bretagne et acheter vos billets. L'agence propose également à la vente un vaste choix de cartes forfaitaires valables sur tout le réseau ferroviaire britannique.Notez que le Britrail London Plus Pass permet de visiter tout le sud-est de l'Angleterre, à savoir les alentours de Londres, comme Brighton par exemple (2 jours pour 59€, 4 jours pour 105€).

EUROSTAR

St Pancras International
Upper Concourse
✆ 0892 35 35 39
www.eurostar.com
Comptez, pour arriver au cœur de la capitale, au terminal St Pancras International, pour Paris-Londres, 2 heures 15 ; Lille-Londres, 1 heure 20 ; Calais-Londres, 1 heure ; et Bruxelles-Londres, 1 heure 50. Deux nouveaux terminaux, Ebbsfleet International et Ashford, ont ouvert et desservent la campagne du Kent. Les prix commencent à 88 € A/R depuis la gare du Nord à Paris.

HEATHROW CONNECT

✆ 084 5678 6975
www.heathrowconnect.com
Un nouveau train circule depuis peu et relie différentes stations jusqu'à sa destination finale, la gare de Paddington. Effectif toutes les demi-heures, il dessert les stations de Hayes, Southall, Hanwell, West Ealing, Ealing Broadway et Paddington. Le trajet dure entre 20 et 30 minutes. Jusqu'à Paddington, le tarif est de £9,10 l'aller et £17,80 l'aller-retour.

HEATHROW EXPRESS

130 Wilton Rd ✆ 084 5600 1515
www.heathrowexpress.com
Vous serez au cœur de Londres en 15 minutes. Les départs des terminaux 1, 2 et 3 se font toutes les 15 minutes de 5h10 à 23h30, du terminal 4 (trajet 20 minutes), avec la même fréquence. Tous les trains arrivent à la gare de Paddington, qui est reliée à quatre lignes de métro (Circle, District, Hammersmith & City et Bakerloo). Un aller simple en seconde classe coûte £18 et £34 l'aller-retour (valable un mois). Pour les enfants de moins de 15 ans en seconde classe, un aller simple coûte £9 et £17 l'aller-retour (£1 de plus si vous achetez aux guichets et non sur internet).

STANSTED EXPRESS

✆ 084 5850 0150
www.stanstedexpress.com
Relie l'aéroport à la station Liverpool Street et s'arrête également à Tottenham Hale (Victoria Line). Départ depuis Liverpool Street toutes les 15 minutes à partir de 3h40 (4h10 le samedi et le dimanche) jusqu'à 23h25. Le trajet dure environ 45 minutes jusqu'à l'aéroport. Billet aller simple £21,50, l'aller-retour £29,50 (£2 de plus si vous achetez aux guichets plutôt que sur Internet).

Bus

EASYBUS

www.easybus.co.uk
Ce bus, filiale d'Easyjet, propose des trajets vers les aéroports et de nombreuses villes anglaises à partir de £2 selon les disponibilités et les dates requises. Le temps de trajet entre par exemple Londres Luton et la gare de Victoria n'est que de 1 heure 20, avec plusieurs arrêts à Brent Cross, Finchley Road, Baker Street et Marble Arch.

IDBUS

www.idbus.fr
Lancé en juillet 2012 par la SNCF, IDBUS propose sept allers-retours quotidiens entre Paris et Londres (dont trois directs), et quatre allers-retours directs entre Lille et Londres. Entre 60 et 100 € l'aller-retour.

NATIONAL EXPRESS

www.nationalexpress.co.uk
C'est la plus grande compagnie d'autocars du Royaume-Uni et elle dessert 1200 destinations, en ligne directe ou avec correspondance. On rejoint par exemple Brighton ou Bristol en 2h30. Des bus circulent 24h/24 entre les aéroports et Victoria (toutes les 30 minutes la nuit et toutes les 15 minutes la journée).

■ **TERRAVISION**
www.terravision.eu
Ce bus dessert les aéroports de Stansted, Gatwick, Heathrow et de Luton jusqu'à la station de Victoria. Départs toutes les 20 ou 30 minutes selon l'heure de la journée. Tarif aller entre £8 et £18.

■ **VISITOR SIGHTSEEING**
Royal National Hotel
Bedford Way
✆ +44 20 7636 7175
www.visitorsightseeing.co.uk
La compagnie de bus, Visitor Sightseeing, organise des tours dans les environs de Londres. Visite de Stonehenge, Bath, Oxford, Stratford-upon-Avon, Canterbury, Windsor, Leeds Castle, Hampton Court, entre autres. Il est possible de réserver et d'organiser son excursion depuis l'office du tourisme de Londres.

Bateau

■ **BRITTANY FERRIES**
✆ 0825 828 828
www.brittany-ferries.fr
Au départ de Saint-Malo, vers Plymouth et Portsmouth, au départ de Cherbourg vers Poole et Portsmouth et de Caen vers Portsmouth. Egalement des liaisons vers l'Irlande.

■ **MY FERRY LINK**
✆ +44 3 21 17 70 26 – www.seafrance.com
A partir de 69 € l'aller-retour.
Seize traversées Calais-Douvres par jour en (1h30).

■ **P&O FERRIES**
✆ 0825 12 0156 – www.poferries.fr
Des prix très variables selon que l'on s'y prenne à l'avance ou pas. 47 € au mieux pour une personne et une voiture.
Liaison Calais-Douvres et Liverpool-Dublin notamment, mais également des voyages vers les Pays-Bas, la Belgique, etc.

Voiture

Pour louer une voiture, il faut avoir au moins 21 ans, parfois 23, au moins un an de permis, et être en possession d'un permis (les grandes compagnies internationales de location acceptent le permis français).

■ **AUTO ESCAPE**
✆ 0 892 46 46 10 – www.autoescape.com
Une formule nouvelle et économique pour la location de voitures. Auto Escape propose les meilleurs tarifs parmi les grandes compagnies de location. Cette compagnie qui loue de gros volumes de voitures obtient des remises substantielles qu'elle transfère à ses clients directs. Pas de frais d'annulation jusqu'à 24 heures avant la prise en charge du véhicule.

Dans le métro londonien.

■ **EASYCAR**

✆ 087 1050 0444 – www.easycar.com

Cette compagnie existe aussi en France et propose des véhicules du mini modèle à la familiale ou au 4x4 à la location d'aéroport à aéroport ou du centre-ville de la plupart des grandes villes de Grande-Bretagne.

■ **HERTZ**

35 Edgware Road ✆ 084 3309 3049

www.hertz.co.uk – Tube : Marble Arch.

Ouvert du lundi au jeudi de 8h à 18h et du vendredi au dimanche de 8h à 20h.

Une compagnie qui propose là encore un vaste choix de voitures à des prix intéressants, assurances et options comprises. Réservation possible sur Internet ou en agence.

► **Autre adresse :** Victoria Station, Saint Pancras Station ainsi que City Airport, Gatwick, Heathrow...

En ville

■ **EMIRATES AIR LINE**

www.tfl.gov.uk

Adultes : £4,30 (avec Oyster : £3,20). Enfants : £2,20 (avec Oyster : £1,60).

Le tout nouveau téléphérique de Londres est un projet initié par Boris Johnson, et qui a été inauguré en juin 2012. Son coût total est de £60 millions, et il a été financé à hauteur de £36 millions par Emirates, d'où son nom (que le téléphérique gardera pour 10 ans). D'ailleurs, les nouvelles cartes de métro sont désormais dotées d'une nouvelle station Emirates Greenwich Peninsula. Les £24 millions restants ont pour l'instant été prélevés dans les fonds de la ville, ce qui agace les Londoniens. La mairie répond que la construction d'un pont à cet endroit, à l'est de la Tamise, aurait été bien plus chère. Pour l'instant, le téléphérique traverse la Tamise de Greenwich Peninsula aux Royal Docks en dix minutes.

Métro

Le métro fonctionne de 5h du matin à environ minuit (entre minuit et 00h30 selon les stations). L'heure du dernier métro est indiquée dans chaque station. Attention, le dimanche, les stations ouvrent à 7h30 et le dernier métro passe vers 23h30. Certaines stations sont fermées et certaines lignes ne fonctionnent pas en soirée ou le week-end, ou peuvent être remplacées par des bus. Vérifiez les horaires d'ouverture sur les plans mis à votre disposition à votre arrivée. Le métro londonien s'appelle officiellement The Underground, mais, pour les Londoniens, c'est tout simplement the Tube. Les stations sont facilement repérables grâce au logo qui les surmonte : un cercle rouge barré en son centre d'une ligne horizontale. Les Londoniens n'aiment pas le tube, mais ils sont contraints de s'en servir. Il est cher, pas toujours ponctuel, mais représente quand même le moyen le plus rapide pour se déplacer dans la capitale. Cela dit, lorsque tout fonctionne, le service dans le centre de Londres n'est pas mauvais et les trains se succèdent à une fréquence assez régulière. C'est au-delà du centre qu'on doit parfois attendre plus longtemps les rames, parfois jusqu'à 20 minutes. Mieux vaut éviter les heures de pointe le matin entre 7h30 et 9h30 et le soir entre 17h et 19h.

L'Oyster Card

Depuis 2006, un nouveau système utilisé par 98 % des Londoniens est venu révolutionner le ticket de transport. En effet, plus besoin de réfléchir s'il vous faut un ticket simple, un ticket pour la journée et sur le nombre de trajets que vous allez effectuer pour calculer ce qui est rentable, Oyster Card le fait pour vous. Oyster est une carte magnétique disponible dans toutes les stations, elle coûte £5 qui vous sont remboursés lorsque vous la rendez et ensuite elle est rechargeable (top-up). Valable dans les métros, les bus, certains trains et pour le DLR, chaque fois que vous prenez un transport le montant du trajet est déduit et le prix est inférieur à celui d'un ticket normal (exemple pour le métro un ticket simple coûte £4,50 ; avec l'Oyster Card, vous ne payez que £2,10 le trajet simple). La carte n'est pas nominative, elle est valable sans limite de temps, simple, pratique d'utilisation, elle a révolutionné les transports londoniens. Elle est intelligente, et le montant total d'une journée ne dépassera pas celui d'une Travelcard quotidienne, donc vous économiserez toujours sur le tarif normalement applicable. Il est également possible de prendre des abonnements à la semaine ou au mois sur cette carte, là encore en remplacement des Travelcards. Oyster est en vente dans les stations de métro, chez les marchands de journaux et sur le site Internet.

Les expressions du métro londonien

- **Mind the gap :** « faites attention à l'espace » entre le quai et le métro. C'est l'expression que vous entendrez le plus souvent dans le métro londonien. Il est vrai qu'à certaines stations (comme à Bank par exemple), l'espace est particulièrement large et peut être dangereux si vous ne faites pas attention à l'endroit où vous mettez les pieds.
- **Stand clear of the doors :** « tenez-vous éloigné des portes » lors de la fermeture.
- **Engineering works :** « travaux techniques ». L'explication la plus fréquente pour les lignes ou stations fermées.

- **Orientation.** Le réseau londonien est le plus ancien et le plus étendu du monde et la plupart des lignes desservent les banlieues les plus éloignées. Il faut savoir que les plans ne sont pas à l'échelle et que, en banlieue, les stations sont souvent assez distantes les unes des autres. Le système de représentation de ces plans est facile à comprendre :
- **Chaque ligne** porte un nom et une couleur qui lui sont propres – Central (rouge), District (verte), Northern (noire)... Les correspondances sont clairement indiquées.
- **Pour se diriger,** il faut savoir que chaque ligne se déplace soit direction nord-sud, soit direction est-ouest : nord (Northbound), sud (Southbound), est (Eastbound) ou ouest (Westbound).
- **Informations :** Sur le quai, des panneaux lumineux indiquent généralement le terminus et des plans indiquent les différentes stations restantes.
- **Bifurcations :** Certaines lignes se divisent à un moment donné ou bifurquent (comme la District ou la Northern), il faut alors se reporter aux panneaux pour savoir si la rame suivante prend la direction souhaitée.
- **Attention, certains quais** sont empruntés par deux lignes différentes, ne montez pas dans le premier train qui arrive et vérifiez bien que c'est le bon.
- **Il est interdit de fumer** sur tout le réseau dès qu'on franchit les barrières (même si la station est en plein air). Depuis le grand incendie de King's Cross, où 31 personnes trouvèrent la mort en 1987, ce règlement est strictement appliqué. En cas de manquement, l'amende est salée !
- **Tickets.** Les stations sont munies de portillons automatiques dans lesquels vous glissez votre ticket ou bipez votre Oyster Card. Attention, assurez-vous d'avoir toujours un ticket valide pour la zone où vous vous trouvez et conservez-le jusqu'à la sortie du métro. Il vous sera nécessaire pour passer les portes automatiques ! Il est pratiquement impossible de frauder dans le métro et, si l'on vous prend en flagrant délit, vous devrez vous acquitter d'une amende à payer immédiatement. Le prix des tickets dépend des zones tarifaires, il en existe 6 différentes du centre (zone 1) aux banlieues les plus éloignées (zone 6). En général, si vous restez dans le centre de Londres, vous ne circulerez que dans les zones 1 et 2. Il est possible d'acheter un ticket individuel pour un trajet quel que soit le nombre de zones parcourues, le tarif dépendant ensuite de ces zones.

TFL – TUBE

www.tfl.gov.uk/tube

Un ticket simple coûte £4,50, £2,10 avec l'Oysterd Card. Quel que soit le nombre de trajets, on compte £7 maximum par jour en heures creuses avec l'Oyster Card (£7,30 avec la TravelCard) et £8,40 en heures pleines (£8,80 avec la Travelcard).

Le fameux métro londonien, the Underground, est familièrement surnommé the Tube par les habitants. Premier métro créé au monde (en 1863), c'est le moyen de transport le plus rapide pour accéder à un site, dans le centre comme dans la périphérie proche de la capitale. Il se compose de 12 lignes plus le métro aérien (DLR) et une sorte de RER (Overground). Le tarif est assez élevé au ticket, il est donc préférable de se procurer la TravelCard.

Les transports de Londres
UNDERGROUND
Chesham
Chalfont & Latimer
Amersham
Chorleywood
Rickmansworth
Watford
Croxley
Moor Park
Northwood
Northwood Hills
West Ruislip
Hillingdon
Ruislip
Ruislip Manor
Pinner
North Harrow
Harrow-on-the-Hill
Uxbridge
Ickenham
Eastcote
Rayners Lane
West Harrow
Ruislip Gardens
South Ruislip
Northolt
South Harrow
Sudbury Hill
Sudbury Town
Greenford
Alperton
Perivale
Hanger Lane
Park Royal
North Ealing
Ealing Broadway
West Acton
North Acton
Ealing Common
Acton Central
South Acton
Acton Town
South Ealing
Northfields
Boston Manor
Hounslow East
Osterley
Hounslow West
Hounslow Central
Hatton Cross
Terminals 1, 2, 3
Terminal 4
Terminal 5
Heathrow Airport
Chiswick Park
Turnham Green
Stamford Brook
Ravenscourt Park
West Kensington
Gunnersbury
Kew Gardens
Richmond
Watford Junction
Watford High Street
Bushey
Carpenders Park
Hatch End
Headstone Lane
Harrow & Wealdstone
Kenton
Preston Road
Northwick Park
South Kenton
North Wembley
Wembley Central
Stonebridge Park
Harlesden
Willesden Junction
Wembley Park
Stanmore
Canons Park
Queensbury
Kingsbury
Neasden
Dollis Hill
Willesden Green
Kilburn
Brondesbury Park
Kensal Rise
Brondesbury
Kensal Green
Queen's Park
Kilburn High Road
South Hampstead
Maida Vale
Kilburn Park
Warwick Avenue
Royal Oak
Westbourne Park
Paddington
Ladbroke Grove
Latimer Road
East Acton
White City
Wood Lane
Shepherd's Bush
Shepherd's Bush Market
Goldhawk Road
Hammersmith
Kensington (Olympia)
Barons Court
Holland Park
Notting Hill Gate
Bayswater
High Street Kensington
Gloucester Road
Earl's Court
West Brompton
Fulham Broadway
Parsons Green
Putney Bridge
East Putney
Southfields
Wimbledon Park
Wimbledon
Imperial Wharf
Clapham Junction
Wandsworth Road
Edgware
Burnt Oak
Colindale
Hendon Central
Brent Cross
Golders Green
Hampstead
Hampstead Heath
Finchley Road & Frognal
Belsize Park
Chalk Farm
West Hampstead
Finchley Road
Swiss Cottage
St. John's Wood
Camden
Mornington Crescent
Edgware Road
Baker Street
Great Portland Street
Euston
Marylebone
Warren Street
Regent's Park
Goodge Street
Lancaster Gate
Bond Street
Oxford Circus
Tottenham Court Road
Queensway
Marble Arch
Hyde Park Corner
Green Park
Piccadilly Circus
Knightsbridge
Sloane Square
St. James's Park
Westminster
South Kensington
Victoria
Waterloo
Pimlico
Vauxhall
Kennington
Clapham High Street
Clapham North
Stockwell
Clapham South
Clapham Common
Tooting Bec
Balham
Colliers Wood
Tooting Broadway
South Wimbledon
Morden
1
2
3
4
5
6
7
8
9

High Barnet
Totteridge & Whetstone
Woodside Park
West Finchley
Finchley Central
East Finchley
Highgate
Archway
Tufnell Park
Kentish Town
Camden Road
Cockfosters
Oakwood
Southgate
Arnos Grove
Bounds Green
Wood Green
Turnpike Lane
Harringay Green Lanes
South Tottenham
Seven Sisters
Blackhorse Road
Crouch Hill
Manor House
Upper Holloway
Tottenham Hale
Walthamstow Central
Walthamstow Queen's Road
Finsbury Park
Arsenal
Holloway Road
Caledonian Road
Highbury & Islington
Caledonian Road & Barnsbury
Canonbury
Dalston Kingsland
Hackney Central
Homerton
Hackney Wick
King's Cross St. Pancras
Angel
Old Street
Farringdon
Russell Square
Barbican
Moorgate
Chancery Lane
St. Paul's
Bank
Liverpool Street
Bethnal Green
Mile End
Shoreditch
Aldgate East
Aldgate
Whitechapel
Stepney Green
Bow Church
Bow Road
Bromley-by-Bow
Pudding Mill Lane
Stratford
Epping
Theydon Bois
Loughton
Debden
Buckhurst Hill
Roding Valley
Chigwell
Grange Hill
Hainault
Fairlop
Barkingside
Newbury Park
Woodford
South Woodford
Snaresbrook
Redbridge
Wanstead
Gants Hill
Leytonstone
Leyton Midland Road
Leytonstone High Road
Leyton
Wanstead Park
Woodgrange Park
Upminster
Upminster Bridge
Hornchurch
Elm Park
Dagenham East
Dagenham Heathway
Becontree
Upney
Barking
East Ham
Upton Park
Plaistow
West Ham
Devons Road
Langdon Park
All Saints
Poplar
East India
Blackwall
Canning Town
Royal Victoria
Custom House for ExCeL
Prince Regent
Royal Albert
Beckton Park
Cyprus
Gallions Reach
Beckton
West Silvertown
Pontoon Dock
London City Airport
King George V
Woolwich Arsenal
North Greenwich for The O2
Shadwell
Westferry
Limehouse
Wapping
Cannon Street
Mansion House
Monument
Tower Hill
Tower Gateway
Blackfriars
Temple
London Bridge
Rotherhithe
Canary Wharf
West India Quay
Bermondsey
Canada Water
Surrey Quays
Heron Quays
South Quay
Crossharbour
Mudchute
Island Gardens
Cutty Sark for Maritime Greenwich
Greenwich
Deptford Bridge
Elverson Road
Lewisham
New Cross Gate
New Cross
Borough
Brockley
Honor Oak Park
Forest Hill
Sydenham
Queens Road Peckham
Peckham Rye
Crystal Palace
Penge West
Anerley
Norwood Junction
West Croydon
1
2
3
4
5
6
Bakerloo
Central
Circle
District
East London
Hammersmith & City
Jubilee
Metropolitan
Northern
Piccadilly
Victoria
Waterloo & City
Overground
DLR

Bus

Les bus sont un moyen formidable de se déplacer dans la capitale, tant pour faire du tourisme que pour aller d'un point A à un point B. Il y a plus de 17 000 arrêts de bus à Londres – vous ne serez donc jamais loin d'une ligne de bus. De plus, Londres possède les fameux double deckers, les bus rouges à deux étages qui font la joie des touristes qui se précipitent à l'étage, près d'une fenêtre pour admirer d'un peu plus haut les rues, murs, cours et jardins qui défilent sous leurs yeux. Si vous êtes pressés, l'excursion peut s'avérer parfois périlleuse aux heures de pointe. Mais ça reste un moyen très agréable de découvrir la ville. La destination d'un bus et les arrêts principaux de la ligne sont indiqués sur un panneau placé à l'avant du véhicule. Les plans de route sont rarement affichés à l'intérieur et les arrêts eux-mêmes ne sont presque jamais indiqués. Même les Londoniens ne s'y retrouvent pas toujours. Si vous avez un doute, demandez au chauffeur. Vous pouvez aussi vous abandonner au hasard...

▶ **Mode d'emploi.** Vous montez à l'avant du bus en passant systématiquement devant le chauffeur à qui vous montrez votre titre de transport carte ou ticket de bus. Si vous utilisez une carte de métro Oyster, passez votre carte devant le lecteur jaune. Ce titre peut s'acheter dans des distributeurs, dans les stations de métros ou chez certains commerçants. Les enfants de moins de 16 ans voyagent gratuitement sur l'ensemble du réseau et le billet à l'unité est à £ 2. Avec une carte Oyster, comptez £ 1.20 à chaque trajet et £ 3.90 pour la journée. Si vous devez changer de bus, vous en serez pour vos frais car il faudra payer deux fois, préférez, dans ce cas-là, le métro où vous ne payez qu'une seule fois et pouvez prendre autant de lignes que vous souhaitez ou que vous jugez nécessaires. Enfin, n'hésitez pas à lever la main lorsque vous voyez votre bus arriver. A certains arrêts, les bus ne sont pas tenus de s'arrêter.

▶ **Bus de nuit.** Pour les oiseaux de nuit, les bus de nuit sont ce qu'on fait de mieux en Europe. Réguliers, nombreux, ils desservent la majeure partie de Londres et roulent toutes les nuits entre minuit et 6h. Il est facile de les repérer aux arrêts de bus car un N précède le numéro. Attention, le trajet des bus de nuit n'est pas toujours exactement le même que celui du même numéro de bus la journée ! Des horaires sont toujours indiqués, néanmoins dans la pratique, c'est très vague, parfois vous pouvez rester à attendre un bus pendant une demi-heure, voire plus. Les Oyster Cards sont valables sur le réseau des bus de nuit.

Taxi

Il existe deux sortes de taxis à Londres : les black cabs (taxis noirs) et les minicabs (voitures ordinaires sans compteur, généralement moins chers que les black cabs).

▶ **Black Cabs.** Tout aussi renommés que les bus rouges à deux étages, les black cabs (taxis noirs), qui ont tendance à se parer aux couleurs des affiches publicitaires du moment, sont présents partout dans la ville à toute heure du jour et de la nuit. Les chauffeurs connaissent parfaitement les rues de Londres et empruntent, dans la majorité des cas, le chemin le plus court et/ou le moins encombré. Selon le chauffeur, la discussion est possible et les plus bavards vous donneront leur vision et impressions de Londres. Pour trouver un black cab libre, si la lumière jaune sur le toit est allumée, levez un bras et faites-lui signe. A partir du moment où un taxi s'arrête, il est normalement tenu de vous conduire à destination. Vous pouvez prendre un black cab au hasard des rues ou à des stations de taxi. Si vous en commandez un par téléphone, il vous faudra payer le déplacement. Le tarif est affiché sur un compteur, avec le prix de base d'un côté et le prix du trajet de l'autre. Il faut additionner les deux pour arriver au total. Vous pouvez monter à cinq dans un black cab.

■ **PINK LADIES CAB**
✆ 084 3208 7465
www.pinkladies.co.uk
Cette compagnie a la particularité de n'employer que des chauffeurs femmes. Créé en 2005, le concept a fait fureur ; beaucoup aiment cette petite touche glamour d'être véhiculé par ces *ladies* conduisant des taxis roses, donc facilement reconnaissables ! Le prix est le même que pour les autres compagnies, service original en plus, et cela évite d'avoir peur de l'agression par des chauffeurs de taxi peu scrupuleux. Seule petite condition : être membre du club comme dans une association.

Vélo

Il y a de plus en plus de deux-roues à Londres, un moyen substitutif de pallier les inconvénients des embouteillages et aux retards des transports en commun. D'ailleurs, Londres s'est doté depuis peu de son système de location de vélos en libre service, entendez par là l'équivalent du Vélib' parisien. Inauguré par le maire Boris Johnson et sponsorisé par Barclays, le système revient à payer £1 pour la journée. Vous disposez ensuite de 30 minutes gratuites de vélo que vous pouvez renouveller indéfiniment.

BARCLAYS CYCLE HIRE

www.tfl.gov.uk

Sur le même principe que le Vélib' à Paris, les Barclays Bike (ou Boris Bikes du nom du maire de Londres qui les a mis en place) se prennent un peu partout en ville, aux bornes bleues siglées Barclays. Pour £1 par jour, on peut les utiliser 30 minutes gratuitement, autant de fois que l'on veut dans la journée. Après 30 minutes, £1 est décompté pour 30 minutes de plus, puis £4 pour 1h30 et ainsi de suite.

THE LONDON BICYCLE TOUR COMPANY

1A, Gabriel's Wharf, 56 Upper Ground
✆ +44 20 3318 3088
www.londonbicycle.com
Tube : Blackfriars.

Location de vélo pour £3,50 par heure, £20 par jour (£10 après le premier jour) de 9h30 à 18h tous les jours. Visites guidées tous les jours. Les tours durent 2 heures 30, vous parcourez près de 15 km pour un prix commençant à £18,95. Quatre visites différentes sont possibles : East Tour, West End, Central London Tour ou Night Tour.

Bateau

Le bateau est un moyen de transport plus lent, mais beaucoup plus agréable que le métro. Les bateaux de passagers circulent sur la Tamise généralement entre 10h30 et 17h. Les services peuvent être plus fréquents et plus tardifs en été. La plupart des compagnies offrent une réduction de 30 % aux détenteurs d'une Travelcard.

Voiture

A moins que vous n'ayez à vous déplacer fréquemment dans les quartiers périphériques, si vous ne connaissez pas la ville et comptez vous déplacer beaucoup dans le centre, conduire à Londres n'est vraiment pas une bonne idée. Outre bien sûr le problème de la conduite à gauche, le trafic est dense, surtout au niveau des bus et des taxis, les parkings sont chers et peu nombreux. En revanche, les policiers sont omniprésents et toujours à l'affût pour verbaliser ou envoyer votre voiture à la fourrière. Enfin, accéder au cœur de Londres a un prix, car, depuis 2003, il faut s'acquitter d'une taxe quotidienne (£ 8) du lundi au vendredi entre 7h et 18h pour conduire dans le centre-ville. Si tout ceci ne vous a pas découragé de vouloir prendre votre voiture, voici quelques conseils de conduite : n'oubliez pas que les Anglais roulent à gauche. Pour nos pratiques européennes, c'est un peu déstabilisant. Il est beaucoup plus facile de rouler dans ces conditions avec une voiture anglaise qu'européenne pour tout ce qui est visibilité, même si l'on doit s'habituer au volant à droite et aux vitesses à gauche. Tout est inversé niveau circulation, ainsi quand vous roulez lentement il faut rester dans la voie de gauche et vous ne pouvez doubler que du côté droit.

Les femmes seules et les minicabs

Sans tomber dans la psychose, il est toutefois à noter que la réputation des minicabs n'est pas reluisante après plusieurs séries de vols, agressions et même viols, commis par des chauffeurs peu scrupuleux. Préférez faire appel à des compagnies réputées, des agences connues et, si vous êtes une femme voyageant seule, à des compagnies entièrement féminines où les chauffeurs sont des femmes. Quand le minicab arrive, vérifiez qu'il a bien votre nom (que vous lui aurez préalablement donné lors de la réservation) avant de monter dans la voiture.

Péage urbain à Londres

Le projet a été mis en application en 2003. Le principe est simple : afin de désengorger le centre-ville, un périmètre d'environ 13 km² a été installé et tout véhicule pénétrant dans cette zone du lundi au vendredi de 7h à 18h doit payer la somme de £ 8 par jour. L'objectif est clair : décongestionner le centre-ville, inciter les automobilistes à utiliser d'autres moyens de transport, accessoirement faire baisser la pollution. En chiffres, le traffic a diminué de 15 %, les voitures particulières en circulation ont baissé de 30 %, la vitesse moyenne en centre-ville a augmenté de 15 km/h et les embouteillages sont au plus bas. L'ancien maire de Londres, Ken Livingstone, a donc de quoi s'enorgueillir, sa congestion charge est un succès !

Les ronds-points se contournent dans le sens des aiguilles d'une montre, et les voitures débouchent de la droite. Les Anglais sont beaucoup plus courtois que nous au volant. De véritables gentlemen quand il s'agit du code de la route ! Ils respectent scrupuleusement la signalisation, ont tendance à s'arrêter pour vous laisser manœuvrer et ne klaxonnent jamais inutilement quand ils sont coincés dans un embouteillage. Et surtout, ils respectent les nombreux passages piétons dont la priorité n'est jamais remise en cause. Peut-être qu'après avoir lu ces quelques lignes certains en prendront de la graine !

▶ **Parking.** Après vous être débattu avec la conduite, vous vous rendrez vite compte que la vraie bataille consiste à se garer à Londres. Il y a peu de places, c'est hors de prix et souvent limité dans le temps (2 heures ou 4 heures). Il y a des parcmètres partout, ils peuvent coûter jusqu'à £ 1 le quart d'heure. Dans certaines zones, le stationnement est gratuit le dimanche. S'il n'y a pas de parcmètre, regardez les panneaux sur le trottoir et vous vous apercevrez que les places sont certainement réservées aux détenteurs d'un permis résident (ne vous y garez surtout pas, c'est la fourrière assurée !). Le stationnement sur les emplacements réservés aux résidents est parfois permis en dehors de certaines heures. Vérifiez toujours les panneaux. Il est formellement interdit de se garer lorsqu'une ligne rouge ou une double ligne jaune borde le trottoir. Lorsqu'il n'y a qu'une seule ligne jaune, le stationnement est permis en dehors des heures de contrôle (généralement 18h ou 19h en semaine et à des heures variables selon les quartiers, le week-end). Encore une fois, vérifiez les panneaux à l'entrée de la zone pour connaître l'heure exacte. Et dans le doute, abstenez-vous…

PRATIQUE

Tourisme – Culture

CITY OF LONDON INFORMATION CENTRE

Saint Paul's Churchyard
City of London ✆ +44 (0) 20 7332 1456
www.visitbritain.com
Tube : Piccadilly Circus.
Ouvert du lundi au samedi de 9h30 à 17h30, et le dimanche de 10h à 16h.
Situé dans la cathédrale Saint Paul, ce centre d'information permet de découvrir le cœur historique de Londres, la City, qui s'étend sur un mille carré. On y trouvera aussi quelques infos sur la ville en général, et l'équipe peut également vous aider à réserver les billets pour les spectacles du West End.

TIME OUT

www.timeout.com
L'incontournable hebdomadaire des sorties culturelles à Londres se développe aussi en site internet. Donc, que vous soyez déjà sur place ou encore en train de planifier votre voyage, jetez-y un œil, pour savoir ce qui se fait de mieux en ce moment.

VISIT LONDON

www.visitlondon.com
Le site Internet officiel de l'office du tourisme londonien propose un service d'aide à la réservation. Ainsi, vous trouverez tous types d'hébergements, de la location d'appartement, au B&B en passant par les hôtels de charme. On peut aussi y acheter sa carte de transport, des tickets de spectacles et y trouver de nombreuses adresses.

Représentations – Présence française

ALLIANCE FRANÇAISE DE LONDRES

1 Dorset Square
Marylebone
✆ +44 20 7723 6439
www.alliancefrancaise.org.uk
Tube : Baker Street ou Marylebone.
L'Alliance française est utile pour les étrangers désirant découvrir la langue française ou se perfectionner en français.

AMBASSADE DE FRANCE

58 Knightsbridge
Knightsbridge
✆ +44 20 7073 1000
www.ambafrance-uk.org
Tube : Knightsbridge.

CONSULAT DE FRANCE

21 Cromwell Road
Knightsbridge
✆ +44 20 7073 1200
www.ambafrance-uk.org
Tube : South Kensington.

■ **FRANCE IN LONDON**
97 Hereford Road
Bayswater
✆ +44 20 7313 4401
www.franceinlondon.com
Tube : Bayswater.
Un guide pour les Français à Londres avec notamment toute l'actualité culturelle française en Angleterre : cinéma, théâtre, expositions, offres d'emploi, locations d'appartements, bonnes adresses…

■ **ICI LONDRES**
10-12 Exhibition Road
South Kensington
✆ +44 20 7581 1588
www.ici-londres.com
Tube : South Kensington.
Le magazine francophone gratuit de Londres vous apportera de nombreuses informations (logements, locations, cours d'anglais, petites annonces, événements culturels et sportifs, adresses santé/famille...), qui vous aideront pour votre passage ou séjour prolongé dans la capitale. Retrouvez les points de distribution à Londres et à Paris sur le site.

■ **INSTITUT FRANÇAIS DU ROYAUME-UNI**
17 Queensberry Place
South Kensington ✆ +44 20 7871 3515
www.institut-francais.org.uk
Tube : South Kensington.
L'Institut Français réunit trois activités principales : le cinéma avec Ciné Lumière, qui diffuse des films français et européens ; la médiathèque, avec des livres et des documents français ou sur la France ; et l'école de langue française.

Moyens de communication

■ **TRAFALGAR SQUARE POST OFFICE**
24-28 William IV Street – Covent Garden
www.postoffice.co.uk
Tube : Charing Cross.
Ouvert du lundi au samedi de 8h à 18h30.

Santé – Urgences

■ **MÉDECINE FRANÇAISE LONDRES**
www.medecinefrancaiselondres.org.uk
C'est un collectif de médecins généralistes, de spécialistes, de dentistes et paramédicaux. Consultations et visites à domicile.

LONDRES

SE LOGER

Locations

■ **BANKSIDE HOUSE**
24 Sumner Street
Southwark ✆ +44 20 7107 5750
www.lsevacations.co.uk
Tube : Blackfriars, London Bridge ou Southwark.
Chambre simple à partir de £45, chambre double à partir de £59, chambre triple à partir de £74. Petit déjeuner non inclus.
La London School of Economics (LSE) dispose de plusieurs adresses. Des cuisines communes sont à disposition et des réductions sont envisageables pour les longs séjours ou pour les groupes. Juste derrière la Tate Modern, Bankside House propose pendant tout l'été une formule d'hébergement avec petit déjeuner inclus. Idéalement situé à 15 minutes de la City ou du centre, cette résidence universitaire dispose de chambres propres et équipées, dont plusieurs avec salles de bains privées. Un très bon rapport qualité/prix.

■ **CITADINES APPART'HOTEL**
94-99 High Holborn
Holborn
✆ +44 20 7395 8800 – www.citadines.com
Tube : Holborn.
A partir de £135 par nuit. Avec quatre appart'hôtels dans le centre de Londres, dont celui de Trafalgar Square qui vient de réouvrir après une grande rénovation, Citadines propose des appartements, du studio aux 3 pièces, tous avec cuisine équipée. Idéal pour des familles. Le plus central est le Prestige Holborn.

▸ **Autres adresses :** Barbican : 7-21 Goswell Road – Finsbury/Clerkenwell • Prestige South Kensington : 35A Gloucester Road – South Kensington

Centrales de réservation – Réseaux

■ **NAYLOR PLACE**
South Berdmonsey-Peckham, Zone 2
london-accom.blogspot.fr/
De 44 à 72 £.
Une chambre est à louer dans un bel appartement contemporain bien situé au sud de Londres. WIfi gratuit. Petit bémol : il faut partager la salle de bains avec votre hôte, qui sait se faire discret.

Soho, Westminster et Mayfair

Bien et pas cher

■ **DAYS INN HYDE PARK**
148 Sussex Gardens ✆ +44 20 7723 2939
www.daysinnhydepark.com
Tube : Paddington
57 chambres récemment rénovées à partir de £60. wi-fi gratuit. Ce petit hôtel de 4 étages se situe dans un quartier paisible et bourgeois, entre deux stations de métro, Paddington et Lancaster Gate, tout proche d'Hyde Park et de Marble Arch. Les chambres et les salles de bains sont petites mais bien équipées, le petit déjeuner se prend au sous-sol. Personnel serviable et souriant, disponible 24/24h.

■ **YHA OXFORD STREET**
14 Noel Street – Soho
✆ 0845 371 9133 – www.yha.org.uk
Tube : Oxford Circus.
94 lits. Dortoir de £16,95 à £29,65 ; chambre double de £41 à £74. Tarifs en fonction de la saison et de l'âge. wi-fi £5 par jour, £9 pour une semaine.
Cette auberge de jeunesse agréée par YHA est idéalement située en plein cœur de Londres, proche de tout ce qui fait battre le cœur de la ville : magasins, bars, cinémas, restaurants, clubs… Et c'est sans doute l'établissement le moins cher du quartier. Tout y est : une grande cuisine, un salon/salle à manger, un bar, des lits confortables et une très grande propreté. En plus, l'auberge vient d'être rénovée et les peintures sont fraîches et pimpantes !

Confort ou charme

■ **THE FIELDING HOTEL**
4 Broad Court
A l'angle de Bow Street
Covent Garden
✆ +44 20 7836 8305
Fax : +44 20 7497 0064
www.thefieldinghotel.co.uk
Tube : Covent Garden.
Chambre simple de £90 à £100, chambre double de £140 à £160. wi-fi gratuit.
Près de Covent Garden et à deux pas du Royal Opera House, cet hôtel doit son nom à Henry Fielding, auteur du roman *L'Histoire de Tom Jones, enfant trouvé*. Les chambres sont sobres et confortables. On apprécie également leur calme. Il n'est pas possible de prendre le petit déjeuner à l'hôtel, mais de nombreux cafés sont à proximité.

Luxe

■ **ST. ERMIN'S HOTEL**
2 Caxton Street
✆ +44 20 7222 7888
www.sterminshotel.co.uk
Tube : St. James's Park
Chambre double à partir de £160. Petit déjeuner non inclus. Accès wi-fi. Restaurant et bar.
Fort d'une rénovation complète due à un changement de propriétaire il y a peu, le St. Ermin's Hotel dispose de nombreux atouts. Un emplacement idéal, à quelques mètres à peine de Westminster Abbey, sur St. James's Park face à New Scotland Yard. Une station de métro toute proche, Victoria Station à 10 minutes et même un arrêt Big Bus Sightseeing pour une découverte de Londres. Les 331 chambres et suites de l'hôtel ont toutes été conçues afin d'offrir un confort maximal : TV grand écran orientable, minibar, accès wi-fi, avec mention spéciale pour la literie. Une salle de sport, une salle de bal, plusieurs salles de réunions, une bibliothèque, un restaurant et un bar complètent les différents services de cet hôtel de luxe. Personnel plurilingue !

■ **THE SAVOY**
Strand
✆ +44 20 7836 4343
Fax : +44 20 7240 6040
www.fairmont.com/savoy
Tube : Covent Garden.
Chambre double à partir de £345, suite à partir de £845. Petit déjeuner non inclus. Piscine.
268 chambres rénovées et décorées avec goût offrent pour la plupart une vue splendide sur la Tamise. Pour l'anecdote, neuf « Personality Suites » ont été créées en l'honneur de grandes personnalités de la sphère politique ou artistique qui se sont arrêtées un temps au Savoy entre deux voyages. Vous pourrez donc (en y mettant le prix !) avoir l'impression de passer la nuit en compagnie de Marlène Dietrich, Frank Sinatra, Winston Churchill ou Charlie Chaplin !

Marylebone, Camden, Islington et Hampstead

Bien et pas cher

■ **CLINK 261**
261-265 Gray's Inn Road
Bloomsbury
✆ +44 20 7833 9400
Fax : +44 20 7833 9677
www.clinkhostels.com/en/about/clink261
Tube : King's Cross, St Pancras.
Chambre en dortoir de 4, 8, 10 ou 12. Les prix varient du quitte au double selon les saisons. En moyenne compter £15 en hiver et £30 en été.
A deux pas de la gare de King Cross, Clink 261 est la nouvelle auberge de jeunesse charmante de la ville de Londres. L'hébergement est soigné tout en étant branché. L'auberge a complètement été rénovée en 2010. Les infrastructures proposées sont toutes modernes et vibrantes. Vous y rencontrerez des voyageurs venus des quatre coins du monde dans une ambiance internationale très conviviale. Le personnel est plutôt jeune et sympathique.

■ **CLINK 78**
78 King's Cross Road
King's Cross
✆ +44 20 7183 9400 / +44 20 3475 3000
www.clinkhostel.com
Tube : King's Cross St Pancras.
Chambre en dortoir à partir de £13. Petit déjeuner inclus.
Cette auberge de jeunesse située à 5 minutes de la gare de King's Cross vous plonge dans une ambiance particulièrement agréable. Cette ancienne Cour de justice (!) a été réaménagée en un établissement design et propre. On profite ainsi de la salle Internet en prenant la place du juge ou des accusés. Le Clink 78 propose donc des lits en dortoirs, des chambres privées avec ou sans salle de bains, ou bien même une ancienne cellule de prison ! On peut concocter ses repas grâce à une grande cuisine où l'on vous offre le petit déjeuner. Le bar de l'auberge propose tous les jours des soirées à thèmes (soirée Quiz, Beer-pong…) et des boissons à prix convenables.

■ **GENERATOR HOSTEL LONDON**
37 Tavistock Place
Bloomsbury ✆ +44 20 7388 7666
www.the-generator.co.uk
Tube : Euston, King's Cross ou Russell Square.
Accueil 7j/7 24h/24. Chambre simple £ 60 ; chambre double £ 60 ; chambre triple : Entre £ 20 et £ 30 par personne ; dortoir entre £ 15 et £ 25 par personne. Petit déjeuner compris. wi-fi gratuit. Laverie. Salle TV

LONDRES

Immense auberge de jeunesse avec près de 800 lits répartis dans différents dortoirs et quelques chambres privées. Ambiance décontractée avec des voyageurs venus du monde entier. Une grande salle commune permet de cuisiner. Egalement une salle de billard et des jeux d'arcades. Un bar attenant à l'auberge est ouvert jusqu'à 2h du matin. Generator London a été élu l'une des dix meilleures auberges de jeunesse dans le monde par Hostelworld Backpackers.

GOWER HOUSE HOTEL

57 Gower Street
Bloomsbury © +44 20 7636 4685
www.gowerhousehotel.co.uk
Tube : Goodge Street.
Chambre simple sans ou avec salle de bains à £55 ou £75, chambre double ou twin sans ou avec salle de bains à £70 ou £85. Chambres triples et familiales. Petit déjeuner inclus. Accès wi-fi.
Ce Bed & Breakfast familial situé à quelques mètres du British Museum possède des chambres basiques, dont la décoration modeste reste accueillante, même si elle mériterait un petit coup de jeune. Un petit jardin à l'arrière permet de se reposer dans un coin de verdure, après une longue journée passée à arpenter Londres.

YHA ST PANCRAS

79-91 Euston Road
King's Cross
© 0845 371 9344
www.yha.org.uk
Tube : King's Cross ou Euston.
Dortoirs de 10, 6, 5, 4 et 3 lits, adulte à partir de £23,50 ; moins de 18 ans £18. Chambre double à partir de £76. Petit déjeuner inclus.
Cette auberge de jeunesse a le vent en poupe maintenant que l'Eurostar vous dépose à seulement quelques centaines de mètres. A l'intérieur règne une ambiance conviviale. Les chambres sont bien entretenues et la plupart possèdent des salles de bains attenantes. Les pièces à vivre comptent télévision et jeux, ainsi qu'une cuisine pour être autonome. Des machines à laver sont également à disposition. Le quartier de St Pancras est assez animé et bien desservi pour rejoindre d'autres zones.

Confort ou charme

ALHAMBRA HOTEL

17-19 Argyle Street
Bloomsbury
© +44 20 7837 9575
www.alhambrahotel.com
Tube : King's Cross.
Chambre simple de £ 60 à £ 85, chambre double de £ 70 à £ 95, triple de £ 105 à £ 110, quadruple à £ 120. Petit déjeuner compris. Accès gratuit au wi-fi.
A 50 m de King's Cross et de la toute nouvelle gare TGV de St Pancras, ce petit hôtel situé dans un charmant bâtiment de style géorgien dans un quartier calme est à 100 m du métro. Les chambres bien que petites sont bien entretenues, et surtout le petit déjeuner est somptueux. Ici on vous accueille avec le sourire et en parlant français, ce qui est normal, la propriétaire est française. Une adresse au très bon rapport qualité-prix et bien située.

AMBASSADORS BLOOMSBURY

12 Upper Woburn Place
Bloomsbury

Vue panoramique sur Londres depuis le London Eye.

✆ +44 20 7693 5400
Fax : +44 20 7388 9930
www.ambassadors.co.uk
Tube : Euston.
Chambre double en moyenne entre £160 et £180. Petit déjeuner inclus. Bar ouvert tous les jours de 10h à minuit. Restaurant ouvert du lundi au samedi. Compter environ £20 pour un menu.
L'Ambassadors Bloomsbury est un charmant hôtel situé dans l'histoire quartier littéraire de Bloomsbury. L'accueil, chaleureux et convivial, s'ajoute à la décoration moderne. Les chambres sont confortables et équipées de télévision à écran plat. Le restaurant-bar de l'hôtel, Number Twelve, sert des plats raffinés et savoureux, inspirés de la cuisine italienne. Il a d'ailleurs été reconnu comme l'un des meilleurs restaurants italiens de la capitale par les « London Restaurant Awards ». A ne pas rater, le copieux tea time de l'après-midi. Une bonne adresse à Londres.

■ **ARRAN HOUSE HOTEL**
77-79 Gower Street
Bloomsbury
✆ +44 20 7636 2186
www.arranhotel-london.com
Tube : Goodge Street ou Russell Square.
Chambre simple sans ou avec salle de bains à £75 ou £105, chambre double sans ou avec salle de bains à £95 ou £125. Chambres familiales. Petit déjeuner inclus. wi-fi gratuit.
La situation de cet hôtel est idéale, à cent mètres du British Museum, à 5 minutes du West End, de Piccadilly Circus et des magasins d'Oxford Street. Le petit déjeuner copieux se prend, l'été, dans le jardin. Une grande cuisine entièrement équipée est à disposition des clients. Vous pouvez également organiser des barbecues dans le jardin. Une adresse sympathique et conviviale.

■ **JENKINS HOTEL**
45 Cartwright Gardens
Bloomsbury
✆ +44 20 7387 2067
www.jenkinshotel.demon.co.uk
Tube : Euston ou King's Cross St Pancras.
Chambre simple sans ou avec salle de bains à £64 ou £119, chambre double ou twin à £114 à £134, chambre triple à £109 à £154. Petit déjeuner inclus. Mise à disposition d'un frigo dans chaque chambre. wi-fi gratuit.
Cette maison georgienne a été transformée en hôtel, comptant 14 chambres spacieuses. L'ambiance et la décoration ne font aucun doute : vous êtes bien en Angleterre. D'ailleurs, l'hôtel a servi de décor à la série télévisée *Hercule Poirot*, tirée des romans d'Agatha Christie. L'établissement est calme, bien situé – à côté de la gare de St Pancras – et propre. On aime le petit square paisible de Cartwright Gardens.

Luxe

■ **CHARLOTTE STREET HOTEL**
15-17 Charlotte Street
Bloomsbury
✆ +44 20 7806 2000
www.charlottestreethotel.com
Tube : Goodge Street.
Chambre à partir de £240, suite à partir de £410. Accès Internet. Salle de gym. Restaurant et bar.
Quand on arpente la coquette Charlotte Street, on se croirait dans un décor de cinéma. L'hôtel qui s'y élève cultive ce charme classique, en offrant un cadre anglais chic et moderne à ses hôtes. Les chambres, spacieuses et lumineuses, possèdent chacune leur identité. On apprécie tout particulièrement le bar-restaurant établi au rez-de-chaussée, qui séduit les clients de l'hôtel, les employés du quartier, ainsi qu'une clientèle branchée, qui dînera plus tard dans l'un des restaurants à la mode situés dans les parages. Un hôtel parfaitement intégré dans sa cité, qui vous permettra de toucher le cœur de Londres.

■ **SAINT PANCRAS RENAISSANCE**
Euston Road
King's Cross
✆ +44 207 841 3540
www.marriott.com
Tube : King's Cross.
Chambre de £396 à £540.
Après la gare de Saint Pancras, c'est au tour de l'hôtel Saint Pancras, adossé à la gare, d'être rénové sous la houlette de Marriott. Plus de £150 millions ont été dépensés pour lui redonner une nouvelle jeunesse. Sublime témoignage d'architecture gothique, l'établissement est une merveille de luxe. 120 chambres ont été réamenagées dans la partie historique, 125 ont été créées dans une nouvelle aile. Les plafonds sont hauts, les fenêtres offrent des points de vue majestueux. Et bien sûr, on retrouve tout le confort moderne. Enfin, ne ratez pas le magnifique escalier dans le hall d'entrée, qui vaut le prix de la chambre à lui tout seul...

Et comme tout le monde n'a pas les moyens de dormir sur place, l'hôtel propose également des tours guidés des lieux, avec l'historien Royden Stock, pour £20 par personne (contact : +44 207 841 3540 ou royden.stock@renaissancehotels.com).

Southwark, Clapham et Brixton

THE BERMONDSEY SQUARE HOTEL

Bermondsey Square
Tower Bridge Road
Southwark
✆ +44 20 7378 2450
www.bermondseysquarehotel.co.uk
Tube : Borough ou London Bridge.
Chambre double de £120 à £240. Egalement chambres familiales et suites. Restaurant et bar.
Ce très bel hôtel est situé à proximité de Borough Market et du Design Museum. L'accent est mis sur le design rond et moderne des pièces communes comme des chambres, spacieuses et confortables. L'ambiance est technophile, avec station d'iPod et écran plat. Si vous optez pour les suites, vous profiterez d'un Jacuzzi chauffé en terrasse qui surplombe la Tamise. Parfaitement hédoniste !

LONDON BRIDGE HOTEL

8-18 London Bridge Street
Southwark
✆ +44 20 7855 2210/2211
www.london-bridge-hotel.co.uk
Tube : London Bridge.
Chambre double ou twin de £125 à £200. Restaurant et bar. Salle de gym. wi-fi gratuit.
Cet hôtel 4-étoiles, situé dans le quartier de Southwark est un mélange de confort traditionnel et d'équipement moderne. Pour l'anecdote, c'est durant sa construction que des fouilles archéologiques ont permis de découvrir des vestiges de l'époque romaine qui sont désormais conservés au musée de Londres. L'hôtel se trouve en face du London Bridge entre musée et galerie, dans le nouveau quartier très animé de Southwark qui borde la Tamise. Une excellente adresse.

ST CHRISTOPHERS INN LONDON BRIDGE

161-165 Borough High Street
Southwark
✆ +44 20 7939 9710
www.st-christophers.co.uk
Tube : London Bridge.
Dortoir de 4, 6 et 8 lits, de £9,50 à £21,50 hors saison et de £30,50 à £33 en haute saison. Egalement chambre double à partir de £52. Draps inclus. Petit déjeuner continental inclus (english : £3,95). wi-fi gratuit.
Cette chaîne d'auberges de jeunesse qui possède sept établissements dans la capitale londonienne présente de nombreux avantages dont des prix bas, un personnel international jeune et sympathique et des aménagements comme la discothèque attenante. Du coup, l'auberge est ouverte 24h/24, et c'est un endroit intéressant pour rencontrer d'autres personnes venant des quatre coins du monde. Ici, elle est installée dans un ancien pub, au cœur de Southwark.

THE WINDMILL HOTEL

Clapham Common South Side
Clapham
✆ +44 20 8673 4578
www.windmillclapham.co.uk
Tube : Clapham Common ou Clapham South.
Chambre double à partir de £135. Petit déjeuner inclus. wi-fi gratuit. Parking. Bar et restaurant.
A n'en pas douter, c'est l'un des plus jolis hôtels du Sud de Londres. Situé dans un pub de Clapham, dix chambres luxueuses ont été aménagées en Bed & Breakfast. Toutes rénovées, elles réservent un confort moderne et une décoration chaleureuse. Séjourner au-dessus d'un pub offre une expérience plus conviviale que l'hôtel et vous permettra d'être plus proche des Londoniens.

City, East End et Greenwich

Bien et pas cher

YHA ST PAULS

36 Carter Lane
The City
✆ +44 84 5371 9012
www.yha.org.uk
Tube : St Paul's ou Blackfriars.
Dortoirs adultes à partir de £22 ; moins de 18 ans : £15. Chambre privée à partir de £38. Petit déjeuner inclus.
C'est dans l'ancien bâtiment de la chorale de la cathédrale Saint-Paul et à tout juste 100 m de cette dernière que se tient cette auberge de jeunesse. Très bien située pour accéder aux principaux sites historiques de la ville, elle possède tout le confort nécessaire. Propreté et petit déjeuner de qualité, *continental* et *english breakfast*, sont aussi deux arguments en faveur de cette adresse pas chère.

Confort ou charme

CITY HOTEL

12 Osborn Street
Spitalfields ✆ +44 20 7247 3313
www.cityhotellondon.co.uk
Tube : Aldgate East.
Chambre simple à partir de £80, chambre double twin à partir de £101. Réductions significatives en passant par le site ou en réservant en avance.
Si l'hôtel mise sur sa situation stratégique proche du quartier de La City pour charmer les hommes d'affaires, il a l'avantage de posséder une centaine de chambres allant de la simple à la familiale. C'est pour cette dernière catégorie que cela peut s'avérer intéressant si vous voyagez en nombre et si vous voulez séjourner à Londres pour moins cher. En plein cœur du quartier indien, le lieu est animé et plein de bonnes adresses aux alentours pour sortir. En revanche, il faut reconnaître que l'hôtel en lui-même n'est ni très beau, ni très accueillant.

THE HOXTON

81 Great Eastern Street
Hoxton
✆ +44 20 7550 1000
www.hoxtonhotels.com
Tube : Old Street.
Chambre double à partir de £99. Petit déjeuner continental inclus. wi-fi gratuit.
La grande cheminée dans le salon, au rez-de-chaussée, donne le ton de tout l'hôtel : ici, c'est à la fois chaleureux et tendance, très *East London* finalement. Le Hoxton a réussi le pari délicat d'offrir un hébergement design à tout petit prix (pour Londres). La réservation fonctionne comme pour des vols charter : *a priori*, c'est bon marché, mais mieux vaut s'y prendre tôt pour faire de vraies bonnes affaires. Chaque jour, 5 chambres, sur les 203 proposées, sont soldées à £1, alors soyez à l'affût !

Luxe

ANDAZ

40 Liverpool Street
Spitalfields ✆ +44 20 7961 1234
www.andaz.com
Tube : Liverpool Street.
Chambre double à partir de £200. wi-fi gratuit. Parking payant.
Cet hôtel de luxe se situe entre La City et Shoreditch. Il offre une prestation de très haut niveau, tout en personnalisant ses services, contairemement aux hôtels business classiques. Résolument ancré dans l'East End, Andaz s'est inséré dans la brêche mode et bobo qui se creuse ici depuis quelques années. Ainsi, des visites guidées sont régulièrement organisées dans les meilleures galeries d'art contemporain de l'Est londonien ou dans les marchés du coin. Le service est parfait, le design très branché. Une bonne adresse.

THE ROOKERY

Peter's Lane
Cowcross Street
Clerkenwell
✆ +44 20 7336 0931
www.rookeryhotel.com
Tube : Farringdon.
Chambre simple à £185, chambre double de £235 à £350. Petit déjeuner : £11,95. wi-fi gratuit.
Ce petit bijou d'hôtel est situé à deux pas du marché de Smithfields. Charme ancien et chambres boisées réservent un séjour confortable et calme. Feu de cheminée et *tea time* sont au rendez-vous dans les parties communes, où déambule le chat de la maison, Lady Grey. Pour ceux qui pourront se le permettre, la suite Rook's Nest est tout simplement hallucinante. The Rookery offre l'occasion de toucher au plus près l'histoire médiévale du quartier, au sein d'un immeuble lui-même chargé d'histoire.

THE ZETTER

St John's Square
86-88 Clerkenwell Road
Clerkenwell
✆ +44 20 7324 4567
www.thezetter.com
Tube : Farringdon.
Chambre double de £220 à £480. Réductions régulières, le dimanche soir ou à certaines périodes de l'année. wi-fi gratuit.
On aime beaucoup cet hôtel moderne et convivial. Les 59 chambres claires et colorées réservent à leurs occupants un accueil chaleureux. Chacune est décorée de manière différente, ici un tableau, là un tapis moltonné. Certaines offrent terrasse et vue panoramique sur Londres. The Zetter est la destination branchée mais accessible par excellence. Ne manquez pas le restaurant de l'hôtel, avec aux fourneaux le grand chef français Bruno Loubet, qui recrée dans Clerkenwell une ambiance de bistrot moderne.

Chelsea, Kensington et Notting Hill

Bien et pas cher

ADRIA HOTEL

44 Glenthorne Road
Hammersmith
✆ +44 208 742 66 74
www.adria-hotel.co.uk
Tube : Hammersmith.
Chambre simple £ 55, chambre double £ 69, chambre triple £ 81. Il existe aussi des chambres familiales.
A 250 m de la station de métro, cet hôtel propose tout le confort moderne indispensable à une agréable escale dans la capitale anglaise. Le wi-fi est disponible gratuitement dans toutes les chambres et toutes possèdent leur propre salle de bains. Propre et accueillant.

CARING HOTEL

24 Craven Hill Gardens
Bayswater
✆ +44 20 7262 8708
www.caringhotel.com
Tube : Queensway.
Chambre simple avec ou sans salle de bains de £59 à £84, chambre double ou twin de £84 à £99. Chambres familiales. Petit déjeuner inclus. wi-fi payant.
Dans un quartier tranquille de Londres à proximité de la gare de Paddington, cet établissement intéressera ceux qui veulent garder leur argent pour les sorties et les visites. Plusieurs chambres sont à prix réduit, car sans salle de bains privative. L'ensemble est très propre, bien que la décoration ne soit pas des plus modernes. Le personnel est sympathique et le petit déjeuner copieux.

FALCON HOTEL

11 Norfolk Square
Bayswater
✆ +44 20 7723 8603
www.aafalcon.co.uk
Tube : Paddington.
Chambre simple, de £ 48 à £ 69, chambre double, £ 59-£ 99. Il existe aussi des chambres familiales. Petit déjeuner inclus.
Si vous recherchez un petit hôtel (2-3 étoiles, B&B), propre et confortable, le Falcon Hotel est l'endroit idéal : il est situé au cœur de Londres à 2 minutes à pied du métro Paddington. Il se trouve également juste en face d'un parc dans une zone tranquille, tout près des attractions touristiques et des centres commerciaux. Le réceptionniste parle français et se rendra disponible pour vous donner des conseils touristiques. Une adresse à l'excellent rapport qualité-prix.

HYDE PARK ROOMS HOTEL

137 Sussex Gardens
Paddington ✆ +44 20 7723 0225
www.hydeparkrooms.com
Tube : Paddington.
Chambre simple, avec ou sans salle de bains, de £40 à £55 ; chambre double ou twin, avec ou sans salle de bains, de £55 à £65. Chambres familiales. Petit déjeuner inclus. wi-fi gratuit.
Un B&B tenu par une famille très chaleureuse. Ici, on recrée une ambiance conviviale dans un bâtiment vieux de 200 ans où chaque chambre est bien équipée et propre. Idéalement situé, à proximité des commerces et des transports, l'établissement permet de profiter de Londres au maximum. Un parking est disponible, ce qui n'est pas si courant si près du centre-ville.

THE CASTELTON HOTEL

164-166 Sussex Gardens
Paddington
✆ +44 20 7706 4666
www.castletonhotel.com
Tube : Paddington.
Chambre simple à partir de £44, double à partir de £69. Chambres familiales. Petit déjeuner inclus. Parking payant. wi-fi gratuit à la réception.
The Castelton bénéficie d'un excellent rapport qualité/prix. Situé près d'une grande station de métro, à 10 minutes à pied de Hyde Park, dans un bel immeuble, l'établissement compte 46 chambres rénovées. Ici, pas de couvre-lits fleuris, de tapis vieillots ou d'abat-jour improbables, la décoration est sobre et reposante. Une excellente adresse.

THE RESIDENCE

161 Old Brompton Road
South Kensington
✆ +44 20 7373 6050
Fax : +44 20 7373 7021
ww.theresidence.uk.com
Comptez 457€ pour deux personnes et 342€ pour 1 personne par semaine.
A deux pas de Hyde Park et du musée de South Kensington, The Residence vous accueille dans ses petits studios, habitables aussi bien par des étudiants que par des touristes ou hommes d'affaires en transit à Londres. Les studios sont propres, bien

agencés, sobrement décorés et sont dotés de toutes les installations modernes. Loin d'être isolé, The Residence se trouve dans un quartier sûr, entre les bars, les restaurants et les boutiques.

■ YHA HOLLAND PARK

Holland Walk – Holland Park
Kensington
✆ 084 5371 9122
www.yha.org.uk
Tube : High Street Kensington ou Holland Park.

Dortoirs de 12 ou 20 lits, adulte à partir de £17 ; moins de 18 ans £11-£17 ; chambre privée à partir de £31. Petit déjeuner à £4,95. Dîner à £6,95, cafétéria. Cuisine, salon, laverie. wi-fi.

Vous avez ici la garantie qualité de YHA : des structures propres, un personnel aimable, jeune et accueillant, une ambiance festive et respectueuse. L'auberge est située dans un superbe bâtiment en brique rouge, entouré d'un beau jardin, lui-même entouré de Holland Park. Certes, ce n'est pas l'auberge la plus centrale de Londres, mais pour ceux qui craignent d'être fatigués par la ville, c'est l'hébergement idéal.

Confort ou charme

■ ABBEY COURT HOTEL

168-172 Sussex Gardens
Paddington
✆ +44 20 7402 0704
www.abbeycourthotel.com
Tube : Paddington ou Lancaster Gate.

Chambre simple de £68 à £85, chambre double ou twin de £98 à £112. Chambres familiales. Petit déjeuner inclus. Parking : £15.

A tout juste 2 minutes à pied de la gare de Paddington, cet hôtel propose des chambres confortables, propres et bien décorées. Toutes possèdent une salle de bains individuelle. De l'expédition en solitaire au voyage en famille, l'hôtel convient à toutes les situations. A la différence de ses nombreux voisins sur Sussex Gardens, cet établissement relève plus de l'hôtel que du B&B : plus de liberté donc, mais aussi moins de personnalisation. Vous obtiendrez de bonnes réductions en réservant à l'avance.

■ B&B BELGRAVIA & STUDIOS@82

64-66 Ebury Street
Belgravia
✆ +44 20 7259 8570
www.bb-belgravia.com
Tube : Sloane Square.

Chambre simple à £99, chambre double ou twin de £129 à £145. Studios et appartements £99 à £270. Petit déjeuner inclus. Accès Internet gratuit.

C'est l'adresse à ne pas manquer pour un séjour réussi dans la capitale. Ce B&B sophistiqué réunit de nombreuses qualités : confort, propreté, accueil courtois, chambres claires, calmes, bien décorées et un excellent petit déjeuner. Toutes les chambres ont leur salle de bains, TV, connexion Internet en wi-fi. A la réservation, essayez toutefois d'éviter les chambres du sous-sol, bien moins lumineuses que les autres. A l'exception de ce bémol, B&B Belgravia est l'une de ces adresses que l'on n'hésite pas à conseiller. On peut également séjourner dans des studios et des appartements.

■ LUNA-SIMONE HOTEL

47-49 Belgrave Road
Pimlico
✆ +44 20 7834 5897
www.lunasimonehotel.com
Tube : Victoria.

Chambre simple de £65 à £85, chambre double ou twin de £100 à £140. Petit déjeuner inclus.

Un petit B&B familial créé en 1970 par M. Desira et aujourd'hui tenu par ses fils. Le confort est assuré dans les chambres, plutôt petites mais propres, chaleureuses et bien entretenues. Le petit déjeuner, à l'anglaise, est cuisiné sur commande tous les matins. Appréciable pour bien démarrer la journée. D'ailleurs, l'hôtel est à proximité de nombreux transports en commun pour rayonner partout dans Londres.

■ MELITA HOUSE HOTEL

35 Charlwood Street
Pimlico ✆ +44 20 7828 0471
www.melitahotel.com
Tube : Victoria.

Chambre simple à partir de £94 et double ou twin à partir de £130. Chambres familiales. Petit déjeuner inclus.

En plein cœur de Londres, ces chambres sobres et classiques possèdent un confort tout à fait moderne : télévision avec satellite, coffre-fort, wi-fi, sèche-cheveux et salle de bains privative. Chaque matin, un copieux petit déjeuner est servi dans une pièce lumineuse. Le service est professionnel et affable. Petit plus, le propriétaire parle français. L'hôtel s'est vu accorder un 3-étoiles par l'office du tourisme anglais.

■ **MYHOTEL CHELSEA**
35 Ixworth Place
South Kensington
✆ +44 20 7225 7500
www.myhotels.com
Tube : South Kensington.
Chambre simple à £109 à £169, double de £139 à £229. Réception 24h/24. Laverie. wi-fi. Lecteur DVD.
Si vous avez envie de vous faire plaisir, optez pour cet hôtel de charme, dont les chambres vous séduiront au premier coup d'œil. Tons pastel, formes courbes et douces, mobilier arrondi, tout ici est agencé dans un esprit feng-shui presque palpable. Le calme de la rue contraste avec l'animation qui règne à proximité, sur Fulham Road et Sloane Avenue. Un bon rapport qualité/prix pour le quartier.

■ **OLIVER PLAZA HOTEL**
33, Trebovir Road
Earl's Court
✆ +44 20 7373 7183
www.capricornhotels.co.uk
Tube : Earl's Court.
Chambre simple : £99, chambre double ou twin : £119. Chambres familiales. Petit déjeuner continental inclus.
Tout proche des boutiques de Knightsbridge, ce petit hôtel familial de 37 chambres est un agréable lieu pour faire une escale dans la capitale. Propre, bien tenu, avec un accueil sympathique : vous apprécierez son atmosphère. Toutes les chambres, à la décoration épurée, ont leur propre salle de bains et sont équipées de la télévision, du téléphone et de quoi vous faire thé et café. Sèche-cheveux et fer à repasser sont disponibles à la réception.

Luxe

■ **BLAKES HOTEL**
33 Roland Gardens
South Kensington ✆ +44 20 7370 6701
www.blakeshotels.com
Tube : Gloucester Road.
Chambre double à partir de £175 (hors taxes). wi-fi gratuit.
Au milieu des allées de briques rouges, on ne peut pas rater ce bâtiment noir élégant, qui offre l'occasion de séjourner parmi les nantis de Chelsea et South Kensington. Chaque chambre a son identité propre. Le design, très recherché, marie matières et couleurs boisées, lourdes tentures sombres et mobilier coûteux. Le résultat : une atmosphère apaisante et intime. Blakes cultive donc un style raffiné et élégant, qui convient parfaitement au quartier de South Kensington. Une excellente adresse pour une escapade romantique, très classe.

■ **THE PORTOBELLO HOTEL**
22 Stanley Gardens
Notting Hill ✆ +44 20 7727 2777
www.portobello-hotel.co.uk
Tube : Notting Hill Gate ou Holland Park.
Chambre simple de £145 à £172, chambre double et twin de £195 à £245. Petit déjeuner inclus.
Avec ses grands rideaux rouge et doré, cet hôtel bohème et chic est tout à fait dans l'esprit de Notting Hill. Situé à deux pas de Portobello Road, il dispose de chambres à la fois baroques et rock'n'roll, ainsi que d'un grand salon de réception, d'un restaurant et d'un bar ouverts 24h/24. Les clients de l'hôtel ont également accès à un spa, avec hammam, sauna, Jacuzzi et salon de massage. Enfin, le jardin caché à l'arrière est particulièrement appréciable durant les beaux jours.

SE RESTAURER

Soho, Westminster et Mayfair

Sur le pouce

■ **BEATROOT**
92 Berwick Street
Soho
✆ +44 20 7437 8591
beatroot.org.uk
Tube : Oxford Circus.
Ouvert du lundi au vendredi de 9h à 21h et le samedi de 11h à 21h. Smoothies à partir de £2,50, trois tailles de salades ou plats de £4,20 à £6,20. Cuisine végétarienne.
Dans une déco clairement inspirée des années 1960, on se presse ici autour de plats végétariens, à déguster sur les bancs à l'intérieur ou en terrasse, le long du marché de Berwick Street. Au menu : légumes variés et de saison, grand choix de salades et plats à composer soi-même, et surtout d'excellents jus de fruits, idéaux pour accompagner le repas. Mangues, pêches, groseilles sont mixées avec du lait de soja, de la noix de coco ou du lait vanillé, sur

commande. Un vrai délice ! L'endroit se prête également au petit déjeuner, pour démarrer la journée avec un *breakfast smoothie* à base de bananes, muesli, cannelle, fraises et dattes.

■ THE COVENT GARDEN KAFENEO

12-14 Tavistock Street
Covent Garden ✆ +44 20 7240 8577
www.kafeneo.co.uk
Tube : Covent Garden.
Ouvert du lundi au vendredi de 7h à 20h, le samedi de 10h à 20h et le dimanche de 10h à 18h. Comptez de £4 à £5 par sandwich.
Ce café à la devanture verte joue la carte du vite fait, bien fait, avec ses sandwichs inventifs (écrevisses en sauces, poulet au maïs, fromage grec) et ses salades sympas (l'inévitable salade grecque, toujours rafraîchissante, ou encore la bacon/épinards, plus consistante). Le cadre est épuré, le service rapide. Une formule efficace et bon marché.

Pause gourmande

■ BB BAKERY

6-7 Chandos Place
Covent Garden
✆ +44 20 7836 6588
bb-bakerycountyhall.com
Tube : Leicester Square.
Ouvert tous les jours de 8h à 21h. Comptez de £3 à £7 pour un sandwich et une viennoiserie.
C'est ici que vous trouverez de véritables sandwichs en baguette, si jamais la France vous manque. Cette boulangerie rutilante est pourtant bien britannique. Et outre les petits pains craquants, on y savoure aussi de délicieux muffins, cupcakes, quiches ou encore des tartes. Pour le déjeuner comme pour le goûter, on s'arrête avec grand plaisir dans cette boutique dont les murs sont peints de Londoniennes filiformes qui rappellent les *Parisiennes* de Kiraz.

■ THE HUMMINGBIRD BAKERY

155a Wardour Street
Soho
✆ +44 20 7851 1795
hummingbirdbakery.com
Tube : Tottenham Court Road.
Ouvert du lundi au samedi de 9h30 à 20h, dimanche de 10h à 19h.
On croirait pénétrer une galerie d'art, dont les pièces auraient été fortement influencées par Andy Warhol. Cette pâtisserie (il y en a cinq réparties dans Londres) présente de petits bijoux bigarrés, sucrés et appétissants, connus ici sous le nom de *cupcakes*. Chaque gâteau nous fait retomber en enfance, de quoi subjuguer les gourmands !

▸ **Autre adresse :** 133 Portobello Road – Notting Hill

Bien et pas cher

■ BISTRO 1

33 Southampton Street
Covent Garden ✆ +44 20 7379 7585
www.bistro1.co.uk
Tube : Covent Garden.
Ouvert tous les jours de midi à minuit. Au déjeuner, £7,90 pour 2 plats (entrée + plat ou plat + dessert) et £9,90 pour les 3. Au dîner, £11,90 pour 2 plats et £13,90 pour les 3. Cuisine méditerranéenne.
Avec trois restaurants répartis dans le centre de Londres, Bistro 1 sert une cuisine méditerranéenne à bas prix. La carte est réjouissante : cocktail de crevettes, saumon fumé ou salade de feta ouvrent la marche, suivis de brochettes d'agneau ou de poulet, de bœuf bourguignon ou d'une moussaka. Si vous avez encore faim, tiramisu et tarte tatin vous attendent. Au final, un bon rapport qualité/prix, satisfaisant sans être gastronomique.

▸ **Autres adresses :** 27 Frith Street – Soho • 75 Beak Street – Soho

■ BYRON HAMBURGERS

24-28 Charing Cross Road
Soho
✆ +44 207 557 9830
www.byronhamburgers.com
Tube : Charing Cross.
Ouvert du lundi au samedi de midi à 23h, dimanche de midi à 22h30. Compter £7 à £10 par hamburger.
Le roi des sandwiches se déguste ici dans les règles de l'art : avec ou sans cheddar, accomodé de poulet, bacon ou même (sacrilège) de salade. Pour les réfractaires, il y a toujours une salade caesar sur le grill. Et pour parfaire l'expérience américaine, on finit sur une touche sucrée, un cheesecake ou brownie. La déco rose et jaune, ambiance maison de barbie, ne gâche rien.

■ GABY'S

30 Charing Cross Road
Soho
✆ +44 20 7836 4233
Tube : Leicester Square.
Ouvert tous les jours de 9h à minuit. De £5 à £7 par plat. Cuisine moyen-orientale.

Pour un petit creux entre deux musées (ou deux pubs...), cet établissement s'avère très efficace. On y sert des falafels, des salades de lentilles, des petits pâtés appétissants, des beignets, ainsi que mille autres douceurs venues du Moyen-Orient. Gaby's est également une bonne option végétarienne. Prenez à emporter, la salle n'est en revanche pas très accueillante.

MASALA ZONE
9 Marshall Street
Soho ✆ +44 20 7287 9966
www.masalazone.com
Masala Zone possède plusieurs enseignes dans la ville. Sans prétention, ces restaurants proposent une cuisine indienne classique et de qualité à un prix raisonnable. Vous aimerez les *thalis*, plats principaux à choisir entre le poulet, les crevettes, l'agneau par exemple et accompagné de plusieurs petits bols remplis de riz, légumes, yaourt, *nan*. Copieux et complet pour vous permettre de vous initier à la cuisine indienne.

MILDREDS
45 Lexington Street
Soho ✆ +44 20 7494 1634
www.mildreds.co.uk
Tube : Oxford Circus.
Ouvert du lundi au samedi de midi à 23h. De £8 à £10,25 par plat. Cuisine végétarienne.
Avisez la devanture rétro en bois bleu ciel et la foule qui se presse à l'intérieur. Ce restaurant végétarien remporte un franc succès grâce à ses portions généreuses servies généralement assez rapidement. Une ambiance décontractée règne dans ce qui ressemble à une maison de poupée. Que ce soit les salades au quinoa ou les burgers de tofu, tout est délicieux. Le petit plus à souligner : la plupart des ingrédients du restaurant sont bio, et certains sont même issus du commerce équitable.

NEW WORLD
1 Gerrard Place
Soho ✆ +44 20 7734 0396
Tube : Leicester Square.
Ouvert tous les jours de midi à minuit. Dim sum de midi à 18h en semaine, de 11h à 18h le week-end. De £6 à £12 par plat et de £2,50 à £3,50 le dim sum. Cuisine chinoise.
Voici le roi du *dim sum* à Londres. Les locaux s'y pressent le week-end, pour bruncher à la chinoise. *Dim sum* désigne un ensemble de mets, des petits beignets, pâtés ou pâtisseries salées, farcis à la viande ou aux légumes. On en commande jusqu'à ne plus avoir faim et cela peut durer toute la journée ! Le service est un peu inégal et il y a souvent la queue, mais honnêtement l'endroit vaut le détour.

WAHACA MEXICAN MARKET
80 Wardour Street
Soho ✆ +44 207 734 0195
www.wahaca.co.uk
Tube : Piccadilly Circus.
Ouvert du lundi au samedi de midi à 23h, dimanche de midi à 22h30. Comptez £4 pour un tacos, £9 ou £10 pour un plat chaud.
Avec cinq adresses dans Londres, Wahaca a envahi la capitale avec sa cuisine festive, savoureuse et rapide. Le principe : comme à Mexico, on mange à n'importe quelle heure, un peu n'importe quoi, du tacos à la fajitas. L'ambiance est sympa, pop et colorée, la salle est plutôt vaste – et ça vaut mieux, car, comme à Mexico, c'est un peu le bazar. Le restaurant ne prenant pas les réservations, il faut un peu jouer des coudes, mais la bonne humeur perdure.

▶ **Autres adresses :** 66 Chandos Place – Covent Garden • Southbank Centre – Belvedere Rd, Southbank

Bonnes tables

ANDREW EDMUNDS
46 Lexington Street
Soho ✆ +44 20 7437 5708
Tube : Oxford Circus.
Ouvert tous les jours de 12h30 à 15h et de 18h à 22h30. De £10 à £19 par plat. Cuisine européenne.
Avec ses allures de bistrot, Andrew Edmunds est un restaurant romantique, idéal pour un dîner en amoureux. L'atmosphère tamisée et le service détendu ajoute encore au charme et à l'intimité du lieu. Situé dans la paisible Lexington Street, en plein cœur de Soho, cet établissement sert une cuisine européenne moderne, c'est-à-dire aux accents français et italiens, avec une touche britannique. Le menu change régulièrement en fonction des produits de la saison et de l'envie du chef. La carte de vins ravira les amateurs. Il est conseillé de réserver à l'avance pour être sûr d'avoir une table.

BARRAFINA
54 Frith Street
Soho
✆ +44 20 7813 8016
www.barrafina.co.uk
Tube : Piccadilly Circus.

Ouvert du lundi au samedi de 12h à 15h et de 17h à 23h et le dimanche de 13h à 15h30 et de 17h à 22h. De £4 à £9 par tapa. Cuisine espagnole.
On aime ce bar à tapas en plein cœur de Soho où l'on dîne coude à coude avec ses voisins le long du magnifique zinc. On vous recommande la tortilla classique, le poulpe aux câpres, le fouet de Catalogne (saucisse sèche) et la crème catalane.

BELGO CENTRAAL
50 Earlham Street
Soho
✆ +44 20 7813 2233
www.belgo-restaurants.co.uk
Tube : Covent Garden.
Ouvert du lundi au jeudi de midi à 23h, le vendredi et le samedi de midi à 23h30 et le dimanche de midi à 22h30. £12,95 la marmite de moules, de £10,95 à £17,95 pour les autres plats. En semaine de 17h à 18h30, happy hour sur les moules et les saucisses ! Cuisine belge.
L'un des premiers restaurants à s'être installé à Covent Garden est belge. Outre la très vaste variété de bières, c'est surtout les moules-frites en énormes portions qui font la célébrité du lieu : marinières, à la crème fraîche, à l'ail ou encore à la tomate et aux herbes. Pour ceux qui n'aiment pas, la carte est riche d'autres possibilités, des carbonades flamandes aux salades liégeoises en passant par les croquettes au fromage. Pensez à garder un peu de place pour le dessert, il y a des gaufres…

DELHI BRASSERIE
44 Frith Street
Soho ✆ +44 20 7437 8261
www.delhibrasserie.com
Tube : Tottenham Court Road.
Ouvert tous les jours de midi à minuit. De £9 à £13 par plat. Cuisine indienne.
En plein cœur du quartier des théâtres, le Delhi Brasserie permet de dîner bien et rapidement après un spectacle. Depuis plus de 25 ans, cet établissement sert une cuisine tandoori de qualité, dans une ambiance assez typique. Si vous avez le choix, optez pour la salle principale, au rez-de-chaussée, qui donne sur la rue. Avec ses grand plafonds et sa luminosité, elle assure un cadre de dîner très agréable.

HISPANIOLA
Victoria Embankment
Westminster
✆ +44 20 7839 3011
www.hispaniola.co.uk
Tube : Embankment.
Ouvert tous les jours de 11h à 23h. Attention dernière commande à 21h30. Environ £30 pour un menu complet.
Amarrée sur la Tamise le long des berges Victoria, Hispaniola appelle le chaland sur une gamme romantique, de jour comme de nuit. Avec vue sur le London Eye, dégustons des mets méditerranéens en buvant du thé lors du fameux *tea time* de l'après-midi.

INAMO
134-136 Wardour Street
Soho
✆ +44 20 7851 7051
www.inamo-restaurant.com
Tube : Oxford Circus ou Tottenham Court Road.
Ouvert du lundi au mercredi de 17h à 23h30, le jeudi de midi à 15h et de 17h à 23h30, les vendredis et samedis de midi à minuit, et le dimanche de midi à 22h30. De £9 à £17 par plat. Cuisine asiatique.
Commander des sushis sur Internet, tout le monde peut le faire. S'attabler dans un restaurant et placer sa commande sur un écran plasma intégré à la table, c'est bien plus branché ! Technologique, Inamo s'avère amusant pour qui aime les ambiances futuristes. On goûte ici à une large gamme de spécialités en provenance de l'Asie toute entière.

L'ARTISTE MUSCLÉ
1 Sheperd Market
Mayfair
✆ +44 20 7493 6150
Tube : Hyde Park Corner.
Ouvert tous les jours de 12h à 15h et de 18h à 23h. De £11 à £15 par plat. Cuisine française.
Un côtes-du-ventoux à la main, vous apprécierez le cadre discret et charmant de ce petit restaurant, tout en observant l'animation de Shepherd's Market. L'occasion de découvrir ce mini-village, perdu au milieu des grands immeubles luxueux de Hyde Park Corner.

Luxe

THE IVY
1-5 West Street
Soho
✆ +44 20 7836 4751
www.the-ivy.co.uk
Tube : Leicester Square.
Ouvert du lundi au samedi de midi à 23h30 et le dimanche de midi à 22h30. Plats à partir de £15. Cuisine anglaise. Réservation conseillée et tenue correcte exigée.

Détrompez-vous, l'Angleterre ne compte pas que des *fish & chips* et The Ivy en est la preuve irréfutable. Au menu : rôtis de bœuf et de canard, coquilles Saint-Jacques poêlées, crabe du Dorset et même caviar. Les célébrités se pressent dans ce restaurant ultra-chic, situé près du Royal Opera House et de nombreux théâtres. Si vous décidez de manger là-bas, pensez principalement à réserver et cela longtemps à l'avance.

L'ORANGER
5 St James Street
St James's
✆ +44 20 7839 3774
www.loranger.co.uk
Tube : Green Park.
Ouvert du lundi au vendredi de 12h30 à 14h30 et de 18h à 23h et le samedi pour le dîner. Menu 2 plats à £29,50 au déjeuner. Cuisine française. Réservation conseillée et tenue correcte exigée.
Ce restaurant français haut de gamme a construit sa réputation grâce à son chef, Laurent Michel. Côté nourriture, comment expliquer cette explosion de saveurs, des entrées à base de foie gras ou d'artichauts, aux desserts dont le fondant au chocolat pourrait presque être comparé à une œuvre d'art ? En plat principal, on optera pour le savoureux confit de canard.

SKETCH
9 Conduit Street
Mayfair ✆ +44 20 7659 4500
www.sketch.uk.com
Tube : Oxford Circus.
Ouvert du lundi au vendredi de 8h à 2h et le samedi de 10h à 2h. The Gallery à partir de 18h30. De £23 à £32 par plat. Cuisine européenne.
Sketch est à la fois un restaurant, un bar et un espace dédié à l'art contemporain, il collabore avec The Royal Academy of Arts. A vrai dire, c'est plus que ça puisque Sketch dispose de quatre restaurants, avec une ambiance pour chaque heure de la journée. Nous vous conseillons The Gallery, au rez-de-chaussée. Ce vaste espace blanc au design très recherché cultive une ambiance plus détendue que le restaurant gastronomique situé à l'étage (The Lecture Room, repéré par le Michelin). Si vous souhaitez passer une soirée branchée à Londres, alors the Gallery est *the place to be.* On y vient pour voir et être vu. Si vous n'avez pas le portefeuille adéquat, allez simplement y boire un verre.

YAUATCHA
15-17 Broadwick Street
Soho
✆ +44 20 7494 8888
www.yauatcha.com
Tube : Oxford Circus.
Ouvert du lundi au samedi de midi à 23h45 et le dimanche de midi à 22h30. Menu dégustation à £30 pour 2 personnes (en semaine de 15h à 18h). Cuisine chinoise.
Yauatcha, c'est la Rolls-Royce des restaurants chinois. Acclamé par la critique, ce restaurant de *dim sum* (bouchées à base de pâte de riz fourrées) fait aussi office de salon de thé dans la journée. On vient alors y goûter les merveilleuses pâtisseries françaises exposées avec élégance en vitrine. Les Londoniens savent reconnaître un bon restaurant et reviennent ici régulièrement : n'oubliez pas de réserver, car c'est toujours pris d'assaut.

Marylebone, Camden, Islington et Hampstead

Bien et pas cher

ABENO
47 Museum Street
Bloomsbury
✆ +44 20 7405 3211
www.abeno.co.uk
Tube : Holborn.
Ouvert tous les jours de midi à 22h. De £8,50 à £12 par plat. Menu midi de £11 à £13. Cuisine japonaise.
Une adresse à retenir si vous aimez la cuisine japonaise et que vous voulez découvrir l'*okonomiyaki*, puisque c'est le seul restaurant de Londres à la proposer. *Quésaco* ? Eh bien, c'est une spécialité qui vient d'Osaka et qui se présente sous forme d'une pâte préparée à base d'œufs, à mi-chemin entre l'omelette et le pancake, et d'ingrédients de votre choix à mettre en garniture (viande, poisson, légumes…), le tout chauffé et préparé à votre table. Le restaurant est à deux pas du British Museum.

BAR POLSKI
11 Little Turnstile
Bloomsbury ✆ +44 20 7831 9679
Tube : Holborn.
Ouvert le lundi de 16h à 23h, du mardi au vendredi de 12h30 à 23h et le samedi de 18h à 23h. £2,90 le shot de vodka. Cuisine polonaise.
Le lieu est à mi-chemin entre le bar et le

restaurant, et beaucoup de personnes viennent ici avant tout pour déguster une excellente vodka et de très bonnes bières polonaises. Côté plat de résistance, on retrouve les classiques polonais, à savoir salade de betterave, saucisse polonaise, crêpe de pomme de terre au nom imprononçable (*placki ziemniaczane*)...

■ **CAMINO**
3 Varnisher's Yard
King's Cross
✆ +44 20 7841 7331
www.camino.uk.com
Tube : King's Cross St Pancras.
Ouvert du lundi au vendredi de 8h à minuit, le samedi de 9h à 1h et le dimanche de 11h à 23h. Assiettes de dégustation £20, brunch £11-£15. Cuisine espagnole.
Dans un passage qui donne sur Pentonville Road, à quelques encablures de King's Cross, Camino est un bar à tapas convivial et spacieux où l'on vient écouter de la musique, jouer au babyfoot, boire de la sangria et, bien évidemment, manger des tapas. Ambiance détendue et bon esprit. Brunch samedi et dimanche uniquement.

■ **GOLDEN HIND**
73 Marylebone Lane
Marylebone
✆ +44 20 7486 3644
Tube : Baker Street ou Bond Street.
Ouvert du lundi au vendredi de midi à 15h et du lundi au samedi de 18h à 22h. De £5 à £11 par plat. Cuisine anglaise.
Pour ceux qui veulent goûter au plat anglais typique, le fameux *fish and chips*, nous ne pouvons que vous recommander cette adresse qui voit adjectifs et superlatifs se multiplier lorsque les Londoniens en parlent : succulent, meilleur restaurant de la ville, fantastique, excellent. Bref, de quoi vous mettre l'eau à la bouche et vous donner l'envie d'y faire un saut pour vous faire vous-même une idée. En plus, le service est accueillant.

■ **GREAT NEPALESE RESTAURANT**
48 Eversholt Street
Somers Town
✆ +44 20 7388 6737
www.great-nepalese.co.uk
Tube : Euston ou King's Cross.
Ouvert du lundi au samedi de 12h30 à 14h30 et de 18h30 à 22h. De £7 à £12 par plat. Cuisine népalaise.
Une très agréable adresse pour vous initier à une cuisine exquise, que l'on rencontre rarement. La gastronomie népalaise vous réserve un vaste choix de plats dont beaucoup sont végétariens. Les portions sont conséquentes et les tarifs très raisonnables. Nous avons goûté le canard *tikka*, accompagné d'un *nan* (galette) nature. Délicieux.

■ **HACHE**
24 Inverness Street
Camden
✆ +44 20 7485 9100
www.hacheburgers.com
Tube : Camden Town.
Ouvert tous les jours midi et soir. Comptez £8 à £10 par burger.
Le seul fait de parler de ce restaurant nous donne l'eau à la bouche. Les burgers sont ici élevés au rang de recettes gastronomiques. D'abord, le pain est croustillant, fariné, parfaitement cuit et donc loin des choses molles et sans goût auquelles les fast-foods nous ont habitués. Ensuite, la viande est d'origine locale, savoureuse et cuite avec respect. Quant aux ingrédients secondaires, la liste est longue, à vous de choisir. En plus, Londres oblige, il existe des variantes végétariennes.

▶ **Autre adresse :** 153 Clapham High Street – Clapham

■ **IZNIK**
19 Highbury Park
Islington
✆ +44 20 7354 5697
www.iznik.co.uk
Tube : Highbury & Islington.
Ouvert tous les jours de 10h30 à 23h. De £10 à £14. Cuisine turque.
Petit restaurant turc au charme indéniable : chaleureux décor de bois sculpté, douce lumière des lampes ottomanes et légère musique traditionnelle en fond sonore. La cuisine servie est remarquable : falafel, houmous, aubergines, viandes grillées. Iznik est un peu à l'écart de la partie la plus animée d'Islington, au nord de Highbury Fields, mais vous ne regretterez pas de faire quelques pas en plus !

■ **MADE IN BRASIL**
12 Inverness Street
Camden
✆ +44 20 7482 0777
www.made-in-brasil-bar.co.uk
Tube : Camden Town.
Ouvert du dimanche au jeudi de midi à 1h, vendredi et samedi jusqu'à 2h. De £7 à £9 par plat pour le déjeuner, £10 à £15 au dîner. Cuisine brésilienne.

C'est le Christ rédempteur, juché sur le mont Corcovado à Rio de Janeiro, qui vous accueille dans ce sympathique restaurant brésilien. Situé dans la rue du marché d'Inverness à Camden, Made in Brasil apporte un peu de soleil, avec sa belle sélection de cocktails dont la traditionnelle *caipirinha*. C'est d'ailleurs bien souvent par un cocktail au bar (dont on apprécie le nombre et la variété) que vous commencerez la soirée, avant d'enchaîner avec les plats proposés (*happy hours* du lundi au jeudi entre 17h et 18h). L'ambiance est plutôt festive et détendue, bercée par une musique de fond. Dans les assiettes, on goûte à des plats aux ingrédients exotiques comme la salade de cœurs de palmier ou encore le traditionnel *feijoada* à base de haricots noirs et de porc.

■ SCANDINAVIAN KITCHEN
61 Great Titchfield Street
Marylebone ✆ +44 20 7580 7161
www.scandikitchen.co.uk
Tube : Goodge Street ou Great Portland Street.
Ouvert du lundi au vendredi de 8h à 19h, le samedi de 10h à 18h, et le dimanche de 10h à 16h. Comptez £10.
Voici un petit restau (qui fait aussi épicerie) entièrement dédié à la gastronomie scandinave. Tenu par un couple du cru, Jonas et Bronte, l'endroit est sympathique et cultive un certain décalage. Beaucoup de produits sont importés et on peut aussi les acheter dans la boutique. Légumes marinés dans le vinaigre, pains craquants et sandwichs accompagnés de moutarde sont au menu.

■ THE BREAKFAST CLUB
31 Camden Passage
Angel
✆ +44 20 7226 5454
wwww.thebreakfastclubcafes.com
Tube : Angel.
Ouvert du lundi au mercredi de 8h à 22h, le jeudi et le vendredi jusqu'à 23h, le samedi de 9h à 23h et le dimanche de 9h à 22h. £7 pour un sandwich ou une salade.
A la mode, très urbain et surfant sur la vague bio, ce café-resto attire comme un aimant les jeunes Londoniens. Quatre adresses dans Londres avec une préférence pour celle de Camden Passage. Un bémol, mieux vaut ne pas avoir trop faim car l'attente peut être longue, en particulier le week-end.

▶ Autres adresses : Hoxton – 2-4 Rufus Street • Soho – 33 D'Arblay Street • Spitalfields – 12-16 Artillery Lane

Bonnes tables

■ ALMEIDA RESTAURANT
30 Almeida Street
Islington
✆ +44 20 7354 4777
www.almeida-restaurant.co.uk
Tube : Angel.
Ouvert du mardi au samedi de 12h30 à 15h et de 17h30 à 22h30, dimanche midi et lundi soir uniquement. Menus déjeuner à £15,95 (2 plats) et £18,95 (3 plats). Cuisine française.
Derrière les fourneaux de ce restaurant français, le chef Alan Jones, qui décrit lui-même sa cuisine comme étant de la cuisine française classique avec une touche de modernité. Fort d'une carte de vins de près de 350 références et d'un menu qui change régulièrement, le restaurant fait tout pour donner l'eau à la bouche.

■ BAM-BOU
1 Percy Street
Bloomsbury
✆ +44 20 7323 9130
www.bam-bou.co.uk
Tube : Goodge Street.
Ouvert du lundi au samedi de 11h à 23h. Comptez de £15 à £25 par repas. Cuisine vietnamienne, chinoise et thaï.
Au bout de Charlotte Street se trouve ce beau restaurant à l'élégant décor oriental. Situé dans une maison sur plusieurs étages, c'est un labyrinthe intimiste qui évoque les bordels et les fumoirs du Shanghaï des années 1930. La cuisine est d'inspiration vietnamienne, mais est influencée par les cuisines thaïe et chinoise. Pour un dîner sulfureux, pas donné, mais plutôt élaboré.

■ THE DUKE OF CAMBRIDGE
30 St Peter's Street
Angel
✆ +44 20 7359 3066
www.dukeorganic.co.uk
Tube : Angel.
Ouvert du lundi au samedi de midi à 23h et le dimanche jusqu'à 22h30. De £13 à £22 par plat. Cuisine britannique bio.
L'un des meilleurs *gastropubs* de Londres avec une carte bio et des produits locaux de grande qualité. La plupart des plats sont cuisinés maison, c'est le cas du pain, des pâtes ou des glaces. La carte change tous les jours et propose une sélection réduite, car rien n'est préparé à l'avance. Deux grandes salles,

décorées dans des tons terriens, accueillent les gourmands. Une belle terrasse ensoleillée ajoute un plus à cette adresse déjà très sympathique.

JAMON JAMON

38 Parkway
Camden
✆ +44 20 7284 0606
www.jamonjamon.uk.com
Tube : Camden Town.
Ouvert du dimanche au jeudi de midi à 23h30 et le vendredi et le samedi de midi à 00h30. Environ £5 par tapas ; comptez £25 par repas. Cuisine espagnole.

Dans une atmosphère que seuls les Espagnols savent entretenir, à la fois conviviale, musicale et chaleureuse, cet excellent bar à tapas propose un vaste choix de ce qui fait la réputation culinaire espagnole. On découvre le traditionnel jambon cru qui a donné le nom au lieu mais aussi des crevettes, des poivrons marinés, des olives et, si vous avez grand faim, une paella. Etanchez votre soif non pas avec simplement du vin mais avec de la sangria fraîche, faite maison. Attention, si vous comptez manger sur place (plus de 2 tapas par personne), la note peut s'avérer salée.

MANNA CUISINE

4 Erskine Road
Primrose Hill
✆ +44 20 7722 8028
www.mannav.com
Tube : Chalk Farm.
Ouvert du mardi au dimanche de 18h30 à 22h30, samedi et dimanche également de midi à 15h. Plats de £14 à £20. Cuisine végétarienne et végétalienne.

Connu pour être le plus vieux restaurant végétarien d'Angleterre (ouvert en 1967), certains disent même de toute l'Europe, l'établissement est l'endroit idéal pour un rendez-vous détente et relaxation devant des plats goûteux et particulièrement inventifs.

MAROUSH GARDENS

1-3 Connaught Street
Marylebone
✆ +44 20 7262 0222
www.maroush.com
Tube : Marble Arch.
Ouvert tous les jours de midi à minuit. De £13 à 15 par plat, environ £4 par mezzé. Cuisine libanaise.

A Londres, Maroush est devenu une institution, c'est le plus vieux restaurant libanais de Londres, et les propriétaires ont réussi à se développer et à diversifier leur offre en fonction de leur clientèle. Avec huit restaurants dans la capitale, Maroush ne mise pas sur le copier-coller mais au contraire propose pour chaque adresse un style et une atmosphère particulière. Du fast-food libanais au restaurant chic, Maroush propose partout une cuisine extrêmement raffinée et parfumée. Les viandes sont délicieuses, l'agneau est fondant, les sauces sont parfaitement assaisonnées et le service efficace et chaleureux. Bref, une adresse à ne pas rater si vous aimez la cuisine libanaise.

Luxe

FREDERICK'S

Camden Passage
Angel
✆ +44 20 7359 2888
www.fredericks.co.uk
Tube : Angel.
Ouvert du lundi au samedi de midi à 14h30 et de 17h45 à 23h. De £22 à £30 par plat. Cuisine franco-anglaise.

Une salle spacieuse mais intime, couverte d'une belle verrière, un jardin ouvert en été et une cuisine savoureuse sont le lot de ce restaurant sur Camden Passage, un de nos favoris à Angel. Pour les grosses faims, ne ratez pas la côte de bœuf, fondante et cuite à à la perfection. Les serveurs sont aux petits soins et vous conseillent avec efficacité. Le grand plus du lieu, outre sa cuisine raffinée : son jardin mystérieusement illuminé, idéal pour un dîner amoureux en été.

ROKA

37 Charlotte Street
Bloomsbury
✆ +44 20 7580 6464
www.rokarestaurant.com
Tube : Goodge Street.
Ouvert du lundi au vendredi de midi à 15h30 et de 17h30 à 23h30, le samedi et le dimanche de 12h30 à 16h et de 17h30 à 22h30. Menu dégustation à £75. Cuisine japonaise.

Roka initie vos papilles à une cuisine japonaise très raffinée. Saveurs et présentation s'allient pour un plaisir gustatif incomparable. Le service est évidemment parfait. N'hésitez plus, c'est cher mais c'est fabuleux. Nous vous conseillons le menu dégustation, qui permet de goûter à un large éventail de spécialités. Un vrai feu d'artifice !

Southwark, Clapham et Brixton

Sur le pouce

BOROUGH MARKET
8 Southwark Street
Southwark
✆ +44 20 7407 1002
www.boroughmarket.org.uk
Tube : London Bridge.
Ouvert le jeudi de 11h à 17h, le vendredi de 12h à 18h et le samedi de 8h à 17h.
Au sud de la Tamise s'étend Borough Market, dont les stands alléchants proposent des travers de porc grillés, des tapas de crabes, d'excellents fromages ou encore du saumon à la plancha. Les Londoniens apprécient tout particulièrement le samedi midi, pour déjeuner de bons burgers préparés sur le grill.

DANDELIONS FOODS
120 Northcote Road
Clapham
✆ +44 20 7350 0902
Station : Clapham Junction.
Ouvert tous les jours de 9h à 18h et le dimanche de 11h à 16h. Cuisine végétarienne.
Cette petite épicerie sur Northcote Road propose des plats succulents, végétariens ou végétaliens, à emporter. On peut aussi manger sur place, sur un rebord de terrasse ou assis sur les quelques chaises. Evidemment, tout provient de l'agriculture biologique ici. *Roots, healthy* et savoureux.

Bien et pas cher

TAS
33 The Cut
Waterloo ✆ +44 20 7928 2111
www.tasrestaurants.co.uk
Tube : Southwark ou Waterloo.
Ouvert tous les jours de midi à 23h30. Comptez £10 par repas. Cuisine turque.
Atmosphère animée et enjouée pour ce restaurant turc qui sert de très bonnes recettes autant à base de viande que de poissons. Les prix sont raisonnables et vous découvrirez des petits plats à commander pour quantité de saveurs différentes. Les kebabs sont très bons et il y a une sélection de plats végétariens. En dessert, l'incontournable baklava vous attend. Certains soirs, des concerts sont organisés avec de la musique traditionnelle.

THE REAL GREEK
Unit 1&2 Riverside House
2a Southwark Bridge Road
Southwark
✆ +44 20 7620 0162
www.therealgreek.com
Tube : London Bridge.
Ouvert du lundi au samedi de 11h30 à 23h et le dimanche de 11h30 à 22h30. Menus environ £25 pour deux personnes. Cuisine grecque.
Installé à côté du Shakespeare's Globe Theatre, à deux pas de la Tate Modern et à quelques centaines de mètres du London Eye, ce restaurant grec, qui fait partie d'une chaîne, présente partout dans Londres, est idéalement situé. L'endroit tout de verre, au design ultramoderne avec son immense bar au milieu de la salle présente une belle carte de spécialités grecques, dont une vaste sélection de mezzés chauds et froids qu'il est agréable de partager en famille ou entre amis. La qualité est au rendez-vous même si les portions ne sont pas énormes et qu'avec un gros appétit, l'addition peut vite devenir élevée.

WEST CORNWALL PASTY
Unit 7
Joiner Street
Southwark
www.westcornwallpasty.co.uk
Tube : London Bridge.
Ouvert tous les jours du matin au soir. Dans la station de train.
Cette chaîne compte une cinquantaine de restaurants à travers toute l'Angleterre dont plusieurs à Londres. Ici, les produits fleurent bon la Cornouaille puisqu'ils sont tous fabriqués là-bas avec des ingrédients traditionnels. Leur spécialité culinaire est le *cornish pasty*, un croissant fourré à la viande, avec de la pomme de terre et des oignons, déclinée aujourd'hui avec d'autres parfums : fromage et bacon, agneau et menthe, porc et pomme et pour les végétariens toute une gamme avec des légumes et du fromage.

Bonnes tables

ANCHOR AND HOPE
36 The Cut
Southwark ✆ +44 20 7928 9898
Tube : Southwark ou Waterloo.
Ouvert le lundi de 17h à 23h, du mardi au samedi de 11h à 23h et le dimanche de 12h30 à 17h. De £12 à £22 par plat.
Anchor and Hope est considéré par beaucoup de Londoniens comme le meilleur *gastropub* de la ville. En conséquence, il est toujours difficile de trouver une table, d'autant qu'il est impossible de réserver du lundi au samedi.

Donc, soit vous vous armez de patience, soit vous réservez pour le dimanche. Vous ne serez cependant pas déçu du résultat : Anchor & Hope est la preuve vivante que la mouvance des *gastropubs* est un succès.

■ BALTIC
74 Blackfriars Road
Southwark
✆ +44 20 7928 1111
www.balticrestaurant.co.uk
Tube : Southwark.
Ouvert tous les jours de midi à 15h30 et de 17h30 à 23h15. Cuisine d'Europe de l'Est.
Ici, la cuisine est tournée vers l'Europe de l'Est. Dans un décor légèrement glamour où le velours est roi, les plats géorgiens ou polonais sont à l'honneur. Saucisses, blinis, saumon, œufs de lump, hareng sans oublier l'agneau avec ratatouille et yaourt. Inventif, authentique et finalement pas si courant que ça !

■ TAPAS BRINDISA
18-20 Southwark Street
Southwark
✆ +44 20 7357 8880
www.tapasbrindisa.com
Tube : London Bridge.
Ouvert tous les jours de 9h à 23h. Comptez £25 par repas. Cuisine espagnole.
Tapas Brindisa est un restaurant phare de Borough Market depuis plus de 20 ans. Bar à tapas, on ne peut pas réserver et c'est toujours bondé donc si vous avez la chance d'apercevoir une table libre, courez vite et savourez un repas convivial et festif autour de bons produits savamment cuisinés. Petit déjeuner espagnol servi les vendredi et samedi matin.

■ WRIGHT BROTHERS OYSTER AND PORTER HOUSE
Borough Market
11 Stoney Street
Southwark ✆ +44 20 7403 9554
thewrightbrothers.co.uk
Tube : London Bridge.
Ouvert du lundi au vendredi de midi à 23h, le samedi de 11h à 23h et le dimanche de midi à 21h. De £23 à £28 pour un plateau d'huîtres. Fruits de mer.
Sûrement notre adresse préférée à Borough Market ! Toujours bondé, ce petit bar à huîtres pétille de bonne humeur et de bons produits. Les fruits de mer arrivent directement du sud de l'Angleterre et sont parfaitement frais. Accoudé au zinc ou attablé sur un tonneau, on savoure huîtres ou crevettes avec un petit blanc sec. Le paradis.

Luxe

■ OXO TOWER BRASSERIE & RESTAURANT
Oxo Tower
South Bank
Southwark
✆ +44 20 7803 3888
www.harveynichols.com
Tube : Southwark ou Waterloo.
Ouvert tous les jours de 12h à 23h. De £18 à £35 par plat. Cuisine britannique contemporaine.
L'Oxo Tower Restaurant propose un panorama sans pareil depuis le 8e étage de la tour du même nom. La brasserie est meilleur marché que le restaurant, mais le menu moins recherché.

■ ROAST
The Floral Hall dans Borough Market
Stoney Street
Southwark
✆ +44 84 5034 7300
www.roast-restaurant.com
Tube : London Bridge.
Ouvert tous les jours midi et soir. De £15 à £35 par plat. Cuisine britannique moderne.
Ce restaurant est situé dans le Floral Hall, belle structure de verre et de fer dans Borough Market. Les cuisines utilisent de bons produits fermiers issus de l'agriculture locale pour un menu à la fois frais et sain. Ambiance agréable de grand café-restaurant qui offre au choix vue sur le marché ou sur la cathédrale Saint-Paul.

City, East End et Greenwich

Sur le pouce

■ BRICK LANE BEIGEL BAKE
159 Brick Lane
Shoreditch
✆ +44 20 7729 0616
Tube : Liverpool Street ou Old Street.
Ouvert tous les jours 24h/24. De £1,95 à £4,95 par bagel.
Une institution à Brick Lane. Il y a toujours la queue pour venir déguster ces fameux petits pains ronds de tradition culinaire juive que certains disent être les meilleurs de Londres. Les prix sont modiques, le bagel se mange au comptoir ou à emporter, nature ou fourré. C'est le quartier général des travailleurs et des locaux.

CAFÉ 1001
Dray Walk, dans The Old Truman Brewery
91 Brick Lane
Shoreditch ✆ +44 20 7247 9679
www.cafe1001.co.uk
Tube : Shoreditch High Street.
Ouvert tous les jours jusqu'à minuit. Burgers et barbecue.
Encore un indémodable dans le quartier de Brick Lane. Sur la petite allée conviviale de Dray Walk qui débouche sur Brick Lane, des tables communes sont à la disposition de tous. Dans la journée, les serveurs s'activent derrière le barbecue pour concocter d'excellents burgers. Le soir, on peut venir y boire un verre et s'installer dans les canapés sur la grande mezzanine.

JONES DAIRY CAFÉ
23 Ezra Street
Shoreditch ✆ +44 20 7739 5372
www.jonesdairy.co.uk
Tube : Liverpool Street ou Old Street.
Ouvert le vendredi et le samedi de 9h à 15h et le dimanche de 8h à 14h.
Ce café-épicerie est spécialisé dans les produits frais du terroir, en provenance principalement de fermes anglaises. L'une des spécialités est notamment le fromage anglais pasteurisé dont le cheddar et divers bleus. On y vend également le meilleur pain du quartier et le dimanche, pendant le marché aux fleurs, la queue à l'entrée ne décourage pas les clients désireux d'acheter des produits de qualité. Idéal pour vous préparer un bon pique-nique ou un casse-croûte.

Bien et pas cher

BENGAL VILLAGE
75 Brick Lane
Spitalfields ✆ +44 20 7366 4868
www.bengalvillage.com
Tube : Liverpool Street ou Whitechapel.
Ouvert tous les jours de midi à 23h. De £6 à £11 par plat. Cuisine indienne.
Difficile de faire son choix parmi la multitude de restaurants indiens de Brick Lane. Nous avons un petit coup de cœur pour ce restaurant indien modeste mais charmant. Au menu, des *curries* bien sûr (*korma*, *vindaloo*, *madras*) et aussi des plats moins courants (comme le poulet *ureebisi*). Le service est excellent.

BUSABA
319 Old Street
Hoxton ✆ +44 20 7729 0808
busaba.com
Tube : Old Street.
Ouvert tous les jours de midi à 23h. De £7 à £11 par plat. Cuisine thaïlandaise.
Certes, Busaba est une chaîne, mais nous faisons exception en recensant ce restaurant qui séduit toujours plus de Londoniens. L'accueil y est chaleureux, on vous installe autour de grandes tables en bois, à partager avec des inconnus, ou le long du comptoir face à la rue, idéal pour observer l'animation d'Old Street. La cuisine y est excellente, sublimée par une présentation soignée. Nouilles *pad thai* cuites au wok, *curries* épicés à souhait, ingrédients frais et colorés, à déguster dans une atmosphère dominée par l'odeur de l'encens.

CANTEEN
2 Crispin Place
Spitalfields
✆ +44 84 5686 1122
www.canteen.co.uk
Tube : Liverpool Street.
Ouvert du lundi au vendredi de 8h à 23h, le samedi de 9h à 23h et le dimanche de 9h à 22h. Cuisine anglaise.
Courez vite à la Canteen, c'est branché, savoureux, design, frais, biologique, solide, convivial, simple, raffiné et enfin bon marché. La cuisine anglaise se dévoile ici sous son meilleur jour, loin des stéréotypes huileux et sommaires du *fish & chips*. Les bières, sélectionnées avec amour, ne sont pas en reste, établissement britannique oblige ! Dans Spitalfields Market, c'est l'un de nos établissements préférés.

TAYYABS
83-89 Fieldgate Street
Spitalfields
✆ +44 20 7247 9543
www.tayyabs.co.uk
Tube : Whitechapel.
Ouvert tous les jours de midi à minuit. Comptez de £8 à £15 par plat. Cuisine pakistanaise.
Toujours dans Banglatown, le quartier de Spitalfields, ce restaurant pakistanais sert d'excellents tandooris, à prix modiques. Evidemment, avec une telle réputation, l'endroit est constamment envahi par une foule affamée et bruyante. Si vous ne craignez pas l'attente, Tayyabs est une adresse sûre.

VIET GRILL
58 Kingsland Road
Shoreditch
✆ +44 20 7739 6686
www.vietnamesekitchen.co.uk
Tube : Hoxton.

Ouvert du lundi au jeudi de midi à 23h, le vendredi et le samedi jusqu'à 23h30 et le dimanche jusqu'à 22h30. De £8 à £11 par plat. Cuisine vietnamienne.
Sur Kingsland Road, c'est l'un des restaurants vietnamiens préférés des locaux. Le Viet Grill est un peu plus sophistiqué que la plupart de ses voisins du quartiers. Parmi ses points forts : un décor sobre et élégant, un service impeccable, et surtout, une cuisine fabuleuse. Le chef vietnamien vous suggère certains plats, ce qui aide à choisir (la carte est interminable). Une adresse que nous recommandons chaudement.

■ YELO CANTEEN

8-9 Hoxton Square
Hoxton ✆ +44 0207 729 4626
www.yelothai.com
Tube : Old Street.
Ouvert tous les jours de midi à 23h. Comptez £6 par plat.
Voici peut-être notre adresse préférée dans l'Est londonien pour manger thaï. D'une part, la nourriture est excellente, fine, subtile, bien présentée, et d'autre part, les prix sont très attractifs. Nous avons opté pour une soupe de champignons et crevettes, suivie de beignets de crevettes et d'un curry sauce verte, pour un total de £12 à peine. En plus, l'ambiance est très conviviale et le service attentionné. Une perle !

Bonnes tables

■ BUEN AYRE

50 Broadway Market
Hackney & Dalston
✆ +44 20 7275 9900
www.buenayre.co.uk
Tube : Bethnal Green.
Ouvert du lundi au vendredi de 18h à 22h30, le vendredi de midi à 15h, le samedi et le dimanche de midi à 15h30 et de 18h à 22h30. De £8 à £25,50 par plat, de £20,50 à £26,50 la parrillada. Cuisine argentine.
Carnivores de tous poils, voici votre temple. Cette viande braisée au barbecue géant est une merveille pour qui aime la viande saignante, grillée ou à point. On vous conseille de réserver avant de venir et de vous armer de patience une fois sur place, car le service peut être long : les grillades prennent du temps. Mais l'attente vaut le coup et, si vous avez de la chance, vous patienterez peut-être en même temps que Keira Knightley ou Viggo Mortensen...

■ THE EAGLE

159 Farringdon Road
Clerkenwell
✆ +44 20 7837 1353
Tube : Farringdon.
Ouvert du lundi au samedi de midi à 23h et le dimanche de midi à 17h. Plats £5 à £15.
Ce gastropub sert une bonne cuisine faite maison et fraîchement cuisinée assortie d'un vaste choix de bières mais aussi de vins à des prix raisonnables. Les portions sont copieuses. L'atmosphère très agréable est toutefois assez bruyante et le bar bien souvent plein, d'où un va-et-vient de monde et parfois du mal à trouver une table. A Londres, il est courant de dire que The Eagle fut le premier pub à proposer une cuisine raffinée, lançant la mode de ce qu'on appelle à présent les gastropubs.

■ THE MODERN PANTRY

47-48 St John's Square
Clerkenwell
✆ +44 20 7553 9210
www.themodernpantry.co.uk
Tube : Farringdon.
Ouvert tous les jours de 8h à 22h30, le dimanche de 10h à 22h. Brunch le samedi et le dimanche. De £14 à £20 par plat, £20 pour un brunch. Cuisine britannique moderne.
Sur le calme et médiéval St John's Square, un cube de brique rouge d'où s'échappe un joyeux brouhaha. C'est le Modern Pantry, un café-restaurant qui a la faveur des Londoniens depuis son ouverture en 2008. On y brunche le week-end, ou on y déjeune en semaine de spécialités britanniques, rehaussées de saveurs exotiques. Les prix s'accordent avec les moyens de la clientèle, plutôt huppée.

■ STORY

3 Redchurch Street
Shoreditch
✆ +44 79 1819 7352
www.storydeli.com
Tube : Old Street.
Ouvert tous les jours de midi à 21h30. Pizza : £16.
Installée dans un magasin de scooter, cette pizzeria utilise principalement des ingrédients bio, ce qui séduit la foule bobo de l'East End. Des créations inventives, bios et exotiques savoureuses, une grande table commune, des cartons en guise de tabouret, du beau monde et le tour est joué. N'hésitez pas à vous installer dehors, c'est parfait pour décrypter la mode locale.

■ **THE WAPPING PROJECT**
Wapping Hydraulic Power Station
Wapping Wall
Wapping ✆ +44 20 7680 2080
www.thewappingproject.com
Station DLR : Shadwell ou Wapping.
Ouvert du lundi au vendredi de midi à 15h30 et de 18h30 à 23h, le samedi de 10h à 16h et de 19h à 23h, le dimanche de 10h à 16h. De £13,50 à £18,50 par plat. Menu à £49,50. Cuisine italo-espagnole.
Voici un cadre pour le moins exceptionnel : une ancienne usine hydraulique. The Wapping Project porte bien son nom. Plus qu'un restaurant, c'est un concept à part entière, où les grandes tables communes sont installées parmi les machines industrielles et les chaînes de métal. Maquereau grillé, méli-mélo de champignons, plateau de charcuterie ibérique, les produits sont frais et peu communs à Londres.

Luxe

■ **LES TROIS GARÇONS**
1 Club Row
Shoreditch
✆ +44 20 7613 1924
www.lestroisgarcons.com
Tube : Shoreditch High Street.
Ouvert du lundi au vendredi de midi à 14h30 et de 18h à 23h, le samedi de 18h à 23h, le dimanche de midi à 15h30. Menu 2 plats à £40,50. Cuisine française.
Au menu : foie gras à l'honneur en entrée, accompagné de poires sur pain brioché puis poissons et viandes préparés avec passion et créativité. Le tout servi dans une ambiance rococo, kitsch à souhait. Des sacs à main volent au-dessus de nos têtes, accrochés aux lustres de cristal. Si la décoration est littéralement délirante, le menu est on ne peut plus sérieux et respectable. N'oubliez pas de réserver, surtout le week-end, les Londoniens adorent l'excentricité et donc ce restaurant !

■ **SAINT JOHN'S RESTAURANT**
26 Saint John's Street
Clerkenwell
✆ +44 20 7251 0848
www.stjohnrestaurant.co.uk
Tube : Farringdon.
Ouvert du lundi au vendredi de midi à 15h et de 18h à 23h, le samedi de 18h à 23h et le dimanche de 13h à 15h30. De £14 à £24 par plat. Cuisine anglaise.
A deux pas du marché de Smithfields, Saint John's Restaurant s'inscrit parfaitement dans la tradition de Clerkenwell, qui a su remettre au goût du jour un passé historique et culinaire très riche. Ici, la gastronomie britannique est à l'honneur, d'autant plus que les produits sont savamment sélectionnés. En plus de l'excellent pain artisanal (fait à la boulangerie Saint John's, située à Spitalfields), on pourra goûter au fameux pigeon aux petits pois, à de la joue de porc grillée, à du foie de veau ou à de la langue d'agneau. Une cuisine rustique et authentique, loin des compromis de la cuisine internationale.

Chelsea, Kensington et Notting Hill

Bien et pas cher

■ **ALOUNAK**
44 Westbourne Grove
Bayswater
✆ +44 20 7229 4158
Tube : Bayswater.
Ouvert tous les jours de 12h à minuit. De £5 à £10 par plat. Cuisine persane.
Tout petit et très populaire, ce restaurant est vite submergé par les clients enthousiasmés à l'idée de goûter à une cuisine persane raffinée. Alounak est bien sûr réputé pour ses préparations à base d'agneau, dont on dit qu'elles sont les meilleures de Londres. Outre l'agneau, les brochettes de poulet mariné sont également savoureuses. L'établissement ne vend pas d'alcool mais vous pouvez apporter votre bière ou votre propre bouteille de vin. Nous conseillons toutefois d'accompagner votre repas de leur merveilleux thé à la menthe.

■ **BOOKS FOR COOKS**
4 Blenheim Crescent
Notting Hill
✆ +44 20 7221 1992
www.booksforcooks.com
Tube : Notting Hill Gate ou Ladbroke Grove.
Ouvert du mardi au samedi de 10h à 18h. Cuisine anglaise.
Au départ, ce n'était qu'une librairie spécialisée dans les livres de cuisine. Avec le temps, les propriétaires ont réalisé que rien n'était plus vendeur que mettre en pratique le contenu de ces livres. Ainsi, passé les rayons de livres, on débouche dans une petite salle, où l'on goûte de nouvelles recettes : soupes, grillades diverses, poissons, plats de légumes, gâteaux (au chocolat, meringues, *muffins*), les plats

sont différents tous les jours... Il n'y a pas de licence pour vendre de l'alcool, mais vous pouvez apporter votre propre bouteille. Généralement, il y a foule le week-end, mais le restaurant ne prend pas les réservations.

LUCKY SEVEN
127 Westbourne Park Road
Notting Hill ✆ +44 20 7727 6771
www.lucky7london.co.uk
Tube : Westbourne Park.
Ouvert tous les jours, matin, midi et soir (sauf le lundi, midi et soir uniquement). Cuisine américaine.
Ce petit *dinner* à l'américaine au charme désuet fera le bonheur des amateurs de burgers. Une sélection pointue proposant classiques et créations originales. C'est aussi une très bonne adresse pour faire un brunch avec de gros et savoureux petits déjeuners anglais.

MANDARIN KITCHEN
14-16 Queensway
Bayswater ✆ +44 20 7727 9012
Tube : Bayswater ou Queensway.
Ouvert tous les jours de 12h à 23h30. Menu à £13. Cuisine chinoise.
La réputation de ce restaurant est basée sur ses spécialités préparées à base de poissons et de fruits de mer. Une vaste sélection de plats délicatement cuisinés à base de crabe, calamars, noix de Saint-Jacques et langouste, que l'on retrouve assaisonnés de poivre, de gingembre, d'ail ou de sauce aigre douce. Les lieux étant réputés et appréciés, pensez à réserver, surtout le soir et le week-end.

PEKING – SÉOUL
113-115 Praed Street
Paddington
✆ +44 20 7723 9550
Tube : Paddington.
Ouvert tous les jours de 18h à 23h. De £6 à £9 par plat. Cuisine chinoise et coréenne.
Une très belle sélection de soupes, nouilles sautées, légumes vapeur et autres saveurs orientales. Les plats sont copieux et le service sympathique, une excellente adresse, où l'on revient encore et toujours.

Bonnes tables

BANGKOK
9 Bute Street
South Kensington
✆ +44 20 7584 8529
www.thebangkokrestaurant.co.uk
Tube : South Kensington.
Ouvert du lundi au samedi de 12h15 à 14h30 et de 18h45 à 23h. De £4,50 à £14,50 par plat. Cuisine thaïlandaise.
Ouvert à la fin des années 1960, ce restaurant thaïlandais n'a pas démérité. A l'époque c'était l'un des premiers à tenter d'importer la gastronomie thaïlandaise au cœur de Londres. Bien qu'aujourd'hui, la concurrence soit dure, Bangkok sait toujours séduire les papilles. La qualité des ingrédients et le talent des chefs n'ont pas baissé. En plus, le service est chaleureux et, quand il fait beau, on peut dîner en extérieur.

BLOODY FRENCH
149 Westbourne Grove
Notting Hill
✆ +44 20 7727 7770
bloodyfrench.typepad.com
Tube : Notting Hill Gate ou Bayswater.
Ouvert du lundi au vendredi de midi à 22h30, samedi et dimanche dès 11h. £11-12 par plat. Brunch : £11,90 ou £16,90. Cuisine française.
Voici une cantine branchée, où on s'attable autour de grandes tables en bois, pour déjeuner de recettes françaises typiques, de la soupe à l'oignon en entrée au moelleux au chocolat en dessert. Une large baie vitrée donnant sur la rue rend les lieux lumineux et chaleureux. On apprécie l'esprit de ces *Bloody French*, dignes de l'humour anglais, qui ont amené avec eux une cuisine française classique de bonne facture. Le mercredi soir, une dégustation de vin est offerte avec le repas.

BUMPKIN
209 Westbourne Park Road
Notting Hill
✆ +44 20 7243 9818
www.bumpkinuk.com
Tube : Westbourne Park
ou Notting Hill Gate.
Ouvert tous les jours de 11h à 23h. Plats de £12 à £25. Cuisine anglaise.
Les propriétaires de cette brasserie-restaurant étaient tellement nostalgiques de la campagne, qu'ils ont décidé de l'amener en plein Londres et d'en faire profiter les gastronomes. Bumpkin met un point d'honneur à reprendre une cuisine traditionnelle anglaise, à base de produits frais et choisis avec soin. On aime le saumon aux asperges, le steak rib-eye de 250g et les *pies* servies avec de la sauce *gravy.*

Autre adresse : 102 Old Brompton Road – South Kensington ; Tél +44 20 7341 0802

CHAKRA

157-159 Notting Hill Gate
Notting Hill
✆ +44 20 7229 2115
www.chakralondon.com
Tube : Notting Hill Gate.
Ouvert pour le déjeuner uniquement le week-end, de midi à 15h. Ouvert du lundi au samedi de 18h à 23h, et le dimanche jusqu'à 22h30. Menu déjeuner : £17. Cuisine indienne.
A mi-chemin entre Holland Park et Notting Hill Gate, cet excellent restaurant indien assure un excellent dîner (ou déjeuner, le week-end uniquement). Loin des cantines indiennes que l'on croise partout dans Londres, Chakra mise sur l'expérience gastronomique dans son ensemble, avec une décoration soignée et des plats aux saveurs subtiles et élaborées. Les viandes cuites au charbon et servies accompagnées de sauce yaourt et menthe sont délicieuses.

FRONTLINE RESTAURANT

13 Norfolk Place
Bayswater
✆ +44 20 7479 8950
www.frontlineclub.com
Tube : Paddington Station.
Ouvert en semaine midi et soir, le samedi soir et le dimanche midi. Menus de £15 à £20. Cuisine britannique.
Le Frontline Club est une association privée de journalistes et acteurs des médias, qui mèle réflexion, échange et... bonne chère et dont le restaurant du bas est ouvert à tous. Bonne nouvelle, car la carte est savoureuse – les journalistes sont de bons vivants, c'est bien connu – et les prix raisonnables. On aime le style sobre et convivial des lieux, ainsi que la qualité des produits, dont la plupart viennent de la ferme du club (oui, le Frontline a aussi une ferme...).

O FADO

50 Beauchamp Place
Knightsbridge
✆ +44 20 7589 3002
ofado.co.uk
Tube : Knightsbridge ou South Kensington.
Ouvert du lundi au samedi de midi à 15h et de 18h30 à 23h. De £15 à £20 par plat. Cuisine portugaise.
Dans ce quartier huppé de Londres, à quelques pas de Harrods, ce restaurant portugais sert une nourriture de qualité, savoureuse et bien préparée. Les portions ne sont pas gigantesques, mais un grand soin est apporté à la préparation de chaque plat. Les mets traditionnels – la morue bien sûr – sont présents, accompagnés d'autres suggestions plus rares, comme les gambas piri-piri ou le poulpe grillé. O Fado, comme son nom l'indique, rend hommage au chant traditionnel portugais, dont les sonorités mélancoliques parviennent jusqu'ici, grâce aux musiciens réunis chaque soir pour le dîner.

Luxe

BIBENDUM RESTAURANT AND OYSTER BAR

Michelin House
81 Fulham Road
South Kensington
✆ +44 20 7581 5817
✆ +44 20 7589 1480
www.bibendum.co.uk
Tube : South Kensington.
Ouvert tous les jours de 12h30 à 23h. De £18,50 à £52 par plat, £30 le plateau de fruits de mer. Cuisine française.
Les anciens bureaux Michelin ont été reconvertis, il y a plusieurs années, en restaurant haut de gamme spécialisé dans la cuisine française et les plats à base de fruits de mer et poissons. Prenez le temps d'apprécier le bâtiment de style Art nouveau, qui ajoute encore au faste du dîner chez Michelin. Quant au menu, il est impeccable et donne l'eau à la bouche dès les entrées. Vous ne pouvez pas vous tromper.

GORDON RAMSAY

68 Royal Hospital Road
Chelsea
✆ +44 20 7352 4441
www.gordonramsay.com
Tube : Sloane Square.
Ouvert du lundi au vendredi de midi à 14h30 et de 18h30 à 23h. Tenue correcte exigée (veste pour les hommes). Menu déjeuner : £45. Menu dégustation : £125. Cuisine britannique. Réservation conseillée.
Avec sa gouaille légendaire – que les Anglais ont découvert dans une émission de télévision, *Ramsay's Kitchen Nightmares* -, Gordon Ramsay est peut-être le chef anglais le plus connu du moment. Aidé de jeunes chefs, il gère une chaîne de restaurants à son nom, dont celui-ci. Loin des tapisseries fleuries et des tables en bois rustique, le décor chic et contemporain de l'établissement de Chelsea ajoute au propos novateur de Ramsay.

SORTIR

Cafés – Bars

Soho, Westminster et Mayfair

ABSOLUTE ICEBAR LONDON
31-33 Heddon Street
Mayfair © +44 20 7478 8910
www.belowzerolondon.com
Tube : Piccadilly Circus.
Ouvert du lundi au jeudi de 15h30 à 23h, le vendredi et le samedi jusqu'à 1h, dimanche de 14h à 23h. Chaque session dure 40 minutes maximum. Entrée £14 en semaine (£12,50 si réservation) et £16 le week-end.
Une expérience unique est proposée dans ce bar entièrement fait en glace et où la température est à moins 5 °C. La glace provient de Suède, et tous les ans, le design est entièrement refait. L'entrée coûte £13.50 en semaine et £16 le week-end et comprend une cape Thermolactyl pour ne pas avoir froid, un cocktail au choix à base de vodka ou une boisson non alcoolisée. Boisson supplémentaire £6 avec alcool et £3 sans alcool. Une expérience à tenter surtout pour les amateurs de vodka car, vous l'aurez compris, dans cet univers de glace, ce liquide tout aussi transparent est à l'honneur.

FORTNUM & MASON
181 Piccadilly
Mayfair © +44 20 7734 8040
www.fortnumandmason.co.uk
Tube : Green Park ou Piccadilly Circus.
Ouvert du lundi au samedi de midi à 18h30 et le dimanche de midi à 16h30. Cuisine anglaise.
Durant votre séjour, si vous désirez déguster le traditionnel *cream tea* ou l'*english breakfast* dans la plus pure tradition anglaise, le salon de thé du grand magasin Fortnum & Mason pourra vous combler avec son service irréprochable et sa vaisselle *so british* ! Le tout entouré de mamies anglaises chic. Un peu cher mais tellement typique, à vous de voir…

GORDON'S WINE BAR
47 Villiers Street
Soho © +44 20 7930 1408
www.gordonswinebar.com
Tube : Embankment ou Charing Cross.
Ouvert du lundi au samedi de 11h à 23h et le dimanche de 12h à 22h.
Cette fois-ci, vous laissez définitivement la bière de côté et vous viendrez dans ce beau bar à vins pour déguster ce délicieux nectar, à l'abri dans une belle cave voûtée et seulement éclairée à la lumière des bougies. Le résultat est unique et en plus vous entrez dans un lieu historique, car c'est le plus vieux bar à vin de Londres – établi en 1890 – qui a vu passer de nombreuses célébrités. Les prix sont convenables, à partir de £ 3,60 le verre.

MILK BAR
3 Bateman Street
Soho © +44 20 7287 4796
Ouvert en semaine de 8h à 19h, le week-end de 9h à 18h.
Découvrez les subtilités du café à la néo-zélandaise et à l'australienne : le *flat white*. Ce café au lait se rapproche du *latte*, mais compte deux doses de café au lieu d'une pour le *latte*. On le boit ici, dans ce minuscule café qui fait principalement de la vente à emporter. Toutes les autres sortes de café sont aussi préparées. De quoi commencer une excellente journée.

MOMO KEMIA BAR
25 Heddon Street
Soho © +44 20 7434 4040
momoresto.com
Tube : Piccadilly Circus.
Ouvert du mardi au samedi de 19h à 3h. Bar. Entrée à £10 les soirs de concerts.
Comme le restaurant du même nom, Momo ouvre une fenêtre sur un Orient fastueux et sensuel. Très réputé à Londres, le bar serait même la seconde maison de plusieurs célébrités, qui apprécient la superbe décoration, ainsi que les concerts réguliers qui y ont lieu.

RONNIE SCOTT'S
47 Frith Street
Soho
© +44 20 7439 0747
www.ronniescotts.co.uk
Tube : Leicester Square.
Ouvert du lundi au samedi de 18h à 3h et le dimanche de 18h30 à minuit. Les tarifs varient selon les artistes à l'affiche.
Un club légendaire fondé par Ronnie Scott, qui depuis plus de 30 ans, invite la crème du jazz pour le plaisir des amateurs. Une ambiance décontractée et chaleureuse se crée facilement dans cette salle intime où l'excellente qualité de la programmation contribue à sa renommée. Lorsque des grands noms s'y produisent, la boîte est pleine à craquer, même en semaine.

SALISBURY
90 St Martin's Lane
Soho
✆ +44 20 7836 5863
Tube : Leicester Square.
Ouvert du lundi au mercredi de 11h à 23h, le jeudi jusqu'à 23h30, le vendredi jusqu'à minuit, le samedi de 11h30 à minuit et le dimanche de midi à 22h30. Pub.
Ce pub est un véritable joyau, datant de 1892, sa décoration est tout simplement somptueuse : lampes sculptées en bronze en forme de nymphe, colonnes cannelées, fenêtres en verre taillé… En plus de cette décoration, la sélection de bières est importante ; l'établissement a été récompensé plusieurs fois pour la qualité de ses pintes, et les serveurs sauront vous conseiller en fonction de vos goûts ou de ce que vous mangez.

WAXY O'CONNOR'S
14-16 Rupert Street
Soho
✆ +44 20 7287 0255
www.waxyoconnors.co.uk
Tube : Piccadilly Circus ou Leicester Square.
Ouvert du lundi au mercredi de midi à 23h, le jeudi jusqu'à 23h30, le vendredi et le samedi de midi à minuit et le dimanche de midi à 22h30. Pub.
Le Waxy O'Connors serait le plus grand pub irlandais au monde et pour cause. Le lieu compte 4 bars et 6 étages reliés entre eux par un labyrinthe d'escaliers et de passages. Sans compter la *Tree Room*, dont la déco tourne littéralement autour d'un véritable arbre. Richement décoré du sol au plafond, chaque étage cultive son propre style et change d'atmosphère.

THE WOLSELEY
160 Piccadilly
Mayfair
✆ +44 20 7499 6996
www.thewolseley.com
Tube : Green Park.
Ouvert du lundi au vendredi de 7h à minuit, le samedi de 8h à minuit et le dimanche de 8h à 23h. Afternoon tea de 15h-15h30 à 17h30-18h30. Cream tea : £9,75, afternoon tea complet : £21. Salon de thé.
Ce superbe restaurant de Mayfair a séduit l'aristocratie londonienne, qui s'y presse notamment à l'heure du thé, pour s'imprégner de la plus pure tradition britannique. L'afternoon tea est un rituel que le Wolseley maîtrise parfaitement. Le *cream tea* vient accompagné de scones et de sandwichs au concombre, servis dans une argenterie lustrée.

Marylebone, Camden, Islington et Hampstead

THE ALBION
10 Thornhill Road
Angel
✆ +44 20 7607 7450
www.the-albion.co.uk
Tube : Angel.
Ouvert du lundi au samedi de 11h à 23h et le dimanche jusqu'à 22h30. Pub.
Ce magnifique pub géorgien se situe dans les petites rues derrière Upper Street où se succèdent squares paisibles et belles maisons. Dans l'une de ces rues au calme, The Albion accueille une foule de locaux trentenaires venus ici pour profiter du feu en hiver, et surtout du magnifique jardin en été. A ne pas manquer, surtout avec un bon pichet de Pimm's.

BAR VINYL
6 Inverness Street
Camden
✆ +44 20 7485 9318
www.barvinyl.com
Tube : Camden Town.
Ouvert du lundi au mercredi jusqu'à minuit, le jeudi jusqu'à 1h, le vendredi et le samedi jusqu'à 2h, et le dimanche jusqu'à 23h. Happy hour tous les jours de 17h à 21h. Bar et concerts.
Ambiance décontractée pour ce bar qui ne vit qu'à travers la musique. L'établissement accueille régulièrement des DJ qui viennent mixer selon la soirée, sur de la musique hip hop, house, électro, disco, funk... En attendant, on peut boire un verre, attablé à l'intérieur ou sur la petite terrasse qui donne sur la rue, et manger des tacos ou des pizzas.

BIERODROME
173-174 Upper Street
Islington
✆ +44 20 7226 5835
Tube : Highbury & Islington.
Ces 5 bars répartis dans le centre de Londres sont là pour rappeler aux Anglais, qui auraient peut-être tendance à l'oublier, qu'il n'y a pas que la bière anglaise qui se déguste.
En effet, ici tout est dédié à la bière et à la gastronomie belge et les autres établissements rivalisent difficilement avec sa sélection : plus

de 200 bières, blanches, blondes, rousses, brunes, fruitées, de quoi devenir un habitué si l'envie vous prend de vouloir toutes les connaître. Côté nourriture, le classique moules frites ou d'autres spécialités du pays.

THE BOOGALOO

312 Archway Road
Highgate
✆ +44 20 8340 2928
www.theboogaloo.co.uk
Tube : Highgate.
Ouvert du lundi au mercredi de 18h à minuit, le jeudi jusqu'à 1h, le vendredi et le samedi jusqu'à 2h, le dimanche de 14h à minuit. Pub & concerts.
Ce pub est LA destination indie de la scène rock de Londres. Tous les groupes dignes de ce nom ont joué ici depuis son ouverture – on a l'impression qu'il a toujours existé. Vous êtes assurés de passer une excellente soirée en compagnie des serveurs détendus et des musiciens qui défilent sur scène, dans une ambiance finalement assez rétro.

COTTONS

55 Chalk Farm Road
Camden
✆ +44 20 7485 8388
cottons-restaurant.co.uk
Tube : Chalk Farm.
Ouvert du lundi au jeudi de 17h à 23h, le vendredi de 17h à 23h30, le samedi de midi à minuit, le dimanche de 12h à 22h30. Happy hour tous les jours de 17h à 19h. De £13 à £15 par plat, de £6 à £8 par cocktail. Cuisine des Caraïbes.
Bonne adresse pour découvrir la cuisine des îles et les cocktails qui vont avec. Avec une carte qui compte 270 rhums différents et une ambiance décontractée, le lieu permet de passer une soirée chaleureuse. Réservation fortement conseillée le week-end.

▶ **Autre adresse :** 70 Exmouth Market – Clerkenwell

DUBLIN CASTLE

94 Parkway
Camden
✆ +44 20 7485 1773
thedublincastle.com
Tube : Camden Town.
Ouvert du lundi au mercredi de 11h à 1h et du jeudi au dimanche jusqu'à 2h. Pub & concerts.
Un pub où sont programmés des concerts rock, blues, ska et soul. La salle est petite, engoncée dans un angle de l'établissement, mais l'atmosphère est chaleureuse et le son est bon, bien que tonitruant. Les groupes Madness, Arctic Monkeys et Blur y ont fait leurs débuts. Après les groupes, les vendredis, samedis et dimanches, des DJ prennent le relais.

THE OLD QUEENS HEAD

44 Essex Road
Islington
✆ +44 20 7354 9993
www.theoldqueenshead.com
Tube : Angel.
Ouvert du dimanche au mercredi de midi à minuit, le jeudi jusqu'à 1h, le vendredi et le samedi jusqu'à 2h. Bar & concerts.
C'est une institution à Angel : pub dans la journée, le Old Queen's Head se transforme le soir et reçoit tous les groupes du moment pour des concerts live ainsi que des DJ pour faire danser une foule jeune et rock tous les week-ends. Parmi les habitués qui ont joué ou mixé ici : les terribles sœurs Geldof (Pixie et Peaches), filles du célèbre Bob, Daisy Lowe, The Kooks ou encore Coco Sumner.

THE WARWICK CASTLE

6 Warwick Place
Maida Vale
✆ +44 20 7432 1331
Tube : Warwick Avenue.
Ouvert du lundi au samedi de midi à 23h et le dimanche de midi à 22h30. Pub.
Très bien situé près du canal, ce charmant pub offre quelques tables installées sur le trottoir, bien agréables en été. L'hiver, direction l'intérieur, où brûle un feu de cheminée dans la salle du fond. La décoration relève du pub rural, avec du papier peint sur les murs, des vitraux aux fenêtres et des trophées de chasse ici et là.

THE WATERWAY

54 Formosa Street
Maida Vale
✆ +44 20 7266 3557
www.thewaterway.co.uk
Tube : Warwick Avenue.
Ouvert du lundi au vendredi de midi à 23h, le samedi de 10h30 à 23h, le dimanche de 11h à 22h30. Café et restaurant.
Dans Little Venice, le long du canal, The Waterway offre sa grande terrasse aux Londoniens en quête de tranquillité. A ne pas rater les jours de beau temps : siroter une bière blonde au soleil avec vue sur des péniches en fleurs, il n'y a rien de mieux.

THE WORLD'S END
174 Camden High Street
Camden
✆ +44 20 7482 1932
www.theworldsend.co.uk
Tube : Camden Town.
Ouvert du lundi au mercredi de 11h à 23h, le jeudi de 11h à minuit, le vendredi et le samedi de 11h à 1h et le dimanche de midi à 22h30. Pub.
Une large façade en brique rouge située juste en face de la station de métro de Camden, et l'on peut presque passer devant sans savoir qu'il s'agit sûrement du plus grand pub de Londres. A l'intérieur, un labyrinthe de plusieurs salles qui se suivent. Au sous-sol, des concerts punk, métal et rock sont organisés presque tous les soirs.

Southwark, Clapham et Brixton

THE EFFRA
38 Kellett Road
Brixton ✆ +44 20 7274 4180
Tube : Brixton.
Ouvert du lundi au jeudi de 11h à 23h, le vendredi de midi à minuit, le samedi de 10h à minuit et le dimanche de 10h à 22h30. Pub.
De l'extérieur, un vieux pub jamaïcain, intimidant et crasseux. Et pourtant... Voici une perle : ambiance extraordinaire, live jazz music le jeudi et le dimanche et surtout une clientèle hétéroclite. Vieux rastas édentés, étudiants, musiciens, cardiologues, neurologues, contorsionnistes, astrologues, jardiniers, pêcheurs, acrobates, femmes à barbe, nains, géants, cyclopes, fonctionnaires... On y sert aussi une bonne cuisine caribéenne qui s'accorde bien à l'ambiance. Un secret bien gardé.

PRINCE OF WALES
38, Clapham Old Town
Clapham
✆ +44 20 7622 3530
Tube : Clapham Common.
Ouvert du lundi au jeudi de 16h à minuit, le vendredi et le samedi de 16h à 1h et le dimanche de 13h à 23h. Pub.
Loin du classique pub victorien, le Prince of Wales cultive une atmosphère qui lui est propre, avec une décoration kitch où, du sol au plafond pendent vieux panneaux routiers, planches à voile, lampes à pétrole, le tout recouvert d'une bonne couche de poussière authentique. A découvrir dans le quartier si vous ne voulez pas vous ruiner dans l'un des bars à cocktails.

RECIPEASE
48-50 St Johns Road
Clapham
✆ +44 20 3006 0001
www.recipease.com
Tube : Clapham Junction.
Ouvert du lundi au vendredi de 8h à 21h, le samedi jusqu'à 20h et le dimanche jusqu'à 19h.
La preuve que Clapham est un quartier qui monte : Jamie Oliver s'est installé ici pour son dernier projet. Les assiettes sont copieuses et proposées à un prix modique. A la carte, des pilons de poulet marinés, un filet de saumon arrosé d'huile d'olive ou encore des boulettes de viande à la mozzarella. Comme à la cantine, mais en mieux !

SHUNT GALLERY
42-44 Bermondsey Street
Southwark
✆ +44 20 7378 1952
www.shunt.co.uk
Tube : London Bridge.
Ouvert du mardi au dimanche de 18h à minuit. Entrée gratuite au bar. Bar & galerie.
Vous cherchez un lieu vraiment *underground* ? Direction Shunt Gallery, un espace unique caché dans les entrailles de Londres, sous des voûtes en brique dignes de la Cour des miracles. Lieu d'art et de théâtre d'avant-garde, c'est une véritable pouponnière de créativité avec des soirées cabaret tous les samedis et dimanches. Régulièrement, le commissaire d'exposition change parmi les artistes membres, d'où une programmation éclectique comme on les aime. Le tout agrémenté d'un bar qui ferme tard après la fermeture des portes.

City, East End et Greenwich

93 FEET EAST
150 Brick Lane
Spitalfields
✆ +44 20 7770 6006
www.93feeteast.co.uk
Tube : Aldgate East ou Liverpool Street.
Ouvert du lundi au jeudi de 17h à 23h, le vendredi de 17h à 1h, le samedi de midi à 1h et le dimanche de midi à 22h30. £8 pour un cocktail. Bar et club.
Une institution de Brick Lane, mi-bar, mi-club, mi-barbecue chez des amis. 93 Feet East concentre tout ce qu'on aime dans la culture londonienne. On y vient en fin de matinée et on regarde filer la journée en discutant, une bière à la main, face au barbecue qui vibre

au rythme des divers DJ. Si vous entendez de la musique de loin, pas d'hésitation, c'est bien d'ici que ça vient.

COMMERCIAL TAVERN
142-144 Commercial Street
Spitalfields
✆ +44 20 7247 1888
Tube : Shoreditch High Street.
Ouvert du lundi au vendredi de 17h à 23h, le week-end à partir de midi.
Avisez le superbe bâtiment en rotonde sur Commercial Street, il abrite un excellent bar, baroque et branché. Différentes ambiances se déploient dans les étages, comme dans l'appartement d'un ami et la lumière tamisée invite à la discussion. On aime The Commercial Tavern pour ses fauteuils confortables, son bar à vin au premier étage et son atmosphère de bonbonnière tendance.

DALSTON JAZZ BAR
4 Bradbury Street
Hackney & Dalston
✆ +44 20 7254 9728
Station : Dalston Kingsland.
Ouvert du lundi au jeudi de 17h à 3h, le vendredi et le samedi jusqu'à 5h et le dimanche de 17h à 2h. Bar.
Le Dalston Jazz Bar ne paye pas de mine *a priori* et c'est pourtant le chouchou des afters *underground*. On se retrouve là, non pas pour un concert de jazz, mais pour un dernier verre après une folle nuit et avant de rentrer se coucher. C'est tout petit et les boissons sont ridiculement bon marché et chargées (attention au *killer mojito*). S'y presse une foule bigarrée, bon enfant et improbable, qui vient danser encore un peu sur une musique variée, allant de Sinatra à Queen en passant par The Cure. Typiquement London.

THE DRUNKEN MONKEY
222 Shoreditch High Street
Shoreditch ✆ +44 20 7392 9606
www.thedrunkenmonkey.co.uk
Tube : Old Street.
Ouvert du lundi au samedi jusqu'à minuit et le dimanche jusqu'à 23h. Happy hour en semaine de 17h à 19h, le samedi et le dimanche toute la journée ! Bar et dim sum.
Le Drunken Monkey a su se faire un nom dans Shoreditch : d'ingénieux cocktails, de la musique variée, une clientèle joyeuse et festive, un décor sulfureux et de savoureux *dim sum* vous attendent dans une ambiance orientale teintée de branchitude.

FLUID
40 Charterhouse Street
Clerkenwell ✆ +44 20 7253 3444
www.fluidbar.com
Tube : Farrigdon.
Ouvert le mardi et le mercredi de midi à minuit, le jeudi de midi à 2h, le vendredi de midi à 4h et le samedi de 18h30 à 4h. Happy hour de 17h à 19h du lundi au vendredi. Cocktails à £7. L'entrée est parfois payante après 22h.
Ecrans diffusant des images acidulées, canapés en cuir placés près de larges fenêtres décorées de poissons géants et stands de jeux vidéo dressent le décor ultra-nippon de ce bar. Cette ambiance morderne, que l'on imaginerait plutôt à Soho, surprend dans le quartier si britannique de Clerkenwell. On y vient pour goûter à la sublime sélection de sushis et aux cocktails variés. Sur deux étages, une clientèle jeune et branchée vient se détendre dans une ambiance musicale orientée électro, jazz ou trip-hop en fonction de la programmation.

HOXTON SQUARE BAR & KITCHEN
2-4 Hoxton Square
Hoxton ✆ +44 20 7613 0709
www.hoxtonsquarebar.com
Tube : Old Street.
Ouvert le lundi de 11h à minuit, du mardi au jeudi de 11h à 1h, le vendredi et le samedi de 11h à 2h, le dimanche de 11h à minuit et demi. Bar.
Bienvenue à Hoxton, où un esprit d'avant-garde s'est emparé de ce qui était autrefois un quartier industriel. Ce bar en est l'un des exemples. Ici, on fait la fête dans un bunker en béton et en plus, c'est vraiment bien. La faune londonienne branchée ne s'y trompe d'ailleurs pas et envahit les lieux tous les soirs.

LOOK MUM NO HANDS
49 Old Street
Hoxton ✆ +44 20 7253 1025
www.lookmumnohands.com
Tube : Old Street.
Ouvert du lundi au vendredi de 7h30 à 22h, le samedi dès 9h et le dimanche dès 10h. Café et atelier de réparation de vélo.
Ce café/atelier de réparation de vélo a ouvert ses portes sur Old Street. On aime l'ambiance de passionnés, qui se retrouvent parmi les clés de 12 pour discuter chambre à air, regarder des films de cyclisme et suivre toutes les grandes compétitions de cyclisme en direct. En plus, la petite terrasse du café est particulièrement sympa, en journée, comme le soir avec une bière.

Discothèque « The End », quartier de Soho.

LOUNGELOVER

1 Whitby Street
Shoreditch
✆ +44 20 7012 1234
www.lestroisgarcons.com
Tube : Old Street.
Ouvert tous les jours jusqu'à minuit et le vendredi et samedi jusqu'à 1h. Bar.
Filiale du restaurant Les Trois Garçons, Loungelover est le temple du rococo chic et surchargé qui fait fureur auprès des branchés adeptes de bar à cocktails et de luxe. Un hippo empaillé, des lustres gigantesques, des fauteuils Louis XV redorés, plus il y en a et mieux c'est. On aime cette décadence orgiaque, et la liste des cocktails, tout bonnement impressionnante.

THE MAHOGANY BAR

Wilton's Music Hall
Graces Alley
Whitechapel
✆ +44 20 7702 2789
www.wiltons.org.uk
Tube : Aldgate East ou Tower Hill.
Ouvert du lundi au samedi de 17h à 23h. Bar.
Le bar du Wilton's Music Hall existe depuis 1725. Pub fréquenté par les marins de passage, il est agrandi en 1859. A son apogée, on dira même que certains marins connaissent son existence alors qu'ils ignorent celle de la cathédrale Saint-Paul ! En ruine et abandonné depuis 1957, il renaît en 2009. On vient aujourd'hui s'imprégner de son atmosphère magique, hors du temps, et de son music-hall où se produisent régulièrement des groupes.

OFF BROADWAY

63-65 Broadway Market
Hackney & Dalston ✆ +44 20 7241 2786
www.offbroadway.org.uk
Station : London Fields.
Ouvert du lundi au vendredi de 16h à minuit, et les samedis et dimanches de 10h à minuit. Bar.
Un bar élégant et convivial qui se veut à l'image des bars de l'East Village new-yorkais. Les cocktails sont à l'honneur mais vous pouvez tout aussi bien succomber pour un thé chaud dans l'après-midi. Une jolie adresse sur Broadway Market.

QUEEN OF HOXTON

1-5 Curtain Road
Hoxton ✆ +44 20 7422 0958
www.thedrunkenmonkey.co.uk
Tube : Shoreditch High Street.
Ouvert du dimanche au mercredi de midi à minuit, et du jeudi au samedi de midi à 2h. Bar/club.
L'emblème de Hoxton, la « Reine », porte bien son nom. Ce bar/club est un condensé de ce qui se fait de mieux dans le quartier. Au rez-de-chaussée, on joue au baby-foot, au ping-pong et autres jeux de pubs, dans une déco en revanche bien plus contemporaine. Queen of Hoxton est également une galerie d'art, ce qui assure un cadre plutôt recherché. Au sous-sol, l'ambiance change totalement et la nuit s'invite dans ce qui devient un club, qui reçoit les DJ les plus pointus.

THE REDCHURCH BAR

107 Redchurch Street
Shoreditch ✆ +44 20 7729 8333
www.theredchurch.co.uk

Tube : Shoreditch High Street.
Ouvert du dimanche au jeudi de midi à 1h30 et le vendredi et le samedi de midi à 3h30 du matin. Bar.
Le Redchurch est un bar dans l'esprit Shoreditch, avec une bonne musique et une clientèle branchée mais pas prétentieuse. Vous y viendrez pour vous retrouver autour d'un verre entre amis le soir ou simplement dans la journée pour y lire les news avec un fond sonore agréable. DJ les week-ends.

■ **RED LION**
41 Hoxton St
Hoxton ✆ +44 20 7729 7920
www.redlionhoxtonst.com
Tube : Old Street.
Ouvert du lundi au vendredi de 17h à 23h, le samedi de midi à 23h et le dimanche de midi à 22h30. De £6 à £8 pour un plat. Pub.
Le Red Lion reste un endroit où se pressent les locaux, comme dans un bar de quartier... avec une terrasse sur le toit. On ne le dira jamais trop. S'il pleut, on rentre à l'intérieur, au premier étage et on grignote des brochettes de bœuf autour d'une large pinte. C'est tout aussi bien.

■ **THE HAGGERSTON**
438 Kingsland Road
Hackney & Dalston ✆ +44 20 7923 3206
Overground : Haggerston.
Ouvert du lundi au jeudi de midi à 1h, et les vendredis et dimanches jusqu'à 3h. Pub.
Un pub de locaux, sympa et à l'ambiance détendue, où l'on sort si l'on est dans le coin. Des soirées jazz y sont organisées chaque semaine, et la faune de Dalston s'y retrouve, avant de partir en club, ou bien de rentrer se coucher. Beaucoup de Dalstoniens trouvent ici une ambiance moins hype et moins jeune que dans nombre d'autres lieux de Dalston et Shoreditch.

■ **VIBE BAR**
Old Truman Brewery
91 Brick Lane
Spitalfields
✆ +44 20 7247 3479
www.vibe-bar.co.uk
Tube : Liverpool Street.
Ouvert du dimanche au jeudi de 11h à 23h30, le vendredi et le samedi de 11h jusque tard. Bar et club.
Bar branché en plein cœur du quartier indien de Brick Lane. Cette adresse dédiée à la culture et désirant multiplier les activités (art, musique, mode, cinéma…) est devenue en quelques années une plate-forme incontournable de la scène londonienne. La cour intérieure est très prisée les jours ensoleillés, pour manger son burger à l'air frais de Brick Lane.

Chelsea, Kensington et Notting Hill

■ **CHARLIE'S PORTOBELLO ROAD CAFE**
59A Portobello Road
Notting Hill ✆ +44 20 7221 2422
www.charliesportobelloroadcafe.co.uk
Tube : Notting Hill Gate.
Ouvert du lundi au samedi de 9h à 17h et le dimanche de 10h à 15h. Café.
Pour prendre des forces avant de remonter le marché de Portobello Road, arrêtez-vous dans ce petit café, situé au début de la rue. On y mange de très bons petits déjeuners, à base de produits frais, locaux et fermiers. Si le temps le permet, on s'assied dans la petite cour, en retrait de Portobello Road, pour boire son latte, sinon, la salle est aussi très agréable et très animée.

■ **ELK BAR**
587 Fulham Road
Fulham ✆ +44 20 7385 6940
www.elkbar.com
Tube : Fulham Broadway
Ouvert du dimanche au mercredi de midi à minuit et du jeudi au samedi de midi à 1h. Bar.
Un endroit branché, où la jeunesse londonienne et internationale vient profiter des cocktails de la maison (deux cocktails pour le prix d'un en semaine de 17h à 20h) à des prix raisonnables. Avec l'arrivée des beaux jours, ne manquez pas, derrière le pub, la terrasse sous les arbres et ses larges tables en bois. Quartier de Fulham oblige, le lieu dispose également d'écrans plasma que les (nombreux) inconditionnels de football ne peuvent quitter des yeux les soirs de match. Un nouveau menu barbecue vient d'être imaginé et on se doute que le bar va attirer encore plus de monde.

■ **THE BUTCHERS HOOK**
477 Fulham Road London
Fulham
✆ +44 20 7385 4654
www.thebutchershook.co.uk
Ouvert tous les jours de 11h à minuit. Pub.
Depuis que le célèbre et très bruyant So Bar a fermé ses portes en juillet 2011, le Butchers Hook, à quelques mètres de Stamford Bridge est devenu le repaire des fans des *Blues* les jours de matchs. Pintes, écrans géants et chants au programme.

■ **TOMTOM COFFEE HOUSE**
114 Ebury Street
Belgravia
✆ +44 20 7730 1771
www.tomtom.co.uk
Tube : Sloane Square.
Ouvert lundi et mardi de 8h à 18h, du mercredi au vendredi de 8h à 21h, le samedi de 9h à 21h, et le dimanche de 9h à 18h. Café.
Rien de tel qu'un expresso bien serré chez Tomtom pour démarrer la journée ; ou bien un latte tout en douceur, pour ceux qui préfèrent y aller doucement... Ce joli café de quartier est pris d'assaut tous les matins, également pour ses œufs pochés ou sur le plat que l'on déguste derrière les grandes fenêtres donnant sur la sympathique et commerçante Elizabeth Street.

■ **UPSTAIRS @ THE OAK**
137 Westbourne Park Road
Notting Hill
✆ +44 20 7221 3355
www.theoaklondon.com
Tube : Westbourne Park.
Ouvert tous les jours jusqu'à 23h (le dimanche jusqu'à 22h30). Bar. Cocktails autour de £8.
Au-dessus du restaurant The Oak, se cache un bar où les locaux branchés aiment venir boire un verre autour de quelques tapas. Ambiance sombre et boudoir, il y a beaucoup de monde les soirs de week-end : c'est bondé et bruyant, mais ça reste agréable.

■ **WINDSOR CASTLE KENSINGTON**
114 Campden Hill Road
Kensington
✆ +44 20 7243 8797
www.thewindsorcastlekensington.co.uk
Tube : Notting Hill Gate ou High Street Kensington.
Ouvert du lundi au samedi de midi à 23h et le dimanche de midi à 22h30. Pub.
D'un optimisme à toute épreuve, il n'y a que les Anglais pour avoir l'idée de tenir un pub où le jardin est plus grand que la salle. Et pourtant, *a priori*, cela ne pose pas de problème malgré le temps londonien, la clientèle apprécie et profite de la moindre occasion pour boire un verre à l'extérieur. En conséquence, les lieux sont vite pleins, et il est parfois difficile d'avoir une table après 19h... Il est vrai que l'endroit est superbe, avec sa devanture blanche et noire, où grimpe une vigne, ses petits vitraux si anglais, et bien sûr son grand jardin ombragé, où les longues tables invitent à la rencontre.

Clubs et discothèques

Soho, Westminster et Mayfair

■ **MADAME JOJO'S**
8 Brewer Street
Soho
✆ +44 20 7734 3040
www.madamejojos.com
Tube : Piccadilly Circus.
Ouvert du mardi au dimanche jusqu'à 3h. Entrée payante, entre £3 et £8. Club et cabaret.
En plein cœur du West End, une adresse connue comme le loup blanc sur le plan international pour être un haut lieu de la fête londonienne. Chez Madame JoJo's, les soirées se suivent mais ne se ressemblent pas : mardi c'est *art rock disco*, mercredi cabaret de travestis, jeudi soirée électro à gogo, vendredi funk, samedi ambiance *sixties* et dimanche *groove*. Des nuits burlesques viennent s'insérer dans cette programmation éclectique.

■ **RUMBA**
36 Shaftesbury Avenue
Soho
✆ +44 20 7287 6933
www.barrumbadisco.co.uk
Tube : Piccadilly Circus.
Ouvert du lundi au jeudi de 22h à 3h, le vendredi et le samedi de 20h à 3h, le dimanche de 21h à 3h. Entrée de £5 à £10 selon la soirée. Avis aux futés : l'entrée est presque toujours moins chère (voire gratuite) avant 23h.
En plein centre de Londres, quel que soit le jour de la semaine, ce petit club vous garantit de bons moments avec une sono à la qualité irréprochable. C'est l'une des adresses les plus sûres pour faire la fête au rythme des sons *latinos*. Tous les soirs, retrouvez un mix éclectique d'acid jazz, de drum'n'bass et hip-hop en plus de la musique *latino*.

■ **THE BORDERLINE**
Orange Yard
Manette Street
Soho
✆ +44 20 7734 5547
theborderline.co.uk
Tube : Tottenham Court Road.
Ouverture de la salle à partir de 19h, club à partir de 23h. Entrée payante.
Une adresse centrale qu'on a pourtant du mal à trouver. On découvre ici ce qui sera peut-être les futurs grands noms de la scène musicale anglaise de demain. L'ambiance est chaude, le

public jeune, et sur les murs de l'escalier on peut lire le nom de ceux qui se sont produits ici depuis 1988. En effet, la programmation de qualité présente de jeunes groupes talentueux et très prometteurs.

Marylebone, Camden, Islington et Hampstead

KOKO

1A Camden High Street
Camden ✆ +44 87 0432 5527
www.koko.uk.com
Tube : Mornington Crescent.
Ouvert du dimanche au jeudi de 19h à 23h, le vendredi et le samedi de 19h à 4h. Entrée payante.
L'ancien Camden Palace rebaptisé Koko est un incontournable de Camden et de Londres en général. C'est l'un de nos clubs préférés, où règne une bonne ambiance, doublée d'une bonne musique. Entre concert et soirée house, il s'y trame toujours quelque chose. Des invités de qualité, souvent des stars en devenir tels Mika ou les Babyshambles y sont passés à leurs débuts. En plus, ce vieux théâtre reconverti a conservé ses superbes balustrades et donne aux soirées londoniennes des allures baroques.

PROUD CAMDEN

The Horse Hospital
Stables Market – Chalk Farm Road
Camden ✆ +44 20 7482 3867
www.proudcamden.com
Tube : Camden Town ou Chalk Farm.
Ouvert du lundi au mercredi jusqu'à 1h30, du jeudi au samedi jusqu'à 2h30 et le dimanche jusqu'à 00h30.
Difficile de définir cet espace qui n'est ni une galerie, ni un bar, ni un club, ni une salle de concert mais les quatre à la fois et même plus. Situé dans ce qui était un hôpital pour chevaux (ce qui explique les écuries transformées en petits lounges privés), Proud Camden regroupe tout ce que Londres a de mieux : la galerie propose des expos photo de qualité ainsi que des projections cinématographiques, elle sert aussi de salle de concert qui accueille des stars du rock anglais comme Pete Doherty ou les Kooks et se développe en club la nuit avec des DJ variés mais toujours au top de la branchitude. Un endroit inclassable et fondamentalement rock.

THE UNDERWORLD

174 Camden High Street
Camden ✆ +44 20 7482 1932
www.theunderworldcamden.co.uk
Tube : Camden Town.
Bar & concerts du mercredi au dimanche. Soirées clubbing le vendredi et le samedi. Entrée de £8 à £20.
Le nom est un clin d'œil au pub World's End qui se situe juste à côté. The Underworld est dirigé par l'une des plus grandes brasseries anglaises qui a astucieusement aménagé les lieux pour en faire un endroit convivial. Le bar est très vaste et permet ainsi une attente réduite. La salle de concert – qui a accueilli Placebo, Radiohead ou les Cranberries à leurs débuts – est séparée du bar, ce qui permet de siroter sa bière tranquillement, tout en profitant de la musique sans être assourdi. A recommander pour les amateurs de bière et de gros rock qui tache. Le week-end, la salle se transforme en club plus éclectique.

Southwark, Clapham et Brixton

DOGSTAR

389 Coldharbour Lane
Brixton
✆ +44 20 7733 7515
www.antic-ltd.com/dogstar
Tube : Brixton.
Ouvert du lundi au jeudi de 16h à 2h et du vendredi au dimanche de midi à 4h. Entrée payante du jeudi au samedi.
Le Dogstar entretient la légende d'avoir été le lieu de naissance de la *jungle music.* Si sa réputation date un peu, elle n'en demeure pas moins forte et plutôt méritée. Le bar principal, à l'étage accueille des DJ internationaux, principalement de house et de techno. La décoration, mi-boudoir chic, mi-temple surréaliste, ajoute au cachet de l'endroit. Le week-end, l'endroit se remplit et l'on fait la queue pour entrer. En semaine et le dimanche, l'ambiance y est plus détendue.

MINISTRY OF SOUND

103 Gaunt Street
Elephant & Castle
www.ministryofsound.com
Tube : Elephant & Castle.
Ouvert le vendredi de 22h30 à 6h30 et le samedi de 23h à 7h. Club.
L'heure de gloire de cette institution est passée, car les clubbers pointus lui préfèrent des endroits plus *underground.* On y côtoie cependant toujours une foule importante d'inconditionnels dans ce lieu à l'ambiance électrique qui émane des soirées.

■ ROLLER DISCO
Renaissance Rooms
Miles Street
Vauxhall
✆ +44 20 7720 9140
www.rollerdisco.com
Tube : Vauxhall.
Ouvert du jeudi au samedi jusqu'à 2h (le jeudi jusqu'à minuit). Entrée de £10 à £14 en fonction du jour.
Tout est dans le nom du bar : du disco sur des rollers et inversement. Cet endroit est juste génialissime, drôle, second degré, stylé jusqu'au bout des paillettes et bien sûr très divertissant. On y va pour changer des clubs lounge et des concerts de hip-hop, et ça marche !

■ SO.UK
165 Clapham High Street
Clapham
✆ +44 20 7622 4004
www.soukclapham.co.uk
Tube : Clapham Common ou Clapham North.
Ouvert du lundi au mardi de 21h à 2h30, du jeudi au samedi de 20h à 3h et le dimanche jusqu'à 1h. Bar à cocktails et concerts.
Loin du quartier de West End et de sa clientèle m'as-tu-vu, le quartier de Clapham offre des bars plus conviviaux et tout aussi branchés. Décoré dans un style marocain chic, c'est l'un des bars les plus courus du quartier ; il a été couronné meilleur bar en 2012 par les London Club Awards. Comme il y a beaucoup de monde et que l'on se bouscule un peu dans ce bar tout en longueur, on sympathise facilement. Ambiance agréable et bonne musique le week-end : de l'électro-jazz au volume sonore parfaitement acceptable pour pouvoir tenir une conversation.

City, East End et Greenwich

■ CARGO
83 Rivington Street
Hoxton
✆ +44 20 7739 3440
www.cargo-london.com
Tube : Old Street.
Ouvert du lundi au jeudi de 18h à 1h, le vendredi et le samedi de 18h à 3h et le dimanche de 18h à minuit. Entrée à £10 le vendredi et le samedi après 22h30.
Ce vaste club est situé sous une arche de chemin de fer, d'où le cadre très industriel, tout de briques. Des concerts sont organisés chaque semaine et des DJ au style souvent éclectique se succèdent. Ici, c'est la musique qui est reine et elle est de bonne qualité. Atmosphère branchée, mais relax, comme le veut le quartier : incontournable.

■ FABRIC
77A Charterhouse Street
Clerkenwell
✆ +44 20 7336 8898
www.fabriclondon.com
Tube : Farringdon.
Ouvert le vendredi de 22h à 5h, le samedi de 23h à 8h et le dimanche de 22h à 5h. Entrée payante. Club.
Pour les fans d'électro, un des meilleurs clubs, si ce n'est le meilleur de Londres. Ses trois salles permettent d'accueillir jusqu'à 2 500 personnes. Vous ne pouvez pas partir sans avoir fait un détour par le balcon, certes difficile à trouver dans le labyrinthe des escaliers, mais il permet de voir la foule qui danse en contrebas face à un écran géant qui projette des images psychédéliques. Clientèle mixte plutôt branchée, le club accueille tous les samedis des DJ célèbres, et la musique est excellente. Un classique de la vie londonienne à faire au moins une fois.

■ FAVELA CHIC
91-93 Great Eastern Street
Hoxton ✆ +44 20 7613 4228
www.favelachic.com
Tube : Old Street.
Ouvert du mardi au jeudi de 18h à 1h et le vendredi et le samedi de 18h à 2h. Entrée payante.
Un incontournable de la nuit de l'East End. On pourait épiloguer sur le politiquement correct du nom de ce bar, la réalité est que l'on s'y amuse tellement que cela n'a que peu d'importance. Ouvert en 2005, 10 ans après sa grande sœur parisienne, la Favela Chic londonienne ne déçoit pas et sa salle, au très haut plafond presque ecclésial, ne désemplit pas. On y boit quatre variétés fruitées de caïpirinha en se trémoussant sur de la funk latino. Imparable !

■ PLASTIC PEOPLE
147-149 Curtain Road
Shoreditch
✆ +44 20 7739 6471
www.plasticpeople.co.uk
Tube : Liverpool Street ou Old Street.
Ouvert le vendredi et samedi jusqu'à 3h30 et certains jeudis. Entrée payante.

L'un des rendez-vous incontournables de la jeunesse *underground* et amatrice de musiques électroniques. Une très belle sélection de styles variés, des soirées très électriques avec, souvent, les grands DJ du moment. L'un des meilleurs sons de Londres et un must dans Shoreditch !

■ **THE WORKING MEN'S CLUB**
42-46 Pollard Row
Hackney & Dalston
✆ +44 20 7739 7170
www.workersplaytime.net
Tube : Bethnal Green.
Vérifier sur Internet les horaires d'ouverture qui changent tous les jours. Entrée payante.
Pas d'enseigne, un brin de lumière et un videur plus cockney tu meurs, c'est bien ça. Oui, il y a des mamies de 85 ans, des nains libertins, des pin-up décolletées, des cosaques à moustache, des drags aux bas filés, des peroxydés en Papageno et tout ce joli monde excentrique s'entend à merveille pour danser sur des airs des années 1960.

■ **YE OLDE AXE**
69 Hackney Road
Shoreditch
✆ +44 20 7729 5137
Tube : Old Street.
Ouvert la semaine jusqu'à 2h et le week end jusqu'à 5h. Entrée payante.
Tel Cendrillon, ce bar à strip-tease se transforme le samedi soir à minuit pile en temple de la coolitude rock et underground londonienne. Venez en semaine ou en début de soirée et vous aurez droit à une lap dance dans un bar relativement quelconque, voire plutôt glauque. Mais au douzième coup de minuit, le samedi, les foules habillées en tenues fifties rockabilly de la tête aux pieds remplacent les stripteaseuses et c'est la folie jusqu'aux petites heures du matin. A ne pas manquer.

Chelsea, Kensington et Notting Hill

■ **NOTTING HILL ARTS CLUB**
21 Notting Hill Gate
Notting Hill
✆ +44 20 7460 4459
www.nottinghillartsclub.com
Tube : Notting Hill Gate.
Ouvert tous les soirs. Entrée payante selon programmation.
Ce lieu unique promeut depuis plus de dix ans la musique et la création artistique en général. Chaque soir de la semaine réserve une thématique ou une ambiance différentes. Le mercredi, Death2Disco réécrit l'histoire du rock, tandis que le jeudi met les musiques urbaines à l'honneur. Le samedi, direction l'Espagne, le Brésil et l'Asie pour des soirées exotiques. Un savoureux mélange qui plaira à tous, il suffit de savoir quel soir est le vôtre.

Spectacles

Soho, Westminster et Mayfair

■ **DONMAR WAREHOUSE THEATRE**
41 Earlham Street
Soho
✆ 084 4871 7624
www.donmarwarehouse.com
Tube : Covent Garden.
Théâtre.
Fondé en 1992, l'Ambassador Theatre Group (ATG) est le plus grand groupe de théâtre du West End et contribue à créer chaque année quelques-unes des productions les plus innovantes et réussies. Les programmations sont pimentées de petits plus avec chaque année plusieurs pièces où les artistes qui jouent sont des acteurs provenant du monde du cinéma, mondialement connus. La liste totale des participants serait trop longue mais, rien que pour le plaisir, citons : Nicole Kidman, Ewan Mc Greggor, Don Johnson ou Kristin Scott Thomas. Les différents théâtres présents dans Londres jouissent également de très beaux lieux, tous chargés d'histoires et d'anecdotes liées au monde du théâtre. Autres théâtres du groupe : Comedy Theatre, Duck of York Theatre et Fortune Theatre.

■ **ENGLISH NATIONAL OPERA**
London Coliseum
St Martin's Lane
Soho ✆ 087 1911 0200
www.eno.org
Tube : Leicester Square ou Charing Cross.
L'histoire de cet opéra commence en 1898 sur l'initiative de Lilian Baylis qui se produit sur scène avec une série de récitals d'opéra au Old Vic Theatre. Quelques années plus tard, le répertoire de Shakespeare est ajouté à la liste. En 1918, il est renommé le Royal Ballet. Une interruption durant la Seconde Guerre mondiale pendant laquelle le théâtre est réquisitionné ; et, en 1974, l'opéra change encore de nom et devient l'English National Opera. En 2000, un vaste programme de rénovation est entrepris. Aujourd'hui, la programmation est ambitieuse avec des spectacles du monde entier à des prix attractifs, commençant à £10.

■ **ROYAL OPERA HOUSE**
Bow Street
Soho
✆ +44 20 7304 4000
www.roh.org.uk
Tube : Covent Garden.
Dans ce bâtiment flamboyant (notamment le magnifique hall en verre et fer forgé – ouvert au public tous les jours entre 10h et 15h30), se jouent les plus grands classiques de l'opéra en version originale.

Marylebone, Camden, Islington et Hampstead

■ **HMV FORUM**
9-17 Highgate Road
Kentish Town
✆ +44 20 7428 4099
hmvforum.com
Tube : Kentish Town.
Les groupes qui défilent ici sont d'une excellente qualité. Les Londoniens adorent cette salle et la considèrent comme l'une des meilleures du nord de Londres. Elle est vaste et les consommations sont à des prix raisonnables. L'acoustique est bonne et il y a quelques tables disposées sur le balcon. C'est au Forum que les soirées School Disco ont été inaugurées.

■ **THE JAZZ CAFÉ**
5 Parkway
Camden
✆ 0843 221 0100 / 0844 847 2514
venues.meanfiddler.com/jazz-cafe
Tube : Camden Town.
Au départ, le Jazz Café se situait à Stoke Newington, mais le succès a été tel qu'il a dû s'agrandir rapidement et déménager à Camden. Du coup, il a un peu perdu de son côté insolite et intime. Néanmoins, c'est toujours un endroit sympathique et souvent plein à craquer. Vous y côtoierez des jeunes gens tendance, amateurs de musique jazz ou blues.

■ **OPEN AIR THEATRE**
Regent's Park
Inner Circle – Marylebone
✆ 0844 826 4242
www.openairtheatre.org
Tube : Baker Street.
Ouvert de juin à septembre.
Ce rendez-vous des amoureux de théâtre existe depuis 1932 et représente le plus ancien spectacle professionnel en plein air de Grande-Bretagne. En effet, l'été de juin à septembre dans le magnifique décor du jardin des Roses au cœur de Regent's Park, se tiennent chaque année des représentations de pièces de théâtre de Shakespeare, Oscar Wilde, Arthur Miller... Si l'une des pièces phares est le *Songe d'une nuit d'été*, le théâtre propose aussi des comédies musicales et des pièces destinées aux enfants. Même si votre anglais n'est pas suffisant, il vous sera difficile de résister au charme des lieux.

■ **SADLER'S WELLS**
Rosebery Avenue
Angel
✆ 0844 412 4300
www.sadlerswells.com
Tube : Angel.
Meilleure salle de danse moderne et contemporaine de Londres, le Sadler's Wells existe depuis 1683 et continue d'accueillir chaque année des chorégraphes de génie. Une programmation riche et à la pointe, qui sait prendre des risques en découvrant constamment de nouvelles productions, mais maintient également les classiques indémodables. Une adresse culturelle incontournable.

■ **TRICYCLE**
269 Kilburn High Road
Maida Vale
✆ +44 20 7328 1000
www.tricycle.co.uk
Tube : Kilburn.
Le Tricycle Theatre est à la fois un cinéma, un théâtre et une galerie d'art qui s'est donné pour mission de représenter le mieux possible les diversités culturelles locales et de les soutenir avec notamment de nombreuses pièces contemporaines traitant des problèmes rencontrés par les communautés irlandaises et noires (les deux communautés d'immigrés de Kilburn). Ouvert en 1980, c'est un lieu très apprécié des Londoniens qui aiment la diversité et la qualité de la programmation.

■ **THE UNION CHAPEL**
Compton Terrace
Islington ✆ +44 20 7226 1686
www.unionchapel.org.uk
Tube : Highbury & Islington.
Union Chapel est une somptueuse église victorienne à l'architecture néogothique typique de la deuxième moitié du XIXe siècle. Restaurée dans les années 1990, c'est aujourd'hui un centre communautaire important dans Islington. Des concerts live ont lieu régulièrement, présentant des groupes qui montent tout autant que des musiciens déjà établis.

Southwark, Clapham et Brixton

BFI LONDON IMAX CINEMA

Belvedere Road
South Bank – Southwark
✆ +44 20 7928 3232
www.bfi.org.uk
Tube : Waterloo.
Tarif adulte : £10, réduit £6,75.
Pour regarder des films sur le plus grand écran du Royaume-Uni, en 2D ou 3D, c'est ici qu'il faut venir. La qualité Imax vous fait découvrir le cinéma sous une autre forme, révolutionnaire. Couplée au British Film Institute, la programmation exigeante et les rétrospectives attirent une clientèle de cinéphiles passionnés qui apprécient également de discuter des films au café attenant.

LONDON PHILHARMONIC ORCHESTRA

89 Albert Embankment
Vauxhall
✆ +44 20 7840 4242
www.lpo.co.uk
Tube : Vauxhall.
Cette salle est un passage obligé pour qui s'intéresse à la musique classique. On peut y voir évoluer les plus grands chefs d'orchestre, dirigeant de leur baguette l'immense composition d'instruments, devant une foule bien souvent hypnotisée.

O2 ACADEMY BRIXTON

211 Stockwell Road
Brixton
✆ 084 4477 2000
www.o2academybrixton.co.uk
Tube : Brixton.
Cette salle peut accueillir jusqu'à 4 000 personnes et maintenir une ambiance agréable. Originalité du lieu, le plancher de la salle a été conçu avec une inclinaison qui permet à tous de profiter de la scène même si vous vous trouvez tout au fond de la salle. Régulièrement, de grands noms se produisent ici, tout autant que des groupes assez novateurs dans des genres très différents. Derniers en date : Slash, Morrissey, Beirut...

THE OLD VIC THEATRE

The Cut
Southwark
✆ +44 844 871 76 28
www.oldvictheatre.com
Tube : Waterloo.
The Old Vic, c'est certainement l'un des plus prestigieux du monde du théâtre londonien. Ouvert au début du XIXe siècle, tous les grands comédiens britanniques sont passés par là. En 2003, Kevin Spacey a été nommé directeur artistique avec, pour mission, de poursuivre l'excellence des mises en scène.

ROYAL NATIONAL THEATRE

South Bank
Southwark
✆ +44 20 7452 3000
www.nationaltheatre.org.uk
Tube : Waterloo.
Tickets à partir de £12.
Face à la Tamise, ce moderne et très vaste complexe (dont l'acteur Lawrence Olivier a été le premier directeur) comprend trois théâtres : le théâtre Olivier, le Lyttelton et le Cottesloe. La programmation est variée et de qualité : comédies musicales, pièces classiques, spectacles avant-gardistes... En plus de la programmation classique et payante, le théâtre propose toute l'année plusieurs événements gratuits dont des concerts de musique. Vous pouvez également assister à une visite qui dure environ 1h15 pour découvrir les coulisses, une visite intéressante qui a lieu tous les jours du lundi au samedi (tarif £7,50), sur réservation.

SHAKESPEARE'S GLOBE THEATRE

21 New Globe Walk
Southbank
✆ +44 20 7902 1400
www.shakespearesglobe.com
Tube : Southwark, Mansion House ou London Bridge.
Visite guidée en anglais toutes les 30 minutes pendant toute l'année de 10h à 17h en général. Adulte £13,50, enfant £8.
Vous allez pénétrer dans la fidèle reproduction du théâtre où la troupe de Shakespeare donnait ses représentations. L'édifice original est construit en 1599, fermé en 1642 puis détruit. Il a donc fallu que les architectes se servent des vestiges découverts et des plans retrouvés pour effectuer la reconstruction, n'utilisant que les matériaux et les techniques de l'époque. A l'intérieur, c'est une scène ouverte en plein air, une fosse et des gradins couverts. Chaque année de mai à octobre, des spectacles sont donnés en costume. En dehors des représentations, une visite guidée vous permet de découvrir les lieux et son histoire.

City, East End et Greenwich

BARBICAN CENTRE

Silk Street
Barbican Centre
The City ✆ +44 84 5120 7500
www.barbican.org.uk
Tube : Barbican.

Avec South Bank, le Barbican est le plus gros centre culturel de Grande-Bretagne. Musique classique avec le Symphony Orchestra et le English Chamber Orchestra, musique contemporaine – ces derniers temps le Barbican se spécialise de plus en plus dans la world music (Talvin Singh, Musafir) –, mais aussi des expositions, des pièces de théâtre, des festivals, une salle de cinéma où passent autant des grandes productions que de films d'auteur et des grands classiques, vous trouverez de tout ici ! Le bâtiment fut construit dans les années 1970 sur un site qui avait été complètement détruit durant la Seconde Guerre mondiale. Le résultat est un peu particulier, une architecture brutale constituée d'immenses tours en béton.

WILTON'S MUSIC HALL

Graces Alley
Whitechapel
✆ +44 20 7702 9555 /
+44 20 7702 2789
www.wiltons.org.uk
Tube : Aldgate East ou Tower Hill.

Bar ouvert du lundi au vendredi de 17h à 23h.

Le bar existe depuis 1725. Pub fréquenté par les marins de passage, il est agrandi en 1859. A son apogée, on dira même que certains marins connaissent son existence alors qu'ils ignorent celle de la cathédrale Saint-Paul ! Abandonné depuis 1957, il renaît en 2009. L'un des secrets les mieux gardés de Londres !

Chelsea, Kensington et Notting Hill

CINÉ LUMIÈRE

17 Queensberry Place
South Kensington
✆ +44 20 7073 1350
www.institut-francais.org.uk
Tube : South Kensington.

Sûrement le seul endroit à Londres à proposer une programmation francophone, c'est normal, il s'agit du cinéma de l'Institut français du Royaume-Uni. On y projette également des films étrangers mais c'est bien le cinéma hexagonal qui est à l'honneur. Réalisateurs et acteurs français sont régulièrement invités à des conférences publiques.

FRONTLINE CLUB

13 Norfolk Place
Bayswater
✆ +44 20 7479 8950
www.frontlineclub.com
Tube : Paddington.

Le Frontline, c'est un club de journalistes et reporters indépendants qui a trouvé refuge dans une magnifique maison de briques rouges vers Paddington. Des conférences, tables rondes et projections d'excellente qualité ont lieu toutes les semaines. Pour les amateurs de reportage, c'est une adresse incontournable, d'autant plus que les lieux sont fabuleux.

O2 SHEPHERD'S BUSH EMPIRE

Shepherd's Bush Green
Shepherd's Bush
✆ +44 20 8354 3300
www.o2shepherdsbushempire.co.uk
Tube : Shepherd's Bush.

C'est un ancien théâtre aux couleurs rouge sang et doré, avec balcon et loges, qui s'est transformé en salle de concerts. L'étroitesse des lieux confère une atmosphère intimiste aux spectacles qui s'y déroulent. Vous vous sentez proche du groupe qui se produit et vous pouvez savourer chaque note ainsi que chaque expression du jeu de scène. La programmation est plutôt orientée artistes confirmés, hétéroclites, venus de tous les pays. On y a vu jouer Camille, Mika ou Zaw Hin Htut, l'un des grands virtuoses du rock birman.

ROYAL ALBERT HALL

Au sud de Hyde Park.
Kensington Gore
Kensington
✆ +44 20 7589 8212
www.royalalberthall.com
Tube : South Kensington.

Un lieu incontournable, tant pour son architecture et son histoire, que pour la qualité de sa programmation de musique classique. En été, les Proms de la BBC, un des grands événements annuels de la musique classique au Royaume-Uni, ont majoritairement lieu ici.

THE TABERNACLE W11

Powis Square
34-35 Talbot Road
Notting Hill
✆ +44 20 7221 9700
www.tabernaclew11.com
Tube : Wesbourne Park.

Le Tabernacle, c'est le centre culturel mythique de Notting Hill. C'est ici que le carnaval a commencé et s'est développé dans les années

1960 et 1970. Depuis, ce magnifique centre abrite une salle de concert intimiste, ainsi qu'un studio de danse et un bar-restaurant.

Coquin

THE UNDERGROUND CLUB
37 Wharfdale Road ✆ +44 20 72783294
www.theundergroundclub.net
Ouvert du lundi au mercredi de 13h à 1h du matin, le jeudi jusqu'à 2h, le vendredi et le samedi jusqu'à 4h, le dimanche jusqu'à minuit.
Cruising bar fétichiste qui organise des soirées spéciales fessées, uro, latex, rubber, *feet...* Tous les amateurs de sexe hard et de fetish y trouveront leur compte. Clientèle de tous âges.

À VOIR – À FAIRE

Visites guidées

À NOUS DEUX LONDRES
✆ +44 20 8876 0429
www.anousdeuxlondres.co.uk
£10 pour une visite de 2 heures, gratuit pour les enfants de moins de 15 ans accompagnés de leurs parents. Sur réservation.
Pour ceux qui voudraient découvrir Londres avec un guide francophone, cette association propose tout au long de l'année des visites dans la langue de Molière. Les lieux emblématiques de la ville tels que Covent Garden, Westminster, St James ou encore La City sont à découvrir, pimentés d'anecdotes et de petits détails…

LONDON INCOGNITO
80 Hewitt Road
Finsbury Park
✆ +44 78 9670 9943
www.london-incognito.com
Tube : Railway Fields.
Visite de £44 à £333 par adulte.
London Incognito, entreprise française basée à Londres, a été imaginée par Julie Miquerol, une Française vivant à Londres. Elle concocte des journées à thème ou à la carte en fonction de vos envies. Elle s'occupe de toutes les visites, du transport et de la restauration, pour que vous n'ayez plus qu'à profiter et suivre ses indications. Parmi les thématiques proposées, nous aimons tout particulièrement la journée «Making of» qui marche dans les pas de Harry Potter, de Hugh Grant et de James Bond. La liste de toutes les ballades est à consulter sur internet (le choix est grand). Activités originales, visites uniques, itinéraires hors des sentiers battus, en famille, entre amis, en couple ou seul. Voyagez différemment en choisissant la journée qui vous correspond. Bien sûr, les prestations sont bien plus chères que d'habitude, mais leur qualité mérite que l'on s'offre ce petit plaisir.

Soho, Westminster et Mayfair

10 DOWNING STREET
Whitehall
10 Downing Street
Westminster
www.number10.gov.uk
Tube : Westminster.
C'est dans cette petite rue perpendiculaire à Whitehall que se trouve, au numéro 10, la résidence officielle du Premier ministre et ce depuis 1732. C'est également après la rénovation des lieux en 1902 que l'endroit devient leur résidence principale. L'endroit ne se visite plus depuis que Margaret Thatcher en a interdit l'accès aux visiteurs. C'est actuellement David Cameron qui occupe les lieux.

Relève de la garde à Buckingham Palace

Tous les jours de la semaine à 11h30 en été de mai à fin juillet et un jour sur deux en hiver.
Cette cérémonie est immanquable pour qui vient visiter Londres. La relève est réalisée par les fantassins chargés de la protection royale, qui sont habillés de la traditionnelle tunique rouge et coiffés des fameux hauts casques à poils. La relève se passe en musique et s'effectue au rythme des bottes qui martèlent le sol. Si la cérémonie dure 30 minutes, nous conseillons fortement d'arriver à l'avance pour espérer voir correctement le spectacle.

BANQUETING HOUSE

Whitehall House
41 Whitehall
St James's ✆ 084 4482 7777
www.hrp.org.uk
Tube : St James's Park ;
Ouvert du lundi au samedi de 10h à 17h. Entrée adulte £5, étudiant et senior £4, gratuit pour les enfants de moins de 16 ans.

Banqueting House est la seule partie du palais de Whitehall qui n'a pas été détruite dans l'incendie de 1698, incendie qui fut déclenché par l'étourderie d'une servante qui laissa sécher son linge trop près de la cheminée. Trésor architectural, il fut construit par Inigo Jones entre 1619 et 1622, c'est un très bel exemple de style classique, plus particulièrement de style palladien, proche de la Renaissance italienne et qui à l'époque est totalement nouveau en Angleterre. Banqueting House fut longtemps une salle où l'on venait festoyer. Charles Ier commanda à Rubens une fresque au plafond, à la gloire de son père. Mais, une fois l'ouvrage terminé, il craignit que la fumée ne dégrade la peinture, et les festins furent organisés ailleurs. C'est ce même Charles Ier qui fut décapité devant le palais de Whitehall le 30 janvier 1639, faisant les frais de la première révolution anglaise. Entre 1890 et 1964, le bâtiment servit de chapelle et de musée à l'armée. Aujourd'hui, il accueille occasionnellement des réceptions.

BUCKINGHAM PALACE

Buckingham Palace Road
Buckingham Palace
Westminster ✆ +44 20 7766 7300
www.royalcollection.org.uk
Tube : Victoria
Ouvert l'été seulement en août et septembre de 9h45 à 18h30, la dernière admission se fait à 15h45. Adulte £18 ; étudiant et senior £16,50 ; moins de 17 ans £10,25 ; moins de 5 ans gratuit. Comptez 2h30 pour la visite. Audioguide en français fourni. Tous les jours : relève de la garde à 11h30.

Considérant la foule qui se masse devant les grilles, nous conseillons d'acheter les tickets à l'avance sur Internet ou par téléphone. Buckingham Palace est la résidence officielle de la monarchie britannique. Son histoire remonte au Moyen Age, où le site faisait seulement partie d'un manoir, le manoir d'Ebury. Bien qu'il ait accueilli de nombreux occupants royaux, le terrain ne devient propriété de la royauté qu'au XVIIIe siècle, grâce à George III. Le palais est agrandi, en 1825, sous George IV qui fait appel aux services de John Nash. Buckingham devient définitivement résidence officielle de la monarchie britannique lorsque la reine Victoria accède au trône en 1837, quittant dans le même temps le palais St James. En 1913, le palais est réagencé. On crée notamment sa façade publique, dont le fameux balcon en son centre a accueilli en 2011 le baiser des jeunes mariés Kate et William, ainsi que l'apparition de la Reine lors de son jubilé de diamant, en juin 2012. A l'intérieur, sont dispersées environ 660 pièces, dont 78 toilettes ! Des salons de réception meublés dans le style Régence, des meubles récupérés du pavillon royal de Brighton ou encore des décorations intérieures datant du XIXe siècle. Les jardins du palais sont les plus grands jardins privés de Londres, dessinés à l'origine par Capability Brown et refaits par William Townsend. Une statue de la reine Victoria trône devant l'entrée du palais et regarde en direction de The Mall, la grande avenue bordée d'arbres qui longe St James Park et relie Buckingham Palace à Trafalgar Square. Chaque année, la reine organise une garden party, où tout le gratin britannique se retrouve sous de grandes tentes pour déguster du thé et des sandwiches.

A défaut de visiter Buckingham Palace, rendez-vous aux Royal Mews, les écuries de Buckingham, qui se découvrent toute l'année tous les jours de 10h à 17h (16h en hiver), pour £8,25. On peut combiner l'entrée avec Queen's Gallery pour £15,75.

CHINATOWN

Soho – www.chinatownlondon.org
Tube : Leicester Square.
Historiquement, le lieu a abrité les premiers émigrés chinois aux XVIIIe et XIXe siècles, puis a vu arriver les réfugiés cantonais après la Seconde Guerre mondiale. Vous y trouverez restaurants, supermarchés et gadgets chinois, également répartis sur Lisle Street.

CHURCHILL WAR ROOMS

Clive Steps
King Charles Street
Westminster. ✆ +44 20 7930 6961
cwr.iwm.org.uk
Tube : Westminster
Ouvert tous les jours de 9h30 à 18h. Adulte £15,45 (£17 avec don optionnel), étudiant et senior £12,35 (£13,60), gratuit pour les moins de 16 ans. Audioguide en français gratuit. Compter 90 minutes de visite.

Voici le premier musée national dédié à Winston Churchill. Il retrace la vie passionnante de cette figure politique anglaise qui a marqué l'histoire de chacun de ses fameux discours. On découvre aussi bien le leader de la Seconde Guerre mondiale, que l'homme privé avec ses succès et ses faiblesses. Le musée, situé sous terre, est installé dans le bunker que Churchill occupait pendant les bombardements de la ville. C'est d'ici qu'il annonce : « C'est la pièce depuis laquelle je vais diriger la guerre ». Tout a été laissé tel quel depuis cette époque, dont la salle où se trouve le téléphone directement relié à la Maison Blanche, à l'époque. Le musée présente également les appartements privés du Premier ministre. La visite est fascinante, les petites phrases de Churchill n'ont rien perdu de leur sel et on apprécie beaucoup l'exposition, particulièrement interactive.

■ COVENT GARDEN MARKET

Covent Garden Piazza
www.coventgarden.uk.com
Tube : Covent Garden.

Situé au cœur de la ville entre Soho et La City, Covent Garden est l'une des places les plus touristiques de la capitale, animée de jour comme de nuit. Tout s'organise autour du marché couvert, où se mêlent stands, boutiques et cafés. Il faut reconnaître que les lieux ont un certain charme malgré l'abondance de touristes. C'est cependant dans les petites rues alentour que l'on savoure les restes de l'esprit alternatif qui animait Covent Garden dans les années 1960. Le nom de « Covent Garden » provient d'un ancien jardin ayant appartenu à l'abbaye de Westminster. Les lieux servirent aussi longtemps de marché aux fruits et légumes avant que le comte de Bedford y fasse construire des halles par l'architecte Inigo Jones. C'est « grâce » à l'incendie de 1666, où d'autres marchés sont détruits, que Covent Garden devient le plus grand marché du pays. Les édifices ont été menacés de démolition à un moment, mais leur attrait touristique les a sauvés. C'est le seul endroit dans Londres où les spectacles de rue sont autorisés.

■ ELIZABETH TOWER – BIG BEN

Bridge Street
Big Ben
Westminster
www.parliament.uk/visiting/
Tube : Westminster
Ne se visite pas.

Du haut de ses 96 m, Big Ben rythme les journées londoniennes de son célèbre carillon. Construite en 1859, cette tour d'horloge, qui fait la fierté des Anglais, est un symbole national. Accolée au palais de Westminster, elle suscite l'admiration de jour comme de nuit. Bien que jamais baptisée officiellement, elle est surnommée Big Ben par les Londoniens, sans que l'on puisse vraiment déterminer pourquoi. L'une de nos théories favorites veut qu'elle ait été baptisée « Victoria » durant une cérémonie en l'honneur de la reine du même nom. Or, le discours d'inauguration est tellement long qu'une personne de l'assemblée s'écrit « Appelez-la donc Big Ben, qu'on en finisse ! ». Depuis 2003, Big Ben s'est mise à pencher de manière spectaculaire, s'inclinant un peu plus chaque année. En 2012, cela commence à se voir à l'œil nu. On peut voir l'inclinaison en se positionnant sur la place du Parlement et en regardant à l'est, vers la Tamise. Pour l'instant, aucune décision n'a été prise pour stopper l'inclinaison. En revanche, en juin 2012, suite à une proposition du Parti conservateur, il a été accepté que la tour soit renommée Elizabeth Tower, en l'honneur de la Reine, assise sur le trône depuis 60 ans.

■ GREEN PARK

Green Park
Mayfair
Tube : Green Park.

Plus petit que les autres parcs de la ville, Green Park et ses 19 hectares est un havre de paix où les Londoniens viennent volontiers pique-niquer à l'heure du déjeuner. A l'origine, le parc servait de terrain de chasse et de duel privé. Il fait le lien entre Hyde Park et St James's Park formant ainsi une chaîne d'espaces verts au cœur de la capitale.

■ HORSE GUARDS PARADE

Whitehall
St James's
Tube : Westminster.

La relève de la garde (qui attire moins de monde que celle de Buckingham Palace) a lieu à 11h du lundi au samedi et à 10h le dimanche. La nouvelle garde quitte Hyde Park et passe par Hyde Park Corner, Constitution Hill et The Mall. Le succès de ce bâtiment du XVIIIe siècle est dû à la présence de deux gardes royaux. Ils ont pour mission de garder le porche de l'entrée, ne doivent pas sourire ni s'adresser au public. Signalons que la patience des chevaux est tout aussi admirable.

HOUSES OF PARLIAMENT
20 Dean's Yard
Westminster
✆ 084 4847 1672
www.parliament.uk
Tube : Westminster.
Visite guidée (disponible en français) le samedi toute l'année, ainsi que durant l'été, au mois d'août. Adulte £15, réduit £15, enfant £6. Les tickets sont disponibles le jour même au Ticket Office qui se trouve près de Jewel Tower sur Old Palace Yard. Nous vous recommandons toutefois de réserver à l'avance par téléphone. On peut assister aux débats toute l'année du lundi au jeudi, vérifier les horaires de chaque chambre sur Internet.
Les Houses of Parliament (Chambres du Parlement) se tiennent dans le palais de Westminster. Ici, siègent la Chambre des communes et la Chambre des Lords du Royaume-Uni. Créé à l'origine par Edouard le Confesseur au XIe siècle, l'édifice a longtemps servi de résidence royale, même si plus aucun monarque ne l'habite depuis le XVIe siècle. La plus ancienne partie du palais, le Westminster Hall date de 1097. Le reste du bâtiment remonte au XIXe siècle car, en 1834, un gigantesque incendie détruit le palais médiéval, n'épargnant que Westminster Hall, la crypte du XIIIe siècle et le cloître de la chapelle St Stephen. Le palais de quatre étages est immense. Il compte plus de 1 100 pièces. C'est un des joyaux de l'architecture néogothique, et, après cette visite, vous comprendrez le fonctionnement du Parlement anglais, l'organisation de la Chambre des Lords comme de celle de la Chambre des communes. Agrémenté d'anecdotes pittoresques, le lieu est agréable à découvrir, point névralgique du pouvoir politique anglais, encombré aujourd'hui encore par des protocoles et beaucoup de traditions. Les salles réservées aux lords, d'un rouge éclatant, contrastent avec celles des députés, d'un vert étincelant. Ce respect des traditions montre bien l'évolution, parfois à deux vitesses, dans laquelle vit l'Angleterre, encore de nos jours. Le reste de l'année, il est possible d'assister aux débats. Renseignez-vous pour les horaires et les réservations.

INSTITUTE OF CONTEMPORARY ARTS
The Mall
St James's ✆ +44 20 7930 3647
www.ica.org.uk

L'impressionnante relève de la garde à Buckingham Palace.

Tube : Charing Cross ou Piccadilly Circus.
Ouvert du mardi au dimanche de 11h à 23h. Entrée libre.
L'Institut d'art contemporain propose des expositions et des projections cinématographiques à la pointe tout au long de l'année. Etonnant dans ce quartier très sage et traditionnel de Mayfair. Ne vous fiez pas à l'apparent classicisme de la façade : la programmation est toujours très riche et les amateurs d'art contemporain et d'avant-garde ne seront pas déçus.

LEICESTER SQUARE

Leicester Square
Tube : Leicester Square.
Ancien jardin de la résidence de Robert Sidney, duc de Leicester et ambassadeur de France entre 1636 et 1641, il devient d'abord jardin public en 1874 avant d'être une place piétonne très fréquentée. En effet, depuis le XIXe siècle, le lieu est réputé pour être un espace de divertissement comportant aujourd'hui de nombreux cinémas, bars et discothèques. Aujourd'hui, on est loin de l'atmosphère qui devait régner au XVIIIe siècle. De cette époque ne reste que l'évocation de ses habitants les plus célèbres : William Hogarth, Joshua Reynolds, Isaac Newton et John Hunter immortalisés dans le marbre. La fontaine au centre de la place est en hommage à Shakespeare. Notez aussi la sculpture de Charlie Chaplin, ainsi que plusieurs empreintes de mains de célébrités, à la façon du hall d'entrée du Chinese Theatre à Los Angeles.

NATIONAL GALLERY

Trafalgar Square
Westminster
✆ +44 20 7747 2885
www.nationalgallery.org.uk
Tube : Charing Cross.
Ouvert tous les jours de 10h à 18h (21h le vendredi). Entrée gratuite, sauf pour les expositions temporaires.
Au nord de Trafalgar Square, le musée situé dans un vaste bâtiment de style néoclassique abrite l'une des plus belles collections de tableaux au monde de maîtres d'Europe occidentale.
Réparties en quatre ailes, les collections, plus de 2 000 œuvres, sont classées chronologiquement : du XIIIe au XVe siècle, du XVIe au XVIIIe siècle et le XXe siècle. Parmi les artistes présents, on peut citer les maîtres italiens : Botticelli, Raphaël, Michel-Ange, Léonard de Vinci, Le Caravage ; les Espagnols : El Greco, Velázquez, Goya ; les Anglais : Hogarth, Gainsborough, Turner ; les Français : Le Lorrain, Poussin, Watteau... Le musée étant très vaste, il est possible que vous n'ayez pas le temps de tout voir. Le mieux est de vous munir d'un plan à l'entrée et de vous diriger directement vers les salles qui vous intéressent, quitte à flâner ensuite dans les autres pièces du musée. N'hésitez pas non plus à revenir plusieurs fois, l'entrée étant gratuite.

NATIONAL PORTRAIT GALLERY

St Martin's Place
St James's
✆ +44 20 7312 2463
www.npg.org.uk
Tube : Charing Cross ou Leicester Square.
Ouvert tous les jours de 10h à 18h et le jeudi et le vendredi jusqu'à 21h. Entrée gratuite, sauf pour les expositions temporaires.
Ce musée, fondé en 1856, abrite la plus grande collection de portraits du monde. Sur trois étages, ce ne sont pas moins de 1 300 portraits qui sont présentés. Les salles sont organisées chronologiquement et l'on retrouve en tableaux, sculptures ou photographies toutes les figures emblématiques de l'histoire anglaise, du Moyen Age à aujourd'hui, d'Henri VIII à la reine Elisabeth II ou encore de Michael Caine aux Beatles. La visite se fait de haut en bas en commençant par les tableaux les plus anciens, qui commencent à l'époque des Tudor au deuxième étage. C'est dans cette galerie que l'on trouve des portraits d'Henri VIII, de la reine Elisabeth Ire ou encore de William Shakespeare. Suivent les portraits sous les règnes des Stuarts et des Hanovers aux XVIIe (Charles Ier, Oliver Cromwell...) et XVIIIe. Le XIXe siècle commence aussi au deuxième étage (Amiral Nelson, William Blake, Jane Austen...) et se prolonge au premier étage, avec l'époque victorienne (la reine Victoria, Charles Dickens, les sœurs Brontë...). Vient ensuite le XXe siècle (la famille royale, Virginia Woolf, Winston Churchill...). La galerie du balcon illustre des personnalités contemporaines comme Sir Paul McCartney ou Sir Elton John. D'autres œuvres présentant les personnalités de la Grande-Bretagne depuis 1900 se trouvent au rez-de-chaussée. Enfin, des expositions temporaires sont régulièrement organisées, la programmation est à surveiller sur le site Internet.

OXFORD STREET

Oxford St
www.oxfordstreet.co.uk
Tube : Tottenham Court Road, Oxford Circus, Bond Street et Marble Arch.

Centre névralgique de Londres, c'est l'endroit le plus fréquenté de la capitale et c'est aussi dans cette artère londonienne que toutes les grandes chaînes de magasin ont leurs boutiques, draînant chaque jour une foule de badauds, touristes et Londoniens venus acheter ici les derniers vêtements à la mode. Des millions de personnes se bousculent. En temps normal, la rue est difficilement praticable, mais en temps de soldes, cela relève du parcours du combattant. La circulation sur Oxford Street est interdite aux voitures, seuls les taxis et les bus ont le droit de circuler et cela suffit là aussi à créer des embouteillages. Si vous aimez la tranquillité, c'est un endroit à éviter. Tout proche d'Oxford Street, Bond Street, Old Bond Street, New Bond Street et Regent Street ne sont pas en reste avec des boutiques chic (Chanel, Prada, Versace...), des galeries d'art et des maisons de ventes aux enchères.

PICCADILLY CIRCUS

Piccadilly Circus
Soho
Tube : Piccadilly Circus.

Carrefour routier, Piccadilly Circus se trouve au croisement de quatre grandes artères, c'est l'un des centres nerveux les plus importants de Londres et beaucoup redoutent le flot humain et automobile qui s'y écoule ici. Le lieu est en fait apprécié surtout pour le scintillement des enseignes lumineuses, véritable curiosité touristique reconnaissable à la première seconde, petite sœur du Times Square new-yorkais. Une fois que vous aurez vu la place, n'hésitez pas à quitter les artères principales pour retrouver le calme des petites rues adjacentes. La sculpture qui surplombe la fontaine en face de Piccadilly, connue sous le nom d'Eros, ne représente pas le dieu de l'Amour mais un ange de la Charité. Elle a été érigée en 1892 en mémoire de Lord Shaftesbury, célèbre politicien et philanthrope. Petite anecdote, elle n'est pas faite en bronze mais en aluminium car, à l'époque, c'était un matériau rare et nouveau.

ROYAL ACADEMY OF ARTS

Burlington House
Piccadilly
St James's
✆ +44 20 7300 8000
www.royalacademy.org.uk
Tube : Piccadilly Circus ou Green Park.

Ouvert du samedi au jeudi de 10h à 18h et le vendredi de 10h à 22h. Dernière admission, 30 minutes avant la fermeture. Le prix varie en fonction des expositions, autour de £10.

Situé dans Burlington House, le lieu a abrité, depuis son acquisition par l'Etat en 1853, diverses institutions scientifiques et académiques. La Royal Academy accueille chaque année de grandes expositions itinérantes. Elle préserve également une petite collection permanente située dans les salons John Madejski, provenant pour la plupart de legs faits par les membres mêmes de l'Académie. Parmi les œuvres présentes, la plus remarquable reste le *Tondo Taddei*, la seule sculpture de Michel-Ange que possède le Royaume-Uni.

SOMERSET HOUSE & COURTAULD INSTITUTE

The Strand
Covent Garden ✆ +44 20 7845 4600
www.somersethouse.org.uk
Tube : Temple ou Covent Garden.

Ouvert tous les jours de 10h à 18h (dernière entrée 17h30). Entrée £6 pour Courtauld Gallery, gratuit pour les moins de 18 ans, pour les étudiants et le lundi de 10h à 14h.

Cet immense bâtiment de type néoclassique se situe au même emplacement que l'originale Somerset House construite en 1547 par Edouard Seymour. A la chute de ce dernier, le bâtiment devient propriété royale et lieu de divertissement. Il est plusieurs fois remanié notamment par Inigo Jones, mais il se dégrade au fur et mesure, et la cour se déplace à Buckingham Palace. C'est alors William Chambers qui va le transformer dans le plus pur style palladien. Aujourd'hui, Somerset House abrite la collection du Courtauld Institute. Moins connu que certains autres musées de Londres, l'Institut Courtauld dispose pourtant d'une superbe collection privée notamment d'artistes impressionnistes et post-impressionnistes comme Degas, Cézanne, Van Gogh ou encore Gauguin.

SPENCER HOUSE

27 St James's Place
✆ +44 20 7514 1958
www.spencerhouse.co.uk
Tube : Green Park.

Visites guidées d'une heure uniquement le dimanche (sauf en janvier et en août) de

10h30 à 17h45. Tarif normal £12, tarif réduit £10 (étudiants, seniors, enfants de moins de 16 ans...).

Spencer House, demeure historique de la famille de Lady Di, est l'une des plus ambitieuses résidences aristocratiques de Londres et l'un des derniers exemples intacts d'un palais du XVIIIe siècle. La demeure, construite en 1776 par l'architecte John Vardy, est un très bel exemple d'architecture palladienne. A l'intérieur, on retrouve une belle collection de tableaux et d'objets de décoration dont cinq œuvres de Benjamin West gracieusement prêtées par sa Majesté la Reine. C'est John Spencer, le premier comte Spencer qui a fait contruire ce palais. Aujourd'hui, on le visite avec en mémoire les images de Diana Spencer, Princesse de Galles (1961-1997).

ST JAMES'S PARK

St James's Park
Westminster
Tube : St James's Park.

St James's Park est le parc central de Londres avec ses 23 ha, son lac ponctué de canards, d'oies et de pélicans. C'est le parc royal le plus ancien de Londres, entouré de trois palais : Westminster, St James et Buckingham. Proche de cette attraction royale, c'est un lieu idéal pour une pause détente ou un pique-nique. La végétation y est luxuriante, des chaises longues payantes sont à disposition l'été, et des concerts de musique classique sont régulièrement organisés.

ST MARTIN-IN-THE-FIELDS

Trafalgar Square
St James's
✆ +44 20 7766 1100
www.stmartin-in-the-fields.org
Tube : Charing Cross.

Ouvert du lundi au vendredi de 8h30 à 13h et de 14h à 18h, samedi de 9h30 à 18h et dimanche de 15h30 à 17h. Entrée gratuite.

Œuvre de l'architecte James Gibb, construite en 1726. L'église qui se tenait sur le site auparavant avait été construite en dehors de la cité, dans les champs (*in the fields*), d'où son nom. Des concerts de musique classique y sont régulièrement organisés. L'église dispose aussi de son café, le Café in the Crypt, un lieu insolite qui vaut le détour. A intervalles réguliers, vous entendrez ses carillons résonner dans tout le quartier.

THE LIBRARY AND MUSEUM OF FREEMASONRY

Freemason's Hall
60 Great Queen Street
Holborn
✆ +44 20 7395 9257
libmus@ugle.org.uk
Tube : Covent Garden ou Holborn.

Ouvert du lundi au vendredi de 10h à 17h. Entrée gratuite.

La franc-maçonnerie intrigue toujours autant ceux qui n'en sont pas membres. Le musée présente une importante collection d'objets et de matériels maçonniques. Certains ont appartenu à des francs-maçons célèbres : Winston Churchill, Edouard VII... Une librairie et des archives existent également, ouvertes pour des recherches, avec de nombreux livres et manuscrits sur la franc-maçonnerie en Angleterre, berceau de l'organisation.

TRAFALGAR SQUARE

Trafalgar Square
St James's
Tube : Charing Cross.

Trafalgar Square s'établit au cœur de Londres. La place commémore la bataille de Trafalgar qui se déroule en 1805 au large d'un cap espagnol proche de la ville de Cadix et oppose les forces britanniques dirigées par l'amiral Nelson et la flotte impériale napoléonienne. L'amiral Nelson se distingue particulièrement en utilisant de nouvelles tactiques qui révolutionnent le combat naval. Pour fêter cet événement historique, la place est construite entre 1829 et 1841 par l'architecte John Nash qui, hélas, meurt avant que les travaux ne soient terminés. Elle sert régulièrement aux rassemblements lors de manifestations sportives comme politiques. Aux quatre coins de la place, vous pourrez notamment admirer les statues de George IV, Henry Havelock et Sir Charles James.

Si la quatrième plinthe est restée vide de nombreuses années, elle sert récemment de support aux œuvres de quelques artistes. La dernière commande en date est l'œuvre de Yinka Shonibare, *Nelson's Ship in a Bottle*, inaugurée en mai 2010 et représentant le navire de guerre de l'amiral dans une bouteille. De jour comme de nuit, Trafalgar Square ne désemplit jamais, puisque c'est là que convergent la plupart des bus de nuit et, donc, de nombreux noctambules. C'est aussi la place aux pigeons que les Londoniens et les touristes venaient nourrir, avant que Ken Livingstone n'interdise cela en promulguant une loi. Attention ne plaisantez pas, vous risquez une amende.

WESTMINSTER ABBEY
20 Dean's Yard
Westminster ✆ +44 20 7222 5152
www.westminster-abbey.org
Tube : St James Park ou Westminster.
Ouvert du lundi au samedi de 9h30 à 15h30 (18h le mercredi). Aucune visite le dimanche mais possibilité d'assister au service. Adulte £16, réduit £13, de 11 à 18 ans £6, gratuit pour les enfants de moins de 11 ans. Audioguide en français inclus. Tours guidés à 10h30 et 14h.
Maison de Dieu, maison des Rois. C'est sous cette appellation qu'est connue Westminster. En effet, depuis le couronnement de Guillaume le Conquérant en 1066, tous les monarques d'Angleterre sont venus ici se faire couronner (à l'exception d'Edouard V et Edouard VIII). Certains s'y sont aussi mariés et d'autres y sont enterrés. Cette abbaye, classée au patrimoine mondial de l'Unesco, fut fondée par Edouard le Confesseur au XIe siècle. Le style architectural gothique n'apparaît qu'en 1220 lorsque Henri III décide de reconstruire l'abbaye, suivant principalement la mode architecturale du moment. Son souhait est aussi de rendre hommage à Edouard le Confesseur, qu'il admire beaucoup, et dont la tombe attire chaque année de nombreux pèlerins. Proche de la cour française, Henri III s'est notamment inspiré des cathédrales d'Amiens et de Reims. Entre 1503 et 1519, l'abbaye est agrandie sous Henri VII qui fait rajouter la Lady Chapel, connue aussi sous le nom de chapelle Henri VII. L'édifice est influencé par le style Renaissance, et des artistes italiens sont appelés pour les travaux. Définitivement achevée en 1745, la façade se dote de deux immenses tours construites par Chistopher Wren et Nicholas Hawksmoor, qui conservent le style gothique original. Ce mélange donne un charme tout particulier à l'édifice, malgré les grandes restaurations du XIXe siècle où de nombreux éléments médiévaux ont été supprimés. L'émotion gagne lorsque l'on découvre l'intérieur. Le trône du couronnement, qui date de 1296 et se trouve placé devant la chapelle d'Henri VIII, est lui aussi magnifiquement sculpté. C'est sous ce siège que reposait la pierre de Scone, l'un des plus anciens symboles écossais. La visite de l'abbaye est indispensable pour découvrir l'histoire fascinante des rois et reines d'Angleterre, trahisons, meurtres, luttes de pouvoir y sont détaillées et expliquées, dans un cadre qui prête à l'imagination. Westminster abrite également les tombes commémoratives d'illustres Britanniques dont Isaac Newton et Charles Darwin. Le célèbre coin des poètes (Poet's Corner), situé dans le transept sud de l'abbaye, réunit les tombeaux ou les monuments dédiés entres autres à Chaucer, Keats, Lewis Carroll et, bien sûr, Dickens et Shakespeare.

Marylebone, Camden, Islington et Hampstead

ABBEY ROAD STUDIOS
3 Abbey Road
St John's Wood ✆ +44 20 7266 7000
www.abbeyroad.co.uk
Tube : St John's Wood.
Les studios ne se visitent pas.
Pour les nostalgiques des Beatles, un petit détour par le quartier vous permettra de voir les studios Abbey Road toujours en activité où la présence des Beatles reste tenace. Pèlerinage pour fans inconditionnels, car il n'y a rien à voir, ni à faire à l'exception de la photo mythique du passage piéton légèrement en contrebas sur l'album éponyme – il peut y avoir la queue pour passer sur les bandes blanches. Si vous souhaitez ramener un souvenir, rendez-vous au Beatles Store sur Baker Street.

BRITISH LIBRARY
96 Euston Road
King's Cross ✆ +44 843 208 11 44
www.bl.uk
Tube : Euston ou King's Cross St Pancras.
Ouvert du lundi au vendredi de 9h30 à 18h (mardi jusqu'à 20h), le samedi de 9h30 à 17h et le dimanche de 11h à 17h. Entrée gratuite.
La British Library, qui se trouvait au sein du British Museum depuis 1850, a déménagé en 1998 dans ce tout nouveau bâtiment de brique rouge près de St Pancras. Son rôle est de recueillir chaque texte publié en Angleterre. Elle abrite également de nombreux autres livres et manuscrits historiques. Elle compte 325 km de rayonnages et peut accueillir pas moins de 12 millions de livres. Des salles d'exposition permanente permettent d'admirer des documents historiques comme la *Magna Carta* ou la Bible de Gutenberg ainsi que des documents littéraires comme les œuvres complètes de Shakespeare datant de 1623 ou encore la copie (manuscrite et illustrée) d'*Alice au pays des merveilles* que Lewis Carroll a donnée à Alice Liddell, la petite fille qui lui a inspiré son plus célèbre livre. Plus récents, les textes des Beatles y sont aussi exposés.

BRITISH MUSEUM

Great Russell Street
Bloomsbury ✆ +44 20 7323 8000
www.britishmuseum.org
Tube : Holborn ou Tottenham Court Road.
Ouvert tous les jours de 10h à 17h30 et le vendredi jusqu'à 20h30. Entrée gratuite (donation de £3 conseillée). Un plan à £2 est en vente, on y trouve notamment quatre visites guidées thématiques.

Le British Museum est l'un des plus grands et des plus vieux musées du monde. Il reçoit 6 millions de visiteurs par an. En 1753, l'Etat acquiert la collection de Sir Hans Sloane. Installé au départ dans Montagu House, le lieu devient vite trop étriqué pour conserver les différents legs et acquisitions effectués, dont la Cottonian Library et la collection de la famille Harley. Le département des sciences naturelles est transféré au Natural History Museum de South Kensington en 1881. Les travaux du nouveau musée commencent en 1824, la dernière pierre de l'édifice sera posée en 2000, lorsque Norman Foster dessine les plans de l'immense toit de verre et d'acier qui recouvre la cour centrale. Le musée est divisé en plusieurs départements, très différents les uns des autres mais tout aussi intéressants. Avec ses 4 millions d'objets, l'institution se visite généralement en plusieurs fois. Vous pouvez donc sélectionner quelques thèmes et y consacrer deux ou trois demi-journées pour ne pas saturer.

- **L'Afrique, l'Océanie et les Amériques.**
- **Les Antiquités égyptiennes.**
- **La Grèce antique et Rome.**
- **L'Asie.**
- **L'Europe et la Grande-Bretagne.**
- **Le Moyen-Orient.**
- **Département des arts graphiques.**
- **Monnaies et médailles.**

CAMDEN LOCK MARKET

Camden Lock Place
Chalk Farm Road – Camden
✆ +44 20 7485 3459
www.camdenlockmarket.com
Tube : Camden Town.
Ouvert du lundi au vendredi de 10h à 18h et le week-end de 10h à 18h30. Marché.

Le Camden Lock Market résume à lui tout seul ce que vous pouvez attendre d'un marché anglais : vous trouverez de tout ici, pour tous les goûts et à tous les prix (des accessoires de pacotille, des fringues délirantes et vintage, des vêtements de créateurs, des CD, des vinyles, des livres d'occasion, des chaussures, des objets d'artisanat, de la mode ethnique...). A la vue de certains vêtements dans les vitrines, vous pourrez vous demander qui peut bien porter ça ? Mais un coup d'œil à la foule environnante vous rappellera qu'à Londres rien, ou presque, ne choque. C'est ça qui est beau, ce mélange hétéroclite de genres, tant pour les objets vendus que pour les personnes qui viennent les acheter. A Camden Lock et Camden Canal Markets, on trouve des boutiques de designers, tandis qu'à Stables Market ce sera plutôt l'artisanat, les objets d'art et les meubles. Le marché intérieur Electric Market s'est spécialisé dans les vestes de velours de style gothique, les fausses fourrures, les bijoux extravagants.

CARTOON MUSEUM

35 Little Russell Street
Bloomsbury
✆ +44 20 7580 8155
www.cartoonmuseum.org
Tube : Tottenham Court Road ou Holborn.
Ouvert du mardi au samedi de 10h30 à 17h30 et le dimanche de midi à 17h30. Adulte £5,50, gratuit pour les moins de 18 ans.

Ce musée, qui a ouvert ses portes en 2006, présente ce qui s'est fait de mieux en matière de dessins animés, caricatures, dessins humoristiques ou satiriques anglais du XVIIIe siècle à nos jours. Ici, pas de Tintin ni d'Astérix. La collection de 1 500 dessins fait la part belle à l'humour britannique comme on l'aime tant. Une bonne connaissance de l'anglais vous permettra d'apprécier les jeux de mots. Le musée est à deux pas du British Museum. La boutique recèle de cadeaux potentiels, faites-y un tour !

CHARLES DICKENS MUSEUM

48 Doughty Street
Bloomsbury ✆ +44 20 7405 2127
www.dickensmuseum.com
Tube : Russell Square.

Une importante collection d'objets relatifs au célèbre écrivain victorien Charles Dickens. Dans la seule maison de l'artiste toujours existante, le musée, ouvert en 1925, accueille des touristes du monde entier venus à la rencontre du père d'*Oliver Twist*. Au programme, des tableaux, des manuscrits originaux, des objets personnels qui retracent la vie et l'œuvre de Dickens. En 2012, le musée a fait peau neuve pour le bicentenaire de la naissance de Dickens.

FREUD MUSEUM

20 Maresfield Gardens
Hampstead
✆ +44 20 7435 2002
www.freud.org.uk
Tube : Finchley Road.
Ouvert du mercredi au dimanche de 12h à 17h. Adulte £6, réduit £3, gratuit pour les enfants de moins de 12 ans.

Le père de la psychanalyse arrive en Angleterre après avoir fui l'Autriche pour échapper aux nazis en 1938. Il s'installe dans cette maison et y vit 18 mois, jusqu'à sa mort en 1939. C'est ici qu'il continue à écrire notamment *Malaise dans la civilisation*. Sa fille Anna occupe la maison jusqu'en 1986, et c'est à sa mort et selon sa volonté que les lieux sont transformés en musée. La visite est centrée autour de la bibliothèque et du bureau de Freud et présente ses ouvrages qu'il utilisait. On découvre également plus de 2 000 antiquités et objets que collectionnait le psychanalyste. Enfin pièce majeure de la visite, le célèbre divan.

HIGHGATE CEMETERY

Swain's Lane
Highgate
✆ +44 20 8340 1834
www.highgate-cemetery.org
Tube : Archway ou Highgate.
Le cimetière est divisé en deux parties. La partie est, ouverte du lundi au vendredi de 10h à 17h et le week-end de 11h à 17h du 1er mars au 31 octobre et jusqu'à 16h du 1er novembre au 28 février. Entrée £3. La partie ouest ne peut se voir que par visite guidée (£7). Les visites ont lieu à 13h45 en semaine (sauf en hiver de décembre à février) et toutes les heures de 11h à 16h (15h en hiver) les week-ends. Réservation conseillée, une semaine à l'avance.

Ce très beau cimetière victorien est un incontournable une fois qu'on se trouve dans le petit village d'Highgate. Parmi les anonymes, on compte près de 850 notables et personnalités dont Karl Marx ou encore George Eliot. Mais c'est surtout l'originalité des tombes inconnues qui est à noter – anges, urnes funéraires, croix celtes, le tout entouré d'une luxuriante végétation. Une expérience à ne pas rater lors de votre passage dans le nord de Londres, surtout si vous aimez les histoires de fantômes et autres vampires. Suite à des incidents étranges dans les années 1970, ce cimetière a été l'objet de chasses au vampire qui ont secoué l'opinion publique.

THE JEWISH MUSEUM

Raymond Burton House
129-131 Albert Street
Camden
✆ +44 20 7284 7384
www.jewishmuseum.org.uk
Tube : Camden Town.
Ouvert du dimanche au jeudi de 10h à 17h et le vendredi de 10h à 14h. Adule £7,50, enfant de moins de 16 ans £3,50.

Ce musée, entièrement rénové, a pour vocation de faire découvrir l'histoire, la culture et la religion juives. Fondé en 1932, l'établissement est au départ situé dans les entrepôts communaux de Woburn House dans le quartier de Bloomsbury. Au fil des ans, il rassemble l'une des plus belles collections d'art juif du monde. En 1995, le musée est transféré dans des bâtiments plus élégants de style victorien dans le quartier de Camden Town. Vous pouvez notamment y admirer les trésors de la Grande Synagogue de Londres, détruite par les bombardements allemands en 1941.

KENWOOD HOUSE

Hampstead Heath
Hampstead
✆ +44 20 8348 1286
www.english-heritage.org.uk
Tube : Highgate.
Fermé pour rénovation jusqu'en automne 2013.

Lorsque vous vous promenez dans le parc de Hampstead Heath, vous apercevez Kenwood House, somptueux hôtel particulier du XVIIIe siècle qui a appartenu au comte de Mansfield. En 1925, la maison est rachetée par le magnat de la bière, Edward Cecil Guiness qui y installe notamment sa collection d'œuvres d'art comprenant plusieurs toiles de grands maîtres britanniques (Gainsborough, Reynolds, Turner, Romney...) et aussi un ensemble de quatre toiles de François Boucher, un autoportrait de Rembrandt, des œuvres de Van Dyck et Vermeer. L'atmosphère confortable des pièces, la qualité des tableaux et la beauté du parc environnant font de Kenwood House l'un des lieux les plus sympathiques à visiter en dehors des collections des grands musées du centre. A l'extérieur, le beau jardin anglais plonge dans le parc.

LITTLE VENICE

Little Venice – Maida Vale
Tube : Warwick Avenue.

Là où se rencontrent Regent's Canal et Grand Union Canal, une petite enclave de tranquillité, nommée Little Venice, abrite péniches fleuries et terrasses ensoleillées qui font bon ménage. La comparaison avec Venise est peut-être un peu poussée mais la promenade y est très agréable, surtout pendant les beaux jours. Vous pourrez alors prendre un verre le long du canal tout en admirant les fenêtres fleuries des belles péniches amarrées là.

LONDON ZOO

Regent's Park
Primrose Hill © +44 20 7722 3333
www.zsl.org/zsl-london-zoo
Tube : Camden Town ou Regent's Park.
Ouvert tous les jours de 10h à 16h, jusqu'à 18h en été. Adulte £20 à £23 en fonction de la saison, enfant £15,50 à £17.

Voici le plus vieux zoo du monde, construit en 1828 et situé au cœur de Regent's Park ; au départ, il sert de collection pour des études scientifiques. Il n'est ouvert au public qu'à partir de 1847. La première maison des reptiles voit le jour en 1849, puis le premier aquarium public en 1853 et la première maison d'insectes en 1881. Participant au programme de recherche et de conservation des espèces, il contribue actuellement à abriter et protéger des espèces en voie de disparition. Devant chaque enclos une fiche explicative est accrochée et vous en apprend plus sur les animaux et leur mode de vie. Au total, le zoo de Londres héberge plus de 12 000 animaux, des plus petits (insectes, araignées) aux plus grands, sachant toutefois que les mammifères comme les éléphants ou les rhinocéros ont été transférés au parc animalier de Whipsnade et que seuls les girafes, les singes et les fauves sont toujours là. Le zoo abrite également la plus grande collection de serpents venimeux et de reptiles du Royaume-Uni. Il fait l'objet depuis 2007 d'un vaste projet de rénovation afin de remplacer les cages par des enclos plus adaptés et de recréer l'environnement naturel des animaux. Au printemps 2007, a été ouvert le royaume des gorilles qui remplace l'ancien enclos des singes, et en 2008 c'est la maison des oiseaux qui a ouvert ses portes. En 2010, une véritable forêt tropicale a été reconstituée : vous pourrez y découvrir certains mammifères extraordinaires comme le tamandua ou l'armadillo. Dernière attraction en date, la piscine des pingouins. Top !

MADAME TUSSAUDS

Marylebone Road
Marylebone © 0871 894 30 00
www.madame-tussauds.co.uk
Tube : Baker Street.
Ouvert tous les jours de 9h à 18h, jusqu'à 19h en été. Adulte £30 enfant £25,80. Les files à l'entrée du Madame Tussauds sont souvent très longues. Pour éviter la foule et gagner du temps, visitez plutôt le musée en début de matinée ou en fin d'après-midi. -25 % si vous achetez le billet sur Internet.

Le lieu reste, malgré les prix très élevés, l'une des attractions les plus touristiques de Londres avec chaque année pas moins de 3 millions de visiteurs. Pour revenir à l'origine des lieux, il faut comprendre qui est Madame Tussauds. Cette Française, de son vrai nom Marie Grosholtz, s'installe à Londres après la Révolution avec dans ses bagages quelque chose d'insolite : des moulages en cire d'aristocrates guillotinés. Depuis, pas besoin de passer par la case guillotine pour figurer dans le musée, fort heureusement, il faut juste être célèbre. Classées par thématique, les salles révèlent au fur et à mesure toutes les personnalités du cinéma, de la musique, du sport ou encore de la politique, décédées ou encore vivantes. En vrac, citons la présence de Brad Pitt et d'Angelina Jolie, de Johnny Depp, des Beatles, de David Beckham, ou encore de Barack Obama. Vous finirez la visite par la World Stage présentant les hommes politiques présents et passés. François Hollande a fait son entrée en août 2012, aux côtés d'Angela Merkel. Le parcours continue avec la chambre des Horreurs, qui évoque le destin des plus célèbres assassins et illustre différentes méthodes de torture. Enfin la balade Spirit of London vous entraînera à bord d'un taxi à la découverte de l'histoire londonienne.

- **London Planetarium.** Mêmes horaires que Madame Tussauds. La visite du Planetarium n'est plus possible sans la visite de Madame Tussauds. A la fin du parcours, vous découvrirez durant 10 minutes, la dernière attraction en date en association avec les studios Aardman, les créateurs des célèbres *Wallace et Gromit*.

PRIMROSE HILL

Primrose Hill – www.primrosehill.com
Tube : Chalk Farm ou Camden.
Ne manquez pas Primrose Hill qui, comme son nom l'indique, est une colline dans le prolongement de Regent's Park, vers le nord. Petit parc branché où les Londoniens du quartier aiment venir pique-niquer, Primrose Hill offre l'une des plus belles vues sur Londres. N'hésitez pas à continuer jusque dans le petit village de Primrose Hill, en empruntant Regent's Park Road. Une merveille.

SHERLOCK HOLMES MUSEUM
221b Baker Street
Marylebone
✆ +44 20 7224 3688
www.sherlock-holmes.co.uk
Tube : Baker Street.
Ouvert tous les jours de 9h30 à 18h. Adulte £6, enfant £4.

Il n'y a que les Anglais pour dédier un musée tout entier à une personne qui n'a jamais existé. Selon les romans de Sir Arthur Conan Doyle, Sherlock Holmes, le plus célèbre de tous les détectives privés, aurait vécu ici, au 221b Baker Street, en compagnie du Dr Watson. Son univers, imaginé par l'écrivain, est recréé, nous plongeant dans l'époque victorienne. On y retrouve notamment les célèbres casquette, loupe et pipe. En outre, le musée a l'originalité d'embaucher des figurants, qui animent cette maison, rendant le décor plus vrai que nature. Pour découvrir ou redécouvrir le personnage et ses aventures, avec des allusions à ses diverses enquêtes. Arrivez tôt et prenez votre mal en patience, il y a souvent la queue.

WALLACE COLLECTION
Hertford House
Manchester Square
Marylebone
✆ +44 20 7563 9500
www.wallacecollection.org
Tube : Bond Street ou Baker Street.
Ouvert tous les jours de 10h à 17h. Entrée gratuite, même pour les expositions temporaires.

Si la collection porte le nom de la famille qui a légué sa collection privée à l'Etat, tout provient du marquis de Hertford, collectionneur et amateur d'art de père en fils depuis plusieurs générations et qui a rassemblé, sa vie durant, toutes ces pièces d'exception. D'ailleurs ces petits chefs-d'œuvre sont réunis dans Hertford House, une très belle demeure de style français du XVIIIe siècle. Retrouvez Le Titien, Rembrandt ou Vélasquez et, bien entendu, une grande sélection d'œuvres d'artistes français, tels que Boucher, Watteau et Fragonard. La Wallace Collection compte également de magnifiques pièces médiévales et Renaissance, des meubles dans le style Louis XIV, Louis XV et Louis XVI, une collection de porcelaines de Sèvres, de Limoges, de majoliques et une très impressionnante collection d'armes et d'armures.

Southwark, Clapham et Brixton

CLINK PRISON MUSEUM
1 Clink Street
Southwark
✆ +44 20 7403 0900
www.clink.co.uk
Tube : London Bridge.
De juillet à septembre : ouvert tous les jours de 10h à 21h. D'octobre à juin : ouvert tous les jours de 10h à 18h (jusqu'à 19h30 le samedi et dimanche). Adulte £7, enfant £5,50.

Lieu tristement célèbre de Londres qui sert de prison entre le XIIe et le XVIIIe siècle. C'est sous la juridiction des évêques de

Wallace Collection.

Winchester que voleurs, prostituées, tueurs et mauvais garçons en tout genre sont emprisonnés ici dans des conditions effrayantes. De nombreux hérétiques y sont également emprisonnés, catholiques et protestants qui ne sont pas en conformité avec la religion du moment. L'origine du nom de la prison n'est pas certaine, mais elle vient peut-être d'une onomatopée, en référence au son métallique produit par les portes de la prison ou les chaînes des prisonniers qui s'entrechoquent. Le musée raconte cette histoire et évoque les différentes tortures qui sont infligées à l'époque. Ames sensibles s'abstenir.

HAMPTON COURT PALACE

East Molesey
Surrey, à 15 miles au sud-ouest de Southwark
✆ +44 20 3166 6000
www.hrp.org.uk
Train au départ de la gare Waterloo.
Ouvert tous les jours de 10h à 18h, de novembre à mars jusqu'à 16h30. Adulte £16,95, enfant £8,50.

Le magnifique palais de Hampton Court et ses jardins réservent une magnifique promenade dans le Surrey, au sud de Londres. Henri VIII avait d'ailleurs jeté le premier son dévolu sur les lieux. La visite permet de découvrir les appartements d'apparat, le grand hall et la chapelle royale qui servait alors de lieu de recueillement à la famille royale. Très belle reconstitution des cuisines de l'époque, la cuisine Tudor pouvait nourrir jusqu'à 800 personnes et demeure la cuisine la plus importante du XVIe siècle encore existante. On peut aussi visiter les appartements du roi Guillaume III, palais et décors baroques cette fois-ci, accompagnés notamment de meubles et d'objets d'art de l'époque comme de magnifiques tapisseries. Une autre partie du palais est réservée à la visite des appartements de la reine Marie II, épouse de Guillaume III. A l'extérieur, les jardins environnants sont superbes, une roseraie, un jardin à la française et un labyrinthe complètent cette visite.

IMPERIAL WAR MUSEUM

Lambeth Road
Southwark
✆ +44 20 7416 5000
www.iwm.org.uk
Tube : Lambeth North ou Elephant & Castle.
Ouvert tous les jours de 10h à 18h. Entrée gratuite. Fermé pour restauration depuis janvier 2013, réouverture partielle en juillet 2013 et réouverture totale en été 2014 à l'occasion des 100 ans du début de la 1ère Guerre Mondiale

Ce musée consacré à la guerre frappe fort. Dès que vous franchissez le seuil, une exposition d'engins de guerre : tanks, avions de combat suspendus au plafond, sous-marins nains ou encore un bus utilisé lors de la Première Guerre mondiale pour convoyer au combat les troupes britanniques. Bien vite, toutes ces machines laissent place à des salles consacrées à l'histoire des deux guerres mondiales, la reconstitution d'une tranchée ou encore un abri antiaérien. L'intérêt est porté sur les hommes et les femmes, connus ou inconnus, qui ont participé à ces conflits. Un étage est également dédié à l'histoire de l'holocauste à travers des documents d'archives, des photographies, des objets et des témoignages. Un film revient également sur les différents génocides dans le monde. De nombreuses expositions temporaires sont régulièrement organisées tout au long de l'année et sont toujours de très grande qualité.

Autres adresses : Churchill War Rooms : Clive Steps – King Charles Street – London SW1A 2AQ. Adulte : £16.50 ; réduit : £13.20. • HMS Belfast : The Queen's Walk – London SE1 2JH. Adultes : £14. • IWM Duxford : Cambridgeshire CB22 4QR. Entrée : £10.45. • WM North : The Quays – Trafford Wharf Road – Manchester M17 1TZ. Entrée libre.

LONDON BRIDGE EXPERIENCE

2-4 Tooley Street
Southwark
✆ 084 4847 2287
www.thelondonbridgeexperience.com
Tube : London Bridge.
Ouvert du lundi au vendredi de 10h à 17h, le samedi et le dimanche de 10h à 18h. Adulte £18,54 sur Internet, £24,50 sur place.

Cette attraction devrait plaire au grand public à condition d'aimer avoir peur. Calqué sur son voisin le London Dungeon, vous partez à la découverte de l'histoire de ce pont célèbre de l'époque romaine à nos jours, mais attention l'histoire n'est que prétexte à distiller sensation, frisson et peur… Pour ceux qui n'en ont pas assez, London Tombs devrait ajouter encore un peu de piment à l'expérience…

■ **LONDON DUNGEON**
28-34 Tooley Street
Southwark ✆ +44 20 7403 7221
www.the-dungeons.co.uk
Tube : London Bridge.
Ouvert tous les jours de 10h à 17h avec quelques variations selon le mois. Adulte £24, enfant £18,60. Déconseillé aux jeunes enfants et aux personnes émotives.
Tentez de survivre à l'attraction la plus terrifiante de Londres. De sanglantes et macabres histoires ont été recréées dans une rue fictive. Suivant un parcours semé d'obstacles et d'embûches effrayants, vous côtoyez les assassins, meurtriers et entendez leurs histoires sordides. Vous apprendrez ainsi comment Jack l'Eventreur tuait ses victimes, quelles sont les dernières paroles d'Anne Boleyn avant de monter sur l'échafaud ou encore comment Henri VIII s'est débarrassé de ses nombreuses épouses. Au menu également, des personnages en cire, éventrés, égorgés, brûlés au fer rouge, une reconstitution d'instruments de torture comme la chaise électrique mais aussi d'instruments beaucoup plus rudimentaires, on vous laisse imaginer, le tout, bien entendu, plongé dans le noir et alimenté de cris et de hurlements !

■ **LONDON EYE**
Riverside Building – County Hall
Westminster Bridge Road
Southwark ✆ 0870 500 06 00
www.londoneye.com
Tube : Waterloo ou Embankment.
Ouvert de septembre à mars de 10h à 20h30, d'avril à août de 10h à 21h (21h30 juillet et août). Fermé pour maintenance la première semaine de janvier. Tarif standard adulte : £19,20, enfant : £12,30. Gratuit pour les moins de 4 ans. Tarifs réduits sur Internet.
L'attraction est vite devenue un incontournable à Londres pour tous ceux qui n'ont pas le vertige. C'est un tel succès que bien souvent les files d'attente peuvent durer plusieurs heures, il vaut mieux essayer pour cela de réserver en avance, notamment par Internet. Cette grande roue est située le long de la Tamise et a été construite en 1999 pour célébrer le passage à l'an 2000. Alors qu'elle devait être démontée en 2005, devant le franc succès rencontré, la roue est restée en place. Elle mesure 135 m de hauteur, comporte 32 nacelles, contenant chacune jusqu'à 25 passagers et il lui faut 30 minutes pour faire un tour complet. Cela vous donne donc une demi-heure pour admirer le magnifique paysage qui s'étend sous vos yeux, un tour d'horizon de plusieurs dizaines de kilomètres et qui vous permettra d'admirer les différents bâtiments de la ville. En 2011, et ce pour trois ans, EDF s'est payé la grande roue, la nommant temporairement EDF Energy London Eye. Un coup marketing qui laisse rêveur.

■ **SEA LIFE LONDON AQUARIUM**
Westminster Bridge Road
London Aquarium
South Bank ✆ 087 1663 1678
www.londonaquarium.co.uk
Tube : Westminster ou Waterloo.
Ouvert du lundi au jeudi de 10h à 18h, du vendredi au dimanche de 10h à 19h. Adulte £19,80, enfant £14,40, gratuit pour les moins de 3 ans. Tarifs réduits sur Internet.
Situé dans le County Hall, l'aquarium de Londres est l'un des plus importants aquariums du monde présentant près de 500 espèces dont des requins, des poissons-chats, des anguilles… Il s'étend sur trois étages et est séparé en 14 zones différentes, chaque zone représentant les différents types de mers et d'écosystèmes existants. Des eaux froides de l'Antarctique aux climats tropicaux, vous y découvrirez une grande variété d'espèces marines présentes sur notre globe.

■ **TATE MODERN**
53 Bankside
Southwark ✆ +44 20 7887 8888
www.tate.org.uk
Tube : Southwark, London Bridge ou St Paul's.
Ouvert tous les jours de 10h à 18h. Nocturne le vendredi et le samedi jusqu'à 22h. Entrée gratuite pour les collections permanentes.
La Tate Modern est un incontournable de Londres, qu'on y aille pour les collections permanentes d'art contemporain comme pour les expositions temporaires. Ouverte depuis 2000, elle est abritée dans une ancienne centrale électrique reconvertie en musée. Rénovée par les architectes suisses Herzog et de Meuron, l'énorme cheminée centrale a été conservée ainsi que le non moins gigantesque hall d'entrée où se trouvaient les machines. Les collections permanentes ne sont pas organisées de manière chronologique mais thématique : matériaux et gestes, poésie et rêve, idées et objets… On retrouve les plus grands noms du XXe siècle : Picasso, Braque, Dali, Miro, Beuys, Pollock, Bacon… Tous les grands mouvements sont aussi présents : minimalisme, surréalisme, support/surface… Si vous ne savez pas par où commencer, des visites guidées gratuites sont organisées quotidiennement. Rendez-vous

aussi aux niveaux 1 et 2 pour vous procurer une carte du musée. Au 3e étage, une chronologie de l'art contemporain reprend les courants et artistes représentatifs des XXe et XXIe siècles. La Tate Modern accueille également des expositions temporaires passionnantes. Vous pouvez rejoindre la cathédrale Saint-Paul sur l'autre rive grâce au Millenium Bridge.

VINOPOLIS

1 Bank End
Southwark ✆ +44 20 7940 8300
www.vinopolis.co.uk
Tube : London Bridge.
Ouvert du jeudi au dimanche de 12h à 22h. Entrée £21.
Des musées dédiés au thé ou aux jardins, cela tombe sous le sens à Londres. Le musée du vin toutefois peut surprendre. Pourtant les amateurs de la boisson des dieux apprécieront l'évocation des différentes productions mondiales et de leurs spécificités. L'espace dédié au whisky écossais donne un aspect un peu plus typique et s'avère fort intéressant en ce qui concerne les méthodes de production, mais c'est surtout la façon de le déguster qui risque de marquer plus les esprits. Vous pouvez ne pas effectuer la visite et vous contenter de faire quelques achats dans la boutique attenante ou prendre un verre au bar.

WIMBLEDON LAWN TENNIS MUSEUM

Wimbledon Lawn Tennis Museum
Church Road
Wimbledon, à 8 miles au sud-ouest de Southwark ✆ +44 20 8946 6131
www.wimbledon.com
Tube : Southfields puis bus 493.
Ouvert tous les jours de 10h à 17h. Allez à Wimbledon ou Southfields avec la District Line ou Tooting Broadway sur la Northern Line. Ensuite, prendre le bus 493. £11 l'entrée au musée, £20 avec visite guidée.
«Une source d'inspiration pour les plus grands joueurs». A Wimbledon, l'arrivée de l'été est synonyme du début imminent de ce légendaire tournoi, toujours plus excitant et relevé d'année en année. Pourquoi donc ne pas en profiter pour visiter le Wimbledon Lawn Tennis Museum et découvrir les traditions, triomphes, spectacles et sons qui ont fait de Wimbledon le titre le plus convoité du monde du tennis ? Accompagné du «fantôme» de John McEnroe et entouré par une collection époustouflante d'objets d'époque et de trophées originaux, parcourez l'histoire du tournoi et succombez ensuite à une visite des coulisses avec comme clou du spectacle, la visite du court central.

WORLD RUGBY MUSEUM

Rugby Road
Twickenham, à 15 miles au sud-ouest de Southwark ✆ +44 208 892 8877
www.rfu.com – Tube : Wimbledon.
Fermé le lundi, ouvert de 10h à 17h les autres jours (à partir de 11h le dimanche). Entrée pour le musée £7, pour l'entrée + la visite guidée du stade £15.
Bienvenue au temple du rugby ! Ouvert en 1996 comme musée du rugby, ce lieu devient le musée mondial du rugby en 2007, grâce à sa collection de plus de 25 000 objets liés au ballon ovale. Vous pourrez également suivre un tour complet du stade, mais aussi découvrir dans le musée le *Wall of Fame* qui présente toutes les stars du rugby ayant joué dans ce stade et qui ont pu laisser une trace. A celà s'ajoutent des expositions ainsi que des conférences à certaines occasions. A noter que le musée est situé près de l'aéroport de Heathrow ce qui en fait une attraction idéale à votre arrivée comme avant votre départ.

City, East End et Greenwich

BEVIS MARKS SYNAGOGUE

Bevis Marks
The City
✆ +44 20 7626 1274
www.bevismarks.org.uk
Tube : Aldgate.
Ouvert du lundi au vendredi de 10h30 à 14h (13h le mardi et le vendredi) et le dimanche de 10h30 à 12h30. Visites guidées le dimanche à 11h, le mercredi et le vendredi à midi. Adulte £4, enfant £2.
C'est la plus vieille synagogue de Grande-Bretagne, construite en 1701 par des juifs espagnols et portugais ayant fui l'Inquisition. L'existence d'une population juive à Londres remonte bien avant dans l'histoire, notamment avec les juifs venus de France avec Guillaume le Conquérant en 1066 mais expulsés par Edouard Ier en 1278. Les juifs espagnols et portugais commencent à s'établir en Grande-Bretagne à partir de 1540 mais cachent leur foi jusqu'en 1656, date à laquelle Oliver Cromwell autorise la pratique du culte juif. Les réticences envers les juifs demeurant encore très fortes à l'époque, la synagogue est édifiée au fond d'une cour de façon à ne pas être visible depuis la rue principale. Elle est disposée sur le modèle de la synagogue d'Amsterdam (où de nombreux juifs espagnols et portugais s'étaient réfugiés initialement), mais l'architecture est inspirée du style de Christopher Wren.

LONDRES

BRICK LANE MARKET

Cheshire Street et Sclater Street
Spitalfields
www.visitbricklane.org
Tube : Aldgate East ou Liverpool Street.
Ouvert le dimanche de 9h à 17h.
Ouvert un seul jour par semaine, ce marché a de vrais airs de marché aux puces à la différence de ses concurrents Camden Market et Portobello Market, plus chers et plus orientés antiquités. Ici, vous êtes aussi sur un marché bric-à-brac où vous pouvez trouver tout ce que vous voulez si vous vous donnez la peine de bien chercher. De jeunes artistes et bobos de la capitale qui se mêlent à la population locale viennent ici pour acheter les derniers articles de la mode avant-gardiste menée par de jeunes designers qui exposent ici leurs dernières créations : habits, chaussures, chapeaux, sacs…

CUTTY SARK

King William Walk
Greenwich
✆ +44 20 8858 2698
ww.rmg.co.uk
DLR : Cutty Sark.
Ouvert du lundi au samedi de 10h à 18h. Entrée adulte £12, enfant £6,50.
En mai 2007 un incendie d'origine suspecte a lourdement endommagé le bateau Cutty Sark, l'un des fleurons touristiques de la capitale britannique, ancré sur la Tamise. L'incendie s'est déclaré à bord de ce vaisseau historique, transporteur de thé au XIXe siècle. Heureusement, le Cutty Sark a pu rouvrir en 2012, après des réparations importantes de sa structure métallique, victime de la corrosion du sel marin. On peut désormais à nouveau le visiter, sa coque étant emprisonnée dans un cube de verre protecteur.

DENNIS SEVERS' HOUSE

18 Folgate Street
Spitalfields
✆ +44 20 7247 4013
www.dennisseverhouse.co.uk
Tube : Liverpool Street.
Ouvert le dimanche de midi à 16h (entrée £10), le lundi de midi à 14h (£7) et le lundi soir entre 18h et 21h pour une visite à la bougie (£14, réservation obligatoire).
Si vous êtes à la recherche d'une visite originale, la maison de Dennis Severs devrait vous combler. Le but du jeu est simple, vous êtes censé assister à la vie quotidienne d'une famille de huguenots aux XVIIe et XVIIIe siècles. La reconstitution est de ce fait méticuleuse : éclairage à la bougie, chauffage au feu de cheminée. La maison a pris vie grâce à un artiste, Dennis Severs qui, jusqu'à sa mort en 1999, a vécu dans cette atmosphère, à la manière du XVIIIe siècle sans aucun confort moderne. La maison comporte une dizaine de pièces où tout est recréé dans les moindres détails : mobilier d'époque, objets de décoration… Alors attention, ne touchez à rien et surtout chut, la visite commence !

GEFFRYE MUSEUM

Kingsland Road
Hackney & Dalston
✆ +44 20 7739 9893
www.geffrye-museum.org.uk
Tube : Hoxton.
Ouvert du mardi au samedi de 10h à 17h et le dimanche et les jours fériés de midi à 17h. Entrée gratuite. Les jardins sont ouverts du 1er avril au 31 octobre aux mêmes horaires que le musée.
Le Geffrye Museum est un très bel exemple de la quintessence du style anglais dans les familles de la petite bourgeoisie. Les salles rassemblent une collection de meubles, textiles, tableaux et objets décoratifs de 1600 à nos jours. Le visiteur est entraîné dans un voyage dans le temps découvrant la splendeur du style georgien, l'élégance du style victorien, la modernité des débuts du XXe siècle avec notamment la reconstitution d'un appartement des années 1930. Le musée est situé dans une très belle demeure du XVIIIe siècle entourée d'un jardin coquet.

GREENWICH MARKET

Greenwich Church Street
5b Greenwich Market
Greenwich
✆ +44 20 8269 5093
www.shopgreenwich.co.uk
DLR : Cutty Sark.
Ouvert du mercredi au dimanche de 10h à 17h30.
Ce marché existe depuis plus de trois siècles. Dans les trois sections rassemblées, on peut acheter de la nourriture, des antiquités, des vêtements autant *vintage* que dernier cri, des meubles, des accessoires ethniques… Autour du marché, de nombreux restaurants et bars permettent de s'arrêter prendre un verre ou manger un morceau, histoire de faire une pause.

GUILDHALL ART GALLERY & LONDON'S ROMAN AMPHITHEATRE
Gresham Street
The City
✆ +44 20 7332 3700
www.guildhall.cityoflondon.gov.uk
Tube : Bank, St Paul's ou Moorgate.
Ouvert du lundi au samedi de 10h à 16h30. Entrée gratuite.
Au centre de Londres, Guildhall a été le centre du gouvernement depuis le Moyen Age. Le premier Guildhall est bâti au XVe siècle, et son porche d'origine a été conservé jusqu'à nos jours. La façade, construite en 1789, est une curieuse variation sur l'utilisation d'éléments architecturaux issus de l'époque des bâtisseurs de cathédrales. Le Guildhall est, depuis plusieurs siècles, à la fois le Parlement et l'Hôtel de Ville de la Cité (The City of London Corporation). A l'intérieur, vous découvrirez les statues de Wellington, de Nelson et de plusieurs illustres Premiers ministres anglais. La crypte date du XVe siècle, mais on peut rarement la visiter. The Guildhall abrite également le Clock Museum, le plus vieux musée d'horlogerie au monde. Celui-ci possède une collection commencée par les membres d'une corporation d'horlogers en 1631. Parmi les pièces remarquables, la montre en forme de crâne de Mary Queen of Scots et une montre astronomique qui aurait appartenu à Isaac Newton.

INNS OF COURT
Lincoln's Inn Fields
La City
Tube : Holborn ou Chancery Lane.
Ouvert à la visite du lundi au vendredi de 9h à 16h30. Interdiction de prendre des photos.
Littéralement les « auberges de la Cour », les Inns of Court sont des institutions de formation professionnelle destinées aux avocats qui viennent étudier ici. Londres possède quatre Inns of Court : Inner Temple (King's Bench Walk), Middle Temple (Middle Temple Lane), Lincoln's Inn (Lincoln's Inn Field) et Gray's Inn (Gray's Inn Road). Outre leur rôle dans la formation des juristes, elles supervisent également la profession. Chaque *barrister* (avocat) adhère à l'une de ces écoles. Les *barristers* portent les traditionnelles perruques blanches et eux seuls sont habilités à défendre ou à poursuivre les accusés et à plaider devant la cour. Depuis le XIIIe siècle, les Inns of Court contrôlent sévèrement l'admission au barreau anglais et ceux qui souhaitent devenir *barrister* doivent encore de nos jours étudier à l'une des quatre Inns of Court. Le système s'apparente en fait à une sorte de patronage, dans la mesure où il est difficile de devenir *barrister* sans un réseau de bons contacts. Ces institutions vénérables et traditionalistes sont construites autour d'une cour centrale, sur le modèle des collèges d'Oxford et de Cambridge. Les Inns of Court constituent un ensemble de passages, de cours et de pelouses au charme indéniable. Lincoln's Inn est la plus ancienne et certainement la plus belle avec son portail dans le style Tudor et sa chapelle datant de 1623. De toutes les Inns of Court, Lincoln's Inn est celle qui a été la moins touchée par les bombardements de la Seconde Guerre mondiale. Des personnages célèbres comme Thomas More, Oliver Cromwell et Margaret Thatcher y ont étudié. Juste à côté se trouve Lincoln's Inn Field, le plus grand square de Londres, édifié en 1640.

MONUMENT
Monument Street
La City
✆ +44 20 7626 2717
www.themonument.info
Tube : Monument.
Ouvert tous les jours de 9h30 à 17h30. Adulte £3, enfant £1,50. Il existe un billet combiné avec l'entrée au Tower Bridge.
Cette colonne dorique, de 61 m de haut, a une forte signification pour les Londoniens puisqu'elle commémore un des événements les plus douloureux de la ville, le Grand Incendie de 1666 qui ravagea 174 ha, détruisant 13 000 maisons et 89 églises, mettant également fin à l'épidémie de peste qui dévastait la ville depuis plusieurs mois. Situé dans le quartier de La City, Monument s'élève exactement à 61 m de l'endroit où le feu a commencé, chez un boulanger de Pudding Lane. La colonne est dessinée d'après les plans de Christopher Wren, également chargé de la reconstruction de nombreux bâtiments après l'incendie. On peut grimper les 311 marches de l'escalier en colimaçon qui mène à une excellente vue de Londres.

MUSEUM OF LONDON
150 London Wall
The City
✆ +44 20 7001 9844
www.museumoflondon.org.uk
Tube : Barbican ou St Paul's.
Ouvert tous les jours de 10h à 18h. Entrée gratuite.

Ce très vaste musée retrace l'histoire de Londres, sur plus de 2 000 ans. Très interactif, il permet de découvrir toutes les grandes étapes de la construction de la ville, ses évolutions, son histoire, ses mœurs. Selon un parcours chronologique, par successions d'anecdotes pittoresques, vous suivrez le cours de l'histoire. De l'arrivée des Romains à la peste noire du XIVe siècle, qui tua environ 50 millions de personnes dans toute l'Europe, dont presque la moitié de la population londonienne ; de la seconde peste en 1665 au Grand Incendie de 1666, dont on peut voir le déroulement grâce à une reconstitution animée. Au détour d'une salle, une baie vitrée plonge sur une vue exceptionnelle d'une partie des fortifications romaines qui entouraient autrefois la City (London Wall). Puis vient le temps de l'ère vitorienne, un quartier est d'ailleurs entièrement recréé, avec ses boutiques, ses rues pavées et c'est vous le badaud ! Une splendide voiture de 1930, entourée de robes d'époque, vous tire vers la modernité et vous voilà bientôt projeté dans le *Swinging London* des années 1960. Les objets se font plus familiers, jusqu'à se regarder, soi-même, dans les années 2000.

Une annexe du musée, Museum of London Docklands, est à visiter dans l'est de Londres, sur West India Quay. On y retrace ici la grande histoire portuaire de la ville, à travers la rénovation des entrepôts et des docks vieux de 200 ans. Une visite passionnante qui nous plonge au cœur de plusieurs siècles d'échanges, de migrations et de commerce.

NATIONAL MARITIME MUSEUM

Romney Road
Greenwich
✆ +44 20 8858 4422
www.rmg.co.uk
Station DLR : Cutty Sark.
Ouvert tous les jours de 10h à 17h. Entrée gratuite.
Créé officiellement en 1934 par le roi George VI, ce musée est le plus grand musée maritime du monde. Les collections rassemblent un grand nombre d'objets liés à l'histoire maritime de la Grande-Bretagne : cartes marines, manuscrits, modèles réduits, plans de navires, instruments de navigation… Le musée présente également une importante collection de portraits de personnalités liées à l'histoire maritime britannique ainsi que la plus grande bibliothèque d'ouvrages maritimes du monde avec près de 100 000 ouvrages.

THE OLD BAILEY

Old Bailey
The City ✆ +44 20 7248 3277
www.cityoflondon.gov.uk
Tube : St Paul's.
Ouvert du lundi au vendredi de 10h à 13h et de 14h à 17h. Visite interdite aux moins de 14 ans.
C'est la plus célèbre cour d'assises du pays où ont lieu les plus grands procès, comme celui d'Oscar Wilde en 1895. The Old Bailey a été construit sur l'emplacement de l'ancienne prison de Newgate, l'une des plus terribles de son temps. Sur le toit, une épée dans une main et une balance dans l'autre, la statue allégorique de la Justice regarde en direction de la place de Grève, où avaient lieu jadis les exécutions. Si de grands procès médiatisés se déroulent pendant votre séjour, il faudra se lever de bonne heure.

OLD ROYAL NAVAL COLLEGE

2 Cutty Sark Gardens
Greenwich ✆ +44 20 8269 4799
www.ornc.org
Station DLR : Cutty Sark.
Ouvert tous les jours de 10h à 18h. Entrée gratuite.
La plus belle vue du College Naval Royal se fait de l'autre côté de la Tamise : on peut alors admirer la perspective des bâtiments et leur ordonnancement. La première partie, la plus ancienne, est construite par John Webb, le neveu et assistant d'Inigo Jones, dans les années 1660, à la demande de Charles II qui veut un nouveau palais. Le projet est abandonné à cause d'obstacles financiers et c'est le roi Guillaume III et sa femme qui transforment le site en hôpital pour les marins blessés. La construction du bâtiment est confiée à Christopher Wren et achevée par Hawksmoor puis par Vanbrugh. Les peintures sur le plafond et sur les murs de la grande salle (Painted Hall) ont été réalisées par sir James Thornhill entre 1707 and 1726. La chapelle a été restaurée par James Stuart après un incendie en 1779. Le Royal Naval College intègre le bâtiment en 1873. Le Old Royal Naval College abrite l'université de Greenwich et le Trinity College of Music.

OLD SPITALFIELDS MARKET

Commercial Street
Spitalfields – www.visitspitalfields.com
Tube : Liverpool Street.
Ouvert du lundi au vendredi de 10h à 16h et le dimanche de 9h à 17h.
Vous trouverez dans ce marché quantité de trésors (antiquités et *vintage* le jeudi, mode et arts le vendredi), des bijoux artisanaux,

des vieux livres et vinyles, des blousons en cuir *vintage* et, bien entendu, des fruits et des légumes. Le marché est couvert, gros avantage par temps de pluie ! Une multitude de petits bars et de boutiques de décoration entourent le marché. Historiquement, le nom vient des terrains qui se trouvaient autour de l'hôpital : Hospital Fields. Fondé en 1682 par Charles II, le marché devint tristement célèbre lorsque la première victime de Jack l'Eventreur y fut découverte.

OLD TRUMAN BREWERY

91 Brick Lane
Shoreditch
✆ +44 20 7770 6000
www.trumanbrewery.com
Tube : Liverpool Street.

Au cœur du quartier de Shoreditch, The Old Truman Brewery est un vaste complexe en brique qui fut autrefois la plus grande brasserie de Londres et la 2e de Grande-Bretagne. La brasserie Black Eagle appartenait à la famille Truman, d'où son nom et l'inscription sur la grande cheminée industrielle.

ROYAL COURTS OF JUSTICE

The Strand
The City
✆ +44 20 7947 6000
Tube : Temple.

Ouvert du lundi au vendredi de 9h à 16h30.

La Cour royale de justice est inaugurée par la reine Victoria en 1882 et abrite la Cour suprême. Avant elle, différentes cours s'occupent des litiges, mais des anomalies ont provoqué le besoin de constituer une Haute Cour. C'est George Edmund Street qui dessine l'ensemble du bâtiment de style néogothique. A l'intérieur, on découvre les pièces connues sous le nom de « Bear Garden » aux beaux plafonds lambrissés et au papier peint aux emblèmes de la Cour. Leur nom viendrait de l'atmosphère qui s'y dégageait lors du règlement de certains litiges, semblable à celle d'un combat d'ours. Passez devant le hall principal pour y admirer deux piliers d'un style très fleuri, travail d'ouvriers étrangers qui ont réalisé ces sculptures durant leur temps libre. Découvert trop tard, le travail a été conservé même s'il ne faisait pas partie des plans de construction. Autre détail surprenant sous les arches, vous verrez une colonne qui ne se prolonge pas jusqu'au sol. George Street, qui était très religieux et également architecte d'églises, a réalisé ce détail en référence à Jésus-Christ.

ROYAL OBSERVATORY

Blackheath Avenue
Greenwich ✆ +44 20 8858 4422
ww.rmg.co.uk
Station DLR : Cutty Sark.

Ouvert tous les jours de 10h à 18h. Observatoire adulte £7, réduit £2. Planétarium adulte £6,50, enfant £4,50.

L'Observatoire royal a été commandé par le roi Charles II en 1675 auprès de l'architecte Christopher Wren. Le but principal est de permettre à l'astronome John Flamsteed d'observer le ciel. Le bâtiment est situé sur la colline dans Greenwich Park, et le parc royal qui entoure l'Observatoire est en partie dessiné par Le Nôtre, à qui l'on doit également les jardins de Versailles. C'est à l'intérieur de l'Observatoire que se trouve le fameux méridien de Greenwich, dont vous pouvez apercevoir le tracé situé sur le sol et c'est en 1884 qu'il est décidé que le méridien de Greenwich correspondrait au méridien 0, à partir duquel toutes les distances seraient mesurées d'est en ouest. Dernièrement, grâce aux satellites, des calculs récents ont situé le méridien un peu plus à l'est que le tracé ! La partie sud de l'Observatoire abrite le Planetarium (l'unique à Londres), qui projette films et galeries interactives sur l'astronomie.

SIR JOHN SOANE'S MUSEUM

13 Lincoln's Inn Fields
La City ✆ +44 20 7405 2107
www.soane.org
Tube : Holborn.

Ouvert du mardi au samedi de 10h à 17h ainsi que le premier mardi de chaque mois jusqu'à 21h (certaines parties du musée sont alors éclairées à la bougie). Entrée gratuite. Visite guidée chaque samedi à 11h (£10).

Ce musée est surprenant. Vous serez étonné en passant le pas de la porte de pénétrer dans un hôtel particulier si « déjanté ». Maison de Sir John Soane, architecte à qui l'on doit notamment The Bank of England, vous y trouvez sa collection d'art et d'antiquités. Collectionneur et passionné d'art, Soane a amassé des dizaines de pièces d'architecture et de petites sculptures qu'il a installées un peu partout dans sa maison, dans des endroits insolites, recouvrant presque chaque centimètre carré de murs. Débordant d'antiquités égyptiennes, romaines, médiévales ou de la Renaissance, le lieu est à mi-chemin entre le musée et le cabinet de curiosités. Vous verrez également des caricatures originales de William Hogarth et de quelques autres artistes anglais. Un musée plein de surprises.

ST PAUL'S CATHEDRAL

St Paul's Churchyard
The City
www.stpauls.co.uk
Tube : St Paul's.

Visites du lundi au samedi de 8h30 à 16h. Adulte £15, étudiant £14, enfant £6. Tours guidés de 90 minutes à 10h45, 11h15, 13h30, 14h. Audio-guide en français gratuit.

Chef-d'œuvre de l'architecte Christopher Wren, qui fut chargé de sa reconstruction après le Grand Incendie de 1666, la cathédrale actuelle est en fait la cinquième cathédrale bâtie sur ce site depuis l'édification de la première église dédiée à saint Paul en 604. Première cathédrale anglicane en 1534, son chœur a d'ailleurs servi de référence à toutes les églises anglicanes du pays. La restauration de la cathédrale a été décidée peu avant l'incendie et finalement c'est sa reconstruction qui commence en 1675 et s'achève en 1710. Wren a déjà proposé des plans de restauration et il voit la fin des travaux alors qu'il est âgé de près de 80 ans, autrement dit c'est l'œuvre de sa vie. Il est d'ailleurs, en toute logique, enterré là. Si les travaux restent secrets – Wren ayant pris soin d'entourer le bâtiment de vastes échafaudages –, il apporte au fur et à mesure de la construction quelques modifications. Le plan de l'église est en forme de croix, vous pénétrez par la vaste nef qui ouvre la perspective sur le dôme et le chœur. L'architecture s'inspire largement de la Renaissance italienne et du baroque. Son dôme majestueux se dresse fièrement au milieu de La City, sa pierre blanche étincelant au soleil. Wren avait en tête un dôme que l'on verrait de très loin, or il souhaitait également que les peintures intérieures, soient visibles du sol de la cathédrale. Il a donc contruit deux dômes, un intérieur, dont on ne voit que la partie concave, et un extérieur dont on n'aperçoit que la partie convexe. On accède d'ailleurs à ce dôme par un escalier interminable conduisant à une galerie, la Whispering Gallery (galerie des murmures). Son nom vient d'un phénomène de résonance qui permet d'entendre un murmure chuchoté de l'autre côté. Une autre série de marches et un escalier plus tard, vous atteindrez la seconde galerie, la galerie de pierres puis enfin la galerie d'or, cette fois-ci à l'extérieur de la cathédrale et offrant une vue à 360° sur la capitale. Sujets au vertige s'abstenir. Les efforts (530 marches tout de même) en valent la peine, surtout par beau temps, car vous voilà surplombant le centre-ville. La cathédrale s'élève sur 110 m, soit 365 pieds : Wren aimait mélanger science (365 jours) et foi. Enfin, découvrez le sous-sol de la cathédrale qui abrite la crypte, panthéon des grands hommes de la nation. C'est ici que plusieurs artistes, hommes d'Etat ou scientifiques, reposent. Au centre de la crypte s'étend le tombeau de l'amiral Nelson, orné d'une couronne sculptée dans le bois du mât de *L'Orient*, vaisseau français détruit à la bataille d'Aboukir. Dans le coin des peintres se trouvent les tombes de Turner, Reynolds et Lawrence, ainsi que des monuments dédiés à Constable, Van Dyck et William Blake. A l'extrémité est, la chapelle de l'ordre de l'Empire britannique a été édifiée pour rendre hommage aux combattants de la Première Guerre mondiale.

THE QUEEN'S HOUSE

Romney Road
Greenwich ✆ +44 20 8312 6565
✆ +44 20 8312 6608 – www.rmg.co.uk
Station DLR : Cutty Sark.

Ouvert tous les jours de 10h à 17h (fermeture certains samedis). Entrée gratuite.

Le palais est construit par Inigo Jones en 1616, c'est l'un des premiers bâtiments de style classique en Angleterre, souvent appelé style palladien. C'est Anne du Danemark, épouse de Jacques Ier, qui charge l'architecte d'élever l'édifice. Cependant, il n'est achevé qu'en 1635, et c'est la reine Henrietta Maria, épouse de Charles Ier, qui sera la première à l'occuper. Plusieurs éléments ont depuis été modifiés, mais le style palladien est toujours parfaitement visible. A l'intérieur, une collection d'œuvres d'art sur le thème de la marine et de la mer, et donc sur le Greenwich historique. A l'étage, quelques meubles datant de l'époque de la reine sont rassemblés ainsi que d'autres peintures. Ne manquez pas le magnifique escalier en spirale.

TOWER BRIDGE

Tower Bridge
The City ✆ +44 20 7403 3761
www.towerbridge.org.uk
Tube : Tower Hill.

Passerelle et musée ouverts tous les jours de 10h à 18h. Entrée pour le musée, adulte £8, £3,40 pour les enfants de moins de 15 ans, gratuit pour les moins de 3 ans. Il existe des tickets combinant Tower Bridge et The Monument.

Ce pont, le plus spectaculaire de la Tamise, est l'un des bâtiments qui symbolise Londres de la même façon que Big Ben ou Westminster. Construit en 1894, le Tower Bridge est équipé d'un système d'ouverture à bascule révolutionnaire pour l'époque. Il peut en l'espace de quelques minutes laisser passer de grands bateaux.

Il est constitué de deux immenses tours gothiques qui ne sont pas uniquement décoratives : elles abritent la machinerie à vapeur, datant de l'ère victorienne, qui actionnait le pont basculant (depuis 1976, c'est un moteur électrique qui le remplace). Vous pouvez en visiter la salle de contrôle sur la rive sud du fleuve. Pour ceux que cela intéresse, la Tower Bridge Exhibition vous apprendra tous les détails de l'histoire et du mécanisme du pont. Le musée présente également un autre intérêt : en montant sur la passerelle supérieure, vous aurez une vue magnifique sur la Tamise et ses rives.

■ TOWER OF LONDON

Tower of London
The City
✆ +44 844 482 77 77
www.hrp.org.uk/toweroflondon
Tube : Tower Hill.

Ouvert de mars à octobre, du mardi au samedi de 9h à 17h30 et le dimanche et le lundi de 10h à 17h30 ; de novembre à février du mardi au samedi de 9h à 16h30 et le dimanche et le lundi de 10h à 16h30. Adulte £20,90, étudiant £17,60, enfant de moins de 16 ans £10,45.

C'est l'un des monuments les plus populaires de Londres (environ 2 millions de visiteurs chaque année). La Tour de Londres évoque l'histoire glorieuse mais aussi sinistre et sanglante du passé britannique. Elle est construite au XIe siècle par Guillaume le Conquérant pour assurer la sécurité de la capitale, mais, surtout, afin d'imposer le respect au peuple anglais. Le palais d'origine, construit en bois, ne résiste pas au temps, contrairement à la White Tower (Tour blanche), bâtie en 1077, qui sert jusqu'au XVIIe siècle de résidence royale et de forteresse. Entourée d'un fossé de 3,60 m de largeur, d'une enceinte impénétrable commandée par 12 tours et d'une barbacane qui protègent les ponts-levis, la tour est une prison idéale. Elle en a d'ailleurs largement donné la preuve. Les bourreaux ne chôment pas lors de la guerre des Deux-Roses, ni sous le règne d'Henri VIII, dont deux des six femmes sont décapitées ici. Cette forteresse médiévale est composée de tours et de bâtiments datant de siècles différents. La plus ancienne, la Tour blanche, héberge les collections d'armes et d'armures, dont une salle spécialisée dans les armures de tournoi. La chapelle de St John, au deuxième étage, est la plus vieille église de Londres (environ 1080). La Bloody Tower (Tour sanglante) hérite de ce nom après que les deux fils d'Edouard IV, âgés de 10 et 13 ans, y disparaîssent en 1483. Ceux-ci ont peut-être été assassinés sur ordre de leur oncle, Richard de Gloucester (qui devient par la suite le Richard III immortalisé par Shakespeare), pour empêcher qu'ils puissent un jour prétendre au trône. En bas de St Thomas' Tower, la fameuse Traitors' Gate (porte des Traîtres) donne sur la Tamise. Les prisonniers y entrent pour ne plus jamais en sortir. Beauchamp Tower, souvent utilisée comme prison, garde encore sur ses murs les inscriptions des détenus. La tour est toujours gardée par les Yeomen Warders, connus aussi sous le nom de Beefeaters, qui portent encore l'uniforme bleu de l'époque Tudor. Lors des commémorations, ils endossent un costume similaire mais de couleur écarlate, très prisé des touristes. La tour ne sert plus de prison depuis un siècle, bien que le nazi Rudolf Hess ait été incarcéré dans la Gaoler's House (la maison du Geôlier) en mai 1941. L'endroit reste cependant une forteresse pour les inestimables *crown jewels* (joyaux de la Couronne).

La plupart des anciens bijoux ont été fondus ou vendus par Cromwell. Les pièces les plus anciennes de la collection ne datent donc que de la Restauration. L'Imperial State Crown, fabriquée en 1838 pour la reine Victoria, ne contient pas moins de 3 000 pierres précieuses, dont un énorme rubis porté par Henri V à la bataille d'Azincourt. La couronne de la reine mère est ornée du fabuleux diamant Kohinoor (109 carats) et le Royal Sceptre est surmonté du plus gros diamant jamais taillé au monde (516,5 carats). On dit que ce diamant a été envoyé en Angleterre par la poste, car c'était le meilleur moyen de ne pas attirer l'attention…

En 2011, une nouvelle attraction ajoute aux frissons de la Tour. Pendant des siècles, la Tour de Londres a abrité des animaux exotiques, lions, ours polaires ou singes, symboles de la puissance britannique. En 1832, ils ont été libérés. Aujourd'hui, une exposition interactive les ramène entre ces murs, recréant la ménagerie royale virtuellement.

Chaque jour à la Tour de Londres a lieu la cérémonie des Clés. Depuis 700 ans, le rituel n'a pas changé. A 21h50 pile, le Chief Yeoman Warder, en grande tenue, un bougeoir dans une main et les clés de la tour dans l'autre, se rend à la Traitors Gate où l'attend une escorte de gardes. L'un d'eux tient le bougeoir pendant que le Chief ferme le portail. Ils procèdent ainsi devant le portail de chaque tour. Enfin ils se dirigent vers la Bloody Tower où le gardien crie :
« Qui va là ?
– Les clés.
– Quelles clés ?
– Les clés de la reine Elisabeth. »
On leur octroie alors le droit de passer. Quand la garde principale le salue, le Chief répond : « *God Save the Queen* ». Il dépose ensuite les clés à Queen's House pendant qu'on sonne la retraite. Ce spectacle suranné n'est pas sans évoquer une pièce de Shakespeare, dont la représentation a lieu en plein air et affiche complet depuis pas mal d'années. Pour assister à la cérémonie des clés (c'est gratuit), il faut écrire au moins deux mois à l'avance à Ceremony of the Keys Office, Tower of London, EC3N 4AB, en précisant votre nom, la date souhaitée et le nombre de personnes (pas plus de 6 en été, 15 en hiver) et en joignant une enveloppe timbrée ou un coupon international de réponse.

WHITECHAPEL GALLERY

77-82 Whitechapel High Street
Whitechapel
✆ +44 20 7522 7878
www.whitechapel.org
Tube : Aldgate East.
Ouvert du mardi au dimanche de 11h à 18h et le jeudi jusqu'à 21h. Entrée gratuite sauf pour certaines expositions temporaires.
Fondée en 1901 dans le but d'importer les beaux-arts au cœur de l'East End populaire et ouvrier, la Whitechapel Gallery s'est illustrée en présentant toujours des artistes d'avant-garde de premier plan. C'est ici que Picasso, Rothko, Frida Kahlo ou encore Nan Goldin ont exposé internationalement pour la première fois. Le magnifique bâtiment Art déco a été pensé par l'architecte Townsend.

WHITE CUBE GALLERY

48 Hoxton Square
Hoxton ✆ +44 20 7930 5373
www.whitecube.com
Tube : Old Street ou Hoxton.
Ouvert du mardi au samedi de 10h à 18h. Entrée gratuite.
Fondée en 2000 par l'influent Jay Jopling. Blanche et cubique évidemment, la White Cube accueille tout ce que l'art contemporain britannique fait de mieux. Ainsi, Damien Hirst, Tracey Emin ou encore Gary Hume ont été lancés ici et sont régulièrement exposés. Les collections se sont élargies et accueillent aujourd'hui des artistes internationaux d'envergure. La galerie mérite une visite rien que pour l'ancien bâtiment industriel des années 1920, dans laquelle elle est logée.

Chelsea, Kensington et Notting Hill

APSLEY HOUSE

149 Piccadilly
Knightsbridge ✆ +44 20 7499 5676
www.apsleyhouseguide.co.uk
Tube : Hyde Park Corner.
Ouvert du mercredi au dimanche du 1er avril au 31 octobre de 11h à 17h et du 1er novembre au 31 mars de 11h à 16h. Adulte £6, enfant £3.
Apsley House est la maison du duc de Wellington. Elle se dresse en plein cœur de Londres, à côté des immenses jardins de Hyde Park. Le bâtiment est dessiné d'après les plans de Robert Adam entre 1771 et 1778 pour le baron Apsley, et passa à un membre de la famille Wellington en 1807. Le duc de Wellington est connu pour avoir vaincu Napoléon à la bataille de Waterloo en 1815. A l'intérieur, vous pouvez admirer des meubles d'époque et la collection d'œuvres d'art du duc. Après la bataille de Waterloo, il fait même construire une immense salle pour célébrer sa victoire, toutefois décorée dans le style français, contradiction typiquement anglaise ! C'est également ici qu'est érigée la statue colossale de Napoléon réalisée par Canova et qui a pour originalité de présenter l'empereur nu dans le style des empereurs de l'Antiquité. Cette œuvre n'étant pas du goût de celui-ci, elle se retrouve écartée des demeures officielles pour finalement être rachetée par les Anglais, rivaux de toujours ! Une très belle collection de porcelaine est également présentée.

CHELSEA PHYSIC GARDEN

66 Royal Hospital Road
Chelsea ✆ +44 20 7352 5648
www.chelseaphysicgarden.co.uk
Tube : Sloane Square.
Ouvert d'avril à octobre, du mercredi au vendredi de midi à 17h, et le dimanche et les jours fériés de midi à 18h. Adultes : £9. Enfants de 5 à 15 ans et étudiants : £6.

Situé au cœur de Londres, ce « jardin secret » a été créé en 1673 par la Société des apothicaires, ces derniers désirant avoir un jardin botanique pour leurs recherches sur les propriétés, les origines et la conservation des plantes. Il n'a été ouvert au public qu'en 1983. A l'intérieur, vous pouvez découvrir quelque 5 000 espèces différentes, essentiellement des plantes médicinales, et encore aujourd'hui l'endroit est utilisé pour la recherche.

■ HYDE PARK

Hyde Park
Kensington ✆ +44 20 7298 2100
www.royalparks.org.uk
Tube : Hyde Park Corner ou Knightsbridge.
Ouvert tous les jours de 5h à minuit.
Poumon vert de Londres, Hyde Park est le plus grand, le plus connu des parcs et aussi le préféré des Londoniens qui viennent ici faire leur jogging ou simplement se promener, surtout le dimanche. A la différence de nombreux parcs français, on peut tout faire à Hyde Park ou presque : vélo, roller, aviron, équitation, pique-nique... Historiquement, c'est Henri VIII qui acquiert ce terrain des moines de l'abbaye de Westminster en 1536. Il servira comme terrain de chasse jusqu'à ce que James Ier accède au trône et en autorise l'accès. Les lieux connaissent plusieurs utilisations : important lieu de rassemblement sous Charles II, ils accueillent l'Exposition universelle en 1851 et se voient transformés en champ de pommes de terre durant la Seconde Guerre mondiale.

- **Diana Memorial Fountain.**
- **Marble Arch.**
- **Speaker's Corner.**

■ KENSINGTON GARDENS

Kensington Gardens
Kensington ✆ +44 30 0061 2000
www.royalparks.gov.uk
Tube : High Street Kensington ou Bayswater.
Ouvert toute l'année de 6h à la tombée de la nuit.

- **Le jardin.** Kensington Gardens jouxte Hyde Park pour former un ensemble de plus de 7,5 km de longueur. Le jardin est à l'origine le jardin de Kensington Palace que choisissent William III et Mary II pour leur maison londonienne. Mais c'est la reine Caroline, la femme de George II, qui, en 1728, donne au jardin sa forme actuelle en créant le lac Serpentine. Il reste fermé durant une grande partie du XVIIIe siècle pour être réouvert petit à petit mais seulement pour la haute société. C'est après une longue série d'améliorations commandées par la reine Victoria que les jardins italiens et le mémorial du prince Albert voient le jour.
- **Peter Pan.** Le personnage inventé par James Matthew Barrie est présent ici sous forme d'une belle sculpture que tous les enfants en promenade.
- **Albert Memorial.** Situé au sud de Kensington Gardens et au nord du Royal Albert Hall, ce mémorial est commandé par la reine Victoria qui souhaite commémorer la mémoire de son mari bien aimé le prince Albert de Saxe Coburg Gotha.

■ KENSINGTON PALACE

Kensington Gardens
Kensington
www.hrp.org.uk
Tube : High Street Kensington.
Ouvert tous les jours de 10h à 18h de mars à octobre, et de 10h à 17h de novembre à février. Adulte £14,50, enfant gratuit.
Kensington Palace a été la résidence de Lady Di, surnommée Princesse des Cœurs par les Anglais, et, à l'annonce de sa mort en 1997, c'est un océan de bouquets de fleurs qui a envahi les jardins du palais. Kensington Palace est ensuite resté ouvert pendant 24h d'affilée, afin de recevoir les 136 000 personnes venues pleurer la mort de la princesse. Outre Diana, plusieurs personnages royaux ou proches de la royauté, ont eu un lien avec Kensington Palace. Ainsi, c'est ici que la reine Victoria est née, en 1819, qu'elle y a passé son enfance et qu'elle a appris, à 18 ans, qu'elle allait devenir reine d'Angleterre.

■ NATIONAL ARMY MUSEUM

Royal Hospital Road
Belgravia
✆ +44 20 7881 6606
www.nam.ac.uk
Tube : Sloane Square.
Ouvert tous les jours de 10h à 17h30. Entrée gratuite.
Ce petit musée, un peu désuet mais plutôt agréable, présente l'histoire de l'armée britannique et son rôle dans l'expansion et la défense de l'Empire. Vous y découvrirez donc les grandes étapes de son histoire, des invasions pour contester la royauté, aux rébellions dans les colonies en passant par les grandes guerres militaires.

NATURAL HISTORY MUSEUM

Cromwell Road
South Kensington
✆ +44 20 7942 5000
www.nhm.ac.uk
Tube : South Kensington.
Ouvert tous les jours de 10h à 17h50. Entrée gratuite.
Vous serez séduit avant même de pénétrer à l'intérieur du bâtiment. En effet, il s'agit sûrement d'un des plus beaux musées de Londres en termes d'architecture, construit par Alfred Waterhouse dans le style néogothique en vogue à l'époque. Les collections proviennent au départ de dons faits par des collectionneurs privés ; la plus intéressante provient du naturaliste Sir Hans Sloane qui récolte près de 80 000 spécimens d'animaux, de végétaux et de minéraux, qu'il lègue à sa mort. La collection s'enrichit plus tard par les donations du botaniste Joseph Banks qui a constitué un immense herbier réalisé lors de son voyage d'exploration autour du monde en 1768. Le reste est accumulé au fil des ans. A peine aurez-vous pénétré à l'intérieur de la grande galerie que vous serez subjugué par les squelettes de dinosaures. D'autres salles d'exposition sont dédiées aux mammifères terrestres et marins, aux oiseaux, aux reptiles et aux animaux rampants. Mais les animaux ne sont pas les seuls êtres vivants évoqués, une partie du musée est consacrée à la biologie humaine et, au premier étage, vous retrouverez la place de l'être humain dans l'évolution et notamment la question de nos ancêtres. Primates ou non primates ? La théorie de Charles Darwin vous tend les bras ! Des sections sont également dédiées aux minéraux, fossiles, météorites et végétaux.

SAATCHI GALLERY

Duke of York Square
King's Road
Chelsea
✆ +44 20 7811 3085
www.saatchi-gallery.co.uk
Tube : Sloane Square.
Entrée gratuite, ouvert tous les jours de 10h à 18h.
La Saatchi Gallery a quitté le County Hall en 2005 et s'est réinstallée sur King's Road en 2008. Le nouvel espace, sur plusieurs étages permet une meilleure mise en scène des œuvres d'artistes contemporains sélectionnés par Charles Saatchi. Si l'ouverture de cette nouvelle galerie dans le panorama culturel londonien a été une véritable réussite, le célèbre collectionneur qui a découvert des artistes tels que Tracey Emin ou Damien Hirst, vient de faire don à l'Etat britannique de sa fondation créée en 1985. La galerie sera bientôt rebaptisée Museum of Contemporary Art London (Moca), en écho au Moma de New York.

SCIENCE MUSEUM

Exhibition Road
South Kensington
✆ +44 870 870 48 68
www.sciencemuseum.org.uk
Tube : South Kensington.
Ouvert du lundi au dimanche de 10h à 18h. Entrée gratuite pour le musée. Cinéma Imax, les simulateurs de vol et certaines expositions spéciales, adulte £20, enfant £17.
Comment parler de l'humain et des extraordinaires progrès techniques qu'il a effectués sur plus de 2 000 ans ? Comment évoquer et répertorier toutes les inventions qui ont vu le jour grâce à l'ingéniosité et à l'inventivité de l'homme ? Ce remarquable et vaste musée aborde ces questions et bien d'autres, au travers de ses 5 étages, tous consacrés à des thématiques liées aux sciences et aux technologies, des plus modernes aux plus anciennes. Les collections sont ludiques, intelligemment présentées pour intéresser autant les enfants que les parents. Maquettes, reconstitutions, machines d'origines, jeux, tout est fait pour décortiquer, expliquer, analyser le monde qui nous entoure. Dès que vous pénétrez dans le musée, vous serez happé par la salle Energy Hall, consacrée à l'énergie, et sa très belle collection de moteurs et d'engins anciens, splendeurs passées de la révolution industrielle. La salle suivante change déjà d'horizon et vous fait revivre la conquête de l'espace. Ne restez pas la tête dans les étoiles, car vous changez encore d'univers pour suivre la naissance du monde moderne avec les inventions qui ont modifié notre quotidien au cours des deux derniers siècles. La visite ne fait que commencer, rendez-vous au premier étage où vous attendent les salles consacrées à l'histoire de l'agriculture, à la découverte de matériaux, exposition inattendue avec la présentation d'objets en fer, verre, plastique… Un passionnant parcours en perspective. A l'étage du dessus, suivent des espaces consacrés aux télécommunications avant d'évoquer les différents types d'énergie, l'histoire de la combustion, l'histoire des mathématiques, celle de l'ingénierie maritime. Enfin, les 4e et 5e étages sont plus terre à terre,

dédiés notamment aux techniques médicales et à la science et l'art de la médecine. On y découvre là encore le parcours effectué par l'homme, des premières trépanations réalisées à l'époque préhistorique jusqu'à la première anesthésie ou encore aux premiers vaccins mis au point.

TATE BRITAIN

Millbank
Pimlico
✆ +44 20 7887 8888
www.tate.org.uk
Tube : Pimlico.

Ouvert tous les jours de 10h à 17h50. Le premier vendredi de chaque mois, la galerie est ouverte jusqu'à 22h. Entrée gratuite, sauf pour certaines expositions temporaires.

Si l'on connaît plus facilement les grands maîtres français impressionnistes comme Monet, Cézanne ou Degas, les grands maîtres italiens de la Renaissance tels Michel-Ange, Léonard de Vinci ou Raphaël, la découverte des grands artistes anglais ne peut se faire sans un passage par la Tate Britain. Anciennement Tate Gallery, renommé lors de la création du Tate Modern, ce musée, est fondé par Sir Henry Tate, magnat du sucre et amateur d'art. Dès le départ, il a l'idée de créer un musée ouvert au public afin d'exposer des œuvres d'artistes britanniques qu'à l'époque la National Gallery n'accepte pas. Ces collections s'enrichissent plus tard de la collection nationale d'art moderne international mélangeant ainsi art ancien et art moderne jusqu'à la décision de scinder les collections en deux. Le résultat est impressionnant, donnant lieu à la plus importante collection d'œuvres d'art britanniques, couvrant 500 ans de créativité et présentant le travail des plus célèbres artistes dont William Hogarth, Thomas Gainsborough, Francis Bacon, William Blake, Frédéric Leighton… La Tate Britain est aussi connue pour ses nombreuses peintures du mouvement préraphaélite : un groupement artistique formé en 1848 qui souhaite revenir aux méthodes des peintres avant la période Renaissance (avant Raphaël, d'où leur nom). C'est également ici qu'est présentée la plus grande collection d'œuvres de Joseph William Mallord Turner. Le Tate Britain accueille enfin d'excellentes expositions temporaires et organise le Turner Prize, la prestigieuse et souvent controversée compétition d'art moderne.

VICTORIA & ALBERT MUSEUM

Cromwell Road
South Kensington
✆ +44 20 7942 2000
www.vam.ac.uk
Tube : South Kensington.

Ouvert tous les jours de 10h à 17h45, nocturne le vendredi jusqu'à 22h. Entrée gratuite.

Ce très beau musée possède l'une des plus grandes collections d'art décoratif du monde. 2011 a marqué la fin de ses travaux de rénovation, entamés en 2002, année de ses 150 ans. Toutes les salles ont été rénovées et repensées dans une approche très moderne. Lors de sa création en 1852, le musée était consacré aux produits manufacturés, il se transforma ensuite en musée des Arts décoratifs, auquel était rattachée une école de design qui devint par la suite le Royal College of Art. Puis, en 1857 et avec l'appui du prince Albert, le musée déménagea à South Kensington. Il est surnommé V&A par les Londoniens. Sa belle architecture en pierres blanches et rouges et son agréable jardin charment le visiteur au premier regard. Les collections du musée sont réparties en plusieurs thématiques dont voici un bref aperçu :

- **Céramiques.**
- **Sculpture.**
- **Art asiatique.**
- **Peintures et dessins.**
- **Mode et textile.**

WESTMINSTER CATHEDRAL

42 Francis Street
Pimlico
✆ +44 20 7798 9055
www.westminstercathedral.org.uk
Tube : Victoria.

Ouvert tous les jours de 7h à 18h30 (le dimanche jusqu'à 17h30).

Cette cathédrale se démarque dans le paysage londonien avec son architecture plus proche du style byzantin que du style gothique si familier en Angleterre. Au départ, le lieu appartient à des moines bénédictins et, au XVIIe siècle, les terres sont vendues pour y construire une prison jusqu'en 1884, où l'Eglise catholique se porte acquéreur du site. La cathédrale est dédiée au Précieux Sang de Jésus-Christ, elle est réalisée dans un style néobyzantin sur le modèle de Sainte-Sophie d'Istanbul, d'après les plans de l'architecte John Francis Bentley. L'intérieur, quoique très sombre et pas entièrement terminé (le plafond est resté nu), est décoré de marbres et de mosaïques. Les chapelles et les colonnes sont richement décorées d'or, de rouge terre et de vert. C'est le siège de l'Eglise catholique de Grande-Bretagne.

SHOPPING

Bon plan

OXFAM
23 Drury Lane
Covent Garden
✆ +44 20 7240 3769
www.oxfam.org.uk
Tube : Leicester Square.
Ouvert du lundi au samedi de 10h à 18h et le dimanche de midi à 16h.
Cette chaîne de *Charity Shops* est orientée développement durable et protection de la planète. Résolument écologique, Oxfam se trouve partout dans le monde et même en France. En Angleterre, les magasins sont nombreux dans le centre-ville ou dans la banlieue de Londres. On y trouve généralement des livres, des habits et des CD à bas prix.

▶ **Autres adresses :** 29 Islington High Street, Islington – +44 20 7837 2394 • 52 Goodge Street, Soho – +44 20 7636 7311

Soho, Westminster et Mayfair
Le quartier est haut en couleur et plein de monde, d'activités, d'échoppes très trendy ou de vieilles boutiques tout aussi passionnantes. Pour les amateurs de paix et de chinage, un des trésors de la zone est la St Christopher's Street
Cette minuscule ruelle est à peine visible depuis Oxford Street. Pourtant, ouvrez grand les yeux car une petite embardée sur St Christopher's Place saura vous reposer du tohu-bohu ambiant. Alors que la rue s'élargit, restaurants, cafés et magasins se succèdent. Idéal pour un brin de shopping au calme, vous trouverez plein de petites boutiques intéressantes.

Beauté – Bien être

PENHALIGON'S
41 Wellington Street
Covent Garden ✆ +44 20 7836 2150
www.penhaligons.com
Tube : Covent Garden.
Ouvert du lundi au mercredi de 10h à 18h, du jeudi au samedi de 10h à 19h et le dimanche de midi à 18h.
Voici une parfumerie haut de gamme, réputée pour la qualité de ses produits autant que pour celle des services qu'elle dispense à ses clients. La compagnie s'est développée ces dernières années et a étendu sa gamme de produits avec désormais des produits de beauté dont sa célèbre crème de visage à l'avocat, des produits de massage, des produits pour le corps, le tout pour hommes et femmes.

Bijouterie

TATTY DEVINE
44 Monmouth Street
Soho
✆ +44 20 7836 2685
www.tattydevine.com
Tube : Covent Garden.
Ouvert du lundi au samedi de 11h à 19h et le dimanche de 12h à 17h. Bijoux.
Cette toute petite boutique contient des merveilles en plastique siglées Tatty Devine. Cette marque de bijoux fantaisie s'est fait un nom dans le milieu de la mode il y a quelques années grâce à ses designs extravagants dans la droite ligne du pop art. Depuis, on retrouve ces colliers, broches et boucles d'oreille en plastique dans tous les magazines féminins. Un must londonien frais et branché. Le magasin original est situé à Spitalfields.

▶ **Autre adresse :** 236 Brick Lane – Spitalfields.

TIFFANY & CO
25 Old Bond Street
Mayfair
✆ +44 20 7409 2790
www.tiffany.co.uk
Tube : Green Park.
Ouvert de 10h à 18h du lundi au samedi (19h le jeudi) et de midi à 17h le dimanche.
La boutique Tiffany, lieu de prédilection d'Audrey Hepburn dans *Breakfast at Tiffany's*, propose en plus de ses célèbres diamants des bijoux en argent à des prix nettement plus abordables. Le dernier bijou à la mode est un collier avec des inscriptions telles que *kiss*, *peace*, ou *love*. Tiffany est aussi présent chez Harrods ou encore Selfridges.

Cadeaux

BENJAMIN POLLOCK'S TOYSHOP
Au premier étage
44 The Market
Covent Garden
✆ +44 20 7379 7866
www.pollocks-coventgarden.co.uk
Tube : Covent Garden.

Ouvert du lundi au vendredi de 10h30 à 18h, le samedi jusqu'à 20h, et le dimanche de 11h à 16h.
Pour supplanter les consoles de jeux électroniques ou les poupées qui parlent, rien ne vaut un retour aux sources dans cette jolie boutique qui présente un large choix de jouets traditionnels. Découvrez la beauté des poupées russes, des marionnettes, des figurines en carton à découper pour la plus grande joie des tout-petits… et la nostalgie retrouvée des plus grands.

■ JAMES SMITH & SONS
Hazelwood House
53 New Oxford Street
Mayfair
✆ +44 20 7836 4731
www.james-smith.co.uk
Tube : Holborn ou Tottenham Court Road.
Ouvert du lundi au vendredi de 9h30 à 17h et le samedi de 10h à 17h. Parapluies.
Fondé en 1830, James Smith est une des rares adresses, voire la seule, pour acheter un parapluie digne de ce nom. Le magasin est beau et propose une large sélection de modèles à l'élégance toute britannique. Manches en bois de pommier, d'érable, de frêne, de cerisier, de rose, de jonc, faites votre choix mais sachez que pour tout *gentleman* qui se respecte, le tissu se devra d'être noir.

Centres commerciaux

■ LIBERTY
Entrée sur Great Marlborough Street
Regent Street
Soho
✆ +44 20 7734 1234
www.liberty.co.uk
Tube : Oxford Circus.
Ouvert du lundi au samedi de 10h à 21h, le dimanche de midi à 18h.
Voici l'un des plus beaux parmi les grands magasins de Londres, dont il ne faut pas rater la visite. Cette superbe demeure à colombages détonne dans l'atmosphère contemporaine de Regent Street et il est facile de repérer le magasin. Une fois à l'intérieur, le spectacle continue avec des étages qui s'arrondissent autour de rambardes en fer forgé et de belles poutres de bois. Certes, à l'instar d'Harrod's, il faut reconnaître que le commun des mortels ne fait pas son shopping ici, mais vous pourrez toujours ramener un petit carnet en imprimé Liberty.

■ LOON FUNG SUPERMARKET
42-44 Gerrard Street
Soho ✆ +44 20 7437 7332
www.loonfung.com
Tube : Leicester Square.
Ouvert tous les jours de 10h à 20h.
En plein cœur de Chinatown, Loon Fung est le plus ancien et le plus grand supermarché chinois du coin. On y trouve à profusion tous les ingrédients nécessaires à la réalisation de petits plats chinois typiques et pleins d'aliments plus ou moins exotiques comme des conserves, des sauces, des alcools et des thés.

■ MARKS & SPENCER
458 Oxford Street ✆ +44 20 7935 7954
www.marksandspencer.co.uk
Tube : Marble Arch.
Ouvert du lundi au vendredi de 9h à 22h, le samedi de 9h à 20h et le dimanche de 12h à 18h.
Mieux connu des Français qui ont découvert Marks & Spencer avant que l'enseigne ne ferme ses filiales parisiennes, c'est un incontournable qui mêle styles et produits typiquement anglais à des prix tout à fait abordables. C'est l'endroit idéal pour ramener quelques délicieux *scones*, de la marmelade ou du chutney, et pourquoi pas l'horrible *marmite*, et vous approvisionner durant votre séjour en produits frais, sandwiches, salades et plats tout prêts. Si quelques années en arrière, Marks & Spencer broyait du noir et voyait ses clients déserter les magasins, l'enseigne a, depuis quelque temps, retrouvé le chemin du succès grâce aux initiatives d'un nouveau management.

■ SELFRIDGES
400 Oxford Street ✆ +44 80 0123 400
www.selfridges.com
Tube : Bond Street.
Ouvert du lundi au samedi de 9h30 à 21h30, le dimanche de 12h à 18h.
L'équivalent de nos Galeries Lafayette. Selfridges est notamment réputé pour ses vitrines ultra branchées. On y trouve tous les grands créateurs ainsi que des marques de mode *high street*. A l'étage alimentaire, vous pourrez vous procurer des produits de très bonne qualité avec une vaste sélection de fromages, de charcuterie. Le magasin propose aussi un petit tour du monde gastronomique : pâtes fraîches italiennes, chocolats belges, épices indiennes, vin français…, et le tout souvent à des prix beaucoup plus abordables que ceux de ses concurrents.

Librairie

FOYLES

113-119 Charing Cross Road
✆ +44 20 7437 5660
www.foyles.com
Tube : Tottenham Court Road.
Ouvert du lundi au samedi de 9h30 à 21h et le dimanche de 11h30 à 18h. Librairie.
Une institution que cette librairie, qui propose tous les genres possibles sur près de 5 étages. La sélection voyages est l'une des plus importantes de Londres.

Marchés

GRAYS ANTIQUE MARKET

58 Davies Street
Mayfair
✆ +44 20 7629 7034
www.graysantiques.com
Tube : Bond Street.
Ouvert du lundi au vendredi, de 10h à 18h et le samedi de 11h à 17h. Certains stands acceptent les cartes de crédit.
Grays occupe deux magnifiques immeubles victoriens, dont les innombrables fenêtres laissent entrer des flots de lumière. Grays propose des articles de collection sélectionnés, et souvent assez chers. Les amateurs prospères se laisseront tenter par des montres à monture en diamants, des bracelets ou des bagues du début du siècle. Si tout est, ici, dûment expertisé (vous ne risquez pas de vous faire fourguer un John Smith pour un Lalique), les prix restent quand même excessifs. Mais c'est ici que se trouve la meilleure sélection de bijoux anciens.

Mode – Sport

ABERCROMBIE & FITCH

7 Burlington Gardens
Soho
✆ 084 4412 5750
www.abercrombie.com
Tube : Green Park ou Piccadilly Circus.
Ouvert du lundi au samedi de 10h à 19h et le dimanche de 12h à 20h. Mode homme et femme.
On ne présente plus la marque américaine, qui après avoir fait fureur outre-Atlantique ne cesse d'ouvrir de nouvelles boutiques en Europe. On se presse de partout pour acheter un polo ou un t-shirt siglé A&F dans ce temple du sportswear qui tient plus du bar lounge que du magasin. A l'entrée, on n'oubliera pas de prendre la photo collector avec le mannequin torse nu puis on sourira bêtement à tous les vendeurs en tongs qui lancent des *hey guys* à qui veut l'entendre. Attention, la musique assourdissante et les effluves de parfums toxiques mettent vos sens en danger.

BIRKENSTOCK

70 Neal Street
Covent Garden
✆ +44 20 7240 2783
www.birkenstock.co.uk
Tube : Covent Garden.
Ouvert de 10h30 à 19h du lundi au samedi, de midi à 18h le dimanche.
Exit le temps où l'on se moquait de ceux qui portent ces chaussures confortables et terriblement moches. Birkenstock a réussi à nous convaincre en relookant sa gamme, l'incrustant de motifs tendances, tout en conservant son atout principal : confort et ergonomie. Du coup, tout le monde se doit de porter des Birk, tendance oblige. En dehors des sandales, la marque propose également des sabots et des tongs, le tout pour hommes, femmes et enfants.

BURBERRY

21-23 New Bond Street
Westminster
✆ +44 20 3402 1500
www.burberry.com
Tube : Bond Street.
Ouvert du lundi au samedi de 10h à 19h et le dimanche de 12h à 18h.
Thomas Burberry, marchand de tissus, ouvre à l'âge de 21 ans son premier magasin en 1856 dans le Hampshire. Depuis, son nom a traversé les siècles pour être aujourd'hui lié au *trench* parfait. En 1880, il crée un nouveau type de vêtement qu'il appelle Gabardine. C'est le roi Edouard qui, ayant l'habitude de dire « Apportez-moi mon Burberry », fait que le nom du fabricant devient également celui des produits fabriqués. Au départ, l'extraordinaire qualité du tissu, qui laisse entrer l'air mais pas la pluie, fait que les habits sont utilisés par l'armée et pour des événements extraordinaires comme par les membres de l'expédition au pôle Sud en 1911. Mais ce sont les combats de tranchée de la Première Guerre mondiale qui ont vu naître le fameux *trench-coat*, avec ses épaulettes et anneaux qui facilitent le port de l'équipement des officiers. Plus de 500 000 *trenchs* équipent ces officiers, qui continuent de les porter en temps de paix, donnant naissance à une demande sans cesse croissante du public. Burberry est revenu à

la mode depuis quelques années, grâce à un nouveau management et à des campagnes de publicité remarquées. La marque a fêté ses 150 ans en 2006.

▶ **Conseil futé.** Au 29-53, Chatham Place – ✆ +44 20 8985 3344, il est possible d'acheter des articles Burberry à prix d'usine, donc moins chers (ouvert du lundi au samedi de 10h à 18h et le dimanche de 11h à 17h).

■ DEBENHAMS

334-348 Oxford Street
Mayfair ✆ 0844 561 61 61
www.debenhams.com
Tube : Bond Street.
Ouvert du lundi au samedi de 9h30 à 20h (le mercredi à partir de 10h et le jeudi jusqu'à 21h) et le dimanche de midi à 18h.
Si la première boutique Debenhams se trouvait au 33, Wigmore Street à Londres, il s'agit aujourd'hui d'un vaste réseau installé dans toutes les grandes villes d'Angleterre. A l'intérieur, objets de décoration et vêtements pour homme, femme et enfant avec une ligne classique qui essaye de suivre les dernières tendances. Vous l'aurez compris, Debenhams possède sa propre ligne de vêtements mais propose aussi des collections d'autres marques. Le petit plus vient de sa section pour femmes de petites tailles et femmes rondes.

■ DR MARTENS

17-19 Neal Street
Covent Garden
✆ +44 207 240 7555
www.drmartens.com
Tube : Covent Garden.
Ouvert du lundi au mercredi de 10h à 19h, du jeudi au samedi de 10h à 20h, et le dimanche de 11h à 18h.
LA chaussure londonienne, du moins depuis les années 1980. C'est ici qu'elle est née, cette bottine militaire, dont on vante les mérites de la semelle et l'originalité du design. Ce sont les punks qui ont d'abord adopté ces «docs» en leur adjoignant une image alternative et rock'n'roll qui sied parfaitement à Londres. Les «docs» ont ensuite envahi les placards de toute une génération dans les années 1990/2000. Si la tendance s'est un peu ralentie, il reste toujours de nombreux inconditionnels, notamment à Londres, et c'est ici qu'ils viennent se fournir.

■ MISS SELFRIDGE

36-38 Great Castle Street
Mayfair
✆ +44 20 7927 0158
www.missselfridge.com
Tube : Oxford Circus.
Ouvert du lundi au mercredi, le vendredi et le samedi de 9h à 20h, le jeudi de 9h à 21h et le dimanche de 11h30 à 18h.
Relié à l'immense Top Shop d'Oxford Street, le magasin est avant tout destiné aux *misses*, c'est-à-dire aux jeunes (ou moins jeunes) qui veulent un look totalement lié à la mode de l'instant, peu cher et qui se remarque. C'est l'une des adresses à fréquenter pour vous imprégner de ce petit style décalé que les Anglaises cultivent si bien.

■ PAUL SMITH

40-44 Floral Street
Covent Garden
✆ +44 20 7379 7133
www.paulsmith.co.uk
Tube : Notting Hill Gate.
Ouvert du lundi au vendredi de 10h30 à 18h30, le samedi jusqu'à 19h et le dimanche de 12h30 à 17h30.
Pour tous ceux et celles qui sont envoûtés par la classe des vêtements siglés Paul Smith, direction Floral Street à Covent Garden pour un tour dans la magnifique boutique boisée qui propose les collections du moment.

■ POP BOUTIQUE

6 Monmouth Street
Soho ✆ +44 20 7497 5262
www.pop-boutique.com
Tube : Covent Garden ou Leicester Square.
Ouvert du lundi au samedi de 10h30 à 19h et le dimanche de 12h30 à 18h.
Tout est résumé dans le titre, une boutique orientée pop donc forcément kitch avec des habits, accessoires et objets des années 1950, 1960, 1970 et 1980, psychédéliques. En plus des 250 tonnes d'habits vintage triés et recyclés chaque année dans les différentes boutiques Pop (une à Londres mais aussi à Manchester et Liverpool), Pop possède sa propre marque : jeans, petits tops et sacs à main résolument vintage, mais qui sont en revanche tout neufs.

■ PRIMARK

499 Oxford Street
Mayfair
✆ +44 207 495 04 20
www.primark.co.uk
Tube : Marble Arch.
Ouvert du lundi au vendredi de 8h30 à 21h, jusqu'à 20h le samedi et le dimanche de 12h à 18h. Mode.

Le temple de la fringue *fashion* et pas chère ! Un incontournable de toute virée shopping sur Oxford Street. Evitez les week-ends, c'est la cohue, la vraie. En arrivant, vous repérerez vite les sacs en papier brun Primark qui inondent Oxford Street. Les épaves dehors, ce sont les jules qui attendent patiemment qu'on dégote une robe imitation Balenciaga à £10 ou une paire de *killer shoes* à £6. Vous pourrez refaire votre garde-robe pour pas grand-chose et revenir en France avec des petits bijoux de coolitude.

■ STELLA MCCARTNEY
30 Bruton Street ✆ +44 20 7518 3100
www.stellamccartney.com
Tube : Green Park.
Ouvert du lundi au samedi de 10h à 19h.
Si Stella a réussi à se faire un prénom malgré un nom très connu, c'est dans le domaine de la mode qu'elle se démarque. Sa première veste est cousue à l'âge de 12 ans, et, 3 ans plus tard, elle participe à l'élaboration de la collection de Christian Lacroix. Dès la fin de ses études, Stella lance sa première collection de vêtements et, en 2001, elle crée sa propre maison de couture. En 2005, elle crée une gamme de vêtements pour H&M et, depuis 2004, pour Adidas. Son style : des coupes impeccables saupoudrées d'un peu d'irrévérence et d'une pointe de féminité.

■ TOPSHOP
36-38 Great Castle Street
Entrée par Oxford Street
✆ +44 844 984 02 64
www.topshop.co.uk
Tube : Oxford Circus.
Ouvert du lundi au mercredi, le vendredi et le samedi de 9h à 20h, le jeudi de 9h à 21h et le dimanche de 11h30 à 18h. Mode.
Qui ne connaît pas Topshop ne connaît pas Londres. Ce magasin emblématique d'Oxford Street attire les modeuses depuis toujours ; à tel point que Kate Moss y signe une collection ! Le style est ici plus que londonien, branché (donc parfois importable hors de Londres), mais si les vêtements ne sont pas toujours envisageables, il s'agit surtout de dénicher des accessoires, sacs, chaussures, bijoux, à tomber.

■ VIVIENNE WESTWOOD
44 Conduit Street
Mayfair
✆ +44 20 7439 1109
www.viviennewestwood.com
Tube : Bond Street.
Ouvert du lundi au samedi de 10h à 18h (jusqu'à 19h le jeudi) et le dimanche de midi à 18h.
Découvrez la dernière collection de ce grand nom de la mode anglaise, figure de proue de la mode punk à la fin des années 1970, personnage engagé et rebelle qui fait souvent parler d'elle. Très souvent impliquée dans des projets humanitaires ou écologiques, elle a notamment créé un tee-shirt où on pouvait lire *I'm not a terrorist, please don't arrest me.* Son style : coloré, un brin provocant et excentrique tout en restant classe, un condensé de tout ce qui caractérise la mode anglaise.

Musique

■ HMV
150 Oxford Street
✆ +44 20 7631 3423 – www.hmv.co.uk
Tube : Bond Street.
Ouvert du lundi au mercredi et du vendredi au samedi de 9h à 20h30, le jeudi de 9h à 21h et le dimanche de 11h30 à 18h.
Le géant de la musique à Londres. On y trouve presque tout. Un incontournable, même si cela ne vous dispense pas de rendre visite aux petites maisons indépendantes qui pullulent en ville.

■ J P GUIVIER
99 Mortimer Street
Mayfair ✆ +44 20 7580 2560
www.guivier.com
Tube : Oxford Circus.
Ouvert du lundi au vendredi de 9h à 18h et le samedi de 10h à 17h.
La plus ancienne boutique de violons d'Angleterre, réputée pour la qualité des instruments qui sont vendus. Beau choix de violons et de violoncelles mais aussi des partitions et de nombreux accessoires. Un service de réparation également.

■ RAY'S JAZZ
Foyles
113-119 Charing Cross Road
Covent Garden ✆ +44 20 7437 5660
www.foyles.co.uk/rays-jazz-music
Tube : Tottenham Court Road.
Ouvert du lundi au samedi de 9h30 à 21h et dimanche de midi à 18h. Musique.
Sauvé de la banqueroute grâce à la librairie Foyles qui l'accueille aujourd'hui, Ray's Jazz continue à proposer des grands du jazz. Vous pourrez même déguster une viennoiserie autour d'un thé dans le café situé à côté des rayons. Rien de mieux pour écouter un bon morceau !

■ **ROUGH TRADE**
16 Neal's Yard
Covent Garden ✆ +44 20 7240 0105
www.roughtrade.com
Tube : Covent Garden.
Ouvert du lundi au samedi de 10h à 18h30 et le dimanche de 13h à 17h.
Deux adresses à Londres pour découvrir cette boutique qui est spécialisée dans la musique indépendante anglaise et américaine, le hardcore, la musique industrielle et le punk, avec une bonne sélection de musique expérimentale d'avant-garde et de jazz. C'est un magasin bien constitué qui promeut de jeunes artistes et réalise des compilations par thème, l'idéal pour sortir des sentiers battus, découvrir de nouveaux noms, de nouveaux sons même si les classiques sont également présents.

▸ **Autre adresse :** 130, Talbot Road – Tél +44 20 7229 8541 – Tube : Ladbroke Grove.

■ **SISTER RAY**
34-35 Berwick Street
Soho
✆ +44 20 7734 3297
www.sisterray.co.uk
Tube : Oxford Circus
ou Tottenham Court Road.
Ouvert du lundi au samedi de 10h à 18h, le dimanche de 12h à 18h. Musique.
Elu comme le meilleur magasin de musique indépendante proposant une grande sélection (environ 24 000 pièces rien que dans le magasin de Soho) de musique punk, rock, house, techno, drum'n'bass et soul. En parallèle, certains artistes sont particulièrement bien représentés, à commencer par les Beatles, Queen, Depeche Mode ou Björk.

Panier gourmand

■ **FORTNUM & MASON**
181 Piccadilly
Mayfair
✆ +44 20 7734 8040
www.fortnumandmason.co.uk
Tube : Green Park ou Piccadilly Circus.
Ouvert du lundi au samedi de 12h à 18h30 et le dimanche de 12h à 16h30.
Tout a commencé par un petit marchand de chandelles auprès de la Cour qui ouvre avec un ami une petite épicerie. Depuis, le magasin reste réputé pour son rayon alimentation, traiteur. L'enseigne n'a pas changé d'adresse et existe désormais depuis plus de 300 ans.

En musique sur Denmark Street

Les amoureux de rock viendront ici en pèlerinage pour s'extasier devant les guitares de la fameuse Denmark Street. Les magasins spécialisés se succèdent sur cette rue mythique et n'hésitez pas à rentrer dans l'un d'eux : on vous laissera essayer quelques-unes des guitares et vous repartirez avec un conseil ou deux pour perfectionner votre maîtrise de la gratte.

Ici tout respire le luxe et l'on vient avant tout pour trouver les classiques de la gastronomie anglaise mais aussi des produits étrangers haut de gamme. C'est un plaisir pour les sens, et le magasin est à la hauteur de sa réputation. Clientèle très élégante. Pas étonnant vu les prix…

■ **JUSTERINI & BROOKS**
61 St James's Street
Mayfair
✆ +44 20 7484 6400
www.justerinis.com
Tube : Green Park.
Ouvert du lundi au vendredi, de 9h à 17h30.
Vous ne pensez pas connaître Justerini & Brooks, pourtant si. Connue dans le monde entier pour son fameux whisky J&B, la maison existe depuis 1749 et depuis 1799, elle est le fournisseur officiel de la famille royale. Sa renommée est en partie due à ses caves à vin qui possèdent des pièces d'exception et des vins en provenance du monde entier.

■ **TWINNINGS**
The Strand
Westminster
✆ +44 20 7353 3511
www.twinnings.com
Tube : Temple.
Ouvert en semaine de 8h30 à 19h30, le week-end de 10h à 16h.
Situé à deux pas de Temple Church, ce magasin Twinnings est le premier de la marque à avoir ouvert ses portes. En effet, Mr Twinnings introduisit le thé en Angleterre ici, sur The Strand. La boutique est une merveille de senteurs et on y trouvera des cadeaux purement britanniques.

Marylebone, Camden, Islington et Hampstead

Artisanat – Déco – Maison

■ ALFIES ANTIQUE MARKET

13-25 Church Street
Marylebone
✆ +44 20 7723 6066
www.alfiesantiques.com
Tube : Edgware Road ou Marylebone.
Ouvert du mardi au samedi, de 10h à 18h. Marché.
Beaucoup moins connu que Portobello, cet immense marché d'antiquités propose un joli bric-à-brac d'objets, des chopes commémoratives aux vieux sacs en cuir en passant par des vieilles revues ou encore de la poterie victorienne, des téléphones des années 1970 aux lampes et fauteuils des années 1950, Alfie's ratisse large. Sa réputation en fait un des marchés d'antiquités les plus appréciés de Londres. De l'extérieur, ce n'est qu'un vieil entrepôt poussiéreux, à l'intérieur, c'est une véritable caverne d'Ali Baba labyrinthique et possédant plus de 300 stands sur 5 étages. Si votre soif d'antiquités est inextinguible, vous pourrez encore chiner dans Church Street. Vous y trouverez également un marché quotidien d'alimentation et de fringues, de quoi vous occuper tout un après-midi.

■ CAMDEN PASSAGE

Camden Passage
Angel
www.camdenpassageislington.co.uk
Tube : Angel.
Le mercredi et samedi matin. Marché.
Située près de la station de métro au début de Upper Street, cette étroite rue, bordée d'antiquaires, accueille également deux fois par semaine un marché (le mercredi et le samedi). C'est alors l'occasion de découvrir les petites merveilles proposées par les différents marchands, des services en porcelaine aux meubles anciens, des objets dans le style Art nouveau au bric-à-brac arboré. Sans oublier la fripe *vintage* évidemment.

Cadeaux

■ ARIA

Barnsbury Hall
Barnsbury Street
Islington
✆ +44 20 7704 6222
www.ariashop.co.uk
Tube : Angel ou Highbury & Islington.
Ouvert de 10h à 18h30 du lundi au samedi, et de midi à 17h le dimanche.
Une vaste boutique pour les amateurs de design avec de quoi décorer toutes les pièces de la maison de la cuisine à la salle de bains en passant par le salon. Des articles signés Alessi, Ella Doran ou Philippe Starck...

■ LONDON BEATLES STORE

231-233 Baker Street
Marylebone
✆ +44 20 7935 4464
www.beatlesstorelondon.co.uk
Tube : Baker Street.
Ouvert tous les jours de 10h à 18h30.
Si vous êtes en pèlerinage à Londres, il vous faudra passer par ce magasin, certes ultra touristique, mais qui vend néamoins toute une déclinaison d'objets avec pour seule et unique obsession les Beatles. Affiches, réveils, badges, t-shirts, livres, et bien sûr albums, à peu près tout ce qui se fait en matière de *memorabilia*.

Librairie

■ DAUNT BOOKS

83 Marylebone High Street
Marylebone
✆ +44 20 7224 2295
www.dauntbooks.co.uk
Tube : Baker Street.
Ouvert du lundi au samedi de 9h à 19h30 et le dimanche de 11h à 18h. Librairie.
Notre librairie fétiche ! On peut passer des après-midi entières dans cette boutique splendide spécialisée dans les livres de voyages. Guides, carnets de bord, photos, mappemondes, fictions ou reportages, tout tourne autour du voyage. Les boiseries craquent doucement sous le pied, la lumière filtre paisiblement par la belle verrière et les fauteuils vous accueillent pour engloutir page après page d'aventures.

Marchés

■ CAMDEN LOCK MARKET

Camden Lock Place
Chalk Farm Road
Camden
✆ +44 20 7485 3459
www.camdenlockmarket.com
Tube : Camden Town.
Ouvert du lundi au vendredi de 10h à 18h, le week-end jusqu'à 18h30.

Peut-être l'un des marchés les plus connus de Londres, où l'on trouve de tout, du meilleur au pire, en passant par les fringues délirantes, les gadgets en tous genres, les bijoux et autres babioles, mais encore des fripes, de l'encens, des vinyles... Et au milieu de la cohue, de multiples stands de nourriture rassasient les *shoppers* invétérés.

■ CHAPEL MARKET
Godson Street, White Conduit Street
et Baron Street
Islington
Tube : Angel.
Ouvert du mardi au samedi de 9h à 18h et le dimanche de 8h30 à 16h.
Un marché traditionnel rempli de petits stands de vêtements, d'équipements ménagers, d'accessoires, de tee-shirts, d'aliments, essentiellement des fruits et légumes. Rien d'exceptionnel, mais une bonne ambiance, quelques bars sympathiques comme le Cuba Libre ou le Desperados et plusieurs boutiques où vous pouvez acheter de la nourriture chinoise, japonaise, indienne…

■ ISLINGTON MARKET
Upper Street
www.lfm.org.uk/markets/islington
Tube : Angel.
Marché le mercredi, jeudi et samedi de 8h30 à 15h.
Pas vraiment axé sur un seul type d'objets, ce marché est très diversifié dans ses stands, de la toute petite boutique d'antiquités à l'immense magasin de meubles anciens, il y aura peut-être quelque chose ici que vous ne trouverez nulle part ailleurs et que vous cherchiez. Dans tout le quartier entre Upper Street à gauche et Essex Road à droite, beaucoup de petits magasins se retrouvent ici, certains à peine visibles. L'endroit le plus intéressant reste Camden Passage, un ensemble de rues pittoresques où sont installés de nombreux magasins, ainsi qu'un marché de plus de 300 stands ouvert le mercredi, le jeudi et le samedi. En bon chineur qui se respecte, venez tôt pour faire de bonnes affaires.

■ STABLES MARKET
Face au carrefour de Hartland Road
Chalk Farm Road © +44 20 7485 5511
www.stablesmarket.com
Tube : Camden Town.
Ouvert tous les jours de 10h30 à 18h.
Moins connu que Camden Market, ce marché compte pourtant un grand nombre de stands, tous très variés, ainsi que des boutiques particulièrement déjantées comme Cyberdog pour ceux qui voudraient trouver de quoi s'habiller pour entrer dans les clubs electro et techno de la capitale.

Mode – Sport

■ ANNIE'S VINTAGE
12 Camden Passage
Angel
© +44 20 7359 0796
www.anniesvintageclothing.co.uk
Tube : Angel.
Ouvert tous les jours de 11h à 18h. Vintage.
Voici le temple du vintage dans ce qu'il a de plus noble. Pour preuve, Alexander McQueen, Kate Moss ou encore John Galliano sont des clients réguliers. Cette minuscule boutique rassemble de merveilleuses pièces des années 1920-30, robes cousues de perles, brodées de plumes et autres fascinants modèles. C'est magnifique, un poil inabordable (entre £100 et £800 en moyenne la robe), mais pour une belle occasion cela vaut le détour. On adore !

■ APARTMENT C
70 Marylebone High Street
Marylebone
© +44 20 7935 1854
Tube : Baker Street.
Ouvert tous les jours de 10h à 18h, de midi à 17h le dimanche. Lingerie.
Ce joli boudoir sur Marylebone High Street saura vous faire fondre d'envie : lingerie fine et dessous légers sont autant de petits bijoux en soie et dentelle. Ce serait dommage de ne pas craquer.

■ FAT FACED CAT
22-24 Camden Passage
Angel
© +44 207 354 0777
fatfacedcat.com
Tube : Angel.
Ouvert de 11h à 19h les lundis, mardis et jeudis, de 10h à 18h les mercredis, vendredis et samedis, et de 11h à 17h le dimanche. Vintage.
Parmi les nouveaux venus de Camden Passage, voici Fat Faced Cat, une chouette boutique qui mélange vêtements vintage, à savoir des fripes de luxe, et des vêtements neufs au design plutôt rétro. Bref, «le chat grassouillet» est l'endroit idéal pour se construire une panoplie de parfait Londonien. Collections homme et femme. Notez que l'endroit est aussi une mine d'or pour dégoter la parfaite paire de chaussures.

THE GIRL CAN'T HELP IT
Alfie's Antique Market
13-25 Church Street
Marylebone ✆ +44 20 7724 8984
www.thegirlcanthelpit.com
Tube : Edgware Road ou Marylebone.
Ouvert du mardi au samedi de 10h à 18h.
Une boutique qui ne propose que des vêtements des années 1930, 1940 et 1950 souvent jamais portés. Du neuf ancien avec encore l'étiquette d'origine, c'est du jamais vu ! La qualité et la conservation des pièces sont incroyables. Vaste choix autant dans les habits que dans les accessoires : chapeaux, sacs, bijoux, chaussures...

Autre adresse : All Arsenal – Highbury House, 75 Drayton Park. Tel : +44 207 704 4128.

Panier gourmand

LA FROMAGERIE
30 Highbury Park
Islington
✆ +44 20 7359 7440
www.lafromagerie.co.uk
Tube : Highbury & Islington.
Ouvert le lundi de 10h30 à 19h, du mardi au samedi de 9h à 19h et le dimanche de 10h à 17h.
Tout est dit dans l'enseigne : ici on propose principalement de très bons fromages ainsi que de la charcuterie comme des salamis, des saucisses, des jambons en provenance de petits producteurs français et italiens. Les pâtes et les gâteaux sont faits maison.

Autre adresse : 2-6 Moxon Street – Tél +44 20 7935 0341 – Tube : Baker Street.

H.R. HIGGINS
79 Duke Street ✆ +44 20 7629 3913
www.hrhiggins.co.uk
Tube : Bond Street.
Ouvert du lundi au vendredi de 9h30 à 18h et le samedi de 10h à 18h.
Connue pour être le meilleur torréfacteur de Londres, la boutique qui se trouvait à l'origine dans South Molton Street a déménagé lorsqu'elle a ajouté un rayon thé. Désormais, elle propose un vaste choix de cafés et de thés provenant de différentes parties du globe dont de nombreuses variétés de darjeelings. Les mélanges de cafés sont surprenants et les thés venus d'Inde, de Chine ou de Ceylan vous rappelleront pourquoi l'Angleterre est le pays du thé. C'est également le fournisseur officiel de la reine.

Southwark, Clapham et Brixton

Artisanat – Déco – Maison

BERMONDSEY ANTIQUE MARKET
Bermondsey Square
www.bermondseysquare.co.uk
Tube : London Bridge.
Ouvert chaque semaine le vendredi matin de 4h à 13h.
Connu aussi sous le nom de New Caledonian Market, ce marché triangulaire abrite près de 250 stands et attire badauds et collectionneurs à la recherche de l'objet rare. Il est agréable de traverser le marché et de continuer vers Bermondsey Street en direction des entrepôts d'antiquaires du quartier. Pour vraiment faire de bonnes affaires, il faut arriver tôt et ne pas hésiter à marchander. Vous trouverez essentiellement de la porcelaine, des bijoux, des montres, de l'argenterie.

NORTHCOTE ROAD ANTIQUES MARKET
155A Northcote Road
Clapham
✆ +44 20 7228 6850
Station : Clapham Junction.
Ouvert tous les jours jusqu'à 18h (de midi à 17h le dimanche). Antiquités.
C'est une belle galerie marchande rétro où se rassemblent une poignée d'antiquaires passionnés. On aime la chaleur désuète qui s'en dégage et la délicatesse de la galerie supérieure. Au programme : argenterie, vaisselle, mobilier et bijoux anciens. Les bouchers proposent des viandes au barbecue, les boulangers des fougasses chaudes... Un bon spot où passer l'après-midi, pour peu que le soleil s'en mêle !

Cadeaux

DESIGN MUSEUM SHOP
Design Museum
28 Shad Thames
Southwark ✆ +44 20 7940 8754
www.designmuseum.org
Tube : Tower Hill ou London Bridge.
Ouvert tous les jours de 10h à 19h30.
Située dans le musée du design, cette sympathique boutique permet de dénicher les derniers gadgets et accessoires des designers les plus branchés. De l'inutile au futile, le principe est de séduire. On feuillette également de nombreux beaux livres, qui plairont à ceux qui souhaitent pousser leur découverte un peu plus loin.

Librairie

■ RIVERSIDE WALK MARKET

En face du National Film Theatre,
sous le pont de Waterloo – Southwark
Tube : Waterloo.
Ouvert de midi à 19h tous les jours.
Lorsque vous prenez le Path Thames du côté de Waterloo, vous apercevrez à la hauteur du pont de Waterloo quelques tréteaux et plusieurs personnes regroupées autour. Il s'agit de quelques stands qui vendent des livres d'occasion, des cartes postales, des posters et des lithographies.

Marchés

■ BOROUGH MARKET

8 Southwark Street
Southwark ✆ +44 20 7407 1002
www.boroughmarket.org.uk
Tube : London Bridge.
Ouvert le jeudi de 11h à 17h, le vendredi de midi à 18h et le samedi de 8h à 17h.
Borough est le plus ancien marché alimentaire de Londres, il existait déjà à l'époque des Romains lorsque ces derniers se sont installés le long de la Tamise et il occupe le même endroit depuis près de 250 ans. Aujourd'hui encore, il est renommé pour la qualité de ses produits : fruits, légumes, fromages, charcuterie, pâtisseries, avec énormément de produits bio et exotiques.

■ BRIXTON MARKET

Electric Avenue
Brixton – www.brixtonmarket.net
Tube : Brixton.
Ouvert du lundi au samedi de 8h à 19h.
Brixton Market est un marché vibrant où il fleure bon se promener et s'immerger dans une ambiance cosmopolite et multiethnique. On vient ici autant pour acheter des produits que manger un morceau. Si Electric Avenue est bondée de monde, d'étals regorgeant de fruits et de légumes, de stands de viandes et de poissons, plus loin, sur Atlantic Road, c'est plutôt le coin des fringues, des bijoux fantaisies, des CD avec ici une nette préférence pour les musiques du monde, le reggae, le hip-hop plutôt que le rock pur et dur.

■ EAST STREET MARKET

East Street – Southwark
Tube : Elephant & Castle.
Ouvert du mardi au vendredi de 8h à 17h (fermé le jeudi), le samedi de 8h à 18h30 et le dimanche de 8h à 14h.
Un marché très populaire qui s'agrandit le dimanche jusqu'à accueillir près de 200 stands où l'on achète des fruits, des légumes, des fringues, des jouets, des sacs, des bijoux, des CD et surtout de la musique africaine. Autour du marché, des petits commerçants notamment des bouchers et des poissonniers. Le samedi et le dimanche, ne manquez pas le marché aux fleurs près de Blackwood Street.

Mode – Sport

■ CENCI

4 Nettlefold Place
West Norwood, au sud-est de Clapham
✆ +44 20 8766 8564
www.cenci.co.uk
Tube : West Norwood.
Ouvert du lundi au samedi de 11h à 18h et le 1er dimanche du mois de 11h à 18h.
L'un des plus importants magasins de vêtements vintage et de seconde main. Beaucoup de choix dans des vêtements pour hommes, femmes et enfants de toutes les périodes, des années 1930 aux années 1960. Et les prix restent raisonnables.

■ IRIS

97 Northcote Road
Clapham ✆ +44 20 7924 1836
www.irisfashion.co.uk
Station : Clapham Junction.
Ouvert tous les jours jusqu'à 18h, le dimanche de 11h à 17h. Mode créateurs.
Cette belle boutique sur Northcote Road présente une collection de créateurs variés comme APC ou Isabel Marant. N'hésitez pas à demander conseil aux vendeuses : elles savent de quoi elles parlent et ne vous forceront pas la main. Egalement vêtements pour femmes enceintes.

■ JOY

432 Coldharbour Lane
Brixton
✆ +44 20 7787 9616
www.joythestore.com
Tube : Brixton.
Ouvert du lundi au samedi de 10h à 19h30 et le dimanche de 11h à 18h.
Avec plusieurs magasins dans toute l'Angleterre, Joy mise sur un look décalé, composé de vêtements rétros et d'accessoires bien choisis. La collection homme et femme est assez complète, des chaussures aux pantalons, en passant par les robes, les sacs ou les bijoux pour cheveux. C'est un peu cher, mais vous êtes à Londres...

Autre adresse : 12 Sumner Street – Bankside (+44 207 928 2574)

City, East End et Greenwich

Artisanat – Déco – Maison

POT LUCK
84 Columbia Road
Shoreditch ✆ +44 20 7722 6892
Tube : Hoxton
Ouvert le dimanche de 8h à 15h30.
Une petite boutique qui donne sur Colombia Flower Market, le marché au fleurs du dimanche et propose de la belle porcelaine blanche. Le concept est intéressant : de belles céramiques à petits prix et notamment de ravissantes théières chinoises. On y trouve aussi des céramiques anglaises et italiennes.

VINTAGE HEAVEN
82 Columbia Road
Shoreditch ✆ +44 1777 215 968
www.vintageheaven.co.uk
Tube : Bethnal Green.
Ouvert le vendredi sur rendez-vous, le samedi de midi à 18h et le dimanche de 8h30 à 17h30. Brocante & café.
Ce petit bijou de magasin au début de Columbia Road est toujours rempli de Londoniens *vintage* en quête de porcelaine ou de bibelots rétro. Des services à thé kitschissimes aux outils de jardinage rouillés en passant par des ustensiles de cuisine rustiques, tout a un charme fou à des prix très raisonnables. Au fond, la pièce a été aménagée pour recevoir quelques tables où l'on peut venir faire une pause autour d'un thé chaud et d'un bon *carrot cake* le samedi ou le dimanche. Entre les nappes *seventies*, le gâteau maison et la sérénité ambiante, on se sent un peu comme à la maison.

Bijouterie

BEAU GEMS
33 Leadenhall Market
The City
✆ +44 20 7929 7060
www.beaugems.com
Tube : Monument.
Ouvert du lundi au vendredi de 9h30 à 17h30.
Une adresse surtout connue pour ses réparations de très grande qualité ainsi que sa sélection de bijoux anciens et d'occasion vendus à des prix raisonnables, et ce depuis 1949.

Cadeaux

HURWUNDEKI
Railway Arches
298-299 Cambridge Heath Road
Hackney & Dalston ✆ +44 20 7749 0638
www.facebook.com/Hurwundeki
Station : Cambridge Heath.
Ouvert tous les jours de 9h à 19h. Brocante & café.
Sous les arches de la station de Cambridge Heath Road, Hurwundeki est un lieu unique. Des nains de jardin peuplent l'entrée, mi-jardin, mi-terrain vague, puis on entre dans un joli café aux belles boiseries chaudes où les gens du coin viennent passer l'après-midi autour d'un cappuccino. A l'été 2012, les propriétaires ont d'ailleurs donné un coup de jeune au café. Enfin, dans la pièce de gauche, sont interposés des articles de brocante au charme authentique et rustique. Des bibelots aux meubles, une adresse idéale pour décorer son intérieur.

INTERNATIONAL MAGIC SHOP
89 Clerkenwell Road
Clerkenwell ✆ +44 20 7405 7324
www.internationalmagic.com
Tube : Chancery Lane ou Farringdon.
Ouvert du lundi au vendredi de 11h30 à 18h et le samedi de 11h30 à 16h.
Dans ce temple de la magie et de l'illusionnisme, on vend tout le matériel nécessaire pour devenir le prochain David Copperfield. Des cours de magie sont également organisés. A moins d'être un passionné, on entre ici plus par curiosité et parce que c'est une institution dans le quartier.

Centres commerciaux

TAJ STORES
112 Brick Lane
Spitalfields ✆ +44 20 7377 0061
www.tajstores.co.uk
Tube : Aldgate East.
Ouvert tous les jours de 9h à 21h.
Un très grand supermarché indien dans un quartier où se trouve également la plus forte concentration de restaurants indiens de Londres. Très bien fourni, il propose beaucoup d'ingrédients frais provenant d'Inde, du Bangladesh, de Chine, de Thaïlande, du Japon mais aussi de Grèce, du Liban… Le choix d'épices est époustouflant du curry à la cannelle en passant par la cardamome. Enfin les Anglais sont très friands de chutneys, et là encore le choix est au rendez-vous.

Librairie

■ DONLON BOOKS

77 Broadway Market
Hackney & Dalston ✆ +44 20 8980 4859
www.donlonbooks.co.uk
Station : London Fields.
Ouvert du mercredi au dimanche de 11h à 18h. Librairie.
Une petite librairie sur Broadway Market où vous trouverez des livres rares ou des éditions spéciales sur l'art, la photo et tout ce qui touche à la contre-culture. Demandez si vous avez une requête particulière, on vous aidera avec plaisir et il y a vraiment des perles dans les stocks qui ne sont pas exposés.

Marchés

■ BRICK LANE MARKET

Cheshire Street et Sclater Street
Spitalfields – www.visitbricklane.org
Tube : Aldgate East ou Liverpool Street.
Ouvert tous les jours.
Bien qu'il fonctionne quotidiennement Brick Lane Market reste plus intéressant le dimanche, quand aux magasins de fripes s'ajoutent les stands de nourriture du monde entier, ainsi que les musiciens et la foule en quête de bon temps !

■ BROADWAY MARKET

Broadway Market
Hackney & Dalston
www.broadwaymarket.co.uk
Tube : Bethnal Green.
Tous les samedis.
Voici l'un des marchés de Londres où vous risquez de ne croiser que des Londoniens ! C'est peut-être leur préféré, du moins dans l'Est de la ville. On aime cette ambiance plus que locale, où chacun retrouve ses amis pour un café entre deux stands de produits du coin. En plus, c'est l'occasion de faire un tour dans Hackney et de découvrir les multiples boutiques branchées du quartier.

■ COLUMBIA ROAD MARKET

Columbia Road
Shoreditch
http : //columbiaroad.info
Tube : Liverpool Street, puis bus 26, 48, 78, 149 ou 242.
Ouvert le dimanche de 8h à 15h.
C'est une explosion de senteurs et de couleurs qui vous attendent sur Columbia Road. Pour un prix très abordable, vous pouvez acheter des bouquets tout faits ou composer vous-même votre création. Les Londoniens aiment venir se promener ici le dimanche, déambuler dans les rues avoisinantes, prendre un café…

■ GREENWICH MARKET

Greenwich Church Street
5b Greenwich Market
Greenwich ✆ +44 20 8269 5093
www.shopgreenwich.co.uk
DLR : Cutty Sark.
Ouvert du mardi au dimanche de 10h à 17h30, et le vendredi jusqu'à 19h30.
Ce marché existe depuis plus de trois siècles. Dans les trois sections rassemblées, on peut acheter de la nourriture, des antiquités, des vêtements autant *vintage* que dernier cri, des meubles, des accessoires ethniques... Autour du marché, de nombreux restaurants et bars permettent de s'arrêter prendre un verre ou manger un morceau, histoire de faire une pause.

■ OLD SPITALFIELDS MARKET

Commercial Street
Spitalfields
www.visitspitalfields.com
Tube : Liverpool Street.
Ouvert du mardi au vendredi et le dimanche, toute la journée.
C'est le plus vieux marché de Londres et on y trouve absolument de tout, de l'artisanat à la nourriture, en passant par les fripes et les petits créateurs. A la fois couvert et à l'air libre, ce marché est praticable toute l'année et les Londoniens ne s'en lassent pas. Sachez toutefois que, comme à Camden, il faut fouiller pour dénicher des perles parmi le nombre croissant de produits industriels et finalement loin d'être authentiques.

■ PETTICOAT LANE MARKET

Middlesex Street
Whitechapel
Tube : Aldgate, Aldgate East, Liverpool Street.
Ouvert du dimanche au vendredi de 8h à 16h.
Ce marché existe depuis 200 ans, à l'époque les huguenots y vendaient notamment des jupons (*petticoat*). Actuellement, il a une ambiance plus marché aux puces que brocante d'antiquités, avec des articles neufs, bon marché : vêtements, vaisselle, accessoires pour portables, CD vierges, sacs et ceintures, tee-shirts et chaussettes… bref, rien de bien original ! Surtout pour le quotidien, si vous êtes en panne de parapluie, de pull-over ou de chaussures et que vous ne voulez pas vous ruiner.

RIDLEY ROAD MARKET
Ridley Road
Hackney & Dalston
www.ridleyroad.co.uk
Station de train : Dalston Kingsland.
Ouvert du lundi au jeudi de 6h à 18h et le vendredi et le samedi de 6h à 19h.
Ce marché est à faire si vous voulez vous procurer des aliments ou des spécialités africaines, caribéennes et méditerranéennes. Vous y trouverez notamment une grande variété d'épices, de fruits et légumes et des spécialités asiatiques. Egalement quelques boutiques permanentes vendent des CD d'occasion, des tissus africains et indiens.

SUNDAY UP MARKET
Old Truman Brewery
Brick Lane
Spitalfields
www.sundayupmarket.co.uk
Tube : Liverpool Street ou Aldgate East.
Ouvert le dimanche de 10h à 17h.
L'alternative branchée aux marchés de Spitafields et Camden. En semaine, les lieux du Sunday Up Market ressemblent à un parking désaffecté, mais le dimanche, tout s'anime. Les stands de vinyles, où s'exercent des DJ, de bijoux et de vêtements pullulent. A l'entrée du marché, on peut découvrir diverses cuisines internationales, caribéennes, asiatiques ou africaines, dont la qualité ne se dément pas. Au sous-sol, place aux fripes et autres trésors *vintage*.

Mode – Sport

ABSOLUTE VINTAGE
15 Hanbury Street
Spitalfields
✆ +44 20 7247 3883
www.absolutevintage.co.uk
Tube : Liverpool Street Station.
Ouvert tous les jours de 11h à 19h. Vintage.
Spécialisée dans les vêtements des années 1930 aux années 1980, cette boutique risque de vous faire perdre la tête si vous êtes un mordu de l'accessoire unique ou des vêtements originaux. Avec un stock de plus de 1 000 paires de chaussures pour hommes et femmes et encore plus de vêtements et d'accessoires, cette caverne d'Ali Baba de seconde main est un incontournable. Pour info, Kirsten Dunst y fait son shopping, c'est dire...

ANTONI & ALISON
43 Rosebery Avenue
Clerkenwell
✆ +44 20 7833 2141
www.antoniandalison.co.uk
Tube : Farringdon.
Ouvert de 10h30 à 18h30 du lundi au vendredi. Mode.
Très à la mode en ce moment, le t-shirt customisé est ici l'accessoire ultra mode. Le principe est simple : vous choisissez un t-shirt ainsi qu'un des nombreux logos référencés, et ils assemblent les deux (à partir de £35). En outre, cette boutique, qui existe tout de

Boutique Absolute Vintage.

même depuis 1820, propose toute une gamme de vêtements plus traditionnels.

■ **BEYOND RETRO**
110-112 Cheshire Street
Spitalfields ✆ +44 20 7613 3636
www.beyondretro.com
Tube : Bethnal Green ou Old Street.
Ouvert du lundi au samedi de 10h à 19h (le jeudi jusqu'à 20h) et le dimanche de 11h30 à 18h. Vintage.
Un must du vintage dans l'East End, Beyond Retro est une institution londonienne. Un immense entrepôt où les stocks sont régulièrement renouvelés. Idéal pour les amateurs qui aiment fouiner : il y a beaucoup de petits bijoux, le tout étant de les dénicher parmi la masse de fringues et accessoires disponibles. Une boutique encore plus grande que celle-ci a ouvert en 2012 dans Dalston.

▸ **Autre adresse :** 92/100 Stoke Newington Road – Dalston.

■ **BURBERRY OUTLET**
29-53 Chatham Place
Hackney & Dalston
✆ +44 20 8985 3344
www.burberry.com
Tube : Bethnal Green.
Ouvert du lundi au samedi de 11h à 18h, le dimanche de 11h à 17h. Mode.
En faisant un détour par Bethnal Green, les accros du shopping pourront économiser jusqu'à 30 % sur les articles de la célèbre marque. Le magasin propose un vaste choix dans les vêtements pour hommes, femmes et enfants. On trouve par exemple des pulls en laine et cachemire entre £20 et £80, des trenchs entre £200 et £500, des tops, des gilets en soie et des t-shirts entre £20 et £50.

■ **THE LADEN SHOWROOM**
103 Brick Lane
Spitalfields
✆ +44 20 7247 2431
www.laden.co.uk
Tube : Algate East ou Shoreditch High Street.
Ouvert du lundi au vendredi de 11h à 18h30, le samedi jusqu'à 19h et le dimanche de 10h30 à 18h. Mode créateurs.
Un *show-room* qui présente de jeunes stylistes aux designs colorés et frais, pas de la meilleure qualité mais peu chers et funky. Une bonne adresse donc pour acheter quelques pièces originales sans se ruiner.

■ **MINT**
71-73 Stoke Newington High Street
Stoke Newington ✆ +44 207 249 4567
www.mintvintage.co.uk
Ouvert du lundi au samedi de 11h à 19h (jusqu'à 20h du jeudi au samedi) et le dimanche de midi à 18h. Vintage.
La meilleure boutique *vintage* de l'Est londonien. Mint dispose d'une très bonne sélection de vêtements homme et femme et d'accessoires, notamment des chaussures et des lunettes. Les habits sont tous en bon état et la sélection est pointue : pas de vieilles fripes invendables ici. Du coup, perdez-vous quelque temps dans les rayons surchargés, vous dégoterez à coup sûr la pièce à emporter.

■ **THIS SHOP ROCKS**
131 Brick Lane
Spitalfields ✆ +44 20 7739 7667
Tube : Liverpool Street.
Ouvert tous les jours jusqu'à 18h. Vintage.
Ne négligez pas ce magasin qui se différencie de ses concurrents *vintage* en ne proposant que des pièces des années 1920 à 1950. Pas de cyclistes *eighties* ici mais des trésors d'histoire, on se croirait presque dans un entrepôt de costumes de théâtre.

Panier gourmand

■ **A.GOLD DELICATESSEN SHOP AND DELI**
42 Brushfield Street
Spitalfields ✆ +44 20 7247 2487
www.agoldshop.com
Tube : Liverpool Street.
Ouvert du lundi au vendredi de 10h à 16h et le samedi de 11h à 17h.
Boutique qui ne propose que des produits britanniques. Belle sélection de produits frais tels que diverses variétés de fromages, de saucisses mais aussi des produits comme des gâteaux du pays de Galles. Si vous y allez le ventre vide, votre appétit ne manquera pas de se réveiller et de vous faire succomber à quelques bonnes spécialités.

Chelsea, Kensington et Notting Hill

Dans la rue qui part de High Street Kensington pour rejoindre Notting Hill Gate, de nombreuses boutiques d'antiquités ont élu domicile : New Century Antiques, Haslam & Whiteway, Paul Reeves (arts décoratifs du XIXe siècle), Jeanette Hayhurst (verrerie du XVIIIe siècle et époque édouardienne), John Jesse (Art nouveau et Art déco), etc.

Artisanat – Déco – Maison

■ ALICE'S

86 Portobello Road
Notting Hill ✆ +44 207 229 81 87
www.facebook.com/AlicesPortobello
Tube : Notting Hill Gate.
Ouvert du mardi au vendredi de 9h à 17h et le samedi jusqu'à 16h. Brocante.
La devanture de ce magasin est régulièrement prise en photo par les touristes de passage. Normal, vu son charme rétro un peu fané. A l'intérieur : un bric-à-brac de bibelots, antiquités et mobilier en tout genre. Bref, fouillez et vous dégoterez sûrement des petits trésors de déco.

■ CERAMICA BLUE

10 Blenheim Crescent
Notting Hill
✆ +44 20 7727 0288
www.ceramicablue.co.uk
Tube : Ladbroke Grove.
Ouvert du lundi au samedi de 10h à 18h30 et dimanche de midi à 17h.
Une boutique toute colorée ouverte en 1987, où vous pouvez trouver un vaste choix de céramiques peintes à la main et réalisées par des artistes différents. Beaucoup de réalisations en provenance de France, d'Italie, de Colombie, de Suède, des formes plus ou moins contemporaines et amusantes, pour tous les goûts.

■ THE CONRAN SHOP

Michelin House
81 Fulham Road
South Kensington
✆ +44 20 7589 7401
www.conranshop.co.uk
Tube : South Kensington.
Ouvert le lundi, le mardi et le vendredi de 10h à 18h, le mercredi et le jeudi de 10h à 19h, le samedi de 10h à 18h30 et le dimanche de 12h à 18h.
Ce grand nom, hérité du designer anglais qu'est Terence Conran, propose une gamme de mobilier contemporain et d'objets de décoration dont la plupart sont des exclusivités des boutiques The Conran Shop. Atmosphère épurée, inventivité, créativité et originalité sont les maîtres mots des pièces que l'on retrouve ici. Si le magasin n'est pas pour toutes les bourses, le plaisir des yeux les laissent intactes.

▶ **Autre adresse :** 55, Marylebone High Street – Tél (020) 7723 2223.

■ LES COUILLES DU CHIEN

65 Golborne Road
Notting Hill ✆ +44 20 8968 0099
www.lescouillesduchien.co.uk
Tube : Ladbroke Grove.
Ouvert du lundi au samedi de 9h30 à 17h. Brocante.
A l'image de la boutique, c'est un nom un peu foldingue, décalé et drôle, qui désigne, dans sa traduction littérale en anglais, quelque chose de *über cool*. Ici, vous trouverez tout ce qui vous manquait niveau déco rococo, tellement en vogue à Londres : têtes d'élan, porcelaines kitsch, bibelots de chez mamie et meubles Art déco.

Centres commerciaux

■ HARRODS

87-135 Brompton Road
Knightsbridge ✆ +44 20 7730 1234
www.harrods.com
Tube : Knightsbridge.
Ouvert du lundi au samedi de 10h à 20h et le dimanche de 11h30 à 18h.
Le plus grand magasin de Londres, et certainement l'un des plus chics, se déploie sur 7 niveaux et pas moins de 92 000 m² dans le quartier de Knightsbridge. La boutique n'est au départ qu'une épicerie vendue à un certain Alfred James Newton qui se charge de mettre le magasin en bourse et qui transformera Harrods en grand magasin, tel que nous le connaissons aujourd'hui. Harrods a récemment fêté ses 150 ans. Propriété de la famille Al-Fayed depuis les années 1980, le magasin a été vendu en mai dernier à la famille royale du Qatar. La devise des lieux est *Omnia omnibus ubique* : « tout, pour tout le monde, partout ». Harrods est le fournisseur des plus grandes fortunes anglaises comme étrangères. Il a même été jusqu'en janvier 2001 celui de la reine Elisabeth. Lorsque cette dernière venait faire ses courses, le magasin entier était à sa disposition. Elle ne venait qu'après la fermeture, à l'heure où le public n'était plus qu'un bruyant souvenir.

▶ **Le rez-de-chaussée** est réservé à l'alimentation, aux vêtements pour hommes, aux souvenirs griffés Harrods, aux parfums et cosmétiques et aux sacs. Les salles dédiées à la nourriture sont certainement les plus impressionnantes et les mieux décorées, à la façon de palaces somptueux. Chez Harrods, on vient au rayon traiteur autant pour le plaisir des yeux que pour celui des papilles. Car si ce paradis de la gourmandise haut de gamme vous séduit à coup de caviar, vins d'exception, chocolats fondants et autres produits divins, c'est également la façon dont ils sont étalés qui vaut le détour. Le cadre est exceptionnel, vous pénétrez dans des salles remplies de mosaïques, de plafonds décorés et de murs peints. Tous les rayons sont époustouflants : viandes, volailles, charcuterie, poissons, fruits, légumes, boulangerie, épicerie, fleurs... Vous ne saurez plus où donner de la tête devant tant de choix ! Un incontournable pour tout bon gourmand qui se respecte avec une petite pause à envisager dans l'un des cafés ou glaciers du magasin !

- **Le premier étage** est entièrement dédié à la femme, vêtements, couturiers de renom, lingerie fine, rien ne manque. Le département de porcelaine, particulièrement prisé des touristes, se trouve au second, attention si vous avez un gros sac à dos de ne rien faire tomber. Voyageurs hivernaux, sachez que Noël ne serait pas Noël sans la silhouette de Harrods illuminé par des milliers d'ampoules blanches.

HARVEY NICHOLS

109-125 Knightsbridge
Knightsbridge ✆ +44 20 7235 5000
www.harveynichols.com
Tube : Knightsbridge.
Ouvert du lundi au samedi de 10h à 20h, le dimanche de 11h30 à 18h.
Créé en 1813, Harvey Nicks comme on le surnomme familièrement, est le temple de la haute couture. Il se veut le rival de Harrods. Tous les plus grands noms de la mode s'y trouvent, à des prix là encore tout à fait inabordables. Il s'agit du magasin fétiche des membres du club «*Twin Set and Pearls*» (jupe, cardigan assorti et l'indispensable collier de perles). Après la fermeture, on peut encore accéder au 5e étage par des escaliers extérieurs pour rejoindre les restaurants et cafés, dont la réputation de qualité perdure.

TAWANA ORIENTAL SUPERMARKET

16-20 Chepstow Road
✆ +44 20 7221 6316
www.tawana.co.uk
Tube : Royal Oak.
Ouvert tous les jours, de 9h30 à 20h. Marché asiatique.
Depuis 1983 ce supermarché est une adresse incontournable pour tout ce qui concerne la nourriture orientale et plus particulièrement thaïlandaise. Au programme des épices, des piments et des herbes, des sauces de poisson, des fruits de mers dont beaucoup de crevettes, des fruits et légumes dont des pousses de bambou ou de haricots, des mangues..., et un très important choix de nouilles. Tawana est le fournisseur d'un grand nombre des restaurants thaïlandais.

- **Autre adresse :** 243-245 Plaistow Road – +44 20 8503 1639.

Librairie

NOTTING HILL BOOKSHOP

13-15 Blenheim Crescent
Notting Hill
✆ +44 20 7229 5260
Tube : Ladbroke Grove ou Notting Hill Gate.
Ouvert du lundi au samedi de 10h à 18h et le dimanche de midi à 17h. Librairie.
Jusqu'en 2011, cette librairie était deux fois plus grande et incluait The Travel Bookshop, une librairie des globe-trotters et des mordus de voyages. Malheureusement, l'endroit a fermé, au grand dam de nombreux locaux et écrivains qui ont désespérement tenté de le sauver. Du coup, la sélection voyage (une petite partie) a été rabattue dans le pan de librairie qui reste. On y va aujourd'hui surtout parce que cette boutique a inspiré la librairie de Hugh Grant dans le film *Coup de Foudre à Notting Hill*, avec Julia Roberts.

THE FRENCH BOOKSHOP

28 Bute Street
✆ +44 20 7584 2840
Fax : +44 20 7823 9259
www.frenchbookshop.com
Tube : South Kensington.
Ouvert du lundi au samedi de 10h à 18h30.
Si vous êtes en manque de littérature française, si vous ne vous décidez pas à vous mettre à l'anglais et s'il vous faut absolument acheter des livres en français, voici une très bonne adresse pour trouver classiques et dernières nouveautés.

Marchés

PORTOBELLO ROAD MARKET

Portobello Road
La partie Nord se prolonge sur Golborne Road.
www.portobelloroad.co.uk
Tube : Ladbroke Grove, Notting Hill Gate ou Westbourne Park.
Ouvert du lundi au mercredi de 8h à 18h, le jeudi de 9h à 13h et le vendredi et le samedi de 7h à 19h.

Londres possède deux marchés de rue incontournables : celui de Camden et celui de Portobello, aussi différents l'un de l'autre que le jour et la nuit, ils sont tout de même complémentaires. Ouvert depuis 1837, Portobello doit sa réputation aux antiquaires qui vendent ici des objets rares et anciens qui n'existent nulle part ailleurs. Si vous ne faites pas attention, vous ne réaliserez pas qu'en fait, le marché de Portobello se divise en trois parties. Au sud du côté de Notting Hill, vous trouvez les antiquités avec dans les rues un marché général de vêtements, un bazar et, au nord, vers le métro Ladbroke Grove, c'est plutôt le quartier réservé à la brocante et aux fripes. Au fur et à mesure que vous avancez du sud vers le nord, vous observez que l'atmosphère change.

- **Intersection de Westbourne Grove à Colville Terrace :** marché aux antiquités. Ouvert le samedi de 4h à 18h.
- **Intersection de Colville Terrace à Thorpe Close :** marché général. Tube : Notting Hill Gate. Ouvert du lundi au mercredi de 8h à 18h, le jeudi de 9h à 13h, le vendredi et le samedi de 7h à 19h. Beau marché de fruits et légumes, pâtisseries, fromages, produits d'entretien... Beaucoup de familles originaires des Caraïbes ou d'Inde vendent ici.
- **Intersection de Thorpe Close à Golborne Road.** Tube : Ladbroke Grove. Ouvert le vendredi et le samedi de 7h à 15h. Sûrement la partie la plus intéressante de la rue en raison de la diversité des produits proposés et des prix pratiqués. Le trajet est long depuis Notting Hill, et il ne faut pas hésiter à vous arrêter en cours de route et profiter ainsi des nombreux bars qui longent la promenade. Au fur et à mesure, vous pénétrez dans le quartier des Antillais et des Jamaïcains. Contrairement à la première partie uniquement consacrée aux antiquités, ici il est plus facile de faire de bonnes affaires : vieux jeans, fripes, vêtements des années 1920, bijoux, fringues africaines et antillaises, vinyles... Les boutiques au fond, juste avant l'horrible bretelle du Westway, cachent parfois les meilleures affaires. Des musiciens jouent régulièrement du reggae dans le square.

SHEPHERD'S BUSH MARKET
Shepherd's Bush Market
✆ +44 208 749 3042
www.shepherdsbushmarket.co.uk
Tube : Goldhawk Road ou Shepherd's Bush.
Ouvert du lundi au samedi de 9h à 18h.
Sous une étroite arche en fer forgé, ce marché qui existe depuis 1914 est le reflet des populations vivant dans le quartier : métissage de l'Afrique, des Antilles, de l'Inde et de l'Angleterre populaire. Idéal pour vous approvisionner en produits exotiques mais également pour trouver une quantité d'articles kitch, et de nombreux tissus qui sont vendus au mètre à des prix très avantageux. Les amateurs de plats indiens considèrent les lieux comme l'une des meilleures adresses pour acheter des épices. Le vendredi et le samedi sont les jours de grosse affluence où une sorte de frénésie joyeuse s'empare des lieux.

Mode – Sport

AMANDA WAKELEY
175-177 Fulham Road
South Kensington
✆ +44 20 7352 7143
www.amandawakeley.com
Tube : South Kensington.
Ouvert du lundi au samedi de 10h à 18h (le mercredi jusqu'à 19h) et le dimanche de 11h à 17h.
Depuis 1990, Amanda Wakeley a développé une collection d'accessoires et de vêtements de luxe réputés dans le monde entier. Outre l'adresse à Fulham Road, il est possible de découvrir la marque dans certains grands magasins et notamment Harvey Nicols. Cette mode chic et choc passe par une gamme de vêtements, d'accessoires et de bijoux.

BETTY JACKSON
311 Brompton Road
South Kensington
✆ +44 20 7589 7884
www.bettyjackson.com
Tube : South Kensington.
Ouvert du lundi au vendredi de 10h à 18h30 et le samedi de 10h à 18h.
Au départ l'idée principale de Betty est de mêler ses sources d'inspiration, c'est-à-dire l'art et la peinture à des vêtements. Ainsi chaque pièce se veut unique et devient une œuvre d'art. Le concept a bien entendu évolué, le résultat est un style sobre, aux formes amples dans des tissus soyeux, un mélange entre Agnès B. et le Comptoir des Cotonniers, en beaucoup plus luxueux.

THE CROSS
141 Portland Road
Holland Park
✆ +44 20 7727 6760
www.thecrossshop.co.uk

Tube : Holland Park.
Ouvert du lundi au samedi de 10h à 18h. Femmes et enfants.
Une des boutiques les plus en vue de la ville, dans le style bobo chic de Notting Hill. La boutique est un patchwork de grands designers : Megan Park, Betty Jackson, Mulberry et Clements Ribeiro. Sans oublier les costumes somptueusement travaillés d'Andrew Roberts. Une adresse pas accessible à toutes les bourses mais à connaître.

DESIGNER BARGAINS
29 Kensington Church Street
Kensington
✆ +44 20 7795 6777
Tube : High Street Kensington.
Ouvert du lundi au samedi de 10h à 18h.
A cette adresse, vous trouverez de nombreux vêtements de jeunes designers, en partie provenant des collections précédentes et des invendus à des prix moindres. Egalement, un grand choix d'accessoires pour femmes.

MANOLO BLAHNIK
49-51 Old Church Street
Chelsea ✆ +44 20 7352 8622
www.manoloblahnik.com
Tube : Sloane Square (puis bus 11, 19 ou 22).
Ouvert de 10h à 17h30 du lundi au vendredi et de 10h30 à 17h le samedi.
Cette marque de chaussures est la marque préférée de Carrie Bradshaw dans la série *Sex and the City*, et l'on comprend pourquoi. Véritable mariage entre l'art et le métier de chausseur, les modèles sont à la fois féminins, élégants et originaux, avec toujours un détail pour faire la différence. Dommage que ce soit hors de prix !

PANDORA
16-22 Cheval Place
Knightsbridge
✆ +44 20 7589 5289
www.pandoradressagency.com
Tube : Knightsbridge.
Ouvert du lundi au samedi de 10h à 19h et le dimanche de midi à 18h.
Une institution dans le quartier chic de Knightsbridge, Pandora existe effectivement depuis 1940 et vend des vêtements de marque comme Chanel ou Anne Klein. Pour l'anecdote, chaque semaine des chauffeurs ressortent chargés de sacs de cette boutique, destinés à des gens de la haute société. C'est d'ailleurs tendance de porter de la seconde main depuis qu'une célébrité a annoncé durant une soirée mondaine qu'elle portait une robe achetée chez Pandora…

RELLIK
8 Golborne Road
Notting Hill ✆ +44 208 962 00 89
www.relliklondon.co.uk
Tube : Westbourne Park.
Ouvert du mardi au samedi de 10h à 18h. Vintage.
C'est l'une des meilleures boutiques *vintage* de Londres : ici, on ne parle pas de fripes, mais de pièces réellement collector de grands couturiers. Vous trouverez des robes YSL, Vivienne Westwood, Chanel ainsi que beaucoup d'accessoires rigoureusement sélectionnés. C'est la haute couture du *vintage*, du coup, c'est très beau, mais c'est aussi très cher.

RETRO WOMAN
20 Pembridge Road
Notting Hill ✆ +44 20 7565 5572
Tube : Notting Hill Gate.
Ouvert tous les jours de 10h à 20h. Vintage.
Plusieurs magasins sur Pembridge Road constituent Retro Clothing, une grande adresse du *vintage* des quartiers ouest. Les hommes seront contents d'apprendre qu'une boutique leur est aussi consacrée. Il faut chercher, mais on y dégote de bonnes pièces *fashion*.

Panier gourmand

RIPPON CHEESE STORES
26 Upper Tachbrook Street
Pimlico ✆ +44 20 7931 0628
www.ripponcheese.com
Tube : Victoria.
Ouvert du lundi au samedi de 8h à 17h30.
Quand vous parlerez fromage à Londres, il sera indispensable d'y associer cette petite boutique qui propose pas moins de 500 variétés de fromages différents. Vous retrouvez des classiques comme des spécialités plutôt originales (pecorino aux truffes), des fromages anglais comme des fromages étrangers et surtout tous les types possibles : de brebis, de chèvre, de vache…

Retrouvez le sommaire en début de guide

SPORTS – DÉTENTE – LOISIRS

Sports – Loisirs

BATTERSEA PARK
Battersea Park Road © +44 20 8871 7542
www.batterseapark.org
Ouvert du lundi au vendredi de 8h à 22h, le samedi de 9h à 19h et le dimanche de 9h à 19h. De £5 à £6 de l'heure.
Battersea Park compte 19 courts de tennis en plein air. La plupart sont éclairés le soir.

BOLEYN GROUND STADIUM
Boleyn Ground
Green Street © +44 87 0112 2700
www.whufc.com
Tube : Upton Park.
Le stade du club de football West Ham United.

CRAVEN COTTAGE
Craven Cottage
Stevenage Road © +44 87 0442 1234
www.fulhamfc.co.uk
Tube : Putney Bridge.
Le stade du club de football de Fulham.

EMIRATES STADIUM
37-55 Ashburton Grove
Islington
© +44 20 7619 5000 (visites guidées)
www.arsenal.com
Tube : Arsenal.
Pour découvrir le célèbre stade où joue l'équipe d'Arsenal, deux options : aller voir un match ou suivre une visite guidée du stade en réservant par téléphone ou sur Internet.

HAMPSTEAD HEATH SWIMMING PONDS
East Heath Road
Hampstead © +44 20 7332 3322
www.hampsteadheath.net
Tube : Hampstead Heath.
Ouvert tous les jours à partir de 7h30. Fermeture entre 15h30 et 20h selon la saison. Entrée £2.
Le cadre est bucolique, entouré de canards et d'herbes folles. Ce n'est pas tous les jours que vous pouvez vous baigner dans une mare et, bien que l'eau soit un peu plus trouble que dans les piscines, vous ne serez pas le seul à avoir eu l'idée de vous baigner ici. Trois bassins : un pour les femmes, un pour les hommes et un mixte. Mais que ne ferait-on pas pour nager en pleine nature ? Pendant les beaux jours, si vous voulez trouver un petit coin d'herbe pour vous faire bronzer, il vaut mieux arriver tôt.

HYDE PARK STABLES
63 Bathurst Mews © +44 20 7723 2813
www.hydeparkstables.com
Tube : Lancaster Gate.
Cours de £64 à £99 par heure.
Offrez-vous une balade originale en plein cœur de Londres et perpétuez du coup la célèbre tradition des chevaux de Hyde Park. Vous pouvez longer la fameuse Rotten Row, où les belles dames du XIXe siècle se promenaient à cheval en se laissant conter fleurette. Les sorties durent une heure. Tout l'équipement nécessaire est fourni par les écuries, il vous suffira de venir avec de bonnes chaussures ou des bottes et en pantalon. Le groupe (composé de cavaliers de même niveau) est toujours accompagné, et les débutants sont les bienvenus.

LORD'S CRICKET GROUND
St John's Wood Road
Maida Vale © +44 20 7432 1000
www.lords.org
Tube : St John's Wood.
C'est le temple et le Q. G. du cricket international, et chaque cricketeur rêve d'y jouer. Etre membre de Lord's, c'est un peu comme être membre du club très privé de St James'. C'est très snob, très beau et encore plus *british* que la famille royale (ou presque).

STAMFORD BRIDGE STADIUM
Stamford Bridge
Fulham Road © +44 87 0300 2322
www.chelseafc.com
Tube : Fulham Broadway.
Stamford bridge avait été construit pour attirer le club de Fulham mais face au refus de ce dernier, l'Écossais Gus Mears a fondé Chelsea. Son stade a vu sa capacité d'accueil se réduire comme peau de chagrin tout au long de son histoire. Aujourd'hui, Roman Abramovitch aimerait l'agrandir mais se heurte à des résistances politiques.

- **Inauguration :** 28 avril 1877.
- **Capacité :** 41 841 places.
- **Affluence record :** 82 905 spectateurs pour Chelsea FC – Arsenal FC, le 12 octobre 1935.

WHITE HART LANE STADIUM
White Hart Lane
748 High Road © +44 20 7998 1068
www.tottenhamhotspur.com
Train : White Hart Lane.
Le stade des Spurs de Tottenham.

WIMBLEDON LAWN TENNIS CLUB
Church Road
Wimbledon Common
Wimbledon
✆ +44 20 8944 1066
www.wimbledon.org
Tube : Wimbledon.
Wimbledon est donc l'un des tournois de tennis les plus célèbres du monde, mais aussi l'une des mondanités les plus courues d'Angleterre. Le tournoi se déroule sur deux semaines, généralement de la fin juin au début juillet. Devant la quantité de personnes qui souhaitent assister à l'événement, des billets sont tirés au sort parmi les demandes envoyées entre le 1er août et le 31 décembre de l'année précédente. Si vous ne faites pas partie des heureux élus, vous devrez faire la queue aux aurores en espérant pouvoir acheter une place.

Détente – Bien-être

CENTRAL YMCA
112 Great Russell Street
Bloomsbury
✆ +44 20 7343 1700
www.ymcaclub.co.uk
Tube : Tottenham Court Road.
Ouvert tous les jours de 6h30 à 22h30 la semaine, de 10h à 20h30 le samedi et 1h le dimanche. Abonnés seulement. Le prix comprend l'accès libre à de nombreuses activités (y compris à la piscine) et aux cours des professeurs (yoga, gym, fitness, danse).
Un vaste club très bien équipé et aux horaires largement aménagés pour permettre aux Londoniens de pratiquer un sport dès qu'ils en ont l'opportunité comme les sports de raquette (tennis, squash, badminton) et aussi sauna, mur d'escalade, terrain de hand-ball de basket... Bref, beaucoup de choix !

Hobbies – Activités artistiques

ASCOT RACECOURSE
Ascot Racecourse
32 miles au sud-ouest de Londres
✆ 0870 727 12 34
www.ascot.co.uk
C'est ici qu'ont lieu les courses de chevaux et les paris dont raffolent les Anglais.

EPSOM DOWNS RACECOURSE
Epsom Downs
12 miles au sud de Londres
✆ 084 4579 3004
www.epsomderby.co.uk
Train : Epsom Downs.
Entrée à partir de £15.
Pour les amateurs de courses de chevaux et de grands chapeaux...

GAY ET LESBIEN

New York, Munich, Londres, sont des villes réputées pour leurs scènes gays et pour abriter les soirées les plus animées de la planète. A Londres, cette réputation est toujours exacte mais, en quelques années, les événements se sont en quelque sorte précipités et diversifiés à une vitesse impressionnante. Plusieurs centaines de bars, de pubs, de clubs et autres établissements gays, en tout genre, existent et drainent chaque semaine des milliers de personnes venues faire la fête et se divertir. Du coup, la ville permet, quelles que soient les préférences musicales, vestimentaires ou sexuelles de trouver l'adresse qui correspond le mieux à ses goûts. Dans cet enchevêtrement d'adresses, Soho reste l'épicentre du Londres gay et même si certains trouvent le lieu trop commercial ou touristique, l'ambiance y est unique. D'autres quartiers en périphérie tels que Islington, Clapham, Vauxhall ou encore Brixton voient leur scène gay se développer, bien qu'actuellement beaucoup plus discrète. Comme toute cette sphère est en perpétuelle évolution, le mieux est de regarder les programmations du moment dans diverses revues gratuites telles que Pink Paper, Boyz ou G3 (pour les filles), disponibles dans la plupart des bars gays. La période estivale accueille les plus grandes manifestations gays londoniennes : le mardi gras (Gay Pride) en juillet ainsi que la Soho Pride, début août.

Pratique

GAY BUDDY
Suite 1, Rugby House
6 Great Ormond Street
Bloomsbury
✆ +44 207 405 6616
www.gaybuddymap.com
Tube : Barbican.

La *Buddy Map*, diffusée dans tous les établissement gays de la capitale, à destination des visiteurs et touristes, dresse la liste des établissements gay dans tous les quartiers de la capitale. Et chaque mois, la nouvelle édition vient remplacer la précédente. Cette carte existe également en ligne, à télécharger au format PDF.

Se loger

WWW.GAYHOMESTAYS.COM

www.gayhomestays.com

On trouve sur ce site Internet absolument tous types de tarifs et d'offres d'hébergement. Gay Homestays a plusieurs avantages. D'abord, celui de donner accès directement à des particuliers, qui offrent souvent de très bonnes prestations. Ensuite, certaines annonces sont vérifiées, la qualité de l'hébergement est donc plus assurée, et on peut consulter des commentaires en ligne. Enfin, les offres sont souvent situées dans le centre de Londres, ce qui est idéal pour le voyageur que vous êtes !

Se restaurer

BISTROTHÈQUE

23-27 Wadeson Street
Hackney & Dalston © +44 20 8983 7900
www.bistrotheque.com
Tube : Bethnal Green.
Ouvert du dimanche au jeudi de 18h30 à 22h30, vendredi et samedi jusqu'à 23h, et pour le brunch samedi et dimanche de 11h à 16h. Menu dîner £17,50. Brunch de £20 à £25. Cuisine anglaise.
Ce restaurant-bar-cabaret est surtout réputé pour son brunch du week-end. La salle aux murs de briques immaculées accueille alors un pianiste, Xavior, que l'on vous laisse découvrir. Très apprécié par la East End *crowd*, ne manquez pas d'y faire un tour et ne vous découragez pas si vous ne trouvez pas l'entrée, c'est volontaire...

Sortir

ADMIRAL DUNCAN

54 Old Compton Street
Soho © +44 20 7437 5300
Tube : Leicester Square, Piccadilly Circus.
Ouvert du lundi au jeudi de 12h à 23h, le vendredi et le samedi de 12h à 23h30 et le dimanche de 12h à 22h30.
Un des plus vieux clubs de Soho situés dans le centre gay du quartier. Une triste histoire l'a marqué en 1999, lorsque le pub fut victime d'un attentat, dirigé contre la communauté homosexuelle. L'établissement sera reconstruit plus ou moins de la même manière et l'on conservera notamment sa célèbre façade rose et mauve. Ambiance décontractée, plutôt jean que costume. La musique fait la part belle aux années 1980-1990.

CANDY BAR

4 Carisle Street
Soho © +44 20 7287 5041
www.candybarsoho.com
Tube : Tottenham Court Road.
Ouvert du lundi au jeudi de 16h à 23h30, le vendredi et le samedi de 14h à 2h et le dimanche de 17h à 23h. Entrée £4 les vendredi et samedi à partir de 21h.
Sans doute le plus célèbre bar lesbien de la capitale. Ici tout est à 100 % féminin, les DJ, les barmaids et le public. Ouvert en 1997, c'est le premier bar lesbien à ouvrir 7j/7 et à attirer ainsi une clientèle féminine nombreuse. Les lieux sont assez vastes, composés de deux bars et d'une piste de danse au sous-sol. Le style musical change tous les jours et parfois des soirées karaoké et strip-tease sont organisées. A noter que l'établissement vient d'être racheté par le propriétaire du Ku Bar. Les hommes accompagnés de lesbiennes sont désormais autorisés à entrer.

CHARIOTS SHOREDITCH

1 Fairchild street
Shoreditch © +44 20 7247 5333
www.gaysauna.co.uk
Tube : Shoreditch high street.
Ouvert tous les jours de midi à 9h du matin. Entrée : £16.
Le plus grand sauna du groupe Chariots et le plus grand sauna gays du royaume sur trois étages. Deux hammams, deux jacuzzis, un spacieux sauna classique, salle de gym, grande piscine, espace vidéo et espace cruising et pas moins de 50 cabines. Clientèle de tous âges. Plus fréquenté le week-end. Entretien aléatoire.

THE GEORGE AND DRAGON

2 Hackney Road
Shoreditch © +44 20 7012 1100
Tube : Shoreditch High Street.
Ouvert tous les jours de 18h à minuit. Bar.
Ce vieux pub qui tombait en ruines a été repris par Richard Battye, drag queen à temps partiel. C'est l'une des destinations les plus improbables de Shoreditch : kitsch, rétro, extravagant, éclectique, bon marché, *trendy* et *underground* ; homos, hétéros, bi, et les autres font le succès de cette petite salle. N'arrivez pas trop tard si vous voulez entrer.

■ KU BAR

30 Lisle Street
Soho ✆ +44 20 7437 4303
www.ku-bar.co.uk
Tube : Leicester Square.
Ouvert du lundi au samedi de midi à 3h et le dimanche de midi à 22h30.
A deux pas de Leicester Square, ce bar est devenu un incontournable de la scène gay londonienne actuelle, qui apprécie la musique et l'ambiance décontractée qui y règne. Victime de son succès, le Ku Bar est donc souvent, pour ne pas dire toujours, bondé. Une deuxième adresse a ouvert ses portes à 5 minutes à pied de la première.

▶ **Autre adresse :** 25 Frith Street, Soho Tel +44 20 7287 7986.

■ THE HOIST

Arches 47B & 47C
South Lambeth Road
Vauxhall
✆ +44 20 7735 9972
www.thehoist.co.uk
Tube : Vauxhall.
Ouvert le mercredi de 21h à 2h, le jeudi de 20h à minuit, le vendredi de 22h à 3h, le samedi de 22h à 4h.
Un club fétichiste qui se taille un joli succès depuis quelques années. Pas forcément très spacieux, l'endroit est toutefois bien agencé avec mezannine, passerelles et une foule de recoins sombres pour s'isoler ou pas. Les écrans vidéo se chargent de diffuser les derniers pornos à la mode et le bar dispose d'un cireur de chaussures. Un grand espace est réservé à ceux qui souhaitent se changer, et la boutique du club (Fetish freak) est en haut des escaliers. Le club applique un *dress-code* sévère (cuir, latex, uniforme, skin) qui est respecté à la lettre par les habitués en provenance de tout le pays. La clientèle va de très jeune à très vieux et l'endroit est toujours bondé. Un calendrier des soirées qui change chaque semaine figure sur le site Internet de l'établissement.

■ THE WORKING MEN'S CLUB

42-46 Pollard Row
Hackney & Dalston
✆ +44 20 7739 7170
Voir page 163.

Shopping

■ CLONE ZONE

64 Old Compton Street
Covent Garden
✆ +44 20 7287 1619
www.clonezonedirect.co.uk
Tube : Piccadilly Circus
ou Leicester Square.
Ouvert du lundi au samedi de 11h à 21h, le dimanche de midi à 20h.
En face du Compton of Soho, et la porte adjacente au Balans, cette boutique 100 % gay est aussi la plus ancienne de la ville (depuis plus de 25 ans), à défaut d'être la plus grande. En haut, les sous-vêtements, maillots de bain, magazines, livres, guides, en bas, les articles plus sexuels comme *plugs*, godes et autres accessoires de bondage.

▶ **Autre adresse :** 266 Old Brompton Road – Earl's Court (+44 20 7373 0598)

LES ENVIRONS

■ WARNER BROS. STUDIO TOUR HARRY POTTER

Warner Drive, Leavesden,
Hertfordshire
WATFORD ✆ +44 20 3427 7777
www.wbstudiotour.co.uk
Attention, pas de vente sur place. Les billets d'entrée ne s'achètent que via le site internet ! Billet adulte £29.00, enfant £21.50. Gratuit pour les moins de 4 ans.
A seulement 30 km du centre de Londres se trouve le Warner Bros. Studio Tour, véritable Mecque pour tous les fans d'Harry Potter. Pour vous y rendre, le plus simple est de prendre une navette à la gare de Victoria http : //www.goldentours.com/partner/wbsstudiotour/ ou un train jusqu'à Watford, puis un bus Mullany's Coaches. La visite commence par la Grande Salle, se poursuit dans les coulisses pour vous faire découvrir tour à tour, les costumes, les objets et les accessoires qui ont marqué la saga, les lieux emblématiques comme le chemin de traverse, la salle des Gryffondor, le ministère de la magie... sans oublier les maquettes, les animatroniques, les effets spéciaux. La visite se termine par la boutique d'objets dérivés et de souvenirs. N'oubliez pas de gouter à la bièrraubeurre !

L'EST ET LE SUD-EST

Chartwell House, maison de Churchill.

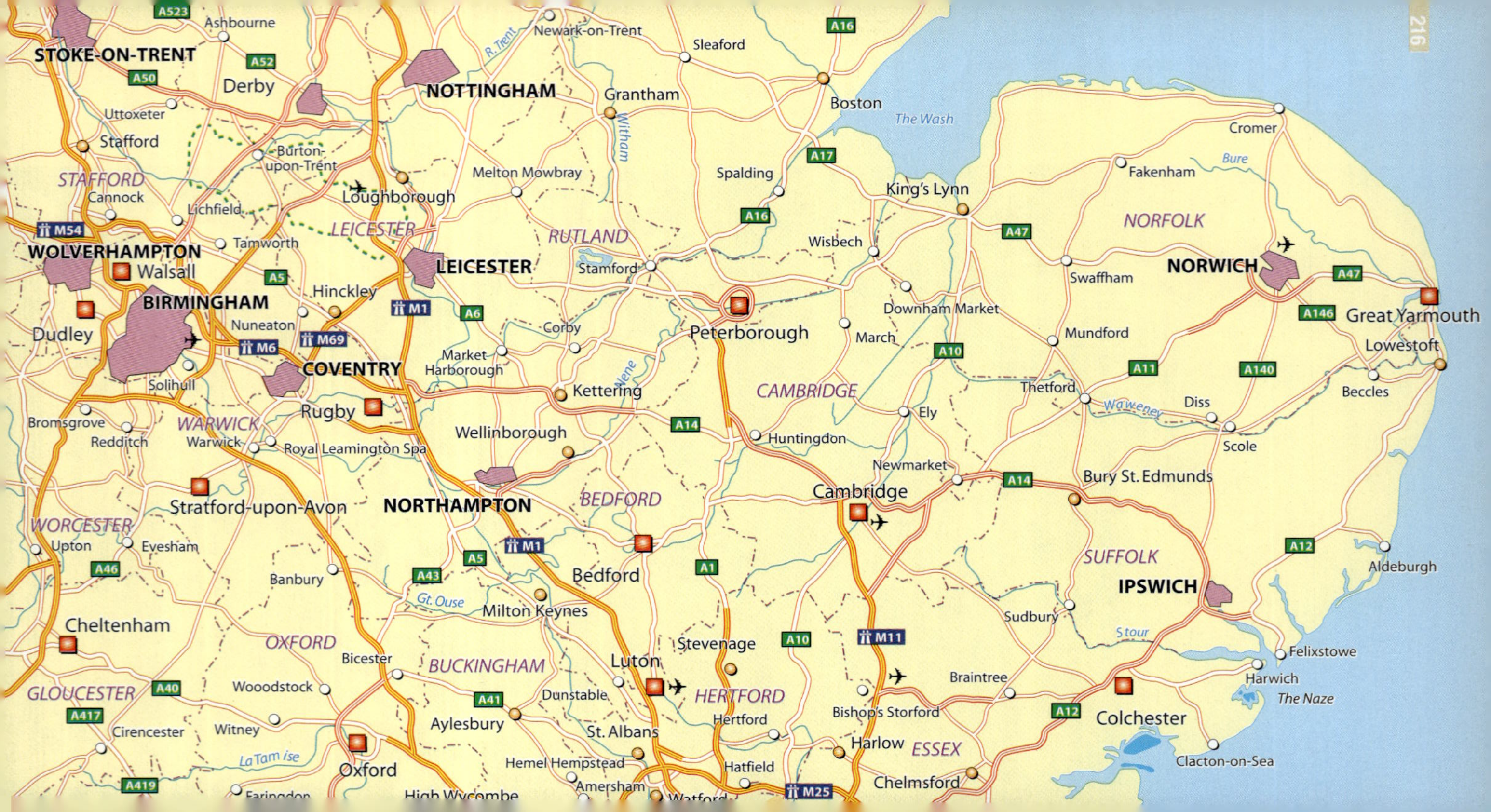
STOKE-ON-TRENT
A523
Ashbourne
A52
A50
Derby
NOTTINGHAM
R. Trent
Newark-on-Trent
Sleaford
A16
Grantham
Witham
Boston
The Wash
Cromer
Uttoxeter
Stafford
Burton-upon-Trent
STAFFORD
Cannock
Lichfield
Loughborough
Melton Mowbray
Spalding
A17
King's Lynn
Fakenham
Bure
NORFOLK
M54
WOLVERHAMPTON
Tamworth
LEICESTER
RUTLAND
A16
Wisbech
A47
Walsall
A5
LEICESTER
Stamford
Swaffham
NORWICH
A47
BIRMINGHAM
Hinckley
M1
A6
Downham Market
Peterborough
A146
Great Yarmouth
Dudley
Nuneaton
M6
M69
Corby
March
Mundford
Lowestoft
COVENTRY
Market Harborough
A10
A11
A140
Solihull
Nene
Kettering
CAMBRIDGE
Thetford
Beccles
Bromsgrove
Rugby
Waweney
Diss
Redditch
WARWICK
Warwick
Royal Leamington Spa
Wellinborough
A14
Ely
Huntingdon
Scole
Newmarket
A14
Bury St. Edmunds
Cambridge
Stratford-upon-Avon
NORTHAMPTON
BEDFORD
WORCESTER
Upton
Evesham
M1
A46
A5
Banbury
A43
Bedford
A1
SUFFOLK
A12
Aldeburgh
IPSWICH
Gt. Ouse
Milton Keynes
Cheltenham
OXFORD
Sudbury
Stour
Stevenage
A10
M11
Felixstowe
Bicester
BUCKINGHAM
Luton
Harwich
Braintree
GLOUCESTER
A40
Wooodstock
A41
Dunstable
HERTFORD
The Naze
A417
Hertford
Bishop's Storford
A12
Colchester
Cirencester
Witney
Aylesbury
St. Albans
Harlow
ESSEX
La Tam ise
Oxford
Hemel Hempstead
Hatfield
Clacton-on-Sea
A419
Amersham
M25
Chelmsford

Swindon
Chippenham
Marlborough
WILTSHIRE
Avon
Stonehenge
Salisbury
Henley-on-Thames
Reading
Newbury
Basingstoke
Andover
HAMPSHIRE
Winchester
SOUTHAMPTON
Ringwood
New Forest National Park
BOURNEMOUTH
Swanage
St. Alban's Head
The Needles
Yarmouth
Fareham
Gosport
PORTSMOUTH
Île de Wight
Niton
St. Catherine's Point
Jersey, Guernesey, France
Jersey, Guernesey, France, Espagne
Beaconsfield
Maidenhead
Slough
Heathrow
Windsor
Staines
Bracknell
Farnham
Alton
Guilford
Hindhead
Petersfield
Midhurst
Petworth
Chichester
Bognor Regis
Selsey Bill
W. SUSSEX
SURREY
Dorking
Reigate
Gatwick
Redhill
Crawley
Horsham
East Grinstead
LONDRES
Richmond
Kingston
Sutton
Brentwood
Dagenham
Basildon
Dartford
Tilbury
Southend-on-Sea
Foulness Point
Sheerness
Île de Sheppey
Rochester
Whitstable
Margate
North Foreland
Broadstairs
Ramsgate
Canterbury
Sandwich
Deal
South Foreland
Dover
Sevenoaks
Maidstone
Royal Turnbridge Wells
Ashford
Folkestone
E. SUSSEX
Rye
Winchelsea
Bexhill
Hastings
BRIGHTON
Lewes
Newhaven
Worthing
Eastbourne
Beachy Head
M4
A34
M3
A303
A36
A31
M25
M26
A12
A21
M20
A27
Tunnel sous la Manche
STRAIT OF DOVER
LA MANCHE
FRANCE
Voies rapides
Routes à deux voies
Routes secondaires
Limites de comtés
Limites de parc national
Agglomérations
Villes importantes
Villes secondaires
Localités
N
0
20 km

East Anglia

En parcourant l'East Anglia, actuellement la région Est de l'Angleterre, on découvre quelques-unes des plus anciennes villes d'Angleterre, de superbes cathédrales et une campagne magnifique, maintes fois immortalisée par les peintres anglais.
A voir absolument, les cathédrales de Norwich et d'Ely, chefs-d'œuvre immortels, aujourd'hui encore parfaitement intégrés dans les villes.

SOUTHEND-ON-SEA

164 000 habitants. Ville balnéaire, outre ses plages, son aquarium et activités nautiques comme la planche à voile ou encore le jet-ski, Southend-on-Sea accueille également plusieurs parcs et jardins où se promener et un parc d'attraction. Le planétarium du musée plaira aux jeunes comme aux grands.

COLCHESTER

181 000 habitants. Colchester se targue d'être la plus ancienne ville romaine d'Angleterre. En 44 après J.-C., Rome nomme *Camulodunum* capitale de la nouvelle province de Bretagne. Bien que délaissée au profit de Londres d'un point de vue politique, Colchester n'a cessé de prospérer, notamment grâce au commerce du tissu. Une charmante ville, dont les vestiges du Moyen Age et les nombreuses maisons géorgiennes sont à découvrir à pied.

Transports

GARE FERROVIAIRE
North Station ✆ +44 8457 484 950
www.nationalrail.co.uk

GARE ROUTIÈRE
Queen Street ✆ +44 8717 818 178
www.nationalexpress.com

Pratique

OFFICE DU TOURISME DE COLCHESTER
1 Queen Street ✆ +44 1206 282 920
www.visitcolchester.com
Ouvert d'avril à juin et de septembre à octobre du lundi au samedi de 9h30 à 17h sauf le mercredi de 10h à 17h. Juillet et août du lundi au samedi de 9h30 à 17h30 sauf le mercredi de 10h à 17h30 et le dimanche de 11h à 16h. Octobre à mars du lundi au samedi de 10h à 17h.

POLICE
10, Southway
✆ +44 3003 334 444

Se loger

Ne pas hésiter à explorer les environs de Colchester pour dénicher un B&B pas cher ou une petite ferme.

THE NORTH HILL HOTEL
51 North Hill
✆ +44 1206 574 001
www.northhillhotel.com
Chambre de £64,50 à £129,50.
Récemment rénové, ce superbe hôtel en centre-ville allie modernité et patrimoine. Son architecture géorgienne lui confère caractère et authenticité, tandis que le confort des chambres assure un séjour parfait. Au rez-de-chaussée The Green Bistro offre une sélection de mets raffinés, à déguster dans le jardin.

Se restaurer

Un large choix de restaurants avec notamment les cuisines britanniques et indiennes bien représentées.

THE LEMON TREE
48, St Johns Street
✆ +44 1206 767 337
www.the-lemon-tree.com
Ouvert du lundi au jeudi de 10h30 à 22h30, vendredi et samedi de 10h à 22h30 et dimanche de 12h à 15h. Menu 3 plats £15,50 (déjeuner) ou £19,50 (dîner).
Construit dans les murs romains, ce pub bistro pour toute la famille présente des formules menus ou à la carte. Des plats classiques mais indémodables. Au sous-sol, une salle voûtée accueille les groupes.

THE PARLIAMENT RESTAURANT
43, High Street
✆ +44 1206 577 986
www.brook-hotels.co.uk
Ouvert tous les jours de 11h30 à 23h. £17 pour un menu 3 plats.
Cuisine anglaise traditionnelle à déguster dans un cadre « Tudor ». Avant, faites un petit tour dans le salon pour prendre l'apéritif dans de grands verres à pied en cristal, installé dans de moelleux fauteuils en velours sous les poutres apparentes. LE restaurant de la ville !

L'Est et le Sud-Est

East Anglia, Cambridgeshire, Kent, Sussex, Hamsphire... Au nord, Cambridge et Oxford se disputent le titre de capitale intellectuelle d'Angleterre, rivalisant de traditions et d'animations étudiantes.
Du côté de Cambridge, on découvre la méconnue région d'East Anglia, dont Norwich en est le plus important centre culturel. La poésie et l'art sont aussi présents côté campagne, en particulier entre Colchester et Ipswich, village où John Constable, le grand paysagiste anglais, puisa son inspiration.
Dans le Kent, le fantôme de Thomas Becket, archevêque de Canterbury, assassiné sur les marches de son autel, puis canonisé hante la ville de Canterbury. A ceux épris de vieilles pierres, le Kent offre les défenses redoutables d'une région déjà pressentie par les Romains comme voie de passage à défendre. Port de l'Angleterre, Douvres et son imposant château, les murailles de Deal, sont autant de lieux chargés d'histoire et du génie des architectes militaires. Sans parler des murailles naturelles, les superbes falaises blanches que des sentiers bordés d'une végétation fleurie permettent de sillonner.
Vers l'ouest, le Sussex déploie ses charmes tant historiques que balnéaires, laissant à Hastings et Battle le soin de raconter la conquête normande, tandis que Brighton insuffle avant-gardisme et esprit bohème à une région un peu conservatrice, parfois trop tournée sur son passé. Dernières perles du Sud-Est, l'Ile de Wight et la New Forest, merveilles naturelles gravitant autour de Southampton, attirent un très grand nombre de visiteurs.

Les immanquables et l'Est et du Sud-Est

- **Douvres** : les remparts de son château, les falaises blanches, la perfide Albion tire son nom de leur couleur : alba (« blanc » en latin).
- **Canterbury** : pour sa cathédrale et pour le charme de ses petites rues.
- **Leeds Castle** : Henri VIII et Anne Boleyn affectionnaient ce monument du IXe siècle, pur joyau d'architecture médiévale dressé au milieu d'une pièce d'eau entourée d'un parc de 200 hectares.
- **Brighton** : la station balnéaire préférée des Londoniens. Une ville vivante, à la fois branchée et bohème, idéale pour faire la fête en bord de mer.
- **La New Forest et l'Ile de Wight** : pour les amoureux de la nature et des randonnées.
- **Cambridge et Oxford** : les éternelles rivales, dont les splendides collèges forment la plupart des grands esprits d'Angleterre.

Sortir

Un grand cinéma, une salle de théatre où se jouent des spectacles variés et des pubs.

THE HOLE IN THE WALL

Balkerne Hill ✆ +44 1206 579 897
Ce pub, toujours bondé, est essentiellement fréquenté par des artistes et des étudiants. Idéal pour participer à une conversation animée, une bière à la main !

MERCURY THEATRE

Balkerne Gate ✆ +44 1206 573 948
www.mercurytheatre.co.uk
L'établissement programme des pièces de théâtre classiques et modernes, avec des standards de qualité variables.

À voir – À faire

HOLLYTREES MUSEUM

East Hill ✆ +44 1206 282 940
www.cimuseums.org.uk
Ouvert du mardi au samedi de 10h à 17h, dimanche de 11h à 17h. Entrée gratuite.
Le musée récemment rénové retrace 300 ans de vie quotidienne, citadine et rurale, à Colchester et dans la région. Y faire un tour avec des enfants peut être amusant.

VIEILLE VILLE

Une promenade à rebours du temps entre les maisons antiques et vénérables, les plus récentes et les plus nombreuses datant du XVIIIe siècle.

HARWICH

Cette ville du nord de l'Essex, située à l'estuaire des rivières Stour et Orwell, est dotée d'un passé maritime riche et glorieux. Elle a compté des habitants célèbres comme Christopher Jones, le capitaine du *Mayflower*, le fameux bateau d'immigrants anglais qui mit le cap vers l'Amérique du Nord en 1620. Les rues étroites d'Harwich sont par conséquent chargées d'histoire et on peut y découvrir de nombreux édifices historiques, généralement bien restaurés.

À voir – À faire

Pour plus d'informations sur Harwich, visiter www.harwich.net.

LIFEBOAT MUSEUM

Timberfields
A l'angle de Wellington Road et Cow Ln
✆ +44 1255 503 429
www.harwich-society.co.uk
Ouvert du 1er mai au 31 août, tous les jours de 10h à 17h. Entrée £1.
Dans le plus ancien entrepôt de canots de sauvetage de la ville (construit en 1876) est installé un musée qui revient sur les sauvetages en mer dans la région à travers les siècles. Un canot de sauvetage, qui a fonctionné de 1968 à 1984, est exposé sur place.

PHARE HIGH LIGHTHOUSE

Cow Ln
✆ +44 7971 766 808
www.nvwm.freeservers.com
Ouvert de 12h30 à 16h30, en été seulement. Entrée £1.

Région de l'East Anglia

Construit en 1818, ce phare était utilisé conjointement avec le Low Lighthouse pour guider les marins dans le port. Fermé en 1862, il abrite désormais le musée de la Télévision et de la Radio.

PHARE LOW LIGHTHOUSE

Harbour Crescent ✆ +44 1255 552 488
www.harwich-society.co.uk
Ouvert du 1er mai au 15 septembre, tous les jours de 10h à 16h. Entrée £2.
Reconstruit en 1818 pour remplacer la structure en bois de l'édifice, le phare abrite aujourd'hui le Musée maritime qui retrace l'histoire de la Royal Navy et du commerce maritime.

REDOUBT FORT

29 Main Road ✆ +44 1255 503 429
www.harwich-society.co.uk
Ouvert le dimanche toute l'année et, du 1er mai au 31 août, tous les jours de 10h à 17h.
Un imposant fort circulaire de 60 mètres de diamètre construit pour protéger le port de Harwich des invasions napoléoniennes. Il pouvait contenir jusqu'à 300 soldats en cas d'état de siège. Une partie du fort abrite aujourd'hui un petit musée militaire où sont exposées armes et uniformes. Durant l'été ont lieu des spectacles représentant des scènes de batailles, mais le fort est aussi le théâtre d'événements divers. Le site a été particulièrement bien restauré par la Harwich Society.

SAINT NICHOLAS CHURCH

Church Street
Ouvert tous les jours.
Cette église de style gothique a été construite en 1822 sur le site d'une ancienne église. L'orgue restauré récemment est très apprécié des organistes.

SAINT PAULS CHURCH

Markins Road, Parkeston
Ouvert tous les jours.
Une belle église en terracota au toit recouvert de tuiles rouges de l'Essex. Sa construction date de la fin du XIXe siècle.

IPSWICH

128 000 habitants. C'est l'une des plus vieilles villes du Royaume-Uni. Que ce soit le fameux Great White Horse Hotel dans Tavern Street, décrit par Dickens dans *Les Aventures de M. Pickwick*, ou bien Ancient House, dans Butter Market, qui date de 1567, ce sont les maisons qui font le charme (si contesté) d'Ipswich. A l'angle de Butter Street et de Saint Stephen's Street, au bout de Dial Lane, un curieux immeuble, occupé par une librairie, offre une admirable façade sculptée aux armes de la couronne d'Angleterre, « Dieu et mon Droit ». Sous chacune de ses quatre fenêtres figure un personnage ou un animal symbolisant un continent (seule l'Océanie n'est pas représentée).

À voir – À faire

Ipswich possède une douzaine d'églises, dont quatre méritent le coup d'œil : Saint Mary-le-Tower, Saint Lawrence's, Saint Stephen's, Saint Peter's. En 1526, Thomas Wolsey, ministre de Henri VIII, originaire de la ville, avait créé un collège dans cette ville prospère, la Wolsey's Gateway, dont Turret Lane reste le seul souvenir. Les amateurs de peinture feront un crochet par la Wolsey Art Gallery où les attendent, entre autres, quelques beaux Gainsborough.

NORWICH

140 00 habitants. Méconnue des touristes, Norwich a pourtant du cachet. La capitale de la province d'East Anglia jouit de multiples atouts : une architecture médiévale qui offre de belles opportunités de promenade, une activité culturelle riche de nombreux festivals, théâtres et salles de concerts et une ambiance estudiantine propice à la fête. La ville, qui accueillit des immigrants néerlandais, fit autrefois fortune dans le filage de la laine et son commerce. Au XIXe siècle, la ville accentua son essor en se lançant dans les assurances, le commerce de la moutarde, et surtout l'industrie de la bière : on y compte, aujourd'hui, pas moins de 26 brasseries. La devise de Norwich : « Un pub pour chaque jour de l'année, et une église pour chaque dimanche ».

Transports

AÉROPORT

Amsterdam Way. A 15 min au nord de la ville. ✆ +44 844 748 01 12
www.norwichairport.co.uk
Vols nationaux et internationaux (Europe du Sud).

GARE FERROVIAIRE

Norwich Station, Thorpe Rd
✆ +44 8457 484 950 – www.nationalrail.co.uk
Londres est à 1h50.

GARE ROUTIÈRE

Surrey Street ✆ +44 8717 818 181
✆ +44 9001 600 900
www.nationalexpress.com
Londres est à 3 heures.

Pratique

OFFICE DU TOURISME DE NORWICH
The Forum, Millenium Plain
✆ +44 1603 213 999
www.visitnorwich.co.uk
Ouvert toute l'année du lundi au samedi de 9h30 à 17h30 et le dimanche de mi-juillet à mi-septembre de 10h à 15h

Se loger

De nombreux B&B et quelques grandes chaines d'hôtels connues internationalement, dont une bonne partie se situe près de la cathédrale.

THE GEORGIAN HOUSE HOTEL
30-34, Unthank Road
✆ +44 1603 615 655
www.georgian-hotel.co.uk
Chambre double de £69 à £135. Petit déjeuner inclus. wi-fi et parking gratuits.
A quelques minutes de la cathédrale catholique Saint John Baptist, cet hôtel offre un confort luxueux. Des chambres aux tons pastel, une pointe de modernité dans cette ancienne bâtisse. On apprécie également le service irréprochable du personnel. Petit déjeuner inclus. wi-fi gratuit.

GOTHIC HOUSE BED & BREAKFAST
Old King's Head Yard, Magdalen Street
✆ +44 1603 631 879
www.gothic-house-norwich.com
Chambre simple de £60 à £90, double de £95 à £120. Petit déjeuner inclus. wi-fi gratuit.
Située au centre de Norwich, Gothic House semble pourtant hors du temps. C'est à pas de félin qu'on pénètre dans ce B&B, en enfonçant ses pieds dans la moquette épaisse. Les draps sentent la lavande et sont fraîchement repassés. Le petit déjeuner copieux est agrémenté de pain fait maison. Clive, le propriétaire, a le sens du détail et tient avec soin cette maison feutrée, où il fait bon séjourner.

LAKENHAM CAMP SITE
Martineau Lane, Lakenham
✆ +44 1603 620 060
Ouvert de fin mars à mi-septembre. Quitter Norwich par Queens Road vers Bracondale, prendre à droite vers Lowestoft et la première à gauche. Tarif : de £6,05 à £9,55 par adulte et de £2,75 à £3 par enfant.
A une demi-heure du centre de Norwich, ce camping paisible est situé au bord d'une rivière. 50 emplacements disponibles.

THE MAID'S HEAD HOTEL
1275, Tombland ✆ +44 1603 209 955
www.maidsheadhotel.co.uk
Chambre double de £81 à £198.
De la brique rouge, des colombages, une ambiance désuète, cet hôtel est à l'image de Norwich. Vieux de 700 ans, l'établissement entretient sa légende, laissant même courir la rumeur qu'il y aurait eu un fantôme entre ses murs… Les chambres sont agréablement meublées et très bien équipées. La décoration délicate et la proximité de la cathédrale ajoutent au cachet de l'hôtel. Restaurant et bar. wi-fi gratuit.

Se restaurer

Norwich offre un large choix de restaurants et cafés.

THE ASSEMBLY HOUSE
Theatre Street ✆ +44 1603 626 402
www.assemblyhousenorwich.co.uk
Ouvert du lundi au samedi de 10h à 19h.
Pour un dîner chic ou un « tea time » jazzy, la splendide Assembly House est un choix judicieux. A toute heure, on y mange des sandwichs, des pâtisseries maison, de délicieuses salades ou des plats plus sophistiqués. La salle principale, ornée de moulures et de lustres séduira les plus exigeants. Faites également un tour dans les trois galeries d'art situées dans le même bâtiment. Petit plus, le service est très soigné. Soirées jazz en live le premier jeudi de chaque mois.

THE BRITON'S ARMS
9 Elm Hill ✆ +44 1603 623 367
Ouvert du lundi au samedi de 9h30 à 17h. Compter moins de £10 pour un plat.
Idéal pour déjeuner ou boire un thé, ce café situé dans Elm Hill vaut pour son histoire rocambolesque. Autrefois occupé par des nonnes, il fut transformé en pub, avant de brûler presque entièrement. Aujourd'hui reconstruit à l'identique, il sert désormais des muffins et du café, à déguster sous les poutres apparentes, devant la cheminée.

TATLERS RESTAURANT
21 Tombland ✆ +44 1603 766 670
www.tatlersrestaurant.co.uk
Ouvert du lundi au samedi de 12h à 14h et de 18h à 21h, jusqu'à 21h45 vendredi et samedi.
Un des meilleurs restaurants de la ville, plusieurs fois récompensé dans la presse nationale. Tatlers sert une nourriture raffinée et copieuse, à la présentation séduisante. Ici, pas de plats prétentieux, le chef, Sean Creasey s'inspire d'une cuisine traditionnelle tout en la sophistiquant. Un délice !

Sortir

Côté musique, on va à The Brickmakers ou The Waterfront ; pour le cinéma, il y en a plusieurs, ainsi qu'un choix appréciable de salles de spectacles.

THE BRICKMAKERS

496 Sprowston Road ✆ +44 1603 441 118
www.thebrickmakers.com
Ouvert tous les jours de 10h à 23h. Entrée gratuite.
Des concerts de différents styles de musique ont lieu presque tous les soirs et un karaoké tous les dimanches soir. Entrée gratuite. Réservée aux amateurs de musique !

À voir – À faire

Norwich aurait pu devenir une ville-musée, compte tenu de son impressionnant patrimoine historique. Toutefois, il n'en est rien. Les habitants s'approprient quotidiennement ces lieux, pourtant touristiques, et rendent ainsi la visite moins artificielle. Ne ratez pas l'occasion de flâner dans les rues, le nez au vent, car Norwich recèle de passages et petites cours en tous genres.

BLICKLING HALL

Blickling ✆ +44 1263 738 030
www.nationaltrust.org.uk
A 1,5 km d'Aylsham sur la B1354. Maison ouverte tous les jours de Pâques à début novembre de 12h à 17h, en mars et novembre à mi-décembre les week-ends uniquement de 11h à 15h. Tarifs pour le jardin : adulte £7,66, enfant £3,85 ; pour la maison et le jardin : adulte £10,75, enfant £5,35.
Construite au XVIIe siècle, cette somptueuse bâtisse possède notamment une des plus importantes collections privées de livres anciens, conservée dans la Grande Galerie. A découvrir aussi, des tapisseries, peintures et meubles d'époque. Les jardins réservent une agréable promenade, qui termine idéalement la visite de Blickling Hall.

CATHÉDRALE CATHOLIQUE SAINT JOHN THE BAPTIST

Unthank Road ✆ +44 1603 624 615
www.stjohncathedral.co.uk
Ouverte de 8h à 20h. Entrée gratuite.
Construite à partir de 1892 et ouverte en 1910, cette bâtisse offre un superbe exemple de renaissance de l'art du XIIIe siècle. Herbert de Losigna fonda Saint Peter Mancroft (1430-1455), la plus belle église de la ville, souvent prise pour la cathédrale par les touristes, à cause de son emplacement si proche du centre. C'est en fin de journée, quand le soleil pénètre par les vitraux et vient illuminer l'autel, que l'église est la plus belle.

DRAGON HALL

115-123 King Street ✆ +44 1603 663 922
www.dragonhall.org
Ouvert d'avril à octobre du mardi au jeudi de 10h à 16h, le dimanche de 12h à 16h. Tarif adulte : £5 ; enfant : £3.
Dans cette belle maison médiévale, autrefois possédée par un marchand, trône une imposante sculpture de dragon en bois, suspendue au plafond. C'est d'ailleurs ce qui donne son nom au lieu. Dragon Hall offre l'occasion d'en apprendre un peu plus sur le passé médiéval de Norwich. La visite, très ludique, plaira aux enfants.

MANNINGTON HALL GARDENS

Saxthrope
A 29 km direction nord-ouest de Norwich sur la B1149
www.manningtongardens.co.uk
Ouvert le dimanche de 12h à 17h, de mai à septembre. De mai à août, entre 11h et 17h du mercredi au vendredi en plus. Tarif adulte : £6 ; enfant : £5.
De splendides jardins, avec plus de 30 km de sentiers balisés. La collection de roses est impressionnante.

NORWICH CASTLE

Castle Meadow ✆ +44 1603 493 625
www.museums.norfolk.gov.uk
Ouvert en juillet et août de 10h à 17h du lundi au samedi et de 13h à 17h le dimanche Le reste de l'année fermeture à 16h30 toute la semaine. Tarif adulte : £6,80 ; enfant : £4,90.
Construit par Henri Ier, entre 1120 et 1130, le château domine la ville et ses environs. Cette vue imprenable permettait, à la moindre alerte, de mettre aussitôt l'huile sur le feu et de s'armer de projectiles. En dépit de l'aspect guerrier du château, la construction est agrémentée d'arcades romanes sur ses quatre façades. Le château abrite une exposition archéologique permanente, un musée d'Histoire naturelle, des expositions temporaires et un musée d'Art contemporain. Il accueille également de nombreuses conférences. A la sortie des Castle Gardens, de l'autre côté de Castle Meadow, on aperçoit The Royal Arcade, un passage de style Art nouveau. Sous la verrière, se tiennent des boutiques de vêtements de créateurs, des bijouteries, une librairie et autres trésors.

NORWICH CATHEDRAL

© +44 1603 764 385 – www.cathedral.org.uk

Ouverture tous les jours de 7h30 à 18h, 19h de mi-mai à mi-septembre. Jardin ouvert de 9h à 17h, réfectoire ouvert de 10h à 17h. Entrée gratuite.

Sa construction remonte au XIe siècle et la majeure partie de son architecture est romane. Près du maître-autel, en un magnifique jeu de perspectives, les lignes de l'orgue s'harmonisent avec la voûte élancée. A gauche du chœur, dont les boiseries datent du XIIIe siècle, admirez « l'Epingham Window », vitrail consacré à Sir Thomas Epingham, mort à Azincourt. Le cloître à deux étages (1297-1425), à droite de l'autel, présente des voûtes de toute beauté. Une fois sur le domaine de la cathédrale, on se croirait dans un village à part. L'activité qui y règne semble coupée du monde moderne, et entièrement dédiée à la conservation de ce somptueux patrimoine. Pour les passants qui traversent les jardins, le voyage est apaisant et dépaysant.

QUAY SIDE

Quay Side illustre parfaitement le renouveau architectural et culturel de Norwich. De petites maisons de brique colorée bordent la rive paisible, elles font face au vestige d'une tour médiévale, préservée du temps. Sur le quai sont éparpillés des blocs de bois, marqués du nom d'habitants de Norwich, et symbolisant les paquets déchargés sur ce qui était autrefois un dock. Comme partout à Norwich, ce lieu de souvenir fait partie intégrante de la vie des Norwichians, qui l'empruntent tant pour aller au travail que pour y flâner.

SAINSBURY CENTRE FOR VISUAL ARTS

East Anglia University © +44 1603 593 199
www.scva.org.uk

Ouvert du mardi au dimanche de 10h à 17h, mercredi jusqu'à 20h. Entrée gratuite.

Situé sur le campus de l'université d'East Anglia (UEA), il regroupe des peintures et sculptures d'Asie et d'Afrique. Restaurant et bar. Le mur extérieur de défense a été construit entre 1297 et 1334. On en voit encore quelques pièces, éparpillées en ville. Haut de 20 pieds (7 m) et long de 2 miles et demi (4 km), ce mur comprenait 12 portes. Une défense qui, ajoutée au château, rendait Norwich imprenable.

CAMBRIDGE

122 000 habitants. C'est la grande rivale d'Oxford qui forme, elle aussi, la fine fleur de l'élite anglaise. Le premier collège de Cambridge, Peterhouse, est construit à la fin du XIIIe siècle, auquel viennent s'ajouter par la suite 30 autres collèges. Le plus célèbre est Trinity College, fondé en 1546 par Henri VIII (dont on peut voir la statue dans une niche à l'entrée principale).

La plupart des collèges peuvent être visités, sauf en période d'examen (mai et début juin). On peut aussi s'adonner au *punting* (balade en barque) pour voir les *backs*, c'est-à-dire les arrières des collèges.

Transports

La ville est quotidiennement embouteillée, mieux vaut donc garer sa voiture dans l'un des parkings aux abords de Cambridge. Le centre historique se traverse à pied en une demi-heure.

Comment y accéder et en partir

GARE FERROVIAIRE

Station Road © 084 5748 4950
www.nationalrail.co.uk

La gare est située un peu en dehors de la ville ; aucun des *colleges*, propriétaires des terres, n'en ayant voulu dans le centre.

GARE ROUTIÈRE

Drummer Street Station
© +44 12 2342 3578
© +44 87 1781 8181
www.nationalexpress.com

Dans le centre, derrière Christ's College.

NATIONAL EXPRESS

© +44 87 0580 8080
www.nationalexpress.com

Elle met à disposition des cars pour Cambridge devant la gare Victoria à Londres (2 heures de trajet).

Se déplacer

Si on veut faire comme tout le monde, on roule à vélo ! Des pistes cyclables sont accessibles un peu partout. Un plan est disponible à l'office de tourisme.

CAMBRIDGE BIKE TOURS

6 Elm Street © +44 1223 366 868
www.cambridgebiketours.co.uk

Tour guidé du centre-ville, de mi-mars à fin octobre. Durée : 2h30. Départ à 10h30. £20 par personne. D'autres tours sont aussi disponibles. Location de vélo électrique : £10.

Cette compagnie loue des vélos électriques, idéaux pour ne pas se fatiguer, mais organise aussi différents tours guidés, de deux heures ou à la journée. On peut également faire du *punting* sur la rivière Cam.

Pratique

Tourisme – Culture

ALLIANCE FRANÇAISE
60 Hills Road ✆ +44 12 2356 1854
www.alliance-cam.co.uk
Ouvert du lundi au vendredi de 9h30 à 17h30.
Club de lecture, café, cours de conversation, débats...

OFFICE DU TOURISME DE CAMBRIDGE
Peas Hill ✆ +44 87 1226 8006
www.visitcambridge.org
Ouvert du lundi au samedi de 10h à 17h et le dimanche et les vacances scolaires de 11h à 15h (uniquement en été).

Se loger

Malgré sa population étudiante, Cambridge est une ville aux loyers élevés. Sa proximité avec Londres attire de nombreux businessmen qui y élisent domicile. Pour se loger à bon marché, il faut sortir du centre ou prendre une chambre chez l'habitant (hors période universitaire, de juillet à septembre).

ARUNDEL HOUSE HOTEL
53 Chesterton Road ✆ +44 1223 367 701
www.arundelhousehotels.co.uk
Chambre simple de £75 à £115, double de £95 à £155, familiale £155. Petit déjeuner inclus. Restaurant.
Une décoration baroque, une vue splendide sur la rivière Cam et un personnel accueillant : cet hôtel a du cachet. On aime le confort luxueux des chambres et le restaurant sous la verrière. Grand plus, l'établissement est à 10 minutes à pied du centre historique.

TENISON TOWERS BED & BREAKFAST
148 Tenison Road ✆ +44 12 2336 3924
www.cambridgecitytenisontowers.com
Chambre simple à £45, double à £70, triple £90. Petit déjeuner inclus.
Une chose est sûre, Frances, la propriétaire, a l'accueil dans le sang. On est tout de suite à l'aise dans cette petite maison de 8 chambres, toutes bleues et blanches. Les lits sont excellents et le petit déjeuner copieux compte notamment des confitures et *muffins* faits maison. Un véritable Bed & Breakfast !

YHA CAMBRIDGE
97 Tenison Road ✆ +44 87 0770 5742
www.yha.org.uk
Dortoir adulte de £18 à £24. Chambre double de £52 à £68. Chambres familiales. Petit déjeuner à £4,95. Dîner possible.
Une auberge de jeunesse comme les autres, avec ses groupes d'adolescents excités, son effervescence permanente et son personnel jeune et sympathique. En plus de la cuisine, l'auberge compte trois salles communes aux ambiances différentes.

Se restaurer

Cambridge regorge de pubs, cafés et restaurants en tous genres. Pour manger pas cher, rien ne vaut la très métissée Mill Road, qui héberge de nombreux restaurants indiens, turcs et chinois.

THE EAGLE
8 Benet Street ✆ +44 12 2350 5020
Ouvert du lundi au samedi de 10h à 23h, le dimanche de 10h à 22h30.
On dit que c'est ici que Watson et Crick ont découvert la forme de l'ADN. Autre fierté du pub, le plafond du bar, marqué des noms d'aviateurs de la Royal Air Force, engagés dans la Seconde Guerre mondiale. Ce pub empreint d'histoire a de quoi inspirer les esprits...

INDIGO COFFEE HOUSE
8 St Edward's Passage
✆ +44 12 2329 5688
Ouvert du lundi au vendredi de 10h à 18h, le samedi de 9h à 18h et le dimanche de 10h à 17h.
Dans une maisonnette blanche à volets verts se niche ce minuscule café. Ici, pas de chichis, on partage sa table et on discute avec les serveurs. Sanwiches baguette, salades et bagels sont au menu. Une perle rare à deux pas du Cambridge Arts Theatre.

Sortir

Ville étudiante oblige, typiquement anglaise de surcroît, Cambridge offre un large choix de bars. Les pubs du centre-ville sont souvent pris d'assaut par des étudiants en délire, pour plus de tranquillité préférez les établissements un peu excentrés. A voir aussi, les nombreux théâtres et salles de spectacles.

THE BATH HOUSE
3 Benet Street ✆ +44 12 2335 0969
Ouvert du lundi au mercredi de 11h à 23h, du jeudi au samedi de 11h à minuit et le dimanche de midi à 23h.
A deux pas des *colleges*, établi dans d'anciens thermes romains, The Bath House organise des concerts toutes les semaines. A l'heure du déjeuner, on apprécie l'atmosphère paisible du pub. En soirée, il faut se battre pour accéder au bar, mais la grande sélection de bières en vaut la peine !

■ **CB2**
5-7 Norfolk Street ✆ +44 12 2350 8503
www.cb2bistro.com
Ouvert tous les jours de midi à minuit.
Le sous-sol confidentiel de ce restaurant-bar chaleureux accueille régulièrement des concerts acoustiques. Assis par terre sur des coussins, on écoute religieusement les artistes sur scène. Ici, on plaisante avec les musiciens, avant, pendant et après le show. La programmation musicale, teintée jazz et pop indie, fait la part belle aux labels indépendants et aux musiciens en devenir. Une pépinière de talents !

■ **CINEMA ARTS PICTURE HOUSE**
38-39 St Andrews Street
✆ +44 12 2350 4444
www.picturehouses.co.uk
LE cinéma indépendant. Une ribambelle de films récents et non *mainstream* : films d'auteurs, rétrospectives. Tous les ans en juillet a lieu le Festival du film à Cambridge. Envie de se faire une toile ? Ce cinéma est la pierre angulaire des films de qualité à Cambridge.

À voir – À faire

L'université a été fondée en 1209 par des étudiants d'Oxford. Célèbre dans le monde entier, elle a notamment formé une quinzaine de Premiers ministres anglais et a collaboré avec une centaine de prix Nobel (dont 70 anciens élèves). La plupart des collèges ne sont pas ouverts au public ou n'ouvrent qu'une partie (chapelle). Certains se visitent gratuitement, d'autres, plus célèbres, font payer l'entrée entre £2 et £5.
Une bonne façon de visiter l'intérieur des collèges est de s'y rendre pendant l'office du soir, Evening Song, et ensuite d'aller flâner dans les jardins. Les chorales des collèges se produisent le soir vers 17h30, dans leurs chapelles respectives. Celle de Saint John's ne chante pas le mardi. Une fois par an, vers la mi-juillet, les chorales de King's College et Saint John's College se regroupent.Attention, d'une manière générale, les collèges sont fermés aux visiteurs en période d'examen, de fin avril à mi-juin et tout le mois de décembre. Des circuits commentés sont organisés par l'office du tourisme à partir de £5.

■ **CAMBRIDGE ALL SAINTS**
Jesus Lane
Ouvert de 9h à 17h.
Toute jeune église construite au XIXe siècle, si l'extérieur ne vous dit rien, l'intérieur est une merveille de minutie : des fresques rouge sang où sont déclinées des phrases en latin ou en vieil anglais. La charpente est, elle aussi, admirable puisque proéminente et réalisée en bois.

■ **CORPUS CHRISTI**
King's Parade ✆ +44 12 2333 8000
www.corpus.cam.ac.uk
Les horaires d'ouverture varient durant l'année. Consultez le site Internet. Entrée : £2,50.
Créé en 1352, c'est un bel exemple d'architecture du début de l'époque médiévale. Le romancier Christopher Marlowe fut l'un de ses fameux pensionnaires. Autre spécificité, le collège conserve précieusement une collection unique de manuscrits anglo-saxons.

■ **FITZWILLIAM MUSEUM**
Trumpington Street ✆ +44 12 2333 2900
www.fitzmuseum.cam.ac.uk
Ouvert du mardi au samedi de 10h à 17h et le dimanche de midi à 17h. Entrée gratuite.
Un petit Louvre à lui tout seul : salles égyptiennes, romaines, grecques ; peintures italiennes et vénitiennes ; peinture hollandaise du XVIIe siècle ; autoportrait de Rembrandt ; paysages de Van Gogh ; peinture flamande des XVIe et XVIIe siècles (Van Dyck, Van Heeskerck, Brueghel le Jeune, Tristan).

■ **KING'S COLLEGE**
21 King's Parade ✆ +44 12 2333 1100
www.kings.cam.ac.uk
Ouvert de 9h30 à 15h30 ou 16h30 en fonction du mois. Entrée £7,50, enfant £5.
Le plus célèbre et peut-être le plus beau. Dans sa superbe chapelle se trouve *L'Adoration des mages*, de Rubens. Le lieu vole la vedette aux autres édifices de Cambridge. C'est l'un des exemples d'architecture gothique tardive les plus spectaculaires. Une splendide alchimie de pierres, bois et vitraux.

■ **LES BACKS**
Empruntez Silver Street pour traverser la rivière Cam puis tournez à droite après le pont, et traversez les pelouses. C'est le début des « Backs », ces jardins qui permettent d'observer l'arrière des *colleges*, sur l'autre rive. Certains établissements autorisent la visite de leurs parcs. Une belle promenade, paisible et ombragée.

■ **PETERHOUSE**
Trumpington Street ✆ +44 12 2333 8200
www.pet.cam.ac.uk
C'est le plus ancien *college* de la ville, fondé en 1284 par Hugh de Balsam, évêque d'Ely. Il a été rénové au XVIIIe siècle. Le poète Thomas Gray y a vécu un temps, avant de déménager à Pembroke College.

■ **THE ROUND CHURCH**
Round Church Street
Construite en 1130, sur le modèle de l'église du Saint-Sépulcre de Jérusalem, elle est de style roman, c'est l'une des cinq églises rondes d'Angleterre.

■ **TRINITY COLLEGE**
Saint John's Street
✆ +44 12 2333 8400
www.trin.cam.ac.uk
Entrée dans les jardins : £1.
Fondé par Henri VIII. C'est le *college* d'Isaac Newton dont la chambre se trouvait près de la chapelle, et tout à côté, un pommier qui n'est pas étranger à ses travaux effectués sur la gravité ! La bibliothèque fut construite par Christopher Wren et possède des ouvrages originaux de Newton ou le manuscrit *Winnie l'ourson* de A. A Milne.

Sports – Détente – Loisirs

■ **PUNTING**
Au bout de Mill Lane
✆ +44 12 2335 4164
www.punting-in-cambridge.co.uk
£18/h pour un punt (6 personnes). Punt avec rameur : £15/adulte, £7,50/enfant. Tarifs réduits pour les étudiants.
Partez à la découverte de Cambridge en barque. Reposant et relaxant ! Possible de mars à octobre de 10h à 18h, selon les conditions météorologiques. De novembre à février sur réservation seulement. Dans toute la ville, des étudiants offrent leurs services pour ramer à votre place. Les *punts* se louent au bout de Mill Lane, sur les berges derrière Queen's College. Le midi, elles sont envahies par les habitants qui y déjeunent, armés de leur pinte de bière commandée chez The Mill, le pub qui fait l'angle.

Shopping

La ville offre plusieurs boutiques charmantes. Sur St John et Trinity Street : deux grandes librairies comprennent un stock impressionnant de livres, du dernier Harry Potter jusqu'aux romans de Sartre traduits en anglais.

ELY

18 000 habitants. A 30 minutes de Cambridge, Ely ne souffre pourtant en rien de l'énorme attraction qu'exerce sa voisine sur les touristes. Sa cathédrale, l'une des plus belles d'Angleterre, est un curieux mélange d'époques architecturales. Elle est surnommée le « vaisseau des Fens ». Y ajouter l'esprit de Cromwell, dont la maison est en centre-ville, et on comprend qu'Ely a du caractère.

Transports

■ **GARE FERROVIAIRE**
Station Road ✆ +44 8457 484 950
www.nationalrail.co.uk
Trains réguliers pour Londres, Norwich et Cambridge.

Pratique

■ **OFFICE DU TOURISME D'ELY**
Oliver Cromwell's House
29 Saint Mary's Street
✆ +44 1353 662 062
www.visitely.org.uk
Ouvert tous les jours d'avril à octobre de 10h à 17h. De novembre à mars, en semaine et le dimanche de 11h à 16h, le samedi de 10h à 17h.

Se loger

Possibilité d'hébergement assez limitée, mieux vaut se rendre à Cambridge (à 27 km) à moins d'avoir réservé.

■ **POSTHOUSE B&B**
12a Egremont Street
✆ +44 1353 667 184
www.posthouse-ely.co.uk
Tarif : de £28 à £32 par personne.
Un B&B qui rappelle furieusement un séjour chez les grands-parents. La maîtresse de maison loge ses pensionnaires dans de petites chambres coquettes, avec télévision ancestrale et bibliothèque. Le petit déjeuner copieux est l'occasion de discuter avec Nora, qui s'assure par ailleurs que vous finissez bien votre assiette...

■ **THE LAMB HOTEL**
2 Lynn Road
✆ +44 1353 663 574
www.oldenglishinns.co.uk/ely
Chambre simple, de £70 à £75, double de £80 à £125.
Flegme et bonne humeur sont de rigueur dans ce petit hôtel. Le personnel, d'une extrême gentillesse, s'attache à faciliter votre séjour. Petit plus, le bar privé, dont la verrière fait office de puits de lumière, touche à la perfection. L'établissement fait aussi restaurant.

Se restaurer

Bien que petit, Ely a quand même des restaurants du monde : indien, italien, chinois...

À voir – À faire

Des visites guidées à thème sont proposées par l'office du tourisme. Entre autres, *Haunted Ely & Ghost Walk* vaut le détour, à la poursuite des fantômes de la ville.

ELY'S CATHEDRAL

✆ +44 1353 667 735 – www.elycathedral.org
Ouvert de 7h à 19h (18h en hiver). Tarif adulte : £7 (comprend une visite guide) ; £13 comprend la visite complète de la cathédrale. Gratuit avant 9h, après 17h et le dimanche si on vient pour prier.
Fondée par Sainte Etheldreda, reine saxonne, en 637, la cathédrale fut détruite par les Danois en 870, et refondée en une communauté de bénédictins en 970. Mais sa construction proprement dite commence en 1083, sur les ordres de l'abbé Siméon. Elle s'achève en 1189. Des ajouts ont lieu jusqu'en 1400. The Octagon tower, datant de 1322, conçue d'après les plans d'Alan of Walshingham, fut construite pour remplacer la tour romane effondrée. A visiter également the Wet Tower, The Prior's Door, aux décorations scandinaves de 1130-1170, et The Lady Chapel, de 1349, la plus grande d'Angleterre. Des concerts sont régulièrement organisés dans la cathédrale et les chorales de Cambridge s'y produisent une fois l'an.

OLIVER CROMWELL'S HOUSE

29 St. Marys Street
www.olivercromwell.com
Ouvert tous les jours d'avril à octobre de 10h à 17h. De novembre à mars, en semaine et le dimanche de 11h à 16h, le samedi de 10h à 17h.Adulte : £4,60 ; enfant : £3,10.
Entre 1636 et 1647, Oliver Cromwell et sa famille firent de longs séjours dans cette confortable demeure d'Ely. Outre Hampton Court à Londres, la résidence d'Ely est la seule maison de Cromwell encore existante. La visite (compter 1 heure) débute dans la salle des dîmes, avec un montage audiovisuel retraçant la vie de ce personnage controversé et son importance dans l'histoire britannique. Elle se poursuit dans la cuisine et le parloir. A plusieurs reprises, on vous laissera entendre que même si sa tête est enterrée quelque part à Sydney Sussex College, Cambridge, c'est ici qu'est son cœur.

ST ETHELDREDA'S ROMAN CATHOLIC CHURCH

Egremont Street
✆ +44 1353 662 759
Ouvert tous les jours.
Etheldreda vécut au VIIe siècle. Fille du roi de l'East Anglia, elle se maria à deux princes. Jurant qu'elle resterait vierge, elle fonda un monastère (dans cette même église) et mourut à 49 ans d'un cancer. Quand sa tombe fut découverte en 695, son corps devint une relique sacrée et placée dans l'église. Aujourd'hui, il n'en reste plus que la main, conservée dans une niche à gauche de la nef.

PETERBOROUGH

185 000 habitants. Très ancienne cité (son monastère a été fondé en 655), Peterborough vaut surtout pour son impressionnante cathédrale. Excepté cet incontestable attrait, la ville est plutôt ennuyeuse et semble articulée autour de son tentaculaire centre commercial, Queensgate. Le centre-ville, très étalé, ne présente que peu d'intérêt et la profusion de travaux publics assourdissants n'arrange rien. Peterborough paraît se répandre trop vite pour sa capacité. La faute, certainement, à son centre sidérurgique très dynamique, qui a contribué à doubler la population en l'espace d'un siècle.

▶ **www.visitpeterborough.com**

À voir – À faire

A noter la visite du musée de Peterborough (entrée gratuite), rénové en mars 2012, qui est désormais très moderne.

CATHÉDRALE DE PETERBOROUGH

✆ +44 1733 355 300
www.peterborough-cathedral.org.uk
Ouvert du lundi au vendredi de 9h à 17h15, 15h le samedi et de 12h à 15h15 le dimanche. Entrée gratuite.
De style roman (1200-1210), elle se distingue par son plafond de bois peint de losanges dans lesquels figurent des portraits de rois, d'archevêques ou de saints datant du XIIIe siècle (1220). Derrière le sanctuaire, se trouve la pierre « Hedda », sculpture saxonne de 780. La cathédrale abrite aussi la tombe de Catherine d'Aragon, première femme d'Henri VIII et mère de Marie Tudor. La dépouille de Marie Stuart y a trouvé asile entre 1587 et 1612, avant d'être transférée à Westminster. Une exposition à l'entrée retrace l'histoire de la cathédrale, sa construction, ses transformations architecturales et les saints auxquels elle est dédiée. Sur le domaine, avisez le portail gothique à l'ouest, les miradors de la Chapelle St Oswald et le cloître. Ce dernier est un havre de paix, peut-être l'endroit le plus beau et plaisant de Peterborough !

Au Sud-Est de l'Angleterre, le Kent déploie jardins et champs verdoyants, qui lui ont donné son surnom. Agriculteurs et jardiniers se sont partagé ces terres fertiles, afin de modeler un paysage riche de couleurs et de saveurs, entretenu par un climat doux. C'est aussi l'une des portes d'entrée de l'Angleterre, grâce à ses ports de Douvres et de Ramsgate, qui accueillent les ferries venus du continent. Enfin, le Kent est la terre des « Cinque Ports », cinq ports créés par les Normands dont Sandwich et Douvres, et chargés de défendre les côtes anglaises des invasions. Ils jouissaient de certains privilèges, comme l'absence de taxe à l'importation.

CANTERBURY

42 000 habitants. Canterbury est célèbre pour sa cathédrale, siège de l'Eglise anglicane, située à l'intérieur de l'enceinte médiévale entourant la ville. Fondée par les Romains, la ville est devenue le berceau du christianisme anglais grâce à saint Augustin, moine bénédictin qui créa l'épiscopat de Canterbury en 597. Rome envoya Augustin à Canterbury, afin de réintroduire le christianisme dans l'Angleterre du Sud. A partir de là, l'archevêché de Canterbury prit une indépendance religieuse et politique croissante.

Quand Henri II Plantagenêt nomma archevêque son précieux ministre, Thomas Becket, celui-ci lui déclara : « Vous me haïrez bientôt autant que vous m'aimez car vous vous arrogez, dans les affaires de l'Eglise, une autorité que je n'accepte pas.

Il faut que l'archevêque de Canterbury offense Dieu ou le roi ». Becket choisit d'éviter le conflit avec Dieu et s'en prit au roi. Il fut assassiné sur les marches de l'autel en 1170. Suite à sa mort, des miracles se produisirent et durant trois siècles, les pèlerins affluèrent sur sa tombe, jusqu'à la démolition de l'abbaye sous Henri VIII.

Transports

De Londres, des trains partent de Charing Cross avec un arrêt à Waterloo ou Victoria : 1 à 2h de trajet. Trains également en direction d'Ashford (Eurostar) et Douvres. Plus de renseignement sur www.nationalrail.co.uk.

Comment y accéder et en partir

GARE ROUTIÈRE

Saint George's Lane, au bout de Saint George's Street ✆ +44 8717 818 178
www.nationalexpress.co.uk
Liaison avec Londres Victoria Station (2h).

GARES FERROVIAIRES

East Station (au bout de Castle Street) ou West Station (au bout de Saint Dunstan's Street)
✆ +44 8457 484 950
www.nationalrail.co.uk

Se déplacer

La vieille ville est interdite aux voitures. Il faut se garer dans l'un des trois parkings payants prévus en dehors du centre (£2,50 pour la journée pour la voiture, suivre le signe Park and Ride)

Pratique

OFFICE DE TOURISME DE CANTERBURY

18 High Street ✆ +44 1227 378 100
www.canterbury.co.uk
Ouvert du lundi au samedi de 9h à 17h, le jeudi jusqu'à 19h et le dimanche de 10h à 17h.

Se loger

Extrêmement touristique, Canterbury offre un large choix d'hébergements, pour tous les budgets.

KIPPS INDEPENDENT HOSTEL

40 Nunnery Fields
✆ +44 1227 786 121
www.kipps-hostel.com
Dortoir £15, chambre double £40. Boutique, location de vélos, parking et Internet gratuits.
Plus proche de la grande colocation que de l'auberge de jeunesse, Kipps séduira ceux qui recherchent de la compagnie. Ici, on discute avec son voisin, on sort au pub avec l'équipe et on organise même des soirées dans la maison. Une atmosphère familiale et chaleureuse !

EBURY HOTEL

65-67 New Dover Road
✆ +44 1227 768433
Fax : +44 1227 459187
www.ebury-hotel.co.uk

Chambre simple entre £60 et £85, double entre £75 et £160. Petit déjeuner inclus. Parking et wi-fi gratuits.
Des jardins, une grande piscine intérieure et un Jacuzzi, voici les atouts principaux de cet hôtel. Abrité dans une villa victorienne, à 2 km du centre-ville, l'établissement compte des chambres spacieuses et traditionnelles, ainsi qu'un restaurant dont le chef est français.

THE TUDOR HOUSE

6 Best Lane ✆ +44 1227 765 650
www.tudorhousecanterbury.co.uk
Chambre simple (salle de bain commune) £35 chambre double avec salle de bain £59. Petit déjeuner inclus.
Comme son nom l'indique, cette maison date de l'époque Tudor, ses murs blancs et ses poutres noires en témoignent. On accède aux chambres, plutôt classiques, par un escalier biscornu charmant. Situé en plein centre-ville, ce B&B offre un service efficace pour un prix raisonnable.

Luxe

ABODE HOTEL

30-33 High Street ✆ +44 1227 766 266
www.abodehotels.co.uk
Chambre double entre £95 et £245, selon le type de chambre. wi-fi gratuit, parking privé £5/jour.
Luxe, calme et volupté règnent dans les chambres spacieuses de cet hôtel, qui s'élève dans la rue piétonne du centre médiéval de Canterbury. On aime la décoration moderne, mélange de bois brut, tons terriens et lavande fraîchement coupée. L'hôtel possède également un restaurant raffiné et un bar à cocktail, The Michael Caines, établi dans le même bâtiment.

Se restaurer

Sur le plan culinaire, Canterbury joue les villes cosmopolites. Chine, Mexique, France, Grèce... il y en a pour tous les goûts et tous les portefeuilles.

BOHO CAFE BAR

27 High Street ✆ +44 7767 366 851
Ouvert lundi de 9h à 16h30, du mardi au samedi de 9h à 21h, dimanche de 10h à 16h30.
La devanture évoque les années 1930, mais l'intérieur et le jardin ajoutent à la déco une touche de seventies. Rideaux de perles, tissus bigarrés et bibelots kitsch semblent s'être passé le mot pour créer une ambiance bohème et détendue. Inclassable, cet excellent café-bar présente une carte extensible, à base de burgers, sandwichs, smoothies et de tout ce qui fait l'Angleterre !

THE GOODS SHED

Station Road West ✆ +44 1227 459 153
http : //thegoodsshed.co.uk
Ouvert du mardi au vendredi de 9h à 19h.
Que vous souhaitiez manger ou cuisiner local, The Goods Shed est l'endroit idéal. Ce grand hangar, à quelques pas de West Station, est un excellent restaurant britannique, où l'on peut également faire son shopping. Très apprécié des locaux.

KATHTON HOUSE

6 High Street, Sturry ✆ +44 1227 719 999
www.kathtonhouse.com
Ouvert du mardi au samedi le midi à partir de 12h et le soir à partir de 19h. Situé à 4km du centre-ville, on peut y aller en voiture ou en train (à une station de Canterbury, s'arrêter à Sturry).
Tenu par un couple, Neil et Gina, Kathlon House est une excellente adresse. Le menu 3 plats va plaire (£22,50 le midi, £42 le soir), un choix varié parmi 6 assiettes de mets raffinés avec de viande rouge, de la volaille ou encore du gibier entre autres. Très conseillé de réserver à l'avance.

TINY TIM'S TEAROOM

34 Saint Margaret's Street
✆ +44 1227 450 793
http : //tinytimstearoom.com
Ouvert du mardi au samedi de 9h30 à 17h et le dimanche de 10h30 à 16h.
Très populaire pour son Afternoon Tea typiquement British (thé ou café, sandwiches, pâtisseries et scones) pour £15,50, ce salon de thé est vite rempli. Possibilité de prendre simplement un thé ou une pâtisserie.

Sortir

Le magazine gratuit *What, Where & When*, donnera le programme détaillé des événements sur Canterbury. Disponible à l'office de tourisme.

THE CUBAN

41B/43 High Street ✆ +44 1227 464 464
www.thecubancanterbury.com
Des serveurs de style Apollon, de la salsa enivrante, des cocktails sulfureux… c'est la recette du Cuban, LE bar dansant de Canterbury. Il y a foule et vous avez le coude de votre voisin dans l'œil ? Qu'importe, ici la proximité et la chaleur humaines sont de mise, suivez le mouvement (en deux temps)…

Le Sud-Est
LONDRES
SOUTHEND-ON-SEA
READING
SOUTHAMPTON
PORTSMOUTH
BRIGHTON
BERKHIRE
HAMPSHIRE
SURREY
WEST SUSSEX
EAST SUSSEX
KENT
Tamise
Île de Sheppey
STRAIT OF DOVER
LA MANCHE
Île de Wight
Freshwater Bay
Selsey Bill
Beachy Head
Dungeness
South Downs
Marlborough
Cirencester
Newbury
Windsor
Walton
Wokingham
Woking
Leatherhead
Wartingham
Gravesend
Rochester
Sheerness
Gillingham
Queenborough
Chatham
Herne Bay
Margate
Whitstable
Broadstairs
Sittingbourne
Canterbury
Ramsgate
Sandwich
Aylesham
Deal
Chilham
Wye
Ashford
Dover
Folkestone
Hythe
Tenterden
New Romney
Rye
Winchelsea
Hastings
Bexhill
Battle
Herstmonceux Castle
Hailsham
Eastbourne
Seaford
Newhaven
Peacehaven
Lewes
Hustpierpoint
Burgess Hill
Cuckfield
Royal Tunbridge Wells
Tonbridge
Maidstone
Leed's Castle
Sevenoaks
East Grinstead
Gatwick
Crawley
Horsham
Reigate
Dorking
Guildford
Farnborough
Aldershot
Farnham
Basingstoke
Bath
Alton
Hindhead
Haslemere
Winchester
New Alresford
Romsey
Petersfield
Midhurst
Petworth
Lyndhurst
Beaulieu
Fawley
Fareham
Havant
Chichester
Arundel
Littlehampton
Worthing
Bognor Regis
Selsey
Exbury Gardens
Gosport
Christchurch
Lymington
Ryde
Newport
Sandown
Freshwater
Carisbrooke
Shanklin
Ventnor
M25
M3
M25
M23
M26
M20
M20
M2
M27
A34
A303
A31
A272
A25
A26
A264
A22
A21
A28
A2
A2
A229
A256
A272
A272
A24
A23
A29
A27
A27
A27
A28
A27
A259
A259
0
20 km
N
Autoroutes
Routes à deux voies
Routes secondaires
Limites de comtés
Limites de parc national
Agglomérations
Château
Villes secondaires
Curiosité

Canterbury

Pratique
Information
Poste
Eglise
Police
200 m.
Canterbury
Coach Park
Kingmead Leisure Centre & Swimming Pool
Redevelopment Area
Canterbury West Station
City Council Offices
D.S.S.
Crown & County Courts
Terrain de jeux
Westgate Hall
West Gate Mus.
Sidney Cooper Cen.
Marlowe Theatre
Kings Sch.
Guidhall
Tower House
Buffs Mus. Royal Mus. Art Gallery
Canterbury Environ.
Cathedral
Romans Mus.
Canterbury Christchurch University College
Kings School
Mag. Ct
St. Augustine's Abbey (rems)
St Martin's Church
Victoria Recreation Ground
Playing Field
Canterbury Heritage Mus.
Marlowe Arcade
Whitefriards Precinct
Superstore
Cinema
Fire Station
Canterbury College
Kent Institute or Art & Design (KIAD)
King George's Field
P.O.
Norman Castle (ruines)
Dane John Mound
Canterbury East Station
MARTYRS FIELD
Youth
A2050 Vers Londres A2
Vers Douvres A2 A2050
A28
Whitstable Road
Forty Acres
Court Avenue
Bishops Way
London Road
Orchard St
St Dunstan's Street
Roper Road
Station Road West
St Stephen's Road
Kingsmead Road
Tourtel Rd
Chaucer Road
North Lane
Pound Lane
St Peters Lane
Northgate
N. Ruttington L.
Union St
Military Road
Old Ruttington Lane
Broad Street
Havelock St
North Holmes Road
Queens Avenue
Whitehall
Whitehall Road
Rheims Way
St Peter's Place
St Peter's Grove
St Peter's St
King St
Palace St
Sun St
Hight St
Burgate
Monastery Street
Lwr Bri. St.
Longport
Street
Shipman Avenue
Miller Avenue
Squire Av.
Knight Avenue
Stour Street
Hawks La
St Margaret St
Rose Lane
St George St
Ivy Lane
Lwr Chantry La
Spring Lane
Pilgrims Way
Castle Street
Watling St.
St George's La
Upper Brisge St
St Georges Pl.
Dover St
Castle Row
Pin Hill
Rhodaus-Town
Old Dover Road
Oaten H.
New Dover Road
St Augustine's Road
Pilgrims Rd
Gordon Road
York Road
Wincheap
Martyrs Field Rd
Oxford Road
Cotton Road
Cow Lan
Maynard Road
Simmonds Road
Fields

THE BALLROOM

15 Orange Street ✆ +44 1227 760 801
www.theballroom.co
Ouvert du lundi au jeudi de 10h à 23h, jusqu'à minuit le vendredi et samedi.
Avec sa programmation éclectique, ce club/bar sait mêler les ambiances et les populations. On y va le mercredi et jeudi soir pour écouter des groupes, le vendredi et samedi soir, place aux DJ. Situé dans une petite rue perpendiculaire à High Street, le bar se trouve au premier étage d'un grand bâtiment blanc, aux allures d'ancienne usine.

À voir – À faire

Contes de pèlerins et de fantômes, cathédrale majestueuse, abbaye chargée d'histoire, balades en bord de rivière, Canterbury allie divertissement et culture avec brio.
Pour voir la rivière Stour de plus près, on s'offre une balade en punt, ces barques de bois que l'on retrouve également sur les canaux d'Oxford et Cambridge. Contactez Canterbury Punting Co au +44 7786 332 666 ou sur place à Water Lane, derrière High Street (adulte £7, enfant £4) ou sur www.canterburypunting.co.uk.

CANTERBURY CASTLE

28 Castle Street
www.canterburycastles.com
Entrée gratuite.
Ce château en ruine a été construit par les Normands en 1080. Au XIIIe siècle, il servait de prison pour la région. Aujourd'hui négligé par la ville, il offre une belle vue sur les environs, du haut de ses escaliers.

CANTERBURY CATHEDRAL

✆ +44 1227 762862
www.canterbury-cathedral.org
Ouvert du lundi au samedi de 9h à 17h en hiver et de 9h à 17h30 en été, le dimanche de 12h à 14h30. Entrée : £9,50 (adulte), £6,50 (moins de 18 ans).
L'église consacrée à saint Augustin fut détruite dans un incendie en 1067 et une première cathédrale fut érigée à sa place en 1070. L'édifice actuel, érigé entre 1070 et 1503, est un mélange de plusieurs styles architecturaux : la crypte romane qui demeure l'unique vestige de la cathédrale de 1070, et les styles gothique et perpendiculaire. Les marches qui mènent à la crypte furent, en 1170, le lieu de l'assassinat de l'archevêque Thomas Becket par les chevaliers d'Henry II.
On peut également voir dans la cathédrale les tombeaux d'Edward, le prince noir, héros de la guerre de Cent Ans, d'Henri IV et de Jeanne de Navarre, surmontés de leurs gisants.
Lors de votre visite, ne négligez pas les fresques de la chapelle Saint Gabriel (XIIe siècle), les vitraux de la chapelle de la Trinité qui retracent la vie de saint Thomas Beckett (XIIIe siècle), l'horloge dans le transept, la mosaïque et les écussons incurvés dans le sol derrière l'autel. La nuit, lorsque la cathédrale illuminée brille de tous ses feux, on entend parfois les résonances d'un orgue, notes fantômes qui semblent venues de nulle part. On peut goûter la majesté et la magnificence du lieu saint et se promener vers la King's School, un lieu superbe restauré au XIXe siècle, où étudia, entre autres, Somerset Maugham. Le jardin est planté d'acacias noueux, dont l'écorce est marquée comme sur les images un peu naïves du jardin d'Eden. Et, tout autour, les bancs portent chacun une date : ils sont installés à la mémoire des disparus. On peut y écouter de la musique, méditer ou… pique-niquer !

THE CANTERBURY GHOST TOUR

Rendez-vous devant Alberrys Wine Bar, 38 St Margaret's Street.
✆ +44 845 519 02 67
www.canterburyghosttour.com
Tours guidés vendredi et samedi soir à 20h. Réservation obligatoire. Compter 90 min. Adulte £9, enfant £7.
A la tombée de la nuit, Canterbury prend des allures inquiétantes, avec ses maisons biscornues aux toits pointus, sa cathédrale impressionnante et ses ruelles pavées... C'est le décor idéal pour des histoires de fantômes, racontées avec emphase par John Hippisley, journaliste, acteur et...chasseur de fantômes ! Brrrr...

L'EST ET LE SUD-EST

Geoffrey Chaucer (1343-1400)

Ses *Contes de Canterbury* sont souvent considérés comme le premier ouvrage de littérature anglaise. Il entama la composition de cette œuvre inachevée en 1387. Ce recueil comporte 21 contes, narrés dans des styles différents par des pèlerins en route vers la cathédrale de Canterbury et qui tentent de rompre la monotonie du voyage. Les Canterbury Tales furent édités pour la première fois en 1478. Chaucer est mort le 25 octobre 1400. Il est enterré à l'abbaye de Westminster et fut le premier occupant du Coin des Poètes.

EASTBRIDGE HOSPITAL OF ST. THOMAS THE MARTYR

25 High Street ✆ +44 1227 471 688
www.eastbridgehospital.org.uk
Ouvert du lundi au samedi de 10h à 17h. Entrée adulte £1, enfant 50p.
Construit à l'origine pour héberger les pèlerins, cet édifice du XIIe siècle est aujourd'hui transformé en maison de retraite. On visite l'entrée, la chapelle des morts, la crypte qui servait également de dortoir (douze personnes pouvaient y dormir) et le réfectoire. A admirer, la fresque du réfectoire, qui date du début du XIIIe siècle. L'endroit est tranquille et émouvant.

MUSEUM OF CANTERBURY

Stoor Street ✆ +44 1227 475 202
www.canterburymuseum.com
Ouvert tous les jours de 10h à 17h30 de mars à octobre, de 10h à 17h d'avril à septembre. Entrée gratuite.
Le musée de la ville retrace 2 000 ans d'histoire de cette cité marchande romaine, devenue capitale saxonne puis capitale spirituelle de l'Angleterre, et enfin haut lieu de pèlerinage, avant de se tourner vers le tourisme. Il a été récemment agrandi et refait à neuf et présente aujourd'hui de nombreuses attractions interactives. Ne ratez pas l'étage consacré à l'histoire de Thomas Becket, ainsi que la galerie sur l'écrivain Joseph Conrad, qui passa la fin de sa vie dans le Kent.

SAINT AUGUSTINE'S ABBEY

Longport ✆ +44 1227 767 345
www.english-heritage.org.uk
Ouvert de avril à juin de 10h à 17h du mercredi au dimanche, juillet et août tous les jours de 10h à 18h, septembre et octobre de 10h à 17h week-end seulement et de novembre à mars de 10h à 16h week-end seulement. Tarif adulte : £ 4,90 ; enfant : £ 2,90.
Visitez les ruines de l'abbaye, bâtie en 598 par saint Augustin. La bâtisse a longtemps été le domaine réservé des moines, avant de servir de résidence royale après qu'Henri VIII eut créé sa propre religion et ordonné la destruction des édifices religieux. On y trouve la tombe de saint Augustin et le lieu de sépulture de divers rois saxons.

Shopping

En plus des boutiques présentes sur High Street, Canterbury possède à côté de la station de bus un vaste Mall, Whitefriars, idéal pour le shopping avec toutes les boutiques de grandes marques regroupées les unes à côté des autres. Côté originalité, voici quelques bonnes adresses :

CANTERBURY POTTERY

38a Burgate
✆ +44 1227 452 608
canterburypottery.com
Ouvert du lundi au vendredi de 10h à 18h et le samedi de 9h30 à 18h. Situé en face de l'entrée pour la cathédrale.
Poteries (bols, vases, lampes...) réalisées par un artisan local installé depuis 1963.

HOTEL CHOCOLAT

8/9 The Parade
✆ +44 1227 789 653
www.hotelchocolat.co.uk
Ouvert du lundi au samedi de 9h à 17h30 et le dimanche de 11h à 17h.
Cette chaîne de magasin design n'a rien à envier au chocolat belge, suisse ou français ! De délicieuses plaques de chocolat noir, au lait ou blanc, nature ou agrémentées de fruits secs ou de céréales, il y a l'embarras du choix. En plus les tablettes sont esthétiques, on en viendrait presque à ne pas vouloir y toucher… presque.

WHITTARD TEA-COFFEE

Situé à l'intérieur du grand magasin Nasons, sur High Street.
✆ +44 1227 455 074
Ouvert du lundi au samedi de 9h à 17h30, le dimanche de 11h à 16h.
Le paradis de la théière : en forme de réveille-matin, de radiateur surmonté d'un chat allongé, de table à thé avec tartelettes et chaussons aux pommes, de machine à coudre, de bureau avec tiroirs… Pour les *tea maniacs* !

RAMSGATE

40 000 habitants. Jane Austen, Charles Dickens, William Turner et Vincent Van Gogh ont visité cette ville située à l'extrême pointe est de la côte anglaise. Pour le voyageur qui arrive de Belgique ou de France à cette porte du Kent, c'est une station balnéaire venteuse et un peu démodée qui l'attend. Dans Harbour Street, la rue principale, les « charities shops » succèdent aux fast-foods et autres supermarchés. Rien de très pittoresque ici, et l'on peine à retrouver le charme d'antan décrit par les admirateurs des XVIIIe et XIXe siècles. Ramsgate est désormais plus une ville-étape qu'une attraction à part entière. Etonnante déstinée pour cette ville qui eut

autrefois tant de caractère, et qui possède son propre méridien, en avance de 5 minutes 41 secondes sur celui de Greenwich !

Transports

GARE FERROVIAIRE

Station Approach Road
✆ +44 8457 484 950
www.nationalrail.co.uk
Trains directs de Victoria Station et Charing Cross (environ 2h de trajet).

TRANSEUROPA FERRIES

www.transeuropaferries.co.uk
Une liaison entre Ramsgate et Ostende en Belgique est opérée par la compagnie Transeuropa Ferries.

Se loger

Ville balnéaire oblige, les solutions d'hébergement sont concentrées face à la mer à côté de la marina.

THE PEGWELL BAY HOTEL

81, Pegwell Road ✆ +44 1843 599 590
www.pegwellbayhotel.co.uk
Chambre simple à partir de £55, double à partir de £67,50. Petit déjeuner en supplément (£7,50). Parking et wi-fi gratuits.
Situé en dehors de la ville (15 minutes à pied) et près de la plage, cet hôtel s'avère très calme. Certaines chambres ont vue sur la mer, dont les remous berçent le séjour. Dernier atout, le personnel efficace vous assure une escale de qualité.

THE ROYAL HARBOUR HOTEL

Nelson Crescent ✆ +44 1843 591 514
www.royalharbourhotel.co.uk
Chambre double à partir de £90 avec vue sur la mer. Petit déjeuner inclus. wi-fi et parking gratuits.
Au coucher du soleil, The Royal Harbour Hotel offre à ses pensionnaires un paysage de carte postale. Ce bâtiment géorgien, qui domine le port et la marina, abrite des chambres de tailles différentes, avec ou sans balcon.

Se restaurer

Sur Wescliff Arcade, face au port, plusieurs restaurants sont installés en enfilade, idéal pour choisir son humeur culinaire !

ALEXANDRA RISTORANTE

70 Harbour Parade
✆ +44 1843 590 595
www.alexandraristorante.co.uk
Ouvert tous les jours de 12h à 21h30.
Un restaurant italien qui propose une carte de pâtes et de pizzas à accompagner d'une bonne bière ou d'un verre de vin de la carte. Sympathique et décontracté.

SURIN RESTAURANT

30 Harbour Street ✆ +44 1843 592 001
www.surinrestaurant.co.uk
Ouvert du mardi au samedi de 11h à 23h, le lundi et dimanche de 18h à 23h.
Voici le meilleur restaurant thaï du Kent, et l'un des dix meilleurs du Royaume-Uni ! De quoi rendre Ramsgate un peu moins ennuyeuse... Les assiettes ressemblent à des fleurs exotiques, colorées, étranges et délicieuses. Goûtez ses saveurs qui se déploient avec grâce et découvrez une cuisine raffinée, servie avec soin.

Sortir

Voici les bonnes adresses à Ramsgate :

GRANVILLE THEATRE

Victoria Parade
✆ +44 1843 591 750
www.granvilletheatre.com
Salle polyvalente de cinéma, de théâtre et d'exposition.

THE JAZZ ROOMS

Royal Harbour
88 Harbour Parade,
✆ +44 1843 595 459
Ouvert tous les jours de 13h à 1h du matin (jusqu'à 3h le vendredi et samedi soir.
Soul, funk et jazz animent la playlist des Jazz Rooms, le nouveau bar à la mode de Ramsgate. Si vous êtes lassé de sortir au pub, cet endroit vous changera : pas de football, ni de fléchettes ou de billard. Et l'on peut même se déhancher sur du disco ! Tenue correcte exigée.

À voir – À faire

VIKING SHIP HUGIN

Sandwich Road, Pegwell Bay
✆ +44 1843 583 333
Ne se visite pas, à regarder de l'extérieur uniquement. Gratuit.
Ce bateau est une réplique d'un navire qui accosta en Angleterre en 449 après J.-C., lors de l'invasion viking. Sur l'équipage de 53 hommes, seul Peter Jensen, le capitaine était un marin professionnel. Sur le site, on apprend que les Vikings naviguaient uniquement à l'aide d'un sextant.

MARGATE

58 000 habitants. Margate fut l'une des premières stations balnéaires anglaises. Sa plage de sable fin et sa proximité avec Londres en firent un lieu très populaire à l'époque géorgienne et victorienne. Elle est toujours très fréquentée aujourd'hui, bien qu'elle ait perdu de son élégance.

Pratique

OFFICE DU TOURISME DE MARGATE

12-13 The Parade ✆ +44 1843 577 577
www.visitthanet.co.uk
Ouvert d'avril à fin octobre tous les jours de 10h à 17h, d'octobre à fin mars du mardi au samedi de 10h à 17h.

Se loger

Plusieurs hôtels et B&B disséminés dans la ville.

THE MALVERN GUEST HOUSE

29 Eastern Esplanade ✆ +44 1843 290 192
www.malvernhotelmargate.co.uk
Chambre simple entre £30 et £40, double entre £60 et £80. Petit déjeuner inclus. Parking et wi-fi gratuits.
Le bord de mer devant la maison, la terrasse à l'arrière, tout ici invite au farniente. Les chambres sont classiques, voire un peu mornes, en revanche, le restaurant, donc la déco rend hommage aux Blues Brothers, ajoute un peu de peps à l'établissement. Cuisine anglaise simple et copieuse.

YHA MARGATE

3-4 Royal Esplanade, Westbrook Bay
✆ +44 1843 221 616 – www.yha.org.uk
Dortoir adulte à partir de £11,50, chambre à partir de £31. Parking et wi-fi gratuits. Arrêt de bus Royal Sea Bathing Hospital. En voiture, prendre l'A28 en quittant le centre-ville.
Cet ancien hôtel converti en auberge donne sur la plage de sable de Westbrook Bay. L'ambiance y est principalement familiale. A vos pelles et seaux !

À voir – À faire

On se rend surtout à Margate pour profiter de sa plage, si on a du temps, voici deux attractions possibles.

EAST NORTHDOWN FARM AND GARDENS

Kingsgate
George Hill Road, ✆ +44 1843 862 060
www.botanyplants.co.uk
Ouvert toute l'année.
Une ferme, ses jardins, un hectare de terrain en bordure de mer, le tout datant de plus de 500 ans. Un paradis pour les amateurs de potagers qui peuvent acheter de quoi confectionner leur propre jardin en bénéficiant des conseils des propriétaires, Louise et William, qui est diplômé d'Oxford en jardinage.

SHELL GROTTO

Grotto Hill, Cliftonville
✆ +44 1843 220 008
www.shellgrotto.co.uk
Ouvert tous les jours de Pâques au 3 novembre de 10h à 17h, l'hiver uniquement le week-end de 11h à 16h. Tarif adulte £3, enfant £1,50.
Découverte en 1835, cette grotte souterraine, divisée en plusieurs salles, abrite des mosaïques de coquillages probablement vieilles de plus de 2 000 ans.

BROADSTAIRS

24 000 habitants. Au XIXe siècle, devant la popularité grandissante de Margate, Broadstairs devient une alternative plus paisible pour les vacanciers. Surnommée Breezy Broadstairs, elle est appréciée pour son air frais et vivifiant. La ville est aujourd'hui mieux préservée que sa voisine et sa plage est également plus séduisante. Charles Dickens se rendait régulièrement en vacances à Broadstairs et, aujourd'hui encore, le passage de ce visiteur célèbre est rappelé un peu partout dans la ville.

Se loger

Concentration des hôtels entre la gare et le front de mer.

NUMBER 68 B&B

68 West Cliff Road
✆ +44 1843 609 459
www.number68.co.uk
Chambre simple de £50 à £65, double de £70 et £85. Petit déjeuner inclus. wi-fi gratuit.
Trois chambres, trois thèmes. Cette villa édouardienne joue sur la décoration pour séduire ses pensionnaires. A vous de choisir entre l'atmosphère romantique française, le raffinement chinois ou la relaxation marine. Une très bonne adresse, qui offre un vrai service personnalisé.

À voir – À faire

Charles Dickens reste l'attraction principale de Broadstairs, à l'exception d'un petit musée consacré au chemin de fer.

BOTANY BAY
Marine Dr
Très belle plage avec des rochers découpés par l'érosion.

CRAMPTON TOWER MUSEUM
The Broadway ✆ +44 1843 871 133
www.cramptontower.co.uk
Ouvert de Pâques à fin octobre, tous les jours, de 14h à 17h, de novembre à mars le week-end uniquement de 11h à 16h. Entrée payante.
Musée du chemin de fer et des transports basé sur les travaux de Thomas Russel Crampton, dessinateur de locomotives. Avis aux amateurs.

DICKENS HOUSE MUSEUM
2 Victoria Parade
✆ +44 1843 861 232
www.dickensmuseumbroadstairs.org.uk
Ouvert de juin à septembre, tous les jours de 10h à 17h. Entrée adulte £3,75, enfant £2,10. A l'intérieur du musée, vous trouverez également quelques informations sur Broadstairs, ainsi qu'un téléphone pour joindre l'office de tourisme de Margate.
Cette jolie maison fut autrefois habitée par Miss Mary Pearson Strong, de qui Charles Dickens s'est inspiré pour créer le personnage de Miss Betsey Trotwood dans *David Copperfield.* Entre ses murs, vous découvrirez des objets et vêtements ayant appartenu à l'écrivain.

SANDWICH

6 800 habitants. Charmante petite ville qui a la particularité de posséder la rue médiévale la plus intacte de toute l'Angleterre avec des vieilles maisons à colombage (Strand Street). Sandwich a plus d'une curiosité : The Pilgrims, deux maisons du XIVe siècle ; Saint Peter's Street, ancienne prison médiévale ; l'église Saint Mary's, édifiée par les Normands, et l'église Saint Clement's, datant des Saxons, reconstruite et dotée, par la suite, d'une tour romane. Voir aussi Holy Ghost, une ruelle d'à peine 1 mètre de large, la rue sans nom et le magasin sans nom (*The shop with no name*), un magasin et restaurant de produits français. Sandwich, dont l'existence remonte aux Saxons, est aussi l'un des fameux « cinque ports » qui, au Moyen-Age, devaient fournir une flotte au roi en temps de guerre.

Pratique

OFFICE DU TOURISME DE SANDWICH
Guildhall
✆ +44 1304 613 565
www.sandwichtowncouncil.gov.uk
Ouvert d'avril à octobre du lundi au samedi de 11h à 15h.

Se loger

THE SALUTATION
Knightrider Street ✆ +44 1304 619 919
www.the-salutation.com
Chambre simple ou double à partir de £160. Petit déjeuner inclus. wi-fi et parking gratuits : Chambres d'hôtes dans des cottages luxueux, impeccables et décorés avec goût qui ont ouvert en 2006. Petit déjeuner copieux dans une salle immense avec chandeliers autour d'une unique table. Les jardins sont une des attractions du Kent (accès gratuit pour les résidents) et il y aussi un salon de thé ainsi qu'une boutique vendant des articles de jardinage et plantes. 17 chambres dont 8 nouvelles ouvertes au printemps 2013.

Se restaurer

GEORGE & DRAGON
24 Fisher Street
✆ +44 1304 613 106
www.georgeanddragon-sandwich.co.uk
Ouvert tous les jours midi et soir, dernière commande à 21h.
C'est le restaurant local recommandé par les habitants de Sandwich. Il faut absolument réserver en soirée puisque c'est souvent complet. C'est un gastropub, donc avec des plats typiquement anglais. S'il n'y a plus de place, essayez St Peters, un peu plus loin.

À voir – À faire

SANDWICH RIVER BUS

The Quay ✆ +44 7958 376 183
www.sandwichriverbus.co.uk
Horaires variables, à regarder sur le site Internet. £24 le tour de 2h pour voir les phoques, £12 pour 1h de balade classique. Réservation par téléphone.
Balade sur la rivière par le capitaine Colin qui sait où naviguer pour apercevoir les phoques.

DEAL

30 000 habitants. Marquée architecturalement par Henri VIII, qui y bâtit Walmer Castle, puis réputée pour sa participation active dans la contrebande au XVIIe siècle, Deal intéressera les historiens amateurs. Aujourd'hui station balnéaire, la ville est déjà étonnamment calme en pleine saison (de juin à septembre) ; en dehors de cette période, elle est franchement somnolente.

Transports

GARE FERROVIAIRE

Queen Street ✆ +44 8457 484 950
www.nationalrail.co.uk
Des trains relient Deal à Charing Cross et Victoria (Londres) en 1h40.

GARE ROUTIÈRE

South Street ✆ +44 8717 818 178
www.nationalexpress.com
Des bus partent de Victoria Station à Londres et de Douvres.

Pratique

OFFICE DU TOURISME DE DEAL

Landmark Centre
129 High Street ✆ +44 1304 369 576
www.visitdeal.org
Ouvert du lundi au vendredi de 10h à 16h, le samedi uniquement l'été de 10h à 14h.

Se loger

Attention, hors-saison la plupart des hôtels et restaurants sont fermés.

DUNKERLEY'S RESTAURANT & HOTEL

19 Beach Street ✆ +44 1304 375 016
www.dunkerleys.co.uk
Chambre simple à partir de £65, double à partir de £80. Petit déjeuner inclus.
La décoration brun et rouge donne un charme baroque à cet hôtel, situé près de la plage. Certaines chambres ont vue sur le Pier. L'établissement compte également un restaurant de poisson, dont la terrasse permet d'apprécier l'air marin de Deal.

KING'S HEAD

9 Beach Street ✆ +44 1304 368 194
www.kingsheaddeal.co.uk
Chambre simple à partir de £40, double à partir de £60. Petit déjeuner inclus.
Repérez la maison de briques recouverte de pots de fleurs colorés. La première licence du bar au rez-de-chaussée a été délivrée en 1732, c'est dire si l'endroit est typique. Bien que situées au-dessus du pub, les chambres sont calmes et chacune dispose d'une salle de bains. L'établissement est considéré comme l'un des dix meilleurs pubs côtiers d'Angleterre.

À voir – À faire

DEAL CASTLE

Victoria Road ✆ +44 1304 372 762
customers@english-heritage.org.uk
D'avril à septembre, tous les jours de 10h à 18h, d'octobre à mars, le week-end de 10h à 16h. Entrée adulte £4,90, enfant £2,90.
L'architecture du château, très originale, présente des fortifications semi-circulaires, disposées en rosaces. Lorsqu'il en ordonne la construction, Henri VIII se soucie peu de l'esthétique de l'édifice. Il vient de rompre définitivement avec Rome et s'est proclamé chef de l'Eglise anglicane. Il redoute une invasion française ou espagnole, d'où l'édification de trois châteaux, « Castles in the down », à Sandown, Walmer et Deal (ce dernier étant le plus important), avec les matériaux provenant des monastères, abbayes, églises catholiques fermées et détruites. Les jardins, les fortifications et l'intérieur du château se visitent. On peut y voir notamment les appartements du duc de Wellington ainsi que les fameuses « Wellington's Boots », bottes de pluie dont il fut l'inventeur.

HIGH STREET

Anciennement Lower Street parce qu'inondée régulièrement par la mer, elle fut le théâtre de la fameuse histoire d'Ambrose Gwinett, devenue légende et sujet d'une pièce de théâtre : accusé de meurtre et condamné à la pendaison, Gwinett s'enfuit et se réfugia à La Havane où il devint gardien de prison, pour trouver, parmi les détenus, l'homme qu'il était censé avoir assassiné… A Deal, tout le monde connaît l'histoire de cet homme, n'hésitez pas à vous la faire raconter.

WALMER CASTLE

Kingsdown Road, Walmer
✆ +44 1304 364 288
customers@english-heritage.org.uk
Ouvert d'avril à septembre tous les jours de 10h à 18h, en mars et octobre le week-end de 10h à 16h, fermé le reste de l'année. Tarif adulte £7,50, enfant £4,50.
A côté de Deal, ce petit château très bien conservé est entouré de magnifiques jardins soignés. Construit sous le règne de Henri VIII afin de protéger la côte, il est devenu par la suite une résidence élégante qui abrita, entre autres, la reine Victoria. Audioguide en français.

DOUVRES – DOVER

28 000 habitants. De Deal, la route qui passe par Ringwould est magnifique, elle plonge soudain dans un bois et offre une descente spectaculaire sur la ville. Douvres, premier port voyageur d'Europe, est quasiment la première étape obligatoire lorsqu'on arrive en Angleterre par bateau (même si la traversée de la Manche peut s'effectuer en empruntant d'autres ports). De la mer, et même de Calais par beau temps, on peut admirer ses célèbres falaises blanches. « Hellfire Corner » est un réseau de tunnels avec notamment un « balcon » taillé dans la falaise, donnant sur la Manche, et cher au cœur des Anglais puisque c'est d'ici que Churchill a organisé le débarquement des Alliés en Normandie. Douvres est également célèbre pour son château du XIIe siècle, deuxième site le plus visité d'Angleterre après Stonehenge. La ville en elle-même manque de charme, mais les villages environnants, notamment Alkham et St Margaret's, méritent que l'on s'y arrête.
Le Tunnel sous la Manche débouche à Folkestone, soit à quelques kilomètres à l'ouest de Douvres par l'A20.

Transports

GARE FERROVIAIRE

Folkestone Road
✆ +44 845 748 49 50
www.nationalrail.co.uk
Plus de 40 trains par jour relient Londres (stations de Victoria et Charing Cross) à Dover Priory (1h45 de trajet). Possibilité de jonction avec les embarcadères des liaisons maritimes.

GARE ROUTIÈRE

Pencester Road
✆ +44 8717 818 178
www.nationalexpress.com
National Express relie Douvres depuis la gare Victoria à Londres (2h30/3h de trajet).

Pratique

OFFICE DU TOURISME DE DOUVRES

The Old Town Gaol, Biggin Street
✆ +44 1304 205 108
www.whitecliffscountry.org.uk
Ouvert tous les jours de 9h à 17h30 de juin à août, le reste de l'année du lundi au vendredi de 9h à 17h30 et le week-end de 10h à 16h.

Se loger

A Douvres, la plupart des B&B ont la particularité de proposer un tarif moins cher sans petit déjeuner, pour tous ceux qui attendent simplement de prendre les ferries matinaux.

ALKHAM COURT

Megget Lane, South Alkham (près de Douvres) ✆ +44 1303 892 056
www.alkhamcourt.co.uk
Chambre double de £130 à £150. Petit déjeuner inclus. Parking et Internet gratuits.
Dominant la vallée d'Alkham, ce B&B vous réserve un séjour paisible dans la campagne anglaise, tout en n'étant qu'à une vingtaine de minutes de Canterbury et Douvres. Le petit déjeuner copieux, préparé à base de produits locaux, vous met en forme pour la journée, que vous décidiez d'explorer les environs à pied ou à cheval. Wendy et Neil se feront un plaisir de vous organiser une randonnée avec les centres équestres du village, ou de vous indiquer les meilleurs pubs. Pour finir la journée en beauté, rien de tel qu'un moment de détente dans le Jacuzzi et le sauna installés dans le jardin, dont les baies vitrées donnent sur la vallée. Pique-nique ou soupe du soir sont également possibles.

BLERIOT'S

47 Park Avenue
✆ +44 1304 211 394
www.bleriotsguesthouse.co.uk
Chambre double entre £50 et £62. Petit déjeuner £5/personne.
Situé dans une tranquille avenue bordée d'arbres, ce B&B assure une bonne nuit de repos à la sortie du ferry. Spécialisé dans les séjours d'une nuit, l'établissement peut manquer de chaleur, mais le service est efficace.

MAISON DIEU

89 Maison Dieu Road
✆ +44 1304 204 033
www.brguest.co.uk

Chambre simple à partir de £30, double à partir de £60. Petit déjeuner £5/personne. Parking et Internet.
L'atout principal de cet établissement : sa situation très centrale, entre les terminaux de ferries, les gares ferroviaire et routière, et le centre-ville. Avec sept chambres, ce B&B offre un service professionnel et personnalisé.

Se restaurer

Sur le plan culinaire, rien de bien séduisant en centre-ville. En revanche, les villages environnants offrent quelques bonnes tables.

THE ALLOTMENT

9 High Street © +44 1304 214 467
www.theallotmentdover.co.uk
Ouvert mardi et mercredi de 8h30 à 18h30 et du jeudi au samedi de 8h30 à 23h.
Avec son menu simple, qui change presque toutes les semaines et privilégie les produits locaux, The Allotment est la cantine des habitants de Douvres. C'est aussi le seul restaurant correct du centre-ville.

THE MARQUIS OF GRANBY

The Alkham Valley Road
Alkham
© +44 1304 822 945
Ouvert tous les jours midi et soir.
Cette belle bâtisse blanche attire les gourmets de la région avec sa cuisine traditionnelle à base de produits locaux, et notamment ses poissons et crustacés fraîchement pêchés.

THE BAY RESTAURANT

High Street, St Margaret's-at-Cliffe
© +44 1304 852 229
www.thewhitecliffs.com
Ouvert tous les jours midi et soir.
C'est le restaurant du White Cliffs Hotel, situé dans le petit village de St Margarets-at-Cliffe, à quelques minutes de Douvres en voiture. Au menu : cuisine britannique raffinée, produits locaux et belle sélection de vins.

À voir – À faire

La visite du château de Dover est à ne pas manquer, on y passe facilement la journée. Si on a encore du temps, on peut facilement envisager d'autres visites dont voici un échantillon.

DOVER CASTLE

Castle Hill © +44 1304 201 628
customers@english-heritage.org.uk
Ouvert d'avril à fin juillet ainsi qu'en septembre tous les jours de 10h à 18h ; dès 9h30 en août et jusqu'à 17h en octobre. De novembre à mars, ouvert le week-end seulement de 10h à 16h. Entrée adulte : £16,50 ; enfant : £14,90.
Un des châteaux les plus impressionnants de Grande-Bretagne. Edifié sur les falaises par les Saxons, le château est remanié sous Guillaume le Conquérant mais c'est surtout Henri II qui reconstruit les fortifications au XIIe siècle, donnant à la bâtisse sa forme actuelle. Un donjon, une tour octogonale, d'importantes enceintes de fortification, des souterrains, un musée de l'armée, la visite traverse l'histoire du lieu, de Henri VIII à la Seconde Guerre mondiale, où les galeries servirent à abriter notamment un hôpital et un poste de télécommunication. Une reconstitution permet de découvrir comment étaient aménagées ces pièces à cette époque et quel matériel était utilisé.

DOVER MUSEUM AND BRONZE AGE BOAT GALLERY

Market Square © +44 1304 201 066
www.dovermuseum.co.uk
Ouvert toute l'année du lundi au samedi de 9h30 à 17h, le dimanche uniquement d'avril à septembre de 10h à 15h. Entrée adulte £3,50, enfant £2,25.
La coque d'un bateau vieux de 3 550 ans, datant de l'âge de bronze, a été retrouvé en 1992, près de Douvres. Il est ici exposé, et une présentation retrace sa découverte et les techniques scientifiques utilisées pour le préserver. C'est la pièce-maîtresse du musée. Les autres galeries concernent l'histoire de la ville de l'occupation romaine à la Seconde Guerre mondiale, en passant par l'époque des Saxons, la conquête normande et les temps victoriens.

THE PINES GARDEN

Beach Road, St Margaret's Bay
© +44 1304 851 737
www.pinesgarden.co.uk
Ouvert toute l'année de 10h à 17h. Entrée adulte £4, enfant £2,50.
Ce magnifique jardin de promenade s'étend sur plusieurs hectares et il est peuplé de nombreux spécimens de pins, qui entourent un lac, une cascade et un jardin de marécages. La vue, privilégiée, donne sur la falaise. A voir également, un petit musée dédié à l'histoire des lieux (entrée gratuite). Le sentier des North Downs offre une vue magnifique sur les falaises blanches de Douvres, jusqu'à Shakespeare Cliff. Notez que St Margaret's Bay est le point britannique le plus proche géographiquement de la France.

THE WHITE CLIFFS OF DOVER

Langdon Cliffs, Upper Road
✆ +44 1304 202 756
Ouvert de mars à novembre de 10h à 17h (17h30 du 22 juillet au 1 septembre) et de 11h à 16h le reste de l'année. Parking £3. Boutique, centre d'information et café.

Les falaises blanches de Douvres justifient à elles seules le déplacement dans la région. Emblématiques de Douvres, elles sont la première image de l'Angleterre que découvrent les voyageurs qui arrivent par les eaux. Une promenade dans le parc national, sur les hauteurs, permet de voir le paysage, d'admirer différentes espèces d'oiseaux et bien sûr d'essayer d'apercevoir les côtes françaises juste de l'autre côté.

FOLKESTONE

45 000 habitants. C'est la ville qui abrite la sortie du fameux tunnel sous la manche qui permet aux trains de circuler entre la France et l'Angleterre, mais malgré cet atout, Folkestone attend un second souffle pour s'épanouir.

Ville balnéaire sympathique, son centre-ville possède quelques rues étroites datant de l'époque médiévale ainsi qu'un petit port sympa, qui s'anime les jours de marché. De belles plages en allant vers Sandgate.

A noter : loger à Follkestone est pratique si on veut utiliser le tunnel sous la Manche.

WYE

2 400 habitants. Ce village étape, construit sur un plateau, offre une vue panoramique sur la campagne environnante. Les maisons sont, pour la plupart, décorées d'une mosaïque de briques au premier étage. Près d'un collège vénérable (1447), orné d'une pelouse verte et d'une petite fontaine, trônent deux églises, la catholique et l'anglicane. Curieusement, le chœur de cette dernière a été repeint en noir, gris, blanc et doré.

En revanche, l'environnement du site – un parking, deux banques et un pub – ne s'harmonise guère avec ces témoins d'un âge révolu.

CHILHAM

1 600 habitants. En arrivant à Chilham, il faut patienter à un feu alternatif pour traverser un pont antique. La pente raide débouche sur une ravissante placette, cernée de maisons à colombages abritant des antiquaires, des salons de thé et un pub, face au château dont il ne reste plus que le donjon. La fauconnerie qu'il abrite vaut le détour.

En effet, cette réserve d'oiseaux de proie propose plusieurs démonstrations par jour. Autre point d'intérêt, le parc, conçu par l'un des plus grands paysagistes anglais, Capability Brown. Faire un petit tour à l'église Saint Mary's pour admirer ses vitraux transversaux.

LEEDS CASTLE

Leeds Castle semble tout droit sorti d'un conte de fées et certains prétendent qu'il s'agit d'un des plus jolis châteaux au monde. D'abord construit entièrement en bois, en 857, il a été reconstruit par les Normands en 1170. A partir du XIIIe siècle, il devient un palais royal avec l'arrivée d'Edouard Ier, bien qu'il revienne réellement à Henri VIII de l'avoir fait entrer dans le domaine royal.Ce château a la particularité d'avoir été construit sur deux petites îles au milieu d'un lac naturel.

Il héberge aujourd'hui une splendide collection de peintures impressionnistes, des meubles français et anglais, ainsi que des tapisseries. Un parc de 200 ha l'entoure. En vous y promenant, vous y découvrirez de nombreuses curiosités : un labyrinthe, une grotte, une volière…

Terrasse d'un pub à Chilham.

Transports

Leeds Castle est à 25 miles du terminal de l'Eurotunnel à Folkestone, et à 38 miles de Douvres.

■ GARE FERROVIAIRE

New Station Street
✆ 084 5748 4950
www.networkrail.co.uk
Prendre le train depuis la gare de Victoria (1 heure 30 de trajet) jusqu'à la gare de Bearstead et prendre un bus jusqu'à Leeds Castle (£5 avec www.spothire.co.uk).

■ GARE ROUTIÈRE

Dyer Street
✆ 087 0581 8181
www.nationalexpress.com/leedscastle
National Express met à disposition des cars devant la gare Victoria (1 heure 30 de trajet).

À voir – À faire

■ LEEDS CASTLE

Maidstone
✆ +44 16 2276 5400
www.leeds-castle.com
Ouvert tous les jours de 10h à 17h30. Adulte : £19,75, enfant : £12,50.
Construit en 1119, ce château s'élève dans la magnifique campagne du Kent. Autrefois place forte, Leeds Castle a été transformé en résidence royale et on a donc détruit la muraille qui l'entourait. Durant la visite, on peut découvrir les douves, aujourd'hui peuplées de cygnes blancs, ainsi qu'un labyrinthe d'ifs.

■ THE HOP FARM FAMILY PARK

Paddock Wood
Tonbridge
✆ +44 1622 872 068
www.thehopfarm.co.uk
Ouvert de février à décembre, tous les jours de 10h à 17h. Adulte : £14,95, enfant : £12,95.
C'est un des plus fameux Hop Gardens du Kent, soit une plantation de houblon. Vous y verrez des champs entiers de plantes grimpantes, organisés autour des Oast Houses, ou séchoirs à houblon. Ceux de Whitbread Hop Farm ont été aménagés. La fabrication de la bière n'aura plus de secrets pour vous.

ROCHESTER

27 000 habitants. Construite par les Romains et développée par les Normands, Rochester est célèbre pour avoir hébergé l'écrivain Charles Dickens, durant ce qu'il considère comme les plus belles années de son enfance (il vécut précisément à Chatham).
Rochester partage d'ailleurs cette rivière avec quatre autres villes alignées sur la rive, Chatham, Strood, Gillingham et Rainham, rassemblées sous l'appellation de Medway. Petite ville provinciale, Rochester offre à ses visiteurs une cathédrale, un château et quelques restaurants. A quelques kilomètres, Chatham Historic Dockyard, qui a notamment vu accoster Francis Drake et l'Amiral Nelson, qui empruntaient l'estuaire de la Medway River.

Transports

■ GARE FERROVIAIRE

En haut de High Street.
✆ +44 8457 484 950
www.nationalrail.co.uk

■ GARE ROUTIÈRE

Railway Street, Chatham
✆ +44 8717 818 178
www.nationalexpress.com

Pratique

■ OFFICE DU TOURISME DE ROCHESTER

95 High Street ✆ +44 1634 338 141
www.medway.gov.uk
Ouvert du lundi au samedi de 10h à 17h, le dimanche de 10h30 à 17h. Fermé le dimanche d'octobre à mars.

Se loger

Peu d'hôtels, on privilégiera l'hébergement en B&B.

■ GORDON HOUSE HOTEL

91 High Street
✆ +44 1634 831 000
www.gordonhousehotel.net
Chambre simple à partir de £60, double à partir de £70. Petit déjeuner inclus.
Erigé au XVIIe siècle, ce bâtiment jouit d'une situation idéale au cœur de Rochester, sur la rue principale. Certaines chambres ont vue sur la cathédrale, en face. Gordon House Hotel possède un restaurant, également dans High Street, The Singapora, spécialisé dans la cuisine népalaise et malaisienne.

■ YHA MEDWAY

351 Capstone Road, Gillingham
✆ +44 8453 719 649
www.yha.org.uk
Dortoirs à partir de £13 ; chambre à partir de £25. Parking.

Située à quelques kilomètres de Rochester, cette auberge de taille moyenne entretient une ambiance principalement familiale. En face de Capstone Country Park, elle séduira les marcheurs et ceux qui souhaitent séjourner au calme.

Se restaurer

Marocain, libanais ou encore thaïlandais, voilà quelques-unes des nombreuses cuisines du monde que l'on peut trouver à Rochester.

■ DON VINCENZO

108 High Street
✆ +44 1634 108 373
Ouvert tous les jours de 12h à 15h et de 18h à 22h30, sauf le dimanche de 12h à 20h30.
Un restaurant italien typique et complet, où le menu propose lasagnes, calzone, antipasti savoureux et une belle sélection de vins d'Italie. L'été, on peut déjeuner ou dîner en terrasse.

■ TOPES

60, High Street ✆ +44 1634 845 270
www.topesrestaurant.com
Ouvert du mercredi au samedi, de 12h à 14h30 et de 18h30 à 21h, le dimanche uniquement de 12h à 14h30.
Avec ses mosaïques au mur et ses chandelles disposées sur les nappes blanches, ce restaurant offre un cadre idéal pour un dîner romantique. Au menu, entre autres, haddock et maquereau fumés, ou poitrine de poulet rôti.

À voir – À faire

Pour en savoir plus sur les visites à Rochester, consulter le site www.cometorochester.co.uk qui suggère ce qu'on peut visiter en fonction du temps que l'on a.

■ GUILDHALL MUSEUM

High Street ✆ +44 1634 848 717
www.medway.gov.uk/tourism
Ouvert du mardi au dimanche de 10h à 16h30. Entrée gratuite.
Partez à la découverte des Hulks, ces pontons prisons créés aux XVIIIe et XIXe siècles dans d'anciens navires, pour pallier le manque de place dans les prisons anglaises. Les guerres étant nombreuses à cette époque, beaucoup de prisonniers, principalement français et américains, étaient retenus dans ces géôles flottantes. Leurs conditions de vie sont ici racontées à l'aide d'une reconstitution très instructive. Le musée retrace également l'histoire de la Medway River, et notamment l'installation du Royal Dockyard à Chatham au XVIe siècle.

■ ROCHESTER CASTLE

The Castle
✆ +44 1634 402 276
Ouvert de 10h à 18h tous les jours de Pâques à fin octobre, et 10h à 16h le reste de l'année. Adulte £5,65 ; enfant £3,60.
Cette construction militaire typiquement normande, avec son imposant carré initialement en bois, fut intégralement reconstruite en pierre vers 1088. Le roi John réussit à en démolir une partie au cours du siège de 1215. Le château a néanmoins encore de très beaux restes.

■ ROCHESTER CATHEDRAL

Garth House
www.rochestercathedral.org
Ouvert tous les jours de 7h30 à 18h (17h le samedi). Entrée gratuite.
Consacrée en 604, sous Ethelbert, roi de Kent, la cathédrale fut, comme la plupart des monuments de la région, reconstruite vers 1080. Un projet de restructuration au XIIIe siècle n'ayant pas abouti faute de fonds, l'édifice a conservé son pur style roman. L'orgue est sculpté, le plafond fait de bois, seule la crypte est de style gothique. Silence et beauté de la pierre invitent au recueillement.

Shopping

Se rendre sur High Street pour ce qui est magasins : antiquités, peintures, cadeaux...

■ CANDY BAR

76 High Street ✆ +44 1634 843 592
Ouvert en semaine de 10h à 17h30, le samedi dès 9h30, le dimanche de 11h à 17h.

Grand choix de confitures et de chutneys improbables : spicy hot chutney à l'abricot, confiture épicée aux algues, fudges de toutes sortes... Candy Bar est le paradis des gourmands.

ROYAL TUNBRIDGE WELLS

56 500 habitants. C'est Edouard VII qui a accordé à la ville le titre « Royal » en 1909, mais la Cour allait déjà depuis le XVIIe siècle dans cette ville d'eau quand un jeune noble, Dudley Lord North, découvrit la source Chalybeate en 1606.

Après en avoir bu l'eau, il se sentit si régénéré qu'il déclara que Chalybeate avait des propriétés bénéfiques. Parmi les nombreux aristocrates qui se précipitèrent à Wells, Daniel Defoe, la reine Anne et la princesse Victoria furent les plus célèbres. Un « dipper » y distribue toujours l'eau à la louche. Un Bath en miniature.

Transports

GARE FERROVIAIRE

Mount Pleasant
✆ +44 8457 484 950
www.nationalrail.co.uk
Train pour Londres Charing Cross toutes les quinze minutes (1h de trajet).

Pratique

OFFICE DU TOURISME DE ROYAL TUNBRIDGE WELLS

The Old Fish Market, The Pantiles
✆ +44 1892 515 675
www.visittunbridgewells.com
Ouvert du mardi au samedi de 9h30 à 17h, les dimanches et jours fériés de 10h à 15h.

À voir – À faire

Possibilité de faire une visite guidée d'une heure au départ de l'office de tourisme chaque jeudi et samedi à 11h30 (tarif : £4).

CALVERLEY PARK

24 demeures bourgeoises ainsi qu'un ensemble de magasins avec des colonnades en arc de cercle.

CHALYBEATE SPRING & BATH HOUSE

L'eau ferrugineuse de la source est distribuée ici. Découverte en 1606 par Dudley Lord North, elle a permis à la ville de prendre l'essor qu'on lui connaît. Très prisée au XVIIIe siècle où toute la noblesse anglaise venait ici boire l'eau du puits.

HEVER CASTLE

Edenbridge
✆ +44 1732 865 224
www.hevercastle.co.uk
Ouvert tous les jours d'avril à octobre de 10h30 (château 12h) à 18h, de novembre à mars du mercredi au dimanche jusqu'à 16h. Labyrinthes ouverts uniquement d'avril à octobre. Tarif adulte pour le château et les jardins : £14,50 ; enfant : £8,30. Audioguide en français : £3,25. Sortir de Royal Tunbridge Wells par l'ouest par l'A264 (East Grinstead) et tourner à droite sur la B2188. Tourner à gauche sur la B2027 direction Edenbridge.
L'histoire du château commence en 1270. Anne Boleyn, mère d'Elisabeth I et épouse d'Henri VIII, y passe son enfance. Quelques belles pièces, notamment le salon et la chambre d'Henri VIII. Le milliardaire qui racheta le château en 1903 y ajouta une collection de maisons miniatures et un jardin (noter le labyrinthe d'ifs). Se renseigner pour les événements spéciaux.

HIGH STREET ET MOUNT SION

Grove Park
Empruntez Frog Lane.
Appelée également The Village, cette partie est la plus ancienne de la ville. Les rues se rétrécissent, les bâtiments déploient leurs charmes et la balade devient pittoresque. Après les commerces, s'étend un parc paisible.

THE PANTILES

www.pantilestraders.co.uk
Cette rue commerçante est bien loin des High Street communes à toutes les villes anglaises. Ici, on ne trouve que des boutiques raffinées, se disputant le trophée de l'objet le plus chic. Antiquaires, vêtements de designers, galeries d'art, cafés chics sont dispersés dans cette rue aux somptueux bâtiments géorgiens. The Pantiles est un joyau rare.

TUNBRIDGE WELLS MUSEUM & ART GALLERY

Civic Center. Mount Pleasant
✆ +44 1732 554 171
www.tunbridgewellsmuseum.org
Ouvert du lundi au samedi de 9h30 à 17h, dimanche de 10h à 16h. Entrée gratuite.
Le musée présente une collection de poupées et jouets anciens, une série de meubles en marqueterie confectionnée par des artisans locaux entre le XVIIe et le XIXe siècle ainsi que des costumes de la même époque. A voir également, les galeries d'histoire naturelle et d'archéologie.

East et West Sussex

Depuis le XIIIe siècle, l'East Sussex et le West Sussex sont séparés en deux comtés. Surnommé 1066 Country, *le pays de 1066, l'East Sussex fut une terre de conquêtes et de combats, où se joua le destin de l'Angleterre en 1066, lorsque les Normands sortirent victorieux de l'affrontement avec les Saxons. Aujourd'hui, les villes de la région racontent toutes à leur manière un pan de cette histoire.*

RYE

4 500 habitants. Perchée sur une colline de calcaire, la petite ville de Rye possède un charme certain provenant de ses bâtisses médiévales et de ses étroites rues pavées. Elle est considérée comme étant le village médiéval le mieux préservé d'Angleterre. Autrefois presque totalement encerclé par la mer, son port se trouve désormais à 800 m du centre-ville mais offre une balade très agréable sur la côte. Raccrochée à l'abbaye de Fécamp au XIe siècle, Rye revient à Henri III en 1247. Son apogée se situe au XIVe siècle, où elle devient un « Cinque Port », un des cinq ports royaux autonomes exemptés de taxe qui construisent des navires pour la défense du royaume. Au XVIIIe siècle, elle se transforme en grand centre de contrebande de vin et de laine, transportés dans des tunnels secrets. Aujourd'hui, on s'y promène avec plaisir, notamment pour découvrir ses potiers, ses artistes réputés, ainsi que ses antiquaires.

Transports

Se garer dans le parking de Market Road, qui ne coûte que £1,50/jour.

■ GARE FERROVIAIRE
La gare est en centre-ville.
✆ +44 8457 484 950
www.nationalrail.co.uk
Train depuis Londres Charing Cross en changeant à Ashford ou depuis Londres Victoria en changeant à Hastings.

Pratique

■ OFFICE DU TOURISME DE RYE
4-5 Lion Street
✆ +44 1797 229 049
www.visitrye.co.uk
Ouvert d'avril à octobre tous les jours de 10h à 17h, de novembre à mars tous les jours de 10h à 16h.

Se loger

Rye compte un grand nombre de B&B, quelques hôtels seulement, mais les standards sont élevés.

■ THE GEORGE IN RYE
98 High Street ✆ +44 1797 222 114
www.thegeorgeinrye.com
Chambre double à partir de £135. Petit déjeuner inclus. wi-fi et parking gratuits.
La décoration de ce superbe hôtel mêle avec élégance ancien et nouveau, atmosphère chic et raffinée. Dès l'entrée, le parquet embaume l'encaustique, le personnel sourie agréablement et vous êtes porté par un petit nuage de satisfaction vers votre chambre douillette. Au rez-de chaussée, le restaurant sert une cuisine britannique aux fortes influences méditerranéennes, et le bar, The George on Tap, sert principalement des bières locales.

■ THE PLACE AT THE BEACH
New Lydd Road, Camber
✆ +44 1797 225 057
www.thegallivanthotel.com
Chambre double entre £115 et £490. Petit déjeuner inclus. Parking et wi-fi.
Situé sur Camber Sands, l'une des meilleures plages des environs, cet hôtel offre une alternative chic et décontractée. Les chambres aux tons pastel sont agrémentées de panneaux de bois flottés, qui rappellent, si besoin est, l'extrême proximité de la mer. Le restaurant de l'établissement sert principalement du poisson et des moules, à déguster en terrasse !

Se restaurer

Rye compte quelques très bons restaurants de poisson et d'agréables salons de thé.

■ FLETCHER'S HOUSE
2 Lion Street ✆ +44 1797 222 227
www.fletchershouse.co.uk
Ouvert tous les jours de 10h à 17h, sauf le mardi.

Juste avant Ypres Tower, ce petit salon de thé est établi dans la maison où naquit John Fletcher, un dramaturge anglais, contemporain de Shakespeare. L'endroit semble avoir été laissé en l'état, si bien qu'on a presque l'impression de boire le thé chez Fletcher, au XVIe siècle !

WEBBE'S AT THE FISH CAFE
17 Tower Street © +44 1797 222 226
www.webbesrestaurants.co.uk
Ouvert tous les jours le midi à partir de 12h et le soir à partir de 18h.
Webbe's est un excellent restaurant de poisson, situé au premier étage d'une ancienne usine, reconvertie. La spécialité du chef : Webbe's Panaché de poissons et coquillages nappé de sauce au safran. Avis aux gastronomes !

À voir – À faire

En plus de ces monuments historiques et de son architecture médiévale, Rye est appréciée pour ses nombreux antiquaires, dispersés en centre-ville. Se procurer la brochure *Antiques Trail* à l'office de tourisme.

LAMB HOUSE
West Street
Ouvert de Pâques à fin octobre, le mardi et le samedi, de 14h à 18h. Adulte : £4,60 ; enfant : £2,35.
Cette maison hébergea pendant un temps l'auteur américain Henry James, qui y écrivit *L'Ambassadeur.* La visite permet de découvrir quelques-uns de ses objets personnels. Vous aurez aussi l'occasion d'apprécier l'immense jardin, pourtant situé en plein centre-ville. La maison accueille régulièrement des concerts, des expositions et des pièces de théâtre.

RYE CASTLE MUSEUM ET YPRES TOWER
East Street (Rye Castle) et Lion Street (Ypres Tower) © +44 1797 226 728
www.ryemuseum.co.uk
La tour est ouverte d'avril à octobre tous les jours de 10h30 à 17h (15h de novembre à mars). Le musée est ouvert d'avril à octobre le week-end uniquement de 10h30 à 17h. Entrée tour + musée £4, enfant £3.
La tour fut construite en 1249, pour assurer la défense de la ville. On peut y découvrir des poteries médiévales, des cartes et des armes, qui permettent de retracer l'histoire des soldats à l'époque médiévale. Les lieux servirent à la fois de château et de prison. Un second site sur East Street présente une exposition sur l'histoire de Rye, dont une partie concentrée sur les périodes des deux guerres mondiales.

RYE HERITAGE CENTRE
Strand Quay © +44 1797 226 696
www.ryeheritage.co.uk
Ouvert tous les jours de 10h à 17h (16h d'octobre à mars).
Pour tout savoir sur Rye, rendez-vous dans ce centre d'information. Des audioguides sont à louer pour visiter la ville (£4) et des tours guidés sont régulièrement organisés. En outre, vous pouvez découvrir l'histoire de Rye à travers un son et lumière de 20 minutes, projeté sur une maquette représentant la ville au XIXe siècle (Rye Town Model, entrée adulte £3,50, enfant £1,50). Version française disponible.

WINCHELSEA

A moins de 5 km de Rye, Winchelsea se trouve sur la route A259 en direction de Hastings. Ce tout petit village, également perché en haut d'une colline, est moins fréquenté que Rye. Le temps paraît suspendu au XIIIe siècle. Au centre du village, s'élève une superbe église, St Thomas Martyr.

BATTLE

7 500 habitants. Une petite ville historique, où l'on vit agréablement avec les vestiges du passé. Battle fut nommée ainsi suite à la sanglante bataille de 1066 entre Normands et Saxons, qui aboutit à la victoire de Guillaume le Conquérant et à la fin du règne Saxon. Ne pas rater la visite passionnante de Battle Abbey, construite par les Normands pour commémorer cet évènement, et de la vallée dans laquelle eurent lieu les combats.

Transports

GARE FERROVIAIRE
Station Approach. © +44 8457 484 950
www.nationalrail.co.uk
Train depuis Londres Charing Cross.

GARE ROUTIÈRE
High Street © +44 8717 818 178
www.national-express.com

Pratique

OFFICE DU TOURISME DE BATTLE
Battle Abbey Gatehouse
High Street © +44 1424 776 789
www.visit1066country.com/battle
Ouvert en été de 10h à 18h, en hiver de 10h à 16h.

POSTE
9, High Street ✆ +44 1424 772 048

Se loger

L'offre d'hébergement en centre-ville est plutôt décevante. On ne trouvera que quelques B&B vieillots. Mieux vaut sortir de Battle et loger dans la campagne alentour.

SENLAC WOOD
Catsfield Road, Catsfield (à côté de Battle)
✆ +44 1424 773 969
www.senlacwood.co.uk
Tente £15/£17 pour 2 personnes.
Le camping est situé à 3 miles de Battle, dans un grand parc frais et ombragé. Les équipements sont rudimentaires mais entretenus.

Se restaurer

Les restaurants sont concentrés sur High Street, la rue principale de Battle.

NOBLES RESTAURANT
17 High Street ✆ +44 1424 774 422
www.noblesrestaurant.co.uk
Ouvert tous les jours de 12h à 15h et de 18h30 à 21h30, le dimanche uniquement le midi.
Un excellent restaurant, dont le menu propose une cuisine britannique moderne et raffinée, à la présentation soignée. A savourer : risotto de crabe, bœuf Stroganoff ou paella, et crumble à la rhubarbe en dessert...

PILGRIMS
1, High Street ✆ +44 1424 772 314
Ouvert tous les jours de 11h à 18h.
Des plats simples et savoureux, cuisinés à base de produits locaux, voilà la recette de Pilgrims, un restaurant chaleureux établi dans une maison du XIVe siècle. Entre le déjeuner et le dîner, on peut aussi y boire un café en dégustant diverses pâtisseries maison.

À voir – À faire

BATEMAN'S
Burwash, Etchingham ✆ +44 1435 882 302
www.nationaltrust.org.uk/batemans
Ouvert de mi mars à octobre tous les jours de 11h à 17h, en novembre et décembre tous les jours de 11h30 à 15h30. Adulte : £8,15, enfant : £4,05. A quelques kilomètres au nord-ouest de Battle sur l'A265. Boutique, salon de thé, parking gratuit.
Voici le joli manoir de Rudyard Kipling, qui y résida de 1902 à sa mort, en 1936. Il y écrivit notamment son poème *If* (*Si*). Les pièces ont été restaurées comme au début du XXe siècle, et proposent des illustrations du *Livre de la jungle* et d'autres souvenirs d'Inde... Sa Rolls-Royce est garée là, comme si elle l'attendait toujours.

BATTLE ABBEY
High Street
✆ +44 1424 775 705
www.english-heritage.org.uk
Ouvert de Pâques à septembre tous les jours de 10h à 18h, d'octobre à fin mars de 10h à 16h le week-end uniquement. Adulte £7,50 ; enfant £4,50.
Sur un vaste terrain, on parcourt à pied les ruines de l'abbaye où s'est déroulée la fameuse bataille d'Hastings. Grâce à un audioguide, vous apprenez comment s'est déroulée cette bataille mémorable qui, le 14 octobre 1066, oppose Harold le Saxon à Guillaume de Normandie. A la mort du roi Edouard le Confesseur, Harold s'empare du trône d'Angleterre, que Guillaume convoite également.
Le Normand décide donc de marcher contre le Saxon. Suite à sa victoire, Guillaume est renommé le Conquérant et entame l'invasion de l'Angleterre. Cette bataille marque un tournant capital dans l'histoire de l'Angleterre, car c'est la dernière fois que le pays est envahi. Une visite passionnante. Chaque année, à la date anniversaire, une reconstitution est organisée à l'identique.

BODIAM CASTLE
Robertsbridge
✆ +44 1580 830 436
www.nationaltrust.org.uk/bodiam-castle

John « Mad Jack » Fuller (1757-1834)

Riche propriétaire terrien, John Mad Jack Fuller ne rêvait que d'une chose : passer à la postérité. L'excentrique, également membre du Parlement, mécène et ami de J.M.W. Turner et Sir Walter Scott, érigea donc cinq « follies » aux alentours de Brightling : le Pain de Sucre pour gagner un pari, la Pyramide qui lui servit de mausolée, l'Aiguille pour consacrer la victoire de Wellington, la Rotonde et la Tour. Pour les voir, prendre de Battle la B 2096 direction Heathfield, Brightling sera sur la droite.

Ouvert de mi-février au 3 novembre tous les jours, de 10h30 à 17h ; en novembre et décembre du mercredi au dimanche de 11h à 16h ; le reste de l'année le week-end de 11h à 16h. Adulte : £6,30, enfant : £3,15. Boutique, salon de thé. De Battle, prendre l'A21 direction Londres. Sortir à Bodiam.

Un château de conte de fées qui se reflète dans l'eau… Il fut construit en 1385 par Sir Edward Dalyngrigge, et son architecture s'inspire de celle des châteaux français de l'époque, observés par Dalyngrigge pendant la guerre de Cent Ans. Le château devait servir à se protéger des Français venant du sud par la rivière Rother. Une vidéo intéressante explique comment enfiler son armure et un musée raconte l'histoire des lieux. Fin juin, des concerts de jazz en plein air sont organisés.

BUCKLEY'S YESTERDAY WORLD

89-90 High Street ✆ +44 1424 777 226
www.yesterdaysworld.co.uk

Ouvert tous les jours de 10h à 17h30 d'avril à octobre, jusqu'à 16h30 le reste de l'année. Tarif adulte : £7,25 ; enfant : £5,25.

Tout le quotidien anglais de 1850 à 1950 reconstitué sous vos yeux : boutiques, cuisines, épiceries, gares… et même la reine Victoria ! Pour les nostalgiques.

HASTINGS

87 000 habitants. Du fait de ses nombreux dépôts de fer dans le sol, Hastings est vite occupée par des campements mésolithiques, puis utilisée par les Romains. Une tribu barbare, les « Haestingas », s'y installe, d'où le nom de la ville.

Après la Grande Tempête de 1287, la ville est attaquée à plusieurs reprises par les Français au XIVe siècle. C'est l'un des Cinque Ports, voués à défendre l'Angleterre des invasions. Ville de pêcheurs, Hastings n'a pourtant pas de port, ainsi les bateaux de pêche sont ramenés sur la plage par des tracteurs. Au pied de la vieille ville, on peut apercevoir cette immense flotte sortie de l'eau et vous promener entre les « Net Huts », des maisonnettes noires qui vendent le poisson fraîchement débarqué. Ville active culturellement, Hastings vaut pour sa vieille ville, ses collines et son animation artistique.

Transports

GARE FERROVIAIRE

Station Approach ✆ +44 8457 484 950
www.nationalrail.co.uk
Trains pour Londres : Charing Cross Station.

GARE ROUTIÈRE

Queens Road ✆ +44 8717 818 178
www.nationalexpress.com

Pratique

OFFICE DU TOURISME DE HASTINGS

Queens Square ✆ +44 1424 784 511
www.visit1066country.com

Ouvert du lundi au vendredi de 8h30 à 18h15, le samedi de 9h à 17h et le dimanche de 10h30 à 16h.

Un autre office de tourisme, plus petit, est situé dans la vieille ville sur High Street.

Se loger

Les B&B sont concentrés dans la vieille ville, tandis que les hôtels s'alignent sur le front de mer, au niveau du centre-ville moderne.

THE LAINDONS

23 High Street ✆ +44 1424 437 710
www.thelaindons.com

Chambre double £110 ou £125 en fonction du type de chambre. Petit déjeuner inclus. wi-fi gratuit.

Au cœur de la vieille ville, ce B&B entièrement rénové, offre un hébergement moderne et confortable. Les chambres sont lumineuses, spacieuses et discrètement décorées de tapis aux tons clairs. Au matin, les pensionnaires prennent le petit déjeuner dans la véranda.

THE WHITE ROCK HOTEL

1-10 White Rock
✆ +44 1424 422 240
www.thewhiterockhotel.com

Chambre double de £64 à £109. Petit déjeuner en supplément. Parking et wi-fi gratuits.

Ce bel hôtel du front de mer se situe à côté du White Rock Theatre, à deux pas du centre-ville moderne et à 15 minutes à pied de la vieille ville. Le bâtiment réunit dix maisons victoriennes, auxquelles une façade a été ajoutée dans les années 1930. Art déco à l'extérieur, l'hôtel est en réalité biscornu à l'intérieur, multipliant les couloirs et escaliers exigus. Un charmant labyrinthe ! A partir de 18h, le bar de l'hôtel, ainsi que sa superbe terrasse, s'animent, créant une agréable ambiance festive.

Se restaurer

Pour dîner et sortir, se diriger vers la vieille ville. Parcourir High Street et la rue piétonne George Street, où pullulent les terrasses animées. Les soirs d'été, le vieux Hastings prend des allures de ville espagnole…

Hastings
Railway Station
vers Phoenix Art Centre
South Terrace
Queens Road
Milward Road
Wellington Road
Castledown Ave.
Castle Hill Road
Play Park
Smugglers Adventure
Croft Road
Hight Street
The Bourne A259
Hastings Old Town Hall Museum
All Saints Street
Tackleway
EAST HILL
Crown Lane
Funiculaire de East Hill
Rock-a-Nore Road
Information Centre
The Bourne
Hight Street
Poste
Funiculaire de West Hill
WEST HILL
Hastings Castle
Castle Hill Passage
Castle Hill Road
Albert Road
Priory Meadow Shopping Center
Information Centre
Devonshire Road
Museum & Art Gallery
Cornwallis Terrace
Cornwallis Gardens
Holmesdale Gardens
Cambridge Gardens
Priory Street
Havelock Road
Cambridge Road
White Rocks Gardens
White Rocks Gardens Road
White Rock A259
Harold Place
Pelham Street
Denmark Place
East Street Beach
Winkle Island
West Street
Boating Lake
Pier
HARBOUR
Phare
Phare
Musée
Curiosité
Poste
Phare
Centre d'information
Centre commercial
Funiculaire
Parking
0
300

BLACK PEARL

9 George Street © +44 1424 719 919
www.blackpearlrestaurant.co.uk
Ouvert du lundi au jeudi de 17h à 23h, samedi de 12h à minuit, dimanche de 12h à 22h30. wi-fi gratuit à disposition.
Avec son nom de bateau pirate, le Black Pearl est un excellent restaurant de poisson, qui se fournit à deux pas de là, dans les Net Huts de Rock-a-Nore Road. Les aliments sont accomodés de multiples manières, permettant une dégustation variée et donnant au restaurant des allures de bar tapas. Le menu fait également la part belle aux végétariens.

BOULEVARD BOOKSHOP CAFE

32 George Street © +44 1424 436 521
www.thaicafeandbookshop.com
Ouvert tous les soirs à partir de 18h30. Sur réservation uniquement.
Librairie d'occasion le jour, cet établissement se transforme en restaurant thaï le soir. On dîne sur de petites tables rondes, entre les étagères de livres. Pour £13, vous avez droit à une entrée et un plat au choix, concocté sur commande par la femme du libraire. Une de ces adresses rares !

POMEGRANATE

50 George Street, Old Town
© +44 1424 429 221
www.pomegranatehastings.co.uk
Ouvert du mercredi au samedi de 17h à tard et le dimanche 12h30 à 15h30.
Dînez dans un cadre romantico-baroque aux tons chauds, rouge et bordeaux, à la lueur des chandelles pour plus d'intimité. Dans les assiettes, une sélection de tapas originales, de plats inventifs et de desserts *british*. Un endroit éclectique et accueillant.

Sortir

Hastings compte trois salles de spectacles, de nombreux pubs et un cinéma indépendant ambitieux.

DRAGON BAR

71 George Street © +44 1424 423 688
Ouvert du lundi au samedi midi et soir.
Un des bars les plus animés de George Street. La musique y est forte, l'ambiance branchée et la terrasse prise d'assaut. Idéal pour expérimenter la vie nocturne de Hastings.

ELECTRIC PALACE

39a High Street
© +44 1424 720 393
www.electricpalacecinema.com
Le cinéma indépendant de Hastings organise des rétrospectives, des semaines thématiques et un petit festival annuel, le *Shot by the Sea.*

THE FIRST IN LAST OUT

14-15 High Street © +44 1424 425 079
Ouvert tous les jours de 12h à minuit (23h en semaine). Concerts le jeudi soir ; soirées quizz le premier dimanche du mois.
The Filo, pour les locaux, était autrefois le premier et dernier pub où s'arrêtaient les cochers sur la route de Londres, d'où son nom, « première entrée, dernière sortie » et non « premier entré, dernier sorti », supposant que le pub serait rempli d'ivrognes ! Aujourd'hui, l'ambiance est tranquille et chaleureuse, le bar étant au bout de High Street, à l'écart de la zone touristique.

WHITE ROCK THEATRE

White Rock © +44 1424 462 280
www.whiterocktheatre.org.uk
White Rock Theatre, l'un des grands théâtres de Hastings, accueille des stars internationales dans tous les domaines de la scène.

À voir – À faire

Découvrir les magnifiques ruelles du Vieux Hastings et grimper en haut de East Hill pour obtenir une vue splendide sur toute la ville.

ALL SAINTS STREET

De jolies maisons typiques s'alignent le long de All Saints Street. Sur votre droite, après Crown Lane, empruntez un de ces « twittens », des raccourcis, petits passages entre les murs qui permettent de voir l'arrière des maisons et leurs jardins. Vous voilà sur Tackleway, bordée de maisons de poupées, fleuries de rhododendrons. Au bout de cette rue, se trouve All Saints Church, ainsi que le cimetière. Au XVIIIe siècle, les contrebandiers régnaient sur Hastings, on peut encore découvrir certains de leurs cottages, dont les minuscules fenêtres servaient à envoyer des signaux lumineux vers la mer. Ceux qui étaient condamnés finissaient pendus. Certains sont enterrés dans ce cimetière et leurs tombes sont marquées d'une tête de mort. En empruntant le sentier, vous redescendez vers All Saints Street. De là, vous pouvez découvrir The Stag Inn, le plus vieux pub de la ville. On dit qu'un tunnel reliait les caves du pub à l'église, au temps de la contrebande. La légende raconte aussi qu'au XIXe, le pub était habité par une sorcière, Hannah Evans. Lorsqu'en 1950, le bâtiment a été rénové, on a retrouvé dans la cheminée... deux chats momifiés !

■ **BLUE REEF AQUARIUM**
Rock-a-Nore Road
✆ +44 1424 718 776
www.bluereefaquarium.co.uk
Ouvert tous les jours de 10h à 17h de mars à octobre, 16h de novembre à février. Adulte : £8,20, enfant : £6,10. Parking.
Ne ratez pas la nurserie d'hippocampes et le tunnel tropical de 15 m. Sur Rock-a-Nore Road, marchez de la vieille ville vers la plage. Sur votre droite, vous pourrez visiter Fishermen's Museum, situé à côté de l'aquarium, et Shipwreck & Coastal Heritage Centre.

■ **HASTINGS CASTLE**
Castle Hill Road
West Hill
✆ +44 1424 444 412
Ouvert de Pâques à octobre de 10h à 17h, fermé de novembre à mi-février, puis ouvert uniquement le week-end de 10h à 16h. Adulte £4,25, enfant £3,50.
Voici les ruines du premier château normand construit en Angleterre, à la demande de Guillaume le Conquérant. Un film de 20 minutes, « 1066 Story », raconte l'histoire de la conquête normande. De quoi vous donner un aperçu de la bataille d'Hastings, avant de visiter Battle Abbey à Battle.

■ **SMUGGLERS ADVENTURE**
Saint Clement's Caves
✆ +44 1424 422 964
www.smugglersadventure.co.uk
Adulte : £7,50, enfant : £5,50. Ouvert tous les jours de 10h à 17h30.
Au début du XVIIIe siècle, les guerres coûtent cher à l'Angleterre, qui, pour trouver les fonds, augmente les taxes sur les produits d'importation. Les habitants, pris à la gorge, commencent alors à faire entrer illégalement alcool, nourriture et autres biens. A l'apogée de la contrebande, de 1700 à 1830, 40 000 personnes étaient impliquées. Partout sur les côtes, les contrebandiers cachaient les produits dans des tunnels, des ruines abandonnées ou des grottes naturelles, que l'on disait hantées, pour prévenir la curiosité des habitants. A l'aide de reconstitutions, de films et de personnages en cire, Smugglers Adventure raconte, de manière simplifiée et ludique, ce pan de l'histoire anglaise.

■ **WEST HILL & EAST HILL LIFTS**
Ouvert de 10h à 17h30 en été, de 11h à 16h en hiver, fermé en janvier. A/R adulte £2,50, enfant £1,50.
Le funiculaire de West Hill part d'Albion Lane, au croisement de George Street, et grimpe dans un tunnel jusqu'aux St Clement's Caves et à Hastings Castle. Celui d'East Hill part de Rock-a-Nore Road, au niveau du Fishermen's Museum, et monte à l'extérieur de la colline, offrant une vue spectaculaire ; c'est d'ailleurs le funiculaire le plus abrupt d'Angleterre.

Shopping

High Street, dans la vieille ville, pullule de boutiques originales. Pour louer un vélo chic et rétro, essayez Bell's (49). Si on aime les jolies robes de designer, neuves ou d'occasion, faire un tour chez Dress for less (52). Pour ajouter une touche de culture british à votre shopping, découvrir l'improbable Shirley Leaf and Petal Co (58a), fabricant de fausses fleurs en tissu ; au sous-sol un mini musée réunit des exemples de produits réalisés pour le théâtre et le cinéma. Enfin, on trouvera d'adorables bibelots, tous fabriqués par des artisans locaux, chez Made (82).

BEXHILL-ON-SEA

45 000 habitants. Entre Hastings et Eastbourne, Bexhill-on-Sea est située à un mile de Penvesey, le village où accosta Guillaume le Conquérant, pour mener la Bataille d'Hastings en 1066.
Il incendia d'ailleurs entièrement la ville, pendant sa route vers Battle. Autre évènement, tout aussi capital pour l'Angleterre, en 1902, Bexhill vit se dérouler le premier rallye international du pays. Aujourd'hui, avec sa population plutôt âgée, la ville manque un peu de souffle et de dynamisme. Le seul véritable attrait de Bexhill est son musée d'Art contemporain, De La Warr Pavilion.

Pratique

Il n'y a pas d'office de tourisme à Bexhill-on-Sea. Pour obtenir des informations, se rendre à celui de Battle.

Se loger

De nombreux hôtels et B&B sont regroupés à proximité de la gare.

■ **COBBS HILL FARM**
Watermill Lane ✆ +44 1424 213 460
www.cobbshillfarm.co.uk
Direction Watermill Lane sur la A269. Tente £14 en été ou £12 le reste de l'année pour 2 personnes.
Située à 3 miles de Bexhill, cette ferme tranquille dispose de tous les équipements pour assurer un séjour confortable. Le petit plus : les nombreux animaux amuseront les enfants.

THE OLD MANSE
18 Terminus Avenue ✆ +44 1424 216 151
www.theoldmansebexhill.co.uk
Chambre à partir de £82, en fonction du type de chambre et de la période. Petit déjeuner inclus. Parking et wi-fi gratuits.
Debbie et Eric ont le sens de l'hospitalité et proposent deux chambres magnifiques, spacieuses et luxueuses. Au matin, le couple prépare un excellent *full english* à base de produits issus des fermes du Sussex, tout en partageant leur grande connaissance de la région avec vous. Pour le *tea time*, vous aurez droit à de savoureux gâteaux maison, concoctés par vos hôtes.

Se restaurer

La plupart des restaurants et cafés sont situés sur Devonshire Road et sur le front de mer. Western Road, parallèle à la plage, compte de nombreux magasins.

TRATTORIA ITALIANA
64 Devonshire Road
✆ +44 1424 736 556
www.trattoriaitaliana.co.uk
Ouvert tous les jours de 9h à 23h.
Un excellent restaurant italien, qui n'oublie aucun des fondamentaux : tomates mozarella, pizza calzone ou lasagnes fraîches, et tiramisu bien sûr ! En été, on peut manger sur la petite terrasse sur la rue, à deux pas du front de mer.

À voir – À faire

Bexhill compte deux musées, notamment l'excellent De La Warr Pavilion, galerie d'art contemporain, dont la présence surprend dans une ville plutôt endormie culturellement.

BEXHILL MUSEUM
Egerton Road
✆ +44 1424 787 950
www.bexhill-museum.co.uk
Ouvert toute l'année sauf en janvier du mardi au vendredi de 10h à 17h ; lundi, samedi et dimanche de 11h à 17h, (13h à 16h d'octobre à mi-décembre). Adulte : £3, enfant : £1,50.
Rénové et rouvert en 2010, ce musée traite d'histoire naturelle et sociale, de géologie et d'archéologie qui présente l'histoire de la ville, d'une part, et les découvertes en sciences naturelles, d'autre part. Ne ratez pas la section dédiée aux reptiles, où vous affronterez le premier dinosaure à avoir été découvert dans la région : le terrible Iguanodon. Des expositions temporaires sont organisées deux fois par an.

Depuis sa réouverture, Bexhill Museum abrite la collection de l'ancien Costume Museum, où l'on peut étudier la mode vestimentaire anglaise du XVIIe siècle à nos jours. Les passionnés apprécieront les splendides tissus ou encore les corsets minutieusement brodés.

LITTLE COMMON
Ce petit village s'est illustré dans la contrebande. Faites vous raconter l'histoire de la famille Gilham, charpentiers de jour, contrebandiers de nuit. George Gilham était à la tête du Little Common Gang, et possédait deux bateaux, le *Long Boat* et le *Princess Charlotte*. Les Gilham habitaient au Peach Cottage et ils se réunissaient au Wheatsheaf Inn, qui existe encore aujourd'hui. Pour profiter des environs, laissez-vous tenter par une petite marche de Cooden Beach à Norman's Bay.

PEVENSEY CASTLE
Pevensey ✆ +44 1323 762 604
www.english-heritage.org.uk
Ouvert d'avril à septembre tous les jours de 10h à 18h, 16h en octobre ; de novembre à mars uniquement le week-end de 10h à 16h. Tarif adulte : £4,90 ; enfant : £2,90.
En 1066, le duc Guillaume de Normandie accoste dans la baie de Pevensey et se réfugie dans ce château, construit par les Romains au IVe siècle. Durant les XIe et XIIe siècles, les Normands ajoutent à la bâtisse une solide porte d'entrée et des fortifications, avant d'installer un pont levis au XIIIe siècle.

DE LA WARR PAVILION
✆ +44 1424 229 111 www.dlwp.com
Ouvert tous les jours de 10h à 18h, jusqu'à 20h les jeudi, vendredi et samedi soir. Entrée gratuite.
Le duc De La Warr fut maire de Bexhill de 1932 à 1934 et voulut construire un « palais pour le peuple ». Il chargea Erich Mendelsohn, un architecte allemand, de le réaliser. De fait, ce musée-bar-café-théâtre est un bâtiment moderne aux courbes originales et esthétiques. Il accueille des expositions contemporaines majeures, dont la renommée est internationale. Un ovni artistique dans la petite ville conservatrice de Bexhill-on-Sea.

HERSTMONCEUX

2 600 habitants. La première partie du nom, *Herst*, a une origine anglo-saxonne signifiant colline boisée et *Monceux* était le nom de la famille du seigneur du château. Si on vient à Herstmonceux, c'est donc surtout pour son château.

Se restaurer

Il n'y a véritablement que trois restaurants au centre du village dont le Sundial Restaurant qui tire son épingle du jeu.

SUNDIAL RESTAURANT
Gardner Street ✆ +44 1323 832 217
www.sundialrestaurant.co.uk
Ouverts tous les jours midi et soir.
Voici l'un des meilleurs restaurants de gastronomie française entre Paris et Londres. Après avoir longtemps officié en Suisse, Vincent Rongier et son épouse irlandaise, Mary, se sont installés de l'autre côté de la Manche. Dans une ambiance de club anglais, agrémenté de musique française, vous passerez un délicieux moment. Choisissez parmi les différents menus du marché, de saison ou à la carte. Vincent, grand amateur de vins, possède une cave impressionnante.

À voir – À faire

HERSTMONCEUX CASTLE
A271 ✆ +44 1323 833 816
www.herstmonceux-castle.com
Au niveau de Hailsham
Ouvert de fin mars au 27 octobre tous les jours de 10h à 18h (17h en octobre). Tarif adulte : £6 ; enfant : £3. Visite du château possible (£2,50/adulte ; £1/enfant) en appelant.
Construit au XVe siècle par Sir Roger de Fiennes, c'est l'un des premiers châteaux en briques. Il ne cesse d'être restauré, jusqu'en 1708 quand son propriétaire, criblé de dettes, le vend pour £38 000. Les contrebandiers utilisèrent un temps la ruine comme repaire, avant que le château ne soit rénové.
Aujourd'hui, il appartient à la Queens University du Canada. Sa silhouette somptueuse se reflète parfaitement dans le lac au milieu du parc. C'est un spectacle à ne pas rater par beau temps. A la mi-juin, un concert et un feu d'artifice sont organisés au château, ainsi qu'un festival fin août.

EASTBOURNE

99 000 habitants. Célèbre dans les années 1920, pour les trois « B » : Bathing, Bands et Buses, Eastbourne fut très touchée par les bombes de la Deuxième Guerre mondiale. Moins attrayante que sa consœur Brighton, la station a perdu de sa superbe, malgré ses belles plages de sable. Le front de mer témoigne toutefois de sa splendeur d'antan, notamment au niveau du Grand Hotel, où séjournèrent Harold Pinter et Debussy. Pour plus d'informations, consulter www.visiteastbourne.com.

Se loger

THE BIG SLEEP HOTEL
King Edward's Parade
✆ +44 1323 722 676
www.thebigsleephotel.com
Chambre double à partir de £35. Petit déjeuner continental inclus. wi-fi £1,99 par heure.
Et pourquoi pas dormir chez John Malkovich ? L'acteur américain possède en partie cette chaîne d'hôtels (trois en Grande-Bretagne) pas chers et design. Le salon et le bar sont meublés de gros fauteuils ronds et colorés, la salle de jeu joue sur les tons flashys, les chambres aux murs blancs sont ravivées par des couvre-lits poilus et fuchsia... Ambiance jeune et décontractée.

À voir – À faire

Il est agréable de se promener le long de la plage sur l'espace piéton aménagé.

BEACHY HEAD
www.beachyhead.org
Atteignant 153 mètres au-dessus du niveau de la mer, Beachy Head est la plus haute falaise en craie d'Angleterre. Elle offre une superbe vue sur la mer et les environs. Un pub, un magasin et un petit centre d'information sont installés sur le site.

LONG MAN OF WILMINGTON
Wilmington
6 miles d'Eastbourne. Parking gratuit.
Ce géant de 70 m de haut a été gravé dans la roche de la colline au XVIe ou XVIIe siècle. Jusqu'au XIXe siècle, les contours n'étaient visibles que sous un certain éclairage, mais en 1874, il furent marqués à l'aide de briques jaunes. C'est l'une des deux principales « hill figures » d'Angleterre, avec Cerne Abbas Giant in Dorchester.

REDOUBT FORTRESS & MILITARY MUSEUM
Royal Parade
✆ +44 1323 410 300
www.eastbournemuseums.co.uk
Ouvert d'avril à début novembre du mardi au dimanche de 10h à 17h. Tarif adulte : £4,50 ; enfant : £3,25.
Pour stopper l'invasion napoléonienne au XVIIIe siècle, l'Angleterre construit trois forteresses à Dymchurch, Harwich et Eastbourne. C'est là que l'on peut découvrir cette vaste collection de l'histoire des régiments militaires anglais en guerre contre l'empereur français.

SEVEN SISTERS

www.sevensisters.org.uk

Entre Eastbourne et Seaford, les Seven Sisters sont une série de falaises blanches en craie, dont les sommets vallonnés offrent de très belles promenades. Suivez l'A259 depuis Eastbourne et garez-vous à Exceat. Possibilité de s'y rendre en bus sur la route Eastbourne-Brighton.

BRIGHTON ET HOVE

Ancien lieu de villégiature de la famille royale, Brighton est la station balnéaire par excellence des Londoniens. A seulement 1 heure en train de Londres, elle permet à bon nombre d'entre eux d'évacuer le stress de la semaine et de se faire bronzer sur ses plages pendant les mois d'été.

La ville, bien que de taille modeste, brasse énormément de monde, des étudiants à l'importante communauté gay qui trouve tout pour s'amuser dans les nombreux bars et clubs. La scène culturelle y est également variée.

En mai, pendant le Brighton Festival, la ville accueille de nombreux spectacles de musique, danse, théâtre, cirque, etc. ainsi que la grande parade des enfants le premier samedi de mai.

Transports

Comment y accéder et en partir

GARE FERROVIAIRE

Queens Road ✆ 08457 484 950

www.nationalrail.co.uk

Train depuis la gare de Victoria. Un train toutes les demi-heures de 9h à 23h30 du lundi au samedi et un toutes les heures le dimanche (1 heure de trajet). D'autres trains (Thameslinks), un peu plus lents, partent de King's Cross, Blackfriars et London Bridge. Vous avez la possibilité d'acheter un Day Saver Ticket, à £20 pour 4 personnes, qui permet de faire l'aller-retour dans la journée. Renseignements à l'office de tourisme.

GARE ROUTIÈRE

(en face du Pier)

Pool Valley ✆ +44 8717 818 181

www.nationalexpress.com

La compagnie National Express met à disposition des cars, toutes les heures, devant la gare Victoria (1 heure 50 de trajet).

Se déplacer

Brighton n'est pas très étendue et l'on peut facilement se rendre à pied d'un endroit à l'autre.

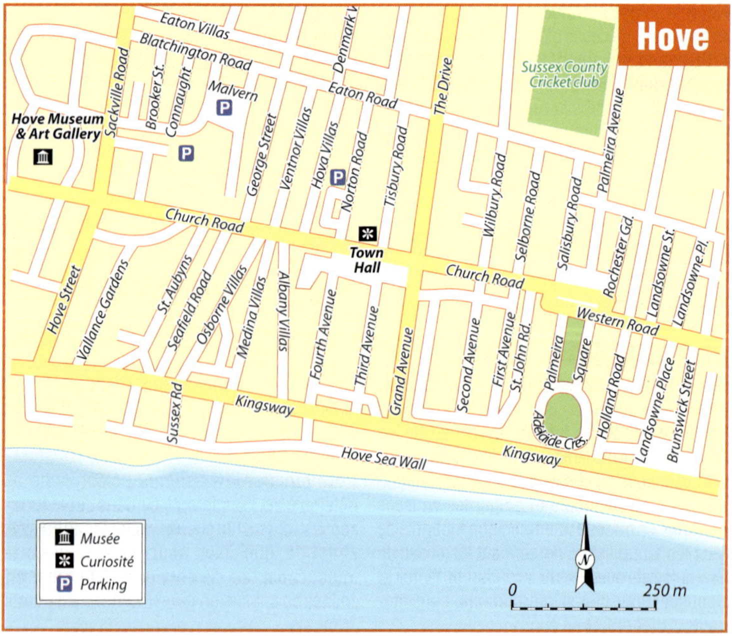

Pratique

OFFICE DE TOURISME DE BRIGHTON
4-5 Pavilion Buildings
Royal Pavilion ✆ +44 300 300 00 88
www.visitbrighton.com
Ouvert tous les jours en été de 9h30 à 17h15, en hiver de 10h à 17h.

Se loger

Brighton possède une offre d'hébergement extraordinaire et très variée. Les établissements sont plus originaux que partout ailleurs en Angleterre et la plupart d'entre eux exposent des artistes locaux.

Bien et pas cher

BAGGIES BACKPACKERS
33 Oriental Place ✆ +44 12 7373 3740
baggiesbackpackers.com
Dortoir £13, chambre double £35. Réductions l'hiver ou pour les séjours prolongés. wi-fi gratuit.
Plus proche de la communauté que de l'auberge de jeunesse, ce *backpackers* bénéficie de deux grandes salles communes, l'une avec télévision et cassettes vidéo – l'établissement est tenu par des cinéphiles –, l'autre avec une chaîne hi-fi, des instruments de musique et de multiples canapés. Seul bémol, les dortoirs, franchement surpeuplés.

ST CHRISTOPHER'S INN
10-12 Grand Junction Road
✆ +44 127 320 2035
www.st-christophers.co.uk
A partir de £10,50 en dortoir de 8. Petit déjeuner inclus.
Idéalement située en face du Pier et de la mer, cette auberge de jeunesse permet de profiter de Brighton à un prix modique. Internet, restaurant, bar.

Confort ou charme

BRIGHTON HOUSE
52 Regency Square ✆ +44 12 7332 3282
www.brighton-house.co.uk
Chambre simple à £50-65, double de £70 à £150. Egalement chambre familiale. Petit déjeuner inclus. wi-fi gratuit.
Une décoration simple et élégante, un petit déjeuner copieux et une situation centrale, voici les trois atouts de ce B&B de charme. On y séjourne avec plaisir, profitant de la literie de qualité pour se reposer après une journée à sillonner Brighton.

MOTEL SCHMOTEL
37 Russell Square ✆ +44 1273 326 129
www.motelschmotel.co.uk
Chambre simple de £50 à £70, double de £60 à £150. Petit déjeuner inclus ou non. Séjour de deux nuits minimum.
Voilà un B&B moderne et efficace, tenu par un charmant couple, Paul et Amsy, qui vous sert le petit déjeuner... au lit ! La décoration acidulée, les meubles aux formes rondes et les bibelots colorés feraient presque retomber en enfance. Si vous aimez vous faire dorloter, Motel Schmotel est pour vous !

ORIENTAL HOTEL
9 Oriental Place
✆ +44 12 7320 5050
www.orientalbrighton.co.uk
Chambre simple à partir de £59, double à partir de £85.
Tenu par une bande d'amis extrêmement sympathiques, ce petit hôtel boutique possède une atmosphère à la fois relax et branchée dans laquelle on se sent vite à l'aise. Les chambres sont lumineuses et aérées et chacune est décorée dans un style différent. La plupart des meubles ont été fabriqués artisanalement et, sur les murs, sont exposées les œuvres d'artistes locaux (en vente). Excellents petits déjeuners anglais, continental et végétarien.

Luxe

BLANCH HOUSE
17 Atlingworth Street
Kemp Town
✆ +44 12 7360 3504
www.blanchhouse.co.uk
Chambre double de £80 à £215. Petit déjeuner continental inclus.
Extravagant, design et branché, Blanch House est à l'image de Brighton. Pour un séjour chic et personnalisé, optez pour ce petit hôtel aux douze facettes, une pour chaque chambre. Rideaux de taffetas, couettes chamarrées ou lustres scintillants, à vous de choisir !

HÔTEL DU VIN
5 Ship Street ✆ +44 12 7371 8588
www.hotelduvin.com
Chambre double à partir de £170.
L'élégance est à son apogée dans cet établissement chic et luxueux, appartenant à une chaîne d'hôtels haut de gamme. Du service impeccable, au confort des chambres, en passant par le restaurant raffiné et la décoration soignée, tout converge vers l'excellence.

Brighton

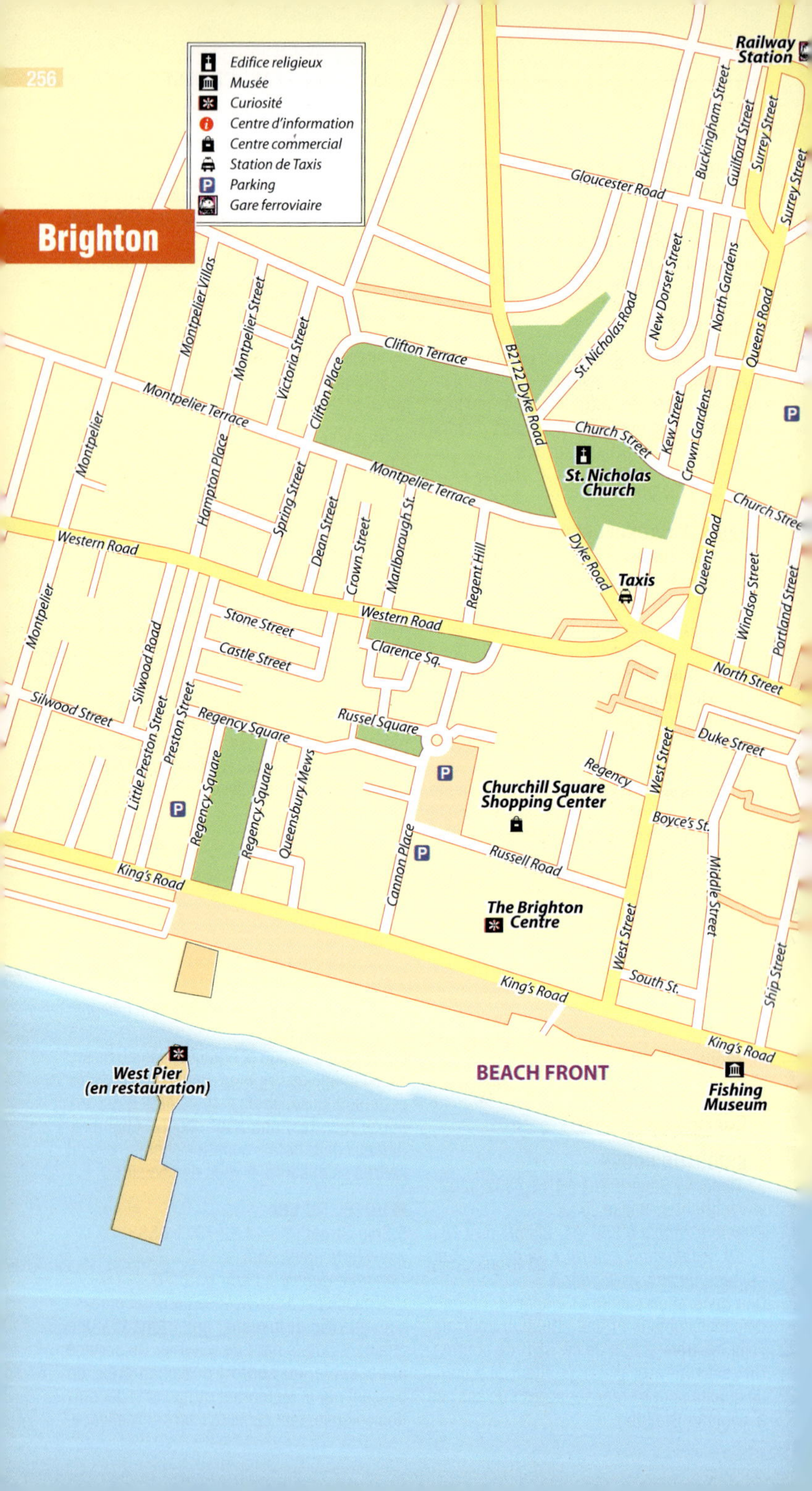
Edifice religieux
Musée
Curiosité
Centre d'information
Centre commercial
Station de Taxis
Parking
Gare ferroviaire
Railway Station
Buckingham Street
Guilford Street
Surrey Street
Surrey Street
Gloucester Road
New Dorset Street
North Gardens
Queens Road
St. Nicholas Road
B2122 Dyke Road
Clifton Terrace
Clifton Place
Victoria Street
Montpelier Street
Montpelier Villas
Montpelier Terrace
Montpelier
Church Street
Kew Street
Crown Gardens
St. Nicholas Church
Church Street
Montpelier Terrace
Hampton Place
Spring Street
Dean Street
Crown Street
Marlborough St.
Regent Hill
Dyke Road
Taxis
Queens Road
Windsor Street
Portland Street
Western Road
Western Road
Montpelier
Stone Street
Castle Street
Clarence Sq.
North Street
Silwood Road
Silwood Street
Little Preston Street
Preston Street
Regency Square
Russel Square
Duke Street
Regency
West Street
Churchill Square Shopping Center
Boyce's St.
Regency Square
Regency Square
Queensbury Mews
Cannon Place
Russell Road
Middle Street
King's Road
The Brighton Centre
West Street
South St.
Ship Street
King's Road
King's Road
West Pier (en restauration)
BEACH FRONT
Fishing Museum

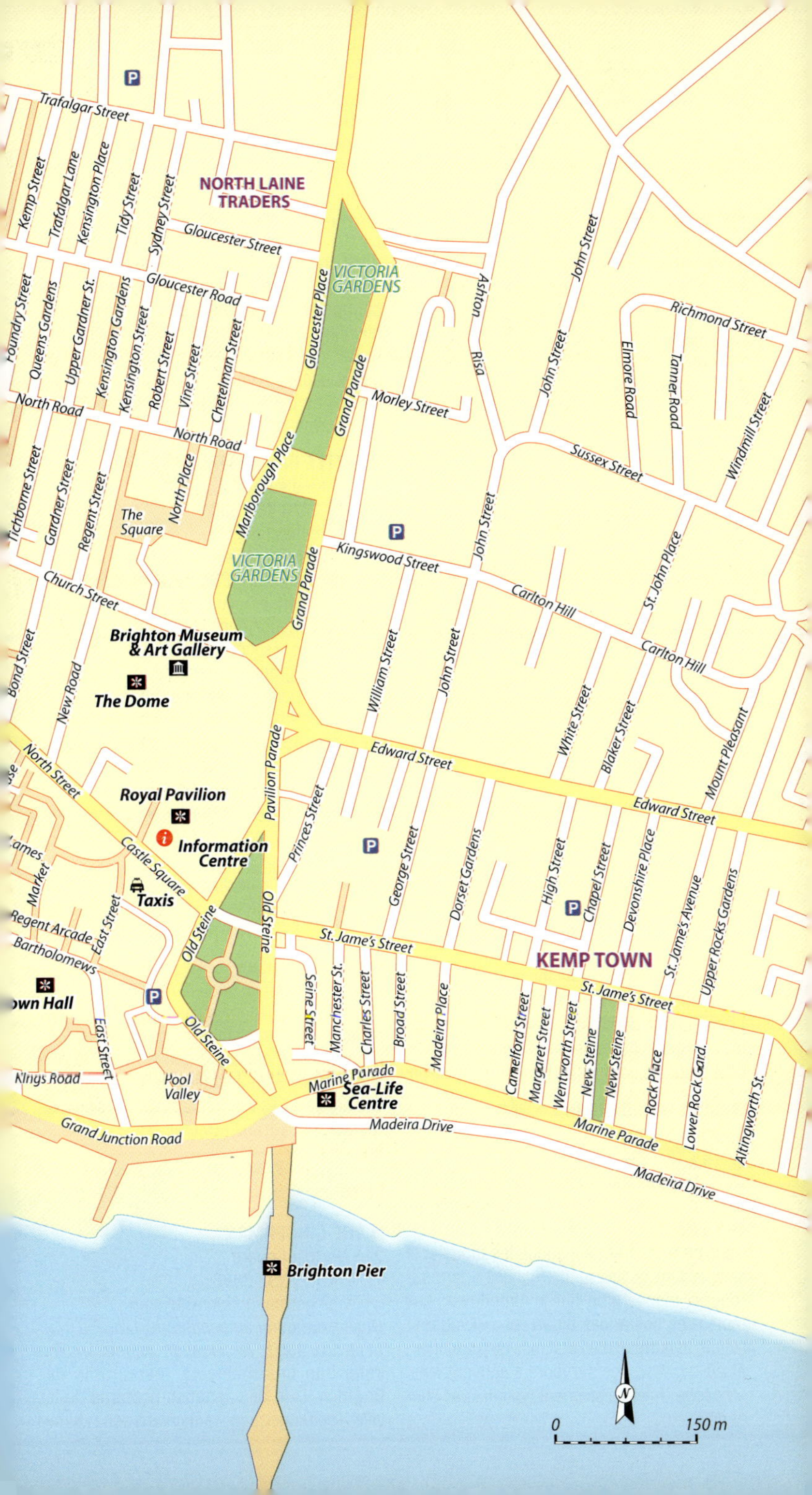

Trafalgar Street
NORTH LAINE TRADERS
Kemp Street
Trafalgar Lane
Kensington Place
Tidy Street
Sydney Street
Gloucester Street
Gloucester Road
VICTORIA GARDENS
Gloucester Place
Grand Parade
Foundry Street
Queens Gardens
Upper Gardner St.
Kensington Gardens
Kensington Street
Robert Street
Vine Street
Chetelman Street
North Road
Morley Street
Ashton Rise
John Street
Richmond Street
Elmore Road
Tanner Road
Windmill Street
Sussex Street
Marlborough Place
Tichborne Street
Gardner Street
Regent Street
North Place
The Square
Kingswood Street
Carlton Hill
St. John Place
Church Street
Brighton Museum & Art Gallery
The Dome
Bond Street
New Road
William Street
White Street
Blaker Street
Mount Pleasant
Edward Street
North Street
Pavilion Parade
Royal Pavilion
Information Centre
Castle Square
Princes Street
George Street
Dorset Gardens
High Street
Chapel Street
Devonshire Place
St. James's Avenue
Upper Rocks Gardens
Market
Taxis
Regent Arcade
East Street
Bartholomews
Old Steine
St. James's Street
KEMP TOWN
Town Hall
Seine Street
Manchester St.
Charles Street
Broad Street
Madeira Place
Camelford Street
Margaret Street
Wentworth Street
New Steine
Rock Place
Lower Rock Gard.
Altingworth St.
Kings Road
Pool Valley
Marine Parade
Sea-Life Centre
Grand Junction Road
Madeira Drive
Brighton Pier
N
0
150 m

En plus, l'hôtel est idéalement situé à côté du Pier et de la plage, mais aussi du Royal Pavilion et de The Lanes.

Se restaurer

A Brighton, la cuisine bio et/ou végétarienne est à l'honneur. Presque tous les établissements proposent des variantes *veggie*, c'est l'occasion de tester de nouvelles saveurs. Une majeure partie des restaurants et cafés est concentrée dans The Lanes, North Laine et St James Street.

Bien et pas cher

BOMBAY ALOO
39 Ship Street
✆ +44 12 7377 6038
www.bombay-aloo.co.uk
Ouvert tous les jours de midi à minuit. Plat à partir de £5.
Affamés, à vos fourchettes ! Ici, pour £4,95, vous avez droit à un buffet à volonté. Restaurant indien à tendance végétarienne, Bombay Aloo est le lieu idéal pour reprendre de l'énergie après une journée de marche ou une nuit en goguette.

Bonnes tables

BILL'S PRODUCE STORE
The Depot
100 North Road
✆ +44 12 7369 2894
www.billsproducestore.co.uk
Ouvert du lundi au samedi midi et soir et le dimanche midi.
Ambiance marché du village ou entrepôt bio, dans cette cantine sympathique de North Laine. Les lasagnes sont excellentes et, en plus, on peut acheter les ingrédients sur place, pour tenter de cuisiner les mêmes à la maison.

CASA DON CARLOS
5, Union Street
✆ +44 12 7332 7177
Ouvert du lundi au vendredi de 12h à 15h et de 18h à 23h et le week-end non-stop de 12h à 23h.
Dans ce restaurant espagnol, les tapas et la sangria sont servies sur des nappes à carreaux rouges, dignes d'un film d'Almodovar. Aux murs, des guirlandes bigarrées virevoltent ; au bar, le barman n'en finit plus de fredonner ; et en terrasse, les serveurs s'activent avec efficacité.Un établissement typique, pas cher et délicieux.

CHOCCYWOCCYDOODAH BAR DU CHOCOLAT
27 Middle Street
✆ +44 1273 732 232
www.choccywoccydoodah.com
L'extravagance de ce café n'est pas que dans son nom. Angelots joufflus, diablotins délirants, fruits rouges et femmes lascives sont peints sur les murs de cette minuscule boutique. Ode à l'hédonisme et à la décadence, le Bar du chocolat relève le défi de servir des chocolats chauds préparés avec plus de 100 % de cacao ! Un paradis infernal pour les gourmands.

LITTLE BAY RESTAURANT
60-64 King's Road
✆ +44 1273 731 330
www.littlebay.co.uk
Ouvert du lundi au samedi de midi à minuit et le dimanche jusqu'à 23h. Plats entre £5 et £15.
Le « petit dernier » du créateur Peter Ilić, fort d'une expérience dans la restauration depuis 1998. Après le succès jamais démenti du Little Bay de Belgrade, il présente ici un endroit charmant pour passer une agréable soirée romantique en couple ou entre amis. On y mange bien, pour pas cher, dans un cadre théâtral au style antique, dans lequel un chanteur d'opéra fait irruption de temps à autre, à notre grande surprise. La cuisine européenne avec une petite touche française est plus qu'appréciable. Toutes cartes de crédits acceptées, mais pas les chèques, même en euros.

OKI-NAMI
6 New Road ✆ +44 1273 773 777
www.okinami.com
Ouvert du lundi au samedi midi et soir.
Ce restaurant japonais à la décoration minimaliste sert d'excellents bentos et sushis. Son propriétaire n'est autre que Norman Cook, alias Fatboy Slim, installé à Brighton depuis des années. Les vendredis et samedis soir, le restaurant se transforme en bar à cocktails branché.

Luxe

THE GINGERMAN
21A Norfolk Square
✆ +44 12 7332 6688
www.gingermanrestaurants.com
Ouvert du mardi au samedi de 12h30 à 14h et de 19h à 22h. Réservation recommandée.
Voici l'un des meilleurs restaurants de Brighton. Loin de l'agitation nocturne de la ville, The Gingerman fonctionne à son rythme

– plutôt lentement donc. Prévoyez d'y passer la soirée, afin de savourer pleinement les délices du chef, qui concocte une cuisine britannique moderne et raffinée.

Sortir

Après Londres, Brighton possède certainement la vie nocturne la plus animée du sud de l'Angleterre. Que l'on soit plutôt bar à cocktail, clubbing débridé ou pub d'habitués, on trouvera son bonheur partout en ville. Demander la brochure *What's on* dans les bars des hôtels pour connaître la liste des événements à Brighton.

Cafés – Bars

THE BRIGHTON TAVERN

100, Gloucester Road
North Laine
✆ +44 12 7368 0365
Situé dans North Laine, ce pub est très populaire pour son jardin à l'arrière et son ambiance chaleureuse. Il est également très fréquenté par la communauté gay et lesbienne. Encore une adresse de locaux !

BULLDOG

31 St. James Street
✆ +44 12 7369 6996
www.bulldogbrighton.com
Ouvert tous les jours, le vendredi et le samedi jusqu'au petit matin. Happy hours du lundi au jeudi de 15h à 19h et de 23h à minuit, le vendredi de 15h à 19h et de 22h à minuit et le samedi de 22h à minuit. Bière à partir de £1,80.
Le premier bar gay de Brighton, ouvert il y a près de 30 ans et devenu depuis une véritable institution. Si le bar ne fait aucune discrimination à l'entrée (les hétéros sont aussi les bienvenus), la clientèle est quasiment exclusivement masculine.

CONCORDE 2

Madeira Shelter Hall
Madeira Drive ✆ +44 12 7367 3311
www.concorde2.co.uk
Entrée jusqu'à £20.
Sa réputation n'est plus à faire. Concorde 2 est l'un des meilleurs clubs de Brighton, si ce n'est le meilleur – le plus cher aussi. Les groupes et DJ célèbres se produisent sur cette scène.

DUKE OF NORFOLK

114 Western Road
✆ +44 1273 726 057
Ouvert de midi à minuit, le vendredi et le samedi jusqu'à 2h.
A la limite entre Brighton et Hove, ce pub sympathique cultive une clientèle d'habitués. Loin des pubs du centre-ville, on s'y détend autour d'une bière ou d'une pinte de cidre, en hésitant entre regarder les passants de la terrasse et choisir un livre dans la bibliothèque.

EARTH AND STARS

26 Windsor Street
North Laine
✆ +44 12 7377 2282
Ouvert en semaine de 12h à 18h.
Dans ce pub écologique, tout est bio. De la nourriture à la bière, en passant par les t-shirts que portent les barmen. Bien sûr, ils recyclent les déchets et fonctionnent avec un panneau solaire. Laissez-vous tenter par le Kronenburger, ou sa version au tofu pour végétariens, à savourer à l'intérieur ou sur le petit balcon.

FORTUNE OF WAR

157, King's Road Arches
✆ +44 12 7320 5065
Près du West Pier, descendre les escaliers qui mènent à la plage.
Fortune of War s'étend sur le front de mer. L'intérieur du bar est aménagé comme un vaisseau qui serait venu s'échouer sur la plage. La proue s'allonge dans les tréfonds du bar. A la poupe, des fenêtres éclairent les tables. Les jours de pluie, on s'y abrite, un verre à la main, pour admirer la mer furieusement agitée.

THE LION AND LOBSTER

24 Silwood Street ✆ +44 1273 327 299
www.thelionandlobster.co.uk
Une terrasse sur le toit, une salle du fond jazzy, un bar animé, The Lion and Lobster a tout pour plaire. C'est l'un des pubs préférés des locaux, qui apprécient son ambiance détendue, informelle et bon enfant. Les bières locales coulent à flots et la nourriture est excellente.

THE PV

161 Edward Street ✆ +44 1273 687 090
www.thepv.co.uk
Ce bar lesbien très ouvert cultive une atmosphère chaleureuse, où l'on peut discuter, jouer au scrabble, lire un livre ou boire un verre en toute quiétude. Le restaurant sert une nourriture copieuse et simple, idéale pour un repas entre amis. Une adresse vraiment sympathique.

Clubs et discothèques

En moyenne, l'entrée coûte entre £2 et £10. Notez que la plupart des clubs sont fermés le dimanche.

DIGITAL

187-193 Kings Road Arches
✆ +44 1273 227 767
www.yourfutureisdigital.com
Digital est célèbre pour ses soirées thématiques récurrentes, comme Stone Love tous les vendredis (concerts indie), Poundance les mercredis.

REVENGE

32-34 Old Steine
✆ +44 1273 606 064
www.revenge.co.uk
Ouvert du lundi au jeudi de 22h30 à 4h, le vendredi jusqu'à 5h, le samedi jusqu'à 6h.
Le plus grand club gay de Brighton (et l'un des plus grands du Royaume-Uni en dehors de Londres). Sur 2 étages, Revenge attire une foule jeune et assez mixte (la réputation de ses soirées s'est répandue même chez les hétéros). Les soirées « Lollipop » du vendredi, animées par des drag queens, attirent beaucoup de monde.

WILD FRUIT @ TRU

Tru
West Street
✆ +44 12 7332 1628
www.wildfruit.co.uk
Le premier dimanche du mois.
Cette soirée est une institution gay à Brighton. Trois *dancefloors* et plus de 1 000 personnes. Musique house.

Spectacles

Voici trois grandes salles de spectacles et le cinéma indépendant. Brighton étant une ville de festivals, sa vie culturelle est intense et renouvelée. Pour plus d'infos sur les festivals, consulter www.brightonfestival.org

BRIGHTON DOME

12a Pavilion Buildings
Castle Square
✆ +44 1273 700 747
www.brightondome.org
Le Dome abrite trois salles de spectacles, The Corn Exchange, The Pavilion Theatre et The Concert Hall. Au programme, pièces de théâtre, concerts, *stand up*...

CINEMA DUKE OF YORK

Preston Circus
✆ 0871 902 57 28
www.picturehouses.co.uk
Un excellent cinéma semi-indépendant, à la programmation éclectique.

GLYNDEBOURNE OPERA HOUSE

Lewes
East Sussex ✆ +44 1273 812 321
www.glyndebourne.com
Possibilité de réserver vos tickets à partir d'avril.
L'opéra de la ville.

KOMEDIA

44-47 Gardner Street, North Laine
✆ 0845 293 84 80
www.komedia.co.uk
A la fois cabaret, théâtre, salle de concert et club, Komedia est une salle extrêmement active dans la vie culturelle de Brighton.

THEATRE ROYAL

New Road ✆ 0844 871 76 50
www.theambassadors.com
Un magnifique théâtre où se produisent troupes locales et nationales en tournée.

À voir – À faire

Voici une liste de lieux à visiter à Brighton, pour plus d'idées, visiter le site www.visitbrighton.com.

BRIGHTON MUSEUM AND ART GALLERY

Royal Pavilion Gardens
✆ +44 3000 290 900
www.brighton-hove-museums.org.uk
Ouvert du mardi au dimanche de 10h à 17h. Entrée gratuite.
Avec un crédit de £10 millions, le musée a fait peau neuve. A l'intérieur, se déploient différentes collections allant des objets Art déco et Art nouveau, jusqu'aux peintures espagnoles, flamandes et anglaises, en passant par les costumes et les pièces archéologiques découvertes dans les environs.

BRIGHTON TOY AND MODEL MUSEUM

52-55 Trafalgar Street ✆ +44 1273 749 494
www.brightontoymuseum.co.uk
Ouvert du mardi au vendredi de 10h à 17h et le samedi de 11h à 17h. Adulte £4, enfant £3.
Situé sous la gare, ce musée abrite près de 10 000 pièces, des trains datant de 1860 pour les plus vieux, des *teddy bears*, des poupées... C'est le dernier musée de ce type en Angleterre. Les petits s'y amuseront, les grands éprouveront de la nostalgie.

Le Festival d'opéra de Glyndebourne

Située à environ 17km au nord-est de Brighton, Glyndebourne est célèbre pour son Festival d'opéra qui a lieu chaque année de mai à août. Glyndebourne est la propriété de John Christie depuis 1920, qui possède aussi la société fabriquant des orgues, Hill&Beard LTD. C'est pourquoi, il fait construire dans sa maison une salle spéciale pour contenir le plus grand orgue qui ne soit pas dans une cathédrale.

La passion de Christie's pour la musique l'amène à organiser régulièrement des soirées d'opéra dans cette salle. Il y rencontre même sa future femme Audrey Mildmay, une chanteuse professionnelle.

C'est pendant leur lune de miel qu'ils décident d'organiser ensemble un festival dans un nouvel auditorium de 300 places, construit pour l'occasion. La première a lieu le 28 mai 1934. Le premier théâtre est agrandi, et depuis le début des années 1990 il est placé dans un bâtiment adjacent, qui abrite aussi des restaurants et des magasins. Devant le succès de l'événement, Christie construit un nouvel auditorium de 1 200 places, en 1994.

Pour en savoir plus sur la programmation et réserver : glyndebourne.com

■ PETWORTH HOUSE & PARK

Petworth

✆ +44 1798 342 207

Ouvert de Pâques à fin octobre, tous les jours sauf les jeudi et vendredi de 11h à 17h. Le parc est ouvert toute l'année. Adulte £10,90, enfant £5,50.

Le domaine date de 1309, mais le château actuel prit forme en 1688. Charles Seymour, sixième duc de Somerset, décida de reconstruire le berceau ancestral de la famille Percy, dont il était devenu le maître par son mariage. La dominante est le XVIIe siècle, mais les maîtres successifs du domaine ont chacun su y apporter leur marque, afin de contribuer à la splendeur du lieu. En particulier, la Turner Room, également appelée « The Red Room », est entièrement consacrée au peintre qui, dans les années 1830, était un visiteur régulier de Petworth. A cette même époque fut construite la North Gallery, dédiée à Turner, Gainsborough, Reynolds, Fuseli…

■ THE ROYAL PAVILION

4-5 Pavilion Buildings

✆ +44 3000 290 900

www.brighton-hove-rpml.org.uk

Ouvert d'avril à septembre de 9h30 à 17h45 et d'octobre à mars de 10h à 17h15. Adulte £10, enfant £5,70. Visites guidées. Audioguide gratuit.

Ce somptueux palais indien au centre de Brighton est né de la volonté excentrique du prince et futur roi George IV. A l'origine simple ferme, le bâtiment est acheté par le prince, qui le transforme en villa classique, où il donne d'immenses réceptions. Mais, ce n'est qu'une fois George IV devenu prince régent que les choses prennent de plus grandes proportions. Il demande à l'architecte John Nash d'en faire un immense palais d'inspiration indienne, l'Asie étant à l'époque très à la mode. Les travaux se déroulent de 1815 à 1822.

Le visiteur s'émerveillera sans aucun doute devant l'imagination débordante du décorateur et de l'architecte qui ont su pousser la fantaisie à son paroxysme. A l'intérieur, on se croirait dans un palais des *Mille et une nuits*. Colonnes, rampes d'escalier en bambou, tringles à rideaux en serpent de mer, cheminée gigantesque surmontée de palmiers dorés, meubles laqués, sculptés, incrustés de nacre… Les palmiers de la grande cuisine s'accordent avec les dragons du papier peint de la salle de musique, où a joué Rossini. Une visite à ne pas manquer.

■ SEALIFE CENTER

Marine Parade

✆ +44 871 423 21 10

www.visitsealife.com

Ouvert tous les jours de 10h à 19h. Adulte £16,20, enfant £11,40.

Le Sealife Center a ouvert ses portes en 1872. Il s'agit à l'époque du plus grand aquarium au monde. Celui-ci contient 450 000 l d'eau. En 1967, le Sealife Center accueille des dauphins. Ceux-ci deviennent rapidement une attraction très populaire. Mais, dans les années 1980, de nombreuses manifestations ont lieu contre le maintien de dauphins en captivité. Finalement, le Parlement anglais bannit leur utilisation dans des spectacles de delphinarium. Après une période de réhabilitation, ils sont relâchés aux îles Turks et Caicos.

Aujourd'hui, le Sealife Center de Brighton n'abrite donc plus de dauphins, mais il compte de nombreux autres pensionnaires dont de nombreuses espèces de poissons multicolores ainsi que des tortues de mer, des poulpes, des requins, des raies... Les enfants apprécieront particulièrement. L'attraction principale du centre est un tunnel de verre qui passe au milieu d'un aquarium géant où nagent tortues et requins.

WEST PIER

www.westpier.co.uk

Ce squelette calciné abandonné à 50 m de la plage n'est autre que West Pier. Erigé en 1866, il était prisé des promeneurs, puis accueillit un théâtre et une salle de concert. Fermé en 1975 pour des raisons de sécurité, il se dégrada peu à peu et fut finalement détruit en 2002 par une tempête et deux incendies successifs. Sa restauration a été abandonnée, faute de fonds suffisants, et il sera remplacé par « I-360 », une tour d'observation de 150 m, petite sœur du London Eye créée par les mêmes ingénieurs. Les fonds de I-360 sont réunis et la construction devrait commencer en automne 2012.

Sports – Détente – Loisirs

Surfer, naviguer, kitesurfer, jouer au foot, au volley et même se mettre en orbite ! Côté sports, encore une fois Brighton a une nouvelle fois tout pour plaire.

Visites guidées

CITY SIGHTSEEING

Brighton Pier ✆ +44 1273 886 200

www.city-sightseeing.com

Adulte £10, enfant £3.

Pour une visite des points phares de Brighton, prenez un bus qui vous emmène dans toutes les attractions de la ville, commentées en anglais.

MARINA WATER TOURS

Marina ✆ +44 7958 246 414

www.watertours.co.uk

Adulte £8,50, enfant £6,50.

Découvrez la marina de Brighton pendant un tour de 45 minutes en bateau.

Shopping

Brighton s'affiche clairement en temple du style, de la fripe et des disquaires. Norman Cook – Fat Boy Slim – a d'ailleurs commencé comme ça, derrière le comptoir de Rounder Records. Pour dénicher une galette introuvable ailleurs, pas de secrets : chercher et fouiner dans les bacs de North Laine. Ce quartier branché compte un nombre incalculables de boutiques en tous genres. Nous en avons sélectionné trois, mais la meilleure façon de tout découvrir reste de déambuler entre Gardner Street, Sydney Street et Kensington Gardens. Pour les vêtements de créateurs, se diriger vers The Lanes.

EDGEWORLD

6 Kensington Gardens

✆ +44 1273 628 262

Ouvert du lundi au samedi de 10h30 à 17h30 et le dimanche de 13h à 16h30.

Expert et extrême, très hétéroclite dans ses sélections : garage, hip-hop, battledrake noise (on n'invente rien !). Vinyles de £3,50 à £10. Si la musique de fond vous plaît, inutile de demander si vous pouvez l'acheter : ce sont probablement les propres compositions du propriétaire. Il les pense invendables. Des petits labels sont présents !

URBAN RECORDS

24 Gardner Streets

✆ +44 1273 620 567

Ouvert du lundi au samedi de 10h à 18h et le dimanche de midi à 17h. De £5 à £10.

Grand choix de vinyles. Leur sélection est en fonction de leur spécialisation. Des *bootlegs* remixés, morceaux enregistrés live et à la sauce d'un DJ différent, rediffusés... en live. On peut alors imaginer des enregistrements infinis.

VINTAGE MAGAZINE

37 Kensington Gardens

✆ +44 12 7367 1812

www.vinmag.com

Ouvert du lundi au samedi de 10h à 18h et le dimanche à partir de midi.

Sur les présentoirs sont accrochés des t-shirts délirants de The *A-Team* (*Agence tous risques*), de *La Planète des singes* ou de *Scarface*. Sur les étagères, des figurines de G.I. Joe et Musclor côtoient Jésus et Sigmund Freud... Collés au mur, Olivia Newton-John et John Travolta vous offrent leur plus beau sourire. Un bazar de bibelots et gadgets à ramener du pays de kitsch !

CHICHESTER

25 000 habitants. Fondée par les Romains, Chichester fut également marquée par le passage des Normands, qui y construisirent une cathédrale en 1076. Emblèmatique de Chichester, c'est l'un des plus vieux édifices normands du pays. La ville s'organise autour de Tudor Market Cross, dont partent quatre rues principales vers les quatre points cardinaux.

Pratique

OFFICE DU TOURISME DE CHICHESTER
29a South Street ✆ +44 1243 775 888
www.visitchichester.org
Ouvert toute l'année du lundi au samedi de 10h à 17h, le dimanche d'avril à septembre de 10h à 16h.

Se loger

Du simple B&B au grand hôtel tout équipé, on trouve de tout à Chichester côté logement.

THE GEORGE AND DRAGON INN
North Street ✆ +44 1243 785 660
www.georgeanddragoninn.co.uk
Chambre double entre £75 et £85. Petit déjeuner inclus. Internet gratuit.
L'ancienne grange, accolée au pub, a été transformée en B&B sympathique et sans prétention. On aime la déco vert amande, discrète et reposante, et le jardin à l'arrière. Les dix chambres, toutes dotées d'une salle de bain, offrent un confort simple et moderne. Pour un séjour typiquement anglais, où l'on n'est jamais loin du pub !

THE SHIP HOTEL
North Street ✆ +44 1243 778 000
www.theshiphotel.net
Chambre simple à partir de £92,50 ; double à partir de £120. Petit déjeuner inclus. Parking et Internet gratuits.
Entre les murs de ce grand bâtiment de briques rouges, se nichent 36 chambres confortables, dont certaines franchement luxueuses. Dès l'entrée, The Ship Hotel impose son charme et sa classe. Un grand hall carrelé de noir et blanc, un escalier s'enroulant autour d'un lustre chargé, une brasserie lumineuse... Voici l'assurance de passer un excellent séjour, en plein centre-ville.

THE MILLSTREAM HOTEL & RESTAURANT
Bosham ✆ +44 1243 573 234
www.millstream-hotel.co.uk
Chambre simple à partir de £99 ; double à partir de £119. Petit déjeuner inclus. wi-fi gratuit.
Rideaux à fleurs, moquette à mouchetée, couvre-lits à volants, jardins fleuris de roses et de rhododendrons... Voici un hôtel de campagne dans la plus pure tradition britannique. Situé dans le petit village de Bosham, The Millstream Hotel possède également un excellent restaurant, qui fait lui aussi honneur à la culture britannique.

Se restaurer

En manque d'inspiration ? South Street compte un nombre important de restaurants.

THE BUTTERY AT THE CRYPT
12a South Street ✆ +44 1243 537 033
www.thebuttery.org
Ouvert du lundi au samedi de 9h à 17h, le dimanche de 10h à 16h.
Pour un déjeuner léger ou un café gourmand, installez-vous sous les voûtes blanches croisées de poutres en bois de ce petit café. A essayer : la salade de haddock fumé et poché, une merveille de saveurs !

À voir – À faire

Outre la cathédrale, Chichester surprend par son dévouement à l'art moderne britannique et international, notamment dans Pallant House Gallery et Cass Scupture Foundation.

ARUNDEL CASTLE
Arundel
Mill Road ✆ +44 1903 882 173
www.arundelcastle.org
À mi-chemin entre Portsmouth et Brighton.
Ouvert d'avril à fin octobre du mardi au dimanche de 10h à 17h, le lundi seulement en août. Tarif adulte : entre £8 et £17 en fonction des parties du château visitées ; enfant : £8.
Sise sur une colline, voici la maison de famille des ducs du Norfolk. Construite à la fin du XIe siècle, la demeure conserve de nombreuses peintures et tapisseries de différentes époques. Ne manquez pas la chapelle Fitzalan, où est enterrée la lignée des Norfolk.

ARUNDEL WETLAND CENTRE
Wildfowl Wetlands Trust.
Mill Road, Arundel
✆ +44 1903 883 355
www.wwt.org.uk/arundel
Ouvert tous les jours de 9h30 à 17h30 l'été (16h30 l'hiver). Parking, aire de pique-nique. Tarif adulte : £9,91 ; enfant : £4,95.
Avis aux ornithophiles : ce centre permet d'observer de multiples espèces d'oiseaux, du martin-pêcheur, au cygne, en passant par les canards sauvages.

CASS SCULPTURE FOUNDATION
Goodwood
✆ +44 1243 538 449
www.sculpture.org.uk
Ouvert d'avril à début novembre du mardi au dimanche de 10h30 à 16h30. Tarif adulte : £10 ; enfant £5.

Un vaste terrain en plein air où l'on peut admirer les plus belles sculptures monumentales d'artistes britanniques contemporains. 70 œuvres d'artistes comme Anthony Caro, Thomas Heatherwick, David Mach, Douglas White... Les œuvres sont régulièrement renouvelées ou déplacées.

CHICHESTER CATHEDRAL

West St
✆ +44 1243 782 595
www.chichestercathedral.org.uk
Ouvert tous les jours de 7h15 à 19h (18h en hiver). Entrée gratuite. Visite guidées gratuites (45 minutes) du lundi au samedi à 11h15 et 14h30.

L'histoire de la cathédrale commence en 681, quand saint Wilfrid vient christianiser le Sussex à Selsey. En 1066, les Normands déplacent la cathédrale dans une ville plus importante : Chichester. Aujourd'hui, elle est célèbre pour ses œuvres d'art moderne du XXe siècle, intégrées à l'édifice : vitraux de Chagall, tapisseries de John Piper...

PALLANT HOUSE GALLERY

9 North Pallant
✆ +44 1243 774 557
www.pallant.org.uk
Ouvert toute l'année du mardi au samedi de 10h à 17h (20h le jeudi), le dimanche de 11h à 17h. Tarif adulte : £8 ; enfant : £3,50. Mardis et jeudis soir, entrée à moitié prix.

A l'origine de la galerie, un marchand de vin qui utilisa l'héritage de sa femme pour construire cette maison et recréer l'atmosphère des dernières années du règne de la reine Victoria. Elle contient une large collection d'œuvres d'art moderne britannique et organise également des expositions temporaires nationales et internationales.

THE ROMAN PALACE AND GARDENS AT FISHBOURNE

Salthill Road, Fishbourne
✆ +44 1243 785 859
Ouvert tous les jours de février à mi-décembre de 10h à 16h (17h de mars à octobre), en janvier les week-ends seulement de 10h à 16h. Adulte : £8,20 ; enfant : £4,20. Quitter Chichester par l'A259 vers l'ouest, puis bifurquer rapidement vers Portsmouth par l'A27. Fishbourne se trouve à 1,5 mile de Chichester.

Les Romains avaient installé une base militaire, transformée en palais destiné à un roi celte au Ier siècle après J.-C. Chefs-d'œuvre du lieu, les sols en mosaïque surprennent par leur variété. Vous y verrez même Cupidon chevaucher un dauphin. L'histoire du site est retracée et l'on a même recréé le jardin romain. Des fouilles archéologiques persistent, la dernière découverte importante datant seulement de 1961 (l'aile Nord). Des soirées et événements ponctuels sont régulièrement organisés.

WEALD AND DOWNLAND OPEN AIR MUSEUM

Singleton
✆ +44 1243 811 348
www.wealddown.co.uk
Ouvert tous les jours de fin février au 23 décembre de 10h30 à 18h (16h en mars, novembre et décembre) ; de janvier à fin février, uniquement mercredi, samedi et dimanche. Tarif adulte : £10,40 ; enfant : £5,70. A 7 miles au nord de Chichester par l'A286.

Quarante bâtiments historiques, datant du Moyen Age au XIXe siècle. Un incroyable patrimoine architectural avec moulin, ferme, ateliers... Ce musée en plein air, grandeur nature, s'anime d'autant plus grâce à la participation de volontaires en costumes d'époque.

WEST DEAN GARDENS

West Dean Gardens
✆ +44 1243 818 210
www.westdean.org.uk
6 miles au nord de Chichester par l'A286.
Ouvert tous les jours de mars à octobre de 10h30 à 17h, de novembre à février jusqu'à 16h. Tarif adulte : £7,50 (£5,50 en hiver) ; enfant : £3,50 (£1).

Situés dans South Downs National Park, ces jardins d'ornement séduiront les amateurs d'horticulture. Façonnés par les plus grands jardiniers, West Dean Gardens sont un enchantement de couleurs et de variétés. Une promenade de 2,5 miles vous emmène au cœur de St Roche's arboretum, qui offre de superbes vues sur le parc national.

Visites guidées

CHICHESTER HARBOUR WATER TOURS

Itchenor
✆ +44 1243 670 504
www.chichesterharbourwatertours.co.uk
De Chichester, emprunter l'A286 en direction de Witterings. Environ à 6 km. Tarif adulte : £7,50 ; enfant : £4,50.

Les croisières sillonnent Chichester Harbour, longeant les 48 miles de côte. Le voyage est idéal pour observer les oiseaux et les phoques.

Oxfordshire

La création du comté remonte au XXe siècle. L'oxfordshire a pour principal intérêt la ville d'Oxford avec sa célèbre université élitiste dont les enseignements sont dispensés dans de superbes bâtiments.

OXFORD

La ville étudiante par excellence, un peu plus étendue que Cambridge elle est la ville synonyme de savoir depuis plus de 800 ans. Le prestige de ses universités est reconnu mondialement, et les étudiants sont parmi les meilleurs étudiants anglais, sélectionnés rigoureusement et venus ici autant pour travailler que pour profiter des avantages offerts par la ville dès que les devoirs et les examens sont finis. Certains collèges sont ouverts au public.

Christchurch est certainement le plus célèbre de tous les collèges d'Oxford. Magdalen College se trouve au bord de la rivière et est reconnaissable à sa belle tour du XVe siècle d'où une chorale chante tous les 1er mai à 6h du matin tandis que les étudiants se retrouvent en bas sur le pont après une nuit de festivités. C'est aussi le seul collège à renfermer en son sein un parc avec des daims. Dans la charmante rue pavée de Merton Street, vous pourrez admirer Merton College, fondé en 1264. Vous pourrez aussi, comme à Cambridge, faire du *punting* (balade en barque).

Transports

La ville est ouverte aux véhicules, mais s'y garer relève de l'exploit. Mieux vaut laisser sa voiture dans les « Park and Ride » à l'entrée de la ville, puis accéder au centre-ville à pied ou en bus. Sur Botley Road, environ 1 mile avant le centre, Seacourt Park est gratuit 24h/24. Un bus s'arrête devant le parking et vous emmène en ville pour £2,70 aller-retour.

GARE FERROVIAIRE
Botley Road
✆ 084 5748 4950
www.nationalrail.co.uk
Prendre le train depuis la gare de Paddington (1 heure de trajet).

GARE ROUTIÈRE
Gloucester Green
✆ 087 1781 8181
www.nationalexpress.com
Une option moins chère que le train mais qui prend un peu plus de temps. Des cars (London Express X90 ou Oxford Tube) stationnés devant la gare Victoria font le trajet jusqu'à Oxford 24h/24 (entre 1 à 2 heures de trajet). Toutes les 20 minutes durant la journée, toutes les heures le soir et la nuit.

OXFORD BUS COMPANY (LONDON EXPRESS)
Cowley Rd
✆ +44 18 6578 5400
www.oxfordbus.co.uk
Le bus X90 relie Oxford à Londres en 100 minutes, avec plusieurs stations à Londres dont Baker Street, Marble Arch et Victoria. Départs toutes les 15 minutes, tarifs à partir de £13.

STAGECOACH (OXFORD TUBE)
Horspath Rd
✆ +44 18 6577 2250
www.stagecoachbus.com
Oxford Tube relie Oxford à Londres, avec comme arrêts Shepherd's Bush, Notting Hill Gate, Marble Arch, Victoria. Départs toutes les 15 à 30 minutes. Tarif : £14 (aller-retour : £16).

Pratique

OFFICE DU TOURISME D'OXFORD
15-16 Broad Street
✆ +44 18 6525 2200
www.visitoxfordandoxfordshire.com
Ouvert du lundi au samedi de 9h30 à 17h et le dimanche de 10h à 16h.
Souvent bondé, vous faites la queue en période estivale. Beaucoup de brochures mais attention, elles ne sont pas toutes gratuites. Possibilité de vous faire réserver une chambre dans un hôtel de la ville ou des environs. Demandez les brochures *This month in Oxford* et *August in Oxford*, véritable récapitulatif de tout ce qu'on peut trouver dans Oxford, des idées de shopping, de concerts, des séances dans les cinémas…

Se loger

Se loger dans Oxford même coûte cher. Les chambres chez l'habitant sont louées au mois par les étudiants. La plupart sont à 20 minutes en autobus du centre-ville. Quant aux guesthouses, elles sont également éloignées du centre.

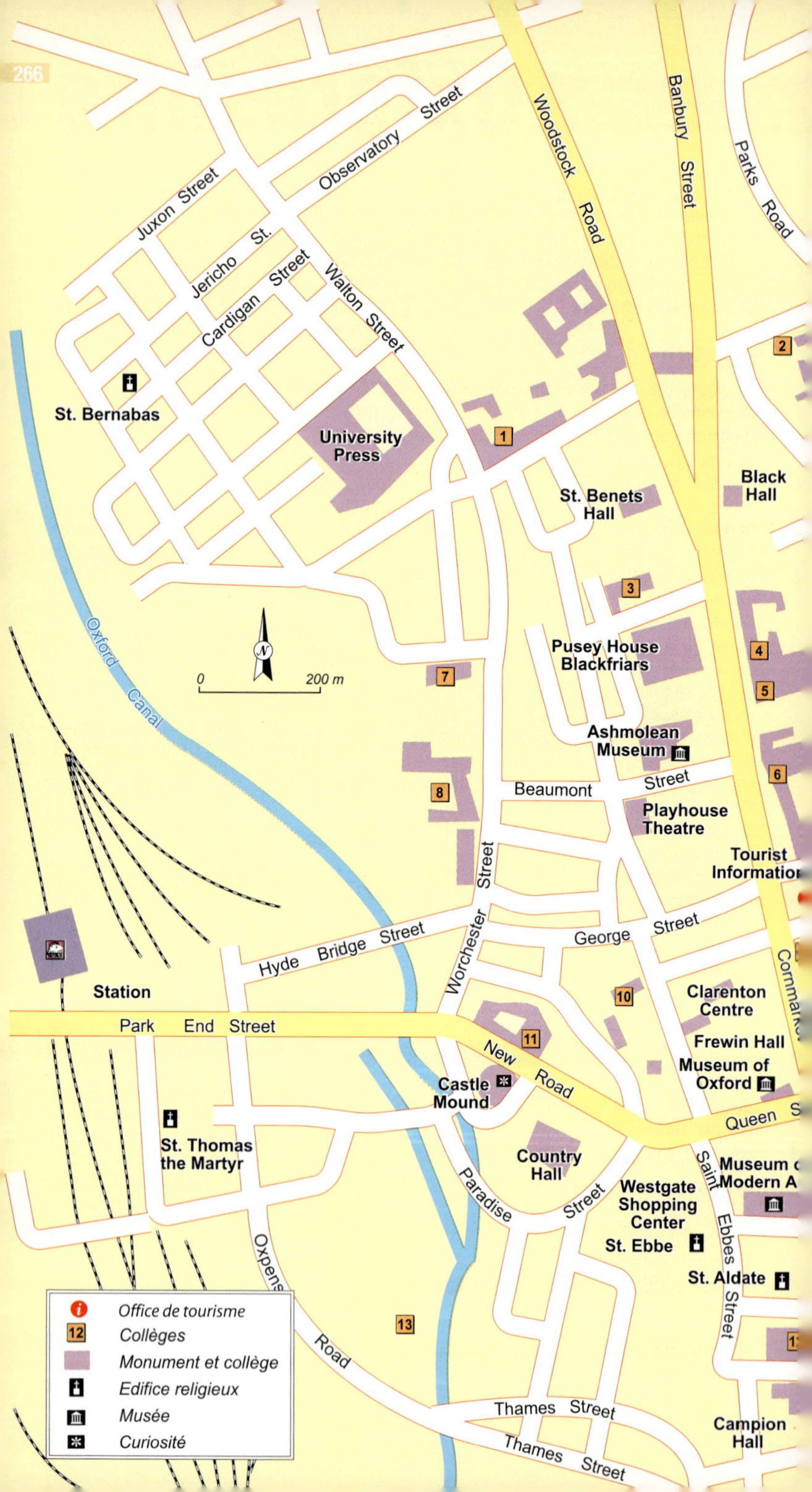

Juxon Street
Observatory Street
Woodstock Road
Banbury Street
Parks Road
Jericho St.
Cardigan Street
Walton Street
St. Bernabas
University Press
1
2
St. Benets Hall
Black Hall
3
Pusey House Blackfriars
4
5
7
0
200 m
Oxford Canal
Ashmolean Museum
6
8
Beaumont Street
Playhouse Theatre
Tourist Information
Worchester Street
George Street
Hyde Bridge Street
Station
Park End Street
10
Clarenton Centre
11
New Road
Frewin Hall
Museum of Oxford
Castle Mound
Queen
St. Thomas the Martyr
Country Hall
Paradise Street
Westgate Shopping Center
Saint Ebbes Street
St. Ebbe
St. Aldate
Oxpens Road
13
Thames Street
Thames Street
Campion Hall
Office de tourisme
12
Collèges
Monument et collège
Edifice religieux
Musée
Curiosité

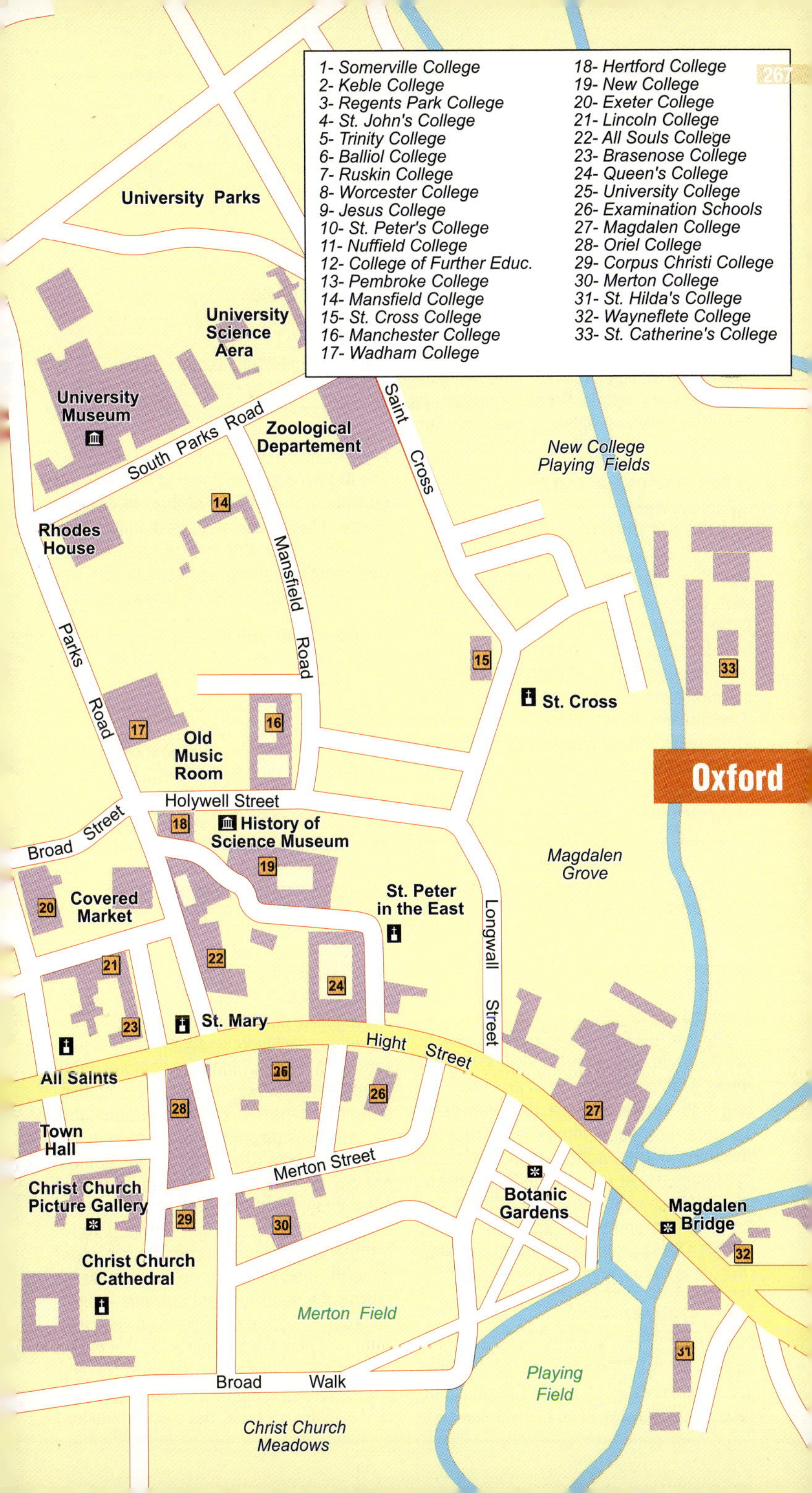
1- Somerville College
2- Keble College
3- Regents Park College
4- St. John's College
5- Trinity College
6- Balliol College
7- Ruskin College
8- Worcester College
9- Jesus College
10- St. Peter's College
11- Nuffield College
12- College of Further Educ.
13- Pembroke College
14- Mansfield College
15- St. Cross College
16- Manchester College
17- Wadham College
18- Hertford College
19- New College
20- Exeter College
21- Lincoln College
22- All Souls College
23- Brasenose College
24- Queen's College
25- University College
26- Examination Schools
27- Magdalen College
28- Oriel College
29- Corpus Christi College
30- Merton College
31- St. Hilda's College
32- Wayneflete College
33- St. Catherine's College
Oxford
University Parks
University Science Aera
University Museum
South Parks Road
Zoological Departement
Saint Cross
New College Playing Fields
Rhodes House
Mansfield Road
Parks Road
St. Cross
Old Music Room
Holywell Street
History of Science Museum
Broad Street
Covered Market
St. Peter in the East
Magdalen Grove
Longwall Street
St. Mary
Hight Street
All Saints
Town Hall
Merton Street
Botanic Gardens
Magdalen Bridge
Christ Church Picture Gallery
Christ Church Cathedral
Merton Field
Playing Field
Broad Walk
Christ Church Meadows

OLD BANK HOTEL

92-94 High Street
✆ +44 18 6579 9599
www.oldbank-hotel.co.uk
Chambre à partir de £169. Parking, Internet, visite guidée des collèges et vélos, tout inclus.
Une merveille de modernité, de confort et de bon goût. Cet hôtel, dont les chambres ont des vues exceptionnelles sur la vieille ville, est chic, cher et splendide ! La décoration épurée met en valeur la très belle collection d'œuvres d'art contemporain du propriétaire, mécène à ses heures. Un établissement où l'on prend plaisir à emprunter les escaliers pour admirer les tableaux.

OLD PARSONAGE HOTEL

1 Banbury Road
✆ +44 18 6531 0210
www.oldparsonage-hotel.co.uk
Chambre à partir de £135. Parking, Internet, visite guidée des collèges et vélos, tout inclus.
Cette bâtisse du XIVe siècle a hébergé aussi bien des royalistes durant la guerre civile que le célèbre Oscar Wilde. Modernisées avec goût, afin de combiner le charme ancien et le confort d'aujourd'hui, les chambres sont meublées et décorées indépendamment les unes des autres. Raffinement, élégance du détail, rien n'est laissé au hasard. L'établissement se cache derrière l'église Saint-Gilles, au cœur de la ville, à l'abri derrière ses hauts murs et ses lourdes portes médiévales. La même compagnie possède également Old Bank sur High Street.

YHA OXFORD

2a Botley Road
✆ +44 1865 727 275
www.yha.org.uk
Dortoir de £16 à £22/adulte ; moins de 18 ans : £12 à £16,50. Chambre double de £42 à £57. Accès wi-fi.
Une très bonne adresse pour les petits budgets. Les équipements sont récents, plusieurs salons sont à disposition des pensionnaires et un petit jardin au centre de l'établissement permet de prendre l'air. On aime la propreté des chambres et leur clarté. Le YHA comprend également un restaurant, un bar et un comptoir de snacks.

Se restaurer

Pubs, restaurants aux influences diverses, salons de thé, Oxford regorge de bons plans culinaires. Pour un dîner cosmopolite, flânez dans Cowley Road et faire son choix parmi les restaurants marocain et espagnol (Kazbar et le Cafe Tarifa avec ses séances cinéma dominicales), italiens, grecs, chinois, russes... Une caverne d'Ali Baba pour les papilles !

Bien et pas cher

THE BIG BANG

42 Oxford Castle Quarter
✆ +44 1865 249 413
www.thebigbangrestaurants.co.uk
Ouvert du lundi au vendredi de 10h à 15h et de 17h à minuit, le samedi de 9h à 23h et le dimanche de 9h à 21h.
Envie d'une saucisse d'agneau à la menthe ? The Big Bang est *the place to be*. On repère facilement l'endroit à son bonhomme en papier mâché, à taille humaine, assis devant l'entrée. Ambiance détendue et petite restauration très *british*. Le jeudi, des soirées jazz sont organisées à partir de 20h, £15 repas compris.

EAGLE AND CHILD

49 St Giles Street
✆ +44 18 6530 2925
Ouvert du lundi au samedi de 11h à 23h et le dimanche de midi à 22h.
Véritable lieu de pèlerinage pour certains, ce pub fut le Q.G. de C.S. Lewis et J.R.R. Tolkien dans les années 1950. Les deux écrivains se réunissaient, avec d'autres, et discutaient de leurs projets en cours. *Narnia* et *Le Seigneur des Anneaux* sont donc nés entre ses murs, désormais sacrés. Grand plus, la nourriture y est excellente !

GEORGE AND DELILA – G&D'S

104 Cowley Road
✆ +44 18 6572 7111
www.gdcafe.com
Ouvert tous les jours de 8h à minuit.
C'est LA chaîne locale, une véritable institution à Oxford. Il existe trois établissements répartis en ville, impossible de rater leur devanture noire et blanche, imitation vache. On y sert principalement des glaces, cafés et gâteaux, mais on peut aussi y manger des bagels et des salades. Dans un décor utlra simple, on se retrouve à toute heure de la journée pour profiter du wi-fi, manger sur le pouce ou juste se relaxer. La nourriture est cuisinée à partir de produits locaux, transportés à vélo, pour limiter les émissions de carbone. Une chaîne oui, mais équitable et sympathique. Ne ratez pas les multiples concours de meuglements ou d'énigmes... à la clé, des glaces gratuites !

Autres adresses : George and Danver. 94 St. Aldates Tél +44 18 6524 5952 • George and Davis. 55 Little Clarendon Street Tél +44 18 6551 6652

Bonnes tables

QUOD BRASSERIE & BAR

91-94 High Street
✆ +44 1865 202 505
www.quod.co.uk
Ouvert tous les jours de 7h à 23h, 22h30 le dimanche. £10 le midi et £30 le soir, vin non compris.
L'excellent restaurant de l'Old Bank Hotel a été repéré par le Michelin. On goûte à une cuisine aux influences méditerranéennes, dans une atmosphère paisible. Le cadre, savant mélange de modernité et d'ancienneté, confère au lieu un soupçon de classe. Ne ratez pas le rôti dominical ou les soirées jazz le dimanche soir de 17h à 19h.

VAULTS AND GARDEN CAFE

University Church of Saint Mary the Virgin
High Street
Radcliffe Square
✆ +44 18 6527 9112
www.thevaultsandgarden.com
Ouvert du lundi au samedi de 9h à 17h et le dimanche de 11h30 à 17h.
Installé sous les voûtes gothiques de l'université, ce libre-service appétissant propose une cuisine simple et fraîche, entièrement organique, réalisée sur place. Touristes et locaux se pressent pour y déguster *scones*, soupes du jour et même rosbeef. Quand viennent les beaux jours, le petit jardin offre un superbe spot de détente. wi-fi gratuit. Profitez-en pour visiter l'église St-Mary-The-Virgin juste à côté et grimper en haut de la tour, qui offre une vue splendide sur Oxford (£3/adulte, £2,50/enfant).

Sortir

A consulter : www.dailyinfo.co.uk, un site qui référence tous les évènements d'Oxford. Pour sortir dans les bars et pubs, optez pour le triangle St Clement's, Iffley et Cowley road, les pubs ferment tard (jusqu'à 3h) et l'ambiance y est vraiment festive et décontractée. Pour une atmosphère plus chic mais toujours aussi branchée, Walton Road, dans le quartier de Jericho, est l'endroit idéal.

MUSIC AT OXFORD

Bridge Street ✆ +44 18 6524 4806
www.musicatoxford.com
Une association de 3 salles de spectacle et 3 chapelles de collèges dans Oxford : Holywell Music Room, Oxford Town Hall, Sheldonian Theatre, Exeter College Chapel, Merton College Chapel et Keble College Chapel. Au programme : concerts de musique classique, jazz et chorales.

RAOUL'S BAR

32 Walton Street
✆ +44 18 6555 3732
www.raoulsbar.co.uk
Ouvert du dimanche au mardi de 16h à minuit, du mercredi au samedi de 16h à 1h. Cocktails à partir de £6.
L'un des meilleurs bars à cocktails de la ville, situé dans la très animée Walton Street. Discothèque, Giggle juice, Moonlight, autant de noms qui réveilleront vos papilles et vous donneront une furieuse envie de danser. Raoul's est une institution, ne ratez pas l'occasion de boire un verre dans ce bar psychédélique.

Quand tout commence un vendredi...

En 1991, un petit groupe de pop composé de Ed O'Brian, Phil Selway, Colin Greenwood et un certain Thom Yorke, se produit dans un des bars de la ville. Leur nom : « On a Friday » (ils avaient l'habitude de répéter le vendredi). Ceux qui pensaient que l'âge d'or du rock était mort sont agréablement surpris : ce chanteur à la voix si épurée et aux apparences d'oisillon tombé du nid signe dès le lendemain avec Parlophone, une des plus grosses maisons de disques d'Outre-Manche.
En 1992, « On a Friday » change de nom et, en hommage aux Talking Heads, groupe phare des années 1980, devient Radiohead. Les albums s'enchaînent, dont *Ok Computer* (toujours cité comme figurant dans le top 5 des meilleurs albums de tous les temps) jusqu'au récent In Rainbows.
Si les Beatles sont intrinsèquement liés à Liverpool, il en est de même pour Radiohead et Oxford. Des uniformes et des coutumes universitaires sans doute trop ostentatoires est née une musique résolument moderne, mélange de rock et (désormais) d'électro.

ULTIMATE PICTURE PALACE

Jeune Street, à l'angle de Cowley Road
✆ +44 18 6524 5288
www.ultimatepicturepalace.com
Une salle indépendante, sympathique et conviviale. Au programme : films d'art et essai, rétrospectives, pop corn et rencontres cinéphiles...

À voir – À faire

Quand on visite Oxford, les Collèges sont bien sûr l'attraction principale, mais il ne faut pourtant pas négliger les nombreux musées et bibliothèques qui font la fierté de la ville et de ses habitants.

ASHMOLEAN MUSEUM

Beaumont Street
Ashmolean Museum ✆ +44 18 6527 8000
www.ashmolean.org
Ouvert du mardi au dimanche de 10h à 18h. Entrée gratuite.
Fondé en 1683, ce fut le premier musée ouvert au public en Angleterre. Les œuvres sont exposées dans un bâtiment clair et aéré, dont les escaliers vitrés permettent d'admirer les différentes collections sur plusieurs étages. Le musée présente un intéressant panorama des cultures, qui séduira les visiteurs épris d'Histoire. A voir, au 3e étage, plusieurs tableaux des maîtres de l'impressionnisme et de leurs disciples. Une collection de peintures de Walter Sickert et du Camden Town Group propose une vision contemporaine de la peinture anglaise. D'importantes expositions temporaires sont également régulièrement organisées.

BODLEIAN LIBRARY

Broad Street ✆ +44 18 6527 7178
www.bodleian.ox.ac.uk
Ouvert du lundi au vendredi de 9h à 17h, le samedi jusqu'à 16h30, le dimanche de 11h à 17h. Tour guidé de £6,50 à £13. Différentes visites guidées proposées : prévoyez à l'avance ce que vous souhaitez visiter et dans quelle langue.
La plus grande bibliothèque universitaire du Royaume-Uni renferme plus de 9 millions d'ouvrages. De nombreux hommes et femmes célèbres ont étudié entre ses murs, notamment 5 rois, 40 prix Nobel et 25 Premiers ministres anglais, sans compter les écrivains Oscar Wilde, C.S. Lewis et J.R.R. Tolkien. Sir Thomas Bodley construisit la première aile en 1602. A voir, The Old Schools Quadrangle, la place carrée qui désigne l'entrée de la bibliothèque, The Divinity School, amphithéâtre et salle d'examens, The Medieval Duke's Humfrey's Library, dont l'architecture fut reproduite pour les besoins du film *Harry Potter*, The Radcliffe Camera, la première bibliothèque en rotonde construite en Grande-Bretagne et les multiples passages et souterrains, où sont classés les ouvrages.

BOTANIC GARDEN

High Street ✆ +44 18 6528 6990
www.botanic-garden.ox.ac.uk
Ouvert tous les jours de 9h à 16h30 de novembre à février, jusqu'à 17h en mars, avril, septembre et octobre, jusqu'à 18h de mai à août. Adulte £4, enfant gratuit.
Fondé en 1621, c'est le plus ancien « jardin d'enseignement » du royaume. On y étudiait les plantes d'utilité médicinale et scientifique. La roseraie est dédiée aux chercheurs et aux découvreurs de la pénicilline.

CARFAX TOWER

Queen Street
Ouvert d'avril à septembre de 10h à 17h30, jusqu'à 16h30 en hiver. Adulte £2,30, enfant £1,20.
Une fois dépassé l'aspect très touristique du lieu, la Carfax Tower, érigée au XIVe siècle, vaut pour la vue qu'elle offre sur la ville. Toutefois, la tour de St-Mary-the-Virgin, située sur Radcliffe Camera, présente un point de vue bien plus impressionnant.

CHRIST CHURCH COLLEGE ET CATHÉDRALE

St Aldate's Street
✆ +44 18 6527 6150
www.chch.ox.ac.uk
Ouvert du lundi au samedi de 9h à 17h et le dimanche de 14h à 17h. Fermé pendant la période d'examens. Adulte £8,50, étudiant et enfant £7.
Christ Church est certainement le plus célèbre de tous les collèges d'Oxford. Sa construction date de 1546 et a été ordonnée par Henri VIII. C'est le plus grand et sans doute le plus beau collège de la ville. Son dôme du XVIIe siècle renferme jalousement une cloche du nom de Great Tom qui sonne 101 coups chaque soir, lesquels annonçaient autrefois la fermeture des portes des collèges. Dans la cour principale, surnommée Tom Quad, on remarquera le grand hall et son célèbre escalier. Fondée en 1525, la chapelle du collège est également la cathédrale d'Oxford, la plus petite cathédrale d'Angleterre. Elle a inspiré à Lewis Caroll, qui y était professeur, l'écriture d'*Alice au pays des merveilles*. Plusieurs scènes des films *Harry Potter* y ont également été tournées.

CHRIST CHURCH PICTURE GALLERY

Oriel Square
✆ +44 18 6527 6172
www.chch.ox.ac.uk/gallery
Ouvert du 1er mai au 30 septembre, du lundi au samedi de 10h30 à 17h et le dimanche 14h à 17h ; du 1er octobre au 30 avril, du lundi au samedi de 10h30 à 13h et de 14h à 16h30 et le dimanche de 14h à 16h30. Fermé le mardi. Adulte £3, enfant £2.
En 1765, le général John Guise lègue sa collection d'artistes anciens, plus de 200 peintures et 2 000 dessins, à l'université de Christ Church. Oxford peut ainsi introduire l'art dans ses cours, évitant ainsi aux étudiants d'aller jusqu'en Italie. Cette visite complète celle de l'Ashmolean Museum.

ISIS RIVER

Commencez par prendre des forces au mythique The Head of the River, pub situé sous Folly Bridge. En terrasse, vous pourrez regarder les compétitions d'aviron, le pub étant la ligne d'arrivée. Puis, empruntez les berges et longez Isis River sur la droite. Iffley Lock, son pont de pierre et son saule pleureur vous attendent tranquillement au bout du chemin. La ville vous semble désormais très loin. Continuez la promenade jusqu'au charmant Iffley Village. En route, vous croisez la célèbre Isis Tavern, un de ces pubs vieillots, qui valent pour leur situation. Arrivés au village, faites demi-tour pour revenir à la civisation, par la rive gauche, en longeant Christ Church Meadows.

MAGDALEN COLLEGE

High Street
✆ +44 18 6527 6000
www.magd.ox.ac.uk
Ouvert d'octobre à juin de 13h à 18h, de juin à octobre de midi à 19h. Fermé pendant la période d'examens. Adulte £5, enfant et étudiant £4.
Magdalen College, au bord de la rivière, est reconnaissable à sa tour du XVe siècle d'où tous les 1er mai à 6h du matin, une chorale chante un hymne eucharistique du XVIIe siècle, tandis que les étudiants se retrouvent en bas sur le pont après une nuit de festivités. C'est aussi le seul collège à renfermer en son sein un parc avec des daims. Une cruelle légende veut qu'il y ait autant de daims dans le parc, que de professeurs dans le collège. Chaque fois qu'un professeur quitte son poste, un daim est tué. A vérifier...

MUSEUM OF OXFORD

St Aldate's
✆ +44 18 6525 2761
www.oxford.gov.uk/museumofoxford
Ouvert du lundi au samedi de 10h à 17h, le dimanche de 10h à 15h. Entrée gratuite.
Musée consacré à l'histoire de la ville et de l'université d'Oxford. Retour sur la région, son patrimoine et son histoire bien avant que le premier étudiant prenne son premier cours !

PITT RIVER MUSEUM

Parks Road
✆ +44 18 6527 0927
www.prm.ox.ac.uk
Ouvert le lundi de midi à 16h30 et du mardi au dimanche de 10h à 16h30. Entrée gratuite.
Un vieux musée, comme il n'en existe presque plus. Un tyrannosaure et ses acolytes gardent l'entrée, il faut les contourner pour pénétrer dans leur antre et admirer l'impressionnante architecture du plus ancien bâtiment d'Oxford, faite de métal et de verre. Squelettes de baleines ou d'éléphants peuplent les lieux, entourés de tortues, crocodiles ou léopards embaumés. Parents et enfants seront fascinés par ces animaux et leurs ancêtres. Un musée d'Anthropologie et d'Archéologie poussiéreux, mais qui ne manque pas de charme.

Tour du Christ Church College.

UNIVERSITY COLLEGE

High Street
✆ +44 18 6527 6602
www.univ.ox.ac.uk
Ouvert pour les groupes sur réservation, pour les visiteurs à la discrétion du portier.
Le poète Shelley en fut renvoyé pour athéisme. Il n'empêche qu'une statue lui est aujourd'hui dédiée, bien qu'un voile pudique soit jeté sur le motif de son expulsion : un pamphlet intitulé *La Nécessité de l'athéisme*. Si le collège date de 1249, les bâtiments actuels ont principalement été construits au XVIIe siècle.

Shopping

Voici bien sûr, les célèbres librairies universitaires qui ne manqueront pas d'attirer votre attention. Temple de la contre-culture, Oxford compte également de nombreuses boutiques originales et déjantées. En voici quelques-unes, les autres sont à découvrir, notamment dans le quartier de Jericho.

THE ALBION BEATNIK BOOKSTORE

34 Walton Street
✆ +44 18 6551 1345
Ouvert lundi et mardi de 11h à 20h, et du mercredi au samedi de 11h à 23h.
Une librairie branchée qui réunit des milliers d'auteurs originaires d'Albion. Virginia Woolf, Oscar Wilde, Rudyard Kipling, pour n'en citer que quelques-uns, se côtoient sur les étagères. On peut aussi commencer sa lecture dans la librairie, attablé autour d'un thé ou d'un café. Une excellente adresse !

Radcliffe Camera au Bodleian Library.

COVERED MARKET

Market Street
www.oxford-coveredmarket.co.uk
Ouvert du lundi au samedi de 9h à 17h30, et le dimanche de 10h à 17h.
Ah, qu'il est loin le bon vieux temps où les centres commerciaux n'existaient pas ! Le Covered Market nous replonge en cette époque bénie, où les petits commerçants se côtoyaient sous de jolies verrières. Entre Market Street et High Street, ce marché couvert très animé compte une multitude de petites boutiques qui vendent de tout : nourriture, vêtements, cartes postales, objets de décoration plus ou moins décalés mais toujours à la mode. C'est aussi ça l'Angleterre !

THE UNIVERSITY OXFORD SHOP

106 High Street
✆ +44 1865 247 414
www.oushop.com
Ouvert du lundi au samedi de 9h à 17h30, de 11h à 16h le dimanche.
Devenez étudiant d'Oxford : foulards de soie, trousses de toutes tailles et pour tous usages, sweat-shirts, carnets d'adresses aux armes d'Oxford. Des cadeaux de très bon goût, à tous les prix, vendus avec le sourire.

WOODSTOCK

2 600 habitants. A ne pas confondre avec le Woodstock aux Etats-Unis ! A 8 miles au nord d'Oxford, cette petite ville au cœur des Cotswolds est la base idéale pour visiter la région. Henri II y a souvent séjourné avec sa maîtresse, profitant de la beauté de ces lieux tranquilles.
Woodstock a d'ailleurs su conserver une atmosphère de vieille époque. Autrefois, la ville était connue pour ses usines de gants et maroquinerie, la plupart des bâtiments sont désormais transformés en hôtels ou restaurants.

Transports

GARE ROUTIÈRE

Oxford Street, Stagecoach Bus
✆ +44 8706 082 608
www.stagecoachbus.com

Liaison entre Oxford et Woodstock. Route S3. Toutes les 30 min dans la journée, toutes les heures en soirée. Environ 30 min de trajet.

Pratique

OFFICE DU TOURISME DE WOODSTOCK

Park Street, dans The Oxfordshire Museum
✆ +44 1993 813 276
www.oxfordshirecotswolds.org
Ouvert du lundi au samedi de 10h à 17h.

Se loger

Etonnament, Woodstock offre un large choix d'hébergements de qualité pour une si petite ville !

THE FEATHERS HOTEL

Market Street ✆ +44 1993 812 291
www.feathers.co.uk
Chambre double à partir de £169. Petit déjeuner inclus. Restaurant.
Un superbe hôtel, dont les murs de pierre et les poutres apparentes créent un décor rustique et authentique, qui sied parfaitement à l'atmosphère de Woodstock. Les chambres sont luxueuses, savamment décorées dans des tons aubergine et bordeaux. On aime les paravents en fer forgé et les baignoires rutilantes.

THE KINGS ARMS HOTEL

19 Market Street
✆ +44 1993 813 636
www.kingshotelwoodstock.co.uk
Chambre simple à partir de £80, double à partir de £150. Petit déjeuner inclus.
Ambiance suédoise dans ce petit hôtel de 15 chambres, toutes nommées d'après les rois d'Angleterre. Les tons terre et crème dominent, créant une ambiance relaxante et pure. On aime la clarté des pièces et le cachet de chaque chambre, de taille et forme différentes.

Se restaurer

C'est un village typique, on court au pub !

À voir – À faire

Partez de Hope House pour accéder à Oxford Street, puis Market Street, le cœur du village. Dépassez le Bear Hotel, une auberge datant du Moyen-Age, pour arriver à l'église St Magdalene. Garrett House et Fletcher's House s'élèvent à proximité. Enfin, Park Street vous mènera à Blenheim Park (noter l'arche). Pour apprécier tous les bâtiments de Woodstock durant une promenade, se procurer la brochure Woodstock Town Walk à l'office du tourisme. A voir aussi, les antiquaires sur Market Place et Oxford Street.

BLENHEIM PALACE

✆ +44 1993 811 325
www.blenheimpalace.com
Ouvert tous les jours de mi-février au 3 novembre de 9h à 18h, dernière entrée à 16h45, puis de manière irrégulière jusqu'à mi-décembre. Le parc ouvre dès 9h. De novembre à mi-décembre, ouvert du mercredi au dimanche. Tarif adulte : £21 ; enfant : £11,50.
C'est ici qu'a vécu le duc de Marlborough, qui gagna contre les Français en 1704 la bataille de Blenheim, et c'est ici qu'est né Winston Churchill (une exposition retrace sa vie à travers des objets quotidiens). Le jardin a été dessiné par Capability Brown. Restaurant, buffet, cafétéria et boutique.

THE OXFORDSHIRE MUSEUM

Fletcher's House
Park Street
✆ +44 1993 811 456
www.tomocc.org.uk
Ouvert du mardi au samedi de 10h à 17h, dimanche de 14h à 17h. Entrée gratuite.
La collection permanente retrace l'histoire de la ville et de ses environs, ainsi que son artisanat d'époque. Une visite à faire avec des enfants, qui apprécieront l'aspect très pratique du musée. Ici, on regarde dans un microscope, on touche les objets, on tire sur des cordes, de quoi s'occuper pendant des heures !

ROUSHAM HOUSE AND GARDEN

✆ +44 1869 347 110
www.rousham.org
Les jardins sont ouverts tous les jours de 10h au crépuscule, la maison sur RDV uniquement, avec un minimum de 12 personnes requis. Pas d'enfant de moins de 15 ans. Tarif : £5 pour le jardin, £10 pour la maison.
Une maison du XVIIe siècle et ses jardins, à 20 minutes de Woodstock. L'endroit s'avère intéressant surtout pour les visiteurs férus de paysages et de jardins à l'anglaise.

Retrouvez l'index général en fin de guide

Berkshire

Le comté du Berkshire est situé à l'ouest de Londres. Accueillant le superbe château de Windsor, c'est bien là son intérêt principal. D'ailleurs la ville de Windsor est agréable pour se promener.

READING

155 000 habitants. L'histoire de Reading remonte au Moyen Age avec notamment son abbaye réalisée sous Henry Ier d'Angleterre. Ici, plusieurs batailles s'y sont déroulées. Aujourd'hui Reading est populaire pour son festival de musique qui existe depuis 1971.

WINDSOR CASTLE

Après Buckingham Palace, c'est le second lieu royal d'Angleterre, l'une des principales résidences officielles de la famille royale, qui y vient encore très régulièrement, généralement à Pâques et une semaine fin juin. Le château est situé dans la vallée de la Tamise à l'ouest de Londres, dans la ville de Windsor dans le Berkshire. Construit il y a 900 ans par Guillaume le Conquérant, à 40 km de Londres, pour en défendre l'accès ouest, le château de Windsor est depuis le XIe siècle une résidence royale. Il est remanié et agrandi à de nombreuses reprises : cloître, porte Henri VII, chapelle St George fondée par le roi Edward en 1475... Le roi Edouard III d'Angleterre a fait de la chapelle Saint George à Windsor le berceau de l'ordre de la Jarretière en 1348. Vous pouvez y admirer de nombreux tableaux, portraits de famille, une importante collection d'armures et d'armes. Pour l'anecdote, le 20 novembre 1992, une partie importante du château – dont le hall Saint George – est endommagée par le feu. L'incendie prend dans la chapelle privée et endommage de façon importante la partie nord-ouest du bâtiment. Le bâtiment n'ayant pas été assuré, plusieurs résidences royales sont ouvertes au public de façon à réunir les 40 millions de livres nécessaires aux réparations. Depuis, les meilleurs artisans de Grande-Bretagne ont travaillé à sa restauration, et le travail accompli est superbe.

Certains événements ont fait l'histoire du château de Windsor parmi lesquels :

- **1121 :** Henri Ier d'Angleterre épouse Adeliza sa deuxième femme.
- **1312 :** Edouard III d'Angleterre naît dans l'enceinte du château royal.
- **1361 :** Edouard, surnommé le Prince Noir épouse Jeanne de Kent.
- **1483 :** Edouard IV d'Angleterre y est enterré.
- **1863 :** Edouard VII du Royaume-Uni épouse Alexandra de Danemark.

Ville de Windsor dans le comté du Berkshire.

© ALAMER – ICONOTEC

Windsor Castle, à quelques kilomètres de la capitale britannique.

- **1999 :** Prince Edward, Earl of Wessex, épouse Sophie Rhys-Jones.
- **2003 :** le prince William de Galles fête son 21e anniversaire.
- **2005 :** le prince Charles épouse sa maîtresse de toujours Camilla Parker-Bowles.

ETON COLLEGE

✆ +44 17 5367 1000
✆ +44 17 5367 1177
www.etoncollege.com
Visite guidée 1 heure : £7 (adulte), £6 (moins de 14 ans), gratuit moins de 6 ans. De fin mars à début octobre. Consulter le site Internet pour connaître les horaires, variables.
Le collège d'excellence où les princes William et Harry ont suivi leur scolarité. Avec ses traditions, ses bâtiments imposants et ses étudiants en costume, Eton College est la plus prestigieuse des *public schools* (comme son nom ne l'indique pas, une école privée), fondée en 1440 par Henri VI. A quelques pas du château de Windsor, c'est une visite à ne pas manquer.

ROYAL WINDSOR INFORMATION CENTRE

Old Booking Hall
Thames Street
Windsor Royal Shopping
✆ +44 17 5374 3900
www.windsor.gov.uk
Ouvert en été du lundi au samedi de 9h30 à 17h30 (17h le samedi) et le dimanche de 10h à 16h et en hiver du lundi au samedi de 9h30 à 17h et le dimanche de 10h à 16h.

WINDSOR CASTLE

Thames Street – Windsor Castle
✆ +44 20 7766 7304 – www.windsor.gov.uk
Ouvert tous les jours de de 9h45 à 17h15 de mars à octobre, jusqu'à 16h15 de novembre à février. Adulte : £17, enfant : £10,20.
Après Buckingham Palace, c'est le second lieu royal d'Angleterre, l'une des principales résidences officielles de la famille royale, qui y vient encore très régulièrement, généralement à Pâques et une semaine fin juin. Le château est situé dans la vallée de la Tamise à l'ouest de Londres, dans la ville de Windsor dans le Berkshire. Construit il y a 900 ans par Guillaume le Conquérant, à 40 km de Londres, pour en défendre l'accès ouest, le château de Windsor est depuis le XIe siècle une résidence royale. Il est remanié et agrandi à de nombreuses reprises : cloître, porte Henri VII, chapelle Saint-George fondée par le roi Edward en 1475... Le roi Edouard III d'Angleterre a fait de cette chapelle à Windsor le berceau de l'ordre de la Jarretière en 1348. Vous pouvez y admirer de nombreux tableaux, portraits de famille, une importante collection d'armures et d'armes. Pour l'anecdote, le 20 novembre 1992, une partie importante du château – dont le hall Saint-George – est endommagée par le feu. L'incendie prend dans la chapelle privée et endommage de façon importante la partie nord-ouest du bâtiment. Le bâtiment n'ayant pas été assuré, plusieurs résidences royales sont ouvertes au public de façon à réunir les 40 millions de livres nécessaires aux réparations. Depuis, les meilleurs artisans de Grande-Bretagne ont travaillé à sa restauration, et le travail accompli est superbe.

Hampshire

Le Hampshire séduit par son aptitude à changer de visage. Qu'il soit industriel et maritime avec Southampton et Portsmouth, ou médiéval à Winchester, il ne cesse de surprendre. Deux autres joyaux illuminent le comté, la superbe New Forest et la très appréciée Ile de Wight.S'offrir une balade à cheval dans la New Forest, ou prévoir une randonnée sur l'Ile de Wight. A voir également, Historic Dockyards à Portsmouth et la cathédrale de Winchester.

PORTSMOUTH

205 000 habitants. Le port de Portsmouth, deuxième d'Angleterre en volume, accueille chaque jour des centaines de bateaux, dont de nombreux ferries pour la France et l'île de Wight notamment. L'activité de Portsmouth a toujours été liée à la mer ; et la ville reste fortement marquée par son passé maritime, du temps où elle avait une influence capitale sur l'industrie navale. The Historic Dockyard retracent l'histoire navale et guerrière de la Grande-Bretagne, en exposant notamment deux navires de guerre, HMS Warrior et HMS Victory. C'est l'attraction principale de la ville, qui ne présente pas de grand charme en elle-même.

Transports

FERRY

Plusieurs compagnies de ferries relient, entre autres, Portsmouth avec l'île de Wight (Wightlink) et la France (Brittany Ferries et Condor ferries). Des panneaux indiquant les ferries sont postés partout en ville.

GARE FERROVIAIRE

✆ +44 8457 484 950
www.nationalrail.co.uk
Trois gares en ville, Portsmouth & Southsea Station est la plus centrale.

GARE ROUTIÈRE

The Hard Interchange
✆ +44 8717 818 178 / +44 9001 600 900
www.nationalexpress.com

Pratique

OFFICE DU TOURISME DE PORTSMOUTH

The Hard, Portsmouth
✆ +44 23 9282 6722
www.visitportsmouth.co.uk
Ouvert tous les jours de 9h30 à 16h30.

Se loger

Avec l'intense activité des ferries, Portsmouth compte un large choix d'hébergements. On opte pour un hôtel près de la plage dans Southsea ou de Gunwharf Quay dans Portsmouth.

PORTSMOUTH MARRIOTT HOTEL

North Harbour
Southampton Road ✆ +44 2392 383 151
www.portsmouthmarriott.co.uk
Chambre double à partir de £72. Parking et Internet payants.
L'hôtel Marriott de Portsmouth n'est situé qu'à quelques encablures de la Marina de Port Solent où de nombreux restaurants offrent une vue magnifique sur le petit port. De surcroît, la réputation du Mariott n'est plus à faire. Le personnel est discret, l'atmosphère luxueuse et la piscine... paradisiaque !

WESTFIELD HALL HOTEL

65 Festing Road, Southsea
✆ +44 2392 8269 71
Chambre simple à partir de £50, double à partir de £68 par personne. Parking.
Ce petit hôtel édouardien chouchoute ses pensionnaires. Linge de maison de qualité, matelas neufs et jardin aménagé assurent un séjour agréable. Le personnel aimable est d'une efficacité appréciable, notamment au service du bar-restaurant.

Se restaurer

Des restaurants de toutes les nationalités : tex-mex, chinois, indien, thaï sont concentrés sur Palmerton Road, Albert Road et Osbourne Road à Southsea.

Sortir

Théâtres, cinéma, pubs, on a l'embarras du choix question sortie à Portsmouth.

KINGS THEATRE

Albert Road ✆ +44 23 9282 8282
www.kings-southsea.com
Un splendide théâtre édouardien à la programmation éclectique.

À voir – À faire

Pas mal d'endroits à visiter à Portsmouth, dont une bonne partie regroupée à Portsmouth Historic Dockyard.

Quelques personnages célèbres de Portsmouth

- **Charles Dickens** (1812-1870). De son vrai nom Charles John Huffam, le romancier anglais le plus célèbre du XIXe siècle est né au 393 Old Commercial Road, désormais transformé en musée.
- **Sir Arthur Conan Doyle** (1859-1930). En 1882, il s'établit au 1 Bush Villas, Elm Grove. C'est là qu'il écrit *Une étude en rouge*, la première nouvelle où apparaît Sherlock Holmes. Il s'inspire de l'un de ses pairs, le docteur James Watson, pour ses romans. Conan Doyle devient plus tard capitaine du club de cricket de Portsmouth.
- **Rudyard Kipling** (1865-1936). Renvoyé d'Inde par ses parents pour le sauver du choléra, il vit de l'âge de 6 à 12 ans à Southsea. Il appelle Lorne Lodge la « maison de la désolation », car la propriétaire et son fils le traitent cruellement. Sa semi-cécité vient en partie du fait qu'il lisait dans cette maison mal éclairée.
- **Horatio Nelson** (1758-1805). Le 14 septembre 1805, Lord Nelson quitte Portsmouth sur le HMS Victory pour se battre contre la flotte franco-espagnole lors de la bataille de Trafalgar. Il dit adieu à sa sœur favorite, Mrs Matcham, qui habite Pembroke Road. Sa maison s'appelle désormais « Trafalgar House » et la statue de Nelson se dresse dans les Pembroke Gardens.

CHARLES DICKENS BIRTHPLACE MUSEUM
393 Old Commercial Road
✆ +44 23 9282 7261
www.charlesdickensbirthplace.co.uk
Ouvert uniquement de mi-avril à septembre de 10h à 17h30. Tarif adulte : £4, enfant : £3.
Charles Dickens a vu le jour en 1812, dans une modeste chaumière de Portsmouth. C'est aujourd'hui un musée dédié à l'écrivain, où l'on a pris soin de préserver la décoration et le mobilier du début du XIXe siècle.

GUNWHARF QUAYS
www.gunwharf-quays.com
Ouvert tous les jours de 10h à 19h (17h le dimanche).
Pour aller au cinéma, boire un verre, dîner, faire du shopping, Gunwharf Quays, un grand complexe sur les quais de Portsmouth, nouveau point d'attraction, à tel point qu'il a éclipsé le centre-ville d'origine, morne et plutôt laid.

PORTSMOUTH HISTORIC DOCKYARD
The Hard ✆ +44 23 9283 9766
www.historicdockyard.co.uk
Entrée gratuite, attractions payantes. Ticket global adulte : £21 ; enfant : £14,75. 10% de réduction en achetant le ticket sur Internet. Ouvert de 10h à 18h d'avril à octobre, de 10h à 17h de novembre à mars.
Portsmouth Historic Dockyard témoigne de l'illustre passé militaire et naval de Portsmouth. Si l'entrée est un peu chère, la visite est passionnante et l'on peut passer une journée entière à explorer le Dockyard. La zone regroupe plusieurs attractions, voici les principales :

- **Montez à bord** du **HMS Warrior**.
- **Mary Rose Museum**.
- **La visite** se termine donc naturellement par le HMS Victory, le célèbre navire de l'Amiral Nelson.

SOUTHSEA CASTLE
Clarence Esplanade
✆ +44 23 9282 7261
www.southseacastle.co.uk
Ouvert uniquement d'avril à septembre du mardi au dimanche 10h à 17h. Entrée gratuite.
Construit en 1544, Southsea Castle est l'une des nombreuses fortifications réalisées sous Henri VIII ; on dit d'ailleurs qu'il en aurait dessiné les plans. A l'époque, c'était le plus ambitieux projet de défense côtière depuis l'époque romaine.

SPINNAKER TOWER
Gunwharf Quays ✆ +44 23 9285 7520
www.spinnakertower.co.uk
Ouvert de 10h à 18h, jusqu'à 19h30 en août du dimanche au jeudi. Entrée adulte £8,25, enfant £6,55.
Emblématique de Portsmouth, avec sa forme de spi (voile de bateau), la Spinnaker Tower mesure 170 mètres. Prenez l'ascenseur qui vous emmène au sommet en 30 secondes, ou bien grimpez les 570 marches, afin d'accéder à une plateforme intégralement construite en verre (le sol aussi !) qui offre un point de vue à couper le souffle – et les jambes.

ÎLE DE WIGHT

Une Angleterre en miniature. Située à 5 miles (8 km) des côtes, l'île mesure 13 miles (20 km) du nord au sud et 23 miles (36 km) d'est en ouest. On s'y rend bien évidemment en bateau, que ce soit en ferry, dont la traversée dure environ 30 minutes, ou en catamaran, hydroglisseur et hovercraft. L'île de Wight attire les visiteurs tant pour une journée, pour profiter de quelques-unes de ses attractions, que pour une semaine afin de se ressourcer. L'endroit est idéal pour les sportifs passionnés de randonnées et de vélo, ou les flâneurs venus se prélasser au soleil sur l'une des nombreuses plages (l'île possède en effet un microclimat qui lui donne des faux airs de Méditerranée). En traversant certains villages aux cottages aux toits de chaume, où les salons de thé ne servent que des cream tea, on aura l'étrange impression que le temps s'est arrêté. Avec ses falaises blanches, l'ouest est la partie la plus sauvage de l'île et la plus impressionnante au niveau des paysages. Aux côtés de longs sentiers qui longent le bord de mer, d'autres s'enfoncent dans la forêt de Brightsone ou coupent à travers champs. Le Sud est caractérisé par des falaises culminant à 700 pieds et datant de la dernière ère glaciaire. Turner, Tennyson, Dickens, Keats et Swinburne les ont immortalisées dans leurs œuvres. Quant à l'Est, c'est la partie la plus touristique de l'île. Ses villes comptent beaucoup de B&B et restaurants destinés aux visiteurs venus profiter des plages de sable ou de galets et des attractions attenantes.

COWES

Il ne faut pas se tromper de ville car Cowes et East Cowes sont séparées par la rivière Medina et sont reliées par un ferry. East Cowes était un chantier naval important : on y a construit entre autres des destroyers, des sous-marins, des bateaux de sauvetage *Saunders-Roe* et le *Bluebird* de Sir Malcolm Campbell, qui a battu le record de vitesse en 1936.

Transports

Comment y accéder et en partir

Crossing the Bar, l'un des poèmes favoris des Anglais, fut composé par Tennyson pendant la traversée du Solent, le bras de mer qui sépare l'île du continent, à bord du bateau qui reliait Lymington à Yarmouth et faisait escale à Freshwater Bay House. Cet itinéraire existe toujours. L'ouest et le sud de l'île sont les zones privilégiées des marcheurs. Pour découvrir les falaises et de spectaculaires paysages, le mieux est de partir de Freshwater, principale étape du « Tennyson Trail ». Ce parcours balisé de 15 miles (24 km) permet de longer sur un sentier blanc la crête des falaises. Enivrant et impressionnant. Ce bout du monde constitue aussi la meilleure section des 60 miles (96 km) du Costal Path Walk qui ceinture l'île. Au sud, du côté de St Catherine, le sentier réserve également une très belle vue, avec en prime la possibilité de commencer ou terminer par la visite du phare de St Catherine. Suivre les nombreux panneaux indiqués Footpath ou Coastal path.

COMPAGNIES DE FERRIES

- **Redfunnel.** Au départ du port de Southampton, les ferries emmènent les passagers piétons et les voitures jusqu'à East Cowes. Il existe également un ferry rapide, uniquement pour les piétons, qui traverse le Solent en 25 minutes (Red Funnel's Red Jet High Speed). (+44 8448 449 988 - www.redfunnel.co.uk)
- **Hovertravel.** De Southsea, emprunter la compagnie (piétons uniquement) qui dépose à Ryde (+44 2392 811 000 - www.hovertravel.co.uk).
- **Wightlink.** De Portsmouth et Lymington, les ferries (piétons et voitures) font le trajet jusqu'à Yarmouth et Ryde (+44 8713 761 000 - www.wightlink.co.uk).

GARE FERROVIAIRE

The Island Line

www.islandlinetrains.co.uk

Une ligne ferroviaire relie toutes les villes de l'île.

- Pour les nostalgiques, un train à vapeur voyage également : Isle of Wight Steam Railway (+44 1983 882 204 – www.iwsteamrailway.co.uk). Tarifs adultes à partir de £9,50, enfant à partir de £5. En août, un voyage enfant offert par adulte payant.

ISLAND BUSES

Southern Vectis – www.islandbuses.info

Un Rover ticket permet de faire le tour de l'île à souhait pendant 1, 2, 7 ou 28 jours. De fréquentes navettes relient les villes et les différentes activités et attractions de l'île. Tarif adulte £10 pour 1 jour, £24 pour 7 jours.

VOITURE

Très pratique pour circuler à l'intérieur de l'île et s'arrêter où bon nous semble pour découvrir villages et chemins de randonnées. La plupart des parkings et rues sont payants.

Se déplacer

CYCLE ROUTE

Il est très agréable et pratique de partir à la découverte de l'île en vélo. Pour connaître les itinéraires, procurez-vous à l'office du tourisme la petite brochure *Cycle Route Round the Island*, qui décrit tous les itinéraires à vélo de l'île.

Plusieurs compagnies louent des vélos sur toute l'île. Wight Cycle Hire (Brading et Yarmouth) est la plus importante. A voir aussi : 1st Call Cycle Hire (Sandown), Battersby Cycles (Ryde), Bikemech (Freshwater) et Extreme Cycles (Ventnor).

Pratique

Les offices de tourisme sur l'île ont tous fermé leurs portes en 2011, il faut donc se renseigner sur le site www.visit-wight.co.uk pour avoir des informations.

Se loger

ALBERT COTTAGE HOTEL

York Avenue, East Cowes
✆ +44 1983 299 309
www.albertcottagehotel.com
Chambre double entre £99 et £139. Petit déjeuner inclus.

Construit en 1840, le bâtiment est racheté quelques années plus tard par le Prince Albert pour être intégré au jardin botanique de Osborne House Estate. Les murs ont donc abrité bon nombre de pensionnaires royaux. Aujourd'hui, les dix chambres ont préservé leur charme victorien, tout en étant parfaitement équipées.

Se restaurer

TIFFINS OF COWES

127 High Street, Cowes ✆ +44 1983 292 310
Ouvert tous les jours de 8h30 à 17h.
Tiffins est LE spot du midi. Les locaux ne se lassent pas de ses sandwiches baguette, de son divin cappuccino ou de ses pâtisseries bariolées.

À voir – À faire

OSBORNE HOUSE

The Avenue ✆ +44 1983 200 022
Ouvert tous les jours d'avril à fin septembre de 10h à 17h, de novembre à mars ouvert le week-end seulement de 10h à 16h. Billet maison et jardins : adulte : £13, enfant £7,80. Bus 4 de Ryde ou bus 5 de Newport.
A un kilomètre et demi au sud-est de East Cowes, cette villa de style italien était la maison de vacances de la reine Victoria et de sa famille.

Venue ici pour échapper aux devoirs de son rang, c'était un lieu où toute la famille aimait se ressourcer et s'amuser loin de tout regard. C'est ici que la reine décéda en 1901. A l'intérieur sont conservés des tableaux et objets choisis et achetés directement par la famille royale. Portraits de famille ou paysages, petits biscuits ou bustes sculptés, on est dans l'intimité royale. La mise en scène donne d'ailleurs l'impression que la reine a quitté les lieux à l'instant et qu'elle est partie se promener comme elle le faisait si souvent, elle a même oublié son châle !

RYDE

30 000 habitants. Entre Henri VIII et Elisabeth II, la British Navy se rassemblait à Spithead pour la revue royale de la flotte. C'est également de là que partirent les Alliés pour débarquer en Normandie. Ryde est la ville la plus peuplée de l'île.

Se loger

L'île de Wight étant prise d'assaut en été, il est fortement conseillé de réserver à l'avance, d'autant plus que Ryde est desservie par le ferry, à privilégier pour les voyageurs se déplaçant sans voiture.

KASBAH

76 Union Street ✆ +44 1983 810 088
www.kasbahryde.com
Cahmbre double à partir de £40. Petit déjeuner inclus.
Dormez au Maroc et sur l'île de Wight à la fois ! Ce superbe hôtel, aux tons chaleureux, développe un thème oriental dans toutes ses chambres. A deux pas du centre-ville, l'établissement possède également un bar-restaurant qui sert de délicieuses tapas.

YELF'S

Union Street ✆ +44 1983 564 062
www.yelfshotel.com
Chambre simple à partir de £65, double à partir de £75. Petit déjeuner inclus.
Le plus ancien relais de coche de l'île. Il comprend un restaurant immense où, le dimanche, on sert la spécialité anglaise la plus célèbre : rôti avec ou sans sauce à la menthe.

Sortir

Petite ville mais qui a quand même un cinéma, une salle de théâtre et des indétronables pubs.

THE BALCONY

The Pavilion ✆ +44 1983 617 070
Le plus grand night-club de l'île.

RYDE THEATRE

Lind Street
✆ +44 1983 568 099
www.rydetheatre.co.uk
Une salle de concerts accueillant des musiciens locaux et internationaux.

SANDOWN

6 000 habitants. Sandown est célèbre pour sa grande plage de sable doré, qui s'étend dans une baie protégée. Les visiteurs déambulent le long de l'agréable front de mer pour admirer le Pier victorien.

Se loger

THE WIGHT MONTRENE HOTEL

Avenue Road
✆ +44 1983 403 722
www.wighthotel.co.uk
Attention, le prix comprend la chambre avec petit déjeuner et la traversée en ferry, chambre entre £59 et £79 par personne et par nuit selon la saison.
Une très bonne adresse sur l'île, qui assure un accueil chaleureux, une atmosphère détendue et des chambres spacieuses et douillettes. En plus, les lieux offrent piscine couverte, sauna, Jacuzzi, solarium, billard, table de ping-pong...

Sortir

Sandown est bien petit, on profitera des pubs locaux.

À voir – À faire

ISLE OF WIGHT ZOO

Yaverland Seafront
✆ +44 1983 403 883
www.isleofwightzoo.com
Ouvert d'avril à fin septembre de 10h à 18h, octobre et février/mars de 11h à 15h. Adulte : £6,50, enfant : £3,50. De Sandown, prendre la B3395 et tourner à droite quand vous serez face à la mer. Le parking se trouve à gauche de la route, le zoo à droite. Bus 1 et 22 de Sandown.
Le zoo s'occupe notamment de grands fauves, on y découvre lions, tigres et autres gros chats dans de beaux et larges enclos, car les lieux se sont récemment beaucoup agrandis. A voir également, de nombreux lémuriens.

PLAGES

De grandes et longues plages bordent la ville ; les amateurs de baignade s'y pressent.

SHANKLIN

9 000 habitants. Shanklin a longtemps été une ville de marchés, où s'échangeaient beurre, maïs et bestiaux. Aujourd'hui, le village est célèbre pour ses carnavals et sa régate annuelle.

Se loger

THE CHESTNUTS
4 Hope Road
✆ +44 1983 862 162
www.thechestnutsshanklin.co.uk
Chambre double à partir de £64. Petit déjeuner inclus. Internet et parking gratuits.
Un B&B moderne situé dans une maison immaculée, tenue par Sue et Terry. En plus, la plage est à deux pas !

SWISS COTTAGE
10 St George Road
✆ +44 1983 862 333
www.swiss-cottage.co.uk
Chambre double de £64 à £76. Petit déjeuner inclus.
Keith et Christine vous accueillent dans leur petite maison apprêtée. Le salon est ensoleillé, les chambres douillettes et les feuilles des palmiers viennent cogner doucement aux fenêtres. Swiss Cottage est à quelques minutes à pied de la plage et de la vieille ville.

Se restaurer

Britannique, indien, thai, italien, même si le nombre d'établissements est limité, il y a tout de même de la diversité.

À voir – À faire

Tout en longueur, le centre-ville est surélevé par rapport à la plage de sable. Le vieux village (Old Village) possède des rues étroites et des maisons aux toits de chaume.Un ravin profond « Chine » sépare le haut de la falaise de la plage.Keats séjourna au Cottage Eglantine (76 High Street) pour y écrire des poèmes, dont le célèbre Endymion : *A thing of beauty is a joy forever.*

VENTNOR

Ce joli village en terrasse, entièrement tourné vers la mer et ses plages, est l'endroit le plus chaud de l'île, avec un climat qui rappelle celui de la Méditerranée. Le docteur Sir James Clark en vanta les avantages pour la santé dans un monographe, ce qui contribua à renforcer l'attrait de l'endroit.

Se restaurer

Grand choix de restaurants de cuisines du monde à Ventnor.

À voir – À faire

VENTNOR BOTANIC GARDEN
Undercliff Drive ✆ +44 1983 855 397
www.botanic.co.uk
A environ 700 m de Ventnor ou Bus 16, 16B, 17, 31. Ouvert de 10h jusqu'au crépuscule. Adulte £5, enfant £3.
Ce superbe parc de 22 hectares présente des jardins de toutes les latitudes : terrasse méditerranéenne, rive australienne, herbes aromatiques, collection américaine… avec quantité de plantes, arbres et fleurs différentes.

ST LAWRENCE

St Lawrence possède une charmante église datant du XIIe siècle, qui fait seulement 20 pieds sur 12 pieds (environ 6 m x 3 m). Pour anecdote, la porte nord est si basse qu'un prêtre en est mort, assommé un dimanche en se dépêchant pour le service !

ISLE OF WIGHT GLASS
Old Park, St Lawrence
✆ +44 1983 853 526
www.isleofwightstudioglass.co.uk
Ouvert du lundi au vendredi de 9h à 17h, le samedi de 10h à 16h30.
Un atelier qui fabrique du verre où l'on peut voir travailler les souffleurs en action. Une petite promenade de 10 minutes vous emmène également au bord de la mer depuis l'atelier. Possibilité de laisser sa voiture gratuitement au parking.

YARMOUTH

Les Français ont pillé Yarmouth à deux reprises (1377 et 1524). Henri VIII y a fait bâtir un château, qui se visite. Aujourd'hui, c'est un petit port de plaisance très apprécié des voyageurs, séduits par son charme authentique.

YARMOUTH CASTLE
Quay Street ✆ +44 1983 760 678
Tarif adulte £4, enfant £2,40. Ouvert d'avril à fin septembre tous les jours de 11h à 16h, le reste de l'année le week-end seulement de 11h à 16h.
Un petit fort situé en bord de mer qui était destiné à surveiller les côtes. Histoire du château retracée à l'intérieur.

SOUTHAMPTON

240 000 habitants. Ville industrielle, Southampton a été durement touchée par les bombardements de la Luftwaffe pendant la Seconde Guerre mondiale. Seuls quelques bâtiments, le mur de l'enceinte de la cité et sa porte d'entrée, Bargate, ont été épargnés, et demeurent ainsi les uniques vestiges de l'époque médiévale. La reconstruction de Southampton, débutée dans les années 1950, transforme la ville, qui perd alors une grande partie de son charme. Situé dans un vaste estuaire, son port fut l'un des plus actifs durant le Moyen Age dans le domaine commercial et militaire. Henri V partit d'ici en 1415 pour remporter la bataille d'Azincourt, achevant ainsi la conquête normande. C'est aussi de là que le *Mayflower* et le *Titanic* larguèrent les amarres pour le Nouveau Monde.

Transports

GARE FERROVIAIRE

Blechynden Terrace ✆ +44 8457 484 950
www.nationalrail.co.uk

GARE ROUTIÈRE

Harbour Parade
✆ +44 8717 818 181 / +44 9001 600 900
www.nationalexpress.com

Pratique

OFFICE DU TOURISME DE SOUTHAMPTON

9, Civic Center Road
✆ +44 23 8083 3333
www.visit-southampton.co.uk
Ouvert du lundi au samedi de 9h30 à 17h, dimanche de 9h30 à 16h.

Se loger

Les B&B et guest-houses sont concentrés dans le quartier du Polygon, au nord-ouest du centre-ville, sur Languard Road. Handel Road et Terrace comptent plusieurs établissements bon marché, avec salles de bains communes, pour les petits budgets.

THE ELIZABETH HOUSE HOTEL

42-44 The Avenue ✆ +44 23 8022 4327
www.elizabethhousehotel.com
Chambre double à partir de £75. Petit déjeuner inclus. Parking et Internet gratuits.
En bordure du Common, le grand parc de Southampton, The Elizabeth House est à 20 minutes à pied du centre-ville. Les chambres, décorées de manière traditionnelle, séduisent par leurs hauts plafonds et leurs salles de bains très bien équipées. On apprécie le calme de l'endroit et l'excellent service.

THE WHITE STAR

28 Oxford Street ✆ +44 23 8082 1990
www.whitestartavern.co.uk
Chambre double entre £85 et £145.
Pour un séjour chic, dans un décor aux tendances japonisantes. Le mobilier en bois brut, les tapis et murs teintés de couleurs terriennes et la literie de qualité confèrent à l'endroit un charme discret et huppé. Situé sur la très animée Oxford Street, le White Star possède aussi un excellent restaurant, réputé pour ses brunchs en terrasse.

Se restaurer

Oxford Street et Bedford Place réunissent une grande variété de restaurants, cuisines thaïe, indienne, britannique et chinoise en tête. Ces deux rues possèdent une ambiance animée, qui change du centre-ville un peu morne et pas toujours bien famé. Oxford Street compte en plus de nombreuses terrasses.

Sortir

Pour sortir boire un verre, rien ne vaut London Road. En tant que ville étudiante, Southampton jouit d'une vie nocturne animée, où les concerts et soirées Open-mic se succèdent.

ORANGE ROOMS

1-2 Vernon Walk
Dans le triangle London Road, Carlton Place et Bedford Place
✆ +44 23 8023 2333
www.orangerooms.co.uk
Ouvert du lundi au mercredi de 12h à minuit, jeudi jusqu'à 1h, vendredi et samedi jusqu'à 2h, dimanche de 16h à minuit. Entrée gratuite avant 21h.
Comme son nom l'indique, tout est orange dans ce bar, des canapés aux scooters vintage garés à l'entrée, en passant par les poissons rouges – enfin orange – qui *groovent* en rythme dans leur aquarium. Un lieu rétro-lounge, privilégié des DJs de Londres, prisé de ceux qui aiment la musique électro.

TALKING HEADS

320 Portswood Road
✆ +44 23 8067 8446
www.thetalkingheads.co.uk
Ouvert du lundi au jeudi de 16h à minuit, vendredi de 16h à 2h, samedi de 14h à 2h et dimanche 14h à minuit.
Concerts soul et jazz, festivals, Ukulele jam sessions (deux lundis par mois 19h-21h renseignements sur www.southamptonukulelejam.

co.uk), soirées open-mic... The Talking Head est un pub/salle de concerts très actif et éclectique, dont la programmation ne cesse de s'élargir.

À voir – À faire

Southampton intéressera les passionnés, les autres bouderont peut-être les quelques musées de la ville.

CITY ART GALLERY

Civic Center, Commercial Road
✆ +44 2380 833 007
art.gallery@southampton.gov.uk
Ouvert tous les jours de 10h à 17h. Entrée gratuite.
Ce musée consacré à l'art européen possède l'une des plus importantes collections du Vieux Continent. Des expositions temporaires sont également organisées régulièrement. Le bâtiment abrite une bibliothèque ainsi qu'une cafétéria au rez-de-chaussée.

SEACITY MUSEUM

Havelok Road ✆ +44 23 80 83 30 07
www.seacitymuseum.co.uk
Ouvert tous les jours de 10h à 17h. Entrée adulte £8,50, enfant £6.
On y découvre une exposition sur le naufrage du *Titanic* et une autre sur l'influence de Southampton au fil des siècles.

SOUTHAMPTON TOURIST GUIDES ASSOCIATION

www.stga.org.uk
En aôut et d'octobre à mai le dimanche à 11h, en juin juillet et septembre le dimanche, mardi, jeudi et samedi à 11h. Départ de Bargate. Tarif adulte £3, enfant gratuit.
A partir de Bargate – une des anciennes portes de l'enceinte médiévale érigée au XIIe siècle – une visite gratuite est organisée autour des fortifications et des monuments historiques de la ville. C'est d'autant plus intéressant (même pour les non-anglophones) que certains endroits ne sont accessibles que si l'on est accompagné d'un guide.

TUDOR HOUSE MUSEUM

Bugle Street ✆ +44 2380 834 242
www.tudorhouseandgarden.com
Ouvert tous les jours de 10h à 17h. Adulte £4,75 ; enfant £3.
Le musée montre la vie quotidienne des gens à Southampton à travers les siècles. On peut admirer les colombages de cette vieille maison, construite aux environs de 1495, qui abrite dans sa cour intérieure un magnifique jardin du XVIe siècle (Knott Garden).

NEW FOREST

Située aux portes de Southampton, la New Forest s'étend sur 265 km². Moutons, chevaux et poneys gambadent allégrement dans la bruyère violacée, en toute tranquillité. Ce ne fut pas toujours le cas puisque Guillaume le Conquérant avait choisi ce lieu comme réserve royale afin d'y pêcher et chasser. Aujourd'hui, on s'y promène à pied, à cheval ou à vélo, et on profite des petits villages de Lymington et Beaulieu pour se restaurer et se loger.
Lymington abrite 15 000 habitants. Avec son petit port, ses ruelles sinueuses, ses restaurants et son ambiance maritime, Lymington est la plus charmante des villes de la New Forest. Si on souhaite passer la nuit dans la région, ou simplement y dîner, c'est le village où s'arrêter. Lyndhurst accueille l'office de tourisme principal de la New Forest, quelques boutiques d'objets en bois sont à voir.

Transports

La New Forest est un endroit idéal pour se déplacer à vélo, avec plus de 200 km de pistes cyclables. En voiture, Southampton est à 30 minutes.

Comment y accéder et en partir

FERRY

Wight Link Ferries
✆ +44 871 376 10 00
www.wightlink.co.uk
Les ferries circulent entre Yarmouth (Ile de Wight) et Lymington.

GARE FERROVIAIRE

Brockenhurst Station
www.southwesttrains.co.uk
Brockenhurst Station est reliée à Londres (Waterloo Station), Basingstoke, Winchester, Southampton, Bournemouth, Poole et Weymouth (South West Trains). Pour venir ou aller à Oxford, Banbury, Reading, Coventry et Birmingham empruntez les Cross Country Trains.

PUFFIN CRUISES

Lymington Quay, Lymington
✆ +44 7850 947 618
www.puffincruiseslymington.com
Un ferry uniquement pour les piétons, qui relie Lymington à l'Ile de Wight (Yarmouth, Alum Bay et Needles). Plus petit, Puffin Ferry est aussi plus sympathique que les grands ferries qui traversent le Solent. En plus, le capitaine vous parle de la faune et la flore de l'Ile de Wight.

Pratique

OFFICE DU TOURISME DE NEW FOREST
High Street, Main Car Park
✆ +44 2380 282 269
www.thenewforest.co.uk
Ouvert de 10h à 17h, tous les jours.

Se loger

Il y a de nombreux B&B et hôtels le long des routes traversant New Forest.

Se restaurer

Lymington, village plus chic que Lyndhurst et plus développé que Beaulieu et Brockenhurst, compte d'excellents restaurants. Bluebird Restaurant (Quay Street) et Ship Inn (Lymington Quay) méritent également qu'on s'y attarde, le premier pour ses plats de poisson, le second pour sa grande terrasse sur le port. A savoir également, sur Captain's Row, le poissonnier Truly Scrumptious vend le meilleur crabe de Lymington.

EGAN'S
24 Gosport Street, Lymington
✆ +44 1590 676 165
www.eganslymington.co.uk
Ouvert du mardi au samedi, de 12h à 14h et de 18h30 à 22h. Réservation recommandée pour les samedis soir (3 semaines à l'avance).
Dans un cadre épuré, Egan's sert une cuisine britannique moderne, aux influences méditerranéennes. Sauté de lapin accompagné de gratin dauphinois, suivi d'une crème brulée à la rhubarbe ou d'une panacotta, le tout arrosé d'un vin italien ou néo-zélandais, le miracle culinaire est proche... En été, les gourmets peuvent profiter du petit jardin fleuri à l'arrière du restaurant.

LANES
Ashley Lane, Lymington ✆ +44 1590 672 777
www.lanesoflymington.com
Ouvert du mardi au samedi midi à partir de 11h30 et soir à partir de 18h30 ainsi que le dimanche soir en juillet et août.
Cette adorable maison blanche était autrefois une église, avant d'être transformée en école. Aujourd'hui, les fourneaux ont remplacé les tableaux noirs, et les fins gourmets viennent y réviser leurs leçons gastronomiques. Etabli sur plusieurs étages, ce restaurant offre un cadre intime, chaque table étant espacée, si ce n'est séparée par un escalier ou une rambarde. La lumière perce à travers les fenêtres en ogive, pour venir éclairer des assiettes savoureuses et bien garnies, aux saveurs britanniques.

À voir – À faire

Ruines romaines, villages charmants, réserves naturelles, parc zoologiques, musée de l'Automobile, la New Forest jouit d'attractions aussi diverses que variées.
Les poneys sauvages, que l'on peut observer tout au long de la visite, évoluent librement dans la New Forest mais sont en réalité la propriété des *Commoners* (roturiers), les paysans des alentours qui jouissent d'un droit à la terre. Cet ancien système est contrôlé par les *Verderers*, des officiers de justice responsables de la forêt royale (ce qu'était autrefois la New Forest). Les chevaux sont donc surveillés, et certains ont vocation à être vendus puis dressés.

BEAULIEU TOUR
John Montagu Building
✆ +44 1590 612 345 – www.beaulieu.co.uk
Ouvert tous les jours de 10h à 18h en été, 17h en hiver. Tarif adulte : £20 ; enfant : £9,95 ou £12. Billet comprend le National Motor Museum, James Bond Experience, Palace House, les jardins et l'abbaye.
A quelques miles du village de Beaulieu, ce grand complexe touristique réunit quatre attractions :

- **Palace House**. Construite sur les fondations de la conciergerie de l'abbaye, elle appartient depuis 450 ans à la famille des Montagu.
- **Beaulieu Abbey** est fondée en 1204 par trente moines cistériens, et détruite sous le règne d'Henri VIII. Dans un des vestiges, une exposition retrace la vie quotidienne des moines et présente une maquette de l'abbaye de l'époque.
- **National Motor Museum**, où 250 voitures de légende vous attendent, des plus originales, à celles qui ont achevé des records de vitesse…
- **Enfin, les fans de James Bond** vont défaillir... les voitures de 007 y sont exposées, avec, par exemple, la Ford conduite par Daniel Craig dans *Casino Royale*.

BUCKLER'S HARD
Beaulieu
✆ +44 1590 616 203
wwwbucklershard.co.uk
Ouvert tous les jours de 10h à 17h30 de mars à septembre, 10h à 16h30 d'octobre à février. Le ticket comprend l'entrée au Maritime Museum et à Buckler's Hard Story, ainsi que le parking pour la journée. Adulte £6,20 ; enfant £4,40.
Voici un village du XVIIIe siècle, Buckler's Hard, qui s'est principalement illustré dans la construction de navires de guerre, notamment

ceux de la flotte de Nelson pour la bataille de Trafalgar. Des cottages du XVIIIe siècle sont reconstitués, racontant à leur manière l'histoire du village. A voir également, The Maritime Museum et The Buckler's Hard Story.

EXBURY GARDENS

Exbury
✆ +44 23 8089 1203
www.exbury.co.uk
Ouvert tous les jours de mi-mars à début novembre, de 10h à 17h. Tarif adulte : £10 ; enfant : gratuit.
Cent hectares de jardins magnifiques et des expositions florales de toute beauté, à découvrir à toutes les saisons ! Jardins de rocaille, de roses et d'iris, prairie de jonquilles, bruyère, étangs… Un centre d'horticulture, une boutique et un salon de thé occupent également le domaine. Parking gratuit.

NEW FOREST WILDLIFE PARK

Deerleap Lane, Longdown
✆ +44 23 8029 2408
www.newforestwildlifepark.co.uk
Ouvert tous les jours de 10h à 17h30, jusqu'à la tombée de la nuit en hiver. Tarif adulte : £9,95 ; enfant : £6,95.
Centre de protection et de sauvetage des chouettes et des animaux des bois tels que renards, blaireaux, lynx, daims, loups...

ROCKBOURNE ROMAN VILLA

Rockbourne, Fordingbridge
✆ +44 845 603 56 35
Ouvert du 1er avril au 30 septembre, de 11h à 16h. Adulte £3,20 ; enfant £2,10.
Découverte en 1943, c'est l'une des plus importantes villas de l'époque romaine. Les ruines ont été aménagées et l'on peut y voir les objets retrouvés sur place : bijoux, poteries et mosaïques.

Sports – Détente – Loisirs

LEPE COUNTRY PARK

Lepe, Exbury ✆ +44 23 8089 9108
www.hants.gov.uk/lepe
Ouvert de 7h30 à la tombée de la nuit. Parking payant. Toilettes, restaurant.
Face à l'île de Wight, le parc offre des plages de sable, des aires de jeux pour enfants, des aires de pique-nique et des randonnées.

WESTERN RIDING

Bashley Common Road, New Milton
✆ +44 1425 610 278 – www.burleyvilla.co.uk
Plusieurs treks à cheval sont organisés à partir de ce centre équestre, de la simple promenade de deux heures, au barbecue nocturne, en passant par la journée complète. Balade à cheval de 1h30 à £39 personne.

Shopping

On trouvera de nombreux marchés de produits locaux dans les villages environnants comme le 1er samedi du mois à Brockenhurst, le 2ème samedi à New Milton, chaque samedi à Sunnyfields. Liste des marchés locaux disponibles sur www.thenewforest.co.uk.

NEW FOREST WINE

Holly Bush Vineyard, A337, Brockenhurst
✆ +44 1590 622 246
www.newforestwines.com
A un mile au sud de Brockenhurst. Ouvert de 10h à 17h30 du lundi au mercredi et jusqu'à 19h du jeudi au samedi.
Trois hectares de vignobles à l'anglaise… Le vin est mis en bouteille sur le lieu même.

RINGWOOD BREWERY STORE

138 Christchurch Road, Ringwood
✆ +44 1425 471 177
www.ringwoodbrewery.co.uk
Ouvert de 9h30 à 17h du lundi au samedi.
Sélection de jus de pommes, cidres et de bières. Visite possible de la brasserie le week-end, sur réservation.

WINCHESTER

45 000 habitants. Autrefois nommée Venta Belgarium, Winchester est fondée par les Romains, qui veulent tirer parti de la proximité de la rivière Itchen. Quelques siècles plus tard, le roi de Wessex, Alfred le Grand, fait de Winchester sa capitale.
En 1043, Edouard Ier Confesseur y est couronné et Guillaume le Conquérant, après sa victoire, ordonne la construction d'un palais. Les souverains continuent à séjourner dans la ville régulièrement durant tout le Moyen Age, époque marquée par un essor commercial important, grâce à l'industrie de la laine.
Toutefois, Londres prend de l'importance, jusqu'à devenir la Capitale au XVIe siècle. Winchester se retire alors du devant de la scène. C'est aujourd'hui une charmante ville provinciale, qui s'enorgueillit entre autres de posséder la table ronde des chevaliers du roi Arthur, provenant du château de Camelot.

Transports

GARE FERROVIAIRE
Stockbridge Road ✆ +44 8457 484 950
www.nationalrail.co.uk
Winchester se trouve sur la ligne Londres-Waterloo-Southampton-Poole.

GARE ROUTIÈRE
Broadway
✆ +44 8717 818 178
✆ +44 9001 600 900
www.nationalexpress.com

PARKING
Trois Park & Ride sont accessibles, deux à la sortie 10 de la M3, et un à la sortie 11. Toutes les 15 minutes, les bus font la navette entre le parking et le centre-ville (et retour) du lundi au samedi de 7h à 21h30 (£3 la journée par voiture garée).

Pratique

OFFICE DU TOURISME DE WINCHESTER
Guildhall, Broadway ✆ +44 1962 840 500
www.visitwinchester.co.uk
Ouvert toute l'année de 10h à 17h, le dimanche uniquement en été de 11h à 16h.

Se loger

Winchester compte de très beaux bâtiments historiques, qui séduiront les amateurs de séjours authentiques.

HÔTEL DU VIN
14 Southgate Street ✆ +44 1962 841 414
www.hotelduvin.com
Chambre double entre £139 et £255. Parking gratuit, Internet payant.
Un concept fulgurant en Grande-Bretagne, basé sur le raffinement français. Le cadre est superbe : parquet ciré, senteurs de pin et de liège, mobilier en bois noble, fauteuils clubs en cuir, bibliothèque fournie... L'hôtel du Vin est un havre de paix, et chacune de ses chambres un bijou de distinction. La cave fait honneur au nom même de l'hôtel : plus de 900 différents propriétaires y figurent, les Français bien sûr mais aussi les Italiens, les Chiliens, les Californiens et Australiens. Enfin, le Bistrot du vin brille par sa cuisine franco-british savoureuse.

THE WYKEHAM ARMS
75 Kingsgate Street ✆ +44 1962 853 834
www.wykehamarmswinchester.co.uk
Chambre simple de £62 à £100, double de £119 à £190. Petit déjeuner inclus. Parking et Internet.
Construit en 1760, à deux pas de la cathédrale et du collège, le bâtiment s'appelait autrefois « The Fleur de Lys » mais fut rebaptisé pour des raisons patriotiques pendant la guerre napoléonienne au profit de William Wykeham, fondateur du collège de Winchester. Les chambres, situées au-dessus du pub, bénéficient d'une excellente isolation. Paisible et charmant, cet établissement assure un séjour typiquement anglais, au cœur du Winchester historique.

Se restaurer

La cuisine britannique est à l'honneur à Winchester, pubs ou restaurants rivalisent d'inventivité dans leurs menus.

Sortir

Édité par l'office de tourisme, le guide Eye-openers indique tous les lieux culturels et artistiques de Winchester. A télécharger sur www.visitwinchester.co.uk

THE ROYAL OAK
Royal Oak Passage, Exbury Road
✆ +44 1962 842 701
Ouvert en semaine midi et soir, le week-end tout la journée.
Dans ce pub, l'un des plus anciens de la ville, on joue au poker le mercredi, avant de répondre au quiz du jeudi soir. Le tout largement arrosé de bière locale. So british !

THÉÂTRE ROYAL
Jewry Street
✆ +44 1962 840 440
www.theatreroyalwinchester.co.uk
Le théâtre, de style édouardien, est très fréquenté. Au programme : projections de films, animations, ballets et concerts dans le Great Hall et tournées nationales.

À voir – À faire

De mai à octobre, vous pouvez visiter la ville à pied accompagné d'un guide. La promenade dure 90 minutes environ et les départs se font à partir de l'Office de tourisme. Adulte : £4,50, enfant : gratuit. Tous les détails au TIC Tél +44 1962 840 500 - www.winchestertouristguides.com

Les passionnés pourront visiter les différents musées militaires de Winchester : The Light Infantru Museum (exposition sur la chute du mur de Berlin et la guerre du Golfe), The King's Royal Hussars Museum (guerre de Crimée), The Gurkha Museum (soldats népalais, régiment d'élite de la British Indian Army, toujours présents au sein de l'armée de Sa Majesté), The Royal Hampshire Regiment Museum, The Royal Green Jacket Museum (exposition sur la bataille de Waterloo).

JANE AUSTEN'S HOUSE MUSEUM

Chawton, Alton
✆ (01420) 83262
www.jane-austens-house-museum.org.uk
Ouvert tous les jours de mi-février à décembre de 10h30 à 16h30 (10h-17h de juin à août) et seulement le week-end en janvier et début février. Tarif adulte : £7,50 ; enfant : £2.

La grande romancière passa à Winchester les dernières années de sa vie. Entre ces murs, elle mit un point final à *Raison et sentiments*, *Orgueil et préjugés*, et écrivit *Emma et persuasion*. Elle est décédée le 18 juillet 1817 et repose dans la cathédrale. Aujourd'hui, sa maison dans College street est une habitation privée fermée au public. Les admirateurs de Jane Austen doivent donc venir ici à sa rencontre, à Chawton, à 12 miles à l'est de Winchester, où elle vécut de 1809 à 1817.

WINCHESTER CASTLE AND THE GREAT HALL

Castle Avenue
✆ +44 1962 846 476
www.hants.gov.uk/greathall
Ouvert tous les jours de 10h à 17h. Entrée gratuite mais une donation de £2 est conseillée. Excellente boutique de cadeaux.

Le Grand Hall est le dernier vestige du château d'Henri III, bâti entre 1222 et 1235. Le mur oriental faisait partie des fortifications du château précédemment construit par Guillaume le Conquérant. Accrochée à cette paroi trône une réplique de la fameuse Table ronde du roi Arthur et de ses chevaliers – l'originale est restée pendant 600 ans avant d'être conservée à l'abri des regards. D'après de récentes études, elle fut construite entre 1250 et 1280. Une chronique du XVe siècle mentionne déjà la table accrochée au mur à Winchester. Elle ne fut peinte que sous Henri VIII. Le portrait du roi Arthur serait en fait celui d'Henri VIII (coloré de vert et de blanc et agrémenté de la rose des Tudor à l'occasion de la visite de Charles V en 1522).

WINCHESTER CATHEDRAL

1 The Close
✆ +44 1962 857 200
www.winchester-cathedral.org.uk
Ouvert tous les jours de 9h30 à 17h (12h30 à 15h le dimanche). Tarif adulte : £6,50 ; gratuit pour les moins de 16 ans.

C'est l'une des plus anciennes cathédrales du monde. Sa construction remonte au XIe siècle. Construite en 1079, ses transepts et sa crypte sont de style roman alors que la nef, remodelée au XIVe siècle, est gothique. Derrière le maître-autel, la sculpture du Christ en croix est une copie du XIXe siècle, d'après l'original du XIIIe siècle. Dans la Lady Chapel, des peintures murales réalisées entre 1498 et 1524 représentent des miracles attribués à la Vierge Marie. Il s'agit de copies sur bois recouvrant et protégeant les originaux trop fragiles. A l'entrée de la chapelle, s'élève curieusement une statue de Jeanne la Pucelle, offerte par un donateur américain en 1920, sur les lieux mêmes de la sépulture du cardinal Henri de Beaufort, l'un des accusateurs de Jeanne d'Arc. A remarquer encore, le plus ancien carrelage d'Angleterre (1230), derrière le maître-autel. Enfin c'est ici que se trouve la tombe de Jane Austen, dont la vie, et notamment sa relation à l'Eglise – son père était recteur – sont racontées dans une exposition.

WINCHESTER COLLEGE

College Street
✆ +44 1962 621 209
www.winchestercollege.org/guided-tours
Ouvert d'avril à septembre, du lundi au samedi. Visite guidée. Entrée : £6.

L'une des plus anciennes Public Schools d'Angleterre, puisqu'elle fut fondée en 1382 par l'évêque de Winchester, William de Wykeham. De taille réduite, les bâtiments (XIVe siècle), ainsi que la pelouse, sont charmants. La chapelle se visite également, de préférence en fin d'après-midi, quand le soleil éclaire le vitrail derrière le maître-autel.

LE SUD-OUEST

Ville de Cornouailles.

Le Sud-Ouest
Voies rapides
Routes à deux voies
Routes secondaires
Limites de comtés
Limites de parc national
Agglomérations
Villes importantes
Villes secondaires
Localités
PAYS DE GALLES
VALE OF GLAMORGAN
Cardiff
Newport
Avonmouth
BRISTOL
Bath
Swindon
Chippenham
Trowbridge
WILTSHIRE
Worms Head
BRISTOL CHANNEL
Lundy
Ilfracombe
Minehead
Burnham
Weston-Super-Mare
Wells
Frome
Shepton Mallet
Glastonbury
Bridgwater
Warminster
Wilton
Salisbury
Shaftesbury
Exmoor National Park
SOMERSET
Taunton
Yeovil
DORSET
Blandford Forum
Ringwood
Poole
BORNEMOUTH
Barnstaple
Hartland Point
Bideford
Clovelly
South Molton
Tiverton
Honiton
DEVON
Exeter
Okehampton
Bude
Launceston
Dartmoor National Park
Lyme Regis
Dorchester
Bridport
Sidmouth
Exmouth
Lyme Bay
Weymouth
Île de Portland
Bill of Portland
Wadebridge
CORNWALL
Tavistock
Bodmin
Liskeard
Newquay
Torquay
Paignton
PLYMOUTH
Darmouth
St. Austell
Truro
St. Ives
Redruth
Penzance
Falmouth
Land's End
Sennen
Helston
Mount's Bay
Lizard
Santander, Roscoff
Start Point
LA MANCHE
Guernesey, Jersey, Saint-Malo, Cherbourg-Octeville
0
20 km
Avon
Tamar
Taw
Exe
Parrett
M4
M5
A30
A35
A36
A37
A38
A39
A303
A350
A354
A377
A380
A386
A388
A396

Dorset

Avon, Wiltshire, Somerset, Dorset, Devon et Cornouailles... La longue péninsule qui constitue le Sud-Ouest de l'Angleterre révèle ses merveilleux paysages naturels aux regards des nombreux touristes. Le parc national d'Exmoor, ponctué de minuscules villages, est recouvert d'un manteau de bruyères. Dartmoor, au sud, surprend par sa taille et ses landes hostiles et fascinantes.
Quant aux Cornouailles, leurs paysages maritimes sont grandioses, tant sur la Manche que sur l'Océan, et leurs ports de pêche appellent au voyage et à l'aventure. Revenu dans les terres, le visiteur ne peut quitter l'Angleterre sans passer par Stonehenge, le site mégalithique le plus célèbre du monde. Vieux de 5 000 ans mais construit à différentes périodes, Stonehenge impose le respect.
Enfin, les grandes villes (Salisbury, Bath, Bristol...) offrent des possibilités de découvertes culturelles, historiques et architecturales passionnantes.
Après l'English Riviera, cette section de la côte sud est la préférée des touristes anglais. D'Exmouth à Old Harry Rocks, sur 95 miles, le Devon et le Dorset se partagent cette côte jurassique classée au patrimoine mondial de l'Unesco et considérée comme le plus important site géologique d'Angleterre. En plus des nombreuses excursions pour profiter du paysage exceptionnel de la côte, il existe plusieurs centres et musées qui sont dédiés à l'histoire de la côte jurassique et à sa formation au fil des milliers d'années. Ils sont dispatchés dans les différentes villes et villages le long de la côte. La meilleure période pour trouver des fossiles – notamment des empreintes de dinosaures – est l'hiver, quand les puissantes vagues lavent les falaises de la boue et de l'argile. C'est aussi un endroit privilégié pour observer les macareux moines et les dauphins.

FERNDOWN

18 000 habitants. Ferndown est situé à une dizaine de kilomètres de Bornemouth du côté terre, il n'y a pas grand intérêt à y séjourner donc mieux vaut donc se rendre à Bornemouth.

BORNEMOUTH

184 000 habitants. En 1810, la femme du capitaine Lewis Tregonwell tombe amoureuse du climat sain de la région du Dorset et s'y installe avec son mari, qui fondera Bournemouth. Aujourd'hui, c'est une station balnéaire cosy au succès croissant et aux nombreux jardins soignés. La longue plage, qui s'étend de Hengistbury Head à Poole Harbour, représente un attrait majeur. Elle est considérée comme la meilleure plage d'Angleterre sur le plan de l'environnement.

Transports

BOURNEMOUTH AIRPORT
www.bournemouthairport.com
Plusieurs compagnies comme Ryanair ou Flybe.

GARE FERROVIAIRE
Holdenhurst Road
✆ +44 8457 484 950
www.nationalrail.co.uk
Train toutes les demi-heures depuis/vers London Waterloo (2 heures).

Les immanquables du Sud-Ouest

- **Bath** : Déambuler dans les rues et admirer les chefs-d'œuvre d'architecture de style Régence.
- **Stonehenge** : Plonger dans le monde des druides et découvrez la plus grande structure préhistorique d'Europe, datant du Néolithique et de l'âge de bronze.
- **Bristol** : Passer un week-end dans cette ville étudiante qui a vu naître Tricky, Beth Gibbons de Portishead et Massive Attack.
- **Cornouailles** : Prendre le temps d'explorer cette région et ses charmants petits villages de pêcheurs (Saint Ives, Polperro...)
- **Dartmoor** : Se laisser envoûter par cette nature sauvage et hostile, riche de légendes.

■ **GARE ROUTIÈRE**
Holdenhurst Road. ✆ +44 8717 818 178
✆ +44 9001 600 900
www.nationalexpress.com
Liaisons avec Londres et Oxford.

■ **LOCATION DE VELOS**
Front Bike Hire, Undercliff drive, à gauche du Pier.
✆ +44 1202 557 007
www.front-bike-hire.co.uk

Pratique

■ **OFFICE DU TOURISME DE BOURNEMOUTH**
Westover Road ✆ +44 845 051 17 00
www.bournemouth.co.uk
Ouvert en été du lundi au samedi de 9h30 à 17h, samedi et dimanche de 11h à 15h uniquement en juillet et août, en hiver du lundi au vendredi de 10h30 à 16h.

Se loger

Les hôtels sont légion à Bournemouth (350 établissements), en revanche, pour les petits budgets, l'offre est réduite voire inexistante.

Bien et pas cher

■ **BOURNEMOUTH BACKPACKERS**
3 Frances Road ✆ +44 1202 299 491
www.bournemouthbackpackers.co.uk
Dortoir £13, chambre double £34. La réception n'est ouverte qu'entre 17h30 et 18h30. En été, il est obligatoire de réserver pour deux nuits consécutives au moins. Les nuits du vendredi et du samedi sont vendues ensemble. wi-fi gratuit le matin et en début de soirée.
L'auberge compte seulement 19 lits et son fonctionnement se rapproche plus d'une maison familiale que d'un établissement hôtelier. L'ambiance est, du coup, très sympathique. Réserver par mail, plutôt que par téléphone.

Confort ou charme

■ **MARLINS HOTEL**
2, West Cliffs Road, West Cliff
✆ +44 1202 299 645 – www.marlinshotel.com
Chambre double entre £45 et £125. Parking et wi-fi gratuits.
Ce B&B est une excellente adresse, alliant confort et atmosphère chaleureuse. Le petit déjeuner est servi dans un salon-bar coloré, savamment décoré. On apprécie la bonne humeur des propriétaires et la situation centrale de l'établissement.

■ **THE ROYAL EXETER HOTEL**
Exeter Road ✆ +44 1202 438 000
www.royalexeterhotel.com
Chambre simple à partir de £50, double à partir de £100. wi-fi gratuit.
Un hôtel central, à la décoration joliment contemporaine. Des coussins en velours rubis agrémentent les lits king size et donnent un ton chaleureux aux chambres spacieuses. Les pensionnaires apprécieront certainement la salle de gym, ainsi que le sauna et le Jacuzzi. L'hôtel possède également le restaurant 1812 et le bar So. A noter que le premier résident de cet hôtel fut le capitaine Lewis Tregonwell, fondateur de Bournemouth.

Luxe

■ **BOURNEMOUTH HIGHCLIFF MARRIOTT HOTEL**
West Cliff
St Michaels Road ✆ +44 1202 557 702
www.bournemouthhighcliffmarriott.co.uk
Chambre double à partir de £125. Parking et Internet payants.
La célèbre chaîne d'hôtel Marriott possède une très belle adresse face à la mer. Les qualités qui font le succès de l'hôtel ? de belles et grandes chambres, un personnel efficace, une localisation idéale et un large éventail de services et d'équipements, dont certains gratuits (piscine, sauna, hammam...)

Se restaurer

Beaucoup de gros restaurants industriels sont à déplorer dans le centre-ville. Les établissements originaux sont rares.

■ **1812**
Exeter Road ✆ +44 1202 203 060
www.eighteen-twelve.com
Ouvert du lundi au samedi de 18h à 23h et le dimanche de 12h à 16h et de 18h à 21h30.
Un cocktail en apéritif, un filet de bœuf en plat de résistance et une bonne soirée en perspective. Ce bar-restaurant moderne sert une cuisine raffinée, dans une atmosphère branchée. Concerts vendredi et samedi soir. Le dimanche, on brunche en écoutant du jazz.

■ **HARRY RAMSDEN'S**
Undercliff drive East Beach
✆ +44 1202 295 818
www.harryramsdens.co.uk
Ouvert de 11h30 à 21h en haute saison, en basse saison horaires peuvent varier.
Pour un fish & chips face à l'océan, rien ne vaut Harry Ramsden's le roi du fish&chips à

Bournemouth. Restaurant avec terrasse et vente à emporter.

Sortir

Plusieurs salles de spectacles accueillent des festivals et des concerts tout au long de l'année. Pour la programmation, se renseigner au Pier Theatre (www.thebournemouthpier.com) et au BIC (www.bic.co.uk).

À voir – À faire

On vient surtout à Bornemouth pour la plage et profiter de l'air marin. Côté culturel, peut mieux faire.

ILE DE BROWNSEA

✆ +44 1202 707 744
www.nationaltrust.org.uk/brownsea
Tarif accès sur l'île : adulte £5,60 ; enfant £2,80. De mi-mars à début novembre tous les jours de 10h à 17h, tous les jours jusqu'à 16h jusqu'au 22 décembre, et les week-ends uniquement de 10h à 16h le reste de l'année.
Brownsea est une petite île de 500 hectares qui appartient au National Trust. En 1907, lord Baden Powell y installa le premier camp scout. Ses plages tranquilles, ses sentiers de marche et ses belles vues côtières sont séduisants. L'écureuil roux – une espère rare – y vit. On trouve facilement en saison un ferry partant de Bournemouth ou de Poole : Brownsea Island Ferries. Poole Quay Tél (01929) 462383 – www.brownseaislandferries.com – Dorset Cruises. Bournemouth Pier Tél 0845 468 4640 – www.dorsetcruises.co.uk.

OCEANARIUM

Pier Approach ✆ +44 1202 311 993
www.oceanarium.co.uk
Ouvert tous les jours de 10h à 17h. Adulte £9,95 ; enfant £6,50.
Un aquarium pour petits et grands, histoire de découvrir les poissons qui peuplent nos mers et océans. Tunnel aquatique autour de raies, requins et tortues géantes. On peut également assister aux repas des animaux.

RUSSELL-COTES ART GALLERY AND MUSEUM

Russell-Cotes Road ✆ +44 1202 451 858
www.russell-cotes.bournemouth.gov.uk
Ouvert du mardi au dimanche de 10h à 17h. Entrée gratuite.
La famille Russell-Cotes s'installe à Bournemouth pour profiter du climat. Amoureuse des lieux, elle achète le Royal Exeter Hotel et y fait construire une maison dans les jardins à l'arrière. C'est cette maison familiale qui abrite une très belle collection d'art, composée entre autres de peintures victoriennes et d'objets orientaux. L'atmosphère intime des lieux, l'intérêt des collections, la décoration de la maison dans le style de l'époque et les jardins en font un incontournable à visiter.

ST PETER CHURCH

Hinton Road
www.stpetersbournemouthchoirs.org
Mary Shelley, l'auteur de Frankenstein, y est enterrée. Sur le parvis, on peut voir quelques tombes des héros de la Seconde Guerre mondiale, des pilotes de la Royal Air Force pour la plupart.

THE BOURNEMOUTH BALLOON

Lower Gardens
✆ +44 1202 314 539
www.bournemouthballoon.com
Ouvert d'avril à septembre de 7h30 à 23h. Adulte : £12,50 et enfant : £7,50.
Au centre de Bournemouth trône une montgolfière, qui s'élève à près de 125 m de haut et permet d'admirer le paysage jusqu'à voir l'île de Wight, Poole et New Forest. Une expérience incroyable de 12 minutes et de belles sensations à bord de ce ballon rempli de 6 000 m³ d'hélium.

Visites guidées

DISCOVER DORSET TOURS

Lowther Rd
✆ +44 1202 557 007
www.discoverdorset.co.uk
Tarif entre £17 et £45 par personne pour la journée entière.
Rien ne vaut la découverte d'une région accompagnée de spécialistes capables de vous montrer les plus beaux endroits et de vous expliquer l'histoire des lieux. Que ce soit la côte jurassique, Stonehenge ou les thermes romains de Bath, divers programmes sont proposés. Pour les groupes, il est possible d'être récupéré directement à son hôtel.

POOLE

150 000 habitants. Ancien port médiéval, Poole a conservé un charmant vieux quai, où sont alignés de nombreux entrepôts, face à l'une des plus grandes baies du monde.
Sandbanks, un petit banc de sable situé en travers de l'entrée du port, et surnommé à juste titre Millionnaire Row, abrite de somptueuses villas habitées par de richissimes propriétaires car le lieu est le 4e endroit le plus cher au monde !

Transports

CONDOR FERRIES

✆ +44 1202 207 216
www.condorferries.co.uk
Des ferries réguliers font la liaison entre Weymouth ou Poole et Saint-Malo, Cherbourg et les îles Guernesey et Jersey.

Pratique

OFFICE DU TOURISME DE POOLE

Enefco House
Poole Welcome Centre
The Quay ✆ +44 8452 345 560
www.pooletourism.com
Ouvert tous les jours de 10h à 17h d'avril à octobre, de 9h à 18h en juillet et août et le reste de l'année en semaine et le samedi jusqu'à 16h, fermé le dimanche.

À voir – À faire

Sur le dernier tronçon de High Street, qui mène au port, la vieille ville s'étend sur la droite. La promenade y est agréable, ponctuée de restaurants et bars variés. High Street aboutit au Poole Museum et sur le Quay.

COMPTON ACRES

164 Canford Cliffs Road ✆ +44 1202 700 778
www.comptonacres.co.uk
Ouvert toute l'année de Pâques à fin octobre de 10h à 18h, jusqu'à 16h de novembre à mars. Adulte : £6,95, enfant : £3,95.
Un très beau jardin privé orné de sculptures en marbre et en bronze, planté de fleurs aux couleurs chatoyantes. Plusieurs ambiances à découvrir au fil de la balade : pavillon japonais, jardin italien... Parking gratuit et vente de plantes toute l'année.

POOLE MUSEUM

4 High Street ✆ +44 1202 262 600
museums@poole.gov.uk
Ouvert du lundi au samedi de 10h à 17h et le dimanche de 12h à 17h d'avril à octobre, du mardi au samedi de 10h à 16h et le dimanche de 12h à 16h de novembre à mars. Entrée gratuite.
Poole Museum a été entièrement rénové et agencé grâce à une généreuse donation de la part de Heritage Lottery. Le bâtiment se visite d'ailleurs d'abord pour admirer le mélange de briques blanches, de poutres en bois et de galeries de verre, qui mettent en valeur les objets exposés. Le musée retrace l'histoire de la ville depuis l'occupation romaine, jusqu'aux contrebandiers, en passant par le Moyen Age et le passé naval et industriel (argile) de Poole.

POOLE POTTERY FACTORY

The Quay ✆ +44 1202 668 681
www.poolepottery.co.uk
Ouvert toute l'année du lundi au samedi de 9h30 à 18h, le dimanche de 10h30 à 16h30.
Cette fabrique de poteries artisanales permet de découvrir le travail des artisans en action durant les horaires d'ouverture de la boutique. Des ateliers sont organisés pour ceux qui souhaitent s'y essayer...

THE DORSET COAST PATH

Ce sentier de randonnée débute à Poole et suit toute la côte sud du Dorset jusqu'à Lyme Regis. Il faut environ 5 jours pour le faire en entier mais plusieurs escales sont possibles. Les plus beaux endroits sont Durdle Door, Lulworth Fossil Forest et Old Harry Rocks vers Lulworth, puis le Golden Cap et Charmouth (fossiles) près de Bridport.

Sports – Détente – Loisirs

TOWER PARK

Splashdown Poole, Tower Park
✆ +44 1202 716000
www.splashdownwaterparks.co.uk
A 2 miles au nord-est de Poole. Ouvert tous les jours de Pâques à fin septembre, du vendredi au dimanche le reste de l'année. £9,80 pour 2 heures. Parking gratuit.
Toboggans aquatiques, jeux pour les plus petits, 10 salles de cinéma, jeu de pistolet laser grandeur nature, discothèque, bowling et restaurants, le tout réuni dans un grand centre de divertissement couvert.

WEST LULWORTH

Minuscule village, c'est néanmoins une destination populaire pour la journée en raison de sa crique.

Transports

STUART LINE

Au départ d'Exmouth, Topsham ou Sidmouth ✆ +44 1395 222 144
www.stuartlinecruises.co.uk
Toute l'année en fonction du temps, plusieurs excursions et destinations sont proposées en bateau, observation de la côte jurassique ou pêche au maquereau, selon les envies.

Se loger

Un choix modeste de logements qui se situent presque tous sur l'unique rue traversant le village, Main Road.

■ **DURDLE DOOR CARAVAN PARK**
Lulworth Cove
✆ +44 1929 400260
Ouvert de mars à octobre. Tente à partir de £10, mobile-homes entre £290 et £790 la semaine selon la saison.
Camping caravaning situé au-dessus de Durdle Door qui propose des mobile-homes dans un cadre naturel tout à fait extraordinaire. Tous les équipements sont disponibles (électricité, eau, W.-C...).

■ **LULWORTH COVE YHA**
School Lane, West Lulworth
✆ +44 845 371 93 31
www.yha.org.uk
Ouvert de mars à octobre. Dortoir adulte à partir de £13, chambre à partir de £14.
Une auberge familiale entre mer et campagne, à mi-chemin entre Durdle Dorr et la campagne du Dorset. Calme et reposant.

À voir – À faire

Pour les amoureux de la nature, c'est un charmant petit coin de pays.

■ **DURDLE DOOR**
C'est une arche naturelle somptueuse creusée dans la falaise. Plusieurs randonnées y mènent. De belles plages à côté, mais souvent bondées de touristes dès les beaux jours.

▸ **Il est possible de faire un belle randonnée** pour profiter des charmes du paysage, le mieux est de s'arrêter dans le petit village d'East Chaldon et de là, partir à pied explorer Stair Hole, Saint Oswald's Bay ou Man O'War Cove et Durdle Door (à 6 km à pied d'East Chaldon).

■ **LULWORTH CASTLE AND PARK**
East Lulworth, Wareham
✆ +44 1929 400 352
Ouvert du dimanche au vendredi, de 10h30 à 16h, de fin septembre à fin mars, jusqu'à 18h d'avril à fin septembre. Entrée adulte : £8,50 ; enfant : £4 ; en août £10 et £5.
A l'origine, Lulworth Castle hébergeait les nobles pendant leurs parties de chasse, puis il fut occupé successivement par plusieurs monarques avant d'être ravagé par un incendie en 1929. Un impressionnant travail de rénovation a permis de révéler la splendeur originelle du bâtiment. Pour accentuer l'effet de réalisme, certaines pièces sont meublées comme au XVIIe siècle, époque de construction du château. Du haut des tours, on a vue sur la campagne environnante.

■ **LULWORTH COVE**
Située à proximité de Lulworth West, cette crique naturelle, presque parfaitement circulaire, est l'un des plus beaux exemples de ce genre de formation naturelle dans le monde. Incontournable, surtout que The Durdle Door se trouve juste à côté.

WEYMOUTH

51 000 habitants. Weymouth rassemble tous les stéréotypes de la station balnéaire anglaise : promenades à dos d'âne, pédalos et, surtout, une foule de touristes dès l'arrivée des beaux jours. Toutefois, la ville a perdu de sa superbe et ses bâtiments délabrés témoignent d'une splendeur passée et d'un charme désormais évaporé. Seule la grande plage de sable fin, où se succèdent les sculpteurs de sable, demeure attrayante. Au XIXe siècle, George III fait des bains de mer une cure à la mode contre les maladies nerveuses, déclenchant ainsi une affluence saisonnière vers les villes côtières, dont Weymouth, et l'avènement du tourisme. Une statue à sa gloire s'élève dans la ville. Autre point d'intérêt, le Wessex est le pays de Thomas Hardy (1840-1928), qui naquit près de Dorchester et vécut à Londres comme architecte, avant de s'installer à Weymouth, à « Max Gate », maison qu'il avait lui-même dessinée.

Transports

■ **CONDOR FERRIES**
✆ +44 1202 207 216
www.condorferries.co.uk
Des ferries réguliers font la liaison entre Weymouth ou Poole et Saint-Malo, Cherbourg et les îles Guernesey et Jersey.

■ **GARE FERROVIAIRE**
King Street – www.nationalrail.co.uk
Liaisons régulières et directes avec Londres Waterloo via Dorchester, Bournemouth et Southampton (2h40). Egalement des trains depuis Bath et Bristol Temple Meads (2h45).

■ **GARE ROUTIÈRE**
King Street
✆ +44 8717 818 178 / +44 9001 600 900
http : //uk.megabus.com
Liaison de Weymouth à Londres une fois par jour. Egalement des bus locaux pour Dorchester.

Pratique

Jour de marché : le jeudi, en été, sur Swannery Car Park.

OFFICE DU TOURISME DE WEYMOUTH
The Pavilion, au bout de la plage.
✆ +44 1305 785 747
www.visitweymouth.co.uk
Ouvert de Pâques à octobre tous les jours de 9h30 à 17h et de novembre à mars de 9h30 à 16h.

Se loger
Les hôtels et B&B se succèdent sur le front de mer et les rues perpendiculaires. La quantité est impressionnante, la qualité un peu moins.

À voir – À faire
S'il fait beau temps, visiter le fort s'impose, sinon par de temps on peut se rabattre sur le musée de Weymouth ou l'aquarium.

NOTHE FORT
Barrack Road ✆ +44 1305 766 626
Ouvert de 10h30 à 17h30 du 1er mars au 30 septembre, de 11h30 à 16h d'octobre à début décembre le dimanche uniquement. Adulte : £6 ; enfant : £1.
Construit à l'extrémité de la péninsule Nothe qui forme une partie du port de Weymouth, le fort possède de superbes remparts et canons encore visibles. Les 70 chambres du fort expliquent les 2000 ans d'histoire du site et la vie des soldats qui y vivaient.

SEALIFE PARK
Lodmoor Country Park ✆ +44 871 423 21 10
www.visitsealife.com
Ouvert tous les jours à partir de 10h30 à 16h. Tarif adulte ou enfant : £18, ou £13 si réservé sur Internet.
Un parc zoologique aquatique, avec requins, pieuvres et poissons en tous genres.

WEYMOUTH MUSEUM
Brewers Quay ✆ +44 1305 777 622
www.weymouthmuseum.org.uk
Ouvert tous les jours de 10h à 16h30. Entrée gratuite.
Le musée retrace l'histoire maritime de la ville, et son développement, notamment touristique. Weymouth Museum fait partie du complexe Brewers Quay, qui compte des boutiques, une cité des sciences et une brasserie à visiter.

DORCHESTER
20 000 habitants. Fondée par les Romains, Dorchester est essentiellement constituée de bâtiments géorgiens, les anciens bâtiments ayant été détruits dans plusieurs incendies aux XVIIe et XVIIIe siècles. Le célèbre romancier et poète Thomas Hardy y a vécu une grande partie de sa vie. Toutes ses œuvres se déroulent dans le Sud-Ouest de l'Angleterre, qu'il renomme Wessex, du nom de l'ancien royaume anglo-saxon (avant l'invasion des Normans). Cette région imaginaire, créée dans un but artistique, est toutefois passée dans le langage commun pour décrire le Sud-Ouest de l'Angleterre, à l'exception des Cornouailles.

Pratique
Marché le mercredi matin au sud de la vieille ville.

OFFICE DU TOURISME DE DORCHESTER
Antelope Walk, Trinity Street
✆ +44 1305 267 992
www.westdorset.com
Ouvert d'avril à octobre du lundi au samedi de 9h à 17h, de novembre à mars de 9h à 16h.

POLICE
Weymouth Avenue
✆ +44 1305 222 222

À voir – À faire
De nombreux points d'intérêts à Dorchester, les familles apprécieront particulièrement le musée du Dinosaure, le Musée militaire ou encore la reconstitution d'un village celte.

ATHELHAMPTON HOUSE AND GARDENS
Athelhampton, Dorchester
✆ +44 1305 848 363
www.athelhampton.co.uk
Situé sur l'A35, à l'est de Dorchester, près de Puddletown. Ouvert de mars à octobre du dimanche au jeudi, de 10h30 à 17h, de novembre à février uniquement le dimanche. Entrée adulte : £12 ; enfant : £2. Parking gratuit. Se renseigner sur les événements comme le festival floral et la fête artisanale.
La maison datant du XVe siècle présente sa bibliothèque, son grand hall, la King's Room… Le jardin est à l'image de la maison, avec une pelouse bordée d'ifs pyramidaux, des fontaines et de colorés parterres floraux suivant les saisons…

THE CERNE ABBAS GIANT
Duck St
www.cerneabbas.com
Au nord de Dorchester, le géant de Cerne Abbas est la représentation d'une silhouette humaine creusée dans la colline de craie près du village du même nom. Ce pétroglyphe fait environ 56 m de haut, son dessin est naïf, il porte une

massue et se caractérise (outre sa taille) par un appareil génital proéminent. Son existence daterait de 1600 mais on sait peu de choses sur les raisons de sa création et sur ce qu'il représente. Une des hypothèses les plus avérées serait qu'il représenterait le dieu gréco-romain Hercule, et qu'il aurait été créé sur la demande de l'empereur Commode, entre 180 et 193 avant J.-C., qui pensait être sa réincarnation. D'autres dessins existent dans les environs, comme le Cheval blanc d'Uffington.

CRICKET ST THOMAS LAKES AND GARDENS

Chard ✆ (01460) 30111

Ouvert tous les jours de 10h à 17h, dernière entrée à 15h. Entrée adulte £4,95. Quitter Dorchester vers l'ouest. Tourner à droite à Bridport direction Ilminster et passer dans Crewkerne par l'A356. Tourner à gauche sur l'A30.

Un manoir et des jardins pour découvrir plusieurs d'animaux : lions de mer, oiseaux exotiques, singes… il y a également des jeux pour les enfants et des attractions.

THE DINOSAUR MUSEUM

A l'angle de Durngate Street et Icen Way.

✆ +44 1305 269 880

www.thedinosaurmuseum.com

Ouvert tous les jours de 10h à 17h d'avril à septembre et de 10h à 16h30 d'octobre à mars. Entrée : adulte £6,99 ; enfant £5,50.

Le seul musée de Grande-Bretagne consacré uniquement aux dinosaures. On peut les voir et les toucher (modèles grandeur nature). Pour les plus jeunes et ceux que Jurassic Park a fascinés.

DORSET COUNTY MUSEUM

High West Street ✆ +44 1305 262 735

www.dorsetcountymuseum.org

Ouvert du lundi au samedi de 10h à 17h d'avril à octobre, du mardi au samedi de 10h à 16h, de novembre à mars. Entrée : adulte : £6.50 ; enfant : gratuit.

Toute l'histoire du Dorset, depuis les dinosaures jusqu'à l'époque victorienne en passant par les Romains et l'œuvre de Thomas Hardy. Le Victorian Hall, avec ses balcons et ses colonnes sculptées est saisissant, en plus des collections du musée, il accueille des évènements tout au long de l'année. A voir également, la Jurrassic Coast Gallery, qui réunit des fossiles de monstres des mers, des empreintes de dinosaures et des squelettes marins.

THE KEEP MILITARY MUSEUM

The Keep, Bridport Road

✆ +44 1305 264 066

www.keepmilitarymuseum.org

Ouvert d'avril à septembre du lundi au samedi de 10h à 17h, d'octobre à mars du mardi au vendredi, de 10h à 16h30. Adulte : £6 ; enfant : £2,50.

Infanterie, cavalerie, artillerie du Devon et du Dorset : uniformes, armes et médailles racontent la vie de ces troupes. Belle vue sur Dorchester depuis le fort.

MILL HOUSE CIDER MUSEUM

Owermoigne ✆ +44 1305 852 220

www.millhousecider.co.uk

Ouvert au printemps et en été tous les jours sauf le lundi de 10h à 17h, 16h en hiver. Entrée adulte : £2,50 ; enfant : gratuit.

Un musée vivant et en fonctionnement, qui vous montre comment le cidre était fabriqué, avec des presses originales qui ont été restaurées. A côté, une collection d'horloges montrant l'évolution de cet objet entre les XVIIIe et XIXe siècles.

NEW BARN FIELD CENTRE

A 2 miles au nord-ouest de Dorchester.

Bradford Peverell

✆ +44 1305 268 865

www.newbarn.co.uk

Ouvert au mois d'août uniquement, tous les jours de 10h à 17h. Entrée adulte £4 ; enfant £2,50. Pour s'y rendre, sortir de Dorchester par l'A37 vers Yeovil. Tourner à gauche vers Bradford Peverell.

Ici, on vit littéralement à l'âge de fer : vie quotidienne et outils sont exposés grâce à la reconstitution d'un village celte. Des ateliers de poterie sont organisés. Boutiques et restaurants.

SHERBORNE

9 350 habitants. Ce petit village anglais séduit par son charme typique. Une fois n'est pas coutume, il est préservé des touristes.

On perçoit très bien ici l'esprit de la campagne du Dorset. Les habitants sont avenants, détendus et enclins à vous parler de Sherborne, de son passé médiéval et de sa splendide abbaye.

Pratique

OFFICE DU TOURISME DE SHERBORNE

3, Tilton Court, Digby Road

✆ +44 1935 815 341

Ouvert de Pâques à août du lundi au samedi de 9h à 17h, de septembre à novembre de 9h30 à 16h et de 10h à 15h le reste de l'année.

Se restaurer

Pour déjeuner, Sherborne compte plusieurs adorables bistrots/bars, optez pour The Three Wishes sur Cheap Street, avec son petit jardin à l'arrière, ou pour le pub The Swan Inn, dans The Swan Yard, un passage commerçant coquet. The Pear Tree (Long Street) régalera les amateurs de plats méditerranéens.

À voir – À faire

Les points d'intérêts sont bien sûr liés au passé médiéval de Sherborne.

ABBAYE DE SHERBORNE

✆ +44 1935 812 452
www.sherborneabbey.com
Ouvert de 8h à 18h en été et 16h en hiver. Entrée gratuite.
A l'origine église saxonne, elle devint abbaye bénédictine en 998 et fut ensuite largement agrandie et décorée. Il s'agit d'un des plus beaux exemples de style gothique perpendiculaire du pays. La caractéristique la plus marquante de l'abbaye reste ses magnifiques voûtes en éventail, typiquement anglaises. Celle qui surplombe le chœur est la plus ancienne grande voûte construite en Angleterre.

SHERBORNE CASTLE

Cheap Street
✆ +44 1935 813 182
www.sherbornecastle.com
Ouvert d'avril à fin octobre, tous les jours sauf les lundi et vendredi, de 11h à 16h30. Entrée château et jardins : £10 ; jardins seulement : £5.
Construit en 1594 par Sir Walter Raleigh, le château devint ensuite la propriété de la famille Digby en 1617 et le resta jusqu'à nos jours. A voir notamment, les galeries d'art et d'antiquités ainsi que le lac artificiel.

SHERBORNE OLD CASTLE

Sherborne Old Castle
✆ +44 1935 812 730
Ouvert tous les jours d'avril à septembre de 10h à 17h, 18h en juillet et août et seulement jusqu'à 16h en octobre ; fermé de novembre à mars. Adulte : £3,50 ; enfant : £2,10. En direction de Yeovil. Pour s'y rendre, quitter Weymouth vers Dorchester et Yeovil par l'A37, puis s'orienter vers Shaftesbury sur l'A30.
Seules quelques ruines imposantes rendent compte de ce qui dut être, au XIIe siècle, un chef-d'œuvre massif d'architecture. Devenu la propriété de sir Walter Raleigh, il fut très abîmé pendant la guerre civile de 1645, ayant été assiégé par Cromwell pendant 16 jours. Toutefois, le site provoque toujours une certaine admiration.

LYME REGIS

Lyme Regis n'est pas seulement un joli petit port et une charmante station balnéaire de style Régence. Historiquement, la ville remonte à l'époque saxonne. En 774, un roi saxon accorda des terres à l'église de Sherbone, afin que les moines puissent récolter le sel marin. En 1284, la ville reçut la première charte royale, document au bas duquel Edouard Ier apposa sa signature, offrant ainsi à Lyme Regis son premier titre de gloire.
A travers les siècles, la ville attira de nombreuses personnalités : Jane Austen, la grande romancière du XVIIIe siècle, après deux séjours à Lyme Regis, utilisa son cadre pour l'un de ses plus célèbres romans, *Persuasion*. Plus récemment, John Fowles, pour l'adaptation cinématographique de son roman *La Maîtresse du lieutenant français*, situe à Lyme Regis les amours de Meryl Streep et Jeremy Irons. Les figurants furent recrutés sur place, parmi les habitants...

Pratique

OFFICE DU TOURISME DE LYME REGIS

Church Street
✆ +44 1297 442 138
www.westdorset.com
Ouvert d'avril à octobre du lundi au samedi de 10h à 17h, le dimanche de 10h à 16h et de novembre à mars du lundi au samedi de 10h à 15h.

Se loger

Solutions d'hébergement limitées, on trouvera néanmoins quelques Guesthouses.

ALEXANDRA HOTEL

Pound Street
✆ +44 1395 442 010
www.hotelalexandra.co.uk
Chambre double à partir de £177. Petit déjeuner inclus.
Cet hôtel très bien situé, entre le centre-ville et la plage, compte de belles chambres, dont la plupart donnent sur la mer. En raison de l'âge du bâtiment, chaque pièce se compose différemment, une particularité cultivée par la décoration contemporaine, chic et personnalisée. Le restaurant de l'hôtel, avec sa terrasse ombragée, a également très bonne réputation.

Région dans le Sud-Ouest de l'Angleterre, entourée par les Cornouailles à l'est et le Somerset à l'ouest. Paradis pour les randonneurs, les parcs d'Exmoor et de Dartmoor accueillent ceux qui recherchent le calme. Peu importe la saison, c'est un plaisir de profiter de la côte, notamment le long de l'English Riviera, les villages ayant chacun leur personnalité. N'oublions pas Exeter et sa cathédrale construite au XIIe siècle.

SIDMOUTH

15 000 habitants. Ancienne station balnéaire très en vogue au XIXe siècle, Sidmouth est aujourd'hui célèbre pour son Festival des arts traditionnels. Le front de mer offre une balade agréable, qui permet d'admirer les nombreux bâtiments classés. Aux alentours, de très jolis villages ponctuent la campagne.

Pratique

OFFICE DU TOURISME DE SIDMOUTH
Ham Lane ✆ +44 1395 516 441
www.visitsidmouth.co.uk
Ouvert de Pâques à octobre du lundi au samedi de 10h à 17h, jusqu'à 16h le dimanche ; en hiver de 10h à 13h30.

Se loger

Les alentours de Sidmouth offrent également de belles opportunités de logement, notamment en B&B.

DUKES
The Esplanade ✆ +44 1395 513 320
www.hotels-sidmouth.co.uk
Chambre simple de £45 à £55, double de £100 à £120. Petit déjeuner inclus.
A la fois bar, restaurant et hébergement, Dukes brille par sa simplicité et la chaleur de son accueil. Les chambres sont épurées, meublées de pièces en bois brut et de literie claire. Autre avantage, l'établissement s'élève sur le front de mer.

YHA BEER
Bovey Combe, Beer
✆ +44 0845 371 9502
www.yha.org.uk
Dortoir à partir de £13, chambre double à partir de £25. Parking, pas d'Internet.
Ambiance familiale dans cette grande maison, dominant le hameau de Bovey Combe. Les enfants dévalent les pelouses du grand jardin, tandis que les parents boivent l'apéritif, en planifiant leur prochaine promenade sur la plage (à une dizaine de minutes à pied). On apprécie les équipements récents et le dynamisme de l'équipe. En hiver, plusieurs activités artisanales et sportives sont organisées.

À voir – À faire

Dans les environs, le South West Coastal Path est accessible tout le long de la côte, mais l'un des sentiers les plus prisés de la région demeure Beer Head, qui longe des falaises calcaires impressionnantes (www.eastdevonaonb.org.uk). A voir également, Branscombe qui possède des rues étroites envoûtantes et une plage agréable. Vous pouvez, depuis Branscombe, vous rendre à Beer par un chemin pédestre qui longe la côte et s'arrêter pour visiter ses grottes. Le village est notamment célèbre pour avoir été l'une des communautés de contrebandiers les plus actives dans la région. On dit que des tunnels, creusés pour transporter la marchandise, traverseraient le sol du village ; il est plus vraisemblable que le trafic ait été réalisé au grand jour, avec la complicité d'une grande partie du village ! Au kiosque à journaux du village, vous trouverez des livres sur la contrebande et l'un de ses « héros » Jack Rattenbury.

Echappée gourmande dans les environs

- **Axminster** abrite l'un des meilleurs restaurants de la région, celui du chef anglais Hugh Fearnley-Whittingstall, The River Cottage. Une cuisine savoureuse, à prix raisonnables, une très bonne adresse pour les gourmets.
- **Otterton Mill**, à Otterton, mêle, quant à lui, artisanat et gourmandise, organisant des sessions de fabrication de bijoux, des cours de cuisine, tout en régalant les visiteurs de ses nombreuses spécialités et de son excellent café.

Plus au nord, Ottery St Mary attirera les amateurs de vieilles pierres. Au gré des charmantes ruelles, découvrez ce village historique et ses bâtiments anciens, dont certains datent du XIVe siècle, à l'instar de l'église du village. Erigée sur les ordres de l'évêque d'Exeter John de Grandisson, elle est construite sur le modèle de la cathédrale d'Exeter.

■ BEER QUARY CAVES
Seaton EX12
✆ +44 1297 680 282
www.beerquarrycaves.fsnet.co.uk
Ouvert de Pâques à septembre tous les jours de 10h à 17h30, jusqu'à 14h30 en octobre. Compter une heure de visite guidée. Entrée adulte £6,80, enfant £5. Paiement en liquide uniquement. Parking gratuit.
C'est de ces grottes qu'ont été extraites les pierres qui ont servi à la construction de bâtiments comme Westminster, la cathédrale St-Paul ou la Tour de Londres. L'endroit était aussi un refuge pour les catholiques, lorsqu'ils étaient persécutés, mais également un haut-lieu de la contrebande.

■ NORMAN LOCKYER OBSERVATORY & PLANETARIUM
Salcombe Hill
✆ +44 1395 597 941
www.normanlockyer.org
Tarif adulte : £6 ; enfant : £3. Ouvert selon le programme.
Un des rares observatoires de Grande-Bretagne ouverts au public. Fondé en 1912 par Sir Norman Lockyer, le centre a fonctionné jusqu'en 1980. Différentes animations sont organisées tout au long de l'année, consulter le site Internet ou se renseigner à l'office du tourisme.

■ SIDMOUTH MUSEUM
Hoppe Cottage
Church Street
✆ +44 1395 516 139
Ouvert le lundi de 13h à 16h, du mardi au samedi de 10h à 16h, fermé le dimanche. Entrée gratuite.
Musée d'histoire locale et sur l'artisanat ainsi qu'une collection provenant de la côte jurassique (fossiles, pierres…)

BUDLEIGH SALTERTON

5 000 habitants. Village le long de la côte avec une plage de galets. On peut profiter du calme pour faire du vélo, une balade à cheval ou simplement de la marche sur les falaises.

EXMOUTH

36 000 habitants. Exmouth marque le début de la Jurassic Coast, mais l'arrêt n'est pas obligatoire.
En effet, cette station balnéaire familiale n'a pas vraiment d'intérêt, si ce n'est sa promenade en front de mer, bordée de maisons géorgiennes et ses jardins paisibles (Manor Gardens). En revanche, les alentours offrent de belles opportunités de balades.

Transports

■ GARE FERROVIAIRE
Marine Way
✆ +44 8457 000 125
www.firstgreatwestern.co.uk
Exmouth est reliée par le train à Exeter St Davids en 30 minutes. On prend la Avocet Line (32), qui passe notamment par le village de Topsham.

Pratique

■ OFFICE DU TOURISME D'EXMOUTH
3 Rolle Street
✆ +44 1395 222 299
www.exmouth-guide.co.uk
Ouvert du lundi au vendredi de 10h à 17h et jusqu'à 16h le samedi.

Se loger

Le grand choix d'hôtels témoigne de la gloire passée d'Exmouth.

■ DEVONCOURT
16 Douglas Avenue
✆ +44 1395 272 277
www.devoncourthotel.com
Chambre simple à partie de £55, double à partir de £79,75. Petit déjeuner inclus.
Le bâtiment s'élève au centre de jardins tropicaux et jouit d'une vue sur la côte. Au programme : piscines intérieure et extérieure, sauna, hammam, Jacuzzi, solarium, tennis et billard. Les chambres sont à l'image de l'hôtel, luxueuses et confortables.

■ FERNSIDE HOTEL
1 Dagmar Road
✆ +44 1395 264 715
www.fernsidehotel.com
Chambre simple à partir de £35, double à partir de £72. Petit déjeuner inclus. Parking et Internet gratuits.
Cette maison victorienne d'une blancheur éclatante abrite un charmant B&B, dont la qualité peut s'évaluer dès l'entrée dans le

jardin soigné. Les chambres respirent la fraîcheur et la literie immaculée invite à la rêverie instantanément. Enfin, le petit déjeuner est préparé sur commande, à partir de produits locaux. Une excellente adresse.

Se restaurer

La plupart des cafés et restaurants se trouvent sur The Strand et Chapel Hill, derrière les Manor Gardens, mais aussi sur une placette judicieusement nommée « Café Quarter ».

À voir – À faire

Demander la brochure « Explore Exmouth » à l'office de tourisme, huit promenades dans les environs d'Exmouth y sont détaillées, cartes à l'appui. Visiter notamment Littleham, Sandy Bay et Lympstone, le long de l'estuaire de la rivière Exe.

■ A LA RONDE
Summer Lane ✆ +44 1395 265 514
www.nationaltrust.org.uk/a-la-ronde
Ouvert de mars à début novembre de 11h à 17h tous les jours, le reste de l'année ouvert le week-end de 12h à 16h. Entrée adulte £7,20, enfant £3,70.
Une maison à 16 côtés ! Construite en 1796 pour deux sœurs, Jane et Mary Parminter, cette drôle de maison surplombe l'estuaire de l'Exe. La décoration est d'époque et possède des souvenirs rapportés par les sœurs qui avaient effectué un grand tour d'Europe : plumes, coquillages, algues, sable et verre.
L'authenticité n'a pas de limites : des costumes des époques victorienne et Régence sont à la disposition des visiteurs qui souhaitent changer de style ! Pendant que les uns se déguisent, les autres pourront jouer au croquet sur les magnifiques pelouses.

■ LITTLEHAM CHURCH
littlehamcumexmouth.org.uk
Ouvert tous les jours jusqu'à la tombée de la nuit.
Une étrange église, dont la nef joint la tour et l'église originelle. Le premier bâtiment date du XIIIe siècle. Deux siècles plus tard, la nef et la tour furent ajoutées.

■ POWDERHAM CASTLE
Kenton ✆ +44 1626 890 243
www.powderham.co.uk
Ouvert d'avril à fin octobre, de 10h à 16h30, fermé le samedi, jusqu'à 17h30 de mi-juillet à fin août. Entrée adulte £10,50, enfant £8,50.
La construction du château commence en 1390, mais des modifications sont apportées jusqu'en 1794. Le mobilier semble tout récemment agencé et cela donne vraiment l'impression d'un lieu vivant : la chambre de musique, le grand hall sont dans l'état dans lequel ils étaient lorsque les Courtenay y habitaient. Autre point d'intérêt, ce château fut choisi comme décor pour le tournage du film *Les Vestiges du jour*. Les enfants peuvent faire des tours à dos de poney dans le parc.

Sports – Détente – Loisirs

■ BICTON PARK BOTANICAL GARDENS
East Budleigh,
Budleigh Salterton ✆ +44 1395 568 465
www.bictongardens.co.uk
Ouvert en été de 10h à 17h30 en semaine et jusqu'à 17h le week-end, horaires réduits l'hiver. Tarif adulte £7,95, enfant £5,95. Quitter Exmouth vers Budleigh Salterton par la B3178, puis aller vers Newton Poppleford.
Une serre tropicale (Palm House) à côté d'une patinoire, c'est la magie du Bicton Park ! Dans d'immenses jardins, plusieurs attractions sont regroupées (aires de jeux, minigolf, musée, petit train) autour des jardins. Une agréable combinaison pour les jours de beau temps.

■ EDGE WATER SPORTS
3 The Royal Avenue ✆ +44 1395 222 551
www.edgewatersports.com
Une très bonne école pour apprendre à manier un kite-surf, une planche à voile, un bateau à moteur, etc. Cours tous niveaux.

EXETER

111 000 habitants. Construite par les Celtes, Exeter est occupée successivement par les Romains et par les Saxons. Entourée de remparts, la ville est attaquée à plusieurs reprises par les Vikings, puis par les Danois. Les ruines de ces murs datant de l'époque romaine sont encore visibles, désormais intégrées au centre-ville historique. Durant la dernière guerre, la ville est à nouveau en partie démolie par les raids aériens allemands. Fort heureusement, la cathédrale gothique n'a guère souffert des bombardements. Et, contrairement à d'autres cités ayant subi le même sort, la ville a été reconstruite dans un souci d'harmonie. Le port historique, autrefois centre du commerce de la laine, s'avère également digne d'intérêt avec ses antiquaires et ses magasins d'artisanat. Enfin, Exeter jouit d'une activité culturelle riche, liée à son université, et notamment à son école d'Art, Exeter Phoenix.

Transports

Visiter Exeter avec un vélo ou même par les moyens fluviaux se révèle être une idée judicieuse puisque le centre-ville est fermé aux voitures.

Se renseigner au Quay House, Visitor Centre 46 The Quay. Sinon, il y a différents parkings en ville. Mais le moins cher et le plus pratique est de se garer dans l'un des trois Park & Ride de la ville. Bus tous les jours et toutes les 10 à 12 min, parking gratuit et ticket à £1,50 par personne pour le bus.

CAPITAL TAXIS

Little Castle Street
✆ +44 1392 433 433

EXETER AIRPORT

Clyst Honiton ✆ +44 1392 367 433
www.exeter-airport.co.uk
L'aéroport se développe et des vols existent notamment pour l'Irlande, l'Ecosse mais aussi la France (Bergerac, Chambéry, Nice, Paris, Rennes) – www.flybe.com.

GARE FERROVIAIRE

Gare centrale sur Queen Street.
✆ +44 8457 484 950
www.nationalrail.co.uk
Liaison directe avec Londres toutes les heures environ (2h10 de trajet). Egalement un train par heure pour Bristol (1h10) depuis Exeter St Davids.

GARE ROUTIÈRE

Station sur Paris Street.
✆ +44 8717 818 178
www.nationalexpress.com
Exeter est reliée à de nombreuses grandes villes dont Londres (4h30), Bristol (2h) et Birmingham (4h). Le bus n° X38 se rend à Plymouth.
Entre Exeter et Poole, la ligne X53 longe la Jurrassic Coast (£7,50 pour la journée, voyages illimités).

Pratique

OFFICE DU TOURISME D'EXETER

Dix's Field ✆ +44 1392 665 700
www.exeter.gov.uk/tourism
Ouvert du lundi au samedi de 9h à 17h d'avril à septembre, de 9h30 à 16h30 d'octobre à mars et de 10h à 16h les jours fériés.

Se loger

Les petits budgets devront casser leur tirelire à Exeter. Toutefois, il reste une alternative : au mois d'avril et de fin juin à fin septembre, l'université d'Exeter loue des chambres B&B à petits prix. Renseignements sur www.exeter.ac.uk/eventexeter ou au +44 1392 215 566.

ABODE EXETER

Cathedral Yard ✆ +44 1392 319 955
www.abodehotels.co.uk
Chambre double de £79 à £120 en fonction de la saison. wi-fi gratuit. Parking payant.
Difficile d'être mieux placé que cet hôtel, face à la cathédrale. L'établissement allie le charme des vieilles pierres avec le confort du monde moderne, lecteurs de DVD personnels à l'appui. Le séjour sera chic ou ne sera pas.

THE BENDENE

15-16 Richmond Road
✆ +44 1392 213 526
www.bendene.co.uk
Chambre simple de £34 à £55, double de £52 à £85. Petit déjeuner inclus. Parking et wi-fi gratuits.
Après une nuit réparatrice sur un matelas digne de ce nom, pourquoi ne pas piquer une tête dans la piscine ensoleillée afin de vous ouvrir l'appétit pour le petit déjeuner ? On en oublierait presque de visiter Exeter…

CLOCK TOWER HOTEL

16 New North Road
✆ +44 1392 424 545
www.clocktowerhotel.co.uk

Édouard le Confesseur

L'héritier des rois saxons, Edouard le Confesseur, fit transférer l'évêché de Devon et de Cornouailles à Exeter. Elevé en Normandie et cousin de Guillaume le Conquérant, Edouard le Confesseur est le bâtisseur de l'abbaye de Westminster. Son biographe le décrit comme un homme très doux, un peu naïf et d'une grande piété. Il avait fait vœu de chasteté et resta donc sans descendance. Quoiqu'il n'ait pas légiféré de manière notable, ses successeurs durent faire le serment de respecter les « lois d'Edouard ». En effet, dernier roi anglo-saxon, il était resté très populaire et symbolisait une Angleterre libre et indépendante. Les rois normands essayèrent ainsi de se faire accepter par une population récalcitrante.

Chambre simple à £59, double à partir de £76 petit déjeuner compris. wi-fi et parkings gratuits.
Une façade blanche quasiment cachée par un cèdre élégant. Cet établissement, où on est accueilli avec le sourire, offre un excellent rapport qualité-prix et il est très bien situé.

QUEENS COURT HOTEL
6-8 Bystock Terrace © +44 1392 272 709
www.queenscourt-hotel.co.uk
Chambre double de £69 à £135 en fonction de la saison. wi-fi gratuit.
Cet hôtel s'élève sur un square paisible, à mi-chemin entre la cathédrale et l'université. L'établissement compte 18 chambres, ce qui lui confère une certaine tranquillité. Outre les chambres de belle qualité, les résidents apprécieront la carte de l'excellent restaurant, Olive Tree.

Se restaurer

Restaurants de poisson, brasseries et pubs sont à l'honneur dans les rues d'Exeter.

DARTS FARM
Topsham
© +44 1392 878 200
www.dartsfarm.co.uk
Ouvert du lundi au samedi de 8h à 17h30, le dimanche de 9h30 à 16h30.
Ce grand marché local, tenu par la famille Dart depuis 40 ans, réjouit les fins palais en tous genres. Depuis quelques années, l'endroit est surveillé de près par les grands noms de la cuisine, qui y voient le futur de la gastronomie britannique. « The place to be » pour faire ses courses. C'est en plus l'occasion de visiter la petite ville de Topsham, à 4 miles au sud d'Exeter, dont l'architecture romaine mérite qu'on s'y attarde.

GEORGIAN TEAROOM
Broadway House, 35 High Street
© +44 1392 873 465
www.broadwayhouse.com
Ouvert du mardi au samedi de 8h à 17h.
Ce tea-room rattaché à l'hôtel du même nom a été élu meilleur tea-room du Devon en 2006. Pour les aficionados !

Visites guidées gratuites

Des visites guidées sont proposées gratuitement par les Red Coat Guides. D'une durée de 90 minutes, vous sillonnerez la ville accompagné par un expert. Renseignements à l'office de tourisme ou sur www.exeter.gov.uk/guidedtours

JACK IN THE GREEN
Rockbeare © +44 1404 822 240
www.jackinthegreen.uk.com
Ouvert tous les jours midi et soir. Menu 2 plats : £20, 3 plats : £25.
Très bon restaurant récompensé ces derniers temps. Fait office à la fois de bar et de restaurant. Cuisine anglaise moderne.

THE PLANT CAFE
1 Cathedral Yard © +44 1392 428 144
Voilà un excellent café végétarien, qui sert une nourriture à base de produits locaux. On y boit le meilleur café d'Exeter, face à la Cathédrale, royal !

Sortir

En vraie ville étudiante, Exeter multiplie les soirées cocktails, live music ou quiz. Pour vous tenir au courant des concerts et spectacles qui jouent à Exeter, écoutez Phonic FM (106.8). Ne ratez pas la vie nocturne d'Exeter, c'est l'une des meilleures du sud de l'Angleterre !

À voir – À faire

Art et histoire sont les maîtres-mots de la vie touristique d'Exeter, avec en tête la Cathédrale et Exeter Phoenix.

THE BILL DOUGLAS CENTRE
Old Library – University of Exeter
Prince of Wales Road
© +44 1392 264 321
www.exeter.ac.uk/bdc

Une soirée dans les bars d'Exeter

The Fat Pig (John Street), The Rusty Bike (Howell Road) et The Hour Glass (Melbourne Street) : voici le trio gagnant d'une soirée réussie à Exeter. Opter pour l'un de ces trois établissements et l'ambiance, ainsi que la bière et la nourriture, sont assurées. Prochaine étape, The Angel sur Queen Street, ouvert jusqu'à 2h du matin, puis direction The Old Fire House, un grand bar animé, prisé des étudiants et connu pour ses pizzas monstrueuses à £6, de quoi finir en beauté la soirée.

LE SUD-OUEST

Ouvert du lundi au vendredi de 10h à 17h. Entrée gratuite.
Le centre de recherche et le musée abritent une collection de livres, documents et objets liés à l'histoire du cinéma et des arts visuels. On remonte le temps jusqu'au XVIIe siècle, en découvrant comment la maîtrise de l'image s'est développée, en passant d'un simple jouet optique à une caméra digitale. Bill Douglas était un réalisateur écossais, célèbre pour sa trilogie autobiographique tournée dans les années 1970.

EXETER CATHEDRAL

1 The Cloisters
✆ +44 1392 285 983
www.exeter-cathedral.org.uk
Ouvert du lundi au samedi de 9h à 16h45. Adulte £5, enfant gratuit.
De style gothique flamboyant, la cathédrale Saint-Pierre a été bâtie sur les fondations d'un ancien monastère, détruit puis reconstruit à deux reprises. L'actuelle cathédrale fut érigée entre les XIIe et XIIIe siècles. Elle s'enorgueillit de posséder la plus longue voûte gothique du monde, aux sculptures remarquables. Sur la septième clef de voûte est représenté le meurtre de saint Thomas Becket. Au nord de la nef, d'autres sculptures : douze anges jouent chacun d'un instrument médiéval, au-dessus de la grande arcade. Dans le chœur se dresse un trône épiscopal en chêne qui date du Moyen Age. Les bancs sont recouverts de coussins brodés retraçant l'histoire d'Exeter. La plus belle vue extérieure est celle de la façade ouest, abondamment sculptée d'apôtres et de prophètes. Au-dessus s'élèvent les deux tours romanes, parties les plus anciennes de la cathédrale.

EXETER PHOENIX

Bradninch Place (au bout de Gandy Street)
✆ +44 1392 667 080
www.exeterphoenix.org.uk
Ouvert du lundi au samedi de 10h à 23h.
Le poumon culturel d'Exeter : ses Beaux-Arts. L'entrée est surplombée par un phénix d'acier, fait de récupération. L'effet est saisissant et sous un aspect mi-cartoon mi-science-fiction, l'intérieur n'en est que plus atypique. Les quelques salles ouvertes au public donnent un aperçu des œuvres réalisées par les étudiants : des happenings filmés, des travaux photo, des peintures, des sculptures ou même la réalisation d'ensembles haute couture. Disons-le : un vivier d'artistes qui mériteraient pour certains de percer. Le café dans les salles du fond y est convivial, les artistes y côtoient les serveurs à dreadlocks et l'on marche sur une œuvre d'art : le plancher est composé de feuilles de romans, de partitions, de photos, toutes protégées par une mince couche de résine « artefacts d'une société en perdition » selon l'artiste. Le centre présente également une programmation cinématographique très intéressante, en partenariat avec The Exeter Film Society (www.exeterfilmsociety.co.uk).

SAINT NICHOLAS PRIORY

The Mint, sur Fore Street
✆ +44 1392 665 858
www.exeter.gov.uk/priory
Ouvert de Pâques à octobre du lundi au samedi de 10h à 17h et pendant les vacances scolaires (mêmes horaires). Entrée adulte £3,50 ; enfant £1,50.
Cette aile d'un prieuré bénédictin, construit sur l'ordre de Guillaume le Conquérant, était à l'époque réservée aux hôtes de passage. Puis à l'époque élisabéthaine, la maison devint la propriété d'un riche marchand. Le Guest Hall date du XVe siècle, le mobilier est d'époque. On peut admirer la crypte romane et, dans le jardin, une croix celtique du VIIe siècle. Le lieu a rouvert ses portes en 2008 après 2 ans de complète rénovation.

UNDERGROUND PASSAGES

High Street
✆ +44 1392 665 887
www.exeter.gov.uk/passages
Tarif adulte £5,50, enfant £4. Ouvert de juin à septembre du lundi au samedi de 9h30 à 17h30, le dimanche de 10h30 à 16h ; d'octobre à mai de mardi à vendredi 11h30 à 17h30, le samedi de 9h30 à 17h30, le dimanche de 11h30 à 16h.
Construits aux XIVe et XVe siècles, ces souterrains médiévaux servaient autrefois à alimenter la ville en eau. Passages étroits, noirs et humides, de quoi provoquer quelques frissons. Compter 35 minutes de visite.

Sports – Détente – Loisirs

SADDLES & PADDLES

N°4 Kings Wharf
The Quay ✆ +44 1392 424 241
www.sadpad.com
Location de vélo £15/jour, kayak simple £35/jour. Réservation conseillée.
Remonter la rivière Exe en canoë ou explorer la Riverside Valley à vélo.

TORQUAY

64 000 habitants. Torquay tient sa notoriété d'Agatha Christie, « la reine du crime », qui y est née et y a vécu. Nombre de ses romans ont d'ailleurs pour décor les environs. Un festival lui est consacré, tous les ans en septembre. La ville s'enorgueillit de sa grande marina où s'alignent les bateaux à voile et de sa palmeraie conséquente dispersée dans la ville. L'été, les touristes envahissent les terrasses et les rues du front de mer... amateurs de tranquillité, s'abstenir ! Les maisons souvent d'un blanc éclatant s'étalent du bord de mer jusque sur les hauteurs de la ville et il est agréable de déambuler dans les petites rues tranquilles.

Transports

BATEAU

Plusieurs compagnies proposent des excursions en bateau depuis Plymouth, Exeter, Dartmouth. Des ferries desservent régulièrement les ports de Torquay et Brixham (35 minutes) ; il y a une rude compétition entre les différentes compagnies de ferry entrainant des prix très bas (un aller à £1). Renseignement à l'office de tourisme et à la Marina.

GARE FERROVIAIRE

Rathmore Road ✆ +44 8457 484 950
www.nationalrail.co.uk
De nombreux trains desservent les gares de Torquay dont Exeter (45 min) et Bristol (2h).

GARE ROUTIERE

Victoria Road ✆ +44 8717 818 178
www.nationalexpress.com
Relie Torquay à plusieurs grandes villes anglaises.

Pratique

INTERNET

The Studio Coffee Bar
7 Lucius Street ✆ +44 1803 297 294
www.thestudiotorquay.co.uk
Première demi-heure gratuite avec une boisson achetée, plus si personne n'attend.

OFFICE DU TOURISME DE TORQUAY

5, Vaughan Parade
✆ +44 8444 742 233
www.englishriviera.co.uk
Ouvert de mai à fin septembre du lundi au samedi de 9h30 à 17h30, le dimanche de 10h à 16h ; le reste de l'année fermeture à 16h et fermé le dimanche. Horaires réduits pendant les vacances de Noël.

POLICE

South Street
✆ +44 8452 777 444

Se loger

Les B&B sont légion à Torquay, notamment sur Belgrave et Croft Road, à tel point que l'offre d'hébergement dépasse la demande ! En revanche, difficile de se loger à peu de frais, la Riviera est assez huppée et les auberges de jeunesse ne s'y installent pas.

THE LIVERMEAD HOUSE

Sea Front
✆ +44 1803 294 361
www.livermead.com
Chambre double à partir de £69. Petit déjeuner inclus. wi-fi et parking gratuits.
Tout ce qu'il y a de plus classique en bordure de mer. On aimerait trouver sur notre Riviera à nous plus d'établissements de ce standing. Tout confort, piscine, squash, sauna et solarium.

THE GRAND HOTEL

Torbay Road
✆ +44 1803 296 677
www.grandtorquay.co.uk
Chambre double entre £59 et £159 en fonction de la saison.
Le plus célèbre des hôtels de Torquay, immensément blanc et fièrement dressé face à la mer. C'est bien simple, tout est parfait : les chambres luxueuses, le restaurant primé, la piscine bordée de palmiers et bien sûr la vue à couper le souffle sur la baie de Torquay. Pour un séjour sur la Riviera dans les règles de l'art.

THE NORWOOD

60 Belgrave Road
✆ +44 1803 294 236
www.norwoodhoteltorquay.co.uk
Chambre double entre £50 et £58. Petit déjeuner inclus. Parking et Internet gratuits. Dîner sur arrangement.
Se préparer à rencontrer l'un des trios les plus sympathiques de Torquay ! Mary, Veronica and Tom tiennent leur B&B avec un enthousiasme communicatif. Conseils pour visiter Torquay, bonnes adresses de restaurants, ils s'emploient à faciliter votre séjour à tel point qu'on se sentirait presque chez des amis. Sauf que la literie y est bien meilleure et que le petit déjeuner nous donne le sourire dès l'aube ! En plus, The Norwood est situé à cinq minutes à pied du front de mer, du centre-ville et de Torre Abbey. Une excellente adresse.

Se restaurer

En vraie station balnéaire, Torquay compte une multitude d'échoppes, plusieurs baraques à frites et quelques bons restaurants.

NUMBER 7 FISH BISTRO

7 Beacon Terrace
✆ +44 1803 295 055
www.no7-fish.com
Ouvert toute l'année du mercredi au samedi de 12h30 à 13h45 et tous les soirs de juillet à septembre, fermé le dimanche en juin et octobre, fermé le dimanche et lundi de novembre à mai.
Comme son nom l'indique, ce restaurant fait la part belle aux poissons et crustacés fraichement pêchés. On retrouve donc dans la carte du rouget, de la sole, du bar, du saumon, de la lotte, du crabe pour n'en citer que quelques-uns en fonction des arrivages. Un plus, le menu a été traduit en français.

THE ELEPHANT

3 & 4 Beacon Terrace
✆ +44 1803 200 0044
www.elephantrestaurant.co.uk
Ouvert du mardi au samedi de 12h à 14h et de 18h30 à 21h. Fermé en hiver jusqu'à Avril. Réservation conseillée.
Etoilé au Michelin, ce restaurant est l'un des meilleurs de Torquay. On y sert une cuisine britannique moderne, et notamment un menu dégustation composé de six plats, que l'on peut savourer au premier étage d'une maison géorgienne située face à la baie. Au rez-de-chaussée, la brasserie The Elephant sert une version allégée et moins chère du restaurant.

THE ORANGE TREE

14-16 Parkhill Road ✆ +44 1803 213 936
www.orangetreerestaurant.co.uk
Ouvert du mardi au samedi à partir de 19h.
Des plats raffinés devraient satisfaire tous les palais. La spécialité de la maison ? Un tournedos (viande locale) aux foie gras avec une sauce aux morilles.

Sortir

Les fêtards invétérés n'ont qu'à suivre le guide : échauffement au Café Mambo, bar estudiantin très prisé et bon marché, situé sur The Strand, puis direction Torwood Street, pour un passage obligé au Venue, le club le plus connu de Torquay, avant d'aller se déhancher sur les pistes plus sélectes du Bohemia, également sur Torwood Street. Les plus courageux continuent la soirée au Pure, sur Victoria Parade, les autres pourront toujours aller regarder le soleil se lever sur la plage...

THE PRINCESS THEATRE

Sur le front de mer.
✆ +44 8448 713 023
Une salle de spectacles familiaux et grand public, dont certains de qualité, à l'image de l'English Riviera.

À voir – À faire

A Torquay même et aux alentours de la ville, il a également plusieurs points d'intérêt dont voici les principaux :

AGATHA CHRISTIE MILE

Un parcours à travers la ville sur les traces de l'une des romancières les plus prolifiques d'Angleterre. Agatha Christie demeure la reine incontestée des enquêtes à rebondissements et des personnages truculents, dont le détective privé dandy Hercule Poirot et la mordante retraitée Miss Marple. Brochures à l'office de tourisme et possibilité de visites guidées.

BABBACOMBE

A quelques miles de Torquay, Babbacombe est un charmant village, plus calme, mais aussi plus authentique que Torquay. Le centre-ville domine la mer, et l'on peut admirer les falaises rouges typiques de cette région.

BABBACOMBE CLIFF RAILWAY

Babbacombe Downs Road, Babbacombe
✆ +44 1803 328 750
www.cliffrailway.com
Ouvert de 9h30 à 17h, 18h en été, fermé de fin novembre à février. Tarif adulte aller-retour £1,90, enfant £1,30.
Le petit village de Babbacombe possède un funiculaire qui part du haut de la falaise et vous dépose sur la plage d'Oddicombe Beach, quelques centaines de mètres plus bas. Le même funiculaire fonctionne depuis sa création en 1923.

BYGONES

Fore Street, St Marychurch
✆ +44 1803 326 108
www.bygones.co.uk
Ouvert tous les jours d'avril à octobre de 10h à 18h, de novembre à mars jusqu'à 16h. Entrée adulte £7,95, enfant £5,50.
Dans la rue reconstituée, l'odeur du feu s'échappe de l'atelier du maréchal-ferrand, tandis que le petit vendeur de marrons chauds harangue la riche famille qui attend son cocher…

Au deuxième étage, une servante donne son bain au bébé et, dans la pièce suivante, la Reine Victoria bat la mesure du pied, confortablement assise dans son fauteuil… L'impression de réalité est saisissante. Grâce aux objets originaux, donnés par différentes parties, Bygones a réussi à recréer une rue à l'époque victorienne, ses boutiques et ses habitants.

■ COCKINGTON PARK
Cockington ✆ +44 1803 606 035
www.cockingtoncourt.info
Du front de mer de Torquay, emprunter la A3022 vers Paignton et prendre la première route à droite, après The Grand Hotel.
Entouré d'immenses parcs propices aux balades, ce petit village regroupe un centre d'art qui présente divers métiers artisanaux : art floral, poterie, bijouterie, ferronnerie, verrerie… Quelques boutiques à l'entrée du village en toit de chaume vendent les produits artisanaux. Une visite pittoresque.

■ KENTS CAVERN PREHISTORIC CAVES
Ilsham Road. Wellswood
✆ +44 1803 215 136
www.kents-cavern.co.uk
Ouvert d'avril à juin et de septembre à octobre de 9h30 à 17h, de juillet à août de 9h30 à 17h30, de novembre à mars de 10h à 16h30 (visites à 11h, 12h30, 14h et 15h30). Compter 1h. Entrée adulte £8,95, enfant £8,25.
Protégée par l'Unesco, cette caverne, composée de neuf chambres accessibles compte les premières traces d'activité humaine en Grande-Bretagne. Son importance et sa notoriété viennent aussi du fait que William Pengelly y inventa le système moderne de classification archéologique, en réalisant ses fouilles. C'est donc un lieu de pèlerinage pour beaucoup de passionnés. Longue d'un kilomètre, elle se visite, mais elle est aussi encore étudiée par des scientifiques, qui découvrent toujours de nouveaux fossiles. Des animaux vivant à l'âge de glace à la formation géologique des grottes, les guides vous racontent avec intérêt les secrets de ce lieu.

■ TORQUAY MUSEUM
529 Babbacombe Road
✆ +44 1803 293 975
www.torquaymuseum.org
Ouvert du lundi au samedi de 10h à 17h, le dimanche de juillet à mi-septembre de 11h à 17h. Entrée adulte £5,15, enfant £3,25.
Le musée est avant tout connu pour sa galerie consacrée à l'enfant du pays, Agatha Christie. Sa vie et son œuvre y sont racontées, avec force détails et photos. Un autre département, la galerie des explorateurs, est dédié à l'archéologie, et notamment à l'égyptologie. Des fossiles découverts dans la Kents Cavern y sont notamment exposés. Un musée assez ludique.

■ TORRE ABBEY
The Kings Drive
✆ +44 1803 293 593
www.torre-abbey.org.uk
L'abbaye est en restauration et sera de nouveau ouverte au public en juillet 2013. Ouvert tous les jours de mars à décembre de 10h à 18h, 17h en hiver. Entrée adulte £5,85, enfant £2,50. La visite guidée est particulièrement intéressante.
Fondée en 1196, Torre Abbey est le plus ancien bâtiment de Torquay. Après d'importants travaux de rénovation guidés par des archéologues et des historiens, elle a rouvert ses portes sous la forme d'un musée. De 1196 à 1539, c'est l'une des plus riches abbayes d'Angleterre habitée par les moines Canons, ayant fait vœu de silence. Au XVIe siècle, le bâtiment est transformé en maison de campagne, avant d'être acquis par la famille Carry en 1662. Plusieurs générations de Carry vont s'y succéder avant de revendre le bâtiment à la région de Torbay en 1930 (après la ruine des Carry). Aujourd'hui, le lieu abrite une importante collection de peintures et sculptures, notamment d'artistes préraphaélites. Les voûtes des salles de prières ont été remises à neuf, au même titre que la chapelle ; les murs qui n'ont pu être complétés sont prolongés de panneaux de verre qui subliment le bâtiment. Un très bel exemple de conservation de patrimoine. A côté de l'abbaye se tient le « Spanish Barn » où furent enfermés les prisonniers espagnols lors de l'attaque de l'Armada ; l'endroit accueille désormais des expositions d'art contemporain.

PAIGNTON

48 000 habitants. Paignton est assurément moins belle et moins huppée que Torquay, toutefois ses plages de sables rouges, bordées de cabanons multicolores, sont plus agréables. Le centre-ville, en revanche, n'est pas pourvu d'un grand intérêt : aux machines à sous se succèdent les jeux vidéo et vendeurs de frites.

Transports

Les gares ferroviaire et routière sont proches l'une de l'autre, près de Sands Road.

■ GARE FERROVIAIRE
Station Square ✆ +44 8457 484 950
www.nationalrail.co.uk

GARE ROUTIÈRE

Great Western Road. ✆ +44 8717 818 178
www.nationalexpress.com

Pratique

OFFICE DU TOURISME DE PAIGNTON

Esplanade Road
Apollo cinéma ✆ +44 8444 742 233
www.englishriviera.co.uk
Ouvert d'avril à octobre de 9h30 à 17h30 du lundi au samedi, de 10h à 16h le dimanche.

POLICE

Southfield Road ✆ +44 8452 777 444

Se loger

De nombreux hotels et B&B occupent Sands Road, une des rues principales qui entre dans Paignton.

COLIN HOUSE

2 Colin House ✆ +44 1803 550 609
www.colinhouse.co.uk
Chambre double entre £50 et £66. wi-fi et parking gratuits.
Un charmant B&B tenu par Karen et Joan, deux charmantes hôtesses qui connaissent Paignton sur le bout des doigts ! Besoin d'un conseil de visite ? Ne pas hésiter ! Chaleur, bonne humeur, propreté et superbe petit déjeuner sont au programme de votre séjour, de quoi adorer la Riviera anglaise.

Se restaurer

Chinois, indien, américain ou bien sûr britannique, il y a plein de types de restaurants à Paignton.

OCCOMBE FARM

Preston Down Road ✆ +44 01803 696 255
www.occombe.org.uk
Ouvert du lundi au samedi de 9h à 17h30, le dimanche de 9h30 à 16h30. Entrée et parking gratuits.
Et si on déjeunait à la ferme aujourd'hui ? Occombe Farm sert des petits déjeuners gargantuesques, de délicieux cream teas, et des dîners… pantagruéliques of course ! Tout est bien sûr préparé à base de produits locaux, ce que l'on peut vérifier par soi-même en visitant la ferme et en nourrissant les animaux. Une visite sympathique qui met en appétit.

THE OLD MANOR INN

10 Old Torquay Road, Preston
Ouvert du lundi au samedi de 11h à minuit, le dimanche à partir de 12h.
Construit en 1645, ce sympathique pub au toit de chaume permet de déjeuner à l'écart de la ville, à quelques minutes du front de mer. Soirées steak le lundi soir – ça promet ! – et l'inévitable rôti du dimanche midi. Le vendredi soir, ne pas rater les concerts live, entrecoupés de quizz, so british !

Sortir

PALACE THEATRE

Palace Avenue
✆ +44 1803 665 800
www.palacetheatre.co.uk
Restauré et rouvert en 2007, le Palace Theatre est plus beau que jamais et propose une programmation de spectacles et concerts. Il est situé au bout d'une avenue agréable, bordée de cafés.

À voir – À faire

Le train à vapeur est, sans aucun doute, l'une des attractions phares de la région qui plait autant aux enfants qu'aux adultes.

DARTMOUTH STEAM RAILWAY

Queen's Park Station
✆ +44 1803 555 872
www.dartmouthrailriver.co.uk
Tarif aller-retour : train : adulte £13,50 enfant £7,50.
A bord d'un ancien train à vapeur, une agréable promenade pour découvrir le paysage et se rendre de Paignton à Dartmouth. Possibilité également d'effectuer un plus grand tour incluant une excursion en bateau sur la rivière (Round Robin). Voir section Dartmouth.

OLDWAY MANSION

Torquay Road
✆ +44 1803 207 933
www.englishriviera.co.uk
Ouvert tous les jours de 9h à 17h sauf le dimanche de 14h à 17h en été uniquement. Entrée gratuite.
Construit en 1874 par le millionnaire américain Isaac Merrit Singer – de la marque des machines à coudre Singer, le bâtiment est d'influence française et italienne. Au début du XXe siècle, il fut transformé par le fils Singer, Paris, pour ressembler au Palais de Versailles. Pour la petite histoire, les hommes Singer vécurent avec deux femmes célèbres : Isaac épousa Isabelle Boyer, le modèle de la Statue de la Liberté, et Paris se maria avec Isadora Duncan, une danseuse, dont la mort tragique l'a rendue plus connue encore.

PAIGNTON ZOO

Totnes Road
✆ +44 1803 697 500
www.paigntonzoo.org.uk
Ouvert tous les jours à partir de 10h, fermeture selon la saison entre 17h et 18h. Tarif adulte : £13,10 ; enfant : £9,25. Une donation est automatiquement incluse dans le billet d'entrée, on peut demander à ne pas la payer.
Un des plus grands zoos de Grande-Bretagne. Installé dans un magnifique jardin botanique, il regroupe plus de 1 300 animaux, dont certains en voie de disparition, comme les gorilles et les tigres.

BRIXHAM

17 000 habitants. En 1850, c'était le plus grand port de pêche d'Angleterre. Aujourd'hui, Brixham demeure l'un des ports de pêche les plus prolifiques, avec une centaine de bateaux en activité.
En revanche, on ne peut plus assister au débarquement des poissons au petit matin, car la zone a été déplacée dans une grande halle moderne au bout du port. Ce qui est désormais surnommé The Old Fishmarket a été reconverti en marché d'artisanat, organisé tous les samedis. De quoi ravir les touristes, devenus la deuxième industrie du village... Brixham est également célèbre pour avoir vu Guillaume d'Orange accoster en 1688, pour marcher contre le catholique James II et se faire couronner à sa place sous le nom de Guillaume III. On dit toutefois qu'il aurait débarqué à Brixham par erreur, croyant que les cloches de l'église sonnaient pour lui, alors qu'elles célébraient Guy Fawkes Day !

Pratique

OFFICE DU TOURISME DE BRIXHAM

Hobb Nobs Gift Shop
The Quay
✆ +44 8444 742 233
www.englishriviera.co.uk
Ouvert d'avril à octobre du lundi au samedi de 9h30 à 17h30, le dimanche de 10h à 16h.

Se loger

On trouvera des B&B sur New Road et des hôtels juste à côté du port.

FAIR WINDS BED & BREAKFAST

166 New Road
✆ +44 1803 857 537
www.fairwindsbrixham.co.uk
Chambre simple à partir de £40, double de £60 à £80. Petit déjeuner inclus. wi-fi et parking gratuits.
Les propriétaires Paul et Gill vous accueilleront chaleureusement dans leur B&B. Petit déjeuner organique, avec au choix continental, anglais, international ou de saison (par exemple en été crêpes faites maison aux fruits rouges, en hiver crêpes au sirop d'érable), confiture aussi faite maison. 5 chambres confortables et douillettes à 10 minutes à pied du centre-ville. L'été, on peut profiter de leur jardin.

THE BERRYHEAD HOTEL

Berryhead Road
✆ +44 1803 853 225
www.berryheadhotel.com
Chambre double entre £46 et £88, en fonction de la vue, de la saison et si le dîner est inclus ou non. Petit déjeuner inclus.
A l'entrée du parc national de Berry Head, cet hôtel jouit d'un superbe panorama sur la côte. Situé à 20 minutes à pied du centre, on y arrive en longeant les quais. Les chambres traditionnelles sont illuminées par la vue sur la mer. Les pensionnaires ont aussi accès à une piscine intérieure. Enfin, le restaurant a la réputation de servir une nourriture raffinée, que l'on apprécie d'autant plus en terrasse.

Se restaurer

La majorité des restaurants entourent le port (demander une table avec vue) et un certain nombre d'entre eux offrent des plats de poisson fraichement pêché.

NO. 15 RESTAURANT

15 The Quay
✆ +44 1803 853 418
www.no15restaurant.co.uk
Ouvert du mardi au samedi à partir de 18h30.
Restaurant servant des poissons et fruits de mer, les spécialités de la ville, dont plusieurs plats du jour en fonction de la pêche de la journée. On dîne du premier étage et 2 tables ont une fenêtre avec vue sur le port de Brixham, les plus prisées du restaurant. En pleine saison, nécessaire de réserver parce qu'il n'y a que 10 tables.

À voir – À faire

BERRY HEAD

Gillard Road ✆ +44 1803 882 619
www.berryhead.org.uk
Ouvert toute l'année. Parking payant £1,10 pour 1 heure.
Un fort napoléonien niché sur la falaise de Berry Head, c'est le seul endroit où Napoléon serait venu, répondant à l'invitation à dîner de commandants anglais. Le lieu est également réputé pour abriter plusieurs colonies d'oiseaux et la vue sur les falaises et la baie est superbe. Quelques balades à faire dans les environs.

THE GOLDEN HIND

The Quay
✆ +44 1803 856 223
www.goldenhind.co.uk
Ouvert tous les jours de 10h à 16h. Entrée adulte £4, enfant £3.
Amarré dans le port de Brixham, ce bateau est la réplique grandeur nature de celui de Francis Drake, sur lequel il a navigué de 1577 à 1580 et dont il ne reste plus rien. 80 hommes sont partis à la conquête des océans, seuls 56 en sont revenus – ce qui est toutefois une bonne moyenne pour l'époque. A bord du Golden Hind, on apprendra que le charpentier est l'homme le plus indispensable, à tel point qu'il est toujours protégé en cas d'attaque. On verra aussi comment travaillait le médecin à bord et surtout comment des hommes honnêtes pouvaient un jour s'engager dans la piraterie. Une visite passionnante, qui fait travailler l'imagination ! *The Golden Hind* organise aussi les « Pirate Thursdays », tous les jeudis en été, ainsi que le Festival des Pirates (www.brixhampiratefestival.co.uk).

DARMOUTH

5 600 habitants. Dans le prolongement de la Riviera anglaise, la petite ville de Dartmouth séduira les visiteurs en mal d'authenticité. De belles plages bordent la côte, et le centre-ville doté de maisons du XVe siècle et d'antiquaires renforcent le charme de la ville. Dartmouth se trouve à l'embouchure de la rivière Dart, qui est navigable sur 8 miles jusqu'à Totnes.

Sir Francis Drake (1541-1596)

Fils d'un prédicateur protestant, Francis Drake commença sa carrière à l'âge de 25 ans, en commandant un navire négrier. Après un coup de main audacieux – et fructueux – contre le port de Nombre de Dios au Panama, il décida de revenir dans le Pacifique cinq ans plus tard et de se mettre à son compte (avec l'accord tacite de la Couronne britannique, alors en paix avec l'Espagne).
Il réunit quelques navires et cinquante hommes et appareilla, en décembre 1577, pour le premier voyage autour du monde, d'ouest en est, réalisé par un Anglais, non sans avoir entre-temps pillé pour son plus grand profit ports et galions espagnols du Pacifique. Cet exploit légendaire le rendit célèbre et il fut anobli par la reine Elisabeth.
Une fois la guerre avec l'Espagne déclarée, en 1585, il partit ravager les colonies espagnoles des Caraïbes, mais cette fois avec des moyens beaucoup plus importants, une escadre de 29 navires.
Comme l'Invincible Armada était en cours de formation dans le port de Cadix, il alla l'attaquer en 1587, puis prit une part décisive aux différentes opérations navales qui virent, en 1588, la défaite complète de la flotte espagnole dans la Manche et, par conséquent, la victoire de l'Angleterre protestante face à la politique de Philippe II.
La fin de vie de Drake fut, par contre, marquée par deux échecs : le premier, l'année suivante devant Lisbonne en raison d'un manque de coordination avec les troupes prévues pour le débarquement, et le second, en 1595, aux Antilles sous Porto Rico, dont les fortifications avaient été entre-temps renforcées. Atteint de dysenterie, il mourut en 1596 au Panama, à Porto Bello, et son corps fut immergé.

Elle a servi de port pendant neuf siècles, mais il ne reste aujourd'hui de ce passé que le Britannia Royal Naval College et la régate annuelle. Dartmouth est une station balnéaire très prisée des Anglais qui apprécient son doux climat et l'ensoleillement très fréquent. Blackpool Sands, la plage la plus célèbre de la zone, est toutefois prise d'assaut l'été. Ne pas hésiter à s'éloigner vers des plages moins fréquentées, en particulier, celles qui sont situées vers le sud sur la A379 : immenses et d'une pureté incomparable.

Transports

TRAINS À VAPEUR

Dartmouth Steam Railway
✆ +44 1803 555 872
www.dartmouthrailriver.co.uk

De Dartmouth, on emprunte le ferry jusqu'à Kingswear, puis un train à vapeur relie Kingswear à Paignton. La même compagnie organise des circuits qui combinent train et bateau, en une journée, ce qui permet de visiter toute la zone de manière ludique et efficace. Le circuit «Round Robin» comprend une croisière sur la rivière Dart, le ferry entre Dartmouth et Kingswear et le voyage en train le long de la côte (adulte : £21,99, enfant : £12,99). Voir la section Croisières.

Pratique

Marché le mardi et vendredi de Pâques à octobre, marché fermier le second samedi de chaque mois toute l'année.

OFFICE DU TOURISME DE DARTMOUTH

The Engine House, Mayors Avenue
✆ +44 1803 834 224
www.dartmouth.org.uk

Ouvert en été du lundi au samedi de 10h à 17h, le dimanche de 10h à 16h. En hiver horaires réduits, tous les jours sauf le mercredi.

Se loger

Les hébergements de Dartmouth sont, pour la plupart, d'une belle qualité. On note la volonté d'intégrer bien-être et détente au séjour des visiteurs.

BROWNS HOTEL

27-29 Victoria Road ✆ +44 1803 832 572
www.brownshoteldartmouth.co.uk

Chambre double entre £95 et £185. Petit déjeuner inclus.

Situé dans une rue perpendiculaire au port, l'établissement confère à ses pensionnaires un calme certain, doublé d'un service détendu et efficace. Un soin tout particulier a été apporté à la décoration des chambres, dont les couleurs épurées et la literie de qualité assurent un séjour confortable. Ne pas rater le restaurant, dont la carte, aux influences espagnoles, présente notamment tapas et paella.

THE ROYAL CASTLE HOTEL

11 The Quay
✆ +44 1803 833 033
www.royalcastle.co.uk

Chambre double de £134 à £230. Petit déjeuner inclus.

Boiseries et dalles pierreuses donnent du caractère à cet hôtel qui s'élève face au port. Le personnel chaleureux assure un service efficace. Quant à la décoration des chambres, elle mêle subtilement modernité et patrimoine. Une option chic et confortable pour un séjour distingué.

Se restaurer

Bizarrement, l'offre de restauration reste un peu triste à Dartmouth, quelques restaurants et une poignée de cafés se partagent les touristes.

KENDRICK'S

29 Fairfax Place
✆ +44 1803 832 328
www.kendricksrestaurant.co.uk

Ouvert tous les jours dès 18h.

Avec son esprit « brasserie », ce restaurant sort de l'ordinaire, parmi les nombreux pubs de Dartmouth. On s'y presse pour son menu varié et fourni, qui présente aussi bien du saumon fumé que de la poitrine de canard. Goûteux, copieux et pas cher, une vraie bonne adresse.

THE ROCKFISH

✆ +44 1803 832 800
www.rockfishdevon.co.uk

Ouvert de 12h à 21h30 tous les jours.

C'est peut être le meilleur fish & chips à Dartmouth. Le patron possede d'ailleurs un autre restaurant spécialisé en fruits de mer à Dartmouth, The Seahorse ainsi qu'un 2ème fish & chips, destiné uniquement à la vente à emporter. Si on veut manger autre chose que le fish & chips, le sandwich au crabe du Devon est une autre spécialité originale de la maison, tout comme le burger à la crevette.

▶ **Autre adresse :** 28 Lower Street, Dartmouth. Vente à emporter uniquement.

À voir – À faire

Jolis sites à visiter mais il faut bien s'organiser avec les horaires du ferry.

LE SUD-OUEST

DARTMOUTH CASTLE

Castle Road ✆ +44 1803 833 588
www.english-heritage.org.uk
Ouvert d'avril à septembre tous les jours de 10h à 17h, 18h en juillet et août, de novembre à mars uniquement le samedi et dimanche de 10h à 16h. Entrée adulte : £4,80 ; enfant £2,90. On peut y accéder en ferry, à partir de Dartmouth Embankment.
Voici le château de notre enfance ! L'imposante forteresse correspond en tous points aux images des livres d'histoire. Bâti au XVe siècle pour défendre la côte (et les marchands, qui craignaient des représailles de leurs concurrents), il est notamment doté de canons impressionnants. Aujourd'hui, on n'attend plus d'assaillants du haut des tours, en revanche, on profite de la vue magnifique sur la rivière Dart.

DARTMOUTH MUSEUM

The Butterwalk, Duke Street
✆ +44 1803 832 923
www.dartmouth.org.uk
Ouvert d'avril à octobre les dimanche et lundi de 13h à 16h et du mardi au samedi de 10h à 16h, de novembre à mars du lundi au samedi de 12h à 15h.
Sis dans une ancienne maison de marchand, bâtie en 1640, puis partiellement détruite durant la seconde guerre mondiale, ce musée regroupe principalement des objets en relation avec l'histoire maritime et navale de Dartmouth.

GREENWAY

Greenway Road, Galmpton
✆ +44 1803 842 382
www.nationaltrust.org.uk/greenway
Ouvert de mi-février à début novembre du mercredi au dimanche de 10h30 à 17h ainsi que le mardi pendant les vacances de Pâques et de mi-juillet à mi-septembre. Adulte £8,75 ; enfant £4,90. Pour y aller, prendre le Greenway ferry depuis Dartmouth (aller-retour adulte £7, enfant £4,50)
Il s'agit de la maison de vacances d'Agatha Christie, qui contient encore les objets lui ayant appartenu. Une promenade dans les jardins est aussi agréable à faire.

Visites guidées

CROISIÈRES

Dartmouth Rail River
Dartmouth Embarkment
✆ +44 1803 555 872
www.dartmouthrailriver.co.uk
Cette compagnie organise différentes croisières, dans la baie de Dartmouth (£8,50) et jusqu'à Totnes (£14) et Salcombe (£19,50). Il est aussi possible de combiner train à vapeur et bateau en une journée (Round Robin), voir la section Train.

Shopping

De nombreuses boutiques indépendantes sont installées sur la charmante Foss Street : articles décoratifs, peintures.

THE DARMOUTH CANVAS FACTORY

5 Foss Street ✆ +44 1803 832 186
www.canvas-factory.co.uk
Ouvert du mardi au samedi de 9h à 17h30.
Dans l'une des petites rues de Dartmouth, cet atelier/boutique expose de beaux et solides sacs en toile épaisse de différents formats, couleurs et tailles. La jeune femme qui réalise les sacs travaille dans la boutique, sous vos yeux. Pour les amateurs d'artisanat local.

SALCOMBE

2 000 habitants. Les Anglais assez fortunés aiment se rendre au village de Salcombe, durant les vacances et les longs week-ends. La petite rue principale est charmante et comporte de nombreux magasins. Au bout du village, s'étend la petite plage bien vite recouverte de parasols. Si on continue en direction de l'auberge de jeunesse, on arrive à un sentier qui longe les falaises. Ne manquez pas cette balade parmi les moutons, elle offre un point de vue fabuleux sur la mer et sur de petites criques.

YHA SALCOMBE

Sharpitor Hill ✆ +44 8453 719 341
www.yha.org.uk
Dortoir à partir de £13, chambres à partir de £25. Les pensionnaires de YHA bénéficient d'un demi-tarif (£3,60) pour visiter le domaine d'Overbeck's, que partagent YHA et le National Trust.
Perchée sur Sharpitor Hill, cette auberge se mérite ! On y accède après de nombreux tournants sur une route sinueuse et particulièrement inclinée. Conduite sportive à prévoir ! Une fois en haut, la vue est superbe et de nombreuses randonnées sont accessibles. Un bémol toutefois : les équipements de l'établissement sont un peu défraichis.

PLYMOUTH

259 000 habitants. Haut lieu de la marine anglaise, Plymouth est notamment célèbre pour avoir vu Drake, Cook et Darwin entreprendre leurs célèbres voyages en mer. C'est aussi de là que les premiers immigrants

partirent vers le nouveau monde, comme en témoigne la plaque commémorative près du phare, la Mayflower Stone and Steps. Plymouth Hoe représente le cœur de la vieille ville. La légende veut que Sir Francis Drake y ait attendu patiemment l'Invincible Armada en terminant sa partie de pétanque. Pour les détails, s'adresser aux autochtones, ils conteront fièrement l'histoire entière…

Transports

GARE FERROVIAIRE
Gare
Saltash Road ✆ +44 8457 484 950
www.nationalrail.co.uk
Liaison directe pour Londres depuis Paddington (3h30) et Bristol (2h). La route pour Exeter qui longe l'estuaire de la rivière Exe vaut le détour.

GARE ROUTIÈRE
Station de Bus sur Breton Side.
✆ +44 8717 818 178 / +44 9001 600 900
www.nationalexpress.com
Nombreuses villes desservies dont Londres depuis Victoria Station (4h30). Bus régional X38 pour Exeter. Plymouth City Bus Tél +44 8450 772 223 – www.plymouthbus.co.uk.

PARKING LONGUE DURÉE
Utiliser le système Park Ride du lundi au samedi en vous garant gratuitement à Coypool ou à Milehouse, puis en prenant le bus jusqu'au centre-ville (£2,20 l'aller-retour).

Pratique

INTERNET
Plymouth Central Library
Drake Circus ✆ +44 1752 305 900
library@plymouth.gov.uk
Ouvert de 9h à 19h les lundi et vendredi, jusqu'à 17h30 du mardi au jeudi et jusqu'à 17h le samedi.

OFFICE DU TOURISME DE PLYMOUTH
Plymouth Mayflower
3/5 The Barbican ✆ +44 1752 306 330
www.visitplymouth.co.uk
Ouvert de 9h à 17h du lundi au samedi et de 10h à 16h le dimanche.

Se loger

De nombreux B&B et hôtels sont concentrés autour de Hoe Park et dans les rues attenantes.

CASA MIA
201 Citadel Road East
✆ +44 1752 265 742
www.casamiaguesthouse.co.uk
Chambre simple de £32 à £38, double de £55 à £70. Petit déjeuner inclus. Parking et wi-fi gratuits.
On ne doute pas une seconde que Jane a le sens de l'accueil. Dans sa petite maison du centre-ville, elle a agencé des chambres confortables et traditionnelles, dont les fenêtres, encadrées de rideaux bordeaux, donnent sur The Royal Citadel. Casa Mia est à 10 minutes à pied du centre-ville et de la Marina.

IMPERIAL HOTEL
Lockyer Street
The Hoe
✆ +44 1752 227 311
www.imperialplymouth.co.uk
Chambre simple à partir de £59,50, double à partir de £59. Petit déjeuner inclus. wi-fi gratuit.
Ce petit hôtel mérite ses 5 étoiles (le seul à Plymouth). Louise, la propriétaire, accueille ses visiteurs avec chaleur, le sourire aux lèvres. L'intérieur de l'Imperial Hotel ne manque pas de charme, avec sa décoration moderne et soignée. Les chambres, teintées de couleurs harmonieuses, offrent un cadre reposant au voyageur harassé !

JEWELLS
220 Citadel Road ✆ +44 1752 254 760
www.jewellsguesthouse.com
Chambre simple à partir de £28, double à partir de £45. Petit déjeuner inclus.
Simple, efficace et central. Certes, l'établissement ne révolutionne pas le monde l'hôtellerie, mais il offre un bon compromis pour ceux qui hésitent entre hôtel et B&B. Mention spéciale au petit déjeuner copieux.

Se restaurer

Cuisines chinoise, grecque, indienne, française, italienne, japonaise et bien d'autres encore sont représentées à Plymouth. Sur Parade, Quay Road et Barbican se concentre un grand nombre d'établissements, plus ou moins recommandables, opter pour les bars tapas ou les restaurants de pâtes, plus que pour les pubs.

CUISINE SPONTANEE
Century Quay Sutton Harbour
✆ +44 1752 673 757
www.cuisine-spontanee.co.uk
Ouvert tous les jours midi et soir.

Derrière la baie vitrée se cache un cuisinier inventif, qui n'hésite pas à mêler de multiples influences, au gré de ses envies. Le résultat ? Un restaurant qui sert des plats variés, aux saveurs tantôt asiatiques, tantôt méditerranéennes ou créoles… Un délice !

SHIRLEY VALENTINE'S TAVERNA
12 New Street ✆ +44 1752 669 686
Ouvert tous les jours à partir de 11h pour le service du midi et du soir.
Spécialités turques. On peut y essayer le petit déjeuner ottoman à £7,95 servi de 11h à 17h avec des saucisses turques, du yaourt fait maison, de la feta et des légumes ou encore la formule mezze à 7,95 avec 2 plats au choix, accompagnés d'une salade, de pain tiède et d'une boisson.

TANNERS RESTAURANT
Prysten House
Finewell Street ✆ +44 1752 252 001
www.tannersrestaurant.com
Ouvert du mardi au samedi, midi et soir. Formule déjeuner à £14 les deux plats.
Deux stars de la cuisine, Chris et James, célèbres pour leur émission télévisée, s'activent aux fourneaux pour le plus grand plaisir des fins palais. Ballotin de jambon aux champignons ou noix de pétoncles au chorizo, faites place à la nouveauté ! Tanners vaut également le détour pour son bâtiment, la plus vieille maison de Plymouth, assemblage de pierres, de vitraux et de lourdes portes en pin.

Sortir

Plymouth s'enorgueillit de ses cinq théâtres, qui accueillent des spectacles renommés internationalement.

Spectacles

THE BARBICAN THEATRE
Castle Street ✆ +44 1752 267 131
www.barbicantheatre.co.uk
Les amateurs de danse pour assister à des spectacles ou participer à des ateliers.

DEVONPORT PLAYHOUSE
Fore Street
✆ +44 1752 606 507
www.devonportplayhouse.co.uk
Des pièces de théâtre se jouent à Devonport Playhouse.

PLYMOUTH ARTS CENTRE
38 Looe Street ✆ +44 1752 206 114
www.plymouthartscentre.org
On y trouve pas seulement un cinéma, mais aussi une galerie d'art et un restaurant.

REEL CINEMA
Derrys Cross ✆ +44 1752 225 553
Le cinéma propose une bonne affaire : avant 17h le mardi et le jeudi, les films sont à seulement £2,70.

THEATRE ROYAL AND DRUM THEATRE
Royal Parade ✆ +44 1752 267 222
www.theatreroyal.com
Le Théâtre Royal peut accueillir 800 personnes, le Drum Theatre est quatre fois plus petit. On y vient surtout pour assister à des pièces de théâtre, de l'opéra ou des ballets.

À voir – À faire

Plymouth possède plusieurs points d'intérêt historiques qui permettent de mieux comprendre l'Angleterre du XVIIe siècle, notamment son industrie de la pêche et sa conquête du Nouveau Monde.

ELIZABETHAN HOUSE
32 New Street, The Barbican
Ouvert d'avril à fin septembre, du mardi au samedi de 10h à 17h. Entrée adulte £2,50, enfant £1.
Faites un saut dans le temps en visitant cette bâtisse du XVIIe siècle. Escaliers en colimaçon, dalles pierreuses, meubles d'époque et cuisine « aménagée » vous donnent une idée de la vie à Plymouth en 1600.

MERCHANT'S HOUSE
33 St Andrew Street
Ouvert d'avril à fin septembre, du mardi au samedi de 10h à 17h. Entrée adulte £2,50, enfant £1.
Comment étudiaient les écoliers à l'époque victorienne ? Où pouvait-on se soigner au XVIIe siècle ? Réponse à Merchant's House. Quatre petits musées dédiés au quotidien des habitants de Plymouth sont abrités dans cette ancienne maison de commerçant, reconnaissable à sa façade en pierre barrée de colombages.

MOUNT EDGCUMBE HOUSE AND COUNTRY PARK
Cremyll, Torpoint ✆ +44 1752 822 236
www.plymouth.gov.uk
Ouvert d'avril à octobre du dimanche au jeudi de 11h à 16h30. Entrée adulte : £7,20 ; enfant : £3,75. Prendre le ferry de Plymouth (qui traverse la rivière Tamar) ou le Torpoint Ferry, qui évite des détours par la terre ferme.

La maison renferme de très belles œuvres d'art (peintures de Reynolds, tapisseries, porcelaines). Le parc comprend le Earl's Garden, planté de superbes et rares essences, ainsi que des constructions dispersées (Thomson's Seat, Milton's Temple, The Folly, The Arch) qui créent des perspectives et des jardins à la française, américains, néo-zélandais et anglais. Ne pas rater l'orangerie, ni le jardin italien (et la fontaine aux sirènes !).

PLYMOUTH AQUARIUM
Barbican © +44 844 893 79 38
www.national-aquarium.co.uk
Ouvert tous les jours de mars à septembre de 10h à 18h, et d'octobre à février de 10h à 17h. Entrée adulte £11,75, enfant £7,75.
Le plus grand aquarium de Grande-Bretagne, six zones pour découvrir la diversité des mers et des océans. Il est possible d'assister aux repas des poissons. Une section est dédiée à l'importance de la recherche dans la sauvegarde du milieu marin.

PLYMOUTH GIN
Blackfriars Distillery, 60 Southside Street
© +44 1752 665 292
www.plymouthgin.com
Ouvert du lundi au vendredi de 9h à 17h, le samedi de 11h à 17h, et le dimanche de 12h à 17h.
Plusieurs tours guidés sont organisés, de la simple visite avec échantillon de gin à la clé (£7), à la dégustation privée, après explication du procédé (£40). Pour les amateurs !

PLYMOUTH HOE
A voir en priorité, car c'est assurément le parc qui offre les plus belles vues sur la baie. Ses allées ombragées et ses pelouses moelleuses en font l'endroit idéal pour un pique-nique.

THE ROYAL CITADEL
© +44 1752 775 841
Accès par visites guidées seulement des vacances de Pâques à fin septembre à 14h30, mardi et jeudi. Adulte £5, enfant £4.
C'est la plus importante forteresse anglaise construite au XVIIe siècle pour se protéger contre, une fois n'est pas coutume, une menace non française mais hollandaise. Visiter également la chapelle royale de Sainte Katherine. Aujourd'hui, c'est le 29e commando d'artillerie royale qui occupe les lieux.

THE BARBICAN ET THE MAYFLOWER
www.plymouthbarbican.com
La partie historique du port se sillonne à pied, au gré des anciennes maisons (voir Elizabethan House). Ne pas rater les Mayflower Steps, d'où sont partis les pionniers qui embarquèrent sur le Mayflower, à destination du Nouveau Monde. Pour en savoir plus sur cette époque, visiter également Plymouth Mayflower Exhibition, dans le bâtiment de l'office de tourisme, qui raconte la création du port et le quotidien de ses habitants.

Sports – Détente – Loisirs

PLYMOUTH SOUND CRUISES
Hexton Quay, Hooe
© +44 1752 408 590
© +44 7813 980 833
http : //plymouthsoundcruises.co.uk
Cette compagnie propose des croisières avec différentes destinations ou loue directement des bateaux, pour les initiés.

Visites guidées

PLYMOUTH BOAT TRIPS
Barbican Landing Stage
© +44 7971 208 381
www.plymouthboattrips.co.uk
Partez en mer pour une croisière d'une heure ou pour pêcher vous-même votre fish&chips !

Shopping

Quelques petites boutiques intéressantes dans The Barbican. Un dromadaire vous fixe derrière sa vitrine ? On est devant The Teddy Bear Sanctuary, un minuscule magasin envahi de peluches !
Au milieu du port, une grande halle couverte présente des œuvres de la verrerie de Paignton. Quelques belles pièces, notamment des verres à pied et des vases aux courbes généreuses.

SALTASH

15 000 habitants, c'est l'une des plus grandes villes de Cornouailles. De l'autre côté de la rivière, le Devon. On peut notamment y visiter le cottage de Mary Newman, la première femme de Sir Francis Drake, aménagé à l'époque Tudor.

DARTMOOR NATIONAL PARK

A la fois effrayante et fascinante, comme l'avait décrite Conan Doyle dans *Le Chien des Baskerville*, la lande sauvage (moor) du Dartmoor National Park donne au visiteur l'impression d'être le premier à fouler un sol vierge de toute présence humaine.

Les légendes font le sel de ce pays hostile, surtout peuplé de poneys semi-sauvages et de busards à la recherche de proies. Le fantôme d'une sorcière maléfique, Vixana, errerait encore sur la lande, invoquant le brouillard pour égarer les marcheurs… La réalité n'est pas si éloignée car, si le parc offre des possibilités de randonnées presque intarissables, il vaut mieux prévoir sérieusement son trajet. Se procurer « Ordonnance Map » qui indique les sols dangereux, ainsi que les zones de brouillard et le relief.

Pratique

OFFICE DE TOURISME DE DARTMOOR

Tavistock Road
Princetown
✆ +44 1822 890 414
www.dartmoor-npa.gov.uk
Ouvert tous les jours en été de 10h à 17h et jusqu'à 16h en hiver.
C'est le principal, mais deux autres se trouvent à Postbridge et Haytor. Le bâtiment était autrefois un hôtel, dans lequel Arthur Conan Doyle a séjourné, ce qui lui a inspiré *Le Chien des Baskerville*, une enquête lugubre de Sherlock Holmes.

Se loger

Plusieurs fermes se sont développées dans le tourisme et proposent des logements, cela peut être une alternative au traditionnel B&B, on en trouvera le long des routes traversant le parc.

YHA BELLEVER

Postbridge
✆ +44 8453 719 622
www.yha.org.uk
Dortoir adulte à partir de £15, chambre à partir de £25.
Logée dans une ancienne ferme, cette auberge jouit d'un calme extraordinaire, perdue dans la lande. Idéale pour les marcheurs et les cyclistes, elle convient également aux familles qui souhaitent découvrir la lande à cheval, ou plutôt à poney ! L'auberge peut organiser des randonnées à dos de shetland, qui est certainement le meilleur moyen de parcourir la région. Le centre d'équitation se situe à Moretonhampstead (www.miniatureponycentre.com).

À voir – À faire

Disposer d'un moyen de transport est nécessaire pour visiter les différents points d'intérêt.

CASTLE DROGO

(à côté d'Exeter)
Drewsteignton ✆ +44 1647 433 306
www.nationaltrust.org.uk/castledrogo
Ouvert de mi-février à fin octobre, tous les jours en moyenne, de 11h à 17h, le week-end en novembre et décembre, fermé en janvier, de 11h à 16h. Entrée adulte £9,30, enfant £4,70.
C'est le dernier château à avoir été construit en Angleterre. Erigé pour la famille Drewe par Sir Edwin Lutyens au début du XXe siècle, l'extérieur n'a rien d'exceptionnel, mais l'intérieur représente l'ordonnancement et la décoration des années 1930, cuisine, chambres et salons possèdent meubles et accessoires venant la plupart du temps de la famille même.

DARTMOOR FOREST

Les fanatiques des aventures de Sherlock Holmes ne manqueront pas de s'y rendre, ne serait-ce que pour découvrir le décor naturel de l'énigme du *Chien des Baskerville*. Des kilomètres de lande inhabitée, quelques maisons isolées, la route étroite traverse une campagne sans fin ; la solitude est impressionnante.

DARTMOOR PRISON MUSEUM

Princetown, Yelverton, Devon
H.M.P. Dartmoor
✆ +44 1822 322 130
www.dartmoor-prison.co.uk
Ouvert du lundi au jeudi et le samedi de 9h30 à 12h30 et de 13h30 à 16h30, vendredi et dimanche jusqu'à 16h. Entrée adulte £3, enfant £2.
En 1805 l'Angleterre en guerre contre la France napoléonienne possède des milliers de prisonniers français capturés. Les prisons situées à Plymouth en bord de mer n'étant pas considérées comme assez sûres, on construit une prison dans la zone désertique de Dartmoor. Actuellement la prison est toujours en fonction avec des prisonniers civils, considérés comme extrêmement dangereux. Une visite inquiétante mais passionnante.

DZP

Sparkwell Village
✆ +44 1752 837 645
www.dartmoorzoo.co.uk
Ouvert de 10h à 18h en été, jusqu'à 16h en hiver. Adulte £10,95, enfant £9,95.
Au détour d'une allée, un tigre lorgne de flegmatiques flamants roses ; deux loups toisent les pumas et l'ours n'en finit plus de dormir.

Ce parc zoologique, à 5 km de Plymouth, est un centre de protection des espèces animales en voie de disparition. Le lieu héberge entre autres de nombreux félins et des loups.

LUSTLEIGH

Un magnifique village où presque toutes les maisons sont coiffées d'un toit de chaume. Avis aux amateurs de cream tea, c'est la spécialité du coin. Attention, la route pour y aller est très étroite et peut devenir un vrai casse-tête en période touristique.

CLOVELLY

2 000 habitants. Clovelly est un « village privé », aussi étrange que cela puisse paraître. Pour y entrer, il faut s'acquitter d'une « dîme ». La route conduit obligatoirement au parking du Clovelly Center qui délivre les billets et propose un montage audiovisuel sur le lieu. Toutefois, le plus beau reste à voir : Clovelly est un village de pêcheurs construit vers 1740 et entièrement préservé. Le quai date du XIVe siècle. L'été, l'endroit est envahi de touristes, il vaut donc mieux le découvrir au printemps ou en automne pour s'imprégner de son ambiance si particulière, si fragile et si difficile à capter entre deux cars de visiteurs guidés. Rester une nuit si on peut, le village redevient agréable après 18h...

Pratique

OFFICE DE TOURISME DE CLOVELLY

A l'entrée du village – The Hobby Drive
✆ +44 1237 431 781
www.clovelly.co.uk

Se loger

C'est simple, le village compte deux hôtels The New Inn et Red Lion Hotel. Des chambres chez l'habitant sont aussi disponibles. Voir directement sur le site Internet : www.clovelly.co.uk

THE NEW INN

High Street ✆ +44 1237 431 303
Chambre double de £111,50 à £123. Petit déjeuner inclus.
Architecture et décoration du XIXe siècle, of course, pour ce petit hôtel de 8 chambres. Situé dans une adorable rue sinueuse, plongeant sur la mer, The New Inn séduit par son charme et son service irréprochable.

RED LION HOTEL

The Quay ✆ +44 1237 431 237
www.clovelly.co.uk/red_lion_acc.php
Chambre double de £63,25/personne à £87,50. Petit déjeuner inclus.
Situé en bas du village, cet hôtel offre des chambres confortables mais peut-être un peu chères. La concurrence est faible et l'établissement en profite... On peut aussi dîner sur place, dans l'agréable restaurant.

Se restaurer

HOOPS INN

Horns Cross ✆ +44 1237 451 222
www.hoopsinn.co.uk
Ouvert tous les jours de 7h30 à 23h (à partir de 8h30 le dimanche).
Voici une auberge à l'ancienne, coiffée d'un toit en chaume, qui sert une cuisine sans prétention mais goûteuse.

À voir – À faire

Si on gare au Clovelly Centre, on obtiendra un billet groupé pour le parking, le Fisherman's Cottage, Clovelly Court Garden et le Kingsley Museum (adulte : £6,50 ; enfant : £4). En profiter pour regarder le film sur l'histoire du village à l'Audio-Visual Theatre.

CLOVELLY WATERFALL

En descendant vers les plages, on découvre non seulement une superbe vue sur l'estuaire mais également une chute d'eau. Derrière elle, se cache une grotte qui, selon la légende, serait le lieu de naissance de Merlin l'enchanteur.

FISHERMAN'S COTTAGE

Cette maison de pêcheur de la fin du XIXe siècle paraît presque encore habitée, grâce aux nombreux objets d'époque. Le port a également conservé son aspect historique, de là on peut emprunter un bateau qui vous conduit à Lundy Island.

KINGSLEY MUSEUM

L'auteur de Westward Ho ! , Charles Kingsley, a passé son enfance dans cette maison, avant d'y retourner à plusieurs reprises. Son plus célèbre roman fut d'ailleurs écrit lors de l'un de ses séjours à Clovelly. Aujourd'hui, le cottage est transformé en petit musée.

BIDEFORD

15 000 habitants. Surnommée « la petite ville blanche », Bideford s'étend le long de la rivière Torridge. Tous les mardis se déroule le marché au bétail pour maintenir la tradition. Un pont relie les deux côtés de la ville.

Lorsque la mer se retire, à marée basse, on se croirait sur les bords de la mer d'Aral. Bideford s'enorgueillit d'une rue (High Street) ascendante et très vivante : des épiciers, charcutiers et boulangers sont installés de part et d'autre de la rue. Il ne manque plus que l'odeur des crémeries.

Pratique

INTERNET

À la bibliothèque en face du pont
New Road
✆ +44 1237 476 075
Accès gratuit. Ouvert lundi, mardi, jeudi et vendredi de 9h30 à 18h et le samedi de 9h30 à 13h30.

OFFICE DU TOURISME DE BIDEFORD

Burton Art Gallery
✆ +44 1237 477 676
bidefordtic@torridge.gov.uk
Ouvert toute l'année du lundi au samedi de 10h à 17h (16h30 d'octobre à mars), et le dimanche jusqu'à 13h (16h en juillet et août).
A noter que sur la gauche est imbriquée… la célèbre boîte aux lettres jaune française où l'on postera ses cartes, une larme à l'œil. C'est le cadeau d'une ville française pour le jumelage avec Bideford.

Se loger

THE MOUNT HOTEL

Northdown Road
✆ +44 1237 473 748
www.themountbideford.co.uk
En été, chambre simple £40, double £80, en hiver £35 et £70. Petit déjeuner inclus. wi-fi gratuit.
Dans cette maison de style géorgien, un soin tout particulier a été apporté à la literie. Les hôtes s'enorgueillissent d'ailleurs des multiples commentaires de leurs pensionnaires. On aime le carrelage noir et blanc du hall d'entrée, splendide !

YEOLDON HOUSE AND RESTAURANT

Durrant Lane, Northam
✆ +44 1237 474 400
www.yeoldonhousehotel.co.uk
Chambre simple à partir de £80, double à partir de £120.
Un dimanche à la campagne ? Vous y êtes ! Ici, on prend le temps d'écouter le bruissement du ruisseau, en dégustant un verre de vin. Ne pas rater le restaurant, dont les plats sont concoctés à partir de produits locaux.

Se restaurer

RIVERSFORD HOTEL AND RIVERVIEW RESTAURANT

Limers Lane
✆ +44 1237 474 239
www.riversford.co.uk
Ouvert tous les jours de 12h à 14h (16h le dimanche) et de 18h à 21h.
Dans ce restaurant avec vue, comme son nom l'indique, le Chef est réputé pour accommoder le poisson avec talent. L'établissement fait également hôtel.

À voir – À faire

HARTLAND ABBEY

Hartland
✆ +44 1237 441 264
www.hartlandabbey.com
Ouvert de fin mars au 6 octobre du dimanche au jeudi. Tarif adulte : £8,50 ; enfant : £3,50. Près de Bideford. Suivre Hartland Quay.
Fondée en 1157, cette abbaye fut donnée par Henri VIII à William Abbott, *le sergeant* de sa cave royale. Ses descendants y vivent encore ! Le jardin abrite quelques paons et surtout de superbes massifs fleuris.

ILFRACOMBE

11 000 habitants. L'une des stations balnéaires les plus populaires du Devon. La petite ville dégage une atmosphère bourgeoise que les jolies maisons de la période victorienne ne viennent pas contredire. Le port est niché au milieu des falaises. Victorienne ? Pas tout à fait, sur le port ou High Street, des balcons en fer forgé ou en bois de couleurs vives et éclatantes viennent apporter une touche de Sud des Etats-Unis. Si la crique, avec son sable de couleur gris noir, n'est en revanche pas très belle, l'eau y est remarquable : par temps clair, elle est d'un bleu limpide. Avis aux gourmands, les meilleurs fudges de la région, voire du pays, sont concoctés ici.

Transports

TARKA TRAIL CYCLE HIRE

Railway Station, Barnstaple
✆ +44 1271 324 202
www.tarkabikes.co.uk
Ouvert de mars à début novembre tous les jours de 9h15 à 17h. adulte £10,50/jour ; enfant £8/jour.

Location de vélos. Pour le Tarka Trail, la piste cyclable longe l'estuaire de Barnstaple jusqu'à Great Torrington.

WILDLIFE CRUISES
Sur le port.
✆ +44 1271 879 727
www.ilfracombeprincess.co.uk
Adulte £12 ; enfant £6. De Pâques à fin octobre, tous les jours dès 10h30. Compter 1h30 de voyage.
Une belle balade dans une zone marine protégée, où l'on peut apercevoir des phoques, des oiseaux migrateurs et des dauphins. A voir également, des chutes d'eau et les plus hautes falaises d'Angleterre.

Pratique

OFFICE DU TOURISME
Landmark Theatre
Seafront
✆ +44 1271 863 001
www.visitilfracombe.co.uk
Ouvert du lundi au jeudi de 9h à 17h, le vendredi de 10h à 17h et le samedi de 10h30 à 16h30.
Dans la jolie crique se dessinent trois petites tours dont le style rappelle très sérieusement une centrale nucléaire. Voici l'office du tourisme le plus improbable d'Angleterre.

POSTE
26, High Street
✆ +44 1271 866 225

Se loger

En été, Ilfracombe est prise d'assaut, il faudra peut-être opter pour l'un des B&B en enfilade sur St Brannocks Road. La qualité n'est pas toujours au rendez-vous, demander donc à voir la chambre avant de s'installer.

THE ELMFIELD HOTEL
Torrs Park
✆ +44 1271 863 377
www.theelmfield.com
Chambre double entre £65 et £140.
Cette superbe bâtisse, juchée sur les hauteurs d'Ilfracombe, offre un confort inégalé. Les chambres spacieuses ont vue sur le grand parc et certaines directement sur la mer. La décoration mêle savamment patrimoine et modernité. On apprécie les lits douillets, le linge de maison soigné et surtout Zoé et Matt, les propriétaires, qui ont toujours le sourire aux lèvres. Pour couronner le tout, la piscine en bas du jardin nous retiendrait presque à l'hôtel !

OCEAN BACKPACKERS
29, St James Place
✆ +44 1271 867 835
www.oceanbackpackers.co.uk
Dortoir entre £12 et £14. Chambre double £38. Parking et Internet gratuits. Pas de petit déjeuner.
Coloré et familial, ce petit backpackers jouit d'un emplacement idéal, au cœur d'Ilfracombe, à deux pas des magasins et du port. Les pensionnaires apprécient le salon, où l'on peut regarder des cassettes vidéo, et le petit jardin. Seul bémol, les dortoirs sont un peu exigus, mais si on ne craint pas la proximité, l'adresse séduira.

Se restaurer

Direction Fore Street, pour les restaurants et pubs, et St James Place, pour les « traditional pasties » et les vendeurs de glaces maison.

LA GENDARMERIE
63 Fore Street ✆ +44 1271 865 984
Ouvert dès 19h, du mardi au dimanche de juillet à septembre et du mercredi au samedi de janvier à juin.
Personne ne vous passera les menottes, en revanche, on vous servira une excellente cuisine anglaise moderne. Paul, le chef franco-anglais, concocte avec soin ses plats à partir de produits locaux. On demanderait presque à être placé en garde à vue....

GRASSROOTS CAFE
97 High Street
✆ +44 1271 867 574
Ouvert tous les jours de 10h à 16h et le soir à partir de 19h le vendredi et samedi.
Pour ceux qui croient qu'être végétarien se réduit à manger des graines en mastiquant bien, ce café prouve le contraire. De délicieux gâteaux, des sandwiches variés et originaux (essayer le « houmous, roquette et pignon ») et d'excellentes quiches accompagnent un café issu du commerce équitable.

THE MANOR HOUSE CAFE
70 High Street
✆ +44 1271 864 865
http : //themanorhousecafe.co.uk
Ouvert tous les jours de 8h à 17h.
Un petit café bon marché et agréable où on peut y prendre un petit déjeuner anglais à pas d'heure ou encore y manger des omelettes, sandwichs, burgers, gateaux, scones ou simplement y boire un café ou chocolat chaud. Les plats faits maison séduiront les locaux et voyageurs.

À voir – À faire

Ilfracombe regorge d'activités à faire en famille, du parc d'attractions à la maison hantée en passant par la croisière en mer, le plus dur reste de choisir !

CHAMBERCOMBE MANOR
Chambercombe Lane
✆ +44 1271 862 624
www.chambercombemanor.org.uk
Ouvert de Pâques à fin octobre du lundi au vendredi de 11h à 15h30, jusqu'à 16h en juillet/août, le week-end de 12h à 16h. Entrée adulte £7 ou £4 (sans guide) ; enfant £5 ou £2.
Une pendule à balancier qui oscille sans ses poids ? Une étrange sensation d'être suivi ? Ce manoir du XIe siècle, qui a gardé une grande partie de son architecture d'origine, est réputé dans tout le pays pour ses manifestations paranormales. Suivre le guide, qui raconte les inquiétantes histoires du château. Les sceptiques, pourront bien être surpris !

ILFRACOMBE MUSEUM
Wilder Road
✆ +44 1271 863 541
www.ilfracombemuseum.co.uk
Ouvert d'avril à octobre tous les jours de 10h à 17h ; de novembre à mars de 10h à 13h du mardi au vendredi. Tarif adulte £3 ; enfant gratuit.
Un énième musée sur l'histoire d'une petite ville ? Pas si sûr... D'accord, on a droit aux sempiternelles photos, cartes ou costumes, mais l'endroit abrite aussi des « trucs bizarres » et c'est pour cela qu'on s'y bouscule. Des chauves-souris enfermées dans des bocaux, un chat à deux têtes... Les amateurs de bizarreries vont adorer !

LUNDY ISLAND
Sur le port.
✆ +44 1271 863 636
www.lundyisland.co.uk
De fin mars à fin octobre. A/R : adulte £60 ; enfant £29,50. Compter 2h de trajet.
Cette île, à quelques miles en bateau d'Ilfracombe, est une réserve naturelle classée par l'Unesco. Elle se traverse à pied en 40 min. Les macareux moines sont les stars de l'île, mais on y croise aussi des daims, des poneys et toutes sortes d'oiseaux.

RUNNYMEDE GARDENS ET SOUTHERN SLOPES
De beaux jardins au cœur d'Ilfracombe.

TUNNELS BEACHES
Bath Place ✆ +44 1271 879 882
www.tunnelsbeaches.co.uk
Ouvert de Pâques à septembre de 10h à 18h, juin à août de 10h à 19h, octobre de 10h à 17h, fermé lundi. Adulte : £2,50 ; enfant : £1,95.
Une des attractions majeures d'Ilfracombe, dont la réputation est largement méritée. Cette série de tunnels creusés dans la roche a été créée à l'époque victorienne pour rejoindre les plages. Impressionnantes, les galeries mènent jusqu'à des piscines naturelles entre les rochers. Paradisiaque !

WATERMOUTH CASTLE
Berrynarbor
✆ +44 1271 867 474
www.watermouthcastle.com
Ouvert de Pâques à octobre de 10h à 17h30 ou 18h30. Fermé le samedi. Tarif adulte : £13,25 ; enfant : £9,25. Sur l'A399 en quittant Ilfracombe vers Combe Martin.
Ce château, transformé en parc d'attractions, fait la joie des plus petits. Un labyrinthe, des manèges, de quoi les occuper toute la journée... En profiter pour faire un saut à Watermouth Cove, joli petit port naturel.

WILDLIFE AND DINOSAUR PARK
Combe Martin
✆ +44 1271 882 486
www.dinosaur-park.com
Ouvert tous les jours de 10h à 17h de mi-février à début novembre. Adulte : £14 ; enfant : £8,50.
On pourra assister aux repas des otaries, des ratons-laveurs ou encore des lions de mer. Les amateurs apprécieront le spectacle de faucons. Les autres admireront le léopard des neiges, l'aigle européen, le python, mais aussi, 14 dinosaures, grandeur nature, qu'on jurerait vivants (tyrannosaure, ptérodactyles, vélociraptors...).

Shopping

Les gourmands vont adorer Ilfracombe et ses multiples épiceries et magasins de sucreries. En voici deux pour vous mettre l'eau à la bouche...

WALKERS CHOCOLATE EMPORIUM
6, High Street
✆ +44 1271 867 193
www.chocolate-emporium.co.uk
Ouvert le lundi de 10h à 16h et du mardi au samedi de 9h30 à 17h. Entrée gratuite.
Une boutique, musée, théâtre entièrement dédié au chocolat, où l'on peut acheter, goûter, regarder, déguster... du chocolat.

Région pointant dans l'Atlantique, à l'extrême sud-ouest de l'Angleterre, les Cornouailles regorgent de surprises. La lande, les bois et la mer se partagent le paysage, un paradis pour les amoureux de la nature. En Cornouailles, on verra de grandes plages de sable foulées par de belles vagues propices au surf, des villages de pêcheurs, des criques désertes, des châteaux en ruine perchés sur des falaises, de grandes étendues vertes où broutent vaches et moutons, ainsi qu'un important héritage celtique à découvrir au détour des chemins... Que l'on soit adepte de vacances en famille en bord de mer, de longues randonnées solitaires dans la nature, ou encore de surf, chacun trouvera son bonheur. Et, si la région a su développer des attractions touristiques, il est encore possible d'y éviter les foules et de partir à la découverte de paysages magnifiques et d'une nature encore préservée.
Et puis, si l'on a de la chance, on rencontrera peut-être un pirate, qui a mis en cale son vieux rafiot, pour raconter des histoires de contrebande et d'assauts légendaires !

LOOE

5 300 habitants. L'été, Looe a des airs de petit port provençal, avec ses ruelles bordées de maisons aux façades colorées. Sur les quais du port, des pêcheurs de tous âges s'essaient avec des lignes souvent improvisées. Ce village de Cornouailles en comprend en fait deux : East Looe et West Looe, qui sont reliés par un pont datant de l'époque victorienne. Looe a un passé de petit port de pêche et de commerce de la pierre et du cuivre. Sa flotte était réputée : en 1347, vingt navires partis de Looe prirent part au siège de Calais, et d'autres bateaux furent utilisés contre l'Armada espagnole.

Pratique

OFFICE DU TOURISME DE LOOE
The Guildhall, Fore Street, East Looe
✆ +44 1503 262 072
www.visit-southeastcornwall.co.uk
Ouvert tous les jours de 10h à 17h (14h pendant les jours d'école) de Pâques à octobre ; en hiver horaires réduits.

POLICE
Station Road, East Looe
✆ +44 8452 777 444

Se loger

À part quelques véritables hôtels, Looe compte surtout des B&B et des pubs/hôtels. L'hébergement y est encore artisanal !

DOLPHIN HOUSE
Station Road, East Looe
✆ +44 1503 262 578
www.dolphin-house.co.uk
Chambre double £65 à £80. Petit déjeuner et parking inclus.
Situé sur le port, côté East Looe, ce B&B offre aux voyageurs tout ce dont ils ont besoin : un lit douillet, un petit déjeuner plus que consistant – à base de produits locaux – et de très bons conseils de visite sur les environs.

FIELDHEAD HOTEL
Portuan Road, Hannafore
✆ +44 1503 262 689
www.fieldheadhotel.co.uk
Chambre double à partir de £55 par personne en hiver et £73 en été. Petit déjeuner inclus, dîner en option. Parking et wi-fi gratuits.
Deux grands avantages à cet hôtel, outre sa situation centrale : un salon avec une immense baie vitrée donnant sur la mer et une agréable piscine extérieure bordée de cocotiers. Les chambres confortables offrent un cadre idéal pour se reposer et apprécier le calme de Looe.

Se restaurer

Looe est l'un des ports de pêche les plus réputés d'Angleterre. Les chefs cuisiniers des Cornouailles sont nombreux à s'y fournir en poissons et fruits de mer. Sur place, restaurants et pubs ont également une très bonne sélection de produits de la mer.

THE SMUGGLERS COTT
Middle Street Market ✆ +44 1503 262 397
www.looerestaurants.co.uk
Ouvert tous les jours : le soir de 18h30 à 21h30 et le dimanche de 12h à 14h.
Travers de porc au feu de bois ou dorade marinée ? Smugglers vous laisse le choix. Cet excellent restaurant, installé à Looe depuis toujours, sert une cuisine très variée qui satisfait tous les palais.

TRAWLERS ON THE QUAY
Buller Quay, East Looe
✆ +44 1503 263 593
www.trawlers-restaurant.co.uk

Les Cornouailles

Kilkhampton
Waldon
Torridge
Stratton
Bude
Holsworthy
Bude
Bay
Claw
Whitstone
DEVON
A39
Chapmans Well
Trush
Boscastle
Ottery
Davidstow
Tintagel Castle
A30
Inny
A395
Launceston
Port Isaac
Bay
Camelford
Portquin
De Lank
Bolventor
Jamaica Inn
& Museum
A388
Padstow
Fowey
Seaton
Tavistock
Wadebridge
A386
Carmel
Bodmin Moor
Callington
Cornwall's Cealy
Great Adventure Park
Bodmin
The Courtroom
Experience
Cotehele
Liskeard
Newquay Cornwall
Airport
Bodmin & Wenford
Railway
Lanhydrock
A390
A30
A38
Tideford
St.Columb
Lostwithiel
W.Looe
Saltash
A391
China Clay
Country Park
PLYMOUTH
Crafthole
Torpoint
Eden Project
St. Austell
Brewery VC
Looe
Looe Bay
Fal
St.Austell
Fowey
Charlestown
Shipwreck Centre
Polperro
Rame
A390
Talland
Bay
St. Austell Bay
Plymouth
Sound
Megavissey
World of
Model Railway
Portloe
Veryan
Bay
Falmouth Bay
L A M A N C H E
Zone Point
N
0
10 km

Les immanquables des Cornouailles

- **St Michael's Mount,** réplique du Mont Saint-Michel.
- **Le petit village de Saint Ives,** repaire des pêcheurs et des artistes.
- **Tintagel** et la légende du roi Arthur.
- **Land's End** et ses magnifiques paysages aux allures de bout du monde.

Ouvert de 12h à 14h et de 18h à 21h, du mercredi au dimanche.
Voici un restaurant duquel on peut voir les poissons fraîchement débarqués ! On y déguste une cuisine de la mer excellente, tout en regardant l'activité du port de pêche. Dans la journée, l'établissement ouvre un café qui vend des salades et sandwichs, que l'on savoure en terrasse.

À voir – À faire

EAST & WEST LOOE

Encore aujourd'hui, East Looe s'apparente à un labyrinthe de rues étroites. C'est là que se concentrent la plupart des magasins. Près du port, se trouve The Old Guildhall, un des plus anciens bâtiments du village, qui date environ de 1500. Il abrite aujourd'hui le musée local. Sur l'autre rive, West Looe, plus calme, possède une atmosphère différente. On peut y voir le Jolly Sailor Inn (un des plus vieux pubs de la région), datant du XVIe siècle et l'église Saint-Nicolas. Le Banjo Pier protège la rivière en hiver. Les promeneurs apprécieront la rive de West Looe sur la rivière... Looe.

ILE DE LOOE

Il n'y a pas de ferry, il est toutefois possible de se rendre sur l'île pour quelques heures (se renseigner à l'office de tourisme ou devant le Banjo Beach Shop).
Cette île appartenait autrefois à l'abbaye de Glastonbury, dont il reste quelques cellules monastiques. L'île possède deux plages et de charmantes criques. Deux fois par an, on peut rejoindre l'île à pied, lorsque l'eau s'est retirée suffisamment !

THE MONKEY SANCTUARY

Murrayton House, Looe
© +44 1503 262 532
www.monkeysanctuary.org
Ouvert d'avril à septembre, du samedi au jeudi de 11h à 16h30. Tarif adulte : £8 ; enfant : £5. Quitter Looe par la Plymouth Road. Tourner à gauche sur la B3253 et aller tout droit.
Bien loin des préoccupations marines de Looe, ce parc accueille des singes malades ou abandonnés autrefois animaux de compagnie. Aucun lien avec les Cornouailles, si ce n'est la volonté commune de préserver la faune et la flore – d'ici et d'ailleurs.

PLAGE

Dans East Looe, les ruelles du centre-ville débouchent sur une charmante plage de sable tout à fait inattendue. Peu dangereuse et recouverte de sable doux, elle attire surtout les familles.

POLPERRO

5 300 habitants. Polperro est certainement l'un des plus beaux villages de Cornouailles. Malgré l'affluence de touristes, ce petit port de pêche niché au fond d'une vallée a gardé un caractère typique. Des ruelles tortueuses bordées de cottages colorés, une maison sur pilotis, des ponts romain et saxon, Polperro regorge de surprises que l'on découvre en s'éloignant un peu de Fore Street, la rue principale.
Outre la pêche, Polperro fut également un haut lieu de la contrebande. En effet, avant la construction de la New Road (1845), le village était assez isolé. Zephaniah Job était le chef de la bande, il possédait également le port et la banque de la ville. La contrebande s'appelait le « fair trade », le commerce équitable ! Toute cette histoire se conter à l'Héritage Museum.

Pratique

- **Il n'y a pas d'office du tourisme à Polperro.** Mais on peut obtenir des informations et de la documentation (disponible en français) à l'Heritage Museum.
- **Parking.** Le village est très longiligne et il est absolument interdit de stationner. L'unique solution est de se garer dans le grand parking (payant) à l'entrée du village, à environ dix minutes de marche du port. Un tramway ou des calèches font la navette régulièrement, mais la ville n'est qu'à 700 m sur un chemin qui dévoile de pittoresques petites maisons.
- **Consulter** www.polperro.org pour plus d'informations.

Se loger

Petit village, Polperro propose plusieurs solutions d'hébergements, la plupart étant des B&B.

THE CLAREMONT HOTEL

The Coombes
✆ +44 1503 272 241
www.theclaremonthotel.co.uk
Chambre double de £64 à £94. Petit déjeuner inclus. Près du port, l'hôtel possède un restaurant de fruits de mer et un parking privé. wi-fi gratuit à l'entrée de l'hôtel.
Ce bâtiment date du XVIIe siècle et domine le port de Polperro. De là, on accède au centre du village en quelques minutes. Malgré l'ancienneté de l'établissement, l'intérieur a été entièrement rénové, offrant à ses clients tout le confort moderne.

Se restaurer

On trouvera une douzaine de restaurants & pubs dans le centre du village, la plupart servant des plats britanniques.

NELSONS'RESTAURANT

✆ +44 1503 272 366
www.polperro.co.uk/nelsons.htm
Ouvert tous les soirs sauf le lundi à partir de 18h30.
Caché derrière une végétation luxuriante, ce restaurant, ouvert depuis 1974, est situé en plein cœur du village. Il propose surtout des spécialités de poissons et de fruits de mer, dont du homard, du crabe et des soles. La brasserie Captain's Nemo, située dans les mêmes locaux, présente une carte similaire, mais un peu moins chère. On déjeune avec l'impression d'être dans un vieux gréement !

OLD MILLHOUSE INN

Mill Hill ✆ +44 1503 272 362
www.oldmillhouseinn.co.uk
Ouvert tous les jours midi et soir.
Cet ancien pub logé dans une adorable maison typique, sert une cuisine tradtionnelle honnête, à base de produits locaux. Le dimanche, on peut y déguster le classique *sunday roast*, dans une ambiance sympathique.

À voir – À faire

Polperro est un bon point de départ pour une marche vers les villages de Talland à l'est et Lansallos à l'ouest. Ces deux villages donnent sur une crique, autrefois propice à la contrebande. Talland possède en plus une large plage de sable.

BATEAU

✆ +44 1503 272 476 / +44 7885 827 891
Des excursions sont possibles depuis le port entre avril et novembre tous les jours en fonction du temps. Tour d'une demi-heure avec des départs environ toutes les 10 minutes Tarif adulte : £5 ; enfant : £2,50. Aller-retour jusqu'à Looe £10.
Des excursions sont possibles depuis le port entre avril et novembre tous les jours en fonction du temps. Tour d'une demi-heure avec des départs environ toutes les 10 minutes Tarif adulte : £4 ; enfant : £2. Possibilité d'aller pêcher (£50 pour le bateau ou £10 par personne).

HERITAGE MUSEUM

The Warren
www.polperro.org/museum.html
Ouvert de 10h30 à 16h30 (18h en été) tous les jours de Pâques à octobre. Entrée : adulte £1,80 ; enfant : £0,50.

Spécialités culinaires de Cornouailles

De nombreuses spécialités régionales sont exportées ou copiées dans toute l'Angleterre.La plus connue (que vous vous devez impérativement de goûter lors d'un séjour en Cornouailles) est la Cornish Pasty, sorte de feuilleté fourré à la viande, aux herbes et fromage, ou avec toutes sortes d'ingrédients. Vous en trouverez partout. C'est plutôt bon, pas cher et bourratif. Parfait pour un repas sur le pouce.A goûter également, les glaces de Cornouailles (Cornish Ice Cream), préparées avec de la Clotted Cream, sorte de crème fraîche tellement épaisse que la cuillère y tient debout. Cette dernière est utilisée pour le « cream tea » thé à la crème.On notera également l'abondance de poissons, crabes et langoustes, proximité de la mer oblige, incorporés avec talent dans la cuisine traditionnelle anglaise. Ici, même les pubs servent d'excellents fruits de mer. Enfin, comme dessert, essayez le gâteau au safran (saffron cake) : sorte de pain au... safran, épices et fruits confits. Le safran a toujours été très utilisé dans la cuisine des Cornouailles depuis que les Phéniciens ont commencé à le troquer contre du fer blanc.

Un petit musée qui raconte l'histoire du village essentiellement tournée autour de ses pêcheurs et de ses contrebandiers.

LE PORT

Ne pas hésiter à s'écarter de la rue principale pour se promener et découvrir le charme des petites ruelles sur les côtés du port. On y verra quelques jolis cottages de pêcheurs vraiment typiques.

POLRUAN

Un joli petit village de pêcheurs situé de l'autre côté de la rivière. Des ferries de passagers font la navette depuis Whitehouse Beach, au sud de Fowey. Pour les voitures, emprunter les ferries qui partent à proximité du parking au nord de la ville. Ceux-ci arrivent à Bodinnick, d'où on peut rejoindre Polruan.

FOWEY

2 300 habitants. Fowey s'apparente à un port miniature, encastré dans les falaises, bordé de maisons colorées enchevêtrées et traversé de ruelles sinueuses. Son charme augmente à mesure que l'on s'approche de la côte, pour observer les majestueux voiliers amarrés dans la baie. Autrefois prisé des pirates et des contrebandiers, Fowey est désormais chéri des artistes, dont les galeries pullulent. Les visiteurs apprécieront cette ambiance à la fois paisible, propice à la rêverie et à la création.

Pratique

Parking : Ici aussi, mieux vaut se garer dans les parkings payants avant d'entrer en ville, puis descendre au port à pied. Fowey s'apparente à une toile d'araignée pour les malheureux automobilistes engagés dans ses étroites ruelles !

OFFICE DU TOURISME DE FOWEY

5, South Street (près de l'église)
✆ +44 1726 833 616
www.fowey.co.uk
Ouvert du lundi au samedi de 9h30 à 17 et dimanche de 10h à 16h30.

Se loger

On trouvera également quelques hôtels et B&B le long de l'esplanade, notamment The Well House, et aussi une auberge, The Ship Inn.

THE GALLEON INN

12 Fore Street
✆ +44 1726 833 014
www.galleon-inn.co.uk
Chambre double à partir de £35/personne. wi-fi gratuit.
On y accède par une galerie peinte d'espadons, requins et autres sardines. Les clients du bar papotent tranquillement au bord de la rivière, tandis que le personnel s'active dans le pub. Les chambres sont simples et bien équipées. Demander une chambre avec vue sur la rivière (supplément £5 par personne).

THE FOWEY HOTEL

The Esplanade
✆ +44 1726 832 551
www.thefoweyhotel.co.uk
Chambre double entre £69 et £169. Petit déjeuner inclus.
Ce petit hôtel immaculé surplombe le port de Fowey, offrant à ses pensionnaires une très belle vue. On aime l'architecture victorienne du bâtiment, ses balustrades en fer forgé et son accueil aimable. Si on le souhaite, on peut dîner sur place, le menu y est varié et goûteux.

YHA GOLANT

Penquite House, Golant
✆ +44 845 371 90 19
www.yha.org.uk
Ouvert toute l'année. Prix à partir de £13, chambre à partir de £25.
A quelques kilomètres de Fowey, dans le charmant village de Golant, cette auberge est sur la route de Saint-Austell. Très bien équipée, elle dispose de quelques petits dortoirs, dont certains avec plus de 10 lits. Située en pleine nature, elle reste toutefois proche de sites d'attractions comme Eden Project ou les jardins perdus d'Heligan.

Se restaurer

THE KING OF PRUSSIA

3, Town Quay
✆ +44 1726 833 694
www.kingofprussiafowey.co.uk
Ouvert tous les jours de 11h30 à 23h.
Un pub avec vue sur le port et l'estuaire. Au menu, moules marinières, steaks et travers de porc. Le pub compte également quelques chambres, avec de très belles vues.

Sortir

PINKY MURPHY'S CAFE

North Street
✆ +44 1726 832 512
www.pinkymurphys.com
Ouvert du lundi au samedi de 9h à 17h et dimanche de 9h30 à 16h.

Un établissement charmant où l'on peut se ravitailler tout au long de la journée : des délicieux breakfasts du matin aux thés crème de fin d'après-midi faits maison... à tomber ! Les locaux s'y pressent, tant et si bien que l'endroit est malheureusement souvent bondé.

À voir – À faire

Fowey se découvre le nez au vent, en parcourant les jolies ruelles qui débouchent sur le port. C'est un bon point de départ pour des balades à pied. Le Hall Walk, notamment, est une promenade d'environ 6 km autour de l'estuaire, en passant par les villages de Bodinnick et Polruan (particulièrement charmants).
Pour s'y rendre, on doit emprunter un des ferries qui traversent la rivière. Ceux-ci partent du nord de la ville, à proximité du parking.
Pour plus de renseignements, s'adresser à l'office du tourisme.

■ ÉGLISE SAINT FIMBARRUS

L'église actuelle date du XVe siècle. Elle fut reconstruite après avoir été détruite par les Français en 1457.

■ SAINT CATHERINE CASTLE

St Catherines Cove
Au sud-ouest de la ville, ce château construit sous le règne d'Henri VIII et situé en haut d'une falaise sur les hauteurs du village, est aujourd'hui en ruine. De là, on aura une très belle vue sur l'estuaire, il est ouvert au public sans accès restreint.

Sports – Détente – Loisirs

■ FOWEY RIVER EXPEDITIONS

17 Passage Street
✆ +44 1726 833 627
www.foweyexpeditions.co.uk
Compter 5 heures, £25/personne. Gratuit pour les -8 ans.
Partir à la découverte de la rivière Fowey en kayak, accompagné d'un guide. Au programme, description de l'écosystème de la rivière, haltes aux villages de Golant ou Lerryn et détente au fil de l'eau...

Shopping

■ SHOPPING

En chemin, ne pas rater Oah's Ark qui est l'un des plus vieux bâtiments de la ville, épargné par l'incendie qui avait ravagé la ville en 1457. Se rendre sur Fore Street, où se suivent la plupart des boutiques. Fowey compte de nombreux magasins indépendants, originaux et faisant la part belle aux artistes et artisans locaux. Middletons se spécialise dans les bonbons et fudges, Fowey River Gallery sélectionne des œuvres d'artistes locaux, quant à Reed's, on y trouve des éléments de décoration, des bibelots et une atmosphère rétro vivifiante.

SAINT AUSTELL

31 000 habitants. C'est la ville la plus importante des Cornouailles à l'heure actuelle, plus importante que Truro, la capitale. Les premières traces de St Austell datent de l'époque de Henri VIII, alors que la ville n'est encore qu'un petit village. L'industrie se développe après avoir découvert de l'argile servant à la fabrication de la porcelaine. C'est également là que l'on trouve la brasserie du même nom qui fabrique ses bières depuis plus de 150 ans. Aujourd'hui, la ville n'a pas grand intérêt, devenue trop commerciale, toutefois, elle est entourée de nombreuses attractions touristiques.

Transports

■ GARE FERROVIAIRE

High Cross Street.
✆ +44 8457 484 950
www.nationalrail.co.uk
Trains réguliers depuis Londres (5 heures).

■ GARE ROUTIÈRE

High Cross Street
✆ +44 8717 818 178
www.nationalexpress.com
Derrière la gare ferroviaire
National Express assure la liaison notamment avec Londres (7 heures).

Pratique

■ OFFICE DE TOURISME DE SAINT AUSTELL

Southbourne Road
✆ +44 1726 879 500
www.visitthecornishriviera.co.uk
Ouvert en été du lundi au dimanche de 9h à 17h et en hiver du lundi au samedi de 9h à 17h.

Se loger

Gorran et Boswinger sont deux petits villages à quelques kilomètres de Saint Austell, dans la campagne anglaise. Vous y trouverez nombre de campings et B&B sympathiques.

SEAVIEW INTERNATIONAL CAMPSITE

Boswinger, Gorran
✆ +44 1726 843 425
www.seaviewinternational.com
Tente ou caravane à partir de £11/2 personnes.
Ce superbe camping s'avère bien mieux équipé que certains hôtels ! Une agréable piscine avec vue sur la mer, des terrains de sports, une supérette et un café avec wi-fi gratuit... On y séjourne avec plaisir, d'autant plus qu'on est à quelques minutes en voiture de la plage et des Heligan Gardens.

YHA BOSWINGER

Boswinger, Gorran
✆ +44 845 371 91 07
www.yha.org.uk
Dortoir adulte à partir de £13, chambre double à partir de £25.
Au cœur d'un minuscule village de dix maisons, cette auberge de jeunesse bénéficie d'une ambiance familiale et bon enfant. Les cyclistes et marcheurs, qui empruntent le South West Coast Path dans les environs, se réunissent le soir dans le jardin (duquel on entend les vaches des fermes alentour mâcher placidement), avant de descendre en 10 minutes à la plage pour voir le soleil se coucher.

À voir – À faire

EDEN PROJECT

Bodelva
✆ +44 1726 811 911
www.edenproject.com
Ouvert tous les jours de 10h à 18h d'avril à octobre et de 10h à 16h30 de novembre à mars. Dernière entrée 1h30 avant la fermeture. Certains jours, principalement en été, des spectacles ont lieu sur le site, qui ferme alors plus tard. Adulte : £23,50 ; étudiant £17 ; enfant £9,50, moins cher en réservant sur Internet.
Les plus grandes serres au monde ! Deux immenses dômes (10 m de haut) abritent des plantes originaires des quatre coins du monde, reflétant la diversité de la végétation de la planète. Parcours avant tout pédagogique pour les enfants et les amateurs de fleurs. Deux thématiques, les régions tropicales et méditerranéennes. En dehors des dômes, l'ensemble du site permet de découvrir d'autres parterres de plantes et de fleurs multicolores mais surtout quelques attractions pour les enfants, des cafés et une immense boutique de souvenirs. Les amateurs de jardinage, comme les professionnels viennent du monde entier pour visiter ce parc.

THE LOST GARDENS OF HELIGAN

Pentewan
✆ +44 1726 845 100
www.heligan.com
Tarif adulte £10, enfant £6. Ouvert toute l'année de 10h à 17h en hiver et 18h en été. Dernière entrée 1h30 avant la fermeture.
Ces magnifiques jardins datant de l'époque victorienne ont longtemps été laissés à l'abandon avant d'être restaurés. Ils ont aujourd'hui retrouvé leur beauté d'antan. Entre les arbres et plantes de tous pays qu'ils abritent, on traversera différentes atmosphères, dont une jungle tropicale et une « vallée perdue » où les fleurs entourent lac et étangs... Un véritable éden de verdure, peuplé de sculptures végétales, comme ce géant endormi, d'arbres-fougères de Nouvelle-Zélande, magique ! Emporter un pique-nique et y passer toute la journée ou bien déjeuner dans le café au cœur du parc.

SAINT AUSTELL BREWERY

63, Trevarthian Road
✆ +44 1726 66022
www.staustellbrewery.co.uk
Visites guidées (1h) du lundi au vendredi à 10h, 11h, 12h, 14h, 15h, le samedi à 11h et 14h. Tarif adulte : £8 ; enfant : £5.
Découvrer les différentes étapes de fabrication de la bière locale St Austell vendue dans le Devon et les Cornouailles et dont près de 100 000 pintes sont fabriquées chaque jour. Le tarif comprend une dégustation en fin de visite pour les enfants et une boisson sans alcool pour les personnes qui conduisent !

TRURO

Si on voyage en bus, on passera sûrement par la capitale des Cornouailles, qui concentre tout le réseau routier et ferroviaire de la région. En profiter pour admirer la superbe cathédrale et déjeuner à Lemon Street Market, où l'on trouve de très bons produits locaux.

FALMOUTH

22 000 habitants. Falmouth est une ville portuaire sympathique, dont l'université dynamise la vie culturelle et nocturne. De très belles plages bordent les rues, offrant aux vacanciers une halte idéale pour pique-niquer. L'atmosphère conviviale de la ville en fait une base agréable pour explorer les environs. Ne pas rater Pendennis Castle et le National Maritime Museum, les attractions phares.

Transports

GARE FERROVIAIRE
Ave Road ✆ +44 8457 484 950
www.nationalrail.co.uk
Train pour Truro toutes les 45 minutes du lundi au samedi.

GARE ROUTIÈRE
Boslowick Road. ✆ +44 8717 818 178
www.nationalexpress.com
National Express assure la liaison avec Londres et Penzance.

Pratique

OFFICE DU TOURISME DE FALMOUTH
11 Market Strand
Prince of Wales Pier
✆ +44 1326 312 300
www.discoverfalmouth.co.uk
Ouvert de novembre à mars du lundi au vendredi de 9h30 à 17h15 et d'avril à octobre du lundi au samedi de 9h30 à 17h15 et le dimanche, uniquement en juillet et août de 10h15 à 13h45.

POSTE
The Moor ✆ +44 1326 316 372

Se loger

Sur Gyllyngvase Road, Hill et Terrace, ainsi que sur Melvill Road, à quelques minutes à pied de Gyllyngvase Beach, de nombreux B&B offrent de bonnes options de logement.

FALMOUTH LODGE BACKPACKERS HOSTEL
9, Gyllyngvase Terrace
✆ +44 1326 319 996
www.falmouthbackpackers.co.uk
Dortoir £19, chambre double à partir de £25/personne. Petit déjeuner inclus. wi-fi gratuit.
On se sent comme à la maison dans ce petit backpackers, où tous les résidents discutent dans le salon ou dans le petit jardin devant la maison. Situé à 5 minutes à pied de la plage et à 15 minutes du centre-ville, c'est l'endroit idéal pour découvrir Falmouth. On aime l'ambiance détendue et chaleureuse que sait instaurer Judi, la propriétaire.

THE FALMOUTH TOWNHOUSE
3 Grove Place ✆ +44 1326 312 009
www.falmouthtownhouse.co.uk
Chambre double à partir de £65/personne. Petit déjeuner inclus. Restaurant ouvert tous les jours.
Une décoration très moderne vous attend dans ce bel hôtel du front de mer. Couleurs acidulées, mobilier design et chambres confortables offrent un cadre agréable pour un séjour au cœur de Falmouth. Le restaurant sert une cuisine élaborée et variée. Mention spéciale aux tagliatelles agrémentées d'une sauce aux asperges et épinards.

RATHGOWRY HOTEL
Gyllyngvase Hill
✆ +44 1326 313 482
www.rathgowry.co.uk
Chambre à partir de £35/personne en hiver, £42/personne en été. Petit déjeuner inclus. Parking et Internet gratuits.
John et Sabine tiennent avec enthousiasme ce B&B idéalement situé à 60 mètres de la plage. Certaines chambres possèdent un balcon, duquel on aperçoit la mer et les collines environnantes. Les chambres sont confortables et toutes possèdent une télévision. Le petit déjeuner, cuisiné par Sabine et servi par John, vous donne le sourire dès le réveil !

Se restaurer

Les pubs et restaurants sont concentrés sur le quai et la rue principale. Rick Stein, le célèbre chef anglais possède un établissement sur Events Square, mais il faut réserver plusieurs semaines à l'avance.

BISTRO DE LA MER
28 Arwenack Street
✆ +44 1326 316 509
www.bistrodelamer.com
En été, ouvert du mardi au samedi, midi et soir.
Moules marinières, sole pêchée dans la baie de Falmouth et homard sont à la carte de ce minuscule restaurant du centre-ville. Les locaux s'y pressent pour apprécier une cuisine soignée et simple.

GYLLY BEACH CAFE
Cliff Road
✆ (01326) 312884
www.gyllybeach.com
Ouvert tous les jours de 9h à 22h.
Le café que chaque plage devrait avoir ! On y mange très bien, la terrasse au-dessus de la plage est immense et ombragée. Evidemment, il y a foule, mais le service est efficace. Sandwichs au crabe, gâteaux faits maison, burgers gargantuesques, il y en pour tous les goûts. Le soir, le chef prépare des plats plus élaborés, dont plusieurs spécialités locales. Ne pas rater le « £5 Pint&Curry » du dimanche soir, juste avant le concert hebdomadaire.

THE LIFEBUOY CAFE
8 Lostwithiel Street
www.thelifebuoycafe.co.uk
Ouvert tous les jours de 8h à 16h.
Voilà un café accueillant qui sert une spécialité locale : le Savoury Cornish Tea. Il s'agit d'un thé accompagné de scones, de plusieurs variétés de fromage et de la confiture à l'oignon, évidemment ça change de l'afternoon tea très riche en sucre.

À voir – À faire

FALMOUTH ART GALLERY
Municipal Buildings, The Moor Falmouth
✆ +44 1326 313 863
www.falmouthartgallery.com
Ouvert du lundi au samedi de 10h à 17h. Entrée gratuite.
Cette galerie d'art propose une collection permanente avec des œuvres d'artistes britanniques, peintures victoriennes, quelques artistes anciens (Dürer, Rembrandt, Le Lorrain...), une partie dédiée à l'art contemporain et enfin des expositions temporaires y sont également organisées.

FOX ROSEHILL GARDENS
Entrée gratuite.
Ces magnifiques jardins sont à l'origine la propriété de Robert Were Fox. La famille les a offerts à la ville au début du XXe siècle, qui les a ouverts au public. Grande variété de fleurs et d'arbres, tels des bananiers qui poussent ici en plein air.

KING'S PIPE
Située sur Custom House Quay, cette imposante cheminée de brique était autrefois utilisée pour brûler du tabac de contrebande. Juste en face, essayer l'excellent fish&chips ou le pub, The Front, prisé des locaux.

NATIONAL MARITIME MUSEUM CORNWALL
Discovery Quay ✆ +44 1326 313 388
www.nmmc.co.uk
Ouvert tous les jours de 10h à 17h. Adulte : £10,50 ; enfant : £7,20.
C'est un musée interactif sur plusieurs niveaux qui raconte l'histoire maritime de la région et abrite entre autres une collection de voiliers du monde entier. Expérimenter le voyage dans le temps ou un naufrage sur une île déserte...

PENDENNIS CASTLE
Pendennis Headland
✆ +44 1326 316 594
Adulte : £6, tarif réduit : £6,50, enfant : £3,90. Ouvert de Pâques à juin et septembre de 10h à 17h, en juillet et août jusqu'à 18h et d'octobre à mars jusqu'à 16h (à cette époque, certaines parties ne se visitent qu'avec des guides).
Le plus grand château de Cornouailles fut construit sous le règne d'Henri VIII pour défendre la côte sud des attaques française et espagnole. Le château est très bien conservé. Ses 450 ans d'histoire sont contés au Discovery Center. Depuis les remparts, on aura une vue magnifique.

ROSELAND PENINSULA
Des paysages variés sont à découvrir lors d'agréables promenades, dans la campagne environnante, ou en visitant les villages de pêcheurs alentour (Portloe, St Mawes, St Just-in-Roseland...).

SAINT MAWES CASTLE
Castle Dr
✆ +44 1326 270 526
Adulte : £4,40, tarif réduit : £2,60, enfant : £2,10. Ouvert de Pâques à juin et septembre de 10h à 17h, en juillet et août jusqu'à 18h et d'octobre à mars jusqu'à 16h.
Saint Mawes est situé en face de Pendennis. Il fut construit à la même époque et est également très bien préservé. La vue sur l'estuaire de la rivière Fal est superbe. Ferry pour St Mawes depuis le Prince of Wales Pier.

TREBAH GARDEN
Mawnan Smith
✆ +44 1326 252 200
www.trebah-garden.co.uk
Ouvert tous les jours dès 10h jusqu'au crépuscule. Entrée adulte : £8 ; enfant £2 (moitié prix de novembre à février).
« Les jardins des rêves ». Très beaux jardins de plantes tropicales, merveilleusement situés dans un ravin qui aboutit sur une plage privée.

Sports – Détente – Loisirs

FALMOUTH SCHOOL OF SAILING
The Dinghy Park, Grove Place
✆ +44 1326 211 311
www.falmouth-school-of-sailing.co.uk
Falmouth est célèbre pour sa passion du nautisme, c'est d'ailleurs l'un des plus grands pôles d'entraînement de voile olympique en Angleterre. Cette école propose des cours de tous niveaux pour découvrir la voile, ou se perfectionner.

PLAGES

Falmouth possède quatre plages principales : Gyllyngvase, Castle, Swanpool et Meanporth, toutes surveillées.

SHIPS & CASTLES LEISURE POOL

Près du château de Pendennis
✆ +44 1326 212 129
shipsandcastles@carrickleisure.org.uk
Tarif adulte : £5,60 ; enfant : £4,60.
Une piscine avec toboggans aquatiques, Jacuzzi, salle de fitness et restaurant.

SURF

Falmouth Surf School. 1 Woodlane Close
✆ +44 1326 212 144
www.falmouthsurfschool.co.uk
Cours à la demi-journée £25 ou une journée £40.
Pourquoi ne pas profiter de son séjour à Falmouth pour apprendre à surfer ? Les instructeurs sont compétents, qualifiés et sympathiques, les transports sont gratuits et inclus dans les tarifs, l'équipement fourni. Des réductions pour les étudiants sont possibles. Possibilité d'hébergement et de leçon pour le week-end. C'est une école réputée et ils ont le monopole sur la région.

Shopping

Les pubs et restaurants sont concentrés sur le quai et la rue principale. Rick Stein, le célèbre chef anglais possède un établissement sur Events Square, mais il faut réserver plusieurs semaines à l'avance.

JAM

32 High Street
✆ +44 1326 211 722
www.jamrecords.co.uk
Ouvert du lundi au samedi de 10h30 à 17h30.
Une boutique indépendante, qui regroupe vinyles, DVD, posters et livres rock/pop/underground. C'est aussi un petit café, au rez-de-chaussée et en sous-sol, où l'on se détend au milieu des appareils photo, ordinateurs et téléviseurs anciens, qui datent certainement de la même époque que les vinyles d'occasions qui sont exposés.

TYTO

Discovery Quay
www.tytoboutique.co.uk
Ouvert du mardi au samedi de 10h à 18h et le dimanche de 12h à 16h.
Bijoux, cartes postales, vêtements, bibelots, produits par des créateurs et designers locaux, sont vendus dans cette boutique située à côté du National Maritime Museum. L'endroit idéal pour acheter des cadeaux branchés, mais accessibles et authentiques.

LIZARD

Il s'agit de la partie la plus méridionale de l'Angleterre. Contrairement à d'autres zones des Cornouailles, la péninsule Lizard est encore préservée et conserve une apparence plus sauvage. Elle abrite de nombreuses espèces de plantes rares, ainsi qu'une roche particulière, de couleur verdâtre, connue sous le nom de « serpentine rock ». On peut également parfois observer des dauphins, des petits requins et des phoques sur la côte. De très belles randonnées sillonnent la région, notamment sur le South West Coast Path, qui longe la côte. L'automne est la meilleure saison pour observer les oiseaux migrateurs.

Transports

TRURONIAN BUSES

✆ +44 1872 273 453
Le bus n° T1 relie Truro au village Lizard, via Helston environ toutes les heures.
Le n° T4 roule entre Heslton et Falmouth via Gweek (Seal Center) et Trebah.

Pratique

OFFICE DU TOURISME DE LIZARD PENINSULA

A Helston, la ville principale de la péninsule. 79, Meneage Street
✆ +44 1326 565 431
www.lizard-peninsula.co.uk
Ouvert du lundi au vendredi de 10h à 13h et de 14h à 16h30 et le samedi de 10h à 13h.

Se loger

On peut loger à Mullion, Coverack et Helston, ou bien directement à Lizard, mais l'offre est plus réduite.

MULLION HOLIDAY PARK

Ruan Minor, Mullion ✆ +44 1326 240 428
Ouvert de mars à novembre. Tente à partir de £10.
Un site plus proche du complexe balnéaire que du petit camping de bord de mer. Deux piscines, une salle de spectacles, un restaurant-bar, une supérette, un terrain de tennis, un bowling et bien d'autres activités sont accessibles sur place. Aux alentours, quelques très belles plages feront le bonheur des familles. Amateurs de tranquillité, passer son chemin.

THE TOP HOUSE INN

The Lizard ✆ +44 1326 290 974
www.thetophouselizard.co.uk
Chambre double de £75 à £85. Petit déjeuner inclus. wi-fi gratuit.
Les chambres sont claires, décorées dans les tons bleu et pin naturel. The Top House Inn offre un hébergement confortable et convivial, située dans le village, à quelques pas des sentiers de randonnée autour de la péninsule. Le restaurant, au rez-de-chaussée sert également une très bonne cuisine de pub.

YHA COVERACK

Parc Behan, School Hill, Coverack
✆ +44 8453 719 014
www.yha.org.uk
Dortoir adulte à partir de : £13. Chambre double à partir de £25/personne. Camping £9/ personne. Petit déjeuner et dîner possibles. Pas d'Internet. Check-in à partir de 17h.
Cette auberge de jeunesse, située en hauteur, face à la mer, est la base idéale pour ceux qui veulent explorer la péninsule à pied ou en planche à voile. L'accueil chaleureux ajoute au charme de ce petit établissement (9 chambres).

YHA LIZARD

Lizard Point ✆ +44 8453 719 550
www.yha.org.uk
Dortoir adulte à partir de : £13. Chambre double à partir de £25/personne. Camping £9/ personne. Pas de petit déjeuner, ni d'Internet. Check-in à partir de 17h.
A la pointe de la péninsule, face à la mer, se dresse cette grande maison, sur les terres du National Trust. L'endroit est enchanteur et la vue irremplaçable. Pour les amateurs de nature brute et de tranquillité. Ceux qui aiment les lapins seront également ravis, vers 19h, ils sont des dizaines à parcourir le jardin pour profiter de la vue !

Se restaurer

Mullion compte quelques cafés, Helston, plusieurs pubs. Toutefois, la sélection qui suit ne concerne que Lizard, qui possède également un snack et une supérette.

COAST COFFEE BAR AND BISTRO

Sian Legge, The Lizard
✆ +44 1326 290 400
En été, ouvert tous les jours dès 10h.
Milkshakes, smoothies, salades, sandwichs, ce café présente un menu varié, pour tous les appétits. On déjeune avec plaisir sur la terrasse, à l'ombre d'un parasol. Se laisser tenter par un excellent gâteau maison...

THE WITCH BALL

Lighthouse Road, The Lizard
✆ +44 1326 290 662
www.witchball.co.uk
Ouvert tous les jours dès 10h.
Le pub le plus au sud du Royaume-Uni possède une agréable terrasse et un petit jardin. On y sert des bières de Cornouailles, des frites bien sûr, mais aussi du poisson et des fruits de mer.

À voir – À faire

HELFORD RIVER

Helston
http : //helfordriver.net
Au nord de la péninsule, des vallées, une rivière bordée de chênes, des hameaux, des petites criques, contrastent avec ceux du reste de la péninsule. C'est également ici que l'on découvrira la Frenchman's creek, rendue célèbre par l'écrivain Daphné Du Maurier.

KYNANCE COVE

Une belle plage de sable, sauvage, encastrée aux bas des falaises. En été, l'eau est turquoise. On apercevra ici de beaux exemples de serpentine rock (une roche vert sombre, veinée ou tachetée). La plage est accessible en voiture, mais un sentier part de Lizard pour rejoindre la côte et descendre vers la plage, une belle balade d'une heure en perspective.

LIZARD POINT

Le point le plus au sud de l'Angleterre. De là, de nombreux sentiers longent la côte. Il y a également un phare du XVIIIe siècle qui peut se visiter. C'est au cap Lizard que se juge l'arrivée des tentatives de record de traversée de l'Atlantique (dont le départ a lieu de New York). A 1 km de là, au village Lizard, on trouvera des magasins de souvenirs ainsi que quelques cafés et hébergements.

MULLION

Ce village, situé dans les terres, est un point de départ pour explorer Polurrian et Poldhu, des plages de sable populaires chez les surfeurs. Profiter du joli jardin, agréable lors de grandes chaleurs. Pour en savoir plus, consulter www.mullionguide.co.uk

NATIONAL SEAL SANCTUARY

Gweek
✆ +44 871 423 21 10
www.sealsanctuary.co.uk
Ouvert de 10h à 17h. Adulte : £14,40 ; enfant : £12. Réduction de 40% en réservant sur Internet.

Depuis 50 ans, ce centre s'occupe des phoques blessés, malades ou orphelins, découverts dans la région. Ils sont ici soignés et suivent une phase de réhabilitation avant d'être relâchés. Les enfants adoreront, les adultes aussi.

MARAZION

1 500 habitants. A 10 minutes en voiture de Penzance, Marazion abrite Saint Michael's Mount, la réplique du Mont Saint-Michel. C'est l'une des plus vieilles villes du sud-ouest des Cornouailles. L'endroit jouit d'une grande et belle plage, prisée des amateurs de planche à voile et voile. En effet, le vent y est puissant, ce qui attire plusieurs championnats nationaux et internationaux.

▶ **Pour plus d'informations,** consulter www.marazion.info

Transports

Emprunter le Bus 2 depuis Penzance. Celui-ci continue jusqu'à Falmouth.

Se loger

Très touristique, Marazion présente une large offre d'hébergements, malgré sa petite taille.

■ MARAZION HOTEL

The Square ✆ +44 1736 710 334
www.marazionhotel.co.uk
Chambre double de £72 à £134, en fonction de la saison et de la vue. Petit déjeuner inclus. Parking gratuit.
Une ambiance très maritime règne dans cet établissement, qui a presque les pieds dans l'eau. Les chambres, bleues et blanches, offrent un cadre reposant, idéal après une longue marche autour du St Michael's Mount ou le long des plages environnantes.

À voir – À faire

■ GEEVOR TIN MINE

Pendeen
✆ +44 1736 788 662
www.geevor.com
Ouvert toute l'année du dimanche au vendredi de 9h à 17h, 16h de novembre à mars. Entrée : adulte £9,95 ; enfant £6.
Voici l'un des témoignages du passé minier de la région. Ce site a cessé de fonctionner en 1990, pour devenir une attraction touristique. Muni d'un casque, on descend dans la mine, avec un guide. Mieux vaut s'habiller en conséquence, car la visite peut s'avérer salissante. Claustrophobes s'abstenir. Pour en savoir plus, un musée raconte l'histoire de la mine et la vie des mineurs. Leur équipement et une série de photographies y sont exposés. Egalement projection d'un film montrant Geevor en activité.

■ SAINT JUST IN PENWITH

A l'époque victorienne ce village vivait de l'industrie du cuivre et de l'étain. Dans la région, on découvrira de nombreuses traces de ce passé minier. Aujourd'hui, Saint Just in Penwith est connu pour son intense activité artistique et artisanale. Si on cherche d'authentiques souvenirs de Cornouailles, les nombreux ateliers et galeries d'art du village valent le détour.

■ SAINT MICHAEL'S MOUNT

Marazion
✆ +44 1736 710 507
www.stmichaelsmount.co.uk
Ouvert de fin mars à novembre de 10h30 à 17h, fermé le samedi. Jardin ouvert à la mi-avril et juin du lundi au vendredi de 10h30 à 17h et de juillet à octobre, jeudi et vendredi de 10h30 à 17h. De novembre à mars le mardi et vendredi, visites à 11h et 14h. Ferry adulte : £2 et enfant : £1. Château adulte : £7,50, enfant : £3,75. Parking payant (se garer dans Marazion relève du défi).
Au Ve siècle, une église est construite sur cet îlot, séparé de la terre ferme à marée haute, après que des pêcheurs y ont eu une vision de Saint Michael. Aujourd'hui, c'est une abbaye gothique qui y trône. La ressemblance avec le Mont St Michel est frappante. Et pour cause… Au XIe siècle, Edouard le Confesseur légua le St Michael's Mount aux moines bénédictins, qui avaient construit l'abbaye du Mont St-Michel. A l'évidence, ils ont reproduit les plans de l'abbaye française.
Au Moyen Age, les pèlerins affluent sur le mont bénédictin. Il sert également d'abri au duc d'Oxford lors de la guerre des Roses et est assiégé pendant 26 semaines. A marée basse, on s'y rend à pied, par un chemin de granit.

PENZANCE

22 000 hab. Penzance est la ville la plus importante du sud-ouest des Cornouailles, ce qui ne l'empêche pas d'avoir des allures de village. Elle s'étire autour de Mount's Bay (la baie du Mont St Michael, qui rappelle notre Mont Saint-Michel !). Autrefois ville de pirates, Penzance s'est pacifiée pour devenir une ville agréable, à l'atmosphère décontractée.

Depuis quelques temps, le lieu gagne en assurance en tant que centre culturel. Il fait bon s'y balader pour admirer les exemples d'architecture géorgienne, ainsi que le marché couvert de style victorien. Le soir, la ville est étonnamment animée.

Transports

GARE FERROVIAIRE
Station Road.
✆ +44 8457 484 950
www.nationalrail.co.uk
Plusieurs liaisons directes journalières avec Londres Paddington, Bristol, Birmingham, Cardiff, et quelques trains pour St Ives.

GARE ROUTIÈRE
Station Road
✆ +44 8717 818 178
www.nationalexpress.com
National Express relie Penzance à Londres, Bristol, Exeter, Newquay et St Ives. Arrêt près de la gare à Wharf Road.
Pour Land's End, emprunter les Bus 1, 1A ou 1B (environ un bus toutes les heures en semaine, un peu moins souvent le week-end), pour St Ives, Bus 16 – www.firstgroup.com

LANDS END CYCLE HIRE
Lands End,
✆ +44 788 545 29 97
www.landsendcyclehire.co.uk
Location 24h adulte £15, enfant £10.

Pratique

INTERNET
Penzance Computers, 36b Market Jew Street
✆ +44 1736 330 033
www.pzcomputers.com
Internet est également accessible à la Central Library sur Morrab Road, de 9h30 à 18h du lundi au vendredi. Et de 9h30 à 16h le samedi.

OFFICE DU TOURISME DE PENZANCE
Station Approach
✆ +44 1736 362 207
www.visit-westcornwall.com
Ouvert tous les jours de mai à septembre de 9h à 17h, d'octobre à avril du lundi au vendredi, de 9h à 17h.

Se loger

Penzance présente un large choix d'hébergement, mais il faut s'y prendre à l'avance pour les périodes de juillet et août. La plupart des B&B sont sur Alexandra Road, à 10 minutes à pied du centre-ville.

THE BLUE DOLPHIN
Alexandra road
✆ +44 1736 363 836
www.pzbackpack.com
Dortoir £16, chambre double £35.
L'été, cette auberge est prise d'assaut et on le comprend. Ambiance chaleureuse, barbecues, soirées organisées, l'équipe du Blue Dolphin anime avec implication l'établissement. Si les plus âgés sont les bienvenus, le backpackers draine surtout une clientèle de jeunes voyageurs.

ROSALIE GUEST HOUSE
Alexandra Road
✆ +44 1736 351 202
www.rosalieguesthouse.co.uk
Chambre double entre £65 et £80. Petit déjeuner inclus. Parking gratuit.
Liz a réussi le pari de transformer son B&B en maison de vacances. Le mobilier, en pin clair, sent bon la résine et les chambres respirent l'été, avec leurs tons bleu et bois naturel. Au petit déjeuner, un doux fumet de café et croissants vous chatouille les narines dès l'escalier, et c'est avec plaisir que l'on commence la journée, attablé dans la logia, assis dans des fauteuils en osier.

YHA PENZANCE
A 5 minutes en voiture de Penzance.
Castle Horneck, Alverton
✆ +44 845 371 96 53
www.yha.org.uk
Dortoir £15, Chambre £25/personne, camping entre £8 et £10 par personne.
Derrière les bois, entre les jardins privés, se cache cette superbe auberge de jeunesse, logée dans un manoir géorgien rénové. Les chambres sont claires et donnent sur le jardin, où l'on peut préparer un barbecue. L'ambiance paisible donne envie de rester plus longtemps pour apprécier les charmes de Penzance, tout en se protégeant de la foule. On peut également camper sur place.

Se restaurer

Penzance donne le choix sur le plan culinaire, déambuler sur les quais et dans Church Street pour prendre une décision.

THE ABBEY
Abbey Street
✆ +44 1736 366 906
Ouvert tous les jours midi et soir.

Voici l'un des grands restaurants des Cornouailles, étoilé au Guide Michelin. Le poisson y est roi, mais le menu change quotidiennement, permettant au chef d'explorer sa créativité. L'établissement se situe à côté de The Abbey Hotel, un bâtiment du XVIIe siècle, lui aussi très réputé.

THE BAY RESTAURANT
Britons Hill ✆ +44 1736 366 890
www.thebaypenzance.co.uk
Ouvert du dimanche au vendredi de 7h à fin de soirée.
Un plaisir pour la vue et pour le palais. On peut y manger toute la journée que ce soit pour un petit déjeuner, déjeuner ou diner. Le soir, une menu est proposé avec des saveurs un peu plus originales. Comme c'est un village marin, chaque jour un plat de poisson est concocté en fonction de la pêche journalière.

TURK'S HEAD
49, Chapel Street ✆ +44 1736 363 093
www.turksheadpenzance.co.uk
Ouvert tous les jours de 11h à 22h.
Le plus vieux pub de la ville a conservé son ambiance populaire. Sur les murs et au plafond sont accrochés toutes sortes d'objets marins, nous rappelant que Penzance était autrefois une ville de pirates !

Sortir

Sur le plan culturel, Penzance manque un peu de variété, mais la ville travaille à dynamiser son activité artistique.

ACORN ARTS CENTRE
Parade street ✆ +44 1736 363 545
http://theacornpenzance.com
Pièces de théâtre, concerts, ballets, projections de films et conférences. L'établissement organise, en été, le Penlee Parl Open Air Théâtre, renseignement au théâtre.

CINÉMA
Penzance Savoy, Causewayhead
✆ +44 1736 363 330
www.merlincinemas.co.uk

À voir – À faire

Des jardins, un musée d'histoire et d'art régionaux et une rue historique, Penzance est une ville typique d'Angleterre !

CHAPEL STREET
www.chapelstreet.co.uk
Pour en savoir plus, on peut se procurer les brochures Discover Penzance et A walk around The Historic Town of Penzance.
Rendez-vous sur Chapel Street pour admirer de beaux exemples d'architecture géorgienne et régence. En haut de la rue se dresse l'Egyptian House, une maison du XIXe siècle dont la façade, avec ses décorations « égyptiennes », détonne. En face, s'élève l'Union Hotel, un bâtiment du XVIIe siècle. C'est ici que fut annoncée en premier la victoire de Trafalgar et la mort de l'Amiral Nelson, en 1805. Chapel Street est considérée comme l'une des rues les plus hantées de Grande-Bretagne !

MORRAB GARDENS
www.morrabgardens.co.uk
Entrée gratuite.
Ces jardins furent construits à la demande de Samuel Pidwell, au milieu du XIXe siècle. Aujourd'hui encore, ils offrent une oasis de tranquillité, au milieu des fleurs et de la fontaine. Certains arbres, dont les Magnolias Trees, ont plus de cent ans...

PENLEE HOUSE GALLERY & MUSEUM
Morrab Road
✆ +44 1736 363 625
www.penleehouse.org.uk
Ouvert d'avril à septembre du lundi au samedi de 10h à 17h et d'octobre à mars de 10h30 à 16h30. Entrée : £4,50 ; enfant : £3, gratuit le samedi.
La réputation du lieu vient de ce qu'il conserve une collection de peintures de la « Newlyn School », un mouvement artistique qui se développa dans la région au XIXe siècle. Toutefois, le musée abrite également un département d'archéologie, de costumes et textiles, d'arts décoratifs et de photographies, tous liés à la ville. Des expositions temporaires sont aussi régulièrement organisées.

MOUSEHOLE

Ce charmant petit village de pêcheurs, préservé des temps modernes, est situé à quelques kilomètres au sud-ouest de Penzance. Y aller tôt le matin ou dans la soirée, pour profiter pleinement des ruelles, car en journée l'affluence est grande. A quelques centaines de mètres du village, se cache une immense grotte, qui aurait donné son nom au village, Trou de Souris... Les bus 5A, 5B, 6A et 6B y emmènent depuis Penzance.

LAND'S END

Cap Land's End est le point le plus à l'ouest de l'Angleterre et offre de magnifiques vues sur l'Atlantique.

Parking payant (£3 pour la journée). La nature est là, sauvage et intacte. Pour traverser le parc, il faut emprunter les chemins de randonnées car la côte à cet endroit est certainement l'une des plus belles du pays. D'autres randonnées partent de Sennen Cove en direction de Land's End, le long de la côte avec possibilité de faire une boucle à travers les terres ou de faire demi-tour. Se renseigner à l'office du tourisme pour connaître les différents itinéraires possibles dans les environs.

Au même endroit se trouve également un parc à thème (ouvert tous les jours de 10h à 16h ; accès à toutes les attractions : adultes : £10, enfant : £7 – www.landsend-landmark.co.uk) qui rassemble diverses attractions interactives sur l'histoire maritime de la région. Les attractions n'ont rien d'original ni d'exceptionnel. Les enfants apprécieront peut-être (mais malheureusement la plupart sont en anglais uniquement). Ce parc a cependant le mérite d'employer plus de 250 personnes dans une région où le chômage est un problème majeur.

ST. IVES

12 000 habitants. Depuis le XIXe siècle, St Ives est un centre artistique réputé. D'abord grâce à son école de peinture, mais aussi grâce aux artistes contemporains qui fréquentent assidûment le village et y exposent dans Old Mariner's Church et dans les nombreuses galeries de la ville. En 1993, la Tate St Ives, petite sœur de la Tate londonienne, a ouvert ses portes. L'effervescence artistique se double du charme touristique de la station balnéaire : des plages, des petites rues bordées de maisons du XVIIIe siècle, dont la blancheur rappelle celle des villages méditerranéens, un joli port et une certaine ambiance. St Ives se divise en deux parties, établies sur des collines qui se font face : d'un côté, le village des pêcheurs, de l'autre, celui des artistes. Toutefois, il est difficile de reconnaître les uns des autres, tant ils s'inspirent mutuellement.

Transports

GARE FERROVIAIRE

Tregenna Hill ✆ +44 845 748 49 50
www.nationalrail.co.uk
Possibilité de rejoindre la ligne principale Londres Penzance en changeant à St Erth.

GARE ROUTIERE

Porthminster Beach ✆ +44 8717 818 178
www.nationalexpress.com
National Express assure la liaison avec Londres, Penzance, Newquay, Truro et Plymouth. Le Bus 15 se rend à Land's End via St Just (3 bus par jour).

Pratique

OFFICE DU TOURISME DE SAINT IVES

The Guidhall, Street an Pol
✆ +44 9052 522 250
www.stivestic.co.uk
D'octobre à mai, ouvert du lundi au vendredi de 9h à 17h et de 10h à 16h le samedi, de juin à septembre, même horaires et le dimanche de 10h à 14h.

Se loger

St Ives offre une très bonne gamme d'hébergements, dont la plupart ont vue sur la mer. Toutefois, les prix sont en conséquence.

SAINT IVES BACKPACKERS

The Gallery
✆ +44 1736 799 444
www.backpackers.co.uk/st-ives
Dortoir de £11,95 à £17,95 en fonction du mois.
On s'y sent comme à la maison, avec en plus des soirées barbecue et fléchettes organisées régulièrement ! Une bonne adresse, pas chère et sympathique.

TREGENNA CASTE HOTEL

Cornwall
✆ +44 1736 795 254
www.tregenna-castle.co.uk
Chambre double de £75 à £205. Petit déjeuner inclus.
Sur les hauteurs du village, ce très bel hôtel, avec piscine, jouit d'une vue imprenable sur la mer, entouré d'un terrain de golf et d'une végétation luxuriante. Les chambres à la décoration rustique chic sont agréables et des appartements sont également disponibles.

Se restaurer

Les fins gourmets trouveront leur bonheur à St Ives, qui compte quelques très bons restaurants.

ALBA

Old Lifeboat House
The Wharf ✆ +44 1736 797 222
www.thealbarestaurant.com
Ouvert du mardi au samedi à partir de 17h30.
Au menu : Linguine aux clams, langoustines arrosées de vin blanc ou encore tagliatelles à la vanille et au homard. L'atmosphère moderne et épurée du restaurant ajoute au plaisir de la

dégustation. Au rez-de-chaussée, le Harbour Kitchen est un café, moins cher, qui bénéficie du même chef et sert également de très bons plats de poissons ainsi que des snacks.

TIDES CAFE

6 The Digey
✆ +44 1736 795 508
Ouvert du lundi au samedi de 10h à 17h.
Ambiance méridionale dans ce restaurant située dans une ruelle blanche, aux allures grecques. On y déguste des plats au thym avec de la ratatouille et du carpaccio de thon. Parfait pour déjeuner, lorsque la canicule règne dehors.

THE WAVE RESTAURANT

17, Saint Andrew's Street
✆ +44 1736 796 661
www.wave-restaurant.co.uk
Ouvert de Pâques à octobre du lundi au samedi à partir de 18h30.
Filet de bœuf, wok de fruits de mer, ce restaurant sert une cuisine alléchante et raffinée dont la réputation ne cesse de grandir. On dîne dans une salle épurée, dont les murs présentent des œuvres d'artistes locaux.

À voir – À faire

BARBARA HEPWORTH MUSEUM AND SCULPTURE GARDEN

Barnoon Hill ✆ +44 1736 796 226
www.tate.org.uk
Ouvert de mars à octobre de 10h à 17h20 ; de novembre à février de 10h à 16h20, fermé le lundi. Adulte : £6,50 ; enfant : £3,90.
Barbara Hepworth est l'un des grands noms de la sculpture abstraite. Elle vécut à St Ives de 1949 jusqu'à sa mort en 1975. Son atelier a été conservé tel qu'il était à l'époque, et le musée, composé de deux salles et d'un gracieux jardin, expose quelques-unes de ses sculptures, en bois, pierre ou bronze. C'est dans ce dernier que sont abritées les plus grandes œuvres.

GALERIES

Des dizaines de galeries pullulent à St Ives. La plupart peuplent Fore Street, mais quelques-unes sont dans les ruelles près de la Old Mariner's Church (liste à l'office du tourisme).

PLAGES

St Ives jouit de belles et grandes plages de sable. Porthmeor Beach, longue de 700 m, juste en face de la Tate Gallery est la favorite des surfeurs.

ST IVES SOCIETY OF ARTISTS

Norway Square ✆ +44 1736 795 582
www.stisa.co.uk
Ouvert du lundi au samedi, de 10h30 à 17h30, le dimanche seulement en juillet et août de 14h30 à 17h30. Fermé en janvier et février. Entrée gratuite.
Fondée en 1927, la société regroupe de nombreux artistes, dont Arnesby Brown, Stanhope Forbes, Moffat Lidner. Elle s'est installée dans les murs de la Old Mariner's Church en 1945 et continue d'accueillir des artistes britanniques contemporains. Trois expositions ont lieu chaque année, au printemps, en été et en automne. Le grand principe de la société est de travailler en plein air. Elle jouit d'ailleurs d'une vue sur le port, source d'inspiration sans cesse renouvelée pour les artistes.

TATE SAINT IVES

Porthmeor Beach ✆ +44 1736 796 226
www.tate.org.uk/stives
Ouvert de mars à octobre de 10h à 17h20 ; de novembre à février de 10h à 16h20, fermé le lundi. Adulte : £6,50 ; enfant : £3,90. Demander la brochure des expositions temporaires à l'office de tourisme ou directement sur place.
La Tate St Ives, petite sœur des Tate londoniennes, fut inaugurée par le prince Charles, en juin 1993. La collection petite mais de qualité, présente les œuvres des artistes de la ville ou de la région des Cornouailles, dont Ben Nicholson et Barbara Hepworth. Egalement des expositions temporaires d'artistes contemporains, avec régulièrement des œuvres empruntées à la Tate Modern de Londres. Le musée comprend plusieurs étages et les galeries sont éclairées par des baies vitrées avec vue sur la plage et la mer. Chaque salle étudie un thème précis. Restaurant en haut du musée avec vue sur la baie.

NEWQUAY

22 000 habitants. Des hordes de jeunes gens court-vêtus se toisent dans les rues commerçantes, aux terrasses des bars et sur le port. Bienvenue dans la station balnéaire de Newquay. Paradis des surfeurs et de la flambe, la ville compte de nombreux bars, clubs et casinos, mais aussi quelques attractions familiales. Aux alentours, plusieurs très belles plages de surf attirent les foules. *The place to be*, si on veut sortir et apprendre à rouler des mécaniques, pardon, surfer. En revanche, si on est en Cornouailles pour la nature et le calme, passer son chemin.

Transports

GARE FERROVIAIRE

Station Parade
✆ +44 845 748 49 50
www.nationalrail.co.uk
Possibilité de rejoindre la ligne Londres-Penzance via Par, en été des trains directs supplémentaires sont ajoutés toujours depuis Londres. D'autres villes sont desservies.

GARE ROUTIÈRE

Manor Road
✆ +44 8717 818 178
✆ +44 9001 600 900
www.nationalexpress.com
Liaison avec Londres, Plymouth, Exeter, Penzance et Saint Ives. Le réseau local est assuré par Western Greyhound (01637) 871871 – www.westerngreyhound.com – Arrêt de bus sur Manor Road.

NEWQUAY CORNWALL AIRPORT

✆ +44 1637 860 600
www.newquaycornwallairport.com
L'aéroport dessert de nombreuses villes en Angleterre, ainsi que Nantes et Paris Charles de Gaulle en France.

Pratique

OFFICE DU TOURISME DE NEWQUAY

Marcus Hill
✆ +44 1637 854 020
www.visitnewquay.org
Ouvert en hiver en semaine de 10h à 16h, le week-end de 10h à 15h ; en été en semaine de 9h15 à 17h30, le week-end de 10h à 16h.

POLICE

Tolcarne Road
✆ +44 8452 777 444

Se loger

B&B, auberges de jeunesse, hôtels, l'offre est vaste et les prix varient d'un endroit à l'autre, on a l'embarras du choix ! Plusieurs campings se partagent les abords des plages, notamment à Watergate Bay et Holywell Bay.

GLENDORGAL HOTEL

Lusty Glaze Road, Porth
✆ +44 1637 874 937
www.glendorgalhotel.co.uk
Chambre double entre £85 et £140. Petit déjeuner £10. wi-fi £5/jour. Accès gratuit à la salle de sport.
Perché sur les collines, cet hôtel domine la superbe plage de Porth Beach. Il possède un accès direct à une plage de sable et à plusieurs sentiers de randonnées. Et si la mer est un peu fraîche, aucun problème, il reste toujours l'immense piscine de l'hôtel !

ST CHRISTOPHER'S INN

35 Fore Street
✆ +44 1637 859 111
www.st-christophers.co.uk
Dortoir de £12,50/personne à £30, chambre double à partir de £75. Pas de cuisine.
Mieux vaut être prêt à faire la fête dans cette auberge prisée des jeunes gens, et notamment des surfeurs. L'établissement jouit d'une situation idéale, face à la mer, à deux pas du port et à 10 min de Fistral Beach. L'école de surf Escape occupe également les locaux, ainsi qu'un pub très animé. Des packs surf/hébergement sont proposés.

Se restaurer

Les inévitables vendeurs de *pasty*, les indétrônables pubs, quelques petits cafés et plusieurs restaurants peuplent les rues de Newquay. Mais, n'espérons pas de grande gastronomie, ici, on mange surtout pour prendre des forces avant d'aller se mesurer aux vagues !

CAFÉ IRIE

38 Fore Street
✆ +44 1637 859 200
www.cafeirie.co.uk
Ouvert tous les jours de 10h à 17h, également en soirée au mois d'août.
« Be nice or go home » (soyez sympa ou rentrez chez vous), voilà la devise de ce petit café où l'amabilité est de rigueur. On sert avec le sourire de délicieux full english breakfasts, des smoothies ou encore des gâteaux maison. On se laisse aller dans les canapés colorés pour apprécier la musique et prendre le temps de se détendre. L'antre d'une culture hippie/surf plutôt sympathique !

THE NEW HARBOUR RESTAURANT

The Old Boat House. South Quay Hill
✆ +44 1637 874 062
www.finns2go.com
Ouvert tous les jours midi et soir.
Une excellente cuisine à base de poissons et de fruits de mer, dont la présentation soignée accentue encore le plaisir du palais. Le restaurant, en plus de son excellente réputation, jouit d'une situation idyllique, face à la mer. Les cinq sens sont en éveil…

Sortir

Le surf, les bars et clubs sont le grand avantage de Newquay et sont en nombre.

THE KOOLA

Beach Road
✆ +44 1637 873 415
www.thekoola.com
Ouvert tous les jours de 10h à tard en soirée.
Un bar relativement branché qui passe de la musique plus « underground » que les autres établissements de la ville.

THE RED LION PUB

North Quay Hill
✆ +44 1637 872 195
Ouvert tous les jours de 12h à 00h.
Quand ils ne sont pas en mer, c'est ici que se retrouvent tous les surfeurs du coin. Un bon pub pour tâter l'ambiance de Newquay.

À voir – À faire

La vie sous l'eau, sur l'eau, dans l'eau, une chose est sûre, la principale attraction de Newquay reste la mer !

BLUEREEF AQUARIUM

Towan Beach ✆ +44 1637 878 134
www.bluereefaquarium.co.uk
Ouvert tous les jours de 10h à 17h (dernière entrée) de mars à octobre, jusqu'à 16 le reste de l'année. Entrée adulte £9,75, enfant £7,50.
Un superbe aquarium situé dans Newquay Bay, on y croise des requins, bien sûr, mais aussi toutes sortes de poissons bigarrés, des pieuvres, des raies et de multiples mollusques.

PLAGE

Les plages encerclent Newquay. Au sud, Fistral Beach, considérée comme la plage principale, vaut pour la baignade, mais surtout pour le surf. L'été s'y déroulent de nombreuses compétitions. Au nord, Great Western Beach est prisée des surfeurs, Tolcarne Beach et Lusty Glaze Beach attirent en revanche plus de baigneurs. Un peu plus loin, dans Watergate Bay, il est à nouveau question de tester la vague. Chaque plage dispose de cafés, toilettes et maîtres-nageurs sauveteurs. Attention toutefois, à marée haute, les plages sont presque entièrement recouvertes et les touristes se font souvent surprendre !

PADSTOW

3 100 habitants. Important port de pêche, situé dans l'estuaire de la rivière Camel, le village de Padstow a conservé un aspect « cosy », avec ses ruelles bordées de jolis cottages de pierre et ses petits bateaux amarrés dans le port. L'endroit s'avère très touristique en été, bien qu'il n'y ait que peu d'attractions sur place. Son principal intérêt reste ses restaurants de poisson. Padstow est en effet considérée comme la capitale culinaire de Cornouailles. Rick Stein, le célèbre Chef anglais, en a fait son fief et sa marque se retrouve à tous les coins de rues, sous forme de restaurant, café, magasin ou pâtisserie. Padstow est aussi la porte d'entrée du pays du surf britannique. D'ici jusqu'à la pointe sud des Cornouailles, les multiples plages réjouiront les amateurs comme les professionnels. Pour plus d'informations, consulter www.padstowlive.com.

Pratique

OFFICE DU TOURISME

Red Brick Building, North Quay
✆ +44 1841 533 449
www.padstowlive.com
En été ouvert du lundi au samedi de 10h à 17h et le week-end de 10h à 16h, en hiver du lundi au vendredi de 10h30 à 15h30 et le samedi de 11h à 14h.

Se loger

TREGEA HOTEL

16-18 High Street ✆ +44 1841 532 455
www.tregea.co.uk
Chambre double entre £70 et £120 selon la saison. Parking gratuit.
Un petit hôtel confortable à l'atmosphère familiale et aux chambres soigneusement agencées et décorées.

TREWITHEN FARMHOUSE

Trewithen Farm, St Merryn
✆ +44 1841 520 420 / +44 7709 635 999
www.trewithenfarmhouse.com
Chambre double à partir de £40. Petit déjeuner inclus. Parking gratuit.
Dans sa maison typique, Sandra May, votre hôte, a préparé des chambres confortables et bien équipées. Mais, le plus intéressant est à l'extérieur. Tout autour de vous, la campagne et la mer se rejoignent. Une vue splendide, à seulement 3 miles de Padstow.

Se restaurer

En papillote, au four, poêlé, à la vapeur, frit, le poisson est ici servi sous toutes ses formes. On a l'embarras du choix pour les restaurants ! Pour les fish&chips, on les prend à la source, au port de pêche !

■ **MARGOT'S BISTRO**
11, Duke Street
✆ +44 1841 533 441
www.margotsbistro.co.uk
Ouvert du mardi au vendredi de 12h à 13h30 et du mardi au samedi à partir de 19h.
Multi-primé, ce petit restaurant réjouit les papilles. Au fourneaux, l'inventivité est au rendez-vous, en salle, le service est impeccable. Ce petit bijou sort du lot, parmi les nombreux établissements de Padstow. A tel point, qu'il est conseillé de réserver pour dîner.

■ **PESCADOU**
South Quay
✆ +44 1841 532 359
Ouvert tous les jours de 12h à 14h et de 19h à 21h30.
Réputé chic et cher, ce restaurant sert une cuisine élaborée, plusieurs fois récompensée, accompagnée d'une belle sélection de vins. Coquilles St-Jacques, homards ou filets de turbot sont les vedettes du menu. L'établissement fait également hôtel.

■ **ST PETROC'S BISTRO**
4, New Street
✆ +44 1841 532 700
www.rickstein.com
Ouvert du jeudi au dimanche de 12h à 14h et tous les soirs de 18h30 à 21h30.
La version accessible du Seafood Restaurant. Ici aussi, les spécialités viennent de la mer. Moules marinières, saumon poché et crevettes roses sont les vedettes. L'établissement appartient également à Rick Stein, comme la moitié du village !

■ **THE SEAFOOD RESTAURANT**
Riverside ✆ +44 1841 532 700
www.rickstein.com
Ouvert tous les jours de 12h à 14h et de 18h30 à 22h.
L'inévitable restaurant de Rick Stein ! Impossible de venir à Padstow sans entendre parler d'un des plus grands chefs anglais. L'endroit vaut son pesant d'or, célébré comme l'un des meilleurs restaurants de poissons et de fruits de mer du pays. Attention, les prix sont en conséquence et surtout, il faut réserver plusieurs mois à l'avance.

À voir – À faire

■ **PRIDEAUX PLACE**
✆ +44 1841 532 411
www.prideauxplace.co.uk
Plusieurs visites guidées par jour du jeudi au dimanche de Pâques à octobre entre 13h30 et 16h. Ticket à acheter sur place Adulte £8 ; enfant £2. Tours en français possibles.
Ce manoir de style élisabéthain fut construit au XVIe siècle par la famille Prideaux-Brune, descendants supposés de Guillaume le Conquérant, et qui y habitent encore aujourd'hui. Son intérieur richement décoré, avec de magnifiques plafonds, en a fait le lieu de nombreux tournages de films d'époque. Très belle vue sur la rivière Camel.

WADEBRIDGE

6 400 habitants. Traversée par une rivère, la ville a l'un des plus grands marchés fermiers du comté. Le Festival de folk de Cornouailles y prend place chaque année durant le dernier week-end d'août.

TINTAGEL

1 800 habitants. A Tintagel, il n'est question que du roi Arthur, de Merlin et des chevaliers de la Table Ronde. La légende est ici bien vivante, à tel point que la plupart des pubs, magasins et hôtels du village rendent hommage à celui qui retira Excalibur de son rocher.
L'authenticité n'est pas toujours au rendez-vous, mais le château et le King's Arthur Great Halls valent vraiment le détour. Autre grand intérêt de Tintagel : le panorama. Du haut des falaises, la vue est imprenable et saisissante. Les amateurs de randonnée peuvent longer la côte jusqu'à Boscastle dans la journée.

Transports

■ **GARE ROUTIÈRE**
Bossiney Road.
✆ +44 1637 871 871
www.westerngreyhound.com
Liaisons de Bude et de Wadebridge.

Pratique

■ **OFFICE DU TOURISME DE TINTAGEL**
Bossiney Road
✆ +44 1840 779 084
www.visitboscastleandtintagel.com
Ouvert tous les jours de 10h à 17h de mars à octobre, de 10h30 à 16h de novembre à février.
Flambant neuf, l'office de tourisme regroupe une très bonne documentation sur les

environs. Une petite exposition permet de décrypter l'histoire de Tintagel avant de commencer sa visite.

Se loger

Bien et pas cher

■ TINTAGEL YHA
Dunderhole Point
✆ +44 845 371 91 45
www.yha.org.uk
Ouvert d'avril à septembre. Dortoir à partir de £13/personne, chambre privée à partir de £25/ personne. Pas de petit déjeuner.
Ici, pas de connexion Internet, ni de réseau téléphonique. Les mouettes, les randonneurs et le vent seront vos compagnons. Cette petite auberge, perchée sur une falaise, vous plonge directement dans ce que Tintagel a de plus beau : son panorama. On médite face à la mer, dont on sent presque les embruns. Epatant !

Confort ou charme

■ THE AVALON
Atlantic Road
✆ +44 1840 770 116
www.tintagelbedbreakfast.co.uk
Chambre double de £76 à £100. Petit déjeuner inclus. wi-fi gratuit.
Les falaises et la mer à perte de vue, voilà ce qu'offre ce B&B, en plus d'un excellent petit déjeuner, très complet. Situé dans le village de Tintagel, The Avalon compte sept grandes chambres, dont certaines avec vue. Les pensionnaires apprécient également le paisible jardin.

■ LOWER TRESMORN FARM
Crackington Haven, Bude
✆ +44 1840 230 667
www.lowertresmorn.co.uk
Chambre double de £60 à £80. Petit déjeuner inclus.
A 5 minutes à pied de la côte cette maison médiévale isolée accueillera agréablement tous les baroudeurs venus profiter des environs.

■ TREVADLOCK FARM
Trevadlock
✆ +44 1566 782 239
www.trevadlock.co.uk
Chambre simple £40, double de £70 à £80. Petit déjeuner inclus.
Deux chambres d'hôtes dans une ferme au sud de Launceston. Les chambres sont agréables et les propriétaires de la ferme sont sympathiques et serviables. Excellent petit déjeuner avec les produits de la ferme. Bon point de départ pour explorer les environs.

■ WOOTONS HOTEL
Atlantic Road
✆ +44 1840 770 170
www.wootons.co.uk
Chambre double de £70 à £90.
Un hotel/pub sympathique, dont les chambres sont régulièrement rénovées. Le sentier qui mène au château de Tintagel débute derrière le bâtiment. Ici aussi, on apprécie la vue splendide et l'amabilité des hôtes.

À voir – À faire

■ KING'S ARTHUR GREAT HALLS
Sur la rue principale.
✆ +44 1840 770 526
Ouvert tous les jours de 10h à 18h. Entrée adulte £3 ; enfant £2.
La légende du roi Arthur, racontée par l'acteur Robert Powell, prend vie sous vos yeux. Dans un décor plus vrai que nature, confortablement assis dans le trône royal, les visiteurs se laissent envoûter par le mythe. Cette idée amusante (et instructive) fut mise en place par un milliardaire qui, dans les années 1930, racheta cette maison de pierre pour y reconstituer le fameux château Camelot. Au détour d'un couloir, la table ronde apparaît bientôt, gravée des noms des valeureux chevaliers. Les nombreux vitraux qui illuminent la « salle du trône » rendent l'endroit presque magique, Merlin ne semble pas très loin… A voir absolument !

■ TINTAGEL CASTLE
Castle Rd
✆ +44 1840 770 328
customers@english-heritage.org.uk
Adulte : £5,70 ; tarif réduit : £3,40. De 10h à 18h d'avril à septembre, de 10h à 17h en octobre et le week-end uniquement de 10h à 16h de novembre à mars.
En haut des falaises, demeurent les ruines du château où, selon la légende, le roi Arthur serait né. Il n'y aurait vécu que quelques temps avant d'être emmené dans l'actuel Pays de Galles, pour y être élevé. Pour accéder au site, il faut grimper des marches escarpées et irrégulières, bordées par le vide. La vue spectaculaire récompensera vos efforts !

Le château est invisible de la route. Pour l'atteindre, il faut laisser la voiture dans le village et emprunter un long sentier qui débouche sur une crique, la mer et les falaises. On y accède seulement à pied, après 15 minutes de marche. Un service de 4/4 vous y emmène pour £1,50. Rendez-vous à l'entrée du sentier.

BOCASTLE

900 habitants. Ce village de pêcheurs, coincé au fond d'un ravin, est construit autour d'un adorable port naturel. Il souffre toutefois du succès de sa voisine Tintagel, qui attire un grand nombre de visiteurs. Il est vrai qu'outre son emplacement, Boscastle n'a pas de véritable intérêt touristique. On y va pour l'authenticité d'un village de Cornouailles.

ÎLES SCYLLY

Cet archipel, situé à environ 50 km de la côte semble évoluer dans un monde parallèle, tout droit sorti d'une autre époque. L'agriculture traditionnelle et la pêche sont les principales ressources de l'île, en dehors du tourisme. D'ailleurs ce dernier ne s'apparente en aucun cas à un tourisme de masse, mais plutôt au « néotourisme vert » qui préserve l'environnement.
Les îles regorgent de vestiges préhistoriques, de fleurs sauvages et de plages de sable blanc. Enfin, un petit miracle climatique, les îles Scilly sont chauffées par le Gulf Stream et bénéficient donc d'un micro-climat, unique au Royaume-Uni. Un havre de paix.

ST. MARY

C'est la plus grande des îles. A voir durant votre visite, les splendides falaises à Peninnis Head et les quelques monuments anciens, dispersés sur l'île, datant de l'époque mégalithique aux fortifications de la guerre civile. C'est aussi un site privilégié pour l'observation des oiseaux.

Pratique

OFFICE DE TOURISME DE SAINT MARY
Steamship Company Building, Hugh Street
✆ +44 1720 424 031
www.simplyscilly.co.uk

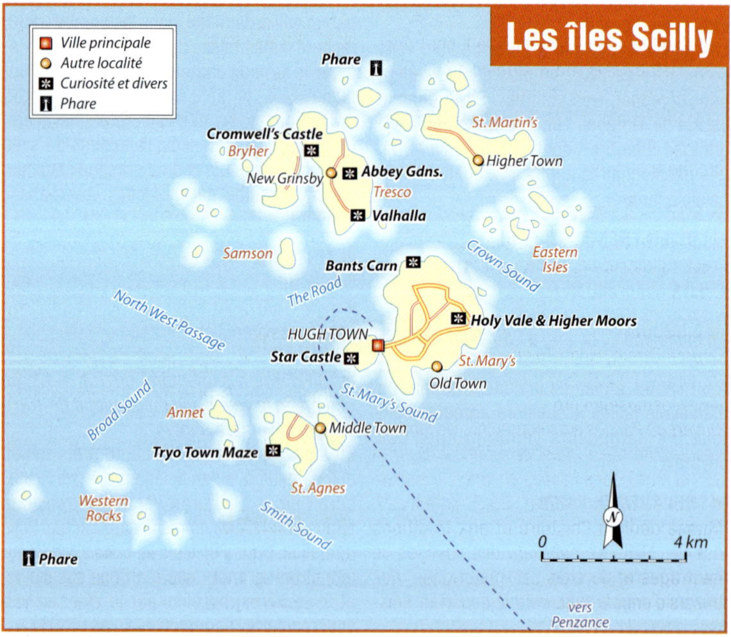

Le village de Boscastle et son port naturel.

Ouvert du lundi au vendredi de 9h à 17h (16h30 le vendredi) de novembre à mars et du lundi au vendredi de 8h30 à 18h, de 9h à 18h le samedi et jusqu'à 14h le dimanche le reste de l'année.

Se loger

Sur l'archipel, on trouvera à se loger principalement dans les B&B. L'office du tourisme délivre une excellente brochure listant tous les hébergements. Les office de tourisme de Penzance et Falmouth ont également cette brochure.

À voir – À faire

Hugh Town et Old Town sont les deux principaux villages de l'île, situés à 20 minutes à pied l'un de l'autre.

■ MUSEUM
Church Street, Hugh Town
✆ +44 1720 422 337
www.iosmuseum.org
Ouvert de Pâques à fin septembre du lundi au vendredi de 10h à 16h30 et le samedi de 10h à 12h et d'octobre à Pâques du lundi au samedi de 10h à 12h. Tarif adulte : £3,5 ; enfant : £1.
Musée dédié à l'histoire et aux traditions des Iles Scilly comprenant des vestiges de naufrages et de sites pré-historiques, des trésors d'origine romano-britannique, de l'histoire naturelle et des œuvres d'artistes locaux.

■ STAR CASTLE
Hugh Town
www.star-castle.co.uk
Situé au centre d'un ancien système de fortification à l'ouest de la ville, le château abrite désormais un hôtel.

ST. MARTIN

L'île a des allures de Caraïbes, avec ses splendides plages de sable blanc et ses eaux turquoise. Idéale pour s'initier à la plongée sous-marine.

BRYHER

C'est l'île la plus sauvage, avec seulement 80 habitants. On profitera des plages de sable fin et des fleurs sauvages à Rushy Bay.

TRESCO

Les jardins de l'abbaye, Tresco Abbey Gardens, sont la principale attraction de cet îlot. Sur 17 hectares, on peut admirer plus de 20 000 espèces différentes de plantes sub-tropicales

ST. AGNES

C'est l'île la plus isolée, elle héberge le phare, construit au XVIIe siècle. Si l'on est sur les îles Scilly pour une journée, c'est celle à visiter en priori.

Somerset et Bristol

L'Angleterre dans toute sa diversité, voilà ce qu'incarnent Bristol (Avon) et la région du Somerset. Moderne et festive, Bristol séduit par son dynamisme et son amour de la culture. Elle reste le point d'attache idéal pour visiter cette région passionnante. La magnifique ville de Bath et ses thermes romains sont le résultat d'influences diverses, romaines, médiévales et géorgiennes, fusionnées en harmonie. Glastonbury étonne par son ambiance mystique si présente ; c'est l'endroit idéal pour se ressourcer. Wells et sa cathédrale vous replongent au Moyen Age, que l'on découvre en parcourant la plus ancienne rue médiévale d'Europe. Quant à Cheddar, voici l'occasion de visiter des grottes ou tout simplement de goûter au vrai cheddar artisanal.

EXMOOR NATIONAL PARK

Le parc national d'Exmoor (697 km²) s'étend de Minehead à Lynton sur la côte, et jusqu'à Dulverton au sud. Il présente une infinie diversité de faune et de flore. D'une part, s'étire la lande recouverte de bruyère sombre et parcourue par des poneys, des perdrix et des troupeaux de moutons dispersés ; d'autre part, des forêts denses abritent des daims en liberté. Les multiples randonnées permettent de croiser des cerfs (les seuls d'Angleterre). Ils ont été introduits au XIIIe siècle pour divertir le roi lors de ses parties de chasse. Les poneys sauvages d'Exmoor, dont la race serait la plus proche des chevaux préhistoriques, s'ébattent dans les landes. Les nombreuses rivières font la joie des pêcheurs (se renseigner l'office du tourisme : le permis de pêche est obligatoire). Quant aux amateurs de treks à cheval, ils n'auront qu'à choisir parmi les nombreux centres équestres de la région. Côté mer, des excursions en bateau sont organisées au départ des ports de la côte.

Transports

Trains et bus réguliers desservent les villes de Taunton, Tiverton, Exeter and Barnstaple. Des bus locaux relient ensuite les différents villages des environs. Renseignements (www.nationalrail.co.uk) pour les trains, et (www.travelines.com) pour les bus.

Pratique

OFFICE DE TOURISME D'EXMOOR NATIONAL PARK

www.exmoor-nationalpark.gov.uk

Trois bureaux d'information : Dulverton – Fore Street +44 1398 323 841, Dunster – Dunster Steep +44 1643 821 835, Lynmouth – Lyndale Car Park +44 1598 752 509. Ouvert tous les jours en été de 10h à 17h. L'office de tourisme de Minehead peut aussi vous renseigner.

Se loger

Pour loger au cœur du parc, Exford est un point d'attache agréable. Sinon, Lynmouth et Minehead, sur la côte, comptent un peu plus d'options (voir sections correspondantes).

THE CROWN HOTEL

Park St © +44 1643 831 554

www.crownhotelexmoor.co.uk

Chambre simple £79, double de £139 à £159. Petit déjeuner inclus.

Situé au cœur de l'adorable village d'Exford, cet hôtel-pub est le camp de base idéal pour découvrir le parc national d'Exmoor. Avec ses chambres proprettes où il fait bon se reposer après une journée de marche, son jardin accueillant et ses proprétaires chaleureux, The Crown a tout pour plaire. L'établissement possède également des écuries, les amateurs pourront sillonner le parc à cheval !

À voir – À faire

CIRCUIT EN VOITURE

Cette boucle d'une journée dans le parc national d'Exmoor permet de voir tous les points d'intérêt du Parc ainsi que de nombreux villages typiques. Le trajet est extensible, si on prévoit une randonnée. Se procurer le plan du parc dans l'un des offices de tourisme.

- **Du centre-ville de Minehead,** emprunter Porlock Road, A 39. Continuer sur la route à deux voies et, en haut de la montée, prendre la première à droite vers Selworthy. Devant vous, se dresse la ravissante église de Selworthy. Un peu plus loin, reprendre la A 39, puis sortir à nouveau sur la première à droite et traverser l'adorable village d'Allerford. Un pont de pierre et des maisons de poupées jalonnent le chemin. Continuer vers Bossington, connu pour ses cottages traditionnels aux toits de chaume, un sentier jalonné de ruines médiévales longe la côte à partir de Bossington.

▶ **Retour vers Porlock Village** et ses ruelles du XVIIIe siècle. A la sortie du village, on peut rejoindre le barrage de Porlock (Porlock Weir) de deux manières : par la route à péage, Worthy Toll Road (£2,50), qui offre une vue splendide sur toute la côte, ou par la A39, mais attention, elle grimpe durement. Le barrage de Porlock est le point de départ de nombreuses promenades.

▶ **Après le barrage,** se diriger vers Lynmouth. Reprendre la A39 en retournant vers Porlock sur quelques miles puis tourner à droite vers Malmsmead et Brendon, sur une jolie route alternative. Les plus pressés peuvent emprunter la A39 qui mène directement à Lynmouth (voir section Lynton et Lynmouth). De là, une route sinueuse part vers Valley of Rocks, l'un des plus beaux paysages du Parc.

▶ **Pour revenir vers Minehead,** retourner sur Lynmouth, puis emprunter la B3223 vers Simonsbath, c'est l'occasion de traverser l'intérieur du parc. Puis, direction Exford, un paisible village au cœur d'Exmoor. Continuer sur la 398 jusqu'au croisement et emprunter la première à gauche vers Dunkery Beacon, le point culminant d'Exmoor (520 m) – de nombreuses randonnées sont accessibles. Continuer sur cette route jusqu'à Luccombe, puis bifurquer à droite vers Timberscombe et le joli village de Dunster. Ne pas rater pas le Dunster Castle, perché sur une colline qui domine le Canal de Bristol. Minehead n'est plus qu'à quelques miles au nord, sur la A39.

■ RANDONNÉES

Parmi les nombreux treks possibles, nous avons sélectionné deux des plus belles randonnées.

▶ **The Coleridge Way.** Sur 36 miles, marcher dans les pas du poète romantique Samuel Taylor Coleridge, de Nether Stowey, à l'est de Minehead, jusqu' à Porlock. Entre les Quantocks Hills et le parc national, en passant par les Brendon Hills, le trek s'étend sur 3 ou 4 jours en comptant les arrêts-visites.

▶ **The South West Coast Path.** Le plus long trek d'Angleterre court sur 630 miles, le long des côtes, de Minehead à South Haven Point (près de Poole). Certaines des plus hautes falaises d'Angleterre se dressent sur ce sentier. Grottes, landes, paysages accidentés se succèdent. Les entrées se font à partir de chaque village côtier d'Exmoor.

Pour plus d'infos sur ces randonnées, visiter www.southwestcoastpath.com

LYNTON

1 000 habitants. Situé sur une falaise, Lynton domine un paysage splendide : la mer et les collines.

Le village est un enchevêtrement de ruelles escarpées, qu'il faut grimper ou dévaler, et de chemins qui conduisent à des points de vue. Ici, aucun immeuble, les constructions les plus récentes datent de la fin du XIXe siècle.

Transports

■ CLIFF RAILWAY

The Esplanade ✆ +44 1598 753 486

www.cliffrailwaylynton.co.uk

Ouvert en moyenne de 10h à 18h (17h en hiver et 19h juillet et août). Fermé de novembre à février. Tarif simple £2,25 (enfant £1,40) ; aller-retour : £3 (enfant £2) ; la journée : £7,50.

Un funiculaire de 300 m de long relie les villes de Lynton et Lynmouth. Il existe depuis 1890. C'est l'un des deux derniers systèmes de ce genre au monde, car le wagon passager est contrebalancé par un ballast de 700 gallons d'eau (environ 175 litres). En montant à pic la forte pente, on verra peu à peu le superbe panorama se dessiner : la mer bleue, la côte verte dentelée… et sans effort !

■ NATIONAL RAIL

✆ +44 8457 484 950

www.nationalrail.co.uk

La gare la plus proche est à Barnstaple (20 km).

■ TRAVEL LINES

www.travelinesw.com

Plusieurs lignes de bus rejoignent et partent de Lynton. Egalement des bus (309 et 310) pour Barnstaple.

Pratique

■ OFFICE DU TOURISME DE LYNTON ET LYNMOUTH

Lynton Information Centre, Town Hall, Lee Road ✆ +44 845 660 32 32

www.lynton-lynmouth-tourism.co.uk

En été ouvert du lundi au samedi de 9h30 à 17h, le dimanche de 10h à 16h, en hiver tous les jours de 10h à 16h.

Se loger

Bien et pas cher

HEWITTS HOTEL
North Walk ✆ +44 1598 752 293
www.hewittshotel.com
Chambre double : à partir de £140, tarif dégressif pour plusieurs nuits. Petit déjeuner inclus.
La vue surplombant la mer est magnifique et le jardin parfaitement entretenu, abondamment fleuri d'hortensias. Depuis 1890, la décoration et le mobilier sont demeurés scrupuleusement en l'état, selon les vœux du premier propriétaire (preuves photographiques à l'appui !). Le hall est grand, un peu austère, avec boiseries, tapis rouge sombre, et dans un coin, un piano dont les résidents peuvent jouer. Un immense escalier mène aux chambres, éclairées de vitres peintes de style victorien. L'accueil est chaleureux et discret.

Confort ou charme

LORNA DOONE B&B
4 Tors Road, Lynmouth
✆ +44 1598 753 354
www.lornadoonehouse.co.uk
Chambre double entre £64 et £120. Petit déjeuner inclus. Dîner à partir de £14 pour deux plats.
Sur les berges de la rivière Lyn, un peu à l'écart du centre, ce B&B vaut pour son calme idyllique et véranda devant la maison. Sharon et Neil concoctent un excellent petit déjeuner et peuvent également préparer le dîner. Une excellente adresse, où les propriétaires jouent leur rôle avec implication.

THE SEAWOOD HOTEL
North Walk
✆ +44 1598 752 272
www.seawoodhotel.co.uk
Chambre double : de £110 à £160. Petit déjeuner inclus.
Situé dans une maison rose, avec vue imprenable sur la mer, cet hôtel, simple et confortable, a été construit en 1848. Shelley avait l'habitude de se promener sur le chemin qui longe l'hôtel, vers la célèbre « Valley of Rocks ». Les chambres sont régulièrement refaites, l'ensemble a une allure pimpante.

SHELLEY'S HOTEL
8 Watersmeet Road, Lynmouth
✆ +44 1598 753 219
www.shelleyshotel.co.uk
Chambre double à partir de £79. Petit déjeuner inclus.
De jolies petites chambres avec vue sur la mer, dont deux dotées d'une véranda, voilà Shelley's, un B&B sympathique et bien situé. Attention, il faut aimer les fleurs et la dentelle, mais l'endroit a du cachet. On apprécie le petit bar en self-service et le jardinet donnant sur Lynmouth.

THE RISING SUN
Harbourside, Lynmouth
✆ +44 1598 753 223
www.risingsunlynmouth.co.uk
Chambre double entre £140 et £180. Petit déjeuner inclus. Possibilité de dîner sur place pour £30 supplémentaire par personne.
Dans cette bâtisse, dont les murs ont été blanchis à la chaux, on se sent comme dans une ancienne auberge. Les poutres apparentes dans les chambres et l'animation du pub au rez-de-chaussée ajoutent encore à cette impression. Avis aux gourmets, The Rising Sun, le pub, ouvert tous les jours de 11h à minuit, sert entre autres de très bons poissons, pêchés dans la rivière qui traverse le village !

LYNMOUTH

Lynmouth, la station jumelle de Lynton, se situe en bas des falaises. On y accède grâce au funiculaire.

Se loger

Peu de choix pour se loger, mieux vaut réserver à l'avance.

Se restaurer

Lynmouth, tout comme Lynton, ne comporte pas un très grand nombre de lieux où manger. À part un ou deux restaurants internationaux, il faut s'attendre surtout à des spécialités britanniques.

LE BISTRO
Watersmeet Road, Lynmouth
✆ +44 1598 753 302
www.lebistrolynmouth.co.uk
Ouvert du mardi au dimanche de 18h30 à 23h.
Contrairement à ce que l'on pourrait penser, c'est une cuisine anglaise moderne que l'on déguste ici. Au menu, poitrine de poulet ou poisson local, accommodés à la méditerranéenne. L'ambiance, en revanche, rappelle les bistrots français. La devanture bordeaux laqué et les petits rideaux aux fenêtres n'y sont pas pour rien.

PORLOCK

1 400 habitants. Village du XIIIe siècle dont les petites rues étroites entretiennent un charme authentique. Non loin de là, le barrage de Porlock.

VALLEY OF ROCKS

Une vue spectaculaire, un paysage accidenté, des rochers impressionnants ainsi que des chèvres !

MINEHEAD

10 400 habitants. Au XVe siècle, Minehead était un port de pêche, puis de commerce de laine. Aujourd'hui, c'est une station balnéaire, principalement peuplée de seniors en cure tout au long de l'année, et investie par les touristes britanniques, en été. Sur The Avenue, se concentrent la plupart des boutiques, des B&B… et des touristes. Si la ville en elle-même manque un peu de charme, sa situation géographique en fait le point de départ idéal pour explorer le Somerset.

Transports

WEST SOMERSET RAILWAY

The Railway Station
✆ +44 1643 704 996
www.west-somerset-railway.co.uk
Tarif adulte à partir de £3,80 de Minehead à Dunster (£5,20 aller-retour), enfant £1,90 (£2,80).
Si on a la nostalgie des trains à vapeur, on peut en prendre un de Minehead à Bishops Lydeard. Voir section Points d'intérêt.

Pratique

OFFICE DU TOURISME DE MINEHEAD

19 The Avenue ✆ +44 1643 702 624
www.minehead.co.uk
Ouvert tous les jours de Pâques à début novembre de 10h à 16h, jusqu'à 17h de juin à septembre, le reste de l'année du lundi au samedi de 12h à 15h.
Pour l'hébergement possibilité de consulter le site Internet : www.stayinminehead.co.uk.

Se loger

Le centre-ville de Minehead n'a rien de très réjouissant. Mieux vaut séjourner dans les B&B aux alentours, plutôt que dans des hôtels centraux plutôt moroses. Tregonwell Road compte des B&B en enfilade, quant à North Hill, sur les hauteurs de Minehead, ce sont les hôtels qui se succèdent.

MARSTON LODGE

St. Michaels Road ✆ +44 1643 702 510
www.marstonlodgehotel.co.uk
Chambre double à partir de £90. Petit déjeuner inclus.
Située sur les hauteurs de Minehead, à côté de St Michael's Church, cette belle demeure compte 10 chambres coquettes et richement meublées. Au rez-de-chaussée, les invités peuvent profiter du salon, de la salle de billard ou du jardin, où murmure une fontaine. Mais, le plus grand intérêt de cet endroit reste son propriétaire, Alex, passionné par sa région et qui partage volontiers son « Marston Mystery tour » …

YHA MINEHEAD

Alcombe Combe ✆ +44 8453 719 033
www.yha.org.uk
Dortoir adulte à partir de £13 ; chambre double à partir de £25/personne.
Perchée sur une colline à 2 km des plages de Minehead, cette auberge de jeunesse ressemble à un chalet de montagne. Rustique, chaleureuse et intime (8 chambres), elle séduit les visiteurs fourbus. Ici, on discute autour de la cheminée en hiver, dans l'immense jardin en été. Certains soirs, l'équipe vous emmène boire une pinte dans le pub voisin !

Se restaurer

Il s'avère difficile de bien manger à Minehead. Outre les établissements cités ci-dessous, la plupart des restaurants/pubs sont d'une qualité médiocre.

ALCOMBE TANDOORI

67 Alcombe Road ✆ +44 1643 706 591
Ouvert tous les jours de 12h à 14h et de 17h30 à 23h.
Le seul véritable restaurant indien de Minehead. Et quel restaurant ! Les plats, principalement Korma et Massala, sont excellents et le service impeccable. Le Chef jouit d'une excellente réputation parmi les habitants de Minehead.

BRITANNIA INN

1, Manor Road, Alcombe
✆ +44 1643 702 384
www.britanniaalcombe.co.uk
Ouvert du lundi au samedi de 10h30 à 23h et le dimanche de 12h à 23h.
Un pub fréquenté uniquement par des locaux, c'est plutôt rare à Minehead, alors on en profite. Du coup, la cuisine est bonne et les bières de qualité ! L'été, on apprécie le jardin tranquille.

Sortir

BLENHEIM GARDENS

Entre Blenheim Road et The Avenue.
Ces beaux jardins, tranquilles et reposants hébergent un festival de musique tous les week-ends, de début juin à fin août. Brochure à l'office de tourisme.

THE REGAL THEATRE

10-16 The Avenue ✆ +44 1643 706 430
www.regaltheatre.co.uk
Une salle de spectacles polyvalente, qui accueille aussi bien des ballets que des one-man shows. Egalement, projection de films et spectacles pour enfants.

À voir – À faire

NORTH HILL

Emprunter Hill Road, et continuer jusqu'au bout de la route, où un superbe panorama vous attend. Respirer les ajoncs, la bruyère et les genêts, la lande vous entoure. Une balade à faire tôt le matin, ou au coucher du soleil, pour apercevoir la côte galloise.

PLAGE

Blue Anchor Bay, une plage de galets, s'étend à quelques miles de Minehead. Une paisible promenade longe le front de mer et l'on peut se restaurer au charmant Driftwood Cafe, qui sert des snacks de 9h à 16h30.

SAINT MICHAEL'S CHURCH

www.st-michaels-minehead.ik.org
Paisible et discrète, cette petite église domine pourtant la ville, juchée sur la colline ouest. En face d'elle, Church Steps, une rue pavée pittoresque passe au milieu des cottages en toit de chaume. Une très jolie promenade à faire en fin d'après-midi, pour voir le soleil illuminer les ruelles.

WEST SOMMERSET RAILWAY STATION

www.west-somerset-railway.co.uk
D'anciens trains à vapeur attendent leurs passagers pour voyager dans des compartiments restaurés, qui parcourent 23 miles de chemin de fer, entre Minehead et Bishops Lydeard. Les 10 gares ont été restaurées, avec des musées, des moteurs et des wagons exposés : s'arrêter à Dunster, Blue Anchor Bay, Washford, Watchet… Une bonne façon de découvrir les petits villages du Somerset. Un wagon-restaurant circule d'avril à octobre, la journée et certains soirs (réservations Tél +44 1643 704 996).

BURNHAM-ON-SEA

18 400 habitants. Ville côtière, il y a bien plus à faire à Burnham-on-Sea que profiter de la plage de sable. À commencer par la visite du Brean Down Fort, duquel on a une superbe vue. En face de la ville, l'île de Stert accueille une réserve naturelle, idéal pour échapper à la foule de touristes sur les plages. Les enfants apprécieront le jardin d'oiseaux tropicaux à quelques miles de Burnham.

CHEDDAR

Outre son fromage et ses fraises, le village est réputé pour ses magnifiques gorges. Il y a 100 000 ans, des hommes s'installent à Cheddar, laissant des traces de leurs campements, de leurs cimetières et de leurs outils en silex : la gorge est un point de repère pratique et un refuge sûr. Puis, à l'époque romaine, on y construit des fermes et une villa. Vers le IXe siècle, l'endroit devient un centre religieux et une forêt royale, réservée pour la chasse du roi Edmond. Ce n'est qu'à partir du XVIIIe siècle que les gorges deviennent l'attraction principale du village. Aujourd'hui, Cheddar est envahi de touristes, ce qui ternit un peu son charme. On préférera visiter l'endroit hors-saison.

▶ **Pour se rendre à Cheddar,** quitter Glastonbury par l'A39 jusqu'à Wells. Puis prendre l'A371, et sortir à Cheddar (la B3135). De la M5, prendre de même l'A371, puis la B3135.

Transports

GARE ROUTIÈRE

✆ +44 8457 484 950
www.nationalrail.co.uk
Depuis Weston-Super-Mare prendre le Bus 126 du lundi au samedi ou 826 le dimanche.

PARKING

The Cliffs
Plusieurs parkings disponibles : en face de Cox's Cave (50 places) et après Gough's Caves (300 places) : gratuits des vacances d'octobre aux vacances de février (150 places). Parking de Cliff Street : payant toute l'année.

Pratique

OFFICE DU TOURISME DE CHEDDAR

A côté de la Gorge
The Cliffs ✆ +44 1934 744 071
Ouvert du 16 mars au 13 novembre de 11h à 17h tous les jours sauf le jeudi jusqu'au

22 juilet et après le 2 novembre. Pour plus d'informations : www.visitsomerset.co.uk.

Se loger

Peu de solutions d'hébergement, mieux vaut penser à réserver à l'avance en haute saison.

BROADWAY HOUSE CARAVAN

Axbridge Road ✆ +44 1934 742 610
www.broadwayhousepark.co.uk
Ouvert de mars à fin novembre. En haute saison £6 par personne et £15 par tente. Laverie et bar. A un mile de la gorge de Cheddar.
Voilà un superbe camping, avec une vue splendide sur la vallée des Mendips. Les équipements sont propres, fonctionnels et très bien entretenus. On appréciera la piscine et l'aire de jeux pour enfants.

YHA CHEDDAR

Hillfield ✆ +44 1934 742 494
www.yha.org.uk
Lit en dortoir à partir de £13 et chambre à partir de £25.
Cette auberge de jeunesse est située dans le village à un mile des grottes. Elle compte 57 lits dans des chambres et dortoirs jusqu'à 8 personnes. Ambiance familiale et conviviale, les visiteurs apprécieront le calme de l'endroit, idéal pour se reposer après une journée de marche dans les grottes. Parking, machine à laver, cuisine et salon.

Se restaurer

Cheddar compte plusieurs restaurants asiatiques et kebabs, peu authentiques mais moins chers que les salons de thé très prisés sur The Cliffs (la route qui monte aux gorges). Les gourmets profiteront des différentes boutiques de glaces, cidre ou fudge qui bordent le chemin vers les gorges et offrent des dégustations. Le cheddar n'est pas l'unique produit local !

EDELWEISS RESTAURANT

The Cliffs
✆ +44 1934 742 347
Ouvert tous les jours.
A côté du petit pont qui mène aux gorges, ce snack/bar/salon de thé offre une petite restauration légère pour se requinquer après l'effort. Quelques tables sont disposées dans le jardinet, malheureusement pris d'assaut régulièrement.

THE WISHING WELL TEA ROOMS

The Cliffs
✆ +44 1934 742 142
Ouvert tous les jours midi et soir.
Voici l'un des salons de thé qui servent la spécialité de la région, le *cream tea*, un thé accompagné de crème et de fraises locales.

À voir – À faire

CHEDDAR CAVES AND GORGE

The Cliffs
✆ +44 1934 742 343
www.cheddarcaves.co.uk
Ouvert tous les jours, sauf Noël et jour de l'an, de 10h30 à 17h, vacances scolaires et été de 10h à 17h30. Entrée £18,50/adulte, £12/enfant. Escalade ou spéléologie (durée : 1h30) : £21/adulte, £19/enfant. Billet combiné Cheddar & Safari de Longleat £39,50/adulte, £31,50/enfant.
On n'y coupera pas et c'est d'ailleurs pour cela que l'on est venu : les grottes de Cheddar sont accessibles grâce à une seule compagnie qui gère toutes les entrées. Plusieurs types de tickets sont vendus, le plus courant étant aussi le plus complet. Il donne accès aux différentes grottes, au musée (qui abrite un squelette humain vieux de 40 000 ans) et à d'autres attractions (naturelles ou non) comme une visite en bus des gorges, une randonnée de trois heures jusqu'au sommet ou encore l'accès à la tour d'observation. En été, il y a vraiment foule. Il est donc préférable de s'y rendre hors saison pour vraiment apprécier la beauté de l'endroit. Si l'on n'a pas le temps de faire toutes les attractions, garder le ticket, il est valide dix ans ! Des sorties escalade et spéléologie sont également possibles pour les plus téméraires, se renseigner au comptoir. Pour les seniors, un ticket propose la visite d'une grotte ou du musée, avec dégustation du fameux *cream tea*.

Le cheddar

Le célèbre fromage cheddar a acquis sa notoriété grâce aux touristes venus visiter les gorges de Cheddar, qui en ramenaient chez eux. Aujourd'hui, par extension, le « cheddar » est devenu le nom donné à tous ces fromages typiquement anglais, à pâte mi-dure, dont la couleur va du jaune clair à l'orange. En bon Français, le cheddar n'émoustillera que moyennement. Toutefois, celui produit artisanalement est plus goûteux qu'on ne le pense.

THE CHEDDAR GORGE CHEESE CO
The Cliffs
✆ +44 1934 742810
Fax : +44 1934 741020
www.cheddargorgecheeseco.co.uk
Ouvert de 10h à 16h, entrée gratuite de novembre à mars et £1,95 le reste de l'année.
L'occasion ou jamais de visiter un musée d'artisanat « en action » : on y verra comment le cheddar (authentique) est fabriqué, tel que les Anglais le connaissent depuis 1170. On y montre les différentes étapes de fabrication, et comment les grottes sont utilisées comme des réfrigérateurs géants. La visite se termine par une dégustation des différentes variétés de cheddar fabriquées ici.

GLASTONBURY

9 500 habitants. Glastonbury fait partie de la région des Mendips. La plaine du Somerset étant autrefois inondée, le Tor (la colline de Glastonbury surmontée d'une tour) était un point de repère et de refuge.
La légende raconte qu'après la Crucifixion, Joseph d'Arimatie aurait apporté à Glastonbury le Graal, contenant le sang du Christ. Depuis, Glastonbury est devenu un centre majeur de pèlerinage. C'est également un haut lieu de la mythologie celtique identifié à Avalon. C'est là que reposerait le couple royal Arthur et Guenièvre. Une seule chose est sûre : vers – 500, il y eut bien un monastère celte.
Depuis 1960 et l'instauration du Festival de Glastonbury, le village est prisé par les néo-hippies qui vendent leurs objets improbables et variés (des chapeaux de farfadets ou des pipeaux de lutins). Légendes, ésotérisme, flower-power et New Age sont toujours d'actualité dans cette région. Eté comme hiver, des locaux barbus, jeunes et vieux, errent torse nu, vêtus de leur seul pantalon de bure. Un village hors du temps.
Aujourd'hui, le village est connu dans tout le Royaume-Uni pour son festival de musique qui a lieu quasiment chaque année en juin sur plusieurs jours avec tout le gratin des groupes et chanteurs du moment, affichant complet des mois à l'avance. Garde à ceux qui visitent Glastonbury à ce moment-là, près de 150 000 personnes débarqueront dans le village !

Transports

Il n'y a pas de gare ferroviaire à Glastonbury.

GARE ROUTIÈRE
High Street ✆ +44 8717 818 178
www.nationalexpress.com
National Express relie Glastonbury à Londres une fois par jour (environ 4h de trajet). Egalement une liaison avec Bristol et Bath.

Pratique

OFFICE DU TOURISME DE GLASTONBURY
9, High Street ✆ +44 1458 832 954
www.glastonburytic.co.uk
Situé dans le bâtiment d'un tribunal du XVe siècle. Ouvert du lundi au jeudi de 10h à 16h, vendredi et samedi de 10h à 16h30, fermé le dimanche.

Se loger

Penser à réserver à l'avance votre hôtel en été, l'offre d'hébergement à Glastonbury étant très réduite.

MAGDALENE HOUSE
En face des jardins de l'Abbaye
Magdalene Street
✆ +44 1458 830 202
www.magdalenehouseglastonbury.com
Chambre double à partir de £75. Petit déjeuner inclus. wi-fi gratuit.
Installé dans un ancien couvent de sœurs françaises, ce B&B offre un hébergement de qualité, à deux pas du centre-ville. Cette grande maison claire et confortable compte trois chambres très bien équipées, à la déco kitsch amusante – il faut aimer les angelots...

THE WHO'D A THOUGHT IT
17 Northload Street
✆ +44 1458 834 460
www.whodathoughtit.co.uk
Chambre double à partir de £65.
Ce pub d'apparence traditionnelle compte 5 petites chambres décorées simplement et bien équipées. Au rez-de chaussée, dans l'ambiance sombre du bar, on découvre peu à peu des objets de toutes sortes accrochés au plafond et sur les murs. Des skis, un vélo, une cabine téléphonique rouge, une vieille boîte aux lettres, The Who'd a thought it se transforme brusquement en musée/brocante plutôt amusant.

Se restaurer

Les végétariens s'y plairont, les carnivores, en revanche, devront s'essayer à croquer des branches de céleri cru pour être dans l'ambiance...

THE BLUE NOTE CAFE

4 High Street ✆ +44 1458 832 907

Ouvert tous les jours de 9h à 17h.

Rien de vraiment jazzy dans ce café, dont le piano semble uniquement décoratif. Ne pas espérer de concerts, en revanche la terrasse à l'arrière du bâtiment vaut assurément le détour. Entourée d'une minuscule bijouterie, d'une librairie ésotérique et d'un cabinet de chamane, elle est typique de Glastonbury...

THE LAZY GECKO CAFE

8 Magdalene Street ✆ +44 1458 835 624

Ouvert tous les jours de 9h à 17h.

Encore un endroit où il fait bon siroter son café en regardant le temps passer... D'ailleurs le lézard paresseux (lazy gecko) montre l'exemple en se prélassant sur les murs de l'établissement. La salle s'ouvre au fond sur un petit coin d'herbe, meublé de tables en bois et ensoleillé. Petits déjeuners gargantuesques et excellent café. Concerts et soirées poésie plusieurs fois par mois.

À voir – À faire

CHALICE WELL

Chilkwell street ✆ +44 1458 831 154

www.chalicewell.org.uk

Ouvert du 1er avril au 31 octobre de 10h à 18h, de novembre à mars de 10h à 16h. Tarif adulte : £4,20 enfant : £2,20.

Cette source déverse autant d'eau pure que de légendes et d'histoires anciennes. C'est l'une des plus anciennes sources sacrées de Grande-Bretagne et certains lui attribuent des origines druidiques. D'autres pensent qu'en y cachant le Graal, Joseph d'Arimatie lui aurait donné un pouvoir guérisseur...

GLASTONBURY ABBEY

Magdalene Street ✆ +44 1458 832 267

www.glastonburyabbey.com

Ouverte toute l'année, tous les jours, de 9h à 20h en été, jusqu'à 17h en automne, 16h en hiver et 18h au printemps. Adulte : £6 ; enfant : £4.

Cette abbaye, désormais en ruine, est connue pour être le plus ancien sanctuaire chrétien de Grande-Bretagne. Le Holy Thorn Tree fleurirait deux fois par an. Un incendie eut raison de l'édifice en 1184. Le monastère, qu'on avait reconstruit, fut abandonné en 1539. Le roi Athur serait enterré sur le domaine. Ne pas rater la cuisine de l'abbé Dunstan (saint Dunstan fut abbé de 940 à 956), Abbot's Kitchen, particulièrement bien conservée.

GLASTONBURY TOR

9 High St

www.glastonburytor.org.uk

Symbole de Glastonbury, cette colline fut un lieu de retraite des moines, avant de devenir une chapelle, détruite par un tremblement de terre en 1275 puis reconstruite. Aujourd'hui ce n'est qu'une tour, mais une atmosphère mystique l'enveloppe. On monte la colline et l'on en redescend ressourcé...

Parc national d'Exmoor.

LAKE VILLAGE MUSEUM

The Tribunal, 9 High Street
✆ +44 1458 832 954
www.glastonburytic.co.uk
Ouvert d'avril à septembre du dimanche au jeudi de 10h à 17h (17h30 vendredi et samedi) et d'octobre à mars du lundi au jeudi de 10h à 16h (16h30 vendredi et samedi). Tarif adulte : £2,50 ; enfant : £1.
Ce Musée archéologique retrace la vie à l'âge de fer à Glastonbury, en reconstituant des scènes grâce aux objets retrouvés lors de fouilles. Vieillot, mais intéressant.

WELLS

10 000 habitants. La plus petite « city » de Grande-Bretagne : en effet, Wells serait une « town » si elle n'avait pas de cathédrale ! Le Vicar's Close est la plus vieille rue médiévale d'Europe encore complète. Le nom de la ville (qui signifie « puits ») vient de la source Saint Andrew, qui se déverse dans un lac près du Bishop's Palace. Wells appartient en outre à l'une des plus belles régions rurales de Grande-Bretagne, le Somerset. Située au carrefour de Bath (à 21 miles par l'A39), de Cheddar (à 8 miles par l'A371) et de Glastonbury (à 6 miles par l'A39), Wells est une parenthèse médiévale à ne pas rater.

Transports

GARE ROUTIÈRE

Saint Cuthbert Out. ✆ +44 8717 818 178
www.nationalexpress.com
National Express assure la liaison avec Londres une fois par jour (4h de trajet). La gare routière se situe sur Princes Road. Nombreux bus locaux également : n° 376 pour Bristol, n°173 pour Bath et n° 163, 376 et 377 pour Glastonbury. Ces bus partent environ toutes les heures.

Pratique

OFFICE DU TOURISME DE WELLS

Wells & Mendip Museum
8 Cathedral Green ✆ +44 1749 671770
www.wellssomerset.com
Ouvert du lundi au samedi de 11h à 16h toute l'année.

Se loger

Wells compte de nombreux hébergements en centre-ville, pratiques pour visiter les environs. Pour plus d'espace et de tranquillité, la campagne alentour offre également de belles possibilités de B&B.

THE ANCIENT GATE HOUSE HOTEL

Sadler Street ✆ +44 1749 672 029
www.ancientgatehouse.co.uk
Chambre simple à partir de £90, double à partir de £110. Petit déjeuner inclus.
Pour ceux qui aiment les maisons biscornues, avec escaliers en colimaçon, plafonds bas et encadrures de portes qui défient l'entendement… Ancient Gatehouse Hotel compte neuf chambres, de taille et de forme différentes, toutes équipées d'une télévision et du wi-fi. On aime les poutres apparentes et le cachet de ce bâtiment tourné vers la cathédrale.

CANON GRANGE

Cathedral Green ✆ +44 1749 671 800
www.canongrange.co.uk
Chambre double de £60 à £75. Petit déjeuner inclus.
Comment transformer une maison de famille ancestrale en B&B à succès ? Mélanger deux ingrédients primordiaux : des chambres coquettes et un « full english breakfast » à se damner. Saupoudrer l'ensemble de bonne humeur et on obtient Canon Grange. Demander la recette à Annette, la charmante propriétaire !

THE CROWN AT WELLS

The Market Place ✆ +44 1749 673 457
www.crownatwells.co.uk
Chambre simple à partir de £65, double à partir de £95. Petit déjeuner inclus. wi-fi et parking gratuits.
Les escaliers qui grincent, le parquet ciré et les murs de brique donnent à cet hôtel un aspect vieillot et accueillant. Cette bâtisse du XVe siècle héberge 15 chambres « old fashion », certaines avec lit à baldaquin, d'autres avec vue sur la cathédrale et Market Place. Pour un séjour détendu et chaleureux. Le restaurant, Anton's Bistrot, présente un menu très varié, à apprécier sur la terrasse derrière l'hôtel.

Se restaurer

Wells ne compte que des pubs et quelques cafés. Rien de bien original à signaler, si ce n'est l'excellent Piano Bar.

CAFE PIANO

9 Heritage courtyard
Sadler Street ✆ +44 1749 677 772
www.cafepianowells.co.uk
Ouvert du mercredi au dimanche de 12h à 14h30 et du jeudi au samedi soir de 18h à 21h30.
Des tons pastel chaleureux, une cour intérieure calme et une cuisine savoureuse : Piano Bar est assurément un endroit de charme où

l'on se plaît à siroter son café ou son thé. Le mobilier est en ferraille dans un style assurément parisien, mais une paresse toute méditerranéenne s'est emparée de ces lieux. Une excellente adresse.

THE GOOD EARTH

4 Priory Road ✆ +44 1749 678 600

Ouvert du lundi au samedi de 10h jusqu'en fin d'après-midi. Café végétarien.

Abrité dans un bâtiment en briques rouges, The Good Earth est un restaurant bio, exclusivement végétarien. On déjeune sur des tables en bois brut, au milieu des plantes vertes. Le ton est donné. A l'arrière, une terrasse ensoleillée réchauffe un peu l'ambiance. On y va pour manger sain au pays du fish&chips… Egalement magasin de produits bio.

KINGS HEAD

36, High Street ✆ +44 1749 672 141

www.kingsheadwells.co.uk

Ouvert du lundi au jeudi de 11h à 00h, jusqu'à 1h le vendredi et samedi, de 12h à 22h30 le dimanche.

Repérer la belle devanture à l'insigne travaillée. Le Kings Head vous attend pour boire un verre dans un de ses nombreux recoins, avec ou sans un Cornish pasty (pâté de Cornouailles) acheté à côté. Le dimanche, ne pas rater le « Sunday roast ». Un vrai beau pub anglais jusqu'au bout de son comptoir !

À voir – À faire

On vient surtout à Wells pour sa cathédrale. En se baladant, on peut passer près de la Gatehouse (XVIe siècle), de laquelle on jetait de la poix sur les assaillants. Vicars' Close adjacente à la cathédrale est la plus ancienne rue médiévale complètement habitée d'Europe. Elle est bordée de maisons qui contiennent chacune une chambre au rez-de-chaussée et une autre à l'étage.

BISHOP'S PALACE & GARDENS

The Bishops Palace

✆ +44 1749 988 111

www.bishopspalacewells.co.uk

Ouvert tous les jours de Pâques à octobre de 10h à 18h. En novembre et décembre, de mercredi à dimanche de 10h à 16h. Fermé en janvier. Adulte : £6,35, enfant £2,70

A l'origine, le palais date du XIIIe siècle, même s'il a été remodifié par la suite. L'évêque (bishop) de Bath et Wells habite encore aujourd'hui dans l'aile nord.

Les cygnes ont été dressés à tirer la cloche quand ils ont faim ! Les visiteurs sont invités à ne les nourrir qu'avec du pain complet…

POINT DE VUE

Deer Leap

L'A371 emmène à l'ouest de Wells, puis on sort à Wookey Hole, on traverse le village et on tourne à droite. Là, une gorge et un superbe panorama vous attendent. Aire de pique-nique, parking.

WELLS CATHEDRAL

Chain Gate, Cathedral Green

✆ +44 1749 674 483

www.wellscathedral.org.uk

Pour y arriver, passer par le Penniless Porch, le porche des Sans-le-Sou. Ouvert d'avril à septembre de 7h à 19h et d'octobre à mars de 7h à 18h. Entrée gratuite mais donation de £6 très recommandée par adulte, £3 par enfant. D'octobre à avril, des tours guidés ont lieu toutes les heures de 10h à 15h, du lundi au samedi.

Chef-d'œuvre gothique du XIIe siècle. Une fois entré, on admire sa magnifique nef et sa bibliothèque du XVe siècle, une Chapter House octogonale qui renferme des expositions (ouvert de Pâques à septembre, du lundi au vendredi). De l'extérieur, on peut contempler le West Front, qui représente le Jugement dernier et qui est deux fois plus large que haut ! Voir également l'horloge astronomique (XIVe siècle), qui s'anime d'un combat de chevaliers tous les quarts d'heure. Pour plus d'informations sur les concerts ✆ +44 1749 674483.

WOOKEY HOLE CAVES AND PAPERMILL

✆ +44 1749 672243

www.wookey.co.uk

Ouvert tous les jours d'avril à octobre de 10h à 17h et de novembre à mars de 10h à 16h en hiver. Adultes : £16 ; enfant : £11.

A 3 km au nord de Wells, s'étend une série de grottes naturelles creusées par la rivière Axe. On y observe des stalactites et stalagmites. L'une d'elles, dont la forme ressemble à une sorcière, est à l'origine de la légende de la sorcière changée en pierre qui vous sera sans aucun doute contée durant la visite guidée. Papermill présente la reconstitution d'une arcade (Old Penny Arcade), où l'on vend encore de vieux pences. Un film explique la fabrication du papier à l'ancienne. Enfin, un musée d'archéologie présente des objets découverts dans les grottes. Wookey Hole Caves où comment transformer un site naturel en parc d'attractions…

Shopping

■ **MARCHÉ**

Le mercredi et le samedi de 9h à 16h devant la Mairie (Town Hall).

BATH

84 000 habitants. Située à l'ouest de Londres, Bath est l'une des plus jolies villes d'Angleterre. Ville thermale, fondée il y a environ 2 000 ans par les Romains, elle s'est considérablement développée au XVIIIe siècle justement grâce à ses thermes, époque où les membres de la haute société géorgienne se devaient d'aller y prendre les eaux. A la différence d'autres villes, l'architecture de Bath n'est pas du tout réalisée à partir de briques rouges mais de belles pierres blanches et ocre. Ce sont les architectes John Woods père et fils qui réalisent The Circle et The Royal Crescent, un ensemble de belles maisons dans le plus pur style géorgien.

Le centre-ville est à visiter avec les thermes romains. Non loin de là se trouve l'abbaye, fleuron de l'architecture gothique et véritable joyau ! Construite sur le site d'un monastère saxon, elle est rénovée par Henri VII. C'est ici qu'a lieu le couronnement d'Edgar, premier roi d'Angleterre en 973. Elle a fait l'objet d'une restauration soignée, et on peut aujourd'hui y admirer les couleurs vibrantes de ses voûtes en éventail qui ont retrouvé leur splendeur d'origine. Ville inscrite sur la liste du Patrimoine mondial de l'Unesco, Bath regorge de chefs-d'œuvre architecturaux et de joyaux cachés qui ont inspiré de nombreux artistes, écrivains, architectes, acteurs et musiciens (Jane Austen, Dickens, Walter Scott, Gainsborough, Peter Gabriel...). La nombreuse population estudiantine en fait une ville animée le soir.

Transports

■ **GARE FERROVIAIRE**

Railway Place. ✆ +44 8457 484 950
www.nationalrail.co.uk
Train environ toutes les heures pour Londres Paddington (1h30 à 2h de trajet) ainsi que de nombreux trains pour Bristol (20 min).

■ **GARE ROUTIÈRE**

Manvers Street
✆ +44 8717 818 178 / +44 9001 600 900
www.nationalexpress.com
Pour plus d'infos Traveline +44 1179 555 111. Tous les jours de 8h à 20h.

La compagnie National Express fait régulièrement la liaison avec Londres (3h30). Egalement des cars pour toutes les grandes villes du Royaume-Uni.
Bus toutes les 20 minutes pour Bristol.

Pratique

■ **OFFICE DU TOURISME DE BATH**

Bath Tourist Information, Abbey Churchyard
✆ +44 906 711 20 00
www.visitbath.co.uk
Ouvert toute l'année du lundi au samedi de 9h30 à 17h30, le dimanche 10h à 16h.

Se loger

Les solutions d'hébergement en centre-ville s'avèrent décevantes pour la plupart. Pour un séjour de bonne qualité, ne pas hésiter à loger un peu à l'extérieur de la ville, le long du canal par exemple.

Bien et pas cher

■ **BATH BACKPACKERS HOTEL**

13 Pierrepont Street ✆ +44 1225 446 787
www.hostels.co.uk
Dortoir de 4 à 10 lits entre £13 et £23. Pas de chambre privée.
Coloré, familial, ce backpackers vaut pour un séjour sympathique à moindre coût. L'équipe se préoccupe de ses hôtes et l'ambiance s'anime dès 17h. Faites un tour dans le caveau, au sous-sol, pour boire un verre et faire connaissance avec celui qui partage votre lit superposé !

■ **BATH YHA HOSTEL**

Bathwick Hill ✆ +44 845 371 93 03
www.yha.org.uk
Dortoir à partir de £13, chambre à partir de £34.
Cette jolie maison de style italien est entourée d'un grand jardin, un luxe quand on s'approche de Bristol. L'équipe sympathique se transforme en bartenders le soir, à partir de 23h. L'auberge garde toutefois une ambiance familiale. Point important, on peut se garer facilement sur Bathwick Hill, gratuitement ! Mieux vaut laisser sa voiture et venir en ville à pied ou en bus (pour les fainéants le 18 passe devant l'auberge).

Confort ou charme

■ **HENRY GUEST-HOUSE**

6 Henry Street
✆ +44 1225 424 052
www.thehenry.com

Chambre simple à partir de £75, double à partir de £80. Petit déjeuner inclus.
Un excellent établissement qui détonne dans le paysage hôtelier un peu morose de Bath. Le petit déjeuner donne envie de se lever tôt pour visiter, et les chambres sont très confortables. A deux pas de la gare et du centre-ville.

■ TASBURGH HOUSE
Warminster Road ✆ +44 1225 425 096
www.bathtasburgh.co.uk
Chambre simple à partir de £80, double à partir de £100. wi-fi gratuit.
Située près du canal, cette imposante demeure victorienne en brique rouge est à seulement 5 minutes du centre-ville en bus ou 700 m à pied en longeant le canal. L'immense jardin planté de fleurs permet de prendre un verre à la fraîche en discutant avec Sue, l'élégante hôtesse. Un enchantement !

■ WENTWORTH HOUSE HOTEL
106 Bloomfield Road ✆ +44 1225 339 193
www.wentworthhouse.co.uk
Chambre simple de £70 à £220, double à partir de £80. Petit déjeuner inclus. Parking et wi-fi gratuits.
Le Wentworth est situé dans une grande et vieille bâtisse dont certaines chambres possèdent encore leurs poutres d'origine. L'aspect vieillot contribue au charme de ce petit hôtel très agréable. La salle à manger est spacieuse et élégamment décorée. Certaines chambres possèdent toutefois leur propre salon. Le Wentworth est à 5 minutes en voiture du centre-ville. Parking privé.

Luxe

■ MACDONALD BATH SPA
Sydney Road ✆ +44 844 879 91 06
www.macdonaldhotels.co.uk
Chambre double à partir de £152. Petit déjeuner £15/personne.
Distingué et traditionnel, le MacDonald Bath Spa enchantera les amateurs d'excellence hôtelière. Le jardin, d'un raffinement très british, adoucit l'architecture de cet hôtel au demeurant très strict. Ici, porter ses bagages relève de l'hérésie. Cependant, salons et restaurants dégagent une atmosphère chaleureuse tandis que l'aile détente (piscine, Jacuzzi, sauna…) ne peut que réjouir les visiteurs.

Se restaurer

North Parade Passage et Abbey Green, autour de la Cathédrale, entre Pierrepont et Stall Street comptent une multitude de petits bistrots appétissants. D'une manière générale, Bath peut s'enorgueillir de sa diversité culinaire.

Bien et pas cher

■ YAK YETI YAK
12 Pierrepont Street
✆ +44 12 2544 2299
www.yakyetiyak.co.uk
Ouvert tous les jours de 12h à 14h30 et de 18h à 22h30 (22h le dimanche).
Un restaurant népalais pour changer un peu, très bonne cuisine, raffinée et des prix plus que raisonnables. Sélection de plats végétariens. Cela changera du *fish & chips* !

Bonnes tables

■ DEMUTHS RESTAURANT
2 North Parade ✆ +44 1225 446 059
www.demuths.co.uk
Ouvert tous les jours de 12h à 15h et de 17h30 à 21h30 (22h le samedi).
Situé dans le bâtiment où vécut Jacob Von Hogflume, qui aurait supposément créé la première machine à voyager dans le temps, ce restaurant résolument actuel mise sur une cuisine entièrement végétarienne. Au menu : tajines, kebabs ou salades asiatiques. Plusieurs salles aux tons chaleureux permettent de dîner dans une ambiance détendue.

■ EASTERN EYE
8, Quiet Street ✆ +44 1225 422 323
www.easterneye.com
Ouvert tous les jours de 12h à 14h30 et de 18h à 23h30.
Un splendide restaurant indien, plusieurs fois récompensé pour sa cuisine subtile et goûteuse. L'intérieur du restaurant, de style géorgien, surprend par son charisme et sa classe indéniable. Les yeux rivés sur les coupoles au plafond, on en oublierait presque de savourer les délicieux samosas du Chef. Presque…

■ SOTTO SOTTO
10 North Parade ✆ +44 1225 330 236
www.sottosotto.co.uk
Ouvert tous le jours de 12h à 14h30 et de 17h à 22h30.
On y vient pas uniquement pour son cadre insolite et romantique – une cave avec de la véritable pierre de Bath – mais aussi pour ses plats délicieux. Authentique restaurant italien, on y trouve au menu pizzas, pâtes, risottos, salades ainsi que des plats de viande et poisson.

THE HOLE IN THE WALL

16 George Street
✆ +44 1225 425 242
www.theholeinthewall.co.uk
Ouvert tous les jours midi et soir, seulement le dimanche soir.
Une excellente table, plusieurs fois récompensée pour sa cuisine britannique raffinée. C'est l'un des plus vieux restaurants de Bath et pourtant, il ne démérite pas. Sa salle à manger, de style géorgien, séduit par sa clarté et son ambiance distinguée. Côtelettes d'agneau en sauce, coquilles St-Jacques poêlées et desserts élaborés à partir de produits locaux, sont accompagnés d'une très belle sélection de vins.

Luxe

MENU GORDON JONES

2 Wellsway ✆ +44 1225 480 871
www.menugordonjones.co.uk
Ouvert du mardi au samedi de 12h30 à 14h et de 18h30 à 21h30.
Un menu dégustation 5 plats pour le déjeuner (£35) ou 6 plats pour le diner (£45) va certainement vous ravir. On ne connait pas à l'avance les plats, puisque le chef cuisinera avec son envie du moment et selon ce qu'il a de disponible. Grande cuisine au rendez-vous !

Sortir

La vie nocturne de Bath, autrefois avant-gardiste, s'est quelque peu assagie. Toutefois, quelques clubs et bars décalés tentent de raviver la flamme.

THÉÂTRE ROYAL

Sawclose ✆ +44 1225 448 844
www.theatreroyal.org.uk
Productions locales et nationales.

THE GEORGE INN

Mill Lane ✆ +44 1225 425 079
Ouvert tous les jours de 11h à 23h.
Ce pub est plébiscité par les locaux, et on les comprend. Situé sur les rives du canal, il offre une vue très agréable pour déjeuner ou dîner. Compter un quart d'heure de marche à partir du centre-ville, de quoi assoiffer assez pour une pinte fraîche !

THE OLD GREEN TREE

Green Street ✆ +44 1225 448 259
Et si on allait au pub, pour changer ? Celui-ci est l'un des plus petits de la région, du coup l'ambiance y est très conviviale – après tout on est assis sur les genoux de son voisin. Plutôt calme et familial.

À voir – À faire

Bath est avant tout connue pour ses thermes romains que l'on peut visiter et essayer. Autour de ce thème, de nombreux centres et magasins proposent services et produits liés à la santé et au bien-être. C'est l'endroit idéal pour vous faire une beauté !
On n'oubliera pas d'explorer les jardins de la ville : Green Park, Henrietta Park, Royal Victoria Park, dominé par le Royal Crescent. Depuis Parade Gardens, on a une vue superbe sur l'Avon qui s'écoule au pied de la ville, les péniches, un escalier dégringolant vers la rivière...

AMERICAN MUSEUM IN BRITAIN

Claverton Manor
✆ +44 1225 460 503
www.americanmuseum.org
Ouvert de Pâques à fin octobre du mardi au dimanche de 12h à 17h ; de fin novembre au 19 décembre du mardi au dimanche de 12h à 16h30. Fermé le lundi, sauf en août et pendant les vacances scolaires. Entrée adulte £9, enfant £5.
Voici l'un des rares musées d'arts décoratifs américains établis sur le territoire britannique. Les objets exposés témoignent du mode de vie des colons en Amérique du XVIIe au XIXe siècle. Le musée a pour but de créer des ponts entre les civilisations américaine et britannique, si liées historiquement et pourtant très différentes. Fondé dans les années 1950 par deux Américains installés à Bath, ce musée est hébergé dans le magnifique Claverton Manor, qui vaut le détour à lui tout seul. A voir aussi les somptueux jardins, dont l'American Arboretum.

BATH ABBEY

12 Kingston Buildings
✆ +44 12 2542 2462
www.bathabbey.org
Ouvert d'avril à fin octobre du lundi au samedi de 9h à 18h (9h30 le lundi), jusqu'à 16h30 de novembre à mars et le dimanche toute l'année de 13h à 14h30 puis 16h30 à 17h30. Entrée gratuite.
Bath possède une splendide abbaye gothique, rénovée par Henry VII et construite sur le site d'un monastère saxon qui fut le lieu de couronnement d'Edgar, premier roi d'Angleterre en 973. L'abbaye a fait l'objet d'une restauration soignée et a retrouvé sa splendeur d'origine et les couleurs vibrantes de ses voûtes en éventail. Son édification, qui débuta en 1499, fut interrompue et reprise en 1609, d'où un mélange de

plusieurs styles. Sous le règne d'Elisabeth I, on surnomma l'abbaye la « lanterne de l'Ouest », en hommage à ses immenses vitraux : derrière le maître-autel, 56 scènes illustrent la vie du Christ ; à l'extrémité ouest, on peut admirer des épisodes de l'Ancien Testament.

BIZARRE BATH

North Parade Passage ✆ +44 12 2533 5124
www.bizarrebath.co.uk
Rendez-vous devant The Huntsman Inn. Tous les soirs à 20h. Pas de réservation nécessaire. Prix : £8, enfant/étudiant £5. Compter 1 heure 30.
« Si on cherche quelque chose d'hystérique plutôt qu'historique », on a frappé à la bonne porte ! Ce tour guidé de Bath est iconoclaste, irrévérencieux et hilarant. Le conteur, plus proche du comique que du guide poussiéreux, manie humour anglais et infos culturelles avec maestria. A faire absolument !

BOWOOD HOUSE & GARDENS

Derry Hill ✆ +44 1249 812 102
www.bowood-house.co.uk
Ouvert de mars à début novembre tous les jours de 11h à 17h30 pour la maison et 18h pour les jardins. Tarif adulte : £10,50 ; enfant : £8.
Dans cette vaste propriété s'élève un château, bel exemple d'architecture du XVIIIe siècle (orangerie, salons et chambres, bibliothèque, chapelle, galerie des costumes et des sculptures). Sur le domaine, on peut également flâner dans le jardin de rhododendrons (de fin avril à mi-juin) ou le parc (noter le temple dorique). Les enfants peuvent profiter aussi d'un terrain de jeux géant. Idéal pour une journée en famille.

FASHION MUSEUM

Bennet Street ✆ +44 1225 477 789
www.fashionmuseum.co.uk
Ouvert tous les jours 10h30h à 17h (16h en hiver). Entrée £7,50 ; enfant : £5,50.
Le musée du Costume de Bath regroupe des collections anciennes et contemporaines. Chaque année, un accessoire et une robe sont retenus par le conservateur du musée pour symboliser la mode de l'année.

THE JANE AUSTEN CENTRE

40 Gay Street ✆ +44 1225 443 000
www.janeausten.co.uk
Ouvert tous les jours de 9h45 à 17h30 ; en juillet et août fermeture à 19h jeudi, vendredi et samedi ; début novembre à fin mars du dimanche au vendredi de 11h à 16h30 et le samedi de 9h45 à 17h30. Adulte £8 ; enfant £4,50.
Un homme en costume de laquais harangue la foule de son perron ? Vous êtes devant le Jane Austen Centre. Le subtil écrivain qu'était Jane Austen est ici analysé et raconté, grâce à une exposition reconstituant sa vie à Bath. C'est l'occasion d'en apprendre plus sur celle qui, sous couvert d'écrire de grandes romances critiqua fermement l'époque de la Régence et ses conventions. Le musée organise également des visites guidées du Bath de Jane Austen. Adulte £6, enfant £5.

THE MUSEUM OF EAST ASIAN ART

12 Bennett Street ✆ +44 12 2546 4640
www.meaa.org.uk
Ouvert du mardi à samedi de 10h à 17. Le dimanche, de 12h à 17h. Tarif adulte : £5 ; enfant : £2.
Belles collections de pièces en provenance de différents pays asiatiques. On peut y admirer des laques, poteries et céramiques, bronzes, jades ; les plus anciennes datent de 5 000 avant J.-C. A l'exception des collections londoniennes, celle de Bath est l'une des plus importantes au Royaume-Uni.

ROMAN BATHS

Abbey Churchyard ✆ +44 12 2547 7785
www.romanbaths.co.uk
Ouvert tous les jours. De novembre à février de 9h30 à 17h30, de mars à juin et de septembre et octobre de 9h à 18h, en juillet et août de 9h à 22h. Dernière entrée une heure avant la fermeture. Entrée : adulte £12,25 (£12,50 en juillet/août) ; enfant £8. Guides audio en français.
Lors de l'occupation romaine, la ville est baptisée Aquae Sulis. Sulis était la déesse celtique de la source d'eau chaude. Selon les Romains, elle ressemblait à Minerve. Sous la Pump Room, on y verra d'ailleurs les ruines d'un temple dédié aux deux divinités. La source sacrée recevait les offrandes. Les eaux à différentes températures, qui emplissaient les bains et les piscines des thermes, étaient considérées comme propices à soigner les maux des Romains. A l'époque, des systèmes de chauffage et d'évacuation des eaux usées sont mis en place. La fréquentation d'Aquae Sulis dure jusqu'au départ des Romains.
Au XIIe siècle, on construit les thermes du roi (King's Bath) autour de la source et, à nouveau, on vient s'y baigner. Au XVIIIe siècle, on ne se baigne plus mais on boit l'eau minérale. La Pump Room est d'ailleurs construite à cet usage. En 1880, les vestiges des thermes romains sont découverts et exhumés. Aujourd'hui encore, l'eau aux propriétés si curatives continue de couler de la source à une température constante de 46,5 °C.

ROYAL CRESCENT & THE CIRCUS

www.royalcrescent.co.uk
Situé au bout de Gay Street, The Circus est le chef-d'œuvre de l'architecte John Wood (père). Il s'agit de 30 maisons alignées en cercle. De célèbres personnages y ont élu domicile : au hasard, on peut lire sur des plaques commémoratives les noms du peintre Gainsborough, du politicien William Pitt, ou de l'écrivain David Livingstone. Brock Street relie le Cirque au Royal Crescent. Dessiné par John Wood (fils), et construit entre 1767 et 1774, le Royal Crescent fut la gloire de Bath à l'époque géorgienne. Au n° 1 Royal Crescent, une superbe maison de style palladien a été restaurée et redécorée dans un style typique du XVIIIe siècle. Pour les amateurs d'harmonie architecturale.

Sports – Détente – Loisirs

THERMAE BATH SPA

Hot Bath Street ✆ +44 844 888 08 44
www.thermaebathspa.com
Ouvert de 9h à 22h, sauf jours fériés. A partir de £16.
On peut prendre les eaux au Thermae Bath Spa, un complexe qui exploite des sources d'eaux chaudes. Rendez-vous sur le site internet pour plus d'informations ou à l'office de tourisme qui vend un package visite des Roman Baths, avec déjeuner au Pump Room, le restaurant des bains, et une session de 2h aux Thermae Bath Spa.

BRISTOL

433 000 habitants. Bristol est la plus grande ville du Sud-Ouest de l'Angleterre. Son importante population étudiante contribue à la faire bouger tant sur le plan de la vie nocturne que des arts. Bristol est d'ailleurs le creuset du trip-hop. C'est aussi le lieu de tournage de nombreux films et séries, dont la controversée « Skins » sur des adolescents à la dérive. Aardman Studios, les créateurs des oscarisés Wallace et Gromit, ont également élu domicile dans le centre de Bristol. A l'origine, la ville se développe grâce à son port. En 1497, John Cabot quitte Bristol pour la traversée qui le mène à découvrir New Foundland, le Groenland. Dès lors, Bristol devient le premier port de commerce anglais vers l'Atlantique. Devenue une grande ville commerçante, elle participe à la traite des esclaves au XVIIe siècle. Lors de la seconde révolution industrielle, la ville joue un rôle économique majeur en produisant les paquebots à vapeur. Sévèrement bombardée durant la Seconde Guerre mondiale, Bristol est entièrement reconstruite après 1945…
Aujourd'hui, la vieille ville s'avère réduite à peau de chagrin, à l'inverse de Bath, sa voisine. Le front de mer et ses tours de verre ont changé la physionomie de Bristol, au point qu'elle s'apparente parfois à un centre d'affaires peuplé de touristes. Pour un peu plus d'authenticité, il faut se tourner vers les quartiers de Clifton et Upper Maudlin Street, où pullulent cafés, restaurants et boutiques originales.

Transports

BRISTOL AIRPORT

Bristol International Airport
✆ +44 871 334 43 44
www.bristolairport.co.uk
Vols nationaux et internationaux.

FERRY

Traversée du port avec Number Seven Boat Trips
✆ +44 1179 293 659
www.numbersevenboattrips.co.uk
£0,80 la traversée, gratuit pour les enfants de moins de 5 ans.

Bristol
Eglise
Curiosité
Musée
Gare ferroviare
500 m.
Montpelier
Redland
St Paul's
Cotham
Clifton
Clifton Down
Stokes Croft
Bristol Zoo Gardens
Redgrave Theatre
Clifton Cathedral RC
Royal West of England Academy
St Michael's
City Museum & Art Gallery
Wickham Theatre
Casualy
Marborought St
The Mall Galleries Shopping Center
Castle Park
Old Market
Guildhall
St. Nicholas Market
West End
Ice Skating Ring
Hippodrome
QEH Theatre
St Georges
Cabot Tower
Georgian House
The Council House
College Green
Brandon Hill
Cathédral
Central Library
Victoria Square
Clifton Suspension Birdge Visitor Centre
Clifton Village
University of Bristol Botanic Gardea
Leigh Woods
Hope Centre
Clifton Wood
Explore
Architecture Centre
Millennium Square
Arnolfini Arts Centre
Queen Square
Redcliffe
Empire and Commonwealth Museum
Temple Meads Station
St. Mary Redcliffe
Great Britain & Maritime Museum
Marine Heritage Centre
Harbourside
Industrial Museum
Spike Island
Bristol Records Office & Create centre
Bower Ashton
Vers M5
A4 Portway
Bridge Valley Road
Clifton Down
Upper Belgrave Rd
Black Boy Hill
Whiteladies Road
Pembroke Road
Alma Road
Oakfield Road
College Road
Cotham Hill
Cotham Road
Cotham Brow
Arley Hill
Cheltenham Road
Asley Road
City Road
Stokes Croft
Wilder St
St Michael's Hill
Horfield Road
Upper M. St
Bond Street
The Horsefair
Newfoundland Street
Pennywell Road
Stapleton Road
Vers M4 & M5
Lamb St
Clarence Rd
Old Market
Midland Road
Newgate
Suspension Bridge Rd
Regent Street
Queen's Road
Park Row
Jacob's Wells Rd
Baldwin St
Victoria St
Temple Way
Avon Street
Anchor Road
Hotwell Road
A369 Rownham Hill
Brunel Way
Cumberland Road
Coronation Road
Redcliff H.
Clarence Road
Feeder Road
Bath R

GARE FERROVIAIRE

Bristol Temple Meads Station
✆ +44 8457 484 950 – www.nationalrail.co.uk
Un train pour Londres Paddington environ toutes les demi-heures (moins de 2h de trajet) et un tous les quarts d'heure pour Bath (20 min de trajet). Egalement des trains pour Cardiff, Oxford et Birmingham. La plupart desservent les deux gares de Bristol (Temple Meads et Parkway).

GARE ROUTIÈRE

Marlborough Street ✆ +44 8717 818 178
www.nationalexpress.com
National Express et Megabus relient Bristol à plusieurs grandes villes du pays dont Londres (2h30) et Cardiff (1h15). La gare routière se trouve sur Marlborough Street.

La ville est bien desservie par les bus locaux et bénéficie également d'un service de Night Bus. Les Bus 8 et 9 se rendent à Clifton depuis St Augustine's Parade et Temple Meads. Un billet de bus illimité pour une journée coûte £4 et s'achète à bord des bus.

Il est possible d'aller également à Wells ou Cheddar (Bus 672 et 674 pour le dernier).

Pratique

Tourisme / Culture

OFFICE DU TOURISME DE BRISTOL

A l'intérieur d'Explore @ Bristol
Anchor Square
Harbourside ✆ +44 9067 112 191
www.visitbristol.co.uk
Ouvert tous les jours de 10h à 17h en été et de 11h à 16h en hiver.
Bristol attirant de nombreux touristes français, il y a désormais au moins une personne française travaillant à l'office du tourisme qui pourra vous aiguiller dans la langue de Molière.

Se loger

Bristol compte plusieurs grands hôtels de haut standing. En revanche, il s'avère plus difficile de trouver des hébergements à prix modérés en centre-ville.

Bien et pas cher

YHA BRISTOL

Hayman House – 14 Narrow Quay
✆ +44 117 922 16 59 – www.yha.org.uk
Dortoir à partir de £13. Chambre double à partir de £22.
Avec ses portes à hublots, ses inter-étages et ses couloirs arrondis, cette auberge ressemble à un paquebot. Ancien hangar, sur les docks, le bâtiment a conservé les murs de briques et les gros tuyaux qui traversent les plafonds. Très moderne, on y jouit d'un grand confort, avec un bar/café, une laverie, trois salons et des chambres claires.

Luxe

THE BRISTOL HOTEL

Prince Street ✆ +44 117 923 03 33
www.doylecollection.com/bristol
Chambre double à partir de £89, £109 avec petit déjeuner inclus. wi-fi gratuit. Parking gratuit de 17h30 à 9h30 en semaine et tout le week-end. Accès gratuit à la salle de gym. Bar.
Ce grand hôtel de 187 chambres jouit d'une situation idéale, sur le port, à deux pas des restaurants et bars branchés. Doté d'un service de qualité, l'établissement offre des chambres douillettes, spacieuses et agencées avec goût. Les chambres Deluxe comprennent en plus une machine à expresso. Les samedi soir et dimanche midi, un groupe de jazz joue dans le restaurant de l'établissement, ainsi qu'un pianiste le vendredi soir.

THE MARRIOTT ROYAL HOTEL

College Green, au début de Park Street
✆ +44 1179 294 281
www.bristolmarriottroyal.co.uk
Chambre double à partir de £109 ou £119 avec petit déjeuner inclus. wi-fi et parking payants.
Cette imposante bâtisse de style italien s'élève face à la cathédrale depuis 1868. Le hall, le restaurant et le bar témoignent d'une vraie recherche architecturale. Le plafond du restaurant, fait de vitraux, est impressionnant. Autre plus de l'hôtel, la piscine avec hammam et sauna, dont l'ambiance thermes romains est un délice.

THE GRAND HOTEL – THISTLE

Broad Street ✆ +44 871 376 90 42
www.thistle.com
Chambre double à partir de £105. Petit déjeuner £10. wi-fi et parking payants.
Logé dans un bâtiment classé, l'hôtel dispose de belles chambres spacieuses et d'une localisation centrale, à deux pas du St Nicholas' Market. Les plus de l'établissement : son Spa avec piscine, massages et Jacuzzi ; et son bar souterrain, sous les voûtes rénovées.

Se restaurer

Pour un dîner avec vue, on opte pour le port et ses restaurants branchés. Si on souhaite plus de calme et d'authenticité, Clifton Village et Whiteladies road sont agréables.

Bien et pas cher

■ CLIFTON VILLAGE FISH BAR

4 Princess Victoria Street, Clifton
A l'angle de Clifton Down Road
✆ +44 117 974 18 94
www.cliftonvillagefishbar.co.uk
Ouvert en semaine de 11h30 à 14h30 et de 17h à minuit. Le week-end toute la journée.
L'un des Fish & chips les plus plébiscités de la ville. Pour les petits creux à toute heure ! Egalement burgers.

■ THE OLD BOOKSHOP

65 North Street
Bedminster ✆ +44 1173 738 907
www.theoldbookshop.co.uk
Ouvert le lundi de 18h à 23h, du mardi au samedi de 10h30 à 23h, le dimanche de 10h30 à 23h.
Avec un décor insolite de renards empaillés, vieilles machines à écrire ou encore de trompettes suspendues au plafond, la nourriture servie vous surprendra dans ce petit restaurant qui propose aussi un concert live chaque samedi soir. Le midi, on commande 3 assiettes pour £10 (assez pour 2), ou £4 l'une en soirée parmi la douzaine de plats poposés. Cuisine internationale. Le menu change chaque semaine.

Bonnes tables

■ GLASS BOAT

Welsh Back, Harbourside
✆ +44 117 929 07 04 – www.glassboat.co.uk
Ouvert du lundi au samedi de 17h30 à 22h (et du mardi au vendredi de 12h à 14h) et le dimanche de 12h à 16h.
Quoi de plus romantique que de dîner sur une péniche ? Tenter l'expérience et savourer une cuisine européenne inventive (viande de chevreuil, lapin, canard...) dans un cadre idyllique. On aime les tables en bois sculpté et les bougies qui se reflètent sur les vitres du bateau.

■ PRIMROSE CAFE & BISTRO

Boyce's Avenue, Clifton ✆ +44 117 946 65 77
www.primrosecafe.co.uk
Ouvert du lundi au samedi de 9h à 17h, le dimanche de 9h30 à 15h.
A l'entrée de Clifton Arcade, ce café bénéficie d'une petite terrasse agréable, étendue sur une placette où jouent régulièrement des musiciens. Au menu, une cuisine simple et goûteuse : soufflé au chèvre, tagliatelles au poulet ou rôti de lapin. Un coin de paradis.

■ SOUKITCHEN

277 North Street – Bedminster
✆ +44 1179 666 880 – www.soukitchen.co.uk
Ouvert du lundi au vendredi de 12h à 15h et 18h à 22h, le samedi de 10h à 15h et 18h à 22h, le dimanche de 10h à 15h et 18h à 21h. Les bus 24 et 25 s'arrêtent juste à côté (demander l'arrêt Tobacco Factory).
Restaurant bon marché de spécialités du Moyen-Orient : épices et saveurs sont au rendez-vous. Le midi on peut essayer le Souk brunch tajine à £6,95 et le soir des grillades (£11 environ) ou des mezze à partager (environ £4 chacun). Le week-end, les brunchs y sont très prisés. Un autre bon point : toutes les viandes sont produites localement.

Sortir

A la fois ville étudiante et centre d'affaires, Bristol jouit d'une vie nocturne variée. Clubs et discothèques pour les uns, pubs et bars à cocktails pour les autres. Les deux facettes s'entremêlent parfois. Pour sortir, opter pour Park Street, Clifton et The Harbourside, notamment Welsh Back où on apprécie les nombreux pubs avec terrasse.

■ THE GRAIN BARGE

Mardyke Wharf
Hotwells Road ✆ +44 117 929 93 47
www.grainbarge.co.uk
Ouvert du mardi au dimanche de 12h à 23h.
Ambiance détendue dans ce bar, installé sur une péniche face au SS Great Britain. L'établissement appartient à The Bristol Beer Factory, dont proviennent les bières locales. On aime l'atmosphère conviviale et bien sûr, la vue splendide sur le fleuve. Concerts tous les vendredis soir.

À voir – À faire

Des sciences à l'architecture, en passant par l'histoire nationale et l'art contemporain, Bristol foisonne de sites à visiter. Si le temps manque, on opte en priorité pour le Brunel's SS Great Britain et ses histoires de marins...

ARNOLFINI

16, Narrow Quay ✆ +44 117 917 23 00
www.arnolfini.org.uk
Ouvert tous les jours du mardi au dimanche de 11h à 18h. Entrée gratuite.
Ce centre d'art contemporain présente, à travers un cinéma, une librairie et cinq galeries, diverses programmations d'artistes britanniques ou étrangers. Très multimédia, Arnolfini n'exclut aucun mode d'expression : peinture, dessin, sculpture et vidéo. Le café, très agréable, bénéficie d'une terrasse sur les quais et sert une cuisine aux influences italiennes.

BERKELEY CASTLE

Berkeley ✆ +44 1453 810 332
www.berkeley-castle.com
Ouvert de mai à septembre du dimanche au mercredi de 11h à 17h, en avril et octobre le dimanche uniquement de 11h à 17h. Adulte : £9,50, enfant : £5 (entrée château et jardins).
Shakespeare a mentionné ce château. L'histoire de Berkeley Castle, construit en 1117, commence avec la réunion des barons de l'Ouest qui forcèrent le roi John à signer la Magna Carta à Runnymede. Elle se poursuit avec le meurtre d'Edouard II en 1327 et le siège de Cromwell en 1645 (il y fit d'ailleurs une brèche qu'il est légalement interdit de réparer). Le château donne l'impression d'être toujours habité, ce qui est lié au fait que la famille Berkeley le possède depuis sa construction, perpétuant histoire et tradition. De mai à septembre, le château ouvre également les portes de sa ferme aux papillons à côté, 42 espèces venues du monde entier sont à contempler.

BLUE REEF AQUARIUM

Harbourside
Anchor Road,
✆ +44 117 929 89 29
www.bluereefaquarium.co.uk
Ouvert tous les jours de 10h à 17h en semaine, 18h le week-end (fermeture 1 heure plus tôt en hiver). Tarif adulte £13, enfant £9. £2 de réduction en réservant sur Internet
Raies, pieuvres, requins, poissons clown.... Bienvenue dans le Monde de Némo ! Au programme, passage dans un tunnel vitré pour observer les poissons de très près et plongée en 3D Imax dans les profondeurs de l'océan.

BRISTOL CATHEDRAL

Harbourside
www.bristol-cathedral.co.uk
Ouvert tous les jours de 8h à la fin des vêpres. Messe à 17h15. Entrée gratuite.
L'abbaye de Sainte-Augustine fut construite en 1140. Jusqu'en 1542, le bâtiment s'agrandit, donnant lieu à la nouvelle cathédrale. Bel exemple d'architecture gothique, l'édifice possède également un somptueux chapitre, lieu de réunion des religieux. La nef fut détruite au XVIe siècle, puis reconstruite au XIXe siècle selon son plan médiéval original. La nef, le chœur et les allées sont de même hauteur, formant un grand hall uniforme.

BRISTOL ZOO GARDENS

Clifton ✆ +44 117 974 73 00
www.bristolzoo.org.uk
Ouvert de 9h à 17h30 en été et de 9h à 17h en hiver. Adulte : £13,18 ; enfant : £7,95.
Des lions d'Asie font face aux flamants roses, un peu plus loin des lémuriens se poursuivent dans les arbres, sous le regard amusé de trois gorilles. Ce zoo héberge une grande variété d'animaux, dont certains plutôt incongrus, comme l'okapi ou le tapir. Une belle sortie à faire en famille, ou entre amis.

BRUNEL'S SS GREAT BRITAIN

Great Western Dockyard, Harbourside
✆ +44 117 926 06 80
www.ssgreatbritain.org
Ouvert tous les jours de 10h à 17h30 (16h30 en hiver) sauf les 24, 25 décembre et 2ème lundi de janvier. Tarif adulte : £12,50 ; enfant : £6,25.

SS Great Britain est né de l'imagination de l'architecte Brunel, en 1843. Consacré plus grand bateau du monde à l'époque, ce paquebot de luxe navigue jusqu'à New York et Melbourne. Il est également utilisé pour transporter des troupes en Crimée et en Inde. Avant de pénétrer le navire, une sorte de salle des machines explique le fonctionnement – révolutionnaire d'un point de vue technique – du bâtiment. Grâce à un système de coque, l'eau est stoppée ce qui permet de faire la visite du bateau sous l'eau. Déambulez sur le pont puis descendez dans les cabines reconstituées et les sous-sols. Une visite passionnante, à faire avec les audioguides à disposition (gratuit). Prenez le ferry pour accéder au dock (Ferry N°7 - voir Transport).

CITY MUSEUM AND ART GALLERY
Queen's Road, West End
✆ +44 117 922 35 71
www.bristol.gov.uk/museums
Ouvert tous les jours de 10h à 17h (18h le week-end). Entrée gratuite.
Dès l'entrée, The Bristol Boxkite, un aéroplane mythique, survole les visiteurs. Situé dans un magnifique bâtiment édouardien, ce musée abrite des collections archéologiques, de céramiques et de porcelaines du monde entier, des pièces témoignant de civilisations anciennes ou modernes et une impressionnante section dédiée à l'histoire naturelle. Préparez-vous à rencontrer les Ichtyosaures et leurs amis... Ne ratez pas non plus la galerie d'art contemporain, qui expose des artistes très réputés.

CLIFTON SUSPENSION BRIDGE
✆ +44 1179 744 664
www.cliftonbridge.org.uk
Traversée cyclistes et piétons gratuite, payante pour les voitures. Un bureau d'information est ouvert tous les jours de 10h à 17h.
Ce pont impressionnant, haut de 75 m, fut dessiné par l'architecte Brunel, également auteur du SS Great Britain. Symbole de Bristol, Clifton Suspension Bridge fut construit entre 1836 et 1864. Avisez le point d'information au pied du pont, une exposition retrace son histoire.

CLIFTON VILLAGE
Clifton Village est certainement le quartier de Bristol le plus agréable à parcourir à pied. A chaque coin de rue, de magnifiques villas géorgiennes témoignent d'une époque architecturale prolixe. La promenade vous mène parmi les boutiques de vêtements et les antiquaires. Déambulez dans Clifton Down Road et ne ratez pas Clifton Arcade, minuscule passage dissimulant une confiserie, une bijouterie et d'autres merveilles...

ST MARY REDCLIFFE
Redcliffe Way, Redcliffe
www.stmaryredcliffe.co.uk
Ouvert tous les jours de 8h30 à 17h, dimanche de 8h à 20h. Entrée gratuite.
Cette splendide église anglicane, dont l'architecture médiévale gothique date principalement du XIVe siècle, compte notamment un très beau carillon.

Shopping

Pour trouver toutes les grandes marques, ainsi que quelques friperies, direction Park Street. Pour un shopping plus décalé, Upper Maudlin Street foisonne de boutiques en tous genres, dont l'étrange Heaven on Earth...

GUILBERT'S
16-17 Small Street
✆ +44 1179 268 102
www.guilberts.com
Ouvert du lundi au jeudi de 7h30 à 16h30 et jusqu'à 12h le vendredi.
Monsieur Guilbert, le fondateur, était un chocolatier Suisse. Installé depuis plus d'un siècle à Bristol, les locaux s'y régalent de truffes et autres chocolats fondants dans la bouche.

POTTERS BRISTOL
9 Perry Road
✆ +44 1173 308 445
www.pottersbristol.com
Ouvert du mardi au samedi de 10h15 à 17h30 et le lundi matin.
De la poterie réalisée localement, pas uniquement de l'art décoratif, mais aussi des théières, tasses, miroirs, pots de jardin, lampes... Une idée de cadeau unique à ramener à ses proches.

RISE
70 Queen's Road
✆ +44 117 929 75 11
www.rise-music.org
Ouvert du lundi au samedi de 10h à 19h, le dimanche de 12h à 18h.
Proudly independent, en français dans le texte Fièrement indépendant, Rise est un magasin de musique, cinéma et littérature, installé à Bristol, Cheltenham et Coventry. En rayon, l'intégrale du cinéaste japonais Ozu, des guides iconoclastes sur Bristol et bien sûr la crème de la scène alternative british. A ne surtout pas rater !

Wiltshire

Le Wiltshire est entouré par les comtés de Somerset, Hampshire, Gloucestershire, Oxfordshire et le Berkshire. Des vestiges remontant à l'âge de pierre ont rendu célèbre l'une de ses villes, Stonehenge.

CASTLE COMBE

Le plus beau village d'Angleterre dixit ses habitants. Les maisons en pierre ont été soigneusement préservées et un petit musée retrace l'histoire de Castle Combe. Les visiteurs en quête d'authenticité feront le détour. Pour plus d'informations : www.castle-combe.com

SALISBURY

45 000 habitants. Au carrefour de cinq rivières, évêché depuis le XIIIe siècle, Salisbury s'est considérablement développée à l'époque médiévale. Dès 1220, la construction de la cathédrale, et le besoin de main-d'œuvre qui en découle, augmente la population et, en 1227, Henri III appose son sceau au bas d'une charte accordée à Salisbury. Elle permet aux corporations d'artisans et de marchands de s'établir et d'exercer leur commerce, en particulier celui de la laine. Aujourd'hui, Salisbury attire de nombreux touristes, séduits par son charme architectural, ses grands parcs et son atmosphère paisible. Visiter en priorité la cathédrale. Celle-ci inspira à plusieurs reprises John Constable : un tableau se trouve à Londres, à la Tate Gallery, un deuxième à la Frick Collection de New York. Il en existe même un troisième, resté au stade d'ébauche, il fait partie d'une collection privée anglaise. Le site mythique de Stonehenge se trouve à une dizaine de miles de la ville.

Transports

GARE FERROVIAIRE
South Western Road
✆ +44 8457 484 950
www.nationalrail.co.uk
Deux lignes principales passent par Salisbury : une qui va de Londres à Exeter (environ un train toutes les heures) et l'autre de Cardiff à Portsmouth via Bristol et Southampton.

GARE ROUTIÈRE
Endless Street
✆ +44 8717 818 181 / +44 9001 600 900
www.nationalexpress.com
National Express dessert Londres, Bath et Bristol, Megabus, Londres uniquement.

LOCATION DE VOITURES
Rendez-vous sur Churchfields Industrial Estate. Toutes les entreprises de location sont réunies sur Churchfields Industrial Estate, à l'est du centre-ville.

Pratique

OFFICE DU TOURISME DE SALISBURY
Fish Row
derrière Market Square
✆ +44 1722 342 860
www.wiltshire.com
Ouvert de mars à octobre du lundi au samedi de 10h à 17h et de novembre à février, du lundi au samedi de 10h à 16h.

POLICE
Wilton Road
✆ 101
www.salisburypolice.com

POSTE
High Street
✆ +44 1722 714 234

Se loger

Salisbury offre à ses visiteurs le luxe du choix. B&B coquets, hôtels charmants ou établissements bon marché, tous maintiennent un certain standard de qualité.

BYWAYS HOUSE
31, Fowlers Road
✆ +44 1722 328 364
www.bywayshouse.co.uk
Chambre double entre £39 et £90. Petit déjeuner inclus. Parking et Internet gratuits.
La partie ancienne de la villa date de l'époque victorienne et abrite des chambres charmantes, traditonnellement décorées. On y accède en traversant le hall dallé de carrelage noir et blanc, qui mène au pied d'un superbe escalier en bois ciré. Une extension plus moderne, à l'arrière de la bâtisse comprend plusieurs pièces au rez-de-chaussée, dont certaines donnent sur le jardin. Byways House est aussi une bonne option pour les petits budgets, qui peuvent loger dans des chambres un peu moins chères, avec salle de bain commune.

THE RED LION HOTEL

4 Milford Street © +44 1722 323 334
www.the-redlion.co.uk
Chambre simple à partir de £58, double à partir de £51 Parking. Restaurant.
Voici le premier hôtel d'Europe ! Ou plutôt, le premier bâtiment construit uniquement pour abriter un hôtel. L'aile sud date du XIIIe siècle. Dans l'une des chambres, le mur est marqué de signatures et d'une date : 1693. Le reste de l'établissement date de la fin du XVIIe siècle. Malgré son évidente ancienneté, The Red Lion ne manque pas de confort.

YHA SALISBURY

Millford Hill © +44 8453 719 537
www.yha.org.uk
Tarif adulte à partir de £15, chambre double à partir de £23. Internet et parking.
Une oasis de verdure à quelques pas du centre-ville, voilà le principal atout de l'auberge. Cette grande maison blanche, vieille de 200 ans, est entourée d'un grand jardin fleuri, où l'on peut même camper. Le soir venu, on s'installe confortablement dans le salon commun pour apprécier la quiétude des lieux ou faire connaissance avec son voisin de dortoir !

Se restaurer

Rien de vraiment gastronomique à signaler, toutefois, les emplacements des restaurants, situés au bord de la rivière ou sur de grandes places animées, méritent le detour.

THE MILL

7 The Maltings
En face de Bridge Street.
© +44 1722 412 127
Ouvert tous les jours de 9h à 22h.
Construite sur l'emplacement d'un moulin, cette grande maison de pierre date du XVIIIe siècle. A deux pas de la cathédrale, elle s'élève au milieu des saules-pleureurs, le long de la rivière. L'endroit est magique. La grande terrasse permet d'apprécier totalement la beauté de l'endroit.

THE WIG & QUILL

1 New Street © +44 1722 335 665
www.wigandquill.co.uk
Ouvert tous les jours de 12h à tard le soir.
Ce sympathique bar-pub jouxte le palais de Justice. Aéré, lumineux, il possède également une terrasse fleurie. A savoir : le « Wig » est la perruque de crin qui couvre la tête des avocats à la cour.

À voir – À faire

Aujourd'hui, le patrimoine architectural et historique de Salisbury séduit de nombreux visiteurs, mais la ville est également un lieu d'inspiration artistique, comme en témoignent l'œuvre du peintre Constable, qui immortalisa à plusieurs reprises la cathédrale, ou, plus récemment, le film *Raisons et sentiments* tourné dans Mompesson House.

THE GUILDHALL

Market Place
www.salisburyguildhall.co.uk
Construit en 1795, The Guildhall trône majestueusement dans le centre-ville, sur Market Place. La place accueille les marchés depuis le XIIe siècle. Aujourd'hui encore, les stands de produits locaux s'installent tous les mardi et samedi.

Derrière The Guildhall se cachent deux maisons médiévales. Juste derrière la place, sur Fish Row, vous verrez d'autres vieilles bâtisses, notamment la petite chaumière à colombages qui abrite une boucherie, Pritchett Family Butcher, qui affiche fièrement sur la devanture Home Killed only ! Remarquez également Poultry Cross, la croix gothique du XVe siècle à Market Place et le Council House (XVIIIe siècle).

MOMPESSON HOUSE

The Close ✆ +44 1722 420 980
mompessonhouse@nationaltrust.org.uk
Ouvert de mi-mars à début novembre du lundi au mercredi et le week-end de 11h à 17h. Tarif adulte : £5,30 ; enfant : £2,65. Située dans l'enceinte de la cathédrale, Cathedral Close.
Construite au tout début du XVIIIe siècle en 1701, sous le règne de la reine Anne, cette demeure possède notamment de magnifiques plafonds et un escalier en chêne somptueux. Il y règne une étrange atmosphère nostalgique, qui contraste avec l'agitation de Cathedral Close. Cette particularité lui valut, entre autres, d'être sélectionnée comme lieu de tournage pour le film *Raisons et sentiments*, tiré du roman de Jane Austen.

OLD SARUM CASTLE

✆ +44 1722 335 398
www.english-heritage.org.uk
Ouvert de 10h à 17h d'avril à septembre (18h juillet et août), et de 10h à 16h d'octobre à mars (15h de novembre à janvier). Entrée : £3,80 ; enfant : £2,30.
Le premier site de Salisbury, habité dès l'âge de fer. Il reste les ruines d'un château et d'une cathédrale. A l'époque, l'endroit était battu par les vents et d'une désolation lunaire.

THE RIFLES MUSEUM (WARDROBE)

58 The Close ✆ +44 1722 419 419
www.thewardrobe.org.uk
Ouvert du lundi au samedi de 10h à 17h et dimanche de 12h à 16h30 d'avril à octobre, du lundi au samedi en février et octobre, du mardi au samedi en novembre. Tarif adulte : £3,95 ; enfant : £1,15.
Très beau bâtiment du XIIIe siècle. Pour les amateurs, le Musée militaire présente l'histoire de trois régiments Royal Berkshire Regiment, Wiltshire Regiment et Duke of Edinburgh's Royal Regiment, depuis 1743.

SALISBURY AND SOUTH WILTSHIRE MUSEUM

The King's House, 65 The Close
✆ +44 1722 332 151
www.salisburymuseum.org.uk
Ouvert toute l'année, du lundi au samedi de 10h à 17h, et le dimanche de 12h à 17h en juillet et en août seulement. Tarif adulte : £6 ; enfant : £2.
Qui a tué l'archer de Stonehenge ? Début d'explication au département archéologique consacré à Stonehenge, situé dans ce musée très complet. Les collections présentent de multiples objets, découverts pendant des fouilles archéologiques, et qui permettent de retracer les arts et traditions populaires des Saxons et des Romains. Egalement expositions temporaires.

SALISBURY'S CATHEDRAL

✆ +44 1722 328 726
www.salisburycathedral.org.uk

Ouvert de 9h à 17h d'avril à octobre, de 12h à 16h de novembre à mars. Chapter House de 9h30 à 17h30 en pleine saison sinon de 12h45 à 15h45. Entrée : £5 ; enfant : £2,50. Visite des tours adulte : £10 ; enfant : £8.
Une des plus célèbres cathédrales de Grande-Bretagne. Elle fut construite entre 1220 et 1258, dans le style gothique primitif anglais. Le cloître, la salle capitulaire – qui abrite l'un des quatre exemplaires encore existants de la Magna Carta, qui pose les bases de la démocratie -, la tour et la flèche ne furent véritablement achevés que 500 ans plus tard. Le plafond de la nef porte de superbes peintures. Derrière l'autel, vous admirerez les perspectives très construites, aux lignes pures, parfaitement équilibrées. Les arcs sont peints de vert ou de rouge, ce qui accentue leur aspect élancé, les colonnes de marbre noir rythment la beauté des proportions. Dans le cloître, deux cèdres s'épanouissent, protégés par les galeries de pierre. Le soir, des éclairages se faufilent à travers leurs aiguilles, renvoyant une lumière douce et légèrement verte sur les murs gris pâle, sous le clocher... Le peintre Constable a notamment immortalisé ce chef-d'œuvre d'architecture. A voir également, la plus ancienne horloge d'Angleterre encore en état de fonctionnement.

- **Cathedral Close** : L'enceinte de la cathédrale, construite en 1333, est la plus large d'Angleterre. Elle comprend notamment Mompesson House. Aujourd'hui encore, l'enceinte est fermée tous les soirs et les résidents possèdent chacun leur clé.

STONEHENGE

Stonehenge est le berceau de la civilisation anglaise, bien avant les thermes romains de Bath ou les ruelles sombres de Jack l'Eventreur. Ici, on remonte le temps sur plusieurs millénaires pour apprécier les immenses monolithes qui ont fait la réputation du site. Pour l'histoire, ces blocs de roche, d'un poids d'environ 50 tonnes chacun, disposés en cercle, formaient le sanctuaire religieux d'une civilisation de l'âge de bronze. Le site a ensuite été utilisé par différents cultes.

RENSEIGNEMENTS

www.english-heritage.org.uk

STONEHENGE

Stonehenge
www.stonehenge.co.uk
Ouvert toute l'année sauf Noël et Jour de l'An, de 9h30 à 18h du 16 mars au 15 octobre (jusqu'à 19h du 1er juin au 31 août), de 9h30 à 16h, du 16 octobre au 15 mars. Adulte : £7,80, enfant : £4,70.
Ce site conserve aujourd'hui tous ses mystères. On s'interroge encore sur les raisons pour lesquelles ces énormes monolithes ont été ainsi disposés et sur les techniques employées pour leur déplacement.
L'histoire de Stonehenge remonte à environ 5 000 ans : ce lieu de culte et d'inhumation néolithique est alors composé d'une enceinte et d'un remblai. « Les pierres bleues », venues des montagnes du sud-ouest du pays de Galles, datent de la reconstruction du site, environ 2 000 ans av. J.-C. Puis le temple actuel est érigé et les pierres bleues réaménagées au centre d'un cercle d'immenses pierres, venues celles-là des Malborough Downs, à environ 30 km au nord de Stonehenge. Si le site est devenu un lieu de cérémonie druidique, les druides n'en sont pas les bâtisseurs, leur religion étant contemporaine des écrivains classiques, en particulier latins, qui la décrivent. Or, Stonehenge existe déjà depuis au moins 2 000 ans. Les druides célèbrent traditionnellement leur culte dans des clairières, au cœur des forêts.
En revanche, il est certain qu'ils ont hérité de connaissances – astronomiques entre autres – des bâtisseurs de Stonehenge. Ces secrets sont transmis par bouche-à-oreille via d'interminables poèmes bardiques appris par cœur : aucune forme d'écriture datant de cette époque n'a été découverte en Grande-Bretagne.
Le site de Stonehenge reste un lieu merveilleux, pur et impressionnant. Le solstice d'été continue d'y attirer les foules, séduites par le mystique ou simplement par la beauté du soleil se levant sur les vestiges de la civilisation celte.
Ce peuple aux origines mythiques est vraisemblablement indo-européen, son apparition en Europe remonte au premier millénaire av. J.-C. L'écrivain grec Ephoros décrit les Celtes comme faisant partie des quatre civilisations barbares les plus remarquables, avec les Libyens, les Perses et les Scythes.
Réputés curieux, intellectuels, créatifs et réfractaires à tout système organisé (l'idée même d'un Etat unique leur était proprement inconcevable), ils ont ébranlé tous les Etats de l'Antiquité, sans pour autant en créer un eux-mêmes. Leur forme littéraire favorite est la poésie, transmise oralement. Ce peuple brutal fait paradoxalement preuve d'un grand raffinement artistique, que ce soit dans ses bijoux, dans ses statues ou dans d'autres formes de création.

Gloucester

Le Gloucester est connu principalement grâce à la présence des Cotsworlds, une chaîne de collines dont le point le plus haut se situe à 336 mètres. La ville de Gloucester offre plusieurs intérêts, Cheltenham, ancienne ville thermale est une ville agréable et on peut parcourir Tewkesbury pour son côté médiéval.

GLOUCESTER

121 000 habitants. Gloucester se situe près du pays de Galles. La ville offre plusieurs lieux à visiter comme une ancienne villa romaine, la tour de St Michael, des musées et une église. Traversée par la Séverne, on peut s'y promener sur ses docks. Point d'intérêt pour les familles, une ferme en pleine ville.

CHELTENHAM

112 000 habitants. Ancienne ville thermale depuis 1716 au cœur des Cotswolds, Cheltenham rappelle par certains aspects la ville de Bath, en plus provinciale. George III, le duc de Wellington, la future reine Victoria, Lord Byron et Charles Dickens vinrent y prendre les eaux. Atmosphère calme, architecture Régence (2 000 de ses bâtiments sont classés Monuments historiques) mais plus d'animation pendant les festivals. L'hippodrome reçoit la National Hunt et la plus grande compétition de steeple-chase.

Transports

HERTZ
Staverton Garage
Gloucester Road
✆ +44 1452 854 477
www.hertz.co.uk

Autre adresse : 48 Swindon Road
✆ +44 1242 514 411

STAGECOACH
Travel Shop :
229 High Street
✆ +44 1242 575 606
www.stagecoachbus.com
Dessert trois fois par jour Oxford et Gloucester.

Autre adresse : Swanbrook Coaches
✆ +44 1452 712 386

Pratique

OFFICE DU TOURISME DE CHELTENHAM
77 Promenade
GL50 1PJ
✆ +44 1242 522 878
www.visitcheltenham.com
Ouvert du lundi au samedi de 9h30 à 17h15 toute l'année et le dimanche en juillet et août.
Réservation de chambres, vente de billets pour les Cars National Express ou de places pour les événements locaux. Visites guidées de la ville et des environs à 14h15 du 30 juin au 12 septembre (départ de l'office : £2) le lundi, mercredi et vendredi. Demander les brochures sur les randonnées vers Cleeve Hill et la cheminée du Diable.

Se loger

L'offre hotelière est variée et témoigne d'une tradition historique de tourisme thermal. Le site Internet (www.cheltenhamaccommodation.co.uk) référence un nombre impressionnant d'adresses pour tous les budgets.

ABBEY HOTEL
14-16, Bath Parade
✆ +44 1242 516 053
www.abbeyhotel-cheltenham.com
Chambre simple à partir de £42 ; double à partir de £80. Petit déjeuner inclus. wi-fi gratuit.

Village dans les Cotswolds.

Un Bed and Breakfast confortable et bien décoré. Accueil sympathique. Chambres avec ou sans salle de bains. Tout près du Sandford Park. Parking et Internet gratuits. Offre spéciale pour les week-ends.

■ **BENTONS GUEST HOUSE**
71 Bath road
✆ +44 1242 232 379
www.bentons-guesthouse.co.uk
Chambre simple ou double à partir de £35. Petit déjeuner inclus. wi-fi gratuit.
Tenu par un couple très accueillant.

■ **YMCA**
6, Vittoria Walk
✆ +44 1242 524 024
www.cheltenhamymca.com
Prix : £16 par personne en chambre simple et £14 en dortoir.
Auberge de jeunesse située au centre-ville. L'option la moins chère de la ville.

Se restaurer

Les bonnes tables abondent dans la ville et l'offre gastronomique couvre un large spectre : de la cuisine anglaise sophistiquée comme des restaurants français ou italiens.

■ **FLYNNS**
Montpellier street
16 The Courtyard
✆ +44 1242 252 752
www.flynnsrestaurant.co.uk
Plats principaux à partir de £9,50.
Un bar-brasserie bon marché, très populaire chez les locaux. Les portions sont vraiment larges.

■ **STONEHOUSE COURTS**
Stonehouse – GL10 3RA
✆ +44 1453 794 950
www.stonehousecourt.co.uk
A 20 minutes du centre-ville en voiture.
Dans un manoir classé Monument historique, une cuisine britannique influencée par les saveurs de la Méditerranée. Propose également des chambres à partir de £120 la nuit.

Sortir

En tant que ville d'eau, Cheltenham a une grande tradition du spectacle. Les divertissements sont donc nombreux. La ville accueille aussi de nombreux festivals au fil de l'année, touchant à tous les domaines – jazz (fin avril), littérature (octobre), sciences (juin). Le site Internet les répertorie (www.cheltenhamfestivals.co.uk).

■ **EVERYMAN THEATRE**
Regent Street
✆ +44 1242 572 573
www.everymantheatre.org.uk
Surtout des comédies musicales, et des one man shows, mais aussi des drames et comédies.

■ **PLAYHOUSE THEATRE**
Bath Road
✆ +44 1242 522 852
www.playhousecheltenham.org
Compagnies amateurs de théâtre.

TOWN HALL AND PITTVILLE PUMP ROOM
Pittville Park
West Approach Drive
✆ +44 8445 762 210
www.cheltenhamtownhall.org.uk
A 2 km du centre-ville.
Festivals locaux, concerts, bourses aux livres.

À voir – À faire

Les thermes anciens sont la principale attraction mais la ville dispose de jolis bâtiments dans des petites rues à explorer.

ART GALLERY & MUSEUM
Clarence Street
✆ +44 1242 237 431
www.cheltenhammuseum.org.uk
Entrée gratuite. Travaux de restructuration effectués en 2012-2013, réouverture prévue dans le milieu de 2013.
L'exposition permanente du musée retrace l'histoire de la ville, et présente des peintures et porcelaines recherchées. Nombreuses expositions temporaires.

CHEDWORTH ROMAN VILLA
Près de Cheltenham
Yanworth.
✆ +44 1242 890 256
www.nationaltrust.org.uk/chedworth
A 23 km de Cheltenham et parking gratuit. Ouvert de Pâques à octobre tous les jours de 10h à 17h, novembre, décembre et février de 10h à 16h. Adultes £8,50, enfants £4,25.
En 1864 fut excavée une villa romaine de 32 pièces avec bains et mosaïques, le tout datant du Ier siècle après J.-C ! On visite donc en sous-sol les bains, cuisines, salons, temple et latrines de l'époque. La villa se transforma par la suite en grand manoir à colombages. Le commentaire audio aide à reconstituer l'ambiance de l'époque. Un des uniques sites romains de Grande-Bretagne, à ne pas manquer !

HOLST BIRTHPLACE MUSEUM
Clarence Street
✆ +44 1242 524 846
www.holstmuseum.org.uk
Ouvert du mardi au samedi de 10h à 16h. Fermé entre début-décembre et début-février. Entrée adulte £4,50, enfant £4.
Pour ceux qui connaissent le compositeur des Planètes, Gustav Holst (1834-1934), en voici la demeure, la vie et l'œuvre complète. Intéressant aussi pour découvrir l'atmosphère d'une maison à l'époque victorienne. Des événements musicaux au long de l'année sont célébrés en l'honneur du musicien selon différents thèmes (programme sur le site web).

THE PITTVILLE PUMP ROOM AND PITTVILLE PARK
Pittville Park
✆ +44 8445 762 210
www.cheltenhamtownhall.org.uk
Ouvert du lundi au samedi de 10h à 17h.
Un très beau bâtiment de style Régence entouré d'un parc. Construite dans les années 1830 par le riche Joseph Pitt, la Pump Room se transforma rapidement en endroit pour prendre les eaux. La source sort dans le parc, et vous pourrez y goûter l'eau alcaline et salée. On peut aussi visiter le musée et ses expositions de tiares et costumes d'époque. Noter les pièces de billard, la bibliothèque et la salle de lecture. Aujourd'hui le bâtiment est utilisé comme salle de concerts. Le parc est également très agréable.

PROMENADE
Cette avenue située au cœur de la ville est l'une des plus belles d'Angleterre. Elle est bordée de belles demeures et de boutiques et, en été, de paniers remplis de fleurs.

Sports – Détente – Loisirs

SANDFORD PARKS LIDO
Keynsham Road
✆ +44 1242 524 430
www.sandfordparkslido.org.uk
Ouvert tous les jours du 21 avril au 30 septembre. Ouvert de 6h30 à 9h du matin puis de 11h à 19h30 : adultes £4,20, enfants £2,20 et gratuit pour les moins de 5 ans. « Early swims » adultes £3,20, enfants £1,80. Parking payant : £1,50 pour 1 heure.
Piscine extérieure chauffée style 1930, surveillée dans un espace vert et de détente. Pique-nique possible.

TEWKESBURY

10 000 habitants. Aux confluents des rivières Severn et Avon, la ville charme par son abbaye, ses ruelles étroites et ses bâtiments médiévaux. Marché deux fois par semaine. Tous les ans, la bataille de Tewkesbury (qui eut lieu le 4 mai 1471) est rejouée au mois de juillet.

LE CENTRE

Old Man of Storr.

West Midlands

C'est le nom officiel de la partie occidentale du Centre. Comparé au Nord de l'Angleterre, il n'y a pas pléthore de grandes villes en dehors de Birmingham, et les paysages vallonnés sont peu contrastés, à l'exception de la région de Peak District, prisée des amateurs d'escalade. Les villes cultivent une qualité de vie basée sur leur cadre rural, préservant leur patrimoine et leurs traditions culinaires peut-être plus qu'ailleurs. Le visiteur appréciera une nature propice aux randonnées, de vieilles pierres et des auberges gastronomiques. Des villes comme Shrewsbury, Nottingham ou Cheltenham et leur constellation de villages auxquels on accède facilement promettent d'agréables échappées campagnardes. Le centre, qui a essentiellement développé son essor touristique sur les activités de plein air, peut en revanche paraître assez désolé hors saison.

Mais dès l'arrivée du printemps, c'est un plaisir de s'attarder dans de petits villages aux musées confidentiels et d'explorer une campagne à la limite du pays de Galles. Aujourd'hui, on a redessiné des promenades en suivant leurs axes et les canaux, autrefois destinés à acheminer des matières premières vers les ports. A Peak District et Ironbridge, dans le Shropshire, mines et entrepôts ont été classés patrimoine mondial et abritent d'excellentes attractions qui ont su rendre ces destinations vraiment populaires.

EVESHAM

Traditionnelle ville de marché sur les bords de l'Avon, célèbre pour sa bataille de 1265 (guerre des Barons), au cours de laquelle Simon de Montfort fut cruellement tué. De l'abbaye construite en 709 qui marqua la naissance de la ville, il ne reste qu'un clocher datant du XIIe siècle.

■ CENTRE D'INFORMATION TOURISTIQUE D'EVESHAM

Almonry
Abbey Gate
✆ +44 13 8644 6944
tic@almonry.ndo.co.uk
La petite ville d'Evesham recèle de nombreux trésors architecturaux et religieux comme l'abbaye Réginald ou encore l'Aumônerie. Considérée comme le grenier de l'Angleterre, la région est bien connue pour ses fruits et ses légumes, l'asperge, la prune et la pomme. Une visite au marché dans la partie ancienne de la ville vous transportera au XIVe siècle. De nombreux documents et brochures sont disponibles à l'intérieur.

STRAFORD-UPON-AVON

Pour tous les amoureux d'histoire et de littérature, c'est la ville à ne pas manquer. En plein cœur de l'Angleterre, Stratford-upon-Avon est surtout connue pour être la ville natale de Shakespeare. La plupart des lieux emblématiques de la ville tournent autour de cet écrivain de génie. Vous y verrez le lieu de naissance de Shakespeare (Shakespeare's Birthplace) ainsi que plusieurs édifices marquants, liés à sa vie et à sa mémoire : Holy Trinity Church (église paroissiale où Shakespeare est inhumé en 1616), The Royal Shakespeare Theatre…

Transports

■ GARE FERROVIAIRE

Station Road ✆ +44 7900 834 131
www.stratfordstation.com
La gare de Stratford est située au nord-ouest de la ville, à 10 minutes à pied du centre-ville. Service direct pour Londres Paddington (2 heures de trajet). Egalement une liaison avec Birmingham (50 minutes).

■ GARE ROUTIÈRE

Riverside Bus Station
Les bus National Express partent de la gare routière de Stratford's Riverside. Liaison vers Birmingham (1 heure), Londres (3 heures 30) et Oxford (1 heure).

■ NATIONAL EXPRESS

✆ +44 8705 808 080
www.nationalexpress.com
Des cars partent devant la gare Victoria (3 heures de trajet).

Pratique

■ BANQUES

Lloyd's, Barclay's sur Bridge Street.

■ OFFICE DU TOURISME

62 Henley Street
✆ 0870 160 79 30
www.stratford-upon-avon.co.uk

Les immanquables du Centre

- **Birmingham**, un arrêt shopping et culturel dans la deuxième ville d'Angleterre.
- **Peak District** et les sommets des Heights of Abraham.
- **Nottingham**, la ville de Robin des Bois, une ville plaisante qui bouge sur le plan des arts et de la vie nocturne.
- **Stratford-Upon-Avon**, ville natale de Shakespeare, où tout est dédié au célèbre dramaturge et au théâtre.
- **Shrewsbury**, ses bons restaurants, ses jolies ruelles et ses berges tranquilles.

Ouvert du lundi au dimanche de 10h à 16h.
Dans la rue la plus commerçante du village, à l'angle de Cook's Alley. Plan de la ville pour £1.

POLICE
Rother Street
✆ +44 17 8941 4111

POSTE DE POLICE
Rother Street
✆ +44 17 8941 4111

POST OFFICE
2-3 Henley Street
✆ +44 17 8926 2898

Se loger

Ce village très touristique compte un nombre important d'hébergements dont une concentration de Bed and Breakfast sur Grove Street ou Evesham Place à proximité du centre-ville.

Bien et pas cher

CARLTON GUESTHOUSE
22 Evesham Place
✆ +44 17 8929 3548
www.carlton-guesthouse.co.uk
Chambre simple de £45 à £50, chambre double de £60 à £85.
Très belles chambres, spacieuses, avec leur salle de bains. Maison récemment rénovée.

DODWELL PARK
Evesham Road
✆ +44 1789 204 957
www.dodwellpark.co.uk
A 3 km au sud-ouest de la ville par la B 439 Biford.
Tentes et caravanes. Ouvert toute l'année. Compter £17,50 pour une tente de deux personnes, voiture et électricité compris et £15 pour deux sans voiture. Douche avec eau chaude, supérette. Les prix augmentent fortement les jours fériés !

QUILT & CROISSANTS
33 Evesham Place
✆ +44 1789 267 629
www.quiltcroissants.co.uk
Chambre simple de £40 à £75, sans ou avec salle de bains, double de £75 à £100. Petit déjeuner inclus. Parking disponible.
Une maison d'hôtes familiale, tenue par un couple très sympathique. Les chambres sont très propres, claires, et les salles de bains plutôt vastes. Le soir, on peut accéder à la piscine d'un grand manoir dans les environs. L'établissement possède aussi le grand avantage d'être situé près du centre, dans le prolongement de Rother Street. Cette rue est d'ailleurs l'une de celles où l'on peut se loger à moindre prix à Stratford-upon-Avon.

RAYFORD CARAVAN PARK
Tiddington Road ✆ +44 1789 293 438
www.stratfordcaravans.co.uk
Fermé en janvier et février. A partir de £250 pour 6 personnes la semaine pour clients équipés.
Environ 18 caravanes fixes pouvant héberger 6 personnes sur ce parc très joliment situé au bord de l'Avon sur laquelle on peut effectuer des balades en bateau. Egalement 6 cottages.

YHA STRATFORD
Hemmingford House
Alveston ✆ 0845 371 9661
Fax : +44 1789 205 513
www.yha.org.uk
Chambre à partir de £29 par personne, lits en dortoir à partir de £15. Réductions si la réservation est faite sur Internet. Fermée pendant la période de Noël.
Si vous avez une voiture, cette auberge de jeunesse est une agréable option. Située à 3,2 km de Stratford, dans le paisible village d'Alveston, cette maison de l'époque géorgienne accueille une population jeune et tranquille. En plus, un restaurant et un bar sont ouverts sur place le soir de 17h30 à 20h30.

Le centre de l'Angleterre

Wakefield
Pontefract
M18
N. LINCS
Scunthorpe
Immingham
N.E. LINCS
0
20 km
Spurn Head
M180
Grimsby
Doncaster
Rotherham
Gainsborough
M1
NOTTS
A158
A614
Chestersfield
Lincoln
Mansfield
A46
Skegness
A16
LINCOLN
Newark-on-Trent
Sleaford
Boston
NOTTINGHAM
Grantham
The Wash
Melton Mowbray
Spalding
Loughborough
RUTLAND
King's Lynn
LEICESTER
A16
Wisbech
LEICESTER
Stamford
M69
Downham Market
M1
A6
Hinckley
Corby
Peterborough
March
Market Harborough
A10
Kettering
CAMBRIDGE
Rugby
NORTHHAMPTON
Huntingdon
Wellinborough
Newmarket
A428
Cambridge
NORTHAMPTON
BEDFORD
M1
Bedford
Banbury
A43
Gt. Ouse
Milton Keynes
A10
M11
Stevenage
Luton
BUCKINGHAM
A41
Dunstable
HERTFORD
Bishop's Storford

Confort ou charme

ADELPHI GUEST HOUSE

39 Grove Road ✆ + 44 17 8920 4469
www.adelphi-guesthouse.com
Chambres de £35 à £45 selon la saison. Petit déjeuner inclus. Connexion Internet par wi-fi.
Simon et Sue vous accueillent dans leur superbe demeure victorienne située en plein cœur de la ville, à courtes distances de nombreux lieux d'intérêts. Les 6 chambres sont magnifiquement décorées d'objets d'époque, mais dispose également de tout le confort moderne, Internet, TV et DVD... Petit déjeuner copieux et délicieux avec des produits locaux et bio.

MELITA PRIVATE HOTEL

37 Shipston Road ✆ +44 1789 292 432
www.melitahotel.co.uk
Chambre simple, avec ou sans salle de bains de £45 à £58, double de £65 à £98. Petit déjeuner inclus. Animaux acceptés. La plupart des chambres comptent une salle de bains privée.
Dans une belle demeure victorienne datant de 1888, le Melita a l'avantage d'être à la fois dans la ville et juste en dehors (à 5 minutes à pied des théâtres et du centre-ville), tout en offrant un parking. L'hôtel est confortable, côté bar ou l'été côté jardin. L'accueil est chaleureux, le sourire des hôtes naturel. Du coup, les clients ne tarissent pas d'éloges.

Luxe

THE SHAKESPEARE HOTEL

Chapel Street
✆ +44 11 8971 4700
www.shakespeare-hotel.com
Chambre simple à £90 environ, double de £100 à £165. Des tarifs semaine ou week-end sont pratiqués selon la saison et la fréquentation de l'hôtel. En réservant au dernier moment (quelques jours à l'avance) sur le site Web, vous pourrez obtenir jusqu'à 50 % de réduction selon la période.
Situé en plein centre de Stratford, The Shakespeare date de 1637. Belle façade à colombages avec fenêtres à losanges ou à petits carreaux. A quelque 21 ans près, Shakespeare aurait pu l'admirer. Ses filles ont dû le faire. Ici, tout rappelle le grand homme : les chambres (74 en tout) portent les noms de ses personnages, le salon est baptisé « As you like it », et le restaurant (bar-brasserie) a été renommé « Othello's ». Confort, luxe et mise en scène sont les atouts de cet établissement qui se démarque certainement de ses concurrents.

Se restaurer

De belles adresses dans ce village très touristique mais qui a entretenu une tradition gastronomique. Henley street, la rue piétonne la plus fréquentée de Stratford regorge de cafés sympathiques et d'établissements issus de grandes chaines tels que Starbuck, Cafe Nero, Costa...

HATHAWAY TEA ROOM

19 High Street ✆ +44 17 8926 4022
www.hathawaytearooms.com
Ouvert du lundi au vendredi de 9h à 18h, le samedi de 8h à 18h, et le dimanche de 10h à 17h.
Quand on passe la porte, une délicieuse odeur de gâteau, de chocolat et de thé vous ravit les narines. Au rez-de-chaussée, des pâtisseries sont vendues à emporter. Au premier étage, un salon de thé avec dressoir d'assiettes où l'on peut savourer thé, salades et plats du jour végétariens, dans une ambiance un peu plus formelle.

MISTRESS QUICKLY

60 Henley Street ✆ +44 17 8926 2189
Ouvert tous les jours du matin au soir. Menu à partir de £10.
Voici une brasserie chaleureuse, située en plein centre-ville, qui sert une cuisine traditionnelle sur des petites tables sympathiques. L'escalier qui mène aux toilettes est une œuvre d'art d'inspiration baroque qui attire les curieux. L'établissement sert à manger toute la journée, utile quand on visite les environs. Bon rapport qualité/prix, notamment avec un s*teak pie*.

THE STRATFORD SWEET SHOP

57 Henley Street
Des murs entiers de bocaux de bonbons colorés et de sucreries en tout genre.

Sortir

Outre les pubs, un seul et noble divertissement : le théâtre. Il y a beaucoup de salles et parfois des représentations dans les parcs.

THE DIRTY DUCK

Waterside
Southern Lane ✆ +44 17 8929 7312
7716@greeneking.co.uk
Ouvert tous les jours de midi à 22h. £10 pour dîner.
Un pub dont l'établissement date du XVe siècle, où « les gens du théâtre » se rendent avant ou après les répétitions et les représentations. Evidemment, le restaurant est souvent plein. Face au canal, sa terrasse s'apprécie l'été.

THE GARRICK INN
25 High Street
✆ +44 17 8929 2186
Ouvert tous les jours de midi à 22h. Plats principaux à environ £8.
Ses fenêtres ont vu passer Shakespeare, ce qui est tout de même émouvant. Bâtie en 1594, cette maison est devenue un pub en 1718. Dans un endroit de tradition, et dans une ambiance un peu bruyante, on vous servira *steak* et *kidney pies* ou *cottage pies* faits maison. L'endroit est très prisé au déjeuner.

ROYAL SHAKESPEARE COMPANY
Royal Shakespeare Theatre
Waterside
✆ 0844 800 11 10
www.rsc.org.uk
Chaque année, de février à août, la troupe spécialisée dans l'œuvre du grand maître rejoue tous les grands classiques : *Hamlet, Beaucoup de bruit pour rien, Henri VIII, Les Joyeuses Commères de Windsor*... Un nouveau théâtre, the Courtyard, offre une scène remodelée de l'autre côté de la rue.

Manifestations

- **Du 21 au 23 avril,** Le Shakespeare Birthday Celebrations dure trois jours. Pour obtenir le programme du festival, s'adresser à l'office du tourisme ou au Stratford Festival Office, Chestunt Walk
- **Juillet :** Stratford Festival. Toute la ville est en fête et pavoisée : feux d'artifice, courses d'aviron sur l'Avon, défilé dans les rues…
- **Première quinzaine d'octobre :** Stratford music festival, Stradford Town's Hall (www.stratfordmusicfestival.com). Opéra, jazz, musique classique, danse et musique contemporaines.

À voir – À faire

ANNE HATHAWAY'S COTTAGE
Cottage Lane
Shottery
✆ +44 1789 204016
www.shakespeare.org.uk
Ouvert tous les jours de 9h à 17h, 16h en hiver. Entrée adulte : £9, enfant : £5.
A quelques kilomètres de Stratford, on peut visiter le joli cottage cerné de charmants jardins où habitait Anne Hathaway avant son mariage avec un certain William Shakespeare. La maison est gérée par le Shakespeare Birthplace Trust, qui compte en tout cinq maisons, qu'il est possible de visiter grâce à un ticket commun (£21,50 par adulte, £13,50 par enfant).

HALL'S CROFT
Old Town
✆ +44 1789 204016
www.shakespeare.org.uk
Ouvert tous les jours de 10h à 17h, 16h en hiver. Hall's Croft se visite dans le cadre d'un ticket commun avec Nash's House & New Place, Shakespeare's Birthplace. Tarif : £14, enfant : £9.
Maison de la fille de Shakespeare, Susanna, et de son mari le docteur Hall. Intéressante exposition sur la médecine à l'époque shakespearienne et jardins apaisants. La maison est gérée par le Shakespeare Birthplace Trust, qui compte en tout cinq maisons, qu'il est possible de visiter grâce à un ticket commun (£21,50 par adulte, £13,50 par enfant).

HOLY TRINITY CHURCH
Old Town
www.stratford-upon-avon.org
Ouvert en moyenne de 9h à 17h. Contribution : £2. La tombe de Shakespeare et de sa famille.
Cette église gothique raconte toute la vie de Shakespeare et des siens. Elle abrite les fonts baptismaux où le poète et ses filles furent baptisés, ainsi que les pierres tombales sous lesquelles ils reposent. Belle collection de vitraux et de chaires.

MARY ARDEN'S FARM
Station Road
✆ +44 1789 204016
www.shakespeare.org.uk
Ouvert tous les jours de 10h à 17h, fermé de novembre à mars. Entrée adulte : £9,50, enfant : £6,50.
C'est la maison où vécut la mère du poète. Il y reviendra d'ailleurs pendant l'épidémie de peste qui frappera Londres. A l'intérieur, la vie quotidienne d'une ferme élizabéthaine a été reconstituée, avec mobilier et acteurs vêtus de costumes d'époque. Egalement les animaux de la ferme, parmi lesquels le mouton de Cotswold et le cochon de Gloucester, espèces aujourd'hui assez rares. La ferme, active, a été récemment rénovée. La maison est gérée par le Shakespeare Birthplace Trust, qui compte en tout cinq maisons, qu'il est possible de visiter grâce à un ticket commun (£21,50 par adulte, £13,50 par enfant).

NASH'S HOUSE & NEW PLACE

Chapel Street

✆ +44 1789 292 325

www.shakespeare.org.uk

Ouvert tous les jours de 10h à 17h, 16h l'hiver. Nash's House & New Place se visite dans le cadre d'un ticket commun avec Hall's Croft et Shakespeare's Birthplace. Tarif : £14, enfant : £9.

Achetée en 1597 par Shakespeare, qui s'y retira et y mourut en 1616, la maison fut ensuite démolie sur ordre du révérend Francis Gastrell, excédé par la foule qu'elle attirait. Pour cette même raison, il fit également abattre le « Mulberry Tree », planté, paraît-il, par le poète. En 1876, la demeure fut rebâtie, mais dans un style fort éloigné du bâtiment initial. Il faudra attendre 1911 pour qu'une maison à l'image de celle de Shakespeare soit enfin reconstruite, dans un parfait souci du détail. Cette volonté de restituer l'authenticité de l'endroit rend la visite d'autant plus émouvante. Les admirables jardins ont, eux aussi, été parfaitement restaurés. La maison voisine (Nash House) est celle où vécurent la petite fille de Shakespeare, Elisabeth, et son mari Thomas Nash. Nouvelle attraction : participer aux fouilles archéologiques dans le jardin aux côtés d'experts.

ROYAL SHAKESPEARE THEATRE

Southern Lane

✆ 084 4800 1110 / +44 84 4800 1114

www.rsc.org.uk

Adulte à partir de £12, £5 pour les 16-25 ans.

La construction du théâtre est le résultat de passions et d'énergies conjuguées, aidées par des dons privés : jusqu'au XIXe siècle, on visite la maison natale de Shakespeare ainsi que tous les endroits où il a séjourné, on le vénère, mais on ne le célèbre pas, parce qu'il n'y a pas de théâtre à Stratford. En 1870, Charles Flower fait don du terrain. Un théâtre en rond ouvre ses portes en 1879. Cependant, aucune troupe n'est encore installée à demeure : les représentations ont lieu en avril (pour l'anniversaire de Shakespeare) et l'été seulement. L'édifice ayant été entièrement détruit en 1926, l'actuel théâtre est construit en 1932, grâce à un don privé, selon les plans d'Elisabeth Scott. Une première compagnie s'y installe en 1950, composée entre autres de John Gielgud, Laurence Olivier, Vivien Leigh… Mais la Royal Shakespeare Company voit véritablement le jour en 1961, grâce à Peter Hall, qui fait construire une seconde salle (The Swan) et installer une scène à Londres, le Barbican Theatre. Depuis 30 ans, la compagnie s'est enrichie du passage de Ben Kingsley, Vanessa Redgrave, Jeremy Irons et, plus récemment, Kenneth Brannagh. Détail curieux, le Royal Shakespeare Theatre et le Swan Theatre font coulisses communes, de sorte que *Falstaff* côtoie L*a Mouette*, *Othello*, *La Duchesse de Malfi…* en toute courtoisie ! Des visites guidées sont menées régulièrement par des passionnés du théâtre shakespearien qui vous apprendront la grande histoire, mais aussi et surtout la petite, celle des incidents des coulisses et des répétitions.

SHAKESPEARE HOUSES

Henley Street

www.shakespeare.org.uk

L'association Shakespeare Birthplace Trust s'occupe de cinq bâtiments reliés à William Shakespeare et sa famille (Shakespeare's Birthplace, New Place & Nash's House, Hall's Croft, Anne Hathaway's Cottage et Mary Harden's House). Les trois premières sont situées au centre-ville alors que les deux autres sont un peu à l'écart. Possibilité d'acheter un ticket combiné pour les cinq maisons (£21,50 par adulte, £13,50 par enfant) ou uniquement pour les trois maisons situées en ville (£14 et £9).

SHAKESPEARE'S BIRTHPLACE

Henley Street

✆ +44 1789 204016

www.shakespeare.org.uk

Ouvert tous les jours de 10h à 17h, 16h en hiver. Entrée : £14, enfant : £9.

Le 23 avril 1564 naissait le « cygne de l'Avon » (surnom que lui attribua, beaucoup plus tard, l'écrivain Ben Jonhson). Sa maison natale a été parfaitement conservée : y sont exposés notamment des exemplaires des premières éditions de ses pièces, ainsi que des manuscrits ou des extraits de naissance. On peut parfaitement imaginer la famille Shakespeare évoluer entre ces murs, ouvrir les portes des meubles, monter les escaliers : tout évoque l'époque Elizabeth Ire. Autour de la maison, un jardin de poète. Il est bien difficile de revenir au XXIe siècle après un tel voyage dans le temps.

Shopping

HOME SWEET HOME

10 Shrieve's Walk

Sheep Street

Boutique d'objets de décoration et de cadeaux. Le buste de Shakespeare (copie contemporaine) est à £70 environ.

THE SHAKESPEARE GIFTSHOP
Henley Street
Du mug à la carte postale, du CD au faux crane, le magasin regorge de souvenirs pas toujours de bon goût !

WARWICK

De Stratford-upon-Avon, prendre l'A 439, direction Black Hill, Longbridge, Warwick, puis l'A 41, direction Gaydon, Baubury, et l'A 423 jusqu'à Oxford. La région du Warwickshire (dont Stratford fait partie) est dominée, au sens propre comme au sens figuré, par Warwick et son château. Il fut bâti en 914 en haut de sa colline, l'Avon à ses pieds. La fille du roi saxon Alfred le Grand, Ethelfleda, habita au même endroit un château fortifié en 914. La ville qui s'était construite petit à petit tout autour de lui fut ravagée en 1694 par un incendie et reconstruite ensuite. Mais rien n'a pu en restituer le cachet et le charme. Warwick est surtout réputée aujourd'hui pour son université moderne, qui attire une nombreuse population estudiantine.

WARWICK CASTLE
CV34 4QU – www.warwick-castle.co.uk
Ouvert tous les jours de 10h à 17h de janvier au 20 mars et d'octobre à décembre, et jusqu'à 18h du 21 mars au 30 septembre. Entrée : £25,80 pour un adulte, £19,80 pour un enfant.
Le ticket comprend trois attractions, dont deux nouveautés : le donjon de la peur pour les amateurs d'épouvante et de labyrinthes et la tour du dragon, attraction basée sur la série télévisée Merlin. Durant l'incendie de 1694, le château fut épargné par les flammes. En 1828, sir Walter Scott qualifiait l'édifice de « cité la plus noble d'Angleterre ». Entouré de superbes jardins dont le Victorian Rose Garden, le château se compose d'un hall, d'appartements privés « habités » de mannequins de cire, d'une Watergate Tower, dont on dit qu'elle est hantée, d'une chambre de torture et d'un donjon amenagé en maison de l'horreur. La Gatehouse and Barbican abritent une exposition retraçant la période médiévale du château. On y découvrira aussi une importante collection d'armes et d'armures, des meubles, des tableaux…

WORCESTER

Worcester, ville moyenne de 95 000 habitants, est mondialement réputée pour sa manufacture de gants, sa production de porcelaine et sa célèbre sauce. Les maisons à colombages de style georgien donnent à la cité un cachet unique. Dans la grande cathédrale construite entre le XIIe et le XIIIe siècle, on y trouve le tombeau du roi Jean.

Transports

GARE FERROVIÈRE
Forgate Street
Ouverte du lundi au samedi de 6h10 à 19h. Le dimanche de 9h10 à 16h45.

HERTZ CAR RENTAL
Station Yard
Station Road, DY10 3LF
✆ +44 1789 298 827

Autres adresses : Otis, 14 Carden Street ✆ +44 121 561 2555 • Peugeot, Bath Road Broomhall & (01905) 820 777

Pratique

BANQUES
Barclays dans High Street, Lloyd's et Natwest sur The Cross, Midland et TSB sur Broad Street.

OFFICE DU TOURISME DE WORCESTER
Guildhall in High street ✆ +44 1905 726 311
www.visitworcester.com
Location de voitures, visites guidées, réservation de B & B, vente de billets pour les événements locaux. Accueil aimable.

POSTE DE POLICE
Deansway ✆ +44 1905 723 888

WORCESTER ROYAL INFIRMARY
Ronkswood Road ✆ +44 1905 763 333

Se loger

A proximité du pays de Galles, la cité et ses environs cultivent une hospitalité de tradition. Vous trouverez un toit ou un emplacement pour un prix relativement bon marché comme dans cette sélection.

BOYCE CARAVAN PARK
WR6 5UB
Stanford Bishop
Bringsty
✆ +44 1886 884 248
www.boyceholidaypark.co.uk
Ouvert de mars à octobre. Compter £20 par emplacement à deux personnes. Sur la B 4220, aller de Bromyard à Malvern. Après 2 miles, tourner à gauche vers Linley Green.
Un petit camping-caravaning de 24 emplacements. Tentes non autorisées. Douches payantes !

KETCH CARAVAN PARK
WR5 3HW
Bath Road ✆ +44 1905 820 430
Ouvert d'avril à octobre. Compter environ £12 par emplacement avec l'électricité. Douche chaude : 30 p et £10 de caution pour la clé. Enfant de moins de 10 ans non admis. Sortir de la M5 à la Junction 7 et prendre l'A 38 pendant 2 miles. A l'arrière de la Ketch Public House
Superbe parc pour les caravanes seulement, sur le bord de la rivière Severn. Pêche possible. Accueil aimable.

YE OLDE TALBOT HOTEL
Friar Street
WR1 2NA ✆ +44 1905 235 730
9250@greeneking.co.uk
29 chambres. Single £70, Double £80 et petit déjeuner inclus.
29 chambres élégantes dans une charmante auberge du XIIIe siècle, en face de la cathédrale. Bon rapport qualité-prix. Sans parking.

Se restaurer

La plupart des établissement se trouvent sur Friar Street, New Street, The Cross et Foregate Street (Restaurants, pubs et fast-foods).

KING CHARLES II RESTAURANT
29 King Charles House
New Street, WR1 2DP ✆ +44 1905 22449
www.kingcharlesrestaurant.co.uk
Ouvert de 12h à 14h et de 18h30 à 21h30 (dernières commandes) du lundi au samedi. Compter de £15 à £25.
Une des plus vieilles maisons de Worcester, renommée pour son intérieur en panneaux de chêne et ses plats issus de produits locaux.

À voir – À faire

BANK STREET
A l'entrée de cette rue, l'histoire de la Worcester Sauce (la célèbre sauce brune anglaise qui accompagne le steak tartare), créée ici en 1837 par Lea et Perrins.

Manifestations

- **Fin mai :** régate à la rame.
- **Début juillet :** carnaval.
- **Mi-août :** festival avec parade de fanfares et théâtre de rue.
- **Mi-septembre :** fête médiévale.
- **Début décembre :** fête de Noël (marché de Noël...).

THE COMMANDERY CIVIL WAR CENTRE
King Street
WR1 2HU ✆ +44 1905 361 821
Ouvert toute l'année du lundi au samedi de 10h à 17h et le dimanche de 13h30 à 17h. Entrée £5,50, £2,50 pour les enfants.
Ce musée rénové est dédié à la guerre civile anglaise : procès de Charles Ier, campement de bataille, vidéo sur la bataille de Worcester. Vous pourrez même essayer les casques, tenir les armes à la main et ramasser les boulets de canons ! C'est d'un goût typiquement anglais... Boutique, salon de thé près du canal.

▶ **Autrement, vous vous prélasserez dans l'un de ces trois parcs :** Fort Royal Park, Cripplegate Park ou Gheluvelt Park.

THE ROYAL WORCESTER & WORCESTER PORCELAIN MUSEUM
Severn Street
WR1 2ND ✆ (01905) 21247
www.worcesterporcelainmuseum.org
Ouvert du lundi au samedi de 9h à 17h30 et le dimanche de 11h à 17h. Restaurant, boutique, parking payant.
John Wall fonda en 1751 le Royal Worcester, qui sort encore aujourd'hui de nouvelles collections de porcelaine fine. Le musée les présente, en partant de la première pièce de porcelaine Worcester, le Wigornia Creamboat. Les visites guidées de l'usine commencent à 10h25 tous les jours en semaine (£6).

WORCESTER CATHEDRAL
10a College Green
WR1 2LA
✆ +44 1905 732 900
www.worcestercathedral.co.uk
Ouverte tous les jours de 7h30 à 18h.
La construction de la cathédrale commença en 1084. Elle fut ensuite plusieurs fois rénovée au cours des siècles et présente aujourd'hui un mélange de styles. Belle crypte normande du XIXe siècle. Le roi John y est enterré. Boutique, salon de thé près du cloître.

BIRMINGHAM

En sortant de Moor Station, l'architecture ondoyante du Selfridges recouverte de pastilles métalliques réfléchissant la lumière attire d'emblée l'attention. L'immense bâtiment futuriste inauguré en 2003 a inscrit une touche définitivement contemporaine dans le panorama de la deuxième plus grande ville d'Angleterre.

Birmingham
Points d'intérêt
1. Back to Backs (National Trust)
2. Parties Afloat Canal Boat Trips
3. Birmingham Museum et Galerie d'Art
4. Canal Leisure Services
5. Gas Hall
6. Ikon Gallery
7. Millennium Point
8. Sherborne Wharf Heritage Narrowboats
9. National Life Centre
10. Birmingham Botanical Gardens & Glasshouse
11. Second City Canal Cruises
12. The Shakespeare Express dep. Point
13. Museum of the Jewellery Quarter
14. St. Thomas' Peace Garden
15. Thinktank
16. Waterhall Gallery of Modern Art
0
500 m
Jewellery Quarter
St Paul's Station
Snow Hill
New St
Moor St
Five Ways
Gare routière
University of Central England
Edgbaston Reservoir
A41
A457
A4540
A47
A456
A38
Constitution Hill
Henrietta St
Summer Lane
Warstone Lane
Spring Hill
Icknield Middleway
Frederick St
Graham St
Newhall St
Newhill St
Livery St
St Chads Queensway
Shadwell St
Princip St
New Town Row
Bagot Street
Corporation St
Aston St
Darthmouth Middleway
Great Lister St
Nechell's Parkway
Woodcock
J. Watt Q Way / Chapel St
Steelhouse St
Jennens Rd
Curzon St
Albert St
Fazeley St
New Canal St
Liverpool St
Ladywood Middleway
Sandpits Parade
King
Edwards Road
Ledsam St
St. Vincent St
Sheepcote
Broas Street
Gt Charles St Queensway
Colmore Row
Temple Row
Bull St
Corporation St
High St
Moor St Q Way
New St
Navigation St
Suffolk St. S Queensway
Hill St
Station St
Smallbrook Qway
Park St
Meriden St
Digbeth
Up. Dean St
Hurst St
Pershore St
High St Deritend
Granville St
Holloway Head
Bath Row
Bromsgrove St
Barford St
Rea Street
Bradford St
Cheapside
Camp Hill
Monument Rd
Portland Road
Rotton Park Road
Hagley Road
Chad Rd
Norfolk Road
Harborne Road
Highfield Road
Calthorpe Road
Westbourne Road
Great Colmore St
Bristol Street
Mac Donald St
Alcester St
Sherlock St
Gooch St
Leopold St

Ce gigantesque centre commercial relie par des passerelles les principales rues commerciales de la ville au square St Martin où se tient le marché de Bullring depuis... 1161 ! C'est le cœur historique de Birmingham, une ville qui s'est essentiellement développée autour d'échanges commerciaux avant de devenir une actrice majeure de la révolution industrielle. L'une des vues les plus frappantes de la ville est celle de l'église St-Martin avec, en arrière fond, la forme ovoïde du Selfridges. Pour une architecture plus classique, on ira voir du côté de Victoria Square et de Chamberlain Square où se trouvent les plus beaux bâtiments de la ville. Remarquez par exemple l'imposant hôtel de ville, qui date de 1834, bel exemple d'architecture néoclassique inspiré d'un temple romain. Birmingham a pas mal de choses à offrir au touriste qui voudra s'attarder dans cette Venise anglaise. Car elle est à la fois une ville riche en héritages, promenez-vous dans le quartier des joailliers, et une ville vivante et cosmopolite qui fait la fierté de ses habitants, surnommés les « Brummies ».

Transports

Comment y accéder et en partir

BIRMINGHAM AIRPORT
✆ +44 8707 335 511 – www.bhx.co.uk
Accessible en 10 minutes en bus du centre-ville. Vols nationaux et internationaux. Vols d'Air France et d'Easyjet en période hivernale.

BUDGET
95 Station Street ✆ +44 121 643 04 93
www.budget.co.uk

GARES FERROVIAIRES
Birmingham compte trois gares principales, New Street, Snow Hill et Moor Street, assez proches les unes des autres : New Street, la plus importante, se situe au cœur du réseau ferroviaire et est le point de départ des lignes longues distances pour toutes les grandes villes de Grande-Bretagne, y compris un service express vers la gare Euston de Londres et l'aéroport international de la ville. Les gares de Snow Hill et Moor Street desservent également Londres (Marylebone), ainsi que plusieurs gares locales. Pour plus d'information visitez www.networkwestmidlands.com.

HERTZ
7 Suffolk Street
Queensway Smallbrook
✆ +44 870 850 26 63 – www.hertz.co.uk

NATIONAL EXPRESS
PO Box 9854
B16 8XN
✆ 44 8717 818179 / + 44 121 455 0086
www.nationalexpress.com
La compagnie rayonne dans tout le Royaume-Uni et, en accord avec le Transport Act 2000, a équipé la plupart de ses cars pour les personnes en situation de handicap. A noter que le second numéro de téléphone est spécialement dédié aux personnes sourdes et malentendantes. Plus de 80 trajets sont accessibles, après réservation recommandée 24h à l'avance pour que vous soyez sûr de bénéficier du meilleur service possible.

Pratique

CITY HOSPITAL
Dudley Road
✆ +44 121 554 38 01

OFFICE DU TOURISME DE BIRMINGHAM
The Rotunda
150 New Street
✆ +44 121 202 51 15
www.visitbirmingham.com
Ouvert de 9h30 à 17h30 et le mardi à partir de 10h. Le dimanche, de 10h30 à 16h30.Un kiosque pour touristes se trouve également au croisement de New street et Corporation street. Situé juste à la sortie de la gare de New Street. Nombreux documents et dépliants sur les attractions de la ville et les alentours, service gratuit de réservation d'hôtels dans toutes gammes de prix.

Orientation

▶ **Centre-ville.** En sortant de Moor Station, l'architecture ondoyante du Selfridges recouverte de pastilles métalliques réfléchissant la lumière attire d'emblée l'attention. L'immense bâtiment futuriste inauguré en 2003 a inscrit une touche définitivement contemporaine dans le panorama de Birmingham. Ce gigantesque centre commercial relie par des passerelles les principales rues commerciales de la ville au square St Martin où se tient le marché de Bullring depuis... 1161 ! C'est le cœur historique de Birmingham, une ville qui s'est essentiellement développée autour d'échanges commerciaux avant de devenir une actrice majeure de la révolution industrielle. L'une des vues les plus frappantes de la ville est celle de l'église St-Martin avec, en arrière fond, la forme ovoïde du Selfridges.

Pour une architecture plus classique, on ira voir du côté de Victoria Square et de Chamberlain Square où se trouvent les plus beaux bâtiments de la ville. Remarquez par exemple l'imposant hôtel de ville, qui date de 1834, bel exemple d'architecture néoclassique inspiré d'un temple romain.

Brindleyplace. A l'ouest de Paradise Circus, en suivant Broad Street, on arrive à Brindleyplace, place qui porte le nom de l'ingénieur qui conçut les 200 km de canaux de Birmingham. Lors de la révolution industrielle, elle fut au centre des activités de la ville. Dans les années 1980, les entrepôts désaffectés firent l'objet d'un vaste chantier de restauration et de réaménagement. Le résultat est très réussi. Il est aujourd'hui agréable de flâner le long des berges du canal qu'occupent bars et restaurants ou de boire un verre dans l'un des squares. Brindleyplace est particulièrement sympathique à l'heure du brunch ou du déjeuner. Du point de vue architectural, on trouve aussi des édifices d'intérêt. Pour boire un verre en soirée, on ira aussi voir du côté de Broad Street. On trouve également dans le quartier deux intéressantes galeries d'art.

Jewellery Quarter. Depuis 250 ans, artisans bijoutiers se sont regroupés dans ce quartier historique pour vendre leurs créations ou faire des bijoux sur commande. Aujourd'hui, 40 % des bijoux vendus en Grande-Bretagne sont réalisés dans la ville de Birmingham. L'un des clients les plus célèbres est Elton John qui fit réaliser ici les chandeliers de son mariage ! Vous trouverez une cinquantaine de bijouteries et d'ateliers ainsi qu'un musée sur la fabrication des bijoux. Non loin de là, se trouve le square St Paul, l'un des rares espaces verts de la ville.

Balti Triangle. A 5 km du centre-ville, en se dirigeant vers le sud, ce quartier a construit son identité sur celle d'un plat inventé par un cuisinier indien, le Balti. Ce dérivé du curry, inconnu en Inde, est véritablement une création de Birmingham. Les rues du triangle représentent une petite superficie bondée de restaurants essentiellement tenus par des Pakistanais ou des ressortissants du Cachemire. On trouve aussi dans le quartier de petits marchés de légumes frais, des boutiques à épices et des magasins de tissus.

Millennium Point. On rejoint le Millennium Point en 10 minutes à pied de Moors Station. Il s'agit d'un édifice sur plusieurs étages dont les principales attractions sont le Thinktank, musée de la science pour le grand public et le cinéma IMAX. On trouve aussi deux cafés-restaurants et des jardins, accessibles du deuxième étage.

Se loger

Locations

STAYING COOL AT ROTUNDA
The Rotunda
150 New Street
✆ +44 12 1285 1290
✆ +44 12 1643 0815
http : //www.stayingcool.com
Du mini studio tout équipé au penthouse à partir de £99.
Du haut de ses 81 mètres, le Rotunda est l'une des constructions emblématiques de Birmingham. Surplombant le Bullring, vous jouirez assurément de la plus belle vue panoramique de la ville. Les trois derniers étages sont affectés à la location de courte durée. Du studio au penthouse, tous bénéficient d'équipements haut de gamme. TV LCD, chaînes câblées, Hi-fi, ordinateur Mac, connexion wi-fi haut débit, machine à laver, lave-vaisselle, four traditionnel et micro-ondes, presse oranges... Un service de nettoyage, une réception hyper réactive 24/24h, des tickets gratuits pour votre parking. Un petit chez soi, à la déco 1960 très réussie, en plein cœur de la ville, à quelques mètres de la gare Moor Street.

LE CENTRE

Bien et pas cher

CENTRAL BACKPACKERS
58 Coventry Street
✆ +44 121 643 00 33
www.birminghamcentralbackpackers.com
Lit dans dortoir à partir de £15. Ouvert toute l'année.
A proximité de la station de bus et du centre-ville, cette auberge de jeunesse dispose d'une localisation idéale. La salle commune à l'entrée offre un espace pour se restaurer en partageant le plat du jour tout en appréciant un bon film sur l'écran géant. L'ambiance est ici hippie moderne et le patio contribue à la rencontre avec d'autres voyageurs.

SOMERS WOOD CARAVAN & CAMPING PARK
Somers Road
Meriden ✆ +44 1676 522 978
www.somerswood.co.uk
Ouvert toute l'année. Accepte les caravanes et les camping cars. Réservé aux adultes.
A 25 km au sud-est du centre-ville. Emplacement + 2 personnes : £22 par nuit, £4 personne supplémentaire. Internet en wi-fi.

Confort ou charme

BLOC HOTEL
✆ +44 12 1212 1223
http : //blochotels.com
73 chambres à partir de £45.
Hôtel de nouvelle génération, construit avec des matériaux d'avant-garde, Bloc s'adresse à une clientèle plutôt jeune qui ne souhaite pas s'éterniser dans une chambre. Conçu pour des séjours courts, l'espace est réduit. Le lit occupe la majeure partie de la chambre. Trois porte-manteaux, une table de chevet, une salle de bain petite mais très fonctionnelle. L'accent a été mis sur la literie, l'écran TV, la connexion wi-fi... Très design ! Le petit déjeuner est en option et sur commande. Proche du square Saint Paul, l'hôtel se trouve au début du Jewellery Quarter de Birmingham.

CITY NITES
Edward Street
Arena View ✆ +44 121 233 11 55
Fax : +44 870 762 54 60
www.city-nites.com
En face du NIA et à proximité du ICC & Symphony Hall. Appartement 1 lit double à partir de 85 £ (week-end) ; 2 lits doubles à partir de 125 £ (week-end). Accès wi-fi gratuit.
Ces appartements de haut standing permettent de séjourner dans la ville d'une manière plus conviviale. Fournissant tout le confort d'un appartement moderne avec l'équipement ménager complet, ces appartements sont situés en plein cœur du centre-ville. Spacieux et lumineux, pourvus d'un mobilier et d'une décoration intérieure design, ces appartements restent un must pour touristes exigeants et autonomes qui souhaitent passer un séjour alternatif.

OLTON COTTAGE
School lane, Old Yardley Village
Yardley
✆ +44 121 783 92 49
www.oltoncottage.co.uk
Simple à partir de £40 et double à partir de £70.
Ce cottage qui a presque deux siècles se situe dans l'ancien village de Yardley, à 8 km du centre-ville. Chambres avec télévision et réveil. Dans Yardley, vous visiterez le Blakesley Hall, une belle maison à colombages du XIIe siècle, entièrement restaurée avec le mobilier et les peintures de l'époque.

Se restaurer

Bien et pas cher

CAFE IKON
1 Oozells Square
✆ +44 121 248 3226
www.ikon-gallery.co.uk
Ouvert de 11h à 23h du lundi au samedi et jusqu'à 18h le dimanche. Breakfast disponible du lundi au vendredi. Compter £15 à £20.

On sert ici une cuisine espagnole de première qualité. Au menu, une bonne sélection de tapas et beaucoup de plats classiques : crevettes saisies dans l'ail, calamar grillé, tortillas chorizo… Et bien entendu la paella. Le cadre est élégant et décontracté. Une excellente adresse.

CHEZ JULES
5 Ethel Street ✆ +44 121 633 46 64
www.chezjules.co.uk
Menu déjeuner deux plats à £11. Diner à £13.
Nostalgique du continent ? Cette adresse joue sur les clichés de la cuisine française mais offre un service de qualité. On appréciera le repas à la bougie sur des nappes à carreaux rouges et les grandes tables à banquets. Au menu, filet de saumon ou viandes et avocat cuit en entrée.

PICKWICKS FOOD BAR
194 Newhall Street ✆ +44 12 1212 0600
www.pickwicksfoodbar.co.uk
Full English Brekky £5,99.
Une cuisine roborative, très variée, composée de charcuterie, de tourtes, de salades, qui si vous n'avez pas pris de petit déjeuner, vous permettra de tenir facilement jusqu'en début de soirée. Dans le quartier et aux alentours, difficile de trouver mieux à si bon marché. L'endroit est exiguë, l'ambiance chaleureuse et authentique, rendez-vous des travailleurs qui se lèvent tôt.

Bonnes tables

AL FAISALS
136-140 Stoney Lane
✆ +44 121 449 89 02
www.alfaisal.co.uk
Ouvert tous les jours de midi à minuit. Plats principaux à £7.
Une adresse célèbre dans le quartier, qui offre un cadre élégant et une vue sur les cuisiniers au travail. La cuisine est traditionnelle, du Cachemire, et pas trop épicée. Une adresse à recommander.

AL FRASH
186, Ladypool Road ✆ +44 121 753 31 20
www.alfrash.com
Ouvert à partir de 17h uniquement. Compter £15 par menu.
Le chef, plusieurs fois primé pour sa bonne cuisine, a fait de son établissement l'un des incontournables du Balti Triangle. L'un des restaurants originaux qui ont fait la réputation du quartier.

THE BANK RESTAURANT & BAR
4 Bridleyplace
✆ +44 121 633 44 66
www.bankrestaurants.com
Ouvert du lundi au vendredi de 12h à 23h. Samedi et dimanche à partir de 11h30. Compter £30 par menu.
Restaurant très distingué au mobilier moderne et spacieux. Cuisine anglaise préparée au centre du restaurant. Savoureux plats classiques mais haut de gamme.

THE RECTORY BAR & RESTAURANT
50 54 Paul's Square
✆ +44 121 605 10 01
www.rectorybar.co.uk
Entre £14 et £16 le plat en soirée et bonne sélection d'assiettes à partir de £10,50 à midi.
L'emplacement est agréable, dans un square tranquille et en face de l'église St-Paul, ce qui en fait une adresse idéale pour les inconditionnels des terrasses. L'intérieur du bar, moderne et soigné avec des vitraux à l'entrée, offre un cadre agréable où manger un plat à un prix raisonnable. A midi, on trouve de bons sandwichs, des grillades ou des pâtes et le soir des tapas de viande à partir de £5.

SYRIANA
1-7 Constitution Hill
Res palace Building Hockley
✆ +44 12 1236 9444
www.syrianarestaurant.co.uk
Cuisine syrienne et libanaise. Réservation recommandé. Repas entre £15 et £20. Ouvert du dimanche au jeudi le midi et du vendredi au samedi le soir.
Le meilleur restaurant oriental de la ville, un peu à la périphérie du centre, dans un décor typique. Grillades, houmous, taboulé, kefta... et même des danseuses !

Luxe

PURNELLS
55 Cornwall Street
✆ +44 121 212 97 99
www.purnellsrestaurant.com
Menu complet à £60 avec une demi-bouteille de vin par personne et café.
Au menu, beaucoup de poissons cuisinés avec des recettes indiennes, japonaises et évidemment anglaises. Une charmante adresse pour gourmets au décor très contemprain. Au commande, Glynn Purnell, seul Chef à Birmingham décoré d'une étoile Michelin.

Sortir

Cafés – Bars

POPPY RED
Arcadian Centre ✆ +44 121 687 12 00
www.poppy-red.com
Ouvert jusqu'à 2h.
Le dernier venu dans les Arcades séduit par son décor design original, son ambiance lumineuse tamisée et ses canapés confortables. C'est une bonne adresse en semaine pour boire un verre le soir. Les week-ends, idéal pour un *Warm Up* en douceur et plus si affinités. La musique, éclectique s'accorde à l'heure, au public et à l'humeur du moment : hip-hop, soul, électro...

Clubs et discothèques

AIR WAREHOUSE
Custard Factory Complex
Heath Mill Lane
Digbeth ✆ +44 12 1766 6646
www.airbirmingham.com
Le temple de la jeunesse de Birmingham. Pouvant accueillir jusqu'à 1 650 personnes, sur trois niveaux, avec plusieurs bars, salles de danses... Les lieux se prêtent à toutes sortes de musiques, mais l'électro des DJ's à la mode remporte tous les suffrages.

THE FLARES
53 Broad Street
www.flaresbars.co.uk
Dans l'église.
Ouvert jusqu'à 3h les week-ends.
Chaîne de clubs très populaire au Royaume-Uni, elle cultive une image années 1970 avec ses couleurs flashys de fête foraine et éclairages psychédéliques. Le public est varié en âge et en style, la musique, pas spécialement sophistiquée et les DJ très au fait des tubes du moment. Les pistes de danse, pas très grandes sont souvent bondées le week-end. Ambiance chaude et très arrosée.

▸ **Parallèle à Broad Street, sur Wharfside Street se trouve Le Mailbox,** un ancien centre de tri postal qui abrite aussi plusieurs bars. Le Bar Room Bar est l'un des plus appréciés, pour sa déco intérieure sympathique et trendy qui attire le beau monde.

THE JAM HOUSE
St Paul's Square ✆ +44 121 200 30 30
www.thejamhouse.com
Endroit populaire et festif sur trois niveaux avec cours de salsa certains soirs de la semaine. Concerts de Soul music, de jazz et de rock. Bonne sélection de vins, cocktails et autres spiritueux.

THE SOBAR
Arcadian Centre ✆ +44 121 693 50 84
www.sobar.co.uk
Fermé lundi et dimanche.
Un espace agréable et sensuel où l'on danse sur de la funk, de l'électro et du disco. Clientèle de jeunes cadres habillés sur leur 31. L'ambiance est hype, sophistiquée et chaude. Le Kaijo Lounge au décor japonisant est un espace idéal pour boire un cocktail dans un cadre confortable.

Spectacles

THE BIRMINGHAM HIPPODROME
Birmingham, West Midlands B5 4TB
Hurst Street
www.birminghamhippodrome.com
Danse, music-hall et opéra.

BIRMINGHAM REPERTORY THEATRE AND CENTENARY
Broad Street ✆ +44 121 245 20 00
www.birmingham-rep.co.uk
Théâtre.
La programmation y est à la fois classique et moderne !

ELECTRIC CINEMA
47 Station Street
www.theelectric.co.uk
Le plus vieux cinéma de Grand Bretagne, ambiance Art déco. La programmation y est éclectique, avec même quelques films en 3D !

SYMPHONY HALL
Broad Street
✆ +44 121 200 20 00
www.thsh.co.uk
Pour les concerts classiques de haute volée. Egalement d'autres concerts.
L'acoustique y est exceptionnelle !

À voir – À faire

ASTON HALL
Trinity Road, Aston ✆ +44 121 327 00 62
Ouvert d'avril à octobre de 12h à 16h. A 5 km de Birmingham. Accès en train depuis la gare de New Street avec arrêt aux stations Aston ou Witton Stations, ou en bus, avec les services 65, 104, 7, 11, 653. Entrée libre.
Un prestigieux manoir du début XIIIe siècle à visiter pour son ameublement et ses tentures. Rouvert après une importante rénovation.

BARBER INSTITUTE OF FINE ARTS

The University of Birmingham, Edgbaston
✆ +44 121 414 73 33
www.barber.org.uk
Ouvert du lundi au samedi de 10h à 17h et le dimanche de 12h à 17h.
Petite galerie qui contient des œuvres qui feraient pâlir d'envie certaines grandes : Degas, Monet, Picasso, Canaletto…

BIRMINGHAM BOTANICAL GARDENS

✆ +44 121 454 18 60
www.birminghambotanicalgardens.org.uk
Ouvert tous les jours de 9h (10h le dimanche) à 19h. Du centre, on ira en bus. Les 10, 21, 22, 23, 29 and 103. Stopper à Westbourne Road ou à Harborne Road. Entrée adulte £7 et enfant £4,75.
Sept hectares de jardins et d'essences variées ; visiter la collection de cactées et la serre tropicale. En été, on peut aussi prendre avantage des pelouses pour un pique-nique ou une sieste au vert et au frais !

BIRMINGHAM MUSEUM & ART GALLERY

Chamberlain Square
✆ +44 121 303 2834
www.bmag.org.uk
Ouvert du lundi au samedi de 10h à 17h, et de 12h30 à 17h le dimanche. Entrée gratuite.
Histoire naturelle, archéologie et ethnographie ainsi qu'une très belle collection des chefs-d'œuvre des préraphaélites. Quelques peintures remarquables à ne pas rater dont le travail du peintre local David Cox. Et depuis 2012, une salle dédiée à la fabuleuse découverte du trésor anglo-saxon du Staffordshire.

CADBURY WORLD

Lindern Rd, Bournville
✆ +44 845 450 35 99
www.cadburyworld.co.uk
Réserver à l'avance. Ouvert jusqu'à 16h ou 17h en fonction des saisons. Entrée £14,95 et £10,95 pour les enfants. Fermé du 1er au 22 janvier.
La visite retrace l'histoire du chocolat et de Cadbury en particulier, en faisant visiter une partie de l'usine Cadbury, avec une démonstration de l'assortiment de luxe fait main. Boutique, restaurant. Un régal !

IKON GALLERY

Brindleyplace
1 Oozell's Square
✆ (0121) 2480708
www.ikon-gallery.co.uk
Ouvert du mardi au dimanche. Entrée gratuite.
Le superbe édifice néo-gothique où se trouve la galerie vaut à lui seul le détour, avec sa pierre rosée, sa façade aux fenêtres en triptyque et ses tours pointues. Une galerie d'objets contemporains, aux formes et matériaux étonnants.

MUSEUM OF THE JEWELLERY QUARTER

75-79, Vyse Street
✆ +44 121 554 35 98
Ouvert du mardi au samedi de 10h30 à 16h. Entrée libre.
Petit musée sur les bijoux à travers le monde. Visite de la fabrique originale Smith & Pepper. On retrace également les 200 ans d'histoire de ce quartier d'artisans bijoutiers.

SEA LIFE CENTRE

The Water's Edge
3 Brindley Place
✆ +44 121 643 67 77
www.sealifeeurope.com
Ouvert tous les jours de 10h à 17h. Dernière admission à 16h. Entrée : adulte £25 ; enfant £15.
Vous pourrez marcher sous l'eau, en empruntant un tunnel sous-marin, d'où l'on voit les poissons de tous les côtés, y compris sous vos pieds. Le Centre national, est à la fois un aquarium et un centre de protection et de sauvetage des animaux et de la flore sous-marins.

SOHO HOUSE

Soho Road, Handsworth
✆ +44 121 554 91 22
Du centre prendre les Bus 74 ou 79 à Upper Boll Street. Ouvert de Pâques à octobre du mardi au dimanche de 12h à 16h.
Belle maison géorgienne de l'industriel Matthew Boulton, contenant des expositions sur des thèmes tels que l'histoire de l'éclairage au gaz dans les rues. Et un superbe jardin.

THINKTANK

Curzon Street
✆ +44 121 202 22 22
www.thinktank.ac
Ouvert tous les jours de 10h à 17h, dernière admission à 16h. Entrée : adulte £12,50, enfant £8,45.
Le musée de la Science se trouve dans le Millenium Point, qui tente de rendre celle-ci accessible grâce à des expositions interactives sur le corps humain, la médecine, l'histoire industrielle, les technologies… Egalement un cinéma IMax.

Shopping

Avec plus de 1 000 boutiques, la ville s'est imposée comme l'une des destinations les plus courues de Grande-Bretagne pour les amateurs d'emplettes.

■ CENTRE COMMERCIAL BULLRING

Bullring

160 boutiques, 25 restaurants sur trois niveaux, le centre commercial représente la surface de 26 terrains de football et inclut notamment le bâtiment Selfridges. Les galeries Pavilions dans High Street et Pallasades dans New Street, ainsi que l'élégante toute victorienne de la Great Western Arcade non loin de la gare de Snow Hill, offrent un très large choix de magasins en tout genre.

SHREWSBURY

70 000 habitants. Shrewsbury est la ville principale du Shropshire, une région réputée pour sa nature agréable, propice aux randonnées et sa gastronomie. La ville est cernée par la rivière de Severn et existe probablement du seul fait que cette possibilité de rempart défensif naturel encouragea les Romains à s'installer. Guillaume le Conquérant fit lui-même bon usage de cet emplacement quasi insulaire en y établissant l'une des forteresses destinées à asseoir son pouvoir sur les Anglais, au lendemain de la victoire de Hastings. A l'époque d'Edouard Ier et de sa conquête du pays de Galles, Shrewsbury servit de théâtre au jugement puis à l'exécution de Dafyd, le dernier prince gallois.

Des maisons aux façades pleines d'allure bordent d'agréables rues commerçantes et pour la plupart piétonnes. Leurs colombages et balcons ornés sont un plaisir pour les yeux. Trois ponts enjambent la rivière et où que l'on soit dans la ville, on ne se trouve jamais très loin de ses rives. A l'ouest de la ville s'étend l'agréable Quarry Park et en son centre le Dingle Gardens qu'apprécieront les amateurs de jardin. Les rues du centre sont bordées d'élégantes maisons de style Tudor. Wyle Cop est la plus impressionnante, elle abrite, de plus, d'excellentes boutiques de vêtements, nourriture et spiritueux. On goûte ici aux charmes d'une ville typiquement britannique dont les hôtels cossus et la gastronomie bien présente offrent une possibilité de séjour prolongé agréable. Très bien desservie par les bus, c'est un point de chute idéal pour qui souhaiterait aussi explorer la facette plus rurale du Shropshire et s'attarder dans ses charmants villages de campagne. Dans son carnet des célébrités, la ville compte le naturaliste Charles Darwin, la romancière Marie Webb et bien sûr, Ellis Peters, avec son célèbre héros, frère Cadfael. C'est certainement une des rares villes du pays à posséder une église (à côté du château) reconvertie en salle de remise en forme !

Transports

■ GARE FERROVIAIRE

Castle Gate

✆ +44 345 48 49 50

www.arrivatrainwales.co.uk

Trains pour Cardiff, Manchester et Birmingham. Possibilité de rejoindre Londres également via Wolverhampton.

■ NATIONAL EXPRESS

www.nationalexpress.com

Deux bus par jour pour Londres via Telford et Birmingham (Bus 409). Le bus local n° 420 se rend également à Birmingham et le 435 se rend en 1h30 à Ludlow. Le Bus 96 mène également en 15 minutes à Wroxeter et en 40 minutes à Ironbridge. Egalement des bus directs pour Bishop Castle.

■ SHROPSHIRE HILLS SHUTTLES

www.shropshirehillsaonb.co.uk

En service du 4 mai au 30 septembre, uniquement les week-ends et les lundis lors de Bank Holiday – www.shropshirehillsshuttles.co.uk – All day ticket £7. Trois bus couvrent l'ensemble de la région et se rencontrent à Bridges, en face du Horse Inn. Le ticket vous autorise à aller de l'un à l'autre. Ces bus en service lors de la période estivale ont été conçus pour aider les marcheurs ou curieux de nature et de villages à pouvoir explorer facilement la région. Un arrêt se situe près de l'abbaye sur English bridge.

Pratique

■ BANQUES

Barclay's, National Westminster :

Castle Street

TSB : Market Street Lloyd's : 1 Pride High et 13 Abbey Foregate.

■ OFFICE DU TOURISME DE SHREWSBURY

Rowley's House

Barker Street

✆ +44 1743 281 200

www.visitshrewsbury.com

Ouvert du lundi au samedi de 10h à 17h et fermé le dimanche d'octobre à mai ; de 10h à 17h du lundi au samedi et de 10h à 16h le dimanche de juin à septembre.

POLICE
Monkmoor Road
✆ +44 845 744 48 88

Se loger

Réputée pour sa douceur de vivre, la ville a l'habitude des touristes et l'offre hôtelière s'en ressent.
De nombreux restaurants comme des pubs du centre-ville proposent des chambres à l'étage à des tarifs raisonnables. Les chambres d'hôtes sont aussi une bonne alternative.

ABBEY COURT GUEST-HOUSE
134 Abbey Foregate
✆ +44 1743 364 416
www.abbeycourt.biz
Chambres doubles avec ou sans salle de bains à partir de £32,50 par personne.
Située juste derrière l'abbaye, l'auberge est un lieu de pèlerinage spirituel ou littéraire pour les lecteurs assidus des aventures de Frère Cadfael.

▸ **Dans la même rue,** vous trouverez quatre autres guesthouses de catégorie similaire.

CAMPING
Oxon Hall Touring Park
Welshpool Road
✆ +44 1743 340 868
A environ 3 km du centre-ville. Tentes et caravanes. Navette pour le centre-ville à proximité du camping.

THE LION HOTEL
Wyle Cop
✆ +44 1743 353 107
www.thelionhotelshrewsbury.co.uk
Chambre double à £108 la nuit et simple à £80.
Dans une grande auberge du XVIe siècle, à l'atmosphère cossue. Les chambres sont arrangées avec goût. Rideaux, fauteuils, coussins et tapis aux motifs, joliment assortis, installent une une ambiance douillette et très britannique. Idéal si l'on recherche un endroit romantique. Au rez-de-chaussée, on se love dans les fauteuils du salon pour lire le journal entre deux bières, autour d'une belle cheminée d'époque Tudor, où l'on se délasse sur les confortables canapés rouges brodés de motifs floraux. Le confort est ici authentique, le service excellent et discret.

LUCROFT GUESTHOUSE
Castle gates
✆ +44 1743 362 421
www.lucrofthotel.com
A 2 minutes de la gare. Chambre simple : £30. Double : £48-£58.
Chambres d'hôtes tenues par un couple de Suédois accueillants et serviables. Localisées dans la rue principale, certaines chambres donnent sur le château. Salles de bain sur le palier. Petit déjeuner copieux.

Se restaurer

Le Shropshire est une région réputée pour sa restauration et Shrewsbury, une ville attachée à ses traditions gastronomiques. Les restaurants mettent souvent en valeur les bâtiments historiques à travers leurs décorations. Même les chaînes de fast-foods ont fait un effort. Conseil : explorer les ruelles autour de Fish street ou les rues piétonnes vers Pride Hill.

THE CORNHOUSE
59a Wyle Cop ✆ +44 1743 231 991
www.cornhouse.co.uk
Plats principaux entre £16 et £20.
Feu de cheminée, meubles en bois, chaises tressées dans un osier de couleur brillante et murs peints en couleur parme installent une ambiance chaleureuse aux deux étages de cette belle maison en brique classée. Viandes et poissons sont accommodés de manière savoureuse, dans un esprit britannique mais aussi oriental. On trouve de bons steaks en sauce ou du saumon aux avocats accompagné de yaourt à la menthe, des côtelettes d'agneau au black pudding ou de la polenta à l'aubergine et au romarin. Excellente carte de vins. Les gourmets sont comblés ici depuis plus de 20 ans même si la direction a changé en gardant l'esprit des lieux.

THE DRAYTON
5 Shoplatch
✆ +44 1743 272 122
drayton.jeep.co.uk
Restaurant dans l'arrière cour ou plats à emporter. Cuisine anglaise classique avec une touche «maison».
Grand choix de spécialités anglaises à petits prix (à partir de £2). Jacket potatoes, toutes sortes de pies et d'omelettes ou le succulent rôti du jour.
La salle de restaurant n'a rien d'exceptionnel mais l'assiette servie avec le sourire fait toute la différence. Une adresse appréciée par les locaux comme par les gens de passage.

MAD JACK'S

15 St Mary's Street ✆ +44 1743 358 870
www.madjacks.uk.com
Environs £28 le dîner. Propose aussi 4 belles chambres doubles et une suite. Entre £70 et £145 la chambre double.
Mad Jack's se veut un endroit festif, pour se régaler et boire entre amis. L'atmosphère est conviviale et décontractée, le cadre agréable, avec un patio chauffé qui articule les espaces du bar et du restaurant. Au menu : Black Pudding, terrines et saumons fumé, chevreuil... On sent un goût pour les classiques et un désir de les accommoder de manière innovante. A midi, bon choix de poissons et de fruits de mer, salades, sandwichs. On peut aussi passer boire un café ou prendre le thé l'après-midi.
Les week-ends, l'ambiance est festive au bar. Les patrons sont jeunes et pleins d'énergie, leur clientèle aussi...

Sortir

Il existe de nombreux itinéraires piétons au départ de Shrewsbury (voir brochure à l'office du tourisme ou www.visitshrewsbury.com).

THE OLD MARKET HALL

The Square ✆ +44 1743 281 281
www.oldmarkethall.co.uk
Cinéma d'arts et d'essais qui propose aussi des séances en 3D. Bar à vins et salon de thé avec une sélection de sandwichs.
Et pourquoi ne pas se faire un bon film dans un édifice datant de 1596 ? Ou siroter un thé en admirant les mouvements de balancier de l'horloge qui a donné l'heure à des générations de locaux. Ouvert en 2004, ce complexe est unique en son genre. Levez les yeux au plafond et vous comprendrez la magie du lieu.

À voir – À faire

ABBEY OF ST PETER AND ST PAUL

Abbey Foregate
✆ +44 1743 232 723
www.shrewsburyabbey.com
Ouvert de 10h30 à 15h du lundi au samedi. Dimanche : 11h30-14h30.
Fondée en 1083 sur une ancienne église saxonne en bois par un lieutenant de Guillaume le Conquérant. Au Moyen Age, l'abbaye comportait un cloître, un réfectoire, un jardin potager, un dortoir. Une bonne partie fut détruite en 1836 par Thomas Telford, qui décida de faire passer une route au beau milieu de l'abbaye... Il reste néanmoins l'église qui comporte de jolis vitraux et des gisants qui racontent l'histoire tumultueuse de l'édifice à travers les siècles et les guerres.

ROWLEY'S HOUSE

Baker Street ✆ +44 1743 281 205
www.shrewsburymuseums.com
Ouvert du lundi au samedi de 10h à 17h et le dimanche de 10h à 16h.
Cet édifice fait partie des plus remarquables de la ville. Il abrite le musée ainsi que l'office de tourisme avant leur déménagement en 2012. Une exposition est consacrée à la vie de Darwin et une autre à l'histoire locale, le tout dans une maison du XVIIe siècle, à colombages bien sûr.

SAINT ALKMUND CHURCH

Saint Alkmund square
www.stchadschurchshrewsbury.com
Ouverte tous les jours de 10h à 17h.
Le square qui l'entoure est très agréable, et le chœur s'enorgueillit d'un vitrail admirable de 1795.

SAINT CHAD'S CHURCH

Claremont hill
✆ +44 1743 365 478
www.stchadschurchshrewsbury.com
Ouvert du lundi au samedi de 8h à 17h.
Bâtie en 1792, elle fait suite à Old St Chad's church qui s'était effondrée et dont les ruines se résument à une chapelle visible à une centaine de mètres. Elle est dotée d'une nef circulaire et surplombe le joli Quarry Park.

SAINT MARY'S CHURCH

✆ +44 1743 357 006
www.visitchurches.org.uk
Ouverte du lundi au vendredi de 10h à 17h et jusqu'à 16h, le samedi.
L'église est surtout réputée pour sa collection de vitraux, en provenance notamment d'Allemagne ou des Pays-Bas. Au début du XIXe siècle, suite à la fermeture de nombreux édifices religieux, beaucoup de vitraux furent démantelés et arrivèrent sur le marché des arts. On doit au révérend William Gorsuch Rowland d'en avoir acquis plusieurs pour les restaurer et les réinstaller dans l'église Ste Mary avec l'aide d'artisans locaux. Le plus ancien vitrail se trouve sur la fenêtre Est du chœur. Les plus vieux fragments dateraient de 1340 et l'ensemble fut restauré à 40 % à l'époque victorienne. Le vitrail représente Jessé, père de David, et la généalogie de la sainte famille, au milieu de laquelle apparaît le roi Edouard III, aux côtés de la Vierge Marie.

Le vitrail ayant été démonté et remonté plusieurs fois explique que cette dernière ne se trouve pas à son emplacement habituel dans l'arbre généalogique mais juste en dessous du corps de Jessé ! Le mieux est de visiter l'église par beau temps, lorsque la couleur des vitraux s'embrase.

SHREWSBURY CASTLE

Shrewsbury Castle ✆ +44 1743 358 516

Entrée du musée militaire : adultes £2,50, enfants et étudiants gratuit. Fermé de mi-décembre à fin février. De 10h30 à 16h du lundi au dimanche (fermé les jeudis) et jusqu'à 17h en été.

Le château abrite le musée régimentaire du Shropshire ; des guerres napoléoniennes à nos jours en passant par les campagnes d'Egypte, des Indes, d'Afrique.

Ceux que le sujet n'intéresse pas apprécieront les parterres fleuris du jardin au printemps et pourront monter au sommet de la Laura's Tower. On y a une belle vue sur la rivière et l'abbaye.

STOKESAY CASTLE

Craven Arms

✆ +44 1588 672 544

www.english-heritage.org.uk

A 11,5 km au nord ouest de Ludlow, sur la A49. Le bus 435 y conduit en une heure de la gare routière et son terminus est le village de Ludlow dont vous pouvez combiner la visite. Pour le château, l'arrêt est à Craven Arms. Mais signalez votre destination au chauffeur qui vous fera descendre à l'endroit le plus adéquat. Ouvert tous les jours du 1er juillet au 31 août, de 10h à 18h, du 1er mai au 30 juin, ouvert jusqu'à 17h. Mêmes horaires pour les mois de mars d'avril, de septembre et d'octobre mais fermé les lundis et mardis. De novembre à fin février, ouvert du jeudi au dimanche de 10h à 16h.

Stokesay Castle n'est pas vraiment un château de ceux auxquels on pourrait s'attendre et c'est ce qui en fait tout l'attrait. Il s'agit en fait d'un manoir fortifié construit au XIIIe siècle par Lawrence Ludlow, un riche marchand. Les tensions frontalières avec le pays de Galles ayant cessé, au lendemain de la victoire d'Edouard Ier sur Dafyd, dernier prince gallois, le château prit aussi l'allure d'une résidence domestique campagnarde. Cette combinaison fait le charme et l'originalité de l'édifice à découvrir. Le superbe Great Hall est demeuré inaltéré depuis sa construction, en 1291 !

WROXETER ROMAN CITY

Wroxeter Roman City

✆ +44 1743 761 330

Le Bus 96 y mène en 15 min. C'est également ce bus pour aller à Ironbridge (ajouter 15 min). Prix : £4 : adultes, £2 : enfants. Ouvert toute l'année, de 10h à 18h de juin à août, de 10h à 17h de mars à mai et en septembre et octobre, et de 10h à 16h de novembre à février.

Vaste site archéologique d'une cité romaine excavée, avec notamment des bains datant du IIe siècle. Cela vaut vraiment le détour.

Sports – Détente – Loisirs

CHURCH STRETTON

www.churchstretton.co.uk

À 40 min de Shresbury, Bus 435. Itinéraires disponibles à l'office de tourisme du village sur Church street (01694) 722 535 ou www.churchstretton.co.uk.

Surnommé « Little Switzerland » le village de Church Stretton constitue un excellent point de départ de randonnées. La plus populaire (5,7 km) mène au sommet de Caer Caradoc, haut de 459 m, qui offre l'un des points de vue les plus élevés du sud du Shropshire. Elle surplombe le village et commande des vues panoramiques sur The Long Mynd. On trouve aussi au sommet d'anciens remparts défensifs, vestiges de l'occupation des collines dès l'âge de fer. La montée est raide, et la descente réputée pour être plus éprouvante encore ! Heureusement que l'on peut compter sur les pubs et petits restaurants pour reprendre des forces au village !

Shopping

TANNERS

The Cellar Shop ✆ +44 1743 234 500

www.tanners-wines.co.uk

Des vins du monde entier vendus par un personnel qui s'y connaît et se fournit chez de petits producteurs. Dégustations proposées sur place et vente de cigarillos. Ceux qui n'auront pas la chance d'aller jusqu'en Ecosse trouveront aussi une sélection pointue de Malt Whiskies.

LUDLOW

10 000 habitants. Au sud-est du Shropshire et à la frontière avec le pays de Galles, Ludlow est considérée comme « la parfaite ville historique ». Construite au XIIe siècle sur une colline, sous la protection d'un château datant du XIe siècle, Ludlow a su conserver tout son charme : de petites boutiques aux vitrines élégantes ont judicieusement trouvé leur place entre des murs vieux d'un demi-millénaire, le long de tranquilles ruelles médiévales.

Les lundi, mercredi, vendredi et samedi la place du marché, qui n'a pas bougé depuis le Moyen Age, se remplit d'étalages. Leur contenu a juste un peu changé, les jeans ayant remplacé les chausses d'antan ! Les remparts qui entourent la ville sont eux-mêmes ceinturés par la rivière Teme, sur les berges de laquelle on trouve d'agréables sentiers de promenade, comme le Bread Walk. En traversant la rivière, on peut aussi rejoindre Whitcliffe Common, dont les sentiers de promenade conduisent à de belles vues panoramiques sur la ville.

Transports

BUS
Pour Hereford et Birmingham : Bus 192 et 292. Pour Shrewsbury : Bus 435.

GARE
Station Drive ✆ +44 1584 877 090
Trains réguliers pour Shrewsbury et Hereford. De là, vous pourrez emprunter une connexion par train ou par bus pour plusieurs grandes villes du pays dont Londres et Birmingham.

INFORMATIONS SUR LES TRANSPORTS
✆ +44 871 200 22 33

Pratique

BANQUES
Barclay's, King Street
Midland

OFFICE DU TOURISME DE LULOW
The Assembly Room
Castle Street
✆ +44 1584 875 053
www.ludlow.org.uk
Ouvert d'avril à octobre jusqu'à 17h et en novembre jusqu'à 16h30 (fermé entre 13h et 14h).

POLICE
Lower Galdeford
✆ +44 8457 444 888
www.ludlowpolice.com

Se loger

Les Bed and Breakfast de Ludlow sont renommés pour leur accueil et le charme original de l'arrière-pays anglais.

THE CHURCH INN
The Buttercross ✆ +44 1584 872 174
Fax : +44 1584 877 146
www.thechurchinn.com
De £70 à £90 par personne en chambre double.
Avenant, confortable, cet établissement vous réservera un accueil agréable, en plein centre-ville près du château. Chambres avec vue sur l'église.

THE FEATHERS HOTEL
The Bull Ring ✆ +44 1584 875 261
Fax : +44 1584 876 030
www.feathersatludlow.co.uk
Compter £85-£105 pour la chambre simple et £125-£185 la double.
Cette auberge installée en 1670 est un véritable musée, tant à l'extérieur qu'à l'intérieur. Les meubles sont des originaux somptueux. Les plafonds sont sculptés. La salle à manger, toute de boiseries, est aussi reposante pour le corps que pour l'esprit, calme et confort au rendez-vous. Vaut le détour. Le personnel est aimable sans être obséquieux, le service discret. Egalement un restaurant : compter £20 à £25 pour déguster une excellente cuisine traditionnelle anglaise.

THE MOUNT GUEST HOUSE
61 Gravel Hill ✆ +44 1584 874 084
www.themountludlow.co.uk
A partir de £35-£42 par personne en chambre double. A cinq minutes à pied du centre-ville et près de la station de train.
Petit établissement familial. Les chambres sont sans prétention mais confortables et soignées. Elles possèdent toutes une salle de bains. Les breakfasts, servis entre 8h et 9h, sont cuisinés à base de produits locaux.

NUMBER TWENTY EIGHT
28 Lower Broad Street
✆ +44 1584 875 466
www.no28ludlow.co.uk
£40 à £45 par personne pour une chambre double. £65 à £75 pour une seule personne dans une double.
Une belle maison géorgienne qui compte 16 chambres. Bonne localisation et wi-fi gratuit.

Se restaurer

Il est possible ici d'apprécier toutes les facettes de la cuisine anglaise dans des restaurants qui conviennent à toutes les bourses.

DE GREY'S CAFE
5-6 Broad Street ✆ +44 1584 872 764
www.degreys.co.uk
Egalement salon de thé et bed and breakfast avec 9 chambres. La salle se trouve derrière la pâtisserie gérée par un artisan français.

Cheminée, poutres apparentes, plancher ciré, excellents gâteaux confectionnés sur place. En plus de tous les thés classiques, on trouve également quelques Souchong et autres thés fumés japonais. La carte des repas est également intéressante, qui propose des terrines faites maison au Chutney de Mango ou de bons steaks locaux. A emporter, on trouve aussi de délicieuses tartelettes aux légumes. Serveuses habillées dans le pur style anglais.

DINHAM HALL BRASSERIE

Dinham Hall Hotel
Dinham Bridge
✆ +44 1584 876 464
www.dinhamhall.co.uk
Ouvert tous les jours à proximité du château. Compter £13 pour déjeuner avec deux plats. Menu à la carte. A partir de £17 pour un plat principal.
Par beau temps, on peut profiter de la terrasse au bord de la rivière. Dîner aux chandelles et des classiques au menu : terrines, grillades, poissons. Le patron, M. Underhills, est particulièrement sympathique et ce restaurant jouit d'une très bonne réputation.

THE OLIVE BRANCH

2/4 Old Street
✆ +44 1584 874 314
www.theolivebranchpub.com
Ouvert de 9h à 17h du lundi au samedi. Service du soir avec dîner aux chandelles (mercredi au samedi) : de 18h à 21h. Plat principal £13-£15.
Plus intimiste et moins touristique que le De Greys, mais tout aussi soigné. On y propose une cuisine à base de produits locaux et tout est fait maison : tartes, soupes aux légumes, scones, cakes ou pudding pour accompagner le thé. La décoration est sympathique, d'esprit méditerranéen avec ses peintures d'un jaune vif, ses plantes vertes et ses fresques murales représentant des oliviers.

ROSE & CROWN

Church Street
✆ +44 1584 872 098
Pub qui sert une nourriture traditionnelle : steak, *kidney pie*, brocoli-stilton quiche. Possibilité de déjeuner dehors en été. Idéal pour rencontrer les locaux autour d'une bière.

Sortir

La communauté étudiante sait animer le centre-ville. Pendant les vacances scolaires, les touristes anglais prennent le relais dans des pubs à la longue tradition festive.

THE GLOBE LOUNGE BAR

Chang Thai restaurant
3 Market street
✆ +44 1584 874 212
www.thailudlow.co.uk/globebar.html
Situé dans un restaurant thai et avec un grand patio.
Confortable avec sofa et tables basses, au fond d'une impasse qui se termine par un beer garden, quelques tables dehors, au frais, pour les fumeurs et les jours de beau temps.

YE OLD BULL RING TAVERN

44 Bull Ring
✆ +44 1584 872 311
Considéré comme le plus vieux pub de la ville.
Clientèle assez jeune, ambiance animée. Tout le monde vous en parle avec un petit sourire indulgent, c'est là que se retrouvent les étudiants le week-end. On peut être jeune et aimer les traditions : le pub date de 1365 ! On peut également s'y restaurer pour pas trop cher.

À voir – À faire

DINHAM HOUSE

Ludlow,
info@clearviewstoves.com
Ouvert de 9h30 (10h le samedi) à 17h30. Fermé jeudi et dimanche.
Cet élégant hôtel particulier du XIIIIe siècle a abrité Lucien Bonaparte (frère de Napoléon) durant son exil en 1811. L'accueil que lui a réservé la population a limité son séjour à quelques mois, qui lui permirent d'apporter un certain nombre d'améliorations à la demeure, notamment de grands miroirs qui agrandissent l'escalier. L'édifice sert aujourd'hui de cadre à une boutique de poêles et de cheminées, mais une pièce a été réservée à la présentation de l'histoire des lieux, pour le visiteur curieux.

LUDLOW CASTLE

Castle square
✆ +44 1584 873 355
www.ludlowcastle.com
Ouvert tous les jours de 10h à 16h d'octobre à mars (seulement le week-end en janvier), d'avril à juillet et en septembre de 10h à 17h et jusqu'à 19h en août. Entrée : £4,50 adultes, £2,50 enfants.
Le château fort fut construit au XIIe siècle pour protéger la région des invasions galloises. En 1461, il devint la propriété de la couronne et Ludlow, le centre administratif du Welsh March. Marie Tudor vécut ici entre 1525 à 1528.

Manifestations

▸ **Fin juin, début juillet :** Ludlow Festival. Festival Box Office. Castle Square, Ludlow Tél +44 01584 872 150 – www.ludlowfestival.co.uk – Depuis 1960, ce festival est principalement consacré au théâtre de Shakespeare : représentations en plein air dans la cour du château, à la nuit tombée. Le programme se veut aussi musical (petites et grandes formations, jazz, opéra, musique de chambre). Le festival attirant beaucoup de monde, mieux vaut réserver ses places à l'avance. L'hébergement est également plus difficile à trouver en cette période.

▸ **Automne :** The Marches Food and Drink Fesxtival – www.foodfestival.co.uk – Rassemblement de 120 producteurs indépendants de produits alimentaires et de boissons. Pour célébrer une gastronomie régionale qui se porte bien !

▸ **Dernier week-end de novembre :** Medieval Fayre (ludlowmedievalchristmas.co.uk). Le château sert de cadre à cette célébration en costume médiéval : musiciens, ménestrels, jongleurs et chevaliers d'antan animent les rues de la ville.

Les ruines sont aujourd'hui toujours évocatrices de cette bâtisse imposante, dont le donjon s'élève dignement au-dessus de la ville. On a de ses hauteurs de belles vues d'ensemble sur les ruines et la ville. L'édifice circulaire que l'on trouve en entrant est la nef d'une chapelle normande. Peu d'églises de ce style sont aujourd'hui visibles en Angleterre et la plus connue reste la Temple Church de Londres. Pour une belle vue d'ensemble du château, on rejoindra le Dinham Bridge en longeant les remparts pour traverser la rivière et monter le sentier qui mène à Whitcliffe. C'est d'ici que de nombreux artistes firent leurs esquisses avant de se mettre à peindre le château. En 1798, Turner s'y rendait lui-même.

SAINT LAWRENCE CHURCH
www.stlaurences.org.uk
Ouverte l'été de 10h à 17h30 et l'hiver de 11h à 16h.
Les vitraux de l'église qui datent des XIVe et XVe siècles témoignent d'une époque prospère de la ville par leur beauté et leur taille. Le chœur est un bel exemple d'architecture perpendiculaire à l'anglaise, avec ses vitraux que séparent de larges bandes de pierre afin de faire passer plus de lumière. On en a une belle vue d'ensemble du fond de la nef. Un grand vitrail décrit le martyr de saint Laurence, dont on remarque les beaux bleus et pourpres profonds. Pour £2,50, on peut monter et avoir une vue panoramique des alentours. Pas moins de 200 marches vous attendent. La montée est raide et les marches, tellement étroites que l'on ne peut pas poser le talon ! L'exercice, un peu fastidieux, vaut le coup par beau temps.

Shopping

POTTERIES
45 Mill Street
The Marches Pottery
✆ +44 1584 878 413
Une autre boutique sur Church Street, près de la place du marché.

THE SILVER PEAR
68-69 Broad Street
✆ +44 1584 879 096
www.silverpear.co.uk
Une boutique distrayante, pleine de gadgets et d'accessoires de qualité pour la maison, de cartes postales, de vases, de cadres pour les photos et de vêtements pour enfants. Idéal si l'on cherche à faire un cadeau. Ce qui nous a fait craquer : les bâtons de randonnées imprimés de fleurs ou petits pois aux couleurs acidulées !

IRONBRIDGE

Ironbridge s'est construite autour de son pont, comme les villes poussaient autrefois autour de leur cathédrale. Les ressources naturelles de la gorge d'où l'on extrayait du charbon, du fer, de l'argile et du calcaire et sa connexion fluviale facile avec le canal de Bristol fit de Blists Hill, situé un peu plus haut sur la rivière, la première ville d'intense activité industrielle. Mais l'acheminement des marchandises d'une rive à l'autre du fleuve n'était pas sans poser de problème, le niveau parfois trop bas du fleuve ou des courants trop rapides les en empêchant parfois. C'est ainsi que l'on en vint à construire le premier pont en fer au monde.

Réalisé en 1779 par Abraham Darby III, lorsque l'Angleterre commençait sa révolution industrielle, il déplaça l'activité commerciale de la vallée à l'actuel emplacement d'Ironbridge. Un édifice particulièrement symbolique de cet essor économique : le Tontine Hotel, construit en 1784, pour accueillir marchands et visiteurs venus en nombre observer cette curiosité d'ingénierie que représentait le pont. Ironbridge s'est développée de part et d'autre de la vallée, à partir de 1796, en un alignement de maisons dont la dominante rouge et grise, conforme au style des villes ouvrières est un peu austère, mais que les vallées alentour égayent.
Aujourd'hui, la ville a revalorisé son histoire en faisant de ses anciens sites de travail des musées de qualité ! Snacks, restaurants et Bed and Breakfast se succèdent sur les berges de la rivière, le long de laquelle on trouve une dizaine de musées !

Transports

BUS
Le N° 96 relie Ironbridge à Shrewsbury et Telford. Environ un bus par heure.

GORGE CONNECT BUS
✆ +44 1925 200 005
www.telford.gov.uk
Service uniquement les week-ends, fonctionne également le lundi entre Pâques et fin octobre. Pour circuler d'une attraction à une autre. Le bus est gratuit sur présentation de votre Museum Passport.

Pratique

OFFICE DU TOURISME D'IRONBRIDGE
Telford
Jordan House
✆ +44 1952 567 562
www.visitironbridge.co.uk
Des plans, programmes, dépliants avec suggestion d'itinéraires de randonnées à pied et en bicyclette autour de la gorge, renseignements sur les bus reliant les villes, et attractions le long de la rivière. Possibilité d'acheter un Pass.

À voir – À faire

BLISTS HILL VICTORIAN TOWN
Blists Hill
✆ +44 1952 884 391
Ouvert tous les jours de 10h à 17h. Cafétéria et centre d'information sur place. Entrée £15,45 pour un adulte et £10,25 pour un enfant.

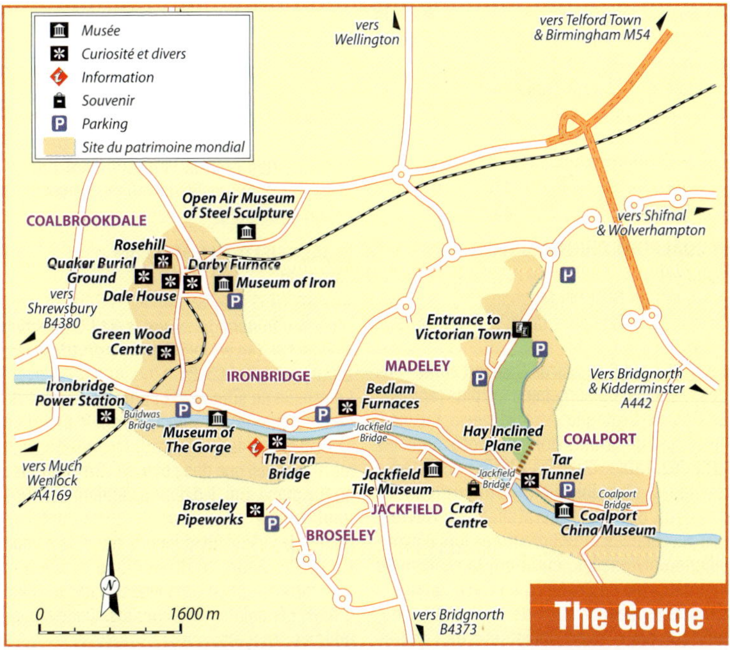

Plus de 500 personnes travaillaient chaque jour dans les mines de Blist Hill qui fermèrent en 1941. Le village est aujourd'hui entièrement reconstitué, avec ses boutiques d'antan où travaillent et s'approvisionnent des habitants en costume d'époque. On peut échanger sa monnaie contre des pièces d'époque à la banque, pour ensuite les dépenser dans la taverne, à la boulangerie ou à la confiserie locale. On croise dans les rues messieurs et demoiselles vêtus de costumes d'époque, on pousse les portes de boutiques et d'ateliers en fonctionnement dont l'esthétique est une fidèle réplique d'époque. Les machines fonctionnent à la fonderie, le boulanger enfourne son pain, le médecin reçoit dans son cabinet et la paysanne nourrit son âne et ses cochons... Cette ville musée didactique et divertissante attire aussi bien les écoles que les familles avec enfants et visiteurs étrangers. Une destination très populaire en période estivale !

COALBROOKDALE MUSEUM OF IRON

Ironbridge

Ouvert tous les jours de 10h à 17h. Entrée £8,45.

Pionnier du fer, Abraham Darby I (dont le créateur du pont était le petit-fils) utilisa dès 1709 le coke pour réduire le minerai de fer. Le musée retrace l'évolution de la fabrication du fer. Mais la fonte du fer ne servit pas qu'à réaliser des boulons ou des chaudières ! Elle fut également un matériau employé pour la réalisation de sculptures, également exposées dans le musée. L'une des plus impressionnantes est la Table aux Lévriers que John Bell réalisa pour l'expo Universelle de Paris, en 1855.

COALPORT CHINA MUSEUM

Coalport

A 1,6 km de Blist hill Museum

Ouvert tous les jours de 10h à 17h. Entrée £7,40.

De 1796 à 1926, la ville de Coalport abrita l'une des fabriques de porcelaine les plus réputées de Grande-Bretagne. Au XIXe siècle, l'usine a vu passer de grands noms, experts dans les arts décoratifs, chargés d'orner ces pièces de fleurs, chérubins ou motifs influencés par ceux des célèbres ateliers de Sèvres. Les porcelaines furent montrées lors d'expositions universelles, qui firent la renommée internationale de Coalport. On voit notamment dans le musée *Le Vase* de Nothumberland, fabriqué pour l'expo Universelle de Londres en 1862. Décorée par William Cook et Robert Abraham, ce fut la plus grande pièce jamais réalisée par l'atelier.

DARBY HOUSES

Coalbrookdale

✆ +44 1952 884 391

Ouvert de 10h à 17h du 20 mars à début novembre. Entrée : £4,95 et £3,45 pour un enfant.

Rosehill et Dale House sont les deux maisons qui ont appartenu à la famille Darby. On les voit aujourd'hui restaurées et remeublées telles qu'elles furent au XIXe siècle, avec des objets et vêtements ayant appartenu à la famille, ainsi que des tableaux les représentant ou des peintures d'Ironbridge. La famille étant quaker, le style austère de la maison offre un spectacle bien plus sobre que ce que les intérieurs victoriens de familles riches laissent généralement entrevoir. Dale House fut construite par Abraham Darby Ie fondateur de la Coalbrookdale Compagny. Elle fut une maison familiale sur cinq générations. Non loin des fourneaux de la fonderie, c'était également ici que Darby accueillait ses clients et faisait ses affaires.

THE IRONBRIDGE AND TOLLHOUSE

✆ +44 1925 884 391

Ouvert tous les jours de 10h à 17h.

Le fameux pont de fer, qui enjambe la rivière Severn, fut construit en 1779 par Abraham Darby III. Vous pourrez le traverser à pied. Du côté sud du pont, le Toll House était l'endroit où l'on s'acquittait à l'origine du droit de passage (les prix de l'époque sont encore affichés). Egalement un musée consacré à l'histoire du pont.

JACKFIELD TILE MUSEUM

Jackfield

✆ +44 1952 884 391

A partir d'Ironbridge, suivre la B4373 direction Bridgnorth. Ouvert tous les jours 10h à 17h. Entrée £7,95 et £5,25.

Le musée se situe dans l'ancienne usine de Craven Dunnill où l'on fabriquait jusqu'en 1874 des carreaux décoratifs pour les sols et les murs ainsi que des poteries. Très réputées au Royaume-Uni, les œuvres étaient vendues dans tout le pays. Depuis 1983, date de rachat de l'usine abandonnée par l'Ironbridge Gorge Museum, on trouve une exposition des carreaux décoratifs réalisés par les plus grands céramistes britanniques. Visite disponible en français.

MUSEUM OF THE GORGE

✆ +44 1952 884 391

Ouvert tous les jours de 10h à 17h. Juste à côté de l'arrêt de bus et du parking principal. Entrée £3,95 et £2,25 pour un enfant.

Le musée est une introduction historique à la ville d'Ironbridge et de la vallée. Une maquette de celle-ci reconstitue les diverses activités qui en ont animé les berges. Elle permet aussi d'avoir une vue d'ensemble de la vallée et de l'emplacement de Blist Hill, Coalport et Coalbrookdale. Une vidéo retrace également les étapes majeures de l'évolution du site.

PASSPORT MUSEUM

Adulte £23,25, étudiants et enfants £15,25. Le billet combine l'entrée libre pour les 10 musées et les trajets en bus sont gratuits, sur présentation de celui-ci. Les « passeports » sont accessibles de n'importe quel musée.

TAR TUNNEL

✆ +44 1952 884 391

A 1,6 km du Blist Hill Museum, jouxte le Coalport China Museum. Entrée £2,75 et £2,25. Ouvert de 10h à 17h de fin mars à fin octobre.

En 1786, creusant un tunnel pour relier les mines de Blists Hill à la rivière de Severn, William Reynolds découvrit un gisement naturel de bitume. Ce « tunnel de goudron » se visite encore aujourd'hui.

STOKE-ON-TRENT

Dans la région de Stoke-on-Trent, à 145 miles (232 km) au nord de Londres, se sont établies au XIIIe siècle la plupart des fameuses poteries anglaises. Des marques prestigieuses comme Wedgwood, Royal Doulton, Minton et Spode. Depuis quelques années, les poteries se sont transformées en une attraction touristique avec musées, visite de fabriques, ventes d'usine, boutiques de céramique, et points d'information.

Transports

De Chester prenez l'A 51, l'A 54 direction Winsford, Middlewich puis l'A 533 direction Stoke-on-Trent. La campagne du Cheshire est fort accueillante : verte nature, hameaux bien cachés, bosquets touffus, routes sinueuses, collines en pente douce. Jusqu'à Winsford, on traverse le « Vale Royal » réputé pour ses paysages bucoliques. Encore quelques dizaines de kilomètres et l'on entre dans la région des poteries, un monde auquel pâquerettes et ruminants sont assez étrangers. Ce nouveau décor est fait de villes importantes, de routes « camionneuses », de hautes cheminées en brique à la forme particulière.

BUS

www.stokebus.info

National Express relie la ville à Londres (4h) et Manchester (6h).

CITY CENTRE BUS STATION

www.stokebus.info

La ville de Stoke-on-Trent inclut cinq autres bourgs : Tunstall, Burlesm, Stoke, Fenton et Longton. Un trafic régulier de bus relie ces endroits entre eux.

STOKE-ON-TRENT RAILWAY STATION

Station Road

✆ +448457484950

www.nationalrail.co.uk

Des trains reliant Stoke-on-Trent à London Euston partent toutes les heures, temps de trajet de 1h50.

Pratique

STOKE ON TRENT TOURIST INFORMATION CENTRE

Victoria Hall

✆ +44 1782 236 000

www.visitstoke.co.uk

Ouvert du lundi au vendredi de 9h à 17h et le samedi de 10h à 14h.

Informations sur les attractions, les restaurants et les hôtels, cartes.

Se loger

Des Bed and Breakfast sur Leek Street, à proximité de la gare. Cependant, si vous êtes en voiture, mieux vaut loger à Nantwich, située à 17 km de Stoke-on-Trent, plus calme et plus favorable à un sommeil réparateur.

HOLIDAY INN EXPRESS

Stanley Matthews Way

✆ +44 178 237 7000

www.expressstoke.co.uk

Entre £60 et £81 par personne, petit déjeuner inclus.

Des chambres aux couleurs sympathiques, un environnement moderne et confortable et beaucoup de choix au buffet du petit déjeuner !

NORTHWOOD GUEST HOUSE

146 Keelings Road

✆ +441782279729

www.northwoodguesthouse.co.uk

Chambre double à £40.

Une adresse centrale, aux chambres claires et bien tenues. Literie de qualité, accueil chaleureux. Ne pas avoir peur cependant de séjourner dans une déco à fleurs et papiers peints assez kitsch... Le rapport qualité/prix reste, malgré tout, des plus intéressants.

VERDON GUEST HOUSE

Hanley
44 Charles Street
✆ +441782264244
www.verdonguesthouse.co.uk
Chambre simple à £26, double avec salle de bains à £44, familiale à £48. Petit déjeuner £4.
Cette maison familiale assure un séjour confortable à petits prix. Les chambres sont propres et douillettes et l'accueil sympathique. Hanley présente de plus un environnement agréable, avec un bon choix de pubs et de restaurants.

À voir – À faire

ALTON TOWERS

Alton Towers
✆ +44 871 222 33 30
www.altontowers.com
A 25 km de Stoke-on-Trent.
Entrée : adulte £45 et enfant £36. 50% de réduction si vous achetez en ligne !
C'est le plus grand parc d'attractions de Grande-Bretagne. Installé dans un ancien manoir du XVIe siècle, le site comporte un parc aquatique, un golf, des Spa, un centre de conférences et de nombreux manèges, notamment d'impressionnantes montagnes russes. Une navette aide à circuler dans le vaste parc.

CITY MUSEUM AND ART GALLERY

Bethesda Street, Hauley
ST1 3DW
✆ +44 1782 232 500
museums@stoke.gov.uk
Ouvert de mars à octobre, du lundi au samedi de 10h à 17h et de novembre à février de 10h à 16h. Le dimanche de 14h à 17h. Entrée libre.
La collection la plus importante de faïence et de porcelaine de Stoke-on-Trent est ici rassemblée. Le musée a également enrichi ses collections avec des pièces issues du Staffordshire Hoard, un trésor d'époque anglo-saxonne découvert en 2009 par un homme se promenant avec son détecteur de métaux ! Des fouilles archéologiques plus importantes ont été faites sur le site et ont permis d'excaver 1 500 pièces en or et en argent. Ce fabuleux trésor datant du VIIIe siècle comprend des croix processionnelles, des armures et des parures de guerre. Le butin a été réparti entre le British Museum de Londres, le Birmingham Museum & Art Pottery et le musée de Stoke-on-Trent.

FORD GREEN HALL

Smallthorne
Ford Green Road
✆ +44 178 223 3195
www.stokemuseums.org.uk
Ouvert du dimanche au jeudi de 13h à 17h. Entrée adulte £3. Parking gratuit.
Cette pittoresque maison à colombage a été habitée par la famille Ford pendant 200 ans. Les pièces sont meublées avec du mobilier d'époque et exposent également de belles créations artisanales : textiles, céramiques, poteries... On profite également de l'agréable jardin. Un salon de thé se trouve aussi sur place.

GLADSTONE POTTERY MUSEUM

Uttoxeter Road, Longton
✆ +44 178 223 7777
www.stokemuseums.org.uk
Ouvert tous les jours de 10h à 17h. Entrée adulte 6,95 £ et enfant £4,75.
Dans une poterie d'époque victorienne, on découvre les procédés de fabrication de la vaisselle chinoise, très en vogue à cette même époque. L'essor de la révolution industrielle a marqué celui de la consommation de masse et de nombreux ateliers se sont mis à produire des objets à grande échelle pour décorer les intérieurs bourgeois. La poterie de Gladstone a été en activité jusque dans les années 1960.

PORTMEIRION POTTERIES

167 London Road/Sylvan Works
Normacoat Road, Longton
✆ +44 1782 411 756
www.portmeirion.co.uk
Spécialisé dans les motifs botaniques, fruits, fleurs, dessins que l'on retrouve déclinés en sets de table, nappes, trousses de toilette.

SPODE MUSEUM

Church Street
ST4 1BX
✆ +44 1782 744 011
www.spode.co.uk
Musée sur le site historique de la manufacture.
La très vénérable Spode a acquis ses lettres de noblesse en 216 ans d'existence. Avec un musée qui retrace deux siècles de porcelaine et de faïence, c'est sans doute l'endroit le plus intéressant à visiter.

© ISTOCKPHOTO.COM – BMPIX

Traditionnelle maison de campagne blanchie couverte de chaume.

■ **THE DUDSON MUSEUM**
Hope Street
✆ +441782285286
Ouvert du lundi au vendredi de 10h à 15h. Entrée libre.
La famille Dudson est la plus ancienne qui soit toujours active dans le domaine de la céramique industrielle. Le musée en retrace l'histoire et une boutique vend les créations actuelles.

■ **TRENTHAM GARDENS**
Stone Road, Swynnerton
www.trentham.co.uk
De Stoke-on-Trent bus Station, prendre le Baker Bus X1. Un bus par heure entre 7h et 19h. Temps de trajet 10 minutes et ticket A/R £3.
Ouvert d'avril à août de 10h à 18h. Au mois d'août, les mercredi, jeudi et vendredi jusqu'à 20h. Entrée : £3.
Ce vaste parc créé au XIXe siècle a fait l'objet de restaurations majeures en 2004. Il offre aujourd'hui un cadre où se détendre de multiples manières : exploration de la faune et de la flore (hérons, blaireaux, biches...), croisières en barques, déjeuners au vert, shopping... Les jardins italiens incitent à la flânerie, avec leurs multiples espèces de plantes, leurs jets d'eau, leurs allées arborées et les parterres fleuris du Upper Flower Garden donnant sur un lac. Au terme d'une croisière de 30 minutes pour la somme de £2, on accoste de l'autre côté de la rive où se trouve le Lakeside Café, un charmant petit café sous les arbres. Des barques sont également en location. Le parc abrite aussi une forêt habitée par 140 macaques (The Monkey Forest) en liberté dont l'observation amuse les petits et les grands. Pour les enfants, un petit village contient aussi de multiples attractions : carrousel, trampoline et des *Waterwalkers* ou ballons gonflables transparents avec lesquels on marche sur l'eau. Une partie du parc (Aerial Extreme) a également été aménagée avec des canopés, ou filets permettant de passer d'un arbre à un autre et de s'offrir de bonnes montées d'adrénaline en prenant de la hauteur. L'occasion d'un bel après-midi de loisirs et de découvertes à apprécier avec toute la famille.

■ **WEDGWOOD & SONS**
Wedgwood Drive
Barlaston
✆ +44 1782 371 919
www.wedgwoodmuseum.org.uk
Ouvert tous les jours de 9h à 17h.
La poterie la plus célèbre. Très prisé des touristes, le style Wedgwood rappelle les camées : fond uni, bleu lavande et en relief, odalisques blanches qui existent en forme de cœur, en rond, en ovale. A côté, d'autres services plus discrets.
La fabrique est installée dans des bâtiments modernes et fonctionnels, on aurait préféré des murs anciens.

Shopping

■ **THE POTTERIES SHOPPING CENTRE**
www.potteries.uk.com
Ouvert tous les jours de 9h à 18h, le jeudi jusqu'à 20h et le dimanche de 11h à 17h.
Centre de vente de poteries.

East Midlands

La partie orientale du centre de l'Angleterre se compose de vallées boisées et de villages pittoresques. Les zones urbaines sont parsemées avec ses cités aux noms évocateurs comme Nottingham et Lincoln et sa superbe cathédrale. La région a été au cœur de l'Histoire dès le Moyen Age et de nombreux vestiges en témoignent. Plus vaste mais moins peuplée que les West Midlands, cette région compte de grands espaces, d'arrière-pays à explorer en promenade tout en appréciant des arrêts prestigieux comme la forêt de Sherwood.

NOTTINGHAM

De Robin des Bois à D. H. Lawrence en passant par Lord Byron, Nottingham a abrité du beau monde et attire aujourd'hui de nombreux visiteurs venus admirer le château, la cathédrale, l'abbaye, la plus vieille auberge d'Angleterre, le musée Robin des Bois et la forêt de Sherwood. Nottingham est une ville élégante, où la notion de patrimoine est importante. Hight Pavement abrite restaurants et bars sophistiqués, qui ont contribué à mettre en valeur d'anciens édifices historiques, avec un sens du design étonnant. Nottingham est une ville qui revendique son style, et son élégance.

Son centre-ville piéton abrite de nombreuses boutiques de vêtements élégants, ainsi qu'une quantité impressionnante de magasins de chaussures ! Vous serez probablement frappé par l'élégance de la plupart des habitants. Ce raffinement qui caractérise cette ville de 290 000 habitants se retrouve aussi dans l'assiette ! Restauration de qualité. Nottingham est également une ville qui bouge sur le plan de la musique, de la mode, de la vie nocturne... Une des grandes villes d'Angleterre et, sans aucun doute, l'une des plus plaisantes.

Transports

Comment y accéder et en partir

BROAD MARSH BUS STATION

Les bus National Express partent d'ici, en dessous du parking auto de Broadmarsh, ou accessible en passant par le centre commercial. Ils desservent, entre autres, Londres (3h), Leeds via Sheffield (2h15), Birmingham (2h) et Manchester (3h15).

L'autre gare du nord de la ville, Victoria Bus Station, se trouve près du Victoria Shopping Centre.

EAST MIDLANDS INTERNATIONAL AIRPORT

✆ +44 133 285 2852

www.eastmidlandsairport.com

Deux lignes de bus relient l'aéroport à Nottingham. Les Skylimk Bus connectent régulièrement l'aéroport et le centre, fréquence toutes les demi-heures. Pour des horaires précis, consulter www.skylink.co.uk Les Trent Barton sont moins chers mais ne circulent pas la nuit et sont plus lents.

NOTTINGHAM TRAIN STATION

Carrington Street

✆ 0871 200 4950

On rejoint la gare facilement à pied du centre-ville. Liaisons régulières avec Londres St Pancras (2h) et Birmingham (1h15). Vérifier sur www.eastmidlandstrains.co.uk

Se déplacer

Le centre-ville de Nottingham est relativement concentré. Pour des zones moins accessibles à pied, on prendra le tramway : www.thetram.net

Pratique

BANQUES

Old Market Square

OFFICE DE TOURISME DE NOTTINGHAM

City Information Centre

1-4 Smithy Row

✆ +44 844 477 5678

www.visitnotts.com

Ouvert du lundi au vendredi de 9h à 17h30, le samedi jusqu'à 17h et en été le dimanche de 10h à 16h.

POLICE

Queen Street, Bottesford

✆ +44 116 222 22 22

www.nottinghamshire.police.uk

POSTE DE POLICE

Queen Street, Bottesford

✆ +44 11 6222 2222

Se loger

Bien et pas cher

ELM BANK LODGE
Mapperley Park
9 Elm Bank ✆ +44 1159 625 493
£27,50 par personne petit déjeuner inclus.
Trois chambres dans une maison agréable dont certaines donnent directement sur un grand jardin arboré. Le *breakfast*, gourmand et copieux, est concocté avec des produits issus des fermes locales. Un logement à l'atmosphère tranquille et de qualité, à seulement 1,3 km du centre-ville.

IGLOO BACKPACKERS HOSTEL & IGLOO ANNEXE
110 Mansfield Road
✆ +44 1159 475 250
www.igloohostel.co.uk
£16 en dortoir, chambre privée à partir de £18 par personne (capacité de 2 à 5 personnes).
Une auberge de jeunesse stratégiquement située près du centre et dans une rue animée. D'ici, on n'aura aucun mal à explorer la ville et à sortir tard le soir. Dortoirs sécurisés, salles de bains bien entretenues, séjour cosy avec billard et jeux de société, encadrement sérieux et sympathique.

Confort ou charme

BLUE BARN FARM
Langwith – MANSFIELD
✆ +44 16 2374 2248
http : //www.bluebarn-notts.co.uk
4 chambres et un cottage. A partir de £35 la nuit par personne. Petit déjeuner inclus.
A un tir de flèche de la forêt de Sherwood, la demeure victorienne n'est pas facile à trouver, car au beau milieu d'une exploitation fermière. Mais une fois arrivé, vous aurez droit à un délicat accueil, une tasse de thé bien chaude, des gâteaux et des chocolats, et la plus charmante des mamies anglaises... l'adorable madame June Ibboton. Les chambres sont douillettes, le mobilier quelque peu suranné rajoute du charme à cette grande maison où l'on se sent rapidement à l'aise. Le petit déjeuner est gargantuesque, cuisiné sur un four sans âge. Pour une découverte de la région, madame Ibboton saura vous prodiguer ses nombreux petits conseils, jusqu'à vous les écrire sur une feuille de papier. Une belle adresse, pleine d'authenticité que l'on recommande fortement.

BRITANNIA HOTEL
St James's Street ✆ +44 115 988 4073
www.britanniahotels.com
Chambre double à partir de £53.
Situé dans un quartier très central, cet hôtel aux chambres fonctionnelles et agréables présente un très bon rapport qualité/prix. Tarifs d'autant plus intéressants si l'on réserve sur leur site Internet.

GREENWOOD LODGE
5 Third Avenue Sherwood Rise
✆ +44 115 962 1206
www.greenwoodlodgecityguesthouse.co.uk
Chambre simple à partir de £51, double à partir de £86,50.
Un petit hôtel luxueux et plein de charme loti dans une demeure prévictorienne à environ 1 km de la ville. Toutes les chambres sont des suites. Service de repassage offert aux clients. Service de restauration du lundi au jeudi. Parking et déjeuner inclus.

HYLANDS HOTEL
Beeston
303-309 Queens Road
✆ +44 1159 225 678
www.hylandshotel.co.uk
Chambre double avec salle de bains commune à £45,75 et à £59,75 avec une privative. Petit déjeuner inclus.
L'intérieur sobre et classiquement décoré de l'hôtel est agréable. Chambres spacieuses, séjour agréablement aménagé avec un billard et un bar. En périphérie de la ville, dans un quartier résidentiel tranquille, l'hôtel est très bien desservi par les transports en commun, de jour comme de nuit.

Nottingham
General Cemetery
Waverley Street
Peel Street
Gill Street
Hampten Street
Dryden Street
Bonnington Art Gallery
Mansfield Road
Huntington Street
North Sherwood Street
York Street
Victoria Bus Station
Goldsmith Street
Shakespeare Street
Clarendon Street
Chaucer Street
Union Rd.
Victoria Clock Tower
Union Road
Taxis
St. Marks St.
Talbot Street
St. Barnabas Cathedral
Royal Concert Hall
Burton Street
Trinity Square
Wollaton Street
Derby Rd.
Theatre Royal
Victoria Market
Glasshouse Street
Huntington Street
Wellington Circus
Albert Hall
Upper Parliament Street
Theatre Square
Forman Street
Upper Parliament Street
Nottingham Playhouse
Chapel Bar
Lower Parliament Street
King Edwards St.
Mount St.
Market Street
King Street
Clumber Street
Park Row
Maid Marian Way
Lincoln Street
George Street
Broad Street
Heathcoat St.
Mount Street
St. James St.
City Information Centre
South Parade
Pelham St.
Broadway Media Centre
Wheeler Gate
Friar Lane
Tales of Robin Hood
Victoria St.
Goosegate
Hockley
St. Peters Gate
Warser Gate
Hounds Gate
St. Peter's
Bridlesmith
Fletcher Gate
Castle Road
Castle Gate
Low Pavement
Pilcher Gate
Stoney Street
Barker gate
Belward St.
Robin Hood Statue
Castle
Middle Pavement
St. Mary's Gate
Castle Museum & Art Gallery
St. Nicholas's
Listergate
Severns House
High Pavement
St. Mary's
Bellar Gate
Brewhouse Yard Museum
Middle Hill
Collin Street
Cliff Road
Castle Boulevard
Isabella Street
Carrington St.
Canal Street
Popham St.
Canal Street
Waterfront
Beeston Canal
Trent Street
London Road
Beeston Canal
Arkwright Street North
Station Street
Nottingham Railway Station
Queens Road
0
350 m
Edifice religieux
Musée et galerie
Curiosité et monument
Théâtre
Information touristique
Marché
Station de taxis
Parking
Gare routière
Gare ferroviaire

■ **P & J HOTEL**
277-279 Derby Road
✆ +44 1159 783 998
www.pandjhotel-nottingham.co.uk
Chambre simple à partir de £42 et double de £57 à £75.
Tout de briques rouges, cet hôtel, agréable mais sans cachet particulier, est situé sur la route principale, à 1 km du centre-ville. Demandez de préférence une chambre à l'arrière, car la façade donne sur une route bruyante.

Luxe

■ **COLWICK HALL HOTEL**
Colwick Park, Racecourse Road
✆ +44 1159 500 566
www.colwickhallhotel.com
Rien de tel que cette belle demeure georgienne entourée d'un parc pour une escapade en amoureux ! Les chambres ont été décorées dans le style de l'époque. On goûte ici à un art de vivre raffiné, à une vie de château typiquement *british*, sur les traces du poète Lord Byron, qui vécut ici quelques belles années...

■ **PARK PLAZA NOTTINGHAM**
41 Maid Marian Way
✆ +44 115 947 7200
www.parkplaza.com/nottingham
Chambres à partir de £144.
Proche du Old Market Square, des restaurants et des bars des plus *trendy*, l'hôtel permet de profiter pleinement du quartier le plus vivant de Nottingham. Son décor contemporain, conçu avec recherche et sobriété s'adapte aussi bien aux voyages d'affaires qu'à un week-end en amoureux. Tout le confort d'un design modern vous y attend.

Se restaurer

La majorité des bons restaurants comme des enseignes de restauration rapide se trouve à Lace Market.

Sur le pouce

■ **REGIONAL FOOD AND DRINK MARKET**
Nottingham Old Market Square
www.regionalfoodanddrink.co.uk
Tous les troisièmes vendredis et samedis du mois, de 9h à 16h30.
La région du Nottinghamshire regorge de fermes. Au marché fermier, c'est l'occasion de goûter aux fruits et légumes, aux fromages de Stilton produits dans le East Midlands, aux miels, aux charcuteries et aux bières fabriqués par des éleveurs indépendants. Possibilité de manger sur place des plats cuisinés, le grand rendez-vous mensuel des gourmets.

Pause gourmande

■ **LEE ROSY'S TEA**
Hockley
17 Broad Street
✆ +44 115 959 8890
www.lee-rosy.co.uk
Ouvert du lundi au mercredi de 9h30 à 20h, du jeudi au samedi jusqu'à 22h et le dimanche de 10h30 à 19h.
Une adresse très courue de la jeunesse branchée à l'heure de l'*afternoon tea*... La déco assurée avec des gravures d'artistes et la bande son axée musique indépendante attirent un public dans le vent. Très bonne sélection de thés en vrac également à la vente et de gâteaux à base de chocolat. Rien de tel pour reprendre de l'énergie après une journée dehors.

Bien et pas cher

■ **IBERICO**
Lace Market
The Shire Hall ✆ +44 115 941 04 10
www.ibericotapas.com
Bar à tapas.
Bonne sélection de tapas entre £4,50 et £6 dans cet élégant restaurant à la décoration hispanique réussie. Assiettes de charcuterie et de fromages typiques de £7,50 à £12.

■ **MAY SUM**
92-98 Upper Parliament Street
✆ +44 11 5912 2000
www.maysumnottingham.co.uk
Restaurant buffet à volonté. Cuisine chinoise, thaïlandaise, malaisienne, japonaise. Le midi, du lundi au dimanche £6,95. Le soir, £10,95.
Deux arguments imparables pour se rendre au May Sum. C'est bon et pas cher ! Et même s'il vous faudra un peu attendre qu'une table se libère, une fois installés, les fauves seront lâchés ! Toute la cuisine asiatique, en self-service, à volonté. Les plats sont nombreux et de qualité... cuisine chinoise cantonaise, du Sichuan, japonaise, thaïlandaise, curry malaisien... Une adresse à retenir pour les grandes faims gourmandes.

■ **THE WALK CAFE**
12 Bridelsmith Walk
✆ +44 115 947 7574
www.thewalkcafe.co.uk

Dans un décor haut en couleur où s'exprime toute l'excentricité britannique, on déguste des sandwichs gourmands aux ingrédients combinés de façon créative, des soupes et des salades. Aux beaux jours, le patio joliment aménagé est un vrai plaisir.

Bonnes tables

THE LIVING ROOM

7 High Pavement ✆ +44 115 988 6870
nottinghampa@thelivingroom.co.uk
Entre £25 et £30.

Au rez-de-chaussée, un bar glamour et design, à l'étage, un restaurant sophistiqué au service impeccable. La décoration a été entièrement refaite. L'offre est variée : menu à la carte ou buffet et sandwiches raffinés. L'endroit idéal pour une sortie en amoureux, en face d'une église-bar.

MEM SAAB

12-14 Maid Marian Way
✆ +44 115 995 7009
www.mem-saab.co.uk
Autour de £25 le menu.

L'adresse de choix pour déguster une délicieuse cuisine indienne relevée et raffinée. Le chef d'origine indienne a fait ses classes à Londres et mixe les influences en une cuisine créative. La décoration intérieure à la fois chatoyante et minimaliste mélange également l'Orient et l'Occident. La carte est originale en ce qu'elle propose beaucoup de plats régionaux. Les palais les plus exigeants apprécieront de se laisser surprendre par cette cuisine innovante et pointue.

THE CROSS KEYS

15 Byrard Lane ✆ +44 115 941 7898
www.crosskeysnottingham.co.uk

Pour une nourriture traditionnelle de pub cuisinée avec soin, c'est par ici. On pourra y goûter un pudding fait maison et des steaks savoureux dans un cadre traditionnel et chaleureux. Bonne sélection de bières également. Service sympathique et professionnel, le repère des bonnes fourchettes et des amateurs de pubs authentiques.

TONIC

Chapel Bar
6B Chapel Quarter
✆ +44 115 9414 770
www.tonic-online.co.uk

Le Tonic comporte un bar où l'on se relaxe autour d'un verre dans un cadre agréable. A la carte, des plats typiques de pub soigneusement préparés offrent l'option d'un dîner rapide avant de filer au théâtre qui ne se trouve pas loin... Le restaurant, chic et confortable, propose une cuisine britannique raffinée et inventive.

Sortir

La vie nocturne est animée dans cette cité universitaire qui a su se débarrasser de son image de ville dangereuse pour laisser place à la fête.

Cafés – Bars

BROADWAY MEZZ BAR

14-18 Broad Street
✆ +44 115 952 66 11

Près du centre, ce lieu attire une jeunesse arty et alternative avec son ambiance décontractée et sa programmation de films indépendants du monde entier dans trois salles de projection. De petits plats sympathiques sont proposés pour manger sur le pouce. Flyers et affiches vous tiennent informés des concerts et expos branchés. Le bar du cinéma organise des fêtes à thème.

COCK AND HOOP

25-27 High Pavement
✆ +44 115 852 3231

Ce pub restauré et arrangé avec goût est un cadre agréable pour boire une *real ale*. La décoration de ce *gastropub* est d'inspiration très *british*. Côté restauration, on trouve une sélection de plats de pub typiquement britanniques avec des sandwiches spéciaux ou des viandes en sauce ou au gril, poissons et puddings très bien cuisinés. L'une des adresses les plus délicieuses de Nottingham pour découvrir la nourriture de pub.

GOLDEN FLEECE

105 Mansfield Road
✆ +44 115 947 2843

Un classique de Nottingham quand il s'agit d'aller au pub ! Bonne sélection de bières, bonne ambiance créée par un mix d'étudiants et de *locals* d'âge mur. Les vendredis et samedis soirs, un DJ au goût éclectique passe de la bonne musique. En plus, il offre tous les classiques de la cuisine britannique à la carte. C'est bon et l'on peut y manger pour £10.

PITCHER AND PIANO

The Unitarian Church
High Pavement
✆ +44 115 958 6081
www.pitcherandpiano.com

Ouvert tous les jours de midi à 1h et les vendredi et samedi jusqu'à 2h.
Qui aurait imaginé un jour apprécier une bonne bière dans une église ? Dans cette imposante bâtisse, le cadre historique est magistralement utilisé. Des banquettes semi-circulaires redessinent l'espace imposant de l'église en plusieurs salons, des balcons courent sous les arches, exhibant leurs bars impeccables et leur alignement de bouteilles. Au fond de l'église, un salon a été aménagé au pied d'un immense vitrail. En journée, déjeuner en admirant les vitraux chargés de lumière est une expérience inédite et inoubliable. Menus à partir de £5 (boisson incluse) et service avec sourire. Incontournable lors d'un passage à Nottingham.

■ **THE BODEGA SOCIAL CLUB**
23 Pelham Street ✆ +44 115 950 5078
thebodegasocialclub.co.uk
Ouvert à partir de 16h en semaine et de midi les week-ends.
Unique en son genre, ce bar offre un cadre agréable pour boire un verre. Belle décoration intérieure, banquettes confortables et bonne sélection musicale. Le bar qui possède un club au sous-sol a tout de même réussi à faire venir jouer des pointures de la pop anglaise comme les White Stripes ou Coldplay, pour ne citer qu'eux... Le rendez-vous *trendy* des noctambules.

■ **YE OLD TRIP TO JERUSALEM**
1 Brewhouse Yard
✆ +44 115 947 3171
www.triptojerusalem.com
Ouvert tous les jours de 11h à 23h. Service de restauration à partir de midi jusqu'à 22h. Pinte à partir de £2,75.
Situé au pied du rocher supportant le château, c'est probablement l'un des plus anciens pubs du Royaume-Uni : il a ouvert ses portes en 1189. D'anciennes caves à vin creusées dans la roche de grès sont ouvertes aux buveurs. Les étudiants apprécient particulièrement le Rock Lounge, et ses plafonds bosselés en grès. Terrasse agréable au pied du château. Ce refuge troglodytique qui attire aussi les curieux en visite est l'un des pubs les plus photographiés de Grande-Bretagne. Il se fait brasser sa propre bière, la *Olde Trip* et vend ses t-shirts. Une institution pour les touristes.

Clubs et discothèques

■ **COOKIE CLUB**
22 St James Street
www.cookieclub.co.uk
Pouvant accueillir 500 personnes dans trois salles, le Cookie Club est la boite préférée de la jeunesse de Nottingham. Musique indie, funk, rétro, il y en a pour tous les goûts jusque très tard !

■ **PENTHOUSE NIGHTCLUB**
12 Broadway Lace Market
✆ +44 115 924 0170
penthousenottingham.com
Entrée libre ou à £8 en fonction de la programmation.
Un lieu très fréquenté lors des soirées « Lovezoo » du samedi. House, funk, électro font chauffer la piste et rassemblent tous les noctambules férus de danse.

■ **THE BODEGA SOCIAL CLUB**
23 Pelham Street
✆ +44 115 950 5078
thebodegasocialclub.co.uk
Ouvert à partir de 16h en semaine et de midi le week-end, ce club sur deux niveaux reste ouvert jusque tard. C'est le quartier général de tous ceux qui aiment la musique indépendante. Concerts et sets de DJ y sont régulièrement programmés.

Spectacles

■ **ALBERT HALL**
North Circus Street
✆ +44 115 950 0411
www.alberthallnottingham.co.uk
Entrée libre pour certains concerts, et de £8 à £55 pour les entrées payantes.
Ce bel auditorium d'époque édouardienne accueille des orchestres de musique classique, à commencer par le Philharmonic de Nottingham et des chorales (chants traditionnels, gospels). Des organistes se produisent également ici.

■ **BROADWAY CINEMA**
14-18 Broad Street
✆ +44 115 952 6611
www.broadway.org.uk
Le cinéma indépendant de la ville : des films en provenance du monde entier et les blockbusters du moment offrent un large éventail de choix. Le cinéma propose aussi une formule sympathique : un ticket combinant l'entrée de la séance à un repas, le tout pour £13,50. La carte du café change parfois en fonction du film. Aussi pourra-t-on par exemple manger japonais après la projection d'un manga ! Un cinéma qui entend aller au-delà de la seule projection de films, en créant des moments de convivialité.

NOTTINGHAM PLAY-HOUSE
Wellington Circus
✆ +44 1159 419 419
www.nottinghamplayhouse.co.uk
Ce complexe culturel date de 1963. Il présente des créations locales ou des troupes en tournée ; sa programmation est plutôt audacieuse (voir le site Web).

THÉÂTRE ROYAL
Royal Square
✆ +44 115 989 5555
www.royalcentre-nottingham.co.uk
Théâtre victorien (1860) réaménagé en 1970. Tournées nationales, music-hall, productions locales, la programmation est assez diversifiée et populaire.

À voir – À faire

BREWHOUSE YARD MUSEUM
Castle Boulevard
✆ +44 115 915 3640
Au pied du château, la visite de cinq anciennes demeures du XVIIe siècle se jouxtant les unes les autres apporte un éclairage intéressant sur 300 ans de vie sociale. La reconstitution soigneuse d'intérieurs domestiques et l'expositions d'objets et d'accessoires de l'époque évoquent de façon éloquente le quotidien des habitants de Brewhouse Yards. Pour compléter cette remontée dans le temps, on ne manquera pas d'aller ensuite s'offrir une bière dans le pub le plus ancien de la ville, Ye Trip To Jerusalem.

CRESWELL CRAGS
Crags Road, Welbeck
Worksop
✆ +44 19 0972 0378
www.creswell-crags.org.uk
Ouvert de 10h à 16h30 de février à octobre. Le week-end, de novembre à janvier. tarif musée + grottes : £13 adulte, £8 enfant.
Creswell Crags est un site archéologique préhistorique, l'un des plus anciens d'Angleterre, composé de plusieurs cavernes autour d'un petit lac, dans lesquelles ont été retrouvés des outils en pierre et des restes d'animaux. Le musée et le centre d'éducation de Creswell, regroupe ces découvertes fascinantes, datant de la dernière période glaciaire, pour les plus vieilles âgées de 50 000 ans.

FORÊT DE SHERWOOD
Edwinstowe
✆ +44 162 382 3202
sherwood.forest@nottscc.gov.uk
De Nottingham, le Sherwood Arrow Bus 33 conduit jusqu'à Edwinstowe. Ensuite 10 minutes de marche suffisent à rejoindre la forêt.
La forêt de Sherwood, liée pour toujours aux aventures de Robin des Bois, est aujourd'hui une réserve naturelle. On trouve au centre de visite des suggestions d'itinéraires à travers la vaste forêt de chênes anciens et le chemin du Major Oak, le plus gros chêne de Grande-Bretagne. Agé d'environ 800 ans et d'une circonférence de 10 m, ses branches se déploient sur 28 m et il pèse 23 t. Ce monument naturel d'une grande beauté a désormais besoin de béquilles pour se maintenir droit !

▸ **Sur les pas de Robin des Bois.** Une belle façon de découvrir des paysages variés et de pittoresques endroits aux alentours de Nottingham est de marcher dans les pas de Robin des Bois. On trouve l'itinéraire et les anecdotes qui ont ponctué l'histoire de notre sympathique justicier sur www.robinhoodbreaks.com – L'itinéraire peut se faire par section, en voiture, à pied ou en transport en commun. Le circuit inclut le charmant village d'Edwinstowe et son église, St Mary, où Robin aurait épousé la douce Marianne, ainsi que l'abbaye de Rufford, cernée d'un superbe jardin où se trouve un lac.

THE GALLERIES OF JUSTICE MUSEUM
Lace market
High Pavement
✆ +44 115 952 0555
www.galleriesofjustice.org.uk
Ouvert tous les jours de 9h à 17h. Entrée £9,50 et £7,50 pour les enfants. Départs de visites guidées toutes les demi-heures.
Un gibet en acier où l'on pendait un malheureux pour impressionner les potentiels criminels nous accueille dès l'entrée de la prison. On reçoit ensuite son numéro de prisonnier et son crime. En activité de 1780 à 1980, ce lieu vit défiler de nombreux prisonniers et contenait également sa salle de jugement. On visite les cellules des détenus. Leurs conditions de vie apparaissent à travers les objets de la vie de tous les jours : uniformes, accessoires de toilette... Deux siècles de détention sont ici retracés. Heureusement que des comédiens en costume apparaissent dans les couloirs, pour mettre un peu d'humour dans cet endroit lugubre où l'odeur est authentique ! Une partie de la prison accueille également des expositions temporaires en relation avec le milieu carcéral.

THE LACE MARKET CENTRE

3 High Pavement
✆ +44 115 989 7365
info@nottinghamlace.org
Nottingham est un haut lieu de production dentellière (*lace* en anglais) depuis plus d'un siècle. Exposition de modèles, de machines, explications sur la fabrication.

NEWSTEAD ABBEY

Newstead Abbey Park
www.newsteadabbey.org.uk
Newstead Abbey se trouve à 15 km de Nottingham. Le bus y conduit en 45 minutes. Départs réguliers de Nottingham York House, stop 5 sur Mansfield Road, prendre le Stagecoach East Midlands direction Chesterfield, descendre à Ravenshead, Newstead Abbey Gates, sur Nottingham Road. Le parc se trouve à 7 minutes à pied.
La maison se parcourt uniquement par visite guidée. Ouvert d'avril à septembre. Visites à 13h, 14h et 15h, d'une durée d'environ 45 minutes. Entrée dans la maison et le parc £10.
Non loin du centre-ville, il est possible de plonger dans l'intimité de l'un des plus grands poètes anglais, Lord Byron. Ce dernier hérita d'un ancien prieuré d'Augustins où il vécut de 1798 à 1812. Cette belle architecture gothique comporte encore son cloître médiéval et les salons d'époque victorienne aménagés par le poète se découvrent lors de la visite. Le parc immense contribue beaucoup à la magie des lieux et prolonge le voyage romantique avec ses lacs et cascades. Récupéré dans un état de délabrement avancé, ce petit paradis coûta cher à Lord Byron qui, criblé de dettes, dut finalement céder sa somptueuse propriété.

NOTTINGHAM CASTLE

Castle place
✆ +44 115 915 3700
castle@ncmg.org.uk
Ouvert de mars à septembre, de 10h à 17h ; d'octobre à février de 14h à 16h. Fermé le lundi. Dernière admission une demi-heure avant la fermeture. Entrée : adulte £5,50 (entrée au Museum of Nottingham Life incluse).
Du château d'origine qui a vu défiler tous les rois d'Angleterre, de Guillaume le Conquérant à Henri VIII, il ne reste rien si ce n'est le pont. L'entrée principale et les murs d'enceinte ont été reconstruits en 1908 et des jardins à l'anglaise occupent désormais l'espace où se trouvait autrefois le château. La partie la plus ancienne de l'édifice date du XVIIe siècle, bien qu'elle eût été également endommagée et restaurée. C'est ici que se trouvent aujourd'hui les galeries du musée. Inauguré en 1875, c'est le premier musée municipal anglais. Il abrite aujourd'hui différentes galeries : au sous-sol, une vaste exposition retrace l'histoire de Nottingham, de ses origines à nos jours.

NOTTINGHAM CAVES

Broadmarsh Shopping Centre
Drury Walk
✆ +44 115 988 1955
www.cityofcaves.com
Audio tours du lundi au vendredi de 10h30 à 17h. Tours guidés le samedi de 10h30 à 16h ; le dimanche de 10h30 à 16h, ainsi que pendant les vacances scolaires. Tarifs 2013 : £6,50 (adulte) £5,50.
Véritable réseau souterrain de plus de 400 caves aménagé pour la conservation de la bière, du vin, du poisson et de la viande. Elles servirent de refuge aux habitants, dès les invasions médiévales et jusqu'à des époques troublées bien plus récentes. La visite guidée est amusante : le tanneur vous demande si vous cherchez du travail et prend un malin plaisir à décrire tous les aspects les plus repoussants du métier de tanneur. Ensuite on se retrouve dans l'ambiance des caves où les habitants s'abritaient pour échapper aux bombardements aériens, pendant la Seconde Guerre mondiale.

NOTTINGHAM CONTEMPORARY

Weekday Cross
✆ +44 115 948 9750
www.nottinghamcontemporary.org
Ouvert du mardi au vendredi de 10h à 17h, le samedi de 10h à 18h et le dimanche de 11h à 17h. Entrée libre.
Inauguré en 2009, le musée d'Art contemporain de la ville s'est taillé une belle place dans un ancien entrepôt brillamment réaménagé par l'architecte Caruso St John. La programmation artistique est à la hauteur de cette programmation ambitieuse. Expositions thématiques, conférences, concerts, ateliers pour les enfants, projections, chacun trouvera ici matière à passer un bon moment en se frottant à des créations résolument contemporaines. Programmation détaillée sur le site Internet.

THE HARLEY GALLERY

Welbeck ✆ +44 190 950 1700
www.harleygallery.co.uk
Ouvert du lundi au samedi de 10h à 17h et le dimanche jusqu'à 16h30.

LE CENTRE

Non loin de la forêt de Sherwood, on découvre ici un bel ensemble de pièces d'artisanat anciennes et contemporaines. La Treasure Gallery en constitue le cœur. Elle expose une collection d'art constituée à partir du XVIe siècle par une grande famille de la région : miniatures, bijoux, livres anciens... Par extension, d'autres galeries exposent des créations d'artistes contemporains. De beaux objets à découvrir dans le cadre agréable d'une ferme ancienne jouxtant une forêt. On profite aussi sur place d'une petite boutique de pièces artisanales, réalisées par une trentaine d'artistes de la région, et de bonnes assiettes au Lime House Café.

■ THE NEW ART EXCHANGE
39-41 Gregory Boulevard
✆ +44 115 924 8630
www.thenewartexchange.org.uk
Ouvert du lundi au samedi de 10h à 16h30.
Accessible en 7 minutes de tram, au départ du Nottingham Contemporary, cet espace est dédié à la création contemporaine en Afrique et en Asie. Beaucoup de photographies et de vidéos d'artistes touchent à des questions d'ordre politique et identitaire. Pour voir le monde contemporain à travers un prisme multiculturel.

■ TUNNEL DE MORTIMER
Castle Place
Départs à 11h, 14h et 15h du lundi au vendredi et le samedi et dimanche, visites à midi, 13h, 14h et 15h.
Du château, on peut aussi rejoindre les visites guidées des multiples galeries souterraines. La plus célèbre est celle qui fut creusée par le fils de la reine Isabelle, Edouard III, afin de surprendre sa mère avec Roger Mortimer, son amant et le meurtrier de son père, Edouard II. L'affaire fut ainsi découverte et Mortimer, condamné pour traîtrise et pendu. On raconte que son fantôme hanterait parfois le tunnel !

■ WOLLATON HALL
Wollaton
NG8 2AE
✆ +44 115 915 3900
www.mynottingham.gov.uk/wollatonhall
A environ 5 km à l'ouest du centre-ville.
Manoir et musée ouverts de 11h à 17h de mars à octobre et de 11h à 16h le reste de l'année. Entrée dans le parc gratuite. Visite du manoir : adulte £2,50, enfant £2.
Rénové à grands frais, ce manoir du XVIe siècle est un exemple splendide du style Renaissance anglais. Entouré de jardins et d'un lac, c'est un lieu parfait pour des promenades en famille à la découverte du style de vie à l'époque des Tudors, et des biches qui gambadent en liberté dans le parc.

Visites guidées

■ THE NOTTINGHAM EXPERIENCE
10 Northdale Road
✆ +44 115 911 5005
✆ +44 7710 293 348
www.experiencenottinghamshire.com
Des guides professionnels certifiés par Nottingham vous proposent d'effectuer un parcours incluant les édifices incontournables de la ville : château, visite de Lace Market, présentation de la légende de Robin des Bois, tours dans la forêt de Sherwood... A chacun ensuite de choisir la durée de sa visite et de l'organiser en fonction de ses intérêts. Vos guides s'adaptent, composent un programme en fonction de vos attentes et peuvent aussi s'occuper de la réservation de votre hôtel et des transports.

■ THE NOTTINGHAM GHOST WALK
✆ +44 1623 721 003
www.ghost-walks.co.uk
Les tours démarrent tous les samedis à 19h, au Salutation Inn, sur Maid Marian Way, près du château. Tarifs : adulte £5 et £3 pour les moins de 12 ans. Durée de 1h15 à 1h30. Pas de réservation à l'avance, se présenter au RDV.
Depuis 1993, quatre personnages étranges guident les visiteurs au fil d'une promenade sur les traces des plus illustres fantômes de la ville. Autour du château, dans les ruelles et les caves anciennes, on redécouvre l'histoire de la ville au travers de ses anecdotes sanglantes.

Shopping

■ BRIDLESMITH GATE
Située entre Middle Pavement et Victoria Street, cette rue piétonne est bordée de boutiques de vêtements : Ted Baker, Paul Smith, Hugo Boss, Diesel, American Apparel, Jigsaw, Vivienne Westwood... le quartier des fashionistas.

■ DEBBIE BRYAN'S STUDIO AND SHOP
The Lace Market
18 St Mary's Gate
✆ +44 115 950 7776
www.debbiebryan.co.uk
Ouvert le lundi de 11h à 17h, le samedi jusqu'à 18h et le dimanche jusqu'à 16h.

La ville de Nottingham est connue pour son savoir-faire traditionnel en matière de création textile et de dentelle. On trouve ici quelques accessoires de mode comme des écharpes mais surtout beaucoup d'articles pour la maison et la table. Des créations uniques, faites main par des créateurs indépendants. La maison organise aussi régulièrement des *workshops* pour transmettre son savoir-faire.

■ DELILAH
15 Middle Pavement
NG1 7DX
✆ +44 115 948 4461
www.delilahfinefoods.co.uk
Epicerie fine de produits du monde.
Breakfast available ou bonnes assiettes de fromages et charcuteries françaises, espagnoles, italiennes avec de bons vins également de même provenance. On peut s'installer au bar, s'il y a de la place. Ambiance dégustation dans cette épicerie. Des sandwiches à emporter sont également proposés. Vente de produits locaux de bonne qualité.

■ OXFAM
Bridelsmith Gate
www.oxfam.org.uk
On trouve ces *charity shops* dans toutes les villes britanniques mais leur qualité est très variable. Ce Oxfam est particulièrement élégant. Les vêtements sont triés sur le volet, pour satisfaire le goût, décidément très raffiné, des habitants de Nottingham.

■ PAUL SMITH
High Pavement
Willoughby House
✆ +44 115 968 5990
www.paulsmith.co.uk
Ouvert du lundi au samedi de 10h à 18h et le dimanche de 11h à 17h.
Originaire de Nottingham, Paul Smith a élu domicile dans une superbe maison georgienne. Dans ce cadre élégant et superbement arrangé, il est agréable de découvrir la collection de ce créateur raffiné regroupant vêtements, accessoires et mobilier.

■ WILD CLOTHING
4-6 Broad Street
✆ +44 115 941 39 28
Ouvert de 10h à 17h30.
Juste à côté du cinéma Broadway. Bottes et santiags, t-shirts imprimés, jeans, vestes en cuir vintage à des prix raisonnables.

CHESTERFIELD

Ville célèbre pour la flèche tordue de son église paroissiale, Chesterfield se trouve dans le Derbyshire, à l'orée du Peak District. Commune de près de 72 000 habitants, elle est réputée également pour son marché traditionnel qui remonte au XIIe siècle.

Pratique

■ CHESTERFIELD VISITOR INFORMATION CENTRE
Rykneld Square
✆ +44 12 4634 5777
www.visitchesterfield.info
Ouvert du lundi au samedi de 9h à 17h.
Très bon accueil. Brochures en français sur la ville et le Peak District. Réservation possible de chambres dans les B&B du coin.

Se loger

CASA HOTEL
Lockoford Lane ✆ +44 12 4624 5999
www.casahotels.co.uk
Cent chambres, de la Deluxe aux Picasso et Gaudi suites, à partir de £90. Restaurant, bar, salle de gym, wi-fi, parking.
Ce grand vaisseau espagnol amarré aux abords du Peak district a tout pour plaire. Situé à quelques miles du centre de Chesterfield, entre Sheffield au nord et Nottingham au sud, proche de la gare et de la jonction des voies 29 et M1, l'hôtel se dresse fièrement comme un hidalgo.

A l'intérieur, un mélange de luxe et de chaleur toute méditerranéenne, que l'on retrouve également au restaurant, Cocina, ou au Barca bar. 100 chambres sur 4 étages, le dernier est réservé aux suites, avec tout le confort souhaité. TV écran plat, minibar, lit hyper moelleux, produits de soins de qualité, connexion wi-fi… Un petit déjeuner extrêmement copieux, une petite salle de sport bien équipée pour éliminer. En soirée, particulièrement le week-end, Casa devient le rendez-vous incontournable de la jeunesse des alentours, l'ambiance y est *caliente* !

RINGWOOD HALL HOTEL

Brimington
✆ +44 12 4628 0077
www.ringwoodhallhotel.com
Chambres à partir de £98 par personne et par nuit. Petit déjeuner inclus. Restaurant. Accès wi-fi gratuit.
Ce manoir vieux de deux siècles chargé d'histoire est resté très authentique. Il est situé au beau milieu d'un parc arboré avec serres et potager aux portes du Peak District. Les chambres sont spacieuses et le mobilier ancien, les salles de bains sont originales, certaines avec des canapés autour de la baignoire… Une belle salle de sport, une piscine intérieure, un personnel efficace. L'endroit idéal pour apprécier les charmes de la campagne anglaise.

Se restaurer

COCINA @ CASA

Casa Hotel
Lockoford Lane
www.casahotels.co.uk
Cuisine anglaise et méditerranéenne.
Le restaurant de l'hôtel Casa tient ses promesses. Une cuisine généreuse, inspirée, teintée de saveurs méditerranéennes. Les viandes et les légumes viennent de la ferme Walton, toute proche, réputée pour la qualité de ses produits. Déco espagnole, ambiance quelquefois survoltée de la part de la jeune clientèle en soirée, Cocina est aussi un rendez-vous incontournable du brunch dominical.

THE OLD VICARAGE

Ridgeway Village
✆ +44 11 4247 5814
www.theoldvicarage.co.uk
Menu à £40, £70 et £75 ou à la carte.
En direction de Sheffield, dans le petit village de Ridgeway, se trouve l'un des meilleurs restaurants d'Angleterre, récompensé par de nombreuses distinctions, une étoile au Michelin notamment. La chef et propriétaire de cet établissement, Tessa Bramley, est aussi une star du petit écran, membre du Master Chefs of Great Britain. A la carte, des plats traditionnels anglais revisités, comme ce râble de lapin, enveloppé de sauge et de pancetta, accompagné de compote de cerises poivrées. Une pure merveille ! Vous ne trouverez rien de mieux plusieurs kilomètres à la ronde.

À voir – À faire

CHESTERFIELD MARKET

Market Place
Lundi, vendredi et samedi.
Un des plus grands marchés de plein air de la région. Le jeudi, la place se transforme en marché aux puces. Chaque deuxième jeudi du mois, les produits fermiers sont à l'honneur.

CHESTERFIELD MUSEUM

St Mary's gate
✆ +44 12 4634 5727
Fermé le mercredi et le dimanche.
L'histoire de la ville, de l'antiquité romaine à nos jours et quelques effets de l'ingénieur George Stephenson, mort à Chesterfield, considéré comme le père du chemin de fer moderne.

CHESTERFIELD PARISH CHURCH

St Mary & Hall Saints Church
Church way
Visite en haute de la tour : £3,50 par adulte, £1,50 par enfant.
Chesterfield Parish Church appelée aussi Crooked Spire Church doit son surnom à l'originalité de son clocher en spirale. L'église anglicane, la plus grande du Derbyshire, a été bâtie au XIIIe siècle, mais le clocher date du XIVe. Il vous faudra gravir 144 marches pour atteindre le sommet.

REVOLUTION HOUSE

Old Whittington
Ouvert du 1er avril au 30 septembre et du 15 au 31 décembre. Entrée gratuite.
La maison de la révolution se situe à 5 km au nord de Chesterfield. Elle fut le théâtre du complot mené par trois comtes pour renverser le roi James II en faveur de William et Mary d'Orange. Cet établissement était il y a trois cents ans une auberge appelée « Cock and Pynot ». Un film y est projeté dans la partie inférieure de l'établissement retraçant la révolution glorieuse de 1688. A l'étage, le mobilier est d'époque.

MATLOCK

L'emplacement de Matlock, au cœur de Peak District en fait un bon point de départ pour explorer la région. Du charmant village s'étageant au pied d'une falaise, le long de la rivière de Derwent, on accède en funiculaire aux Heights of Abraham, l'attraction la plus populaire de Peak District. De visite à Matlock Bath, Lord Byron la compara à une « petite Suisse », ce qui lui valut son surnom de « Little Switzerland ». Les nombreux sentiers pédestres et cyclables accessibles du village permettent de découvrir aisément les paysages de ce parc national.

Transports

GARE DE MATLOCK
Dale Road
C'est aussi de cette station aux allures de chalet de montagne que l'on prend les funiculaires pour les Heights of Abraham.

GARE FERROVIAIRE
✆ +44 8457 484 950 – www.nationalrail.co.uk
Départ de la gare de Nottingham et voyage de 1h15. Billets à £ 7,40 l'aller-retour.

Pratique

OFFICE DE TOURISME DE MATLOCK
Peak Rail, Matlock Riverside Station
✆ +44 16 2958 0381
www.derbyshiredales.gov.uk
L'été, ouvert tous les jours de 9h30 à 17h. L'hiver, ouvert les week-ends de 11h à 15h.
Un autre point tourisme se trouve au Peak District Museum.

À voir – À faire

THE HEIGHTS OF ABRAHAM
Derbyshire DE4 3PD
Peak District ✆ +44 1629 582 365
www.heightsofabraham.com
Entrée : £13,50 et £9 pour les enfants, gratuit pour les moins de 5 ans. Ouvert tous les jours du 20 mars au 2 novembre, entre 10h et 17h. Le ticket inclut l'aller-retour en funiculaire, la visite des grottes, les expositions, ainsi que les attractions pour les enfants dans le parc.
Des funiculaires vous transportent de la station de train, au-dessus d'une gorge spectaculaire, jusqu'au sommet de l'une des plus hautes montagnes du parc naturel de Peak District. La vue exceptionnelle que l'on a des hauteurs des Heights of Abraham séduit depuis longtemps les visiteurs puisque dès 1780, un « jardin sauvage » fut ouvert pour les accueillir au sommet gravi alors à pied. Aujourd'hui, le parc abrite plusieurs attractions et the Summit Bar où il est possible de se restaurer en profitant de la vue. La visite inclut la découverte d'anciennes mines romaines aux passages et cavités impressionnantes. Un musée sur le site retrace l'histoire des lieux. Circuits de promenade, attractions de plein air pour les enfants, contemplations des vues, musées… On passe bien une journée entière aux Heights of Abraham, sans s'ennuyer.

PEAK DISTRICT MINING MUSEUM AND TEMPLE MINE
The Pavillon
✆ +44 1629 583 834
www.peakmines.co.uk
Ouvert tous les jours d'avril à octobre, entre 10h et 17h, et le reste de l'année de 11h à 15h en semaine et 16h les week-ends. Entrée : £6 et £4 pour les enfants.
Le musée est consacré à l'activité minière qui fit la richesse des habitants du Derbyshire pendant des décennies. On découvre les conditions de travail, précaires, dans lesquelles ces hommes extrayaient le plomb des entrailles de la terre, les outils dont ils se servaient. La visite se poursuit ensuite en sous-sol, par une exploration des tunnels creusés par les mineurs et une collection de pièces géologiques.

PEAK DISTRICT NATIONAL PARK

Peak District est un parc naturel de toute beauté où alternent prairies, falaises calcaires de couleur miel et étendues recouvertes de bruyères aux couleurs flamboyantes. Le village qui concentre la plupart des attractions est Matlock Bath, situé au pied des Heights of Abraham aux sommets desquels on jouit de vues superbes sur les alentours. C'est également un bon point de chute pour qui souhaite explorer la région plus à fond. On peut rejoindre en bus les charmants villages de Bakewell, Wirksworth ou Ashbourne. Entre Matlock Bath et Derby, la rivière de Derwent, courant sur 25 km à travers vallées et petits villages, est célèbre pour ses pittoresques itinéraires de randonnées. Des vestiges historiques ponctuent la route, dont les plus anciens datent du Néolithique et les plus récents, de la révolution industrielle !

STAMFORD

Stamford est une petite ville, à 35 km de Peterborough, dont l'architecture date des XIIIe et XIVe siècles.

BURGHLEY HOUSE
Burghley House ✆ +44 1780 752 451
www.burghley.co.uk
Ouvert du 21 mars à fin octobre de 11h à 17h. Fermé les vendredis. Entrée : adulte £12,70, enfant £6,50.
Un immense édifice de style élisabéthain. Celui-ci fut construit entre 1555 et 1587 par Lord William Cecil, trésorier de la reine Elisabeth Ire. Plus de 100 pièces dont certaines sont vraiment magnifiques. Le château abrite une fabuleuse collection de peintures de la Renaissance italienne, ainsi que du mobilier des XIIIe et XIVe siècles.

TOURIST INFORMATION CENTRE
Stamford Arts Centre
27 St. Mary Street ✆ +44 1780 755 611
Ouvert du lundi au samedi de 9h30 à 17h. Entre Pâques et fin septembre, aussi ouvert le dimanche entre 10h30 et 15h30.

LINCOLN

Le centre médiéval de Lincoln ressemble un peu à un Montmartre à l'anglaise, datant de l'invasion normande, doté de réverbères victoriens, d'un château, d'une cathédrale, d'une rivière... et agrémenté de bancs pour reprendre son souffle dans les montées. La population de près de 85 000 habitants est multipliée par deux en été.

Transports

GARE FERROVIAIRE
Se rendre à Lincoln en train implique généralement de faire au moins un changement. Central Station, St Mary's Street (✆ +44 1522 553 135).

GARE ROUTIÈRE
National Express dessert Londres, Birmingham, Glasgow depuis Lincoln City bus station. Vous pouvez également atteindre d'autres destinations en changeant en cours de route. Si vous venez de Stamford ou vous y rendez, vous emprunterez les bus Kimes Coaches (✆ +44 1529 497 251- www.kimes-buses.co.uk. Départs les samedis et mardis).

Pratique

BANQUES
High Street et Bailgate.

OFFICE DU TOURISME DE LINCOLN
9 Castle Hill ✆ +44 1522 545 458
www.visitlincolnshire.com
On vous donnera de précieux renseignements et une carte gratuite.

POLICE
Beaumont Fee
✆ +44 1522 881 188

Se loger

202 GUEST HOUSE
202 West Parade
✆ +44 7767 497 189
www.202guesthouse.co.uk
Chambre double à £55. Simple à £40.
Steve et Elaine offrent une hospitalité unique dans leur maison traditionnelle. Le service est de qualité et la taille de la maison, seulement trois chambres doubles, fait qu'une attention particulière est portée sur chaque résident. A distance raisonnable des lieux à visiter. Une bonne adresse.

THE GEORGE HOTEL
High Street
✆ +44 1400 272 251
www.thegeorgeatleadenham.co.uk
Chambre double à partir de £49,50. Pour déjeuner ou dîner, compter entre £10 le plat et £20 le menu.
L'ancienne auberge qui compte six chambres est appréciée pour son bon restaurant d'esprit brasserie et sa sélection de whiskies, en provenance du monde entier. Ambiance chaleureuse et très locale. Le patio est agréable en été.

Se restaurer

Lincoln et son comté sont réputés pour leur spécialité, la saucisse. Vous ne la trouverez que dans quelques adresses mais la gastronomie est tout de même à l'honneur avec cette sélection.

BROWNS PIE SHOP
33 Steep Hill
✆ +44 1522 527 330
www.brownspieshop.co.uk
Compter environ £10.
On trouve salades, tartes, thés. Les végétariens sont les bienvenus. En soirée, une carte plus sophistiquée, ainsi qu'un concept curieux : le « Beat the Clock ». Dès 17h, pour deux plats servis, le prix de l'addition est de : + £1 à partir de l'heure d'arrivée. Par exemple, si l'on arrive à 6h10, l'addition sera de £7,10 !

SUN CAFE
36 Portland Street
✆ +44 1522 535 064
www.suninternetcafe.co.uk
Sandwichs et salades à partir de £3.

Un café baba cool vraiment sympa, qui attire des backpackers de tous pays. Sandwichs et salades très bon marché. Connexion Internet gratuite sur les ordinateurs de ce café ou via wi-fi pour les propriétaires de portables.

■ WIG AND MITRE
32 Steep Hill ✆ +44 1522 535 190
www.wigandmitre.com
Menu de saison à partir de £20. Service à partir de 12h.
Une bonne adresse pour apprécier une cuisine de saison avec un choix de viandes diverses accompagnées de fromage de chèvre grillé. Menu végétarien et sandwichs à emporter sont également disponibles.

Sortir

D'apparence plutôt calme, la ville bascule dans la fête grâce à la communauté étudiante. Les pubs sont chaleureux dans le Cultural Quarter.

■ THE RITZ
143-147 High Street
✆ +44 1522 512 103
Ouvert de 7h à minuit et jusqu'à 1h le week-end.
Ancien théâtre, le Ritz est aujourd'hui un pub appartenant à la chaîne JD Whetherspoons où l'on peut dîner et boire une bonne bière.

■ SUGARCUBES
1 West Parade
✆ +44 1522 511 327
Ouvert à partir de 22h30 et jusqu'à 3h le week-end.
Ce club alternative a une playlist originale à base de rock et de musique indie. Sauf pour les soirées étudiantes du mardi soir.

À voir – À faire

Les Romains avaient fait de Lincoln l'une des plus belles villes-colonies de l'Empire. Les Anglo-Saxons et les Normands apportèrent leurs propres améliorations. A chaque coin de rue, dans chaque quartier, des vestiges : Newport, Arch, The Stonebow, une porte monument du XIe siècle, Exchequer Gate (XIIe siècle), qui conduit à la cathédrale, la très célèbre maison normande Jew's House (Steep Hill). Un petit détour par Waterside, le long de la rivière, permet d'admirer le High Bridge

▶ **Mi-août :** Festival international de musique de chambre. Concert d'artistes contemporains à travers la ville.

■ LINCOLN CASTLE
4 Castle Hill ✆ +44 1522 511 068
Du lundi au dimanche de 10h à 18h. Entrée : £5 par adulte. £3,50 par enfant.
Construit par les Normands en 1068 (donjon et Cobb Hall datent du XIIe siècle), le château est majestueux. Dès l'origine, il abrita un certain nombre de prisonniers, même avant sa transformation officielle en prison en 1787. Le château abrite la Magna Carta, une ébauche de Constitution écrite en 1215. Autour du château, des pierres commémorent les suicides d'épouses de prisonniers.

■ LINCOLN CATHEDRAL
Minster Yard ✆ +44 1522 544 544
www.lincolncathedral.com
Entrée : £7. Ouverte jusqu'à 18h.
Elle date de 1192-1235, mais ses fondations remontent à 1072. Son histoire est retracée par les vitraux. On admirera les deux rosaces, le cloître, dont les voûtes en bois (XIIe siècle) sont parfaitement géométriques, et la salle du chapitre. Certainement, une des plus belles cathédrales de province.

■ LINCOLN MEDIEVAL BISHOPS PALACE
A côté de la cathédrale
Ouvert du 1er avril au 31 octobre de 10h à 17h et jusqu'à 16h le reste de l'année. Entrée £5,50 et £3,40 pour les enfants.
Vieux de 800 ans, ce véritable palais, demeure d'un évêque, fut sérieusement endommagé en 1536, durant la guerre civile. Cependant, se promener au milieu des ruines de ce bâtiment, et de ses jardins avec vue sur la ville est fort agréable…

La légende de Lincoln

Il y a très longtemps, le vent, d'humeur facétieuse, envoya deux de ses lutins visiter Lincoln. Ceux-ci furent aussitôt attirés par un superbe monument, la cathédrale, qui s'élevait haut dans le ciel. Ils s'en approchèrent et tournèrent autour pendant un bon moment. L'un d'eux trouvant la porte sud ouverte s'y engouffra, s'approcha du chœur et grimpa sur un pilier. A peine eut-il posé le pied sur la colonne qu'il fut changé en pierre. Le second lutin, fatigué d'attendre son compagnon, entra à son tour dans la cathédrale et fut également pétrifié. Depuis lors, le vent hante les alentours de la cathédrale dans l'espoir du retour des lutins, et voilà pourquoi il souffle sans cesse sur Lincoln

LE NORD

Dans les environs de Barra.

Liverpool

Situé à l'endroit où la rivière Mersey rejoint la mer d'Irlande, le port de Liverpool fut pendant plus de deux siècles une plaque tournante de l'Empire britannique. La ville commença à construire sa richesse sur l'esclavage, jusqu'en 1807 où il fut aboli, puis sur le commerce et la main-d'œuvre bon marché de l'émigration. Principale porte d'entrée de la Grande-Bretagne, Liverpool était un incontournable pour les navires du monde entier. Des milliers de personnes transitèrent ici, entre le vieux monde et la « nouvelle Angleterre ». Entre 1830 et 1930, 9 millions d'émigrés européens partirent vers les Amériques et l'Australie. En 1847, trois cent mille Irlandais arrivèrent par centaines pour échapper à la famine frappant leur pays. Pour certains, le port de Liverpool ne fut qu'une escale sur le chemin de l'Amérique et pour d'autres, un lieu où ils décidèrent de s'établir. L'importante communauté irlandaise expliquerait d'ailleurs cet accent Liverpudlian si particulier ! En 1850, la compagnie de transport maritime vers l'Australie, White Line, fut créée à Liverpool. Cette même compagnie assura plus tard les croisières Transatlantiques. L'épisode le plus tragique de son histoire reste le naufrage du Titanic en 1912.

Une circulation humaine dense et planétaire, de constants échanges de marchandises et de capitaux ont façonné la ville, dont l'architecture contrastée est le témoignage. La Grande Dépression mit un terme à cette époque dorée de la ville, ensuite victime d'une récession violente. Liverpool fut également l'une des villes anglaises les plus bombardées lors de la Seconde Guerre mondiale.

La ville aujourd'hui

Un mélange de bâtiments historiques grandioses, de logements vieillots ou de friches industrielles, de constructions modernistes et d'édifices classés caractérise la ville. Au fil des années, Liverpool a mis en valeur son histoire en restaurant son front de mer – classé au patrimoine de l'Unesco – pour lui donner l'attrait qu'on lui connaît aujourd'hui. C'est du port que tout a commencé, et c'est autour de ce pôle de circulation et d'échanges que la ville s'est développée.

Même, le Merseybeat, phénomène musical typique de Liverpool auquel les Beatles s'assimilèrent à leurs débuts proviendrait des Docks ! Capitale de la Culture en 2008, Liverpool, 440 000 habitants, poursuit cette valorisation de son passé et les chantiers se multiplient. L'un des derniers édifices inaugurés est le complexe Liverpool One, un mastodonte du shopping avec 160 magasins et des hôtels. Le nouveau musée consacré à la ville a ouvert ses portes en 2011. Le dynamisme de cette ville en pleine mutation tient aussi à ses habitants. Il faut aller un week-end dans les rues du Cavern Quarter : Les Beatles ont beau ne plus faire partie du paysage que sous la forme du souvenir, ferveur musicale et délires collectifs (souvent alcoolisés) sont encore d'actualité ! En 2012, Liverpool a fêté les 50 ans de *Love me do*, le premier single des Beatles, sorti le 25 octobre 1962.

Le North West

Le Nord-Ouest de l'Angleterre a joué un rôle stratégique dans l'histoire du pays. Après l'invasion romaine et l'établissement de la Pax Romana, la région a subi les assauts saxons et vikings. Par la suite, la rébellion écossaise a souvent poussé les Calédoniens (peuple celte d'Ecosse) à s'aventurer de ce côté de la frontière. Manchester et Liverpool, deux villes aux fortes personnalités, se disputent quant à elles le statut de capitale officieuse du Nord.

Manchester, capitale du rock anglais dans les années 1980, ville de Joy Division, des Happy Mondays et des premières soirées House au club Hacienda, offre une culture urbaine dynamique et cosmopolite.

Sa voisine, Liverpool, enchante par un passé maritime contrasté qui apparaît dans son patrimoine architectural dense. C'est une ville pleine d'histoires, celle des Beatles, évidemment, mais aussi celle du Titanic *et des premières croisières Transaltlantiques. A Lake District, on découvre émerveillé les paysages qui firent écrire à Wordsworth ses plus beaux poèmes et firent aussi venir John Ruskin, en quête d'un havre de paix.*

Le Titanic

C'est la star la plus connue de Liverpool après les Beatles ! Construit à Belfast, le bateau fut immatriculé à Liverpool et la majorité de son équipage était de la ville. Par ses dimensions gigantesques, 269 m, son architecture intérieure et ses luxueuses salles de réception, le *Titanic* représente ce qui se fit de plus ambitieux et sophistiqué en matière de paquebot. Le voyage inaugural de ce Transatlantique, entre Southampton et New York s'interrompit brutalement, lorsque le 14 avril 1912, le paquebot heurta un iceberg. Le naufrage du *Titanic* qui transportait à son bord une élite américaine fortunée, parmi laquelle les multimilliardaires John Jacob Astor et Benjamin Guggenheim, plongea la ville entière de Liverpool dans le deuil. Il reste pour beaucoup associé au déclin progressif d'une ère géorgienne florissante.

QUARTIERS

City Centre

La sortie à Lime Station donne sur le Cultural Quarter, qui se déploie le long de William Brown Street. Ces bâtiments publics majestueux rappellent la puissance passée de Liverpool, qui fut, à son apogée, le port le plus florissant de Grande-Bretagne. C'est toute la richesse passée du port qui apparaît ici, dans les somptueuses architectures et les galeries du World Museum exposant des objets du monde entier. L'une des plus remarquables est le St George's Hall, petite merveille de style néo-classique. L'édifice abrite aujourd'hui la collection d'œuvres d'art anciennes et modernes de Liverpool. Actuellement sujette à d'importants travaux de rénovation, la majestueuse Central Library, un édifice de 1850, devrait rouvrir ses portes au printemps 2013. En attendant, on poursuivra sa promenade jusqu'au World Museum pour découvrir des antiquités égyptiennes et gréco-romaines, une collection importante de pièces en provenance d'Afrique, d'Asie et d'Océanie ainsi que le planétarium et une section consacrée aux espèces naturelles. De Williamson Square à Church Street, et de South John Street à Parker Street, le centre-ville est entièrement piéton, avec des rues dégagées bordées de boutiques, des places, des bancs, des musiciens de rue et des cafés déployant leurs terrasses aux beaux jours. En fin de journée, l'activité se poursuit du côté du Carvern Quarter, autour de Mathew Street, où se trouve le Cavern Club et une succession d'autres clubs venus rivaliser avec ce lieu légendaire où se produisirent les Beatles à leurs débuts. Trait d'union entre le centre-ville et les quais, le centre commercial à ciel ouvert Liverpool One et son Chavasse Park étirent l'animation du centre jusqu'au Waterfront.

Cathedral Quarter

Un beau hasard historique a voulu que la rue qui relie la cathédrale catholique et la cathédrale anglicane porte le nom de Hope Street ! En réalité, elle tient son nom de William Hope, un marchand qui se fit construire cette belle demeure aujourd'hui occupée par le Philarmonic Hall. C'est en effet sur les hauteurs de la ville qu'à partir de 1790, les plus riches fuirent autrefois un centre-ville surpeuplé pour y construire de spacieuses habitations, à l'écart de la classe laborieuse du port. Ces bâtiments élégants d'époque georgienne ont favorisé depuis l'éclosion de restaurants et de pubs exigeants où le plaisir de la gastronomie se conjugue au cachet des lieux. Le quartier abrite également des bars agréables où se croisent étudiants, musiciens et artistes : The Grapes, sur Roscoe Street ou The Fly on the Loaf, sur Hardman Street. Après tout, la Liverpool School of Art and Design ne se trouve qu'à quelques encablures, sur Rodney Street. C'est ici qu'étudia autrefois John Lennon. Côté pubs, ne manquez surtout pas de vous offrir une pinte, voire un bon repas au Phil, un pub superbe de style Art déco, en face du Philarmonic. Bordées d'immeubles georgiens, les rues ont ici plus d'allure que dans le centre-ville. Aux croisements de celle-ci et des rues qui redescendent vers le centre se trouvent de beaux points de vue sur la ville, d'où l'on aperçoit au loin les Trois Grâces. En redescendant vers le port par Parliament Street, on prendra aussi le temps de découvrir le Baltic Triangle. Cet ensemble majestueux d'entrepôts, construit à l'époque où 40 % des échanges commerciaux du monde transitaient par le port, est désormais classé. Il fait l'objet d'une campagne importante de rénovation. En attendant, on peut déjà faire un tour à La Cain's Brewery et se faire une toile au CUC.

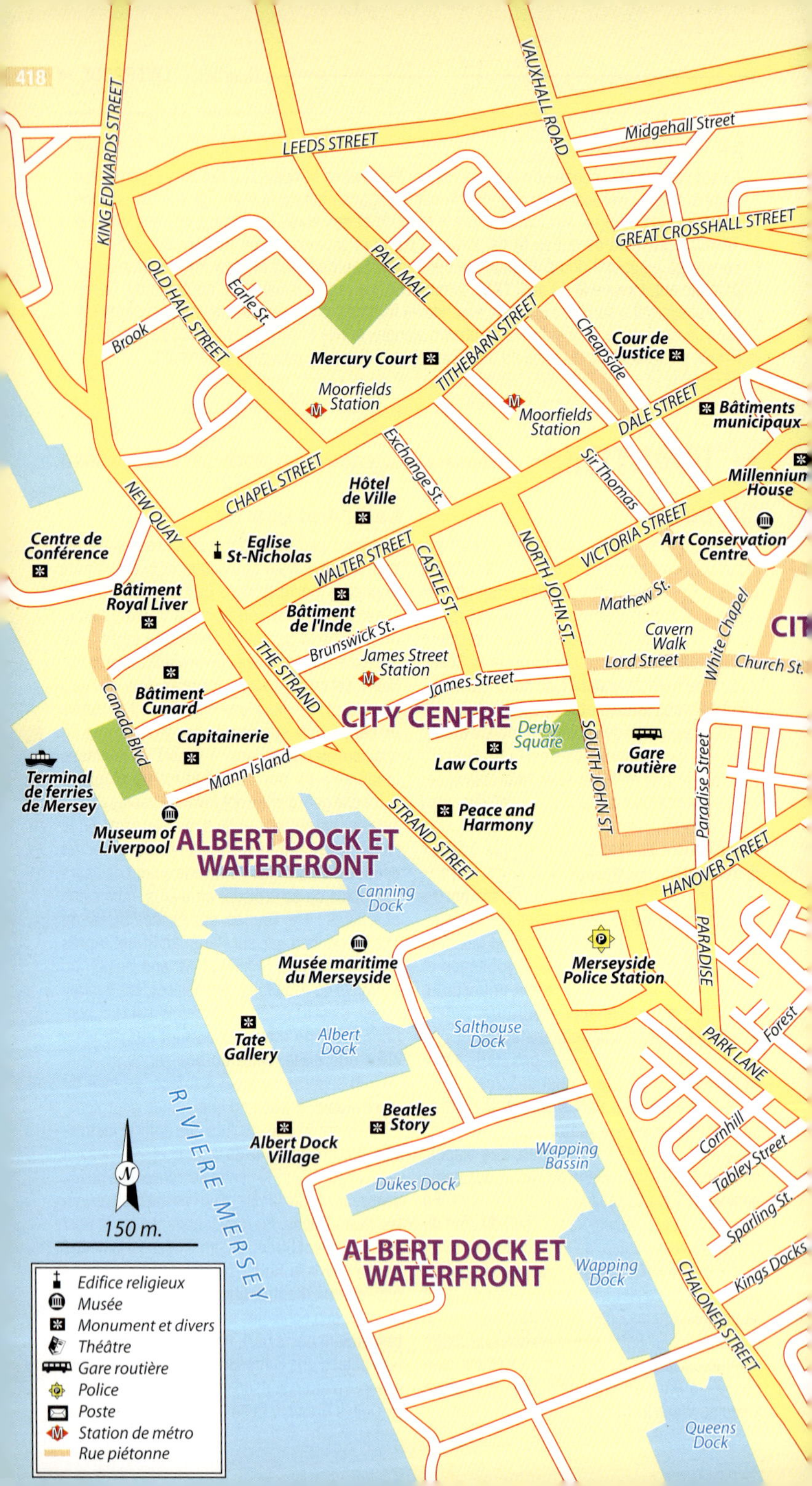

LEEDS STREET
KING EDWARDS STREET
VAUXHALL ROAD
Midgehall Street
GREAT CROSSHALL STREET
OLD HALL STREET
Earle St.
Brook
PALL MALL
TITHEBARN STREET
Cheapside
Cour de Justice
Mercury Court
Moorfields Station
Moorfields Station
DALE STREET
Bâtiments municipaux
Millennium House
Sir Thomas
Exchange St.
CHAPEL STREET
NEW QUAY
Hôtel de Ville
Art Conservation Centre
VICTORIA STREET
Centre de Conférence
Eglise St-Nicholas
WALTER STREET
CASTLE ST.
NORTH JOHN ST.
Mathew St.
Bâtiment Royal Liver
Bâtiment de l'Inde
Brunswick St.
Cavern Walk
Lord Street
White Chapel
Church St.
THE STRAND
James Street Station
James Street
Bâtiment Cunard
Canada Blvd
CITY CENTRE
Derby Square
SOUTH JOHN ST
Gare routière
Capitainerie
Law Courts
Mann Island
Terminal de ferries de Mersey
Paradise Street
Peace and Harmony
STRAND STREET
Museum of Liverpool
ALBERT DOCK ET WATERFRONT
HANOVER STREET
Canning Dock
Musée maritime du Merseyside
Merseyside Police Station
PARADISE
Tate Gallery
Albert Dock
Salthouse Dock
PARK LANE
Forest
RIVIERE MERSEY
Beatles Story
Albert Dock Village
Wapping Bassin
Cornhill
Tabley Street
Dukes Dock
Sparling St.
150 m.
ALBERT DOCK ET WATERFRONT
Wapping Dock
Kings Docks
CHALONER STREET
Queens Dock
Edifice religieux
Musée
Monument et divers
Théâtre
Gare routière
Police
Poste
Station de métro
Rue piétonne

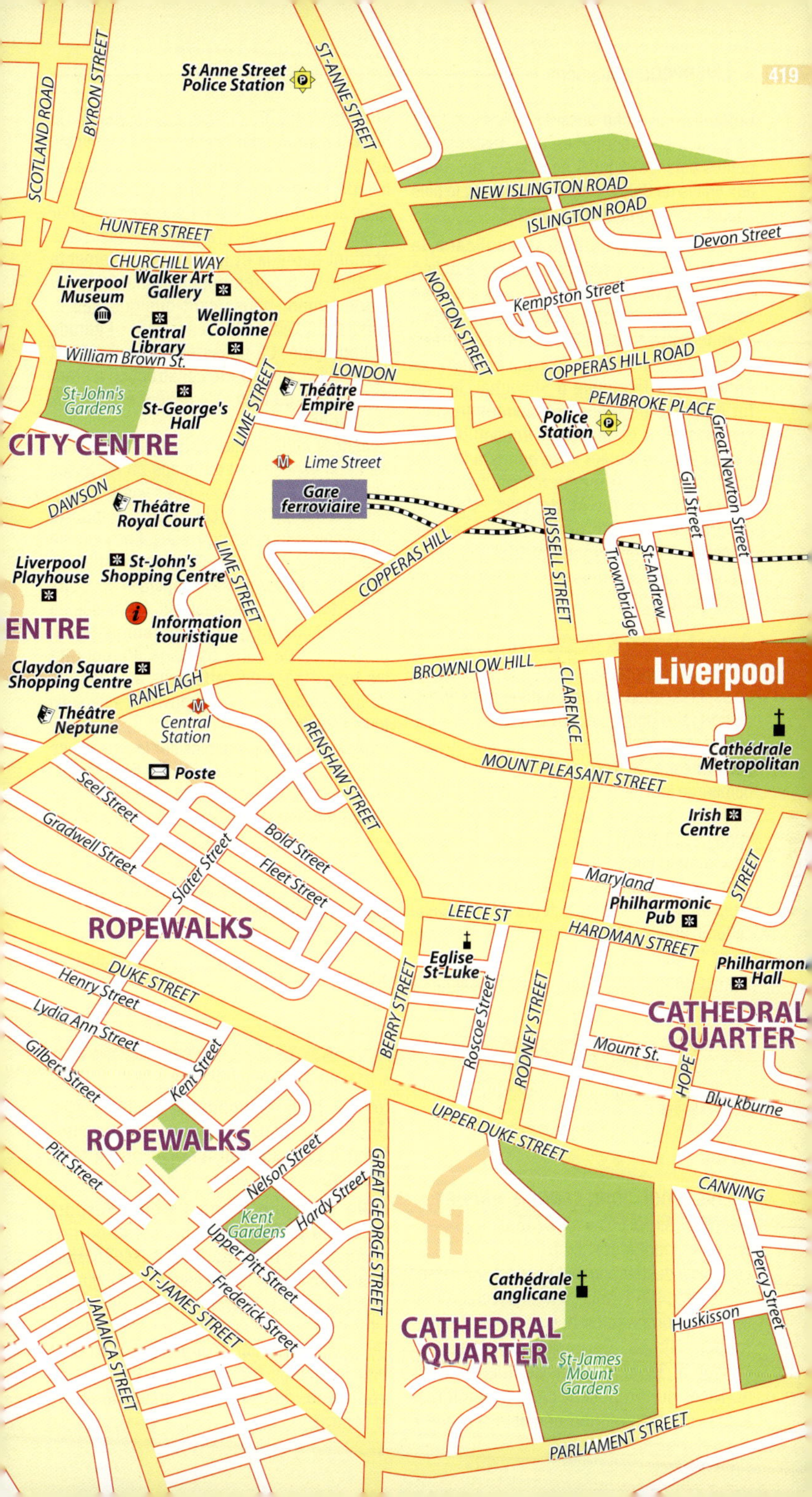
Liverpool
St Anne Street
Police Station
SCOTLAND ROAD
BYRON STREET
ST-ANNE STREET
NEW ISLINGTON ROAD
ISLINGTON ROAD
HUNTER STREET
CHURCHILL WAY
Devon Street
Liverpool
Museum
Walker Art
Gallery
Wellington
Colonne
Central
Library
NORTON STREET
Kempston Street
William Brown St.
LONDON
COPPERAS HILL ROAD
St-John's
Gardens
St-George's
Hall
LIME STREET
Théâtre
Empire
PEMBROKE PLACE
Police
Station
CITY CENTRE
Lime Street
Gare
ferroviaire
DAWSON
Théâtre
Royal Court
COPPERAS HILL
RUSSELL STREET
Gill Street
Great Newton Street
Trownbridge
St-Andrew
Liverpool
Playhouse
St-John's
Shopping Centre
LIME STREET
ENTRE
Information
touristique
Claydon Square
Shopping Centre
RANELAGH
BROWNLOW HILL
CLARENCE
Théâtre
Neptune
Central
Station
Cathédrale
Metropolitan
Poste
RENSHAW STREET
MOUNT PLEASANT STREET
Seel Street
Gradwell Street
Slater Street
Bold Street
Fleet Street
Irish
Centre
Maryland
Philharmonic
Pub
STREET
ROPEWALKS
LEECE ST
HARDMAN STREET
DUKE STREET
Eglise
St-Luke
Philharmon
Hall
Henry Street
Lydia Ann Street
BERRY STREET
Roscoe Street
RODNEY STREET
CATHEDRAL
QUARTER
Mount St.
HOPE
Gilbert Street
Kent Street
Blackburne
UPPER DUKE STREET
ROPEWALKS
Pitt Street
Nelson Street
CANNING
Hardy Street
Kent
Gardens
GREAT GEORGE STREET
Upper Pitt Street
Percy Street
Cathédrale
anglicane
JAMAICA STREET
ST-JAMES STREET
Frederick Street
Huskisson
CATHEDRAL
QUARTER
St-James
Mount
Gardens
PARLIAMENT STREET

Cette section inclut aussi la délicieuse Lark Lane, une allée bordée de bons restaurants, petites galeries et pubs de quartier qui mène aux grilles de Sefton Park, l'espace vert le plus important et agréable de Liverpool.

Tout près de la cathédrale anglicane, le Chinatown. Les Asiatiques venus s'établir à Liverpool forment aujourd'hui la plus ancienne communauté chinoise d'Europe. Chinatown s'étend entre Nelson Street et Berry Street. Une arche chinoise en marque en l'entrée. Entièrement fabriquée à Shanghaï, le tout fut emporté en pièces détachées jusqu'à Liverpool. Sur ce tout petit tronçon de rue, tout change d'aspect : les boîtes à lettres, les réverbères et même les poubelles se teintent de rouge et de vert, s'ornent de dragon et de dorures, les maisons se transforment en pagode et les enseignes arborent des écritures chinoises en néons multicolores.

Albert Dock & Waterfront

Albert Dock impressionne par son panorama. La sophistication des trois bâtiments centraux du port, surnommés les Trois Grâces, attire le regard. Aujourd'hui classé patrimoine mondial par l'Unesco, le front de mer, sérieusement bombardé lors de la Seconde Guerre mondiale, a fait l'objet d'importantes rénovations. Les immenses entrepôts où l'on stockait autrefois les marchandises ont laissé place à de séduisants espaces vite pris d'assaut par les promoteurs immobiliers et les acteurs du renouveau culturel. Prince's Dock et Albert Dock, énormes quais flottants construits pour s'adapter aux marées abritent désormais musées, boutiques et restaurants, très prisés des touristes. Un bureau d'information centralisant toutes les activités du Waterfront et faisant office de billetterie se trouve à l'angle du Salthouse Quay et de Gower Street. L'engouement pour le port est tel que de grands immeubles noirs abritant bureaux et luxueux appartements se sont incorporés depuis mars 2011 au Mann Island, bousculant quelque peu le panorama d'ensemble. Leur nom : Latitude et Longitude. La passerelle les reliant est appelée Ecuador. Cette construction n'étant pas du goût de tous, elle génère encore des polémiques...

Reliant le centre-ville au quai, le Chavasse Park, un espace vert aménagé en terrasses et jouxtant le Liverpool One, vaste centre commercial piéton à ciel ouvert, remporte en revanche tous les suffrages. Les jours de beau temps, les Liverpuldiens aiment flâner sur cette plateforme de shopping et de loisirs ou s'attarder sur les pelouses. Le musée de Liverpool ouvrait quant à lui tout juste ses portes lors de notre passage. Parcourant les trois étages de cette belle architecture en pierre blanche, on découvre la ville sous toutes ses facettes et l'on profite au troisième étage de vues imprenables sur le patrimoine architectural du front de mer. Par beau temps, le Riverside Walk est une balade agréable, pour découvrir l'imposant panorama industriel et urbain des berges d'en face. Mais le meilleur moyen de profiter de l'indéniable grandeur de ses berges reste la croisière à bord du Mersey Ferry, une attraction si mythique qu'elle donna lieu à la chanson *Ferry Cross the Mersey* par Gerry and the Pacemakers, dans les années 1960.

TRANSPORTS

L'arrivée

Avion

LIVERPOOL JOHN LENNON AIRPORT
Liverpool Airport ✆ +44 8715 218 484
www.liverpoolairport.com
Les vols à destination de Liverpool sont assez chers depuis la France, à moins d'emprunter une des compagnies bon marché, Ryanair (depuis Nîmes, Bergerac, Carcassonne, Limoge et Toulon) ou Easyjet (depuis Paris ou Nice) qui proposent des tarifs intéressants. L'autre solution consiste à prendre un vol pour Manchester depuis Paris. De là vous pouvez vous rendre directement à Liverpool en autocar ou en train (56 km).

De Liverpool John Lennon Airport jusqu'au centre-ville, la course de taxi coûte entre £14 et 18. Il est aussi possible de prendre le train (www.merseytravel.gov.uk) jusqu'au Liverpool Central Station, idéalement situé en plein centre-ville, sur James Street. De là, n'hésitez pas à prendre un taxi pour finir le voyage (prévoir £4 à 6 maximum pour une course, n'importe où dans le centre).

Train

GARE FERROVIAIRE DE LIME STREET

Lime Street ✆ +44 2072 785 240
www.nationalrail.co.uk
Connexions avec la plupart des grandes villes du pays depuis Lime Street Station. Compter 40 min pour un trajet à Chester, 47 min jusqu'à Manchester, 1h50 pour Leeds et 2h10 pour Londres.

LIVERPOOL CENTRAL STATION

Bold Street ✆ +44 1517 095 500
www.merseytravel.gov.uk
L'arrivée à Liverpool se fait à la gare de Lime Street si l'on prend les trains nationaux, et à la gare centrale de Bold Street si l'on arrive de l'aéroport. Cette gare relie Liverpool aux villes du Greater Liverpool : Merseyrail dessert la ligne nord qui suit la côte de Sefton jusqu'à Southport, la péninsule de Wirral, avec Birkenhead, jusqu'au Ellesmere Port et Chester. Une ligne dessert également le Liverpool John Lennon Airport et les villes de Kirkby et de St Helens. Le site de Traveline Northwest est le plus pratique pour préparer son itinéraire, celui du Merseytravel n'ayant pas de plan d'itinéraire actif.

NATIONAL EXPRESS

Norton Street – www.nationalexpress.com
National Express dessert la plupart des villes du pays. Nombreux bus pour Londres (£21, 5h30), Manchester (£5, 1h). La gare routière se trouve sur Norton Street.

Bateau

MERSEY FERRIES

Pier Head ✆ +44 1513 301 444
www.merseyferries.co.uk
Embarquement et achat des billets au Pier Head. Vous pouvez traverser la rivière Mersey en empruntant un bateau et vous rendre jusqu'au port de Salford qui jouxte Manchester. Egalement des ferries pour l'île de Man tél 0870 552 3523 – www.steam-packet.com – et pour l'Irlande tél 0870 517 1717 – www.irishferries.co.uk. Les billets sont moins chers sur Internet.

Se déplacer en ville

Même si la ville est étendue, le centre-ville, concentré, se visite à pied. Liverpool est aussi bien quadrillée par les transports en commun. On trouve dans les bureaux de poste des cartes journalières bon marché qui donnent accès à tous les moyens de transport de la ville, ferry inclus.

Métro

MÉTRO

www.merseyrail.org
L'unique ligne de métro relie toutes les gares de la ville.

Bus

FREE CITY BUS LINK TRAVEL

www.merseytravel.co.uk
Des bus gratuits, les C1, C2, C3, C4 et C5, permettent de circuler dans tout le centre-ville. Les deux stations terminus de la ville sont Liverpool One station, juste à côté du Chavasse Park et Queen Square. Ces bus gratuits relient également les différentes stations de train entre elles : Liverpool Central Station, sur Bold Street, qui permet de se déplacer dans le Great Liverpool (Southport, Port Sunlight, St Helens, Birkenhead, l'aéroport John Lennon...) et le Liverpool Rail Station, sur Lime Street, d'où partent tous les trains nationaux (vers Manchester, Nottingham, Leeds, York, Chester, Londres...).

RÉSEAU URBAIN DE BUS

La plupart des lignes partent de Queen Square et de la station de Liverpool One. Des navettes gratuites relient Albert Dock au centre-ville. Les week-ends, les bus de nuit fonctionnent jusque tard dans la nuit.

Taxi

D.E.L.T.A

7-11 Glen Buildings, Moor Lane
Crosby
✆ +44 1519 247 373
Une compagnie aux tarifs intéressants. La course y est souvent moins chère qu'ailleurs. Sur réservation téléphonique uniquement.

MERSEY CABS

Abbey House, 5-7 Falkland Street
✆ +44 1512 982 222
✆ +44 1512 072 222
www.merseycabs.co.uk
La compagnie la plus importante de Liverpool, établie depuis 1958. Service efficace et sûr.

Voiture

THE CAPITAL CAR PARK

Fazakerley Street
✆ +44 1517 072 666
www.thecapitalcarpark.com
Face au Princes Dock, près du restaurant Panoramic. 1 100 places de parking surveillées 24h/24.

■ **Q-PARK**
Strand Street ✆ +44 1517 073 608
www.q-park.co.uk
Trois parkings autour du Liverpool One : Q-Park à Strand Street, avec 2 000 emplacements souterrains, le Q-Park de Gradwell Street, avec 560 emplacements et le Q-Park John Lewis, de 580 places.
▶ **Autres adresses : Gradwell** Street • John Lewis.

PRATIQUE

Tourisme – Culture

■ **LIVERPOOL 08 PLACE**
36-38 Whitechapel ✆ +44 151 233 2008
www.liverpool08.com
Ouvert du lundi au samedi de 10h à 17h. Pendant les vacances scolaires locales, ouvert de 11h à 16h.
Ce centre d'information se situe en plein centre-ville, entre le Liverpool One et le Met Quarter, vaste centre commercial regroupant de nombreuses enseignes de prêt-à-porter. On peut y faire des réservations pour des spectacles (Echo Arena, Everyman Playhouse, Philarmonic Hall...), prendre une documentation gratuite sur la ville (cartes, dépliants de musées) et se rapporter un souvenir de voyage (t-shirts imprimés, porte-clés, cartes postales, etc.).

■ **OFFICE DE TOURISME D'ALBERT DOCK**
The Anchor Courtyard, Albert Dock
✆ +44 151 233 2008
A côté du Beatles Story.
Ouvert du lundi au samedi de 10h à 17h entre octobre et mars et jusqu'à 17h30 d'avril à septembre.
Cet office de tourisme est bien pratique car il centralise toutes les informations relatives aux multiples activités et visites guidées dont on peut profiter sur le Waterfront. On vous y donne également un plan gratuit de la ville.

■ **VISIT WIRRAL**
✆ +44 151 666 3188
www.visitwirral.com
Située entre le fleuve Dee, qui traverse Chester et le fleuve Mersey, cette péninsule à la nature très préservée offre de multiples opportunités d'escapades au bord de la mer et de sympathiques villages à explorer, comme celui de Port Sunlight. La région est connue pour son paysage d'estuaires donnant sur les collines galloises. Les amateurs d'ornithologie pourront y contempler de nombreuses espèces d'oiseaux.

SE LOGER

Les hôtels du centre-ville peuvent se révéler chers mais la ville compte des adresses au standing et à l'accueil inégalables. L'office de tourisme opère un système de réservation très efficace sur www.visitliverpool.com

Locations

■ **COCOON – INTERNATIONAL INN**
4 South Hunter Street
✆ +44 151 709 8135
www.cocoonliverpool.co.uk
Appartements à £65 la chambre et à £150 les 3 chambres.
Six appartements meublés ont été aménagés dans des entrepôts soigneusement rénovés. Conçus pour 2 à 6 personnes, leur location peut s'avérer particulièrement intéressante pour les groupes d'amis ou des vacances en famille. Le mobilier est sobre et fonctionnel, la cuisine totalement équipée. Thé, café et serviettes de toilettes sont offerts.

■ **POSH PADS AT THE CASARTELLI**
18 Hanover Street ✆ +44 151 708 6666
www.luxuryliverpoolapartments.com
A partir de £65 pour une occupation individuelle en appartement. Appartements 2 personnes à partir de £100 par nuit et de £120 pour 4 personnes. Prix très variables.
Pour des vacances en famille ou avec des amis, la location d'un appartement peut s'avérer plus confortable et presque moins cher qu'une chambre d'hôtel. Choix d'appartements pour les couples, les groupes de 4 personnes ou les familles, offres de séjour combinant la location à des croisières... La situation est centrale, proche des musées du front de mer et du centre-ville.

■ **PRINTWORKS APARTMENTS**
58 Henry Street ✆ +44 151 706 0531
www.printworksliverpool.co.uk
En semaine, £55 l'appartement avec chambre double et jusqu'à £200 les vendredis et samedis soirs. Appartements 2 chambres, 4 personnes, à £55 en semaine et à £250 les week-ends.
Appartements modernes et bien équipés dans un quartier très sympathique, proche du Waterfront et très animé en soirée. Possibilité de se faire préparer et servir des repas, concierge 24h/24. Grand séjour confortable avec télévision satellite, accès wi-fi, cuisine équipée et salle de bains.

City Centre

Bien et pas cher

■ **VICTORIA HALL**
29 Hatton Garden ✆ +44 151 907 7000
www.victoriahall.com
Chambre simple entre £20 et £25 et double entre £23 et £28. Salle de bains privative.
Chambres propres et claires réparties dans des appartements de 4 à 6 chambres. Toutes sont équipées d'une salle de bains privative. A proximité du Cultural Quarter, excellent rapport qualité/prix.

■ **DAYS INN LIVERPOOL CITY CENTRE**
James Street
✆ +44 151 203 1901
www.daysinnliverpool.com
A partir de £39 la chambre double.
Cet hôtel vient tout juste d'ouvrir les portes de 154 chambres au design contemporain et spacieuses. On est ici en plein centre-ville, tout près des gares de Lime Street et de Central Station. Le Days Inn offre un cadre de séjour confortable, sympathique et sûr à petit prix.

■ **HEYWOOD HOUSE HOTEL**
11 Fenwick Street ✆ +44 151 224 1444
Fax : +44 151 224 1449
www.heywoodhousehotel.co.uk
Chambre double à partir de £45 (£60 pour la double haut de gamme).
Bienvenue dans la plus vieille banque de Liverpool, aujourd'hui convertie en palace. Classé monument historique, l'hôtel porte le nom du fondateur de la banque et a adapté sa décoration à ce majestueux édifice. Chacune des 35 chambres jouit d'une décoration unique aux couleurs apaisantes. Le petit déjeuner regorge de saveurs différentes. La localisation en fait une des adresses les plus courues de la ville malgré sa récente inauguration. Une sélection parfaite pour un week-end au bord de la Mersey. Sur le palier juste à côté, le restaurant The Noble sert des merveilles culinaires et les résidents de l'hôtel bénéficient de réductions sur les menus, même si l'enseigne est indépendante.

Confort ou charme

■ **LORD NELSON HOTEL**
Hotham Street ✆ +44 151 709 5161
Fax : +44 151 709 9093
www.lordnelsonliverpool.com
Chambre simple à £35 en semaine et £55 les vendredis et samedis soir, double à £50 en semaine et à £85 les vendredis et samedis.
Un hôtel aux chambres épurées blanches et crème, avec étagères de rangement, accès Internet, thé et café disponibles et grandes salles de bains impeccables, à l'équipement moderne. L'hôtel vous aide également à organiser votre séjour sur demande, en faisant pour vous des réservations de tickets pour les principales attractions de la ville.

■ **SIR THOMAS HOTEL**
24 Sir Thomas Street ✆ +44 151 236 1366
Fax : +44 151 227 1541
www.sirthomashotel.co.uk
A partir de £59,50 la chambre double, petit déjeuner inclus.
Situé en plein centre-ville, près des deux stations de train de Liverpool, l'hôtel de 39 chambres offre un cadre de séjour sympathique. Les chambres sont spacieuses, bien arrangées, dotées d'une salle de bains confortable et d'un accès wi-fi. L'hôtel possède aussi un bar lounge et un restaurant réputé pour son excellence.

Luxe

■ **HARD DAYS NIGHT HOTEL**
39-41 North John Street
✆ +44 151 236 1964
www.harddaysnighthotel.com
Double Luxury à partir de £95, Deluxe dès £115, suite McCartney à £750 et suite Lennon à £950.
Depuis 2004, Liverpool possède un hôtel qui a développé son identité, sa décoration intérieure et son style autour des Fab Four. En plein centre-ville, tout près du Cavern Quarter, le Hard Days Night Hotel propose 110 chambres au design qui mixe mobilier Sixties et contemporain. Photographies, objets et documents liés aux Beatles décorent l'hôtel. Si l'on veut juste goûter de cette ambiance par curiosité, on peut aller boire un verre au bar Four ou manger dans la brasserie Blakes, également ouverte aux non-résidents. Magasin de souvenirs juste à côté.

■ **THE BRITANNIA ADELPHI HOTEL**
Ranelagh Place
✆ +44 151 709 7200
www.adelphi-hotel.co.uk
Chambre simple à partir de £85, double à partir de £105. Réductions intéressantes par réservation sur Internet.
Construit en 1912, cet hôtel était le plus luxueux de la ville et accueillait les riches passagers qui traversaient l'Atlantique. Après quelques années de sommeil, l'hôtel dernièrement rénové s'est refait une jeunesse. Ses chambres luxueuses disposent de tout le confort moderne. L'hôtel s'est également doté, en plus de sa salle de gym, d'un spa, d'un Jacuzzi, d'un sauna et d'une superbe piscine à la disposition de ses résidents. En réservant sur Internet, on profite souvent de tarifs préférentiels à moins 50 %.

Cathedral Quarter

Bien et pas cher

■ **HATTERS HOSTELS**
54-60 Mount Pleasant
✆ +44 151 709 5570
www.hattershostel.com
Nuit dans un dortoir à 12 lits à partir de £16 en semaine et de £19 le week-end. Chambre double à partir de £45 la chambre et de £70 le week-end.
C'est la nouvelle auberge de jeunesse à la mode. Toutes les salles communes sont à l'image de l'édifice : taille XL ! On peut profiter d'une salle de TV avec écran géant, d'une cafétéria et d'un coin barbecue. Le site compte plus de 80 lits et chaque chambre possède sa propre salle de bain. L'ambiance est multiculturelle et animée les week-ends grâce à la proximité avec les quartiers festifs comme Cavern et Matthew Street. Une adresse de choix pour les voyageurs à sac à dos et les autres !

■ **UNIVERSITY OF LIVERPOOL ROSCOE AND GLADSTONE**
Greenbank Lane
Près de Sefton Park
✆ +44 151 794 6402
✆ +44 151 794 6440
www.liv.ac.uk/conferenceservices
A 4,5 km du centre-ville, très bien desservi par les bus.
£28,94 par personne, petit déjeuner inclus.
Situé dans le quartier agréable de Sefton Park, le campus universitaire met à disposition des chambres propres et confortables à des prix défiant toute concurrence. Un très bon plan pour les petits budgets.

Confort ou charme

■ **AACHEN**
89-91 Mount Pleasant
✆ +44 151 709 3477
www.aachenhotel.co.uk
Chambre double à partir de £35 en basse saison.
Un hôtel aux chambres adorables, à la fois sobres et gaies. Equipement moderne, salle de bains confortable. L'atmosphère est sympathique et l'on profite pleinement de l'un des quartiers les plus agréables de la ville. A l'heure du dîner, on profite d'un très bon choix de restaurants à seulement quelques minutes à pied.

■ **THE FEATHERS HOTEL**
119-125 Mount Pleasant
✆ +44 151 709 96 55
Fax : +44 151 709 38 38
www.feathers.uk.com
Chambre simple à partir de £54, double à partir de £70, petit déjeuner buffet inclus. Promotion sur le site Web.
Un hôtel moderne bien situé, sur les hauteurs de la ville, dans un quartier très agréable, à proximité de bons cafés et restaurants ainsi que de la cathédrale avec un arrêt de bus juste devant l'entrée. Chambres simples (très petites) et doubles toutes avec salle de bains et TV. La déco est très british, avec tapis et tapisseries imprimés, rideaux épais, perles, tissus brillants…

Luxe

■ **HOPE STREET HOTEL**
40 Hope Street ✆ +44 151 709 3000
www.hopestreethotel.co.uk
Chambre double standard à partir de £152. Compter en moyenne £200 pour bénéficier de la demi-pension. Promotions sur Internet.
Situé dans le beau quartier georgien de Liverpool, c'est l'un des premiers boutiques-hôtels à avoir ouvert ses portes dans la ville. L'architecture intérieure est remarquable par ses partis pris : panneaux en bois clair, design à la fois minimaliste et chaleureux. Les chambres, lumineuses, combinent les tonalités crème et beiges et privilégient les matériaux bruts : brique apparente, parquet, bois. Salle de bains vaste et agréablement aménagée.

■ **ROSCOE HOUSE BY URBAN CHIC**
27 Rodney Street ✆ +44 151 709 0286
www.roscoehouse-apartments.co.uk
Chambre simple à partir de £195 et double à £295.
Une adresse définitivement chic, douillette et intimiste (15 chambres) dans un bel édifice georgien, près de la cathédrale. Des éléments d'époque, qui ont été conservés, donnent beaucoup de cachet à l'intérieur de cet hôtel par ailleurs décoré avec goût et équipé de tout le confort moderne. La maison loue aussi des studios pouvant abriter jusqu'à 4 personnes et dotés de cuisines équipées. On profite ici d'un environnement calme et élégant et de la proximité de Hope Street, avec son Philharmonic Hall et ses bons restaurants.

Albert Dock & Waterfront

Bien et pas cher

■ **YHA LIVERPOOL**
25 Tabley Street
✆ +44 845 371 9527
Fax : +44 845 371 9528
www.yha.org.uk
Bus Station : Paradise.
En face de l'arrêt de bus sur la ligne desservant l'aéroport. Lit simple en dortoir : à partir de £16. Ouvert toute l'année. Petit déjeuner inclus. Chambres aménagées pour les handicapés.
Cette auberge de jeunesse moderne, à 200 m de Albert Dock et 400 m du centre-ville, possède toutes les qualités requises pour un séjour agréable à moindre coût. Avec un buffet pour le petit déjeuner typiquement *british* et une cuisine spacieuse et bien équipée, cette auberge de jeunesse reste de loin l'une des meilleures adresses *backpackers* de Liverpool. Les dortoirs restent un modèle du genre avec un maximum de 8 lits et une salle de bains par dortoir.

Confort ou charme

■ **CAMPANILE HOTEL**
Queen's Dock
Chaloner Street
✆ +44 151 709 8104
liverpool@campanile.com
Situé près d'Albert Dock.
Chambre double à partir de £59 en semaine et de £80 le week-end.
Les 100 chambres de l'hôtel sont modernes, avec salle de bains. Fonctionnelles, elles disposent de TV, plan de travail et même du nécessaire pour se faire thé, café, etc. Parking. La connexion wi-fi existe dans chaque chambre mais son usage est payant.

■ **RACQUET CLUB**
Hargreaves Buildings
5 Chapel Street
✆ +44 151 236 6676
www.ainscoughs.co.uk/Racquet-Club
Chambre double entre £50 et £120.
Le bâtiment a été construit en 1859 pour être le siège des opérations d'un riche marchand et banquier, Sir William Brown. Dans cet édifice élégant, à 2 minutes du Waterfront, 8 chambres ont été aménagées avec goût, mixant mobiliers traditionnel et contemporain. Cadre intimiste et glamour avec en prime un accès rapide au front de mer.

Luxe

■ **HÔTEL INDIGO**
10 Chapel Street
✆ +44 151 559 0111
www.hotelindigoliverpool.co.uk
Chambre double à partir de £69.
Cet hôtel ultra design et luxueux vient d'ouvrir ses portes près du front de mer. Aussi y a-t-on de certaines chambres des vues sur les *Liver birds*. La décoration intérieure s'inspire des années 1970 par son mobilier arrondi et ses couleurs franches et acidulées. Un clin d'œil est fait à l'histoire de Liverpool qui s'est beaucoup enrichie par son commerce de coton. Dans les chambres, un papier peint reprend le motif de bobines de fil de toutes les couleurs. Lits *king size* et douillets, mobilier chic et luminaires élégants, connexion wi-fi et grande salle de bains garantissent un séjour chic et glamour. Le chef britannique Marco Pierre White s'est de plus établi au rez-de-chaussée de l'hôtel. Aussi n'aura-t-on pas à aller bien loin pour profiter d'une cuisine conçue par l'un des chefs les plus en vogue du moment.

■ **MALMAISON**
Princes Dock
William Jessop Way
✆ +44 151 229 5000
www.malmaison.com
Chambre double standard à partir de £89. De nombreuses promotions sur le site.
Cette enseigne établie dans toutes les grandes villes d'Angleterre choisit toujours avec soin l'emplacement de son hôtel, en fonction de la personnalité de la ville et de son patrimoine architectural.

Située sur Albert Dock, elle propose un cadre de séjour ultra moderne et design, avec pour toile de fond les icôniques Trois Grâces et leur *Liver bird*. Sa marque de fabrique passe aussi par le design intérieur des chambres : tonalités sombres et chatoyantes pour une ambiance chic et glamour. Une adresse élégante et branchée.

Ropewalks

■ BASE 2 STAY
29 Seel Street ✆ +44 151 705 2626
www.base2stayliverpool.com
Chambre simple à partir de £65 et double à partir de £85.
La façade en brique impeccablement rénovée et sa succession de fenêtres attirent l'attention. Le Base 2 Stay combine la simplicité et le confort en un style minimaliste et branché. Les chambres sont arrangées avec un mobilier sobre et élégant jouant sur le noir et blanc. Une kitchenette aménagée dans un placard permet aussi d'y prendre des repas (petit four, couverts, lavabo). Idéal pour un séjour confortable au cœur d'un des quartiers les plus animés de Liverpool, et à deux pas du front de mer.

■ THE PARR STREET HOTEL
33-45 Parr Street ✆ +44 151 707 1050
www.parrstreet.co.uk
Près de Chinatown et du centre-ville.
Chambre double à partir de £69 en semaine et £88 le week-end, triple de £120 à £145. PodZzzs à £35 la nuit.
Ce studio d'enregistrement où se produisirent, entre autres, Grace Jones ou Echo and the Bunnymen possède 12 chambres auxquelles on accède par un vieux monte-charge. Leur design minimaliste est tempéré par quelques accessoires pop et glamour : jolis luminaires, coussins ou poufs psychédéliques. On ne cherche pas à en mettre plein la vue : l'élégance tient à l'accessoire bien choisi, à la beauté des matériaux. Grands lits aux appuie-tête en cuir, minibar et masseur intégré à la douche assurent un vrai confort. Un nouveau concept de chambre a aussi vu le jour il y a peu, les podZzzs, des micro-chambres d'esprit cabine avec douche et kitchenette pour seulement 35 € par nuit. On est au cœur du quartier des clubs et certains soirs peuvent être assez bruyants en été, lorsque la foule des concerts déborde sur les cours intérieures. Au premier étage, un bar-restaurant, le 3345, sert de copieuses assiettes à des prix raisonnables. Un service discret et attentif caractérise cette adresse, trendy de bout en bout ! Prenez aussi le temps de faire un crochet par le bar de la porte d'à côté pour vous détendre et apprécier la fête à la sauce locale.

SE RESTAURER

De nombreux restaurants couvrant un large choix de cuisines se trouvent autour d'Hardam Street. Chinatown offre également quelques restaurants et des prix raisonnables. Près de la cathédrale, Hope Street abrite certainement les meilleurs restaurants de la ville, qui sont généralement aussi un peu plus chers.

City Centre

Pause gourmande

■ LEAF TEA SHOP AND BAR
65-67 Bold Street
Une adresse branchée de la ville où l'on se retrouve entre amis autour d'un *afternoon tea* ou d'un verre de vin. Le bar compte aussi une petite boutique où l'on peut acheter du bon thé en vrac joliment emballé ainsi que des services et accessoires à thé. Bien pour se relaxer entre deux achats ou pour se délasser dans un canapé confortable. Les *breakfasts* sont en revanche d'une qualité moindre.

Bien et pas cher

■ GREEN FISH CAFÉ
2e étage
16-18 Newington Street ✆ +44 151 707 2755
www.greenfishcafe.com
Service jusqu'à 22h30. Choix de plats de résistance à £4,95 et menu à £9,95 (soupe du jour, plat et dessert).
Un restaurant sympathique d'ambiance auberge, avec ses murs de pierre, son mobilier en bois et ses petites fenêtres donnant sur la ville. A toute heure de la journée, familles et amis passent profiter de la sélection de gâteaux faits maison à l'heure du *breakfast* ou du *afternoon tea* et d'assiettes végétariennes copieuses à l'heure du midi et en soirée.

SIGNATURE CAFÉ

2e étage Rapid Hardware
Williamson Square ✆ +44 151 703 0248
www.signaturecafeliverpool.co.uk
£5,99 l'afternoon tea, £3,99 les paninis, fish'n'chips à £6,99 et autres plats chauds dont le scouse à £5,99.
On profite ici d'une ambiance animée et relax à toute heure de la journée. Un public bigarré défile, venu prendre son petit déjeuner, casser la croûte entre 2 heures de travail au bureau ou profiter d'un *afternoon tea* dans une ambiance informelle. Tout est cuisiné avec soin et à base de produits frais. Une option *fast food* de choix mais aussi un lieu où l'on peut se relaxer plusieurs heures autour d'un bon café.

THE LIVERPOOL PUB

James Street
Derrière le Waterfront, en remontant vers le centre, ce pub des plus classiques offre une halte agréable pour déjeuner des classiques de pub dans une ambiance populaire et sans chichi. A la carte, les traditionnels *roasts of the day* et *fish'n'chips* et aux murs des photos anciennes du port.

Bonnes tables

JAMIE'S ITALIAN

45 Paradise Street ✆ +44 151 559 9830
www.jamieoliver.com
Ouvert du lundi au samedi de midi à 23h et le dimanche de midi à 22h30. £12 le plat de pâtes en moyenne, £5 le dessert.
Implantée dans toutes les grandes villes de Grande-Bretagne, la chaîne de restaurants de Jamie Oliver est évidemment bien connue. L'enseigne combine à son choix de pâtes faites maison et concoctées à l'italienne des plats de résistance à base des meilleurs produits britanniques : bœuf d'Angus, bar d'Anglesey... Une cuisine qui se veut savoureuse et accessible à toutes les bourses, à déguster dans une ambiance à la fois élégante et relax.

SALT HOUSE TAPAS

Hanover Street ✆ +44 151 706 0092
www.salthousetapas.co.uk
Lunch menu à £8,90 pour trois assiettes de tapas.
Dans un cadre agréable et spatieux, on vous propose une sélection de trois savoureuses tapas à l'heure du déjeuner. Chorizo de León, *queso manchego*, *calamares fritos*, tous les classiques s'y trouvent, préparés avec d'authentiques produits espagnols. Bonne carte de vins, service aimable et très professionnel.

THE JAMES MONRO

69 Tithebarn Street
✆ +44 151 236 9700
www.thejamesmonro.com
Pub ouvert tous les jours de midi à 22h30. Service du lundi au samedi de midi à 14h30 et de 17h à 21h30, le dimanche de 13h à 18h30. A midi, offre de menu deux plats à £11,95. En soirée, compter £25.
On est d'emblée frappé par le bel intérieur de cette maison spacieuse et très joliment arrangée. A la carte, des classiques de la cuisine britannique préparés avec soin et une sélection intéressante de vins. Les jeudis soir, des concerts de jazz sont organisés pour un dîner romantique en musique. Service attentif et professionnel, l'un des plus agréables gastropubs de la ville.

ZIBA RESTAURANT

Hargreaves Buildings
5 Chapel Street ✆ +44 151 236 6676
www.ainscoughs.co.uk
Compter £20 à £25 à l'heure du dîner. Au déjeuner, de midi à 18h, « bar menu » avec un choix de plats à moins de £10.
Le Ziba Restaurant offre le cadre opulent d'une bâtisse georgienne qui abrita autrefois un club de sport pour les riches marchands et entrepreneurs de la ville. Tables garnies de bouquets, joli mobilier, rideaux et tapisseries replongent dans le faste d'antan. A la carte, une cuisine britannique d'esprit contemporain, soigneusement préparée avec des produits de saison. Bien pour déjeuner dans un cadre intimiste et élégant, encore peu connu du grand public.

Luxe

BLAKES

Hard Days Night Hotel
Central building, North John Street
✆ +44 151 243 2121
www.harddaysnighthotel.com
Compter £35 à £40 le dîner.
A l'angle de Mathew Street et de North John Street, une statue des Beatles vous fait signe, les bras levés. Ici se trouve l'entrée du Blakes, le restaurant du célèbre hôtel consacré aux Fab Four. Sobre et élégant, il décline sur un mur les portraits de stars et de personnalités qui ont marqué : des Beatles, d'Elvis à Gandhi en passant par Bob Dylan ou Marylin Monroe. On déguste une cuisine britannique raffinée, dont d'excellents plats de viande. Les accompagnements changent en fonction des saisons.

Cathedral Quarter

Sur le pouce

MOON & PEA DELI
95 Lark Lane
www.themoonandpea.co.uk
Ciabatta à £4,95, salades à £7,95 en moyenne, £12,95 maximum le plat le soir.
Délicieux petits sandwichs et tartes salées, olives, pâtisseries, bonnes bières, fromages du Yorkshire, parfait pour se concocter un pique-nique à Salford Park.

Bien et pas cher

EVERYMAN BISTRO AND BARS
5-9 Hope Street
✆ +44 151 708 95 45
www.everyman.co.uk
Annexe de l'Everyman Theatre.
Sous ses allures de cafétéria, l'établissement propose une nourriture de qualité et bon marché (plats principaux £5-£8). Le menu change tous les jours et est réputé pour ses salades. On peut s'installer sur les banquettes de l'autre salle et apprécier les bières locales dont la Scarecrow Bitter. Actuellement fermé pour rénovation, il rouvrira en 2013.

BLACKBURNE HOUSE CAFÉ BAR
Blackburne Place
✆ +44 151 708 3929
www.blackburnehouse.co.uk
Ouvert du lundi au jeudi de 9h à 20h et le vendredi jusqu'à 15h. Pommes de terre fourrées à £4,50, sandwichs et paninis entre £3 et £4, breakfast à petits prix.
Cette belle maison d'angle en retrait de Hope Street abrite un café-restaurant très agréable pour marquer une pause en journée, après la visite de la cathédrale anglicane ou de la Hardman House. Le menu est végétarien, préparé sur place avec des produits de saison. A l'heure de l'*afternoon tea*, on craque pour les tendres gâteaux exposés. Le café est également délicieux. Les lieux ayant du succès à l'heure du déjeuner, il est possible de passer commande à l'avance par téléphone (le menu se téléchargeant sur Internet) et d'éviter ainsi de faire la queue !

Bonnes tables

60
Hope Street ✆ +44 151 707 6060
www.60hopestreet.com
Ouvert du lundi au vendredi de midi à 14h30 et du lundi au samedi de 19h à 22h30. Compter de £20 à £25 par personne le midi et £50 le soir.
Elu cinq fois meilleur restaurant du Merseyside de l'année. Dans un décor chic mais simple, vous dégusterez une cuisine européenne moderne et particulièrement inventive. Rendez-vous culinaire des hommes d'affaires et des dandies.

BISTROT JACQUES
37 Hardman Street
✆ +44 151 709 1998
www.bistrojacques.com
Compter £20 pour un repas complet. Lunch rapide à £8,75 pour trois services, de midi à 16h30.
Les nostalgiques de cuisine française trouveront de bonnes assiettes traditionnelles, mais aussi des recettes d'influence britannique. Le menu change tous les mois. Tout est écrit en français et on admire aux murs de vieilles réclames pour le cacao, le Pastis ou les Folies Bergères... Eclairage à la bougie, lumières tamisées, ambiance décontractée et cuisine soignée !

ELIF
6 Lark Lane
✆ +44 151 728 7362
www.larklane.com/Elif
Ouvert de 16h30 à 22h30 du lundi au vendredi et dès midi le week-end. Comptez moins de £4 un mezze et entre £10,55 et 14,95 l'assiette de grillades accompagnée de riz et d'une salade.
Une odeur de grillade vous chatouille les narines à peine entrés dans ce restaurant turc spécialisé dans les brochettes de viande marinées ! Normal, on les cuisine devant vous et on vous les sert accompagnées de succulentes petites salades. Les week-ends, la salle, bien que presque comble, dégage une atmosphère sympathique. Un must dans le paysage gastronomique de Liverpool.

HOST
31 Hope Street
✆ +44 151 708 5831
www.ho-st.co.uk
Ouvert tous les jours de 11h à 23h. Portions et desserts entre £4,50 et £6,50, plats entre £8,25 et £10,50.
Host propose un menu original qui interprète librement des classiques de la cuisine asiatique, servis en petites portions gourmandes ou sous la forme de plats. On déguste

une cuisine légère, précise et parfumée dans un décor intérieur d'inspiration Fifties épurée. D'un côté de la salle, de grandes tables sont propices aux dîners à plusieurs. De l'autre, articulées autour d'un bar central, de petites tables sont réservées aux couples. L'ambiance musicale et les lumières tamisées instaurent une ambiance relaxante et intimiste.

Luxe

LONDON CARRIAGEWORKS

40 Hope Street
✆ +44 151 705 2222
www.thelondoncarriageworks.co.uk
Ouvert du lundi au samedi de midi à 15h et de 17h30 à 22h et le dimanche de midi à 16h. Compter £25 par personne le midi (ainsi que deux menus à £15 et £20 pour deux ou trois services) et £35 le soir.
Dirigé par Paul Askew, le chef le plus décoré de Liverpool, ce restaurant situé dans le magnifique Hope Street Hotel offre une cuisine européenne moderne qui s'appuie largement sur l'utilisation des produits locaux de saison.

PUSCHKA

16 Rodney street
✆ +44 151 708 8698
www.puschka.co.uk
Early bird menu à £19,90 les trois plats entre 17h et 18h30 de mardi à jeudi, 17h et 18h les vendredis et samedis et 17h à 18h30 les dimanches. A la carte, compter de £25 à £30. Réservation recommandée en soirée.
Ce restaurant cuisine à petite échelle. Toutes les courses du matin sont utilisées pour cuisiner les plats du midi et du soir. L'ambiance est intimiste et le rythme tranquille. On profite du cadre cosy et de la bonne carte de vins pour se détendre avant que les plats n'arrivent. Romantique à souhait.

Albert Dock & Waterfront

Bien et pas cher

DELIFONSECA DOCKSIDE

Brunswick Dock
Sefton Street
✆ +44 151 255 0808
www.delifonseca.co.uk
Tout au bout des docks en direction de Speke Hall.
Ouvert du lundi au dimanche de 8h à 21h, jusqu'à 16h30 les dimanches et jours fériés. Cuisine ouverte jusqu'à 21h. Salades et sandwiches à £8 en moyenne.
On déguste ici une bonne cuisine italo-méditerranéenne dans l'ambiance informelle d'un *deli*. Les tableaux noirs fixés aux murs vous tiennent informé des plats du jour qui changent au gré des arrivages de saison. Le restaurant est confortable et chaleureux et l'on se fait bien conseiller par les serveurs, aimables et passionnés de bonne chère.

Autre adresse : Stanley Street, ouvert du lundi au samedi.

Bonnes tables

MATOU PAN ASIAN RESTAURANT

2e étage
Mersey Ferry Terminal
George Parade, Pier Head
✆ +44 151 236 29 28
www.matou.co.uk
Compter £12,95 le menu complet à déjeuner (entre midi et 14h) et à partir de £28 au dîner pour un menu complet.
Une bonne cuisine asiatique, à déguster au dernier étage d'un édifice moderne aménagé avec goût. De grandes baies vitrées dégagent de jolies vues panoramiques sur la rivière. Avec un peu de chance, on profite aussi de beaux couchers de soleil.

MARITIME DINNG ROOM

Merseyside Maritime Museum
Albert Dock ✆ +44 151 47 84 056
Compter de £20 à £25 pour un repas.
Aménagé au quatrième étage de l'immeuble qui abrite le Maritime Museum, le restaurant offre des vues superbes sur les bassins du port et sur la ville. Son chef, Nigel Paul Smith, qui travaillait autrefois à Londres, s'est installé dans la région pour développer une cuisine plus régionale faite à partir des produits du terroir : légumes d'une ferme de Southport, bœuf d'un éleveur de la région... A la carte, des *hot pots* et des *posh pies* typiques. Les amateurs de *fish'n'chips* opteront sans hésiter pour celui de la maison, également spécialisée dans les plats à base de poisson.

Luxe

CHAOPHRAYA

5-6 Kenyon Steps
✆ +44 151 70 76 323
www.chaophraya.co.uk
Prévoir £40 à l'heure du dîner, réservation conseillée les week-ends.

Ce luxueux restaurant thaïlandais mixe les références exotiques : statues de bouddhas et dorures à un mobilier contemporain sobre, aux jolis matériaux. A la carte, tous les classiques de la cuisine thaïlandaise savamment préparés et joliment présentés.

THE PANORAMIC
West Tower
34e étage
✆ +44 151 236 5534
www.panoramicliverpool.com
A l'heure du déjeuner, menu deux plats à £16,50 et trois plats à £20,50. Café gourmand à £3,90. En soirée, compter de £35 à £40 pour deux plats à la carte.
Situé au 34e étage d'une tour proche du front de mer, le Panoramic déploie les plus belles vues d'ensemble de Liverpool. A la carte, des plats britanniques classiques interprétés de façon contemporaine, dont une sélection intéressante à base de poisson. Une adresse élégante et originale pour en prendre plein la vue ou en jeter plein la vue à l'élu(e) de son cœur !

Ropewalks

Bien et pas cher

HEMINGWAYS COFFEE HOUSE
52 Duke Street
Ouvert du lundi au vendredi de 7h30 à 15h30, le samedi de 9h à 16h30 et le dimanche de 9h à 14h.
Ce café de quartier est spécialisé dans les *full english breakfasts* et fait de bons cafés. Sur le chemin du front de mer en venant du centre, pour se réveiller en douceur dans les odeurs de bacon grillé, avec les étudiants et cols blancs de la ville.

YUET BEN
1 Upper Duke Street
✆ +44 151 709 5772
www.yuetben.co.uk
Ouvert de 17h à 23h (minuit les vendredis et samedis). Fermé le lundi. Grand choix de plats à £7,90 et moins.
C'est le meilleur restaurant du quartier chinois, près de l'arche, sur le trottoir d'en face. Originaire de Pékin, Terry Lim est un vrai cuistot, qui vient vous servir en tablier impeccable. Il vous accueille chez lui comme un hôte. Avenant, souriant, il s'amusera même probablement à vous glisser quelques mots français pendant la commande ! A la carte : une excellente sélection de canards en sauce, une spécialité pékinoise qu'il cuisine très bien. Pour s'ouvrir l'appétit, on recommande la salade de concombre assaisonnée avec du piment et du sucre. Lampions rouges, plantes vertes, éclairage chaleureux et arche ornée de plantes décorent agréablement les lieux depuis plus de 40 ans.

Bonnes tables

MAYUR INDIAN RESTAURANT
130 Duke Street
✆ +44 151 7099 955
www.mayurrestaurant.co.uk
Ouvert du lundi au dimanche de midi à 14h45 et de 17h à 23h, les vendredis et samedis soirs jusqu'à minuit. Entre 17h et 19h, early bird menu à £14,99 comprenant un menu complet et un verre de vin.
Toutes les grandes villes de Grande-Bretagne abritent leur bon restaurant indien. Ce dernier est considéré comme étant le meilleur de Liverpool. La carte se veut variée et combine des plats de plusieurs régions de l'Inde. Les viandes et poissons sont cuits au four indien traditionnel. Une option sympathique avant de profiter des adresses nocturnes du quartier.

THE MONRO
92 Duke Street
✆ +44 151 707 9933
www.themonro.com
Service du lundi au jeudi de midi à 14h30 et de 17h à 21h30, le vendredi de midi à 21h30 et le samedi de 13h à 21h30, les dimanche et jours de congés de 13h à 19h30. Menu de £13 à £20.
Le gastropub le plus prisé du quartier ne cesse de gagner des médailles et la reconnaissance de tous les guides culinaires du coin. Et pour cause, quoi que l'on choisisse, on aura toujours plaisir à savourer des plats aux matières premières savoureuses et délicieusement préparées. Les gourmands pourront opter pour le *luxury menu* à 20 € qui propose, en fin de repas, une portions de cinq desserts différents apportés sur un plateau. Intérieur au décor soigné, ultra cosy. Les clients se font beaux pour venir dîner. Si le temps le permet, l'option repas dans le petit *beer garden*, au fond du resto, s'avère agréable. Ambiance détendue et tranquille, idéale pour un dîner romantique ou en famille.

SORTIR

La vie nocturne de Liverpool est animée et la musique, omniprésente. Vous aurez plus d'une occasion de voir un concert live dans un pub ou un club. Le Cavern quarter et sa rue principale, Mathew Street comptent un nombre impressionnant de pubs et de clubs. Chacun d'entre eux délivre des anecdotes de la vie des Fab Four qui firent leurs débuts dans les anciens entrepôts ! Autour de Wood Street, des bars de nuit étudiants et branchés. Non loin de là, Concert square se couvre de terrasses en été. Suivez juste le bruit...

City Centre

BIER KELLER

Basement, Citrus House
40-46 Dale Street
✆ +44 151 255 0056
www.liverpoolkeller.com
Ouvert du lundi au jeudi jusqu'à 23h et les vendredis et samedis jusqu'à minuit.
Un lieu tout à fait atypique et bien agréable pour déguster les meilleures *ales* de la région. Dans une cave lumineuse car peinte en blanc, sur de larges banquettes en cuir blanc également, on déguste des bières avec pour toile de fond d'énormes barils en bois empilés les uns sur les autres. Le staff, très spécialisé, saura vous recommander ses bières les plus intéressantes du moment. Egalement des cidres artisanaux et du vin. Séduisant par son originalité, ce pub unique en son genre attire une clientèle sympathique d'habitués.

THE CAVERN PUB

5 Mathew Street
✆ +44 151 236 1041
Situé en face du Cavern Club, le pub est une extension de celui-ci. Il fut ouvert en face du club pour faire jouer de petits groupes et avoir un bar donnant sur la rue. Une statue de John Lennon trône à côté de l'entrée de ce temple du rock'n'roll où l'on sirote sa bière en découvrant photos d'archives, guitares et disques d'or des « Quatre garçons dans le vent ». D'autres groupes de rock s'y produisirent. Leurs noms sont gravés sur une plaque en cuivre, près du bar. Aujourd'hui, le pub fait toujours jouer des groupes certains soirs. Ne manquez pas à l'extérieur de jeter un œil au « mur des célébrités » dont chaque brique porte le nom d'une star venue se produire ici, parmi lesquelles Jimi Hendrix, les Rolling Stones ou les Who... Affichés sur un autre mur : les disques d'or donnés aux musiciens de Liverpool ayant atteint la première place dans les charts.

BAR FOUR

Hard Day's Night Hotel
39-41 North John Street
✆ +44 151 236 1964
Ouvert jusqu'à 2h les vendredis et samedis.
Si la folie de Mathew Street vous est un peu trop montée à la tête, le Bar Four peut être une belle option pour continuer la soirée dans un lieu plus tranquille. Fauteuils en cuir à la courbe confortable, lumières tamisées et boiseries donnent un caractère chic et chaleureux à ce bar situé au rez-de-chaussée du célèbre hôtel consacré à la mémoire des Beatles. L'occasion de se lover avec ses amis dans un cadre intimiste, loin du tumulte de la rue, en sirotant un dernier verre.

Cathedral Quarter

07 CAFE BAR

103 Mount Pleasant ✆ +44 151 703 6949
Tenu par des Bretons. Plats froids et vins.
Ambiance apéritif estival dans ce bar avec terrasse. Des étudiants de l'école de musique de Liverpool viennent y jouer au milieu de tableaux originaux peints avec du marc de café par une artiste du coin. On y prend un verre de rosé avec une assiette de charcuterie. Avec les mouettes et un peu de soleil, on se croirait presque en Provence !

THE BEER HOUSE

41-51 Greenland Street
Le Contemporary Urban Centre abrite un beau pub dans les grands volumes de son entrepôt rénové. On y trouve un choix très étendu de bières et des petites choses à manger sur le pouce. Ceci étant dit, c'est assez calme, voire parfois totalement désert car encore peu connu du grand public. Il n'empêche, c'est un lieu très agréable pour y boire des pintes avec ses amis. On en profitera pour jeter un coup d'œil au *wall*, un grand mur consacré à des graffeurs invités à y réaliser une fresque. Au-dessus du pub, les galeries accueillent de plus en plus souvent des expos. Un lieu culturel encore relativement neuf à Liverpool, mais plein de potentiel et à suivre de près.

■ **THE GRAPES**
60 Roscoe Street ✆ +44 151 709 8617
www.thegrapesliverpool.co.uk
Tous les dimanches, soirée Jazz Con Fusion de 21h à minuit. Pour le reste de la programmation, voir sur leur site Internet. Entrée libre.
Chaque dimanche soir, concert de jazz dans ce petit pub de quartier. Et ce n'est pas du jazz à papa, les musiciens ont le swing ! Pour les fumeurs se trouve une arrière-cour avec quelques tables, des plantes vertes et un palmier en pot, ainsi qu'un mini autel beatnik avec un bouddha. Aux murs sont accrochées des peintures de style naïf africaines. L'ambiance est amusante, un brin bohême, intello et toujours chaleureuse.

■ **THE PHILHARMONIC PUB**
36 Hope Street ✆ +44 151 707 2837
Ce pub qui date de 1897 est splendide. Enfilade de salons aux murs et plafonds ornés de décorations en stuc, lampes de style Art nouveau qui pendent du plafond comme de grosses fleurs, fauteuils au coin du feu pour se prélasser avec un journal ou un livre, ou laisser son attention se distraire sur les détails du décor baroque et les dorures. On se sent bien dans cette atmosphère cossue et chaleureuse. Messieurs, même si vous ne souhaitez pas aller aux toilettes, allez donc y apprécier les urinoirs en marbre ! Un panneau indique même qu'elles sont parfois visitées par les dames...

■ **YE CRACKE**
13 Rice Street
✆ +44 151 709 41 71
John Lennon s'y rendait souvent avec Bill Harry, également étudiant à la School of Art et fondateur du *Mersey Beat Newspaper*, un magazine musical consacré à la scène rock naissante de Liverpool. Le pub est, aujourd'hui encore, le quartier général des étudiants en art. On y sert de bonnes *ales*.

Albert Dock & Waterfront

■ **PALM SUGAR**
Liverpool One
5-6 Kenyon Steps ✆ +44 151 707 6654
www.chaophraya.co.uk
Ouvert du lundi au dimanche de 11h30 à 2h.
Un bar à cocktails prisé des *beautiful people* et d'une clientèle d'âge mûr qui souhaite sortir dans un cadre élégant et glamour. Larges banquettes, tables basses, musique lounge. Aux murs, d'immenses miroirs réfléchissent les lustres en cristal de Swarovski. A deux pas du Albert Dock et donnant sur le Chavasse Park, cette adresse se veut si sélecte que son ambiance peut devenir un brin ennuyante...

■ **TAVERN ON THE GREEN**
Chavasse Park
8-9 Kenyons Steps ✆ +44 151 232 2356
Ouvert du lundi au vendredi et le dimanche jusqu'à minuit, le samedi jusqu'à 1h ou 2h (en fonction de la clientèle).
On repère ce petit bar d'angle grâce à sa curieuse architecture aux allures d'origami modulaire. C'est l'adresse la plus intimiste que l'on puisse trouver autour du Chavasse Park. Petites bougies sur les tables, bonne musique, service aimable et clientèle d'habitués. Bonne sélection de vins et d'alcool. Les week-ends, c'est un endroit agréable où commencer la soirée.

Ropewalks

■ **BAR ÇA VA ?**
4A Wood Street ✆ +44 151 709 9300
Ouvert tous les jours jusqu'à 1h.
Le secret de son succès ? Les shots aromatisés à de multiples saveurs... à £1 seulement ! Ambiance effervescente aux deux étages de ce bar sombre recouvert de vieilles affiches de cinéma du sol au plafond, et meublé de vieilles tables en bois et sofas élimés, éclairé à la bougie. DJ les week-ends : reggae, soul, rock *seventies*. Au sommet du délire, le niveau sonore peut parfois devenir intense, il vous faudra crier un peu pour vous faire entendre !

■ **CHAMELEON BAR**
7-9 Back Colquitt Street
✆ +44 151 707 0283
www.chameleonliverpool.com
Ouvert tous les soirs à partir de 18h sauf les mardis et dimanches, les vendredis et samedis jusqu'à 3h30.
Un bar-club à la personnalité sympathique et à la déco d'esprit psychédélique au sous-sol. A l'image des cocktails de qualité, les DJ mixent aussi les influences musicales avec goût, alliant aux classiques rétro d'esprit Motown de l'electro contemporaine. Les amateurs de funk y seront chez eux.

■ **CONCERT SQUARE**
Concert Square
Idéal par temps dégagé pour profiter d'une terrasse. Fermée sur les côtés par des édifices, la place est protégée du vent. Les

bars Modo et Allure se partagent le square arboré. Tous deux sont assez *mainstream* et diffusent une musique *cheesy*. Il reste malgré tout agréable de prendre un bain de soleil à l'écart des voitures. Un lieu unique en son genre à Liverpool.

■ MELLO MELLO JAZZ CAFÉ
40-42 Slater Street
www.mellomello.co.uk
Ouvert de 13h à tard, en fonction du public.
Le rendez-vous de la bohême intello, des artistes et des mélomanes. On profite souvent en soirée de concerts de rock et de jazz progressif ou d'un DJ qui passe un bon reggae. La journée, les banquettes sont squattées par des lecteurs de roman, des couples ou des bandes d'amis venus apprécier le cadre relax. On peut aussi manger sur le pouce des plats végétariens concoctés avec gourmandise. Expos d'artistes locaux aux murs, fanzines et journaux gratuits, bonne musique, sélection étendue de *real ales* en bouteilles. Une adresse sympathique à toute heure de la journée, le temps d'un café ou la soirée entière.

■ STUDIO 2
33-45 Parr Street
✆ +44 151 707 10 50
www.parrstreet.co.uk
Ouvert de 8h jusqu'à tard. Petit déjeuner et repas. Salle de concert.
Implanté dans un ancien studio d'enregistrement qui a vu défiler Coldplay, les Spice Girls ou encore Stereophonics, ce bar est déjà mythique. L'ancienne salle de mixage a été transformée en bar tandis que l'autre côté de la vitre s'est mué en lounge où une majorité de trentenaires vient socialiser et boire un verre. Plusieurs écrans plats et une sonorisation évidemment de pointe garantissent une ambiance unique. Des concerts de jazz sont organisés tous les mardis, de 20h à tard dans la nuit. Profitez-en, l'entrée est libre ! Aux fourneaux, Ian Cook, le chef vainqueur d'un concours télévisé très prisé, prépare de délicieuses assiettes issues de produits biologiques etlocaux.

■ THE BRINK
15-21 Parr Street
✆ +44 151 703 0582
www.thebrinkliverpool.com
Ouvert du lundi au jeudi de 9h à 23h, le vendredi de 9h à minuit, le samedi de 10h à minuit et le dimanche de 11h à 22h. Bar sans alcool.
Le premier bar sans alcool de Grande-Bretagne fait les yeux doux aux familles, femmes seules ou abstèmes qui prétendent à une soirée dans un bar sans beuverie, une rareté sur les îles britanniques. Monté dans un but non lucratif, sur l'idée d'Action on Addiction, une association caritative, The Brink reverse ses bénéfices à Sharp Liverpool, une assoc' dédiée à aider les alcooliques et toxicomanes en rémission. Et, pour notre plaisir, à un tarif défiant toute concurrence ! Même les plats proposés valent de s'y arrêter quelques instants. L'occasion d'un beau geste donc, dans un joli cocon coloré qui accueille nombre d'événements, soirées poésie ou concerts, entre autres.

Clubs et discothèques

City Centre

■ THE RUBBER SOUL
2-8 Mathew Street
✆ +44 151 474 8844
Ouvert jusque tard dans la nuit.
Deux bars de part et d'autre d'une fausse rue de style victorien mènent à une piste de danse circulaire. Les week-ends, jeunes et moins jeunes dansent et boivent sans retenue dans ce bar qui, sans surprise, porte le nom d'un album des Beatles. C'est un cadre chaleureux et vieillot, avec miroirs baroques et anciennes réclames de spiritueux aux murs. L'ambiance est populaire et sans chichi, très anglaise dans son côté un peu trash et excentrique. La musique est majoritairement pop et rock.

■ CAVERN CLUB
10 Mathew Street
✆ +44 151 236 19 65
www.cavernclub.org
Entrée libre pour les concerts en journée et £2 à partir de 20h. Entrée payante pour les concerts du Back Stage. Programmation détaillée des concerts sur le site Internet (onglet « What's on »).
C'est ici que les Beatles firent leurs débuts officiels, après s'être entraînés sur les scènes de Hambourg. Le groupe se produisit au Cavern Club 292 fois entre 1961 et 1963. Le producteur Brian Einstein les découvrira ici. Le club original a été démoli en 1973, mais il fut depuis reconstruit presque à son emplacement original et a conservé la même configuration avec une petite scène au bout de la salle.

Des musiciens s'y produisent tous les jours de la semaine à partir de 14h-15h et jusqu'au soir. Richard Batty est l'un d'entre eux et réinterprète les morceaux des Beatles avec brio. Lors de ces sessions acoustiques ouvertes au public, il n'est pas rare d'entendre aussi des reprises de Bob Dylan, des Kings et d'autres incontournables de la *folk music*. Le Cavern Club possède aussi un « back stage » dans une salle attenante qui accueille de jeunes groupes indépendants.

Cathedral Quarter

BUMPER
18 Hardman Street ✆ +44 151 707 9902
bumperliverpool.co.uk
Ouvert le vendredi et le samedi de 17h à 5h, le reste de la semaine jusqu'à 4h, dimanche inclus. Sets de DJ quasiment tous les soirs et séances de cinéma au sous-sol à partir de 19h. Entrée libre.
A l'écart des principaux quartiers de la vie nocturne, le Bumper offre un cadre où passer de longues soirées particulièrement agréables. Deux pièces où défilent les DJ et les groupes de folk rock, trois bars, une salle de projection où l'on passe des films en continu, à partir de 19h. L'un des lieux de rendez-vous les plus cool de la ville pour rejoindre un public sympathique, animé chaque soir jusqu'au petit matin.

Ropewalks

SOCIETY
47 Fleet Street
✆ +44 151 258 1230
www.liverpoollawsociety.org.uk
Ouvert les jeudis et vendredis jusqu'à 3h et le samedi jusqu'à 4h.
Ce club sympathique et récemment rénové, pas snob pour un sou, attire une foule mixte et plutôt jeune. C'est l'un des favoris chez les étudiants. Musique commerciale avec également des tubes des seventies et eighties.

LE BATEAU
62 Duke Street
✆ +44 151 709 6508
Ouvert à partir de 23h et jusqu'au bout de la nuit. Entrée £3.
Ce petit club caché sous un *basement* anime depuis déjà 18 ans les nuits de Liverpool, ce qui explique son allure un peu défraîchie... Une programmation indépendante qui fait la part belle à tous les genres musicaux rassemble des fidèles qui, eux, sont pleins d'énergie : electro, sixties, new wave, funk d'esprit Motown... Ne pas trop se presser de passer la porte, vers 2h30-3h, c'est là que ça commence vraiment !

HEEBIE JEEBIES
80-82 Seel Street ✆ +44 151 708 7001
www.facebook.com/Officialheebiejeebies
Ouvert du lundi au jeudi et le dimanche de midi à 3h, les vendredis et samedis jusqu'à 4h.
Le Heebie Jeebies est sans conteste l'une des adresses les plus festives de Liverpool. Son vaste espace articulé en plusieurs pièces reçoit groupes de rock et DJ les week-ends. Cour intérieur sympathique pour les fumeurs, décorée avec une grande fresque d'Alex Corina : trois femmes de style victorien sensuellement étendues, avec pour toile de fond le Waterfront. Le rendez-vous des musiciens de la ville, de la jeunesse arty, des noctambules infatigables qui dansent et boivent jusqu'au bout de la nuit. Les samedis, la piste de danse située au sous-sol est comble et ça vaut le coup de faire la queue !

Spectacles

City Centre

THE CARLING ACADEMY
11-13 Hotham Street
✆ +44 151 707 3200
www.o2academyliverpool.co.uk
Dite aussi « O2 academy », c'est l'une des salles de concert les plus cultes de Liverpool : brute de décoffrage et destinée à rassembler des milliers de jeunes venus vibrer au son de la musique. Belle programmation axée rock, pop, parfois reggae.

THE LAUPHERHOUSE COMEDY
15 Fenwick Street
✆ +44 151 227 5946
www.laughterhousecomedy.com
Entrée de £7 à £12 ou de £24 à £27 avec dîner inclus (deux ou trois plats). Les spectacles ont lieu tous les vendredis et samedis soir, de 20h à 22h.
L'adresse de référence pour les amateurs de *one-man-show*, où l'on profite de performances réalisées par des comédiens de renommée internationale. La salle de spectacle est typique, avec ses rideaux rouges et ses sièges plongés dans une semi-obscurité. Un rendez-vous très populaire pour des éclats de rire partagés que l'on appréciera, bien entendu, avec le niveau d'anglais requis !

Cathedral Quarter

■ **EVERYMAN PLAYHOUSE**
13 Hope Street
✆ +44 151 708 3700
www.everymanplayhouse.com
Cet ancien music hall construit en 1866 est un théâtre depuis 1911. Beaucoup de classiques du théâtre international au programme : pièces de Molière, Brecht, Shakespeare... Mais aussi des productions de metteurs en scène contemporains. Le théâtre de référence à Liverpool.

■ **ROYAL LIVERPOOL PHILHARMONIC**
Hope Street
✆ +44 151 210 2895
www.liverpoolphil.com
Créé en 1966 par le chef d'orchestre anglais sir Thomas Beecham, le Royal Liverpool Philharmonic a gagné une réputation majeure, au point d'être assimilé à un orchestre national, et se produit régulièrement ici. On trouve également au programme des concerts de groupes folk : Jimmy Cliff, Crosby & Nash, The Tindersticks... Les mélomanes de passage à Liverpool ne manqueront donc pas de jeter un œil à la programmation disponible sur leur site Internet. Le Philharmonic dispose aussi d'une salle de cinéma et propose une bonne programmation de films.

Albert Dock & Waterfront

■ **ECHO ARENA**
Monarchs Quay
✆ +44 151 475 8888
www.accliverpool.com
En face d'Albert Dock. Inauguré en 2008, ce vaste et élégant bâtiment abrite un auditorium de 1 350 places. On vient ici aussi bien écouter des concerts, que voir des événements sportifs ou des pièces de théâtre. C'est ici qu'a eu lieu la cérémonie d'ouverture intronisant Liverpool comme Capitale de la culture 2008. Une grande roue se situe juste à côté.

À VOIR – À FAIRE

La ville des Beatles a misé sur le tourisme pour relancer son économie. D'où la présence importante de musées dont nous vous donnons ici une sélection, de théâtres et des manifestations importantes.

Visites guidées

■ **THE OLD DOCK EXPERIENCE**
Albert Dock
Maritime Museum ✆ +44 151 478 4296
Départs du Merseyside Maritime Museum tous les mardis à 11h, 13h et 14h30. Réservation conseillée car les places sont limitées.
Le premier bassin ou plus exactement *wet dock* (quai mouillé) à avoir été construit à Liverpool qui a été excavé lors des chantiers de construction du Liverpool One. Une occasion pour la ville de rendre accessibles ses fondations au public, de découvrir avec un guide la construction de ce *pool* qui a donné son nom à la ville.

Echo Arena.

La Ville des Fab Four

Liverpool restera à jamais associée aux « Quatre garçons dans le vent ». C'est à Liverpool que John Lennon, Paul Mc Cartney, George Harrisson et Richard Starkey dit Ringo Starr sont nés. Le groupe a débuté, au Cavern club, au début des années 1960 et, plus de trente ans après leur dissolution, les mélodies des Beatles continuent d'être jouées par des musiciens amateurs dans les rues de Liverpool. Vous vous surprendrez peut-être à fredonner en marchant les morceaux les plus connus du groupe.
Le Cavern quarter, qui s'étend autour de Matthew Street est une véritable Mecque où les fans apprécieront de faire la tournée des pubs qui participèrent au quotidien des Beatles. On trouve aussi dans cette rue, définitivement associée à leur nom une statue de John Lennon et une galerie d'art vendant les dessins de l'ancien étudiant à la Liverpool College of Art.

■ LIVERPOOL ENTENTE CORDIALE TOURS

Albert Dock
✆ +44 794 461 74 77
liverpooltourguide.com/francais2.aspx
Visites pédestres et excursions en autocar (pour groupes)
Votre guide connaît si bien son sujet qu'elle pourra aborder la présentation de la ville par la thématique que vous préférez le plus : histoire, architecture, parcs... En plus, elle parle parfaitement français.

■ MERSEY SIDE TUNNEL

Georges Dock Boulevard
Georges Dock Way
✆ +44 151 227 5181
www.merseytunnels.co.uk
Durée de la visite : 2 heures. Entrée : £5.
Inauguré en 1934, le Queensway Tunnel relie la ville de Liverpool à celle de Birkenhead, située de l'autre côté du Mersey. Les ingénieurs chargés de la ventilation du tunnel routier, de l'éclairage et de la sécurité vous proposent de découvrir les dessous du tunnel. Armé de casque de chantier, on circule de la salle des machines à la salle de contrôle aux multiples panneaux, où d'anciennes machines datant de l'ouverture du tunnel voisinent des outils de dernière technologie. Lors de la visite, on pourra aussi voir d'en dessous les murs anciens du premier dock, construits en 1715 par Thomas Steers. Une incursion intéressante dans les profondeurs de la ville. A la sortie, on en profitera pour regarder de plus près le bâtiment lui-même, construit dans les années 1930, de style Art déco et inspiré de l'antiquité égyptienne sur plusieurs aspects. Son architecte, Herbert J. Rowse, était un passionné d'égyptologie et fut très influencé par la découverte de la tombe de Toutankhamon, en 1921. De part et d'autre de la porte d'entrée, on remarquera deux sculptures en basalte noir d'hommes accroupis. L'un porte la lune, l'autre le soleil, en symbole de l'activité du tunnel qui se poursuit de jour comme de nuit.

■ RIVER EXPLORER CRUISES

Victoria Place
www.merseyferries.co.uk
Achat des tickets et départ toutes les heures du Pier Head. Horaires sur le site Web. Tarifs aller-retour : £6,70 adulte et £4 enfant. Pour les trajets jusqu'à Manchester, détail des traversées programmées sur le site Internet. Ticket : £37. Boissons et snacks disponibles à bord.
Un incontournable pour découvrir la personnalité et l'histoire de Liverpool. Le tour dure 50 minutes, qu'accompagnent des commentaires audio. C'est la seule manière d'avoir une vue panoramique complète du site classé par l'Unesco et de découvrir l'histoire de la ville à travers ses monuments les plus importants. On découvre aussi Birkenhead, ville située de l'autre côté de la Mersey. Il est également possible de faire une longue croisière de 6 heures 30 jusqu'à Manchester via les canaux reliant les deux villes. Une bonne façon de découvrir l'histoire de ces deux villes et leur relation, historique et complémentaire. Liverpool était le port de commerce recevant le coton et Manchester le port industriel qui le traitait dans ses filatures. La visite est commentée tout au long du circuit. Deux heures et demie vous sont laissées à Salford, le port industriel de Manchester où se trouvent le Imperial War Museum et le Lowry dédié au peintre mancunian de même nom et abritant de belles expositions temporaires. Le retour à Liverpool est ensuite prévu en bus (1 heure de trajet).

City Centre

■ LIVERPOOL TOWN HALL

High Street
✆ +44 151 225 5530
ww.civichalls.liverpool.gov.uk
En été, visites guidées du 14 au 25 août, toutes les demi-heures entre 10h30 et 16h30. Réservation conseillée car les places sont limitées. Le reste de l'année, consulter le site Internet pour voir les visites programmées. Hors de ces visites, possibilité de jeter un œil au premier étage.

C'est à John Wood, célèbre architecte de la ville de Bath, que fut confiée la conception de l'hôtel de ville de Liverpool. Financé par des hommes d'affaires de la ville enrichis avec le commerce des esclaves, il présente un exemple d'architecture très sophistiquée. Le rez-de-chaussée servit autrefois de centre d'échanges pour les marchands de la ville. Bien qu'assez abîmé lors des bombardements dont la ville a souffert durant la Seconde guerre mondiale, ce bâtiment, parmi les plus anciens de la ville, a été impeccablement restauré. On remarque le grand dôme de l'édifice où se trouve une statue de Minerve. De nombreuses célébrités venues à Liverpool se sont présentées au balcon situé sur la façade nord, pour saluer leurs fidèles et leurs fans ; à commencer par la reine Victoria en personne, mais aussi Edouard VII, les Beatles et les joueurs les plus célèbres du Liverpool FC ! La décoration intérieure exceptionnelle vaut que l'on y jette un œil. En dehors des heures de visites guidées, on peut déjà admirer l'entrée, avec sa cheminée flamande en bois et ses belles tomettes au sol, ainsi que la belle cage d'escalier qui mène aux étages, surplombée d'un superbe dôme bleu et or. Rejoindre une visite organisée permet de découvrir la somptueuse salle de bal, avec ses lustres georgiens considérés comme les plus beaux d'Europe.

■ NATIONAL CONSERVATION CENTRE

Whitechapel
✆ +44 151 478 49 99
N'est plus ouvert au public et a priori de manière définitive.

Une galerie au rez-de-chaussée propose une exposition didactique présentant les diverses techniques de conservation d'œuvres d'art et d'objets. Le sujet peut paraître un peu ennuyeux mais une présentation didactique le rend intéressant. Cependant, ce sont surtout les expositions temporaires à l'étage qui valent la visite. On y expose essentiellement la photographie documentaire de la ville de Liverpool ou ses personnalités célèbres. Un *tea room* se trouve aussi sur place.

■ NESS BOTANIC GARDENS

Ness, Neston
South Wirral
✆ +44 151 353 0123
nessgdns@liv.ac.uk
Trajets en train de Central Station. Descendre à Hooton station (31 minutes de trajet) puis prendre le bus 272 juste à la sortie qui vous dépose à l'entrée des jardins en 20 minutes.
Ouvert du 1er février au 31 octobre, de 10h à 17h. Du 1er novembre au 31 janvier, ouvert de 10h à 16h30. Entrée adulte £6,50 et enfant £3.

Dans ces jardins, le savoir-faire de la main verte britannique offre toute sa splendeur. Au programme des réjouissances, une collection fabuleuse de rhododendrons et d'azalées, des plantes exotiques en provenance de Chine et de l'Himalaya, des lacs pittoresques et des promenades arborées. Situé à proximité de la rivière Dee, le jardin est également idéal pour l'observation des oiseaux. Aussi n'oubliera-t-on pas d'apporter ses jumelles ! On profite aussi sur place d'un *tea room* agréable, d'une boutique de souvenirs où l'on peut acheter des graines, d'une aire de jeux aménagée pour les enfants et d'une petite galerie d'exposition.

■ RADIO CITY TOWER TOUR

St Johns Beacon
1 Houghton Street
✆ +44 151 472 0967
www.radiocityevents.com/towertours.php
Ouvert à la visite tous les jours sauf Noël, une visite toutes les demi-heures de 10h à 17h. Entrée : £4,75 par adulte et £2,75 par enfant de moins de 15 ans.

Impossible de ne pas remarquer cette tour très présente dans le *skyline* de Liverpool. Autrefois s'y trouvait un restaurant sur une plateforme tournante. A la suite d'un incendie, les cuisines furent déménagées au rez-de-chaussée. Mais survint alors un autre problème : les plats n'étaient plus assez chauds une fois arrivés en haut de la tour... Tout cela ressemble à une blague et c'est pourtant bien vrai ! Faute de pouvoir manger quoi que ce soit là-haut, on se régalera déjà avec les vues panoramiques ininterrompues sur la ville et jusqu'au pays de Galles par temps dégagé.

ST GEORGE HALL

Lime Street

✆ +44 151 225 6909

www.stgeorgesliverpool.co.uk

Ouvert du mardi au dimanche de 10h à 17h. Entrée libre. 45 minutes de visite.

Ce superbe bâtiment qu'on remarque en sortant de la gare a rouvert ses portes en 2007, après une série de restaurations. Il est aujourd'hui considéré comme l'un des plus beaux exemples d'architecture néo-classique en Europe. On remarquera en entrant le bel orgue et la mosaïque décorant le sol du hall. Aux étages, on redécouvre ce que fut la place et les fonctions diverses du bâtiment dans l'histoire de la ville. Le lieu servit de prison à l'époque victorienne, lorsque des peuples du monde entier débarquaient sur les docks de la ville. Entre 1800 et 1900, la ville passa de 80 000 à 185 000 habitants ! On redécouvre les conditions d'incarcération en circulant dans les couloirs et en entrant dans les cellules. Des criminels étaient également jugés ici avant d'être envoyés dans les colonies pénitentiaires australiennes. Dans la salle de jugement, une perruque et un costume sont à disposition du visiteur qui souhaiterait se faire tirer le portrait sur la chaise du juge ! Ne manquez pas ensuite de monter dans le Great Hall Viewing Gallery, duquel on contemple d'autant mieux les sols et plafonds richement ornés du hall, qui servait de salle de réception et de bal. Au rez-de-chaussée, un agréable *tea room* a été aménagé, il donne sur le St John's Garden.

WALKER ART GALLERY

William Brown Street

✆ +44 151 478 4199

www.thewalker.org.uk

Entrée gratuite.

Cette très belle galerie abrite la plus importante collection d'art de Liverpool et l'une des plus diversifiées du Royaume-Uni. Elle compte un nombre important d'œuvres s'étalant du XIVe siècle à nos jours. Parmi les pièces majeures, on remarquera des toiles de Poussin, Rembrandt, Gainsborough, Hogarth et des préraphaélites. Le musée abrite également la plus riche collection de sculptures en Grande-Bretagne en dehors de Londres.

WORLD LIVERPOOL MUSEUM

William Brown Street

✆ +44 151 478 4393

www.liverpoolmuseums.org.uk/wml

Ouvert du lundi au samedi de 10h à 17h et le dimanche de 12h à 17h. Entrée libre.

Ce musée d'archéologie et d'histoire naturelle ouvert en 1860 a été agrandi et rénové. Ses collections d'objets rapportés du monde entier par les navires qui rentraient au port s'étoffèrent au cours des siècles et l'on trouve aujourd'hui plus d'un million d'objets ! Au deuxième étage, on ne manquera pas la somptueuse collection d'antiquités égyptiennes, pas moins de 5 000 pièces léguées par l'égyptologue et professeur John Garstang à sa mort, en 1867. Au troisième étage, on trouve de somptueuses pièces d'art africain, d'Amérique latine et d'Amazonie, d'Arctique et d'Asie. Tentures, masques, sculptures, bijoux, vases… Les objets sont en plus sont très joliment disposés. Dommage que l'éclairage soit parfois un peu faible, sans doute pour des raisons de conservation.

THE REDS GALLERY

44 Hanover Street

✆ +44 151 702 5324

www.redsgallery.tv

Ouvert tous les jours jusqu'à 17h ou 17h30. Entrée libre.

La petite galerie se trouve dans une aile du Bluecoat dont l'entrée donne sur Hanover Street. Elle programme des expositions temporaires ayant pour sujet le club de foot Liverpool FC. On y trouve des trophées et des photographies réalisées par Steve Hall, qui a suivi la vie de l'équipe pendant 30 ans. La galerie est aussi le lieu de départ des visites guidées du club d'Aintree, situé en périphérie de la ville. Départs quotidiens, n'hésitez pas à demandez les horaires à l'accueil.

WORLD OF GLASS

Chalon Way Industrial Estate

Saint Helens

✆ + 44 174 422 766

www.worldofglass.com

St Helens se trouve au nord-est de Liverpool, à 35 minutes en train au départ de Liverpool Central Station. Le musée est à 5 minutes à pied de la station.

A partir du 1er mars, ouvert du mardi au dimanche de 10h à 17h, dernière admission à 15h. A partir du 1er novembre, du mardi au dimanche de 10h à 16h, dernière admission à 14h30. Entrée : adulte £8 et enfant £6.

Saint Helen's est une petite ville bien connue du Greater Liverpool pour y abriter ce musée où l'on peut voir des souffleurs de verre en activité. Une galerie raconte aussi l'histoire de St Helens, étroitement liée à cet artisanat. Bien entendu, c'est aussi l'occasion de s'émerveiller devant une somptueuse collection d'œuvres en verre faites à la main. Et puisqu'on est ici en plein rêve éveillé, quoi de plus naturel que de poursuivre ce voyage onirique en découvrant le *Dream in St Helens*, une sculpture monumentale de 20 m réalisée par l'artiste Jaume Plensa, le visage d'une jeune fille aux yeux clos, érigé en haut d'une mine de charbon. Réalisée en béton et en marbre blanc, cette figure d'une grande douceur a définitivement changé le visage de la ville. Elle se trouve au Sutton Manor Woodland (bus 33 et 33 a au départ du centre-ville).

Cathedral Quarter

CAINS BREWERY TOUR

Stanhope Street
✆ +44 151 709 8734
www.cains.co.uk
Visites guidées de la brasserie du lundi au vendredi à 18h30 et à 13h les samedi et dimanche. Réservation obligatoire, entrée à £7,99.
Des visites de la brasserie Cains vous font découvrir dans le détail les procédés de fabrication de la bière. Le tour se conclut par une pinte offerte.

CORKE ART GALLERY

294-298 Aigburth Road
✆ +44 777 328 7827
www.corkeartgallery.co.uk
Près de Sefton Park.
Ouvert du mardi au vendredi de 14h à 18h et le samedi de 10h à 14h.
Ce bastion de l'art indépendant à Liverpool fait parfois venir des artistes internationalement connus comme dernièrement Banksy ou le Brésilien Ernesto Muñiz. La galerie expose sinon régulièrement des travaux réalisés par des artistes de Liverpool et de la région. Egalement des gravures et autres multiples à des prix accessibles.

PRINCES ROAD SYNAGOGUE

Princes Road
✆ +44 151 709 3431
www.princesroad.org
Visites organisées du lundi au jeudi entre 9h30 et 15h30. Des tours peuvent aussi être organisés le dimanche sur demande. Participation demandée de £4.
Les dômes dorés de cette synagogue et son intérieur aux couleurs chatoyantes, d'esprit très oriental, sont un vrai plaisir pour les yeux et créent un dépaysement soudain. Une visite de 40 minutes vous commente les caractéristiques de cet édifice considéré comme l'un des plus raffinés en Europe dans son genre (Mauresque Revival). On en apprend également sur la communauté juive de Liverpool, si minoritaire qu'on la croirait inexistante...

LIVERPOOL ANGLICAN CATHEDRAL

St James Mount ✆ +44 151 709 6271
www.liverpoolcathedral.org.uk
Ouvert tous les jours de 8h à 18h. Entrée de la tour payante : £5.
La plus grande cathédrale anglicane d'Europe ! La construction de ce magnifique bâtiment néo-gothique commença en 1904. Sir Giles Gilbert Scott, âgé à l'époque de seulement 23 ans, en dessina les plans. Le grand orgue frappe par sa monumentalité. Ne manquez pas de monter au sommet de la tour de laquelle on a une vue panoramique sur Liverpool. Pendant la montée d'étroits escaliers, on découvre aussi la mécanique de la cloche centrale. Dans l'aile droite de la cathédrale, une cabine téléphonique rouge typiquement anglaise. Que fait-elle là ? Il s'avère que l'on doit aussi à Sir Giles Gilbert Scott d'avoir conçu le design de ces célèbres cabines !

LE NORD

© GREEN308 – FOTOLIA

World Liverpool Museum.

SEFTON PARK

Sefton Park

Le bus 82 vous dépose à l'entrée de Lark Lane, Sefton Park se trouve au bout.

Palm House est ouvert jusqu'à 18h30 sauf événements spéciaux.

A l'origine, Sefton Parc fut le terrain de chasse du roi Jean qui y chassait le cerf avec sa cour. Aujourd'hui, c'est l'un des plus grands espaces verts de Liverpool et définitivement le plus agréable. Il a été conçu en 1892 par le Français Edouard André, connu pour avoir dessiné les jardins du casino de Monte Carlo. Les sentiers circulaires qui font aujourd'hui le bonheur des joggers étaient autrefois réservés aux chevaux. Rien ne manque à ce parc : lacs abritant des cygnes, grottes artificielles, kiosque à musique, serre transparente abritant les plantes exotiques, petit café avec terrasse... Cet espace vert fut en parti payé par de riches marchands dans l'idée de permettre aux moins fortunés habitant dans les rues bondées du centre de venir se reposer le dimanche dans un lieu dégagé et tranquille. En un lieu du parc, près du Iron Bridge, se trouve le Fairy Glenn, une petite cascade pittoresque.

On remarquera tout autour les belles villas victoriennes d'époque. Avec le Palm House, The Fairy Dell, le jardin de loisirs pour enfants et la proximité de Lark Lane.

THE HARDMANS' HOUSE

59 Rodney Street

© +44 151 709 6261

www.nationaltrust.org.uk

Ouvert du 16 mars au 30 octobre, du mercredi au dimanche de 11h à 15h30. Entrée : £6,60 et £3,25 pour les enfants. Vidéo d'introduction à la visite disponible avec sous-titres en anglais.

Portraitiste célèbre de la bourgeoisie de Liverpool, Mr. Hardman installa un temps ses studios à Bold Street avant de déménager en 1949 dans le quartier plus huppé de la cathédrale. A la mort de sa femme et de son assistante Margaret, cette dernière n'ayant aucune descendance familiale, la maison demeura telle qu'elle nous apparaît aujourd'hui. Elle constitue en ce sens un patrimoine assez remarquable, mêlant les affaires domestiques du couple et leur matériel de travail. La visite débute par la projection d'une vidéo relatant la vie et les activités du propriétaire, dont on découvre ensuite le cadre en passant d'une pièce à une autre : le studio avec ses projecteurs et ses accessoires (peau de léopard on l'on installait les nouveaux-nés, selon la mode de l'époque), fausses colonnes grecques d'esprit néo-classique... Une pièce de la maison sert également de galerie où sont exposés les travaux artistiques de Mr. Hardman, plus intéressé par le paysage que par la réalisation de portraits, son gagne-pain. A l'étage, on découvre le *hobby dark room* où le photographe et sa femme passaient souvent leurs soirées à développer leurs travaux personnels, la chambre noire réservée au personnel et à la photographie commerciale se situant quant à elle au sous-sol de la maison. La visite se termine par une pièce consacrée à Margaret et par le petit jardin situé à l'arrière de la maison. A ne pas manquer pour les amateurs de photographie qui verront ici quantité de vieux appareils et autres accessoires photographiques d'époque.

METROPOLITAN CATHEDRAL

Mount Pleasant

© +44 151 709 9222

www.liverpoolmetrocathedral.org.uk

Ouvert tous les jours de 8h à 18h.

La façade de la cathédrale catholique impressionne avec sa tour en forme de couronne qui s'élève vers le ciel. Une fois à l'intérieur, on découvre de très beaux vitraux modernistes, qui s'embrasent spectaculairement par beau temps et jettent des lueurs colorées sur les murs. La forme circulaire de l'architecture renforce le caractère spacieux de l'édifice et permet qu'aucun fidèle ne se trouve loin de l'autel pendant les cérémonies. L'architecte Sir Edwin Luyters fut le premier à concevoir cette belle architecture. Son ambitieux projet fut interrompu lors de la Seconde Guerre mondiale et la récession d'après-guerre qui frappa Liverpool de plein fouet. De ce premier projet, seule la crypte fut achevée en 1958. Un concours fut ensuite lancé pour imaginer un nouveau projet d'architecture incluant la crypte d'origine. Celui de Frederick Gibberd fut choisi et la cathédrale définitivement achevée en 1967.

VICTORIA GALLERY & MUSEUM

University of Liverpool

© +44 151 794 2348 – www.liv.ac.uk/vgm

Ouvert du mardi au samedi de 10h à 16h. Entrée libre. Afternoon tea à £5,95 avec thé ou café, scones, salade de concombre et sandwich.

Inauguré en 2008, le musée est logé dans une belle tour d'époque victorienne, construit pour fêter les 60 ans de la reine Victoria. Elle a été réalisée par Alfred Waterhouse, connu pour ses architectures en brique rouge ornées de tuiles colorées. L'une de ses plus célèbres réalisations reste le Natural History Museum de Londres. La collection est quant à elle assez modeste mais compte ses quelques incontournables : des planches ornithologiques en couleurs réalisées par Jean-Jacques Audubon, deux gravures de Rembrandt et quelques icônes russes dont les plus anciennes remontent au XVIe siècle. On trouve aussi une petite galerie de sculptures (avec une œuvre de Barry Flanagan et une de Henry Moore) et une autre consacrée à la céramique. Situé au rez-de-chaussée, le petit café offre un cadre élégant et tranquille pour s'offrir un *afternoon tea* avant ou après la visite.

■ WILLIAMSON TUNNELS HERITAGE CENTRE

The Old Stable Yard
✆ +44 151 709 6868
www.williamsontunnels.co.uk
En période estivale, ouvert du mardi au dimanche de 10h à 17h. En hiver, mêmes heures du jeudi au dimanche. £4,50 par adulte et £3 pour les enfants jusqu'à 5 ans. Visite guidée de 40 minutes.
Une histoire bien étrange que ce tunnel, creusé pendant 25 ans pour... rien, ou pour le dire autrement, parce que tout travail mérite salaire ! Afin de pallier le manque d'emplois chronique frappant Liverpool au lendemain des guerres napoléoniennes, Joseph William, un homme riche, offrit aux sans-emplois de creuser un tunnel en échange d'un salaire quotidien. Au cours d'un périple de 40 minutes ponctué d'anecdotes toutes plus incroyables les unes que les autres, on visite les galeries souterraines, mesurant physiquement l'échelle de ce travail titanesque et sans autre finalité pour les travailleurs que de survivre... L'exhumation du tunnel se poursuit toujours, vertigineux !

Albert Dock & Waterfront

■ THE BEATLES STORY

Britannia Vaults, Albert Dock
✆ +44 151 709 1963
www.beatlesstory.com
Ouvert tous les jours de 9h à 17h. Entrée : adulte £12,95, enfant £6,50. Ticket valable 48 heures pour profiter du Beatles Story Pier Head et du cinéma d'animation en 3D qui fait voyager à travers la musique du groupe.
Il y a toujours foule pour les garçons de Liverpool et l'on fait la queue dans la bonne humeur, avec les fans qui chantent par dessus les morceaux diffusés dans les haut-parleurs ! Plusieurs salles reconstituent les différentes ambiances et univers des Beatles. Pour les fans : costumes, studios, le « Yellow Submarine », le piano blanc « Imagine » de John Lennon. On en apprend aussi sur la Merseybeat, petit mouvement typiquement liverpuldien que l'on dit originaire des disques rapportés des USA par les matelots et auxquels les Beatles furent assimilés à leurs débuts. Si vous ne connaissez pas grand-chose à leur carrière, c'est une excellente introduction. Quant aux fans, ils réussiront quand même à apprendre quelque chose de nouveau dans ce musée délicieusement kitsch.
C'est aussi d'ici que part le Magical Mystery Tour, un voyage de 2 heures en bus (£11,95) à travers les faubourgs de Liverpool à la recherche de Penny Lane, Strawberry Fields et des maisons de naissance, écoles et autres lieux qui ont ponctué la vie des Fab Four.

■ MUSÉE MARITIME DU MERSEYSIDE

Albert Dock
✆ +44 151 478 4499
www.liverpoolmuseums.org.uk
Ouvert tous les jours de 10h à 17h. Entrée libre.
Ce musée retrace l'histoire du port de Liverpool et les activités commerciales de la ville. La section sur les immigrants qui traversaient l'Atlantique est particulièrement intéressante. De 1830 à 1930, quatre millions de personnes quittent l'Europe par le port de Liverpool dans l'espoir d'une vie meilleure dans le Nouveau Monde. Afin de limiter la famine, la misère et la surpopulation liés à l'émigration massive d'Européens, des enfants orphelins, ou envoyés par leur famille trop pauvre, furent également embarqués pour l'Amérique, l'Australie ou le Canada. Une autre partie se consacre aux échanges commerciaux. Outre le sucre (avec lequel Mr. Tate, originaire de Liverpool et dont la prestigieuse collection d'œuvres d'art est exposée à la Tate de Londres, est devenu milliardaire), le chocolat, les épices et le coton importés en Angleterre par le port, Liverpool eut un rôle de premier plan dans le commerce esclavagiste. Un étage est également consacré aux bateaux *Titanic* et *Lusitania*.

On découvre, à travers photographies et objets, le faste de la vie à bord de ces véritables palais flottants et leur fin tragique. Une autre galerie intitulée « Builders of Great ships » expose de belles maquettes de bateaux et des tableaux liés à la thématique de la navigation. Au dernier étage du musée se trouve le International Slavery Museum, une galerie à la fonction clairement didactique qui informe et sensibilise le public à la question du préjugé racial à travers le monde. Lors de notre passage, le musée présentait les photographies du photo-reporter Ian Berry sur l'apartheid aux USA, réalisées pour l'agence de presse Magnum.

PEACE & HARMONY

Chavasse Park

Trônant sur les hauteurs du Chavasse Park, la sculpture *Peace and Harmony* a été réalisée pour célébrer les 70 ans de John Lennon et été inaugurée en 2010 par Cynthia Lennon, sa première épouse, et leur fils Julian. Créé par Lauren Voiers, une artiste américaine très en vogue, à Phoenix, ce monument est appelé à commémorer et communiquer aux visiteurs l'esprit, la vie, la philosophie de John Lennon et sa contribution à un monde meilleur.

MUSEUM OF LIVERPOOL

Pier Head

www.liverpoolmuseums.org.uk

Ouvert tous les jours de 10h à 17h. Entrée libre.

La belle architecture contemporaine à la forme oblongue a changé le paysage du front de mer depuis 2008. Elle ouvre désormais ses portes pour découvrir un ensemble de galeries consacrées à l'histoire de Liverpool. L'ambition a été ici d'articuler entre elles les diverses facettes de sa personnalité contrastée. Si le rez-de-chaussée s'attache à inscrire la place de son port dans les échanges mondiaux avec des expositions temporaires (celle de son ouverture étant dédiée à ses connexions avec Shanghaï), une galerie au deuxième étage, Wondrous Place, célèbre les personnalités qui ont façonné la ville et contribué à son rayonnement international : stars de la musique et du sport, cinéastes, photographes... Une autre, The People's Republic, retrace les événements politiques et sociaux qui ont secoué la ville avec des photographies d'archives, des témoignages d'habitants retransmis sous la forme de vidéos, des objets de la vie quotidienne et des reconstitutions. Liverpool Strike Transport en 1911, Liverpool Blitz ou bombardements de la ville lors de la Seconde guerre mondiale. Elle revient également sur la vague violente de recession qui frappa la ville dans les années 1970 et 1980 en interviewant des habitants qui ont vécu ce changement dramatique. Entre les deux galeries, on trouve dans la Skylight Gallery une toile monumentale de Ben Johnson représentant de manière réaliste et détaillée une vue panoramique de Liverpool. L'étrangeté qui s'en dégage tient à ce que la ville y est représentée totalement vidée de ses habitants et de son trafic, comme suspendue et inhabitée. Du second étage, on profite également de vues panoramiques exceptionnelles sur les Trois Grâces et l'ensemble du port. Une visite à faire au début de séjour, pour être ensuite inspiré par la ville.

TATE LIVERPOOL

Albert Dock

✆ +44 151 702 7400

www.tate.org.uk/liverpool

Ouvert tous les jours de 10h à 17h50. Entrée gratuite sauf lors d'expositions exceptionnelles.

La Tate Liverpool est une annexe de la Tate Modern de Londres. Mais à l'origine de tout cela se trouvent la fortune et la générosité du collectionneur, Henry Tate, magnat du sucre à Liverpool, qui légua à l'Etat son importante collection d'artistes du XIXe siècle, visible à la Tate Gallery. A Liverpool, trois étages présentent la collection nationale d'art moderne et contemporaine. Les œuvres sont regroupées autour de thématiques spécifiques, plutôt que par mouvements ou par générations d'artistes. L'approche des œuvres se veut attrayante et grand public. Un espace est aussi consacré à des expositions temporaires souvent payantes.

THE FAB4D EXPERIENCE

Pier Head

Mersey Ferries Terminal

Georges Parade ✆ +44 151 709 1963

www.beatlesstory.com

Ouvert tous les jours. Entrée : adulte £12,95, enfant £6,50. Gratuit sur présentation du ticket d'entrée du Beatles Story Museum, sur Albert Dock. Entrée valable 48 heures.

Un film d'animation fort amusant en 3D raconte l'histoire de Mike, jeune musicien attendu par sa belle à Albert Dock. En chemin, il croise un guide étrange que les fans des Beatles reconnaîtront sans peine. Sa trajectoire dérive, sur une bande sonore composée des plus célèbres chansons du groupe. Et pour pimenter encore le film, quelques expériences 4D tout à fait surprenantes. Pas de sous-titrage en français mais l'histoire reste accessible en images. L'animation visuelle et autres effets spéciaux valent le coup d'être appréciés en famille. Une galerie jouxtant la salle de projection sert de lieu d'exposition temporaire autour de thématiques liées aux Beatles : vie de John Lennon avec sa première épouse Cynthia, relation des Beatles à Elvis Presley, en un volet complémentaire au principal musée emplacé à Albert Dock, qui supervise les événements de la galerie.

NATIONAL WATERWAYS MUSEUM

Ellesmere Port
South Pier Road
✆ +44 151 355 5017
www.nwm.org.uk
Ouvert de 10h à 17h. Entrée : adulte £6. Croisières de 30 minutes en péniche à £1,50.
A mi-chemin entre Liverpool et Chester, ce musée articulé autour d'un canal rassemble la plus grande collection de bateaux utilisés pour se déplacer dans les canaux et rivières de Grande-Bretagne. Dans les corps de bâtiment, on découvre une forge toujours en activité, une exposition sur la création de cet immense réseau de canaux innervant la Grande-Bretagne, créé entre 1760 et 1820, avec l'essor de la révolution industrielle. En cette époque d'explosion démographique et d'accélération de la production, les canaux permettaient de transporter de la nourriture et d'acheminer des matières premières comme le charbon entre les villes de façon efficace et bon marché. A l'extérieur du musée, amarrées aux canaux, on découvre de nombreuses péniches dont certaines peuvent être visitées. Des croisières de 30 minutes à bord d'une péniche prolongent la découverte de ces canaux et de leurs habitants : cygnes, pies, canard, cormorans... On profite également sur place d'un agréable café à la terrasse donnant sur le canal. L'occasion d'une après-midi pittoresque, entre vestiges industriels, canotage et flânerie au vert. Durant les mois de juin et de septembre, il est possible d'embarquer à partir du musée pour Salford, un port industriel voisinant Manchester.

SPACEPORT

Victoria Place, Seacombe
✆ +44 151 330 1333
www.spaceport.org.uk
Trajet de 50 minutes en ferry, au départ de Pier Head. En train, départ de Central station, sur Bold Street. Le musée se trouve à 5 minutes à pied de la station.
Ouvert du mardi au dimanche de 10h30 à 18h, dernière admission à 16h30 ; du 25 juillet au 29 août, aussi le lundi. Adulte £8 et £11 avec le trajet en ferry inclus. Enfant £4,50 pour les 3-15 ans ou £6,50 ferry inclus pour les 5-15 ans (gratuit pour les plus petits). Forfait famille (2 adultes & 3 enfants) à £20 et à £30 avec trajet en ferry.
L'attraction a pour thème la conquête de l'espace. Des galeries interactives nous invitent à faire une suite d'expériences audio-visuelles étonnantes. Immergé à 360° dans un dôme, on se trouve ainsi propulsé dans l'espace, tel un astronaute. La façon la plus sympathique de s'y rendre est de prendre le ferry au départ du Pier Head pour 50 minutes de traversée jusqu'au musée. Les enfants adoreront !

SUPER LAMBS BANANA

En face de Brunswick Street
The Stramb
Vous n'aurez de cesse de croiser ces créatures étranges, mi-agneau mi-banane, devenues un emblème de Liverpool au même titre que le *Liverbird* ! Des magasins de souvenirs les vendent en miniature, elles ornent mugs et porte-clés et apparaissent également souvent dans la déco des bars et restaurants. Ici, près des bâtiments noirs de Mann Island, on en trouve tout un troupeau barriolé.

THE BEATLES' CHILDHOOD HOMES

Albert Dock
✆ +44 151 707 0729
www.nationaltrust.org.uk/beatles
Visites du 26 février au 13 mars et du 2 au 27 novembre. Départs le matin près d'Albert Dock, du Jurys Inn Hotel (31 Keel Wharf). Possibilité de départs l'après-midi, du Speke Hall, une maison de style Tudor située à 11 km du centre et aussi ouverte à la visite. £20 par adulte et £3,40 par enfant. Les billets doivent être réservés à l'avance.
Le National Trust supervise la visite des maisons d'enfance de John Lennon et de Paul McCartney, les Mecque de la pop anglaise n'étant pas accessibles en dehors de ces convois organisés en minibus. On y découvre l'ambiance des faubourgs de Liverpool, l'intérieur des maisons pavillonnaires où ils passèrent leur enfance, au mobilier typique des années 1950 et les chambres où ils écrivirent leurs premières chansons. John a 16 ans lorsqu'il se fait présenter Paul par un ami commun... La suite vous sera racontée par vos guides avec le plein de croustillantes et émouvantes anecdotes ! On préfère vous prévenir pour éviter les déceptions, les photos à l'intérieur des maisons sont interdites...

THE BIG WHEEL

Sur les docks
Echo Arena
Prix du ticket : £6,37 par adulte et £4,25 par enfant.
Cette grande roue était destinée à être gardée par la ville jusqu'en février 2012 mais son succès est tel que l'on en profitera jusqu'en 2014. Son emplacement sur les docks est idéal, en ce qu'il permet de prendre de la hauteur pour mieux contempler le fabuleux panorama du front de mer. Du haut de ses 60 mètres, on devine aussi, par temps dégagé, les collines du pays de Galles.

THE LIGHT HOUSE BOAT

Albert Dock
En rejoignant l'Albert Dock, vous remarquerez certainement ce bateau d'un rouge pimpant coiffé d'un phare. Sur l'un des flancs de la coque, le mot « BAR » est écrit en capitales blanches mais vous ne pourrez malheureusement pas boire une pinte à bord. ici, « bar » désigne la frontière entre le fleuve Mersey et la mer d'Irlande. Le bateau ici stationné avait pour fonction d'aller à la rencontre des navires entrant au port pour les aider à passer cette zone traversée par des courants rapides et accéder au port. Des pilotes spécialisés prenaient la barre et manœuvraient le bateau jusqu'au port. Remplacé par des radars modernes, ce « bateau phare » n'a désormais pas d'autre fonction que d'orner l'entrée du dock.

THE PORT OF LIVERPOOL BUILDING

Canada Boulevard
Le bâtiment a été construit en 1907. A l'entrée, une statue de Neptune et deux globes avec des dauphins symbolisent la puissance maritime de Liverpool à échelle mondiale. L'édifice qui sert toujours de bureaux administratifs n'est pas officiellement ouvert au public. On peut tout de même jeter un œil au hall en marbre et aux vitraux le long de l'escalier qui représentent tous les pays de l'Empire britannique. On remarquera aussi le dôme, d'esprit *palazzo* italien. Ce dernier aurait été repris d'un projet architectural pensé pour la cathédrale anglicane et rejeté, qui incluait justement un dôme. A l'époque, cet établissement administratif construit comme un véritable palais, avec tous les matériaux les plus nobles de l'architecture, pour souligner le prestige de la deuxième ville de l'Empire britannique, fit quelques scandales...

LES TROIS GRÂCES

Pier Head
Sur les quais de Liverpool s'alignent trois bâtiments historiques connus sous le nom des « Trois Grâces » : le Liverpool Port Building, le Royal Liver Building et le Cunard Building. Le premier fut construit en 1905 dans le style d'un palais de la Renaissance italienne. Le Cunard Building (1916) appartenait à la compagnie maritime Cunard Steamship, qui affréta le *Britannia* en 1840 pour traverser l'Atlantique. Le troisième édifice avec à son sommet les *Liver birds*, a abrité l'ancêtre de la compagnie d'assurances. Ces oiseaux emblématiques de la ville ont été dessinés par Carl Bartels, un Allemand marié à une fille de Liverpool. Après la guerre, ce dernier sera emprisonné comme membre d'un pays ennemi et renvoyé chez lui. Il lui faudra des années pour pouvoir revenir à Liverpool.

U-BOAT STORY

Wirral
Woodside Ferry Terminal
✆ +44 151 330 1000
www.u-boatstory.co.uk
Billet combiné du trajet en bateau et de la visite £9 par adulte et £5 par enfant. Cafétéria sur place.
La visite se passe en fait de l'autre côté de la Mersey et le ferry vous y emmène de Pier Head. Un sous-marin allemand de la Seconde Guerre mondiale y a été amarré. Ouvert à la visite, on parcourt d'abord une galerie retraçant l'histoire de ce sous-marin avant de l'arpenter de fond en comble. Dispositifs interactifs, exploration des fonds marins avec un périscope, initiation au décodage de messages cryptés, découverte des machines de détection de bateaux et d'animaux marins, l'immersion dans un autre monde est vraiment complète ! De la plateforme du sous-marin, on découvre également sous l'œil d'un mircoscope le panorama de Liverpool autrement.

Ropewalks

ANFIELD STADIUM

Anfield Road
✆ 0843 170 5555
www.liverpoolfc.tv
A Liverpool, le football est une véritable religion et les Red Scousers du FC de véritables héros. Pour une immersion réussie dans l'histoire et les exploits du club de foot légendaire, des guides passionnés par le sujet vous emmènent visiter le stade d'Anfield dans ses moindres

recoins, du vestiaire où les joueurs revêtent leur maillot à la salle de presse et au bureau du directeur. Possibilité pour les vrais fans de faire des photos, n'oubliez pas votre appareil ! La visite inclut également celle du petit musée situé dans le Bluecoat.

EVERTON F.C
Goodison Park
✆ +44 151 330 22 00
www.evertonfc.com
Les Bleus d'Everton sont les éternels rivaux des Reds.

SHOPPING

City Centre

Artisanat – Déco – Maison

69 A INTANDANE
75 Renshaw Street
✆ +44 151 708 8873
Ouvert du lundi au samedi de midi à 18h et le dimanche jusqu'à 17h30.
Entre d'exotiques plantes vertes et sur fond de bonne musique, la boutique expose de merveilleux objets en provenance du monde entier : belle sélection de vases japonais ou en verre de Murano, dessertes, mobilier Art déco, vinyles, accessoires de table, bijoux, échiquier péruvien en terracotta, horloges en faïence... S'il fait gris dehors, allez donc musarder un peu dans cette caverne d'Ali Baba qui met de bonne humeur. Outre les antiquités et pièces rares, on trouve aussi d'amusants accessoires à moindre prix. Une bonne adresse pour qui a un cadeau à (se) faire.

Beauté – Bien être

CAVERN WALKS
8 Mathew Street
✆ +44 151 236 9082
www.cavern-walks.co.uk
Les vraies fashionistas iront musarder ici ! Ne serait-ce que pour jeter un œil à la boutique de Vivienne Westwood : robes, vestes, sacs, bijoux et autres accessoires, tout y est ! Moins connu mais très intéressant, le Boudoir Boutique et sa collection créés par Amy Louise Keating, une styliste talentueuse qui a habillé des célébrités du monde de la musique et du cinéma. L'une de ses dernières collections s'inspire du film *Black Swan*... Chez Cricket, une boutique multi-marque, on trouve notamment des vêtements de la créatrice Stella McCartney.

Cadeaux

FROM ME TO YOU
Mathew Street
Six Cavern Walks
✆ +44 151 227 1963
Cette boutique est entièrement dédiée aux produits dérivés des Beatles que l'on ne trouve nulle part ailleurs. C'est l'occasion de se rapporter un souvenir de Liverpool : t-shirts, porte-clés et broches à l'effigie des stars, éditions spéciales de leurs disques, DVD, livres...

LIVERPOOL FC STORE
Unit 68 Liverpool One 7 South John Street
✆ +44 151 709 4345 – store.liverpoolfc.tv
Les fans de l'équipe de Liverpool FC trouveront ici des vêtements griffés de leur emblème, le liverbird, non seulement sur des tee-shirts, mais sur des vêtements pour femmes et enfants : pyjamas, chaussons, robes de chambre, polos. Egalement des sacs, des cravates, des casquettes et des porte-clés.

Liverpool One

C'est surtout dans le domaine du prêt-à-porter que la ville excelle. Liverpool One est LE centre tentaculaire du shopping avec 160 boutiques et une pléiade de bars et restaurants. Comme alternative, Church Street, Bold Street, Cavern Designer Shopping Centre, Clayton Square shopping centre ou encore Albert Dock Complex rassemblent grandes enseignes de mode et petites boutiques branchées et originales. Pour les amateurs de fripes, rendez-vous au Liverpool Palace sur Slater Street ou Quiggins sur School Lane. A John's Precinct sur St Georges Way, vous trouverez de très bonnes affaires dans les boutiques bon marché et pourtant très « tendance ». Reine du pop, Liverpool regorge de disquaires particulièrement calés. Les amateurs de vinyle iront chez Probe (9 Slater Street) et Vinyl Frontier (14 School Lane).

Centres commerciaux

METQUARTER
35 Whitechapel
✆ +44 151 224 2390
www.metquarter.com
Dans cette grande galerie commerciale agréablement aménagée, les grandes marques de prêt-à-porter se sont rassemblées : Diesel, Hugo Boss, Armani Exchange, Coast, Sasoon, Timberland... Et aussi plusieurs enseignes où faire des pauses gourmandes. On citera le classique Costa Café mais surtout la Pâtisserie Valerie ! Tout est là pour un agréable moment de lèche-vitrine.

Mode – Sport

GRAND CENTRAL HALL
35 Renshaw Street
✆ +44 151 709 6260
Impossible de ne pas remarquer ce grand édifice à la façade exubérante, tout en courbe et en ferronneries dorées façon Art déco. Construit en 1906, l'édifice fut d'abord une église anglicane puis s'est transformé en cinéma. Le hall est aujourd'hui haut en couleur, avec ses miroirs kitsch façon baroque et ses portes ouvragées bariolées à la bombe violette. Elle abrite plusieurs boutiques de seconde main. Amusant d'y musarder pour dénicher la perle rare...

RAIDERS VINTAGE
38 Renshaw Street
✆ +44 151 709 2929
Dans cette vaste boutique tout en longueur, on trouve d'abord des robes aux imprimés hauts en couleur typiques des sixties. Pas forcément du goût de tout le monde mais on recommande d'aller voir plus au fond, dans la seconde pièce où sont notamment exposés les chaussures, les manteaux et les pulls. Entre les deux pièces, sélection intéressante de foulards fixés à un porte-manteau. Dans les vitrines de la première pièce, on trouve aussi de beaux bijoux réalisés avec de petites plumes d'oiseaux exotiques aux couleurs vives. Des création signées Alula Jewelry.

Musique

PROBE RECORDS
School Lane
✆ +44 151 702 5324
www.probe-records.com
Cette boutique pointue de vinyles et autres collectors fera la bonheur de tous les inconditionnels de pop rock britannique.

Cathedral Quarter

Artisanat – Déco – Maison

SHOPS @ BLUECOAT
School Lane ✆ +44 151 702 5324
www.thebluecoat.org.uk
Boutiques ouvertes jusqu'à 18h.
Plusieurs créateurs indépendants se sont regroupés dans la cour carrée du Bluecoat, apportant un brin de création artisanale à Liverpool. Chez Flashback Boutique, on trouve des vêtements féminins vintage et des accessoires faits main. Landbaby est une charmante petite boutique spécialisée dans les jouets et accessoires pour bébé : coussins, peluches... Et d'autres accessoires pour la maison ainsi que des broches en tissu. Chez R&J Porter, on trouve des créations artisanales en verre et des bijoux en or et en argent. L'occasion de musarder à la recherche d'un objet rare et unique.

THE BLUECOAT DISPLAY CENTRE
54 Hanover Street ✆ +44 151 709 4014
www.bluecoatdisplaycentre.com
Cette spacieuse galerie rassemble les créations des artisans les plus pointus de la région. Créations textiles, objets en céramique et en verre... La galerie va parfois aussi chercher ses créateurs dans des contrées lointaines. Elle exposera par exemple dans les mois qui viennent des bijoux réalisés par des femmes de Cape Town, en Afrique du Sud. La boutique vend toute l'année de superbes objets en édition limitée.

Cadeaux

LARK LANE GALLERY
13 Lark Lane ✆ +44 151 727 2007
Cette petite boutique vend tout un tas de petites choses originales dont beaucoup sont faites main : cartes postales, papier cadeaux aux imprimés sympathiques, vêtements, céramiques, jouets pour enfants... Une véritable caverne d'Ali Baba qui peut donner des idées si l'on est en panne de cadeaux à offrir.

Mode – Sport

KEYS COURT SHOPPING ARCADE
School Lane et Paradise Street
Church Street
A deux pas de la Bluecoat Gallery.
Cette arcade agréable du Liverpool One marque un trait d'union entre Church Street, School Lane et Paradise Street. On y trouve

beaucoup de boutiques de vêtements aux labels bien connus : Jigsway, Miss Selfride, Top Shop, Ted Baker, Next... Ainsi que quelques cafés agréables où marquer une pause entre deux achats comme le Cafe Nero ou le Milkshake bar.

■ **THE LITTLE RED VINTAGE**
74 Bold Street
Cette petite boutique d'esprit Sixties est unique en son genre dans la rue. On y trouve des robes fantaisistes à fleurs ou mixant deux tissus différents, réalisées par un label indépendant, Sticking with You, beaucoup de petits sacs, pochettes et sacoches rétro en cuir entre £8 et £12. Egalement des sautoirs amusants réalisés par Miss Millie.

Albert Dock & Waterfront

Artisanat – Déco – Maison

■ **THE TATE SHOP**
Albert Dock ✆ +44 151 702 7575
shop.liverpool@tate.org.uk
Superbes vases signés Sarah Fanelli, estampes d'artistes contemporains, coussins imprimés en édition limitée, vaisselle, ensemble de nappes et de serviettes pour la table ou le service à thé, le tout réalisé par des designers très in, pour mettre un peu de couleur et de fantaisie dans les chambres et sur la table de la maison. Egalement des cartes postales et des jouets en bois peint pour les enfants.

Cadeaux

■ **BBC SHOP**
Unit 122a, 31 College Lane
✆ +44 844 848 9799
www.bbcshop.com
La boutique officielle des produits dérivés de la BBC. On trouve des DVD de séries télévisées cultes comme *Doctor Who*, quelques jouets et accessoires pour enfants, des mugs très chic BBC noir et blanc, des enregistrements radiophoniques de pièces de Shakespeare, dont la radio s'est fait une spécialité depuis 1923 et bien d'autres objets. De quoi trouver un cadeau *so british* et pointu.

■ **FAB4STORE**
Albert Dock
http : //www.beatlesstory.com
Les amateurs des Beatles et les autres ne manqueront pas de faire un petit tour dans l'un des deux magasins qui se trouvent sur Albert Dock et Pier Head. Du plus chic au plus kitsch, des centaines d'objets en tout genre, magnets, sacs, mugs, tee-shirts… à l'effigie des « quatre garçons dans le vent ».

Galerie d'Art

■ **LIVERPOOL PICTURE SHOP**
5 The Colonnades
✆ +44 151 709 3566
www.liverpoolpictures.co.uk
Cette galerie est spécialisée dans les gravures, photographies et cartes postales, anciennes ou contemporaines, de Liverpool. On y trouve notamment une série de photographies de l'installation d'Antony Gormley, à Crosby, réalisée par un photographe professionnel, avec la complicité de l'artiste. A l'aube, en plein soleil ou dans la brume, à marée haute ou à marée basse, le photographe réalise de superbes compositions en couleur, captant les multiples visages de cette installation qui change avec la lumière et les saisons. Les photographies sont à vendre (édition limitée à 100), encadrées ou pas, à des tarifs qui restent raisonnables (à partir de £49,95).

Mode – Sport

■ **AMERICAN APPAREL**
93 Paradise Street ✆ +44 151 707 1766
www.americanapparel.net
Une boutique connue dans le monde entier pour ses basiques en coton bio, son petit côté rétro, ses coupes de pantalons et de jupes épurées aux tissus flashy, ses leggings sexy et ses célèbres *duffle bags* en denim ou à paillettes. Des modèles qui vous coûteront un peu moins cher qu'en France.

■ **URBAN OUTFITTERS**
41 Paradise Street
✆ +44 151 707 2017
www.urbanoutfitters.co.uk
Ouvert du lundi au vendredi de 9h30 à 20h, le samedi de 9h à 19h et le dimanche de 11h à 17h.
C'est la boutique de référence en matière de prêt-à-porter branché typiquement britannique : robes à fleurs, collants imprimés, foulards, pulls et sweats sensuels en maille, chinés ou avec manches chauve-souris façon années 1980, escarpins à paillettes ou imprimé léopard, le tout designé par de jeunes créateurs, représentés dans cette boutique multi-marque connue de toutes les *fashionistas*. Profitez-en, Urban Outfitters n'a ouvert aucune boutique en France.

Manchester

465 000 habitants mais 2 500 000 dans Greater Manchester (banlieue incluse). C'est une ville à découvrir de mille manières. Sa vie nocturne est excitante, son Northern Quarter séduit, avec ses boutiques indépendantes et ses cafés trendy.
Les amateurs d'urbanisme aimeront le curieux mélange de bâtiments industriels et de tours de verre. Partout l'ancien et le nouveau se superposent : le verre répond à la brique et la verticalité des tours à l'horizontalité d'entrepôts compacts. La maîtrise d'une esthétique d'ensemble semble importer peu, on ne ménage jamais les transitions, tout est brutal et fait d'oppositions. Autour des canaux, les quartiers de Castlefield et de Deansgate se développent discrètement, mais sûrement.
Le tempérament des Mancunians, réputés en Angleterre pour leur « Big Mouth » – traduisez « grande gueule » – ajoute également à l'atmosphère ! C'est la ville de Noel Gallagher, chanteur du groupe Oasis, qui fit les choux gras de la presse anglaise avec ses déclarations provocantes sur le gouvernement, les femmes et, bien entendu, la ville de Manchester elle-même… Quant à Morrissey, chanteur du groupe culte The Smiths, il choisissait pour titre du DVD retraçant sa carrière : « Who put the M in Manchester » ! En plus de sa galaxie de groupes cultes qui lui donnèrent son surnom de « Mad-chester » dans les années 1980, Manchester possède deux des meilleures équipes de foot au monde.

QUARTIERS

City Centre

En 1996, une bombe posée en plein cœur de la ville par l'IRA pulvérisa une grande partie du centre-ville, ne faisant miraculeusement aucune victime. Plutôt que d'essayer de recoller les morceaux, Manchester a entrepris un programme de développement urbain en rupture avec le passé. Les quelques maisons médiévales rescapées forment un îlot, que cernent les grands édifices modernes. Dans le Triangle, espace entièrement reconstruit après le bombardement, le bâtiment translucide Urbis offre un contraste frappant avec la vieille cathédrale. Il abrite des galeries d'art et le restaurant le plus élevé de la ville.
Non loin de là, The Printworks est le centre commercial le plus populaire de la ville, qui abrite cinémas, bars, restaurants et boîtes de nuit plutôt grand public. Une entrée débouche sur la très animée King Street, autre artère importante de shopping. Pour des boutiques plus chic et indépendantes, on ira voir du côté de St Ann's Square. A l'est, le petit Chinatown et le quartier gay, autour de Canal Street.

Oxford Road

Le quartier d'Oxford Road vit au rythme des étudiants de son université. On y trouve plusieurs bars et restaurants de quartier à l'ambiance bohème et pleine de personnalité. C'est également à l'extrémité d'Oxford Street que l'on débouche sur le très populaire Curry Mile, une suite de restaurants indiens, de pâtisseries et de cafés où l'on fume la chicha. De nombreux bus y conduisent depuis Piccadilly Square : 42, 43, 142, 143. Tarifs généralement bon marché. Mieux vaut ici privilégier les enseignes discrètes aux établissements conseillés par les rabatteurs.

Castlefield

C'est le quartier qui se situe autour du Rochdale Canal. On peut en rattraper les berges par Whitworth Street et marcher au bord de l'eau jusqu'à Castlefield. On remarquera en route la zone de Deansgate Lock où plusieurs bars et clubs ont élu domicile sur les arches en pierre de la voie de chemin de fer. Depuis 1760, le canal relie la ville à Liverpool et à la mer d'Irlande. Une partie de la forteresse romaine reconstituée sur Castlefield rappelle l'occupation de Manchester par une large garnison. Sept routes convergeaient vers leur fort, soit plus que n'importe où ailleurs dans le Nord de l'Angleterre. Aujourd'hui, le point névralgique du quartier est le MOSI, musée de la Science et de l'Industrie. Installé dans l'ancienne gare de chemin de fer et les entrepôts autrefois destinés à stocker les marchandises, l'ensemble constitue un site industriel imposant. La station, d'importance historique pour le développement économique de la ville, a fait l'objet d'investissements majeurs. Elle accueille désormais de passionnantes expositions. On rejoint ensuite les rives de Jackson's Wharf et

Potato Wharf. Bordées de péniches colorées, couvertes de terrasses en été, on s'y balade entre le cri des canards et le vrombissement des trains qui passent.

Northern Quarter

C'est le quartier branché de Manchester. Il faut prendre le temps de flâner dans ses rues, de pousser la porte des disquaires, boutiques indépendantes et coffee-shops pour sentir vraiment la personnalité de la ville. Les meilleures adresses se trouvent entre Tib Street, High Street et Oldham Street, pour chiner dans les boutiques, boire un verre ou manger sur le pouce dans un cadre cosy. Un crochet par les boutiques rock'n'roll de l'Afflecks Palace est de rigueur ! Juste à côté de l'entrée, des mosaïques représentent côte à côte les célébrités qui ont contribué à rendre célèbre la ville. Dans ce regroupement surréaliste de stars tous azimuts, Engels et Ian Curtis font bon ménage ! La mention « Judas » que l'on trouve sous le portrait de Bob Dylan évoque un incident qui eut lieu lors de son concert à Manchester en 1966. Dans le silence d'un entre deux, un membre du public traita le chanteur de « Judas ! ». La raison de cela ? Avoir osé électrifier sa guitare et tourner le dos à son image folk !

Salford

A tort considérée comme un quartier de Manchester, il s'agit en fait d'une ville différente. Aussi appelée Harbour City, c'est ici que l'on sent le plus fortement l'héritage maritime et industriel de la ville. Les quais, parmi les plus actifs de toute l'Europe pendant la révolution industrielle, ont été totalement réaménagés pour construire le Media City Uk, un pôle destiné aux médias et à la production. Cinq départements de la BBC s'y installent aujourd'hui, ainsi que des bâtiments destinés à la pré et post-production de programmes télévisés parmi lesquels : BBC Breakfast, diffusé entre 6h et 8h du matin et très populaire en Grande-Bretagne, mais aussi Blue Peter, destiné aux enfants, et le très célèbre *soap opera*, *Coronation Street*. De nombreux touristes s'y rendent pour visiter le Imperial War Museum et le musée consacré à JS Lowry, peintre et figure culturelle célèbre et attachante de Manchester. On s'y rend en 10 minutes du centre-ville avec le tram.

SE DÉPLACER

■ INFO TRANSPORTS : GMPTE
✆ +44 871 200 22 33 – www.gmpte.com

L'arrivée

Avion

■ MANCHESTER AIRPORT
✆ +44 871 271 0711
www.manchesterairport.co.uk
Le plus grand aéroport britannique en dehors de Londres. Vols nationaux et internationaux. A 10 miles au sud de la ville. Six trains par heure relient l'aéroport à Piccadilly Station, dans le centre-ville de Manchester.

Train

■ GARES FERROVIAIRES
www.gareferroviaire.com
Il y a deux gares à Manchester : Piccadilly et Victoria. Au départ de Liverpool le trajet dure entre 50 min et 1h15. La plupart des trains pour les grandes villes du pays partent de Piccadilly. Train toutes les demi-heures pour Liverpool et Blackpool et au moins 6 trains par jour pour Londres et Glasgow.

Bus

■ GARE ROUTIÈRE
Chorlton Street
National Express dessert la plupart des grandes villes du pays. Bus toutes les heures pour Liverpool (£5,50, 1 heure) et Leeds (£7). Nombreux départs quotidiens pour Londres (£19, 5 heures).

Voiture

■ AVIS
1 Ducie Street ✆ +44 1273 252 070
Location de voitures.

■ EUROPCAR
Piccadilly Plaza
York Street
✆ +44 161 832 4114 / +44 161 436 2200
www.europcar.co.uk
Location de voitures.

■ HERTZ
31 Aytoun Street
✆ +44 161 236 27 47
www.hertz.co.uk
Location de voitures.

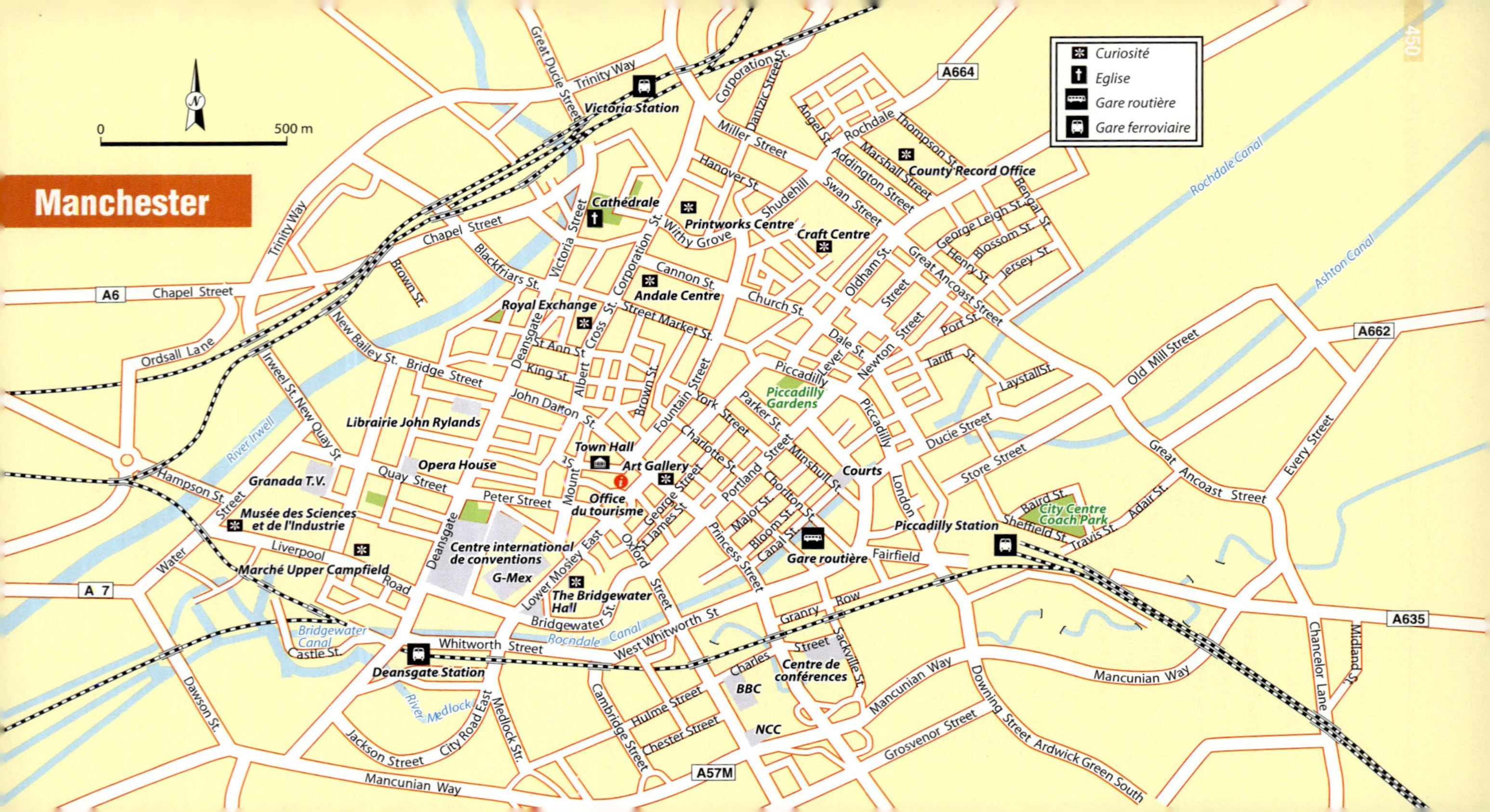
Manchester
0
500 m
Curiosité
Eglise
Gare routière
Gare ferroviaire
Victoria Station
Cathédrale
Printworks Centre
Craft Centre
County Record Office
Andale Centre
Royal Exchange
Librairie John Rylands
Town Hall
Art Gallery
Opera House
Office du tourisme
Granada T.V.
Musée des Sciences et de l'Industrie
Marché Upper Campfield
Centre international de conventions
G-Mex
The Bridgewater Hall
Piccadilly Gardens
Courts
Piccadilly Station
City Centre Coach Park
Gare routière
Centre de conférences
BBC
NCC
Deansgate Station
A6
A7
A57M
A635
A662
A664
Rochdale Canal
Ashton Canal
Bridgewater Canal
River Irwell
River Medlock
Trinity Way
Great Ducie Street
Chapel Street
Ordsall Lane
Corporation St.
Dantzic Street
Miller Street
Hanover St.
Shudehill
Withy Grove
Angel St.
Rochdale
Thompson St.
Marshall Street
Addington Street
Swan Street
Bengal St.
George Leigh St.
Blossom St.
Henry St.
Jersey St.
Great Ancoast Street
Oldham St.
Church St.
Cannon St.
Victoria Street
Blackfriars St.
Brown St.
New Bailey St.
Bridge Street
Deansgate
St Ann St
Cross St.
Market St.
King St.
Albert
John Dalton St.
Brown St.
Fountain Street
York Street
Parker St.
Piccadilly
Lever St.
Dale St.
Newton Street
Port St.
Tariff St.
Laystall St.
Old Mill Street
Ducie Street
Store Street
Great Ancoast Street
Every Street
Baird St.
Sheffield St.
Travis St.
Adair St.
London
Fairfield
Minshull St.
Chorlton St.
Portland Street
Charlotte St.
George Street
St James St.
Oxford
Major St.
Bloom St.
Canal St.
Princess Street
Mount St.
Peter Street
Quay Street
Irweel St.
New Quay St.
Hampson St.
Street
Water
Liverpool
Road
Lower Mosley
East
Bridgewater St.
Whitworth Street
West Whitworth St
Granby
Row
Sackville St.
Charles Street
Hulme Street
Chester Street
Cambridge Street
Mancunian Way
Downing Street
Ardwick Green South
Grosvenor Street
Chancelor Lane
Midland St.
Castle St.
Dawson St.
Jackson Street
City Road East
Medlock Str.

En ville

METROSHUTTLE CITY CENTRE
www.tfgm.com
Ces bus gratuits reconnaissables à leurs couleurs pimpantes orange, verte et violette. De 7h du matin à 18h ou 19h, toutes les 10 minutes, ils relient Piccadilly Square à Salford Central aux stations de tram Victoria, Oxford Road et Deansgate. L'itinéraire des lignes se télécharge sur le site Internet.

TAXIS
Cab City ✆ +44 161 850 0696
www.taxismanchester.co.uk

Autres adresses : Apple Cars Tél +44 161 795 1550. • Manchester Cars Tél +44 161 228 3355 • Mantax Tél +44 161 236 5133

PRATIQUE

Tourisme / Culture

OFFICE DU TOURISME DE MANCHESTER
Parker Street
Près de Piccadilly Gardens
✆ +44 871 222 8223
www.visitmanchester.com
Ouvert tous les jours du lundi au samedi de 10h à 17h30 et le dimanche de 10h30 à 16h.
Informations notamment sur les différentes visites guidées en ville.

SE LOGER

En tant que métropole principale du Nord, la ville compte de nombreux hôtels. Toutes les chaînes internationales sont présentes mais il y a bien évidemment peu de Bed and Breakfast. Pour obtenir les meilleurs prix, il faut réserver à l'avance sur Internet pour obtenir des rabais jusqu'à 50 %. Conseil : chercher en priorité à l'est et au sud de la ville.

Locations

STAYING COOL
Box Works ✆ +44 121 285 1250
4 Worsley Street – www.stayingcool.com
De £145 à £225.
Passionnés de décoration intérieure et de design, l'équipe de Staying Cool conçoit de fabuleux appartements pour un changement de cadre total. Leur choix va également aux équipements dernier cri en matière de technologies : Macintosh Apple, iPod, lecteur DVD, télévisions grand écran... Le loft qu'ils ont conçu à Manchester s'accorde parfaitement à l'esprit urbain et branché de Castlefield : matériaux modernes, design minimaliste et glamour... La chambre ouvre sur un balcon extérieur meublé, d'où l'on a de superbes vues sur Manchester et la cuisine est équipée dernier cri, avec une bonne machine à café ! De sympathiques produits cosmétiques sont la petite surprise de la salle de bains, pour une relaxation complète. Deux autres appartements sont disponibles dans le centre-ville et à Deansgate.

THE LIGHT BOUTIQUE APPART HOTEL
20 Church Street ✆ +44 161 839 4848
www.thelight.co.uk
Studio à partir de £99 et chambre double dès £109.
Le Light Boutique Hotel propose des chambres aménagées en petits studios pour des séjours glamour en plein cœur de Manchester. Chaque chambre comporte son séjour, sa cuisine équipée et sa salle de bains. Certaines d'entre elles incluent également une terrasse extérieure d'où l'on a de belles vues sur la ville et suffisamment grande pour y prendre son petit déjeuner où y boire l'apéro. Un concept intéressant en comparaison de l'offre des hôtels classiques de même standing. Idéal pour un séjour en amoureux ou entre amis, les studios pouvant contenir deux chambres doubles.

City Centre

BRITANNIA HOTEL
Portland Street
✆ +44 871 222 0017
www.britanniahotels.com
Chambre double à partir de £50. Prix de réservation avantageux sur leur site Internet.
Très central, il offre tout le confort attendu de l'hôtellerie traditionnelle. Service discret et professionnel, chambres agréablement aménagées, sens du détail et restauration de qualité. Un bon rapport qualité/prix.

PRINCESS
101 Portland Street ✆ +44 844 855 9136
Fax : +44 161 236 4468
www.princessonportland.co.uk
Chambre à partir de £65, prix variables en fonction de la disponibilité.
Un hôtel 3-étoiles situé en centre-ville. Princess offre un bon rapport qualité/prix, et est situé à proximité de nombreux bars et du quartier gay. Toutes les 85 chambres sont équipées d'une salle de bains et de TV.

Castlefield

HILTON DEANSGATE
303 Deansgate ✆ +44 161 870 1600
Fax : +44 161 870 1650
www.hilton.co.uk/manchesterdeansgate
Prix selon disponibilité : à partir de £130 en semaine.
Parfois, cela vaut le coup de casser sa tirelire. Situé dans les 23 premiers étages de la tour Beetham, cet Hilton propose ce qu'il y a de plus raffiné et de moderne dans la région. Logé dans cette tour de verre, vous aurez certainement la plus belle vue sur la ville. Lounge au rez-de-chaussée et bar au 23e étage.

THE CASTLEFIELD HOTEL
Liverpool Road
www.castlefield-hotel.co.uk
Chambres doubles à partir de £55, tarifs préférentiels pour les réservations via leur site Internet.
Les canaux de Castlefield joliment réaménagés constituent un cadre de séjour particulièrement agréable, tout près du centre-ville. Aussi est-il sympathique de n'avoir qu'à pousser la porte de son hôtel pour se retrouver dans ce quartier proche des pubs plein de personnalité de Deansgate et de l'atmosphère étudiante et bohème d'Oxford Road. Des chambres d'un design simple et agréable au confort moderne. l'hôtel dispose également d'un Spa aux tarifs intéressants ainsi que d'une piscine et d'une salle de gym à disposition des résidents.

YOUTH HOSTEL
Potato Wharf
Castlefield ✆ +44 845 371 9647
Fax : +44 161 835 2054 – www.yha.org.uk
Tram : G-Mex.
Prix pour une nuit en dortoir, adulte : à partir de £21,95 ; moins de 18 ans : dès £14,65. Ouvert 24h/24.
L'établissement donne sur les rives du Canal, idéales en été lorsque cafés et restaurants y déploient leur terrasses et que les Mancunians y font du vélo ou se promènent. A deux pas du Museum of Science and Industry et à deux stations de tram de Piccadilly. Dortoirs de 4 et 6 lits, bien entretenus, tous avec salle de bains attenante.

Northern Quarter

HATTERS
50, Newton Street ✆ +44 161 236 9500
Fax : +44 161 236 8600
www.hattersgroup.com
A partir de £15 pour une personne dans chambre de 6 à 18 lits. Chambre double à partir de £25.
Situé au cœur du Nothern Quarter, Hatters est une excellente auberge de jeunesse indépendante. Propre, moderne et atmosphère super sympa. Toast et café gratuits toute la journée.

Salford

THE LOWRY
50 Dearmans Place
Chapel Wharf ✆ +44 161 827 40 00
Fax : +44 161 827 40 01
www.thelowryhotel.com
Chambre double à partir de £385.
Ouvert en 2001, The Lowry est le premier hôtel 5-étoiles de Manchester. Si vous pouvez vous le permettre, cet hôtel de luxe, au design moderne et stylé, vaut vraiment le détour. Toutes les chambres ont une salle de bains en marbre et sont équipées de TV, téléphone, accès Internet, lecteur CD, minibar. Egalement des chambres de luxe et des suites. L'hôtel abrite un centre de fitness et de remise en forme et un restaurant. Tout pour votre confort, qu'il s'agisse d'un séjour pour affaires ou en amoureux.

WILMSLOW HOTEL
356 Wilmslow Road, Fallowfield
✆ +44 161 225 30 30
Fax : +44 161 257 28 54
www.wilmslowhotel.com
A 5 km de la ville, les bus 40 à 49 y conduisent depuis Piccadilly.
Chambre simple avec salle de bains à £32,10 et double avec salle de bains à £48. Chambre simple sans salle de bains à partir de £26, double à partir de £44 ; triple à partir de £58.
Carte Bleue et chèques de voyage acceptés. Bar, salon, restaurant le soir, parking. Breakfast continental.

■ **MANCHESTER BACKPACKER'S HOSTEL**
64, Cromwell Road ✆ +44 161 865 92 96
manchester@hattersgroup.com
Situé à proximité du stade de Manchester United et du Lowry. £15 en dortoir et £22 en chambre de deux personnes. Un peu excentré mais il est possible de marcher jusqu'au centre (environ 3 km) et l'endroit est bien desservi par les transports en commun. Dortoirs et quelques chambres doubles.

SE RESTAURER

Manchester étant une ville très cosmopolite, des restaurants de toutes nationalités y ont élu domicile. Les deux endroits les plus concentrés en restaurants sont Chinatown (le midi, on y mange pour trois fois rien) et, plus au sud, à proximité de l'université, Rusholme, surnommé « curry mile » pour les nombreux restaurants indiens qui s'y trouvent. Le Northern Quarter s'impose comme une alternative culinaire de qualité avec des petites enseignes sympathiques. Quelques rues à l'ouest, Deansgate constitue une succession de restaurants pour tous les goûts.

City Centre

Pause gourmande

■ **THE MIDLAND HOTEL**
16 Peter Street
✆ +44 161 236 3333
www.midlandhotelmanchester.org
£25 l'afternoon tea.
C'est dans cet hôtel majestueux que se sont rencontrés messieurs Royce et Rolls pour discuter le dessin de la voiture qui rendit le duo mondialement célèbre. Aujourd'hui, l'hôtel propose de luxueux *afternoon teas* dans un cadre à nul autre pareil, accompagnés au champagne. Luxe, calme et volupté dans ce salon de réception. Parfait pour un couple en quête de romance.

Bien et pas cher

■ **ALL BAR ONE**
73-79 King Street
✆ +44 161 830 1811
Sélection « quick lunch » ou « brunch dishes » entre £6 et £8. Plats à la carte entre £7,95 et £9,95.
En pleine zone de shopping, bar très agréable pour manger sur le pouce dans un cadre relax. le rendez-vous des cols blancs pour un déjeuner d'affaires mais aussi des femmes entre deux courses et des couples. Cadre agréable, bois et crème avec plantes vertes, sofas, musique lounge en sourdine et serveurs sympathiques. Point fort de l'adresse, sa carte des vins et ses bières d'un peu partout dans le monde : Belgique, Espagne, Pays-Bas... A la carte, des *quesadillas*, bagel au saumon avec salade, sandwich au poulet avec épinards... Mais aussi des plats de pâtes, risotto et burgers.

■ **HAPPY SEASONS**
59-61 Faulkner Street
✆ +44 161 236 71 89
£15 pour un repas complet.
Ce petit restaurant familial est un joyau. A l'heure du déjeuner, beaucoup d'habitants du quartier s'y retrouvent pour apprécier une cuisine cantonaise impeccable. Des canards sont pendus aux crochets, prêts à être cuisinés par le chef qui découpe la viande avec savoir-faire devant vous. Une bonne adresse à prix intéressants.

Bonnes tables

■ **DON GIOVANNIS**
Peter House
11 Oxford Street ✆ +44 161 228 24 82
Fax : +44 161 228 66 73
www.dongiovannis.co.uk

Cafés et tea rooms

Il y en a beaucoup à Manchester. Amusants, alternatifs, audacieux, ils dévoilent l'état d'esprit d'une ville où l'on aime les lieux « pas comme les autres ». Les tearooms rivalisent d'idées pour se distinguer de leurs voisins : il n'est pas rare d'y découvrir une boutique de disques, les vêtements d'un jeune créateur, une exposition de gravures... Ce sont aussi des lieux où l'on peut manger soupes et sandwichs à petits prix.

Ouvert de midi à 14h30 et de 17h à 23h en semaine. Fermé le dimanche pour le déjeuner. £20 pour un repas complet.

Bien connu des Mancunians depuis 25 ans, ce restaurant familial propose une cuisine italienne traditionnelle servie dans un cadre au design minimaliste mais qui respire la classe à l'italienne. Sur le palier d'à côté, le salon de thé offre de savoureux sandwiches à emporter et un espace pour se relaxer avant de prendre son train à Oxford Station.

MR THOMAS'S CHOP HOUSE

52 Cross Street ✆ +44 871 230 5348

A côté du Royal Exchange Theatre.

De £10 à £15 pour les plats traditionnels, jusqu'à £28,50 pour les grillades.

Ce pub d'époque victorienne a gardé tout son cachet d'époque. On s'y fait chaleureusement accueillir pour un bon déjeuner gastronomique : des classiques de la cuisine britannique à déguster dans un cadre élégant et intimiste. Entre 15h et 17h, le pub propose aussi ses *traditionnal english afternoon cream teas. Beer garden* pour les beaux jours.

PACIFIC

58-60 George Street

✆ +44 161 228 66 68

www.pacificrestaurant.co.uk

Buffet pour 2 à partir de £22,50 par personne.

L'établissement a bonne réputation dans Chinatown et se distingue par sa cuisine thaïlandaise et chinoise, dans un quartier à majorité cantonaise. Deux chefs, deux cuisines, deux salles à manger, deux menus, pour choisir entre la Chine et la Thaïlande.

YANG SING

34 Princess Street

✆ +44 161 236 2200

www.yang-sing.com

Excellente cuisine cantonaise. Dans un cadre joliment arrangé, on trouve de petites alcôves intimistes pour les dîners en amoureux ou de grandes tables pour les rassemblements à plusieurs. Certainement un des meilleurs restaurants du quartier.

SAM'S CHOP HOUSE

Chapel Walks, off Cross Street

Back Pool Fold ✆ +44 161 834 3210

sams@thevictorianchophousecompany.com

Le second gastro-pub incontournable de la ville avec Thomas's Chop. On y déguste des plats britanniques soigneusement préparés, dans une déco traditionnelle de pub : boiseries sombres, éclairages tamisés. On trouve au bar un client éternel figé dans le bronze : il s'agit du peintre LS Lowry qui avait ses habitudes ici, dont celle de ne jamais payer sa bière ! Le troisième mardi du mois, le pub organise une *jam session* en soirée.

SAMSI JAPANESE RESTAURANT

36-38 Withworth Street

✆ +44 161 279 0022

www.samsi.co.uk

De 20 à 25 € le menu, boisson comprise.

Très réputé à Manchester, on trouve à la carte tous les classiques de la gastronomie japonaise : sushi, tempura, à déguster dans un cadre spatieux et une atmosphère tranquille. Décor épuré et reposant. Idéal pour se remettre d'une grosse journée de visite.

Oxford Road

ANAND'S VEG DELI & PAN CENTRE

217 Wilmslow Road, Rusholme

✆ +44 161 225 6742

www.anandsdeli.co.uk

Plats à £4,50.

L'atmosphère est intimiste dans cette petite cantine familiale. D'allure discrète, tout au bout du Curry Mile, elle est fréquentée par des clients fidèles. Musique indienne en sourdine, cuisine soignée, exclusivement végétarienne, ambiance tout à fait tranquille.

ZOUK

Chester Street

The Quadrangle ✆ +44 161 233 1090

www.zoukteabar.co.uk

Le free bus n°2 (vert) vous dépose juste à côté.

De 20 à 25 £ pour un menu avec boisson. Plats copieux à partir de £7,50. Chicha à £10.

Coincée entre les tours de la Manchester Metropolitan University, la terrasse extérieure de ce restaurant a tout d'un havre de paix caché aux yeux du plus grand nombre. Parasols orange acidulé, gros pots de fleurs phosphorescents supportant des arbustes et petit grill mêlant ses effluves à ceux de la chicha. Une atmosphère vraiment conviviale se dégage de ce lieu fréquenté par des habitants d'origine indienne et pakistanaise qui s'y retrouvent en famille ou entre amis. Zouk serait presque la version chic et branchée des adresses du Curry Mile. A la carte, de délicieuses grillades et viandes marinées que l'on peut accompagner de riz parfumé et de naans fondants pour un prix raisonnable. Une excellente adresse.

■ **ROYAL SUITE DARBAR**
65-67 Wilmslow Road
✆ +44 161 224 4392
£15 pour un repas complet.
Très bonne cuisine indienne. Ne sert pas d'alcool mais vous pouvez amener votre propre bouteille.

■ **SANAM SWEET HOUSE**
145 Wilmslow Road ✆ +44 161 224 88 24
Ouvert tous les jours.
La pâtisserie est très réputée dans ce restaurant indien. Cuisine simple mais bonne. Ne sert pas d'alcool, mais on apporte sa bouteille.

Castlefield

■ **CHOICE**
Castle Quay ✆ +44 161 833 3400
www.choicebarandrestaurant.co.uk
Près du MOSI.
Plats principaux entre £13 et £18.
On goûte une cuisine moderne à base d'ingrédients typiques de la région et des plats britanniques de haute qualité. La carte des vins est excellente, le cadre élégant et l'atmosphère générale très agréable. Egalement un bar lounge avec un piano. Une adresse de choix.

■ **THE OX NOBLE PUB**
71 Liverpool Road
✆ +44 161 839 7740
En face du MOSI et à côté des Roman Gardens. Station Deansgate ou bus 33, arrêt Liverpool Rd.
Entre 12.95 et 14.95 £ le plat principal. Compter au moins 25 £ pour un menu complet.
Un gros taureau blanc orne l'enseigne de ce pub connu pour ses plats délicieux. Dans une maison traditionnelle noire et blanche aux petites fenêtres tendues de dentelles, on déguste des classiques de la cuisine britannique : poisson fumé, steak, rôti de bœuf avec des épinards... Service sympathique et professionnel, petite terrasse extérieure agréable aux beaux jours. Et bien entendu, c'est aussi une adresse de choix pour aller boire une pinte !

■ **DIMITRI'S TAVERN**
Campfield Arcade, Tonman Street, Deansgate
✆ +44 161 83 93 319
Ouvert du lundi au dimanche jusqu'à 23h. Plats entre £14 et £17, sélection de tapas à base de viande, fromage, fruits de mer et légumes autour de £7,50 la ration.
Stores bleu et blanc, murs peints en jaune et ornés de silhouettes noires façon vase grec antique, c'est en fait toute la Méditerranée qui s'invite à la carte. On pioche un peu dans la gastronomie grecque, espagnole et turque pour un résultat assez imprécis. L'ambiance n'est pas désagréable, le restaurant ayant tiré avantage d'une galerie extérieure joliment arrangée. Mais les serveurs ont bien de la peine à recommander quoi que ce soit de la carte, longue comme le bras et assez confuse. Carte des vins correcte, addition un peu trop salée en comparaison de plats peu copieux...

Northern Quarter

Sur le pouce

■ **THE TEA CUP**
55 Thomas Street
✆ +44 161 832 3233
www.teacupandcakes.com
Snacks entre £3,50 et 8.
Bonne sélection de thés, soupes, toasts, sandwichs et pâtisseries. En soirée, à, partir de 19h, le menu s'étend à un choix de *meatballs*. Des boulettes de viande accompagnées de salade, de couscous, de pâtes ou de riz, que l'on peut accompagner d'une bière ou d'un verre de vin. On se restaure entre des services à thé hauts et des tee-shirts hauts en couleur et très design, vendus par la maison. Le tout réalisé par l'illustrateur et DJ Mr Scruff, du label Ninja Tune, originaire de Manchester. L'adresse branchée par excellence.

Pause gourmande

■ **OKLAHOMA**
74-76 High Street
✆ +44 161 834 1136
Les gadgets et accessoires les plus colorés du monde se sont ici donné rendez-vous. Cœurs miniatures en crochet, bougies en forme de cactus, magnets, badges, gadgets improbables pour la cuisine, le bureau ou la salle de bains, cartes postales kitsh... Et les fameux outils de bricolage édités par le Victoria and Albert Museum (tournevis et perçeuses fleuris !) Dans cette jungle de couleur flashy se trouvent un *tearoom* et des alcôves douillettes où boire un thé en mangeant sur le pouce, dissimulé entre plantes vertes et parasols asiatiques. Un concentré d'exubérance britannique !

Bien et pas cher

■ EARTH CAFE
16-20 Turner Street
✆ +44 161 834 19 96
www.earthcafe.co.uk
Ouvert du mardi au vendredi de 9h à 16h et le samedi jusqu'à 17h.
Ce café végétarien fait partie du centre bouddhiste de Manchester. Calme, sérénité mais également une très bonne cuisine bio à tout petits prix ! Une oasis dans la ville et d'excellents jus de fruits à £3.

■ COMMON
39-41 Edge Street
Plats copieux à £7,50.
Toute une jeunesse arty se rassemble dans ce grand bar-restaurant articulé en plusieurs pièces. La décoration murale signée David Bailey habille les pièces avec un esprit BD tandis que des lithos réalisées par des artistes locaux sont fixées aux murs et à vendre. L'ambiance est à la fois vivante et tranquille, joyeusement effervescente à l'heure du déjeuner où chacun passe commande au bar. Murs de brique rouge, grandes banquettes, plantes vertes et musique soigneusement choisie font ici venir les solitaires avec leur livre, les couples, les groupes d'amis et quelques visiteurs attirés par les lieux de dehors. A l'entrée, des étagères remplies de flyers vous renseignent sur les soirées musicales à ne pas manquer.

Bonnes tables

■ THE MARKET RESTAURANT
104 High Street
✆ +44 161 834 3743
www.market-restaurant.com
Menu deux plats à £15,95 à l'heure du déjeuner.
Ce restaurant s'est taillé une solide réputation et est l'un des plus courus du Northern Quarter. Le secret : une cuisine de qualité et une ambiance très conviviale. Des ingrédients traditionnels sont employés de manière inventive, la carte change en fonction des saisons, qui suit les ingrédients les plus frais du moment. Le patron est un francophile qui aime accueillir ses clients avec attention. Les menus et la carte des vins valent le détour.

SORTIR

Preuve qu'il fait bon vivre à Manchester, les universités de la ville sont celles qui reçoivent le plus de candidatures au Royaume-Uni et la ville abrite 70 000 étudiants ! Les bars situés le long du canal peuvent être assez tranquilles hors saison. Une destination à privilégier surtout en été pour les terrasses et le farniente. Egalement de nombreux bars en dessous des arcades de Deansgate. L'endroit est fréquenté par une clientèle jeune et sophistiquée ainsi que de nombreux footballeurs. Les prix sont plutôt élevés.

Cafés – Bars

Un nombre important de pubs appartient aux brasseries de la ville comme John Holton ou J.W Lees. Un bon moyen de goûter les lagers locaux près de Deansgate ou vers le canal.

City Centre

■ THE APE AND APPLE
28-30 John Dalton Street
✆ +44 161 839 9624
Ce pub sert les meilleures bières produites dans la région. Il se divise en petits salons confortables où les comptables et les avocats de la rue viennent se détendre en fin de journée. Les mercredis soir, le *comedy club* rassemble ses fidèles pour découvrir les nouveaux talents du rire mancunian. Lounge à l'étage pour déjeuner au calme. Bières John Holton entre autres.

■ ROOM
81 King Street
www.roomrestaurants.com
Bar ouvert à partir de minuit et jusqu'à 2h le week-end. Room cockail hour à £4,50, entre 17h et 20h. Bar nibbles disponible toute la journée, de £2,50 à £6.
Dans un édifice victorien mis en valeur par un design contemporain, on profite du happy hour entre 17h et 20h pour boire des cocktails que l'on peut accompagner de petites choses à grignoter. Le papier peint aux chardons, les lustres, le plafond en bois et la cheminée retiennent l'élégance de cette demeurre qui était autrefois le rendez-vous des *Liberals*.

Oxford Road

SHOTZ SHISHA LOUNGE

110 Wilmslow Road
£7,50 la chicha.
Le Curry Mile n'est pas couru que pour sa nourriture bon marché mais aussi pour ses chichas parfumées au réglisse, à la rose et à toutes sortes de fruits, que l'on fume confortablement installé sur des canapés. Un plaisir des sens très apprécié par les étudiantes de Manchester. L'avantage du Shotz Shisha Lounge : n'être pas trop grand, compter une micro terrasse extérieure et privilégier une atmosphère lumineuse tamisée pour relaxation complète.

THE FONT

7-9 New Wakefield Street
✆ +44 161 23 60 944
thefontbar.wordpress.com
Ouvert du lundi au samedi de midi à 1h et le dimanche jusqu'à 00h30. Nourriture servie jusqu'à 20h.
Dissimulé sous des arches épaisses, le Font est un bar agréable à toute heure. Sa répartition en plusieurs niveaux offre de multiples recoins tranquilles et confortables où squatter avec un bon livre ou sa moitié et profiter tranquillement de la bonne musique. Le week-end, en soirée, les DJ savent chauffer leur monde et l'ambiance est nettement plus délurée.

THE ODDER BAR

14 Oxford Road
✆ +44 871 703 1680
www.odderbar.co.uk
Ouvert du dimanche au jeudi de midi à minuit et les vendredi et samedi jusqu'à 1h.
Juste en face de la BBC, ce pub est peut-être le plus cool et funky de tout Manchester ! Ne vous laissez pas trop vite séduire et préférez l'étage au rez-de-chaussée, c'est encore mieux là-haut où l'on trouve des canapés larges comme des lits et où l'on ne vous en voudra pas de prendre vos aises à l'horizontale ! Aux murs, une collection de grosses horloges au design hétéroclite et un crocodile au plafond, un bar tapissé de carreaux de cuir aux couleurs psychédéliques et une musique qui privilégie le funk et le groove. Les week-ends, les lieux ferment plus tard et programment des sets de DJ où l'on entre librement. Bonne sélection de bières et de cocktails, serveurs sympathiques.

Castlefield

CLOUD 23

303 Deansgate
Hilton Manchester Deansgate
✆ +44 161 870 1600
www.cloud23bar.com
Cocktails entre £8,50 et £11,50.
En haut de l'unique gratte-ciel de Manchester. Déco épurée, fauteuils en forme de lèvres et quelques bouquets d'orchidée. Ici, tout le monde vient pour se tourner vers les immenses verrières livrant un panorama ininterrompu sur le grand Manchester. Un spectacle qui vaut le coup d'œil !

DUKES 92

18 Castle Street
Deansgate
✆ +44 161 839 3522
www.dukes92.com
Situé en bordure de canal, dans une ancienne écurie qui abritait des chevaux tirant les péniches, Dukes 92 est un des pubs les plus populaires de Manchester, particulièrement en été. Le balcon donne idéalement sur le canal.

THE BRITON'S PROTECTION

50 Great Bridgewater Street
✆ +44 161 236 5895
thebritonsprotection.co.uk
On y sert des pintes depuis 1806 et le décor d'époque victorienne semble à peine avoir changé. Salons douillets, feux de cheminée en hiver, *beer garden* agréable en été et clientèle du cru, tout y est pour passer un agréable moment. Les lieux doivent aussi leur réputation à leur collection phénoménale de whiskies et de *real ales*.

Northern Quarter

MATT AND PHRED'S

85 Oldham Street ✆ +44 161 831 7002
www.mattandphreds.com
Entrée libre. Concert tous les soirs.
Jazz club situé au cœur du Northern Quarter. Ambiance ultra tamisée et très calme. Le public est tourné vers la scène, attentif à la musique qui se joue. Un incontournable de la ville.

NIGHT AND DAY

26 Oldham Street ✆ +44 161 236 4597
www.nightnday.org
Ouvert de 10h à 2h. Entrée £5.
Concerts et DJ. Un des endroits les plus branchés et rock'n'roll de la ville. Très sympa.

■ **THE OLD WELLINGTON INN**
4, Cathedral Gates ✆ +44 161 830 14 40
Un des plus vieux pubs de la ville. Il fut ouvert en 1530 et, bien que déplacé, il est toujours debout après avoir souffert des bombardements de la Seconde Guerre mondiale et de l'attentat de 1996. La tradition veut que l'on y mange des huîtres (autrefois un plat du pauvre) accompagnées de bière. La terrasse donne sur les jardins de la cathédrale, très prisée par beau temps.

Clubs et discothèques

City Centre

■ **TIGER LOUNGE**
Waldorf House
5 Cooper Street ✆ +44 161 23 66 007
Ouvert jusqu'à 3h, gratuit avant minuit et £3 ensuite.
Les soirées de week-end, le Tiger Lounge offre aux danseurs un choix de musiques volontairement rétro d'ambiance sixties et seventies. Rien ne distingue ce petit club à l'intérieur plutôt sombre, si ce n'est les quelques coussins tigrés qui lui donnent son nom... La foule d'habitués fait toute l'ambiance de ce lieu bondé les samedis soirs et où l'on fait la fête sans chichis.

■ **THE VENUE**
29 Jackson Row
✆ +44 161 839 59 15
www.thevenuenightclub.co.uk
Ouvert du mardi au samedi jusqu'à 2h. Entrée : £5. Indie/rock/dance. Soirée rétro années 1960-1980.
Un club très populaire parmi les étudiants. Consos bon marché.

■ **PICCADILLY TRAIN STATION CLUB**
Store Street ✆ +44 207 749 6854
www.thewarehouseproject.com
Ouvert de 21h30 à 5h. Entrée : £20.
Sous la station de train de Piccadilly, un club a ouvert ses portes dans un vieil abri pour se protéger des raids aériens. Rien de tel que des arches en brique épaisse pour lâcher tranquillement les décibels. Les soirées organisées par le Warehouse Project accueillent une sélection très pointue de DJ internationaux. Pour exemple, DJ Shadow vient tout juste de déchaîner son public dans les sous-sols de la station.

■ **SPIRIT**
63 Richmond Street ✆ +44 161 237 97 25
www.spiritbar.uk.com
Ouvert lundi de 14h à 0h30, mardi et mercredi de midi à 0h30, du jeudi au samedi de midi à 2h du matin et dimanche de midi à 0h30.
Un des bars les plus modernes et les plus sympas du quartier. La clientèle est plutôt jeune, branchée et majoritairement gay. Plutôt calme la journée, l'ambiance s'électrise le soir, et le dance floor se remplit pour danser sur de la funky house. Egalement une terrasse et un balcon très agréables en été. Nouveauté en journée : le barbecue sur le toit.

Mr Manchester

Un concert des Sex Pistols à Manchester, en juin 1976, fait entrevoir à Tony Wilson, journaliste et présentateur d'une émission musicale à la télévision l'ouverture d'une nouvelle ère musicale : le punk rock. Cet amateur, peu féru des années 1970, se réjouit de voir apparaître des groupes pleins de morgue, en rupture radicale avec l'univers hippie. Il monte son propre label, Factory Record, et produit le disque mythique de Joy Division, Control.
C'est également le premier manager des Happy Mondays. Ce passionné poursuit son aventure musicale en ouvrant une boîte de nuit, La Hacienda, devenue mondialement réputée pour avoir donné naissance à la House et être le cadre des soirées les plus chaudes de la décennie. L'éthique fondamentalement libertaire de Wilson contribuera à faire de cette aventure musicale l'une des plus extraordinaires, mais aussi l'une des moins lucratives ! Aucun contrat ne le liait à ses musiciens et l'entrée de son club était gratuite. Mais le public étant plus amateur d'ecstasy que d'alcool ne fit pas non plus entrer d'argent dans les caisses et l'entreprise fit faillite. Le film *24 hours Party People*, réalisé en 2002 par Michael Winterbottom retrace la vie de cet insolent « Mr Manchester ». L'histoire raconte que le directeur d'une major ayant proposé à Wilson le rachat de son label apprit, stupéfait, que rien n'était à vendre, puisque rien ne lui avait jamais appartenu !

Oxford Road

FACTORY 251

112-118 Princess Street ✆ +44 161 272 7251
www.factorymanchester.com
Ouvert 4 nuits par semaine de 11h à 4h les dimanche et lundi et jusqu'à 5h les vendredi et samedi. Entrées entre £3 et £5.
Peter Hook, bassiste du groupe mythique Joy Division a entrepris d'ouvrir ce nouveau lieu destiné au meilleur de la musique indépendante, en mémoire à feue Hacienda, dont il connut les folles nuits ! Aujourd'hui, il lâche sa basse pour se mettre régulièrement derrière les platines et faire danser la jeunesse de Mad-chester. Et comme on ne change pas une équipe qui gagne, Mister Hook a confié à Ben Kelly, auteur du design intérieur de la Hacienda, de repenser le design de la belle bâtisse industrielle achetée pour l'occasion. Au programme, des sets oscillant entre rock indé, funk et electro. Factory 251 a ouvert ses portes en janvier 2010 et est déjà légendaire...

Castlefield

ONE CENTRAL STREET

1 Central Street ✆ +44 161 211 90 00
Entre £4 et £5 l'entrée en semaine, £6 les samedis après minuit. Ouvert jusqu'à 2h30 le vendredi et 3h le jeudi et le samedi.
Pour ceux qui sont de vrais clubbers et veulent être certains de rejoindre des danseurs invétérés, c'est l'incontournable adresse de Manchester. Le grand rendez-vous est le jeudi soir : soirée hip-hop et eighties. Le vendredi est consacré à la soul et au funk. On y passe les classiques du genre Motown, comme des groupes actuels dans le sillage de cet esprit groovy. Le samedi, c'est funkademia, avec disco et R'n'B !

THE BRICKHOUSE

Arch 66, Whitworth Street West
✆ +44 161 236 4418
www.brickhouse-nightclub.com
Ouvert jusqu'à 3h. Entrée £5, consos pas chères.
A l'endroit de l'ancienne Hacienda qui vit les plus belles heures de la house dans les années 1980, une discothèque très fréquentée par les jeunes et les étudiants. Musique indie, dance et eighties.

Northern Quarter

SANKEYS SOAP

Radium Street ✆ +44 161 23 65 444
www.sankeys.info
Ouvert les jeudi, vendredi et samedi de 11h à 5h. Entrée autour de £10 (variable en fonction du programme musical).
Ce lieu ouvert en 1994, dans un ancien moulin d'époque victorienne, est le rendez-vous des clubbers passionnés à Manchester. Les sets de DJ pêchus mixant electro, techno et acid house vous tiendront éveillé jusqu'au petit matin. Le club a des antennes à New York, Ibiza et Sao Paulo. Attention, les lieux ne sont ouverts que trois nuits par semaine !

À VOIR – À FAIRE

La ville joue clairement sur ses deux visages avec son patrimoine et ses nouveaux joyaux architecturaux tournés vers le futur. Les musées sont originaux et la tour Urbis mérite un coup d'œil.

Visites guidées

NEW MANCHESTER WALKS

✆ +44 77 69 298 68 / +44 7884 001 315
www.newmanchesterwalks.com
Du 1er mai au 31 août. Entre £6 et £8. Croisière sur le canal, £15.
Il est possible de découvrir Manchester à travers ses personnalités politiques ou musicales, ses canaux et ses voies de chemin de fer ou sous des angles thématiques aussi variés que « Manchester au temps de Charles Dickens » ou le « Manchester hilarant », à travers les anecdotes les plus burlesques de la ville, ou encore le « Manchester Boho » au fil de ses boutiques les plus trendies... Toutes les infos sur le site Internet sont certifiées de qualité car les parcours sont effectués avec des guides professionnels de la ville.

City Centre

MANCHESTER MUSEUM

The University of Manchester
Oxford Road ✆ +44 161 275 26 34
www.museum.manchester.ac.uk
Ouvert du mardi au samedi de 10h à 17h, les dimanche et lundi de 11h à 16h. Entrée gratuite.
Un musée de quatre étages sur les civilisations anciennes dont une importante part sur l'Egypte antique, et musée d'histoire naturelle avec aquariums, vivariums.

Manifestations

- **Fin juin :** Manchester Day avec parade dans le centre-ville.
- **Un week-end fin août** ou début septembre : Castlefield Carnival. Sur les rives des canaux, théâtre de rue, musique, démonstrations d'artisanat et nombreuses péniches de passage…
- **Août :** Manchester Pride. Gay Village – www.manchesterpride.com – Dix jours consécutifs d'attractions culturelles et musicales, de débats et d'événements sportifs, concerts de plein air et fêtes énormes à la nuit tombée ! Un événement qui chamboule totalement l'ambiance de la ville

CHETHAM'S LIBRARY

Long Millgate ✆ +44 161 834 7961
www.chethams.org.uk
Ouvert de 9h à 12h30 et de 13h30 à 16h30. Dernière admission 16h.
C'est dans ce prieuré de la cathédrale, converti en bibliothèque en 1653, que plus tard Engels et Marx se rencontrèrent à plusieurs reprises. La salle de lecture est étonnante, avec ses livres attachés comme des grimoires par des chaînes aux bibliothèques ! Cela vaut la peine de faire une incursion entre les murs dans cet édifice à l'ambiance romanesque, parmi les plus anciens de la ville. Des concerts gratuits y sont organisés toutes les semaines. Prendre rendez-vous pour lire sur place.

CORNERHOUSE

70 Oxford Street ✆ +44 161 228 7621
www.cornerhouse.org
Ouvert du mardi au samedi de midi à 20h et le dimanche de 11h à 22h30. Entrée libre.
Trois galeries consacrées à des expositions d'art contemporain réalisées par de jeunes commissaires indépendants. Belle programmation de photographie, peinture, installations. Au rez-de-chaussée se trouve un coffee shop de qualité avec accès wi-fi gratuit et à l'étage un petit restaurant de type brasserie. L'adresse arty de la ville.

MANCHESTER ART GALLERY

Mosley Street ✆ +44 161 235 8888
www.manchestergalleries.org
Ouvert du mardi au dimanche de 10h à 17h. Entrée gratuite.
Un beau musée d'Art, rouvert en 2002 après un projet de rénovation très réussi. La collection permanente se compose d'œuvres d'artistes du XVIIIe au XXe siècle. Parmi elles, des œuvres de Gainsborough, Turner, Gauguin, Francis Bacon… Ne pas manquer la première galerie intitulée « Attitude », consacrée à Manchester, son histoire, sa scène artistique et ses créateurs en design textile.

MANCHESTER CATHEDRAL

Victoria Street ✆ +44 161 833 2220
www.manchestercathedral.org
Ouvert du lundi au vendredi de 8h30 à 19h et le samedi jusqu'à 17h. Entrée gratuite.
Endommagée par la bombe de l'IRA, la cathédrale de style gothique s'est offert une cure de jouvence après plus de 500 ans d'existence. Elle avait déjà souffert des bombardements allemands en 1940 qui l'avait amputée de ses vitraux historiques. L'intérieur est merveilleux car des structures en fer forgé, parfois dorés, découpent le bâtiment en espace de recueillement. Les miséricordes sont parmi les plus anciennes d'Europe.

PEOPLE'S HISTORY MUSEUM

Spinningfields
Left Bank
✆ +44 161 838 9190
www.phm.org.uk
Ouvert tous les jours de 10h à 17h. Entrée gratuite.
Créé à l'initiative de syndicats dans les années 1970, le musée national a rouvert ses portes en 2010. Il contient des objets historiques issus des luttes ouvrières ou minières. Et également des archives des partis de gauche au Royaume-Uni. On appréciera la collection de banderoles aux slogans percutants et les photos de manifestations à l'anglaise.

MANCHESTER TOWN HALL

Albert Square
Ouvert du lundi au samedi jusqu'à 17h.
La mairie de la ville a été construite en 1877 par Alfred Waterhouse, l'architecte qui réalisa également une tour à Liverpool, pour les 70 ans de la reine Victoria et le Natural History Museum de Londres. On retrouve ici son goût pour la brique rouge ornée de tuiles colorées. Au premier, on remarque le sol, dont les mosaïques sont décorées de plants de coton, en, référence à l'industrie cotonnière par laquelle Manchester

s'est considérablement enrichie, au point d'être surnommée « Cottonpolis ». On trouve également en plusieurs endroits des abeilles représentées en symboles de cette ville fourmillante et travailleuse. Dans la grande salle de réception, des fresques murales retraçent les grandes périodes historiques de la ville et reviennent sur les grandes inventions industrielles qui en ont permis le développement. Les noms des villes et pays avec lesquels Manchester a fait commerce sont également mentionnés. De superbes lustres d'époque ornent le joli plafond boisé. Ce très bel édifice a dernièrement servi de décor pour une partie du tournage du dernier *Sherlock Holmes*. On peut profiter du cadre en s'offrant un traditionnel *afternoon tea* au rez-de-chaussée.

ROYAL EXCHANGE THEATRE

St Anns Square ✆ +44 161 833 9833
www.royalexchangetheatre.org.uk
Théâtre moderne et ballets.
Les Mancuniens qui connaissent Paris décrivent l'endroit comme « un centre Pompidou dans un bâtiment néo-classique ! » Assez pour piquer la curiosité, non ? Il est rare de voir un mélange aussi audacieux : que l'on aime ou pas, cela vaut le coup d'œil. Ce lieu hautement symbolique de la ville où se vendait la moitié du coton de Grande-Bretagne a été converti en théâtre après avoir été endommagé par la bombe de l'IRA, en 1996. On découvre une structure tubulaire soutenant une capsule centrale transparente, où se jouent les pièces de théâtre, au milieu de colonnes de marbre rose, coiffées de feuilles d'acanthe dorées ! Le contraste de l'ancien et du nouveau détonne ! *Coffee-room* agréable et galerie d'artisanat sur une mezzanine.

WHITWORTH ART GALLERY

Oxford Road ✆ +44 161 275 7450
www.whitworth.manchester.ac.uk
Ouvert du lundi au samedi de 10h à 17h et le dimanche de midi à 16h. Entrée libre.
Beaucoup de changements pour cette galerie qui a bénéficié d'une aide financière importante pour une extension de ses bâtiments. Une partie de la galerie est consacrée à l'art moderne, notamment aux œuvres textiles. Mais pour la plupart, elle accueille d'importantes expositions d'art contemporain. Lors de notre passage, des artistes de renommée internationale comme Anri Sala, Francis Alys et Tony Oursler étaient exposés. La galerie jouxte le Whitworth Park, l'un des plus agréables parcs de la ville en période estivale.

Manchester Town Hall.

NATIONAL FOOTBALL MUSEUM

Urbis Building
Cathedral Gardens ✆ +44 161 605 8200
www.nationalfootballmuseum.com
Ouvert du lundi au samedi de 10h à 17h, le dimanche de 11h à 17h. Fermé à Nouvel An, Christmas Eve, Noël, Boxing Day et Pâques. Gratuit.
Initialement situé dans l'enceinte du stade de Deepdale, à Preston, ce musée est venu s'installer dans le centre de Manchester en 2012. Il est entièrement dédié à la mythique équipe de football de la ville.

Castlefield

BEETHAM TOWER

303 Deansgate
www.beethamtower.org
Vous remarquerez ce haut gratte-ciel en plusieurs endroits de la ville. Construite par Ian Simpson, auteur de la plupart des édifices contemporains de la ville, la tour fait 168 m de hauteur et comporte 48 étages. L'architecte possède son appartement au dernier étage du building et Gary Neville, célèbre joueur du Manchester United y a également un appartement. L'hôtel Hilton occupe quant à lui les 23 premiers étages de la tour et son Cloud Bar duquel on profite de vues superbes sur la ville en sirotant un cocktail.

JOHN RYLANDS LIBRARY
150 Deansgate
✆ +44 161 834 5343
Ouvert du lundi au samedi de 10h à 17h. Possibilité de visites guidées à certaines heures.
Superbe bibliothèque de style gothique des années 1890, à l'atmosphère merveilleuse, qui recèle des livres précieux du nord de la Grande-Bretagne. Exposés comme des bijoux dans des écrins, on trouve, entre autres, le plus ancien extrait du Nouveau Testament, des enluminures médiévales, des écrits du physicien Newton… Et pour l'anecdote croustillante : une autre pièce rare de la collection est the *Wicked Bible*. En 1631, un imprimeur a omis le mot, important, *not*, dans l'un des dix commandements. Ceci donne : « *Thou shalt commit adultery* » ! L'extension récente du bâtiment a été l'occasion d'un programme architectural ambitieux, très réussi. Des murs blancs et lisses enserrent par endroits les anciennes pierres de l'édifice, d'un rouge sombre. Au rez-de-chaussée, on trouve aussi une cafétéria agréable.

THE MUSEUM OF SCIENCE AND INDUSTRY Liverpool Road
✆ +44 161 832 2244
www.mosi.org.uk
A un mile du centre-ville. Tramway G-Mex.
Ouvert tous les jours de 10h à 17h. Entrée gratuite pour les expositions permanentes du musée et expos temporaires payantes.
L'ancienne station de train, terminus de la première ligne pour voyageurs au monde, et les entrepôts autrefois destinés à stocker des marchandises ont été somptueusement renovés. Ils abritent aujourd'hui des galeries aux thématiques diverses, toutes liées au développement économique de la ville. Dans l'une, on découvre les procédés de fabrication textile et les anciens métiers à tisser, dans l'autre on présente les inventions scientifiques majeures qui ont accompagné l'essor commercial de la ville et les auteurs de celles-ci. Des dispositifs vidéo et interactifs ainsi qu'une très belle scénographie font de cette galerie une section particulièrement réussie du musée. Dans le Air and Space Hall, on trouve d'anciens modèles d'automobiles et d'avions. On n'oubliera pas non plus d'aller voir la galerie consacrée à l'histoire de Manchester, actrice majeure de la révolution industrielle. Ce musée intelligent aux collections exceptionnelles compte aussi un restaurant de qualité au dernier étage et une galerie interactive amusante pour les enfants. A ne manquer sous aucun prétexte.

Salford

ORDSALL HALL
322 Ordsall Lane ✆ +44 161 872 0251
www.salford.gov.uk
Ouvert de 10h à 16h. Entrée libre. Petite cafétéria sur place.
Cette grande demeure d'époque médiévale est unique en son genre à Manchester. Elle vient d'ouvrir ses portes après de longues années de restauration. De son propriétaire, Sir John Radclyffe, on sait qu'il fit fortune dans l'industrie textile, aux premières heures de son développement à Salford. Le grand hall a été reconstruit en 1515 par Alexander Radclyffe et se distingue par son superbe plafond aux boiseries sculptées dans un style typiquement régional. The Star Chamber que l'on découvre ensuite est l'une des plus anciennes parties de la maison. Sa construction remonte à 1360. A nouveau, c'est vers le plafond qu'on regardera pour y voir de petites étoiles dorées incrustées dans le bois sombre. D'une autre chambre aux murs recouverts de panneaux en bois de chêne, on a joliment restauré un plafond en stuc de style italien. De la Great Chambre, ou chambre matrimoniale, on retiendra la peinture décorative figurant une grenade fendue exhibant ses graines en symbole de fertilité. L'ensemble de la maison a été meublé dans le style de l'époque, mixant accessoires orginaux et répliques réalisées dans un bois plus clair. La maison présente l'un des intérieurs domestiques les plus complets d'époque médiévale en Grande-Bretagne.

IMPERIAL WAR MUSEUM NORTH
Trafford Wharf Road ✆ +44 161 836 40 00
Prendre la ligne de tramway à partir de Piccadilly Gardens, direction Eccles & Media City. Descendre à la station Media City Uk, le bâtiment est visible de la station. 10 minutes de trajet.
Ouvert de 10h à 17h de novembre à février et de 10h à 18h de mars à octobre. Entrée libre, £1,20 pour monter sur la viewing platform.
Le bâtiment aux formes impressionnantes a été dessiné par Daniel Libeskind, l'architecte qui travaille actuellement sur le projet new-yorkais de Ground Zero. A l'origine du concept architectural se trouve l'idée d'un globe éclaté dont on assemblerait différemment les morceaux plutôt que de vouloir recomposer la forme d'origine. Pour Libeskind, plutôt que de vainement reproduire une chose détruite, il faut en créer une nouvelle. Les trois strates

superposées représentent les terrains où les guerres ont lieu : l'air, la terre, la mer.
A l'intérieur, dans la galerie principale, on découvre des engins impressionnants comme le célèbre tank B4, réalisé pour l'armée soviétique lors de la Seconde Guerre mondiale. Affiches, films d'archives, équipements militaires et objets ayant appartenu à tous les acteurs de la guerre (infirmières, soldats, prisonniers...) découpent la visite de façon didactique, autour de quelques grands thèmes ou périodes historiques. Toutes les heures, les galeries du musée sont plongées dans le noir et les murs sont utilisés comme écrans de projections d'images d'archives avec une bande sonore impressionnante (enregistrements de sirènes, de sonars, d'explosions...) Ce musée a le mérite de ne pas glorifier la guerre mais plutôt de montrer ses conséquences sur les peuples. Pour £1,20, on peut aussi monter en haut du bâtiment et profiter d'une vue panoramique sur Salford et Manchester.

THE LOWRY

Pier 8, Salford Quays
✆ +44 843 208 60 00
www.thelowry.com
Ouvert du dimanche au vendredi de 11h à 17h et le samedi de 10h à 17h. Entrée gratuite.
Ce bâtiment au design impressionnant abrite deux théâtres, des galeries, ainsi que plusieurs bars et restaurants. Il est aussi dédié au peintre dont il porte le nom, LS Lowry, qui vécut à Manchester au début du XXe siècle. Plus de 300 toiles du peintre sont ici rassemblées. Le travail de Lowry consistait à collecter les loyers. Il était donc amené à marcher dans les rues de Manchester et il y observa la ville, les gens et les scènes de vie, qu'il reproduisit dans ses œuvres. Des enfants qui jouent dans les rues, les ouvriers qui rentrent du travail ou se rendent au stade de foot, les marchés… Ses toiles décrivent avec une certaine étrangeté l'atmosphère qui régnait dans une ville industrielle à cette époque. Très fan du travail de Lowry, Liam Gallagher a utilisé une de ses peintures pour réaliser le clip de sa chanson *The Masterplan*. Il l'a convertie en un tableau vivant sous la forme d'un film d'animation où les trois membres d'Oasis évoluent dans la ville de Manchester telle qu'elle fut dépeinte par Lowry. Une réussite !

SALFORD MUSEUM AND ART GALLERY

The Crescent
Peel Park
✆ +44 161 778 0800
Fax : +44 161 848 8601
Bus 7, 8, 12, 26, 31, 32, 36, 37, 67, 68, 100. En tram, descendre à Exchange...
Entrée libre. Promenades avec guide à £3 à réserver au Salford Tourist Information Centre.
La galerie organise des expositions temporaires de peintres et de photographes contemporains. Une visite que l'on pourra coupler avec celle du Ordsall Hall qui se trouve à quelques minutes à pied seulement. Des visites pédestres de Salford sont également organisées au départ du musée.

LE NORD

The Lowry.

OLD TRAFFORD
Sir Matt Bubsy Way ✆ +44 161 868 80 00
www.manutd.com
Musée et visite guidée : adulte : £13, enfant : £9,50.
Sans aucun doute, l'un des plus grands clubs de football au monde. Ici, les Reds Devils sont plus que des stars, de véritables dieux. Le stade de Old Trafford, surnommé « le Temple des Rêves », peut être visité. Il y a également un musée qui retrace l'histoire de ce club dont les résultats extraordinaires valurent à leur entraîneur, Sir Alex Ferguson, de se faire anoblir par la reine ! Obtenir des places pour un match relève presque de l'impossible tant les listes d'attente sont longues.

SHOPPING

Les amateurs de shopping seront ravis. Manchester offre un grand choix de magasins en tout genre parmi lesquels de nombreuses boutiques de jeunes designers. Implanté dans le Northern quarter, le Arndale est le temple du shopping avec plus de 240 magasins et toutes les marques internationales.

Bon plan

RAGS TO BITCHES
60 Tib Street
✆ +44 161 835 92 65
Une boutique vintage de première qualité où vêtements et accessoires sont triés sur le volet pour garder les pièces les plus intéressantes. Chacune d'entre elles fait ensuite l'objet de soins particuliers. Pas de bouton manquant, de tâches, d'accrocs ou d'odeurs de sueur : tout est raccommodé, nettoyé, repassé, verni, reteint ! On propose aussi des robes sur mesure.

City Centre

JACK WILLS
35 King Street
✆ +44 0845 262 5225
www.jackwills.com
Une belle boutique sur deux étages avec des vêtements très british, de qualité : polos, vestes, denims, robes à fleurs, descentes de lit sexy, accessoires, petits hauts. Le tout exposé de façon amusante, sur des mannequins au lit ou dans leur baignoire...

MISS SELFRIDGE
14 Market Street
✆ +44 161 834 3924
www.missselfridge.com
Un classique du prêt-à-porter britannique, très prisé par les jeunes filles. Robes à fleurs, accessoires, hauts aux coupes sensuelles. Et à l'étage, quelques vêtements du label Blue Rinse. Le concept : faire des vêtements neufs avec du vintage, le tout *made in England*.

PRETTY GREEN
81 King Street
✆ +44 161 81 92 856
www.prettygreen.com
C'est la collection de vêtements imaginée par Liam Gallagher, le fameux chanteur d'Oasis, originaire de Manchester. Polos, blousons, vestes et pantalons aux coupes élégantes vous y attendent. Le petit logo *prettygreen* en lettres psychédéliques les orne discrètement. Ultra *british*, chic et décontracté.

Northern Quarter

Plein de boutiques de jeunes créateurs ainsi que d'excellents disquaires : Beat'n'rythm, sur Tib Street, Vinyl Revival, sur Hilton street ou Magma.

AFFLECK'S PALACE
Tib Street
www.afflecks.com
Ouvert du lundi au vendredi de 10h30 à 18h, le samedi à partir de 10h et le dimanche de 11h à 17h.
C'est la référence par excellence en matière de vêtements d'occasion. Sur plusieurs étages, on trouve une succession de boutiques qui ravira les amateurs de sapes vintage et d'accessoires excentriques, hauts en couleur (ceintures, chassures, chapeaux, lunettes de soleil, foulards...).

MANCHESTER CRAFT AND DESIGN CENTRE
17 Oak Street
✆ +44 161 832 4274
www.craftanddesign.com
Derrière l'ancien Fish Market, près du Chinese Arts Centre, plusieurs artisans ont établi leur boutique atelier dans un édifice sur deux étages, organisé autour d'une cour intérieure. On y trouve des bijoux, des céramiques, des

luminaires, des cartes postales et des objets en tissu. La qualité de la main d'œuvre est excellente et l'on trouve des pièces véritablement originales. On a personnellement craqué pour les bijoux de Alena Asenbryl, dont on trouve les productions au Studio 1. Une très bonne adresse si vous avez un cadeau à (vous) faire.

SPORTS – DÉTENTE – LOISIRS

MANCHESTER AQUATICS CENTRE

2 Booth Street East
✆ +44 161 27 59 450
www.sport.manchester.ac.uk
Ouvert du lundi au dimanche de 6h à 22h. Cours de plongée en piscine à 17h tous les dimanches (sur réservation uniquement.)
Hammam, Spa, piscine, bassins avec toboggans, solarium. Pour se détendre ou s'amuser en famille.
Tous les plaisirs de l'eau réunis dans ce centre aquatique ultra moderne, propre et sophistiqué. Parfait pour un après-midi de détente (tout près du parc de Whirtworth).

MANCHESTER UNITED

Old Trafford
Sir Matt Busby Way ✆ +44 161 86 88 000
Fax : +44 161 86 88 804 – www.manutd.com
Ici, les *Reds Devils* sont des stars, des icones, voire de véritables dieux. Le stade de Old Trafford, surnommé *The Theatre of Dreams* (le temple des rêves), est la plus grosse enceinte de *Premier League*. Un musée (le National Football Museum) retrace l'histoire de ce club dont les résultats extraordinaires valurent à leur entraîneur, Sir Alex Ferguson, de se faire anoblir par la reine en 1999 ! Obtenir des places pour un match relève presque de l'impossible tant les listes d'attente sont longues.

GAY ET LESBIEN

Manchester est la ville britannique qui compte la plus importante communauté gay en dehors de Londres. Le gay and lesbian village se situe entre Minshull Street et Princess Street. C'est un quartier très animé et il y en a vraiment pour tous les goûts. Canal Street et Bloom Street sont les rues les plus animées du quartier.

QUEER

4 Canal Street
✆ +44 161 228 13 60
www.queer-manchester.com
Bar qui devient dansant de 21h à 2h.
De jour, c'est un bar avec une terrasse près du canal mais le soir, les lumières roses éclairent l'entrée et guident la voie à une piste de danse très animée.
Les canapés en cuir rouges permettent de faire une pause sur des sons pop après s'être déhanché à l'étage sur de la house.

CRUZ 101

101 Princess Street
✆ +44 161 950 0101
Fax : +44 161 237 3412
www.cruz101.com
Près de la gare Piccadilly.
Ouvert le lundi et le jeudi de 23h à 5h, le mercredi jusqu'à 3h30 et les vendredi et samedi jusqu'à 6h.
Ouvert depuis 18 ans, Cruz 101 est certainement toujours le club gay le plus populaire de Manchester. Ouvert six nuits par semaine, il comprend une large piste de danse et une autre, au sous-sol, plus intime. Le style de musique varie du disco à la house, en passant par la pop, la trance ou encore le R'n'B. Retrouvez le programme des soirées sur leur site Internet.

NEW UNION PUB

111 Princess Street ✆ +44 161 228 14 92
www.newunionhotel.com
Entrée : £2 le week-end. Fait aussi hôtel à partir de £35 la chambre.
Une institution. Le New Union est là depuis tellement longtemps qu'on a l'impression qu'il a toujours existé. Et il a gardé son atmosphère traditionnelle. Clientèle mixte, gay hétéros, hommes, femmes avec quand même, généralement, une majorité de gay. Il y a toujours du monde tard le soir. Karaoké tous les jeudis à 22h. Spectacles les lundi, mardi, mercredi soir et dimanche après-midi. Discothèque tous les week-ends (dance musique).

Le North West

CHESTER

77 000 habitants. Chester est le point d'attraction principal du Cheshire. La proximité de la rivière Dee lui a permis de devenir un port, pôle commercial prospère, l'un des plus florissants du Royaume au Moyen Age.
Chester est aujourd'hui toujours réputée pour ses boutiques de qualité et l'on continue d'ailleurs à faire ses emplettes dans les *rows*, ces itinéraires couverts abritant des commerces depuis l'époque médiévale ! Des boutiques modernes occupent désormais ces balcons-arcades qui s'ouvrent au-dessus de Foregate Street. Flâner dans cette ville est d'autant plus agréable que les strates successives de l'histoire sont demeurées visibles.
Des origines romaines, il reste un mur d'enceinte, unique en Angleterre, qui ceinture la ville sur 3 km. Durant le Ier siècle av. J.-C., Chester fut un pôle militaire et politique important. Les murs perdirent ensuite leur fonction défensive pour être aménagés au XVIIIe siècle en une promenade au-dessus de la ville. Il faut compter 1 ou 2 heures pour la parcourir en prenant son temps.
L'allure actuelle de la ville doit aussi beaucoup à un groupe d'architectes locaux, qui, en 1850, entreprirent des travaux, en remplaçant ses anciens édifices par des maisons aux façades noires et blanches à colombages. Ce style Revival aux réminiscences médiévales fait aujourd'hui la signature de la ville.
En descendant sur les bords de la Dee, Chester donne un tout autre rendez-vous : de petites maisons blanches, des bateaux, des pêcheurs, des courses d'aviron, des musiciens et des promenades tranquilles.

Transports

Comment y accéder et en partir

■ **CHESTER RAILWAY STATION**
Station Road ✆ +44 845 748 4950
www.traveline-northwest.co.uk
Située à environ 15 minutes à pied du centre-ville.
Trains toutes les heures pour Londres, Liverpool (trajet de 43 minutes au départ de Central Station) et Manchester. Navettes gratuites pour les passagers équipés d'un billet de train depuis Frodsham Street.

■ **GARE ROUTIÈRE**
Princess Street
traveline@cheshire.gov.uk
La Compagnie National Express relie Chester à de nombreuses grandes villes du pays (Manchester, Liverpool, Londres, Birmingham…). La gare routière est située au nord de la ville.

Les immanquables du Nord

- **Manchester :** avec ses nombreux musées de qualité, sa vie nocturne bouillonnante, ses adresses *arty*. Un incontournable de Grande-Bretagne.
- **Liverpool :** promenez-vous sur les bords de la Mersey, flânez sur Albert Dock, marchez sur les traces des Beatles…
- **York** : la magnifique cité médiévale est extrêmement bien conservée.
- **Lake District :** faites du bateau sur les lacs, des randonnées en montagne et visitez les musées et maisons de Wordsworth, Ruskin ou Beatrix Potter…
Randonnée le long du mur d'Hadrien, ancienne délimitation de l'Empire romain.
- **Whithby :** découvrez son port que surplombent les majestueuses ruines d'une abbaye médiévale, flânez dans les ruelles de la vieille ville, avec leurs boutiques d'artisanat, marchez sur le sable, au bord de la mer…
- **Newcastle :** découvrez les rives de la Tyne, avec ses architectures « bluffantes » et allez boire des pintes le long de la rivière, à Osbourne Valley.
- **Le mur d'Hadrien :** il a marqué la physionomie du nord de l'empire romain, long de 117 km, du fleuve Tyne à l'est jusqu'au Solway Firth à l'ouest, il est inscrit au patrimoine historique mondial de l'Unesco depuis 1987.

Également des bus locaux qui partent du Town Hall Bus Exchange, près de l'hôtel de ville. Pour plus d'informations, appeler la Cheshire Bus Line ✆ +44 01244 602 666.

Se déplacer

La marche est le meilleur moyen d'explorer la ville à travers ses rues qui quadrillent la ville après avoir passé les portes. Le centre-ville est d'ailleurs fermé aux voitures de 10h30 à 16h30.

Pratique

■ OFFICE DE TOURISME DE CHESTER

Northgate Street
✆ +44 845 647 7868
www.visitchester.com
Ouvert de mai à octobre, du lundi au samedi de 9h à 17h30, le dimanche de 10h à 17h ; de novembre à avril du lundi au samedi de 10h à 17h et le dimanche de 10h à 16h.
Visite guidée de la ville au départ du Town Hall toute l'année à 10h30 et 11h30 (mai-septembre). Visite de la ville et chasse aux fantômes : jeudis, vendredis et samedis (juin-octobre) avec départ à 19h30.

Se loger

Se loger dans le centre même de Chester n'est pas facile. Les hôtels sont luxueux et chers (£100 la nuit minimum). Le Visitor Center peut vous obtenir des prix dans ces établissements, en fonction de la saison et de l'affluence. Sinon, vous trouverez de nombreux hôtels ou maisons d'hôtes en dehors des murs de la ville, que vous rejoindrez facilement à pied en 10 minutes. Attention : les hôtels sont souvent complets les week-ends lors de la saison des courses de chevaux.

Bien et pas cher

■ THE GARDEN GATE GUEST HOUSE

8 Chester Street
✆ +44 124 46 82 306
gardengateguesthouse.co.uk
Chambre simple de £25 à £30 et double de £46 à £48.
Dix chambres propres et confortables avec salles de bains à partager. Copieux *breakfast* continental. A 1,7 km du centre-ville.

■ CHESTER BACKPACKERS

67 Boughton Street
✆ +44 124 440 0185
www.chesterbackpackers.co.uk
£15,95 en dortoir, chambre double à £40.
La solution hébergement de loin la moins chère de la ville. Les dortoirs non mixtes se composent de 16 lits au rez-de-chaussée et 12 autres à l'étage. Cuisine et Internet à disposition. Douches et toilettes au sous-sol. Personnel disponible et de bons conseils pour les restaurants et les lieux d'intérêt.

Confort ou charme

■ EATON HOTEL

29-31 City Road ✆ +44 1244 320 840
www.eatonhotelchester.co.uk
Situé dans la rue de la gare. A 10 minutes des portes de la ville.
Chambre simple entre £27 et £35 et double entre £45 et £57. De £30 à £95 en demi-pension.
Un établissement non-fumeur qui propose des chambres en B&B et des formules hôtel avec le dîner en plus.

■ GROSVENOR PLACE GUEST HOUSE

2 Grosvenor Place
✆ +44 124 432 4455
www.grosvenorplacechester.co.uk
Chambre simple à £39 et double à £65.
Une *guesthouse* sympathique dans une maison georgienne, près du centre historique. Les chambres sont claires et spacieuses, toutes dotées de salles de bains bien équipées. Connexion wi-fi et salle à manger agréable pour les petits déjeuners.

■ MITCHELL OF CHESTER GUEST HOUSE

28 Hough Green
✆ +44 124 467 9004
www.mitchellsofchester.com
A 1,2 km du centre-ville.
Chambre double à partir de £65.
Une adresse de choix pour son bon rapport qualité-prix. Les chambres sont arrangées avec un mobilier d'époque victorienne et possèdent toutes leurs salles de bains et leur écran plat. Une adresse pleine de charme, dont la qualité de service a été maintes fois récompensée par les autorités touristiques du pays.

■ BA BA GUEST HOUSE

65 Hoole Road
✆ +44 124 431 5047
www.babaguesthouse.co.uk
Chambre simple à £37,50, double à £75.
Un bed & breakfast confortable accessible à pied depuis le centre-ville. Toutes les chambres ont une salle de bains et une TV. Parking derrière la maison.

Luxe

ABODE HOTEL CHESTER
Grosvenor Road
✆ +44 124 434 7000
www.abodehotels.co.uk
Chambre double à partir de £150.
La chaîne d'hôtels a pris avantage de la reconversion d'une ancienne station de police pour concevoir un lieu original. Sur plusieurs étages de cet édifice moderne surplombant l'hippodrome de Chester, elle a aménagé des chambres élégantes et spacieuses, avec terrasses extérieures, grandes verrières et salles de bains au design contemporain. Au dernier étage du bâtiment, on profite d'un bar agréable et d'un restaurant aux vues panoramiques agréables, supervisé par le chef britannique Michael Caines. On se détend ici dans une atmosphère zen, comme éloignée de la densité de la ville et pourtant proche de son centre historique.

THE CHESTER GROSVENOR
58 Eastgate Street
✆ +44 1244 324 024
Fax : +44 1244 313 246
www.chestergrosvenor.com
Chambre à partir de £169.
Le plus beau et le plus ancien hôtel de la ville, dans un grand édifice en colombages. Situé dans la rue principale, sous les arcades. Entièrement réaménagé, cet hôtel de grand luxe possède tout le confort possible. Son restaurant, Simon Radley at the Chester Grosvenor, compte une étoile au guide Michelin depuis plus de 20 ans. Sa cave à vin est très réputée pour sa diversité qui en fait une des plus grandes du royaume.

Se restaurer

Le Cheshire est une région réputée pour sa gastronomie. L'une de ses spécialités est le fromage. Au XVIe siècle, rénommé pour être le meilleur d'Europe, il était très apprécié de la reine Elizabeth. Du fait de la proximité du pays de Galles, on trouve aussi des viandes, notamment de bœuf, d'excellente qualité.

Bien et pas cher

THE FAMOUS BLUE MOON
23 The Groves ✆ +44 124 432 2481
www.bluemooncafe.eu
Plats principaux à partir de £5,95.
A quelques encablures du parc Grosvenor, ce café-restaurant, à l'ambiance française des années 1960, est parfait pour déjeuner. L'agréable terrasse au bord de la rivière Dee permet d'apprécier le soleil et d'admirer les courses d'aviron. A l'intérieur, nappes à carreaux et murs roses, bleus vous font voyager dans le temps. Des écrans plats diffusent des films ou des concerts en noir et blanc tandis que le jukebox joue les morceaux classiques des sixties. Breakfast servi toute la journée. Plats végétariens et sandwiches, comme le reste de la carte, se payent au comptoir. Les généreuses portions sont ensuite livrées à table par de jeunes et souriants serveurs. Le pudding du chef se révèle un péché mignon auquel on ne peut pas résister. Excellent rapport qualité-prix.

OLD HARKERS ARMS
1 Russell Street
✆ +44 124 434 4525
www.harkersarms.co.uk
Sandwichs et plats légers entre £5,75 et £7,25, plats de résistance allant de £9,25 à £15,45.
Dans cette belle bâtisse jouxtant un canal de la ville, on peut s'offrir un bon déjeuner typique de pub dans une ambiance élégante et douillette. Pour manger sur le pouce, on trouve à la carte de très bons sandwichs à base de poulet fermier, de saumon fumé ou de légumes marinés. Le pub est chaleureux, fréquenté par une clientèle locale. Les amateurs de bière apprécieront la sélection étendue en *ales*, à siroter lové dans un fauteuil cosy ou au soleil, sur le canal, lorsque le temps le permet.

Bonnes tables

THE RED HOUSE
Dee Banks, Great Boughton
✆ +44 124 432 0088
www.redhousechester.com
Menu brasserie servi jusqu'à 18h avec sélection de salades, sandwichs et lasagnes entre £8,75 et £10,95. En soirée, menu à la carte. Compter £20 à £25 minimum.
Premier point fort de cette adresse, sa situation enviable sur les rives de la Dee. L'ancien pub a été reconverti en une architecture moderne comportant une immense verrière qui donne sur la rivière. A l'extérieur, on accède à d'agréables terrasses aménagées en petites salles à manger privatives surplombant la rivière, dont les pourtours ont été

recouverts de pelouse. Très contemporain par son design minimaliste et ses matériaux dernier cri, le restaurant dégage cependant une atmosphère chaleureuse et intimiste. A la carte, des plats gourmands mixant la cuisine britannique à des influences françaises. Un peu plus haut sur le Dee, à la hauteur du Grosvenor Park, les Chester Boats démarrent leur croisière et peuvent vous déposer aux portes du Red House (départs entre 11h et 16h) si vous le précisez en montant dans le bateau pour la croisière de 30 minutes. Comptez 15-20 minutes jusqu'au Red House. Rien de tel pour ouvrir l'appétit !

UPSTAIRS AT THE GRILL

70 Watergate Street ✆ +44 124 434 4883
www.upstairsatthegrill.co.uk
Entre £17 et £29 pour une grillade. Promotions pour deux personnes les dimanches soir. Réservation conseillée.
Dans un édifice classé, au cœur de la ville historique. On goûte une authentique cuisine gastronomique, préparée par un chef plusieurs fois primé. Le petit restaurant au rez-de-chaussée est intimiste avec ses banquettes en cuir et son décor far-west mais classe. Un bar élégant se trouve à l'étage, où l'on peut prendre l'apéritif en attendant de passer à table. A la carte, essentiellement des grillades, la spécialité du restaurant. Filet de bœuf ou côtes d'agneau de première qualité avec pour accompagnement des endives, épinards, champignons... Le service est soigné et attentionné : on ne badine pas avec la cuisson. Une adresse de choix pour les amateurs de viande.

Luxe

MICHAEL CAINES AT ABODE CHESTER

Grosvenor Road ✆ +44 124 434 7000
www.michaelcaines.com
A 2 minutes du Grosvenor Museum.
L'étoilé Michelin Michael Caines supervise la restauration des hôtels Abode en Grande-Bretagne. A Chester, le restaurant se trouve au dernier étage de l'hôtel et offre une vue dégagée sur les arbres et l'hippodrome. On y a parfois aussi de beaux couchers de soleil. Dans un cadre spacieux et contemporain, on goûte une cuisine précise, raffinée et vraiment créative. Les amateurs de pain seront ici comblés, Michael Caines les fait réaliser par sa propre boulangerie et vous en sert une sélection dans une petite corbeille, avec du beurre en prime. Un point fort du restaurant à Chester, la cave immense que ce bâtiment moderne lui a permis d'aménager. Un sommelier veille à ce que l'on ne s'y perde pas pour autant. Notre découverte, le pouilly fumé d'Alexandre Bain (2009) qui s'accorde à merveille avec de nombreux poissons.

SIMON RADLEY AT THE CHESTER GROSVENOR

Eastgate Street ✆ +44 124 43 24 024
www.chestergrosvenor.co.uk
£69 pour un menu complet.
Le restaurant du Grosvenor hôtel est l'un des rares, en Angleterre, à avoir reçu une étoile Michelin, et ce pour sa cuisine française. L'établissement est également réputé pour sa cave à vin, de provenance du monde entier. C'est l'une des plus importantes de toute l'Angleterre. Récemment, il s'est aussi doté du Arkle Bar and Lounge où l'on peut commencer par s'offrir l'apéro dans un cadre glamour.

Sortir

Cafés – Bars

RIVERSIDE TEA GARDEN

The Groves ✆ +44 124 431 4440
Petit déjeuner à partir de £4,50.
La maisonnette donne sur la rivière, en face du Suspension Bridge. On trouve dès que l'on pousse la porte une série de tartes et de biscuits joliment présentés sous des cloches. Le cadre charmant et soigné invite à prendre son temps : joli service à thé, belles nappes et rideaux, fleurs sur les tables… L'endroit est intimiste, tranquille, aimé des couples et des solitaires venus lire leur journal. Par beau temps, la terrasse bien orientée est un délice.

YE OLDE KING'S HEAD

Lower Bridge Street
✆ +44 1244 324 853
www.yeoldekingshead.co.uk
Pub populaire dans maison du XVIIe siècle.
Dans cette ancienne maison du maire, une pinte s'apprécie dans une ambiance conviviale. Le patron comme le personnel est amical et saura vous aider à organiser votre séjour. La spécialité de la maison c'est la saucisse. Le bar organise des concerts au moins trois fois par semaine. Et propose 6 chambres à l'étage et un parking privé à quelques pas du château.

ALEXANDER'S CAFE BAR
Ruffus Court
✆ +44 124 434 0005
www.alexanderslive.com
Ouvert du lundi au samedi entre 11h et 2h et le dimanche entre 12h et 00h30.
L'emplacement du bar dans le Ruffus Court (juste avant le canal), entre les murs fortifiés et Northgate Street, contribue beaucoup à son charme. C'est une adresse sympathique pour manger un morceau ou boire un verre. Aux beaux jours, on profite de l'agréable terrasse sur la cour encadrée de petites boutiques. Bonne sélection de vins, Malt Whisky, vodkas et bières en bouteille. L'adresse est également réputée pour sa programmation de concerts de jazz, de rock et de blues. Très animé les week-ends !

THE BEAR AND BILLET
94 Lower Bridge Street
✆ +44 124 431 1886
www.bearandbillet.com
La première raison de passer par là est d'admirer la façade particulièrement belle de cet édifice du XVIIe siècle à la porte Sud de la ville. En tant que pub, l'adresse est réputée être l'une des meilleures de Chester. On y trouve une bonne sélection de *ales* locales et saisonnières, des bières qu'un procédé de fermentation spécifique rend plus fortes et parfumées. Une cuisine traditionnelle est servie dans cet établissement authentique sur deux étages. Internet gratuit et banquettes confortables.

À voir – À faire

AMPHITHÉÂTRE ET JARDINS ROMAINS
Vicar's Lane
Juste à l'extérieur des murs fortifiés, se trouvent les ruines d'un ancien amphithéâtre romain qui forment un large demi-cercle. Seule la moitié de la structure d'ensemble a été déterrée, le site faisant l'objet d'un travail archéologique en cours. Construit en 86 apr. J.-C., il contenait 7 000 places pour les spectateurs venus assister aux exercices de combat ou à des parades. Une réplique du sanctuaire dédié à Némésis, déesse de la vengeance, a été réalisée sur le site, dont on peut voir l'original au Grosvenor Museum où sont aussi exposées les pièces trouvées lors de l'excavation du site. Dans le paisible Roman Garden, aux pieds des murs fortifiés, pierres et colonnes d'époque romaine ont été disposées sur les pelouses. Le sol d'un *hypocaust*, système de chauffage souterrain, a été reconstitué en un endroit du jardin.

BEESTON CASTLE
Chapel Lane, Beeston
✆ +44 182 926 0464
www.english-heritage.org.uk
A 16 km de Chester. Possibilité de s'y rendre en bus du Town Hall Exchange. Service 1 stand 3.
Ouvert du 1er avril au 30 septembre, de 10h à 18h et du 1er octobre au 31 mars jusqu'à 16h. Entrée : £6 et £3,80 pour les enfants.
Il ne reste pas grand-chose du château, construit en 1225 par Ranulf, comte de Chester. Son entrée flanquée de deux tours massives est cependant spectaculaire et son emplacement en haut d'un rocher commande des vues superbes sur la campagne du Cheshire. Le château abrite aussi un musée qui présente l'histoire du château lors de la guerre civile, qui opposa royalistes et parlementaires, de 1642 à 1649.

CHESTER ZOO
Chester Caughall Rd Upton
✆ +44 124 438 0280
www.chesterzoo.org
Possibilité d'y aller en bus du Town Hall Exchange avec le First Group Service 1 : départ toutes les 20 minutes du lundi au samedi. Un bus par heure dimanche.
Ouvert à partir de 10h, dernière entrée entre 15h et 16h selon la saison (voir le site Internet pour plus de détails). Entrée en haute saison (avec donation) : adulte £14,50, enfant £11.
Le plus grand zoo du Royaume-Uni. Il abrite plus de 7 000 animaux de 400 espèces différentes. Des efforts ont été faits pour rendre l'endroit agréable. Les animaux sont généralement séparés du public par des fossés et des rangées de fleurs plutôt que des grillages ou des cages. Le zoo participe également à un programme de conservation.

CHURCH OF ST JOHN
Saint John's Rear Road
✆ +44 124 4403 634
www.parishofchester.com
Plus vieille église de la ville. Ouverte tous les jours.

A côté de l'amphithéâtre et de l'entrée Ouest du Grosvenor Park. La première église remonte aux rois saxons (689). Selon la légende, le roi Harold y aurait trouvé refuge après sa défaite à Hastings en 1066. Le bâtiment actuel sortit de terre à partir de 1075 mais la tour centrale s'écroula en 1470. Après la Réforme, la cathédrale redevint une simple église. En 1838, l'orgue fut importé de l'abbaye de Westminster où il avait été utilisé pour le sacre de la reine Victoria. Les ruines de l'église originelle sont visibles derrière le chœur. Derrière celles-ci, des escaliers mènent aux rives de la Dee, en face du Suspension Bridge où se trouve l'embarcadère pour les croisières.

MILLENNIUM TRAIL

www.chestertourist.com

Tour de la ville en 2h au départ du Town Hall. Se renseigner à l'office de tourisme pour les horaires.

Quarante édifices ont été sélectionnés pour dessiner un itinéraire à travers la ville. Le circuit attire l'attention sur les constructions les plus intéressantes de Chester, depuis l'époque romaine jusqu'à aujourd'hui !

CHESTER CATHEDRAL

12 Abbey Square

✆ +44 124 432 4756

www.chestercathedral.com

Ouvert du lundi au samedi de 9h à 17h, le dimanche de 13h à 16h. Adulte : £6, enfant : £2,50.

Avant d'entrer dans la cathédrale, on notera la St-Werburgh Street et son alignement de maisons aux superbes façades bâties de 1895 à 1899. Construite à partir de 1250 sur le site d'une ancienne église saxonne du Xe siècle, dédiée à saint Worburgh, patron de York, l'imposante cathédrale fut achevée 250 ans plus tard. Les dons de pèlerins contribuèrent au financement de la construction. De divers styles gothiques, elle est en pierre rose et dotée d'un magnifique chœur du XIIe siècle et d'un cloître parfaitement restauré. Des fouilles sont en cours à l'extérieur et ont mis au jour des vestiges romains.

GROSVENOR MUSEUM

27 Grosvenor Street ✆ +44 1244 402 008

www.grosvenormuseum.co.uk

Ouvert du lundi au samedi de 10h30 à 17h et le dimanche de 13h à 16h. Entrée libre.

Très belle collection qui retrace la période romaine de Chester et la construction de ses fortifications. Des pièces d'époque romaine, issues des fouilles sur le site de l'amphithéâtre sont exposées : poteries, pièces de monnaie, broches et colliers, flasques, équipement de légionnaire... Au premier étage une section est consacrée à une collection de spécimens naturels, d'époque victorienne : oiseaux empaillés, collections de quartz, papillons... Une grande galerie se consacre à l'argenterie. A l'époque georgienne, la ville de Chester en commercialisa beaucoup. La visite se clôt avec une courte vidéo qui retrace toute l'histoire de la ville, de ses origines à nos jours.

RUINES DE ST JOHN CHURCH

A côté de l'amphithéâtre et de l'entrée ouest du Grosvenor Park.

Il ne reste pas grand-chose de l'église construite en 1581 si ce n'est les épaisses arches de pierre rouges de deux chapelles. L'ensemble, assez pittoresque, vaut cependant le coup d'œil. Derrière les ruines, des escaliers mènent aux rives de la Dee, en face du Suspension Bridge où se trouve l'embarcadère pour les croisières.

The Welsh Marches

Le terme « Marches » se traduit par « frontière » ou « bordure ». Les Normands stabilisèrent les premiers cette zone intermédiaire, source de conflits depuis l'âge de fer, en établissant des châteaux dans les comtés de Chester, Shrewsbury et Hereford. Mais les Gallois n'acceptant pas leur présence, s'en suivirent cent années troublées de guerres civiles. Pour calmer le jeu, Guillaume le Conquérant mit en place le « Marcher Lordships » et légua 150 petits royaumes à ses plus valeureux supporters. Ludlow fut le centre administratif du Welsh March jusqu'en 1689. Chester et Shrewsbury étaient les deux autres villes importantes de la région, où des comtes puissants choisirent de s'établir.

■ **GROSVENOR PARK**

Grosvenor Park Road

Ce jardin qui surplombe la rivière Dee offre un cadre de promenade agréable et quelques édifices d'intérêt. On remarque à l'entrée le Grosvenor Park Lodge et son allure typiquement revival, avec sa façade noir et blanc. Il fut conçu par John Douglas, architecte qui contribua à la définition de ce style qui distingue aujourd'hui la ville. Ailleurs, un puits charmant est caché entre les arbres. Son emplacement s'expliquerait par une croyance populaire disant que les jeunes filles souhaitant trouver un mari devaient faire leur vœu avec la jambe droite plongée dans l'eau ! Cela donne un cadre parfait pour un pique-nique en famille sur les belles pelouses. Théâtre en plein air l'été.

Shopping

Le long de Bridge Street Row, on trouve plusieurs petites boutiques de vêtements élégants et quelques boutiques d'artisanat et de souvenirs.

Le centre commercial Mall Grosvenor sur Newgate Street propose toutes sortes de commerce.

Foregate Street pour les commerces généraux et banques.

NANTWICH

12 500 habitants. Située sur la rivière Weaver, depuis l'époque romaine, Nantwich tire sa prospérité de ses mines de sel. Les soldats romains touchaient leur solde moitié en argent, moitié en sacs de sel. En dépit de diverses catastrophes (destruction totale de la ville par les Normands puis par Henri III à seule fin de priver les Gallois de sel), la ville fut chaque fois reconstruite, prête à subir de nouveaux assauts. L'adversité accabla encore la petite cité avec un incendie de vingt jours. La reine Elisabeth I accorda à la ville une importante aide financière pour sa reconstruction. Depuis, Nantwich témoigne de la générosité de la reine (encore le sel…) par l'architecture élisabéthaine de ses maisons.

Aujourd'hui, Nantwich est une ville de marché agréable et vivante, intéressante d'un point de vue gastronomique. Ses marchés sont réputés pour être les meilleurs de la région et la ville compte un bon florilège de restaurants et de pubs réputés.

Pratique

■ **OFFICE DU TOURISME DE NANTWICH**

Civic Hall, Market Street

CW5 5DG

✆ +44 1270 537 359

✆ +44 1270 610 880

nantwichtic@cheshireeast.gov.uk

Ouvert du lundi au samedi de 9h à 17h.

Se loger

■ **CROWN HOTEL**

High Street

✆ +44 1270 625 283

Fax : +44 1270 628 047

crownhotelnantwich.com

Chambre simple £68 à £78, double de £72 à £88.

Le plus bel hôtel de la ville avec 18 chambres. La maison est à colombages, véritable palace de campagne. Egalement un restaurant (compter £30).

■ **OAKLAND**

252 Newcastle Road

✆ +44 1270 567 134

www.oaklandhouseonline.co.uk

Chambres doubles à partir de £56.

Une guest-house tenue par un couple sympathique. Toutes les chambres ont une TV et salle de bains.

Se restaurer

■ **A.T WELCH**

45 Hospital Street

✆ +44 1270 625 491

www.atwelch.co.uk

Boutique ouverte jusqu'à 17h30 et Coffee Shop jusqu'à 15h30.

Une très bonne adresse pour découvrir la gastronomie locale dans un cadre sympathique et décontracté. On trouve aussi bien des jambons, des saucisses faites maison, de la langue de bœuf ou du pâté de campagne, ainsi qu'une bonne sélection de fromages britanniques.

Cheddars fermiers, fromages de Stilton, du Shropshire et du Lancashire… L'un des meilleurs de la région est le Appleby's of Hawkstone, en vente ici.

Disponibles à la coupe dans la partie boutique, où l'on peut aussi déguster ces merveilles locales sur place, dans le Coffee Shop, à l'heure du déjeuner. Un amusant musée se trouve aussi sur place !

■ NAKATCHA
20-22 Welsh Row ✆ +44 1270 629 070
www.nakatcha.com
Service de restauration entre 12h et 14h et de 17h à 20h. Fermé le lundi.
On vient aussi bien ici pour se restaurer, boire un verre ou danser. Au rez-de-chaussée le restaurant au design élégant propose une carte qui s'inspire du monde entier. Les influences sont mexicaines, thaïlandaises ou encore italiennes pour accommoder les viandes, les fruits de mer ou les tapas. Nombreux plats de poisson : *fish cakes, fish and chips, fish pies*... Le bar propose quant à lui un bon éventail de cocktails et de vins. Les jeudis et vendredis, le club ouvre ses portes, pour des soirées musicales aux sonorités funk et R&B.

■ THE CHESHIRE CAT
26 Welsh Row ✆ +44 1270 623 020
www.thecatat.com
Plats principaux entre £7,95 et £12,95. Grillades à partir de £12,50, sandwichs avec salades entre £3,95 et £4,95.
On peut compter sur un service à toute heure dans ce sympathique café restaurant. Breakfast, déjeuner ou dîner sont cuisinés à base de produits frais. Le bar est agréable avec ses canapés confortables, ses baies vitrées et sa terrasse pour les beaux jours. Jusqu'à 17h30, on sert de bons sandwichs accompagnés de salade. A l'étage se trouve le restaurant, avec son mobilier moderne et ses poutres au plafond. Au menu : saucisses locales, canard cuisiné à l'ail et au thym, poulet farci aux légumes, grillades... Intéressant également : le choix de tapas gourmandes à picorer en buvant un verre ou en entrée.

À voir – À faire

■ CHURCHES MANSIONS (1577)
Welsh Row
www.churchesmansion.com
Sur la berge ouest de la rivière, trois maisons ont échappé à l'incendie dévastateur de la ville, en 1583. Le Parish Church, le Sweetbriar Hall, et le Churche's Mansion qui abrite désormais un restaurant.

■ NANTWICH BOOKSHOP
46 High Street
www.nantwichbooks.co.uk
Sur Hight Street, l'une des maisons les plus raffinées, qui datent de la reconstruction de la ville après l'incendie, est celle qui abrite désormais une librairie. On remarque les belles figures sculptées qui ornent la façade et le mur arrière donnant sur Castle Street. Au premier étage, où se trouve un coffee shop, on peut monter voir les panneaux de bois originaux qui couvrent les murs et le joli plafond orné de décorations en stuc. Sur demande, on peut poursuivre la visite jusqu'au deuxième étage de la maison.

■ NANTWICH FARMER MARKET
Nantwich Town Square
paul.burns@crewe-nantwich.gov.uk
Tous les derniers samedis du mois, de 9h à 14h.
Le marché de Nantwich est réputé pour être l'un des meilleurs de la région. Fermiers, maraîchers et agriculteurs de la région viennent ici en nombre pour vendre leurs produits. On trouve aussi du pain, du fromage, du poisson fumé...

■ THE NANTWICH MILLENNIUM CLOCK
Cocoa House Yard
A côté du musée. Une autre spécialité de Nantwich est l'horlogerie. Afin de commémorer le millénaire de la ville, en 2000, une commande d'horloge a été passée à l'artisan gallois, Paul Beckett. Le coffre de l'horloge ayant été réalisé en verre, le mécanisme de celle-ci est exposé aux regards. Son emplacement, en face d'un ancien brûleur en brique épaisse, en souligne toute la délicatesse.

■ NANTWICH MUSEUM
Pillory Street
✆ +44 1270 627 104
www.nantwichmuseum.org.uk
Ouvert du lundi au samedi entre 10h30 et 16h30 d'avril à septembre et fermé le lundi entre d'octobre et mars. Entrée libre.
Ce sympathique musée présente la ville de Nantwich à travers les activités qui firent sa prospérité et les événements les plus importants de son histoire. Une galerie est consacrée au *salt ship*, carcasse en chêne d'un bateau datant de 700 ans au bord duquel on extrayait le sel contenu dans une source d'eau de mer, sur les berges de la rivière de Weaver. Une activité d'importance pour l'économie de la ville. The Cheese room apprend tout sur la fabrication du fromage, une autre spécialité de la ville et de la région. On y trouve des outils employés par les fabricants locaux, des photographies et une vidéo documentant les procédés de fabrication.

Une autre pièce présente the Big Battle of Nantwick, la bataille qui opposa les parlementaires de la ville aux royalistes. Est notamment exposé un document original écrit par Sir Thomas Fairfax qui fut à la tête de ces 25 000 parlementaires. Une dernière galerie est réservée aux expositions temporaires d'artistes locaux.

NANTWICK MUSEUM

Pillory Street
www.nantwichmuseum.org.uk
Ce sympathique musée présente la ville de Nantwich à travers les activités qui firent sa prospérité et les événements les plus importants de son histoire. Une galerie est consacrée au *salt ship*, carcasse en chêne d'un bateau datant de 700 ans au bord duquel on extrayait le sel contenu dans une source d'eau de mer, sur les berges de la rivière de Weaver. Cette activité était centrale pour la ville, qui fit sa prospérité. Des miroirs disposés autour de la structure et des schémas explicatifs permettent d'avoir de cette barque un aperçu complet. The Cheese Room apprend tout sur la fabrication du fromage, une autre spécialité de la ville et de la région. On y trouve des outils employés par les fabricants locaux, des photographies et une vidéo documentant les procédés de fabrication. Une autre pièce présente the Big Battle of Nantwick, la bataille qui opposa les parlementaires de la ville aux royalistes. Est notamment exposé un document original écrit par Sir Thomas Fairfax qui fut à la tête de ces 25 000 parlementaires. Une dernière galerie est réservée aux expositions temporaires d'artistes locaux.

SAINT MARY'S PARISH CHURCH

Nantwich Town Square
CW5 5RQ
www.stmarysnantwich.org.uk
Datant du XIIe siècle, l'église est le plus ancien édifice de la ville, rescapée de l'incendie de 1583. Les stalles datent de 1390, elles sont probablement dues aux mêmes artisans que celles de Lincoln. La taille de cette église en pierre rose n'a rien d'impressionnant au contraire : plutôt intime, paisible, on s'y sent détendu. Dans le square qui l'entoure, dissimulés çà et là, des projecteurs l'illuminent la nuit venue.

PORT SUNLIGHT

A un quart d'heure en train de Liverpool Central Station, Port Sunlight offre un exemple étonnant d'utopie devenue réalité. Le village fut conçu de toutes pièces par l'industriel William Hesketh Lever, pour les ouvriers de son usine de savon. Le schéma est celui, classique, des villages construits près de l'usine mais les maisons sont, au contraire, toutes différentes et flanquées de petits jardins privatifs. Les architectes ont laissé libre cours à leur fantaisie, ornant d'éléments décoratifs les balcons et l'embrasure des portes ou des fenêtres.
Les façades sont rythmées par des colombages à la découpe fantaisiste, ou des briques disposées de manière à dessiner un motif. Les cheminées ont, elles aussi, souvent des formes exubérantes. Le charme indéniable de ces maisons en a même destiné certaines à devenir des cottages, aujourd'hui loués par des vacanciers. Le village est inscrit au patrimoine mondial de l'Unesco.
A l'époque, un véritable esprit communautaire régnait en ces lieux, qui comptaient son école, sa salle de sport, sa caisse de retraite et son église. En 1893, Lever organisa même une excursion à Blackpool pour ses employés et leurs familles… 2 400 personnes en totalité ! Outre ces anecdotes étonnantes, à découvrir au Sunlight Vision Museum, le village possède une galerie d'art mondialement réputée pour la qualité de sa collection de peintures, de mobilier victorien et de vases chinois. Car en plus d'être un patron hors norme, Lever fut un fin collectionneur d'art, qui édifia ce musée à la mémoire de son épouse en 1922.

LADY LEVER ART GALLERY

Lower Road ✆ +44 151 478 4136
Ouvert tous les jours de 10h à 17h, le dimanche à partir de midi. Entrée libre.
Le musée de style néo-classique abrite l'une des collections les plus réputées d'Europe. On y trouve un ensemble de peintures victoriennes et préraphaélites, des meubles d'époque georgienne, dont certains désignés par le célèbre Chippendale, un ensemble exceptionnel de vases chinois d'époque Ming et d'autres surprises encore. Les expositions temporaires organisées pour la galerie sont de grande qualité.

PORT SUNLIGHT MUSEUM

23 King George's Drive
✆ +44 151 644 48 12
www.portsunlightvillage.com
Ouvert tous les jours entre 10h et 17h. Entrée : adulte £3,75 et enfant £2.
Ce petit musée est dédié à la vie de W. H Lever et à son « œuvre », Port Sunlight. On vous y présente sa philosophie basée sur un

pragmatique bon sens : les ouvriers sont plus productifs lorsque leurs conditions de vie sont bonnes. Ils travaillaient donc 8 heures par jour, bénéficiaient de congés payés et d'une pension de retraite ! C'est la vie quotidienne des employés de Lever qu'on découvre à travers photographies d'archives, témoignages écrits et objets d'époque. Etonnant portrait d'une personne hors du commun et d'un village ouvrier aux manières radicalement novatrices.

WEST KIRBY MARINE LAKE
West Kirby
South Parade ✆ +44 151 625 2510
www.visitwirral.com
Trajet en train de 48 minutes de Port Sunlight à la station de train de West Kirby, 30 minutes au départ de Liverpool. Le Marine Lake est accessible en quelques minutes à pied. Suivre la Dee Lane jusqu'à South Parade.

Les lundis, Adult Open Night de 18h à 20h à £15. Les jeudis, de 16h30 à 17h30, Junior Windsurfing, cours de planche à voile pour débutant à £10. Le Taster est un forfait de 3 heures qui permet de tester aussi bien la planche à voile que le bateau à voile ou le kayak au prix de £30 pour les adultes et de £25 pour les juniors.

Situé à la pointe de la péninsule de Wirral, le Marine Lake s'est construit près d'un lac artificiel servant de salines et constitue un lieu de détente très populaire pour les familles. On profite de vues superbes sur les collines du pays de Galles et l'estuaire de la Dee. La Marina propose des cours de planche à voile tous niveaux. Il est aussi possible de partir en croisière sur l'Estuaire de la Dee pour y observer les oiseaux. Les départs variant en fonction des saisons et des marées, il est recommandé de se renseigner par téléphone.

LAKE DISTRICT NATIONAL PARK

Avec ses paysages magnifiques et variés, où les étendues vertes et les montagnes entourent les lacs et les petits villages, le Lake District est un paradis pour les randonneurs. Ce parc appartient en partie au National Trust. L'activité volcanique et les différentes glaciations ont façonné ce parc au relief très varié.

Le Scaffell Pike en est le point culminant, avec ses 978 m. Les vallées sont ponctuées d'étendues d'eau, allant du lac Windermere, de 17 km, aux petits « tarns » de seulement quelques mètres. Habitée dès le néolithique, on trouve nombreux vestiges de ces anciennes peuplades dans la région : cercles de pierre, anciennes haches sur la Old Man, une montagne surplombant le village de Conilston... Au XIXe siècle, la beauté de la région n'échappa guère aux romantiques anglais venus chercher en nombre l'inspiration. La poésie de Wordsworth, qui écrivit l'un des premiers guides de présentation de la région, et les toiles de Turner doivent beaucoup à la magie de ces paysages sublimes surtout en été. Outre la randonnée pédestre, le Lake District offre aux visiteurs de nombreuses possibilités d'activités (cyclisme, équitation, escalade, bateau...) et d'intéressants musées. Le mur d'Hadrien en est la limite nord. Construit au 1er siècle de notre ère pour marquer la délimitation de l'Empire romain et le protéger des peuplades barbares d'Ecosse, il traverse l'Angleterre de Carlisle à l'ouest à Newcastle-upon-Tyne à l'est.

KENDAL

On y fabriquait autrefois les lainages, Kendal est une ville de marché depuis le XIIe siècle. A présent, c'est une ville plutôt calme avec quelques bâtiments dignes d'intérêt. Cependant, elle mérite quand même une visite pour ses quelques musées intéressants ou ne serait-ce que pour sa spécialité, le « Kendal Mint Cake », un gâteau à la menthe recouvert de chocolat – un concentré d'énergie très en vogue auprès des randonneurs de la région.

Pratique

CUMBRIA TOURISM
✆ +44 15 3982 2222
www.cumbriatourism.org
Pour toutes sortes d'informations sur la région. Pour les réservations d'hôtel sur Lake District : & (0845) 450 1199. Consulter aussi les sites Internet suivants : www.lakedistrictoutdoors.co.uk – www.golakes.co.uk

OFFICE DU TOURISME DE KENDAL
Town Hall
Highgate
✆ +44 15 3979 7516
www.kendaltowncouncil.gov.uk
Ouvert du lundi au samedi de 9h à 17h et jusqu'à 16h de novembre à février.
Service de réservation d'hôtel.

AMBLESIDE
WINDERMERE
CONISTON
BROUGHTON-IN-FURNESS
Elterwater
Rydal
Town End
Skelwith Bridge
Outgate
Hawkshead
Ruskin Museum
Coniston Launch Steam Yacht Gondola
Coniston Pier
Bowmanstead
Brantwood
Torver
Grizedale
Go Ape ! Grizedale Forest Park & Visitor Centre
Esthwaite Water
Sawrey
Windermere
Coniston Water
Ings
Staveley
Crook
Storrs
Winster
Graythwaite
Windermere Lake Cruises
Stott Park Bobbin Mill
Aquarium of the Lakes
Finsthwaide
The Swan
Fell Foot Country Park
Staveley-in-Cartmel
Newby Bridge
Water Yeat
Blawith
Colton
Spark Bridge
Duddon Bridge
Foxfield
Grizebeck
Lakelands
Lakeside &
Bowland Bridge
The Howe
Natland
Mill Side
Hincaster
A593
A591
A592
A508
A595
A590
A5074
A6
Ville principale
Autre localité
Musée
Curiosité et attraction
Centre d'information
Route principale
Route secondaire

MILLOM
Kirbby-in-Furness
Beck Side
Ireleth
A595
Askam-in-Furness
Sandscale Hawks Nature Réserve
North Walney Nature Réserve
Lindalk-in-Furness
Dalton Crown Court
Stainton With Adgarley
DALTON-IN-FURNESS
Furness Abbey
The Dock Museum
Newton
BARROW-IN-FURNESS
Barrow Superbowl
Princess Selandia
A5087
Isle of Walney
Piel Island
South Walney Nature Réserve
Laurel & Hardy Museum
Cumbria Crystal
Newland Iron Furnace
Lanternhouse Inter.
Ulverston Town
ULVERSTON
Bridge
Arrad Foot
Pennington
Swarthmoor
Conishead Priory
Great-Urswick
Scales
Gleaston Water Mill
Gleaston
Bardsea
A5087
Bayclif
Newbiggin
Roosebeck
Greenodd
Holker Hall
Holker
Filed Broughton
Cartmel Village & Priory
Allithwaite
Flookburgh
Lakeland Miniature Village
Ducky's Park Farm
Ravenstown
Lindale
Meathop
Art Crystal
GRANGE-OVER-SANDS
Kents Bank
MORECAMBE BAY
Arnside
MILNTHORPE
A6
SILVERDALE
Yealand Redmayne
0
5 km

Se loger

Porte d'entrée vers le Lake District, Kendal ne compte que quelques établissements où les gens s'arrêtent pour la nuit avant de rejoindre Windermere ou Ambleside. L'office de tourisme aide à réserver en avance.

THE HIGHGATE HOTEL

128 Highgate ✆ +44 1539 724 229
www.highgatehotel.co.uk
Chambre simple £45 ; Double £68. Parking privé gratuit.
Charmant Bed and Breakfast dans une batisse vieille de 500 ans au cœur de la ville. Le Brewery Arts Centre se trouve juste à côté.

LYNDHURST GUEST HOUSE

8 South Road ✆ +44 1539 723 819
www.lyndhurst-kendal.co.uk
Compter de £27 à £33 par personne en chambre double.
A 5 minutes du centre-ville, Stuart et Yvonne offrent huit chambres soignées et un bon rapport qualité-prix.

Sortir

BREWERY ART CENTRE

122 Highgate ✆ +44 1539 725 133
www.breweryarts.co.uk
Ouvert du lundi au samedi de 9h à 23h toute l'année.
Au centre de Kendal. Représentations de toutes sortes ainsi que deux festivals annuels : celui du folk et celui du jazz. Café-restaurant, bars, théâtre-cinéma, galeries, ateliers et salle de musique en plein air. Parking.

À voir – À faire

LAKE DISTRICT NATIONAL PARK AUTHORITY

Murley Moss, Oxenholme Road
✆ +44 15 3972 4555
www.lake-district.gov.uk
Retrouver toutes les antennes locales sur le site Internet.

ABBOT HALL ART GALLERY

Kirkland ✆ +44 1539 722 464
www.abbothall.org.uk
Ouvert du lundi au samedi de 10h30 à 17h et jusqu'à 16h de novembre à mars. Entrée £ 5,75.
Cette petite galerie présente une collection étonnamment riche et variée d'œuvres de peintres nationaux et locaux (Ruskin, Turner, Lucian Freud…). Egalement des expositions temporaires d'aquarelles.

KENDAL MUSEUM

Station Road ✆ +44 1539 815 597
www.kendalmuseum.org.uk
Ouvert toute l'année le jeudi, vendredi et samedi entre 12h et 17h. Entrée £2,80. Gratuit pour les étudiants et les enfants.
Histoire, archéologie, géologie ainsi qu'une section consacrée à l'histoire naturelle de la région de Cumbria.

LEVENS HALL

✆ +44 1539 560 321
www.levenshall.co.uk
Ouvert du dimanche au jeudi de 11h à 17h. Entrée : adulte £11 et enfant £4,50. A 3 km au sud de Kendal.
Belle maison élisabéthaine relevée par un jardin extraordinaire digne d'*Alice au pays des Merveilles* : ifs taillés de façon géométrique, couleurs vives, tous les éléments d'un jardin gai et vivant. Collection d'objets marchant à la vapeur.

Sports – Détente – Loisirs

KENDAL LEISURE CENTRE

(au sud de Kendal sur l'A 65)
Burton Road ✆ +44 1539 729 777
www.lakesleisure.org.uk
Ouvert tous les jours (sauf fériés) de 7h45 à 23h.
Centre de sports : natation, badminton, sauna, solarium, squash, ping-pong… Parking gratuit. Le centre abrite également un salon d'expositions temporaires et une salle de théâtre.

Shopping

K VILLAGE

Sud du centre-ville
www.kvillage.co.uk
Cosmétiques, bagages et produits de luxe à prix Usine.
Tout nouveau centre commercial à prix cassés avec restaurants sur place.

KENTMERE STUDIO POTTERY

Kentmere nr Kendale ✆ +44 1539 821 621
www.kentmerepottery.com
Ouvert tous les jours, téléphoner pour connaître les heures d'ouverture du dimanche. Quitter l'A 591 qui va de Kendal à Windermere pour aller vers Staveley et se diriger vers Kentmere Valley pendant environ 3 miles : le magasin est à gauche de la route.
Le magasin d'un couple d'artisans, Gordon et Barbara Fox. Céramiques anglaises émaillées

et peintes à la main, multiples objets. Le magasin réalisera vos dessins sur commande, en y ajoutant une touche… britannique.

■ **PETER HALL & SON**
Woodcraft Workshop, Staveley
✆ +44 1539 821 633 – www.peter-hall.co.uk
Ouvert du lundi au vendredi de 9h à 17h, le samedi et les jours fériés de 10h à 16h et jusqu'à 13h entre Noël et Pâques (magasin seulement) ; fermé le dimanche. Quitter Kendal par l'A 591 vers Windermere et aller dans Staveley ; l'atelier se trouve à la fin du village de Staveley.
Une ébénisterie familiale où l'on voit les objets et meubles se fabriquer. Boutique.

BOWNESS-ON-WINDERMERE

Windermere est le plus grand lac d'Angleterre. La ville de même nom, autrefois un village, a pris l'allure qu'on lui connaît après la création en 1847 d'une voie de chemin de fer reliant le village de Windermere au réseau ferroviaire. Connue pour avoir été le point de ralliement des « Poets of the Lake », avec pour chef de file Wordsworth, et le havre de paix où John Ruskin a choisi de se retirer pour finir ses jours, la région attira de riches industriels en quête de sérénité. L'ère victorienne vit éclore de somptueuses maisons secondaires dont certaines se visitent encore aujourd'hui. L'engouement pour la région ne cessa de croître depuis, métamorphosant le paisible village en un lieu de villégiature populaire. La ville de Bowness est elle-même une extension de celle de Windermere, uniquement née de son succès. On y traverse le lac grâce à un ferry pendulaire.
Aujourd'hui, Windermere reste le centre touristique de la région et la seule ville pourvue d'une gare. Si vous souhaitez vous établir quelques jours dans la région, préférez Ambleside à cette ville dépourvue de charme. Ce village bien relié par les services en commun se trouve à 6,4 km de Windermere et sa vie locale y est plus authentique.

Transports

■ **GARE FERROVIAIRE**
Station Precinct ✆ +44 845 748 49 50
Trains pour Edimbourg et Glasgow avec changements à Oxenholme et Carlisle. Trains pour le Sud en passant par Manchester.

Se loger

A proximité du lac, la ville concentre la plupart des options d'hébergements. On y trouve un camping et un nombre important de bed and breakfast sur la route qui descend jusqu'au plan d'eau en passant par Bowness.

Bien et pas cher

■ **ABOVE THE BAY**
5 Brackenfield
✆ +44 15394 886 58
www.abovethebay.co.uk
Ouvert toute l'année. Compter entre £27,50 et £35 par personne en chambre double.
Belle vue sur le lac. Près du village.

■ **BECKSIDE**
Rayrigg Road
✆ +44 15394 435 65
www.becksidewindermere.co.uk
Ouvert toute l'année. Compter de £18 à £35 par personne.
Près du lac et du restaurant Miller Howe. Jardin, parking. Breakfast végétarien possible.

■ **BRENDAN CHASE**
College Road
✆ +44 15394 456 38
www.placetostaywindermere.co.uk
Ouvert toute l'année. Compter de £18 à £30 par personne.
Cette demeure victorienne a accueilli des visiteurs du monde entier depuis les années 1930 ! Les chambres sont simples, mais grandes et soignées. Des chambres familiales sont également proposées.

■ **CAMPING PARK CLIFFE**
Bilks Road
✆ +44 15394 313 44
www.parkcliffe.co.uk
Ouvert de mi-mars à mi-janvier. Terrain pour les tentes et pour les caravanes. Possibilité de louer une salle de bains privée. Bar et restaurant. Tente pour 2 personnes : £24,50 à £28.
Vue sur le lac et les montagnes. Le camping se situe près de l'A592. Vous pouvez vous y rendre avec le Bus 618.

■ **YOUTH HOSTEL**
Troutbeck Bridge Lane
✆ +44 15394 435 43
www.yha.org.uk
Compter £22 par adulte.
Une grande auberge de jeunesse avec très belle vue sur le lac. Seul inconvénient si vous arrivez en train, elle se situe à environ à 40 minutes à pied depuis la gare. Cuisine et chambres avec peu de lits.

Confort ou charme

■ BAY HOUSE LAKE VIEW GUEST HOUSE

Fallbarrow Road © +44 15394 433 83
www.bayhouselakeview.co.uk
Ouvert toute l'année. De £40 à £50 pour un B & B sur le lac.
Les tarifs étant variables selon la saison, il est conseillé de téléphoner. Menus végétariens disponibles. Pas de couvre-feu.

■ BLENHEIM LODGE HOTEL

Brantfell Road – Fax : +44 15394 434 40
www.blenheim-lodge.com
Ouvert toute l'année. Compter de £40 à £60 par personne en chambre simple ou double en fonction de la saison.
Vue panoramique sur le lac qui se trouve à 5 minutes de marche. A côté des bois et du sentier de randonnée Dalesway.

■ DENE HOUSE

Kendal road © +44 15394 482 36
www.denehouse-guesthouse.co.uk
Simple £40 et double £39 par personne.
Charmante maison typique de la région avec jardin côté lac. Le petit plus : accès au Spa, sauna et piscine de l'hôtel Old England, sur le palier d'en face, compris dans le prix de la location.

Luxe

■ CEDAR MANOR HOTEL

Ambleside Road
© +44 15394 431 92
www.cedarmanor.co.uk
Ouvert toute l'année. Compter de £50 à £73 par personne pour les chambres standard. Options : bed and breakfast ou dîner.
Près du centre du village et du lac, à la campagne, les 11 chambres sont toutes joliment meublées et arrangées. Une adresse élégante, avec un agréable salon où l'on trouve quantité de livres et les journaux du matin. Des informations sur les balades et attractions de la région sont aussi disponibles à l'hôtel.

Se restaurer

■ FIRST FLOOR CAFE

Lakeland
Station Precinct
© +44 15394 881 00
www.lakeland.co.uk
Ouvert la semaine de 9h à 18h. Samedi jusqu'à 17h. Dimanche : 10h30-16h. Menu complet à partir de £15.
A quelques pas de la gare, ce restaurant panoramique propose tous les aspects de la gastronomie anglaise dont le pudding noir et des menus végétariens. Le chef, Steven Doherty, a été formé près de Lyon et a récolté de multiples récompenses dont celle du Meilleur Chef du Nord-Ouest.

■ MILLER HOWE

Rayrigg Road
© +44 15394 425 36
www.millerhowe.com
Compter autour de £35 à £40. Sunday lunch menu à £25 pour quatre plats. Chambres doubles à partir de £110 par personne avec petit déjeuner et dîner inclus.
Le meilleur restaurant de la ville avec un superbe emplacement. Aux beaux jours, on peut déjeuner sur la terrasse qui surplombe le lac et profiter du jardin. Au menu, une carte plutôt classique avec une bonne sélection de viandes et poissons de la région et une option de menu végétarien ou le dîner spécial coucher de soleil sur le lac.

À voir – À faire

■ BLACKWELL HOUSE

© +44 15394 461 39
www.blackwell.org.uk
A 1,8 km au sud de Windermere. Ouvert tous les jours de 10h30 à 17h et jusqu'à 16h de novembre à mars. Entrée £6,50 et enfants £ 3,80.
Le cottage fut conçu en 1898 par Baillie Scott, pour un industriel de Manchester et sa famille. Dans le sillage du mouvement Art & Crafts, il développa un style architectural épuré et fit appel au savoir-faire d'artisans locaux pour le travail de la pierre, du verre et du bois.
La maison surplombe le lac de Windermere. Au rez-de-chaussée, un somptueux corridor aux murs recouverts de panneaux en bois de chêne dessert une enfilade de pièces. La plus impressionnante est la salle de banquet, d'esprit médiéval, avec ses banquettes en bois sculpté. Au fond du corridor, le White Drawing Room est la pièce la plus raffinée.
Dans chaque pièce, le travail artisanal de décoration intérieure est remarquable : mosaïques, vitraux, harmonies des formes et des coloris. Cela vaut vraiment un léger détour.

■ FELL FOOT PARK & GARDEN

Newby Bridge
© +44 15395 312 73

Beatrix Potter (1866-1943)

Née en pleine frénésie victorienne, l'auteur a passé sa jeunesse dans le quartier de Kensington à Londres. Elle fut initiée à l'amour de la nature par un père qui partait tous les ans pêcher dans la rivière Tay en Ecosse. Isolée de son frère placé en pension, ses parents lui offrirent des animaux domestiques pour conjurer son ennui. Un lapin particulièrement aimé qu'elle fixait régulièrement sur le papier et fut à l'origine de Peter Rabbit, son plus célèbre personnage. Son talent impressionnant d'aquarelliste fut encouragé par ses parents qui firent venir pour elle un professeur de dessin. Devenue jeune fille, Beatrix Potter prit l'habitude d'écrire aux enfants de son institutrice préférée, en illustrant les histoires qu'elle leur racontait. Une facette moins connue du personnage est son attrait pour les sciences naturelles. Après avoir postulé en tant qu'illustratrice pour *Elle*, elle commença sa carrière par la publication de quelques cartes de vœux. Le refus des éditeurs de s'intéresser à Peter Rabbit la força à publier ses premières histoires à compte d'auteur. L'entreprise fut couronnée de succès : tous les livres de la première édition furent vendus ! Beatrix Potter publiera une vingtaine de livres pour enfants, dont elle assurera elle-même la traduction française. Le film *Miss Potter*, tourné dans la région en 2006 par Chris Noonan, retrace la vie de cette femme aux mille talents.

Ouvert tous les jours de 9h à 19h (ou à la tombée de la nuit). A 9 km de Windermere, sur la rive est du lac.
Parc et jardin où l'on peut se baigner et pêcher. Location de bateaux de fin mars à début novembre. Parking payant.

■ LAKESIDE RAILWAY

✆ +44 15394 315 94
www.lakesiderailway.co.uk
Sur la A 590, en direction de Newby Bridge. De Haverthwaite à Lakeside.
Balade dans la vallée, entre le lac et les rivières. Départ environ toutes les heures, entre 10h40 et 17h30, tous les jours de fin mars à fin octobre. Prix pour un aller-retour : adulte £5,90 ; enfant : £2,95. Possibilité de combiner avec une croisière sur le lac : de Bowness à Haverthwaite £14 et £7,50 ; de Ambleside à Haverthwaite £19,40 et £9,70.

■ THE WORLD OF BEATRIX POTTER

Bowness-on-Windermere
✆ +44 15394 884 44
www.hop-skip-jump.com
Entrée : £6,75 adulte, £3,50 pour les enfants. Ouvert de 10h à 17h30 entre avril et septembre et jusqu'à 16h30 entre octobre et fin mars. Compter une heure pour la visite.
La transposition en trois dimensions du délicat univers de Beatrix Potter pouvait sembler une entreprise risquée… Mais le défi a été adroitement relevé grâce aux talents des décorateurs. Peter Rabbit, Mademoiselle Mitouffle, Mr Tod ou Samuel Fisher sont mis en scène dans de ravissants décors et avec beaucoup d'humour. Un petit film présente les contes. On circule ensuite dans un labyrinthe d'alcôves joliment éclairées pour (re) découvrir les farces et saynètes dont ces animaux très humains sont les acteurs. Coloris subtils, éclairages sophistiqués, sculptures et décors mixant résines et matériaux naturels récréent les contes de Miss Potter avec goût.

AMBLESIDE

Le charmant village cerné de montagne sert de base de départ pour les randonnées et l'escalade. Situé à la pointe nord du lac Windermere, il constitue également un point de chute idéal pour l'exploration des plus beaux villages et lacs de la région. Très bien relié par les bus, le village présente aussi l'avantage d'avoir une vie locale sympathique. Il y a de bons restaurants et tearooms et beaucoup de chemins de randonnées sont accessibles du village. Attention lors des beaux jours, les hébergements sont pris d'assaut par les citadins.
Les locaux sont sympathiques et l'ambiance, très internationale en été. Ne manquez pas la « House on the Bridge », une minuscule maison construite sur un pont pour échapper aux taxes d'habitation et jadis occupée par toute une famille !

Transports

Pour y aller, bus fréquents au départ de Windermere : Bus 554, 555 et 556 (15 minutes de trajet). L'arrêt se trouve juste à côté de la gare.

■ **GARE ROUTIÈRE**
www.stagecoachbus.com
A partir de la place du village, en face de la librairie. Les « all day tickets » pour circuler partout.

Pratique

■ **OFFICE DU TOURISME D'AMBLESIDE**
Central Building Market Cross
✆ +44 15394 325 82
tic@thehubofambleside.com

Se loger

Le village, bien connu des amateurs de randonnées, compte plusieurs rues entières (dont Lake Road) de Bed and Breakfast dans des petites maisons de pierres grises. L'été, il vaut mieux réserver à l'avance car beaucoup affichent complet.

Bien et pas cher

■ **THE SQUARE CAFE**
Broughton-in-Furness
✆ +44 1229 7163 88
A 27 km au sud-ouest d'Ambleside par la A593.
Chambre double à partir de £25 par personne avec petit déjeuner.
Dans un sublime décor, ce petit B&B « motard-friendly » propose de jolies chambres toutes simples. Facilités pour garer la moto et bonnes infos à dégoter.

■ **YOUTH HOSTEL**
Waterhead
✆ +44 845 371 96 20
Prix : £20 par personne, et £15 pour les enfants.
Un emplacement idéal pour cette auberge de jeunesse placée juste sur les bords du lac de Windermere, à côté de l'embarcadère pour les croisières sur le lac. Un restaurant se trouve aussi sur place, ouvert pour le breakfast et le dîner. Petit jardin avec quelques tables et chaises sorties en face du lac. La plupart des chambres ont une vue sur le lac.

Confort ou charme

■ **ELDER GROVE HOTEL**
Lake Road
✆ +44 15394 325 04
www.eldergrove.co.uk
Ouvert de février à novembre. Compter entre £35 et £40 la nuit par personne en B&B (double) en fonction de la saison.
Hôtel traditionnel, avec chambres pourvues d'une salle de bains. Restaurant aussi.

■ **LACET HOUSE**
Kelsick Road
✆ +44 15394 343 42
www.lacehouse.co.uk
Ouvert toute l'année. Compter £28 à £40 par personne en chambre en double, breakfast inclus.
Charmant petit hôtel de cinq chambres. Toutes sont décorées avec goût et ont leur salle de bains. La vue vaut aussi le détour.

Luxe

■ **THE REGENT HOTEL**
Waterhead Bay
✆ +44 15394 322 54
Fax : +44 15394 314 74
www.regentlakes.co.uk
Ouvert toute l'année. Compter de £110 à £135 la chambre double, en B & B. A 10 minutes de la ville.
Un hôtel depuis plus de 30 ans sur la rive du lac Windermere. Chambres vraiment spacieuses et décorées avec goût, piscine intérieure chauffée.

Se restaurer

Les petites enseignes sont de rigueur au village. On goûte une cuisine raffinée mais qui tient au corps avant de partir en balade.

■ **GIGGLING GOOSE CAFE**
North Road
✆ +44 1539 433 370
www.gigglinggoose.co.uk
Ouvert de 9h à 17h. Sandwichs à partir de £3.
Ici la devise est « We don't make food, we create food » car les cuisiniers cuisinent leurs pains et leur gâteaux. Dans cet ancien moulin à eau, on apprécie la terrasse près de la rivière et les bonnes pâtisseries concoctées. Il faut se laisser tenter par un scone avec des fruits frais. L'endroit est un trésor caché du village à découvrir.

■ **LUCY'S ON A PLATE**
Church Street
✆ +44 15394 322 88
www.lucysofambleside.co.uk
Autour de £30 pour un menu complet. L'histoire de Lucy se confond désormais avec celle d'Ambleside. Arrivée il y a vingt ans dans un village plutôt désert sur le plan gastronomique, elle monte d'abord un

Delicatessen pour vendre le meilleur de la production locale. Ambitieuse, elle ouvre ensuite son restaurant, puis un bon bar à vin, le Lucy 4 où l'on mange dans un cadre informel. La décoration est sympathique et l'ambiance chaleureuse dans le restaurant, bien rempli les week-ends. La carte change constamment, mais offre toujours un large choix de viandes, de poissons et de plats végétariens.

THE GLASS HOUSE

Rydal Road
✆ +44 1539 432 137
www.theglasshouserestaurant.co.uk
A midi, sandwich entre £5 et £6 et choix de plats entre £7 et £14. Le soir, compter £30 pour un menu complet.

Le restaurant a pour cadre une maison du XVe siècle, restaurée avec tact pour créer une ambiance à la fois rustique et au goût du jour. Mezzanines et baies vitrées redessinent l'espace pour y laisser entrer la lumière. Esthétiquement fixés aux murs ou aux plafonds, les outils de cette ancienne scierie contribuent au décor des lieux. Au menu, on trouve un bon choix de classiques de la cuisine britannique et européenne, faite avec des produits issus des fermes alentour.

Sortir

Ce paisible village compte tout de même quelques pubs où venir se détendre après une journée de marche. Un seul, le Sportsman Inn, ferme à 2h car il abrite également une petite discothèque.

THE DRUNKEN DUCK INN

Barngates, Ambleside
✆ +44 15394 363 47
www.drunkenduckinn.co.uk
A 4 miles du centre, entre Ambleside et Hawkshead. Les chauffeurs de taxis sont familiers de cette course qui vous coûtera autour de £4.

Emplacement féerique pour ce pub en pleine nature. Chambres superbes, poutres en chêne, feu de bois et bonne bière créent l'ambiance festive de ce « Canard ivre », adoré de nombreux clients. C'est également une adresse de choix pour déguster une cuisine traditionnelle à base de produits locaux. Le pub possède un superbe jardin surplombant le lac de Windermere où l'on peut se faire servir son repas si le temps le permet.

ZEFFIRELLI'S

Compston road ✆ +44 15394 338 45
www.zeffirellis.com
Restaurant, bar et cinéma. Concert à partir de 20h.

Si vous êtes à Ambleside un week-end, c'est le rendez-vous à pas ne manquer ! A l'étage, un bar où se produisent tous les vendredis et samedis soir des groupes de jazz ou funk et bossa nova. Les concerts sont souvent gratuits dans le jazz bar.
Le restaurant ouvre à 17h et sert de la cuisine méditerranéenne à partir de £30 le menu. Réservation vivement conseillée. Le cinéma projette tous les films récents et possède une salle 3D.

À voir – À faire

Bien que le village abrite quelques monuments, le principal attrait du coin est d'être le point de départ ou d'arrivée de nombreuses randonnées. L'office de tourisme est de bon conseil pour préparer sa balade. De nombreux magasins permettent de s'équiper correctement.

SENTIER DE JENKINS CRAG

Comptez deux heures et demie au départ de la promenade.

La randonnée offre des vues plongeantes superbes du lac. En suivant Lake Road, on arrive au lac en 10 minutes. En face de l'embarcadère, et de l'entrée du Waterhead Hôtel, une flèche indique le sentier du Jenkins Crag. Prendre l'étroit sentier longeant les maisons puis entrer dans le champ où l'on peut contempler le lac. Ressortir en face et monter tout droit, le long d'une rivière jusqu'à arriver à une cascade. Franchir un pont et poursuivre la montée à travers les bois. Un panneau du National Trust indique ensuite un point de vue sur la vallée de Troutbeck. On embrasse du regard le lac, les forêts et les pins, les montagnes couvertes de neige à l'arrière plan. On poursuit ensuite une section appelée Stock Grazing, pour redescendre progressivement vers les rives du lac à travers les pâturages et les murs de berger sillonnant dans ces vertes étendues ponctuées de moutons. Suivre ensuite la direction de Lowwood Hôtel pour redescendre jusqu'au parking de l'hôtel. Pour rentrer à Ambleside, reprendre la route sur la droite et longer le lac sur la route principale jusqu'à apercevoir une entrée qui permet de poursuivre en longeant les rives de celui-ci.

ARMITT MUSEUM
Rydal Road ✆ +44 15394 312 12
www.armitt.com
Ouvert du lundi au samedi de 10h à 17h.
Le modeste petit musée géré par des bénévoles abrite un ensemble d'aquarelles réalisées par Beatrix Potter, auteur des aventures de Peter Rabbit. Ses dessins d'observation de fleurs et de champignons sont de délicates aquarelles que l'on peut voir au musée. On y trouve l'habileté de trait d'une vraie dessinatrice.
Une surprise qui fait mouche : des œuvres de Kurt Schwitters ! Mais que vient faire l'un des artistes dadaïstes allemands les plus célèbres, auteur des fameux Merzbau, à Ambleside ? Il y a passé la fin de sa vie ! Condamné à fuir les nazis qui le classèrent « artiste dégénéré », il arriva ici dans le dénuement le plus complet. Quasi réduit à la mendicité, il se mit à peindre des vues du village et des environs pour les vendre. Ses talents de portraitiste furent aussi appréciés par la bourgeoisie de Windermere. C'est cette œuvre somme toute « gagne pain » qu'il nous est donnée de découvrir ici. Une autre partie est consacrée à l'histoire locale et à ses habitants.

THE BRIDGE HOUSE
Rydal Rd
Tout près du Ambleside Museum.
La minuscule maison sur deux étages, à l'origine un magasin de pommes, fut construite sur un pont pour échapper aux taxes de territoire. Malgré sa modestie, cette curiosité architecturale du XVIe siècle est l'un des édifices les plus connus et photographiés de tout le Lake District ! Son pittoresque exceptionnel attira autrefois l'attention du peintre Turner !

ROTHAY PARK
Une entrée près de l'église et l'on peut rejoindre le Waterhead, pointe nord du lac de Windermere, en longeant la rivière.
Le trajet, plus long que par la route, mais bien plus pittoresque est à éviter les jours de pluie. Cependant, le parc offre un spectacle bucolique avec sa montagne à l'horizon que couvre la neige la plupart de l'année, ses petits moutons, sa rivière et son pont…

CONISTON

Au premier abord en arrivant dans le village de 1 800 habitants, on est frappé par son emplacement extraordinaire, cerné de hautes montagnes. Ses habitants vécurent majoritairement de l'extraction de cuivre et d'ardoise. Quant au lac de Coniston, il est si pittoresque qu'on le croirait peint ! C'est au-dessus de celui-ci que John Ruskin, critique d'art, peintre et poète anglais choisit d'établir sa maison, en 1872, pour vivre à l'écart d'une Angleterre qu'il regretta de voir défigurée par la Révolution industrielle. Aujourd'hui c'est un lieu de pélérinage pour les romantiques. The Coniston gallery renseigne, quant à elle, sur l'histoire du village et ses premiers habitants de l'âge de Bronze à travers d'intéressantes pièces archéologiques trouvées dans les montagnes alentour, notamment « the Old Man », que l'on voit de partout dans le village. Coniston est également un emplacement idéal pour des départs de randonnée en montagne.
Du petit embarcadère du village, en route pour une croisière de 20 minutes sur un charmant bateau, et rejoindre les berges du jardin de Brantwood House, la maison de Ruskin.

Transports

CONISTON LAUNCH
The Pier Cottage ✆ +44 17687 757 53
www.conistonlaunch.co.uk
Croisières de tous types avec départ tous les jours de mi-mars à mi-novembre, le service fonctionne au ralenti l'hiver. Environ £14,70 et £6,20 pour les enfants avec visite de la maison de Ruskin.

Pratique

OFFICE DU TOURISME DE CONISTON
Ruskin Avenue
✆ +44 15394 415 33
www.conistontic.org
Ouvert tous les jours de 9h30 à 16h.

Se loger

Le rapport hôtels/nombres d'habitants est impressionnant. Le village compte deux auberges de jeunesse et une pléiade d'hôtels.

À voir – À faire

BRANTWOOD HOUSE
Brantwood Lodge ✆ +44 15394 413 96
www.brantwood.org.uk
Ouvert tous les jours de mi-mars à mi-novembre de 11h à 17h30 ; ouvert en hiver du mercredi au dimanche de 11h à 17h30. Entrée : adulte : £6,30 ; enfant : £1,50. Quitter Coniston et suivre la B 5285.
John Ruskin vécut de 1872 à 1900 dans cette maison à l'emplacement idyllique, au-dessus du lac de Coniston. C'est le refuge d'un homme qui a choisi de fuir le monde pour vivre entouré

d'objets et d'œuvres d'art réfléchissant la beauté de la nature et de l'esprit. La défense des belles choses allait, pour cet esthète, de pair avec une éthique de vie et une célébration de l'harmonie du monde. Ce visionnaire aux pensées socialistes avant l'heure fut le premier à imaginer dans ses écrits la mise en place d'un National Trust, de bibliothèques ouvertes pour tous, d'écologie... On découvre ses aquarelles, ses croquis d'architecture réalisés lors de voyages à Florence ou à Rome, et des objets relatifs aux arts et aux sciences, parmi lesquels un piano. Ruskin, qui s'intéressait aussi à l'art des jardins, en conçut un tout à fait splendide dans lequel on se promène agréablement. Un petit paradis sur terre...

■ **THE STORY OF CONISTON**
✆ +44 15394 411 64
www.ruskinmuseum.com
Entrée adulte £7 et £3,50 pour les enfants.
On apprend en quoi Coniston doit son existence aux nombreuses carrières et mines d'extraction de cuivre et d'ardoise dans les montagnes alentour. Une autre galerie présente la géologie des lieux. C'est alors tout naturellement que l'on en vient à évoquer John Ruskin, lui-même passionnée de géologie depuis l'enfance, en découvrant sa collection de pierres semi-précieuses, ses aquarelles de montagne, de nuage et de fleur. On y voit aussi The Rocks harmonicom, un xylophone dont les touches ne sont autres que des pierres que l'on frappe ! Ruskin se plaçait face au lac de Coniston, pour jouer en interaction avec l'écho renvoyé par The Old Man, la grande montagne que l'on voit du jardin de sa maison !

GRASMERE

Les plus pittoresques maisons se trouvent autour de Dove Cottage, autrefois la chaumière du poète Wordsworth. L'ensemble forme un petit hameau à l'entrée du village de Grasmere. C'est ici, au pied du lac de Grasmere et dans un amphithéâtre de montagnes et de vallées, que le poète écrivit ses plus beaux poèmes, dont *The Daffodil*, certainement le plus célèbre. Il raconte dans l'un de ses poèmes la découverte de cet endroit, lors d'une promenade dans la région, et le coup de foudre qui s'en suivit. Dans le village de Grasmere, on trouve la charmante église rurale où fut enterré le poète avec sa famille et le joli lac de Grasmere que l'on explore aisément en barque, pour une séquence romantique. On passe aisément une journée entière dans ce village qui abrite plusieurs pubs et restaurants.

Transports

En bus. Le 555 vous y conduit de Windermere ou Ambleside. Dove Cottage se trouve dans un petit hameau pittoresque à l'entrée du village de Grasmere. Vous pouvez demander au chauffeur de vous arrêter devant, puis rejoindre ensuite Grasmere à pied après la visite de Dove Cottage.

Pratique

■ **OFFICE DU TOURISME DE GRASMERE**
Red Bank Road
✆ +44 15394 352 45

Se loger

Il a beau être l'un des plus petits de la région, ce village voit affluer quantité de visiteurs et la demande a entrainé la création de campings, hôtels et bed and breakfast. Certains sont installés dans la commune mitoyenne de Rydal.

■ **GRASMERE RED LION HOTEL**
Red Lion Square
✆ +44 15394 354 56
www.grasmereredlionhotel.co.uk
Ouvert toute l'année. Compter £130 par personne en B&B et en haute saison.
Auberge de relais depuis le XVIIIe siècle, au centre du village, qui fait aussi restaurant. Salle de fitness.

Randonnées

Nombreuses randonnées sont à faire au départ du village. Nous en suggérons déjà deux, dont vous trouverez les itinéraires à l'office de tourisme.

- **The Coniston Old Man, 14,5 km.** On peut gravir son sommet au départ de Coniston. C'est la montagne la plus haute des environs, avec sommets enneigés, sur les bords du lac.
- **The Coniston Coppermines, balade plus facile de 6 km.** Une randonnée à travers les montagnes cernant le village, sur les chemins d'anciennes mines qui ont façonné le paysage.

SARAH NELSON'S GINGERBRAD

✆ +44 15394 354 28

www.grasmeregingerbread.co.uk

Tout près de l'église, derrière le cimetière.

Sarah Nelson était une amie de Wordsworth et un personnage connu dans le village. Sa recette originale de gingerbread, aujourd'hui commercialisée dans le monde entier, est une institution ! la boutique d'origine est absolument minuscule ! Deux petites dames en costume traditionnel vous servent le Gingerbread, un délicieux biscuit au gingembre, encore meilleur quand on le mange chaud ! Dans l'entrée, quelques photos de la vénérable Sarah Nelson, avec son profil digne et sévère... Toute une époque !

YOUTH HOSTEL

Thorney How ✆ +44 15394 355 91

www.hihostels.com

£14 par personne et par nuit.

Grasmere compte deux auberges de jeunesse : Thorney How et Butharlyp Howe sur la colline. Même prix et même contact.

WHITE MOSS HOUSE

Rydal Water ✆ +44 15394 352 95

www.whitemoss.com

A 2 km du centre-ville. Compter £55 par personne.

La maison fut achetée par l'omniprésent Wordsworth pour son fils et est actuellement un hôtel-restaurant. A £25, on vous servira un dîner exquis. La maison se targue de pouvoir proposer un vin différent chaque jour de l'année. Réservation requise. Dîner à partir de 19h30 à 20h.

Près de la maison de Wordsworth, salon de thé Dove Cottage Teashop.

À voir – À faire

La vie et l'œuvre de Wordsworth sont évidemment au centre de toutes les attentions mais on peut également s'aventurer du côté du lac et ses jolis sentiers de randonnée.

DOVE COTTAGE & WORDSWORTH MUSEUM

The Wordsworth Trust ✆ +44 15394 355 44

www.wordsworth.org.uk

Ouvert tous les jours de 9h30 à 17h. Entrée : adulte : £7,50 ; enfant : £4,50. Lecture de poésies l'été.

Aujourd'hui, des visiteurs du monde entier passent à Dove Cottage, chaumière où vécut Wordsworth, d'abord avec sa sœur Dorothy, dont le journal qu'elle tint chaque jour a perpétué la mémoire des lieux, puis avec femme et enfants. Petites pièces avec mobilier, jardin et objets qui appartinrent au poète et à sa famille. Bien qu'ayant accepté le titre de poète de la couronne, Wordsworth n'écrivit finalement jamais une seule ligne à l'intention de Victoria ! Ce titre lui permit pourtant de percevoir, sa vie durant, la somme de £60 par an, une petite fortune à l'époque ! Cette drôle de situation lui valut le surnom de « canari de la reine qui ne chante pas » ! C'est ici, dans cette maison parfois pub et donc constamment remplie, que le poète mena huit années d'écriture, qu'on dit être les plus fertiles de sa carrière. En 1809, juste après le départ de Wordsworth pour une maison plus grande, c'est Thomas de Quincy, qui âgé d'à peine vingt ans, s'installa dans le cottage avec pour effets personnels, pas moins de... 5 mille livres ! Il vivra 28 ans dans cette maison, avec femme et enfants. C'est ici que naquit le mouvement des « Lake Poets », parmi lesquels on compte Lord Byron et Keats. Le Wordsworth Museum réinscrit ces figures de la littérature anglaise dans un contexte historique et culturel international. Toute la sensibilité de cette période artistique se découvre à travers portraits et effets personnels de ces poètes, peintures pittoresques et romantiques, manuscrits et cartels explicatifs... Passionnant.

THE GRASMERE LAKE

Rejoindre Stock Lane puis prendre à gauche au Garden Centre, en face de St Oswald's Church. Prendre à gauche après le parking et passer devant le Gold Rill Hote. Toujours tout droit jusqu'au lac.

En arrivant sur les berges du lac, sur Red Bank Road, se trouve le Faeryland ✆ +44 15394 35060) un charmant tearoom qui compte une vingtaine de thés à la carte, scones, sandwichs et soupes maison. Quelques tables sont sorties sur la terrasse qui donne sur les eaux tranquilles du lac. On peut aussi louer ici des barques (£10 l'heure pour deux personnes, prévoir £20 de caution). Pour une balade à pied sur les rives du lac, continuez votre montée. De part et d'autre de la route, les cottages aux somptueux jardins agrémentent le périple. Encore huit bonnes minutes de marche et l'on trouve sur la gauche un escalier qui redescend vers le lac, où l'on rejoint un agréable circuit apprécié des familles, marcheurs et cyclistes. Une agréable et ravissante balade.

KESWICK

Cette petite ville de 5 000 habitants, au nord du Lake District, est nichée au creux de la montagne, au bord du Derwent Water. Ce grand lac est peut-être le plus beau de la région, avec ses cascades spectaculaires, telle la chute de Taylor Gill Force, haute de 42 m. On peut y louer des barques. A voir absolument, le site de Castlerigg Stone Circle, tout proche de Keswick.

Pratique

CHANGE

Le samedi à la poste, sur Main Street.

OFFICE DU TOURISME DE KESWICK

Moot Hall, Market Square
✆ +44 17687 726 45 – www.keswick.org
Ouvert toute l'année de 9h30 à 17h30 (16h30 en hiver).
Informations sur les guides locaux, les itinéraires de randonnée et les visites guidées et gratuites autour de la ville. Si vous arrivez tard, une liste des B&B de la région est affichée sur la porte.

POLICE

8 Bank Street ✆ +44 17687 720 12

Se loger

Beaucoup d'anciennes fermes ou d'hôtels particuliers ont été convertis en hôtels ou bed and breakfast. L'office de tourisme propose un moteur de recherche sur son site Internet.

Bien et pas cher

THE PACK HORSE INN

1 Penrith Road
✆ +44 17687 713 89
Dans une allée en face du bureau du tourisme. Un pub toujours animé dont les repas sont les plus réputés de la ville.

YOUTH HOSTEL

Station Road
✆ +44 845 371 97 46
www.hihostels.com
Prix : £19,95 la nuit (petit déjeuner inclus) et £14,95 tarif enfant. Location tout près du centre-ville.
Un établissement moderne et bien tenu. Cuisine et restaurant.

Confort ou charme

SEATOLLER HOUSE

Seatoller, Borrowdale
✆ +44 17687 772 18
www.seatollerhouse.co.uk
Prix : £68 par personne (demi-pension).
Ouverte aux amateurs de montagne, cette maison imposante et grise, vieille de 350 ans, semble empreinte de la permanence et de la solidité des montagnes qui l'entourent.

THE SWINSIDE INN LODGE

Newlands ✆ +44 17687 782 53
www.theswinsideinn.com
Compter £39 par personne en chambre double.
Dans une maison victorienne à 5 km de la ville, à l'ouest du lac, entre Portinscale et Grange, près de la colline Catbells, le calme et le confort d'un accueil gracieux. Belle vue sur la vallée depuis le bar.

Luxe

ARMATHWAITE HALL

Bassenthwaite Lake ✆ +44 17687 6551
Fax : +44 17687 6220
www.armathwaite-hall.com
Prix : A partir de £155 par personne et par nuit. Enfants logés gratuitement dans la chambre des parents. Au nord de Keswick, prenez l'A 591 vers Carlisle pendant environ 13 km et tournez à gauche au niveau du Castle Inn Hotel, c'est à 200 m.
Dans une demeure baronniale datant du XVIIIe siècle, cet hôtel propose « tout ce qu'on associe au meilleur de la vie anglaise ». Cadre de chêne et feux de bois et un Spa pour tous. Un excellent restaurant : « cassolette » d'escargots à l'aneth, délice de volailles à la homardine… L'hôtel offre de nombreuses activités, mais avant tout un cadre et des environs splendides.

Sortir

BRYSON'S TEA ROOM

42 Main Street ✆ +44 871687 71222
www.brysonsofkeswick.co.uk
Salon de thé avec pains et gâteaux.

À voir – À faire

CARS OF THE STARS MOTOR MUSEUM

Standish Street ✆ +44 17687 737 57
www.carsofthestars.com
Ouvert entre 10h et 17h de la semaine de Pâques à décembre, une semaine sur deux en février et uniquement les week-ends de décembre. Adulte £5 ; enfant £3.
Collection de voitures de stars, de très belles mécaniques made in England, la Lotus Esprit Turbo de James Bond, et une Triumph Roadster de Bergerac.

FRIAR'S CRAG
A 800 m de l'embarcadère de Derwentwater.
Une courte promenade le long des rives du lac mène à ce très beau point de vue qui aurait inspiré John Ruskin. En chemin, on voit la jolie petite île boisée de Derwent puis l'on contemple du Friar's Grag les douces montagnes qui rejoignent les eaux du lac.

PENCIL MUSEUM
Southey Works, Greta Bridge
✆ +44 17687 736 26
www.pencilmuseum.co.uk
Ouvert de 9h30 à 17h. Adulte £3,25 ; enfant : £1,75.
Le musée du crayon. Un musée original qui vous apprendra tout sur l'histoire de crayons fabriqués à Keswick, depuis la découverte des mines de graphite de Borrowdale, jusqu'aux méthodes modernes et automatisées. Vous y découvrirez également le plus long crayon du monde qui mesure près de 8 m.

Sports – Détente – Loisirs

À l'ouest de la route qui mène à Keswick se dressent des points d'escalade renommés. Ceux qui préfèrent la promenade à l'alpinisme peuvent partir à la recherche des « tarns » (petits lacs) de la séduisante vallée du Langdale, où furent retrouvés les vestiges d'un atelier de fabrication de haches vieux de 5 000 ans, et où l'on a longtemps fabriqué la poudre à canon (Elterwater).

KESWICK MOUNTAIN BIKE CENTRE
Southey Lane
✆ +44 17687 805 86
www.keswickmountainbikes.co.uk
Prix : £17 la location de VTT pour une journée, entre 9h et 17h.
Le magasin dispose aussi d'un atelier.

Shopping

THE TEAPOTTERY
Central Car Park Road
✆ +44 1937 588 235
www.teapottery.co.uk
Ouvert tous les jours de l'année de 9h à 17h.
Théières aux formes exubérantes, fabriquées à l'ancienne et peintes à la main. Vous y apprendrez également l'histoire du thé.

CARLISLE

Le chef-lieu de Cumbria. C'est la ville frontière avant l'Ecosse, dernier bastion anglais. Cité romaine du Ier siècle, Carlisle conserve les vestiges de son passé, et se situe à une vingtaine de kilomètres du mur d'Hadrien qui marquait les limites de l'Empire romain. A travers les siècles, le contrôle de la ville a souvent été au cœur de batailles sanglantes. Plus récemment, les inondations de 2005 ont été les plus importantes depuis 1822.

Pratique

CARLISLE VISITOR CENTRE
Old Town Hall, Green Market
✆ +44 1228 625 600
Tourism@Carlisle-City.gov.uk
Ouvert du lundi au samedi entre 9h30 et 17h de mars à juin et de septembre à octobre. En juillet et en août de 9h30 à 17h30. De novembre à février, ouvert de 10h à 16h. Ouvert aussi les dimanche de mai à août, entre 10h30 et 16h.
Accueil charmant, cartes et petites brochures sur la région. On vous aide également à réserver une chambre.

Se loger

Vous trouverez tous types d'hébergements dans cette ville de passage. Vous pouvez vous en servir de base pour explorer le mur d'Hadrien.

Bien et pas cher

DALSTON HALL CARAVAN PARK
Dalston Road ✆ +44 1228 710 165
www.dalstonhallholidaypark.co.uk
Ouvert de mars à octobre. A moins d'un kilomètre de la gare. £15 par nuit pour une caravane et £8 pour une tente à deux.

DANDY DINMONT
Galashiels road ✆ +44 12 2867 4611
www.caravan-camping-carlisle.co.uk
Tentes de £12 à £14 par nuit.
Très joli camping situé dans une réserve naturelle, tout proche de Carlisle. Balade à cheval, pêche au saumon et parcours de golf, à quelques encablures du mur d'Hadrien et de la frontière écossaise.

YOUTH HOSTEL
Old Brewery Residences
✆ +44 870 770 57 52
Fax : +44 1228 594 631
deec@impacthousing.org.uk
Prix : £22 et £18 pour les enfants, avec thé et café offerts. Ouvert uniquement de juillet à début septembre.
Pas de dortoirs ici, uniquement des chambres individuelles et confortables.

© ISTOCKPHOTO.COM/CHRISHEPBURN

Liverpool.

Confort ou charme

■ HALL HILLS

Raughton head
Dalston – www.hallhills.co.uk
Location à la semaine à partir de £490.
Gite luxueux, très bien équipé, pouvant accueillir jusqu'à 20 personnes dans 5 appartements.

Luxe

■ CROWN AND MITRE

English Street ✆ +44 1228 525 491
www.crownandmitre-hotel-carlisle.com
Chambre à partir de £90.
Un hôtel 3-étoiles de style édouardien. Tout confort et en face de l'office de tourisme.

À voir – À faire

■ CARLISLE CASTLE

Cumbria CA3 8UR ✆ +44 1228 591 922
Ouvert d'avril à septembre de 9h30 à 17h, de octobre à mars de 10h à 16h. Entrée : adulte £5/enfant £3.
La première forteresse fut construite par Guillaume II en 1092. Carlisle Castle gardait la frontière entre l'Angleterre et l'Ecosse et les deux nations se disputèrent sa domination pendant des siècles. Le dernier siège du château eut lieu en 1745, lorsque les Jacobites, menés par Bonnie Prince Charlie s'en emparèrent avant de se rendre quelques mois plus tard.
Le château abrite un labyrinthe de passages et de pièces et, dans les anciens cachots, les « licking stones », des pierres que les prisonniers léchaient pour s'hydrater. Belles vues depuis les remparts et musée militaire du régiment des Borders.

■ TULLIE HOUSE MUSEUM AND ART GALLERY

Castle Street ✆ +44 1228 618 718
www.tulliehouse.co.uk
Ouvert tous les jours entre 10h et 16h de novembre à mars et le dimanche à partir de 12h, d'avril à juin puis septembre à octobre, de 10h à 17h et à partir de midi le dimanche. Juillet et août de 10h à 17h et le dimanche à partir de 11h. Entrée : £4 et gratuit pour les enfants.
Exposition sur l'histoire de la ville depuis ses origines et sur les mystères du mur d'Hadrien. Spectacle audiovisuel, boutique, restaurant, jardin d'herbes aromatiques. Egalement une petite galerie d'art qui vaut le détour.

■ CARLISLE CATHEDRAL

7 The Abbey ✆ +44 1228 548 151
www.carlislecathedral.org.uk
Ouvert du lundi au samedi de 7h30 à 18h15 et le dimanche de 7h30 à 17h.
Cathédrale en pierre de sable rouge construite en 1122, puis détruite en grande partie afin de récupérer ses matériaux pour consolider les murs de la ville lors du siège de 1644-1645. Elle ne fut pas restaurée avant le XIXe siècle, mais elle a cependant conservé certains éléments de sa beauté originelle, dont la fenêtre Est, datant du XIVe siècle, le triptyque de Brougham ainsi que le trésor dans la crypte.

Yorkshire and the Humber

Une région à part dans le Nord pour sa diversité. York, par son patrimoine architectural, s'impose comme une destination incontournable. Archéologie et nature s'y rencontrent. Leeds, cité de musées internationaux, et Scarborough et son Spa d'époque victorienne complètent le paysage culturel et historique. Il faut prendre le temps de partir sur les traces des Vikings et des autres peuplades qui ne se sont pas trompés en colonisant la zone.

LEEDS

Leeds est une grande ville de 750 000 habitants qui s'est fait connaître pour ses manufactures de vêtements. Des magasins de qualité et les centres commerciaux entièrement piétonniers attirent la population du Nord de l'Angleterre. Leeds est une ville bien vivante, au style victorien, avec ses étudiants, ses bars animés et ses bons restaurants. Les nombreux bâtiments victoriens rénovés dans le centre-ville ajoutent à l'attrait touristique de la ville. Bars et restaurants ont élu domicile sur les rives des canaux, dans une ambiance proche de Manchester. Une ville sympathique et très animée, idéale pour un après-midi de shopping entrecoupé de visites dans les galerie d'art.

Quartiers

Town Hall, quartier des musées

Les musées incontournables sont le City Art Gallery et le Henry Moore Institut, dont les bâtiments se jouxtent. Leur gratuité, la qualité des œuvres et des expositions temporaires ainsi que le très agréable Tiled Hall café qui se trouve dans le musée attirent de nombreux visiteurs. Dans la même rue, le Town Hall qui sert aujourd'hui de salle de concert.

Victorian Quarter

En s'engageant dans Bridgate, rue piétonne populaire et pleine de magasins, on rejoint le Victorian Quarter, qui concentre les plus élégantes boutiques de la ville. Les arcades elles-mêmes valent le coup d'œil, avec leurs grandes arches ornées de motifs floraux et leurs élégants parterres.

Quartier du Corn Exchange et quais

On ne trouve rien du côté de Victoria Square pour boire un verre ou sortir le soir. Les bars se concentrent majoritairement derrière le Corn Exchange, et autour des quais, au sud-est de la ville. Ne manquez pas d'aller faire un tour dans le Corn Exchange, belle architecture qui abrite un marché couvert.

Comment y accéder et en partir

Avion

■ **AÉROPORT INTERNATIONAL DE LEEDS BRADFORD**
Whitehouse Lane, Yeadon
✆ 0871 288 2288
www.leedsbradfordairport.co.uk
Vols nationaux et internationaux. A 12 km environ de Leeds même.

Train

■ **LEEDS RAIL STATION**
Aire Street ✆ +44 845 711 4141
www.networkrail.co.uk
Au départ de Liverpool Central (Lime street), trajet environ 2 heures.

Bus

■ **FIRST BUS**
Donisthorpe
✆ +44 845 604 5460
www.firstgroup.com/ukbus/leeds
Une compagnie de bus locaux qui gère Leeds mais également tout le reste de l'Angleterre.

■ **LEEDS BUS STATION**
Dyer Street
✆ +44 113 245 7676

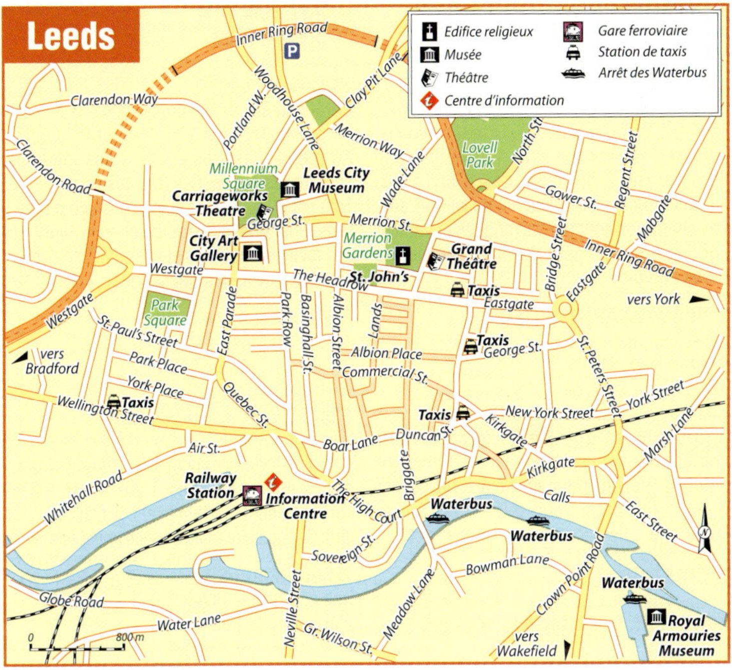

■ **NATIONAL EXPRESS**
www.nationalexpress.com
Infos et horaires : la compagnie National Express relie Leeds à la plupart des grandes villes du pays. Compter 4h30 depuis Londres, 1h depuis Manchester.

Se déplacer en ville

■ **LEEDS CITY BUS STATION**
York Street
✆ +44 113 245 7676
La station de bus urbains de la ville, où l'on trouvera notamment le bus pour l'aéroport ou encore pour York, entre autres.

■ **MÉTRO**
Informations et horaires
✆ +44 113 245 7676

Pratique

■ **OFFICE DE TOURISME DE LEEDS**
The Arcade, City Station
✆ +44 113 242 5242 – www.visitleeds.co.uk
Juste à la sortie de la gare, sur la gauche.
Ouvert du lundi au samedi de 9h à 17h30 et le dimanche de 10h à 16h.
On y trouve une brochure très détaillée des activités dans la ville et les environs, ainsi que toute la documentation nécessaire concernant les transports pour s'y rendre.

Se loger

■ **42 THE CALLS**
42 The Calls ✆ +44 113 244 00 99
www.42thecalls.co.uk
Chambre double en bed and breakfast à partir de £160. Offres spéciales sur le site Internet.
Un bel hôtel implanté dans un ancien moulin à maïs du XVIIIe siècle et sur les quais. Les chambres sont spacieuses et offrent une vue agréable sur le canal. Idéal pour éviter la frénésie de la ville tout en étant à proximité des centres de shopping. Petit déjeuner copieux.

■ **DOUBLE TREE BY HILTON**
2 Wharf Approach ✆ +44 113 24 11 000
doubletree1.hilton.com
Chambre double à partir de £89.
Belles chambres d'hôtel sur les hauteurs de la ville, dans une tour moderne. De certaines d'entre elles, la vue panoramique sur la ville et les canaux est un plus. Le confort et la situation en plein quartier branché de Leeds en font un bon point de chute. Un seul regret peut-être, pas de baignoire dans les salles de bains !

■ **QUEBEC'S HOTEL**
9 Quebec Street
✆ +44 113 244 89 89
www.quebecshotel.co.uk
Chambre double en bed and breakfast à partir de £190. Importants rabais sur le site Internet.
Au cœur du centre-ville, cet hôtel vous accueille avec raffinement. L'escalier d'accès aux chambres est illuminé par de jolis vitraux. Les chambres sont bien arrangées et vastes. Parking privé. Le petit déjeuner a valeur de repas complet.

■ **ROOMZZZ APARTHOTEL**
10 Swinegate
✆ 0844 248 8072
www.roomzzz.co.uk
Chambres apparts à £45, £65, £75.
A 10 minutes de la gare, le Roomzz aparthotel possède de nombreux appartements très bien équipés, parfait pour un séjour de courte durée. Wifi, ordinateur, télévision câblée, lave-linge... Le personnel est très réactif.

Se restaurer

Town Hall, quartier des musées

■ **THE BREWERY TAP**
18 New Station Street
✆ +44 113 24 34 414
www.brewerytapleeds.co.uk
Sandwiches à £5,95, plats entre £7,50 et £9,50, salades à partir de £7,25.
A deux pas de la gare, on y trouve l'ambiance chaleureuse et authentique attendue d'un bon pub. A la carte, on propose beaucoup de plats de la cuisine italienne, quelques classiques de la cuisine britannique et de bonnes viandes cuisinées au grill. Aussi des salades et des sandwiches pour les petites faims.

Quartier du Corn Exchange et quais

Bien et pas cher

■ **THE ADELPHI**
3-5 Hunslet Road
✆ +44 113 245 63 77
www.theadelphi.co.uk
La qualité de restauration de cette adresse mérite d'être soulignée. On mange des plats copieux et très bien cuisinés à de petits prix dans ce pub situé tout près de la gare. A la carte, des risotti et des lasagnes, des soupes, des hamburgers et des sandwichs... L'ambiance et le service sont sympathiques.

■ **CAFÉ YUM YUM**
56 Brewery Place
✆ +44 113 242 87 78
Sandwiches dès £2.
Cette adresse est en apparence une épicerie de proximité mais il faut pousser la porte. Au menu : lasagnes, tartes aux légumes, samoussas ou *pasties* (tourtes à la viande). Tout est préparé avec soin, à base de produits frais. Pour une halte rapide et gourmande sur des tables roses. Thés et cafés sont également proposés avec des pâtisseries.

■ **THE CALLS LANDING**
36-38 The Calls
✆ +44 113 242 5299
www.callslanding.com
Stew à £6,50, les douze huîtres £15.
Une sympathique adresse sur les quais. On y sert différents succulents *stews* (ragoûts) et des huîtres fraîches. L'été, on profite du barbecue sur la terrasse au bord du canal. Un endroit populaire et au service jeune et amical.

■ **ENGINE HOUSE**
Holbeck Urban Village
2 Foundry Square
✆ +44 113 39 12 980
www.theenginehousecafe.co.uk
A la carte, un menu d'esprit brasserie, avec une sélection de salades et de sandwichs gourmands. Le cadre est élégant et moderne, dans d'anciens bâtiments industriels en brique rouge qui servirent autrefois de fonderie. Aux beaux jours, on profitera de la terrasse extérieure, dans un square tranquille.

■ **GRAZE**
43 Call Lane
✆ +44 113 24 50 295
www.grazeleeds.co.uk
Ouvert du lundi au vendredi de 7h45 à 15h.
Un agréable petit café, très central, à l'ambiance intimiste où l'on vous sert sandwichs et salades gourmands, à base de produits frais de saison. Bonne sélection de *cakes* pour accompagner une pause café ou l'*afternoon tea*.

Bonnes tables

■ **CITY CAFÉ**
2 Wharf Approach, Granary Wharf
✆ +44 113 24 11 000
De £25 à £30.
Les plats sont conçus par un chef britannique plusieurs fois primé pour ses talents. Le menu varie en fonction des saisons et des produits du marché. Bon choix de viandes, poissons et

assiettes végétariennes. A déguster au rez-de-chaussée, face aux péniches amarrées dans le canal, ou bien sur les hauteurs, pour profiter d'un panorama ininterrompu sur la ville. Par beau temps, les terrasses extérieures sont bien appréciables.

■ RIVER PLATE

36 - 38 The Calls ✆ +44 113 391 27 92
www.riverplate.co.uk
Menu pour déjeuner à partir de £7.
Ce restaurant argentin est spécialisé dans le steak, mais pas n'importe lequel. La viande de bœuf, réputée de qualité supérieure en Argentine, est importée de leurs fermes. On la cuisine à feu doux ou sur le grill pour un résultat succulent et une texture de viande inoubliable. Le cadre est agréable et décontracté, une terrasse donne sur la rivière.

■ THE CROSS KEYS

107 Water Lane ✆ +44 113 24 33 711
www.the-crosskeys.com
£25 en soirée pour un menu deux plats. Summer buffet menu entre £8 et £12. Summer barbecue de viandes, poissons ou végétarien à £10.
En poussant la porte de cette maison construite en 1802, on se croirait presque dans quelque pub isolé de l'arrière-pays anglais. Murs en pierre apparente, cheminée, petites fenêtres filtrant une lumière douce, l'ambiance est douillette et intimiste. La déco fait un clin d'œil amusé aux anciennes coutumes, avec assiettes fixées au mur, papier peint pittoresque, mobilier en bois sombre. A la carte, des plats typiquement anglais cuisinés avec les produits du marché et les produits fermiers du terroir. Côté bière, les vrais amateurs pourront se livrer à une longue dégustation de *real ales*. Aux beaux jours, la terrasse donnant sur une cour intérieure est une oasis de tranquillité bien ensoleillée.

Luxe

■ THE FOUNDRY WINE BAR

Round Foundry, Water Lane
1 Saw Mill Yard
✆ +44 113 24 50 390
www.thefoundrywinebar.co.uk
Ouvert du lundi au vendredi de midi à 14h30 et de 18h à 22h, le dimanche de 18h à 22h.
Logé dans un beau bâtiment industriel du XIXe siècle, le restaurant tire pleinement profit des volumes de l'édifice et de la brique rouge pour reconstruire un intérieur élégant et design. Vieilles lampes en laiton, mobilier en bois sombre, éclairage à la bougie, tables joliment arrangées. Le chef propose une cuisine britannique composée d'ingrédients de saison. Le choix est exhaustif sur les viandes, superbement accommodées et accompagnées de pommes de terre, d'épinards, de légumes ou de *black pudding* : canard à la menthe, rôti de porc aux oignons, casserole de bœuf... Peu de choix en revanche côté poissons. Très bonne carte de vins. L'une des meilleures adresses de la ville en matière de gastronomie.

Sortir

Leeds, forte de sa communauté étudiante, est une ville animée le soir que cela soit près des Calls ou vers Victoria Quarter.

■ THE ADELPHI

3-5 Hunslet Road ✆ +44 113 245 63 77
www.theadelphi.co.uk
Club à l'étage : le Floorplay, gratuit le vendredi soir
Les habitants de Leeds adorent ce pub qui passe de la bonne musique, possède deux pièces avec sofas et cheminée et attire une clientèle diversifiée : groupes d'amis, couples, étudiants... On est tout de suite à l'aise et au chaud dans cette ambiance tranquille et vivante. Le staff est sympathique et l'on trouve de bons petits plats à des prix plus que raisonnables. Difficile de faire mieux...

■ BLUE RINSE

11 Call Lane
✆ +44 113 245 17 35
www.bluerinseleeds.co.uk
Juste en face du Corn Exchange, on trouve dans cette boutique vintage sur plusieurs étages : santiags et bottes, vestes en cuir et fausses fourrures, jeans, chaussures, sacs à main et ceintures... Les vitrines donnent déjà un bel aperçu de la marchandise.

■ CORN EXCHANGE

Call Lane
✆ +44 113 234 03 63
www.leeds-uk.com/corn_exchange
Fermé le dimanche.
La grande diversité de la cinquantaine de boutiques qu'abrite le Corn Exchange attire une population variée. On passe aussi bien pour boire un café sous les grandes voûtes de l'édifice circulaire impressionnant, ou pour chiner dans les multiples boutiques aux étages. On trouve de tout : bijoux, disques, articles de sport, vêtements, chaussures... Un incontournable de Leeds pour la beauté de l'édifice et l'ambiance animée.

KIRKGATE MARKET

Kirkgate Market
www.leedskirkgatemarket.co.uk
Ouvert 6 jours dans la semaine de 9h à 18h (excepté le mercredi où le marché se termine à midi).
Le plus grand marché couvert de Grande-Bretagne ouvert du lundi au samedi. Plus de 800 commerçants vous proposent du matériel hi-fi, de la bijouterie, des équipements électriques, ou encore des plats venant des quatre coins du monde ! Cependant les lundis sont réservés au marché de vêtements et le week-end aux antiquités.

THE NORMAN BAR

36 Call Lane
✆ +44 113 234 39 88
www.normanbar.co.uk
Un lieu au joli design où se retrouve le Leeds arty et bohème. La bande-son est au hip-hop et au jazz pendant la journée et intègre des beats plus electro funk en soirée. Une attention toute particulière est prêtée à l'ambiance musicale, les DJ savent vraiment installer l'ambiance. Des cocktails originaux sont servis. Le bar fait aussi office de restaurant et sert de la cuisine asiatique dont de bonnes nouilles.

VICTORIA QUARTER

Victoria Quarter
Ouvert du lundi au samedi de 9h à 18h et le dimanche de 9h à 17h.
Magnifique galerie couverte, avec voûtes, arcades et dômes ornés de motifs floraux et les sols aux jolies tomettes. Remplie de magasins élégants de créateurs anglais : Harvey Nichols, Vivienne Westwood... Allez faire aussi un tour chez Paul Smith, ne serait-ce que pour le plaisir des yeux !

Cafés – Bars

DOCK STREET MARKET

28 Dock Street
✆ +44 113 245 53 88
www.dockstreetmarket.com
Ouvert du lundi au jeudi de 9h à 21h ou plus tard en fonction du public, les vendredi et samedi jusqu'à 23h.
Le bar a élu domicile non loin du canal, dans une belle rue alignant ses entrepôts en brique rouge superbement restaurés. L'espace de type loft a été agréablement aménagé : fauteuils en cuir, tables basses, magazines à feuilleter, musique *chill out*, tout donne envie de s'attarder un peu ici pour s'imprégner de l'atmosphère agréable des lieux. Les amateurs de bière en trouveront ici une sélection impressionnante en bouteilles, en provenance d'un peu partout dans le monde (Belgique, Allemagne Japon, Brésil...).
On peut aussi opter à deux pour un *tea pot cocktail* bien relevé à £12, servi, comme son nom l'indique, dans une théière. Le bar a aussi pour spécificité d'avoir sa propre boulangerie. Aussi voit-on des clients repartir avec leur petit pain bio sous le bras. Beaucoup d'activités sont organisées. Un billard est disponible en permanence au fond du bar, les premiers mardis du mois, projection de film, les vendredis soir, on profite des sets de DJ Robbie Peru. Les dimanches sont animés par The Marvellous Tea Dance Compagny, dont le concept est d'organiser des événements hauts en couleur autour de l'heure du thé (concerts, bals pop, ventes d'articles vintage...). Programmation détaillée des événements sur leur site Internet.

THE NEW CONSERVATORY

Albion Place
✆ +44 113 246 18 53
Concerts tous les soirs de la semaine. Détail de la programmation sur leur site Internet.
Un adorable bar au sous-sol avec un piano à l'entrée. Des collègues en cravates comme des étudiants viennent boire un verre. Le bar en bois massif et sculpté inciterait presque à la consommation. Une large bibliothèque et quelques plantes vertes complètent ce décor plaisant. Le jeudi soir, la session acoustique attire les curieux et les mélomanes.

NORTH BAR

24 New Briggate
✆ +44 113 242 4540
www.northbar.com
Ouvert les lundi et mardi jusqu'à 1h, du mercredi au samedi jusqu'à 2h et le dimanche jusqu'à minuit.
Au moins 15 ans que ce pub existe en ville, une véritable institution ! Il se distingue par un choix exhaustif des meilleures bières britanniques. Si l'on a bu un coup de trop et souhaite se remettre d'aplomb, on peut opter pour des tartes au fromage, aux épinards ou aux légumes à prix doux. Un pub tout en étroitesse et longueur où l'on

ne se trouve jamais bien loin de son voisin. Bien en hiver, peut-être un peu étouffant en été. L'ambiance en fait quoi qu'il en soit un incontournable.

■ ALL BAR ONE
Unit D, Electric Press
Millennium Square
✆ +44 113 244 88 35
Un classique des chaînes de cafés britanniques. La terrasse du café donne sur le Millennium Square, très agréable en période estivale. Idéal pour faire une pause café après la visite du musée de la Ville, boire une bière ou manger un morceau.

Clubs et discothèques

Victorian Quarter

■ BAR FIBRE
168 Lower Briggate
✆ 0870 200 888
www.barfibre.com
Ouvert du lundi au mercredi jusqu'à minuit, les jeudi et vendredi jusqu'à 5h, le samedi jusqu'à 3h et le dimanche jusqu'à minuit.
Ce bar/club s'anime tranquillement dès la fin de l'après-midi avec une ambiance musicale electro funk. L'intérieur est cosy, avec son ambiance sombre et ses tables basses. En soirée, ça déborde comme une bouteille que l'on aurait trop agitée pour envahir Queen's Lane, une petite allée qui jouxte le bar et compte plusieurs autres clubs au rendez-vous de la fête.

■ STINCKYS PEEP HOUSE
1 Brick Street
✆ +44 113 243 8003
www.stinkyspeephouse.co.uk
Un lieu sympathique pour sortir le soir, articulé en pistes de danse et lounge ou boire un verre à l'écart des décibels. Très apprécié de la jeunesse noctambule.

■ SOBE BAR
11-13 Hirst Yard
✆ +44 113 245 9637
www.sobebar.co.uk
Ouvert jusqu'à 2h, parfois 3h le week-end, en fonction du public. Bon choix de cocktails à partir de £5,90.
SoBe est le raccourci de South Beach, à Miami. C'est sûr, la comparaison avec Leeds peut surprendre, mais à l'intérieur du SoBe, même s'il pleut dans les rues, l'ambiance plage reste de rigueur. Quant à la musique, elle est définitivement South Coast, c'est à dire ultra funky. Les cocktails achèveront de vous faire oublier que dehors, il fait froid...

■ THE MINT CLUB
8a Harrison Street
✆ 0044 113 244 3168
www.themintclub.com
Ouvert de 22h à 6h. Entrée entre £12 et £15 à réserver à l'avance.
Le plus gros événement musical du club, « System », a lieu le premier samedi de chaque mois. D'autres soirées sont également organisées toute l'année en semaine, programmant des DJ pointus dans la lignée d'Aphex Twin, de Laurent Garnier ou de Richie Hawtin. Le rendez-vous des clubbers exigeants. Détail de la programmation disponible sur leur site Internet.

Quartier du Corn Exchange et quais

■ THE WAREHOUSE
19-21 Somers Street
www.thewarehouseleeds.com
Ouvert de 22h à 4h ou 6h.
Fermé pendant plusieurs années pour travaux de rénovation, ce club créé dans les années 1970 rouvre enfin ses portes, pour le plus grand bonheur des noctambules ! Au programme de ce club aux équipements dernier cri, où les pistes de danse alternent avec des lounges où se relaxer sur de larges banquettes, et des DJ du monde entier. Electro, techno, house... Jusqu'à parfois 6h du matin. Détail des programmes et des tarifs sur le site Internet.

À voir – À faire

Visites guidées

■ LEEDS CITY SIGHTSEEING
✆ +44 142 3566 061
www.city-sightseeing.com
Ticket adulte £7,50, £3,75 pour les enfants entre 5 et 15 ans. Famille nombreuse £17. Carte de la ville offerte, commentaires en anglais uniquement.
Pour un premier aperçu complet de la ville en bus, au fil de 13 attractions incontournables : Royal Armouries, Millenium Square avec le musée de la Ville, Corn Exchange, Victoria Quarter... Pendant 24 heures, on monte et descend à son rythme et au gré de ses envies.

Quartier du Corn Exchange et quais

HAREWOOD HOUSE

Harewood ✆ +44 113 218 10 10

www.harewood.org

A 25 minutes du centre-ville. Prendre le bus 36 à la station de bus puis la navette gratuite ou y aller à pied.

Ouvert d'avril à octobre de 10h à 17h. Entrée : adulte £14.

Grand manoir construit au XVIIIe siècle par une riche famille de marchands de sucre. Les plans de cette maison de style néo-classique furent confiés à John Carr of York, auteur d'autres très belles maisons dans le Yorkshire. On visite les pièces de la maison, avec leur mobilier somptueux, la bibliothèque, la salle à manger... La China Room abrite une belle collection de porcelaines de Sèvres et The Watercolour Room est réservée aux expositions temporaires. La visite du manoir, qui compte aussi de superbes jardins, prend bien 3 heures.

HENRY MOORE INSTITUTE

74 The Headrow ✆ +44 113 246 74 67

www.henry-moore.org

Ouvert les lundi et mardi de 10h à 20h et le mercredi à partir de midi, du jeudi au samedi jusqu'à 17h et le dimanche de 13h à 17h. Entrée libre.

Des galeries spacieuses qui abritent des expositions de sculptures de qualité majeure, tant par les sujets que par la scénographie. De Brancusi à Louise Bourgeois, on fait se croiser les sculpteurs de toute génération autour de thématiques fortes. Une passerelle relie ce musée à la Leeds Art Gallery.

LEEDS ART GALLERY

The Headrow

✆ +44 113 247 82 56

www.leeds.gov.uk

Ouvert du lundi au samedi de 10h à 17h, le mercredi à partir de midi et le dimanche de 13h à 17h. Entrée gratuite.

Le musée compte beaucoup d'artistes britanniques majeurs d'époques moderne et contemporaine. Ne manquez pas la sculpture d'homme en brique réalisée par Antony Gormley, au rez-de-chaussée. Il s'est fait connaître du grand public après avoir réalisé *The Angel of the North*, à Newcastle. Autre incontournable : les tableaux de Stanley Spencer, peintre anglais exceptionnel, accrochés dans les escaliers qui mènent à l'étage. Ceux qui préfèrent les classiques iront voir les études à l'huile de Constable et de Sisley, dans la salle de peinture du rez-de-chaussée.

ROYAL ARMOURIES

Armouries Drive

✆ +44 8700 344 344

www.armouries.org.uk

Ouvert tous les jours de 10h à 17h. Entrée libre.

Cette imposante citadelle, située au bord du fleuve, présente sur quatre étages des expositions sur les thèmes de la guerre, les tournois, la chasse, la défense et les armes d'Orient. Dans la Tower of Steel, haute tour de 30 m conçue pour abriter le musée, une exposition interactive et passionnante est à découvrir, qui porte sur la place des armes de combat dans l'histoire. Un beau musée pour les passionnés d'armes qui évite d'en faire l'apologie.

YORK

Agglomération de 200 000 âmes, York est l'une des plus belles cités médiévales d'Angleterre. Encerclée de remparts qui datent de l'époque romaine, la ville intra-muros n'a pas été défigurée par les constructions modernes ou les centres commerciaux. Les nombreuses petites échoppes s'intègrent parfaitement à l'architecture à colombages des habitations et à l'étroitesse des rues. La ville a connu quatre grandes influences : celle des Romains, sous le nom d'Eboracum, qui ont bâti une cité importante que les Saxons ont su entretenir ensuite. Les Vikings en firent ensuite leur capitale (Jorvik), détruite en grande partie lors d'un incendie dévastateur. Ce fut l'occasion pour les Normands de rebâtir la ville à leur goût et de la promouvoir au septième rang d'importance des cités du royaume. Quelques maisons georgiennes sont aussi venues s'inscrire dans le paysage avec beaucoup de discrétion ainsi que la très belle gare de style victorien. La forte personnalité qui distingue la ville provient sans doute des apports multiples de ses différents fondateurs. Cet héritage se redécouvre à travers la collection de pièces trouvées lors de fouilles archéologiques dans la ville, exposées au Yorkshire Museum. L'exceptionnelle richesse du sol Yorkais a d'ailleurs conduit la ville à créer un musée didactique exclusivement consacré à l'archéologie, le DIG et un autre plus ludique, le Jorvik Viking centre. Stonegate et Petergate, les deux principales artères commerciales du centre-ville suivent encore le même tracé qu'il y a 2 000 ans, lorsqu'elles menaient au quartier général romain, situé à l'endroit où s'élève aujourd'hui la cathédrale de Minster. S'élevant au-dessus de l'agitation yorkaise, elle veille, forte et fière de ses trois tours. De jour, elle filtre la lumière à travers ses immenses vitraux médiévaux, considérés parmi les plus beaux de Grande-Bretagne et de nuit, elle offre un nouveau visage sous les éclairages qui font saillir sa façade spectaculaire, lorsque les bars ouvrent leurs portes dans le quartier de Stonegate.

Quartiers

Coppergate Quarter

Au sud-est de la ville, autour de la tour de Clifford, se situent la plupart des musées historiques de la ville : York Castle Museum, Fairfax House, Yorvik Centre. La proximité des lieux de shopping que sont Coppergate Centre et Parliament Street, jusqu'où le marché s'étend parfois, contribue aussi à animer le quartier. Après la visite des musées, on peut, par temps clément, rejoindre une terrasse de café ou de pub sur les berges de la Ouse, entre Skeldergate Bridge et Ouse Bridge.

Stonegate Quarter

Pour une première visite, on peut s'engager dans High Petergate, à côté de la Minster, puis sur Stonegate, ruelle bordée de maisons à colombages et de boutiques aux belles enseignes. En poursuivant sur Swinegate, on arrive aux Shambles, la plus pittoresque ruelle de York, d'époque médiévale, dont les façades de maisons tordues et boursouflées par les siècles charment le visiteur. Il s'agirait de la plus vieille rue commerçante d'Europe ! La place du marché, qui la jouxte, est un incontournable, surtout les week-ends, quand l'ambiance est à son comble. A l'angle de celle-ci avec Little Shamble, une terrasse est déployée aux beaux jours, où l'on peut boire le café en observant le spectacle des maraîchers. Par mauvais temps, la minuscule tea-room, juste derrière, offre un lieu de repli intimiste, dans l'une des maisons médiévales. Il est agréable de musarder un après-midi dans ce quartier piétonnier, en suivant sa curiosité et ses envies. A cinq minutes de la cathédrale, en direction de la gare, se trouve le Jardin botanique qui abrite le Yorkshire Museum et la York Art Gallery. Les ruines médiévales d'une abbaye gothique dressent leurs rangées d'arches blanches sur l'une des pelouses.

Se déplacer

York se situe à environ 300 km de Londres et d'Edinburgh et 35 km de Leeds.

■ **FIRST YORK**
www.firstyork.co.uk
Compagnie de bus locale.

■ **GARE FERROVIAIRE**
Station Road ✆ +44 8457 484 950
www.gareferroviaire.com
Le trajet depuis Londres dure moins de 2h, avec un train toutes les demi-heures. Il existe également des lignes qui relient York à Edimbourg, Glasgow, Birmingham, Leeds, Manchester, Liverpool (trajet de 2h15 à 2h55), Newcastle, Nottingham.

■ **NATIONAL EXPRESS**
✆ +44 8717 818 181
www.nationalexpress.com
De 8h à 20h.
Des services de bus relient York à la plupart des villes de Grande-Bretagne. Ceux-ci partent et arrivent devant la gare.

Guy Fawkes

En 1605, le catholique de York, Guy Fawkes tenta, avec d'autres conspirateurs, de faire sauter le roi James I et le Parlement, contre la politique protestante du roi. Ils réussirent à placer une trentaine de tonneaux de poudre dans une cave, mais le 5 novembre, avant l'ouverture du Parlement, la « conspiration des poudres » fut découverte. Guy Fawkes et ses complices furent exécutés pour trahison. Depuis, on fête le 5 novembre par des feux d'artifices et des feux de joie où des pantins de paille à l'effigie de Guy Fawkes sont brûlés. Ces festivités prennent parfois l'allure de grandes manifestations ouvertes à un large public, ou se déroulent plus modestement en famille ou entre amis, dans les jardins. Quelques jours avant le 5 novembre, les enfants promènent dans les rues de leur ville ou de leur village un pantin de paille qu'ils ont fabriqué, en demandant un « penny pour le Guy ». Cet argent sert à financer les festivités.

Pratique

BANQUES

Saint Helen Square

On trouvera notamment les banques suivantes : Lloyd's, Barclay's, TSB et National Westminster.

Pour changer ses euros, vous pouvez vous rendre au 4e du Marks & Spencer au 9 Pavement Coppergate Shopping Centre.

Autre adresse : Coney Street.

OFFICE DE TOURISME DE YORK

1 museum street

✆ +44 19 0455 0099

www.visityork.org

A 2 minutes du Minster. Superbe accueil, souriant et efficace. C'est ici que l'on achète le YorkPass, £34 par adulte, £18 pour un enfant. Il vous permettra de vous rendre dans plus d'une trentaine d'attractions dans la ville durant une journée, parmi lesquelles, le Jorvik, la cathédrale, le Donjon, le York's Chocolate... Plusieurs formules sont proposées pour 2 ou 3 jours. Pour tout connaitre sur les spectacles de la ville, procurez-vous le guide *What's On* à l'office de tourisme.

Se loger

Il est aisé de se loger très convenablement à York, à des prix raisonnables même dans la vieille ville. Attention cependant, en été, il est préférable de réserver pour éviter les mauvaises surprises.

Locations

HODGSONS CHOICE

76 Bishopthorpe Road

✆ +44 190 46 10 351 / +44 77 13 55 0521

www.hodgsons-choice.co.uk

Penthouse 80, grande chambre double avec séjour, salle de bains et cuisine à £315 les 3 nuits et à £595 la semaine. Appartement 53 (près de Skeldergate Bridge) à partir de £285 les 3 nuits et de £525 la semaine.

Le couple Hodgsons propose deux appartements à la location, pour une durée minimum de trois nuits. Chaque appartement surplombe la rivière Ouse et offre de superbes vues plongeantes. Décorés dans un style chaleureux et élégant, ils se prêtent à un séjour agréable en amoureux, en des lieux toujours proches du centre-ville que l'on rejoint facilement à pied. Un excellent rapport qualité/prix, particulièrement intéressant pour les séjours de plus de trois nuits.

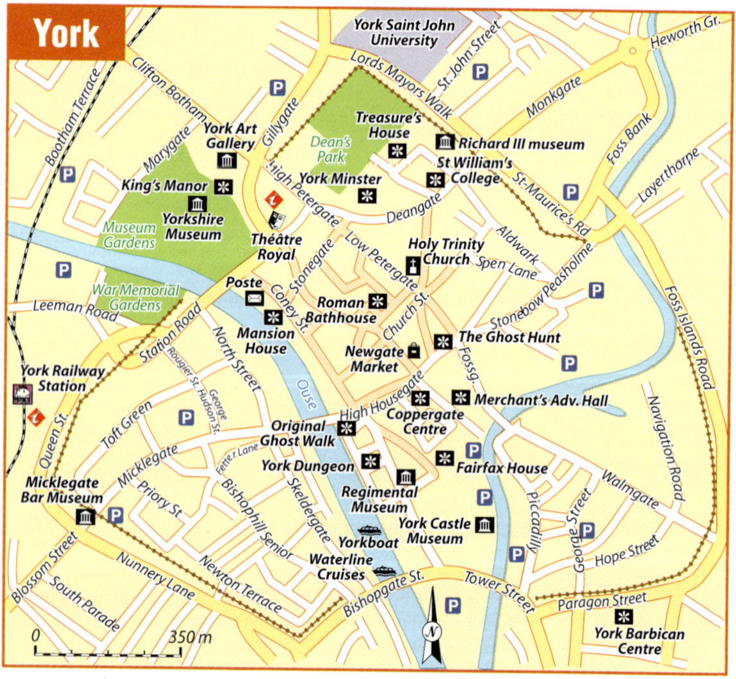

MUSIC HOUSE APARTMENT

21 High Petergate ✆ +44 190 46 10 478
www.cafeconcerto.biz/page4.htm
£245 les 2 premières nuits et £175 pour toute nuit supplémentaire. Capacité de 3 adultes en individuel ou de deux couples et un enfant.
L'appartement occupe les deux derniers étages d'un immeuble classé dont le rez-de-chaussée abrite le Café Concerto à qui il appartient. Réparti sur deux étages, l'appartement se compose de 2 chambres avec lits doubles dont l'une contient également un lit d'enfant, d'une grande salle de séjour-salle à manger, d'une salle bains et d'une cuisine parfaitement équipée. Machine à cafés, draps en coton et serviettes de toilette, téléviseur et lecteur de DVD, chambres spacieuses avec fenêtres donnant sur la cathédrale, une option logement de grande qualité.

Coppergate Quarter

ACE HOTEL AND HOSTEL

88-90 Micklegate
✆ +44 190 462 7720
www.acehotelyork.co.uk
Lit en dortoir de 14 personnes à partir de £16, chambre double à £80.
Une auberge de jeunesse de luxe en plein cœur de York dans une ancienne demeure georgienne. Dotée d'un bar et d'une salle d'ordinateurs. On profite d'un excellent petit déjeuner et d'un accueil très convivial.

BOOTHAM GARDENS GUESTHOUSE

47 Bootham Crescent
✆ +44 190 462 5911
www.bootham-gardens-guesthouse.co.uk
Chambre simple de £36 à £42, double avec salle de bains de £30 à £41.
Cette *guesthouse* a tout mis en œuvre pour offrir un séjour d'une qualité maximale à des prix raisonnables. Les chambres au décor minimaliste sont reposantes et confortables, le cadre est chaleureux et les jardins de la maison sont un petit paradis à apprécier au quotidien. Mobilier en bois, plantes vertes, salon lumineux donnant sur le jardin. Côté petit déjeuner, les propriétaires ont confié à des chefs talentueux, comme Raymond Blanc ou Jamie Oliver, de concevoir les menus. La *guesthouse* ne propose pas de vin mais il est possible d'en apporter une bouteille pour se la faire servir et la déguster dans une atmosphère chaleureuse et tranquille. Tout est simple et élégant, pensé pour un public exigeant en quête de sérénité. Une *guesthouse* unique en son genre dans la ville.

THE DEAN COURT HOTEL

Duncombe Place
✆ +44 190 462 5082
www.deancourt-york.co.uk
Chambre double à partir de £140, petit déjeuner inclus.
L'hôtel a une prestigieuse voisine, la cathédrale de Minster. La décoration intérieure concilie design moderne et classicisme. Les chambres sont élégantes, arrangées avec recherche et un goût sûr. Confort, service aimable et discret sont garantis, dans ce cadre glamour et sophistiqué. L'hôtel possède aussi un restaurant exceptionnel accessible aux non-résidents.

YHA YORK INTERNATIONAL

42 Water End, Clifton
✆ +44 190 46 53 147 /
+44 190 462 09 11
www.yha.org.uk
Prendre le bus n°2 de Station Avenue ou de Museum Street et descendre à Clifton Green, l'hôtel est à 200 m.
Entre £16 et £20 en dortoir et chambre double à £26. Les prix peuvent varier sensiblement en fonction de la saison.
L'auberge de jeunesse a élu domicile dans le cadre fort agréable d'une vaste maison victorienne, près de la rivière. Elle contient 147 lits répartis en une chambre individuelle, 9 chambres avec deux lits et le reste en dortoirs de quatre à huit lits. Accès wi-fi, salle de séjour, cuisine et jardin. On s'y trouve à environ 1,5 km de la station de train et le centre-ville est facilement accessible en bus.

Stonegate Quarter

BISHOPS

135 Holgate Road
✆ +44 19 0462 8000
www.bishopsyork.co.uk
Chambres de £35 à £70 par personne. Petit déjeuner inclus.
Cette jolie demeure de style victorien, située à 15 minutes du centre historique de York, est tenue par Deborah and Marco Gabbiadini, aidés de Vanessa et Kim. Belles chambres équipées de TV grand écran, lecteur DVD, fer à repasser, théière... Les salles de bains sont lumineuses et propres, avec peignoirs et sèche-cheveux. Petit déjeuner à la carte anglais, végétarien, continental, avec option saumon fumé. Brochures pour touristes et cartes à disposition.

■ **GRAYS COURT**
Chapter House Street
✆ +44 190 46 12 613
grayscourtyork.com
Chambre double à £200, petit déjeuner inclus.
Dans l'une des plus anciennes demeures de la ville où résida autrefois Sir William Fairfax, 7 chambres sont à la disposition du visiteur. Leur mobilier ancien s'accorde à la tonalité des lieux et le design contemporain des salles de bains allie l'élégance au confort. Bien que tout près de la Minster, en pleine animation du centre-ville, on goûte au plaisir pittoresque d'entendre les oiseaux et de se réveiller en contemplant le parc. Délicieux petits déjeuners, luxe, calme et volupté.

■ **THE COACH HOUSE**
20/22 Marygate ✆ +44 19 0465 2780
www.coachhousehotel-york.com
14 chambres à partir de £80.
A 500 mètres de la cathédrale, cette superbe demeure comprend 14 très jolies chambres, toutes bien équipées. Drap en coton égyptien, TV écran plat, sèche-cheveux, fruits frais... Petit déjeuner inclus.

■ **THE GEORGIAN HOUSE**
35 Bootham ✆ +44 190 46 22 874
www.georgianhouse.co.uk
Chambre simple de £30 à £38, double entre £30 et £34 par personne selon la saison, familiale pour 3 personnes entre £24 et £28 et de £20 à £24 pour 4 personnes.
Idéalement située près de la cathédrale de York, cette *guesthouse* sympathique propose 14 chambres dans une ancienne maison georgienne. Chambres simples et confortables avec salle de bains privative, idéal pour un séjour économique et facile à organiser, en famille.

Se restaurer

Ici il y a l'embarras du choix mais on conseillera quand même une enseigne qui propose le fameux pudding de York. Chaque quartier possède son joyau. Voici une sélection.

Stonegate Quarter

Sur le pouce

■ **MR CHIPPY**
37-39 Swinegate
✆ +44 190 46 333 88
www.mrchippyyork.co.uk
Ouvert de 11h à 23h.
Les meilleurs *fish'n'chips* de York se dégustent ici !

Pause gourmande

■ **BETTYS**
6-8 St Helen Square
✆ +44 190 462 2865
www.bettys.co.uk
Ouvert jusqu'à 21h.
Un endroit très populaire pour prendre un *afternoon tea*. Excellent mais un peu cher. Cependant, l'établissement ne désemplit pas. Il suffit de voir la file d'attente un samedi après-midi pour comprendre à quel point les gâteaux ou les sandwichs sont appréciés.

■ **EARL GREY TEA ROOM**
13-14 Shambles
✆ +44 190 46 54 353
www.earlgreytearooms.co.uk
Autant l'on ne vous recommandera pas d'aller boire un thé dans cet endroit ultra touristique, autant il peut être bien de profiter de la boutique pour faire quelques emplettes, de passage aux Shambles. On y trouve toutes sortes de théières et d'accessoires à thé typiquement *british*, des thés en vrac, des confitures et des *pickles*, des gâteaux à thé et d'autres douceurs joliment emballées à rapporter chez soi.

■ **THE HOUSE OF AVALON**
5 High Petergate ✆ +44 1904 622 055
www.thehouseofavalon.org.uk
Le salon de thé a été créé pour donner de l'emploi à des personnes en difficulté d'apprentissage. Le concept est très orginal : le salon ressemble à une petite maison de poupée où l'on aurait concentré tout le kitsch typiquement britannique : services à thé en porcelaine ornés de roses, petites tables rondes avec nappe blanche... Sur l'un des murs, de vieux films en noir et blanc sont projetés en permanence. De la rue, le salon de thé ressemble à une boutique vintage et pour cause, c'est aussi le cas ! Entre deux tasses de thé, on vous propose aussi de jeter un œil aux vêtements et accessoires en vente, soigneusement choisis sur une période : de 1910 à 1950. Et pour nous mettre un peu plus dans le bain de cette époque révolue, un vieux poste de radio crachotte des chansons désuètes. Une adresse amusante, bien remplie à l'heure de l'*afternoon tea*.

■ **TREASURER'S HOUSE AND GARDEN**
Minster Yard ✆ +44 190 462 4247
treasurershouse@nationaltrust.org.uk
Du 1er mars au 31 octobre, ouvert tous les jours de 11h à 16h30 ; du 1er novembre au

19 décembre, jusqu'à 15h, sauf le vendredi.
A deux pas de la cathédrale, le Treasurer's house and garden abrite l'un des meilleurs *tea rooms* de la ville. Certains vont même jusqu'à dire qu'il serait presque meilleur que le Bettys, la référence de la ville en matière d'*afternoon tea* ! L'entrée y est libre, indépendamment du musée. Le cadre est agréable, entre la vieille pierre et le service traditionnel. Bonne sélection de gâteaux typiquement régionaux, dont notamment un biscuit aux fruits secs accompagné de fromage du Yorskhire. Encore peu connu des touristes, contrairement au Bettys, alors profitez-en !

Bien et pas cher

CAFÉ CONCERTO

21 High Petergate ✆ +44 190 461 0478
www.cafeconcerto.biz
£12 pour un repas complet.
Des gâteaux, des cafés (à l'italienne), des menus rapides (mais délicieux) dans une ambiance très sympathique et un joli décor où on est bercé par du jazz des années 1950. Les produits des fermes locales sont à l'honneur.

CAFE N°8 BISTRO

8 Gillygate ✆ +44 19 0465 3074
www.cafeno8.co.uk
Menu 2 plats £16, 3 plats £19.
Ce petit restaurant à deux pas de la cathédrale propose une cuisine simple mais généreuse, avec des produits de saison. Des soupes, des tartes salées, des plats en sauce à base d'agneau, de porc, de poulet, des sandwichs et des hamburgers. Deux salles, un petit jardin, le calme perturbé seulement par les cloches de Minster.

STONEGATE YARD

8-10 Little Stonegate ✆ +44 190 462 5870
www.stonegateyard.co.uk
Nourriture servie tous les jours jusqu'à 22h. Grand choix de plats à moins de £10.
L'un des pubs les plus sympathiques de la ville pour manger un plat ou s'offrir un repas entier. Très apprécié des étudiants, des jeunes et des familles, il dégage une atmosphère populaire et animée à l'heure des repas. En période estivale, son *beer garden* verdoyant est très prisé par les bandes d'amis qui y dînent avant de sortir. A l'intérieur, on choisit sa table entre une succession de pièces décorées de façon domestique : bibliothèques, bibelots et papiers peints. Le menu est très varié : on y trouve aussi bien des salades et des sandwichs que des lasagnes et des saucisses de York accompagnées d'une bonne purée de pommes de terre. Assiettes copieuses, bien préparées et accessibles à tous les budgets.

Bonnes tables

RUSSELL'S RESTAURANT

34 Stonegate
✆ +44 190 464 1432 / +44 190 464 4330
www.russellsrestaurant.co.uk
Dans les deux établissements, entre £12,50 et £16,95 le plat principal. Service de midi à 13h et de 17h à 21h30.
Deux lieux et deux ambiances. A Stonegate, le restaurant offre une harmonie de gris et de blanc, dans un style georgien, avec moquette et banquettes profondes. L'ambiance est très smart et l'intimité garantie avec des miroirs fumés. Dans Coppergate, les briques rouges, le plancher et la cheminée créent une atmosphère détendue avec un service de type cafétéria. On saliverait presque devant le jambon cuit à la découpe. Pour déjeuner aussi bien que pour dîner (réduction « avant théâtre »).

Luxe

GRAYS COURT

Chapter House Street
✆ +44 190 46 12 613
grayscourtyork.com
Ouvert tous les jours de 9h30 à 19h pour le café, le déjeuner et l'afternoon-tea. Restaurant ouvert uniquement le vendredi de 19h à 21h. Compter £20 pour l'afternoon tea (assortiment de sandwichs, scones, pâtisseries et tartes), £30 le menu complet.
Dans le voisinage de la Minster, cette ancienne bâtisse construite en 1080 a vu défiler du beau monde, dont James Duke Of York puis roi d'Angleterre. De 1649 à 1663, Sir Thomas Fairfax, dont on peut voir la maison près de l'ancien château, en fut le propriétaire. Aujourd'hui, la belle résidence n'a rien perdu de sa superbe. Elle offre un cadre élégant et relax pour prendre un café ou un *afternoon tea*. Aux beaux jours, on appréciera les tables sorties sur les grandes pelouses bordées de fleurs. Le restaurant n'ouvre que les vendredis soir. A la carte, une sélection de plats britanniques (saumon fumé, terrine de légumes, poulet fermier, agneau en sauce...) et son risotto préparé avec les produits de saison. Une pièce de la maison fait également office de galerie où peintres et photographes exposent parfois, l'entrée est libre.

■ **THE D.C.H RESTAURANT**
Duncombe Place
✆ +44 190 462 5082
www.deancourt-york.co.uk
Autour de £30 le menu. Le dimanche midi, menu complet et café pour £18,75.
Un décor minimaliste et glamour, des roses blanches sur les tables, une tapisserie reprenant des motifs de la cathédrale de Minster composent le cadre, spacieux et tranquille. On trouve de nombreux classiques à la carte, que l'on est agréablement surpris de redécouvrir. Une version toujours originale, qui se combine à des cuissons et textures méticuleuses. Viandes, poissons, tout est cuisiné avec recherche. L'une des meilleures adresses de York.

Sortir

Cafés – Bars

Coppergate Quarter

■ **CITY SCREEN PICTUREHOUSE**
13-17 Coney Street
✆ +44 1904 612 940
www.picturehouses.co.uk
Un complexe de cinémas avec un bar. C'est aussi une adresse où manger petits plats, sandwichs et salades dans un cadre confortable et animé à des prix raisonnables. Aux beaux jours, on profite de la terrasse surplombant le canal. Le Basement bar, au sous-sol, accueille régulièrement groupes de musique et DJ. Détail de la programmation accessible sur leur site Internet.

■ **THE PARISH**
2 Micklegate
✆ +44 1904 643 424
L'église du XVe siècle a été reconvertie en bar et le résultat est plutôt intéressant. Un bar remplace l'autel et les deux contre-allées ont adopté des styles différents : petites tables et fauteuils ou tables hautes et tabourets. Avec son lustre en cristal, l'ancien lieu de culte est bien amenagé. Ici, on sonne même les cloches pour indiquer la fermeture ! Ambiance très jeune !

■ **THE KINGS ARMS**
King's Staith
✆ +44 190 465 9435
Plats servis jusqu'à 14h.
Tout près de Ouse Bridge, ce pub est très populaire en raison de son emplacement sur les rives de la Ouse… Qui en fait la première victime des inondations ! A chaque lendemain de catastrophe, le niveau de l'eau est reporté sur de petites plaques fixées du sol au plafond du bar. Le bar garde précieusement des souvenirs donnés par les touristes scandinaves qui viennent célébrer le festival viking chaque printemps. Agréable terrasse pour regarder passer les rares bateaux.

Stonegate Quarter

■ **THE BILTMORE**
29 Swinegate
✆ +44 1904 610 075
www.thebiltmorebarandgrill.com
Ouvert tous les jours jusqu'à minuit et le samedi jusqu'à 1h.
Un grand escalier carré central divise l'espace en mezzanines. On circule entre tables basses et sofas, au milieu d'une clientèle glamour prête à enflammer les *dancefloors*. Les bouteilles sont exposées dans d'immenses vitrines qui vont du sol au plafond et la carte des vins est longue comme le bras ! Pour une clientèle sophistiquée d'humeur festive qui apprécie les spiritueux de qualité à siroter dans une ancienne église.

■ **THE KENNEDYS**
1 Little Stonegate
✆ +44 190 462 0222
www.kennedysbaryork.co.uk
Ouvert les lundi et mardi jusqu'à 11h, les mercredi, jeudi et dimanche jusqu'à minuit, les vendredi et samedi jusqu'à 2h.
Blancheur d'une galerie d'art pour ce bar en duplex très arty, éclairages bleus sur papier peint imprimé bambou et alcôves où se rassemble une clientèle habillée avec recherche. Si vous voulez être dans le ton, oubliez jeans et baskets, sortez dos-nus et talons. Excellente sélection de cocktails et de vins et agréable terrasse chauffée sur le toit.

■ **YE OLDE STARRE INNE**
40 Stonegate✆ +44 190 462 3063
C'est le plus vieux pub de la ville avec sa licence accordée en 1644. Le décor est raffiné et chargé d'histoire et la nourriture excellente. Le *beergarden* propose une belle vue sur le Minster. Et si vous hésitez entre deux bières, le barman vous les fera d'abord goûter. Un havre de paix.

Spectacles

Pour en savoir plus sur la vie culturelle de York et de sa région, procurez-vous *Artscene*, un mensuel gratuit et très informé, à se procurer à l'office du tourisme.

UNIVERSITÉ D'YORK

Sir Jack Lyons Concert Hall & Rymer Auditorium, York University, Heslington
✆ +44 190 443 2439
www.yorkconcerts.co.uk
20 minutes à pied du centre-ville. En bus, le First York Service n° 4 part toutes les 10 minutes de la gare et en soirée toutes les heures et quart.
Excellente programmation de musique de chambre tout au long de l'année où place est faite aux classiques comme aux contemporains. Celle-ci est visible sur le site Internet. Possibilité d'acheter les billets en ligne.

YORK MUSICAL SOCIETY

✆ +44 1904 623 568
www.yorkmusicalsociety.org.uk
Entrée entre £8 et £20. Réservation par téléphone ou à la porte de la cathédrale, le soir du concert.
Une chorale de 160 personnes qui chante régulièrement des morceaux religieux (requiems, messes, passions) à la cathédrale de Minster. Pour le programme, se renseigner à l'office du tourisme ou sur le site Internet.

YORK THEATRE ROYAL

St Leonard's Place
✆ +44 190 462 3568
www.yorktheatreroyal.co.uk
Ouvert tous les jours de 10h à 18h le lundi (jusqu'à 20h les soirs de spectacles) et jusqu'à 20h le reste de la semaine.
Les tournées nationales alternent avec les productions locales. Le programme est assez varié : comédies, drames et nombreuses pièces d'auteurs britanniques actuels. Le Birmingham Royal Ballet vient danser ici régulièrement. La façade du bâtiment est un chef-d'œuvre architectural.

À voir – À faire

York a connu de nombreuses civilisations qui ont modelé son histoire et laissé un patrimoine impressionnant. Petite sélection parmi les merveilles de la ville.

Visites guidées

THE GHOST TRAIL

www.ghosttrail.co.uk
Départ tous les soirs à 19h30 depuis The Minster. Adulte £4, enfant £2.
Cette visite guidée sur les traces des fantômes de la ville dure environ 70 minutes. Au programme, des contes traditionnels, des tragédies victoriennes, l'histoire cachée de York à vous glacer le sang...

THE GHOSTLY TRUTH ABOUT YORK

Stonegate
✆ +44 755 444 6263
www.ghostwalksyork.com
Adulte £10, enfant £2,50. Départs tous les soirs de Stonegate, à 19h30. Un chariot noir surmonté d'une affiche signale le point de ralliement.
A York, il y a autant de Ghosts Tours que de pubs hantés... Aussi n'est-il pas rare de croiser, autour de 19h, des troupes de visiteurs suivant au pas leur homme vêtu de noir. Mais comment choisir celui qui vous guidera au mieux sur les traces des vénérables fantômes du passé ? On recommandera Trevor Rooney qui sait captiver son auditoire en mélangeant avec malice, ainsi que beaucoup de répartie et d'humour, les faits historiques de York aux anecdotes à dormir debout !

Entrée de Dracula sur le sol anglais !

L'écrivain Bram Stoker fit débarquer pour la première fois Dracula sur les côtes anglaises à Whitby, par une nuit de tempête et sur une mer déchaînée. C'est sous la forme d'un chien qu'il s'échappa de Demeter, une goélette russe venue s'écraser contre le rocher où se trouve l'abbaye, pour s'enfoncer dans la nuit. Sa première victime, Lucy Westenra ne sera pas croquée bien loin… Séjournant à Whitby pendant l'écriture de son livre, Stoker a trouvé le parfait décor de cet épisode dramatique dans la vieille ville et les ruines de l'abbaye, lugubres à la tombée de la nuit. Whitby était un lieu de villégiature très prisé à l'époque victorienne. Pour certains, le comte Dracula, dont l'élégance aristocratique cache la bestialité, incarnerait le double visage de la société victorienne qui, bien que moraliste et sophistiquée, n'empêcha pas les pires dégradations sociales.

Coppergate Quarter

■ MERCHANT ADVENTURER'S HALL

Fossgate

✆ +44 190 465 4818

Ouvert de Pâques à octobre, du lundi au jeudi de 9h à 17h, les vendredi et samedi jusqu'à 15h30 et le dimanche de 11h à 16h ; d'octobre à mars, du lundi au jeudi de 9h à 16h, les vendredi et samedi jusqu'à 15h30. Entrée : £6.

Dans ce hall majestueux aux poutres apparentes se réunissait dès 1357 The Merchant Adventurers, une guilde, ou association qui fédérait les acteurs les plus puissants du commerce maritime de coton et de vêtements. Cette fédération présentait aussi un caractère religieux et avait une fonction philantropique pour la ville dont elle finançait en partie les hopitaux ou les écoles. En 1534, lorsqu'Henri VIII détruisit les monastères, les Merchant Adventurers furent contraints de partir puis purent regagner les lieux en échange du paiement d'un loyer. En 1600, ils redevinrent propriétaires des lieux sous le règne d'Elizabeth I. Les extensions apportées aux bâtiments d'origine datent de cette époque. La reine leur donne également le monopole sur les biens d'importation, à l'exception, notable, de denrées importantes comme le poisson et le sel. Ce monopole commercial durera jusqu'en 1835. Du hall, on remarquera la belle structure des poutres et les grandes balances datant de la fin du XVIIIe siècle, avec leurs poids et mesures. Dans les pièces attenantes, de belles pièces de mobilier en bois de chêne, des coffres et des chaises sculptés sont exposés. On trouve aussi une belle collection de pièces d'argenterie (vaisselle d'église et de table, bougeoirs...). Dans la même pièce se trouvent aussi deux vitraux réalisés à la fin du XIXe siècle. Celui de gauche représente un port typique de la mer du Nord et celui de droite une vue de la rivière Ouse avec un panorama de la York médiévale. A l'époque, les marchands effectuaient leur commerce avec les ports de Hambourg, en Allemagne, de Veere en Hollande et de Gdansk, en Pologne ainsi qu'avec la France, pour une large mesure. York fut l'un des ports les plus prospères de la Grande-Bretagne au Moyen Age et la plupart de ses affaires furent supervisées par la guilde des Merchant Adventurers.

Au sous-sol, on visite une partie de l'édifice qui servit de dispensaire en 1372 pour la frange la plus pauvre de la population ne pouvant être reçue à l'hôpital. Ce dernier sera en activité jusqu'à l'époque victorienne. Les lieux ont donc été convertis en un petit musée de la santé. Des outils chirurgicaux sont notamment exposés. Le sous- sol expose également une collection de gravures représentant des vues de York et de ses édifices les plus emblématiques.

Temple des quatres vents au Castle Howard.

Stonegate Quarter

■ CASTLE HOWARD

✆ +44 165 364 8444

www.castlehoward.co.uk

A 40 km de York. Les bus 180 et 181 vous y emmènent en 40 minutes de l'arrêt Piccadilly, près du Marcs & Spencer. £7,50 l'aller-retour.

Ouvert tous les jours du 13 mars au 31 octobre, puis du 29 novembre au 21 décembre. A partir de 11h et dernière admission 16h. A midi, départ du château pour une visite du Temple of the Four Winds situé dans le parc (£40). Entrée : adulte £13, enfant £8. Cafétéria sur place.

L'édifice du XVIIIe siècle, meublé d'époque, abrite une intéressante collection de tableaux que les propriétaires successifs, comtes de Carlisle, n'eurent de cesse d'enrichir au gré de leurs voyages. Nombre d'entre eux firent leur « Grand Tour », un voyage que se devait de faire tout aristocrate éclairé afin de s'imprégner d'histoire et de culture européennes.

C'est pourquoi l'on trouve de superbes tables en marbre en provenance de Pompéi et des tableaux de maîtres comme Hans Holbein, Poussin ou Constable. La maison est également très connue pour son Great Hall et son dôme peint par Antonio Pellegrini. Malheureusement, la fresque originale a été endommagée pour la plupart lors d'un incendie et restaurée en 1962. A l'étage, du Drawing Room, on a de très belles vues plongeantes sur le parc avec ses pièces d'eau. On ne manquera pas d'aller visiter la chapelle familiale où se trouvent de belles verrières et trois panneaux brodés réalisés par William Morris, l'un des artistes majeurs du mouvement préraphaélite. Aux beaux jours, on profitera aussi pleinement du parc, avec son jardin aux roses somptueux, sa vue sur le lac et son Temple of the Four Winds, depuis lequel on a des vues panoramiques sur le parc. Un site très apprécié des familles pour une escapade dominicale. En 2008, le château a servi de décor au tournage du film *Brideshead Revisited.*

CLIFFORD'S TOWER

Tower Street
✆ +44 190 464 6940
www.cliffordstower.com
Ouvert d'avril à septembre, tous les jours de 10h à 18h (19h au mois d'août) ; en octobre de 10h à 17h ; et de novembre à mars de 10h à 16h. Entrée : adulte £4, enfant £2.
Reconstruite au XIIe siècle sur une butte, la tour rappelle la présence d'un château fort construit par Guillaume le Conquérant en 1068. On apprécie aujourd'hui les vues panoramiques qu'elle offre sur York et sa campagne.

THE DIG

St Saviourgate
St Saviour's Church
✆ +44 190 46 15 505
www.digyork.com
Ouvert tous les jours entre 10h et 17h. Entrée : adulte £5,50.
Ouvert en 2006 par le York Archeological Trust, ce musée explique les différentes techniques de recherche archéologique et de préparation des fouilles. Le visiteur fait lui-même l'expérience de la fouille sur plusieurs sites reconstitués. On reste rêveurs devant l'archéologue qui reconstruit l'histoire à partir d'un fragment d'ossements, d'outil ou de vaisselle. On vous explique comment les objets parlent, comment leurs surfaces et leurs marques sont de véritables « empreintes matérielles » d'époques révolues. Attention cependant : un niveau correct d'anglais est requis, sans quoi la visite perd beaucoup de son intérêt.

FAIRFAX HOUSE

Castlegate ✆ +44 190 465 5543
www.fairfaxhouse.co.uk
Ouvert de mi-février au 31 décembre, du mardi au dimanche de 10h à 17h. Le lundi, entrée avec visites guidées à 11h et à 14h (sans réservation, se présenter 10 minutes avant). Adulte £6, enfant en dessous de 16 ans, gratuit.
Construite en 1762, la maison est meublée d'époque et reflète parfaitement le raffinement de l'ère georgienne. Dessinée par John Carr of York pour la fille du Vicomte Fairfax, elle servit aussi aux réceptions mondaines, ce qui explique la sophistication. Fier de sa fortune et de son goût, le vicomte fit des lieux le reflet ostentatoire de sa culture et de son statut social. Les bustes de Shakespeare et de Newton trônent sur l'escalier avec bienveillance, symbolisant la rencontre des Arts et de la Science. L'édifice abrite aussi un ensemble exceptionnel de meubles georgiens : la collection de Noël Terry. Propriétaire des chocolats de même nom, fabriqués à York entre 1886 et 2004, il demanda à des connaisseurs d'acquérir avec sa fortune le meilleur du mobilier XVIIIe. Cette collection, mondialement réputée et bien connue du marché de l'art, est un immanquable pour les vrais amateurs.

NATIONAL RAILWAY MUSEUM

Leeman Road ✆ +44 844 815 3139
www.nrm.org.uk
Ouvert tous les jours de 10h à 18h. Entrée gratuite sauf événements spéciaux.
Toute l'histoire des trains, depuis les premières locomotives jusqu'à l'Eurostar. Plus de 100 locomotives (du début du XIXe siècle à nos jours), des wagons de luxe, le Poudlard Express d'Harry Potter et bien d'autres objets relatifs aux chemins de fer sont exposés.

THE JORVIK VIKING CENTRE

Coppergate
✆ +44 19 04615 505
http : //jorvik-viking-centre.co.uk
Entrée £9,75. Descriptif sonore en français.
Assis sur une sorte de télésiège, c'est un voyage dans le temps que vous propose cette attraction à la fois ludique et instructive. Vous plongerez dans le York du XXe siècle, quand elle s'appelait Jorvik et qu'elle était peuplée de Vikings. Une expérience à la fois visuelle, sonore et odorante...

TREASURER'S HOUSE AND GARDEN

Minster Yard
✆ +44 190 462 4247
treasurershouse@nationaltrust.org.uk
Entrée £6,30.

Dans cette belle demeure d'origine médiévale dont il fut le propriétaire, l'industriel Frank Green entreprit de réaliser des chambres thématiques à partir de sa somptueuse collection d'objets anciens. On découvre dans la West Sitting Room de belles chaises en bois sculpté fabriquées en Inde pour des Hollandais. De ces belles pièces d'artisanat hybrides indo-hollandais, on retiendra ces oiseaux aux yeux d'ivoire ornant les dossiers. Dans le Great Hall, on trouve une collection de tableaux plus classiques, des portraits réalisés entre 1533 et 1739. Une autre pièce expose de belles chinoiseries du XVIIIe siècle, des miroirs rococo et d'époque paladienne. A l'étage, dans la Queen's Room, on ne manquera pas de regarder de près la très belle broderie racontant l'histoire biblique d'Esther. Servez-vous de la loupe mise à disposition pour ne pas perdre une miette de ce travail délicat. Dans la même pièce se trouve également un étonnant plateau fabriqué en perles dans lequel on portait probablement des vêtements pour bébés ou des herbes arômatiques. Ce dernier est si délicat qu'on s'interroge encore sur ce que put être sa fonction. De l'autre côté de la demeure, sur l'aile gauche, à l'étage, se trouve la chambre du roi Edouard dont la dominante rouge sombre est curieuse. Pour l'anecdote, son pyjama et ses pantoufles aussi exposés rappellent la taille impressionnante du roi... Ne pas manquer, entre la chambre et le bureau, la très belle collection de verres en cristal. A la fin de la visite, ne manquez pas d'aller faire un tour dans le délicieux jardin et, pour finir, d'aller prendre un thé au sous-sol avec une bonne pâtisserie, certains disent que les *afternoon teas* y seraient encore mieux qu'au Bettys !

YORK CASTLE MUSEUM

En face de la Clifford's Tower
✆ +44 190 468 7687
www.yorkcastlemuseum.org.uk
Ouvert tous les jours de 9h30 à 17h. Entrée : adulte £8,50, gratuit pour les enfants.

Le musée retrace l'histoire de York, de l'époque georgienne à aujourd'hui par le biais d'objets domestiques du quotidien. De grandes vitrines reconstituent les intérieurs typiques d'un salon victorien, d'une ferme des Moors, d'une chambre georgienne. Chaque pièce avec ses accessoires propres, ses outils, ses beaux objets, sa décoration. Une belle façon de dresser le portrait social d'une époque. A l'étage, la visite se poursuit avec une section consacrée à l'hygiène des temps modernes, avec l'apparition des premiers aspirateurs, détergents et premières réclames à destination des femmes d'intérieur. La visite se poursuit avec une grande section consacrée à la célébration du mariage, de la vie et de la mort à l'époque victorienne : vêtements de bébé, costumes de deuil, robes de mariage et autres accessoires accompagnant ces étapes importantes sont exposés dans de larges vitrines. Vient ensuite la reconstitution minutieuse de York au XIXe siècle, avec des rues entières bordées de boutiques aux devantures anciennes, sa calèche et ses acteurs déguisés en tenue d'époque (le gendarme, la vendeuse...). Un passionnant musée de la vie quotidienne.

YORK MINSTER

9 Minster Gates ✆ +44 844 939 0011
www.yorkminster.org
La crypte et le trésor ferment à 17h. Horaires parfois variables en fonction des offices : voir le site Internet. Visite de la Minster, sous-sols, trésor, crypte : adulte £9.

C'est l'une des plus grandes cathédrales gothiques d'Europe. En 1220, l'archevêque de York décida de remplacer la cathédrale de style normand par un édifice gothique afin de rivaliser avec celle de Canterbury. Aujourd'hui apparaissent ces différents courants gothiques anglais ainsi que des influences françaises et des traces du passé normand de l'édifice. La cathédrale de York a par la suite été restaurée à la suite de plusieurs incendies mais n'en demeure pas moins une superbe construction. Ses vitraux médiévaux sont considérés comme étant les plus beaux de Grande-Bretagne. L'ascension de la tour est un must mais les escaliers sont très étroits et épuisants.

▶ **Undercroft.** Ne manquez pas de visiter les sous-sols de la cathédrale où des fouilles archéologiques ont mis au jour des vestiges qui retracent l'histoire à travers les siècles. Procurez-vous un audioguide et laissez-vous guider, commentaires et bruitages à l'appui, à travers les ruines romaines, pans de mur de la cathédrale normande ou encore le trésor issu des tombes des archevêques.

YORK'S CHOCOLATE STORY

King's Square ✆ 0845 498 9411
www.yorkschocolatestory.com
Entrée £5.

L'histoire du chocolat et de York ne date pas d'hier. Il y a près de 300 ans, le premier magasin ouvrait ses portes et allait conquérir de ce pas l'Angleterre et le reste du monde avec la plus fameuse de ses marques, Kit Kat. C'est cette histoire que ce nouveau musée va vous raconter avec en plus des dégustations dont on vous laisse la surprise.

■ YORKSHIRE MUSEUM AND GARDENS
Museum Gardens © +44 190 468 7687
www.yorkshiremuseum.org.uk
Ouvert tous les jours de 10h à 17h. Entrée : adulte £7, gratuit pour les enfants.
Situé dans le jardin botanique de la ville, le musée a opté depuis peu pour une scénographie moins dense de ses pièces, quitte à en exposer un peu moins pour mieux les montrer. Il contient une collection exceptionnelle de pièces d'époque romaine trouvées à York, lors de fouilles archéologiques, dont un buste superbe de l'empereur Constantin en marbre sculpté. La salle la plus impressionnante est celle consacrée aux rites religieux et funéraires.
Un autre bel ensemble de pièces a été extrait de l'ancienne abbaye St Mary, dont on voit aussi les ruines dans le jardin : fragments d'architecture et sculptures, morceaux d'arches et de chapiteaux ouvragés... Le chef-d'œuvre de cette section reste un groupe de sculptures datées entre 1160 et 1185 représentant trois prophètes de l'Ancien Testament. A l'intérieur de la section consacrée aux pièces médiévales, on trouve plusieurs vitrines exposant de belles pièces de provenance scandinave (Vikings), dont certaines réalisées en ambre dont Yorvik était un centre pour le commerce. Les Vikings en importaient en grosses quantités des côtes Baltiques. Une galerie du musée est également réservée à l'étude de la nature, avec une section géologique et une autre paléonthologique. On ne manquera pas cet agréable voyage à travers les âges de l'homme.

Shopping

■ ANDREA BRAMBRIDGE
Wedding Gowns
64 Goodramgate © +44 1904 640 046
Styliste locale, Andrea Brambridge s'est spécialisée dans la robe de mariée et tous ses accessoires. Des tenues d'inspiration victorienne, des tissus épais qui se tiennent bien.

■ DROOPY & BROWN'S
20 Stonegate
© +44 1904 621 458
Des tenues de soirée, créations maison, très sophistiquées et très anglaises.

Coppergate Quarter

■ THE MULBERRY FACTORY SHOP
23-25 Swinegate
© +44 1904 611 055
www.mulberry.com
Ouvert du lundi au samedi de 10h à 18h et le dimanche de 11h à 17h.
La marque bien connue des fondues de sacs à main et des fashionistas casse toute l'année ses prix avec des réductions de 30 à 50 % sur vêtements et accessoires. Un très bon plan !

Stonegate Quarter

■ THE GIFT GALLERY
19 Shambles
© +44 190 45 41 851
www.giftgalleryyork.co.uk
La boutique propose des pièces artisanales réalisées par des artistes de la région. Petits tableaux avec des vues de York, jolies cartes postales, objets de décoration intérieure réalisés en tissu, bijoux et sacs à main. Une sélection d'esprit Art & Craft typiquement *british*.

De York à Cumbria : un trajet pittoresque

Au départ d'York, prenez l'A59 à l'ouest, puis l'A1 à Flaxby (avant d'arriver à Knaresborough), direction le nord jusqu'à l'A684 (une route sur votre gauche), direction Bedale. Votre objectif : Kendal, où commence la région des lacs. La route longe la vallée verdoyante de Wensleydale, connue surtout pour son excellent fromage. En route, vous passerez par Redmire et Castle Bolton, une bâtisse du XIVe siècle où Marie Stuart, Queen of Scots, fut retenue prisonnière (un petit détour est nécessaire : tournez à droite à Aysgarth où coule une jolie cascade). Autre possibilité : suivez l'A1 que vous quitterez en direction de Richmond, une petite ville de marché, tout en ruelles et contours, et dominée par un château normand. Vous pouvez suivre la vallée de Swale Dale, parallèle à celle de Wenseydale, mais encore plus pittoresque (B6270). À 2 km avant Kirby Stephen, tournez à gauche : la B6259 rejoint l'A684 en direction de Kendal.

THE GIFT GALLERY

19 Shambles
✆ +44 190 45 41 851
www.giftgalleryyork.co.uk
La boutique propose des pièces artisanales réalisées par des artistes de la région. Petits tableaux avec des vues de York, jolies cartes postales, objets de décoration intérieure réalisés en tissu, bijoux et sacs à main. Une sélection d'esprit Art & Craft typiquement *british*.

Sports – Détente – Loisirs

BOB TROTTER CYCLES

13–15 Lord Mayor's Walk
✆ +44 1904 622 868
www.bobtrottercycles.com
Location de vélos à partir de £15 par jour.
Possibilité de rejoindre en 2 ou 3 heures le Howard Castle à travers de pittoresques vallées. On vous donnera une brochure gratuite avec l'itinéraire à suivre. Une carte des pistes cyclables de York est également disponible. Un autre classique au départ de York est le circuit qui vous emmène à travers les collines, jusqu'à la vieille ville de Selby. 48 km A/R. On trouve l'itinéraire au Cycling Officer, 9 St Leonard's Place Tél +44 1904 613 161.

Les environs

MIDDLETHORPE HALL & SPA

Bishopthorpe Road
✆ +44 19 0464 1241
Fax : +44 19 0462 0176
www.middlethorpe.com
30 chambres et suites à partir de £99. Piscine, Spa, restaurant, parking, jardins.
Surplombant l'hippodrome de York, à 3 km à peine du centre-ville historique, le magnifique manoir datant de 1699 appartient au National Trust et reverse tous ses profits à des organismes de charité. Dirigé par un Français charmant, M. Lionel A. Chatard, l'hôtel a tout pour vous séduire. Donnant pour la plupart d'entre-elles sur le parc et le verger, les chambres sont joliment décorées de meubles George III et de tableaux anciens. Les salles de bains sont spacieuses avec peignoirs moelleux et articles de soins de qualité. Le restaurant plusieurs fois primé pour la délicatesse de ses plats et sa belle carte de vins ravira les gourmets les plus difficiles. Un jardin, un salon avec cheminée, une piscine et un Spa prodiguant des soins revitalisant complètent les commodités. La princesse Anne et le prince Andrew ont séjourné à plusieurs reprises dans l'établissement... Un gage de qualité supplémentaire s'il en était encore besoin !

THE OAK ROOM AT MIDDLETHORPE HALL

Bishopthorpe Road
✆ +44 19 0464 1241
Ouvert 7/7 jours. Déjeuner de £19,50 à £24. Dîner à la carte. Menu gourmet à £65.
Les amateurs de bonne chère peuvent se donner rendez-vous dans la salle lambrissée du Middlethorpe Hall dite « The Oak room » pour se régaler de plats concoctés par le chef Nicolas Evans, plusieurs fois récompensé par ses pairs. Au menu, des mets dignes des plus grandes tables d'Angleterre, comme par exemple ce Thirty-six Hour Roasted Cumbrian Rosé Veal, accompagné de petits légumes et de truffes ou encore le Duck Confit and Duck Liver Terrine avec rhubarbe et pistache. Vaisselle en porcelaine, couverts en argent, chandelles, vue imprenable sur les jardins et le parc, le personnel est également au diapason, souriant et attentif. La carte des vins est impressionnante, plusieurs grands crus de France, d'Italie, d'Amérique du Nord et du Sud, de Nouvelle Zélande... L'assiette de fromage anglais mérite quant à elle que l'on s'y attarde, elle réserve d'agréables surprises ! Les après-midi, the Oak Room est devenu un des lieux incontournables du grand York pour l'*afternoon-tea*.

WHITBY

Située à l'embouchure de la rivière Esk avec la mer du Nord, Whitby dégage un charme immédiat. Ses plus vieilles maisons s'étagent à flanc de falaise, au pied d'un roc où trônent les ruines imposantes d'une abbaye médiévale. On rejoint la vieille ville en traversant la rivière par Bridge Street, où se trouve l'office de tourisme. Le charmant musée dédié au capitaine Cook se situe juste après le pont. Ensuite, on peut rejoindre Church Street, ruelle ponctuée de petits commerces, ateliers d'artisans, pubs et tearooms. Au terme de celle-ci, on trouve les marches qui permettent de rejoindre les hauteurs de la falaise où furent construites l'abbaye et l'église médiévale Ste Mary, dont on voit la tour carrée du port.

Côté ouest de la ville, Marine Parade permet de contempler le panorama des vieilles maisons et de l'abbaye. Pier Road est une section dépourvue de charme, qu'occupent essentiellement fast-foods et Lunaparks. Mais en la poursuivant, on rejoint le belvedère duquel on a le meilleur point de vue sur la ville. C'est là qu'à été érigée la statue en mémoire de James Cook, qui fit ici ses années d'apprentissage. Jouxtant le West Pier s'étend la plage de Whitby Sand. Attention à regarder les horaires des marées. Elles sont fortes et la recouvrent parfois entièrement. La vue est également intéressante du môle, une promenade très appréciée des locaux. De son extrémité, c'est toute la ville qui apparaît en perspective, le long de la rivière, avec ses nombreux bateaux en mouillage. Particulièrement romantique à la tombée d'une belle journée, quand le soleil fait ressortir les façades de maisons à dominante rouge.

Transports

▸ **Bus devant la gare.** Les Coastliner. Le 840, stand C. Compter 1 heure 30 au départ de York. Prix : £14 l'aller-retour, avec possibilité de vous arrêter où vous le souhaitez entre Leeds et Whitby. Plus d'infos sur : https : //buytickets.yorkbus.co.uk

Pratique

■ **OFFICE DE TOURISME DE WHITBY**
Langbourne Road
✆ +44 1723 383 637
Ouvert tous les jours. De 10h à 16h30 en octobre et entre janvier et avril, de 9h30 à 18h entre mai et septembre.
Il se trouve juste avant le pont, à côté du grand trois-mâts de couleur jaune.

Se loger

On conseillera de faire l'aller-retour dans la journée avec des villes de plus grande importance comme Leeds ou York pour se loger à moindre coût.

■ **YHA WHITBY**
Abbey House ✆ +44 1947 602 878
www.yha.org.uk
Le Bus 97 vous y emmène de la gare routière, juste à côté de la gare ferroviaire. Entre £15 et £22, et entre £13 et £18 pour les enfants. Chambres familiales entre 30 et £60, £50 pour deux personnes et £75 pour quatre personnes.
Dans une belle maison classée, qui appartenait autrefois à l'abbaye. L'auberge est neuve. Les chambres de quatre ou six lits ont pour la plupart leur salle de bains attenante. Laverie, local à vélo, tearoom, bar et restaurant, rien ne manque au confort. Possibilité de dîner au restaurant jusqu'à 22h. Cette superbe bâtisse compte aussi une salle de jeux, avec table de billard et baby foot et une véranda, qui donne sur l'abbaye où l'on peut prendre son petit déjeuner.

Se restaurer

Comme dans toutes les villes au bord de la mer, il est conseillé de se laisser séduire par des fruits de mer ou du poisson à la sauce locale.

Sortir

■ **THE MOON AND SIXPENCE**
Marine Parade ✆ +44 1947 604 416
www.moon-and-sixpence.co.uk
Ouvert de 10h à 0h30. Compter £20 pour un dîner.
Un joli bar-brasserie qui donne sur la jetée. Les cafés sont très bons et la carte de bières, vins ou cocktails, variée. Pour £8, on peut accompagner son verre de blanc avec une demi-douzaine d'huîtres. Quelques tables sont sorties en été et un piano se trouve dans le restaurant pour des concerts tous les week-ends. Probablement l'adresse la plus jeune et trendy de Whitby. L'établissement offre également quelques très belles chambres à partir de £120.

À voir – À faire

CAPTAIN COOK MEMORIAL MUSEUM

Grape Lane ✆ +44 1947 601 900
www.cookmuseumwhitby.co.uk
Ouvert tous les jours, en mars de 11h à 15h et d'avril à fin octobre de 9h45 à 17h. Dernière admission une demi-heure avant fermeture. Entrée £7,50 et £3 pour les enfants.
Cachée au fond d'une étroite impasse et donnant sur le vieux port, la maison où habita l'apprenti-marin James Cook, entre 1746 et 1749. Ce musée intimiste dégage une atmosphère très agréable. La cuisine et les deux pièces du rez-de-chaussée ont été meublées dans le style austère qui fut celui de la maison de ses parents Quakers. Aux étages, on trouve les dessins anthropologiques, d'artistes qui accompagnèrent Cook dans ses explorations. Egalement des maquettes de bateaux et des instruments de navigation.

WHITBY ABBAYE

Westerdale ✆ +44 1947 603 568
www.whitbyabbey.co.uk
En haut de la falaise côté est du centre-ville. Ouvert tous les jours, du 1er avril au 30 septembre, entre 10h et 18h. Du 1er novembre au 20 mars, ouvert du jeudi au lundi, entre 10h et 16h. Entrée £5,80.
Les Anglo-Saxons firent du monastère, dont les origines remontent à l'an 657, l'un de centres religieux les plus importants de leur royaume. En 1066, des moines bénédictins s'y établirent, et le monastère devint l'un des plus riches et influents de Grande-Bretagne. L'abbaye échappa à la destruction systématique des édifices religieux par Henri VIII, grâce à son emplacement stratégique, au-dessus de la mer du Nord. Visible de très loin, elle constituait un point de repère visuel précieux pour les marins ! Battue par les vents depuis des siècles, des traces d'érosion sont partout visibles sur ses ruines majestueuses et les ont rendues très douces au toucher !

Shopping

THE WHITBY JET HERITAGE CENTRE

123b Church Street ✆ +44 1947 821 530
www.whitbyjet.co.uk
Au XIXe siècle, Whitby était connue pour ses ateliers de bijoux en jais. Cette pierre noire que l'on trouve dans les Moors, au nord de York, fut popularisée par la reine Victoria. C'est une tradition qu'a choisie de poursuivre l'artisan qui travaille dans un coin de sa boutique, remettant d'anciens motifs au goût du jour. Ces pierres joliment travaillées font d'élégants pendentifs ou broches.

SCARBOROUGH

D'époque victorienne, Scarborough est la station balnéaire la plus classique du Yorkshire. C'est une destination populaire pour marcher sur la grande plage et visiter l'impressionnant château médiéval qui la surplombe. De la station de train, on rejoint le bord de mer par Somerset Terrace, d'où l'on voit le château apparaître à l'horizon. Un passage par la Art Gallery renseigne sur l'atmosphère passée de cette station thermale victorienne que captèrent les peintres. Le Spa et le Grand Hôtel sont restés indemnes, héritages d'une l'époque où les élégantes venaient soulager leurs maux, ou simplement prendre l'air. Elles donnent un cachet particulier à la longue plage de South Bay. Les murs fortifiés du château médiéval contribuent aussi au cadre prestigieux. Un lieu prisé des familles et touristes pour les promenades sur le sable ou les falaises.

CASTLE

Castle Lane
✆ +44 1723 372 451
www.scarboroughcastle.co.uk
Ouvert du 1er avril au 30 septembre de 10h à 18h. Le reste de l'année jusqu'à 16h uniquement. Entrée : £4,80 et £2,50 pour les enfants.
Utilisé par les Romains comme point d'observation stratégique, l'emplacement devint un château sous Henri II (XIIe siècle). La forteresse subit plusieurs sièges pendant la Guerre Civile et fut même bombardée par les Allemands en 1914. Les ruines restent impressionnantes et le lieu abrite souvent des événements comme des tournois de joutes.

THE GOLD INN

Sur la jetée
C'est l'adresse où se rendre pour déguster poissons et *fish'n'chips*. Une institution dans la ville ! Cabillaud et haddock entre 6,25 et £8,25.

SCARBOROUGH ART GALLERY

The Crescent
✆ +44 1723 374 753
www.scarboroughartgallery.co.uk
Ouvert du mardi au dimanche, de 10h à 17h. Entrée £2.
Un ensemble de peintures des XVIIIe et XIXe siècles a pour sujet Scarborough et sa société victorienne de bord de plage. On trouve des toiles signées John Atkinson Grimshaw. Ce peintre britannique renommé se spécialisa dans les ambiances nocturnes et les paysages éclairés par la lune. En partenariat avec des galeries d'art de Londres, des pièces de la collection du musée sont mélangées à des œuvres d'artistes contemporains autour d'un thème. Egalement sur place, un *tea room* sympathique.

North East

A la frontière avec l'Ecosse, cette région a connu guerres et invasions. Mais également un développement industriel important autour de villes comme Newcastle. Depuis cette agglomération, on rejoint en train des villages côtiers et des plages somptueuses. Le mur d'Hadrien, un chef d'œuvre d'architecture hérité de l'Antiquité, sillonne cette région et vaut une belle randonnée. Enfin, Durham et sa cathédrale marqueront plus d'un visiteur.

DURHAM

Cette ville moyenne est surtout connue pour son université et sa magnifique cathédrale de style normand qui vaut à elle seule un arrêt. Au vu de ses dimensions, on comprend pourquoi cette cathédrale était autant redoutée comme forteresse que respectée comme lieu saint. Durham, un peu plus de 43 000 habitants, fut un comté puissant qui frappait sa propre monnaie, possédait sa propre hiérarchie nobiliaire et ses chefs d'Etat, les princes-évêques qui siégeaient dans la cathédrale. Son université est l'une des plus anciennes de Grande-Bretagne.

Pratique

OFFICE DU TOURISME DE DURHAM
2, Millennium Place
✆ +44 191 384 37 20
www.thisisdurham.com
Ouvert du lundi au samedi de 9h30 à 17h30 et le dimanche de 10h à 16h.
Cartes, brochures, pocket guide de la ville avec à l'intérieur les évènements du moment... Ils peuvent aussi vous réserver une chambre dans un Bed & Breakfast.

Se loger

Durham compte relativement peu de Bed and Breakfast dans le centre (le service de réservation de l'office de tourisme pourra donc vous être utile). Egalement des chambres universitaires à prix modérés pendant les vacances scolaires.

CASTLE VIEW GUEST HOUSE
4, Crossgate
✆ +44 191 386 88 52
www.castle-view.co.uk
A partir de £50 par personne en chambre double.
Une jolie maison avec un jardin et, comme son nom l'indique, vue sur le château. Chambres avec salle de bains.

HALLGARTH MANOR
(5 km à l'est)
Pittington ✆ +44 191 372 11 88
www.hallgarthmanorhotel.com
Simple à partir de £80.
Vieille maison de famille de 23 chambres avec petit parc, restaurant et bar à l'ambiance locale.

Se restaurer

FINBARR'S RESTAURANT
Waddington Street
✆ +44 19 1370 9999
www.finbarrsrestaurant.co.uk
Menu à £13 et £16 à midi. Le soir uniquement à la carte. Compter £40 sans les boissons.
L'une des meilleures tables de la région, de l'excellente viande, des produits régionaux, une très bonne carte des vins. Ouvert en 2010, le restaurant ne fait que des adeptes.

THE COUNTY RESTAURANT
Old Elvet
✆ +44 19 1386 6821
Ouvert de 12 à 14h30 et de 17h à 22h. Réservation conseillé.
L'établissement County se trouve au cœur de la ville près du château et de la cathédrale de Durham, dans l'hôtel Durham Marriott Hotel Royal. Cuisine raffinée, à la carte ou au buffet.

À voir – À faire

La cathédrale est un incontournable mais les bâtiments de l'université valent également un détour ainsi que le Jardin botanique.

BEAMISH MUSEUM
Stanley
✆ +44 191 370 40 00
www.beamish.org.uk
Ouvert tous les jours de 10h à 17h d'avril à octobre et de 10h à 16h en hiver (dernière entrée à 15h été comme hiver), fermé le lundi et le vendredi. Entrée : £16 en été, £7,50 en hiver.
Le plus grand musée en plein air du Nord de l'Angleterre. Il reconstitue la vie domestique et les activités commerciales d'une petite ville de la région en 1825 et en 1913. Guides en costumes d'époque.

Le plus ancien chemin de fer du monde passe à 5 km au nord de Stanley (sur l'A 6079). Il traverse Causey Arch, pont de chemin de fer, également le plus vieux au monde. Le « Tanfield Railway » expose aussi une collection de locomotives.

BOTANIC GARDEN

Durham university

Fermé à noël et au jour de l'an.

Ce jardin de 9 hectares recèle de nombreuses espèces venant des quatre coins du monde.

DURHAM CATHEDRAL

The College

✆ +44 191 386 42 66

www.durhamcathedral.co.uk

Ouvert tous les jours jusqu'à 18h, et 17h30 le dimanche. Donations encouragées.

Cette cathédrale du plus beau style roman date, dans sa partie visible actuellement, des XIIe et XIIIe siècles, mais sa construction débuta dès le XIe siècle. Elle abrite dans l'angle d'un transept un monastère des XIVe et XVe siècles, dans lequel un musée a été aménagé. L'ensemble est vraiment imposant. Sont enterrés ici saint Cuthbert de Lindisfarne, un des saints les plus vénérés du Nord de l'Angleterre ainsi que le Venerable Bede (IXe siècle), premier grand historien de Grande-Bretagne, aux visions profondes bien que très influencées par les intérêts du Vatican.

MUSEUM OF ARCHEOLOGY

Durham University

Old Fulling Mill

✆ +44 191 334 18 23

archaeology.museum@durham.ac.uk

Ouvert tous les jours de novembre à mars de 11h30 à 15h30 et d'avril à octobre de 11h à 16h. Entrée £1.

Musée d'Archéologie de la région, mais aussi de la Rome et de la Grèce antique et évidemment des Anglo-Saxons.

La fabuleuse histoire de James Cook

Naviguant dès son plus jeune âge comme mousse sur des voiliers caboteurs, Cook, devenu entre-temps capitaine, s'engagea, en 1755, comme matelot dans la Royal Navy. Promu enseigne de vaisseau, il participa aux différentes opérations qui menèrent à la perte du Canada par la France et commença, à cette occasion, sa carrière d'hydrographe en dressant la carte du cours et de l'estuaire du fleuve Saint-Laurent. Ses autres travaux – cette fois dans le domaine de l'astronomie, et récompensés par la Royal Society of Geography de Londres – lui permirent d'être choisi par l'Amirauté britannique pour commander une expédition scientifique d'observation de l'éclipse du soleil par Vénus, à Tahiti. Il fut, en outre, chargé de découvrir et d'explorer les terres encore inconnues du continent austral un instant aperçues par Abel Tasman cinquante ans plus tôt. Ce voyage fut la première des trois célèbres circumnavigations qu'il effectua de 1768 jusqu'à sa mort, en 1779 à Hawaii.
Parti d'Angleterre en août 1768 à bord de la corvette *Endeavour* avec une équipe composée d'astronomes et de naturalistes, il arrive à Tahiti neuf mois plus tard. Après diverses observations, il fit voile vers le sud. Une fois les côtes de la Nouvelle-Zélande cartographiées, il reconnut la côte orientale de l'Australie et le détroit de Torres, puis rejoignit l'Angleterre qu'il atteignit en juillet 1771, après un voyage de trois ans.
Son deuxième voyage, également entrepris à la recherche du continent austral, amena Cook, entre 1772 et 1775, à explorer l'océan Antarctique, entre la Terre de Feu et la Nouvelle-Zélande, sans jamais pouvoir découvrir ce fameux continent. Il franchit à cette occasion, le cercle polaire à deux reprises. Il poursuivit en outre la découverte et la cartographie de nombreuses îles et archipels encore inconnus de l'océan Pacifique. A signaler que le mythe du « bon sauvage », cher notamment à J.-J. Rousseau, a trouvé son origine dans la personne d'un Tahitien de sang royal, ramené en Angleterre par Cook.
Son troisième et dernier voyage le fit naviguer, l'année suivante, des îles Kerguelen à la Tasmanie et de l'Australie au détroit de Béring, puis aux îles Hawaï où il trouva la mort, en 1779, au cours d'une rixe avec les indigènes. Tout à la fois marin, explorateur, hydrographe, astronome, Cook a ouvert, avec Bougainville, l'Europe aux nouveaux mondes de l'océan Pacifique et mérite, à ce titre, de rester l'une des grandes figures du XVIIIe siècle. Il a laissé de précieux journaux et carnets de voyage.

ORIENTAL MUSEUM
Durham University
Elvet Hill
✆ +44 191 334 56 94
www.dur.ac.uk
Ouvert du lundi au vendredi de 10h à 17h, le week-end et jours fériés de 12h à 17h. Entrée : £1,50.
Unique en son genre, il est surtout connu pour ses antiquités orientales (de l'Egypte au Japon en passant par l'Afrique du Nord) et pour ses collections couvrant toutes les périodes et cultures importantes de la moitié du globe.

MIDDLESBROUGH

Middlesbrough est une cité industrielle de 140 000 habitants. Ville portuaire proche de la mer du Nord, située sur la rive sud de la rivière Tees, elle se développe à partir de la moitié du XIXe siècle avec l'industrie sidérurgique. A l'entrée de la ville, on trouve le musée dédié au capitaine James Cook, l'enfant du pays.

CAPTAIN COOK BIRTHPLACE MUSEUM
Stewart Park
✆ +44 16 4231 1211
www.captcook-ne.co.uk
Fermé de novembre à avril.
Ouvert en 1978 pour les 250 ans de la naissance de l'un des plus grands navigateurs de l'histoire, explorateur et cartographe britannique, le musée est aussi la maison de naissance du capitaine James Cook. Des tableaux, diverses maquettes, des documents manuscrits, une salle dédiée à l'anthropologie du Pacifique, des instruments de navigation et quelques reconstitutions des conditions de vie à bord des bateaux de l'époque...

NEWCASTLE – GATESHEAD

281 400 habitants, 400 000 avec les faubourgs. Capitale de l'ancien royaume de Northumbria et actuellement la plus grande ville du Nord-Est de l'Angleterre. A l'origine, il ne s'agissait que d'un des différents bastions qui jalonnaient le mur d'Hadrien. L'agglomération aux sept ponts sur le Tyne s'est par la suite considérablement développée et, au Moyen Age, la ville devint un port militaire redoutable autant qu'une cité commerçante florissante. Le port de Newcastle devint ensuite un centre de construction navale réputé. A l'image de nombreuses autres grandes villes britanniques, Newcastle eut à se relever d'une récession violente au lendemain de la révolution industrielle, pour reconvertir son économie dans le secteur tertiaire, et se donner une identité culturelle attrayante et dynamique. L'érection en 1998 du Angel of the North, sculpture monumentale dont les ailes se déploient sur une ancienne banlieue ouvrière, est le premier symbole fort de cette reconversion.

Deux ans plus tard, la ville inaugurait son Millennium Bridge, destiné à relier les rives de Gateshead à celles de Newcastle et à faire de la rivière, autrefois périphérique, le nouveau centre de ces deux villes qui se présentent désormais comme une seule. Newcastle Gateshead offre aujourd'hui une personnalité intéressante et dynamique. Un arrêt s'impose dans cette charmante cité.

Quartiers

Newcastle City Centre

Du centre-ville, il ne faut pas manquer Grey Street, au cœur de Grainger Town. C'est la partie la plus ancienne et la plus élégante de la ville, avec ses façades d'inspiration néoclassique et elle est aussi l'une des plus passantes. Côté shopping, on rejoint le Eldon shopping centre, en haut de Grey Street, l'un des plus grands du Royaume-Uni.

Les amateurs de boutiques chic et indépendantes iront à Central Arcade, élégante galerie couverte d'époque victorienne, avec ses belles tomettes, ses verres anciens et son bois joliment travaillé. Dans le centre également, la Laing gallery abrite des expositions intéressantes regroupant souvent des artistes du passé à ceux d'aujourd'hui. Black Friars est un havre de paix.

Gateshead et Quayside

Le panorama, des rives de la Tyne est splendide. Il faut aller le voir en soirée, lorsque les sept ponts s'illuminent. La Viewing Box, au 5e étage du Baltic museum, permet d'embrasser du regard la rivière avec ses architectures modernistes. Les deux esplanades qui jouxtent le Sage Building, un auditorium de toute beauté construit par William Foster, sont des espaces où les habitants de Newcastle aiment prendre un bain de soleil et se délasser en contemplant la rivière. Les dimanches, on trouve un marché sur les rives de Quayside, côté Newcastle.

Ne surtout pas manquer lorsque la passerelle du Millennium Bridge se lève, tel un clin d'œil, tous les jours à midi pour laisser passer les bateaux.

Se déplacer

Venant du sud, la voie la plus rapide est l'autoroute A1 (M) ; de l'ouest, l'A69 suit à quelques kilomètres près le mur d'Hadrien ; du nord, l'A1 longe la côte à partir d'Edimbourg ; l'A68, plus en hauteur car elle passe dans les collines, traverse les Borders et les parcs nationaux qui longent les Cheviot Hills, frontière naturelle entre l'Ecosse et l'Angleterre.

L'arrivée

GALLOWGATE COACH STATION

La Compagnie National Express dessert la plupart des grandes villes du pays. Environ un bus toutes les deux heures pour Londres (7h) ; 3 bus par jour pour Edinburgh (3h30) ; et 3 bus pour York (2h30).

Les bus locaux et régionaux partent des gares routières de Haymarket et Eldon Square. Si vous comptez vous déplacer en bus dans la région, l'Explorer North East (£8 pour un jour) vous fera faire des économies. Celui-ci peut être acheté dans les bus.

GARE FERROVIAIRE

Central Station
Neville Street
✆ +44 8457 484 950
Elle est reliée à toutes les grandes villes de Grande-Bretagne. Compter 3h30 pour Londres, 1h30 pour Edinburgh, 1h pour York et environ 20 minutes pour Durham.

LOCATION DE VOITURES

Hertz, Avis et Europcar à l'aéroport de Woolsington
✆ +44 191 286 09 66

NEWCASTLE WOOLSINGTON AIRPORT

Woolsington
✆ +44 871 882 11 21
Sur l'A 696, à 10 km au nord-ouest de la ville.
Un vol direct par jour sur Paris avec Air France. Vols intérieurs vers Londres, Birmingham, Bristol, Aberdeen, Manchester.

En ville

Le centre de Newcastle peut très bien s'explorer à pied. La ville et ses alentours sont également bien desservis par le métro et les bus. Infos Traveline – www.nexus.org.uk

CYCLE CENTER

248-254 Shields Road Byker
✆ +44 191 265 14 72
www.cyclecentreuk.co.uk

QUAYLINK

Les bus jaunes Quaylink 1 et 2 font la jonction entre Newcastle centre, les quais et Gateshead (Q1). Desservent aussi les banlieues proches comme Jesmond ou Oseburn (Q2).

TYNE AND WEAR METRO

Deux lignes de métro fonctionnent chaque jour de 5h à minuit. La verte rejoint l'aeroport, la jaune la gare centrale.

Pratique

BANQUES

Partout dans le centre-ville. Ouvertes du lundi au vendredi.

OFFICE DU TOURISME DE NEWCASTLE GATESHEAD

Central Arcade
Market street
✆ +44 191 277 80 00
www.visitnewcastlegateshead.co.uk
Ouvert toute l'année. En juillet et août de 9h30 à 19h et le dimanche à partir de 13h. De septembre à juin, ouvert de 10h à 17h et le dimanche de 14h à 18h. D'octobre à mars, ouvert le dimanche de 14h à 17h.
Renseignements sur la ville, mais aussi sur de petits villages de la côte nord, faciles à rejoindre en transports en commun et sur la ville de Durham, à 20 minutes en train.

ROYAL VICTORIA INFIRMARY

Queen Victoria Road
✆ +44 191 233 61 61

Se loger

Certains hôtels du centre-ville ont un tarif horaire au lieu d'un tarif journalier mais ce n'est pas la norme. Les prix sont souvent plus bas les week-ends. Vous pouvez toutefois vous fier aux établissements suivants.

AUBERGE DE JEUNESSE YHA

107 Jesmond Road
✆ +44 870 770 59 72
Newcastle@yha.org.uk
Ouverte du 2 janvier au 23 décembre. La solution la moins chère (£20 et £16 pour les enfants de moins de 18 ans) mais l'auberge ferme ses portes à 23h.
Dans une petite maison victorienne de la banlieue mais accessible par métro.

COPTHORNE HOTEL

Quayside House
110 Quayside
✆ +44 191 222 03 33
sales.newcastle@millenniumhotels.co.uk
Chambre double avec petit déjeuner à partir £90
Cet hôtel est parfait pour admirer les ponts s'illuminer à la nuit tombée. Il présente tout le confort nécessaire à un court séjour. Il se trouve sur les quais du Tyne à quelques minutes du quartier des restaurants et des bars.

HÔTEL DU VIN

Allan House
City road
✆ +44 191 229 22 00
www.hotelduvin.com
A partir de £135 pour une chambre double.
La chaîne d'hôtels a eu la bonne idée de transformer une ancienne usine de bateaux à vapeur en établissement tout confort. Des photographies des anciens ouvriers et de leur travail ornent les couloirs. Les 42 chambres portent chacune le nom d'une marque de vin ou de champagne. On apprécie la hutte à cigares dans la cour et les douches « mousson » dans les chambres. Une belle adresse pour se faire plaisir.

THE NEW KENT HOTEL

127 Osborne Road
✆ +44 191 281 77 11
www.newkenthotel.co.uk
Compter £95 la chambre double.
L'hôtel est accueillant, propre et tranquille. Toutes les chambres ont une salle de bains. Les enfants qui partagent la chambre de leurs parents ne payent pas. Comme dans tous les hôtels de la ville, les tarifs pratiqués le week-end sont plus bas que ceux de la semaine. Le restaurant de l'hôtel a gagné une certaine réputation (environ £22 le repas).

Se restaurer

Newcastle City Centre

CAFE ROYAL

8 Nelson Street
✆ +44 191 231 30 00
Des plats à partir de £5.
Non loin de Grey Street se trouve ce café élégant et sympathique, idéal pour se délasser à toute heure de la journée. On vient ici pour boire un thé avec une pâtisserie, ou pour manger sur le pouce. Tortellinis, saumon, salades… Dans un cadre chic, mais avec un style de service type cafétéria. Toujours plein.

PANI'S CAFE

61-65 High Bridge
✆ +44 191 232 43 66
www.paniscafe.co.uk
Menu à partir de £12.
Un sympathique et authentique café italien au cœur de la ville. De bons paninis, des pâtes en sauce ou des soupes sont servis au déjeuner. Le risotto est la spécialité du chef.

RASA

27 Queen street
✆ +44 191 232 77 99
www.rasarestaurants.com
Compter 20 à 25 pour un menu.
Un excellent restaurant indien qui sert des spécialités de Kerala, au sud-ouest de l'Inde. Dans une salle aux reflets roses, on écoute de la musique indienne contemporaine, on boit de la bière Cobra et on commande du riz à la noix de coco et un gâteau Payasam. De bons moments gastronomiques.

Gateshead et Quayside

CAFE 21

Trinity gardens, Quayside
✆ +44 191 222 07 55
www.cafetwentyone.co.uk
Compter environ £35 par personne. Entre 17h30 et 19h, plat £14 et £16,50. Les menus du midi sont intéressants.
Une brasserie assez chic de Terry Laybourne, un chef étoilé au Michelin, qui sert une cuisine internationale moderne de qualité.

LA TASCA

106, Quayside
✆ +44 191 230 40 06
www.latasca.co.uk
Menu tapas à partir de £15,95.
Bar à tapas de la chaîne aux 60 restaurants. Terrasse en été sur les quais.

Sortir

Newcastle City Centre

CROWN POSADA

31 Side
✆ +44 191 232 1269
Un pub victorien authentique, tout en longueur, qui sert de la très bonne real ale. Pour fond musical, de vieux standards passent sur un gramophone ! Jolis plafonds avec moulures, miroirs ornés de dorures et vitraux forment le cadre élégant de ce pub ultra populaire.

SECCO

86 Pilgrim street ✆ +44 191 230 07 77
www.seccouk.com
Ouvert jusqu'à 1h du matin du vendredi au dimanche et minuit le reste de la semaine.
Etablissement agréable tenu par une famille d'Italiens qui fait aussi restaurant et brasserie. Les fumeurs apprécieront la terrasse du premier étage qui leur est réservée. Tous les soirs, promotion sur un cocktail, vendu à £3,95.

Gateshead et Quayside

CUMBERLAND ARMS

Ouseburn
James Place Street ✆ +44 191 265 61 51
www.thecumberlandarms.co.uk
Dans cette maison d'esprit très banlieue campagnarde, on trouve une clientèle venue se décontracter et rechercher une ambiance plus arty, à l'écart des adresses du centre-ville. La terrasse surplombe la vallée et offre de belles vues panoramiques, où de vieux édifices industriels sont perdus au milieu des arbres et des jardins aux herbes folles. Bonne *ales* en pression, concerts à l'étage, un incontournable pour rencontrer la bohème de Newcastle.

INDULGE MALMAISON BAR

104 Quayside ✆ +44 191 245 50 00
www.malmaison-newcastle.com
Ouvert de 10h jusqu'à tard.
Dans un édifice classé qui donne sur le Millenium Bridge. Le bar offre un design intérieur cosy, aux couleurs chatoyantes, où déguster un cocktail, un bon vin. On met ici un point d'honneur à attirer des gens avec une certaine classe, pour une ambiance glamour et select sur deux étages.

PITCHER AND PIANO

108 Quayside ✆ +44 191 232 41 10
www.pitcherandpiano.com
Cette chaîne de bars restaurants, présente dans toutes les grandes villes, a pour particularité de bien choisir son emplacement. Cette fois, c'est sur les berges de la rivière qu'on le trouve, à côté du Millenium Bridge et en face du Baltic. On la recommande surtout aux beaux jours, pour ses agréables terrasses et balcons extérieurs. On apprécie les grandes baies vitrées qui donnent sur le Tyne.

THE TYNE BAR

Mailing street ✆ +44 191 265 2550
www.thetyne.com
Sous un pont en briques et à côté d'une écluse, ce bar se distingue par sa localisation inattendue et sa décoration loufoque. Miroirs en mosaïques où se reflètent la moquette à carreaux verts imitation tartan écossais. Une scène extérieure attire les groupes locaux et la bière est toujours fraîche. Un coin alternatif et agréable.

À voir – À faire

Newcastle City Centre

CASTLE KEEP

Saint Nicholas Street ✆ +44 191 232 79 38
www.castlekeep-newcastle.org.uk
D'avril à septembre de 9h30 à 17h30 et d'octobre à décembre de 9h à 17h. Entrée : £4.
Le « Newcastle », qui donne son nom à la ville, fut bâti en 1080 par le fils illégitime de Guillaume le Conquérant. A l'origine construit en bois, il fut réédifié en pierre par Henri II, entre 1168 et 1178. Il ne reste aujourd'hui du château que le donjon. Au premier étage se trouve un petit musée, et au deuxième, on découvre le Great Hall avant de finir l'ascension de la tour, pour une superbe vue panoramique sur la ville.

LE NORD

Façades anciennes à Chester, ville très attractive du Cheshire.

LAING ART GALLERY
Higham Place
New Bridge Street
✆ +44 191 232 77 34
Ouvert de 10h à 17h du lundi au samedi, le dimanche de 14h à 17h. Entrée gratuite.
La galerie la plus grande et la plus complète du Nord-Est de l'Angleterre. Très belle collection de peintures et d'aquarelles des XVIIIe et XIXe siècles ainsi que d'art contemporain. A noter également, l'argenterie locale des XVIe et XVIIe siècles, la verrerie du XVIIIe siècle et les sculptures d'Henry Moore.

SAINT NICHOLAS CATHEDRAL
Saint Nicholas Street
✆ +44 191 232 19 39
www.stnicholascathedral.co.uk
Du lundi au vendredi de 7h à 18h, le samedi de 8h30 à 16h et le dimanche entre 7h et 12h et 16h et 19h.
Cette cathédrale qui fut construite en majeure partie aux XIVe et XVe siècles, possède une tour d'une rare beauté en forme de couronne. Elle est appelée la Lantern Tower, car une lumière se trouvait autrefois à son sommet pour guider les bateaux. Il n'existe que quatre tours semblables dans le pays, (dont celle de l'église St Giles, à Edinbourg) et celle-ci est la plus ancienne (1470). Selon la légende, des prisonniers du nord de la frontière y auraient été séquestrés, en 1644, pour empêcher leurs compatriotes d'attaquer la cathédrale.

DISCOVERY MUSEUM
Blandford Square
✆ +44 191 232 67 89
www.twmuseums.org.uk
Ouvert du lundi au samedi de 10h à 17h. Dimanche de 14h à 17h. Entrée gratuite.
Un très esthétique musée sur la ville, son fleuve et la région. Le *Turbinia*, le bateau le plus rapide du monde... en 1897, vous accueille avant d'explorer trois étages aux expositions passionnantes. Il faut y consacrer au moins deux bonnes heures.

Gateshead et Quayside

ANGEL OF THE NORTH
Eighton Banks, Gateshead. A1 Sortie Gateshead
www.gateshead.gov.uk/angel
A environ 8 km au sud de Newcastle.
Cet ange en fer, sculpté par Anthony Gormley, est la plus grande sculpture de Grande-Bretagne. Elle pèse 20 t, mesure 20 m de haut et l'envergure des ailes de l'ange est plus large que celle d'un Boeing 767. A voir absolument ! Pour vous y rendre avec les transports en communs, empruntez les Bus 723 ou 724 depuis Eldon Square ou 21, 21A et 21B depuis Odeon.

THE BALTIC
Gateshead Quays South Shore Road
Gateshead
www.balticmill.com
A pied prendre le Millenium Bridge à partir de Newcastle Quayside.
L'ancien entrepôt vaut à lui seul d'être admiré ! Il accueille aujourd'hui plusieurs expositions d'art contemporain sur quatre étages, dans des galeries très volumineuses ! Au 5e, la Viewing Box a spécialement été aménagée pour pouvoir avoir des vues panoramiques de la rivière. Une boutique sympathique se trouve au rez-de-chaussée. Le restaurant au 6e étage est très couru autant pour la vue que pour la qualité de la cuisine.

THE SAGE GATESHEAD
St Mary's Square
✆ +44 191 443 46 61
www.thesagegateshead.org
L'auditorium conçu par Norman Foster décline des thématiques marines. Sa forme organique évoque un coquillage géant ou l'ondulation des vagues. Cette forme sans angles assure une acoustique tellement exceptionnelle que des chefs d'orchestre ou des chanteurs lyriques font eux-mêmes la demande de venir se produire sur place ! On recommande d'entrer dans cet édifice splendide pour prendre le temps de visiter del'intérieur.

HADRIAN'S WALL

Le monument le plus colossal de l'Antiquité traverse l'Angleterre entre Carlisle et Newcastle-upon-Tyne. Des sentiers accessibles aux randonneurs de tous niveaux et des pistes cyclables s'étendent le long des vestiges, au milieu d'un magnifique paysage. Il est aussi possible d'emprunter un bus reliant les différents sites romains entre eux au départ de Newcastle et de Carlisle. Si vous visitez les sites en voiture particulière, les centres d'information de la région vous fourniront un guide de visite très utile, été comme hiver.

Se loger

Bien et pas cher

■ ONCE BREWED YOUTH HOSTEL
Military Road
Bardon Mill, Hexham ✆ +44 845 371 97 53
oncebrewed@yha.org.uk
Prix : à partir de £16 la nuit et £12 pour les moins de 18 ans. Ouvert de février à novembre.
A 1 km du mur d'Hadrien et des sites à visiter. L'auberge de jeunesse est souvent complète en été.

Confort ou charme

■ BUSH NOOK B&B
Brampton
Upper Denton Gisland
NORTHUMBERLAND NATIONAL PARK
✆ +44 16 9774 7194 – info@bushnook.co.uk
Gîte et chambres d'hôtes à partir de £40 la nuit par personne.Petit déjeuner inclus. Accès Wifi.
L'excellent M. Malcom Redmam et sa femme Jenny, propriétaires de la guesthouse Busnook, sauront vous séduire par leur bonne humeur perpétuelle, leur gentillesse et leur serviabilité. Difficile à trouver, surtout en hiver, le gîte se trouve tout proche du petit village de Gisland, après le passage à niveau, sur un petit chemin de terre à votre gauche. Si vous aimez le calme et la campagne, les oiseaux et la verdure, vous trouverez ici votre bonheur. Les chambres sont propres et *cosy* sans artifice, les salles de bains petites mais fonctionnelles. Tout autour, de nombreux chemins pour randonneurs ou cyclistes et bien évidemment, le parc national de Northumberland, le mur d'Hadrien, le fort romain de Birdoswald et le site de Vindolanda.

■ CARRAW BED AND BREAKFAST
Military Road
Carraw Farm
Humshaugh ✆ +44 14 3468 9857
Fax : +44 14 3470 0800
http : //www.carraw.co.uk
4 chambres à partir de £65, petit déjeuner inclus. Parking.
Cette jolie maison de pierre, propriété de Kevin, Leah et leur petite fille, se trouve dans le comté du Northumberland, tout proche du mur d'Hadrien. Entourée de magnifiques paysages, elle est le point de départ de nombreuses balades avec en prime, parmi les plus beaux vestiges romains encore visibles comme le fort romain d'Housesteads ou le temple de de Mithras. Chambres petites mais très coquettes, salle de bain ou rien ne manque, petit déjeuner fameux, l'endroit se révèle une adresse idéale pour tous les amoureux de nature et d'histoire.

■ CHERRY GROVE GUEST HOUSE
Carlisle
87 Petteril Street ✆ +44 1228 541 942
www.cherrygroveguesthouse.co.uk
Chambre double à partir de £32,50 par personne. Déjeuner inclus et parking privé.
Une charmante petite maison en briques rouges de style victorien. Les propriétaires, Neil et Margaret, sauront vous aider à vous orienter pour aller au centre-ville à 10 minutes en marchant.

À voir – À faire

HADRIAN'S WALL

www.hadrians-wall.org

Il y a près de 2 000 ans, en l'an 122, l'empereur Hadrien ordonna la construction de ce mur pour marquer la délimitation de l'Empire romain et le protéger des Barbares. Le mur, dont il reste peut-être la moitié, est jalonné de monuments, de sites d'intérêt et de possibilités d'hébergement. On peut longer en voiture les 35 km les plus intéressants sur la B 6318 (au nord de l'A 69) ou à pied, au départ de Lanercost Priory, à 20 km à l'est de Carlisle et à 3 km à l'ouest de Brampton, petit village qui inspira Walter Scott. Sur le site de cet ancien prieuré, une pierre signale que les moines avaient droit à 25 pintes (15 litres) de bière par jour et à 50 pintes le dimanche ! La partie du mur la mieux conservée – le prieuré de Lanercost n'est pas la seule construction de la région à s'être servie du mur comme carrière de pierre – s'interrompt à Chesters Fort, au nord de Hexham. Les randonneurs doivent compter deux jours pour ce trajet (des bus peuvent les ramener à leur point de départ).

Pour l'hébergement et tous renseignements pratiques concernant la région, Haltwhistle dispose d'un bureau du tourisme à la gare (✆ +44 1434 322002) qui propose une liste de chambres chez l'habitant. Au nord du mur s'étend le Border Forest Park. Au centre, le Kielder Water, un grand lac assez isolé, attire de nombreux amateurs de nature. Le mur et le parc naturel sont traversés par le Pennine Way, un chemin de randonnée qui vient des Midlands et s'interrompt sur la « Border ». Ce chemin suit le mur sur une douzaine de kilomètres.

MUSÉE DE L'ARMÉE ROMAINE

Bardon Mill ✆ +44 14 3434 4277

www.vindolanda.com

Entrée £9,50 par adulte, £5,25 par enfants de plus de 5 ans pour le musée et le site archéologique de Vindolanda.Ouvert de 10h à 16h de mi-février à novembre.

Ce superbe musée de l'armée romaine est composé de trois galeries principales regroupant plusieurs objets en bois, en tissu, beaucoup de chaussures... nous renseignent sur la vie quotidienne des soldats et de leurs familles entre le Ier et IVe siècle après J.-C. Les célèbres tablettes d'écriture en bois dont plusieurs textes ont été conservés, présentent des lettres personnelles, des listes d'approvisionnement, et des rapports militaires, témoignant de la vie quotidienne des protagonistes de cette époque. Une projection dans une salle de cinéma 3D vous fera survoler le mur dans son ensemble. Des animations pour les enfants et un magasin de souvenir complètent les lieux.

SITE ARCHÉOLOGIQUE DE VINDOLANDA

Steel rigg – www.vindolanda.com

Entrée £6,25 par adulte. Enfants de plus de 5 ans £4. Ouvert de mi-février à novembre.

Le site archéologique de Vindolanda est le plus important des forts romains du mur d'Hadrien. C'est ici, en 1973, que l'on a découvert lors de fouilles dans une fosse enfouie et inondée, les célèbres tablettes de bois. Elles constituent une source inédite d'informations sur le site lui-même, sur la Bretagne romaine et même, plus généralement, sur la vie dans l'Empire à cette période. De Carlisle à Newcaste, le mur d'Hadrien réserve de nombreux sites intéressants comme Birdoswald, Housesteads, des paysages exceptionnels, Sycamore Gap par exemple, qui a servi de décor naturel pour le film *Robin de Bois*, prince des voleurs avec Kevin Costner.

ALNWICK

Ce charmant village, à une heure environ de Newcastle est surtout connu pour son superbe château fortifié. La place de la ville abrite également le Barter Books, le plus grand marché européen du livre d'occasion ! Un village agréable, avec de belles plages, idéal pour une journée en plein air.

THE ALNWICK GARDEN

Denwick Lane ✆ +44 1665 511 350
www.alnwickgarden.com
Entrée adulte £11,40, enfant £3,80. Ouvert de 10h à 17h en haute-saison.
Ce grand parc fleuri, situé non loin du château, offre, entre autres curiosités, une surprise architecturale : the Treehouse. Il s'agit en fait de plusieurs maisons qui furent construites en prenant appui sur des troncs d'arbre. Architecture et nature se mélangent de façon très écolo. La maison elle-même a été faite en bois. L'intérieur est incroyable, dans lequel on peut dîner et assister à des concerts les jeudis et vendredis soir.

ALNWICK CASTLE

www.alnwickcastle.com
Ouvert du 31 mars au 29 octobre de 10h à 17h. Entrée : £13,30 adulte, £6,65 enfant de plus de 5 ans.
La forteresse qui domine l'agglomération demeure le bastion de la famille Percy, ducs héréditaires du Northumberland. L'intérieur du château est sublime et ses collections d'art accumulées depuis le XIVe siècle auraient de quoi rendre jaloux bien des musées. Le parc vaut également le détour.

OFFICE DU TOURISME D'ALNWICK

2 The Shambles
✆ +44 1665 511 333

ALNMOUTH

FAIRFIELD HOUSE

16 Station Road Warkworth,
Northumberland
Alnmouth
✆ +44 166 583 04 01
www.fairfield-guesthouse.com
A partir de 80 £ la nuit.
Une jolie maison victorienne. Les chambres sont modernes et les salles de bains spacieuses.

NORTHUMBERLAND NATIONAL PARK

BUSH NOOK B&B

Brampton
Upper Denton Gisland
✆ +44 16 9774 7194
Voir page 519.

BAMBURGH

LINDISFARNE CASTLE

C'est une forteresse datant des Tudor, récemment transformée en maison privée. A voir aussi, un monastère et un prieuré avec un petit musée, ainsi que la Saint Aidan's Winery où se déguste et s'achète une liqueur à base de miel, le Mead.

BERWICK-UPON-TWEED

MEADOW HILL GUESTHOUSE

Duns Road ✆ +44 1289 306 325
www.meadow-hill.co.uk
Compter de £30 à 50 par personne.
Ce petit hôtel offre une vue panoramique sur la vallée. Le salon possède un coin cheminée des plus agréables.

PAXTON HOUSE

www.paxtonhouse.co.uk
Construite en 1758, c'est un bel exemple des maisons palatines du XVIIIe siècle. La maison possède une gamme impressionnante de meubles chippendale.

PAYS DE GALLES (CYMRU)

Réservoir Craig Gochau au sein de l'Elan Valley

Pays de Galles

Vers Irlande
Llanrhystud
POWYS
Rhayader
CEREDIGION
CAMBRIAN
Abeaeron
A44
Llandrindod Wells
Aberporth
Builth Wells
ANGLETERRE
A487
Lampeter
Cardigan
Llandysul
A483
Llanwrtyd-Wells
Pembrokeshire Coast National Park
Newport
Fishguard
Llandovery
Hereford
Crymych
St. David's Head
HEREFORD
CARMARTHENSHIRE
Sennybridge
Brecon
PEMBROKESHIRE
Talgarth
St. David's
A465
A40
Carmarthen
Llandeilo
Black Mountain
Brecon Beacons National Park
Crickhowell
St. Bride's Bay
Whitland
Haverfrdwest
A40
Skenfrith
Narberth
St. Clears Sanclêr
Cross Hands
Milford Haven
Merthyr Tydfil
Abergavenny
Kidwelly
Llanelli
Tenby
Pembroke Dock
Burry Port
A465
Neath
Carmarthen Bay
Swansea
St. Govan's Head
Rhossili
Chepstow
Pontypridd
Newport
Worms Head
Port Talbot
M48
Port-Eynon
M4
Avonmouth
Bridgend
Cowbridge
CARDIFF
0
20 km
M5
Bristol
BRISTOL CHANNEL

Cardiff (Caerdydd)

330 000 habitants, un dixième de la population totale du pays de Galles. Cardiff, nommée capitale du pays de Galles en 1955, vous réserve beaucoup de surprises : de beaux musées, une baie très moderne, une vie nocturne trépidante…

Histoire

Pourtant, au début du XVIIIe siècle, la ville n'était encore qu'un petit village assoupi, jusqu'à ce que l'on découvre, au début du XIXe siècle, d'importants gisements de charbon dans la vallée de Rhondda. Cardiff connut un boum pendant la révolution industrielle grâce à cet « or noir » dont elle devint le plus grand exportateur au monde : jusqu'à 13 millions de tonnes quittaient le port en 1913 !

Les bâtiments les plus significatifs de la ville furent construits lors de cette période économique florissante, dont le City Hall, le Coal Exchange et l'université. Cette prospérité industrielle ne laissa pas de côté l'épanouissement des arts ! Le musée de Cardiff peut aujourd'hui s'enorgueillir de sa collection de peintures et sculptures, venues de l'Europe entière. Elle fut acquise grâce à la fortune et la générosité d'une riche famille d'industriels, les Davies. C'est également à cette période que le château normand se para de ses atours néogothiques, sous l'impulsion de l'excentrique marquis de Bute, dont la famille finança aussi la construction des docks de la ville.

La Seconde Guerre mondiale mit un terme à cet âge d'or de la ville. Le port tomba en désuétude et la triste vasière devint une zone insalubre et désertée, dans laquelle la population du centre cessa de s'aventurer.

Dans les années 1980, un programme de réhabilitation fut mis en place afin de redonner au port sa fonction de « figure de proue » dans l'économie de la ville. Aujourd'hui, le pari est gagné et c'est sur cette identité portuaire que Cardiff travaille. Devenir une capitale européenne dynamique et un port d'importance dans le réseau des échanges internationaux, tel est son projet actuel majeur.

Cardiff a également construit des alliances stratégiques avec les ports britanniques qui eurent un destin de grandeur similaire au sien : Belfast, Dublin, Edimbourg, Glasgow et Liverpool.

Le second levier de la ville est événementiel. La construction du gigantesque Millennium Stadium et d'autres infrastructures sportives a permis à Cardiff de figurer parmi les six villes britanniques en compétition pour accueillir les Jeux olympiques de 2012. En favorisant la venue d'événements sportifs mondiaux, notamment les compétitions de rugby et de foot, Cardiff souhaite renforcer son image médiatique de ville dynamique et encourager les connexions et les investissements à une échelle planétaire.

La ville aujourd'hui

La capitale la plus jeune d'Europe offre aujourd'hui un visage inégal et imprévisible. Il faut savoir que cette ville est l'une de celles qui s'accroissent le plus rapidement en Europe. On y sent partout un appétit de construction immobilière… Impressionnant ! La permanence de l'élégant château fait mouche au milieu de tout cela. Cerné de verdure, épargné par les désordres de la ville en constante mutation, son calme s'est propagé au nord-est, plutôt sage, où se trouvent l'université, le Cardiff City Hall et le Musée national. Au nord-ouest, s'étend le vaste parc de Bute, où l'on peut se promener le long de la rivière Taff. C'est également ici que l'on embarque sur un Waterbus pour redescendre le cours d'eau jusqu'à la baie de Cardiff et son quartier flambant neuf, à ne pas manquer !

Du château, il est rapide de rejoindre, par Queen Street, le quartier le plus animé de la ville. Il s'étend entre le boulevard de Nantes, St. Mary Street et Bute Terrace. Une succession de halles et de centres commerciaux, de nombreuses boutiques et de larges rues piétonnes sont les ingrédients de sa popularité. Au cœur de cette agitation, se trouve l'église Saint-Jean-Baptiste, dont la jolie tour médiévale tranche sur les édifices alentour. Le contraste est explosif, entre sa façade et les structures du Wales Millennium Centre que l'on voit apparaître à l'horizon. Autour de l'église, Church Street, la halle couverte du Old Brewery et Mill Lane abritent de nombreux restaurants. C'est également ici que se trouve le sympathique marché couvert, avec ses étals avenants de poissons, fruits et légumes. Concernant la vie nocturne, tout se passe essentiellement autour de St. Mary Street, située dans le prolongement de High Street, où l'on trouve la plupart des night-clubs. Les

étudiants se retrouvent pour le « Warm Up », dans les bars du Mill Lane qui la jouxtent. Mais cette partie de la ville fait aujourd'hui l'objet d'un vaste chantier de réaménagement, ce qui lui donne forcément une allure un peu désordonnée ! Juste sorti de terre le gigantesque centre commercial St. Davids 2 en témoigne.
À l'extrémité sud de la ville, Cardiff Bay donne une impression absolument différente du centre. L'ancien port, devenu une baie branchée, poursuit son rôle moteur dans les évolutions de la ville. Il hissa autrefois Cardiff au rang de plus grand exportateur de charbon au monde et c'est encore ici que les capitaux affluent aujourd'hui. Autour de la baie, tout n'est qu'hôtels de luxe, restaurants « tendance » et bureaux de grandes firmes. Les architectures des édifices rivalisent en taille et en design. Le port aura finalement toujours donné le pouls de la ville !
Mélange de styles et de cultures, ambiance jeune voire très jeune, surtout durant l'année scolaire où le centre-ville et les pubs sont peuplés d'étudiants anglais et gallois, Cardiff se porte bien : on y est Gallois et fier de l'être, on cultive ses traditions tout en s'adaptant au modernisme.

QUARTIERS

City Centre

L'animation sur les terrasses dans ce quartier est à son comble pendant les douces soirées d'été et de printemps. On y mange des plats venus du monde entier : espagnols, thaïlandais… et gallois aussi, bien sûr !

Pontcanna, Cathays et Bute Park

Dans ce quartier résidentiel, au nord de Cardiff, on peut dénicher de très bonnes adresses, fréquentées par les locaux essentiellement.

Cardiff Bay et Bute Town

Tout le long de la baie, les offres de restauration ne manquent pas et de nombreux établissements proposent une formule à la fois bar et restaurant. Il y en a donc pour tous les goûts mais les lieux, très à la mode, en profitent souvent pour augmenter leurs prix.

SE DÉPLACER

L'arrivée

Avion

AÉROPORT INTERNATIONAL DE CARDIFF
Vale of Glamorgan ✆ +44 1446 711 111
www.tbicardiffairport.com
L'aéroport est situé à une vingtaine de kilomètres au sud de l'agglomération. Les bus n° X95 et X91 (£3) relient l'aéroport à la ville du lundi au samedi, et le X5 (£2,85) le dimanche. La station du bus est visible depuis la sortie de l'aéroport.

AIR FRANCE
✆ 36 54 – www.airfrance.fr
Air France assure une liaison quotidienne directe de Paris à Cardiff : vol à 19h05 pour une durée de 1h30. Cinq vols avec escale à Amsterdam sont également possibles. La compagnie propose également des départs de plusieurs villes de province via Paris ou Amsterdam.

CARDIFF INTERNATIONAL AIRPORT
Tredogan
✆ +44 1446 711 111 – www.cwlfly.com

Train

ARRIVA TRAINS
St Marys House
47 Penarth Road
✆ +44 845 606 16 60
www.arrivatrainswales.co.uk
Pass pour découvrir soit le Sud soit le Nord et les Mid-Wales : £57 ; pour explorer tout le pays : £84.
Il s'agit de la compagnie ferroviaire la plus importante du pays. Elle propose des connexions pour l'ensemble des régions ainsi que pour Londres et Bristol. Un bon plan aussi : ses formules de pass, qui donnent un accès illimité aux trains et aux bus, selon les régions que vous souhaitez visiter, à des prix très compétitifs.

SWALEC Stadium
BLACKWEIR
Corbett Rd
King Edward VII Ave
College
Road
Museum Av
Alexandra Gardens
A470 North Road
Police
City Hall Road
Sophia CLose
Cooper's Field
Coach Park
River Taff
Sophia Gardens
Cathedral
A4119
Road
Kingsw
St David's Hospital
Bute Park
Château de Cardiff
Cowbridge Road East
Lower Cathedral Road
The City Temple
Seventh Day Adventist Church
Castle St
Duke S
Westgate Street
Womanby St
High St
Quay St
Neville Street
Cardiff Arms Park
Despencer Street
Millenium Stadium
Machen Place
Mosquée Jahlia
Craddock St
Gloucester Street
Clare Street
Despencer Place
Fitzhammon Embankment
Shiloh Pentecostal Fellowship
Islamic Shikka Prostisan
Millenium Plaza
Ninian Park Road
Tudor Street
Wood Stree
Central Squa
Sri Dasmais Singh Sabha Gurdwara Bhatra Sikh Centre
Central Station
Pendyris Street
Court Rd
Shree Kutchi Leva Patel Samaj
Temple Swaminarayan

Cardiff
Cathays
IVIC CENTRE
Senghenydd Road
Sherman Theatre
Christadelphians
Museum Pl
Park Grove
Spiritualist Church
National Museum Cardiff
Park
Gorsedd Gardens Rd
ity Hall
Gorsedd Gardens
St Andrews Pl
St Andrews Cres
Eglwys Dewi Sant
Place
oulevard de Nantes
Stuttgarter Strasse
Windsor
Église réformée
Dumfries Place
New Theatre
Windsor Lane
Place
Greyfriars Road
Park Place
The Friary
Queen St
Working St
Cathedrale Saint-David
Charles Street
Eglwys Ebeneser
Nth Edward St
Churchill Street
hurch St
Église Saint-Jean-Baptiste
St David's Hall
Quaker Meeting House
Hills St
Marché
The Cardiff Story
Wharton St
St Mary St
The Hayes
Bridge Street
David St
Mary Ann St
Eglwys y Tabernacl
Caroline St
Bute Terrace
Custom Ho. St
Bute Street
Penarth Rd
Callaghan Square
Herbert St
Eglwys y Crwys
Richmond Road
Mansion House
Cardiff Buddhist Centre
St Peter's R.C. Church
West Grove
East Grove
The Parade
Tredegarville Baptist Church
The Healing Church
A4161
Newport Road
Fitzalan Place
Fitzalan Road
ADAMSDOWN
Station Terrace
Queen Street
Guild. Cres
Sandon St
Adam Street
Information touristique
Monument ou curiosité
Église
Mosquée
Centre bouddhiste
Temple hindouiste
Lieu de culte sikh
Théâtre ou lieu culturel
Gare
Aquabus
Police
Divers
Rues piétonnes

Les immanquables du pays de Galles

- **Le parc du Pembrokeshire :** des kilomètres de côtes protégées, des falaises sculptées par le vent… La section la plus belle est celle de la côte ouest qui va de St Dabid à Solva. Autour de Fishguard, au nord, on trouve les meilleurs chemins de randonnées.
- **La péninsule de Gower :** plages et balades de bord de mer somptueuses et d'accès facile. Le village de Mumbles, où est né le poète Dylan Thomas est un point de chute idéal pour une exploration de la péninsule, très bien desservie par les bus.
- **Cardiff :** la capitale la plus jeune d'Europe.
- **Au nord :** la ville d'Aberyswyth et les montagnes de Snowdonia sont les deux incontournables.

CARDIFF CENTRAL RAILWAY STATION
Central Square ✆ +44 8457 484 950
Sur Wood Street, au sud-ouest du centre-ville à côté du Millennium Stadium et juste après la gare routière.
Départ pour toutes les villes principales du pays. Pour le sud : lignes directes pour Merthyr d'où l'on rejoint la ville de Brecon (parc de Brecon Beacons), Penarth, principale station balnéaire des côtes du Glamorgan, Swansea, principale ville de la péninsule de Gower, Chepstow dans la vallée de la Wye…

NATIONAL RAIL ENQUIRIES
✆ +44 8457 484 950 / +44 20 7278 5240
www.nationalrail.co.uk
Le numéro central pour obtenir des renseignements sur les lignes et horaires des trains dans tout le pays.

Bus

CARDIFF BUS
Wood Street www.cardiffbus.com
✆ +44 2920 666 444 / +44 8712 002233
Juste à côté de Cardiff central bus station.
Bureau d'information ouvert du lundi au vendredi de 8h30 à 17h30 et le samedi de 9h à 16h30.
C'est la compagnie de bus locaux qui s'occupe exclusivement des lignes de Cardiff, Penarth et Barry. On achète son billet directement dans le bus et on pense à faire l'appoint car le chauffeur ne rend pas la monnaie. Des pass à la journée (£3) ou à la semaine (£14) sont aussi disponibles et incluent un nombre illimité de trajets.

CARDIFF CENTRAL BUS STATION
Central Square
Sur Wood Street, au sud-ouest du centre-ville à côté du Millennium Stadium et juste avant la gare ferroviaire.
A noter : il n'existe pas de bureau d'information général. Les renseignements sur les lignes et horaires peuvent se trouver sur les panneaux indicatifs ou auprès de chaque compagnie. Sinon, il est encore plus facile de téléphoner directement à Traveline.

Bateau

AQUABUS
Cardiff Marina, Ferry Road
Cardiff Bay
✆ +44 2920 345 163
✆ +44 2920 399 433
www.cardiffaquabus.com
Un départ par heure. Bateau accessible aux personnes handicapées.
Un bateau-bus blanc qui fait la liaison entre le centre-ville et Cardiff Bay en passant par Penarth. Départ de Bute Park, près de Cardiff Castle ; arrivée à Mermaid Quay, au cœur de la baie.

CARDIFF WATERBUS
Mermaid Quay, Cardiff CF10 5BZ
✆ +44 7940 142 409
www.cardiffwaterbus.com
Des bateaux jaunes pour des balades de découverte de la baie ou pour des liaisons directes jusqu'à Penarth pour admirer le barrage (pas de trajet vers le centre-ville).

En ville

CHECKER CARS
✆ +44 1446 711 747
www.checkercars.com
Ouvert tous les jours, 24h/24. Pour se rendre dans le centre, compter un peu moins de £30 et 20 à 25 minutes s'il n'y a pas de circulation.
Une station de taxis très organisée et professionnelle. Ne pas hésiter à réserver à l'avance par téléphone ou e-mail.

TRAVELINE
✆ +44 871 200 22 33 – www.traveline.info
Une organisation qui regroupe toutes les informations sur les transports en commun et les délivre sur Internet ou par téléphone. Elle inclut tout type de transport pour les trajets locaux ou plus longs dans tout le Royaume-Uni.

La vallée de la Wye

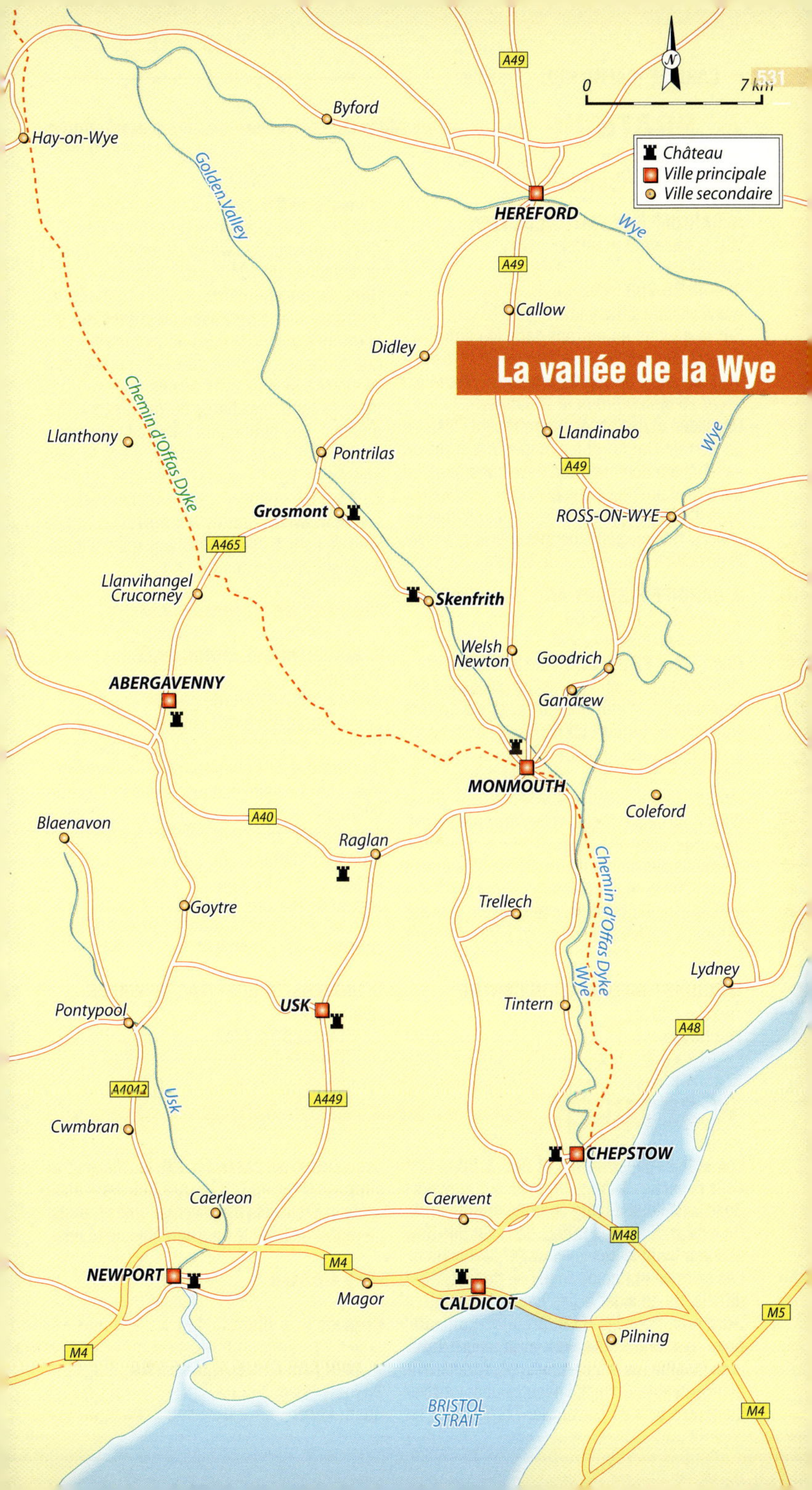

PRATIQUE

Tourisme – Culture

CARDIFF BAY VISITOR CENTER

Wales Millenium Center
Cardiff Bay
✆ +44 29 2087 7927
www.visitcardiffbay.info
Sur la gauche en entrant dans le centre.
Ouvert tous les jours de 10h à 18h et jusqu'à 19h les jours de représentations. Fermé les 25 et 26 décembre et le 1er janvier.
Une vidéo et des panneaux retracent l'histoire du port de Cardiff et les étapes majeures de sa réhabilitation et de son développement. Le documentaire renseigne aussi sur les investissements prévus pour la baie, sur les prochaines années. Une maquette permet enfin d'apprécier la structure d'ensemble de la baie.

CARDIFF HISTORY AND HAUNTINGS

✆ +44 75 388 786 09
www.cardiffhistory.co.uk
Entre £3 et £7 par personne selon la visite.
Jim Cowan propose des visites guidées et des promenades, plutôt originales, et qui sortent vraiment des sentiers battus. Vous pourrez ainsi à ses côtés vous plonger dans l'univers des rois, des princes, des pirates et même... des fantômes ! Une mention spéciale à son « Ghost Walk », au cours duquel vous serez réellement immergé dans les légendes et histoires de fantômes des alentours de Cardiff. Egalement des visites dont le contenu peut paraître plus traditionnel, mais Jim nous réserve toujours des surprises ! A faire absolument pour découvrir ou redécouvrir Cardiff sous un autre angle.

TOURIST INFORMATION CENTRE

The Old Library
The Hayes
✆ +44 2920 873 573
www.visitcardiff.com
Dans les rues piétonnes du centre-ville.
Ouvert du lundi au samedi de 9h30 à 17h30 et le dimanche de 10h à 16h.
Dans ce bureau d'information touristique, on trouve de nombreuses brochures sur les endroits à visiter et sur l'hébergement ainsi que toute une gamme de petits souvenirs à rapporter. Si vous avez besoin d'un coup de main, le centre se charge de vos réservations d'hôtels. Les petits plus : accueil charmant, accès à Internet, et, surtout, c'est le seul endroit de la ville qui fait consigne (casiers de £3 à £7 - penser à venir rechercher son sac pendant les heures d'ouverture). Le site Web de l'office est lui aussi une mine d'infos. A consulter sans hésiter.

Moyens de communication

BIBLIOTHÈQUE MUNICIPALE

The Hayes
✆ +44 2920 382 116
centrallibrary@cardiff.gov.uk
Depuis mars 2009, la bibliothèque municipale de Cardiff a pris possession d'un immeuble tout moderne et immanquable construit parallèlement au centre commercial St. David's 2 qui lui fait face. On accède ici gratuitement à des ordinateurs que l'on peut réserver à l'avance, et à Internet. Pratique et, comme son nom l'indique, central !

Santé – Urgences

UNIVERSITY HOSPITAL OF WALES

Heath Park
✆ +44 2920 74 7747

SE LOGER

Les hôtels, guesthouses et Bed & Breakfast sont répartis, à l'est, en ville sur Newport Road, et à l'ouest, côté château et Bute Park. On trouve aussi des hôtels dans Cardiff Bay, et notamment le très luxueux St. Davids Hotel. Les soirs de match de rugby ou de foot, il est difficile de se loger et les hôtels augmentent leurs prix. Pour les B&B, préférez Cathedral Road, qui longe Bute Park et la rivière Taff : cette longue rue est tranquille et particulièrement agréable. On met 5 minutes pour y arriver du centre-ville en suivant le « Taff Trail », un petit chemin qui passe derrière les maisons et qui longe la rivière Taff jusqu'à Bute Park et au château. C'est côté pair, avec verdure et terrain de rugby, qu'il est le plus agréable de résider.

City Centre

Bien et pas cher

AUBERGE DE JEUNESSE YHA

2 Wedal Road
Roath Park

✆ +44 845 371 93 11
Fax : +44 2920 464 571
cardiff@yha.org.uk
A 3 km du centre de la ville, près de Roath Park, un des nombreux parcs de la ville, dans le quartier étudiant. On y accède en Bus 29 ou 29 B en 20 min. A partir de l'autoroute M4, prendre l'A48 jusqu'à la sortie de l'A470. Prendre la première à gauche au rond-point, suivre Whitechurch Road jusqu'au tournant à gauche vers Fairoak Road.
Suivre la route vers le rond-point. Prendre la gauche vers Wedal Road, l'auberge est sur la droite.
68 lits. Réception toute la journée. A partir de £14 pour les adultes et £10,50 pour les moins de 18 ans. Petit parking disponible.
Choix entre chambres privées ou collectives. Simple et correct.

■ **THE RIVER HOUSE BACKPAKERS**
59 Fitzhamon Embankment
Riverside
✆ +44 2920 399 810
www.riverhousebackpackers.com
En face du Millennium Stadium, en longeant la rivière.
Pour un lit dans un dortoir de 4 à 6 personnes, compter de £16 à £21. Pour une chambre double avec deux lits séparés, compter de £20 à £25 par personne.
Coup de cœur pour cette petite auberge propre et chaleureuse qui fait presque penser à un bed and breakfast. Située sur plusieurs étages dans une jolie maison, elle dispose de tout ce qu'un budget serré mais exigeant peut espérer : accueil agréable, chambres très correctes, cuisine bien aménagée avec thé et café gratuits, accès Internet gratuit en wi-fi, lounge avec grande télévision plasma et DVD à emprunter, salle à manger claire et petit jardin. Une adresse à retenir donc. Et s'il n'y avait plus de place, on peut toujours se diriger vers une autre auberge, Nosda, à quelques pas de là.

Confort ou charme

■ **SLEEPERZ**
Saunders Road
✆ +44 2920 478 747
Fax : +44 2920 478 750
www.sleeperz.com
A deux pas de la gare Cardiff Central.
Chambre double de £55 à £145. Restaurant, bar. Dans les chambres : TV, téléphone vers le Royaume-Uni gratuit, wi-fi gratuit, coffres spacieux.
Une adresses récente, moderne, au style acidulé et où le sourire est au beau fixe. Ses avantages principaux : elle est parfaitement située, juste à côté de la gare, facilitant les départs en excursion, et l'accueil y est particulièrement gentil. L'hôtel propose deux types de chambres : des « compactes », petites mais ultra-fonctionnelles et confortables où, de la bouilloire au sèche-cheveux en passant par le petit bureau, rien n'a été oublié ; et des plus spacieuses, à préférer pour des séjours plus longs. Le restaurant, original, est entourré d'une baie vitrée et donne sur la rue, amusant pour observer les passants en cassant la croûte.

■ **THE BIG SLEEP HOTEL**
Bute Terrace
✆ +44 2920 636 363
www.thebigsleephotel.com
Chambre double à partir de £45. £69 avec petit déjeuner. Connexion Internet wi-fi d'une heure pour £2. 3 chambres sont équipées pour accueillir les personnes handicapées.
Hôtel tendance, avec des rideaux en moquette et des tables en Formica. Les chambres spacieuses ont un design très minimaliste, qu'adoucit un camaïeu de couleurs pastel. Pas de fenêtres mais d'immenses vitres d'où l'on a des vues panoramiques très urbaines et cinématographiques. Les petits déjeuners, servis dans une salle à manger rose bonbon, sont copieux. Pour les plus branchés, le penthouse vaut le détour. Le bar, tout rouge, pourrait servir de décor à un nouvel épisode d'Austin Powers. Le tout est parrainé par l'acteur John Malkovich, en photo dans de nombreuses chambres et dans les locaux communs.

Luxe

■ **HILTON HOTEL**
Kingsway
✆ +44 2920 646 300
www.hilton.co.uk/cardiff
Tarifs très variables selon la catégorie de chambre, la saison et le jour. Restaurant, bar, piscine, salle de musculation, wi-fi.
Un hôtel élégant et glamour au cœur de la ville, tout près du château et de la station de train. De la façade au mobilier des parties communes, son design tout en courbe en souligne les volumes toujours spacieux. Les chambres sont d'une élégance discrète et reposante, et l'on peut profiter d'un centre de remise en forme et d'une piscine. Après l'exercice, vous pouvez choisir de vous détendre au Spa ou au piano-bar, avant de vous offrir un bon dîner au restaurant, de qualité.

NOVOTEL
Schooner Way Atlantic Wharf
✆ +44 2920 475 000
www.novotel.com
Chambre double de £80 à £100. Piscine, sauna, Jacuzzi, 2 salles de gym, bar, restaurant, point Internet gratuit à la réception et adsl payant dans les chambres.
Design intérieur assez sophistiqué pour cet hôtel bâti dans un mélange de briques et de baies vitrées. Au rez-de-chaussée, se trouve un bar confortable, très pop art avec ses larges banquettes et ses couleurs acidulées. L'élégant restaurant offre à la carte des plats gourmands. Le buffet du breakfast est somptueux. On accède aux chambres par un ascenceur de verre qui dessert les étages. Le mobilier est élégant et design, et compte un vaste bureau d'où l'on peut se connecter au wi-fi de l'hôtel. Et si l'ambiance est plus à la détente qu'au travail, on peut s'offrir une session cinéma en profitant d'une selection de DVD (payant) – dont la banque de données est accessible du grand écran plat –, se lover dans un fauteuil pour une séance de lecture ou prendre un grand bain dans l'immense salle de bains.

THE PARC BY THISTLE****
Park Place
✆ +44 871 376 9011 / +44 845 305 8311
Fax : +44 871 376 9111
www.thistlehotels.com/cardiff
Sur une perpendiculaire à Queen's Street et à deux pas du New Theatre.
140 chambres dont 11 suites. Chambre double de £89 à £250 ; suite de £139 à £300. Trois chambres pour personnes handicapées. Restaurant, bar-brasserie, bar à champagne, coin salon, salle de gym. Parking et wi-fi payants.
Un hôtel classe logé dans un haut lieu historique où se tenaient autrefois les réunions des députés gallois avant la construction de l'assemblée à Cardiff Bay. Le bâtiment, datant de l'époque victorienne, est classé. Tout est fait pour conserver ce patrimoine tout en offrant un maximum de confort et de modernité. L'hôtel a été entièrement rénové en 2008. Les chambres, spacieuses et parfaitement aménagées, se sont alors dotées d'une décoration contemporaine et d'un mobilier chic et cosy. Récemment ouvert : un restaurant haut de gamme, The Social, tenu par le chef étoilé Martin Blunos ainsi qu'une brasserie, Harlech Brasserie & Bar, permettant de dîner dans une atmosphère décontractée. Les clients peuvent utiliser gratuitement la salle de gym située juste en face de l'hôtel. Et pour les amateurs d'anecdotes : on raconte que Nelson Mandela séjourna au Thistle...

Pontcanna, Cathays et Bute Park

Bien et pas cher

UNIVERSITY OF WALES
Conference Office, Campus Services
Division Southgate House
Bevan Place
✆ +44 2920 874 616
www.cardiff.ac.uk/conferences
Ouvert de fin-juin à mi-septembre. A partir de £24,55 pour une personne et de £47,75 pour deux.
On loge dans les chambres des étudiants partis en vacances. Le nombre de chambres varie entre quatre et huit par appartement où se trouve aussi une cuisine commune. Certaines chambres ont leur propre salle de bains. Un mode de logement original !

Confort ou charme

ANNEDD LON GUEST HOUSE****
157 Cathedral Road
✆ +44 2920 223 349
www.anneddlon.co.uk
Compter £40 la single, £55 la double ou la twin. Prix éventuellement négociables en basse saison. Petit déjeuner inclus. Parking. Télévision dans toutes les chambres, wi-fi dans certaines.
Une des plus charmantes adresses de Cathedral Road où l'on se sent presque chez soi. Décoration fleurie et peinture rose, atmosphère chaleureuse et traditionnelle, accueil très sympathique des propriétaires, confort impeccable... Que demander de plus ?

PRESTE GAARDEN HOTEL
181 Cathedral Road
✆ +44 2920 228 607
Fax : +44 2920 374 805
www.cosycardiffhotel.co.uk
Chambre simple à partir de £35, double à partir de £59. Wifi, parking.
Cet hôtel tenu par John et Sarah, un couple très sympathique, était à l'origine un consulat norvégien doublé d'une mission de marins. « Preste Gaarden » signifie en norvégien « la maison dans le jardin où vit le prêtre ». Preste Gaarden a été en effet pendant longtemps la

demeure du prêtre norvégien qui faisait aussi office d'ambassadeur ! L'établissement est d'un excellent rapport qualité-prix. L'accueil est charmant et John s'enhardit à vous faire la conversation en français.

THE TOWN HOUSE HOTEL
70 Cathedral Road
✆ +44 2920 239 399
Fax : +44 2920 223 214
www.thetownhousecardiff.co.uk
8 chambres. Compter à partir de £49,5 pour une chambre simple et £69,5 pour une double.
Magnifique B&B plein de charme, arrangé avec beaucoup de goût, moquette moelleuse partout, porcelaine et peintures au mur. Les chambres sont toutes impeccablement propres et chaleureuses. On prend son petit déjeuner au salon Breakfast autour d'une grande table en compagnie des autres hôtes de la maison.

Luxe

LINCOLN HOUSE HOTEL
118 - 120 Cathedral Road
South Glamorgan
✆ +44 2920 395 558
Fax : +44 2920 230 537
www.lincolnhotel.co.uk
24 chambres. Compter £69,50 pour une simple et de £89 à £120 pour une double, petit déjeuner inclus.
Deux maisons jumelles victoriennes offrent 20 chambres. Spacieuses, elles sont toutes équipées d'une salle de bains privée, d'une télévision, d'un bureau et d'une ligne directe. Les deux chambres avec un lit à baldaquin ont un charme très particulier. Les vitraux sont authentiques, le bar superbe. Tout y est confort et élégance feutrée. C'est un véritable plaisir.

Cardiff Bay et Bute Town

THE SAINT DAVID'S HOTEL AND SPA
Havannah Street ✆ +44 2920 454 045
Fax : +44 2920 487 056
www.thestdavidshotel.com
32 chambres dont 26 suites. Compter de £100 à £300 selon la catégorie, la saison et le jour. Restaurant, bar, Spa…
Hôtel 5-étoiles à Cardiff Bay, dont les habitants de la ville sont très fiers ! On le reconnaît par la drôle de voile qu'il porte sur son toit et son aspect très moderne avec une structure en verre toute moderne. Beaucoup de chambres donnent sur le port de Cardiff et bénéficient d'une vue magnifique. L'ensemble est décoré de manière assez épurée et vivifiante, sans être minimaliste. Les atouts principaux de ce bijou d'hôtel sont son architecture saisissante, son atmosphère chic et relaxante et son superbe Spa : Jacuzzi, piscine, sauna et possibilités de soins comme des massages ou des bains d'algues… Sympa, non ?

Norwegian Church, située à Cardiff Bay

SE RESTAURER

La ville compte un grand nombre de restaurants aux cuisines venues de tous les horizons. Le soir, on peut se diriger vers le nord, quartier de St. John Church et dans d'autres pubs du côté de New Theatre. Ce petit centre-ville constitue la vieille ville dont les rues pavées et les petits monuments raviront le photographe. Plus au sud, ne ratez pas les pubs très animés de Mill Lane et la galerie de la Old Brewery.

City Centre

Bien et pas cher

CAFE EUROPA
25 Castle Street
✆ +44 2920 667 776
Compter £10 pour un menu.
On vient ici pour grignoter des sandwichs, prendre une salade bio et finir par un thé ou un café issus du commerce équitable. Des expositions et des concerts sont organisés dans ce café-bar très hétéroclite.

CAFE MINUET
42 Castle Arcade
✆ +44 2920 341 794
Compter £12.
Petit restaurant italien, aux prix très sages et dans lequel on mange ses pâtes en écoutant de la musique classique. Mini-pizzas à prix gourmands !

CELTIC CAULDRON RESTAURANT
47-49 Castle Arcade
✆ +44 2920 387 185
Fax : +44 2920 708 853
Ouvert de 8h30 à 18h30 du lundi au vendredi. Le samedi de 8h à 18h et de 11h à 16h le dimanche.
Face au château, sous les arcades, le Celtic Cauldron est un café take-away. Tout frais sortis du four et dirigés vers la vitrine appétissante, les cheese cake faits maison, carrot cake, blackberry et apple pies vous mettent en appétit. Mais avant de penser au dessert, on peut aussi déguster quelques-unes des recettes galloises traditionnelles pas chères. Au menu : Glamorgan sausages (fromage, oignons, herbes, œufs, pelures de pain brun, le tout roulé et frit), Welsh rarebits (fromage grillé), laverbread (plat à base d'algues, à goûter). Et si vous avez un peu traîné au lit ce matin, le Celtic Cauldron offre des petits déjeuners toute la journée pour £4.

FONTANA DE TREVI ET TOPO GIGIO PIZZERIA
11-12 Church Street
✆ +44 2920 344 794
Ouvert tous les jours de midi à 23h. Pizza £10, plat à partir de £13.
Deux restaurants à succès tenus par le même propriétaire, Toni Venditto. Ambiance ritale assurée, pizzas authentiques. Ce sont les restaurants italiens préférés des habitants de Cardiff.

GIO'S CIAO CIAO
38 The Hayes
✆ +44 2920 220 077
Fermé le dimanche. Prix très corrects.
Petit restaurant italien traditionnel.

THE YARD
42- 43 St. Mary Street
✆ +44 2920 227 577
www.yardbarkitchen.co.uk
Entrée possible par la galerie de Brewery Quarter.
Ouvert tous les jours jusqu'à 1h du matin. A la carte, £15.
Cette ancienne brasserie a été reconvertie en un grand pub qui offre une très bonne carte. On y trouve du Welsh rarebit (fromage fondu sur du pain), des grandes salades, des sandwichs, du poisson… La spécialité de la maison est le fire and sticks, mélange de morceaux de viande, de poisson et de légumes grillés au barbecue. Les bières à la pression viennent tout droit de leur brasserie, située à côté.

Bonnes tables

LA BRASSERIE
60-62 St. Mary Street
✆ +44 2920 372 164
www.labrasserierestaurant.co.uk
Au bout de Mill Lane, prendre à droite.
Prix abordables.
Très animé avec une bonne sélection de bons petits plats ! Salades, grillades, fruits de mer...

CARDIFF CASTLE WELSH BANQUET
au sein du château.
✆ +44 2920 878 100
www.cardiffcastle.com
Compter £40 par personne. Appeler pour réserver.
Le château de Cardiff accueille groupes et touristes pour de « véritables soirées médiévales ». On y mange comme à l'époque,

entouré de musiciens en costume qui jouent de la harpe et autres instruments traditionnels. Si l'on ne veut pas casser sa tirelire mais profiter tout de même de ce cadre royal, on peut s'offrir le thé l'après-midi, dans le petit salon.

CROWN SOCIAL

Park Place
Restaurant de l'hôtel The Parc by Thistle
✆ +44 2920 785 593
crownsocial.co.uk
Sur une perpendiculaire à Queen Street et à deux pas du New Theatre.
Ouvert 7j/7, de midi à 15h et de 17h à 22h. Compter £20-25.
Lancé début 2011 par l'hôtel The Parc, Crown Social peut se vanter d'être l'un des seuls établissements de Cardiff tenu par un chef étoilé. Martin Blunos, l'un des chefs les plus renommés du pays, propose ici une cuisine délicate et travaillée pour les palais les plus exigeants. On se délecte de plats qui mêlent influences du monde et saveurs galloises traditionnelles dans une ambiance chic et décontractée. Une réussite !

GARLANDS COFFEE SHOP

4 Duke Street Arcade ✆ +44 2920 666 914
Ouvert du lundi au samedi de 9h à 17h et le dimanche de 11h à 16h.
Juste en face du château, dans une galerie marchande victorienne, l'ambiance est confidentielle : peintures en faux bois, cheminée en trompe-l'œil et chaises cannées. Sandwichs, salades, plateau de fromages. On y vient aussi bien pour déjeuner que pour boire un thé.

LAS IGUANAS

8 Mill Lane ✆ +44 2920 226 373
cardiff@iguanas.co.uk
Service jusqu'à 23h. Plats principaux entre £8 et £13.
Fort de seize ans d'existence, ce restaurant s'est taillé une belle réputation. La carte y est latine à dominante brésilienne, mais on trouve aussi des plats argentins et espagnols. Le Xinxim, qui serait, paraît-il, le plat préféré de Pelé, y est délicieux ! Il s'agit de poulet au citron vert dans une sauce d'écrevisses et cacahuètes, accompagné de riz et de banane plantain. La musique alterne entre bossa-nova et pop hispanique. On trouve une bonne sélection de Cachaças concoctées avec les propres cultures de canne du restaurant, au Brésil. La Germana vieillie trois ans en fûts de chêne est délicieuse, mais attention c'est fort… Très efficace si l'on veut se réchauffer les oreilles !

THAI EDGE

Unit 8a
The Old Brewery Quarter
✆ +44 2920 235 665
www.thaiedge.co.uk
Bon rapport qualité-prix. Compter £25-£30.
On déguste les mets classiques de Thaïlande dans un décor design : murs blancs, canapés beiges, petites statuettes asiatiques, tiges de bambous et grands lampions se balançant au bout de longues baguettes créent une atmosphère sophistiquée et très relaxante. Les serveuses, vêtues de costumes traditionnels, travaillent dans le calme et de façon soignée, dans les règles de l'hospitalité.

Pontcanna, Cathays et Bute Park

CIBO

83 Pontcanna Street
✆ +44 2920 232 226
Plat de pâtes autour de £9.
Encore un restaurant italien ! Les prix ici sont plus raisonnables que dans le centre et l'on y mange très bien. Outre les classiques, on déguste des pâtes aux tomates cerises, avec des petits piments, des anchois et des câpres ou avec des tomates, du porc fumé, des piments…

LE GALLOIS/ Y CYMRU

6-8 Romilly Crescent
Canton
✆ +44 2920 341 264
Restaurant sophistiqué tenu par des Français avec, comme son nom l'indique, un menu franco-gallois. Les habitants de Cardiff ne manqueront pas de vous demander ce que vous en pensez, si vous êtes français. On trouve à la carte joue de porc, poissons, gibiers…

Cardiff Bay et Bute Town

BOSPHORUS

31 Mermaid Quay
✆ +44 2920 487 477
www.bosphorus.co.uk
Ouvert tous les jours midi et soir. A la carte compter £25. Menu 4 plats (copieux) : £23,45.
Le seul restaurant turc de Cardiff se situe dans un superbe bâtiment du XVIIIe siècle qui se trouve sur la jetée. On choisit entre des plats turcs classiques comme les mezze en entrée ou des viandes et poissons marinés puis grillés.

FFRESH
Wales Millennium Centre
✆ +44 2920 636 465
www.ffresh.org.uk
Ouvert du mardi au samedi de 11h à 20h et le dimanche de 12h à 20h. Menu déjeuner : £14,95. Menu dîner : £17,95. 10 % de remise sur les boissons après une représentation.
Un mix réussi entre bar, café et brasserie. On y sert aussi bien des snacks que de copieux menus, des pizzas maison que des tapas de viande, poisson et fromage. L'endroit est spacieux, irradié aux beaux jours par la lumière de la baie. Le restaurant est d'un design fonctionnel et élégant. En été, il compte aussi une terrasse extérieure…

TERRA NOVA
Stuart Street
Mermaid Quay
✆ +44 2920 450 947
www.terranovacardiff.com
Compter £20 pour un menu. Ouvert tous les jours à partir de 10h, jusqu'à 2h du matin le samedi, 1h du matin le vendredi, minuit le jeudi et 11h les autres jours.
Ce bar-restaurant porte le nom du voilier sur lequel embarqua le capitaine Scott, à Cardiff, pour explorer l'Antarctique, en 1910. L'ambiance est théâtrale, dans ce lieu qui s'étage sur plusieurs niveaux. Cordages, filets et voiles sont suspendus au plafond et des sabres sont accrochés aux murs. Mappemondes, cartes et statuettes exotiques évoquent les explorations de contrées lointaines. Des étages, on accède à de longues et étroites terrasses, semblables à des passerelles, suspendues au-dessus de la baie. Par temps mauvais, on peut se lover dans l'un des salons-alcôves décorés de tentures murales. Côté restauration, la carte est variée. On trouve tous les classiques de pubs mais aussi un bon choix de tapas gallois. Un endroit sympathique où il fait bon jeter l'ancre, le temps d'un verre ou d'un repas.

SORTIR

L'essentiel de l'activité nocturne se concentre sur Mill Lane et St. Mary Street. Pour une ambiance moins étudiante et délurée, plus chic et glamour, on peut rejoindre Cardiff Bay et passer la soirée dans l'un des bars-restaurants de Mermaid Quay. Vous pouvez aussi aller faire un tour du côté de Greyfriars Road, où les clubs et bars à cocktails proposent une ambiance plus sélecte, aussi destinée à un public moins jeune.

Cafés – Bars

City Centre

CAPSULE
48 Charles Street
✆ +44 8717 030 961
Chic et trendy mais néanmoins assez décontracté. On y vient pour boire un café, manger une pizza ou une assiette de pâtes et aussi pour les expos d'artistes locaux.

CITY ARMS
10 Quay Street ✆ +44 2920 225 258
www.thecityarmscardiff.com
Clientèle assez jeune, étudiante mais pas seulement. On joue de la musique du coin, Manic Street Preachers et Super Furry Animals. Beau pub en bois, plutôt rustique.

METROPOLIS
60 Charles Street
✆ +44 2920 344 300
Resto-bar à cocktails dans le quartier des théâtres, plus calme que Scrum ou Brannigans. De grands fauteuils bleus et mauves, des toiles aux murs et expositions de photos. Ici, on se veut plutôt classe et trendy. Bonne liste de 78 vins.

METROS
Baker's Row
✆ +44 2920 371 549
Ouvert jusqu'à 3h le week-end. Entrée £5.
La pièce, profonde et tout en longueur, basse de plafond et partiellement éclairée, a un côté tunnel. Le public y est jeune, grunge, rock'n roll. La musique indie, baggy beats, les bières pas chères à £1,50, c'est ici !

OLD ARCADE
14 Church Street
✆ +44 2920 217 999
Ouvert du dimanche au jeudi de 11h30 à 23h et les vendredis et samedis jusqu'à 1h.
Ambiance populaire dans ce pub gallois typique où l'on peut manger sur le pouce. L'ambiance est chauffée à blanc les soirs de match.

OLD BREWERY
St. Mary Street
www.cardiffoldbreweryquarter.co.uk
Cette arcade offre une ambiance semblable à celle d'une rue. Bordée de bars, allant du pub au bar à cocktails sophistiqué, on passe d'un lieu à un autre, le verre à la main, ou l'on prend le temps de s'asseoir à l'une des terrasses. Le public est très mélangé. On trouve bien entendu des étudiants mais également une clientèle moins jeune ou des couples. Un endroit sympathique le week-end pour s'échauffer tranquillement avant d'aller danser dans l'un des clubs, autour St. Mary Street...

OLD ORLEANS
Fairfax House
18-19 Church Street
✆ +44 2920 222 078
www.oldorleans.com
Café-bar-restaurant sympa pour manger tex-mex ou boire un verre. Fait partie d'une chaîne de pubs très confortables, où jeunes et familles semblent se côtoyer dans la plus grande harmonie. C'est un peu l'usine mais pas trop cher.

THE NEW YORK DAILY
High Street Arcade
✆ +44 2920 388 388
Prix modiques. La carte, très fournie, propose près d'une cinquantaine de plats. L'endroit ne contient qu'une très longue table où des étudiants boivent leur thé en lisant le journal. Il s'agit, en fait, d'un take-away.

VARSITY
Greyfriars Road
✆ +44 2920 232 562
www.varsitybars.com
Ouvert tous les jours de 9h à... tard !
Voilà l'ondroit idéal pour aller voir évoluer le XV du Poireau. Le Varsity compte une dizaine de télévisions et deux écrans géants ! Les soirs de match, pensez à arriver tôt car l'endroit est vite bondé.

Pontcanna, Cathays et Bute Park

MOCHYN DU
Sophia Close, Sophia Gardens
✆ +44 2920 371 599
Dans une perpendiculaire à Cathedral Road.
Panneaux de bois sur les murs et véranda donnent une bonne ambiance à ce pub, un peu en dehors du centre-ville. On peut y dîner des plats traditionnels comme le *cawl* et l'agneau rôti.

Clubs et discothèques

City Centre

CLWB IFOR BACH
11 Womanby Street ✆ +44 2920 232 199
Fax : +44 2920 230 429
www.clwb.net
Ouvert à partir de 22h.
On le surnomme le Welsh Club. Beaucoup de « galloisants » et de musique galloise live mais aussi des gigs et jam sessions... Le prix d'entrée varie selon le show.

PHILHARMONIC
St Mary Street
www.cardiffphilharmonic.com
Pub ouvert à partir de midi. Entrée environ £3.
« The Philly », comme on l'appelle plus communément, a l'avantage de fermer tard. Trois étages avec trois styles de musique différents : house, garage. Réputé depuis des années pour être le point de rendez-vous des étudiants en médecine, le pub est devenu un club (licence jusqu'à 2h du mat'). Mais l'ancienne clientèle estudiantine du Philly a été dérobée par les toutes jeunes boîtes installées de part et d'autre du pub, rendant les soirées dans le Philly un peu plus calmes.

THE KINGS CROSS
25 Caroline Street ✆ +44 2920 649 890
Ouvert aussi pendant la journée.
C'est le pub gay de Cardiff, ambiance funky et techno surtout le dimanche pour la soirée Aftershock. Le Kings Cross est un peu une institution, mais qui pourrait, selon les rumeurs, fermer définitivement ses portes prochainement.

THE TIGER TIGER
The Friary
Greyfriars Road ✆ +44 2920 391 944
www.tigertiger-cardiff.co.uk
Ouvert de midi à 2h. Entrée de £5 à £8.
L'ambiance se veut ici trendy, et vise une clientèle peut-être plus âgée que celle du quartier de St. Mary. Le club se divise en deux étages qui contiennent chacun deux salles avec leurs bars respectifs. Toutes sont spacieuses, décorées de façon plutôt design et dans des ambiances différentes. La musique est assez hétéroclite : funk, R'n'B...

■ **TOUCAN CLUB**
23 Womanby Street
✆ +44 7850 461 684
www.toucancardiff.co.uk
Bons concerts live assez régulièrement. Musique ethnique, galloise, reggae, un peu de tout en fait… et en plus de qualité.

■ **ZYNC BAR**
63 St Mary Street/Mill Lane
✆ +44 2920 345 189
Une ambiance détendue et un public hétéroclite. Bon éventail de musique et sets de DJ très variés : les mardis sont consacrés à la musique latine, les jeudis aux concerts et les mercredis aux sets de R'n'B. Si le public est enthousiaste, le bar reste ouvert jusqu'à 3h30.

Spectacles

City Centre

■ **CINEWORLD**
Mary Ann Street
✆ +44 871 200 2000
www.cineworld.co.uk

■ **THE NEW THEATRE**
Park Place
✆ +44 2920 878 889
www.newtheatrecardiff.co.uk
Ouvert de 10h à 18h et jusqu'à 20h les soirs de représentation pour acheter les tickets sur place. Prix des places de £6 à £160.
Large gamme de représentations : on passe des pièces de théâtre aux comédies musicales et aux ballets. Certains spectacles sont en langue étrangère ou en gallois mais toujours surtitrés. Sarah Bernhardt, Laurel et Hardy ainsi qu'Anna Pavlova font partie des célébrités internationales ayant foulé les planches de cet illustre théâtre.

■ **VUE CINEMA**
Millennium Plazza
Wood Street
✆ +44 8712 240 240

Pontcanna, Cathays et Bute Park

■ **SHERMAN CYMRU**
Senghennydd Road ✆ +44 2920 646 900
www.shermancymru.co.uk
La Sherman Theatre Company présente un répertoire anglais classique ainsi que des pièces en gallois. Beaucoup de thèmes gallois. En 2011 il est en pleine rénovation, pour une période de plus d'un an, la réouverture se fait attendre avec impatience.

Cardiff Bay et Bute Town

■ **WALES MILLENNIUM CENTRE**
✆ +44 870 040 20 00
www.wmc.org.uk
Le centre d'arts de Cardiff Bay se veut être l'une des plus grandes scènes d'Europe ainsi qu'un haut lieu de promotion de la vie artistique. Depuis son ouverture en novembre 2004, le Ballet national du pays de Galles ainsi que l'agence de la Promotion de la littérature galloise y tiennent leurs répétitions et réunions. Le Millennium Centre attire tous types de publics puisque chacune de ses salles de spectacle a un programme différent et des tickets à des prix raisonnables.

À VOIR – À FAIRE

Visites guidées

■ **FLAT HOLM ISLAND**
Queen Alexandra House
Cargo Road
✆ +44 2920 877 912
www.flatholmisland.com
De mars à octobre. Compter £16,5 A/R pour un adulte, £8 pour un enfant et £1 pour un ticket familial.
De Cardiff Bay, on peut se rendre sur l'île de Flat Holm, aujourd'hui une réserve naturelle qui compte des colonies impressionnantes d'oiseaux marins. Une fois sur place, vous pouvez, de mars à octobre, suivre une visite guidée de 3 heures sur l'île. On vous conduira aux meilleurs endroits pour observer la faune marine. Vous croiserez peut-être George sur votre route, la tortue sauvage et mascotte de l'île !

■ **SEE WALES SIGHSEEING TOURS**
National Museum
✆ +44 2920 227 227
www.seewales.com
Tarifs : £45 pour un adulte, enfant : £25. Départs du National Museum à 9h et retour à 17h30. Itinéraire différent chaque jour.
Une façon de découvrir les attraits historiques et naturels du sud du pays. Trois circuits

différents sont proposés : l'un pour les amoureux de la nature dans le parc national de Brecon Beacons, l'autre dans la vallée de la Wye sur des sites romains et médiévaux, et le troisième au bord de la mer, dans la péninsule de Gower.

City Centre

CARDIFF CASTLE

Castle Street
✆ +44 2920 878 100
Fax : +44 2920 231 417
www.cardiffcastle.com
Ouvert tous les jours de 9h à 18h (dernière entrée à 17h). De novembre à février : ouvert tous les jours de 9h à 17h. Horaires sous réserve de modification. Entrée : £8,95 par adulte, £6,35 pour les enfants (5 à 16 ans).

A l'origine de ce trésor architectural, il y a un fort romain construit il y a plus de 2 000 ans. Les Romains avaient érigé, sur ce point de verdure, des fortifications pour faire de Cardiff une base navale et un comptoir commercial. Au XIe siècle, après avoir envahi la région, les Normands utilisèrent les murs romains comme fondations pour construire leur propre forteresse. Et enfin, après avoir changé plusieurs fois de propriétaires, le château de Cardiff devint, au XVIIIe siècle, la propriété de la famille la plus connue au pays de Galles, la famille Bute. A la fin du XIXe siècle, le troisième marquis de Bute, réputé comme étant l'homme le plus riche d'Europe à l'époque, réinvente le château de Cardiff avec l'aide de l'architecte William Burges. L'association de ces deux hommes, un jeune homme polyglotte passionné de sciences naturelles et un architecte extravagant amoureux de Moyen Age, conduira à la création d'un château qui détonne de tous ceux que l'on peut voir aux environs. Style empreint de caractéristiques médiévales avec abondance d'or, de framboise et de bleu canard, mélange des genres, inscriptions en grec, hébreu, latin.

La nursery, dont les murs dallés illustrent trente contes pour enfants, de *Robin des bois* à *La Belle au bois dormant*, est une merveille. A chaque pièce, un style différent ; du patio, pâle copie de Pompéi, au salon d'hiver, une seule constante : la répétition d'images et de peintures de perroquets, animal fétiche de Burges.

Il arrive qu'on organise un banquet médiéval en soirée, une façon amusante de s'imprégner d'histoire. On regrette le passage éclair du tour guidé de 45 minutes qui ne laisse pas vraiment le temps d'apprécier les détails et les images, ni l'atmosphère des lieux. Quant au parc, paons et canards s'y baladent autour des transats mis à disposition des touristes. La tour normande offre un panorama intéressant sur la ville, et la taille du parc laisse deviner l'importance du fort normand qui s'y trouvait.

ÉGLISE SAINT-JEAN-BAPTISTE

Church Street
www.eglisestjeanbaptiste.com

C'est le plus vieil édifice de Cardiff. On remarque d'emblée sa belle tour, finement ornée, coiffée de pinacles et de onze cloches ! La fonction sociale qu'a toujours voulue avoir l'église galloise est ici à l'œuvre. On y fait sonner l'orgue plusieurs fois par semaine, au lunch time, et des concerts gratuits sont organisés en soirée, dont on trouve le programme affiché à droite de la porte d'entrée principale.

Et ce n'est pas tout ! L'église abrite également son salon de thé et quelques tables dans le jardin où l'on bavarde au calme, à l'ombre des arbres, pas très loin des pierres tombales !

NATIONAL MUSEUM CARDIFF

Cathays Park
✆ +44 2920 397 951
www.museumwales.ac.uk
Ouvert du mardi au dimanche de 10h à 17h. Entrée libre.

Au début des années 1990, le musée a fait l'objet d'une restauration sérieuse. Au rez-de-chaussée se trouve un spectaculaire département botanique, zoologique et géologique. Paysages naturels reconstitués, animaux empaillés, herbiers et cartes interactives présentent la genèse du paysage gallois. Le National Museum de Cardiff se distingue aussi par sa très riche collection d'œuvres d'art venues du monde entier. L'école italienne est bien représentée, avec Botticelli ou Tiepolo. Viennent ensuite Turner, Gainsborough pour le cachet local. Enfin, une collection impressionniste intéressante : *Paysage à Auvers* sous la pluie de Van Gogh, peint quelques semaines avant sa mort, Cézanne, *Les Parisienne*s de Renoir, Pissaro, Sisley ou encore Boudin, Braque, Derain, Vlaminck, Max Ernst et Magritte témoignent de l'éclectisme du bon goût des conservateurs. La section sculpture n'est pas en reste puisqu'une copie du *Baiser* de Rodin et quelques originaux du sculpteur y trônent. La visite est un vrai enchantement.

ST. DAVID'S HALL EXHIBITION SPACE
The Hayes ✆ +44 2920 878 500
www.stdavidshallcardiff.co.uk
A 2 minutes de l'office de tourisme. Ouvert du lundi au samedi entre 10h et 16h. Entrée libre.
Le lieu dispose de trois galeries consacrées à l'art contemporain où l'on trouve peintures, sculptures ou photographies d'artistes gallois actuels. Afin d'encourager la création artistique, le St. David's Hall décerne tous les ans un prix à « l'artiste gallois de l'année ».

Cardiff Bay et Bute Town

BARRAGES CIRCLES
Artiste internationalement reconnu pour ses époustouflantes anamorphoses in situ, Felice Varini nous invite à en faire l'expérience sur les lieux du barrage. On remarque d'abord, en divers endroits, de fins segments de peinture jaune. Vus sous un certain angle (à vous de trouver lequel !), ces fragments éparpillés se recomposent ensuite sous la forme de trois cercles imbriqués.

BUTETOWN HISTORY AND ARTS CENTRE
Dock Chambers
Bute Street✆ +44 2920 256 757
www.bhac.org
Ouvert du mardi au vendredi de 10h à 17h et pendant le week end et les jours fériés de 11h à 16h.
Un centre qui expose photos et documents d'archives sur la baie.

CARDIFF INTERNATIONAL SPORTS VILLAGE
Autour de la baie ✆ +44 2920 729 090 / +44 2920 382 001 / +44 2920 829 970
www.internationalsportsvillage.com
C'est dans la construction d'un village sportif international aux multiples infrastructures que la ville s'est lancée pour continuer de restaurer Cardiff Bay. L'un des plus grands projets de rénovation du Royaume-Uni ! Il comprend aujourd'hui une piscine olympique, une patinoire et un centre de canoë-kayak. Les trois sont ouverts au public. A tester sans hésitation. D'ailleurs, ces infrastructures pourraient servir de bases d'entraînement pour les athlètes des Jeux olympiques de Londres en 2012. A terme, devraient aussi voir le jour un centre de ski et de snowboard, un mur d'escalade, des rings de boxe et peut-être même une grande tour d'observation ou un casino pour redorer la marina.

CRAFT IN THE BAY
The Flourish
Lloyd George Avenue ✆ +44 2920 484 611
www.makersguildinwales.org.uk
Ouvert du lundi au samedi de 10h30 à 17h30. Entrée libre.
Une galerie qui expose et vend des objets d'artisanat de toutes sortes.

TECHNI QUEST
Bute Street
✆ +44 2920 475 475
www.techniquest.org
£7 ou £5 pour les enfants. Ouvert tous les jours de 9h30 à 16h30.
C'est le plus grand centre d'attractions scientifique de Grande-Bretagne. On y rend les sciences attrayantes et accessibles au public le plus jeune par le biais d'expositions et de spectacles. C'est l'occasion de découvrir un planétarium et ce qui se fait de mieux dans le genre hologramme.

SHOPPING

CAPITAL BOOKSHOP
Morgan Arcade ✆ +44 2920 388 423
Une excellente librairie pour qui souhaiterait approfondir ses connaissances du pays à travers son art ou sa littérature. Beaux livres d'art et d'architecture, contes illustrés et vente de gravures pittoresques avec les paysages du coin à des prix intéressants. Une très bonne adresse pour se ramener un beau souvenir de son voyage ou simplement tourner les pages de quelques jolis livres.

CASTLE WELSH CRAFTS
1 Castle Street ✆ +44 2920 343 038
www.castlewelshcrafts.co.uk
En face du château.
On y achète la légendaire Lovespoon que les Gallois offraient autrefois à leur conjointe pour exprimer le sérieux de leur amour ! Elles sont artisanales, faites en bois ou en argent, sculptées de motifs celtes et de symboles. Voici déjà la signification de certains d'entre eux : une clé : « ma maison est la tienne » ; une croix celte : « confiance ou mariage » ; une ancre : « désir de stabilité » ; nombre de boules dans une cage : « capture de l'amour, nombre d'enfants désirés ou d'années passées

ensemble… ». Egalement visible dans la boutique, la plus grande Lovespoon du monde !

MARCHÉ COUVERT

On y entre par Trinity Street, Church Street ou Queen Street. Ouvert de 9h à 17h du lundi au samedi.

Ambiance sympathique dans cette belle halle sur deux étages. Magasins de souvenirs, nombreux étals de fruits et légumes, possibilité de manger des pasties. A l'étage, un café sert des full breakfasts à des prix imbattables et l'on trouve de nombreuses boutiques qui vendent des animaux domestiques.

SAINT DAVID'S

The Hayes

✆ +44 292 036 76 61 /
+44 2920 367 662

www.stdavidscardiff.com

Ouvert du lundi au vendredi de 9h30 à 20h, le samedi jusqu'à 18h et le dimanche de 11h à 17h.

Un immense centre commercial qui fait la fierté de la ville. Une longue phase de travaux, Saint David's 2, achevée en 2010, l'a hissé au rang de 11e plus grand centre commercial du Royaume-Uni. De nombreuses boutiques d'habits de toutes marques, de décoration et des restaurants.

THE PEN AND PAPER

South Glamorgan CF10 1AE

13-17 Royal Arcade

✆ +44 2920 373 738

www.penandpaper.co.uk

Ouvert du lundi au samedi de 9h à 17h30 et le dimanche de 11h à 16h.

Les artistes et graphomanes s'y fournissent en papiers, enveloppes, carnets, cartes postales, crayons et encres pour dessiner, tenir leurs carnets de voyage ou tout simplement écrire à leurs proches. La boutique de journaux qui se trouve deux portes plus bas vend des timbres (à l'unité).

WALLY'S DELICATESSEN

42 Royal Arcade

✆ +44 2920 229 265

www.wallysdeli.co.uk

Une excellente épicerie fine qui ravira les gourmets. On y trouve toutes sortes de pains, une charcuterie-fromagerie à la coupe avec des produits français, espagnols, italiens et, bien sûr, locaux ! Et pour calmer une petite faim impromptue, on a le choix entre divers mélanges de fruits secs et de noix dans de petits sachets, à partir de £0,80.

WRU OFFICIAL STORE

Millenium Stadium

Westgate Street

✆ +44 2920 822 040

store.wru.co.uk

Ouvert du lundi au samedi de 9h à 17h.

Au Millenium Stadium ou sur le site officiel de la WRU, vous trouverez l'attirail complet du supporter gallois. Et du mug à la housse de couette, vous ferez forcément plaisir à beau-papa...

SHOP RUGBY

8 Dukes Street ✆ +44 2920 664 466

www.shoprugby.com

Une adresse dans le centre de Cardiff pour faire ses emplettes rugby et s'offrir tout l'attirail du parfait supporter gallois. En plus du traditionnel maillot, vous trouverez tasses, draps, jeux de société et autres cravates à l'effigie du XV du Poireau...

SPORTS – DÉTENTE – LOISIRS

CHAPTER ARTS CENTRE

Market Road, Canton

✆ +44 2920 30 440 / +44 2920 304 400

www.chapter.org

Ce centre artistique comprend trois cinémas, trois galeries d'art et un théâtre qui abrite deux compagnies. C'est l'un des plus grands centres artistiques du Royaume-Uni, avec une programmation plutôt moderne. La mode, chez les Anglo-Saxons, est aux comédies musicales façon Broadway, et la ville accueille souvent des troupes londoniennes qui rodent ici leurs nouveautés.

MILLENNIUM STADIUM

✆ +44 870 013 86 00 /
+44 2920 82 2228

www.millenniumstadium.com

Les matchs de rugby sont les manifestations internationales les plus impressionnantes. Dès le mois d'octobre, on sent monter la ferveur galloise dans les rues de Cardiff ! S'y déroulent aussi des matchs de football, des rallyes motos et courses de voitures, ainsi que des concerts. La programmation est étoffée et exhaustive. Elle est diffusée sur le site Internet du stade.

La péninsule de Gower
LLANELLI
SWANSEA
MUMBLES
BURRY INLET
River Loughor
SWANSEA BAY
Rhossili Bay
WORM'S HEAD
Three Cliffs Bay
Caswell Bay
Langland Bay
Clydach
Birchgrove
Penllergaer
Loughor Castle
Fforestfach
Bonymaen
Pentre-Chwyth
Marina
Penclawdd
Gowerton
Llanmorlais
Three Crosses
Dunvant
Killay
Upper Killay
West Cross
Weobley Castle
Llanmadoc
Cheriton
Landimore
Llanrhidian
Oldwalls
Llangennith
Arthur's Stone
Reynoldston
Llandewi
Knelston
Nicholaston
Penmaen
Parkmill
Bishopston
Southgate
Rhossili
Scurlage
Penrice
Horton
Oxwich
Port Eynon
A484
A4138
A48
A4067
A465
A483
A4118
Curiosité
Ville principale
Ville secondaire
N
0
5 km

Swansea (Abertawe)

Plus calme et authentique que Cardiff, Swansea garde l'entrée de la péninsule de Gower, un véritable trésor dans le Nord, encore assez bien préservé du tourisme. Le moyen le plus rapide de se rendre à Swansea est de partir de Cardiff par l'autoroute de la M4. Le trajet en voiture dure entre une heure et une heure et demie, et 50 minutes par le train. On entre ici dans la patrie de Dylan Thomas, le célèbre poète gallois né dans le quartier de Mumbles, qui s'étire le long du bord de mer. On peut rejoindre la longue promenade qui longe la baie jusqu'au phare. Cette station balnéaire d'époque victorienne abrite nombre de petits bars et restaurants où passer de sympathiques soirées.

La péninsule de Gower est facilement accessible de Swansea en voiture ou en bus. On passe à travers de petits hameaux qui ont tous leurs plages et itinéraires de randonnées à offrir. Quarante-cinq kilomètres de côtes et de plages paradisiaques défilent sous nos yeux ébahis. Longues langues de sable fin, petites criques confidentielles et sauvages, côtes majestueuses, dont certaines érodées par les vagues et le vent sont de véritables sculptures naturelles ; la péninsule est en plus riche en sites archéologiques : chambres funéraires, ruines de châteaux et d'églises…

SWANSEA (ABERTAWE)

Abertawe est le nom gallois de Swansea, qui désigne la ville comme étant l'embouchure (*aber*) de la rivière Tawe. Le nom anglais Swansea viendrait du viking et semble indiquer que Swansea était à l'origine un campement pré-normand au Xe siècle. Swansea a connu un fort développement pendant la révolution industrielle. Les bateaux partaient du port chargés de cuivre, et plus tard de métaux lourds. La splendeur de l'hôtel Morgans témoigne du passé prestigieux de la ville : construit en 1902, le bâtiment abritait à l'époque les bureaux de l'administration portuaire. Mais, après la Seconde Guerre mondiale, Swansea eut à subir un déclin sévère. Pour se reconvertir, dans les années 1970, la ville se spécialisa dans les nouvelles technologies. La rénovation du quartier à l'est de la ville prouve la capacité de modernisation de Swansea. Cette zone abritera prochainement un musée sur l'espace et des galeries d'art contemporain. Aujourd'hui, Swansea est une ville dynamique, un lieu de foisonnement artistique comme en témoignent ses musées, galeries et sa scène musicale. On apprécie aussi la relative propreté de sa grande plage et de ses eaux dans lesquelles on peut se baigner sans risque. Pour profiter au mieux de la richesse de la vie culturelle, procurez-vous le *What's on*, magazine gratuit, distribué un peu partout en ville.

Transports

Comment y accéder et en partir ?

AVIS
Orchard Street
✆ +44 8445 446 104 – www.avis.co.uk

BUS
La gare de bus et de cars se trouve à l'extérieur du Quadrant shopping centre en face de l'office de tourisme. Navette toutes les heures pour Cardiff et accès à toutes les autres villes principales.

Un service de bus assure des trajets réguliers en ville. On peut aussi prendre le Gower Explorer, un grand bus vert qui dessert les plages principales de la péninsule.

GARE
High Street Station ✆ +44 875 484 950.
A 10 min de la gare routière, au nord de la ville.
Trains pour la gare de Paddington à Londres (3h), via Reading. On peut se rendre également à Manchester, Birmingham, Portsmouth…
Trains très fréquents de et vers Cardiff (trajet : 1h environ, compter £7).

GARE ROUTIÈRE
Quadrant Shopping Center
✆ +44 8717 818 181
transportation@swansea.gov.uk
Depuis décembre 2010, Swansea s'est dotée d'un tout nouveau terminal de bus. Tout moderne, tout propre, avec un petit bureau d'information très efficace. Tout est aussi mis en œuvre pour faciliter l'accès aux personnes handicapées.

Grâce à un réseau de bus bien développé, on rejoint facilement de Swansea toutes les villes principales du pays de Galles. Les navettes pour Cardiff passent toutes les heures (trajet : 1h). En réservant bien à l'avance sur Internet, on peut prendre un billet pour £1 pour Londres !

HERTZ
✆ +44 1792 587 393 – www.hertz.co.uk

SWANSEA-CORK FERRY
✆ +44 844 576 88 31 /
+44 1792 344 577
www.fastnetline.com
Pour ceux qui veulent se rendre en Irlande.

Se déplacer

ACTION BIKES
St. David's Square ✆ +44 1792 464 640
www.action-bikes.com
Ouvert tous les jours sauf le dimanche en hiver.
Le vélo se prête particulièrement à l'exploration du quartier de Mumbles, un peu long d'accès à pied. De celui-ci, il est ensuite rapide de se rendre aux plages les plus proches (Bracelet ou Limeslade Bay).

Pratique

BUREAU DE POSTE
1 The Quadrant Shopping Center
✆ +44 8457 223 344

MORRISTON HOSPITAL
Maes Eglwys Street ✆ (01792) 702 222

PHARMACIE
198 High Street ✆ +44 1792 654 859

POLICE STATION
High Street ✆ +44 1792 654 844

TOURISM INFORMATION CENTRE
Plymouth Street
✆ +44 1792 468 321
visitswanseabay.com
Tout proche de la gare routière.
Ouvert tous les jours de 9h30 à 17h30. En été, ouvert aussi le dimanche de 10h à 16h.
Très bon centre d'informations pour les visites de Swansea et de la péninsule de Gower. Accueil impeccable.

Se loger

La péninsule de Gower a vu défiler les touristes depuis le début du XXe siècle et l'offre hôtelière est à la hauteur et diverse.

CRESCENT GUEST HOUSE
132 Eaton Crescent
✆ +44 1792 466 814
www.crescentguesthouse.co.uk
A 20 minutes du centre-ville, bien desservi par les bus.
6 chambres. Chambre simple de £40 à £60, double ou twin de £65 à £95, familiale de £90 à £120. Salle de bains privative, wi-fi gratuit.
Elégante maison édouardienne à la façade bleue. Les chambres, refaites récemment, ont des tonalités pastel très britanniques et sont bien entretenues ; certaines offrent une vue notoire sur la baie et le centre-ville. Possibilité de ranger son vélo dans le garage de la maison.

MORGANS
Somerset Place
✆ +44 1792 484 848
www.morganshotel.co.uk
Chambre double à partir de £125. 2 chambres pour personnes handicapées. Restaurant, bar, bar à champagne, bibliothèque, terrasse fumeur, wi-fi dans les parties communes et câble ADLS dans les chambres. Townhouse : chambre à partir de £65.
Installé dans un ancien bâtiment de l'administration du port de Swansea datant de 1902 et aujourd'hui classé, le Morgans est sans aucun doute l'un des plus beaux hôtels du pays de Galles. Tout, des plafonds en arcades, aux portes en bois massives, en passant par les gros fauteuils en cuir, respire le vrai luxe traditionnel. Les chambres, imposantes et design à la fois, ont toutes leur propre style et un charme fou. Si vous n'avez pas les moyens d'y passer la nuit, allez jeter un coup d'œil au hall, lui aussi superbe, ou vous offrir un verre au bar pour goûter un peu de cette luxueuse ambiance ! Et pourquoi ne pas non plus passer la nuit à la Townhouse de l'hôtel, juste en face, plus abordable mais dont les chambres restent très agréables.

SWANSEA MARRIOTT
Maritime Quarter
✆ +44 1792 642 020
Fax : +44 1792 650 345
www.marriott.co.uk/swsdt
Dans la marina.
119 chambres. Chambre double de £99 à £122. 4 chambres pour personnes handicapées. 1 restaurant, 1 bar, 1 piscine couverte, 1 salle de gym, 1 sauna. wi-fi ou adsl payant dans tout l'hôtel.

Swansea
Musée
Office de tourisme
Divers
Ferry
N
300 m.
Glynn Vivian Art Gallery
Police
Railway Station
Parc Tawe Shopping Centre
Plantasia
River Tawe
A 4217
A 483
vers Morfa Stadium & Enterprise Park
Fabian Way A 483
Orchand Street
High Street
Mansel Street
A 4118
Waiter Road
the Kingsway
Castle Square
Wind Street
Swansea Market
No Sign
Sail Bridge
Dylan Thomas Centre
Swansea Museum
Waterfront Museum
Grand Theatre
Tourist Information Centre
Quadrant Shopping Center & Bus Station
West Way
St. Helens Road
Bryn-y-Mor Road
Eaton
King Edward Road
Victoria Park
OYSTERMOUTH ROAD
County Hall
MARINA
Trawler Road
SWANSEA BAY
Swansea/Cork Ferry
Vers le quartier des Mumbles, péninsule de Gower, université et vers the Egypt centre

Les chambres du Marriott présentent toutes les qualités que vous êtes en droit d'attendre d'un établissement de standing 4-étoiles. Il faut rajouter à cela un accueil particulièrement charmant et personnalisé, une ambiance chaleureuse et un décor tout en briques, moquette et bois clair. C'est ici que sont restés Michael Douglas et sa charmante épouse d'origine galloise, Catherine Zeta-Jones. Il paraît qu'elle aurait oublié dans la chambre une bague sertie d'un solitaire. Heureusement qu'une honnête femme de chambre l'a appelée pour lui signaler cet oubli...

THE WHITE HOUSE HOTEL****
4 Nyanza Terrace
✆ +44 1792 473 856
✆ +44 7974 695 821
Fax : +44 1792 455 300
www.thewhitehousehotel.co.uk
A 1,6 km du centre de Swansea.
Chambre simple £59, double ou twin £89, familiale de £99 à £109. Salle de bains privative, accès Internet, room-service. Restaurant : £16,45 pour deux plats.
Petit hôtel 4-étoiles aussi réputé pour son restaurant où l'on trouve de bons plats traditionnels gallois. Les chambres sont soigneusement décorées, propres et très confortables, avec un équipement moderne. L'hôtel compte aussi un agréable salon où l'on peut se détendre dans des fauteuils en cuir. Il n'y a pas de bar mais on peut commander à la réception boissons chaudes et alcools. Bon rapport qualité-prix.

Se restaurer

Pour dîner ou aller boire un verre, l'endroit le plus à la mode, c'est Wind Street, bordée de commerces de vins et d'alcools. Voici une petite sélection des meilleures adresses.

Bien et pas cher

THE CROSS KEYS
12 St. Mary Street
✆ +44 1792 630 921
www.oxkeys.com
Ouvert du lundi au samedi de 11h à 23h et le dimanche de midi à 22h30. Plat principal de £5 à £7.
Pas dans Wind Street cette fois-ci, mais juste à côté ! Le pub a élu domicile dans une immense maison d'époque médiévale. Les pierres apparentes et poutres au plafond donnent un charme particulier à ce pub qui sert aussi des repas. Un jardin se trouve derrière la maison, avec une terrasse.

THE NO SIGN WINE BAR
56 Wind Street
✆ +44 1792 465 300
Ouvert tous les jours de 11h à 23h et le samedi jusqu'à 1h.
Une des plus jolies adresses de Swansea. Depuis 1690, le No Sign a construit sa réputation autour du vin. Cette taverne fut autrefois fréquentée par Dylan Thomas, qui travaillait à quelques pas. C'est ainsi que le « Wine Vaults » (ancien nom du No Sign) est mentionné dans ses écrits. Aujourd'hui, la tradition est restée et l'accueil chaleureux n'a pas changé, plein de charme, qui cultive une ambiance de taverne bohème avec ses vieux fauteuils, sa cheminée, ses tables de bois et sa jolie peinture vert d'eau. La salle s'étend sur différents niveaux, avec des petits recoins intimes. Et pendant que vous y êtes, goûtez quelques-unes de leurs délicieuses tapas !

LE RENDEZ-VOUS
3 Princess Way
✆ +44 1792 467 113
Entrée + plat à £5.
Une des adresses les moins chères de la ville. Et en plus, on y mange bien ! On choisit ses plats sur une carte qui mélange cuisine européenne et asiatique.

Bonnes tables

LA BRASERIA
28 Wind Street ✆ +44 1792 469 683
Fax : +44 1792 470 816
www.labraseria.com
Service de 12h à 14h30 et 19h à 22h30, le samedi jusqu'à 23h. £25 le menu complet.
Dans ce restaurant de bons petits plats espagnols, c'est un véritable décor de bodega qui a été soigneusement reconstitué, avec son ambiance lumineuse en clair-obscur, mais sans tomber dans le kitsch. Une idée particulièrement appétissante : tapas et charcuterie sont exposées dans des étals, comme dans une épicerie, il n'y a plus qu'à choisir. La carte des vins rouges est excellente. Pas étonnant que cette adresse soit si populaire !

GRAPE & OLIVE
Meridian Tower
Trawler Road
✆ +44 1792 462 617
www.grapeandolive.co.uk
Au 28e étage d'une grande tour, juste à côté de la Marina et de l'hôtel Marriott.
De £8 à £11 pour un plat de pâtes et de £11 à £23 pour une viande ou un poisson.

Tout nouveau, tout beau, le Grape & Olive fait déjà des émules. Surtout parce qu'il est situé pile au dernier étage de la plus haute tour de la région et qu'il offre une vue splendide sur toute la baie de Swansea et sur les Mumbles. On y déjeune ou dîne, face à la mer, dans un environnement tout en lumière et en bois clair, une cuisine d'inspiration méditerranéenne et contemporaine, concoctée à partir de produits locaux ou nationaux. Au menu : toute une sélection de pâtes et risottos, des pizzas aux saveurs parfois originales, des viandes et poissons grillés ou en sauce et une bonne carte de vins. Le résultat est parfois moins prometteur que le cadre, mais reste très correct.

LA LOCANDA

66 Wind Street ✆ +44 1792 644 611

Ouvert tous les jours de midi à 14h30 et de 17h30 à 23h (fermeture un peu plus tôt le dimanche). Pizza de £7 à £10, viandes et poissons de £11 à £16.

Délicieux plats de pâtes, sélection de pizzas, viandes et poissons à l'italienne. Et avec un grand sourire !

Sortir

Si vraiment vous ne souhaitez pas boire un verre dans Wind Street, les bières les moins chères de Swansea sont servies au Potter's Wheel, sur King's Way. Dans cette rue, on peut aller danser au Jumping Jack's et au Flair's.

GRAND THÉÂTRE

Singleton Street ✆ +44 1792 475 715
www.swanseagrand.co.uk

Deux scènes dans ce théâtre très réputé. La grande salle est réservée à des pièces assez légères et accueille régulièrement l'Opéra national du pays de Galles. Une petite salle, qui reçoit jusqu'à 100 personnes, est le lieu d'expression d'artistes sur leur lancée.

TALIESIN ARTS CENTER

Singleton Park
✆ +44 1792 602 060 / +44 1792 602 051
www.taliesinartscentre.co.uk

Dans l'université, en direction de Mumbles, au sein du musée d'Egyptologie.

La scène la plus avant-gardiste de Swansea. Théâtre, danse, représentations musicales, cinéma et aussi galerie d'art.

THEATRE DYLAN THOMAS

Gloucester Place
Maritime Quarter
✆ +44 1792 473 238
www.dylanthomastheatre.org.uk

Théâtre géré par des bénévoles et qui accueille des troupes semi-professionnelles.

À voir – À faire

DYLAN THOMAS CENTRE

Somerset Place
✆ +44 1792 463 980
Fax : +44 1792 463 993
www.dylanthomas.com
Derrière Morgans.

Ouvert tous les jours de 10h à 16h30. Fermé entre Noël et Nouvel An. Entrée libre.

Grand centre d'exposition permanente sur la vie et l'œuvre de Dylan Thomas : lettres, films, panneaux explicatifs permettent d'en savoir plus sur le célèbre auteur de *Swansea*.

ENVIRONMENT CENTRE

Pier Street
✆ +44 1792 480 200
Fax : +44 1792 480 400
www.environmentcentre.org.uk

Ouvert du lundi au vendredi de 10h à 16h. Fermé entre Noël et Nouvel An. Entrée libre.

Un centre entièrement dédié aux problématiques environnementales avec un jardin bio, des expositions temporaires, une cafétéria qui utilise des produits issus du commerce équitable et une boutique 100 % écologique. Bref, une mine d'informations et de produits à tester !

GLYNN VIVIAN ART GALLERY

Alexandra Road ✆ +44 1792 516 900
glynn.vivian.gallery@swansea.gov.uk

Ouvert de 10h à 17h. Fermé le lundi sauf les lundis fériés. Entrée gratuite.

Dans un majestueux édifice avec une somptueuse verrière, on trouve une collection qui contient peintures et sculptures, dont un choix d'œuvres du XXe siècle, des porcelaines de Swansea et de Chine… La galerie est partenaire de la Tate de Londres et une section de l'édifice est consacrée à des expositions temporaires d'art contemporain. Le musée fait parfois venir des œuvres de maîtres majeurs, issues des collections de musées nationaux. La galerie compte aussi une excellente librairie où l'on trouve livres d'art, publications récentes et revues d'architecture, de mode ou de design.

MARCHÉ COUVERT DE SWANSEA

Oxford Street

Il vaut une visite : plus de 100 commerçants, produits locaux, produits frais, poissons, *laverbread* !

PLANTASIA
Jardin tropical
Parc Tawe
West Glamorgan ✆ +44 1792 474 555
Fax : +44 1792 464 743
Pyramide de verre, dans le parc, près du supermarché Sainsbury's.
Ouvert tous les jours de 10h à 17h. £3,90 par adulte, £2,95 par enfant.
Pour une balade au milieu de la flore tropicale dans une serre de forme pyramidale qui comprend 5 000 plantes différentes, fréquentée aussi par de petites bêtes sympathiques. On trouve aussi des perruches d'Argentine. Plus grandes et colorées que les perruches standard, elles fabriquent d'énormes nids à plusieurs entrées ! De nouveaux habitants sont venus depuis peu animer la serre : des singes tamarins de Colombie ! En 2011, Plantasia construit aussi une toute nouvelle hutte tropicale.

SWANSEA MUSEUM
Victoria Road
Maritime Quarter ✆ +44 1792 653 763
Fax : +44 1792 652 585
www.swanseaheritage.net
Ouvert tous les jours de 10h à 17h. Fermé le lundi sauf pendant les jours fériés. Fermé aux alentours du 25 décembre (se renseigner). Entrée libre.
C'est le plus ancien musée de tout le pays de Galles ! Une promenade à travers les âges sur six galeries, du géologique à l'historique. Une très belle collection de céramiques des XVIIIe et XIXe siècles et une momie égyptienne.

THE EGYPT CENTRE
Singleton Park ✆ +44 1792 295 960
www.swansea.ac.uk/egypt
Dans l'université, en direction de Mumbles.
Ouvert du mardi au samedi de 10h à 16h. Fermé pendant les jours fériés. Entrée libre.
Fascinante collection de bijoux, statues, poteries de l'époque des pharaons. A la collection s'ajoute une équipe de volontaires sympathiques qui vous feront toucher certaines des pièces du musée ou vous montreront comment fabriquer une momie… Le samedi, le musée est confié à de jeunes volontaires qui ont entre 9 et 16 ans. Ce sont eux qui gèrent tout le musée, de la caisse à la boutique de souvenirs et qui vous donnent des explications sur les vitrines… Etonnant !

WATERFRONT MUSEUM
Oystermouth Road
Maritime Quarter ✆ +44 1792 638 950
Fax : +44 1792 638 956
www.museumwales.ac.uk
Ouvert tous les jours de 10h à 17h. Fermé du 24 au 26 décembre et le 1er janvier. Entrée libre.
L'édifice a été construit dans le prolongement d'un ancien entrepôt. L'ancien et le moderne font bon ménage dans cette architecture réussie. Des dispositifs audiovisuels interactifs présentent de manière attrayante des archives sur le passé maritime de la ville. Son port industriel d'envergure attira nombre de talents issus de domaines aussi variés que l'artisanat, l'ingénierie, la médecine ou les arts. On découvre aussi bien des instruments d'optique ou de navigation que d'anciens appareils photographiques ou des outils médicaux. A la fin de votre visite, n'oubliez pas de jeter un œil à la boutique où l'on trouve des articles de laine d'excellente qualité, en provenance des Cambrian Mountains ainsi que de beaux livres sur Swansea et Gower…

MUMBLES (MWMBWLS)

A l'ouest de la ville de Swansea, The Mumbles (Mwmbwls) est un quartier balnéaire tranquille qui s'étire le long de la baie de Swansea et marque l'entrée dans la péninsule de Gower. Cet ancien village de pêcheurs est devenu un quartier chic dans lequel beaucoup d'habitants de Swansea rêvent de s'offrir une maison. Dylan Thomas s'inspira de la vue du phare qu'il avait de sa chambre pour écrire le poème *Return Journey*.
Aménagée en espace de détente et de loisir pour la société édouardienne puis victorienne, la balade sur le Pier jusqu'au Mumbles Head longe une baie ponctuée de voiliers et bateaux de plaisance en mouillage. De nombreuses terrasses de cafés et restaurants permettent des haltes sympathiques pour se restaurer ou se désaltérer. Du Mumbles Head, on accède facilement à de très belles criques et de splendides sentiers pédestres. Le nom de *Mumbles*, du français « mamelles », provient des deux petites îles jumelles en face de la pointe, qui rappellent cette partie de l'anatomie féminine ; le phare se trouve sur l'une d'elles.

Pratique

BUREAU DE POSTE
522 Mumbles Road

TOURIST INFORMATION CENTRE
The Methodist Church
Mumbles Road ✆ +44 1792 361 302
www.mumblesinfo.org.uk

Centre tenu par des volontaires. Horaires variables en fonction des mois et susceptibles de modification. En hiver ouvert tous les jours de 11h à 16h ; en été de 10h à 17h30.

Se loger

Dans ce quartier aux prix immobiliers élevés, l'hébergement suit cette tendance à la hausse. Voici quelques adresses de qualité.

LANGLAND COVE GUEST HOUSE

4 Rotherslade Road
Langland
✆ +44 1792 366 003
www.langlandcove.co.uk
A 200 m de Langland Bay et à 20 min de marche du centre de Mumbles.
5 chambres avec salle de bains privative. Chambre double de £75 à £80, familiale de £90 à £100. Petit déjeuner inclus.
Belle maison victorienne tenue avec soin par Paul et Sarah Gill, tout près de Langland Bay. Les chambres ont été remeublées, avec une attention particulière portée aux couleurs et à leur atmosphère.

TIDES REACH

388 Mumbles Road
✆ +44 1792 404 877
www.tidesreachguesthouse.co.uk
Chambre simple £50, double £70, £90 avec vue sur la mer, familiale £80. Possibilité de louer la maison pour £100 par nuit.
Construit en 1855, le Tides Reach est aujourd'hui décoré avec de nombreuses antiquités de l'époque victorienne. Les chambres les plus chic ont un lit à baldaquin. Copieux petit déjeuner gallois inclus.

Se restaurer

Mumbles jouit d'une excellente réputation par la qualité de ses restaurants où on sert évidemment des fruits de mer et du poisson.

Bien et pas cher

CASTELLAMARE

Bracelet Bay
✆ +44 1792 369 408
www.castellamare.co.uk
Pâtes £10,95, poisson à partir de £13.
Sa terrasse qui surplombe Bracelet Bay est un spot qui n'a échappé à personne ! Le lieu se trouve en plus à 5 minutes de la splendide promenade « Limeslade Bay's Path » et en face d'un immense parking où les cars de touristes déversent leur cargaison ! Néanmoins, il est bon de boire un verre sur la terrasse où se trouve une petite fontaine, derrière le restaurant. Il est également possible d'y manger des pâtes ou du poisson et des salades.

VERDI'S

Knab Rock
✆ +44 1792 369 135
verdis-cafe.co.uk
Ouvert de 10h à 21h et jusqu'à 18h en semaine l'hiver. Entre £9 £ et £15.
Emplacement privilégié pour ce restaurant italien : l'immense terrasse qui donne sur le front de mer est très prisée des touristes en été. Bon choix de glaces et repas à des prix raisonnables. Le système est le self-service : on sélectionne directement ses plats au buffet.

Bonnes tables

ADAMS

614 Mumbles Road
✆ +44 1792 363 184
Ouvert midi et soir sauf le lundi et le dimanche soir. Plat de £10 à £15.
Cuisine de type méditerranéen avec un bon choix de poissons, dans un cadre chic et très confortable. La carte des vins est excellente. Le restaurant, très apprécié des locaux, a encore gagné en réputation depuis que Michael Douglas et Catherine Zeta-Jones s'y sont mis à table !

PATRICKS WITH ROOMS

638 Mumbles Road ✆ +44 1792 360 199
www.patrickswithrooms.com
Fermé le dimanche soir. Menu de £25 à £30. Chambre double £110.
Une excellente adresse où vous dégusterez une vraie cuisine. Imaginative, elle utilise au mieux les ingrédients locaux, comme le poireau ! L'ambiance est ici vraiment sympathique et décontractée. Des chambres sont aussi disponibles à cette adresse, d'un charme rare…

SALT AT THE GEORGE

706 Mumbles Road ✆ +44 1792 368 129
www.saltmumbles.com
Grillades, salades et poisson frais à partir de £8, bonne sélection de plats entre £8 et £10. wi-fi gratuit.
Une belle maison blanche aux colombages bleu marine et à la tonalité estivale : mobilier couleur sable et murs bleu ciel. Un cadre sympathique et lumineux, fort apprécié des familles. Au premier étage se trouve un autre bar avec une terrasse qui donne sur la baie, animée à l'heure de l'apéro lors des douces soirées d'été.

Sortir

Il y a une tradition à laquelle il ne faut surtout pas déroger : le « Mumbles Mile », une sorte de marathon des pubs le long de Oystermouth Road, sport favori des nombreux étudiants de Swansea le vendredi et samedi soir !

À voir – À faire

The Mumbles possède sa propre histoire et on a trouvé ici des vestiges préhistoriques comme une dent de mammouth. L'Homme a rapidement colonisé la région.

OYSTERMOUTH CASTLE

24 Newton Rd
✆ +44 1792 468 321
Suite à une phase de rénovations, le château est ouvert partiellement à partir de juillet 2011 et ce pour une durée de quelques mois. Entrée £1.
Stratégiquement emplacé sur les hauteurs de Mumbles, le château fort médiéval offre une vue splendide sur la baie de Swansea et son chemin de ronde. Il fut construit au XIIe siècle par Henri de Beaumont, duc de Gower. Sa principale résidence ayant été construite à l'emplacement actuel de Swansea, Oystermouth Castle était en fait surtout destiné à élargir le champ de surveillance côté nord-ouest. L'étrange allure de la façade principale provient de l'absence des deux tours qui auraient dû flanquer son entrée, comme c'était toujours le cas pour les châteaux de l'époque ; celles-ci ne furent finalement jamais construites. En période de fermeture, le château et le parc valent tout de même le coup d'œil.

LE PHARE ET BRACELET BAY

Rejoindre le phare par la promenade.
A noter : il n'est pas possible de le visiter.
Construit en 1897, le joli Pier fut un lieu de détente pour la société victorienne et édouardienne. On peut s'engager sur la passerelle au-dessus de la mer ou faire une halte dans le café du kiosque à la tonalité estivale avec ses peintures blanches et vertes. Le café est charmant, avec ses grandes fenêtres qui donnent sur la mer et ses lustres d'époque. L'été, on apprécie y prendre un café ou une glace sur les terrasses extérieures, entre les familles en vacances et retraités anglais... Derrière le Pier se trouve une petite plage minuscule qui donne sur deux petits îlots de roche, les fameux « Mumbles ». Le phare est sur l'un d'eux et l'autre promontoire rocheux, accessible à marée basse, fait le plaisir des pêcheurs et des curieux…

Sports – Détente – Loisirs

COASTAL RIB TOURS

✆ +44 1656 668 667 / +44 7906 469 168
Sur la jetée, à côté du Verdi's Café.
Les traversées sont variables, et vont de une à trois heures.

GOWER COAST ADVENTURES

Knab Rock
✆ +44 7866 250 440
www.gowercoastadventures.co.uk
Sur la jetée, à côté du Verdi's café. En sortant de la M4 à la sortie 42, prendre la A483 puis la A4067 jusqu'à Mumbles, continuer sur la B4433 jusqu'à Knab Rock.
Mumbles-Three Cliffs Bay : 1 heure 40 et £24 par adulte, £16 par enfant. Mumbles-Worms Head : 3 heures, £38 par adulte, £24 par enfant.
Le départ se fait de Knab Rock à Mumbles pour rejoindre soit Worms Head, soit Three Cliffs Bay. Possibilité aussi d'un trajet Port Eynion à Worms Head.

Visites guidées

LIMESLADE BAY'S PATH

Prendre les marches pour gravir la falaise, en face du Pier et rejoindre le restaurant Castellamare. Le circuit démarre derrière le grand parking, sur Mumbles Road.
Une première randonnée époustouflante à faire des Mumbles, pour un aperçu de la beauté des falaises de Gower. Le circuit nous entraîne sur un sentier côtier, dont les montées sont par endroits un peu raides. L'ascension progressive, au-dessus de la mer, provoque une sensation enivrante. Les goélands se font plus nombreux et les marcheurs plus rares ! On grimpe à flanc de colline, avec la mer à perte de vue et le spectacle tranquille de voiliers blancs fendant les eaux. La lande épaisse est parsemée de petites fleurs aux couleurs vives… Il est ensuite possible de rejoindre Swansea en bus. L'arrêt se trouve à l'angle de Plunch Lane et de Mumbles Road. Les bus 2A et 2B vous déposent dans le centre de Mumbles ou de Swansea (fréquents passages).

Shopping

CRANE GALLERY

21 Newton Road
✆ +44 1792 369 357
On trouve à la Crane Gallery beaucoup de tableaux d'artistes locaux représentant les

paysages de la péninsule de Gower ou d'autres lieux du pays de Galles. Joli !

LOVESPOON GALLERY

492 Mumbles Road
✆ +44 1792 360 132
www.thelovespoongallery.com
Ouvert du lundi au samedi de 10h à 17h30, de novembre à janvier fermeture à 17h.
La Lovespoon Gallery expose les fameuses cuillères que les hommes qui suivent la tradition offrent à l'élue de leur cœur pour leur signifier le sérieux de leur amour. Elles sont sculptées en bois ou en argent, décorées de motifs celtes.

LANGLAND BAY

Les deux premières plages que l'on rencontre en sortant de Gower sont de véritables paradis cachés. Langland Bay et Caswell Bay sont les plages familiales de la péninsule avec un parking, des magasins et un accès facile. Un chemin piétonnier très bien entretenu permet de marcher d'une plage à l'autre.
Entre Caswell Bay et Southgate, on peut faire une halte au Joiners Pub à Bishopston, au n° 50 de la route du même nom. Ce pub sert des repas et brasse sa propre bière, la Three Cliffs Ale !

THREE CLIFFS BAY

Avec le Gower Explorer Bus, descendre à l'arrêt Penmaen Church. De la station, prendre la route juste en face puis première à droite : panneau « the beach ».
On descend un étroit sentier, le long de propriétés privées, puis on arrive aux dunes cernant la baie. Une fois traversées celles-ci s'étale devant nos yeux la superbe Three Cliffs Bay, avec les deux rochers à la pointe aiguisée à gauche, promontoires qui font sa signature et son succès auprès des écoles d'escalade qui s'y exercent souvent. A marée basse, il faut s'y rendre pour voir le passage qu'ont creusé la mer et le vent entre les deux pics. Il est impressionnant de passer sous les colonnes de pierre sculptées par les éléments. Les « trois falaises » articulent entre elles plusieurs baies, ce qui rend complexe le jeu des marées et les baignades dangereuses. Un autre plaisir esthétique de la marée basse : suivre la circulation des eaux qui balaient le sable et réfléchissent la lumière. On ne trouve aucun bar ou restaurant accessible, prévoyez donc éventuellement bouteilles d'eau et sandwichs.

Se loger

PARC LE BREOS

Parkmill
✆ +44 1792 371 636
www.parc-le-breos.co.uk
1,5 km de Parkmill, tourner à droite sur la A4118 et suivre les panneaux. Desservi par le bus 118.
£35 par personne avec breakfast inclus. Repas £16,50. Journée à cheval £43.
Superbe maison dans un grand parc, tout près d'un grand bois. On y trouve des chambres doubles et familiales à la décoration toujours charmante et qui donnent sur le parc. On prend ses repas dans la belle salle à manger, en face de la cheminée ou dehors, sur la terrasse. Les propriétaires ont également des chevaux et organisent des excursions équestres dans les bois et le long des plages. Une belle adresse !

THREE CLIFFS BAY CAMPING

Penmaen
✆ +44 1792 371 218
www.threecliffsbay.com
Sur la A4118, à l'entrée de Penmaen, petit village entre Parkmill et Nicholaston.
Ouvert d'avril à septembre. £13 pour une tente individuelle, £20 pour une familiale et £23 pour une caravane. Cottage de £280 à £520 la semaine ; pour de courts séjours, de £205 à £295.
Cette aire de camping ouverte aux tentes et aux caravanes jouit d'un emplacement privilégié, en haut d'une falaise surplombant la plage de Three Cliffs Bay. On peut compter sur un confort et un entretien irréprochables. Les propriétaires louent également des jolis cottages jouxtant la plage.

À voir – À faire

GOWER HERITAGE CENTRE

Parkmill
✆ +44 1792 371 206
Fax : +44 1792 371 471
www.gowerheritagecentre.co.uk
Ouvert du lundi au samedi de 10h à 17h. £5,50 par adulte, £4,50 par enfant. Ticket à moitié prix si l'on vient avec le Gower Express.
Le centre abrite un moulin datant du XIIe siècle et un métier à tisser encore en fonctionnement ! On y trouve également une boutique de pièces en bois artisanales et de poteries. Le centre compte aussi un théâtre de marionnettes et un salon de thé. Il organise de nombreux événements pour toute la famille.

NOTTHILL

Randonnée. L'entrée du sentier est signalée à 100 m à gauche, sur la route qui mène de la station de bus à la plage.

La balade entraîne dans les sous-bois et conduit à un point de vue exceptionnel sur la Three Cliffs Bay, le Bristol Channel et les côtes nord de Devon, district anglais.

SITES ARCHÉOLOGIQUES

Du village de Penmaen, signalé à partir du parking, un circuit vous fait parcourir un ensemble de sites archéologiques situés entre Three Cliffs Bay et Oxwich Bay : une église médiévale, des chambres mortuaires de l'âge de fer, les ruines d'un château normand, Pennard Castle. L'emplacement du château, perché sur les bords d'une falaise dominant la plage de Three Cliffs Bay, est impressionnant.

PORT EYNON

Ce petit village est le point de départ de nombreuses randonnées le long de la côte, à marée basse, où l'on peut admirer les grottes que la mer a creusées dans la falaise. Entre autres, la grotte de Culver Hole dans laquelle un mur percé de « fenêtres » a été construit par l'homme. Personne ne sait s'il s'agit d'un pigeonnier ou d'un refuge dans lequel les contrebandiers cachaient leur butin ! En continuant sur le sentier côtier, on tombe sur Paviland Cave, où un squelette datant de l'âge de pierre fut retrouvé en 1823.

Se loger

THE ABBEY B&B

En face de l'église ✆ +44 1792 390 319

Ouvert de Pâques à octobre. Compter £30 par personne en chambre double.

Trois chambres sont proposées dans cette petite maison située sur la place du village et à 2 minutes des plages.

AUBERGE DE JEUNESSE

Old Lifeboat House ✆ +44 870 770 59 98

Fax : +44 1792 391623

porteynon@yha.org.uk

28 lits. £13,50 pour les moins de 18 ans, £18 pour les adultes en dortoir. Parking gratuit de Pâques à septembre de 17h à 10h.

Aménagée dans la vieille station de sauvetage victorienne, en plein sur la plage. Quelques chambres doubles.

CULVER HOUSE HOTEL

Port Eynon Gower ✆ +44 1792 390 755

www.culverhousehotel.co.uk

Appartement de £89 à £180 la nuit. Petit déjeuner inclus.

Dans une maison datant du XIXe siècle, 8 chambres rénovées entièrement en 2009/2010 pour devenir de beaux appartements dotés d'une ou deux chambres et d'un living avec cuisine américaine. Vue sur la mer.

KING ARTHUR HOTEL

Higher Green

Reynoldston ✆ +44 1792 390 775

www.kingarthurhotel.co.uk

A 6 km au nord de Port Eynon, dans le village de Reynoldston. Prendre l'A4118.

Chambre simple de £60 à £80, double de £70 à £90. Petit déjeuner inclus.

Cette auberge chaleureuse est un très bon pub et restaurant. La terrasse, donnant sur la lande où paissent les moutons, est animée en été.

Sortir

THE SHIP INN

Le pub favori des touristes. Il recrée une ambiance parfaite de taverne de pirates !

RHOSSILI (RHOSILI)

Rhossili est une baie splendide qui s'étire entre Burry Holms et Worms Head, du vieil anglais *orm* (dragon) – on peut en effet imaginer le corps et la tête d'un dragon sortant de l'eau… Ce dernier attire les foules en raison de sa forme curieuse et sculpturale. Les amateurs de faune marine peuvent rejoindre la tête de la pointe, mais attention aux marées. Ceux qui souhaiteraient s'aventurer sur cette proéminence rocheuse passeront d'abord regarder les horaires de marée au Worms Head Watch Station ; on les trouve également à l'office de tourisme. Du hameau, on rejoint facilement un sentier qui mène au sommet du plus haut plateau de la péninsule, à 193 m de hauteur ! D'ici, on a une vue plongeante fantastique sur la baie de Rhossili. Une plage de 7 km s'étend à perte de vue où l'on distingue, à marée basse, l'épave du *Helvetia*. Les côtes de Gower furent le lieu de nombreux naufrages, pas toujours accidentels : des brigands avaient en effet pour coutume de faire des grands feux sur la plage, les soirs de tempête. En mer, les capitaines croyaient voir le phare de Mumbles et pensaient pouvoir accoster dans un port, pour se protéger du vent. En réalité, leur navire s'échouait après avoir heurté les falaises. Les pirates des terres récupéraient alors le butin ! On a retrouvé au début du XIXe des pièces d'or venues du Pérou, supposées faire partie de la dot d'une princesse portugaise. Certaines sont aujourd'hui exposées au musée de Swansea. L'ensemble forme un beau circuit de promenade, très accessible. Des chemins ont été aménagés pour permettre une circulation facile, même aux poussettes ! Des buvettes et restaurants ont élu domicile sur place, offrant toutes les facilités souhaitées aux nombreux visiteurs. On peut passer la journée entière à se laisser griser par un paysage exceptionnel, à apprécier les multiples points de vue changeant notre perception du paysage.

Se loger

■ CAMPING
✆ +44 1792 390 593
Fax : +44 1792 391010
www.pittoncross.co.uk
A partir de la B4247 prendre la A4118. Après Penmaen, Bishopaston, Reynoldston et Scurlage, tourner à droite et continuer 3 km.
Ouvert toute l'année. Tente de 2 personnes de £15 à £18,95, terrain de caravane de £16,50 à £21,95.
C'est l'unique camping proche de Rhossili. Très belle vue sur la mer. Vous êtes ici proche des plus belles plages et des sentiers côtiers de la péninsule.

■ CHANNEL VIEW B&B
✆ +44 1792 390 645 / +44 1792 413 743
www.channelviewbb.com
£30 par personne, petit déjeuner inclus.
Deux chambres sont disponibles dans cette petite maison familiale tout près de Worms Head. L'une compte un lit double et l'autre deux lits séparés. Chaque chambre a sa propre salle de bains avec baignoire. L'ensemble est soigné et confortable. Vue sur la mer.

■ THE WORM'S HEAD HOTEL
✆ +44 1792 390 512
Fax : +44 1792 391 115
www.thewormshead.co.uk
En face du parking.
Chambre double de £80 à £90. Toutes ont vue sur la mer. Restaurant, bar, lounge.
Un hôtel dont l'atout principal est d'offrir une vue délicieuse sur Rhossili Bay et le Worm's Head. Bon restaurant aussi. Chambres assez confortables et souvent spacieuses.

Se restaurer

■ THE WORM'S HEAD
Restaurant de l'hôtel du même nom
✆ +44 1792 390 512
www.thewormshead.co.uk
Une bonne adresse où boire un verre, pour finir en beauté la promenade ! Le restaurant jouit en effet d'une somptueuse terrasse de laquelle on a une vue splendide. Parfait pour un dîner romantique par belle soirée d'été... Côté restauration, c'est le seul endroit qui vaille la peine ici, changeant des snacks aux alentours où l'on grignote sandwichs et salades servis sans trop de soin et souvent chers pour ce qu'ils sont !

À voir – À faire

■ NATIONAL TRUST INFORMATION CENTRE
✆ +44 1792 390 707
www.nationaltrustcottages.co.uk
A l'entrée du sentier menant au Worms Head, à côté du parking.
Ouvert en mars tous les jours de 10h30 à 16h ; d'avril à octobre tous les jours de 10h30 à 17h sauf les week-ends de vacances scolaires ; de novembre à février tous les jours de 11h à 16h. Fermé de Noël à la deuxième semaine de janvier.
Vous pouvez vous y procurer des renseignements sur la péninsule de Gower et acheter quelques souvenirs. Le National Trust loue à la semaine le Old Rectory, ancienne maison du prêtre de la péninsule, qui surplombe la plage, très demandée. Vous aurez plus de chance de louer le cottage qui se trouve entre le National Trust et Worms Head (entre £500 et £1 000 la semaine pour 6 personnes).

LLANRHIDIAN

Le nord de la péninsule est sans aucun doute la partie la plus sauvage. Les marais salants au bord du Bristol Channel regorgent de chevaux sauvages et d'oiseaux attirés par les coques, les crabes et les vers. Les habitants des villages environnants comme Crofty ou Welsh Moor vécurent pendant longtemps du ramassage de coques. Traditionnellement, on les sert accompagnées de *laverbread* et de bacon.

■ WEOBLY CASTLE
Ouvert d'avril à octobre tous les jours de 9h30 à 18h et de novembre à mars jusqu'à 17h. Entrée £2,70.
Dominant les marais, le château de Weobley offre des vues superbes. Avant d'y accéder, n'oubliez pas d'aller payer votre ticket dans la maison en face des ruines. Contrairement à ce que laisse croire son nom, Weobley Castle fut un manoir fortifié, construit au XIVe siècle, et non un château à but défensif.

Brecon Beacons (Bannau Brycheiniog)

Le parc national des Brecon Beacons est un véritable paradis pour les randonneurs. Lacs, rivières, murets de pierres recouverts de l'omniprésente mousse verte et spongieuse, collines à perte de vue qui se teintent d'ocre et de violet à l'automne, paysages paisibles peuplés de quelques villageois, chevaux sauvages et beaucoup, beaucoup de moutons… Un patchwork de champs et de pâturages, de nature protégée, qui s'étend sur 1 344 km² : une émeraude dans le cœur du pays de Galles qui ressemble beaucoup à l'Irlande.

La brume descend parfois très vite sur les collines de Brecon Beacons, et il est impressionnant d'assister à cette tombée du rideau qui se lève quelques mètres plus loin pour laisser place à un soleil éclatant. Le Brecon Canal, qui passe à travers la région, est également l'un de ses charmes. On le considère comme l'un des plus pittoresques de Grande-Bretagne. 51,5 km de ce cours d'eau navigable passent à travers le parc, entre les villes de Brecon et Pontypool. Le canal fut en fait construit pour connecter Brecon à Newport et à l'estuaire de Severn. Ses rives vous accompagneront donc d'un village à un autre, vous donnant mille possibilités de les explorer. A l'extrémité ouest du parc, près d'Abergavenny se trouve le « World Heritage Site » dont la ville de Blaenavon est le centre. De prime abord, cela peut paraître une bien grande distinction pour une si petite région ! Celle-ci fut en fait un point névralgique de la révolution industrielle, l'un des centres les plus actifs d'extraction de charbon et de fer du sud du pays. Prendre le temps de passer par là, c'est redécouvrir l'une des pages les plus importantes de l'histoire galloise, mais aussi européenne. C'est également ici que se trouvent la forêt de Fawr et la Montagne noire, à ne pas confondre avec le massif des Black Mountains qui s'étend à l'est de la ville de Brecon jusqu'à la frontière anglaise. Au pied de ces montagnes, dans le nord des Brecon Beacons, il y a le charmant village de Hay-on-Wye, capitale des librairies de livres d'occasion.

BRECON (ABERHONDDU)

Plus grande ville du parc national de Brecon Beacons, c'est ici que se retrouvent familles et promeneurs amoureux des Brecon Beacons, adeptes de la marche… et du vélo. Brecon constitue une halte excellente où passer quelques jours de détente. On approche de Pen-y-Fan, le point culminant du sud du pays de Galles à 886 m. En cas de mauvais temps, vous pourrez toujours vous rabattre sur l'excellente offre culturelle de cette petite ville : deux musées, une cathédrale, un théâtre de qualité et un cinéma indépendant ! En saison estivale, lorsque l'afflux de touristes commence à se faire vraiment sentir, n'hésitez pas à vous aventurer dans les villages avoisinants. Ces petits hameaux offrent tous leurs pittoresques balades et bien d'autres merveilles insoupçonnées, comme par exemple d'excellents restaurants ! Les villages de Crickhowell et Sennybridge sont réputés pour être parmi les plus charmants.

Transports

Comment y accéder et en partir

Un bon service de bus dessert les environs les plus isolés dans le parc à partir de Brecon. Pour les horaires demander à l'office de tourisme ou appeler ce numéro (0870) 608 2608.

- **Accès depuis Cardiff** avec National Express ou avec les bus locaux (changement à Merthyr).

Se déplacer

BIKES AND HIKES
✆ +44 1874 610 071
www.bikesandhikes.co.uk
Vélo, escalade, sports nautiques... rien de tel pour découvrir la beauté de la région. Pour programmer une activité avec un guide ou louer un vélo et rayonner autour de Brecon à la découverte des villages alentour, il suffit juste d'appeler.

Brecon Beacons
10 Km.
Curiosité
Ville principale
Ville secondaire
Buith Wells
Bryngwyn
Whitney-on-Wye
Willersley
Winforton
Aberedw
Paincastle
Llanwrtyd Wells
Llangammarch Wells
Mynydd Mallaen 459 m
Rhandirmwyn
Erwood
Clyro
Bredwardine
Hay-on-Wye
Crickadarn
Llowes
Dorstone
Tirabad
Upper-Chapel
Glasbury
Cilycwn
Cynghordy
A4078
Three Cocks
Llyswen
A483
Merthyr Cynog
Hay Bluff
Mountains
Golde Valley
Llandovery
Llanfihangel Nant Bran
Hondu
Bronllys
A4078
Michaelchurch Escley
Felinfach
Llanfillo
Talgarth
Capel-y-ffin
Abbey Dore
A4069
A470
Castell
Nant Brân
Llywel
B4560
Waun Fâch 810 m
Brecon/ Aberhonddu
Llanthony Priory
Longtown
Senny Bridge
Llangadog
Trecastle
A40
Llangorse
Llanfrynach
Llanthony
Pontrilas
Monmouthshire and Brecon
A479
Black
Glas Fynydd Forest
Brecon Beacons 886 m
Heol Senni
Tallybont-on-Usk
Bwich
Hondu
A4067
Tretower
Brecon National
Beacons Park
Mountains
A470
Talybont Res.
Gricknowell
Llangynidr
ack
Forest
Fawr
Neuadd Res.
Llangenny
Llanvetherine
Dan-yr-Ogof 558 m
Mynydd Llangynidr
B4560
A40
Craig-y-nos
Gilwern
Abergavenny
Llantilio Crossenny
Ystradfellte
Garwnant Forestry Commission Visitor Centre
Brymawr
A465
Llanfoist
Abercraf
Beaufort
Y-Fenni
Llanalen
Clytha
Ystradgynlais
Pontsticill
Nantyglo
NEATH
Blaenavon
Ionmouth/ Trefynwy
Merthyr Tydfil
Ebbw Vale
Blaina
A465
RHONDDA

Pratique

BRECON CYBER CAFE

10 Lion Street
✆ +44 1874 624 942
Ouvert tous les jours sauf le dimanche de 10h à 20h. £1 le 1/4 d'heure et £3 l'heure, réduction pour les membres.
L'ancien YMCA est converti en café Internet. La connexion est rapide et vous trouverez un poste libre sans problème et un bon accueil en prime.

TOURIST INFORMATION CENTRE

Cattle Market Car Park
✆ +44 1874 622 485
tourism.powys.gov.uk
A proximité du supermarché Morrisons, sur le grand parking.
Ouvert du lundi au samedi de 9h30 à 16h45 (jusqu'à 17h15 en été) et le dimanche de 10h à 16h.
C'est une véritable mine d'informations, tant sur la ville que sur le parc naturel. Vous pouvez y réaliser vos réservations d'hébergement, trouver les chemins de randonnées, les coordonnées de fermes qui louent des chevaux, les horaires des bus locaux… Avec un accueil professionnel et chaleureux en prime !

Se loger

Bien et pas cher

AUBERGE DE JEUNESSE LLWYN-Y-CELYN

Libanus
✆ +44 1874 624 261
Fax : +44 1874 625 916
llwynycelyn@yha.org.uk
Prendre l'A470 en direction de Merthyr. L'auberge se trouve à 5 km au sud de Libanus, sur la gauche.
42 lits. Souvent fermé en semaine pendant l'hiver. En hiver, £12,40 par adulte et £9,50 par enfant ; en été, £18 par adulte et £14 par enfant.
Vieille ferme isolée dans la campagne, sur la route de Merthyr. Les chambres sont propres et soignées et le salon vraiment agréable, avec sa grande cheminée en pierres et ses fauteuils. L'auberge sert aussi des repas et détient une licence pour servir de l'alcool. Un établissement bien pratique pour accéder au parc de Brecon Becon et à Pen-y-Fan (randonnées organisées par le parc entre les mois d'avril et d'octobre).

AUBERGE DE JEUNESSE TYN-Y-CAEAU

Groesffordd
✆ +44 1874 665 270 / +44 845 371 95 06
Fax : +44 1874 665 278
www.yha.org.uk
A partir de l'A40, suivre les signes de Llanfrynach, l'auberge est à 700 m au nord de Groesffordd. Près du lac de Llangorse.
De £10,40 à £20,40 par adulte. Possibilité de restauration.
Dans une ancienne maison victorienne aménagée, une auberge appréciée. Attention, comme pour l'auberge, Llwyn-Y-Celyn, elle ne se trouve pas à Brecon même et est donc assez difficile d'accès sans voiture.

THE CAFE

39 High Street
✆ +44 1874 638 031
Ouvert tous les jours sauf le dimanche de 10h à 17h. £4,20 la lasagne végétarienne, £2,90 le bol de soupe.
Petit café, très central, où l'on peut déjeuner ou prendre un café issu du commerce équitable. Bons gâteaux faits maison. Ambiance chaleureuse. La petite salle au fond est plus lumineuse.

PILGRIMS

Dans le jardin de la cathédrale
✆ +44 1874 610 610
✆ +44 7970 997 904
www.pilgrims-tearooms.co.uk
Ouvert tous les jours de 10h à 17h et jusqu'à 16h en hiver. Environ £3,50 le snack et £7 le plat.
En été, les tables à l'extérieur de ce tea room permettent de savourer un plat à base de produits locaux tout en ayant une vue sur la belle cathédrale. Petite carte avec des plats simples et des spécialités locales.

ROBERTO'S

St. Mary's Street
✆ +44 1874 611 880
robertos.netau.net
Ouvert tous les jours de 17h30 à 22h, les soirs de week-end jusqu'à 23h. Ouvert à partir de 18h en hiver. Entrée de £2,95 à £7,95. Pâte de £9 à £13. Plat de £11 à £20.
Un petit restaurant italien où l'on trouve une bonne sélection de pâtes, pizzas et viandes. Aux beaux jours, on peut aussi déjeuner à l'extérieur. Le service est fort sympathique et les grandes tables rondes couvertes de nappes rouge et blanc donnent une ambiance conviviale.

THE TIPPLE'N TIFFIN

Canal Wharf
✆ +44 1874 611 866
www.brycheiniog.co.uk
Restaurant du Theatre Brycheiniog
Ouvert tous les jours de 10h30 à 21h, les soirs de spectacle à partir de 18h. £12 le repas avec des tapas.
Cuisine très originale qui utilise les produits locaux pour créer des goûts que l'on ne trouve pas ailleurs. On recommande le fromage de chèvre sur des tartelettes d'oignons caramélisés ou l'agneau avec un gratin dauphinois et des filets de poireaux grillés. La maîtresse de maison conseille de partager les plats avec ses compagnons, à la manière tapas, pour pouvoir goûter à tout. La terrasse donne sur la partie restaurée du canal, devant le point d'embarquement des jolies péniches. Un lieu idéal même sans assister aux représentations théâtrales du Brycheiniog.

Confort ou charme

THE BEACONS***

16 Bridge Street
Lanfaes
Fax : +44 1874 623 339
www.thebreconbeacons.co.uk
A l'entrée de Brecon, avant de traverser la rivière.
14 chambres. Chambre double de £58 à £84. Chambre avec salle de bains séparée, £46. Petit déjeuner inclus. Bar, salon lounge, parking, wi-fi accessible au rez-de-chaussée.
B&B dans une maison du XVIIIe siècle à l'intérieur très fleuri mais avec des motifs moins traditionnels que d'autres B&Bs. Les chambres sont agréables, mais le tout pourrait bénéficier d'un petit coup de neuf. La grande chambre familiale a gardé une jolie cheminée.

BLAENCAR FARM*****

Sennybridge
✆ +44 1874 636 610
www.blaencar.co.uk
A 12 km de Brecon. Prendre la A40 en direction de Llandovery puis tourner à gauche pour joindre la A4067. Juste après le signalisation du Defynnog, au croisement, tourner à gauche et suivre les pancartes du B&B.
3 chambres, doubles ou familiales, toutes avec salle de bains individuelle. De £34 à £40 par personne. Paiement par carte non accepté.
Dans le village de Sennybridge, reputé pour être l'un des plus charmants des Brecon Beacons, une ferme rurale sympathique qui compte cinq étoiles ! Chambres spacieuses avec de grands lits... à baldaquin ! Un peu kitsch, peut-être, mais king size et avec une salle de bains individuelle. En été, on peut prendre son petit déjeuner dans le jardin. Pas de restaurant, mais un pub sympathique à 15 minutes à pied. Des guides de randonnée vous sont prêtés par la maison et l'on peut vous préparer des pique-niques sur commande. Parfait quand on a une voiture et qu'on peut donc se déplacer facilement.

THE GRANGE GUEST HOUSE***

22 The Watton ✆ +44 1874 624 038
www.thegrange-brecon.co.uk
Dans Brecon, à quelques pas du Brecknoch Museum.
8 chambres, simples, doubles ou familiales, la plupart avec salle de bains individuelle. Chambre simple à partir de £30, double à partir de £55, familiale à partir de £90. Grand parking, espace à vélos fermé, wi-fi gratuit, petit jardin.
Cette grande maison en pierres datant de la moitié du XIXe siècle héberge un B&B très agréable où l'on se sent comme chez soi. Tout y est : chambres très confortables, accueil bien chaleureux, petites tables dans le jardin pour profiter du beau temps... Les propriétaires, David et Amélia, choisis comme « ambassadeurs » du parc national par l'office de tourisme, se font un plaisir d'aiguiller leurs hôtes et de conseiller les meilleures adresses et excursions des environs. Les amateurs de découverte linguistique pourront aussi s'initier au gallois, David l'enseigne avec passion. Autre petit plus, la maison fait tout pour adopter un comportement éthique et responsable : produits presque exclusivement locaux et équitables, emploi de personnel en réinsertion professionnelle, respect de l'environnement... Pas de faille, donc, pour cette adresse en plein Brecon.

THE PUZZLE TREE

Bank house, The Watton
✆ +44 1874 622 111 / +44 777 286 73 97
Ouvert tous les jours de 9h à minuit en été et à partir de midi en hiver. Plat de £6 à £14.
Un grand pub qui mêle déco british et néons rouges. Tout au long de la journée, des sandwichs assez élaborés, et le soir une carte de plats simples et copieux. Le jeudi, vendredi et samedi, restauration mexicaine à l'étage, pour changer des classiques. C'est le pub le plus animé de Brecon le samedi soir.

Luxe

THE CASTLE OF BRECON HOTEL***

Castle Square ✆ +44 1874 624 611
Fax : +44 1874 623 737
www.breconcastle.co.uk
40 chambres. Chambre double standard à partir de £75, familiale à partir de £90, supérieure à partir de £100, avec vue à partir de £130. Petit déjeuner inclus. Une chambre pour personnes handicapées. Restaurant, bistrot, bar. wi-fi gratuit.
Au XVIIe siècle, les ruines du château furent utilisées pour construire un relais de diligence. Deux siècles plus tard, le lieu fut transformé en hôtel. Aujourd'hui, outre cet aspect historique, les vues sur le parc naturel sont spectaculaires. Les chambres sont fonctionnelles, spacieuses, et décorées à la british : papier peint fleuri, gravures de chasse, lit à baldaquin… On s'y sent bien, mais l'accueil lui, peut être moins charmant que dans les B&B.

Se restaurer

PILGRIMS

Dans le jardin de la cathédrale
✆ +44 1874 610 610 / +44 7970 997 904
www.pilgrims-tearooms.co.uk

Sortir

COLISEUM CINEMA

Wheat Street ✆ +44 1874 622 501
www.coliseumbrecon.co.uk
Cinéma indépendant qui diffuse surtout des grosses productions américaines et anglaises.

THEATRE BRYCHEINIOG

Canal Wharf ✆ +44 1874 611 622
www.brycheiniog.co.uk
Ouverture du guichet de 9h30 à 17h du lundi au samedi ou jusqu'à l'heure précédant les représentations. A partir de £10.
On joue toutes sortes de pièces, en anglais et en gallois. La scène attire des spectateurs de Cardiff et d'Angleterre. Les concerts de musique classique et plus contemporaine raviront ceux qui comprennent moins bien l'anglais. Robert Plant, le chanteur de Led Zeppelin, s'est produit ici.

À voir – À faire

BRECKNOCK MUSEUM AND ART GALLERY

Captain's Walk ✆ +44 1874 624 121
Fax : +44 1874 614 046
www.powys.gov.uk/breconmuseum
Ouvert du lundi au vendredi de 10h à 17h, le samedi de 10h à 13h et de 14h à 17h. Fermé le premier lundi de chaque mois sauf pendant les jours fériés. Fermé certains jours fériés. £1 par adulte, gratuit pour les enfants.
Le musée, situé dans l'ancienne cour d'assises, retrace l'histoire de Brecon et de ses environs, de la préhistoire à nos jours. Le rez-de-chaussée, consacré à la vie agricole, abrite la reconstitution d'un foyer rural et d'une salle de classe. Belle collection de Lovespoons (littéralement : cuillère d'amour. La tradition veut que l'amoureux offre cette cuillère en bois sculpté à sa bien-aimée.). Au premier étage, un film et des objets portent sur la préhistoire. Au deuxième étage, reconstitution d'un tribunal d'assises, avec son et lumière ! Les vitrines de cet étage illustrent les changements des XIXe et XXe siècles : développement des banques, de la médecine, des transports… Belles diapositives de Brecon au début du siècle.

CATHÉDRALE

Priory Hill ✆ +44 1874 623 857
www.breconcathedral.org.uk
Ouverte tous les jours de 8h30 à 18h.
Superbe cathédrale gothique, avec des vitraux à couper le souffle. Les Celtes furent les premiers à prier au sommet de cette colline ; vinrent ensuite les Normands : les fonts baptismaux à l'intérieur de l'édifice témoignent de leur passage. L'extérieur du bâtiment, assez austère, contraste avec un intérieur coloré par la lumière des vitraux et la finesse du pan de bois sculpté qui se trouve dans la nef.

MOUNTAIN CENTRE

Libanus ✆ +44 1874 623 366
Fax : +44 1874 624 515
www.breaconbeacons.org
Ouvert tous les jours. Au printemps et en automne de 9h30 à 17h ; en été de 9h30 à 17h30 ; en hiver de 9h30 à 16h. Fermé le 25 décembre. Gratuit.
Ce centre, tenu par les gardes forestiers, distribue des informations sur les randonnées et la nature alentour. Il y a un coin réservé à la lecture des brochures et des livres mis à votre disposition gracieusement. La cafétéria – tenue par un chef qui a travaillé au restaurant de la tour Eiffel à Paris – propose des plats locaux comme le « Pen-Y-Fan Pasty » ou le « Beacon Bake » pour £5 environ.

MUSÉE DU RÉGIMENT ROYAL DU PAYS DE GALLES

The Barracks
✆ +44 1674 613 310

www.rrw.org.uk

Ouvert du lundi au vendredi de 10h à 17h. A partir de Pâques et pendant la toute la période estivale, ouvert aussi le samedi jusqu'à 16h. £4.

Ce musée explique la vie militaire de la région de Brecon qui conserve, aujourd'hui encore, une importante garnison. Des reconstitutions de batailles ainsi qu'un film sont consacrés à la guerre des Zoulous : un exploit gallois puisque les 140 soldats gallois réussirent à se défendre contre 4 000 guerriers zoulous ! Vaste collection de médailles et d'armes à feu.

PEN-Y-FAN

Les ascensions des Brecon Beacons les plus populaires sont celles du point culminant Pen-y-Fan (872 m) et de son voisin Corn Du. Un sentier de 2 à 3 km relie les deux pics au départ de Pont-ar-Daf, à moins d'un kilomètre du pub Storey Arms sur l'A470, entre Brecon et Merthyr Tydfil.

Sports – Détente – Loisirs

BLACK MOUNTAIN ACTIVITIES

Brecon, Powys
3 Cocks,
✆ +44 1497 847 897
www.blackmountain.co.uk

Sous le credo « S'amuser maintenant, travailler plus tard », on organise ici quantité d'activités en plein air : escalade, explorations de gorges, randonnées, descente en canoë...

Visites guidées

DRAGONFLY CRUISES

Canal Basin, Canal Road
✆ +44 7831 685 222
www.dragonfly-cruises.co.uk
Embarquement sur les rives du canal, en face du théâtre.

Adulte £7, enfant £4,50 ; 1 ou 2 départs par jour selon les périodes. Ne fonctionne jamais le lundi. Certains mois, fonctionne uniquement le mercredi et le week-end.

Deux heures et demie de traversée à bord d'une péniche, de Brecon à Brynich.

THE MON & BREC CANAL

Il est agréable de flâner sur les rives du canal qui se trouve au sud de la ville. Bordé de maisonnettes fleuries, ses eaux tranquilles sont animées de colonies de canards de toutes les couleurs. Prisé aussi bien par les cyclistes que les randonneurs, il se poursuit sur 52 km, jusqu'au sud de Cwmbrân. Egalement navigable, le canal attire chaque année de nombreuses péniches. Le théâtre qui le jouxte déploie sa petite terrasse de café aux beaux jours. On peut s'y restaurer toute l'année.

PEN-Y-CRUG

A 3 km environ du village,
au départ du parking de Cradoc.

Accessible à pied du village, le vaste site archéologique de Pen-y-Crug occupe le sommet d'une colline. On y trouve cinq rangées de remparts qui forment une large enceinte circulaire. Les Celtes s'y protégeaient en jetant de ce promontoire des pierres à leurs assaillants. Après l'ascension, c'est un plaisir de s'asseoir sur les vieilles pierres de ce site spectaculaire pour contempler la vue superbe sur les vallées de la Usk.

PRIORY GROVES

A côté de la cathédrale.

Pour une petite balade au vert et au frais, traversez le pont à Castle Street et rejoignez le sentier qui mène dans les bois.

CRICKHOWELL (CRUCYWEL)

Situé entre Brecon et Abergavenny, le centre marchand de ce charmant village tient en quelques rues qui convergent vers une petite place ronde. Les touristes avertis le préfèrent à Brecon pour y passer un week-end au vert. Niché dans l'une des plus jolies vallées du parc, c'est un pied-à-terre idéal pour les randonnées, notamment pour l'exploration des Black Mountains. Le village possède des hôtels pleins de personnalité et d'excellents restaurants. De retour de la promenade, on s'immerge délicieusement dans une ambiance d'auberge cossue et campagnarde. Derrière le village, on aperçoit Table Mountain, avec son sommet tout plat. C'est une destination populaire de randonnée ; on jouit de très belles vues à son sommet, pas trop difficile d'accès.

Pratique

OFFICE DE TOURISME

Beaufort Street
✆ +44 1873 811 970
www.crickhowellinfo.org.uk

Ouvert tous les jours de 10h à 17h ; de novembre à février jusqu'à 13h30 le dimanche.

On y trouve des informations concernant l'histoire du village, des propositions d'itinéraires de randonnées et des livres sur la région. Accès à Internet.

Se loger

THE BEAR HOTEL

Powys
High Street, Crickhowell,
Blaenau Gwent NP8 1BW
✆ +44 1873 810 408
www.bearhotel.co.uk

Chambre double standard environ £100. Il existe aussi des chambres plus petites (£10 de moins), des Deluxe ou des chambres Jacuzzi.

On se sent tout de suite bien entre les épais murs en pierres et sous les poutres en chêne de cet ancien relais de diligence. L'hôtel-restaurant a conservé une ambiance d'auberge avec son décor rustique. On trouve ici des spécialités du terroir à base de produits locaux : bœuf, mouton, chevreuil sont au menu, marinés dans des sauces subtiles qui ont fait toute la réputation du chef. On trouve aussi à la carte saumons et truites pêchés dans la rivière Usk. Le restaurant a été plusieurs fois récompensé pour la qualité de sa cuisine.

THE DRAGON INN

47 High Street
✆ +44 1873 810 362
www.dragoncrickhowell.co.uk

15 chambres. Chambre simple £45, double £65. Environ £20 pour une entrée et un plat.

Une adresse qui propose 15 chambres agréables et surtout un restaurant qui vaut le déplacement. La carte se distingue par une cuisine du terroir qui n'exclut pas un mélange audacieux des saveurs. Les entrées sont originales : pâté de campagne accompagné de chutney d'oignons rouges, fromage de chèvre pané aux pommes et au gingembre, champignons à la bière... En plat principal, on trouve les traditionnels plats de viande : rumsteack cuisiné avec champignons et tomates. On peut aussi compter sur l'excellence d'un service qui a préféré limiter sa quantité de tables et de chambres au profit de la qualité.

WERN WATKIN BUNKHOUSE

Wern Watkin Hillside, Llangattock
✆ +44 1873 812 307
www.wernwatkin.co.uk

A 1,6 km de Crickhowell. Par personne, compter £16 les jours de semaine et £18,50 le week-end.

Une ferme en pierres, située dans un emplacement idéal pour les amateurs de montagne et de caves. On peut rejoindre à pied le Blaenavon Heritage Centre et l'une des caves les plus profondes d'Europe ! Si vous voyagez en groupe, des chambres de deux, quatre et six lits sont disponibles, avec quasiment toutes une salle de bains attenante. Mais réservez bien à l'avance dans cet hôtel qui n'est pas très grand et son calendrier est souvent chargé ! L'auberge compte également un salon et un jardin.

Se restaurer

THE GLIFFAES HOTEL

Gliffaes Road
✆ +44 1874 730 371
www.gliffaeshotel.com

23 chambres. Chambre double standard £144, grande chambre double avec vue sur la rivière £220. £36,75 pour un dîner de 3 plats et £29 pour 2 plats.

Une autre excellente adresse où la qualité de l'hébergement s'associe à celle de la cuisine. Vous pouvez être certain de profiter de ce que la région a de meilleur à offrir d'un point de vue gastronomique. Les restaurateurs se fournissent en légumes, viandes et poissons auprès de producteurs locaux. On trouve ici saumon, sole, agneau, chevreuil, canard... Le menu varie chaque jour en fonction de ce qui se trouve sur les marchés, et la carte suit le changement des saisons. Plusieurs fois récompensé pour la cuisine de son chef, le restaurant compte en plus une très bonne carte de vins.

À voir – À faire

CRAIG-Y-CILAU NATIONAL NATURE RESERVE

A 1,6 km de Crickhowell, sur la A4077.

L'une des plus grandes falaises calcaires du sud du pays de Galles. De nombreuses carrières d'extraction furent creusées ici, suite à l'ouverture du canal de Brecon, qui permettait d'acheminer le calcaire dans les localités voisines. C'était à l'époque un minerai très utilisé, notamment pour la construction de fours dans les fermes et les fonderies ainsi que pour le blanchiment des façades de maison. Aujourd'hui, la falaise de Llangattock est le lieu de rendez-vous des explorateurs de caves. Ils viennent de partout en Europe pour s'enfoncer dans ces cavités artificielles, parmi les plus profondes du Royaume-Uni. Le calcaire fournissant également un sol très riche, une grande variété de plantes s'épanouit sur cette falaise, aujourd'hui considérée d'intérêt scientifique et intégrée à une réserve naturelle. Une randonnée d'environ 1h40 (5 km) est à faire du village de Llangattock, à moins de 2 km de Crickhowell.

GALLERY ON THE USK

49 High Street
✆ +44 1873 811 941
www.galleryontheusk.co.uk
Ouvert du lundi au samedi de 10h à 17h.
Cette galerie est renommée pour sa collection d'estampes d'artistes variés. Elle propose aussi de nombreuses cartes postales et cartes de vœux qu'on a vite fait de toutes vouloir acheter !

RUINES DU CHÂTEAU

Il ne reste plus grand-chose du château construit au XIIIe siècle pour surveiller la vallée de la Usk. Sur une petite butte, surplombant le village, les ruines sont cependant charmantes à voir. Le hasard de la conservation en a fait l'équivalent très esthétique de sculptures en plein air, que l'assaut de la végétation sauvage a fini d'embellir.

THE TABLE MOUNTAIN

A 3,5 km au nord du village. Prendre la première à droite après la station d'essence sur la A40, direction Brecon : Llanbedr Road. A environ 2,5 km, juste après le tournant menant à Llanbedr village, se trouve un parking sur le bord de la route, à droite.
Le sentier menant à Table Mountain est indiqué par un panneau 100 m plus haut, sur la gauche. Il s'agit de la montagne toute plate à son sommet que l'on voit très bien derrière le village. La gravir est une des randonnées les plus populaires du coin. Les vues plongeantes, de son sommet, sont très belles.

Shopping

CRICKHOWELL ADVENTURE OUTDOOR EQUIPMENT

1 High Street
✆ +44 1873 810 020
Ouvert du lundi au samedi de 9h à 17h et le dimanche de 10h à 16h.
Une boutique très professionnelle, entièrement consacrée à la randonnée. On trouve cartes, lampes de poche, sacs de couchage, vêtements et autres accessoires de marche. Des guides écrits par un guide de montagne professionnel, sont à la vente. Ces livrets à £2,50 proposent des itinéraires de randonnées à faire en famille, le temps d'un après-midi ou d'une journée, autour de Crickhowell.

ABERGAVENNY (Y FENNI)

Pour une découverte prolongée des Black Mountains, cette petite ville est l'un des meilleurs endroits où séjourner. Située au cœur de vertes vallées, elle abrite un centre ancien et un sympathique marché couvert qui s'anime tous les mardis. On y vient de partout dans la région pour y faire ses emplettes de produits frais. Si vous êtes de passage seulement, la ville se prête à une journée de flânerie fort agréable. Commencez par faire un tour sur le marché, de bonne heure, lorsque l'activité est à son comble puis poursuivez par une flânerie en ville, le long de Cross Street où l'on trouve de nombreux restaurants, puis sur la charmante place Tudor, où l'on déploie aux beaux jours les terrasses de cafés.

Pratique

OFFICE DE TOURISME

Swan Meadow
24 Monmouth Road
✆ +44 1873 853 254
www.visitabergavenny.co.uk
Dans le parking de la station de bus.
Ouvert d'octobre à Pâques tous les jours de 10h à 16h ; de Pâques à fin septembre jusqu'à 17h. Horaires susceptibles de révision.
Vous pouvez compter sur le service de cet office de tourisme extrêmement dynamique, où l'on trouve quantité d'informations sur la ville et la région. De Pâques à octobre, ils organisent des randonnées gratuites avec guides, ouvertes à tous. La marche est l'une des activités les plus développées dans la région et vous trouverez quantité de livres et de cartes à ce sujet. L'équipe de l'office de tourisme peut également vous renseigner sur ces possibilités.

Se loger

THE ANGEL HOTEL

15 Cross Street
✆ +44 1873 857 121
www.angelhotelabergavenny.com
69 £, 95 £ ou 120 £ pour une simple (standard/supérieur/deluxe). Environ 20 £ de plus pour une double, petit déjeuner inclus.
Les 32 chambres de cet hôtel-restaurant sont chaleureuses, lumineuses et confortables.

HARDWICK FARM

Hardwick
✆ +44 1873 853 513
www.hardwickfarm.co.uk

A 1,6 km d'Abergavenny, sur la A4042.
Chambre simple £40, double £70, familiale à partir de £85 - tarif dégressif en fonction du nombre de nuits.
La famille, propriétaire de 80 vaches laitières, offre des chambres sympathiques dans sa ferme. Toutes ont été redécorées en 2010. On rejoint à pied un délicieux itinéraire le long d'une rivière qui ne passe pas très loin... Le cadre est idéal pour se reposer et vivre dans un cadre rural authentique.

PARK GUEST HOUSE

36 Hereford Road
✆ +44 1873 853 715
www.parkguesthouse.co.uk
Chambre simple avec salle de bains privative £35, simple avec salle de bains extérieure £30, double avec salle de bains privative £55, double avec salle de bain extérieure £50. wi-fi gratuit dans les parties communes.
Quelques chambres dans une maison familiale bien tenue, tout près du centre. Le *breakfast* est inclus dans le prix de la chambre. La maison prépare aussi sur commande des repas à emporter pour vos randonnées.

PENTRE COURT COUNTRY HOUSE

Brecon Road
✆ +44 1873 853 545
www.pentrecourt.com
A 1,6 km d'Abergavenny.
De £35 à £50 par personne.
Cette ravissante petite maison géorgienne est un lieu de retraite extrêmement élégant. Les chambres y sont joliement arrangées et offrent des vues sur le jardin de l'hôtel et le parc de Brecon Beacons. Un bon restaurant se trouve sur place, ainsi qu'une petite piscine ouverte aux résidents !

Se restaurer

THE ANGEL HOTEL

15 Cross Street
✆ +44 1873 857 121
www.angelhotelabergavenny.com
Restaurant ouvert à partir de 7h en semaine, et 8h le week-end. Chambre double £96.
L'un des restaurants les plus raffinés de la ville. Le chef connaît bien les traditions culinaires de la région mais sait aussi leur apporter une touche innovante. Vous goûterez ici une cuisine à base de produits frais aux saveurs étonnantes, dans un cadre élégant et spacieux, aux lumières tamisées. Il est aussi possible de prendre un repas de manière plus informelle au bar ou en terrasse lorsque le temps le permet. Cet établissement propose aussi 32 très jolies chambres.

THE KING'S ARMS

29 Nevill Street ✆ +44 1873 855 074
www.kingsarmsabergavenny.co.uk
Plat de £9,95 à £13,95. Chambre double à partir de £60.
L'édifice, construit autour de 1600, abrite le plus vieux pub de la ville. Celui-ci a récemment ouvert un restaurant où l'on dîne à la bougie, sous d'énormes poutres en chêne et dans une ambiance chaleureuse. La carte propose des plats relativement classiques, mais préparés avec soin et à des prix raisonnables.

À voir – À faire

ABERGAVENNY CASTLE & MUSEUM

Castle Street
✆ +44 1873 854 282
www.abergavennymuseum.co.uk
Ouvert de mars à octobre du lundi au samedi de 11h à 13h puis de 14h à 17h, et le dimanche à partir de 13h de novembre à février, ouvert jusqu'à 16h et fermé le dimanche. Entrée libre.
Ce château fort normand surplombant la ville était l'un des plus importants de la seigneurie d'Abergavenny et servit aussi de résidence aux rois de passage. Tout au long du XIIe siècle, le château fut étayé d'histoires horribles de meurtres et de trahisons.
Le château, tel qu'on le voit aujourd'hui, a essentiellement été construit entre les XIIIe et XIVe siècles, lorsqu'il devint la propriété des Hastings. Les temps étaient alors nettement moins troublés et la région des Borders plus tranquille.
Un musée se trouve à l'intérieur du château, où l'on peut voir une très belle collection d'objets. On découvre des pièces issues de fouilles archéologiques dans la région, qui datent de la préhistoire et de la période romaine. Dans une autre galerie, la cuisine d'une ferme d'époque victorienne a été entièrement reconstituée avec sa cheminée, son mobilier en bois sombre et sa vaisselle.

CASTLE MEADOWS

✆ +44 1633 644 856
Il ne s'agit pas d'un château, mais d'un espace vert de 20 ha, aménagé le long de la rivière Wye, ponctué de rangées d'arbres et bosquets. Les habitants de la ville viennent dans cet agréable endroit de détente pour y promener leur chien, faire leur jogging ou pêcher.

MARKET HALL

Ouvert de 6h à 17h.

C'est sans conteste le marché le plus couru de la région et l'un des meilleurs endroits pour goûter à l'ambiance des lieux. Le mardi est le jour le plus important, celui où l'on vient de partout dans les Brecon Beacons, pour s'approvisionner en légumes, en poisson et en viande. Le marché est également ouvert les vendredi et samedi. Outre l'alimentation, on trouve un peu de tout : vêtements et bijoux, artisans travaillant le bois, le cuir ou la laine. Une centaine de stands animent chaque jour d'ouverture l'immense halle couverte : vous ne serez pas déçu par l'ambiance !

TAPISSERIE D'ABERGAVENNY ET SCULPTURES MÉDIÉVALES

St. Mary's Priory Church

Une tapisserie a été réalisée en 2007, pour célébrer le millénaire de la ville. Long de 6 m, cet ouvrage, qui a demandé les talents conjugués de 40 personnes et 20 000 heures de travail, impressionne par sa minutie. La figure centrale représente Jessé endormi. On le reconnaît au tronc d'arbre qui s'échappe de son corps. Ce thème biblique provient d'une phrase d'Isaïe. La croyance médiévale veut qu'il ait été le père du roi David et l'un des ancêtres du Christ. La figure est en fait une reproduction de la sculpture en bois que l'on peut voir dans l'église. Datant du XVe siècle, cette pièce artistique majeure fut montrée à la Tate de Londres. Derrière la figure endormie, on reconnaît le village d'Abergavenny, avec sa rivière et son pont, entouré de collines. Sous ce ravissant paysage court une frise avec des médaillons racontant divers épisodes historiques liés à la ville depuis mille ans.

On ira aussi voir, dans la nef de l'église, les deux gisants en bois de chevaliers médiévaux. On pense qu'ils représentent George de Cantelupe, baron d'Abergavenny et l'un des barons Hastings. Deux autres gisants en pierres se trouvent dans l'église, encore des chevaliers. Celui dont les pieds reposent sur un chien endormi est particulièrement beau.

Sports – Détente – Loisirs

SUGAR LOAF MOUNTAIN

A 14,5 km de la ville. En voiture, démarrez du parking de Llyn Dhu, à quelques kilomètres seulement d'Abergavenny.

Compter 4 ou 5 heures de trajet. Un plan de la randonnée est vendu £1 à l'office de tourisme.

L'ascension de cette montagne, 580 m, en fait une randonnée très populaire dans le coin et ne présente aucune difficulté particulière. On a de son sommet de très belles vues sur le parc de Brecon Beacons et le Bristol Channel.

Visites guidées

BRECON CANAL

7 km. Compter 2 ou 3 heures.

Cette balade circulaire, le long du canal, vous fait suivre l'itinéraire pittoresque d'une ancienne voie de chemin de fer. Vous trouverez l'itinéraire détaillé à l'office de tourisme, pour £1.

GOYTRE WHARF & CANAL VISITOR CENTRE

Llanover

✆ +44 1873 881 069

www.graceneills.com

A 5 min au sud d'Abergavenny, sur la A4042.

Ouvert de mars à septembre, toute la journée.

Un centre de visite a été ouvert, qui a pour mission de renseigner sur les balades à faire le long du canal. On y trouve cartes et suggestions de promenades. Le centre organise aussi des croisières en bateau et renseigne sur la faune et la flore à travers des expositions didactiques. Il abrite aussi un café, ouvert entre 10h et 16h et où l'on peut se restaurer.

© DAVID HUGHES – FOTOLIA

Campagne galloise

Le Pembrokeshire

Pembrokeshire (Sir Benfro)

Le Pembrokeshire est l'un des endroits les plus exceptionnels du pays de Galles. La richesse de sa faune et de sa flore, la beauté de ses paysages contrastés, ses 299 km de côte ont été classés patrimoine national. Le nord du Pembrokeshire est la partie la plus rurale. Le long de la baie de Cardigan, ce n'est que succession de petits villages fermiers, bocages et prés. On finirait presque par oublier la proximité de la mer si l'on ne voyait, au détour d'un chemin, le paysage s'ouvrir sur une étendue turquoise et s'éclairer soudain de lumières typiques de bord de mer. L'ambiance est ici plus à la randonnée qu'à la baignade. On croise sur les falaises escarpées des randonneurs scrutant à la jumelle le phoque ou le guillemot. Les adeptes de natation ne seront cependant pas en reste. On trouve aussi des plages de sable fin comme celles de Newport Sands ou de Poppit Sands, au bout du charmant estuaire de Teifi.

De St. David's à Tenby, le Sud offre des ambiances plus typiquement balnéaires, petits ports prisés des touristes se succèdent, avec leurs maisons et commerces attrayants. Les grandes plages aux eaux translucides et sable doré attirent les surfeurs et familles en vacances. Tout au bout de la péninsule, entre St. Brides et St. Ann's Head, de formidables sentiers côtiers donnent sur des paysages marins grandioses. Au sud de Pembroke, St. Govan's Head et l'arche naturelle de Stack Rocks sont des sites spectaculaires. De vieilles forteresses normandes apparaissent aussi dans les paysages du Pembrokeshire, qui est également une terre riche en histoires et légendes. Les côtes donnant sur la mer d'Irlande sont marquées par l'héritage celte. Des vestiges de sanctuaires et cromlechs témoignent du passage de colons irlandais en ces lieux dès le Ve siècle.

Les différents sentiers qui longent les côtes et les falaises donnent lieu à plusieurs marathons et sont connus pour la beauté qu'ils offrent. Nombreux sont ceux qui, sac sur le dos, effectuent la complète randonnée de presque 300 km d'Amroth jusqu'à Cardigan. C'est une occasion unique d'admirer le paysage et les différents oiseaux qui nichent dans les falaises (manchots, macareux, etc) et traverser d'agréables villages. Au centre du parc national du Pembrokeshire se trouvent les « collines bleues » de Preseli Hills, dont les rochers et cailloux aux reflets bleus ont été utilisés depuis des millénaires pour des sites mortuaires. C'est d'ici que viennent les lourds dolmens de Stonehenge dans le Somerset. Comment les hommes de l'époque ont-ils bien pu les transporter depuis Preseli Hills ? Cela reste un mystère.

LE SUD

TENBY (DINBYCH-Y-PYSGOD)

Tenby, autrefois une ville fortifiée, est aujourd'hui une station balnéaire très à la mode. La ville est en effet entourée de deux magnifiques plages de sable fin, dont celle du sud, South Beach, qui s'étend jusqu'à Penally, un village avoisinant. Tenby, autrefois appelée « petit fort aux poissons » à cause du fort qui surplombe le port, est une ville colorée aux nombreuses ruelles qui descendent de la vieille ville emmurée jusqu'au port, bordé de façades aux multiples couleurs, jaune, bleu, rose. En été, les rues du centre-ville sont fermées aux voitures et les terrasses de cafés prennent place. En face de Tenby, l'île de Caldey (Ynys Pyr) était autrefois un des lieux saints fréquentés par les moines celtes. Aujourd'hui, on y trouve un monastère cistercien. Possibilité de s'y rendre en bateau.

Transports

GARE FERROVIAIRE

A l'ouest de la ville, sur Warren Street.
www.gareferroviaire.com
De Tenby on peut rejoindre la majorité des villes de la côte sud du pays. Pour Cardiff, certains trains sont directs, mais généralement, il faut changer à Swansea (compter 2h30 de trajet et 22 £ pour un aller-retour).

TENBY CYCLES
16 The Norton ✆ +44 1834 845 573
www.tenbycycles.co.uk
A partir de 12 £ la journée.
Location de vélos.

Pratique

NATIONAL PARK CENTER
South Parade ✆ +44 1834 845 040
www.pembrokeshirecoast.org.uk
Ouvert d'avril à octobre tous les jours de 9h30 à 17h ; en hiver du lundi au samedi de 10h30 à 15h30 ou 16h.
Un centre dédié au parc national du Pembrokeshire où l'on reçoit toutes les informations nécessaires et où l'on peut réserver ses activités (randonnées, journées pour les enfants, conférences explicatives...). Le centre fournit aussi pas mal de conseils sur la ville et la région.

TOURIST INFORMATION CENTER
Unit 2, the Gateway Complex
Upper Park Road
✆ +44 1834 842 402 / +44 1834 842 404
Fax : +44 1834 845 439
www.visitpembrokeshire.com
A côté du supermarché Sainsbury's et du grand parking d'Upper Park Road.
Ouvert d'avril à octobre en semaine de 9h30 à 17h et le week-end de 10h à 16h ; de novembre à mars tous les jours sauf le dimanche de 10h à 13h et de 13h30 à 16h.
Un très bon centre d'information toutefois un peu moins bien localisé que le National Park Center avec lequel on a tendance à le confondre. Bien suivre les panneaux.

Se loger

Bien et pas cher

GLENTHORNE GUESTHOUSE
9 Deer Park
✆ +44 1834 842 300
www.glenthorneguesthouse.co.uk
De £26 à £32 par personne.
A quelques mètres de la plage, petit B&B charmant, tout en fleurs et couleurs, réputé pour son excellente qualité. Menna et Peter, les propriétaires, sont très accueillants et s'efforcent de satisfaire leur clientèle. Au petit déjeuner par exemple, un large choix de produits et des options végétaliennes ou sans gluten pour ceux qui les demandent.

Le PN du Pembrokeshire

MEADOW FARM
Northcliff ✆ +44 1834 844 829
meadowfarmtenby.co.uk
Site fermé d'octobre à mars. A partir de £7 par adulte en tente ou en caravane.
Camping au nord de la ville, à 5 minutes à pied de la plage et à 10 minutes de Tenby. Situé en haut d'une colline qui surplombe les alentours.

TREFALUN PARK
Devonshire Drive ✆ +44 1646 651 514
Fax : +44 1646 651 746
www.trefalunpark.co.uk
A 5 km de Tenby.
Fermé d'octobre à avril. A partir de 13,50 £ le terrain pour deux personnes. Mobil-home à partir de 180 £ la semaine.
Grand camping bien équipé. Possibilité de louer des mobil-homes.

Confort ou charme

BRAMBLES LODGE***
Penally ✆ +44 1834 842 393
www.tenbyguesthouse.co.uk
Dans le petit village de Penally, à 2 km de Tenby. A 10 min de la plage.
Chambre simple £35, double de £60 à £66. Jacuzzi, sauna.
Tenu par Gerald et Jan, un B&B dans une maisonnette blanche avec jardin, à quelques mètres du sentier côtier pour les marcheurs. Les chambres sont modestes, mais soignées et certaines possèdent leur propre salle de bains. Possibilité de dîner sur place. Par temps mauvais, vous trouverez dans le salon, en plus de l'habituelle télévision, des jeux de société et un piano ! On profite aussi volontiers du petit Jacuzzi et du sauna de la maison.

KINGSBRIDGE GUEST HOUSE***
Warren Street
✆ +44 1834 844 148
www.kingsbridgehouse.co.uk
Tout près de la gare, en remontant un peu dans la rue qui part vers le centre.
Chambre double de 52 à 70 £. Parking.
B&B de style victorien. Toutes les chambres sont décorées de manière typique et dotées d'une salle de bains. Une sélection de DVD est disponible dans le salon.

MYRTLE HOUSE
St. Mary's Street
✆ +44 1834 842 508
8 chambres avec salle de bain privative. De £28 à £40 par personne. Lounge, wi-fi gratuit. Dîner £10.
Parmi les dernières options d'hébergement au sein des fortifications de Tenby, Myrtle House a été classée « Metro Hotel » : une appellation pour les B&B qui servent aussi le dîner. La petite maison sympathique est ainsi réputée pour sa cuisine de très bonne qualité, mais aussi pour la joie de vivre de ses propriétaires, les Evans. Mieux vaut réserver, les chambres ont du succès !

Luxe

ATLANTIC HOTEL***
The Esplanade
✆ +44 1834 842 881
www.atlantic-hotel.uk.com
42 chambres. De 58 à 82 £ par personne. Prix rehaussés en été et susceptibles de modification. Restaurant, lounge bar, parking, piscine couverte, Spa.
Vues magnifiques sur la grande plage de Tenby depuis cet hôtel de luxe où l'on trouve piscine, Jacuzzi et sauna. Lors de notre enquête, l'Atlantic se refaisait une beauté.

HEYWOOD MOUNT HOTEL ET SPA****
Heywood Lane
✆ +44 1834 842 087
Fax : +44 1834 842113
www.heywoodmount.co.uk
A 15 min à pied du centre.
25 chambres. Chambre double de £115 à £185. Hors saison, l'hôtel fait de bons prix pour les petits séjours. Restaurant, bar, parking, Spa, wi-fi.
Bel hôtel très tranquille avec toutes les commodités et un très bon restaurant. Quelques chambres ont un lit à baldaquin, construit par des charpentiers gallois.

THE IMPERIAL HOTEL
The Paragon
✆ +44 1834 843 737
Fax : +44 1834 844 342
www.coastandcountryhotels.com
A l'entrée de l'esplanade, au creux des fortifications.
Chambre simple de £60 à £110, double de £120 à £150. Restaurant, bar, lounge, wi-fi gratuit dans les parties communes et quelques chambres.
Ce qui plaît le plus dans cet hôtel ? La vue panoramique qu'il offre sur la mer, St. Catherine Island et Caldey Island. Magnifique ! Les chambres y sont assez simples, mais très spacieuses et cosy. Certaines d'entre elles, ainsi que le restaurant, bénéficient de la vue. Le tout sent la mer... agréable.

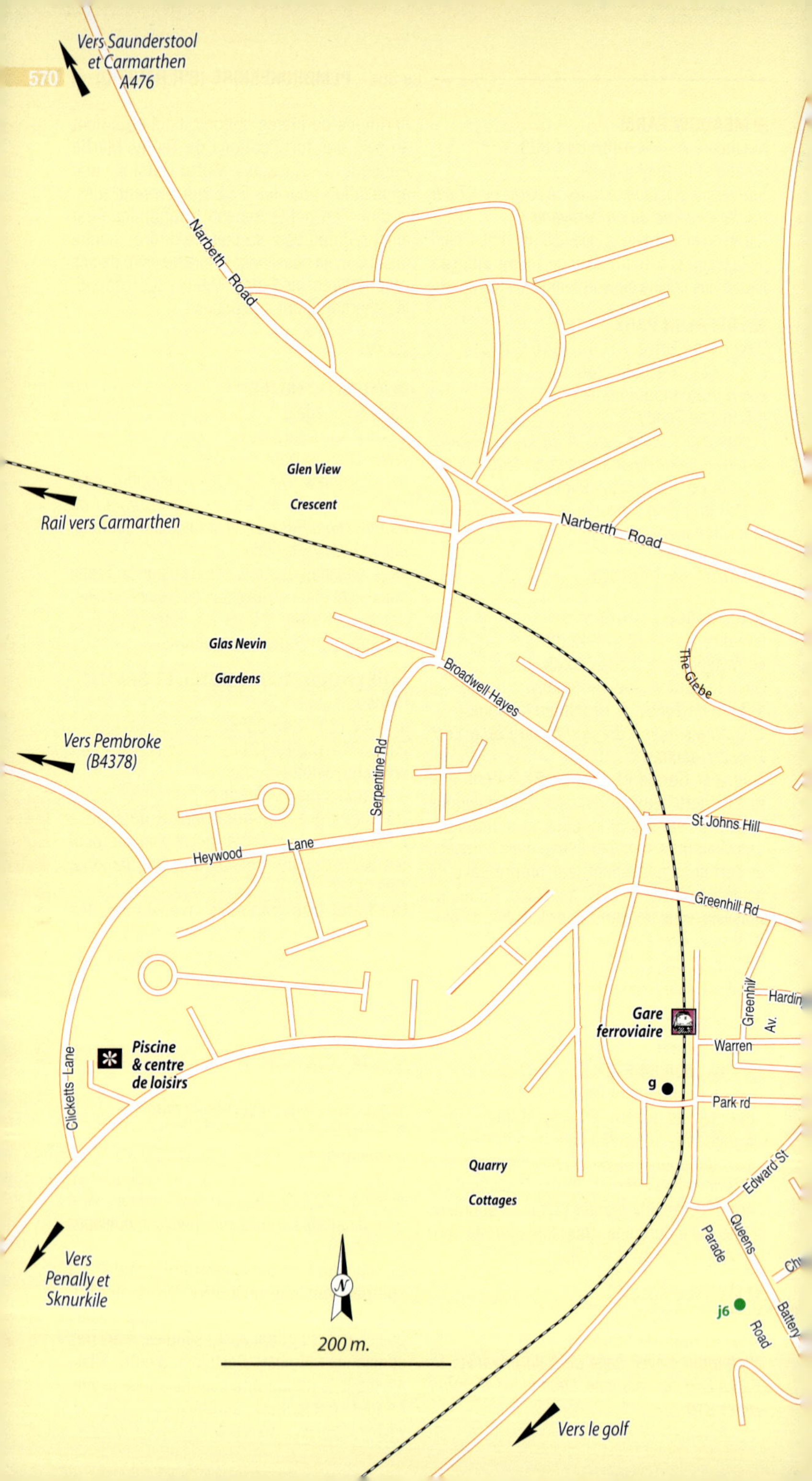
Vers Saunderstool
et Carmarthen
A476
Narbeth Road
Glen View
Crescent
Rail vers Carmarthen
Narberth Road
Glas Nevin
Gardens
Broadwell Hayes
The Glebe
Vers Pembroke
(B4378)
Serpentine Rd
St Johns Hill
Heywood
Lane
Greenhill Rd
Gare
ferroviaire
Greenhill
Harding
Av.
Warren
Piscine
& centre
de loisirs
Clicketts Lane
g
Park rd
Quarry
Cottages
Edward St
Queens
Parade
Vers
Penally et
Sknurkile
N
j6
Battery
Road
200 m.
Vers le golf

Points d'intérêt
1 Tudor Merchants House
2 Laston House
3 Prince Albert Memorial
4 Tenby Museum
5 The Harbour
6 The Five Arches
7 St Catherines Fort
8 Remains of Tenby Castle
9 The Town Walls
10 Boulbton Cottage
Eglises
a Baptist
b United Reformed
c St. Mary's Church
d Salvation Army
e Catholic
f Seamans Church
g Christadelphian
Jardins
j1 Croft Gardens
j2 North Walk Gardens
j3 Hight Street & Narton Gardens
j4 Brother Thomas Garden
j5 Paxtons Road Gardens
j6 Battery Gardens
j7 Jubilee Gardens
j8 Sutton Street Gardens
j9 Gunfort Gardens
j10 Esplanade Gardens
Vers North Cliff Caravan Park
Health Centre
Croft
The Northon
North Beach
Castle Hill
Crackwell St
Bridge St
South Parade
Upper Frog St
Museum
Park
Trafalgar
Picton
St. Florence P.
Paragon
Castle Beach
Southcliffe St
Road
Bowl Club
The Esplanade
Iron Bar Sands

Se restaurer

Bien et pas cher

BALI HAI
Upper Frog Street
✆ +44 1834 842 786
Sandwichs à moins de £2.
De l'extérieur, avec sa devanture rose bonbon ultra kitsch et ses deux grosses peluches Minnie, il ne paye pas de mine ! Mais c'est un des meilleurs endroits de la ville pour un encas pas cher (sandwichs, paninis, *jacket potatoes*...).

Bonnes tables

THE MEWS
Upper Frog Street
✆ +44 1834 844 068
Au fond d'une petite impasse qui donne sur Upper Frog Street, en face de Balti Hai.
Plat de £10 à £15.
Restaurant très réputé dans la ville pour la qualité de ses plats et en particulier le poisson. L'ambiance est celle, détendue, d'un bistrot. Il est essentiel de réserver à l'avance ! Possibilité de manger dehors, dans la cour chauffée et fleurie.

N°25 CAFE
25 High Street
✆ +44 1834 842 544
Ouvert tous les jours de 9h à 17h, le dimanche jusqu'à 16h.
Un petit établissement type salon de thé où l'on trouve une grande variété de sandwichs, paninis et ciabattas de qualité.

PLANTAGENET HOUSE
Quay Hill
✆ +44 1834 842 350
Plat principal autour de £18.
Un décor fantastique et charmant dans la plus vieille maison de la ville accolée à la maison marchande Tudor. A l'intérieur, on peut y voir une vieille cheminée hollandaise du XIIIe siècle. Le tout a fait l'objet de petites rénovations début 2011. Outre cet intérieur d'époque superbe, la cuisine est délicieuse.

POTTERY SHED CAFE
Tudor Square
✆ +44 1834 844 894
www.potteryshed.co.uk
Concept intéressant : un café où l'on peut également peindre une tasse et la remporter chez soi.

Sortir

BAYTREE
Tudor Square
✆ +44 1834 843 516
Fax : +44 1834 845 866
www.baytreetenby.co.uk
Ouvert du lundi au vendredi midi et soir en hiver et tous les jours en continu en été. Plat de £12 à £18. A la carte, £30 pour une entrée, un plat et un dessert.
Joli décor tout en bois avec des bouquets de fleurs séchées suspendus aux murs. Ciabattas pour moins de 5 £ et de bons plats copieux pour des prix raisonnables. Sélection de viandes, poissons, plats végétariens classiques ou originaux. Terrasse sympathique aux beaux jours.

BUCCANEER
St. Julian Street
✆ +44 1834 842 273
Généralement ouvert de 11h à 23h, un peu plus tard le vendredi et le samedi, un peu plus tôt le dimanche. Plat aux alentours de £10.
Quelle ambiance dans ce pub, que ce soit à l'intérieur ou sur la terrasse ! En plus, on y mange bien, on trouve à la carte des fruits de mer et du crabe de Caldey, la spécialité de la maison !

THE COACH & HORSES
Upper Frog Street
✆ +44 1834 842 704
Ouvert de 12h à 23h30. Plat de 8 à 10 £.
Dans une maison à la devanture toute jaune, un pub à l'ambiance et à la décoration sympathiques et originales qui s'est spécialisé dans la cuisine thaïe. Ambiance jeune et animée. On y mange plutôt bien.

À voir – À faire

CALDEY ISLAND (YNYS PYR)
Tenby, Dyfed SA70,
Des bateaux partent de Tenby pour l'île de Caldey tous les quarts d'heure à partir de 10h de Pâques à octobre (aller-retour environ £11) ; on achète les tickets sur Castle Square.
A 5 km de la côte, cette île accueillit des moines celtes au VIe siècle, remplacés au XIIe siècle par des bénédictins de St. Dogmaels qui y fondèrent un prieuré, puis elle fut finalement rachetée par des cisterciens. Les vingt moines qui y vivent aujourd'hui suivent des règles très strictes : sept prières par jour dont la première à 3h du matin ! Ils produisent de délicieux chocolats et des parfums à base des fleurs

de Caldey Island. Sur l'île, on peut visiter la chapelle de Saint-David et le monastère, mais surtout une très vieille croix celte sur laquelle se trouve une inscription en ogham, vieil alphabet irlandais du VIe siècle.

FROG STREET

De nombreux petits artisans, magasins d'art, de babioles sont situés dans cette rue. Un peu plus loin dans la vieille ville, il fait bon flâner et admirer les murs anciens de la cité ; beaucoup de petites allées médiévales sont toujours intactes.

QUAY HILL

Cette partie de la ville qui descend jusqu'au port est bordée des plus vieilles maisons de la ville dont la maison marchande Tudor.

ST. MARY'S CHURCH

www.stmaryschurchtenby.com
Entre St. George's Street et Tudor Square, la plus grande église du pays de Galles datant du XVe siècle.

TENBY MUSEUM

Castle Hill
✆ +44 1834 842 809
Fax : +44 1834 842 809
www.tenbymuseum.org.uk
Ouvert tous les jours de 10h à 17h. Fermé le week end en hiver. Entrée environ £4.
Le musée, situé dans une aile du château, ouvrit ses portes en 1878. On y découvre l'histoire sociale et maritime du Pembrokeshire ainsi que des éléments sur la géologie et l'archéologie de la région. Une autre galerie est consacrée aux œuvres d'art d'Augustus Jones et de sa sœur Gwen, peintres du début du XXe siècle. Les travaux à l'huile d'Augustus, excellent dessinateur, furent à l'époque rapprochés des peintures de Matisse et Gauguin. Une grande partie de sa production est consacrée à l'art du portrait. Gwen mena sa carrière de peintre à Paris où elle fut également le modèle et la maîtresse de Rodin. Elle peignit des natures mortes et des autoportraits, dans un style influencé par les mouvements d'avant-garde parisiens.

TUDOR MERCHANT'S HOUSE

Quay Hill
✆ +44 1834 842 279
Ouvert de mi-février à mi-octobre. Horaires et dates variables, se renseigner. Entrée environ £3.
Dans ce décor particulièrement bien reconstitué, on se retrouve en plein XVe siècle chez un riche marchand. Meubles et bibelots d'époque.

Visites guidées

SAUNDERSFOOT

www.visit-saundersfoot.com
A 3 miles au nord de Tenby.
Les plages de Saundersfoot comptent parmi les plus extraordinaires du sud du Pembrokeshire, réputées pour leur beauté exceptionnelle. Pour les découvrir, on peut rejoindre le village d'Amroth au départ de Tenby, en prenant le bus 350, puis parcourir le chemin côtier jusqu'aux plages de Saundersfoot. A l'ouest du village, on trouve aussi Glen Beach, une plage idéale pour les baignades familiales, avec restauration à proximité.

Le parc national du Pembrokeshire

Il y a une dizaine de parcs nationaux en Angleterre et au pays de Galles. Celui du Pembrokeshire, listé en 1952, est, contrairement aux autres, essentiellement côtier et maritime. Le départ du sentier pédestre du parc commence à Amroth, petit village sur l'A477, jusqu'à St. Dogmaels, près de Cardigan, au nord du Pembrokeshire. Il se scinde en trois sections côtières : d'Amroth à Milford Haven, le long de falaises découpées ; la seconde, plus tranquille, traverse des prairies et l'estuaire de Daugleddau, au sud d'Haverfordwest ; la troisième section va jusqu'à St. Brides Bay. Les endroits aux paysages les plus exceptionnels se situent entre St. David's et Marloes. Le trajet menant de Manorbier à la petite chapelle, juchée sur les falaises de St. Govan's, est tout aussi impressionnant. Pour des informations précises, des plans et des réservations d'hôtels, rendez-vous à l'office du tourisme de St. David's. Il sert aussi de centre d'information sur le parc national du Pembrokeshire. Un film et des panneaux explicatifs retracent sa géologie et décrivent la richesse de sa faune. Pour une information au jour le jour, le journal gratuit Coast to Coast, largement distribué, vous informe sur les événements locaux de la semaine.

CAREW (CAERIW)

CAREW CASTLE

✆ +44 1646 651 782
www.carewcastle.com
Ouvert d'avril à octobre tous les jours de 10h à 17h ; de novembre à mi-décembre de 11h à 15h. Entrée 4,50 £.

Le tour du château est très bien organisé avec une brochure explicative bien faite, qui vous guide tout au long de votre promenade. C'est probablement l'un des plus étranges et fascinants châteaux du sud du pays de Galles. Construit entre 1280 et 1310, il fut considérablement agrandi au XVe siècle comme en témoignent ses fenêtres de style Tudor. La caissière à l'entrée ne manquera pas de vous parler des nombreux visiteurs qui ont vu les fantômes de sir Roland Rhys, un des locataires du château, et de son singe, venus hanter la tour nord-ouest où ils habitaient. Selon la légende, lord Rhys fut mystérieusement assassiné une nuit, après avoir refusé la main de sa fille à un soupirant. On retrouva à ses côtés le corps du singe, mort aussi ! Une ambiance très mystique, donc très celte ! En faisant le tour du lac par le chemin, vous arriverez au moulin français, toujours en activité, dont vous pourrez visiter les différents étages. Les explications audio sont un peu archaïques mais très précises. Une bonne occasion de comprendre dans tous ses détails le fonctionnement d'un tel édifice.

MANORBIER (MAENORBYR)

MANORBIER CASTLE

✆ +44 1834 871 394
www.manorbiercastle.co.uk
Possibilité de s'y rendre avec le bus 349 Tenby-Haverfordwest.
Ouvert d'avril à septembre tous les jours de 10h à 18h. Fermé lorsque des événements privés s'y déroulent. Entrée 4 £, 1,50 £ par enfant.

Les ruines du château fortifié de Manorbier donnant sur la baie transporteront même les moins imaginatifs en plein roman de cape et d'épée. De superbes jardins entourent le château, qui peuvent être un bel endroit de pique-nique.

YHA MANORBIER

Manorbier, Tenby, Pembrokeshire
SA70 7TT,
✆ +44 870 770 59 54 – www.yha.org.uk
Ouvert de janvier à octobre. £16 pour les adultes, £12 pour les moins de 18 ans.

Bâtiment moderne et spacieux. Vous y trouverez nombre de surfeurs puisque la plage de Manorbier est idéale pour ce genre de sport, comme celle Freshwater West, un peu plus loin sur la côte. De nombreuses chambres ont leur propre salle de bains. Il est également possible de louer une partie du bâtiment, aménagée en appartement.

PEMBROKE (PENFRO)

La vieille ville est traversée par une longue rue principale bordée de maisons victoriennes et entourée de remparts, vestiges de son passé médiéval. Essentiellement reconstruites aux XVIIIe et XIXe siècles, les rues ont cependant gardé leur tracé médiéval. On trouve les maisons les plus anciennes de la ville sur Westgate Hill, à côté de l'impressionnant château normand.

Du port de la ville, important lieu d'échanges marchands jusqu'à l'arrivée des voies ferrées, on peut aujourd'hui s'embarquer pour l'Irlande. Une fois visités le château et le musée de la ville, situé sur le port, c'est surtout aux alentours de Pembroke que se trouvent les endroits qui valent la peine de se déplacer, notamment le magnifique village de Carew avec son château hanté et le monastère de Lamphey. Des plages splendides également à 20 minutes en voiture.

Pratique

PEMBROKE DOCK TERMINAL

The Ferry Terminal
✆ +44 1646 622 753
Pour toute information concernant un voyage en Irlande, aller au centre de tourisme.

Cartes et guides sur l'île Verte sont disponibles et l'on peut aussi vous réserver des hôtels.

TOURIST INFORMATION CENTRE

Commons Road
✆ +44 1437 776 499
www.visitpembrokeshire.co.uk
Ouvert en hiver du mardi au samedi de 10h à 13h ; en été du lundi au vendredi de 10h à 16h et le samedi de 10h à 13h.

Vous trouverez de nombreuses informations utiles sur la ville et les environs.

Se loger

THE COACH HOUSE HOTEL***

116 Main Street
✆ +44 1646 684 602
Fax : +44 1646 687 456

www.coachhousehotel.uk.com
Chambre simple 50 £, double 75 £, suite 85 £. Petit déjeuner inclus. Restaurant, bar, wi-fi.
Petit hôtel traditionnel situé sur la rue principale. Beau bar-restaurant tout en bois et chambres élégantes et confortables.

LAMPHEY COURT HOTEL
Lamphey
✆ +44 1646 672 273
Fax : +44 1646 672 480
www.lampheycourt.co.uk
A quelques kilomètres au sud-est de Pembroke, sur la A4139.
Menu à environ 40 £ au Georgian Restaurant. Chambre simple de 88 à 100 £, double de 110 à 160 £. Salles de gym, sauna, Spa.
Plusieurs options s'offrent à vous dans cet hôtel-restaurant : un dîner aux chandelles, dans le cadre somptueux du Georgian Restaurant, ou bien la version chic décontractée, pour l'heure du brunch ou du déjeuner, au Conservatory. La brasserie déploie aux beaux jours son agréable terrasse. Quel que soit votre choix, vous trouverez des plats de qualité, cuisinés avec de bons produits frais : filet mignon, saumon de Cenarth, plats traditionnels gallois, homard au restaurant, salades gourmandes, soupes et fruits de mer à la brasserie. Une excellente adresse pour un repas romantique et glamour.

OLD KINGS ARMS HOTEL
13 Main Street
✆ +44 1646 683 611
www.oldkingsarmshotel.co.uk
Plat principal de 14,50 à 19,50 £. Pour l'hôtel, chambre simple de 50 à 70 £, double à 85 £.
L'hôtel abrite le George Wheeler Restaurant, l'un des plus réputés de tout le pays de Galles, recommandé dans plusieurs guides gastronomiques ! On y dîne dans une vaste cuisine qui date du XVe siècle, sous de vastes poutres où pendent de belles casseroles. Le mobilier de bois sombre et l'éclairage tamisé recréent une ambiance chaleureuse d'auberge. L'esprit de la carte est varié, avec des plats vraiment traditionnels et des propositions plus contemporaines. L'établissement offre également des chambres sympathiques et confortables.

Sortir

OLD CROSS SAWS
109 Main Street
✆ +44 1646 682 475
De la douzaine de pubs qui se trouvent à Pembroke, celui-ci est le plus agréable.

À voir – À faire

BISHOP'S PALACE
Lamphey
A 3 km à l'est de Pembroke se trouve le village de Lamphey (Llandyfai) ; au nord de ce village, on peut visiter les ruines de Bishop's Palace, datant du XIIIe siècle, qui servait de résidence secondaire aux évêques de St. David's. Ruines à l'apparence de crypte, perdues dans la mousse verte et la brume… qui témoignent bien de l'opulence dans laquelle vivaient ces saints hommes.

PEMBROKE CASTLE
Pembroke Castle, Pembroke SA71 4LA,
✆ +44 1646 684 585
www.pembroke-castle.co.uk
Ouvert d'avril à septembre de 9h30 à 18h, d'octobre à mars de 10h à 17h et de novembre à février de 10h à 16h. £3,50 par adulte et £2,50 par enfant, ticket « familial » à £10.
C'est l'un des multiples châteaux construits par les Normands dans le Sud du pays de Galles pour combattre et assujettir les Celtes. Il fut donné en 1452 à Jasper Tudor par Henri VI. La fortification édifiée au sommet d'une colline était naturellement protégée par l'eau. Cette forteresse imprenable ne tomba jamais sous le contrôle des Gallois et c'est ainsi que Pembroke gagna le titre de capitale du « Little England beyond Wales ». Aujourd'hui, le château dégage toujours une atmosphère impressionnante. Les tours sont intactes et l'on passe de larges pièces aux poutres de chêne à des corridors sombres et biscornus… Les meubles ne sont plus là mais l'ambiance a subsisté.

THE GUN TOWER MUSEUM
Front Street
Pembroke Dock
✆ +44 1646 622 246
www.guntowermuseum.org.uk
A côté du terminal de ferries.
Ouvert entre avril et octobre tous les jours sauf le samedi de 10h à 16h. £2,50 par adulte, £1,50 par enfant.
Construite sur le Milford Haven Waterway et accessible par un pont, l'ancienne tour de garnison victorienne fait aujourd'hui office de musée sur l'histoire de la ville. On voit notamment les maquettes de célèbres modèles de bateaux construits sur le port entre 1814 et 1926. Le musée informe également sur l'histoire de la British Army et la vie des soldats à l'époque victorienne.

CÔTE OUEST

DALE

Dale, village au bord de la mer, protégé par de lourdes falaises, où les sports de voile vont bon train, surtout dès que l'on approche la pointe de St. Ann's, exposée au vent. Tout est fait pour les sportifs. En bord de mer, un grand magasin loue planches à voile, combinaisons et organise des sorties en bateau.

WEST WALES WINDSURFING & SAILINGS

Brunel Quay
Neyland
✆ +44 1646 636 642
www.surfdale.co.uk
Cours de kayak, de catamaran, de voile, de surf...

NEWGALE (NIWGWL)

DUKE OF EDINBURGH

✆ (01437) 720 586
Pub qui sert de bons plats chauds. L'ambiance est malgré tout assez quelconque. Snacks, mobile homes et campings géants ont pris d'assaut les alentours.

NEWSURF

Newgale, Haverfordwest, Pembrokeshire
SA62 6AS
✆ +44 1437 721 398
www.newsurf.co.uk
Boutique d'accessoires qui loue des planches de surf et organise des cours pour les débutants et ceux qui souhaitent s'améliorer.

SAND'S CAFE

On y trouve *breakfasts*, sandwiches et boissons chaudes.

SOLVA (SOLFACH)

HARBOUR HOUSE HOTEL & FAYRE CLIPPER

Lower Solva ✆ +44 1437 721 267
www.theharbourhousehotel.co.uk
Chambre double 75 £.
Le pub est rempli tous les soirs, et en été, après avoir fait les boutiques d'artisanat le long de la rue, vous y viendrez aussi… Beaucoup de produits de la mer à la carte : saumon, huîtres et poissons frais. L'établissement propose aussi quatre charmantes chambres.

OLD PRINTING HOUSE

20 Main Street ✆ +44 1437 721 603
Chambre double à partir de 30 £ par personne.
Petit salon de thé adorable avec une grande cheminée et de bons gâteaux. Les trois chambres de ce cottage sont très soignées et décorées avec goût.

SOLVA WOOLEN MILL

Middle Mill ✆ +44 1437 721 112
www.solvawoollenmill.co.uk
Ouvert de janvier à décembre du lundi au vendredi de 9h30 à 17h30. Entrée libre.
On regarde dans cet ancien moulin aujourd'hui transformé en atelier à tisser les artisans au travail, spécialisés dans la fabrication de tapis et dessus-de-lit. Une boutique se trouve également sur place.

St.David's Cathedral

HAVERFORDWEST (HWLFFORDD)

CARMARTHEN ARMS
Cartlett Road ✆ +44 1437 763 461
Un pub ancien, l'un des premiers de la ville.

GREENWAYS GUEST HOUSE
Shoals Hook Lane
✆ +44 1437 762 345
Compter de £27 par personne.

MARINERS HOTEL
Mariners Square
✆ +44 1437 763 353
Fax : +44 1437 764 258
www.hotelmariners.co.uk
Hôtel restaurant qui sert de bons plats typiques de pub anglais.

THE COUNTY HOTEL
Salutation Square
✆ +44 1437 762 144
Fax : +44 1437 762 504
www.county-hotel.com
15 chambres dont 13 avec salle de bains privative. Compter £60 pour une chambre simple, £70 pour une chambre double, £95 pour une familiale. Restaurant.
Hôtel trois-étoiles qui existe depuis 1842.

CÔTE NORD

ST. DAVID'S (TYDDEWI)

Construit sur le flanc d'une colline, le village n'a pas oublié de soigner son image pour séduire les touristes, là où saint David prêchait autrefois, au Ve siècle ! Les façades des maisons sont fleuries et les jardins soignés. Boutiques de souvenir et de produits gastronomiques locaux se succèdent le long de petites ruelles. Cafés et restaurants ont élu domicile dans de vieilles maisons qui offrent un cadre agréable pour se restaurer ou boire un verre. L'été, la ville est un carrefour joyeusement animé. On y fait des haltes pour se restaurer avant de filer vers les plages ou pour boire un verre après la baignade, comme on y passe une journée pour découvrir son riche patrimoine architectural. L'ensemble majestueux formé par la cathédrale et le palais des Evêques rappelle le rayonnement spirituel qu'eut cette ville à l'époque médiévale. Edifiée à la gloire de saint David, patron du pays, la cathédrale date de 1176. Ce centre chrétien était si incontournable qu'on allait jusqu'à dire que deux pèlerinages à St. David's en valaient un à Rome !

Pratique

VISITOR CENTRE
National Park Center
The Grove ✆ +44 1437 720 392
www.pembrokeshirecoast.org.uk
Ouvert tous les jours. Fermé le dimanche d'octobre à Pâques.
Vaste centre d'informations sur St. David's et sur le parc naturel du Pembrokeshire.

Se loger

Bien et pas cher

AUBERGE DE JEUNESSE
Llaethdy
Whitesands
✆ +44 870 770 60 42
stdavids@yha.org.uk
A 3 km de St. David's.
£14,50 par adulte et £10,50 pour les moins de 18 ans.
Dans une ancienne ferme, très proche d'une plage somptueuse, au départ de nombreux sentiers côtiers de randonnée.

Confort ou charme

ALAN DALE GUEST HOUSE
43 Nun Street
✆ +44 1437 720 404
alandale@tinyworld.co.uk
Chambre simple £38, double ou twin £80.
Petite maison victorienne avec de très jolies chambres. B&B sympathique.

THE COACH HOUSE
15 High Street
✆ +44 1437 720 632
www.thecoachhouse.biz
Chambre double à partir de £70.
Un B&B qui propose plusieurs chambres simples, doubles, twin ou familiales. Les propriétaires, Stephen et Kim Lawton, ont décidé de rénover en 2011 pour créer un patio. Possibilité de louer le cottage situé derrière la maison.

Y GORLAN
77 Nun Street ✆ +44 1437 720 837
mikebohlen@aol.com
Chambre simple de £40 à £45, double ou twin avec salle de bains de £70 à £85.
Chambres soignées et confortables. Belle vue depuis le salon et excellents *breakfasts* le matin, avec option végétarienne.

Luxe

WARPOOL COURT HOTEL
A côté de la cathédrale, sur la route de St. Nons
✆ +44 1437 720 300
Fax : +44 1437 720 676
www.warpoolcourthotel.com
Chambre double de £100 à £120 par personne. Restaurant, bar, lounges.
Jadis l'école de la chorale de la cathédrale, Warpool est aujourd'hui l'hôtel le plus luxueux de St. David's. Le jardin est très élégant. Les chambres sont confortables, élégantes et l'on a de certaines d'entre elles des vues époustouflantes sur la mer. Chambres familiales disponibles.

Se restaurer

GLAN-Y-MOR INN
Caerfai Bay Road
✆ +44 1437 721 788
✆ +44 7771 762 145
www.glan-y-mor.co.uk
Plat de £8,50 à £14. Chambre à partir de £25 par personne.
Bon restaurant un peu en dehors du centre, idéal aux beaux jours car proche de la mer. De grandes fenêtres et le beer garden donnent d'ailleurs sur l'océan ! On cuisine à base de produits locaux plats traditionnels et poissons. L'établissement propose également des chambres fort agréables. Une aire de camping est également disponible, pour planter sa tente à 500 m de la plage !

THE REFECTORY
Cloître de la cathédrale
✆ +44 1437 721 760
www.stdavidscathedral.org.uk
Ouvert tous les jours de 11h à 16h.
Après avoir fait l'objet d'une restauration sérieuse, le cloître abrite aujourd'hui un restaurant de qualité où l'on cuisine à partir de produits du terroir. Aménagé en duplex, l'étage supérieur offre pour cadre de belles vues sur la cathédrale et les jardins. L'après-midi, le restaurant fait aussi office de salon de thé.

ST. DAVID'S FOOD & WINE
High Street
✆ +44 1437 721 948
www.stdavidsfoodandwine.co.uk
Ouvert du lundi au samedi de 8h30 à 17h30.
Excellents sandwichs et friands à emporter. Bonne sélection de produits dans ce delicatessen : fromages, produits bio, bières locales…

À voir – À faire

ST. DAVID'S CATHEDRAL
The Close
✆ +44 1437 720 202
Fax : +44 1437 721 885
www.stdavidscathedral.org.uk
Entrée (donation conseillée par la cathédrale) : £3.
Une fois passé le rempart, la première vision de la cathédrale, en contrebas, est impressionnante. La cathédrale médiévale est cernée d'un grand parc couvert de stèles funéraires et l'on distingue d'emblée sa structure cruciforme à l'intersection de laquelle s'élève la grande tour carrée, avec son horloge et ses pinacles. Pendant plus d'un siècle, ce site a été un lieu de pèlerinage central et l'ensemble, majestueux, exerce encore son aura… Pourtant, tout commence avec la solitude mystique de saint David, qui mena ici une vie retirée du monde, totalement dévouée à l'esprit… Le saint homme, qui se nourrissait de pain et d'herbes et trempait son corps dans l'eau glacée pour engourdir ses ardeurs, influença l'Eglise irlandaise par son ascétisme !
C'est sous le règne d'Henri Ier que les lieux prirent une tournure plus administrative et officielle, lorsqu'il fut décidé que saint David serait au centre du diocèse. Il est possible que l'emplacement ait aussi été choisi pour des raisons de stratégie politique, étant donné sa proximité avec l'Irlande. La construction de la cathédrale commença en 1131 ; c'est également à partir de cette époque qu'elle devint un centre religieux d'importance en Europe.
Au XIVe siècle, sous le règne de l'évêque Henry de Gower, l'architecture prit l'allure qu'on lui connaît aujourd'hui. Jusqu'à sa mort, en 1347, il supervisa d'importants travaux dans la cathédrale, qu'il envisageait comme sa tombe future, et dressa également le mur la séparant des maisons du village. L'actuelle porte officielle d'entrée du site est la seule originale des quatre portes de l'enceinte.

ST. DAVID'S HEAD

Au départ du parking de Whitesands, au bout de la B4583.

Balade circulaire de 3 km, compter 2h.

Des sites archéologiques et sanctuaires celtiques rappellent tout au long de la promenade le passage de colons irlandais sur les côtes de Whitesands Bay. On trouve des vestiges de la chapelle de saint Patrick, parti prêcher la parole divine sur l'île Verte, le Warrior's Dyke, rempart défensif datant de l'âge de fer (750 av. J.-C. à 100 apr. J.-C.), le Coetan Arthur, chambre funéraire néolithique et deux autres cromlechs en haut de Carn Llidi, à 181 m d'altitude. Du promontoire volcanique de St. David's Head, on jouit de vues superbes sur l'île de Ramsey.

THE BISHOP'S PALACE

The Close

✆ +44 1437 720 517

Ouvert tous les jours de 9h30 à 17h. En hiver : horaires quelque peu réduits. Entrée : £3,10 pour les adultes, tarif réduit £2,70.

Construit derrière la cathédrale entre les XIIIe et XIVe siècles, cet imposant palace autrefois réservé à la noblesse et au clergé témoigne de l'importance de cette étape sur la route de Compostelle. Aujourd'hui en ruine, il n'en reste pas moins impressionnant. Le palais s'articule autour du jardin central. L'est était consacré aux espaces privés de l'évêque, avec sa chambre, sa petite salle de réception et les cuisines à l'extrémité, articulant les appartements avec l'aile sud, consacrée aux espaces publics de réception. La chambre jouxtant le hall servait probablement à héberger les importants visiteurs de passage à St. David's. La partie ouest servit probablement de dortoir, où étaient logés les visiteurs de moindre importance.

De nombreux détails architecturaux apparaissent lors de la visite des lieux, qui témoignent de la splendeur passée de l'édifice : fenêtres et arches finement ornées, encorbellements sculptés en forme de visage ou d'animal, décoration des arcades... Les ambitions architecturales de l'évêque de Gower étaient élevées et firent de l'ensemble un modèle du raffinement médiéval.

WHITESANDS BAY

www.whitesands-stdavids.co.uk

Du village de St. David's, le Celtic Coaster vous emmène en 40 min à la plage de Whitesands (en période d'hiver, prendre le Strumble Shuttle).

Idéale pour les baignades, c'est également le point de départ de randonnées splendides le long des côtes. On trouve les itinéraires détaillés au centre de tourisme de St. David's pour 50 p.

Visites guidées

RAMSLEY ISLAND CRUISES

✆ +44 800 854 367

✆ +44 1437 720 285

www.ramseyisland.co.uk

Réservations dans l'un des nombreux bureaux qui parsèment la ville. Ile de Ramsey : 1h15, £14. Grassholme : 4h, £30.

Découverte de caves, observation de phoques et d'oiseaux migrateurs, autour de l'île de Ramsey. A bord du *Viking Pioneer*, départs pour Grassholme d'où l'on peut parfois apercevoir des dauphins et des baleines.

FISHGUARD (ABERGWAUN)

A la fois profondément portuaire et rurale, Fishguard est une ville de caractère, tout en contrastes. Construite autour de deux baies articulées par des roches épaisses, sa structure en trois parties désoriente de prime abord. A l'ouest se trouve le Fishguard Harbour, là où les trains arrivent et d'où partent les ferries pour l'Irlande. Deux kilomètres à l'est, le centre de la ville est en haut d'une colline qui surplombe la baie. Derrière cette « nouvelle ville », encaissée entre des falaises et blottie autour du vieux port se cache la partie la plus ancienne. On peut passer de l'une à l'autre de ces parties de la ville en suivant le Marina Walk, promenade le long de la mer.

Transports

FISHGUARD RAILWAY STATION

Stena Terminal

Station Hill

Goodwick

✆ +44 8457 48 49 50

Gare à côté du départ du ferry, à Goodwick, à 2 km de Fishguard.

Fisguard est le terminus de la « West Wales line » qui part de Swansea. Départs pour Milford Haven, Pembroke Dock, Carmarthen, Swansea, Cardiff. La gare étant loin du centre, qui se trouve en haut d'une grosse roche, vous pouvez éventuellement demander au point d'information des ferries un numéro de taxi (ils se proposeront probablement gentiment de l'appeler pour vous).

STENA LINE
✆ +44 845 070 40 00
www.stenaline.com
Deux heures de traversée sur les ferries extra-rapides, trois heures et demie sur les autres, pour aller à Rosslare. 6 départs par jour. Les prix sont très variables : à partir de £12 l'aller-retour si on le fait dans la journée.

Pratique

TOURIST INFORMATION CENTRE
The Town hall
Market Square
www.visitpembrokeshire.com
Ouvert d'octobre à Pâques du lundi au samedi de 10h à 16h ; de Pâques à septembre en semaine de 9h30 à 17h, le samedi de 10h à 16h et les dimanches d'août de 10h à 16h.

Se loger

FISHGUARD BAY HOTEL
Goodwick
✆ +44 1348 873 571
Fax : +44 1348 873 030
www.bayhotelfishguard.co.uk
A 2 km du centre de Fishguard.
Chambre simple £52,50, double de £78 à £125 en bed and breakfast, familiale de £95 à £115. Tarifs susceptibles de réévaluation. Restaurant avec vue sur mer.
L'hôtel est étroitement lié à l'histoire de la ville. Aujourd'hui classé édifice d'intérêt historique et architectural, il fut construit peu de temps après l'ouverture du chemin maritime vers l'Irlande, pour accueillir les marins. Restauré et rouvert en 1967 sous une forme plus moderne, l'hôtel offre aujourd'hui tout le confort souhaité, tout en ayant gardé un style désuet qui lui donne un charme fou. Au rez-de-chaussée se trouvent plusieurs salons cossus, où l'on peut lire le journal et regarder la télé dans des fauteuils en cuir. Service old school impeccable, en uniforme noir et blanc. On se croirait vraiment dans un vieux film british, ambiance Agatha Christie… Le *breakfast* du matin, servi dans le restaurant, est une vraie cérémonie ! Aux beaux jours, la vue sur la baie pleine de lumière est un délice. Tout le raffinement british, dans la plus pure tradition.

HAMILTON GUEST HOUSE AND BACKPACKERS LODGE
21-23 Hamilton Road
✆ +44 1348 874 797
www.hamiltonbackpackers.co.uk
A 1 min de l'office de tourisme.
Chambre double à partir de £26 par personne, £16 en dortoir. Possibilité de louer l'une des maisons pour £120 par nuit.
Un des meilleurs accueils vous attend dans les deux maisons de Steve. Vélos, cuisine, et même un sauna… Tout est mis à votre disposition pour que vous vous sentiez chez vous dans cette auberge.

MANOR TOWN HOUSE
Main Street
✆ +44 1348 873 260
www.manortownhouse.com
6 chambres. Chambre simple de £65 à £80, double classique de £75 à £90 selon la vue (mer ou ville). Plat et dessert £17.
Petit hôtel superbe dont les chambres sont personnalisées avec les œuvres d'art que les propriétaires ont rapportées de leurs nombreux séjours aux quatre coins du monde. Les résidents peuvent y manger très bien.

MORAWEL GUEST HOUSE
Glyn y Mel
Lower Fishguard
✆ +44 1348 873 366
www.morawel.co.uk
Chambre simple 30 £, double 60 £, familiale 75 £.
Andrew et Theresa seront ravis de vous accueillir dans cette guest-house. Les chambres sont mignonnes et soignées, et vous êtes tout près du paisible petit port.

Se restaurer

CORNER CAFE
Sur le rond point, dans le centre.
Joli petit salon de thé où l'on trouve de bon *pasties* fourrés à l'agneau et à la menthe. En juillet et en août, on y trouve aussi un bon choix de poissons.

THE ORANGE TREE
21 High Street
✆ +44 1348 875 500
A partir de £1,50.
De délicieux sandwichs à emporter pour votre randonnée le long du Coastal Path.

THE ROYAL OAK
Market Street
✆ +44 1348 872 514
Sur la place principale dans Upper Fishguard.

C'est dans ce pub que fut signé le traité de paix après l'invasion ratée des Français. On peut même voir la table où le traité aurait été signé !

THE TAJ MAHAL
22 High Street
✆ +44 1348 874 593
Ouvert tous les jours de 17h à 23h30. Menu environ £15.
Si vous vous lassez de la cuisine britannique, allez essayer un bon curry pour £8 !

Sortir

FISHGUARD BAY HOTEL
Goodwick
✆ +44 1348 873 571
Fax : +44 1348 873 030
www.bayhotelfishguard.co.uk
A 2 km du centre de Fishguard.
Point besoin d'être résident pour profiter du luxe de l'endroit. On profite le temps d'un verre des jardins et de la terrasse qui surplombent le port. La jeunesse locale apprécie ce cadre exceptionnel qui a su rester populaire. En semaine, des couples viennent aussi s'offrir un dîner tranquille dans un cadre romantique. L'ambiance s'anime les week-ends lorsque des bandes viennent boire, jusque tard dans la nuit, après une cérémonie de mariage. L'hôtel propose aussi bien des menus sophistiqués que des plats de pub, à consommer au bar. Il y en a donc vraiment pour toutes les occasions, les budgets et les goûts. A ne pas manquer !

THE ROSE AND CROWN
The Parrog
Goodwick
✆ +44 1348 872 305
A 2 km du centre de Fishguard.
Pub sympathique, dans une vieille maison, essentiellement fréquenté par la jeunesse locale. On y trouve la cheminée et des fauteuils confortables, ainsi que des jeux : billard, fléchettes… Les soirs de match, on peut suivre le foot et le rugby sur le grand écran de télévision, autrement allumé pour quelque série populaire qui fait immanquablement fuser les remarques et les blagues ! L'établissement sert aussi des plats à midi et peut vous commander une pizza le soir.

THE SHIP INN
Newport Road
✆ +44 1348 874 033
Pas de restauration.
C'est dans ce vieux pub datant de 300 ans que fut tourné le film *Under Milk Wood*, adaptation d'une pièce de Dylan Thomas sur la vie des pêcheurs, avec Richard Burton, lui-même originaire du pays de Galles. Le plafond en bois très bas est couvert de filets et les murs décorés de cartes maritimes de la région, d'anciennes publicités touristiques ou de la marine marchande de Fishguard, ainsi que de vieilles photographies de ses habitants. Ambiance tranquille et locale.

À voir – À faire

DINAS HEAD
On peut demander une copie de l'itinéraire détaillé à l'office de tourisme. On accède en moins de 10 minutes en bus à ce populaire endroit de promenade.
Là encore, on s'émerveille de vues extraordinaires sur la mer. Des balises indiquent les itinéraires de deux balades circulaires qui vous font longer de spectaculaires falaises. L'une est de 11,5 km pour une durée de 3h30 environ. On peut également opter pour sa version courte, de 5 km, en coupant par les terres.

LLANWRDA CHURCH
En direction de Goodwick
à partir de Fishguard.
Magnifique petit coin de paradis sauvage en haut de la falaise surplombant Fishguard. Dans la chapelle où les soldats français de la dernière invasion ont trouvé refuge, on distingue au plafond sur de très vieilles poutres un visage sculpté dans le bois, probablement un prêtre ou un moine. La sacristie et la pierre de l'église ont été volées par un soldat français qui a, par la suite, tenté de revendre le tout à Carmarthen. Bon point de départ pour une promenade le long de la côte jusqu'à Carmaeg Wasta Point (9 km aller-retour).

MARINE WALK
Du centre, on rejoint le Marine Walk
par Penslade.
L'agréable balade offre de belles vues panoramiques d'ensemble. Un superbe point de vue embrasse à la fois l'ancien et le nouveau port. On aperçoit également de la falaise un canon et les restes d'une ancienne forteresse défensive, construite en 1781, pour surveiller l'entrée du vieux port, après qu'il eut été assailli par des pirates locaux ! Sur le trajet, des panneaux racontent l'histoire de la ville.

STRUMBLE HEAD

Le Strumble Shuttle (n° 404) vous y emmène en 20 min de Fishguard Square. Perché sur un promontoire rocheux, au-dessus de la mer, le phare de Strumble Head est l'un des plus puissants de Grande-Bretagne. La pupille dorée de son œil de cyclope tourne imperturbablement, jetant à toute heure ses éclairs de lumière. Au sud-ouest du phare s'étire une baie rocheuse en dents de scie, énorme mâchoire ouverte sur la mer. Pas de plage ici : la roche déchiquetée se jette abruptement dans la mer. En parcourir les falaises promet des vues splendides. On y croise souvent des randonneurs qui guettent à la jumelle les apparitions fugaces de phoques et d'oiseaux rares. Strumble Head est aussi un merveilleux endroit pour contempler le coucher du soleil. Par beau temps, les soirées y sont absolument romantiques ! Côté est, en suivant la côte, à environ 2 km du phare, on tombe sur une falaise qui abrite en permanence des familles de phoques.

TAPISSERIE BRODWAITH

Dans la mairie (Town Hall), sur la place principale. Cette tapisserie créée en 1997 – pour célébrer le bicentenaire de l'invasion – sur le modèle de celle de Bayeux retrace les événements qui eurent lieu lors de la dernière « tentative » d'invasion française sur le territoire britannique en 1797. Composition, couleurs et stylisation des personnages et des paysages sont une vraie réussite ! La tapisserie illustre l'arrivée de l'armée française constituée de trois bateaux de 1 400 soldats recrutés dans les prisons de France et menés par un Américain, le colonel William Tate, qui désirait se venger des Anglais. C'est donc en débarquant le 22 février 1797 sur la plage de Carreg Wastad, près de Fishguard, ici au pays de Galles, que les Français pensaient conquérir la Grande-Bretagne ! Erreur ! Tate et ses hommes furent boutés hors de l'île en trois jours ! Un échec cuisant dont tout le monde vous parlera ici, surtout si vous êtes français…

Randonneur sur le chemin côtier du Pembrokeshire, entre Mill Bay et St. Ann's Head

Sports – Détente – Loisirs

THE CELTIC DIVING

Goodwick Parrog
✆ +44 1348 871 938 / +44 7816 640 684
www.celticdiving.co.uk
Des expéditions maritimes sont organisées pour voir phoques et dauphins au large des côtes, mais également des stages de plongée dans la baie de Cardigan, à Strumble Head et Dinas Head.

WEST WALES DIVING SCHOOL

Mathry
✆ +44 1348 831 526
www.westwalesdivingschool.co.uk
Dans les terres, à 3 km d'Abercastle. Plongée pour tous les niveaux. Visite guidée des épaves, cours de plongée, etc.

NEWPORT (TREFDRAETH)

Newport, petit village très proche d'une plage agréable, est situé sur les bords de l'estuaire d'Afon Nyfer, où l'on peut faire de belles balades surtout lorsque la mer se retire ne laissant qu'une énorme étendue de sable. Une drôle de fête anime les rues de la ville chaque année à Newport, dont le nom « Beating the Bounds » veut bien dire ce que cela veut dire : le maire s'en va battre les frontières de la ville à cheval !

Pratique

TOURIST INFORMATION CENTER

Long Street ✆ +44 1239 820 912
www.pembrokeshirecoast.org.uk
Ouvert de Pâques à octobre tous les jours de 10h à 17h30. Horaires réduits et variables en hiver.

Se loger

AUBERGE DE JEUNESSE
Lower St. Mary Street
✆ +44 845 371 9543
newport@yha.org.uk
£14 par adulte, £10,50 pour les moins de 18 ans.
Auberge de jeunesse dans le cœur de Newport située dans une belle maison en ardoise.

LE CNAPAN
East Street ✆ +44 1239 820 575
Fax : +44 1239 820 878
www.cnapan.co.uk
Chambre double à partir de £42 par personne. Pour dîner, compter de £25 à £30.
Un *restaurant with rooms* familial très chic et distingué qui offre un accueil extrêmement courtois. Le menu est original et la nourriture délicieuse : poisson frais, canard et légumes bio à profusion, chocolats avec le café. On peut boire un apéritif dans le lounge avant de passer à table. Le *cnapan* est un sport supposé être l'ancêtre du rugby.

LLYS MEDDYG
Doctor's Court
East Street ✆ +44 1239 820 008
www.llysmeddyg.com
8 chambres. Chambre double de £100 à £150, petit déjeuner inclus. Restaurant, bar.
Cet hôtel s'est métamorphosé en établissement de luxe. La maison géorgienne est aménagée en chambres aux différents coloris dans un style british et moderne. Certaines donnent sur le jardin.

TYCANOL FARM CAMPING BARN
Tyanol Farm ✆ +44 1239 820 264
www.tycanolfarm.co.uk
Sur l'A487 en direction de Fishguard.
£12 pour loger dans l'étable, £7 pour camper.
Possibilité de camper, ou de dormir dans l'étable aménagée de cette ferme qui donne sur la mer.

Se restaurer

MORAWELON
The Parrog ✆ +44 1239 820 565
A l'intérieur du camping.
Petit salon de thé qui sert également à déjeuner. Belle vue sur le petit port.

THE ROYAL OAK
West Street
✆ +44 1239 820 632
8 £ pour un curry.

« The Curry House » est l'autre nom de ce pub qui donne sur la rue principale. L'établissement est réputé dans tout Newport pour ses bons petits plats. Le propriétaire est sri-lankais et, à la carte, il y a différents currys. Les quantités sont plus que généreuses. On mange très bien pour pas trop cher.

À voir – À faire

CARREG GOETAN (CHAMBRE FUNÉRAIRE D'ARTHUR)

A 1 km à l'ouest de Newport, A487.
Groupe de pierres levées datant de l'ère néolithique situé dans la vallée de la rivière Nyfer.

CASTELL HENLLYS

Long Street
✆ +44 1239 891 319
www.castellhenllys.com
Sur l'A487 entre Newport et Cardigan.
Ouvert de Pâques à novembre tous les jours de 10h à 17h. Entrée £4,50, réduit £3.
Reconstitution fascinante d'un fort de l'âge de fer, sur le site même où des archéologues font des fouilles depuis des années. Dans chacune des maisons rondes au toit de chaume, les intérieurs sont reconstitués, à partir des spéculations des archéologues. Il ne reste que très peu d'informations sur la vie des hommes de l'âge de fer. Dans les maisons, des guides en train de faire du pain ou de filer de la laine racontent avec passion ce que l'on pense savoir sur cette époque. Beaucoup de découvertes sur les techniques et les savoirs de l'âge de fer ont été faites au cours de la construction du site. Les archéologues ont tenu à ce que l'on évite toute utilisation de machinerie moderne pour le construire, ayant pour but de n'utiliser que ce que l'homme de l'âge de fer possédait en vue de comprendre comment il a pu édifier de telles habitations. A vous couper le souffle !

PENTRE IFAN

De Newport à Nevern, prendre l'A487 sur 1,5 km, suivre la direction de Brynberian. Tourner plus loin sur la droite, faire 3 km sur une petite route étroite et suivre ensuite les panneaux jusqu'à un tout petit parking et marcher 100 m.
Cercle de pierres dans un champ qui domine la vallée, trois pierres supportent un rocher long de 5 m et dont on pense qu'il pèse 16 t. Il s'agit d'une ancienne chambre mortuaire datant de 3500 av. J.-C. Un des plus beaux phénomènes du genre. On ne sait toujours pas comment les hommes de la période mégalithique ont bien pu rassembler et soulever tout cela ! Impressionnant !

Dolmen Pentre Ifan

Gwynedd

Le nom de la péninsule, « Lleyn » en gallois, proviendrait de celui de la région irlandaise de Leinster, au sud-ouest du pays. Les paysages de la péninsule de Llyn sont très différents de ceux du reste du pays de Galles : la montagne se fond dans la mer, formant des baies et des falaises magnifiques. Ses terres furent colonisées dès la période néolithique. On trouve beaucoup d'anciens campements de l'âge de fer, des tombes néolithiques, des cercles de pierres et des dolmens qui datent de milliers d'années av. J.-C. C'est une des régions du pays de Galles dont l'histoire remonte le plus loin dans le temps. Les Celtes s'y installèrent autour de 500 av. J.-C. Lorsque arrivèrent les Romains, une partie de la population locale intégra très bien la culture romaine. La situation se compliqua lorsque les Pictes d'Irlande, les Scots et les Saxons venus de l'est envahirent le territoire. Ces redoutables tribus guerrières découragèrent finalement les Romains qui se retirèrent du jeu, laissant derrière eux un territoire anarchique et divisé. C'est à cette époque que Cunedda serait arrivé d'Ecosse, pour repousser les envahisseurs et reprendre le contrôle de la péninsule, en fondant le royaume de Gwynedd (un nom qui sonnera familier aux Bretons, pas très éloigné de leur « Gwened »...).
Les connaisseurs de légendes arthuriennes trouveront les traits de ce Cunedda bien proches de ceux d'Arthur, « roi des Bretons », qui unifia le peuple celte pour l'aider à combattre l'ennemi. Des historiens pensent qu'il serait en réalité le fils de Cunedda...
Peu de routes traversent cette longue bande de terre battue par les vents, dont la largeur ne dépasse pas 13 km. Cet isolement relatif explique pour certains que la langue galloise ait été préservée ici plus qu'ailleurs. Il a également contribué à protéger les terres, qui abritent aujourd'hui nombre de réserves naturelles. Aujourd'hui, la péninsule attire les touristes pour son fort ancrage celte, son environnement très préservé et les plages somptueuses où l'on peut observer, en toute tranquillité, la faune marine.

CADER IDRIS (CADAIR IDRIS)

ABERDOVEY (ABERDYFI)

TREFEDDIAN HOTEL***

Trefeddian Hotel, Aberdyfi LL35 0SB,
✆ +44 1654 767 213
Fax : +44 1654 767 777
www.trefwales.com
59 chambres. De £55 à £105 par personne, en fonction de la durée du séjour, et de la vue (mer ou montagne).
Hôtel 3-étoiles, grand luxe. Face à la mer, restaurant, lounge, piscine intérieure chauffée, billard, tennis, golf !

TYWYN

SAINT CADFAN'S CHURCH

High Street
Ouvert tous les jours de 9h à 17h.
Saint Cadfan's Church est une jolie église normande dont les parties les plus anciennes datent du début du XIIe siècle et où l'on peut admirer l'un des plus anciens exemples d'écriture galloise (650 av. J.-C.).

TALYLLYN RAILWAY

Wharf Station Fax : +44 1654 711 755
✆ +44 1654 710 472 – www.talyllyn.co.uk
Horaires et départs très variables selon les mois et les jours de l'année. Fermé presque tous les jours de novembre à février. £13 par adulte, £3 par enfant de 5 à 15 ans.
Une des attractions de la ville, le « Talyllyn narrow gauge railway », propose un circuit de 2 heures à 20 km/h dans des wagons anciens tirés par une locomotive à vapeur. Pour profiter pleinement du paysage, rien de tel que de descendre du train et de se promener à travers les forêts et vallées de la région. Arrêtez-vous à Dolgoch Falls, qui permet, paraît-il, la plus belle randonnée.

DOLGELLAU

Prononcer « Dolgethlay ». Ville grise en plein cœur du pays gallois, c'est ici que Owain Glyndwr a formé en 1404 un Parlement gallois durant lequel il a signé acte d'allégeance au roi de France, Charles VI, afin de lutter contre les Anglais. Entre le XVIIIe et la moitié du XIXe siècle, la ressource principale du village était la fabrication et le commerce de la laine.

Les montagnes alentour abritèrent aussi autrefois des mines d'or, connues pour avoir servi à la confection des alliances de la famille royale ! Le village est un bon pied-à-terre pour explorer les environs de Cadair Idris à l'estuaire de Mawddach. Dolgellau est pour cette même raison très prisée des grimpeurs, qui peuvent gravir la montagne de Cadair Idris : une ascension bien connue dans la région.

Transports

DOLGELLAU CYCLES
The Old Furnace
Smithfield Street
✆ +44 1341 423 332
www.dolgellaucycles.co.uk
£20 la journée.
Location de vélo.

Pratique

TOURIST INFORMATION CENTRE
Ty Meirion
Eldon Square
✆ +44 1341 422 888
www.eryri-npa.gov.uk
En hiver ouvert du jeudi au lundi de 9h30 à 12h30 et de 13h à 16h30 ; en été tous les jours de 9h30 à 17h30.

Se loger

Bien et pas cher

ABER COTTAGE
Smithfield Street
✆ +44 1341 422 460 / +44 7595 177 776
www.abercottagegallery.com
3 chambres. Chambre double ou triple de £30 à £45 par personne. Personne seule £10 supplémentaires. Lounge, wi-fi.
Très joli petit B&B ou l'on se sent vraiment chez soi. Une des chambres dispose de son petit salon privé. Dentelles et petits nounours sur les rebords des fenêtres créent une ambiance très cosy sans tomber dans le kitsch. On prend son petit déjeuner dans l'adorable salon de thé, décoré de bric et de broc.

AUBERGE DE JEUNESSE KINGS
Penmaenpool
✆ +44 870 770 59 00
kings@yha.org.uk
A 5 km de Dolgellau. Suivre la direction de Tywyn, sur l'A493. Tourner à gauche à la hauteur de Abergwynant Bridge, monter la côte jusqu'à l'auberge.
£10,50 pour les moins de 18 ans, £14 pour les adultes. Pas de réseau de téléphone portable.
Grande maison au bord de la rivière avec une vue saisissante sur Cadair Idris.

Confort ou charme

GWELAFON
Cae Deintur ✆ +44 1341 422 634
Ouvert de mars à octobre. 3 chambres. De £30 à £35 par personne.
Accueil familial et vue panoramique sur la ville et les montagnes.

ROYAL SHIP HOTEL
Queens Square ✆ +44 1341 422 209
www.royalshiphotel.co.uk
23 chambres, 18 avec salle de bains privative. Chambre simple £50, double ou twin à £70 ou £87,50. £40 par lit supplémentaire. Restaurant.
En plein cœur de la ville, sur la place principale, ancien relais de poste construit en 1813 et réputé pour sa bonne table. Le pub de l'hôtel est aussi particulièrement apprécié des jeunes.

TYDDYN MAWR FARMHOUSE
Islawrdref
Cader Road
✆ +44 1341 422 331
www.wales-guesthouse.co.uk
2 chambres doubles avec salle de bains privative. Chambre simple £55, double £74. wi-fi.
Un lieu de retraite idyllique pour explorer la montagne de Cadair Idris. Il s'agit d'une ferme du XVIIIe siècle soigneusement restaurée et qui a été classée 5-étoiles par l'office de tourisme du pays de Galles. Superbes vues sur les montagnes alentour.

Luxe

FFYNON
Love Lane ✆ +44 1341 421 774
Fax : +44 1341 421 779
www.ffynnontownhouse.com
5 chambres. Chambre simple de £95 à £130, double de £145 à £200. Lounge, bar, jardin, bibliothèque.
Cet hôtel au pied de Cadair Idris est un havre de confort et d'élégance. Qu'il s'agisse de la librairie mise à disposition, des grandes chambres où l'on se love dans un fauteuil ou entre les oreillers, tout incite ici à la détente. Lecteurs de DVD et chaîne hi-fi s'y trouvent aussi. On vous invite à prendre le temps de vous détendre. Un concept clé : « l'éloge de la paresse » …

La péninsule de Llyn

Se restaurer

ABER COTTAGE
Smithfield Street
✆ +44 1341 422 460 / +44 7595 177 776
www.abercottagegallery.com
Prévoir £10 pour un menu.
Petit salon de thé très chaleureux avec un bon choix de gâteaux, de déjeuners et parfois même de dîners. Tout ça fait maison, bien sûr !

DYLANWAD DA RESTAURANT
2 Ffos y Felin ✆ +44 1341 422 870
www.dylanwad.co.uk
Fermé de novembre à février. Autour de £18 pour un menu complet.
Petit restaurant familial, plats mijotés maison, tout ça dans une ambiance relax ! Bonne carte de vins.

THE UNICORN INN
Smithfield Square
✆ +44 1341 422 742
Ancien cottage à l'intérieur magnifique, bibelots, atmosphère détendue autour d'une bonne table et de bons repas.

Y SOSPAN
Queen's Square
Llys Owain ✆ +44 1341 423 174
Ouvert midi et soir.
Très bon restaurant et salon de thé. Le bâtiment date de 1606 et était jadis une maison de correction. Pour rejoindre le restaurant au premier étage, il faut passer par l'ancienne porte de la prison !

À voir – À faire

CREGENNAN LAKES
www.cregennan.co.uk
A 8 km à l'ouest de Dolgellau, par le Cadair Idris Mountain Road.
Ces deux superbes lacs enserrés de montagnes sont aujourd'hui un lieu de rendez-vous pour les pêcheurs de truites. La ferme qui se trouve en face vend d'ailleurs des permis. C'est aussi un excellent endroit pour une balade tranquille ou un pique-nique. Les vues que l'on a de ce site, situé à 250 m, sont spectaculaires. Ce lieu d'une particulière beauté est aujourd'hui géré par le National Trust.

QUAKER HERITAGE CENTRE
Ty Meirion
Eldon Square
✆ +44 1341 424 680
Fax : +44 1341 424 683
amgueddfagwynedd@gwynedd.gov.uk
Ouvert en été tous les jours de 10h à 18h et en hiver de jeudi à lundi de 10h à 17h. Entrée libre.
Un étonnant musée pour une communauté confidentielle, celle des quakers. De nombreux villageois se convertirent à cette religion après le passage, dans le village, de son fondateur, George Fox, en 1657. En opposition totale avec les anglicans et leur attachement au dogme, le mouvement quaker, très indépendant, insistait sur la notion mystique de « lumière intérieure », ce qui rendit les adeptes suspects aux yeux des autorités religieuses locales. Ils furent donc contraints d'émigrer en Pennsylvanie. Un film et des photographies retracent la vie de cette communauté de dissidents spirituels.

TY SIAMAS
Neuadd Idris
Eldon Square
✆ +44 1341 421 800
www.tysiamas.com
Ce centre national pour la musique traditionnelle va certainement attirer beaucoup de nouveaux visiteurs à Dolgellau ! Il a récemment ouvert ses portes, pour présenter de manière attrayante et innovante la musique traditionnelle galloise et son histoire jusqu'à aujourd'hui. On en découvre les origines celtes, puis la forme qu'elle prit au Moyen Age lorsqu'elle était destinée à divertir la cour des rois. Des instruments typiquement gallois sont exposés, et bien entendu, des modèles de harpe. Vous en apprendrez aussi sur les danses et coutumes folkloriques du pays... Tout cela à travers expositions d'objets, installations multimédias, photos, vidéos et la plupart du temps, en musique, assurément ! Le centre organise aussi des concerts en soirée.

Sports – Détente – Loisirs

COED Y BRENIN FOREST PARK
Dolgefeiliau
✆ +44 1341 440 747
hilary.malyon@forestry.gsi.gov.uk
A 12,8 km au nord de Dolgellau, prendre la A470 en direction de Ffestiniog.
Accès libre au parc. Visitor Centre ouvert tous les jours de 9h30 à 16h30.
Un centre de randonnée a été aménagé au cœur d'une forêt, où l'on vous aide à organiser vos excursions en famille, quel que soit l'âge de vos enfants. On peut y aller pour faire une courte promenade puis pique-niquer en

s'installant confortablement sur des tables installées à l'extérieur, ou bien organiser un périple en vélo dans la forêt ou une randonnée pédestre. Le centre abrite aussi un café agréable, avec une grande terrasse surélevée qui donne sur la forêt.

MOUNTAIN BIKE
Coed Cae B&B
Taicynhaeaf
✆ +44 1341 430 628 / +44 7909 996 983
www.coedcae.co.uk/bike-hire.html
Environ £25 par personne et £40 avec la location du vélo. Location de vélos £18 par jour.
Graham et Jacky O'Hanlon, propriétaires du B&B Coed Cae, sont des guides de montagne qualifiés qui organisent des sorties en vélo, autour de Dolgellau et de l'estuaire de Mawddach. Point besoin d'être un as du bicross ou d'avoir un casque de protection, équipements et conseils nécessaires vous seront donnés par le couple. Les types de randonnées proposés sont très variés, adaptés aux débutants comme aux professionnels. On peut aussi simplement y louer des vélos pour la journée.

BARMOUTH (ABERMAW)

Barmouth, qui fleurissait jadis par son activité navale, est aujourd'hui une charmante petite station balnéaire. Et pourtant, elle ressemble aussi beaucoup à un village de montagne. Elle se situe à l'estuaire de la rivière Mawddach, entre la chaîne de Cadair Idris et The Harlech Dome, le plus vieux rocher du Royaume-Uni. Il n'est donc point besoin de choisir ici entre la mer ou la montagne ! De longues plages bordent le sud de la ville tandis qu'au nord, il est possible de rejoindre les montagnes par les ruelles de la vieille ville qui serpentent entre les rochers. On passe entre des maisons de pierre qui s'étagent les unes au-dessus des autres, séparées par de petits jardins. Ces constants dénivelés créent des jeux de perspective vraiment esthétiques. Les points de vue sur le village et l'estuaire sont constamment changeants, toujours pittoresques. La baie du petit port est particulièrement charmante en été, lorsque les nombreux bateaux de plaisance y jettent l'ancre. C'est à Barmouth que démarre la célèbre course The Three Peaks Race, qui consiste en l'ascension des trois plus grands sommets britanniques, Snowdon au pays de Galles, Ben Nevis en Ecosse et Scafell Pike en Angleterre. La meilleure approche de Barmouth est d'arriver par le train sur le pont qui survole l'estuaire de la rivière Mawddach. En voiture, la route de Dolgellau à Barmouth est une des plus pittoresques, encadrée par le massif de Cadair Idris et les plaines de l'estuaire où se mêlent rivières et pâturages.

Transports

BARMOUTH RAILWAY STATION
Station Approach
✆ +44 8457 48 49 50
Barmouth se trouve sur la « Cambrian Coast Line » qui permet de rejoindre Harlech, Porthmadog, Pwllheli, Tywyn, Aberdovey, Machynlleth et Shrewsbury.

BIRMINGHAM GARAGE
Church Street
✆ +44 1341 280 644
Ouvert tous les jours sauf le dimanche de 8h à 18h. £10 la journée.
Location de vélos.

Pratique

TOURISM INFORMATION CENTRE
Station Road
✆ +44 1341 280 787
www.barmouth-wales.co.uk
Dans la gare.
Ouvert de mars à octobre tous les jours de 10h à 13h et de 14h à 18h.
Vous trouverez une documentation gratuite sur les randonnées à faire depuis le village. Et elles sont nombreuses ! Vous pouvez aussi demander une brochure qui propose six promenades circulaires à faire au centre et dans les alentours du village.

Se loger

Bien et pas cher

THE SANDPIPER
7 Marine Parade
✆ +44 1341 280 318
Fax : +44 1341 281 675
www.thesandpiperguesthouse.co.uk
Ouvert de mars à octobre uniquement. Chambre simple de £28 à £32, double de £54 à £58, familiale de £66 à £82.
C'est probablement l'une des adresses les moins chères de Marine Road, qui donne directement sur Barmouth Sands. Les chambres sont bien tenues et l'on y sert de complets *breakfasts*.

■ **SUNRAY**
The Quay
✆ +44 1341 280 985 / +44 7776 296 252
dandeman@globalnet.co.uk
Chambre simple de £30 à £45, double ou twin £60. Parking, local à vélos.
Joli B&B avec de belles vues sur le petit port depuis les chambres, le salon et la cuisine. Décoration assez sobre et sur le thème de la mer.

■ **WAVECREST HOTEL**
8 Marine Parade ✆ +44 1341 280 330
www.barmouthbandb.com
Ouvert d'avril à octobre. De £25 à £35 par personne.
C'est le synonyme même de l'accueil gallois, géré depuis 25 ans par Eric et Shelagh Jarman. Wavecrest, c'est un peu comme à la maison ! Shelagh est une cuisinière hors pair, une véritable amoureuse de l'art culinaire et de la France. Quant à Eric, il sera ravi de vous offrir un verre d'un de ses nombreux whiskies ou de porto, tout en vous parlant avec passion de la région.

Confort ou charme

■ **BRYN MELYN**
Panorama Road ✆ +44 1341 280 556
Fax : +44 872 115 7027
www.brynmelyn.co.uk
A 10 min à pied de la ville basse de Barmouth.
8 chambres. Chambre de £70 à £95 selon le nombre de nuits. £25 de réduction pour une personne seule. Lounge, terrasse, parking, local à vélos. Plat principal de £9 à £11.
La situation en hauteur de l'hôtel offre des points de vue superbes sur les Cader Mountains, l'estuaire de Mawddach et la mer. Les neuf chambres sont claires et spacieuses, avec tout le confort attendu. L'hôtel compte aussi son bar et son restaurant ouverts le soir.

■ **LLWYNDU FARMHOUSE**
Llanaber ✆ +44 1341 280 144
Fax : +44 1341 281 236
www.llwyndu-farmhouse.co.uk
Du centre, prendre la A496 en direction de Harlech.
6 chambres. De £47 à £53 par personne. Menu dîner 2 plats £24,50. Menu 3 plats £28.
Située à quelques kilomètres de Barmouth, sur l'estuaire, cette vieille ferme du XVIe siècle a été restaurée avec beaucoup de goût par ses propriétaires. On y goûte au charme d'un cadre rural authentique. Les chambres sont chaleureuses et confortables, meublées en harmonie avec l'esprit des lieux. Certaines comportent un lit à baldaquin ou des grands murs en pierre apparente. On y dîne au coin du feu et sous de vieilles poutres de chêne. Et bien entendu, le cuisinier fait ses emplettes dans les fermes et marchés du coin… Probablement l'un des meilleurs rapports qualité-prix de la ville.

■ **TY'R GRAIG CASTLE HOTEL**
Llanaber Road
✆ +44 1341 280 470
www.tyr-graig-castle.co.uk
11 chambres. Chambre simple de £52 à £57, double de £82 à £107. Restaurant à la carte, lounge, bar.
Ce grand bâtiment blanc, tout en hauteur, ressemblerait presque à un phare, avec sa tour ronde tournée vers la mer. D'époque victorienne, il offre un cadre de séjour raffiné, avec ses larges fenêtres offrant des vues spectaculaires et ses chambres spacieuses. On peut aussi compter sur le bar, élégant, et sur une restauration de qualité.

Se restaurer

■ **THE INDIAN CLIPPER**
2 Church Street ✆ +44 1341 280 252
Ouvert tous les jours de l'été de 18h à 22h ; seulement du jeudi au samedi en hiver.
Restaurant indien Balti qui fait aussi take-away. Réputé pour sa bonne cuisine.

■ **THE LOBSTER POND**
Sur le quai du petit port
✆ +44 1341 281 234
Ouvert de Pâques à septembre. A emporter seulement. Crabe cuit et dépecé à £4 et homard vivant à £20 le kilo.

■ **TAL-Y-DON**
High Street ✆ +44 1341 280 508
www.tal-y-don.co.uk
Ouvert tous les jours de 12h à 15h et de 18h à 20h45 environ.
On peut aller manger dans le restaurant du Tal Y Don Hotel tous les jours, midi et soir. On y trouve, entre autres, dans un cadre agréable, de l'agneau gallois et du poisson pêché localement.

■ **WAVECREST**
Restaurant du B&B du même nom
8 Marina Parade ✆ (01341) 280 330
www.barmouthbandb.com
Face à la mer, sur la marina.
Menu £18.
Au menu, uniquement des produits locaux mitonnés avec amour : bœuf gallois, mouton, saumon sauvage, glace faite maison, soupe au cresson et à l'anis, c'est un pur délice pour un prix très raisonnable. Il est impératif de réserver.

Sortir

THE LAST INN

Church Street
✆ +44 1341 280 530
www.lastinn-barmouth.co.uk
Sur le port à l'entrée de la ville, face au pont.
Pub-restaurant. Repas servi jusqu'à 21h.
Intérieur plein de caractère avec une décoration digne des pubs de port. Un des plus célèbres établissements de la ville, toujours rempli des jeunes du coin.

À voir – À faire

DINAS OLEU (FORTERESSE DE LUMIÈRE)

C'est le premier terrain à être devenu la propriété du National Trust en 1895, et les habitants de Barmouth en sont très fiers ; ils ne manqueront d'ailleurs pas de vous en parler. D'en haut, on peut admirer la baie de Cardigan, les collines de Caernarfon, et même Bardsey Island. Le sentier longe la falaise sur 5 km et offre un panorama impressionnant sur la ville, l'estuaire et Cadair Idris. On y accède par un chemin face au magasin Woolworth sur High Street. Une fois passé les grilles en fer, vous tomberez nez à nez avec « the French man's grave » où est enterré un Français ayant vécu à Barmouth, un grand ami de Victor Hugo, paraît-il.

THE PANORAMA WALK

Pour les moins courageux, Panorama Walk a l'avantage de mener à un beau point de vue à seulement quelques mètres de la rue principale. Une dizaine de minutes, et hop... Le début du sentier commence à la fin de Porkington Terrace.

SAILOR' INSTITUTE

✆ +44 1341 241 333
Sur le petit port.
Ouvert toute l'année, fermé le dimanche en hiver.
La salle de lecture a été à peine touchée depuis l'ouverture des lieux, qui conservent leur ambiance victorienne. On y trouve exposée une collection de peintures et de maquettes de bateaux. Le musée a été installé dans l'une des plus anciennes maisons du village, construite en 1460. Les pièces de l'épave d'un galion trouvé par des plongeurs lors de l'été 1978 sont également exposées, parmi lesquelles une très belle cloche en bronze gravée et des marbres précieux d'Italie !

TY CRWN (ROUND HOUSE)

Derrière le musée, on remarque une maisonnette en pierres rondes et au toit pointu. Le petit cabanon que l'on associerait plutôt à quelque charmante anecdote fut en réalité une prison ! L'édifice fut utilisé comme tel jusqu'en 1834.

Sports – Détente – Loisirs

BARMOUTH FAIRBOURNE RAILWAY

Beach Road
Fairbourne
✆ +44 1341 250 362
Fax : +44 1341 250 240
www.fairbournerailway.com
On peut accéder à la gare en voiture par l'A493. Autre alternative : un ferry part régulièrement depuis le petit port (£2,50 par adulte pour une traversée qui dure moins de 20 min Tél +44 17951 290 838).
Fonctionne de mi-février à fin octobre et pendant la période de Noël. Horaires et jours d'ouverture très variables en fonction des mois. Se référer au site Internet ou à l'office de tourisme de Barmouth. Ticket A/R : £8,20 par adulte, £4,70 par enfant. Gratuit pour les moins de 3 ans.
Le chemin de fer installé en 1895 pour les riches vacanciers anglais est aujourd'hui toujours en service et c'est l'occasion de faire une belle balade. Il passe par le pont au-dessus de l'estuaire et relie Barmouth à Fairbourne. On peut aussi opter pour la promenade à pied puisqu'il y a un passage piéton sur le pont. C'est un circuit magnifique de 7 km avec des vues imprenables sur l'estuaire et les montagnes. Péage de 30 p pour traverser le pont en direction de la gare de Morfa Mawddach, puis le chemin suit la route jusqu'à un sentier de randonnée qui traverse des collines boisées pour terminer à Fairbourne.

CHEMIN CYCLISTE DE BARMOUTH A DOLGELLAU

Route de 13 km, bien signalée, qui commence par la traversée du viaduc de Barmouth, et suit le vieux chemin de fer avant d'arriver dans le centre de Dolgellau. Il est agréable de s'arrêter, en chemin, au pub George III à Penmaenpool, qui donne sur l'estuaire.

VIKING FISHING BOAT

✆ +44 1341 281 537 / +44 7776 176 670
Départs du petit port de pêche. La traversée de 2 heures coûte £8, celle de 8 heures £25.
Pour les adeptes de pêche en mer.

HARLECH

Petite ville accrochée aux rochers comme son nom l'indique (« rocher brut ») ; la principale attraction est le château, bâti au XIIIe siècle, au sommet d'un escarpement rocheux, autrefois battu par les vagues. Au XVe siècle, pendant la guerre des Roses, il fut le théâtre d'un siège mémorable. La vue sur les environs est saisissante.

Transports

HARLECH RAILWAY STATION

Ffordd Morfa
✆ +44 8457 48 49 50
Harlech se trouve sur la « Cambrian Coast Line » qui permet une liaison directe avec Porthmadog, Pwllheli, Barmouth, Machynlleth et Shrewsbury.

Pratique

TOURISM OFFICE INFORMATION

Llys-y-Craig
High Street
✆ +44 1766 780 658
www.eryri-npa.gov.uk/
Ouvert de Pâques à octobre de 10h à 18h.

Se loger

ARUNDEL B&B

High Street
✆ +44 1766 780 637
Un des meilleurs B&B d'Harlech, tant au niveau du prix que de la qualité des chambres et des vues sur le château.

CASTLE HOTEL

Castle Square
✆ +44 1766 780 529
Fax : +44 1766 780 499
www.harlechcastlehotel.co.uk
Lors de notre enquête la plus récente, cet établissement était fermé. Il devrait rouvrir pour l'été 2011. De £20 à £35 par personne.
Hôtel immanquable puisqu'il se trouve juste en face du château d'Harlech ! On en déduit que les vues depuis certaines chambres sont à vous couper le souffle... Les chambres de cette maison blanche de style victorien répondent à toutes les exigences en termes de confort.

GWRACH YNYS COUNTRY GUEST HOUSE

Talsarnau
✆ +44 1766 780 742
Fax : +44 1766 781 199
www.gwrachynys.co.uk
Dans un petit village au nord de Harlech.
7 chambres, doubles, twins, familiales ou simples. Chambre double de £30 à £38, familiale de £75 à £100 selon le nombre de personnes. 2 lounges.
Petit manoir edwardien à quelques kilomètres d'Harlech dans un cadre champêtre idéal pour les amoureux de la nature.

Se restaurer

BWTRI BACH DELICATESSEN COFFEE SHOP

High Street
✆ +44 1766 780 373
Il ouvre assez tôt, alors on vient y prendre son petit déjeuner avant de commencer la journée.

THE CEMLYN TEA SHOP

High Street
✆ +44 1766 780 425
www.cemlynrestaurant.co.uk
Ouvert de 10h30 à 17h. £10 le déjeuner complet. Chambre de £70 à £80.
Excellente sélection de thés et de cafés dans ce salon de thé. Les cakes, petits pains et autres pâtisseries sont faits maison. On peut aussi trouver de bons petits plats pour la pause déjeuner. A déguster avec la vue sur le château et la côte maritime ! Le salon loue aussi deux chambres.

THE PLAS

High Street
✆ +44 1766 780 204
www.theplas.co.uk
Ouvert tous les jours sauf le mercredi à partir de midi pour le déjeuner, le thé ou le dîner. Horaires et jours d'ouverture réduits pendant l'hiver. Plat principal de £10 à £18. Menu table d'hôte à £24.
Une cuisine du pays de Galles ou d'ailleurs, une terrasse intérieure, et un jardin donne sur le château et la côte.

À voir – À faire

CAVERNES DE LLANFAIR

Cae Gethin
Llanfair
✆ +44 1766 780 247
www.llanfairslatecaverns.co.uk
Sur l'A496, à 2 km au sud d'Harlech.
£5 par adulte, £4 par enfant.
Ancienne mine d'ardoise creusée à mains d'homme sous la lumière des bougies. Il y a

toujours une atmosphère particulière dans ces grottes dont une des salles est aussi vaste qu'une cathédrale.

HARLECH CASTLE

✆ +44 1766 780 552
www.harlechcastlehotel.co.uk
Ouvert de mars à octobre tous les jours de 9h30 à 17h (en juillet et août, fermeture à 18h) ; de novembre à février du lundi au samedi de 10h à 16h et le dimanche de 11h à 16h. £3,70 par adulte et £3,30 par enfant.
Construit au XIIIe siècle, le château se situe à un endroit très stratégique : il domine le village et la mer du haut du rocher et fait partie de la chaîne de châteaux construits par Edward Ier pour assurer ses nouvelles conquêtes. Owain Glyndwr, une figure importante de l'histoire du pays de Galles, a conquis le château en 1404 et l'a habité pendant cinq ans, faisant d'Harlech la capitale du pays de Galles. Les vues sont magnifiques ; on distingue au loin Tremadog Bay et les montagnes.

PORTMEIRION

PORTMEIRION HOTEL

✆ +44 1766 772 440
www.portmeirion-village.com
Chambre double classique de £145 à £239. Il existe des chambres plus luxueuses de différentes catégories.
Cet hôtel mythique est évidemment très luxueux. Les chambres sont dispersées partout dans le village, et chacune décorée selon un thème différent.

PORTMEIRION VILLAGE

Penrhyndeudraeth
✆ +44 1766 770 000
www.portmeirion-village.com
£9 par adulte, £6,50 par enfant. Moitié prix à partir de 15h30. Ouvert en été tous les jours de 9h30 à 19h30 et en hiver jusqu'à 17h.
L'entrée au village de Portmeirion est payante. Ce droit d'entrée est destiné à la préservation des lieux.

LLYN PENINSULA (PENRHYN LLYN)

Le nom, « Lleyn » en gallois, proviendrait de celui de la région de Leinster, au sud-ouest de l'Irlande. Les paysages de la péninsule de Llyn sont très différents du reste du pays de Galles : la montagne se fond dans la mer, formant des baies et des falaises magnifiques. On trouve beaucoup d'anciens campements de l'âge de fer, des tombes néolithiques, des cercles de pierres et des dolmens qui datent de milliers d'années avant J.-C. C'est une des régions du pays de Galles dont l'histoire remonte le plus loin dans le temps. Les Celtes s'y installèrent autour de 500 av. J.-C. Peu de routes traversent cette longue bande de terre battue par les vents, dont la largeur ne dépasse pas 13 km. Cet isolement relatif explique pour certains que la langue galloise ait été préservée ici plus qu'ailleurs. Aujourd'hui, la péninsule attire les touristes pour son fort ancrage celte, son environnement très préservé et les plages somptueuses où l'on peut observer, en toute tranquillité, la faune marine.

PORTHMADOG

Porthmadog est animée aux beaux jours par un flux de touristes en transit vers d'autres points de la péninsule. L'endroit qu'on contemple surtout se trouve à l'entrée de la ville, juste avant de passer le pont. Il s'agit d'une baie cernée de montagnes, avec des îlots d'herbe flottants, comme les vestiges d'un paysage englouti : une bonne mise en bouche de cette nature surréaliste qui vous attend sur la péninsule. Un musée, une galerie, deux trains à vapeur et une belle promenade à faire du centre peuvent vous retenir quelques heures, dans cette ville où l'on vient sinon surtout pour passer la nuit avant de se rendre à Portmeirion ou à Blaenau Ffestiniog.

Transports

GARE PRINCIPALE

High Street
✆ +44 8457 48 49 50
Tout au bout de High Street.
Porthmadog est sur la « Cambrian Coast line » qui va de Pwllheli à Shrewsbury en Angleterre en passant par Harlech, Barmouth, Macchylleth etc. Départ toutes les deux heures environ. Attention, il n'y a pas de point information à la gare, le pub pourra peut-être vous aider, mais mieux vaut se renseigner auparavant en téléphonant au « National Rail Enquiries » ou en passant à l'office du tourisme.

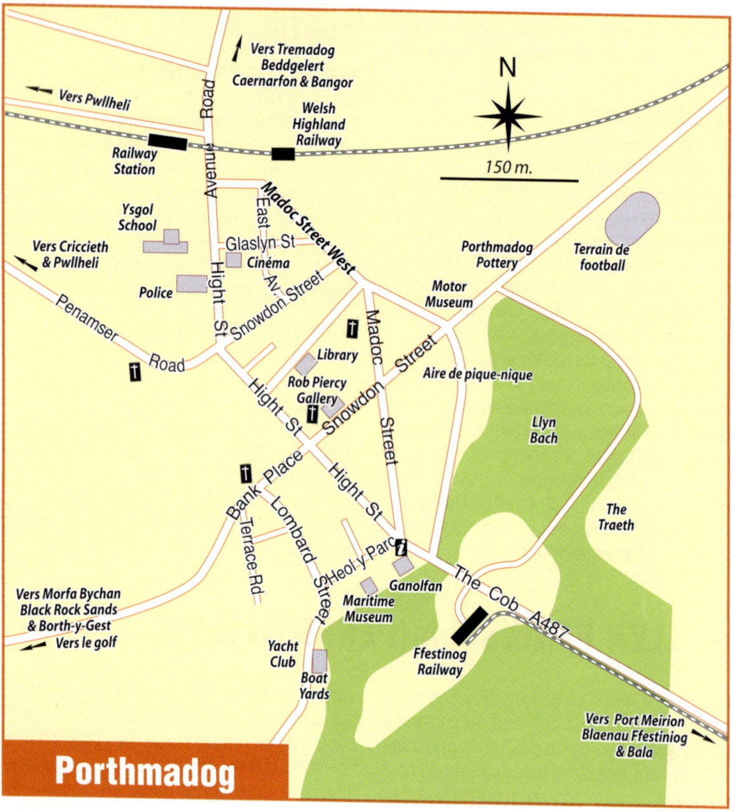

Pratique

TOURIST INFORMATION CENTRE

Y Ganoflan
High Street ✆ +44 1766 512 981
Fax : +44 1766 515 312
www.visitsnowdonia.info
En remontant la rue principale, juste avant le petit pont.
Ouvert de Pâques à octobre tous les jours de 9h30 à 17h30 ; d'octobre à Pâques, du lundi au samedi de 10h à 15h30.
Un grand office de tourisme qui centralise les informations sur toute la région de Snowdonia et de la péninsule de Llyn. Il propose notamment un itinéraire de randonnée (environ 8 km) particulièrement intéressant au départ du port. La première section de l'itinéraire vous emmène jusqu'au petit village de pêche de Borth-y-Gest pour y marcher autour de la superbe baie. Il est ensuite possible de rejoindre du parking un sentier duquel on a de très belles vues sur la baie de Cardigan et le château d'Harlech. Le trajet vous mène ensuite aux plages de Garreg Samson et de Black Rock Sands. Située à un peu plus de 3 km de Porthmadog, cette plage est très populaire. On peut, à marée basse, rejoindre à pied des caves impressionnantes. Encore quelques kilomètres et vous rejoignez le village de Criccieth, dont le château vaut une visite. Vous pouvez ensuite prendre le bus pour rentrer (un quart d'heure de trajet).

Se loger

Bien et pas cher

BRON AFON

✆ +44 1766 513 918 – www.bronafon.co.uk
Dans un village à 2 km de Porthmadog.
A partir de £25 par personne.
A quelques minutes de la plage, en haut du village, au fond d'un cul-de-sac, ce B&B est un véritable petit havre de paix. Très bon rapport qualité/prix.

SNOWDON BACKPACKERS
Lawrence House, Church Street
Tremadog
✆ +44 1766 515 354
snowdon@backpackers.fsnet.co.uk
Suivre la direction de Caernarfon sur l'A487, à 1 km après le passage à niveau de la gare de Porthmadog, sur la droite à l'entrée du village. Prix en dortoir : à partir de £13. Petit déjeuner compris.
Auberge de jeunesse de luxe, au passé plus que prestigieux puisque c'est la maison qui a vu la naissance du célèbre Lawrence d'Arabie en 1888. C'est le meilleur confort pour les routards : télévision, une salle avec accès à Internet, et tout ça proche de la forêt, des champs... Attention, réserver impérativement à l'avance.

TREFORRIS**
Garth Road ✆ +44 1766 512 853
Prendre Bank Place à partir de High Street, Garth Road est sur la gauche.
4 chambres. A partir de £20 par personne. £120 pour une semaine. Salon avec TV, lounge.
Un B&B pas très onéreux, dans une maison victorienne perchée en haut de la ville, avec une jolie vue sur le port et sur le Ffestiniog railway.

TYDDYN LLWYN
Morfa Bychan Road
✆ +44 1766 512 205
www.tyddynllwyn.com
A 15 min à pied de la route de Morfa Bychan en suivant Bank Place.
Ouvert de mars à octobre. A partir de £7 pour une personne en tente.
Camping situé sur une verte colline, au milieu des moutons.

Confort ou charme

THE ROYAL SPORTSMAN HOTEL***
131 High Street
✆ +44 1766 512 015
Fax : +44 1766 512 490
www.royalsportsman.co.uk
Pas très loin de la gare, et du West Highland Heritage Railway, en descendant High Street.
28 chambres. Chambre simple £59, grande double £99, familiale à partir de £99. Réductions en périodes creuses, notamment en hiver. Restaurant récompensé, pub, patio, parking, wi-fi gratuit.
Seul véritable hôtel de la ville, le Royal Sportsman Hotel est confortable avec des lits moelleux, des dessus-de-lit rouges et des chambres assez spacieuses. L'accueil y est attentionné, le restaurant permet de s'offrir un dîner de qualité et le bar fréquenté par les locaux est idéal pour des soirées chaleureuses. Le propriétaire, Louis, a longtemps pris en charge le guide publié sur Porthmadog, Tremadog et Borth-y-Gest. Il n'hésitera pas à vous aiguiller tout au long de votre séjour. Une option pratique pour découvrir la région.

YR HEN FECWS****
16 Lombard Street
✆ +44 1766 514 625
Fax : +44 1766 514 865
www.henfecws.com
En face du parc dans une rue parallèle à High Street.
Chambre double de £50 à £70.
Dans une petite maison, quelques chambres aménagées par les propriétaires du restaurant du même nom situé juste à côté. Dans les chambres, la décoration est délicate et discrète. Ce sont de grands murs à pierres apparentes qui leur donnent beaucoup de cachet. Une petite adresse charmante, l'une des plus agréables.

Se restaurer

PEPPINOS RESTAURANT
131 High Street
✆ +44 1766 512 015
Fax : +44 1766 512 490
www.royalsportsman.co.uk
Restaurant 1 rosette, qui tend vers une deuxième. Ouvert d'avril à octobre de midi à 21h. Le reste de l'année, pause de 14h30 à 18h. Plat principal de £10,95 à £17,95.
Au restaurant de l'hôtel Royal Sportsman, on profite d'un « menu rosette » qui affiche par exemple risotto de butternut ; rouget frit, purée, consommé de tomate et salade d'oignons ; ou filet de porc gallois, écrasé de pommes de terre, chou, panais et jus de gingembre. On peut aussi choisir des plats plus classiques, moins onéreux. Le tout peut se déguster dans le restaurant ou dans le bar de l'hôtel, pour ceux qui aiment les ambiances décontractées.

THE SHIP
14 Lombard Street
✆ +44 1766 512 990
Ouvert tous les jours de 12h30 à 14h30 et de 17h30 à la fin de la soirée. Plat environ £7.
Pub et restaurant très vastes, de style campagnard.

YR HEN FECWS

16 Lombard Street
✆ +44 1766 514 625
Fax : +44 1766 514 865
www.henfecws.com
En face du parc dans
une rue parallèle à High Street.
Ouvert du lundi au samedi de 8h à 17h. Plat environ £10.
Yr Hen Fecws, qui signifie boulangerie en gallois, a longtemps été un restaurant renommé de la ville ouvert le midi comme le soir. Les propriétaires ont laché un peu de lest et décidé de donner un peu de légèreté au menu. Parfait pour des pauses déjeuner simples et gourmandes, dans un cadre soigné et chaleureux avec une grosse cheminée, des boiseries, une couleur verte pétillante et des petites ardoises comme set de tables. A tester.

Sortir

AUSTRALIA

High Street
✆ +44 1766 515 745
Un gros pub assez moderne que l'on ne peut pas rater en haut de High Street et dans lequel on vient pour écouter de la musique live. Depuis 2010, des chambres sont aussi à louer.

THE STATION-INN

Stryd Fawr
✆ +44 1766 512 629
www.thestationinnporthmadog.co.uk
A la gare principale, quai n°1 !
Ouvert de 11h à 23h, un peu plus tard le vendredi et le samedi.
C'est « the pub on the platform », un peu à l'écart, avec une bonne sélection de bierre et une ambiance agréable. Souvent mentionné par les locaux comme leur pub préféré.

À voir – À faire

FFESTINIOG & WELSH HIGHLAND RAILWAYS

Harbour Station
✆ +44 1766 516 024
Fax : +44 1766 516 005
www.ffestiniograilway.co.uk
Tout en haut de la rue principale
High Street, après l'office de tourisme
et le pont.
Ouvert d'avril à octobre tous les jours avec 4 à 10 départs par jour ; d'octobre à avril : dates d'ouverture et nombre de départs variables, se renseigner. De £12 à £32 l'aller-retour, gratuit pour les enfants. Penser à réserver en été.
Une des plus gandes attractions de la ville. Le chemin de fer relie depuis des années Porthmadog aux mines de Blaenau Ffestiniog. La ligne est l'une des plus pittoresques des « narrow gorge railways » au pays de Galles. Depuis 2010, événement de taille, une deuxième ligne a ouvert : celle qui s'engage jusqu'à Caernafon. Elle n'avait pas fonctionné depuis des décennies, sa réouverture a demandé un investissement de plus de 12 millions £ et c'est aujourd'hui la plus longue ligne de chemin de fer protégée du pays. A travers des gorges étroites, sur le flanc de la montagne, la locomotive à vapeur et ses wagons en bois traversent des paysages aussi fantastiques que divers jusqu'aux vallées grises des mines de Blaenau Ffestiniog ou dans tout Snowdonia. Un voyage dans le temps à ne pas manquer !

GALERIE ROB PIERCY

Snowdon Street
✆ +44 1766 513 833
Fax : +44 1766 514 070
www.robpiercy.com
Dans une petite allée
qui part de Snowdon Street.
Ouvert du lundi au samedi de 10h à 17h.
Dans une ancienne maison reconfigurée en plusieurs galeries spacieuses, le peintre Rob Piercy expose des paysages réalisés à l'aquarelle, dont les motifs ont été approchés lors de ses expéditions en montagne. Cet alpiniste chevronné, membre du Alpine Club of Great Britain, ne cesse d'en découvrir les sommets et lumières spécifiques pour les restituer ou s'en inspirer par la suite. La majorité de son œuvre est inspirée des paysages de Snowdonia.

MUSÉE DE LA MARINE

Oakley Warf
✆ +44 1766 513 736
Derrière l'office du tourisme, sur les quais. Ouvert en juin, juillet et août de 11h à 17h. £1.
Petit musée qui retrace l'histoire de la construction de bateaux dans la région. On y voit des maquettes de voiliers et des outils de navigation. Des photos du vieux port sont aussi exposées, à l'époque où la construction des navires battait son plein. Une vidéo retrace également l'histoire des lieux. Si Porthmadog était le port d'où partait l'ardoise (extraite à Blaenau Ffestiniog pour être vendue en Europe ou aux Etats-Unis), les voiliers allaient aussi chercher du sel en Espagne, pour l'amener en Amérique du Nord. Si le musée est calme, le guichetier peut vous faire une visite guidée si vous le lui demandez gentiment !

THE WELSH HIGLAND HERITAGE RAILWAY
Tremadog Road
✆ +44 1766 513 402
www.whr.co.uk
En face de la gare principale de la ville.
Ouvert de mi-mars à fin octobre. Départs à 10h30, 11h30, 13h, 14h, 15h et 16h. Ticket aller-retour adulte £6, enfant £3, gratuit pour les moins de 5 ans. Ticket valable toute la journée.
La ligne fait la liaison entre Porthmadog et Pen-y-Mount : 55 minutes de découverte des paysages à bord du train parfois tiré par une locomotive à vapeur et une visite des ateliers d'entretien et de restauration. Un moyen facile d'avoir un bel aperçu des montagnes environnantes, idéal pour les familles accompagnées d'enfants – un mini train leur est d'ailleurs consacré. La gare de départ propose aussi une boutique dont la collection de livres sur les trains est tout simplement impressionnante !

CRICCIETH (CRICIETH)

Petite ville au bord de mer, dominée par le château de Criccieth. C'était une station balnéaire très prisée au début du siècle par les familles anglaises. Seul vestige de cette époque : la rangée de maisons victoriennes qui borde la côte. La ville est aujourd'hui beaucoup plus calme et offre de très bons endroits pour se loger et manger.

Transports

CRICCIETH RAILWAY STATION
Parciau Terrace ✆ +44 8457 48 49 50
Criccieth se trouve sur la « Cambrian Coast Line » qui permet de rejoindre directement Pwllheli, Harlech, Barmouth, Machynlleth et Shrewsbury.

Se loger

Bien et pas cher

CAMPING
Eisteddfa ✆ +44 1766 522 696
www.eisteddfapark.co.uk
A 1 km de Criccieh, à Pentrefelin.
Ouvert de mars à septembre. Tente de £13 à £18,50, caravane de £14 à £18,50.

LLYN MAFON ISAF FARMHOUSE
✆ +44 1766 530 618 / +44 7503 192 994
www.llwynmafonisaf.co.uk
Ouvert de mai à début octobre. 4 chambres. Chambre simple £35, double ou twin de £28 à £30 par personne.
Deux chambres doubles, une twin et une simple sont disponibles dans cette ferme qui vous garantit un cadre tranquille. Deux d'entre elles comptent leur salle de bains individuelle.

Confort ou charme

BRON ABER
Pwllheli Road ✆ +44 1766 522 101
www.bronaber.co.uk
Chambre simple £40, double de £55 à £60.
Agréable B&B aux chambres claires et spacieuses, avec jardin. Jolies vues sur la baie de Cardigan.

CEFN UCHAF FARM GUEST HOUSE
Garndolbenmaen ✆ +44 1766 530 239
www.cefnuchaf.co.uk
A 6 km de Criccieth.
2 chambres. Chambre simple £40, double à partir de £32 par personne.
Maison dans une jolie ferme. Chambres agréables avec du mobilier en bois et des draps fleuris sur les lits.

THE LION HOTEL
Y Maes ✆ +44 1766 522 460
www.lionhotelcriccieth.co.uk
46 chambres. Chambre double de £73 à £85, familiale de £83 à £95. Restaurant, bar, lounge, wi-fi, local à vélos.
C'est aussi un pub très apprécié avec un jardin où il fait bon boire sa bière en écoutant de la musique live.

Luxe

BRON EIFION
A497 coastal road
✆ +44 1766 522 385
Fax : +44 1766 523 796
www.broneifion.co.uk
A 1 km du village, sur l'A497 en sortant de Criccieth.
18 chambres. Chambre simple de £95 à £120, double de £135 à £245. Prix susceptibles de modification selon les périodes. Restaurant, lounge.
C'est le luxe absolu dans cette très grande maison de campagne très proche de Criccieth : dans le salon, canapés rouges, lustres, cheminées et boiseries invitent à des après-midi lecture en cas de pluie. S'il fait beau, vous ne manquerez pas de vous promener dans les superbes jardins à la française.

Se restaurer

CADWALADER'S

Castle Street

Ici, on fabrique la crème glacée sous vos yeux. Il faut savoir que Criccieth est le berceau de cette marque de glace bien galloise.

À voir – À faire

CHÂTEAU DE CRICCIETH

Ouvert de fin mars à fin octobre tous les jours de 10h à 17h. Le reste de l'année, le vendredi et le samedi de 9h30 à 16h et le dimanche de 11h à 16h. Entrée £3,10, réduit £2,70.

Endroit stratégique, le château situé sur un rocher face à la mer, dominant Tremadog Bay, a été construit par Llywelyn le Grand. Ce château est bien différent des autres de Llywelyn : il se serait peut-être même inspiré d'un château anglais pour faire les plans ! Il fut édifié probablement entre 1230 et 1240, puis pris par le roi anglais Edouard Ier en 1283 afin d'asseoir ses nouvelles acquisitions sur le territoire gallois. Ce dernier fortifia considérablement le château. Il adapta les tours au lancer de catapultes. Il faudra attendre plus d'un siècle pour qu'il retombe dans des mains galloises, celles du héros mythique, Owain Glyndwr, qui s'empara du château en 1404 lors de la révolution galloise. Les ruines du château ont attiré de nombreux artistes dont le peintre Turner.

ABERSOCH

OFFAXIS

Glanafon Garage

✆ +44 1758 713 407

www.offaxis.co.uk

A côté du Riverside Hotel.

Location de planches de surf.

TOURIST INFORMATION CENTRE

The Vestry

High Street

✆ +44 1758 712 929

www.abersochtouristinfo.co.uk

ABERDARON

Paradis aux maisons blanches, on est enfin à la pointe de la péninsule de Llyn. Aberdaron est un petit hameau de pêche perché au-dessus de la mer et traversé par la rivière Daron. Ambiance paisible et paysage charmant ; petites rues le long de la mer. Le village semble ne pas avoir beaucoup changé depuis le VIe siècle, lorsqu'il était la dernière étape du pèlerinage vers Bardsey Island. La poste a été dessinée par l'architecte de la région, Sir Clough, qui est à l'origine du village italien de Portmeirion plus loin sur la côte. Aujourd'hui, on peut encore s'adresser à l'équipe de la petite église de Saint-Hywyn pour effectuer des pèlerinages sur l'île de Bardsey.

Pratique

ABERDARON & DISTRICT TOURIST LINK

www.aberdaronlink.co.uk

Se loger

CAEREAU

✆ +44 1758 760 481

£7 la tente par jour.

Camping à la pointe du pays de Galles, près des plages et des commerces. Très moderne.

GWESTY TY NEWYDD HOTEL

Pwllheli

✆ +44 1758 760 207

www.gwesty-tynewydd.co.uk

Chambre simple à partir de £65, double de £105 à £125 selon la vue et le jour de la semaine, familiale de £125 à £155. Connexion wi-fi disponible dans les chambres.

L'accès direct à la plage fait de cette guest-house une adresse idéale pour les couples avec des enfants. On déguste au restaurant poissons et fruits de mer fraîchement pêchés.

SHIP HOTEL

Pwllheli

✆ +44 1758 760 204

Fax : +44 1758 760 385

www.theshiphotelaberdaron.co.uk

Compter entre £75 et £89 pour les chambres doubles selon la saison et £89 à £149 pour une chambre familiale de 3 à 4 personnes selon la catégorie de chambre.

Un établissement tenu par la même famille depuis 1982. Les propriétaires connaissent bien la région, les chambres sont confortables et disposent toutes d'une salle de bains… On peut aussi prendre ses repas dans l'hôtel, qui compte un restaurant de qualité, où l'on cuisine à base de produits locaux.

Se restaurer

GEGIN FAWR

✆ +44 1758 760 359

Petit salon de thé-restaurant près de la rivière, sur l'emplacement d'une pierre du XIVe siècle, Y Gegin Fawr (signifiant « grande cuisine ») était jadis le point de ralliement des pèlerins avant que ceux-ci ne traversent la mer pour l'île de Bardsey. C'est maintenant un endroit très agréable où faire une halte, avec ses petites tables rondes couvertes de napperons en dentelle et ses poutres décorées de belles assiettes peintes. Crabe et homard selon la saison.

■ **HEN BLAS CRAFTS & CAFE**
Hen Blas
✆ +44 1758 760 438
Juste en face du Gegin Fawr.
Ouvert jusqu'à 20h. Terrasse qui donne sur la rivière.
On peut y manger du crabe, des falafels, un peu de tout. Take-away disponible aussi. Bon marché.

À voir – À faire

■ **CASTELL ODO**
Un sentier très agréable part d'Aberdaron le long de la côte qui fait partie du National Trust, vers Pen-y-Cil. Sur le chemin, à environ moins de 2 km, se trouve un village fortifié de l'âge de fer, Castell Odo, le premier à avoir été découvert sur la péninsule.

■ **MYNYDD MAWR**
Une balade sympa : suivre le chemin jusqu'à la pointe du pays de Galles, Mynydd Mawr, d'où l'on peut voir l'île de Bardsey. On peut s'y rendre en voiture ou à pied. Prendre la route qui sort d'Aberdaron et se garer après le passage à bétail. Le sentier vous mène jusqu'au bout de la pointe.

■ **ST. HYWYN'S CHURCH**
Gernant ✆ +44 1758 760 296
www.st-hywyn.org.uk
Cette église près de l'eau date du VIe siècle. Des Saxons, soldats du prince gallois du XIIe siècle, Gruffydd ap Rhys, ainsi que les soldats de Cromwell pendant la guerre civile y auraient trouvé refuge. C'est de cette église que partent aujourd'hui encore les expéditions religieuses vers l'île de Bardsey. Pour plus de renseignements, consulter le site Internet.

Visites guidées

■ **YNYS ENLLI BARDSEY**
✆ +44 8458 113 655 – www.enlli.org
20 minutes de bateau, 3h sur l'île. £20 par adulte, £10 pour les enfants.

SNOWDONIA (ERYRI)

Le parc national de Snowdonia offre certains des paysages les plus époustouflants du pays. Montagnes majestueuses, lacs, vallées boisées et plages de sable fin… 1 450 km de nature protégée qui s'étendent du sud de Conwy jusqu'à Machynlleth, avec comme point culminant le mont Snowdon ou Eryri, haut de 1 085 m et situé à seulement 11 km de la mer. La particularité de cette région est donc la diversité de son paysage : plages et montagnes, landes, lacs, rivières, forêts…
En 1998, le National Trust – équivalent de la Caisse nationale des monuments et des sites – a créé le Snowdonia National Park Authority et soutient une campagne visant à l'achat et la conservation de terres exploitables sur les pentes du Snowdon.
Toute la côte du parc de Snowdonia est dominée par la chaîne de Cadair idris, un massif constitué de cinq pics et haut de 892 m où selon la légende, repose le géant Idris. Avec un peu d'imagination, on peut même distinguer son profil le long des rochers. On y découvre de magnifiques vallées formées dans les roches par d'anciens glaciers, le plus large étant Cadair Idris, qui veut dire « la chaise d'Idris » à cause de sa forme de coupole renversée ; vous le verrez de la route. De son sommet, par beau temps, il est possible d'apercevoir les côtes irlandaises. Encore une légende : les Gallois prétendent que si l'on y passe une nuit entière, on en ressort soit fou soit poète. Au sud de Cadair idris, se trouve la vallée de Dyfi, la plus verte vallée d'Europe !

► **Pour plus d'informations :** www.visitsnowdonia.info

BEDDGELERT

Ce charmant village, perdu dans la montagne et traversé par la rivière Glaslyn, repose au pied du mont Snowdon. Le nom du village signifie la « tombe de Gelert », du nom du fidèle chien du prince Llywelyn le Grand. La légende raconte que celui-ci aurait tué son chien par erreur pensant qu'il avait dévoré son fils. Une véritable tragédie galloise. La terre est également riche de légendes à propos de Merlin et du roi Arthur. Base pour des randonnées vers le mont Snowdon, trois des six sentiers qui conduisent au sommet commencent juste à côté de Beddgelert. Traversé par un cours d'eau, on ne peut qu'apprécier le charme pittoresque de ce village.

Snowdonia
Château
Ville principale
Ville secondaire
Baie de Conwy
Llandudno
Colwyn Bay
Penmaenmawr
Conwy
Château
Llanduno Junction
Château
Beaumaris
A55
Llanfairfechan
Rowen
Tal-y-Cafn
Abergwyngregyn
Bangor
Llandegai
Tal-y-Bont
A470
Eglwysbach
Dolgarrog
Bethesda
Trefriw
Y Felinbeli
A487
A5
Llyn Eigiau
Llyn Cowlyd
Caernarfon
Llanrug
Château
Llanberis
Llyn Ogwen
Llanrwst
Llyn Geirionydd
Capel Curig
A470
Betws-y-Coed
A4085
A498
Capel Garmon
Château
Penygroes
Mont Snowdon
Rhyd-Ddu
Dolwydelan
Pentrefoelas
A5
Forêt de Beddgelert
A470
Pantglas
Beddgelert
Garndolbenmaen
Blaenau Ffestiniog
A487
A498
Llan Ffestiniog
Prenteg
Tremadog
Maentwrog
Portmeirion
Llyn Celyu
A497
Porthmadog
Llyn Trawfynydd
A4212
Bala
Talsamau
Llyn Bala
SNOWDONIA
Baie de Tremadog
Llanuwchllyn
Harlech
A470
NATIONAL
Llandanwg
Llanbedr
A494
PARK
Dyffryn Ardudwy
Talybont
Bontddu
Dolgellau
Baie de Cardigan
Llanaber
A496
Penmaenpool
A470
Barmouth
MONT CADAIR DRIS
Fairbourne
Forêt de Dyfi
Machynlleth
Tywyn
A496
Aberdovey
A493
N
0
10 km

Transports

SNOWDON SHERPA BUS

✆ +44 871 200 22 33
www.traveline-cymru.info
Pour tous les horaires, contacter Traveline Info.
Le Sherpa est un service de bus locaux qui fonctionne dans tout le parc de Snowdonia à travers six lignes qui desservent les villes suivantes : Llanberis, Betws-y-Coed, Llanrwst, Beddgelert, Caernarfon, Bethesda, Porthmadog, Capel Curig, Penygwryd. Le Sherpa permet d'accéder au pied des sentiers de randonnée. Pendant toute l'année, des bus desservent assez régulièrement Caernarfon et Porthmadog.

Pratique

TOURIST INFORMATION CENTRE

Canolfan Hepoj ✆ +44 1766 890 615
www.beddgelerttourism.com
Ouvert en été tous les jours de 9h30 à 17h30 avec une demi-heure de pause pour le déjeuner ; en hiver du vendredi au dimanche de 9h30 à 16h30 avec une demi-heure de pause.
Exposition permanente sur la faune et la flore du parc national de Snowdonia.

Se loger

Bien et pas cher

BEDDGELERT FOREST CARAVAN & CAMPSITE

Beddgelert Forest ✆ +44 1766 890 288
A 1,5 km au nord de Beddgelert
sur l'A4085.
De £8,50 à £16 la tente sur un terrain sans électricité.
Dans la forêt, 300 places dans un grand complexe avec tout ce qu'il faut dans un cadre de rêve.

BRYN DINAS BUNK HOUSE

Nant Gwynant ✆ (01766) 890 234
A quelques kilomètres du village sur l'A498. £10 par personne.
Au pied de Watkin Walk, un des sentiers qui mènent au sommet de Snowdon. Dortoirs en maison et cabines en bois en extérieur. Possibilité de faire sa propre cuisine.

CAE DU CAMPSITE

✆ +44 1766 890 345
www.caeducampsite.co.uk
Sur l'A498.
£16 pour 2 personnes avec une tente et une voiture, £10 pour une personne.
C'est le camping le plus près du village ; il est traversé par la rivière Glaslyn.

PLAS COLWYN GUEST HOUSE

✆ +44 1766 890 458 / +44 7975 744689
www.plascolwyn.co.uk
Face à la rivière.
9 chambres doubles, twin ou dortoirs. De £15 à £30 par personne. Jardin, patio, machine à laver, micro-ondes, parking, local à vélos.
Bâtisse datant de 1700, qui donne sur la rivière Glaslyn. Accueil charmant, feu de cheminée, poutres en bois. Rustique… mais avec le confort moderne !

Confort ou charme

PLAS TAN Y GRAIG

Stryd Smith ✆ +44 1766 890 310
www.plastanygraig.co.uk
Sur la rue principale.
7 chambres. Chambre double de £75 à £86. Supplément enfant de £5,50 à £13 suivant l'âge. Minimum deux nuits, trois nuits en août, à Pâques et pendant les jours fériés de mai. Lounge, wi-fi, repas à emporter sur demande.
Le petit bar donne directement sur la rivière. Les chambres sont très coquettes. La patronne connaît vraiment bien l'histoire du village et de ses environs. N'hésitez pas à l'interroger !

SYGUN FAWR COUNTRY HOUSE****

✆ +44 1766 890 258
Fax : +44 1766 890 258
www.sygunfawr.co.uk
Prendre l'A498 en direction de Capel Curig puis une allée sur la droite, bien signalée.
Chambre de £40 à £52,50 par personne. Restaurant, wi-fi.
Petit manoir de campagne, construit en 1644, qui est aujourd'hui très confortable et chaleureux : grande salle à manger avec des tables en bois, chambres colorées, avec des poutres imposantes… Les dîners proposés aux invités et aux non-résidents sont élaborés et goûteux (£18 le menu).

Luxe

TANRONNEN INN

Beddgelert, Gwynedd, Beddgelert,
LL55 4YB ✆ +44 1766 890 347
Fax : +44 1766 890 606
www.tanronnen.co.uk
Chambre simple £55, double £100, petit déjeuner inclus. Tarifs dégressifs en fonction du nombre de nuits. Restaurant à la carte et bars.
Situé en plein centre. C'est le grand luxe au Tanronnen : moquettes ultra-moelleuses, petit intérieur bien douillet, suites, télévision, téléphone, avec vue sur la rivière ou le parc. Le Tanronnen est aussi réputé pour sa bonne cuisine.

Se restaurer

GLASLYN ICES & GLANDWR CAFE
Caernarfon
✆ +44 1766 890 339
www.glaslynices.co.uk
Ouvert uniquement en saison, à partir de mars.
Les habitants de Beddgelert sont très fiers de leur glacier qui fait ses propres produits. Il accepte toutes les suggestions pour élaborer de nouvelles recettes. Aujourd'hui, il a plus de vingt-cinq parfums à vous proposer ainsi qu'un grand éventail de pizzas.

RIVER GARDEN RESTAURANT
Sur la rue principale
✆ +44 1766 890 551
www.rivergardenwales.co.uk
Cuisine simple et de qualité avec des plats à £7.
Spécialités galloises comme la tarte à l'agneau et aux poireaux. Possibilité de dormir dans les chambres à l'étage pour £30 par personne.

À voir – À faire

DINAS EMRYS ET LLYN DINAS
Dinas Emrys est une colline boisée à plus de 1 km du village, sur l'A498.
C'est ici que, selon la légende, Merlin (Myrddin) aurait prédit au prince gallois Vortigern la défaite du pays de Galles contre l'Angleterre, puis sa reconquête après avoir eu la vision d'une bataille entre deux dragons, un rouge (pays de Galles) et un blanc (Angleterre). Juste en face, se situe le lac de Llyn Dinas, aussi associé à Merlin. On raconte que le véritable trône de la Grande-Bretagne est enfoui dans le lac et attend qu'un jeune homme monte sur un certain rocher pour ressurgir. Vous pouvez toujours tenter le coup, sait-on jamais ! Une autre légende prétend que la mythique épée Excalibur aurait été jetée dans ce lac et que les chevaliers de la Table ronde vivraient dans une cave adjacente. Ils sortiront quand le pays aura besoin d'eux pour se défendre ! Tout cela est dominé par le mont Yr Aran haut de près de 750 m. Un beau voyage dans la nature et dans les légendes celtes.

MINES DE CUIVRE DE SYGUN
Fax : +44 1766 890 595
www.syguncoppermine.co.uk
A 1,6 km à l'est de Beddgelert, prendre la A498 et suivre le panneau sur votre droite. Les Bus 97A, 95 et 97 vous y conduisent également.
Ouvert de mars à fin octobre de 9h30 à 17h ainsi que quelques jours fin décembre et en février de 10h à 16h. £8,75 par adulte, £6,75 par enfant. Visite guidée (45 min) qui vous emmène dans les bas-fonds de mines de cuivre aux teintes jaunes, devenues dorées sous les lampes torches !
Elles furent d'abord exploitées par les Romains. La voix d'un mineur virtuel vous accompagne dans la descente des multiples étages. Une promenade depuis Beddgelert jusqu'aux gorges d'Aberglaslyn (6 km, 2h30) en passant par les mines de cuivre. Le chemin monte jusqu'à Cwm Bychan. Prenez la rive droite de la rivière, passez la tombe de Gelert, prenez le pont jusqu'au chemin de fer abandonné qui vous mènera jusqu'à pont Aberglaslyn. Suivez le nord une fois passé la fin du chemin de fer. Il vous reste 3 km avant les mines de cuivre. Une fois là, il suffit de suivre la rive gauche de la rivière Glaslyn jusqu'aux gorges.

TOMBE DU CHIEN GELERT
Accès libre.
Suivre la rivière et traverser le champ. Sous les arbres se trouve la supposée tombe du chien ; une plaque y rappelle la légende. Celle-ci raconte que lorsque Llywelyn rentra de voyage, son fidèle chien, Gelert, l'accueillit la gueule en sang. Ne voyant pas son fils nouveau-né dans le berceau, le guerrier, fou de rage, en déduisit que son fidèle chien avait dévoré le nourrisson et le transperça de son épée. Au même moment, un cri s'éleva des buissons où l'enfant gisait sain et sauf, près du cadavre d'un loup tué par… Gelert ! Pris de remords, le prince Llywelyn érigea une tombe pour son chien mort. Ce n'est pas grandiose, une simple pierre. La véritable origine du nom semble cependant venir du nom Celert, un saint du VIe siècle qui aurait vécu dans les environs. Il n'y a pas grand-chose à voir mais la promenade d'une dizaine de minutes est agréable.

BLAENAU FFESTINIOG

Se loger

ISALLT GUEST HOUSE
Church Street
✆ +44 1766 832 488
www.isallt.com
6 chambres avec salle de bains privative. A partir de £27,50 par personne. Accès wi-fi.
Central dans Blaenau, maison victorienne en ardoise grise. Le prix est très raisonnable pour ces six mignonnes petites chambres qui ont toutes leur propre salle de bains.

■ **TY CLWB**
The Square
Llan Ffestiniog
✆ +44 1766 762 658
www.tyclwb.co.uk
A quelques kilomètres de Blaenau, sur la B4391.
3 chambres. De £27 à £35 par personne. Lounge, terrasse.
Vieille bâtisse du XVIIIe siècle située au milieu de collines dans un village paisible. Accueil chaleureux, chambres reposantes et soignées : mobilier en bois clair, draps blancs, salle de bains individuelle… Très bon rapport qualité/prix.

Se restaurer

■ **ABBEY ARMS HOTEL**
Llan Ffestiniog
✆ +44 1766 762 444
A quelques kilomètres de Blaenau, sur la B4391.
Pub qui fait aussi de la bonne nourriture et de la bonne bière. L'établissement offre aussi quelques chambres.

Sortir

■ **THE MANOD**
High Street
✆ +44 1766 830 346
Un pub où l'on trouve une très bonne sélection de bières et surtout de real ale (bière brassée de façon artisanale et qui, par sa fermentation, produit son propre gaz).

À voir – À faire

■ **LLECHWEDD SLATE CAVERNS**
Blaenau Ffestiniog
✆ +44 1766 830 306
www.llechwedd-slate-caverns.co.uk
Ouvert d'avril à septembre tous les jours de 10h à 17h, et d'octobre à mars de 10h à 16h. £2 par adulte, £1 par enfant. Tour : £8 par adulte, £6,90 par enfant. Deux tours : £14,30 par adulte, £11,10 par enfant.
Il y a deux circuits différents, un tour guidé sur le « miner's underground tramway », un train jadis utilisé pour remonter et descendre les mineurs à la mine. L'autre tour, « Deep Mine », plus complet, plus long et plus profond, vous raconte, en son et lumière, les conditions de vie des mineurs à plusieurs mètres de profondeur. Travail à la lumière des bougies, dans des grottes vastes comme une église, au bord de lacs souterrains. Très impressionnant ! C'est un voyage au cœur de la culture et de l'histoire du pays de Galles. Impératif pour bien se rendre compte des conditions de travail difficiles des mineurs gallois.

LLANBERIS

C'est le village des montagnards par excellence. Perché sur le flanc de la montagne la plus haute du pays de Galles et de l'Angleterre, le mont Snowdon, Llanberis offre tout un éventail de paysages : allant de la forêt des deux lacs au mont Snowdon, il n'y a pas de temps pour s'ennuyer. L'un des endroits les plus impressionnants est sans conteste le Padarn Country Park, auquel on peut accéder en empruntant le Snowdon Mountain Railway. Ce paysage presque irréel de perfection est un spot qui n'a d'ailleurs échappé à personne. Ne le manquez sous aucun prétexte !

Transports

■ **CÂN Y GRAIG**
34 High Street
✆ +44 1286 872 787
Ouvert tous les jours de 9h30 à 17h30. Location de vélos : £22 la journée, £14 la demi-journée.
Vous trouverez d'excellentes informations sur les balades en vélo à faire dans la région (en français si vous le souhaitez) et sur les autres activités sportives à faire dans le coin.

Pratique

■ **TOURIST INFORMATION CENTRE**
41b High Street
✆ +44 1286 870 765
www.visitsnowdonia.info
Ouvert en été cinq jours par semaine de 9h30 à 16h ; en hiver du vendredi au dimanche de 9h30 à 15h.

Se loger

Bien et pas cher

■ **EWR FAIR GUESTHOUSE**
High Street
✆ +44 1286 872 400
www.erwfair.com
9 chambres. Chambre double £66, twin de £56 à £66, triple £84, familiale £99. Parking, local à vélos, possibilité de repas à emporter le midi.
Maison du XIXe siècle en ardoise grise, typique de la région. On trouve tout dans ce B&B du centre de Llanberis : bar, accès à Internet, télévision couleur dans toutes les chambres...

GALLT Y GLYN B&B
Caernarfon Road
✆ +44 1286 870 370
www.gallt-y-glyn.co.uk
Chambre simple £35, double ou twin £50, triple ou familiale £65. Petit déjeuner au départ des randonnées et thé et biscuits à l'arrivée. Restaurant, bar, possibilité de repas à emporter pour le midi, local à vélos.
Ambiance chaleureuse et décontractée au pied des sentiers pour le mont Snowdon. La maison organise des randonnées et des excursions d'escalade.

LLANBERIS AUBERGE DE JEUNESSE
Llwyn Celyn ✆ +44 1286 870 936
Fax : +44 1286 870 936
llanberis@yha.org.uk
En haut du village, dans la forêt, à environ 1 km de la station de bus. Sur High Street, prendre direction Capel Coch Road (au niveau du magasin Spar au coin), garder la gauche dans la fourchette.
£13,50 pour les moins de 18 ans, £18 pour les adultes.

MAESTEG
High Street ✆ +44 1286 871 187
hilarymaesteg@hotmail.com
A partir de £19 par personne.
B&B dont la devanture ne paie vraiment pas de mine. Mais il reste plein de ressources : il sert de clinique d'aromathérapie (soigner par l'odorat) et les tenanciers sont guides de montagne. Possibilité d'arranger des randonnées avec eux.

PETE EAT'S
40 High Street
✆ +44 1286 870 117
www.petes-eats.co.uk
£13 en dortoir, £32 la chambre double.
Auberge-café très connue dans le coin grâce à son ambiance vraiment très sympathique. Si vous voyagez en individuel, vous pouvez essayer d'y trouver un lit. Cependant, le propriétaire privilégie souvent les groupes, les places libres sont donc parfois rares !

Confort ou charme

BRON-Y-GRAIG
Capel Coch Road ✆ +44 1286 872 073
www.bronygraig.co.uk
Ouvert en juin et juillet le week-end. 3 chambres, toutes avec salle de bains privative. Chambre simple £40, double ou twin £36 par personne.
Charmante maison victorienne à quelques pas de la gare pour le petit train qui monte au sommet du mont Snowdon. Jolies chambres, harmonieusement arrangées, dans un esprit très british. Jardin fleuri et soigné.

Luxe

THE LEGACY ROYAL VICTORIA HOTEL
Main Street ✆ +44 844 411 9003
Fax : +44 844 411 9004
www.legacy-hotels.co.uk
106 chambres. Chambre de £28 à £110. Restaurants, lounge, bars, parking, wi-fi.
Dans un grand domaine de bois et jardins. C'est l'hôtel haut de gamme de Llanberis, plus de 100 chambres spacieuses et design avec salle de bains, ainsi que toutes les commodités qu'on attend des hôtels haut-de-gamme. Patron très sympathique qui accueille des clients du monde entier. Beaucoup de clients reviennent, c'est bon signe.

Se restaurer

PETE'S EATS
40 High Street www.petes-eats.co.uk
Ouvert tous les jours de 8h à 20h mais souvent jusqu'à plus tard.
Dans le genre cantine des locaux sympathique, vous ne trouverez pas mieux. Les murs sont placardés de photos de randonneurs et de montagnards, c'est le QG des passionnés d'escalade, lieu de toutes les bonnes infos. En ce qui concerne la nourriture, c'est bon et pas cher, encore une autre raison d'y aller. Accès à Internet et à de bonnes cartes pour préparer ses randonnées.

À voir – À faire

CHÂTEAU DE DOLBADARN
Accès libre.
Les ruines du château de Dolbadarn à l'entrée de la ville nous rappellent que Llywelyn le Grand fut au XIIIe siècle le maître de ce lieu très stratégique : le passage de Beris entre les deux lacs Llyn Padarn et Llyn Beris.

ELECTRIC MOUNTAIN & DINORWIG POWER STATION
Dinorwig ✆ +44 1286 870 636
www.electricmountain.co.uk
Départ en bus du Electric Mountain Visitor Centre, cafétéria sur place. Visitor Centre ouvert tous les jours. De septembre à mai de 10h à 16h30 ; de juin à août ainsi que pendant les vacances scolaires et les jours fériés de 9h30 à

17h30. Tous les jours de Pâques à octobre, moins régulier pendant le reste de l'année. Prix du tour : £7,75 par adulte, £3,95 par enfant. Durée : 1 heure. Réservation conseillée.
Un lac artificiel destiné à approvisionner une gigantesque centrale hydroélectrique a été creusé dans la montagne Eliden. L'erreur serait de penser que cette intrusion de la haute technologie en milieu naturel a détruit le paysage. Bien au contraire, nature et culture œuvrent ici en harmonie, composant un paysage futuriste d'une grande beauté. On se croirait dans un décor de science-fiction ! D'un point de vue scientifique, cet aménagement est aujourd'hui considéré comme un prodige mondial d'ingénierie. Un tunnel de 16 km a été creusé, qui abrite six énormes générateurs. Ce laboratoire d'énergie, créé dans les entrailles de la montagne, fait l'objet de visites guidées impressionnantes. Le fonctionnement des turbines et de cette machinerie aux dimensions monumentales est expliqué. On peut également visiter l'exposition de retour au Visitor Centre, qui revient sur l'explication technique des lieux. C'est l'occasion de s'instruire et de découvrir une installation high-tech, sur un site d'une exceptionnelle beauté !

LLANBERIS LAKE RAILWAY

Gilfach Ddu
✆ +44 1286 870 549
www.lake-railway.co.uk
Horaires et nombres de départs très variables selon les mois et les jours, se référer au site Internet. Prix dégressifs selon le nombre de personnes. Adulte seul £7,40, enfant £4,50.
Une promenade de 40 minutes dans un train tiré par une authentique locomotive à vapeur qui servait jadis à transporter l'ardoise jusqu'à Menai Strait. Le circuit longe les deux lacs jumeaux, Llyn Beris et Llyn Padarn. Le train part de la station de Padarn Country Park et s'arrête à Cei Llydan, sur les bords du lac.

NATIONAL SLATE MUSEUM

Padarn Country Park
✆ +44 1286 870 630
Fax : +44 1286 871 906
Ouvert tous les jours de Pâques à fin octobre de 10h à 17h ; de début novembre à Pâques tous les jours sauf le samedi de 10h à 16h.
Le parc était autrefois un centre d'extraction d'ardoise. Le musée est situé dans un ancien atelier d'époque victorienne, au pied de la Elidir Mountain. La carrière de Dinorwig était énorme, 3 000 hommes travaillaient ici, dont l'activité et les déplacements façonnèrent totalement le paysage. L'exposition des outils de mineurs et d'ingénieurs se veut le plus réaliste possible. Elle donne l'impression que les travailleurs ont tout juste quitté la mine pour rentrer à la maison ! On visite les lieux de fond en comble : forges pour battre le fer, fonderie de cuivre, hangars où les locomotives étaient entreposées... Récemment, quatre maisons ouvrières du site ont été reconstituées et remeublées afin de donner un aperçu de ce que pouvait être leur vie domestique.

PADARN COUNTRY PARK

Quarry Hospital ✆ +44 1286 870 892
padarncountrypark@gwynedd.gov.uk
A côté du Dinorwig Power Station.
Cette montagne boisée surplombant un lac est probablement l'un des plus beaux (et des plus accessibles) paysages de Snowdonia. On se croirait en pleine utopie, tant sa beauté est étonnante.

THE QUARRY HOSPITAL

✆ +44 1286 870 892
Il s'agit d'un ancien hôpital à l'emplacement charmant qui sert aujourd'hui de centre d'information sur le parc. Perché sur une vallée boisée, on y accède par des escaliers à flanc de colline. L'hôpital servit autrefois à soigner les mineurs que des conditions de travail dangereuses blessaient souvent. D'anciens instruments médicaux sont aujourd'hui exposés dans une partie de l'hôpital. Une autre aile a été aménagée en salon de thé, d'où l'on a de très belles vues sur le paysage.

SNOWDON MOUNTAIN RAILWAY

✆ +44 871 720 00 33
Fax : +44 1286 872 518
www.snowdonrailway.co.uk
Ouvert de mi-mars à la première semaine de novembre tous les jours. Aller-retour de £15 à £25 par adulte suivant le trajet effectué et de £11 à £18 par enfant. Les trains n'ont pas vraiment d'horaires fixes : s'il y a plus de 25 passagers, le départ du premier train a lieu à 9h (8h30 en août) et circule jusqu'à la fin de l'après-midi. Réservation conseillée en été. Achat à la gare ou réservation sur Internet.
Ce train, construit en 1896, monte un dénivelé de 957 m sur plus de 7 km, jusqu'au sommet du mont Snowdon. C'est certainement le plus impressionnant du pays de Galles, qui se fraye un passage au sommet du mont Snowdon... Tous les sportifs le snobent, bien sûr. Au sommet se trouvent un café et tout un bazar un peu décevant, dommage mais tourisme oblige ! Il y a même une poste, la plus élevée de Grande-Bretagne.

VIVIAN QUARRY
Parc Gwledig Padarn
✆ +44 1286 870 889
www.divevivian.com
Ce lagon artificiel creusé dans un site naturel sert aujourd'hui de centre de plongée ! Sa beauté suffisant amplement au plaisir d'une contemplation passive, une plateforme a aussi été aménagée pour les spectateurs.

CAERNARFON

Ville fortifiée qui trouve ses origines à l'époque romaine. Située sur la rive droite de la rivière Seiont, face à la mer, ou plutôt au bras de mer Menai Strait. Le centre-ville, intra-muros, est plein de charme. On se balade avec plaisir dans les rues étroites du centre, au pied de l'impressionnant château de Caernarfon. C'est dans ce bastion du nationalisme gallois que Charles fut investi comme prince de Galles en 1969, investiture qui symbolise l'impérialisme britannique. C'est paradoxalement dans cette ville que le parti nationaliste gallois compte le plus de partisans.

Pratique

TOURIST INFORMATION CENTRE
Oriel Pendeitsh
Castle Street
✆ +44 1286 672 232
www.visitsnowdonia.info
Face à l'entrée principale du château.
Ouvert en hiver du lundi au samedi de 10h à 15h30h ; de Pâques à septembre tous les jours de 9h30 à 16h30.

Se loger

Bien et pas cher

BRYN EISTEDDFOD HOTEL
Clynnog Farm
✆ +44 1286 660 431 / +44 7734 289 318
www.bryneisteddfod.com
A 20 min en voiture de Caernarfon, en prenant la A487 en direction de Porthmadog puis la A499 en direction de Pwllheli ou avec le Bus 12 direction Pwllheli.
Chambre simple £55, double ou twin £75. Restaurant, bar.
Petit hôtel de campagne avec une vue splendide depuis le bar, qui donne sur les champs et la mer. Les chambres sont spacieuses, arrangées avec goût et simplicité. Leur nom est toujours lié à un lieu ou une légende, elle-même parfois liée à la vue que l'on a de la fenêtre ! Possibilité de dîner sur place. Cuisine simple à partir d'aliments de qualité (£17 le menu). Base idéale pour explorer les environs. En plus, Carole, la maîtresse de maison, parle français.

BRYN GLOCH CARAVAN AND CAMPING PARK
Betws Garmon
✆ +44 1286 650 216
www.northwalescamping.co.uk
A quelques kilomètres de Caernarfon, sur l'A4085 sur la route vers Beddgelert.
De £15 à £25 pour deux personnes en tente ou en camping-car.
Près de la rivière Gwyrfai, ce parc de 28 ha offre modernité et luxe (minigolf, salle de jeux…).

BRYNHYFRYD
St. David's Road
✆ +44 1286 673 840
Chambre double de £55 à £60, familiale de £70 à £90.
B&B sympathique et bien situé. Les chambres, qui disparaissent sous des imprimés fleuris, sont parfois un peu kitsch. Demandez la chambre avec la terrasse privée sur le toit. Le jardin est particulièrement… fleuri !

CADNANT VALLEY CARAVAN PARK
Llanberis Road
✆ +44 1286 673 196
Fax : +44 1286 675 941
www.cwmcadnantvalley.co.uk
A 20 min du centre sur la route de Llanberis, l'A4086.
Ouvert de mars à octobre. De £2 à £14 pour une tente ; £2,50 par adulte, £1,75 par enfant de moins de 15 ans et £1 pour la voiture.
Tout le confort nécessaire dans un joli cadre naturel. Douches, électricité disponible, espace de jeux pour les enfants…

MENAI VIEW
North Road
✆ +44 1286 674 602
Entre 20 £ et 25 £ par personne.
Agréable guesthouse qui comme son nom l'indique donne sur Menai Strait.

SNOWDON RANGER YOUTH HOSTEL
Rhyd Ddu
✆ +44 1286 650 093 / +44 870 770 60 38
Fax : +44 1286 650 093
snowdon@yha.org.uk
Possibilité d'y accéder de mai à septembre en bus depuis Beddgelert, S4, 10 min.
£13 par adulte, £10 pour les moins de 18 ans. 67 lits. Ouvert toute l'année.

Une auberge de jeunesse située en bord de lac qui dispose d'une grande cuisine, d'internet et surtout d'une plage privée.

■ **TOTTERS**
2 High Street ✆ +44 1286 672 963
www.totters.co.uk
Demandez Bob ou Henryette. De £20 à £25 en dortoirs selon le nombre de personnes partageant le dortoir. Petit déjeuner inclus. Salle TV, local à vélos.
Dans une maison de plus de 200 ans, une auberge de jeunesse indépendante, à deux minutes du château et à une demi-heure de la mer. On peut voir le soleil se coucher dans l'arche adjacente. C'est ce qu'il y a de moins cher en ville, dortoirs pour 6 personnes (30 places). Propre et sympathique, Totters fait l'unanimité. Petit déjeuner compris : céréales et toasts.

Luxe

■ **CELTIC ROYAL HOTEL**
Bangor Street ✆ +44 1286 674 477
Fax : +44 1286 674 139
www.celticroyal.co.uk
110 chambres. Chambre double £130, £96 pour une personne seule. Certaines chambres aménagées pour les personnes handicapées. Restaurant, bistro, piscine, sauna, Jacuzzi, salle de gym, parking.
Un hôtel tout luxe où l'attention est portée sur la décoration.

Se restaurer

■ **THE BLACK BOY INN**
Northgate Street
✆ +44 1286 673 604
Fax : +44 1286 674955
www.black-boy-inn.com
Plat principal de £8 à £15.
Certainement le plus vieux bâtiment de la ville, le pub le plus pittoresque. Décoration digne d'une salle des curiosités. C'est ici que l'on rencontre tous les locaux et marins pêcheurs qui seront ravis de se moquer des Anglais avec vous ! Le pub tire son nom de Jack, un esclave noir capturé en Afrique et qui a atterri à Caernarfon au milieu du XVIIIe siècle, probablement la première personne de couleur à être vue au pays de Galles. Comme dans les contes, il épousa une Galloise et ils eurent beaucoup d'enfants (sept) ! On mange très bien à cette adresse. Au menu : bœuf cuit dans la Guinness, et petits déjeuners servis toute la journée pour £4,50. Vraiment, ça vaut le coup d'y passer !

■ **THE FLOATING RESTAURANT**
Slate Quay
✆ +44 1286 672 896
Sur une péniche amarrée au quai, à côté du château.
Ouvert uniquement en haute saison.
Prix très raisonnables et magnifique vue sur l'île d'Anglesey depuis le restaurant flottant !

■ **STONES BISTRO**
4 Hole in the Wall Street
✆ +44 1286 671 152
Ouvert de 18h30 à 23h.
La spécialité de ce restaurant situé dans une maison vieille de 300 ans est le mouton et l'agneau gallois ! Très bon.

Sortir

■ **ANGLESEY PUB**
Harbour Front
www.theangleseyarms.co.uk
Sur la promenade qui donne sur la mer, à côté du château. Grand pub qui attire les jeunes de la ville. Un quiz y est organisé tous les jeudis soir : un bon moyen pour rencontrer les locaux ! Mais attention, les questions portent beaucoup sur la culture british, alors préparez-vous…

■ **MEDI**
Palace Street
✆ +44 1286 674 383
www.medicafebar.co.uk
Dans le Corn Exchange
Entrée libre.
Ce bar-restaurant situé tout près du château reste ouvert les week-ends jusqu'à 2h du matin. On y sert des cocktails, la piste de danse y est sympa, sets DJ electro-house… C'est ici que se réunissent les jeunes quand les bars ferment.

À voir – À faire

■ **CAERNARFON CASTLE**
Castle Ditch
✆ +44 1286 677 617
www.caernarfon-castle.co.uk
Ouvert d'avril à octobre tous les jours de 9h à 17h ; de novembre à mars du lundi au samedi de 9h30 à 16h et le dimanche de 11h à 16h. £4,95 par adulte, £4,60 tarif réduit, gratuit pour les enfants de moins de 5 ans.
Un des châteaux les mieux conservés du pays de Galles, immense et majestueux face à la mer, c'est un voyage dans le temps ! Endroit stratégique et politique, c'est ici qu'a eu lieu en 1969 l'investiture du candidat à la couronne, Charles, comme prince de Galles.

Depuis 1282, date de la victoire des Anglais sur Llywelyn le Dernier, le dernier prince « gallois », le titre de prince de Galles est devenu celui de l'aspirant à la Couronne britannique. Cette coutume et ce titre remontent à Edouard Ier d'Angleterre, qui avait promis aux Gallois de leur donner un prince natif de Galles et ne parlant pas l'anglais. Edouard II, né à Caernarfon, ne parlait ni l'anglais ni le gallois… Il faudra attendre 1911 pour que Lloyd George, Premier ministre gallois, exige que l'investiture se fasse au pays de Galles, à Caernarfon. Au château de Caernarfon est exposé le trône spécialement conçu pour l'occasion, ainsi qu'un spécimen de chaise et de tout ce qui fut fabriqué pour la cérémonie. Le château fut construit en 1283 par Edouard Ier pour consolider son avancée militaire mais aussi pour en faire sa royale demeure et son siège politique. Il voulait faire du château un mélange de styles, associant les murs de Constantinople et la grandeur romaine.

INIGO JONES SLATE WORKS

Y Groeslon
✆ +44 1286 830 242
www.inigojones.co.uk
Ouvert tous les jours de 10h à 17h. £5 la visite guidée pour les adultes et £4,50 pour les enfants.

Vous apprendrez tout ici sur l'ardoise galloise, et d'une manière ludique ! L'atelier fut fondé en 1861 pour fournir les écoles en ardoises, à une époque où les élèves n'utilisaient pas encore de papier pour prendre leurs notes ! Lorsque les temps changèrent et que le papier devint monnaie courante, le propriétaire des lieux sut trouver à son matériau une fonction plus moderne, puisqu'il fabriqua avec celui-ci des panneaux électriques ! L'invention eut du succès ; ce fut une véritable petite révolution pour l'économie locale ! Vidéos, exposition géologique et documents retraçent l'histoire, pas si grise, de l'industrie de l'ardoise et vous expliquent les techniques d'émaillage de celle-ci à haute température. Une partie de la visite est consacrée à la calligraphie. On vous propose d'ailleurs de ramener chez vous une ardoise gravée par vos soins. Didactique et ludique, la visite se prête aux enfants. Une boutique avec pièces artisanales et cafétéria se trouvent sur place.

PARC GLYNLLIFON

Clynnog Road
Llandwrog
✆ +44 1286 830 222
parcglynllifon@gwynedd.gov.uk
Sur l'A499 entre Caernarfon et Pwllheli.
Ouvert tous les jours de 10h à 16h. £4 par adulte, £1,50 par enfant.

La société victorienne raffolait de plantes exotiques, qu'elle faisait venir d'Australie ou de Nouvelle-Zélande. Voici un bon spécimen de jardin exotique, l'un des trois classés au patrimoine du pays. Quelques surprises esthétiques vous y attendent : cascades artificielles, lacs, moulin... Autant de « folies » imaginées par Lord Newbrough pour distraire ses amis lors de réceptions mondaines. Un petit amphithéâtre se trouve même au cœur de la nature ! Egalement dans le parc, un café et une boutique d'artisanat.

Les ponts parallèles de Conway

Conwy (Sir Conwy)

CONWY

12 200 habitants. L'un des fiefs du roi anglais Edouard Ier. Il fit construire un village « royal », entouré de remparts, pour abriter les commerçants anglais qui, vivement encouragés par le roi, souhaitaient venir s'établir au pays de Galles. Ils devaient service au roi et constituaient donc une armée auxiliaire des régiments royaux en cas d'attaque galloise. Aujourd'hui, la ville attire un nombre grandissant de touristes qui viennent visiter le célèbre château fortifié. A l'estuaire de la rivière Conwy, la ville s'est beaucoup améliorée ces dernières années. Un tunnel allège la circulation en ville ; les rues sont devenues piétonnes, pavées. Il est agréable de se promener le long de ces rues, bordées par d'anciennes maisons, des pubs aux noms plus farfelus les uns que les autres, des cottages de différentes couleurs. Conwy compte également des espaces verts propices aux flâneries le long de la rivière...

Ne pas confondre Conwy avec Colwyn Bay, station balnéaire qui se trouve à 8 km au nord-est.

Transports

CONWY RAILWAY STATION

Rosemary Lane

✆ +44 8457 48 49 50

www.conwyrailwaymuseum.co.uk

Conwy a sa propre gare et se trouve sur la ligne « the North Wales Coast Line » qui va de Crewe à Holyhead. Départs toutes les deux heures en semaine et moins régulièrement le dimanche vers Chester en passant par Colwyn Bay, Rhyl, Prestatyn et Flint ou vers Holyhead en passant par Bangor. Sinon, il faut souvent changer à Llandudno Junction, à 1 km, de l'autre côté de la rivière.

GARE

Conwy a sa propre gare mais il faut souvent changer à Llandudno Junction, à 1 km, de l'autre côté de la rivière. Pour les directions de Chester ou Holyhead, Betws-y-Coed, Blaenau Ffestiniog.

HOP ON HOP OFF TOURS

✆ +44 2071 938 320

Départs du North Parade, près du Pier. Ticket adulte £7,50 et £3 enfant.

Une heure de trajet. Un bus vous fait faire le tour des monuments et places d'intérêt de la ville, mais aussi des environs, pour vous faire découvrir les plages et les montagnes. Départs toutes les demi-heures du Pier de Llandudno, entre 10h et 16h30. Vous pouvez descendre à l'arrêt de votre choix pour passer plus de temps sur une plage ou dans un musée, puis remonter dans le bus suivant.

Pratique

OFFICE DE TOURISME

Conwy Castle Visitor Center

✆ +44 1492 592 248

Dans le château et donc avec les mêmes horaires que le monument.

POLICE

Lancaster Square

✆ +44 1492 492 222

TOURIST INFORMATION CENTER

Castle Buildings

✆ +44 1492 592 248

www.visitllandudno.org.uk

Dans le château.

De mars à fin septembre ouvert tous les jours de 10h à 17h. Le reste de l'année, ouvert du lundi au samedi de 10h à 16h et le dimanche de 11h à 16h. Adresses et horaires susceptibles de modification courant 2011.

Un centre couplé avec celui de Llandudno. Les informations sur les deux villes peuvent donc êtres obtenues dans les deux offices de tourisme.

Se loger

Bien et pas cher

AUBERGE DE JEUNESSE CONWY

Larkhill

Sychant Pass Road ✆ +44 870 770 57 74

conwy@yha.org.uk

Prendre la seconde sortie pour Conwy sur l'A547. Suivre le centre-ville et les murs de la ville, tourner à droite vers Mount Pleasant, puis à droite encore à la jonction au sommet de la montée. L'auberge est sur la gauche à quelques mètres. A pied, suivre Bangor Road jusqu'aux remparts, puis tourner à gauche dans Mount Pleasant.

Une fois au carrefour, à gauche et marcher pendant 5 bonnes minutes.
£18 par adulte, £14 pour les moins de 18 ans.
80 lits et certaines chambres avec douches. Réception toute la journée. Télévision, jeux, Internet… Auberge agréable, spacieuse avec une vue sur le château. Dans la salle à manger, qui offre des vues splendides, de bons repas faits maison à des prix très raisonnables.

LLYS LLEWELYN HOTEL

Mount Pleasant ✆ +44 1492 593 257
Situé à 2 min à pied du centre-ville, l'hôtel est juste de l'autre côté des remparts.
Chambre double £25 par personne. Parking dans le jardin.
L'accueil y est excellent. Certaines chambres donnent sur le château, illuminé le soir. Il y a quelques années, la reine est venue inaugurer un tunnel qui détourne fort heureusement une grande partie de la circulation. A cette occasion, Sa Royale Majesté s'est désaltérée d'un cocktail gin vermouth dans un verre déniché en toute hâte pour l'occasion chez un antiquaire local. Notre hôte l'a acquis et exposé, en ayant soin d'y visser une plaque de cuivre commémorant l'événement : un argument de plus pour visiter sa salle à manger. L'été et durant le festival de Llangollen, il vaut mieux réserver quelques jours à l'avance.

Confort ou charme

THE SWAN COTTAGE

18 Berry Street
✆ +44 1492 596 840
www.swancottage.net
En plein centre-ville.
3 chambres doubles, possibilité de rajouter un lit dans l'une d'entre elles. £25 par personne pour une chambre avec salle de bains privative et petit déjeuner.
Accueil charmant et vues sur la mer et le port pour certaines des chambres, en particulier pour celle qui se situe au dernier étage. La maison date du XIVe siècle et est classée.

THE BRIDGE INN

Rose Hill Street ✆ +44 1492 573 482
www.bridgeinnconwy.co.uk
3 chambres. Pour une chambre double, compter £50. Supplément petit déjeuner : £5. Restaurant, pub.
Un pub-restaurant qui loue quelques chambres très confortables à la nuit. Ambiance chaleureuse, bon restaurant et un breakfast pour

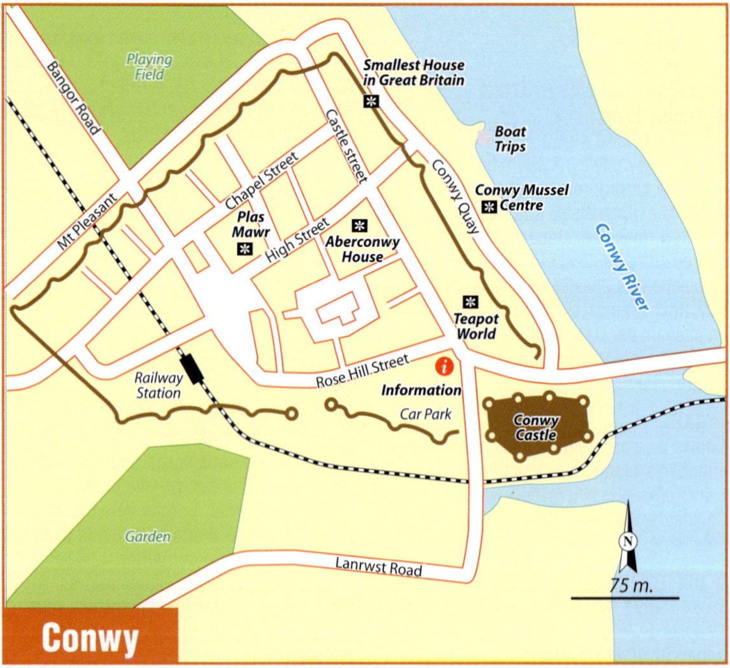

démarrer la journée, qui vous tiendra probablement jusqu'au soir...

THE TOWN HOUSE
18 Rose Hill Street
✆ +44 1492 596 454 / +44 7974 650 609
www.thetownhousebb.co.uk
Chambre simple £30, double £50.
Les propriétaires, Alan et Elaine, ont converti leur demeure victorienne en un petit hôtel confortable. Bien placé, avec vue sur le château. Les chambres sont décorées de manière un peu chargée. Certaines d'entre elles bénéficient d'une salle de bains privative et toutes sont bien équipées.

Luxe

THE CASTLE HOTEL
High Street ✆ +44 1492 582 800
Fax : +44 1492 582 300
www.castlewales.co.uk
28 chambres et suites. A partir de £60. Offres spéciales en périodes creuses. Restaurant.
Hôtel de luxe, fascinant, dont la construction remonte au XVIe siècle. Il a toujours été très fréquenté puisque Conwy se trouve sur l'axe Londres-Holyhead, donc aussi entre l'Irlande et les Etats-Unis. Les chambres sont impeccables et leur décoration, assez grandiloquente, correspond à la façade impressionnante de l'hôtel. Les deux suites sont vraiment royales. Mais le plus étonnant, ce sont les peintures qui ornent les murs de l'entrée, du bar et du restaurant. Il semblerait que le peintre britannique John Dawson Watson ait payé son séjour à l'hôtel en tableaux ! Possibilité d'y dîner, le restaurant s'appelle d'ailleurs le Dawsons et on y mange très bien.

Se restaurer

Bien et pas cher

ARCHWAYS FISH AND CHIPS
12-14 Bangor Road ✆ +44 1492 592 458
Sur place ou à emporter. Moins de £5.
D'une propreté remarquable. C'est le meilleur endroit pour manger du poisson pas cher dans ce village de pêcheurs !

BISTROT CONWY
26 Chapel Street ✆ +44 1492 596 326
Dans une petite cour à droite en montant la rue.
Ouvert tous les jours sauf le lundi de 18h30 à 21h. Entre £12,50 et £16 le plat.
Modernisation réussie de recettes galloises traditionnelles comme le steak aux huîtres, adaptation des huîtres au steak !

DAWSONS RESTAURANT
High Street ✆ +44 1492 592 324
www.castlewales.co.uk
A partir de £14 le plat.
Le restaurant de The Castle Hotel est un bon exemple de la nouvelle cuisine galloise, sous la surveillance du manager de « l'équipe culinaire galloise », un groupe de chefs qui se veulent les garants d'une cuisine nationale de qualité. Les tableaux de John Dawson Watson et le service détendu sont des plus pour l'ambiance. Le pub attenant sert également de bons plats et de la bière brassée à quelques centaines de mètres de là !

Bonnes tables

THE GROES INN
Tyn-y-Groes
Gwynedd ✆ +44 1492 650 545
Fax : +44 1492 650 855
www.groesinn.com
De Conwy, prendre la B5106 en direction de Betws-y-Coed.
Chambre double £115, chambre luxe £190. Restaurant : menu à £9,75.
Située à 5 km de Conwy, cette ravissante auberge du XVe siècle, entourée d'un jardin avec des tables, offre une excellente cuisine. La licence du pub date de 1573 : on dit que c'est le premier pub du pays de Galles. Tout le monde vous en parlera dans la région. Mieux vaut réserver. L'établissement possède également quinze chambres luxueuses et raffinées. Une adresse qui ravira ceux qui sont à la recherche d'une immersion britannique complète !

TOWN HOUSE RESTAURANT
2 High Street ✆ +44 1492 596 436
www.thetownhousebb.co.uk
Déjeuner à £8, dîner entre £15 et £25.
Le choix de poissons varie tous les jours en fonction de ce que le chef trouve sur le marché. Cuisine qui plaît aux locaux pour sa simplicité. D'autres plats, plus épicés, ont été influencés par les voyages du chef.

Sortir

ANNA'S TEAROOM & CAFE HOUSE
9 Castle Street
✆ +44 1492 580 908
www.annastearoom.net
Au-dessus du Conwy Outdoor Shop.
Un salon de thé tout ce qu'il y a de plus traditionnel avec nappes fleuries et de bons déjeuners.

PEN Y BRYN
Lancaster Square
✆ +44 1492 596 445
www.brunningandprice.co.uk/penybryn
Plat principal de £10 à £17.
Au centre de la ville, en 1575, on construisit cette adorable petite maison qui est aujourd'hui l'emplacement d'un pub très british, dentelles et porcelaine, afternoon tea avec scones et marmelade. Si un « lapsang souchong », un café kenyan, costaricain ou un « old java » vous tentent à 17h, le salon de thé maison sera à même de répondre à toutes vos exigences.

À voir – À faire

ABERCONWY HOUSE
Castle Street
✆ +44 1492 592 246
www.aberconwy-house.co.uk
A l'angle de High Street et de Castle Street.
Ouvert de fin février à octobre de 11h à 17h. Fermé certains mardis. £3,40 par adulte et £1,50 par enfant.
La plus ancienne maison marchande de la ville qui date de 1300. A l'intérieur, une exposition d'antiquités romaines. La petite maison a tout vu en sept siècles : elle fut tour à tour boulangerie, magasin d'antiquités, maison de capitaine et hôtel. Elle a aussi survécu à de nombreuses catastrophes et quelques feux.

BODNANT GARDENS
Tal-y-Cafn
Colwyn Bay
✆ +44 1492 650 460
www.bodnantgarden.co.uk
De Conwy, prendre l'A470, direction Bodnant, Llanrwst, Betws-y-Coed. A quelques kilomètres de Conwy, à côté du village de Tal-y-Cafn.
Ouvert de fin février à fin novembre tous les jours de 10h à 17h (en novembre fermeture à 16h). £8,50 par adulte, £4,25 par enfant.
Mai, juin et juillet sont les plus beaux mois pour se promener dans ces 80 acres de jardin, lorsque les rhododendrons et les multiples arbustes sont en fleurs. C'est un des plus beaux jardins du pays, où tout a été pensé pour rendre la promenade agréable et pleine de surprises. Les teintes des corolles ont été sélectionnées et harmonisées avec soin, dans un souci d'élégance où la culture ne nuit pas à la nature. C'est le jardin anglais par excellence. Terrasses, nénuphars, jardin sauvage, cascades : on est bien loin de la rigidité de nos jardins à la française. En automne, le paysage

change de ton et la lumière latérale rend l'atmosphère irréelle et magique. Si le parc est moins fleuri, les feuillages, en revanche, s'illuminent et l'ensemble gagne en charme flamboyant et écarlate. Tandis que l'entretien des jardins de Bodnant monopolise en permanence l'attention de dizaines de jardiniers, la nature, elle, sait parfaitement s'en passer.

CONWY CASTLE

✆ +44 1492 592 358
www.conwy.com
Ouvert d'avril à octobre tous les jours de 9h30 à 17h (en juillet et août fermeture à 18h) ; de novembre à février du lundi au samedi de 10h à 16h et le dimanche à partir de 11h ; en mars du lundi au samedi de 9h30 à 17h. £4,70 par adulte, tarif réduit £4,20.
Construit entre 1283 et 1287 par Edouard Ier d'Angleterre, Conwy Castle est l'un des très nombreux châteaux commandés par le roi durant sa conquête du pays. Il n'aura fallu que quatre ans et l'aide de 1 500 ouvriers pour édifier cette forteresse de huit tours et les remparts. A l'époque, le château était blanchi à la chaux. Il hébergeait les nobles dans les tours et les soldats qui dormaient dans ce qui fut la grande salle en bas. En temps de paix, il ne fallait pas plus de 30 soldats pour protéger le château car il était construit de façon telle que l'ennemi ne puisse pas entrer. En suivant une des visites guidées, quotidiennes en été, vous aurez la chance d'en découvrir plus sur la richesse de ce château.

CONWY VISITOR CENTER

Rosehill Street ✆ +44 1492 596 288
conwy.visitorcentre@btopenworld.com
Ouvert tous les jours de 9h30 à 17h. Fermé en janvier et deux semaines en février.
Un film de 20 minutes et une exposition retracent la vie de Conwy depuis 800 ans. Au hasard des pas, on explore la ville, les remparts dans Bangor Street qui vous conduisent sur le quai par une balade le long du port en regardant les bateaux amarrés deux à deux au ponton. Ils donnent l'impression de se suivre. En remontant dans la ville, au cœur de la cité, St. Mary's Church veille sur ses paroissiens depuis la fin du XIIIe siècle. Elle fut construite sur les vestiges d'une ancienne abbaye gothique, avec des fonts baptismaux et un chœur du XVe siècle.

PLAS MAWR ELISABETH TOWN HOUSE

High Street ✆ +44 1492 580 167
Fermé le lundi. Ouvert d'avril à fin mai et en septembre de 9h30 à 17h, du 1er juin au 31 août de 9h30 à 18h, en octobre de 9h30 à 16h. Fermé du 1er novembre au 31 mars. Entrée £4,95, réduit £4,60.
Un des meilleurs exemples d'édifice élisabéthain. Une grande maison marchande du XVIe siècle, surmontée d'une tour d'où l'on peut voir toute la ville. Les murs sont blanchis à la chaux. Le mobilier d'époque réserve des surprises, notamment un meuble à pain et fromage qui servait aussi de cabinet pour enfermer les enfants punis. A remarquer aussi, les cheminées dont les linteaux sont abondamment sculptés. Plas Mawr House héberge aussi la Royal Cambrian Academy of Art, et des expositions temporaires d'artistes contemporains gallois y sont organisées.

RSPB BIRD SANCTUARY

✆ +44 1492 584 091 – www.rspb.org.uk
Au sud de la ville, suivre la A55 en direction de Chester.
Sur les bords de la rivière Conwy, au sud du Stephenson Railway Bridge. Réserve naturelle d'oiseaux.

THE SMALLEST HOUSE

Quayside ✆ +44 1492 593 429
Ouvert d'avril à octobre du lundi au samedi de 10h à 17h30 et le dimanche de 11h à 16h. £1 par adulte, £0,75 par enfant.
Sur le quai, la plus petite maison de Grande-Bretagne attire l'œil par sa couleur rouge vif. Elle date du XIVe siècle et fut habitée jusqu'en mai 1900 par un pêcheur qui mesurait 1,80 m ! Il fut expulsé après que la maison fut déclarée inhabitable en raison de sa trop petite taille. Il décida alors, avec le propriétaire des lieux, d'aller mesurer les autres petites maisons de Grande-Bretagne. A la fin de leur voyage, ils avaient la preuve que la leur était la plus petite. Elle figure depuis dans le livre Guinness des records !

LES TROIS PONTS PARALLÈLES

Le plus impressionnant est de savoir qu'il y a une quatrième route pour accéder à Conwy. Mais celle-là est souterraine ! Le pont suspendu est le premier à avoir été construit, en 1822 par Thomas Telford. Le but était d'ouvrir un chemin aux diligences qui se rendaient à Holyhead. Le second dans le temps est le pont couvert, édifié en 1849 et réservé aux trains de la ligne Llandudno-Bangor. La route, utilisée à partir de 1951, servit aux automobiles et aux camions. Mais la structure de la ville ne permettant pas une forte circulation de poids lourds justifie l'existence du tunnel !

LLANDUDNO

Aussi appelée « the queen of welsh resort », Llandudno est une villégiature très victorienne et très anglaise : longues avenues, front de mer bâti d'hôtels qui bénéficient tous d'une vue imprenable sur la mer. Un ponton, une promenade en bois avec pavillons, des boutiques bleu et blanc créent une atmosphère très XIXe. Il y traîne un petit air de gloire et grandeur périmées, avec des devantures d'hôtels jadis prestigieux. La ville est très appréciée par les retraités anglais.

Transports

LLANDUDNO RAILWAY STATION
Augusta Street
✆ +44 8457 48 49 50
Llandudno est le terminus d'un embranchement de la ligne « the North Wales Coastline » qui va de Crewe à Holyhead sur l'île d'Anglesey. Trains très fréquents vers Manchester en passant par Colwyn Bay, Rhyl, Prestatyn, Flint, Chester et Warrington. Train toutes les heures vers Llandudno Junction d'où l'on peut rejoindre soir Bangor et Holyhead, soit Cardiff Central, soit Birmingham. Trains réguliers vers Llanrwst, Betws-y-Coed et Blaenau Ffestiniog.

Pratique

TOURISM INFORMATION CENTRE
Library buildings
Mostyn Street
✆ +44 1492 577 577
www.visitllandudno.org.uk
Ouvert du lundi au vendredi de 9h à 17h ainsi que le dimanche en été.
On y trouve cartes et suggestions d'itinéraires. Les intéressés peuvent aussi se renseigner sur l'emplacement des sites archéologiques de l'île (chambres funéraires, menhirs…).

Se loger

Bien et pas cher

BODEURON GUEST HOUSE
5 St. Mary's Road
✆ +44 1492 874 294
bodeuron@aol.com
6 chambres avec salle de bains privative. De £25 à £34 par personne. Jardin, wi-fi.
Sympathique maisonnette familiale dans un quartier tranquille, pas trop loin du centre. Les chambres, doubles ou twins, sont confortables. Celle qui se trouve au dernier étage permet de loger jusqu'à 5 personnes. Pour le petit déjeuner, on peut compter sur une cuisine gourmande, à base de produits de la région. L'hôtel compte aussi un petit jardin privatif idéal pour se relaxer l'été.

CRICKLEIGH HOUSE****
39 Lloyd Street
✆ +44 1492 877 744 / +44 791 2363439
Fax : +44 1492 873 460
www.crickleighhouse.co.uk
6 chambres doubles avec salle de bains privative. Chambre double £50 avec petit déjeuner. Supplément single en juillet et août. Accès wi-fi. Parking. Pas de chambre familiale.
Tenu par les charmants Phil et Edna, un B&B de caractère dans une grosse maison victorienne avec des grandes chambres et des lits à baldaquin. Excellent rapport qualité-prix à cette adresse qui compte quatre étoiles. Une adresse qui ne déçoit jamais.

GUEST HOUSE BRYN ARTHUR**
Tabor Hill
Great Orme
✆ +44 1492 876 278
amanda1evanas@supanet.com
Chambre simple à partir de £25, double £20 par personne. Parking.
Situé sur le Great Olme, dans une grosse maison datant de 1840, ce B&B bénéficie d'une vue dégagée sur toute la plage et la ville depuis une jolie terrasse. Chambres très agréables ainsi qu'une belle salle à manger. Toutes ne détiennent pas de salle de bains privative mais la salle de bains collective est très propre. Possibilité d'y dîner.

LLANDUDNO HOSTEL
14 Charlton Street ✆ +44 1492 877 430
www.llandudnohostel.co.uk
10 chambres de 2 à 6 personnes. £20 pour un lit en dortoir et chambre double à partir de £48. Petit déjeuner inclus.
Dortoirs impeccables dans cette auberge sympa de haute qualité (4-étoiles) tenue par un couple très sérieux.

Confort ou charme

THE MERRION HOTEL***
The Promenade
✆ +44 1492 860 022
Fax : +44 1492 860 379
www.merrion-hotel.com
Sur la promenade,
au bout de Gloddaeth Street.

Llandudno
Information touristique
Musée et galerie
Divers
Police
0
400 m
N
LLANDUDNO BAY
NORTH SHORE
WEST SHORE
Ski Slope & Toboggan Run
Teléphérique
THE GREAT ORME
Happy Valley
Happy Valley Road
Pier
Ty Gwyn Road
Church Walk
Tram Station
North Parade
Upper Mos.
Bodhyfryd
Arvon
Cwlach Rd
Church Walks
Rectory Lane
Abbey Road
Amgueddfa Llandudno Museum
Chapel St
St George
St Georgeo's
Promenade
Ty Isa Road
Gloddaeth
Deganwy
Tourist Information Centre
Clifton Rd
Maelgwyn Rd
Lloyd St.
Madoc St.
Brookes St
Mostyn Street
Penrhyn Crescent
Coach Station
Mostyn Broadway
Piscine
Abbey Road
Gloddaeth Avenue
Albert St.
St Davidos Rd
St.Seiriolos Rd
St Andrewos Ave.
Railway Station
Vaugha
Oriel Mostyn Gallery
Police
Oxford Road
Conway Road A 470
Tudor Cres.
Charlotte Road
Clarence Crescent
Clarence
Clarence Road
Queens Road
Craig-y-Don Park
Roumania
Carmen Sylva Road
Drive
Nant-y-Gamar Road
Tan-y-Bryn Road
Bodafon Road
Bodafon Fields
Colwyn Road
Promenade
East Parade
Victoria Street
Mostyn Avenue
Rosebery
Fferm Bach Road
Liddell Drive
Conway Road
Bodnant Road
Maesdu Road
Rugby Ground
Football Ground
Builder St West
Builder Str.
FFordd Penrhyn
Trinity Avenue
Oval Recreation Ground
West Parade
Promenade
Lloyd St
Great Ormes Road
Dinas
Winllan
Bryniau Road
Mowbray
Dyffryn
Alexandra Road

65 chambres. Chambre simple à partir de £48, double à partir de £53. 2 chambres accessibles aux personnes handicapées. Restaurant, lounge & bar, wi-fi.
Tout près du centre et donnant sur la jetée, cet hôtel est un classique de la ville, tenu par la même famille depuis trois générations. Les chambres sont sobres et élégantes, et certaines donnent sur la mer et le port. L'hôtel organise des soirées dansantes pour lesquelles des musiciens live viennent jouer. On sert au restaurant une cuisine classique et soignée, très appréciée de tous les clients.

SEFTON COURT HOTEL
49 Church Walks ✆ +44 1492 875 235
Fax : +44 1492 875 235
www.seftoncourt-hotel.co.uk
Au commencement du Great Olme.
10 chambres avec salle de bains privative. Chambre double de £68 à £75, familiale £84. Jardin, parking, wi-fi.
Un peu en hauteur de la ville, dans une maison victorienne classée. Bon accueil et chambres impeccables. Chacune d'entre elles est décorée de manière personnalisée, avec beaucoup de goût, dans un style, une thématique couleur et un mobilier singuliers. Certaines sous les toits affichent de jolis murs mansardés blancs, certaines aussi donnent sur la baie ou sur la montagne.

Luxe

EMPIRE HOTEL
Church Walks ✆ +44 1492 860 555
www.empirehotel.co.uk
54 chambres. Chambre double standard de £99 à £110, familiale de £112,50 à £145. Restaurants, bar, Spa, salle de gym, piscines intérieure et extérieure chauffées, wi-fi gratuit, parking gratuit.
Très luxueux, dans le genre Art déco, cet hôtel a beaucoup de caractère avec un salon Chesterfield et des chambres avec de vieilles bagnoires. Avec son Spa et ses piscines, il allie tous les avantages pour un séjour tout en détente.

THE LIGHTHOUSE
Marine Drive
Great Orme's Head
✆ +44 1492 876 819 / +44 7774 409649
www.lighthouse-llandudno.co.uk
Un peu excentré, à 3 km du centre de Llandudno, sur la Great Orme Scenic Route.
3 chambres. £80 par personne. £20 supplémentaires si vous occupez une chambre double seul.
Petit château accroché au flanc d'abruptes falaises. A près de 113 m au-dessus de la mer d'Irlande, la vue est plus que magnifique, elle est imprenable. L'intérieur est confortable et les promenades à pied sous le vent entre les « deux mers » sont un enchantement. C'est un des endroits les plus inhabituels où dormir au pays de Galles. La chambre la plus intéressante des trois est The Lamp Room, avec son petit salon aux immenses verrières offrant une vue panoramique de 200 degrés sur la mer.

Se restaurer

THE SEA HORSE RESTAURANT & BISTROT
7 Church Walks
✆ +44 1492 875 315
www.the-seahorse.co.uk
Ouvert du mardi au samedi à partir de 16h30 jusqu'à tard. Compter £35.
Cuisine réputée dans ce restaurant éclairé à la bougie. Le poisson vient du marché du coin. Plats copieux. Réservez à l'avance car la renommée de ce restaurant est grande. On peut choisir entre deux atmosphères : au rez-de-chaussée se trouve le bistrot, éclairé à la bougie, où l'on dîne de manière plus informelle, et à l'étage le restaurant avec son mobilier de type victorien et ses fresques murales de paysages.

Sortir

CLUB 147
141 Upper Mostyn Street
✆ +44 1492 860 633
www.club147llandudno.co.uk
Ambiance chaleureuse dans ce grand pub qui compte des tables de snooker et de billard ainsi que des fléchettes. De confortables fauteuils de cuir et un grand choix de bières vous attendent.

FOUNTAIN BAR CAFE
114 Upper Mostyn Street
✆ +44 1492 875 600
Ouvert en semaine jusqu'à 23h et le dimanche jusqu'à 22h30.
C'est l'endroit le plus populaire et branché de la ville pour sortir. Déco intérieure soignée, cadre cosy. On y sert aussi des plats pendant la journée.

À voir – À faire

GREAT ORME MINES
Pyllau Road
Great Orme
✆ +44 1492 870 447

www.greatormemines.info
A 20 min en tram du centre
à partir de Victoria Station.
Ouvert de mi-mars à fin octobre de 9h30 à 16h30. Entrée £6 et £4 pour les enfants.
Visite d'une grotte datant de 1500 av. J.-C., d'anciennes mines de cuivre déjà exploitées par nos ancêtres préhistoriques.

■ THE GREAT ORME (PEN Y GOGARTH)

www.greatorme.org.uk
Pic formé il y a plus de 300 millions d'années, Great Orme a vu beaucoup de passage ; les Romains l'ayant un peu ignoré, il a fallu attendre les Celtes pour s'y intéresser de plus près. Saint Tudno y construisit la première cellule de son monastère au VIe siècle. Et ce sont les Vikings qui lui donnèrent son nom, *Orme*, dérivé du vieux norrois, mot pour « ver » ou « serpent de mer ». Mais c'est vraiment à la fin XIXe siècle que le roc devint une destination touristique, lorsque les plaisanciers envahirent Llandudno. Depuis, un tramway menant du centre de Llandudno au sommet a été construit, de même qu'un téléphérique et un grand complexe, moderne, avec cafés, restaurant, magasins. Il dénature malheureusement beaucoup le site. Mais en vous éloignant un peu de tout ce brouhaha, vous découvrirez au fil des sentiers une nature riche d'histoire, cercles de pierres et vestiges préhistoriques. Une autre surprise vous attend au sommet : le troupeau de chèvres angoras aux longues cornes recourbées.

- **Voiture.** Il suffit de suivre la route de Marine Drive. 6 km au départ de la jetée ; péage de £1,50 l'été de 9h à 20h et l'hiver de 9h à 16h.
- **Tramway.** Départ de Victoria Station (62 Church Walks, le long de Old Road). Ouvert de 10h à 18h de mars à octobre. Aller-retour : £4 ; enfant : £2,60. En service depuis 1902. Le tramway a l'avantage d'offrir une balade sympathique à travers la ville. On peut alors admirer en toute tranquillité les plus vieilles maisons de Llandudno. Il y a une halte à la toute petite plateforme de Half Way Station à partir de laquelle les voyageurs peuvent soit continuer à pied, soit monter dans le second tram qui les amènera au sommet (trajet de 5 à 10 minutes).

■ THE LLANDUDNO MUSEUM

17-19 Gloddaeth Street ✆ +44 1492 876 517
llandudno.museum@lineone.net
Ouvert de Pâques à octobre du mardi au samedi de 10h30 à 13h et de 14h à 17h et le dimanche de 14h15 à 17h ; de novembre à Pâques du mardi au samedi de 13h30 à 16h30. £1,70 par adulte, £0,75 par enfant.
Le musée retrace l'histoire de Llandudno, de la préhistoire aux temps modernes. Sont exposés des vestiges trouvés sur les sites romains, dont la trace d'un pied d'enfant moulé et un vieux jeu de dames.

■ THE CABIN CAR

Conway Road ✆ +44 1492 877 205
Ouvert de Pâques à octobre de 10h à 16h. £6 par adulte, £4 par enfant. Départ près du Pier (jetée).
C'est le plus long téléphérique de Grande-Bretagne. Une manière on ne peut plus agréable de découvrir Llandudno et ses paysages magnifiques.

Sports – Détente – Loisirs

■ LLANDUDNO SKI SLOPE

John Nike Leisuresport Complex
Great Orme ✆ +44 1492 874707
Fax : +44 1492 870516
jnlllandudno.co.uk
Centre ouvert du lundi au samedi de 10h à 22h et le dimanche jusqu'à 21h.
Skier à Llandudno ? Oui, c'est possible, sur l'une des rares pistes de ski artificielles et qui se trouve sur… Great Orme ! Le centre de ski a ainsi mis en place toute une série de cours de ski et snowboard en groupe ou en individuel à des prix raisonnables. Et, cerise sur le gâteau : un immense tobaggan, le plus grand de Grande-Bretagne, permet de dévaler le Grand Olme. Un centre idéal pour les adultes comme pour les enfants.

TREFRIW

■ TREFRIW TRAILS

www.trefriwtrails.org.uk
L'emplacement extraordinaire du village a donné lieu à la création de neuf itinéraires circulaires de randonnée à partir du village. Ceux-ci ont vraiment été conçus de manière à vous faire découvrir les plus beaux aspects de la nature environnante. Un circuit d'une heure vous entraîne le long de la rivière de Conwy. Un autre vous mène en une demi-heure à la rivière de Crafnant. Vous pouvez aussi rejoindre en trois heures de marche le lac du même nom, réputé comme étant l'un des plus beaux du coin. De belles cascades sont accessibles en une promenade de 25 minutes. L'un des itinéraires conduit aussi au parc de Snowdonia et offre des vues splendides sur la vallée de Conwy. Les circuits détaillés de chaque promenade sont accessibles sur le site Internet. On vous renseigne également chaque fois sur leur degré de difficulté.

■ **TREFRIW WOOLLEN MILLS**
Main Road ✆ +44 1492 640 462
www.t-w-m.co.uk
Boutique, démonstrations, musée, tests. Boutique ouverte d'avril à octobre tous les jours de 9h30 à 17h30 et de novembre à mars de 10h à 17h (fermeture le dimanche entre janvier et mars). Entrée libre.
Le pays de Galles est réputé pour sa laine et pour tout ce qui en découle : tissus, couvertures, vêtements, accessoires. Chaque fabrique a ses motifs particuliers à forte inspiration celte. Presque toutes ont un magasin ouvert au public. Le long des routes, on trouve souvent des indications fléchées qui y conduisent. La boutique de Trefriw Woollen Mills est en plein centre du village, donc très facile à trouver : tissus, vestes, manteaux (entre £50 et £70 la pièce), jupes en kit (tissus, doublures, fermetures à glissière, de £6 à £12) et surtout des coupons (à partir de £3).

BETWS-Y-COED

Véritable station de randonnée, pratique pour explorer le parc naturel de Snowdonia. Betws-y-Coed (prononcer « Betous-ar-Coyd ») est le rendez-vous des marcheurs et des cyclistes tout-terrain. En été et au printemps, ils déambulent en nombre dans les quelques rues de ce petit village de 700 habitants. On peut y acheter tout le matériel nécessaire pour une randonnée et pour camper. La rivière court parallèlement à une rangée de maisons construites pour observer les tourbillons. C'est un foisonnement d'arbres et de montagnes qui cachent, au bout de leurs sentiers, un lac, un point de vue, une vallée, des chutes d'eau… Et toujours, partout, dissimulée sous les fougères et les bruyères, cette mousse épaisse et souple, douce au promeneur, tendre au dormeur, la mousse des contes de fées, celle qui soulage la tête des poètes. Néanmoins, la circulation assez dense de voitures et piétons trouble ce village qui pourrait être si paisible.

Transports

■ **BETWS-Y-COED RAILWAY STATION**
Station Approach Road ✆ +44 8457 48 49 50
www.betws-y-coed.com
La gare de Betws-y-Coed donne sur la pelouse du parc en centre-ville, à quelques mètres de l'office du tourisme. Betws-Y-Coed se trouve sur la « Conwy Valley Line » qui va de Llandudno Junction à Blaenau Ffestiniog. Pour rejoindre l'île d'Anglesey ou toutes les villes de la côte Nord, changement à Llandudno Junction.

■ **BIKES BETWS**
Tan Lan
Holyhead Road
✆ +44 1690 710 766 / +44 7736 903 138
www.bikewales.co.uk

Pont de Llanrwst

Dans la rue parallèle à la rue principale, au-dessus.
£5/h ou £18 la journée.
Le propriétaire du magasin organise et accompagne des promenades en vélo.

Pratique

BANQUE HSBC
Ouvert les matins seulement.

OFFICE DU TOURISME
The royal oak stables
✆ +44 1690 710 426
www.eryri-npa.gov.uk
Ouvert en hiver tous les jours de 9h30 à 16h30 et en été jusqu'à 17h30.
Le centre d'information organise des marches en été.

Se loger

Bien et pas cher

BODNANT CARAVAN PARK
Nebo Road
Llanrwst
✆ +44 1492 640 248
www.bodnant-caravan-park.co.uk
A quelques kilomètres de Llanberis sur la B5427.
De £13 à £18 pour 1 tente et 2 personnes avec une voiture.
Dans la vallée de Conwy, tout près du village de Llanrwst.

CAMPING RIVERSIDE CARAVAN PARK
Old Church Road
✆ +44 1690 710 310
Derrière la gare.
A partir de £8 par personne.

SUMMER HILL GUEST HOUSE
Coedcynhellir Road
✆ +44 1690 710 306
www.summerhill-betwsycoed.co.uk
De £30 à £38 par personne. Toutes les chambres comportent une salle de bains. Parking. wi-fi.
Politique très stricte vis-à-vis des fumeurs : ceux qui sentent le tabac ne rentrent pas ! Vrai repaire de randonneurs qui profitent de la nature et se moquent un peu de la décoration de leur auberge en rentrant d'une longue marche.

SWALLOW FALLS COMPLEX
Holyhead Road ✆ +44 1690 710 796
www.swallowfallshotel.co.uk
Face aux cascades, à 3 km de Betws-Y-Coed, sur l'A5 en direction de Capel Curig. Pour y accéder, prendre les bus S2 et S19.
Pour dormir dans l'auberge, £15,50 par personne en dortoir ou à partir de £40 en chambre double ou twin.
Ce grand complexe compte une auberge de jeunesse et un camping en plus de l'hôtel initial. L'auberge est vraiment sympa, avec une cuisine bien équipée. Le reste ne vaut pas tant le coup.

THE VAGABOND BUNKHOUSE
Craiglan Road
✆ +44 1690 710 850
✆ +44 7870 918 456
www.thevagabond.co.uk
Chambre £16. Bed and breakfast (obligatoire le week-end) à £19. Nuit, petit déjeuner et evening meal à £26.
Une grosse maison bien aménagée dans le centre du village.

Confort ou charme

ABERCONWY HOUSE
Lôn Muriau
Llanrwst Road
✆ +44 1690 710 202
www.aberconwy-house.co.uk
Pour y aller, prendre la A1470 après le pont en sortant de Betws-Y-Coed.
7 chambres. Chambre double de £70 à £80, triple de £75 à £90.
En retrait de la ville, c'est une adresse idéale pour la détente. L'hôtel surplombe Betws-y-Coed et offre de jolies vues sur les collines. Les chambres sont élégantes et design, avec un joli mobilier et des couleurs harmonieuses. Certaines donnent sur le parc de Snowdonia. Les *breakfasts* sont copieux, parfaits pour démarrer une journée de randonnée dans les montagnes. Point besoin de prendre la voiture, de nombreuses promenades sont à faire de l'hôtel, que ce soit pour descendre jusqu'au village ou en explorer la nature alentour.

TAN DINAS
Coedcynhellir Road
✆ +44 1690 710 635
www.tandinas.co.uk
Chambre simple de £40 à £50, double de £65 à £70.
A 500 m du centre du village, au-dessus de la vallée, une vue magnifique pour un tête-à-tête avec les arbres. Bain d'oxygène assuré. Vaste collection de films dont la célèbre série *The Prisoner.*

Luxe

THE ROYAL OAK HOTEL

Holyhead Road
✆ +44 1690 710 219 / +44 1690 710 011
www.royaloakhotel.net
27 chambres. Chambre simple de £77 à £80, double standard de £95 à £120. Il existe aussi des chambres Deluxe ou supérieures pouvant aller jusqu'à £180. Restaurant, bars servant à manger, salle de gym, piscine, centre de beauté et Spa.
Superbe hôtel dans un édifice spacieux d'époque victorienne. Les chambres sont luxueusement décorées et meublées, ambiance boisée, avec des rideaux et dessus-de-lit à la fois champêtres et design... A la carte du restaurant ultra-chic, une cuisine qui se veut à la fois traditionnelle et imaginative. Probablement ce que la ville a de plus élégant à offrir.

Se restaurer

SPAR

En haut de la rue principale.
L'épicerie fait de bons sandwichs, très appréciés des randonneurs.

TY GWYN

Ty Gwyn Hotel, Betws-y-Coed, Conwy LL24 0SG,
✆ +44 1492 710 383
www.tygwynhotel.co.uk
A 1 km du centre-ville.
Plat principal de £9 à £16.
Cet ancien relais de poste, situé juste avant l'entrée du village, propose une cuisine traditionnelle galloise et britannique très appréciée des gens du coin, dans un cadre très agréable. Décoration sympa faite de bric et de broc entre des murs épais qui tiennent chaud !

© GAIL JOHNSON – FOTOLIA

Ty Hyll (The Ugly House)

À voir – À faire

SWALLOW FALLS

www.swallowfallshotel.co.uk
A 3 km à l'ouest de Betws-y-Coed, sur l'A5 vers Capel Curig.
Entrée £1.
C'est l'un des sites les plus visités de la région. Magnifique point de vue.

TY HYLL (THE UGLY HOUSE)

Capel Curig ✆ +44 1690 720 287
info@snowdonia-society.org.uk
Sur l'A5, à 5 km de Betws.
Accessible en bus.
Ouvert de Pâques à octobre tous les jours de 9h30 à 17h.
Passé Swallow Falls, face à la rivière Llugwy, on tombe nez à nez avec « The Ugly House » qui, comme son nom l'indique (« la maison laide »), ressemble plus à un tas de pierres qu'à une maison. La raison en serait que, à une certaine époque, toute construction édifiée en un jour était exonérée d'impôts ! Ce fut jadis une halte pour les fermiers irlandais qui conduisaient leur bétail au marché.

Sports – Détente – Loisirs

GWYDYR STABLES & RIDING

Penmachno ✆ +44 1690 760 248
www.horse-riding-wales.co.uk
£20 pour une heure et £36 la demi-journée.
Des randonnées équestres dans le parc de Snowdonia et la forêt de Gwydir. Débutants ou experts, tout le monde est bienvenu !

Shopping

ANNA DAVIES

Holyhead Road ✆ +44 1690 710 292
www.annadavies.co.uk
Près du Royal Oak Hotel.
Ouvert en été du lundi au samedi de 9h à 18h et le dimanche de 10h à 18h ; en hiver du lundi au vendredi de 9h à 17h30, le samedi de 9h à 18h et le dimanche de 10h à 18h.
Magasin de spécialités galloises. Vous y trouverez tout ce que vous voulez rapporter à la maison comme souvenirs : pulls, *laverbread*... une véritable caverne d'Ali Baba avec des prix pas toujours raisonnables.

ÉCOSSE

Joueur de cornemuse.

Vers les Shetland Islands
Orcades
Duncansby Head
Thurso
Wick
Cape Wrath
Durness
Lochinver
Ullapool
1 084 m
Beinn Dearg
Gairloch
Moray Firth
Elgin
Fraserburgh
Inverness
HIGHLANDS
GRAMPIAN
Aberdeen
Loch Ness
Monadliath Mountains
Ben McDui
1 309 m
1 155 m
Pass of
Fort William
1 344 m
Ben Nevis
Kyle of Lochalsh
Broadford
Inner Sound
Skye
Mallaig
Sound of Sleat
Cuillin Sound
Eigg
Rhum
Coll
The Winch
Butt of Lewis
Lewis
Stornoway
North Harris
Tarbert
South Harris
WESTERN ISLES
North Uist
South Uist
Barra
The Little Winch
Mer des Hébrides
Hébrides extérieures
50 km
N

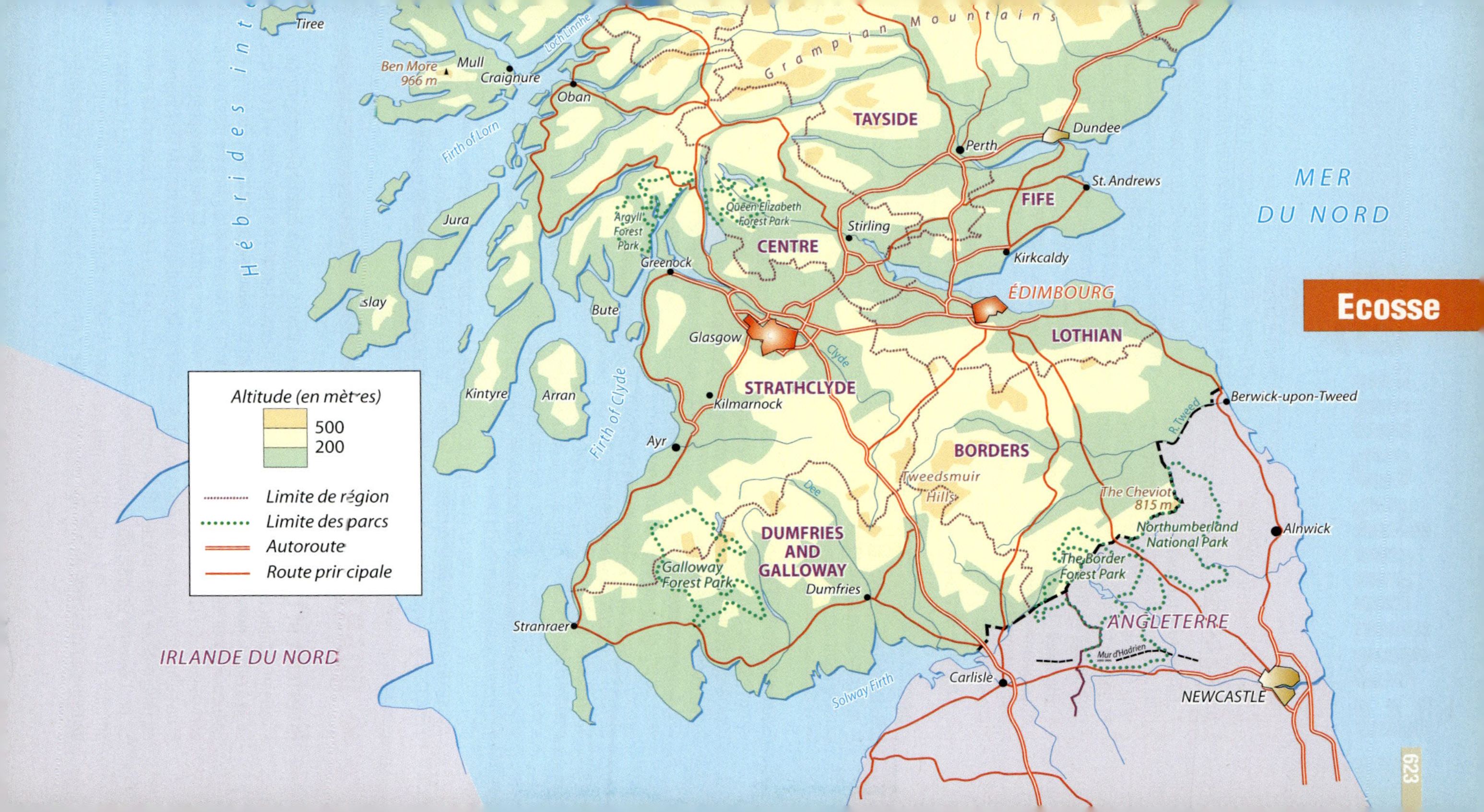
MER DU NORD
Hébrides int
Tiree
Mull
Ben More 966 m
Craignure
Oban
Loch Linnhe
Firth of Lorn
Jura
slay
Kintyre
Arran
Bute
Firth of Clyde
Grampian Mountains
TAYSIDE
Perth
Dundee
St. Andrews
FIFE
Kirkcaldy
Stirling
CENTRE
Queen Elizabeth Forest Park
Argyll Forest Park
Greenock
Glasgow
ÉDIMBOURG
LOTHIAN
Clyde
STRATHCLYDE
Kilmarnock
Ayr
BORDERS
Tweedsmuir Hills
Dee
DUMFRIES AND GALLOWAY
Galloway Forest Park
Dumfries
Stranraer
Solway Firth
Carlisle
Berwick-upon-Tweed
R. Tweed
The Cheviot 815 m
Northumberland National Park
The Border Forest Park
Alnwick
ANGLETERRE
Mur d'Hadrien
NEWCASTLE
IRLANDE DU NORD
Altitude (en mètres)
500
200
Limite de région
Limite des parcs
Autoroute
Route principale

Édimbourg

Les immanquables de l'Ecosse

- **Edimbourg** (Edinburgh) : au cœur de l'histoire écossaise, la ville enchante par son contraste entre Old Town et New Town et regorge de musées. Immersion assurée dans le patrimoine du pays.
- **Glasgow :** la ville la plus chaleureuse et populaire du pays. On ne connaîtra pas vraiment ce pays sans avoir goûter à ses pubs et à sa vie nocturne.
- **La vallée de Glencoe :** un des endroits les plus majestueux du Nord, pour une plongée dans la culture des Highlanders.
- **Les îles :** Skye et ses paysages merveilleux ou Arran, l'Ecosse miniature, facilement accessible depuis Glasgow.

Édimbourg n'a grandi qu'à petits pas, autour de son château et de quelques allées. Devenue capitale de l'Ecosse au XVe siècle, elle commença à croître considérablement au XVIIe siècle jusqu'à être dangereusement surpeuplée. Un pont fut alors construit au-dessus du Nor Loch, qu'on assécha ensuite pour y créer le Princes Street Gardens et étendre la ville vers le quartier de North Bridge. La Hight Society ne tarda pas à prendre d'assaut la New Town, séduite par ses superbes demeures comme par ses avenues spacieuses et dégagées. Cette nouvelle ville géorgienne reste aujourd'hui la principale partie résidentielle d'Édimbourg et constitue le plus important patrimoine classé du pays. Le Festival d'Édimbourg, unique au monde par son importance et la variété de ses manifestations allant de la danse à la musique en passant par le théâtre et le cirque, draine une foule internationale. Elle fait de la ville une importante capitale culturelle. Peut-être trop consciente de sa beauté et de sa prédominance culturelle, Édimbourg refuse de voir et d'accepter que Glasgow la rattrape dans ce domaine. La ville connaît depuis quelques années un spectaculaire essor économique et financier qui repose sur une tradition ancestrale de savoir-faire et de rigueur.

Cette ville universitaire d'un million d'habitants, magnifiquement située dans un site accidenté, recèle plusieurs milliers d'édifices classés. Le quart du patrimoine écossais remarquable s'y concentre. Édimbourg a su tirer parti de cet environnement urbain et naturel préservé pour favoriser l'implantation de nombreuses entreprises comme la médecine et l'électronique. C'est toutefois en qualité de place financière qu'Édimbourg connaît depuis quelques années le développement le plus rapide. Grâce à un environnement attractif et à une main-d'œuvre abondante, bien formée et bon marché, elle est parvenue à surmonter la crise du milieu des années 1990 pour se maintenir au deuxième rang des places financières, derrière la City.

D'autre part, l'octroi à l'Ecosse d'une certaine autonomie a permis de mettre en œuvre une politique rassurante pour les milieux d'affaires, faisant ainsi d'Édimbourg une plaque tournante en Europe de capitaux en provenance des Etats-Unis, du Sud-Est asiatique et du golfe Persique. Conjuguée avec la concentration électronique de la Silicon Glenn, troisième pôle mondial dans ce secteur, Édimbourg a vu son rôle international confirmé et tente de développer son image de marque.

QUARTIERS

Inverleith et Leith

Inverleith signifie en gaélique « embouchure de la Leith », nom de la rivière qui traverse Edimbourg pour se jeter dans la mer, sur le port de Leith. C'est ce visage d'Edimbourg au fil de l'eau que nous avons souhaité souligner en reliant cette zone huppée de la capitale au port devenu un pôle gastronomique de premier choix. Incitant à un après-midi de flânerie contemplative au gré de ses jardins thématiques, le *Royal Botanic Garden* synthétise l'ambiance tranquille d'Inverleith, à l'écart des grands flux touristiques de la ville. En soirée, on rejoint les bars et restaurants les plus cosy de la ville pour profiter de leur atmosphère délicieuse. On peut aussi poursuivre la promenade jusqu'au port de Leith, en longeant la rivière sur trois kilomètres, pour rejoindre The Shore. Bars et restaurants donnent sur les bords d'un charmant canal où des péniches sont amarrées.

A la façon de villes britanniques, comme Manchester ou Liverpool, Edinburgh accorde une place importante au développement de son port pour renouer avec sa puissance maritime passée. Le siège administratif du Scottish Executive a choisi d'y prendre ses quartiers. C'est également ici que se trouve amarré le Royal Yacht *Britannia*. Après 44 ans de loyaux services et 968 voyages officiels de la famille royale, cette ambassade flottante accueille désormais à son bord les visiteurs autorisés à l'explorer dans ses moindres recoins. Le port se distingue aujourd'hui par son florilège de restaurants haut de gamme (trois étoilés Michelin à Leith !) et ses bars agréables, le long du canal. C'est le rendez-vous bien connu des fines bouches et des amateurs de vins. On y apprécie aussi les soirées tranquilles et les promenades dominicales au bord de l'eau.

New Town

La surpopulation de la capitale ayant atteint son seuil critique, la ville d'Edimbourg lança en 1767 un concours d'urbanisme pour son projet de nouvelle ville. Celui-ci fut remporté par James Craig, jeune prodige de 23 ans. Il conçut cette structure géométrique que l'on parcourt aujourd'hui entre Charlotte Square et St Andrew Square. Les avenues parallèles de Princes Street et Queen Street ferment ce rectangle sur les côtés. Les rues qui s'étendent aujourd'hui autour de cette grille d'origine furent progressivement ajoutées au long du XIXe siècle. On ne peut qu'être frappé par le contraste de cette nouvelle ville avec la *Old Town*. Mais on remarque aussi que, tout en ayant son indépendance, elle se tourne respectueusement vers sa vieille mère. La rue très commerçante de Princes Street n'aligne ses boutiques que du côté nord, afin de ne pas obstruer la vue sur Castle Hill, et les statues de personnalités illustres qui ponctuent l'axe de George Street se tournent toutes avec déférence vers le château.

Les idéaux de raison et de progrès défendus au XVIIIe siècle se lisent partout dans l'esthétique de la nouvelle ville. Le regard circule aisément dans la perspective dégagée de ses larges avenues tirées au cordeau et sur ses immeubles aux façades solidement structurées, d'inspiration souvent néoclassique. Après la très commerçante Princes Street, Rose Street est la rue la plus animée de la nouvelle ville. Entièrement piétonne, elle se prête aux flâneries sur les terrasses des cafés et au spectacle des musiciens de rue. Boutiques de vêtements et de bijoux, pubs et restaurants défilent tout au long de celle-ci.

Old Town

Star incontestée de la ville, la Old Town, d'époque médiévale, est parcourue par les visiteurs du monde entier. Son cœur est le château, construit au sommet du volcan qui fut aussi le lieu de naissance de la ville. Son épine dorsale est la Royal Mile, où s'alignent édifices historiques, musées, attractions et boutiques de souvenirs. Arpentée nuit et jour par les touristes, elle est sûrement l'artère la plus polyglotte d'Edimbourg ! Ce quartier populaire séduit aujourd'hui par ses boutiques aux façades colorées, concentrées sur Victoria Street. Les pubs et restaurants y déploient leur terrasse quand le temps le permet. Un endroit où l'on prend plaisir à manger un morceau, puis à faire ses emplettes entre deux visites de musée sur la Royal Mile.

West End

Ainsi que son nom l'indique, le West End se situe à l'ouest de la *New Town*, derrière Charlotte Square. Des terrasses géorgiennes harmonieuses, des rues piétonnes aux échoppes coquettes et des cafés tendance, voici les charmes de ce quartier résidentiel. Dans cette partie tranquille de la ville, on prendra le temps de vivre en appréciant discrètement du regard l'intérieur des immeubles cossus. Ce quartier des théâtres soigne si bien sa touche chic intello qu'une clientèle branchée et arty se retrouve volontiers dans ses restaurants et cafés. Pour les habitants d'Edimbourg, la seule mention du West End évoquerait presque un label de qualité. L'une des rues les plus courues pour le shopping est William Street, avec ses stylistes et joailliers, suivi de près par Stafford Street. Les mélomanes n'hésiteront donc pas à se renseigner sur ce que leur réservent la Charlotte Chapel, la St George's West Church, ou la Palmestorn Place Church. Outre ces réjouissances, le vrai trésor caché du quartier est Dean Village. Tout change d'échelle une fois rejoint cet ancien hameau de meuniers, dissimulé au creux d'une vallée, derrière Queensferry Crescent. Demeuré longtemps séparé d'Edimbourg, il conserve un charme tout à fait unique, en décalage complet avec les proportions géorgiennes de cette partie de la ville.

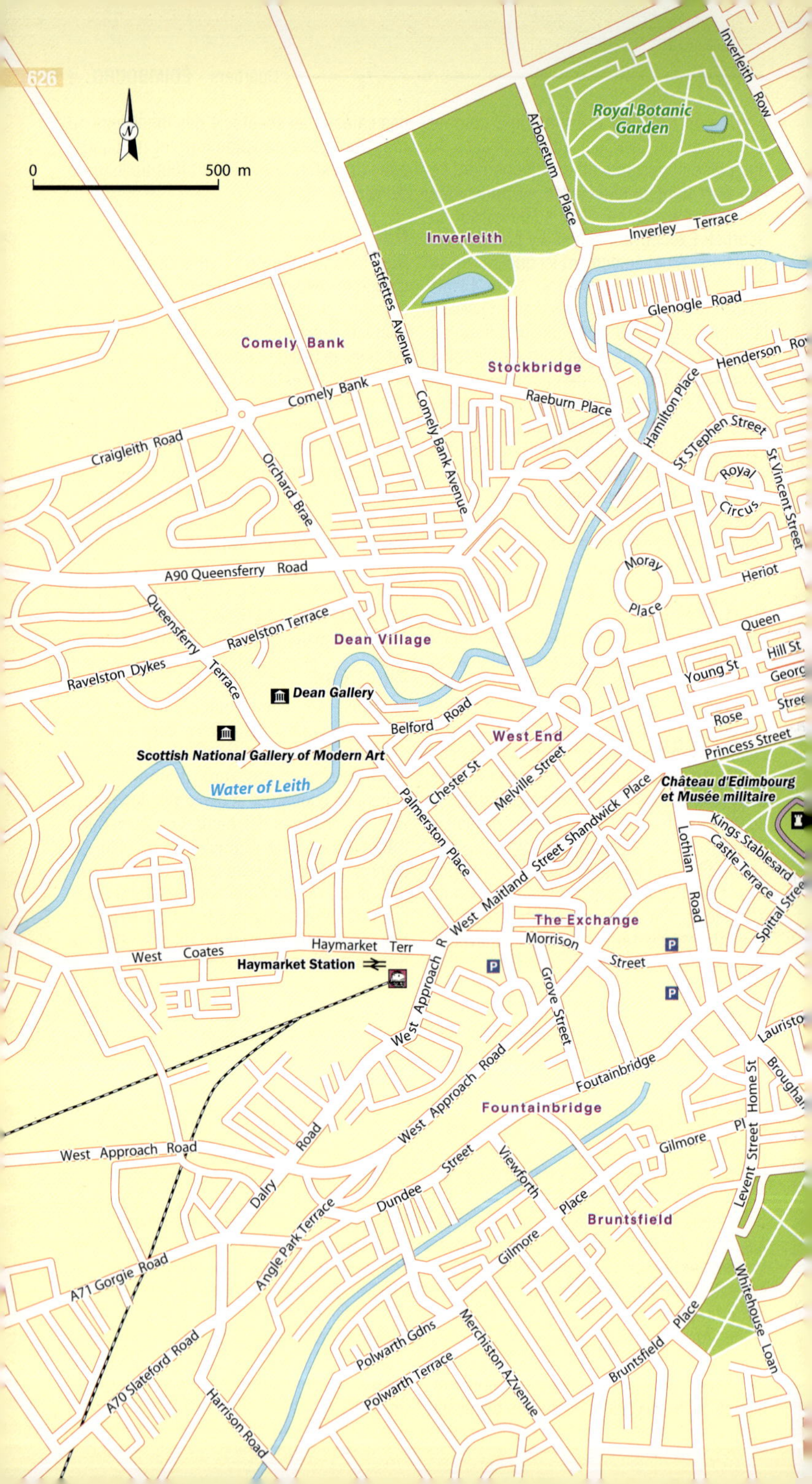
0
500 m
Royal Botanic Garden
Inverleith Row
Arboretum Place
Inverleith
Inverley Terrace
Eastfettes Avenue
Glenogle Road
Comely Bank
Stockbridge
Henderson Row
Comely Bank
Raeburn Place
Hamilton Place
St Stephen Street
Craigleith Road
Comely Bank Avenue
Royal Circus
St Vincent Street
Orchard Brae
Moray Place
Heriot
A90 Queensferry Road
Queensferry Terrace
Ravelston Terrace
Queen
Dean Village
Hill St
Young St
George
Ravelston Dykes
Street
Dean Gallery
Rose
Belford Road
West End
Princess Street
Scottish National Gallery of Modern Art
Melville Street
Château d'Edimbourg et Musée militaire
Chester St
Water of Leith
Shandwick Place
Palmerston Place
Kings Stablesard
Lothian Road
Castle Terrace
West Maitland Street
Spittal Street
The Exchange
West Coates
Haymarket Terr
Morrison Street
Haymarket Station
West Approach Road
Grove Street
Lauriston
West Approach Road
Foutainbridge
Home St
Brougham
Fountainbridge
West Approach Road
Road
Gilmore Pl
Dundee Street
Viewforth
Levent Street
Dalry
Angle Park Terrace
Bruntsfield
Gilmore Place
A71 Gorgie Road
Whitehouse Loan
Polwarth Gdns
Merchiston AZvenue
A70 Slateford Road
Polwarth Terrace
Bruntsfield Place
Harrison Road

Edimbourgh
Canonmills
Broughton
Pilrig
Leith
Greenside
Calton
East End
Lauriston
Southside
St Leonards
Marchmont
Sciennes
Newington
Holyrood Park
Scottish National Portrait Gallery
Royal Scottish Academy
The Edinburgh Dungeon
National Gallery of Scotland
Camera Obscura and World of Illusions
The Real Mary King's Close
Museum of Chilhood
Cathédrale St Gilles
Scotch Whisky Heritage Centre
City Art Centre
Waverley Station
Parlement
Dynamic Earth
The Palace of Holyroodhouse
Royal Museum of Scotland
Museum of Scotland
Logie Green Road
Broughton Road
Eyre Place
East Claremont Street
Mc Donald Road
Pilrig Street
Balfour Street
Lorne Street
Easter Road
Dalmeny Street
St Clair Street
Iona Street
Albert Street
Albion Road
Leith Walk
Annandale Street
East London Street
Brunswick Road
Montgomery Street
London Road
Royal Terrace
Great King Street
Dublin Street
Albany Street
Abercromby Place
York Place
Row
Street
Thistle St
Street
Hanover Street
Leith Street
Waterloo Place
Regent Road
Abbeyhill
Calton Road
Princess Street
Nort Bridge
East Market St
Canongate
Market Street
The Mound
Bank St
High Street
Holyrood Road
Queens Drive
South Bridge
Cowgate
Cowgate
Johnston Terr
Grassmarket
Chambers St
West Port
Lothian St
Nicolson Street
Pleasance
Place
Chapel St
St Leonards Street
Buccleuch Street
Clerk Street
Bernard Terr
Lutton Pl
Place
Melville Drive
Warrender Park Terr
Marchmont Crescent
Warrender Park Road
Sciennes Road
East Preston R
Salisbury Road
Dalkeith Road
Newingtonn Road
Marchmont Road
Crescent
Grange Road
Beauford Road
Findhorn Pl

SE DÉPLACER

L'arrivée

Avion

EASY JET
www.easyjet.com
Depuis 2007, EasyJet propose un vol quotidien entre Paris-Charles de Gaulle et la capitale historique de l'Ecosse. Le temps de vol est de 1h50.

EDINBURGH AIRPORT
✆ +44 870 040 00 07
www.edinburghairport.com
Air France, British Airways et BMI desservent Edimbourg au départ de Paris.

FLYBUS AIRPORT-CITY
✆ +44 131 555 63 63 – www.flybybus.com
Service 24h/24. Départs toutes les 10 minutes. Ticket £3 (£5 aller-retour durée illimitée). Pour se rendre à l'aéroport à partir de minuit, prendre le bus de nuit N22 dont l'arrêt se situe à l'angle de Princes Street et de North Bridge (tout près de la gare de Waverley). En taxi, compter au moins £15.
Il vous emmène directement de l'aéroport sur le pont Waverley, en plein centre-ville, entre la *Old Town* et la *New Town*. Compter 25 minutes pour le trajet.

Train

ROYAL SCOTSMAN
✆ 01 55 62 18 00
www.royalscotsman.com
Grand Tour of Great Britain (7 nuits) : 10 100 € par personne (sur base double). The Grand West Highland Journey (5 nuits) : 6 200 €. Circule d'avril à octobre avec une fréquence variable selon les mois et le type de voyage.
Le Royal Scotsman, qui traverse l'Ecosse avec seulement 36 passagers, permet un voyage intime, avec une offre luxueuse et gastronomique. L'équipement arbore un style années 1920, doublé d'éléments édouardiens.

WAVERLEY STATION
18 North Bridge ✆ +44 8457 484 950
✆+44 870 608 26 08
www.scotrail.co.uk
Compter de £120 à £180 pour un aller-retour entre Londres et Edimbourg, selon que vous voyagez en première classe ou en seconde. Pour les billets à prix réduits, Super Apex, Super Saver et Saver Return, se renseigner aux guichets.
Durée moyenne du voyage pour Londres : 4h. Trains InterCity pour toute l'Ecosse, malgré certains changements en cours de route, pour des destinations sur la côte ouest surtout. Ce sont des lignes non électrifiées qui relient Londres à Aberdeen et Inverness. Compter 3h pour aller à York, Newcastle et Aberdeen et un peu plus de 3h pour rejoindre Inverness. Une navette régulière assure la liaison Glasgow-Edimbourg en moins d'une heure.

▶ **Autre adresse :** Virgin Trains +44 870 789 1234.

Bus

LOTHIAN BUSES
3/31 Waverley Bridge ✆ +44 131 555 63 63
www.lothianbuses.com
Renseignements au 27 Hanover Street, Shandwick Place ou 31 Waverley Bridge.
Le prix d'un trajet est de £1,10, prévoyez l'appoint car le chauffeur ne rend pas la monnaie. Le Daysaver Ticket (£2,50 si vous voyagez après 9h30) se révèle intéressant si vous faites au moins un aller-retour dans la journée. Les lignes de bus en ville sont assez compliquées, même avec l'aide de la carte détaillée fournie par l'office du tourisme. Le bus demeure toutefois l'unique moyen de transport pour ceux qui ne passent qu'une journée en ville, car il est quasi impossible de se garer. Aussi, préférez la marche, les distances ne sont pas longues.

SAINT ANDREW SQUARE BUS STATION
Scottish Citylink Coaches
✆ +44 8705 505 050 / +44 8708 727 271
www.citylink.co.uk
C'est la principale compagnie, avec la National Express. Possibilité de voyager de nuit, de voyager « confort », ou de bénéficier de réductions en réservant par Internet. Renseignements pour les bus régionaux First de 7h à 19h du lundi au vendredi (de 10h à 14h le samedi). Cette compagnie opère plus de 300 liaisons dans la région d'Edimbourg et des Borders.

Bateau

SUPERFAST FERRIES INFORMATION
Auprès de Superfast Ferries
ou auprès des Premium Sales Agents :

✆ +44 01 42 66 65 40 / +33 01 42 80 94 87
www.superfast.com

Voiture

AA
✆ +44 845 769 75 55
Dépannage 24h/24.

ANCHOR CAR AND VAN HIRE
157 Lower Granton Rd ✆ +44 131 552 71 11
www.anchor-carhire.co.uk
Compagnie de location à bas prix proposant des véhicules à partir de £19 par jour.

ARNOLD CLARK
Lochrin Place, Tollcross
✆ +44 845 607 45 00
Fax : +44 1224 789 061
www.arnoldclark.co.uk
Voiture à partir de 19 £ par jour. Bus pour s'y rendre : 10, 11, 16, 23 ou 27.

AUTO ESCAPE
✆ 0820 150 300
Fax : +44 808 234 13 62
www.autoescape.com
Une formule nouvelle et économique pour la location de voitures. Un broker qui propose les meilleurs tarifs parmi les grandes compagnies de location. Cette compagnie qui loue de gros volumes de voitures obtient des remises substantielles qu'elle transfère à ses clients directs. Payez le prix des grossistes pour le meilleur service. Pas de frais de dossier, pas de frais d'annulation.

CONDOR SELF DRIVE
Place Tollcross
45 Lochrin
✆ +44 131 229 63 33
Fax : +44 131 229 14 36
www.condorselfdrive.co.uk
A partir de 24 £ par jour.

SIXT
Aéroport d'Edimbourg
✆ +44 8701 569 569
✆ +44 1246 506 222
www.sixt.fr
Sixt vous propose un service pour louer la voiture de votre choix à des prix intéressants, que vous recherchiez un petit véhicule pas cher pour faire des déplacements courts ou une voiture de luxe.

En ville

BIKE TRAX
11 Lochrin Place
Tollcross
✆ +44 131 228 66 33 – www.biketrax.co.uk
A partir de £16 par jour. Du lundi au dimanche, de 9h30 à 17h30.

RENT A BIKE
Blackfriars Street ✆ +44 131 556 55 60
www.cyclescotland.co.uk
Entre 10 et 15 £ la location à la journée.

PRATIQUE

Tourisme – Culture

OFFICE DU TOURISME D'ÉDIMBOURG
3 Princes Street
✆ +44 845 225 51 21
www.visitscotland.com
Ouvert du lundi au dimanche, jusqu'à 18h entre avril et octobre et 17h de novembre à mars. En mai, juin et septembre, ouvert jusqu'à 19h et jusqu'à 20h en juillet et en août.
Vous pouvez aussi obtenir des informations touristiques au bureau de l'aéroport d'Edimbourg. Ces offices du tourisme peuvent vous réserver votre hébergement (commission de £3 en moyenne), vous délivrer des titres de transport (train, bus, etc.) et vous renseigner sur les événements ou les excursions à faire. L'office propose également de nombreux circuits à thème dans la ville et délivre un plan gratuit très pratique pour se repérer dans les différents quartiers.

Représentations – Présence française

CONSULAT DE FRANCE
11 Randolph Crescent
✆ +44 131 225 79 54 / +44 131 225 3377
Fax : +44 131 225 89 75
www.consulfrance-edimbourg.org
Accueil du public : du lundi au vendredi, de 9h30 à 13h et l'après-midi sur rendez-vous.

INSTITUT FRANÇAIS
13 Randolph Cresent ✆ +44 131 225 53 66
www.ifecosse.org.uk/
Ouvert du lundi au vendredi, de 9h30 à 18h30 et le samedi jusqu'à 13h.

SE LOGER

Pendant la saison des fêtes, des grands tournois sportifs et du festival, les logements sont souvent pris d'assaut plusieurs mois à l'avance et les prix peuvent être multipliés par deux !

Locations

EDINBURGH SELF CATERING APARTMENTS
54 Annandale street ✆ + 44 131 557 6918
Cette adresse offre deux belles locations de vacances à 10 minutes à pied de Princes street, chaque appartement peut accueillir jusqu'à 6 personnes. Leur confort, commodité et services (parking privé, ascenseur) ont été récompensés de 4 étoiles par l'office de tourisme écossais.

THE FOUR SISTERS BOATEL
Lochrin Basin ✆ +44 77 6247 6367
www.thefoursisters.co.uk
Accès au Canal par Lower Gilmore Place (près du King's Theatre).
Entre 120 et 160 £ pour deux personnes en fonction des saisons.
Au sud du West End et à l'Est des Meadows, cette péniche amarrée au Union canal offre un emplacement original, proche du centre-ville. Impeccablement meublé, cet appartement sur l'eau se compose de deux cabines pour couples et d'une autre avec lits superposés pour enfants. On y goûte une vie tranquille, avec pour voisins les cygnes et les canards. À bord, une cuisine équipée également. En été, on apprécie la petite terrasse fleurie posée sur l'eau et le voisinage d'un café sympathique sur les berges, avec son *beer garden* déployé au soleil. S'adapte aussi bien aux couples en quête de romantisme qu'aux familles avec enfants.

HOLYROOD APPART HOTEL
1 Nether Bakehouse ✆ +44 131 524 32 00
www.holyroodaparthotel.com
Capacité pour cinq personnes. De 119 à 145 £ la nuit pour deux. Du 29 décembre au 1er janvier, réservation pour 4 nuits minimum à partir de 230 £ pour deux personnes.
Derrière le quartier de Cannongate, à deux pas de Holyroodhouse palace, les appartements se cachent dans une ruelle peu passante. Ceux pour deux personnes sont dotés d'une chambre spacieuse, d'un salon avec canapé-lit, d'une cuisine équipée et d'une salle de bain. Un mobilier soigné et un design intérieur aux couleurs gaies leur donnent une atmosphère sympathique, sans oublier l'élégance et le confort. Une option de résidence extrêmement agréable.

Centrales de réservation – Réseaux

EDINBURGH HOLIDAY ACCOMMODATION
✆ + 44 131 557 5246 / + 44 131 557 6918
Les appartements soigneusement sélectionnés par Sally et Anabel sont susceptibles de plaire à une clientèle exigeante et raffinée. Commençons par l'emplacement : de Royal Mile à la *New Town*, artère considérée comme un des meilleurs exemples de l'architecture georgienne au monde, vous avez le choix entre plusieurs quartiers charismatiques d'Edimbourg. Vient ensuite et surtout la grande qualité de chaque appartement : les propriétés sont lumineuses, propres, bien équipées, confortables et toujours avec le souci du détail qui en fait une réelle alternative aux hôtels impersonnels.

Inverleith et Leith

Bien et pas cher

THE INVERLEITH HOTEL
5 Inverleith Terrace
✆ +44 131 556 2745
Fax : +44 845 644 2076
www.inverleithhotel.co.uk
Compter entre £69 et £120 la chambre double et entre £59 et £69 par personne pour une simple.
A proximité du Botanic Garden, ce petit hôtel victorien propose un très bon rapport qualité-prix et conviendra particulièrement aux couples avec ou sans enfants. Mrs Case et son mari sauront vous conseiller sur les nombreux restaurants du quartier, n'hésitez pas à les solliciter. La propriétaire Adrienne propose aussi un superbe appartement à louer dans une maison georgienne à 10 minutes de marche de Princes Street (4 à 6 personnes).

Confort ou charme

THE CHRISTOPHER NORTH HOUSE HOTEL
6 Gloucester Place
✆ +44 131 225 27 20
www.christophernorth.co.uk

Entre £108 et £168 la chambre double.
Appartenant au Number 10 Hotel, mais situé quelques numéros plus bas, ce bel édifice georgien fut autrefois la résidence de Christopher North, poète et philosophe. L'hôtel joue la carte d'un classicisme sans ostentation, offrant un cadre de séjour élégant, confortable et d'esprit très britannique. De certaines chambres, on a de jolies vues sur Dean Village. On rejoint en 5 min à pied les rues de la New Town et en à peine un peu plus le ravissant Jardin botanique. En soirée, on appréciera de découvrir les bars et restaurants du quartier de Stockbridge avec leur atmosphère de quartier intimiste.

■ **DIANE & ROBERT RAE**
40A Heriot Row
✆ +44 131 226 20 68
www.heriotrow.com
Comptez £50 par personne pour une chambre double et £60 si vous êtes seul(e).
Diane et Robert, d'origine anglaise, vous accueillent à bras ouverts dans leur magnifique Bed and Breakfast dont les deux chambres sont décorées avec le plus grand soin. Situé au cœur d'Edimbourg vous vous sentirez chez eux comme chez vous surtout si vous aimez les chats qui sont au nombre de trois dans la maison. Leur traditionnel petit déjeuner écossais est une véritable leçon de savoir-vivre : laissez-vous tenter par les délicieux poissons fumés que vous cuisinera Robert.

Luxe

■ **MALMAISON**
1 Tower Place ✆ +44 131 468 50 00
Fax : +44 131 468 50 02
www.malmaison.com
Compter entre 50 £ et 73 £ par personne. Les week-ends et en période de festival, 83 £.
Dans le quartier du port, profitez du calme environnant et du luxe que vous propose cet hôtel. Les chambres ont été soigneusement arrangées et équipées de tout ce que vous pouvez souhaiter (libre accès à Internet, lecteur de CD...). Un établissement très branché et design.

■ **THE NUMBER 10 HOTEL**
10 Gloucester Place
✆ +44 131 225 27 20
www.hotelnumberten.com
De £108 à £168 la chambre double standard en fonction des saisons.
L'hôtel jouit d'une situation enviable en plein cœur de Stockbridge. On y est à 10 min à pied du Royal Botanic Garden et à 5 min de la New Town. Dix sept chambres décorées d'antiquités chinoises sont abritées dans un édifice georgien classé. Les salles de bains dessinées par Philippe Starck donnent envie d'y prolonger le bain plus que de raison pour profiter pleinement du confort. En tant que résident, la salle de remise en forme du Caledonian Hotel, situé sur Princes Street, vous est ouverte. Idéal pour se relaxer en faisant quelques brasses dans la grande piscine ou s'offrir une cure de beauté.

New Town

Bien et pas cher

■ **ALBYN TOWNHOUSE**
16 Hartington gardens
✆ +44 131 229 64 59
Fax : +44 131 228 58 07
www.albyntownhouse.co.uk
Compter entre £30 et £59 par personne pour une chambre double.
Situé à 15 minutes à pied du vieux centre, dans une petite impasse à l'écart des grands axes et au calme, vous serez idéalement installé dans l'une des 10 chambres entièrement rénovées que vous proposent Lydie et David. Les petits déjeuners sont servis à la carte et ceux qui n'apprécient pas le bacon peuvent opter pour le menu végétarien. Profitez de l'accueil chaleureux de Lydie, une Française qui se fera un plaisir de vous conseiller et vous aider pour que votre séjour soit le plus agréable possible.

■ **CALEDONIAN BACKPACKERS**
3 Queensferry Street
✆ +44 131 476 72 24
Fax : +44 131 226 29 39
www.caledonianbackpackers.com
Compter £13 en dortoir de 20 lits, £18 en dortoir de quatre, £20 par personne pour une chambre triple et £21 pour une double. Le petit déjeuner est compris.
Cette auberge de jeunesse est très bien située, juste au bout de Princes Street et à proximité de toutes les attractions touristiques. L'ensemble est bien tenu, la pièce commune est grande et agréable tout comme la cuisine. On peut se connecter à Internet pour £1 de l'heure.

■ **EDINBURGH CENTRAL HOSTEL**
9 Haddington Place
✆ +44 131 524 20 90
www.edinburghcentral.org
Compter entre £20 et £25.
C'est indiscutablement le meilleur Youth Hotel de la ville. Propre, confortable, il voisine toutes les attractions urbaines et se situe tout près de la gare de Waverley. Son équipement est ultramoderne. Ecran plasma, ordinateurs avec connexion Internet, couverture wi-fi... On peut également bruncher, déjeuner ou dîner dans son restaurant.

Confort ou charme

■ **BOUVERIE B&B**
9b Scotland Street
✆ +44 131 556 50 80
www.edinburghbedandbreakfast.co.uk
Compter de £55 à £70 par personne.
Archie et Cassie vous accueillent dans leur belle maison georgienne à 10 minutes à pied de Princes Street. Ils ont pris soin de décorer leurs 4 chambres de manière distincte et chacune porte le nom d'une fleur. Elles possèdent toutes une salle de bains privative. Votre petit déjeuner est préparé au four traditionnel et il est servi autour d'une belle table ancienne.

■ **DUNSTANE HOUSE HOTEL**
4 West Coates
✆ +44 131 337 61 69
www.dunstane-hotel-edinburgh.co.uk
Compter entre £49 et £79 par personne.
Une belle demeure victorienne à 10 minutes à pied de Princes Street. Les propriétaires, Shirley et Derek Mowat, proposent un service digne des grands hôtels tout en conservant des prix abordables. Vérifiez leurs offres spéciales sur Internet.

■ **ELLESMERE HOUSE**
11 Glengyle Terrace ✆ +44 131 229 48 23
Fax : +44 131 229 52 85
www.edinburghbandb.co.uk
Compter entre 35 et 45 £ par personne en chambre double, petit déjeuneur inclus. Des chambres familiales sont aussi disponibles, entre 95 et 120 £ par nuit.
Située près du parc Bruntsfield Links, cette guesthouse vous accueille en toute simplicité, en respectant les traditions de l'hospitalité. Les propriétaires adorent leur ville natale et vous feront partager leur passion. Attention, vous aurez peut-être quelques difficultés à garer votre voiture.

Luxe

■ **21212**
3 Royal Terrace
✆ +44 131 523 10 30
www.21212restaurant.co.uk
De 250 à 400 £ la suite.
Dans cet hôtel particulier, quatre chambres flanquées de petits salons offrent un lieu de retraite privilégié, avec vues agréables sur les jardins de Royal terrace. Le mobilier s'intègre élégamment dans l'architecture d'époque georgienne, conservant son charme d'origine. Pour la touche coquette, coussins, dessus-de-lit et papiers peints inscrivent leurs motifs décoratifs dans l'épure des pièces. Les salles de bains sont quant à elles des merveilles de sophistication. Au rez-de-chaussée, l'étoilé Michelin, Tom Kitchin, a ouvert son second restaurant. Une cuisine délicate, d'inspiration française avec des produits écossais, à déguster dans la somptueuse salle à manger ou dans le cadre, plus tranquille, du private dining room. L'adresse idéale pour une escapade glamour !

■ **APEX WATERLOO PLACE**
23-27 Waterloo Place
✆ +44 131 523 18 19
reservations@apexhotels.co.uk
Sis dans un bel édifice construit en 1819, l'hôtel Apex a retenu dans sa décoration intérieure quelques éléments d'époque, visibles dans son restaurant et son bar. Toute une élite intellectuelle se divertissait autrefois dans cet hôtel qui comportait l'une des salles de bal les plus courues de la ville. Aujourd'hui, la sophistication est toujours de mise. Un design tendance redessine l'espace des chambres, un somptueux chandelier de cristal orne le plafond du Eliot's bar et le mobilier épuré du restaurant se fond avec élégance dans la luxueuse salle à manger d'époque georgienne.
Pour se détendre, on profite d'une piscine, d'un spa et d'une salle de remise en forme aux équipements dernier cri. Apex signe un alliage unique entre patrimoine historique et vie contemporaine.

■ **THE HOWARD**
34 Great King Street
✆ +44 131 557 35 00
www.thehoward.com
Chambre simple de 100 à 165 £, chambre double de 220 à 300 £.

L'hôtel est d'un aspect discret mais c'est l'un des plus soignés de la ville, au centre de *New Town*. Une attention particulière est faite au décor des chambres, toujours très soigné. L'harmonie étudiée de coloris et de matériaux confère à chacune d'entre elles une ambiance sophistiquée. L'un des meilleurs restaurants de la ville se trouve au sous-sol, et les apéritifs sont servis à l'étage dans le confort d'un salon meublé d'époque. Le service est efficace et aimable.

■ **PRESTONFIELD**
Priestfield Road ✆ +44 131 225 78 00
Fax : +44 131 220 43 92
www.prestonfield.com
Compter £247 par personne pour une chambre double.
Une magnifique demeure du XVIIe située juste en dehors du centre abrite cet hôtel. La décoration est somptueuse et les jardins vous promettent un séjour romantique à souhait avec une vue splendide sur Arthur's Seat. L'hôtel compte également un restaurant très élégant, le Rhubarb, aux tentures luxueuses et fauteuils tapissés de motifs floraux, le tout dans une ambiance tout en noir, rouge et or.

Old Town

Bien et pas cher

■ **BUDGET BACKPACKERS**
37-39 Cowgate
✆ +44 131 226 63 51
www.budgetbackpackers.com
Compter entre £10 et £20 pour un lit en dortoir et £18 et £22 par personne pour une chambre double.
Le lieu fonctionne comme une auberge de jeunesse, tarifs économiques, tout en offrant un cadre plus chaleureux que la plupart de ces établissements. Ambiance décontractée et bon enfant. Les murs de couleurs vives alternent partout, les cuisines sont grandes, claires et bien équipées. On peut se lover sur de grands canapés devant la télé du salon ou jouer au billard dans un autre lounge. Le staff vous accueille ici avec dynamisme et bonne humeur. Un dernier bon point : l'hôtel se trouve dans le quartier de Grassmarket, l'un des plus agréables pour sortir ou faire du shopping. Un défaut cependant : les douches manquent parfois d'eau chaude pour les lève-tard…

■ **HIGH STREET HOSTEL**
8 Blackfriars Street
✆ +44 131 557 39 84
www.scotlandstophostels.com
Les prix varient entre £13 et 16 pour un lit dans un large dortoir. Compter 40 £ par personne dans une chambre à deux lits. Ouvert toute l'année, cet établissement est situé juste à côté du Royal Mile.
On est en plein cœur du quartier historique de la ville tout près de la station de train et de bus. Cuisine équipée et salon sont à disposition. L'hôtel organise une visite guidée gratuite de la vieille ville, les samedi et dimanche à 10h et tous les matins en été.

Confort ou charme

■ **THE BANK HOTEL**
1 South Bridge
✆ +44 131 556 99 40
Fax : +44 131 558 13 62
www.festival-inns.co.uk
Compter de £40 à £70 par personne selon la saison.
9 chambres réparties sur trois étages dans cet hôtel du Royal Mile. Le bâtiment en lui-même est impressionnant et la reconversion de cette ancienne banque en hôtel est admirablement réussie. Les chambres ont du caractère et on les rejoint en passant par le Logie Bairds Bar.

■ **BEST WESTERN BRUNTSFIELD HOTEL**
69 Bruntsfield Place
✆ +44 131 229 13 93
Fax : +44 131 229 56 34
www.thebruntsfield.co.uk
Compter entre £45 (avec le petit déjeuner) et 70 (en demi-pension) par personne.
Cet hôtel, classique et contemporain, offre une vue imprenable sur le parc qui jouxte le centre de la ville. Un parking est à disposition des clients.

■ **CEILIDH-DONIA HOTEL**
14-16 Marchhall Crescent
✆ +44 13 1667 2743
Fax : +44 13 1668 2181
http://www.hotelceilidh-donia.co.uk
17 chambres de £60 (simple) à £135 (triple). wi-fi, TV LCD, AC, bar, restaurant. Petit déjeuner écossais inclus.
Dans une rue très calme, quartier résidentiel oblige, ce joli petit hôtel propose un service admirable, particulièrement exigeant sur la propreté des lieux. Il a tout d'un grand, sauf un ascenseur, ce qui l'empêche d'obtenir un étoile supplémentaire. Mais il reste extrêmement compétitif rapport qualité-prix avec d'autres hôtels de même standing. Chambres refaites à neuf, très confortables et bien équipées.

Salles de bains spacieuses, avec produits de toilettes de marque. Au rez-de-chaussée, un bar et un restaurant où l'on prend un petit déjeuner des plus copieux. A proximité, plusieurs pubs agréables comme le Leslies Bar, le Old Bell Inn ou le Ratcliffe Terrace et un très bon restaurant, le Salisbury Arms. Maxx et Anette sont aux petits soins et rendront votre séjour dans la capitale écossaise plus qu'agréable en vous fournissant une multitude de bons plans et cela commence par une carte de la ville goupillée par votre hôte en personne.

Luxe

■ FRASER SUITES

12-26 St Giles Street
✆ +44 131 221 72 00
edinburgh.frasershospitality.com
Le vaste immeuble 1800 abrite 75 chambres et suites. Spacieuses et cossues, leur style mixe le classicisme à l'épure contemporaine. Parquet ciré ou moquette couleur crème, hauts plafonds, rideaux à lambrequins habillant élégamment les fenêtres, literie douillette et salle de bain signée Villeroy & Boch. Un cadre de séjour où le confort ne cède en rien à l'esthétique. De certaines chambres, on profite de vues superbes sur le château ou sur les jardins de Princes street et jusqu'au Forth of Firth par temps dégagé. Luxe, calme et volupté à deux pas du Royal Mile !

■ HÔTEL DU VIN

11 Bristo Place
✆ +44 131 247 49 00 / 0845 365 4438
www.hotelduvin.com
De 125 à 145 £ pour une chambre double standard ou supérieure et suites entre 195 et 295 £.
En plein cœur de la vieille ville, dans le retrait d'une cour intérieure, l'Hôtel du Vin offre un environnement intimiste. Quarante chambres s'articulent autour d'un restaurant gastronomique, d'un salon à whisky et d'un fumoir à cigare, formant un cadre de vie raffiné, propice à la relaxation et aux plaisirs des sens. Dans les chambres, la pierre apparente s'allie aux boiseries et les tapisseries élégantes à une literie luxueuse en coton égyptien. Les proportions agréables de l'édifice aménagé avec chaleur et élégance – fauteuils en cuir, bibliothèques, lumières tamisées – font que l'on se sent ici chez soi. Le tout à deux pas de la vie nocturne de la Old Town.

■ RADISSON SAS HOTEL

80 High Street ✆ +44 131 557 97 97
Fax : +44 131 557 97 89
www.radissonblu.co.uk/hotel-edinburgh
Entre £72 et £110 par personne en chambre double.
A mi-chemin entre le château et le palais royal, cet établissement a été rénové en 2004 et offre à ses clients un service des plus complets. Chambres climatisées et réseau Internet sans fil, club de remise en forme, piscine et Spa.

■ THE SCOTSMAN HOTEL

20 North Bridge ✆ +44 131 556 55 65
Fax : +44 131 652 36 52
www.thescotsmanhotel.co.uk
A partir de £280 la chambre.
Luxueux dans les moindres détails, cet hôtel allie l'hospitalité écossaise au confort des établissements les plus modernes (lecteur de DVD et accès Internet dans les chambres, club de remise en forme et Spa...). L'hôtel abritait jadis les bureaux du quotidien national *The Scotsman*, d'où son nom.

West End

■ MELVIN HOUSE HOTEL

3 Rothesay Terrace ✆ +44 131 225 50 84
Fax : +44 131 226 50 85
www.melvinhouse.co.uk
Compter entre £70 et £90 par personne.
Cet hôtel a pour cadre une charmante demeure victorienne. Il se situe dans le West End, près du sympathique Dean Village. Les chambres allient confort moderne et élégance tandis que salon, salle à manger et bibliothèque reflètent avec splendeur l'époque victorienne.

■ **THE RUTLAND HOTEL**
1-3 Rutland Street ✆ +44 131 229 34 02
www.therutlandhotel.com
Compter à partir de £125 pour une chambre double standard.
Situé dans un bel édifice du West End, le Rutland Hotel est un point de chute idéal pour musarder dans les jolies boutiques du quartier et celles de la New Town. On est également proches du charmant Dean Village et des jardins de Princes Street. Les chambres déclinent un style branché et glamour : banquettes confortables, tapisseries et dessus-de-lit aux motifs floraux, miroirs et chandeliers apportant leur touche baroque à l'ensemble. Un mélange de styles savamment dosé et résolument contemporain.

SE RESTAURER

Depuis une douzaine d'années, il existe en Ecosse un véritable engouement pour le vin et les cuisines méditerranéennes... Nombre de restaurateurs français, espagnols ou italiens sont venus à la conquête de ce qu'ils appellent le Nouveau continent.

Inverleith et Leith

Bien et pas cher

■ **LA FAVORITA PIZZA**
325-331 Leith Walk ✆ +44 131 554 24 30
www.la-favorita.com
Ouvert tous les jours de midi à 23h. Entre 9,50 et 11,95 £ la pizza.
Ce grand restaurant à la décoration sympathique est connu pour servir les meilleures pizzas d'Edimbourg. Il a d'ailleurs été primé par la ville. Une adresse populaire où l'on déguste la fameuse galette italienne dans une ambiance chaleureuse et sans chichis.

■ **IGLU**
2b Jamaica Street ✆ +44 131 476 53 33
www.theiglu.com
Ouvert du mardi au dimanche, de midi à 1h du matin. Déjeuner servi entre midi et 15h et dîner entre 18h et 22h. Offre de menu à 10 £ les deux plats pour le déjeuner ou entre 18h et 19h. Compter sinon 25 à 30 £ pour un menu complet en soirée.
A la frontière de Stockbridge et de la New Town, ce bar-restaurant discret se situe à une coudée des quartiers animés. Au rez-de-chaussée, on apprécie l'ambiance chaleureuse et tranquille du bar pour boire un verre en s'offrant quelques *sides* (le houmous et les olives marinées sont délicieux). Le restaurant se trouve à l'étage. On y déguste des recettes d'inspiration écossaise préparées avec soin, à base de produits locaux : langue de bœuf accompagnée de légumes de saison, stew de poisson parfumé au fenouil et au safran, bœuf d'Angus concocté à l'ail et aux fines herbes. Une cuisine inventive et pleine de personnalité. De quoi passer un délicieux moment !

■ **THE KINGS WARK**
36 Shore
✆ +44 131 554 92 60
Compter £12 pour le déjeuner et £16 à l'heure du dîner. Réservation conseillée (possible uniquement dans la partie restaurant).
L'un des plus vieux édifices du port de Leith, construit en 1438 par le roi James Ier pour encourager le développement des activités commerciales. Quantité de marins sont passés entre les murs épais de cette taverne pour s'y sustenter, dormir ou y trouver une femme... Aujourd'hui, on déguste une nourriture typique de pub admirablement bien préparée, dans une atmosphère vivante et chaleureuse. Attention, cette adresse étant un *must* dans sa catégorie, les tables y sont vite prises d'assaut...

■ **L'ALBA D'ORO**
7 Henderson Row
✆ +44 131 557 25 80
www.lalbadoro.com
4,50 £ le fish'n'chips.
Ambiance fort sympathique à cette adresse connue pour cuisiner les meilleures fish'n'chips d'Edimbourg. En plus du traditionnel églefin, on peut trouver à la carte du flétan, de la lotte ou du colin. Tout est fonction de la pêche du jour !

Bonnes tables

■ **CAFÉ FISH**
60 Henderson Street
✆ +44 131 538 61 31
cafefish.net
Menu de dîner à £19 les deux plats et £23 avec dessert (boisson non comprise).
Un restaurant connu du quartier de Leith pour sa nourriture exquise de poissons et de fruits de mer issus de la pêche locale. On y prend ses repas de manière informelle, dans une salle spacieuse et lumineuse où la pierre apparente contraste joliment avec le mobilier chromé. En plus des plats délicieux, on apprécie le service professionnel, vif et sympathique.

LOCH FYNE
Newhaven Harbour
25 Pier Place ✆ +44 131 559 39 00
www.lochfyne.com
Compter 15 à 20 £ par personne pour le dîner. Offres spéciales de menu à 10 £ à l'heure du déjeuner, sur réservation.
Antenne de la célèbre maison mère située sur les rives du Loch Fyne, ce restaurant jouit du cadre superbe d'une ancienne poissonnerie victorienne, elle-même située sur le charmant port de Newhaven. En période estivale, on apprécie les tables en terrasses pour profiter d'un pittoresque panorama. Poissons et fruits de mer délicieusement préparés se dégustent dans un cadre agréable et une ambiance décontractée. On peut aussi passer acheter des produits de la mer, comme du saumon fumé sous vide, et s'attarder en buvant un verre de vin dans la partie bar, sur de confortables fauteuils.

SKIPPERS
1A Dock Place ✆ +44 131 554 10 18
www.skippers.co.uk
Compter 16,95 £ les deux plats en soirée. Service jusqu'à 1h du matin.
Un charme indéniable de cette adresse : sa situation tout au bord d'un canal jouxtant le port. Autrefois, il s'agissait d'une salle d'attente où l'on patientait avant d'embarquer pour Aberdeen. Le restaurant a conservé d'anciens répertoires listant les passagers, des ancres, des lampes de navigation pour agrémenter sa décoration. Bien entendu, on trouve à la carte une large sélection de poissons et fruits de mer. Tout au fond du restaurant, une verrière prolonge l'édifice d'origine donnant sur l'eau et fort appréciable lorsqu'il fait beau.

Luxe

THE PLUMED HOUSE
50-54 Henderson street
www.plumedhorse.co.uk
Compter 25 £ pour un déjeuner (servi du mardi au samedi) et 48 £ pour le dîner. Pour le repas de midi, arriver entre midi et 13h30. En soirée, entre 19h et 21h. Réservation conseillée pour le dîner.
Des vitres teintées protègent les chanceux des curieux. On est conduit jusqu'à sa table et l'on s'assure que vous êtes bien installé avant de vous tendre le programme des réjouissances. Une fois sorti de la cuisine du chef récemment décoré d'une étoile Michelin, les plats les plus simples sont préparés avec une précision qui en avive les moindres saveurs. Tout compte fait, ce petit cérémonial d'entrée n'avait rien d'exagéré, l'expérience est juste exceptionnelle.

VINTNERS' ROOMS
87 Giles Street
Leith ✆ +44 131 554 67 67
www.thevintnersrooms.com/
Du mardi au samedi de midi à 14h et de 19h à 22h. Compter environ de £15 à £20 pour le déjeuner et de £30 à £35 pour le dîner.
Ce restaurant, au cœur d'anciennes caves du XIIe siècle, est très apprécié par les gourmets du coin. Recommandé par le guide Michelin, il a été élu restaurant de l'année en 2006 par *The List*. La pièce la plus ancienne est ornée de décorations en stuc réalisées en 1739 par Thomas Clayton qui travailla aussi pour le palais de Holyrood. Aujourd'hui, cette exquise salle à manger est entièrement éclairée à la bougie. La pièce principale possède un bar splendide et accueillant. Chauffée par un feu de bois, elle impressionne par son volume et son haut plafond aux poutres apparentes. Le chef français est originaire de Provence et le propriétaire des lieux, italien. On y goûte une cuisine méditerranéenne des plus raffinées aux poissons et fruits de mer délectables. La carte des vins est irréprochable.

New Town

Bien et pas cher

DIONIKA
3-6 Canonmills Bridge
✆ +44 131 652 39 93 – www.dionika.com
Quartier de Canonmills. Compter au moins £9 pour un plat et environ £6 pour une petite assiette de tapas.
Vous risquez d'attendre un peu car la boutique attenante mobilise aussi le personnel. Une bonne adresse non loin des *Botanic Gardens*.

HENDERSON'S SALAD TABLE
94 Hanover Street ✆ +44 131 225 21 31
Fax : +44 131 225 746 46
www.hendersonsofedinburgh.co.uk
Ouvert du lundi au samedi de 8h à 22h. En décembre et au mois d'août, ouvert aussi le dimanche de 11h à 16h.
Une clientèle cosmopolite fréquente ce restaurant végétarien connu pour la qualité de ses plats chauds ou froids à base de produits frais.

THE OLIVE BRANCH BISTRO
2A Broughton Place ✆ +44 131 557 85 89
www.theolivebranchscotland.co.uk
Agréablement située à l'angle de Broughton Street et de Broughton Place, cette enseigne voit défiler toute la journée une population très

éclectique. C'est l'une des plus agréables du quartier pour faire une pause. On y observe le va-et-vient de la rue animée de la terrasse ou des larges *bow-windows*, confortablement installé à l'intérieur. On apprécie les brunchs du week-end, servis jusqu'à 17h pour les fêtards et les paresseux. En semaine, on y déguste d'excellents plats confectionnés à base de produits frais à l'heure du déjeuner et du dîner. Une adresse qui plus est stratégique, avant de filer au Jardin botanique en attrapant le Bus 8 un peu plus haut, sur Mansfield Place, ou de musarder dans les boutiques de Broughton Street, l'une des rues les plus branchées de la ville.

PANI SOLIŃSKA
73 Broughton Street ✆ +44 131 557 69 00
www.panisolinska.com
Ouvert du lundi au vendredi, de 8h à 21h30, le samedi à partir de 10h et le dimanche de 11h à 20h. Plats chauds entre 11,95 et 13,95 £. Vodkas entre 2,40 et 2,90 £.
La population polonaise étant désormais la plus importante minorité ethnique d'Ecosse, des enseignes gastronomiques du pays commencent à ouvrir dans la ville. Donnant sur la très branchée Broughton street, ce petit restaurant intimiste a gagné les faveurs du quartier avec sa nourriture simple et bien cuisinée. On y goûte des soupes bien relevés avec de bons pains, du goulash de bœuf, spécialité de la maison, et aussi des salades accommodées à la polonaise, avec herbes arômatiques, chou aigre, cornichons au vinaigre... La salle à manger est adorable, avec sa frise naïve de fleurs courant sur les murs, son mobilier rouge et blanc, ses tableaux un brin kitsch et son large bow-window donnant sur des arbres verdoyants.

SUSIE'S DINNER
51-53 West Nicholson Street
✆ +44 131 667 87 29
Ouvert du lundi au samedi de 9h à 21h et le dimanche de midi à 19h.
Un restaurant self végétarien aux saveurs méditerranéennes et orientales. On peut compter sur des assiettes copieusement servies, une bonne ambiance et des concerts le week-end. La seule erreur à ne pas commettre : goûter à leur vin rouge maison décidément trop âcre !

ZEST
15 North St Andrew Street
✆ +44 131 556 50 28
Fax : +44 131 556 67 31
www.zest-restaurant.co.uk
Ouvert tous les jours de midi à 14h et de 17h30 à 23h30. Plats à partir de £8.
Si vous aimez la cuisine indienne et que vous êtes curieux de découvrir de nouvelles saveurs, ce restaurant vous épatera par la créativité de ses menus.

Bonnes tables

AMORE DOGS
104 Hanover Street ✆ +44 131 220 51 55
www.amoredogs.co.uk
Compter entre £25 et 30 pour un menu complet, boisson incluse. Ouvert tous les jours midi et soir (horaires très étendus).
La déco minimaliste parsemée d'accents baroques donne au restaurant son style unique. Un pan de tapisserie derrière la charmante mezzanine isole le regard d'un portrait féminin pour le démultiplier en un motif ornemental. Ailleurs, un chien argenté lève l'oreille, aux aguets, et deux autres montent la garde, comme postés à l'entrée d'un *palazzo*. On trouve à la carte les classiques de la cuisine italienne : spaghetti *putanesca* ou *penne carbonara*, pizzas, *brushettas*, *risotti*... De manière agréable, comme avec la déco, de petits détails apportent leur touche inattendue à ce que l'on croyait si bien connaître. Les sauces sont relevées et les vins capiteux, la cuisine soignée et sans chichis. Une adresse excellente, sympathiquement branchée.

KALPNA
2 3 Saint Patrick Square
✆ +44 131 667 98 90
Ouvert du lundi au samedi de midi à 14h et de 17h à 23h30. Pas de déjeuner le samedi. Compter £7 pour déjeuner et £14 pour le dîner.
Dans ce restaurant indien, on jouit en plus de la cuisine du décor sophistiqué. Le rapport qualité/prix est excellent et les vins sont abordables.

LE MOUTON NOIR
3-5 Viewforth
Bruntsfield ✆ +44 131 229 32 52
www.lemoutonnoir.co.uk
Ouvert du mardi au samedi entre midi et 14h30 et le soir entre 17h30 et 22h. Comptez entre £12 et 30.
David et sa femme Paula se feront un plaisir de vous accueillir dans leur chaleureux et sympathique petit restaurant. Idéalement situé à 15 minutes à pied du vieux centre, c'est le lieu idéal pour apprécier la délicate cuisine française concoctée par ce chef. L'accent est mis sur les produits du terroir, frais et typiquement français. L'occasion parfaite de savourer un bon plat et de passer un agréable moment en couple ou en famille.

■ **PICKLED GREEN**
158-162 Rose Street ✆ +44 131 220 04 77
www.pickledgreen.co.uk
16,50 £ pour deux plats et 19,50 £ le menu complet.
Sous ses allures discrètes, ce petit restaurant au décor sympathique fait bien les choses. Les ingrédients de la cuisine sont issus d'une culture locale de qualité. Au menu, des classiques de la gastronomie écossaise et une suggestion de plats italiens. A titre d'exemple, le menu changeant en fonction des saisons, on mentionnera le saumon avec des beignets d'huitres, le bœuf des borders accompagné de polenta ou encore le risotto au fenouil et aux herbes. Des plats inventifs et savoureux, à déguster dans une ambiance agréable.

■ **SAMBUCA**
101-103 Causewayside
Fax : +44 131 667 33 07
www.sambucaitalianrestaurant.co.uk
Ouvert du lundi au samedi de midi à 14h30 et de 17h à 23h, le dimanche de 17h à 22h.
Ce petit restaurant italien se veut sans prétention mais il est pourtant facile de tomber sous le charme. La carte est originale et vos papilles apprécieront.

Luxe

■ **CAFÉ ROYAL OYSTER BAR**
19a West Register Street
✆ +44 131 556 18 84
Fax : +44 131 556 41 24
www.caferoyal.org.uk
Ouvert tous les jours de midi à 14h et de 19h à 22h. Compter environ £28.
Une institution depuis 1862 ! Les meilleurs poissons et fruits de mer sont servis dans cet élégant restaurant où vous pourrez vous imaginer dînant au temps de la reine Victoria.

■ **FESTIVAL IN THE SKYE**
Princes Street Gardens
✆ +44 131 226 00 00
Uniquement ouvert en août. Compter à partir de 32,50 £ le repas et 17,50 £ la coupe de champagne dans les airs. Ouvert de 10h à 21h30. Petits déjeuners servis entre 8h et 11h, déjeuner servi entre midi et 16h et high tea servi avec du haggis entre 17h et 21h30.
Planer le temps d'un repas, avec 21 autres personnes privilégiées, voici ce que propose à son menu Festival In the Skye. On vous propulse dans les airs pour déguster une terrine écossaise au petit déjeuner, ou un haggis en fin d'après-midi ou bien s'offrir une coupe de champagne, suspendu dans le ciel. L'expérience n'oublie pas d'être gastronomique et les mets que l'on trouve dans son assiette sont aussi renversants que les vues sur le château et sur la ville. De son fauteuil rotatif, on apprécie le panorama sous tous ses angles. Une expérience culinaire à en perdre la tête de plaisir !

■ **OLOROSO**
33 Castle Street ✆ +44 131 226 76 14
www.oloroso.co.uk
A l'heure du déjeuner, menu complet pour 23 £ et 18,50 £ pour deux plats. Prévoir un peu plus en soirée.
En plein cœur de la New Town, ce restaurant offre un cadre somptueux pour un dîner romantique ou branché. Juché sur les hauteurs d'une tour, dans une salle à manger aux larges baies vitrées, on profite d'une vue ininterrompue sur la ville d'Edimbourg. Aux beaux jours, on apprécie la terrasse offrant un superbe panorama sur le château. La cuisine du chef, exceptionnelle, est à la hauteur de ce décor chic et aérien. Les produits sont issus de la culture et de l'élevage local. Aussi pourra-t-on déguster d'excellents poissons et fruits de mer ou des steaks juteux, l'Ecosse étant très réputée pour son élevage de boeufs. Les garnitures et accompagnements changent en fonction des produits de saisons, pour un dîner gastronomique inoubliable.

Old Town

Sur le pouce

■ **FARMER'S MARKET**
Castle Terrace
www.edinburghfarmersmarket.co.uk
Tous les dimanches, entre 9h et 14h. Compter autour de £8 pour un plat chaud.
Une fois par semaine, fermiers, éleveurs, agriculteurs et fabricants de produits gastronomiques déploient leurs stands au pied du château. On musarde au gré des envies pour faire ses emplettes : chevreuil fumé, rôti d'aloyau ou pièce de bœuf d'Angus sous vide, céréales pour les porridges, confitures faites avec les réputées groseilles à maquereau d'Aberdeen ou Inverness. Une incursion alléchante dans les richesses de l'arrière-pays écossais. On peut aussi se nourrir sur place de plats préparés : soupes de lentille, stew et hamburger aux steaks juteux... Quelques tables disposées ici et

là font office de terrasse. Si la place vient à manquer, on s'installe sur le muret qui jouxte les stands. Une façon d'apprécier des produits de première qualité, très conviviale en été !

THE FRUITMARKET GALLERY

45 Market Street ✆ +44 131 226 18 43
www.fruitmarket.co.uk

Ouvert du lundi au samedi, de 11h à 17h30 et le dimanche, de midi à 16h30.

Beaucoup de passage dans ce café qu'abrite une galerie d'art contemporain. Une jeunesse branchée ou curieuse de découvertes esthétiques s'y sustente, mais aussi des familles accompagnées d'enfants, pour une ambiance joliment hétéroclite. Salades, tartes sucrées ou salées et rolls aux garnitures de saison, cup cakes, scones et autres douceurs pour l'heure du thé, tout est préparé avec soin. Un petit temps d'attente est à prévoir les week-ends, qu'on meublera sans peine en musardant du côté des rayons de livres d'art et de cartes postales *arties* à la vente.

Bien et pas cher

DEACON BRODIE'S TAVERN

435 Lawnmarket
✆ +44 131 225 6531

Compter environ £15 pour un plat et une pinte.

Si les kilomètres dans les pattes et le ventre vide vous assaillent à la hauteur du château, cette adresse est la bonne. On y sert des spécialités écossaises bien cuisinées, comme du bœuf au vin rouge accompagné de haggis ou du chevreuil mariné au whisky. Touristes et jeunesse locale plutôt chic s'y croisent dans une ambiance à la fois élégante et décontractée. Un restaurant plus cosy se trouve également à l'étage.

THE ELEPHANT HOUSE

21 George IV Bridge
✆ +44 131 220 53 55
www.elephanthouse.biz

Ouvert de 8h à 23h tous les jours. Compter environ £5 pour une pause snack. Consultation Internet £1 les 30 minutes.

C'est dans ce coffee shop que Jane K. Rowling a écrit les premières aventures de son héros Harry Potter ! L'ambiance est étudiante et décontractée et votre porte-monnaie ne vous en voudra pas de craquer pour un bagel ou une salade.

LAZY LOHAN'S BISTRO

158 Canongate ✆ +44 131 556 89 99
www.lazylohans.com

Ouvert du lundi au dimanche entre 10h et 14h30 pour petits déjeuners et déjeuners. Du mercredi au samedi, également ouvert entre 18h et 22h pour le dîner (à partir de 17h30 le dimanche). A midi, menu deux plats à 10 £. Réservation conseillée.

Le bistrot situé tout en bas de la Royal Mile se prête à une pause déjeuner gourmande, en retrait du flux mouvementé des visiteurs. On apprécie de déguster des plats soigneusement cuisinés, dans une ambiance tranquille et confortable. Que l'on opte pour une viande, un poisson ou un menu végétarien, les plats sont toujours préparés avec des produits de saison. Une adresse de choix.

THE MOSQUE KITCHEN

Edinburgh Central Mosque
50 Potterrow ✆ +44 77 9223 0407
www.mosquekitchen.com

Ouvert du samedi au jeudi de midi à 19h, et le vendredi de midi à 13h et de 13h45 à 19h. Compter environ 5 £ pour un plat et un nan bread.

Jouxtant l'unique et très discrète mosquée de la ville, une petite cuisine où des Indiens s'affairent aux fourneaux pour concocter dahls, nans, poulets au curry et curries végétariens. On les déguste sans façon sur de grandes tables, dans une cour intérieure que protège un toit en tôle. De temps à autre, un cuisinier sort avec une longue perche pour effrayer les pigeons venus roder autour des tables ! Très populaire en été, cette cantine est le rendez-vous sympathique des étudiants et des visiteurs. On profite de la formule économique pour se sustenter rapidement et copieusement avant d'arpenter de nouveau la ville. Attention, c'est épicé comme il faut !

MOTHER INDIA'S CAFÉ

3-5 Infirmary Street ✆ +44 131 524 98 01
www.motherindiaglasgow.co.uk

Ouvert du lundi au jeudi entre midi et 14h puis de 17h à 22h30. Les vendredis et samedis, ouvert de midi à 23h et le dimanche jusqu'à 22h. Compter £15 pour un menu deux plats à midi comme en soirée.

La réputation de cette enseigne, dont la maison mère, très célèbre, se trouve à Glasgow, n'est plus à faire. Un nouveau concept est développé à Edimbourg, celui de proposer un large choix de « *tapas* » indiennes, entendez par là, de petites portions. L'idée est de choisir trois ou quatre *tapas* différentes pour deux personnes et de se réjouir les papilles au fil d'une dégustation pleine de surprises. Une adresse pour se faire plaisir.

PETIT PARIS

38-40 Grassmarket ✆ +44 131 226 24 42
www.petitparis-restaurant.co.uk

Du lundi au samedi de midi à 15h et de 17h30 à 23h, le dimanche de juin à août. Compter environ £7 pour déjeuner, £15 pour dîner.

Charmant bistrot sans artifice, ce qui n'empêche pas les assiettes d'être bien remplies par un chef qui joue son rôle avec panache. On vous propose, entre autres, des huîtres au four avec des poireaux, du saumon fumé, de la brioche ou une fricassée de champignons à la crème de brandy.

Bonnes tables

DAVID BANN

56-58 St Mary's Street
✆ +44 131 556 58 88
Fax : +44 131 556 80 74
www.davidbann.com

Ouvert tous les jours à partir de midi, 11h le week-end. Réservation recommandée pour le dîner. Prévoir £20 le dîner.

Le restaurant végétarien le plus connu et le plus réputé de tout Edinburgh. Ici même les carnivores oublieront qu'ils mangent végétarien. On peut venir ici juste pour prendre un verre, grignoter ou pour prendre un thé. On ne saurait résister au strudel de champignons sauvages, aux risottos et aux plats de tofu (tofu fabriqué à Glasgow, fumé et mariné dans la cuisine de David Bann) ou aux pâtes fraîches maison.

DUBH PRAIS

123 b High Street Royal Mile
✆ +44 131 557 57 32
Fax : +44 131 557 52 63
www.dubhpraisrestaurant.com

Ouvert tous les jours de 17h à 22h30, sauf le dimanche et le lundi. Menu à partir de £18.

En gaélique, son nom signifie « casserole noire ». Ce petit restaurant chaleureux et intime se cache dans une cave. Spécialités 100 % écossaises de gibier, de saumon et de bœuf. C'est ici qu'il faut goûter au haggis (la fameuse panse de brebis farcie) !

MAISON BLEUE

36-38 Victoria Street
✆ +44 131 226 19 00
www.maisonbleuerestaurant.com

Menu à 20 £ au déjeuner et 30 £ au dîner. Option « pre-theatre » menu : 10,90 £ les deux plats de dimanche à jeudi jusqu'à 18h. Offre valable jusqu'à 17h le vendredi et samedi.

Une ambiance raffinée et intimiste soigneusement étudiée caractérise ce restaurant. On peut prendre l'apéritif dans le bar d'inspiration marocaine, sur des banquettes recouvertes de coussins et tissus aux couleurs chatoyantes avant d'aller dîner sous des voûtes en pierre, dans l'atmosphère enveloppante d'un éclairage quasi exclusif à la bougie. Curieux des mets qu'il découvre lors de ses nombreux voyages, le chef français mixe ensuite entre elles ces cuisines du monde. Asie, Europe et Méditerranée se croisent ici dans les assiettes. C'est là toute l'originalité de la carte qui compte aussi une très bonne sélection de vins.

THE SALISBURY ARMS

58 Dalkeith Rd ✆ +44 13 1667 4518

Ouvert toute la semaine. Comptez £15 par repas.

Des produits frais, bien cuisinés, des plats typiquement britanniques et le poisson comme spécialité. Deux grandes salles, une cheminée impressionnante qui trône au milieu, une belle terrasse pour les beaux jours, un service rapide et souriant et de bonnes bières pour rafraichir le tout.

Luxe

ONDINE

2 George IV Bridge ✆ +44 131 226 18 88
www.ondinerestaurant.co.uk

Ouvert tous les jours de midi à 22h. Pour le repas ou « pre-theatre » menu (entre 17h et 18h30), compter 17,95£ pour un menu complet. En soirée, compter au moins 40£ à 50£ pour un menu complet.

L'entrée discrète du restaurant le rend un peu difficile à trouver, comme pour mieux en garder le secret. On y dîne merveilleusement bien de poissons et de fruits de mer, suspendu au-dessus d'une artère très passante de la ville. Les solitaires peuvent opter pour un couvert au bar en demi-lune disposé au centre du restaurant et suivre les coulisses d'un service impeccablement huilé. Quoi que l'on choisisse, la cuisine est légère, précise dans ses textures et ses effets, magique en somme, comme celle des grands chefs.

THE WITCHERY BY THE CASTLE

Castlehill
Royal Mile ✆ +44 131 225 56 13
Fax : +44 131 220 43 92
www.thewitchery.com

Tous les jours de midi à 16h et de 17h30 à 23h30. Compter £40 pour le déjeuner ou le dîner. Des menus sont également disponibles midi et soir pour £30, et des « pre-theatre » menus de 2 plats pour £14,95.

The Witchery, implanté dans le bâtiment qui fut le centre de la sorcellerie de la ville, comprend deux restaurants. Le Secret Garden, plein de caractère et éclairé uniquement à la bougie, est fort prisé. On y dîne autour de tables et de chandeliers sombres (après avoir réservé au moins 3 semaines à l'avance). Spécialités : la soupe de venaison, le canard encroûté d'ail avec une sauce au citron vert et au gingembre, les crêpes d'asperges et le *cream cheese*. La carte des vins est impressionnante avec plusieurs centaines de variétés.

West End

Sur le pouce

■ THE FILMHOUSE
88 Lothian Road
✆ +44 131 228 2688
www.filmhousecinema.com
Ouvert du lundi au dimanche, de 10h à 22h. Compter £9 pour le déjeuner.
Un café à l'image des films que son cinéma projette : pimpant, *arty* et intello. Les plats sont mijotés avec soin et la carte sympathique : lasagnes végétariennes cuisinées au vin rouge, falafels, salades composées, curry à la noix de coco accompagné d'un *naan*, de houmous... Idéal pour se faire plaisir sans pour autant traîner à table.

■ THE TRAVERSE BAR CAFE
10 Cambridge Street
✆ +44 131 228 53 83
www.traverse.co.uk
Ouvert du lundi au samedi, de 10h30 à 21h et le dimanche en soirée uniquement. Prévoir 10 £ le repas.
Les cols blancs se mêlent à un public *arty* venu consulter ses e-mails au bar du théâtre contemporain de la ville, entre deux petits plats qu'ils mangent sans traîner. On se mêle au flux typiquement urbain de ceux qui s'accordent une pause entre deux rendez-vous. Quelle que soit l'heure, la carte propose toujours de bonnes options pour manger sous le pouce : *sides* à base d'olive ou de houmous, pitas, sandwichs et salades... A l'heure de l'apéro, quand le temps de passage de chacun s'allonge sensiblement, lectures de poème et concerts acoustiques s'improvisent parfois.

Bien et pas cher

■ CAFÉ NEWTON
Dean Gallery
73 Belford Road
✆ +44 131 624 62 73
Repas servis du lundi au dimanche, de midi à 14h30. Cafés, thés et pâtisseries entre 10h et 16h30. Prévoir autour de 8 £. Réservation conseillée pour déjeuner.
Au rez-de-chaussée de la Dean Gallery, voisinant les jardins agrémentés de sculptures, ce petit café est une belle surprise. On vient apprécier son atmosphère intimiste, reposante et chaleureuse tout autant que ses délicieux gâteaux au chocolat ! A déguster dans le cadre élégant que composent le mobilier en bois sombre, les miroirs et des photographies d'Eduardo Paolozzi.

■ THE GALLERY CAFÉ
Scottish National Gallery of Modern Art
75 Belford Road
✆ +44 131 332 86 00
Ouvert du lundi au vendredi, de midi à 16h30 et le week-end de midi à 15h.
L'été, vous pourrez déguster en terrasse les délicieux petits plats ou desserts préparés dans ce café-restaurant. Très bon rapport qualité-prix, mais un peu bruyant.

■ THE WEST ROOM
3 Melville Place
✆ +44 131 629 98 68
www.thewestroom.co.uk
Nourriture servie du lundi au vendredi, de midi à 15h et de 18h à 22h et à partir de midi les samedis et dimanches. Prévoir autour de 11 £ pour deux plats.
Récent dans le quartier, ce petit bar restaurant attire aussi bien les cols blancs que la jeunesse venue profiter de l'accès wi-fi. On s'installe dans une déco minimaliste et reposante aux coloris pastel que rehaussent deux énormes abat-jour fleuris et un trophée de cerf au mur. Pour un brunch, on recommande les délicieux œufs Bénédicte servis sur des toasts, à déguster sur un fond musical énergisant. A l'heure du repas, on a le choix entre des plats d'inspiration traditionnelle : fish and chips, fishcake, crombie sausages ou sandwichs gourmands. Une bonne adresse, près du Dean Bridge, pour manger un morceau avant d'explorer les rives tranquilles de la Water of Leith.

Bonnes tables

■ LA BRUSCHETTA
13 Clifton Terrace
✆ +44 131 467 74 64
www.labruschetta.co.uk
Ouvert du mardi au samedi de midi à 14h et de 18h à 22h30 pour le dîner. Environ 16 £ pour le déjeuner et 24 £ le dîner.

Un restaurant typiquement West End par son intérieur cosy et son service chaleureux. On trouve à la carte tous les classiques de la gastronomie italienne. Lasagnes, rigatoni, risotto, tagliatelles et raviolis, accommodés de sauces et garnitures gourmandes de saison. A déguster dans une ambiance tranquille.

■ **HOWIES CELLAR**
1a Alva Street
✆ +44 131 225 55 53
www.howies.uk.com
Ouvert tous les jours de midi à 14h30 et de 18h à 22h.
Cette chaîne de restaurants a ouvert en 2001 dans la capitale et propose une cuisine écossaise imaginative à base de produits frais. Le cadre est informel et le service rapide et agréable. Vous trouverez aussi un Howies au 29 Waterloo Place (au bout de Princes Street) et un autre dans *Old Town* au 10-14 Victoria Street.

■ **L'ESCARGOT BLANC**
17 Queensferry Street
✆ +44 131 226 1890
www.lescargotblanc.co.uk
La règle n°1 de Fred est la qualité des produits. Les plats sont simples, traditionnels et en accord avec les saisons. Dans un cadre à l'esprit bistrot, vous aurez le meilleur de l'Ecosse retravaillé à la française dans votre assiette.

Luxe

■ **THE ATRIUM**
10, Cambridge Street
✆ +44 131 228 88 82
Situé dans le même bâtiment que le Traverse Theatre. Ouvert du lundi au vendredi de midi à 14h et du lundi au samedi de 18h à 22h.
Très bonne cuisine à un prix encore raisonnable ; compter au minimum 30 £ pour dîner dans ce restaurant moderne et sophistiqué. L'un des meilleurs de la ville.

■ **THE POMPADOUR RESTAURANT**
Caledonian Hotel
Princes Street
✆ +44 131 222 88 88
Fax : +44 131 222 88 89
Ouvert du mardi au samedi de 14h à 17h (afternoon tea) et de 18h30 à 22h (dîner). Le lundi et le dimanche de 14h à 17h. Environ £40 le dîner.
Superbe, décoré dans un style classico-romantique, il est considéré comme le meilleur restaurant d'Edimbourg.

■ **RESTAURANT 21212**
3 Royal Terrace
✆ +44 131 523 10 30
www.21212restaurant.co.uk
Compter 25 £ pour un menu complet à l'heure du déjeuner et 65 £ pour le dîner (menu de cinq plats).
La nouvelle adresse inaugurée dans la New Town par Tom Kitchin. Après s'être premièrement installé à Leith, cet étoilé Michelin régale les papilles exigeantes dans le cadre somptueux d'un édifice géorgien classé. La salle à manger est exceptionnelle par sa décoration intérieure. Une interprétation contemporaine du faste géorgien. Larges banquettes à la courbe élégante, tentures moirées, papillons géants ornant le sol, lustre au plafond. On en oublierait presque de regarder la carte, et ce serait dommage : risotto de truite accompagné de figues, safran, champignons et artichauts, ou filet de biche cuisiné à l'ail, à l'aubergine confite et au thym. Deux exemples qui donnent un aperçu de l'inventivité du chef qui combine les saveurs de façon inédite.

SORTIR

Les bars ne manquent pas à Old Town ou à New Town. Rose Street compte pas moins de 21 bars. Au sud, les bars autour de l'université sont actifs jusque tard dans la nuit.

Cafés – Bars

Inverleith et Leith

■ **THE ANTIQUARY**
72-78 St Stephen Street
www.theantiquarybar.co.uk
Ouvert le lundi, de 11h30 à 23h, le mardi et le mercredi jusqu'à 0h30, le vendredi et le samedi jusqu'à 1h du matin et le dimanche de 12h30 à 0h30.
Dissimulée dans un *basement* (sous-sol), la façade noire et blanche a tout du pub traditionnel. Deuchars IPA à la pression, soirées poker les mardis et quiz les mercredis, autres consacrées aux retransmissions de match de foot, il se passe des choses quasiment tous les soirs, ce qui explique sa grande popularité dans le quartier. Chaque

jeudi, à partir de 21h, des musiciens se rassemblent pour jouer des airs du folklore traditionnel écossais. Les joueurs de fidel, de harpe, de violon, de flûte et de cornemuse passent souvent par ici. Ambiance conviviale assurée !

THE BAILIE

2-4 St. Stephen Street ✆ +44 131 225 46 73
www.thebailiebar.co.uk
Ouvert du lundi au jeudi, de 11h à minuit, le vendredi et samedi jusqu'à 1h et le dimanche de 12h30 à minuit.
Une arche en ferronnerie surmontée d'une lanterne marque l'entrée du pub, situé dans un basement. Probablement le plus traditionnel du quartier, avec son bar central en fer à cheval, propice à la conversation et ses banquettes confortables formant de petits coins salons, pour ceux qui souhaitent se retrouver entre eux. Journaux à disposition et feu de bois en hiver. On goûte ici à l'atmosphère authentique du *local pub* où les habitants du quartier se retrouvent et bavardent entre eux, toute catégorie sociale confondue.

BREWERS FAYRE

51-53 Newhaven Place
✆ +44 131 555 15 70
www.brewersfayre.co.uk
Desserts à 3,65 £.
Aux beaux jours, on profite à cette adresse du superbe beer garden qui donne sur la jetée du port de New Haven. On apprécie les capuccinos crémeux que l'on peut accompagner au choix d'un crumble aux pommes caramélisées, d'un sticky toffee pudding ou d'un chocolate fudge cake. Par mauvais temps, on appréciera également l'intérieur douillet de ce pub restaurant. Une pièce a aussi été aménagée en aire de jeux pour enfants. Les dimanches après-midi, c'est le grand rendez-vous des familles !

HAMILTONS BAR AND KITCHEN

16-18 Hamilton Place ✆ +44 131 226 41 99
www.hamiltonsedinburgh.co.uk
Ce pub restaurant est idéalement situé au cœur de Stockbridge, près du pittoresque pont de même nom sous lequel on peut rattraper les rives du Water of Leith. Quelle que soit l'heure à laquelle on y passe, on est tenté de se lover dans les gros fauteuils en cuir pour boire un café ou de se rapprocher du bar pour commander une bière. En soirée, on s'attable sous des tapisseries décorées de motifs pop art façon Lichtenstein pour boire cocktails, whiskies ou vins dans une ambiance *arty* et décontractée.

HECTORS

47-49 Deanhaugh Street
✆ +44 131 343 17 35
hectorsstockbridge.co.uk
On croise du monde à toute heure de la journée, sous les hauts plafonds de ce pub ultra cosy. Aux beaux jours, le vaste espace circulaire, bordé de larges bow windows et de confortables banquettes, est irradié de lumière. Les habitués du quartier passent y boire leur café ou manger un morceau. Les week-ends, on s'y retrouve pour paresser autour d'un brunch éternel. En soirée, place est aussi faite aux DJ's. Le vendredi, on y amorce joliment la fin de semaine sur des beat funky, hip hop, disco et house. Le dimanche, on le termine en douceur avec une sélection musicale *laid back* en sirotant sa bière dans une ambiance chaleureuse et tranquille. Un pub incontournable du quartier de Stockbridge.

TERRACE CAFÉ

Inverleith Row
Royal Botanic Garden
✆ +44 131 552 06 16
Ouvert du lundi au dimanche, de 10h à 18h15. De novembre à février, ouvert uniquement de 10h à 15h30. Compter environ £8 pour un repas sur le pouce.
Aux beaux jours, rien de tel qu'un déjeuner à la terrasse du Royal Botanic, au milieu des arbres, dans les senteurs de verdure. De certaines tables, on profite de belles vues sur Edimbourg. Dans les étals du buffet self-service s'exposent de gourmandes salades concoctées avec des fèves, légumes et herbes aromatiques de saison ainsi qu'un choix de plats chauds servis entre 11h30 et 14h30 : quiches aux légumes, pommes de terres farcies... A l'heure du thé, on apprécie les crumbles cuisinés avec des fruits de saison ou les scones. Un endroit très couru des familles les dimanches après-midi ensoleillés.

THE HARBOUR INN

4-6 Fishmarket Square
✆ +44 131 552 39 68
Ouvert jusqu'à 1h du matin.
Jouxtant le port de Newhaven, ce petit pub de quartier en perpétue la mémoire par sa décoration. D'anciennes cartes marines tapissent le plafond et les murs sont ornés de nombreuses photographies anciennes du port. On est ici confortablement installé pour boire une pinte et il n'est pas rare de se faire convier à rejoindre la conversation des habitués. En bref, une ambiance chaleureuse typique de pub que viennent régulièrement encourager des groupes de musique en soirée.

New Town

THE ABBOTSFORD BAR

3 Rose Street ✆ +44 131 225 52 76
www.theabbotsford.com
Un pub typique qui a du style avec son bar tout en bois et son plafond sculpté aux couleurs vert et or. Possibilité de dîner à l'étage.

ARTISAN ROAST

57 Broughton Street
www.artisanroast.co.uk
Ouvert du lundi au vendredi, de 8h à 19h30 et le week-end à partir de 10h.
Devanture rouge pimpant et enseigne jaune à la typographie façon MacIntosh donnent au coffee-shop un air sympathique. La grosse machine à torréfier que l'on découvre à l'intérieur promet de savoureux cafés ! Ici, on vous en fait goûter du monde entier, soigneusement choisis dans une optique de commerce équitable. On est convié à s'installer sur de larges banquettes décorées de coussins orientaux, dans un cadre qui invite à la relaxation totale. Ceux qui n'aiment pas le café trouveront ici de délicieux chocolats chauds. Un *meeting point* du quartier à l'ambiance plus qu'appréciable.

THE BON VIVANT

55 Thistle Street ✆ +44 131 225 32 75
www.bonvivantedinburgh.co.uk
Murs sombres et bougies sur les tables plantent le décor : il ne reste plus qu'à prendre du bon temps entre amis. Les tables et canapés étant vite pris d'assaut, on reste debout pour enfiler les pintes, pris dans l'ambiance chaleureuse des lieux et les sets de DJ des vendredis et samedis. Un pub sans chichis qui mérite bien son nom.

THE BRAMBLE BAR AND LOUNGE

16A Queen Street
✆ +44 131 226 63 43
www.bramblebar.co.uk
On ne tombe pas ici par hasard, le bar est caché dans un sous-sol. Les ingrédients de cette adresse qui n'a l'air de rien : des cocktails aux mélanges créatifs, des sets de DJ's bien sentis les vendredis et samedis soir et une poignée de fans inconditionnels qui fait vibrer les lieux. Sûrs d'être ici en bonne place, ces noctambules invétérés vous diront qu'ils échappent à l'ambiance « m'as-tu vu » des bars de George Street.

THE CITIZEN SMITH

168 Rose Street
✆ +44 131 226 29 90
Bordée de pubs et de terrasses en été, la piétonne Rose street est une des rues les plus populaires de la New Town. Une particularité de ce pub : les concerts qui s'y font quasiment tous les soirs de la semaine, avec un penchant marqué pour le funk. Les buveurs y sont plutôt jeunes, les serveurs, fort sympathiques et l'ambiance excellente.

UNDERDOGS

104 Hanover Street ✆ +44 131 220 51 55
Ouvert jusqu'à 1h du matin.
L'atmosphère des lieux séduit à peine poussée la porte du *basement*. Fauteuils club, canapés fleuris, tables basses, mobilier vieillot dépareillé avec charme. On se retrouve avec plaisir dans ces salons douillets pour se détendre sur une musique de fond tranquille et choisie, dans le tintement des verres et le flot des conversations. Le rendez-vous confortable et *arty* du quartier à l'heure de la pause café, de l'apéro, ou pour de derniers verres après le dîner.

VALVONA & CROLLA

19 Elm Row
✆ +44 131 556 60 66
www.valvonacrolla.co.uk
Compter 10 à 15 £ pour un brunch (servi jusqu'à 11h) et environ 20 £ pour un repas.
Inauguré en 1934, et désormais un classique d'Edimbourg, c'est l'un des premiers delicatessen à avoir été ouvert par des émigrés italiens. On accède au salon de thé en passant par la grande boutique aux étals alléchants de fromages et de pâtisseries. Dans la grande salle à manger où l'on se fait servir, l'ambiance est très animée. Familles avec enfants, couples et groupes d'amis se retrouvent à toute heure de la journée pour manger un morceau. On peut y bruncher le matin, manger un bout à l'heure du déjeuner avec un bon verre de vin ou passer s'offrir une douceur à l'heure du thé. Les samedis et dimanches après-midi, l'enseigne atteint un pic de fréquentation qui ne garantit pas toujours le calme. Rejoindre ce brouhaha populaire, c'est partager le plaisir d'être enfin en week- end !

THE VOODOO ROOMS

19a West Register St
✆ +44 131 556 70 60
www.thevoodoorooms.com
Ouvert tous les jours jusqu'à une heure du matin. Entrée libre pour les sets de DJ et de 3 à 12 £ lors des concerts.
Rendez-vous au milieu des dorures, dans le faste somptueux d'une décoration d'époque victorienne, pour des soirées tout aussi hautes

en couleur. Jusqu'à 1h du matin, on s'y chauffe en dégustant des cocktails bien dosés, au son de sets de DJ's. Electro jazz légère, funk groovy ou R'n'B pêchue en fonction des passages. Egalement des concerts de groupes de rock et de pop soigneusement choisis dans une scène musicale indépendante, de l'Ecosse à l'Australie ! Derrière St Andrew square, une belle adresse où les noceurs démarrent leur vie nocturne sur les chapeaux de roue.

Old Town

ANTEAQUES

17 Clerk Street
✆ +44 131 667 84 66
www.anteaques.co.uk
Ouvert du jeudi au dimanche, de 11h à 19h.
Cédric et son collègue Andrew vous accueillent dans leur salon de thé dont l'arrière-boutique a été transformée en salon d'antiquaire ! Thé noir, thé vert, thé parfumé, thés spéciaux ou encore infusion, vous n'aurez que l'embarras du choix face à la carte qui compte plus de 50 variétés différentes. Le tout servi dans de vieilles tasses joliment décorées et accompagnées de leurs couverts et sucrier en argent. C'est un endroit idéal pour savourer son thé seul(e) ou en couple.

BANNERMAN'S

212 Cowgate Street
✆ +44 131 556 3254
Cette ancienne cave voûtée propose une grande variété de *real ales*. Très bonne musique live, l'ambiance est animée et vous n'aurez pas froid. Karaoké le mardi.

THE CASTLE ARMS BAR AND RESTAURANT

6 Johnson Terrace
✆ +44 131 225 74 32
www.castlearmsedinburgh.co.uk
Ouvert du lundi au samedi de 11h à 1h du matin, le dimanche à partir de 12h30.
Sa position sur la Johnson Terrace qui surplombe Victoria Street et Grassmarket contribue beaucoup au charme du lieu. Il est vraiment agréable d'y siroter son verre à la nuit tombée en contemplant le panorama et l'édifice joliment éclairé de la George Heriot's School. S'il fait froid, un salon fort sympathique a été aménagé au coin du feu, sous des voûtes de pierre. Celui-ci ne comptant cependant qu'un canapé et quelques poufs vite pris d'assaut, il vous faudra probablement monter à l'étage par l'escalier en colimaçon pour y rejoindre le pub confortable.

WHITE HART INN

34 Grassmarket
✆ +44 13 1226 2806
Ouvert du lundi au dimanche de 11h à 1h.
Le plus ancien pub de la ville doit son nom à la légende du grand cerf blanc qui aurait désarçonné le roi David Ier lors d'une partie de chasse en 1128, sans le blesser. Avant de disparaitre, une croix d'argent serait apparue sur le front de l'animal, entre ses bois, présage divin... Le pub, lui daterait de 1740, sert un excellent haggis et un propose un choix de whiskys assez conséquent, et plusieurs fois par semaine, des groupes musicaux viennent réchauffer l'ambiance jusque tard dans la nuit.

West End

MURRAYFIELD BAR

57-59 Roseburn Terrace
✆ +44 131 337 15 74
Ouvert tous les jours de 11h à 22h... minimum. Bière en bouteille à partir de £3.
A quelques minutes à pied du célèbre stade, voilà l'endroit idéal pour le supporter qui n'a pu dénicher un précieux ticket pour le match. Ambiance assurée !

THE RAT PACK

9 Shandwick Place
✆ +44 131 228 91 47
www.ratpackpianobar.com
Sept jours sur sept et jusqu'à trois heures du matin, un pianiste y interprète des standards. On peut écouter ici des chansons de Ray Charles, Frank Sinatra ou Paul McCartney... Les jeunes et moins jeunes se bousculent sur la petite piste de danse en reconnaissant les premiers accords d'un morceau, en face du pianiste pâle et très britannique dans sa chemise blanche. Un bocal est posé sur le piano pour lui glisser un pourboire ! L'espace est un peu bas de plafond et les lumières gagneraient à être un peu plus tamisées, mais ces menus défauts sont vite rattrapés par le charme indéniable d'une musique intimiste au répertoire populaire.

SYGN

15 Charlotte Lane
Les week-ends, les noceurs se retrouvent dans ce bar à cocktails avant de sortir en club. L'ambiance y est sophistiquée et arty, fréquentée par une clientèle mature volontier sur son 31. On y boit des cocktails bien dosés en parlant très fort, sur une musique de club aux basses « pêchues ». L'adresse du quartier pour un *warm up* efficace !

TEA TREE TEA
13 Bread Street
✆ +44 131 228 31 00
www.teatreetea.com
Ouvert du lundi au vendredi, de 7h à 19h et le week-end à partir de 9h. Prévoir 8 £ pour un thé avec pâtisserie.
Des thés de toutes les provenances sont servis dans un tearoom au décor épuré, rythmé par des plages de couleurs vives et des œuvres d'artistes locaux. L'ambiance agréable invite à paresser pour de bon dans un fauteuil en cuir. On vous propose des gâteaux et pâtisseries mais aussi un choix de plats salés (rolls, meat balls...) Le *chai latte* est ici délicieusement préparé.

TEUCHTERS
26 William Street
✆ +44 131 225 29 73
Ouvert tous les jours de 11h à 1h.
Très populaire les soirs de match de rugby, venez vous affaler dans les canapés du Teutchers pour boire une pinte et manger sur le pouce tout en encourageant votre quinze préféré.

THE OLIVE TREE CAFE
St George's West Church
58 Shandwick Place
✆ +44 131 225 70 01
www.stgeorgeswest.com
Ouvert du lundi au samedi, de 10h30 à 14h30.
Vous passerez sûrement à plusieurs reprises devant la St George's West Church située à Shandwick Place, en plein cœur du West End. Sachez que dans l'imposante bâtisse, un charmant salon de thé a été aménagé. On s'y fait servir thés, cafés, scones, sandwichs et plats chauds à prix doux.

Clubs et discothèques

La rue de Cowgate compte un très grand nombre de clubs. L'entrée y est souvent gratuite, ce qui motive souvent une tournée des établissements.

Inverleith et Leith

CRUZ
14 Shore ✆ +44 131 553 66 00
Ouvert jusqu'à 1h du matin, entrée libre.
Ce bateau à vapeur était originairement destiné à rejoindre la flotte de la Royal Navy lors de la Première Guerre mondiale. Sa construction ayant été achevée à la fin du conflit, il échappa de justesse à cette fonction pour se transformer en yacht de plaisance ! Une fonction qu'il exerce toujours avec succès sur le port de Leith où il est amarré. Dans ce bar à cocktails, des soirées musicales ont lieu régulièrement : sets de techno minimaliste les lundis soir et classiques des années 1970 et 1980 les jeudis, dans la salle des machines ! Les vendredis et samedis, place est aussi faite aux DJ pour un set musical hétéroclite. Les portes ne ferment pas très tard, mais c'est le seul endroit où espérer danser sur le port de Leith.

New Town

EGO CLUB
14 Picardy Place
✆ +44 131 478 74 34
Un petit auvent rouge vif signale l'entrée du club cachée derrière une sage rangée d'édifices georgiens. Les week-ends, ça pulse plutôt ferme dans cette ancienne salle de bal où l'on se déhanche sur des sets vitaminés de house et d'electro. Soirées gays une fois par semaine.

EL BARRIO
119 Rose Street ✆ +44 131 226 43 11
www.elbarrio.co.uk
Club ouvert le vendredi et le samedi soir, de 21h à 3h du matin. Entrée libre.
Cette discothèque insuffle à la très animée Rose Street ses rythmes de salsa et de meringue, mais passe aussi de la R'n'B et de la house. On trouve ici toute l'exubérance festive de l'esprit latin…

GHQ BAR
4 Picardy Place ✆ +44 131 550 17 80
Le dernier venu de la très nocturne Picardy Place affiche fièrement son identité gay. L'une des plus belles adresses du Pink Triangle edimbourgeois, formé avec Broughton Street et Leith Walk. Sept nuits sur sept, des DJ triés sur le volet se produisent ici. Dans cet espace sur deux étages, tout est soigné dans le détail pour des nuits festives et glamour : confort, déco, ambiance musicale, qualité du service et des cocktails.

SHANGHAI NIGHTCLUB
Le Monde
16A George Street
✆ +44 131 270 39 14
www.shanghaiclub.co.uk
Dans sa déco à dominante rouge, d'inspiration asiatique, le Shanghai Nightclub fait danser du beau monde à partir de 23h et jusqu'à tard dans la nuit. Les vendredis et samedis sont les soirées les plus prisées. Au menu du DJ : hip-hop, R'n'B et electro house.

Old Town

ELECTRIC CIRCUS

36-39 Market Street
✆ +44 131 226 42 24
www.theelectriccircus.biz
Le nom du club se prête bien à son atmosphère résolument éclectique et psychédélique. La musique se décline ici sous de multiples formes : sets de DJs accompagnés de vidéos hypnotiques, spectacles façon cabaret, performances musicales délirantes où le public est pris à partie... Ces soirées au concept unique en son genre attirent un public *arty* qui a surtout envie de s'amuser avec une programmation musicale de qualité.

THE FAMOUS SPIEGELTENT

George square Gardens
www.spiegeltent.net
Uniquement en août pendant le Fringe.
Difficile de ne pas remarquer cette tente de cirque immense plantée au sud de la Old Town ! Un espace entièrement dédié à la fête avec sa floraison de spectacles, concerts, sets de DJs et bars. On passe boire une bière ou manger un morceau au *beer garden*, musarder dans les boutiques de fripes vintage, suivre quelques courts-métrages projetés à la Magic Lantern Picture Show, danser sous le auvent de cette tente immense et plus généralement se frotter à une ambiance, toujours festive, dont les ingrédients varient d'un soir sur l'autre.

THE SNEAKY PETE'S

73 Cowgate
✆ +44 131 225 17 57
www.sneakypetes.co.uk
Entrée libre ou à £3 pour les sets de DJ. Compter £6 les soirs de concert. Programmation détaillée sur le site Internet.
Du lourd à cette adresse résolument underground. Les décibels sont balancés plein pot. Toute une scène musicale britannique y défile : DJ, groupes indépendants, pour faire à chaque fois vibrer le public. Les soirs de concert (rock et pop) tout le monde se presse contre la petite scène. Un club qui décoiffe !

THE WEE RED BAR

Lauriston Place
✆ +44 131 229 10 03
www.weeredbar.co.uk
Les samedis, ouvert de 23h à 3h du matin. Entrée 1 £ avant 23h30 et 3 £ après.
Petite boîte de nuit située dans la cave de l'école d'art d'Edimbourg.

West End

BACARO

7-11 Hope Street Lane
✆ +44 131 247 70 00
www.bacaro-edinburgh.com
Entrée £10. Club ouvert le vendredi et le samedi, de 22h30 à 3h du matin.
Une ambiance chic et sélect vous attend derrière la lourde porte de ce club. Faites preuve d'un peu de coquetterie dans votre tenue sans quoi l'on pourrait ne pas vous laisser entrer ! Le beau design intérieur entend mêler des influences vénitiennes, parisiennes et médiévales. Les sets de DJ sont quant à eux très pops et énergiques. Bon choix de cocktails.

CITRUS CLUB

40-42 Grindlay Street
✆ +44 131 622 70 86
www.citrusclub.co.uk
Les samedis, entrée libre jusqu'à 23h et £6 ensuite.
Une programmation musicale tous azimuts dans cette discothèque *gay friendly*. Les DJ passent aussi bien du reggae que de la pop ou des tubes historiques plus mainstream. Valeur sûre les samedis soir avec la programmation Tease Age. Au gré des humeurs du DJ, on pourra se déhancher sur Hot Ship ou les White Stripes, les Happy Mondays, David Bowie ou Fat Boy Slim. En plus, on sert pour l'occasion des boissons alcoolisées à partir de £1 ! Ce dancefloor, bien connu en ville et bon enfant, invite à se lâcher dans la décontraction la plus totale !

GHILLIE DHU

2 Rutland Place ✆ +44 131 222 99 30
www.ghillie-dhu.co.uk
Entrée à £5 après minuit. Fermeture tous les soirs à 3h du matin.
Un espace dédié à la fête dans une ancienne et spacieuse église. L'équipe vous sert en kilt dans ce décor. Tous les soirs, concerts folks, Les vendredis, ceilidh à partir de 19h30 suivi de sets de DJ's jusqu'à 3h du matin. Les samedis, concerts de groupes locaux également suivis de sets DJ's...

THE HMV PICTURE HOUSE

Lothian Road ✆ +44 131 221 22 80
venues.meanfiddler.com
Cette salle de concert très populaire pour sa programmation rock et pop abrite aussi un club animé les jeudis, vendredis et samedis soir. Le label s'annonçe *Indie* alternatif sur les *flyers*, entendez par là une musique choisie avec amour pour faire danser les plus exigeants. Très belle ambiance sur le dancefloor...

Spectacles

New Town

THE STAND COMEDY CLUB

5 York Place
✆ +44 131 558 72 72
www.thestand.co.uk
Ouvert tous les soirs de la semaine. Entre £8 et £13 l'entrée sur réservation.
Une institution de la ville d'Edimbourg, ouverte depuis 1995. On y joue des comédies contemporaines écossaises et internationales. Les dimanches, des shows gratuits sont souvent programmés en début d'après-midi. Pour ne pas manquer ces opportunités, on se reportera à la rubrique «listing what's on» de leur site Internet.

Old Town

KING'S THEATRE

Leven Street
www.eft.co.uk
On y programme majoritairement des pièces de théâtre. Le répertoire est très large, allant des dramaturges traditionnels à des troupes contemporaines d'envergure internationale. Une place importante est aussi faite aux comédies adaptées à toute la famille. Le théâtre est également célèbre pour ses spectacles de pantomime, notamment à la période de Noël.

THE CAMEO

38 Home Street
✆ +44 871 902 57 23
www.picturehouses.co.uk
Situé tout près du parc des Meadows, ce cinéma d'allure désuète ne s'est pourtant pas privé du confort moderne. Comédies, films d'animation et dessins animés sont fréquemment programmés. Juste avant la séance ou en sortant, on peut profiter du bar pour boire un verre ou manger un bout dans une ambiance fort sympathique.

THE QUEEN'S HALL

85-89 Clerk Street
✆ +44 131 668 20 19
www.thequeenshall.net
Ouvert tous les soirs. De £16 à £30 la place de concert.
Une adresse parmi les plus réputées d'Edimbourg pour son excellente programmation musicale. On y joue beaucoup de pièces contemporaines. Musique d'orchestre ou de chambre, formations intimistes de jazz, musiciens revisitant librement le folklore celtique, sessions acoustiques de *songwriters* américains... Une programmation à suivre de près par les passionnés de musiques actuelles.

West End

THE EDINBURGH FILMHOUSE

88 Lothian Road
✆ +44 131 228 26 88
www.filmhousecinema.com
Ce cinéma se distingue par une programmation étonnamment riche. Outre les grandes sorties britanniques et européennes du moment, d'anciens films tournés en 16 mm et des travaux de vidéastes contemporains sont régulièrement projetés. Le cinéma organise aussi des rencontres avec des réalisateurs et des acteurs. Une programmation généreuse à suivre de près par les amateurs du 7e art.

THE ROYAL LYCEUM

Grindlay Street
✆ +44 131 248 48 48
www.lyceum.org.uk
On y joue des classiques comme Roméo et Juliette, des pièces d'Arthur Miller, de Shakespeare ou d'Oscar Wilde. Egalement des pièces pour toute la famille adaptés de contes, comme récemment la Reine des Neiges et des shows de Noël.

THE TRAVERSE THEATRE

10 Cambridge Street
✆ +44 131 228 14 04
www.traverse.co.uk
Cette salle se destine exclusivement à la création théâtrale actuelle et produit également ses propres pièces. Les vrais amateurs ne manqueront donc pas de suivre de près la programmation pour découvrir les nouveaux talents de la scènes écossaise et vibrer au contact d'histoires et de comédies à la tonalité résolument contemporaine.

USHER HALL

Lothian Road
✆ +44 131 228 11 55
www.usherhall.co.uk
Ouvert tous les soirs de la semaine. Compter £27 à £35 pour un tarif standard de spectacle.
Une programmation musicale hétéroclite attend les oreilles curieuses dans ce bel édifice construit en 1914. Opéras classiques et contemporains, concerts pops et pointures de la musique contemporaine comme Philip Glass sont venus faire vibrer le public entre ses murs. La salle de concert est également spécialisée

dans les spectacles de Noël (*Christmas shows*) qui représentent une part non négligeable de la production britannique.

Activités entre amis

AFTERNOON TEA AT THE HOWARD

34 Great King Street
✆ +44 131 557 35 00
www.townhousecompany.com
£17 par personne et £25 avec un verre de champagne inclus. Afternoon tea servi entre 14h et 17h du lundi au samedi et entre 15h et 17h le dimanche. Réservation conseillée.

Construite en 1820, cette bâtisse d'époque géorgienne a su garder un charme discret. Les années semblent avoir glissé sur les larges fauteuils tendus de velours sombre et les épais rideaux protégeant du monde extérieur. Tout est d'un calme olympien. On pourra donc se concentrer à loisir sur la conversation entre amis et la dégustation. Petits sandwichs avec de la confiture d'oignon rouge ou du mull of Kintyre, un fromage délicieusement parfumé, toasts de saumon fumé, pains et scones faits maison, tartes aux fraises ou au citron, moelleux au chocolat... L'*afternoon tea* dans toute sa splendeur.

À VOIR – À FAIRE

L'office de tourisme propose le Edinburgh Pass (1 à 3 jours). Il permet de visiter plus de 30 attractions touristiques, d'utiliser les bus de la ville et de bénéficier de nombreuses réductions dans les magasins. Pour se le procurer : Internet (www.edinburgh.org/pass) et à l'office de tourisme ou à l'aéroport.

Visites guidées

AULD REEKIE TOURS

45 Niddry Street ✆ +44 131 557 47 00
www.auldreekietours.com
Underground Tours (50 minutes) : départs au Tron Kirk toutes les heures et demie entre 0h30 et 5h30 du matin. Adultes £9, enfants £4.
Un petit tour dans les rues de la Old Town à la nuit tombée avec un guide étrange avant de s'engouffrer sous ses pavés. Dans des caves creusées au XVIIe siècle, des personnages venus autrefois s'y abriter ou s'y cacher reprennent vie. D'une cave à l'autre, leur troublant destin est mis en scène. En bonus de la visite, une belle collection d'outils de torture.

LITERARY PUB TOUR

✆ +44 800 169 74 10
www.edinburghliterarypubtour.co.uk
£8,50 la visite guidée.
La célébrité d'Edimbourg ne repose pas uniquement sur ses fantômes, mais heureusement aussi sur ses écrivains illustres ! Robert Burns, Walter Scott ou Robert Louis Stevenson sont évoqués avec humour et panache par Clart et McBrain, un duo d'acteurs se donnant la réplique. Ils vous promènent entre les maisons, les cours intérieures et les pubs où ces personnalités vécurent, s'enivrèrent et écrivirent leur prose.

REBUS TOURS

✆ +44 131 553 74 73 – www.rebustours.com
Tous les jours à midi et 15h, du Royal Oak pub, au 1 Infirmary Street. Ticket 10 £ (compter deux heures de visite).
Familier de l'univers de Ian Rankin à qui il a consacré un documentaire, Colin Brown fait redécouvrir Edimbourg à travers son personnage célèbre, l'inspecteur Rebus. Qui ne connait pas ce flic anarchiste, porté sur la bouteille, et volontier ironique ? Colin Brown, taillé sur mesure pour cet exercice de style, livre sous cet angle fictionnel une vision inattendue de la capitale écossaise.

Inverleith et Leith

THE ADAM POTTERY

76 Henderson Row ✆ +44 131 557 39 78
www.adampottery.co.uk
Ouvert du lundi au samedi, de 11h à 18h.
Des créations de céramistes contemporains sont exposées dans cette galerie qui est aussi un atelier. Six artistes résidents réalisent des pièces au design contemporain et à la technique traditionnelle. On peut les regarder travailler et même se joindre aux cours de poterie qu'ils organisent. Les amateurs d'artisanat trouveront toujours de belles surprises à cette adresse.

BRITANNIA WALK

A côté du Royal Yacht Britannia
Ocean Terminal
Prendre les Bus 11,22 ou 35 au départ de Leith street, juste derrière Waterloo Place ou de Princes street. Stopper à l'arrêt Ocean Terminal. Le circuit se trouve juste derrière le centre commercial de même nom.

Il s'agit d'une courte promenade à deux pas du Royal Yach Britannia. On observe le paysage en mouvement permanent du port industriel, avec ses cargos imposants venus de Norvège, de Russie, d'Allemagne ou de Hollande et les grues industrielles aux couleurs vives se découpant sur des montagnes de charbon. Une curosité des lieux : un petit bâtiment construit avec des techniques de fabrication navale lors du déclin de cette industrie. Cet édifice classé sert désormais à stocker les peintures pour l'entretien des bateaux. On trouve également ici la dernière sculpture d'Antony Gormley venu parachever le circuit de la Water of Leith qui débute aux National Galleries of Scotland, près de Dean Village. Le dernier personnage sculpté impressionne par son emplacement. Placé à l'extrémité d'une jetée abandonnée aux poutres recouvertes de lichen et traversées par de longs clous rouillés, il semble sur le point de sauter dans la mer. N'oubliez pas votre appareil photo !

INVERLEITH HOUSE

The Royal Botanic Garden
✆ +44 131 248 29 71 /
+44 131 248 28 49
www.rbge.org.uk

Sise dans un bel édifice construit au XVIIIe siècle, la galerie d'art du jardin botanique accueille toute l'année des expositions d'envergure. Pour exemple, elle consacrait dernièrement une exposition à l'artiste américaine Joan Mitchell (1925-1992). Cette artiste majeure de l'expressionnisme abstrait américain n'avait jamais fait l'objet d'une exposition solo en Grande Bretagne. Par le passé, on a pu aussi voir passer Claude Cahun, Louise Bourgeois ou encore John Cage venu présenter ses compositions musicales écrites pour les plantes.

NEW HEAVEN HARBOUR

New Heaven Harbour
Les bus 7 et 11 y mènent du centre-ville et le 16 passe par Leith et le centre-ville.

Newhaven Harbour est une petite anse du port située à l'ouest du port de Leith. On y découvre l'ensemble pittoresque composé par l'ancienne poissonnerie victorienne peinte en rouge avec ses arcades et son entrée principale, surmontée d'un toit pointue. A l'extrémité de la jetée se trouve un charmant petit phare blanc datant de 1869 près duquel des habitants se hasardent à jeter leur ligne. On aperçoit à l'horizon la structure du Forth Railway Bridge. Longue de 2 528 mètres, cette construction industrielle est un axe de transport majeur entre le nord-est et le sud-est du pays. Aux beaux jours, on profite agréablement du panorama en sirotant une bière à l'une des terrasses des cafés-restaurants qui donnent sur l'embarcadère.

ROYAL BOTANIC GARDEN

Royal Botanic Garden
✆ +44 131 552 71 71
www.rbge.org.uk
Les bus 8, 23 et 27 relient le Botanic Garden à la New Town (arrêts à Princes Street, Hanover Street ou York Place).

Entrée libre dès 10h (fermeture à 16h de novembre à janvier, à 18h en février et octobre, et à 19h de mars à septembre).

Créé en 1670, il est considéré comme le roi des jardins d'Ecosse, 35 ha de plantes du monde entier et une collection unique de rhododendrons.

ROYAL YACHT BRITANNIA

Ocean Terminal Leith
✆ +44 131 555 88 35
www.royalyachtbritannia.co.uk

Pour vous y rendre, bus 1, 11, 22, 34 et 35. Ouvert d'avril à octobre de 9h30 à 16h30 et de novembre à mars de 10h à 15h30. Les horaires de fermeture sont ceux de la dernière admission. Compter £11 pour un adulte et £7 pour un enfant. Un audioguide vous est fourni avec les explications en français.

Le dernier yacht de la famille royale est désormais amarré au port de Leith après 44 ans de bons et loyaux services passés sur les mers, de 1953 à 1997. On visite le navire dans ses moindres recoins, du pont jusqu'à la salle des machines en passant par les appartements de la reine et les cabines des officiers. Même la Rolls Royce de la reine a été conservée à bord !

SCOTLANDART.COM

2 St. Stephen Place
✆ +44 131 225 62 57
www.scotlandart.com

Ouvert du mardi au vendredi, de 10h30 à 17h30. Le samedi de 10h à 17h30 et le dimanche de midi à 17h.

Une galerie essentiellement tournée vers la peinture et des œuvres de facture classique, très axées paysage. On a souvent l'occasion de voir la nature écossaise interprétée par un peintre du cru. Toujours intéressant d'y faire un saut de passage à Stockbridge. Pour les amateurs de paysages urbains, demandez à voir des œuvres de Karen Cairns, une très bonne aquarelliste.

THE STOCKBRIDGE COLONIES

Glenogle road

Une ambiance pittoresque émane de cet ensemble de maisons ouvrières, construit entre 1861 et 1911, structuré en lignes le long de la rivière de Leith. Chaque allée fut attribuée à un corps de métier que l'on devine en observant les instruments de travail sculptés en bas relief sur le mur des maisons donnant sur Glenogle road. Leur porte d'entrée est située au premier étage, dégageant le fronton des maisons pour abriter d'adorables jardins. Aux beaux jours, les chats ronronnent sur les marches d'escaliers, entre de luxuriantes jardinières. Pommiers, tonnelles verdoyantes, tournesols, roses, chardons et lilas s'épanouissent le long d'allées pavées, dans des jardins qui abritent aussi des mangeoires à oiseaux ou des niches fantaisistes pour le chien.

New Town

CALTON HILL

Calton Hill

A l'est de Princes Street. Il existe plusieurs options pour accéder à cette colline mais le mieux est peut-être de l'aborder par Leith Walk et de continuer sur Royal Terrace et Regent Terrace car vous y verrez d'intéressants édifices comme l'ancienne *Royal High School* et Calton Jail. Une autre possibilité consiste à monter l'escalier situé sur Waterloo Place au bout duquel l'ascension de plusieurs monuments vous attend !

THE GEORGIAN HOUSE

7 Charlotte Square

✆ +44 131 226 33 18

www.nts.org.uk

Ouvert de 11h à 16h du 1er au 25 mars, du 26 mars au 30 juin et en septembre de 10h à 17h et jusqu'à 18h en juillet-août, de 11h à 15h en novembre. Entrée : £6.

La visite du n° 7 Charlotte Square débute par un film court. La journée type de la famille bourgeoise qui y vécut et de son personnel est précisément décrite. On suit les six servantes élaborant dans de gigantesques cuisines des mets raffinés, l'éducation musicale des jeunes filles de la maison ou encore les réceptions mondaines organisées par les propriétaires.

C'est avec ces histoires en tête que l'on découvre chacune des pièces de la maison meublée dans le style de l'époque. Des acteurs en costume vous accueillent, prompts à répondre à toutes vos questions. Dans chaque pièce, un texte traduit en français donne d'autres informations intéressantes. Cette visite didactique et vivante permet de s'immerger totalement dans les mœurs quotidiennes de l'époque.

THE HENDERSON GALLERY

Thistle Street Lane

www.thehendersongallery.com

Ouvert du lundi au samedi, entre 9h et 18h.

A un rythme de 8 à 10 expositions par an, cette galerie d'art contemporain permet de découvrir d'intéressants artistes de la scène actuelle, écossaise comme internationale. D'excitantes découvertes esthétiques en perspective, en plein cœur de la New Town.

NATIONAL GALLERIES OF SCOTLAND & ROYAL SCOTTISH ACADEMY

The Mound

✆ +44 131 624 62 00

www.nationalgalleries.org

Ouvert tous les jours entre 10h et 17h et jusqu'à 19h le jeudi. Entrée libre.

Le spacieux bâtiment néoclassique dessiné par William Henri Playfair répond à merveille à sa fonction de musée, qui met vraiment en valeur les œuvres d'art. La collection de peinture européenne se trouvant au rez-de-chaussée compte des artistes majeurs parmi lesquels Rembrandt, Goya, Monet, Véronèse... On ne manquera pas les deux célèbres tableaux de Titien consacrés au mythe de Diane et Actéon, ni une salle circulaire exclusivement consacrée à la splendide série des sept sacrements de l'Eglise, commandée à Poussin.

Le musée compte également une collection exceptionnelle de peinture britannique. Au sous-sol, dédié à la peinture écossaise, on découvre une floraison d'écoles picturales consacrées au paysage, ce qui n'est guère étonnant dans un pays qui compte des sites naturels si spectaculaires. *The Royal Scottish Academy* est le pavillon qui donne sur Princes Street. Sa vocation est principalement de présenter les travaux de jeunes artistes écossais. En plus de la peinture ou de la sculpture, place est ici faite à la vidéo et aux installations.

NELSON MONUMENT

Calton Hill

✆ +44 131 556 27 16

Vous pouvez y monter d'avril à septembre de 10h à 19h du lundi au samedi et de 10h à 15h le dimanche ; d'octobre à mars de 10h à 15h, du lundi au samedi (fermé le dimanche). Tarif : £3.

Grâce à une stratégie qui fait toujours date dans l'histoire militaire, l'amiral Nelson parvint à battre la flotte franco-espagnole pourtant bien supérieure en nombre à la flotte britannique. Le peintre Turner réalisa une toile de cette bataille par laquelle l'armée britannique gagna sa suprématie sur les mers. Un statut qu'elle conservera jusqu'à la Première Guerre mondiale. En plus de profiter à son sommet de l'une des plus belles vues sur Edinburgh, on trouvera, dans le petit musée, des pièces et des documents d'époque relatifs à l'événement (lettres manuscrites, maquettes de voilier...)

SCOTTISH NATIONAL PORTRAIT GALLERY

1 Queen Street ✆ +44 131 624 62 00
www.nationalgalleries.org
De 10h à 17h et jusqu'à 19h le jeudi. Entrée gratuite.
Ce musée rassemble les portraits des personnalités qui ont façonné l'Ecosse, de Mary Stuart à Sean Connery. Plus intéressante encore est sa collection de photographies qui inclut des tirages datant de 1840. Leur caractère sociologique donne à ces clichés beaucoup de force. Elles témoignent d'une période historique particulièrement dense dans l'histoire du pays (famine de la pomme de terre dans les Highlands, industrialisation galopante, mutations du paysage...) Dernièrement fermé pour restauration, l'édifice exceptionnel du musée, aux ornementations d'époque Art & Crafts, est désormais mis en valeur comme il se doit, pour le plus grand plaisir des yeux.

Scott Monument.

SCOTT MONUMENT

East Princes Street Gardens
✆ +44 131 529 40 68
Ouvert tous les jours d'avril à septembre, du lundi au samedi de 10h à 17h et le dimanche de 10h à 18h. D'octobre à mars, du lundi au samedi de 9h à 16h, le dimanche de 10h à 18h. Entrée £3.
Ce monument a été érigé en 1844 à la mémoire de sir Walter Scott. Son style gothique est des plus sévères, et c'est l'un des points de repère de la ville. On peut monter au sommet et profiter de la vue pour £3.

Old Town

CAMERA OBSCURA

Castlehill, Royal Mile
✆ +44 131 226 37 09
www.camera-obscura.co.uk
Ouvert de 9h30 à 19h d'avril à juin et de septembre à octobre, en juillet et août de 9h30 à 20h30 et de novembre à mars entre 10h et 18h. Adulte : £10,95 et enfant : £7,95 (gratuit pour les moins de 5 ans).
Ce périscope datant de l'ère victorienne projette une vue de la ville sur un tableau. Exposition permanente d'une série d'innovations audiovisuelles (images en 3 dimensions, lasers et photographie).

DOVECOT STUDIOS

10 Infirmary Street
✆ +44 131 550 36 60
www.dovecotstudios.com
Un ancien therme d'époque victorienne rénové a permis cet espace d'exposition et de création, spacieux et lumineux. Des pièces d'artisanat sont exposées au rez-de-chaussée. Céramiques, œuvres d'ébénistes, de souffleurs de verre, mobilier contemporain et bijoux s'articulent autour de thématiques, dans l'esprit du Art & Craft. Au troisième étage, des tapisseries sont exposées sur une mezzanine autour d'une fosse centrale – autrefois une piscine – où se trouvent les ateliers. Des tapisseries sont suspendues à leur métier à tisser, en cours de fabrication, entre des étagères couvertes de pelotes aux fils multicolores. Pour les amateurs d'arts appliqués et de design, ce lieu de création pointu, où passent les meilleurs artistes britanniques du moment, est à ne surtout pas manquer !

OUR DYNAMIC EARTH
Holyrood Road © +44 131 550 7800
www.dynamicearth.co.uk
Ouvert de 10h à 17h30 et jusqu'à 18h en juillet et en août. Dernière admission 1h30 avant fermeture. Tarif : £9.45 adulte et £6.30 enfant.
Impossible de ne pas remarquer cette architecture à la forme d'un voilier futuriste, au pied du Salisbury Craig. Ce centre destiné aux sciences de la terre a été construit en mémoire de l'Edimbourgeois James Hutton, l'un des pères de la géologie moderne dont des hypothèses seront plus tard reprises par Darwin. On y explique la formation de la croûte terrestre depuis le Bing bang, reconstitué sous la forme d'un dispositif vidéo immersif. Cartes lumineuses, dispositifs 3D, films et écrans interactifs font explorer la planète à travers le temps et l'espace, décrivant les processus de formation des galaxies, des montagnes et des glaciers, les catastrophes naturelles et la formation des volcans. Des reliefs à découvrir ensuite au Salisbury Craig, doté d'une carte décrivant les itinéraires à suivre.

EDINBURGH CASTLE
Castlehill © +44 131 225 98 46
www.edinburghcastle.gov.uk
£14 pour un adulte, £8,20 pour un enfant, gratuit pour les moins de 5 ans. Des audioguides sont disponibles. Ouvert d'avril à septembre, de 9h30 à 18h, d'octobre à mars, de 9h30 à 17h. Dernière admission 45 minutes avant fermeture.
Le plus connu des châteaux écossais et le plus chargé d'histoire. Cette ancienne forteresse est construite sur un rocher dominant le Royal Mile. Il fut un bastion défensif à partir de la préhistoire. Trois côtés du château sont protégés par des falaises abruptes limitant son accès à une seule voie. Du côté nord se trouvait autrefois un lac, le Nor'Loch. Il fut asséché pendant l'époque géorgienne au moment de la nouvelle construction de la ville. S'y trouvent aujourd'hui les agréables jardins de Princes Street. On accède au château par une esplanade, au sommet du Royal Mile. De celle-ci, le panorama sur la ville est extraordinaire. C'est ici que se déroulait le tatouage militaire annuel et qu'avaient lieu les parades de la garnison. Plusieurs musées ont été aménagés à l'intérieur de la forteresse. L'un d'entre eux abrite les plus anciennes parures royales de Grande-Bretagne. La Pierre du destin est de loin la plus fascinante. Appelée Lia Fail dans la mythologie celtique, on lui attribuait des pouvoirs magiques et les rois d'Ecosse s'asseyaient sur ce talisman lors de leur couronnement. La chapelle St. Margarets est la partie la plus ancienne dans la forteresse, édifiée au XIIe siècle par David Ier en l'honneur de sa mère. Elle abrite le One O'Clock Gun, un canon que l'on tire tous les jours à 13h.

THE FRUITMARKET GALLERY
45 Market Street © +44 131 226 18 43
www.fruitmarket.co.uk
Ouvert du lundi au samedi, de 11h à 18h. Le dimanche, de midi à 17h. Entrée libre.
Excellente galerie d'art contemporain à la programmation de qualité. Lors de notre passage, Martin Creed faisait venir petits et grands avec ses escaliers aux marches musicales et ses installations pleines d'humour. Prochainement entre les murs, une exposition collective qui rassemblera Louise Bourgeois, Jeff Koons, Paul McCarty, Mike Kelley... Egalement une très bonne librairie consacrée aux arts plastiques et bon choix de magazines d'art.

GLADSTONE'S LAND
477b Lawnmarket
© +44 131 226 58 56 – www.nts.org.uk
Ouvert du 1er avril au 30 juin, de 10h à 17h, jusqu'à 18h30 en juillet-août, de septembre à octobre jusqu'à 17h. Dernière admission 30 minutes avant la fermeture. Entrée : £6.
Ce bâtiment datant de 1620 a été remeublé dans le style typique d'une maison patricienne. Circulant à travers des pièces somptueusement meublées, on imagine ce que put être le quotidien du riche propriétaire de la maison, Thomas Gladstone, qui était aussi amateur d'art.

GREYFRIARS TOLBOOTH & HIGHLAND KIRK
Greyfriars Place
www.greyfriarskirk.com
Située en plein cœur de la vieille ville, l'église de Greyfriars participe activement à la vie culturelle d'Edimbourg en programmant des concerts, des récitals d'orgue et des expositions d'artisanat entre ses murs. Le jardin de l'église abrite des pierres tombales d'hommes illustres et le Martyr's Monument, dressé à la mémoire des covenentaires, ou presbytériens écossais qui luttèrent contre Charles 1er et son imposition du culte anglican. Beaucoup de vieilles pierres ornées, dévorées par la mousse dans ce jardin populaire et constamment traversé, au carrefour des rues les plus animées de la ville. Sur Candlemaker Row, on remarquera aussi la sculpture d'un Skye Terrier, réalisée en hommage à Bobby, un chien fidèle venu pleurer pendant quatorze ans la mort de son maître, enterré dans les jardins de l'église.

HOLYROOD PARK
1 Queen's Drive
Holyrood Park Education Centre
✆ +44 131 652 81 50
www.historic-scotland.gov.uk
Centre ouvert du lundi au vendredi, de 10h à 16h. Carte des circuits disponible en pdf sur leur site Internet.
Si vous aimez marcher, essayez les circuits des volcans dans le parc d'Holyrood, derrière le palais, pour contempler la ville de plus haut. Une brochure gratuite est disponible au *Historic Scotland Ranger Service*, vous précisant les chemins à emprunter. Vous pouvez atteindre le sommet d'Arthur's Seat en 20 minutes, ou en 2 heures en suivant un itinéraire plus complet.

JOHN KNOX HOUSE
43-45 High Street
✆ +44 131 556 95 79
Ouvert du lundi au samedi, de 10h à 18h. En juillet et août, également ouvert le dimanche, de midi à 18h.
Dans cette belle maison du XVIe siècle sur trois étages, on découvre à travers des objets d'époque les vies de ses deux plus célèbres résidents : John Knox, fondateur de l'Eglise écossaise, et James Mossman, l'orfèvre de Mary Stuart.

MUSEUM OF CHILDHOOD
42 High Street
✆ +44 131 529 41 42
www.edinburghmuseums.org.uk
Ouvert du lundi au samedi de 10h à 17h et le dimanche à partir de midi. Entrée libre.

National Library of Scotland.

Collection de jouets, de maisons de poupée, de costumes et d'équipements de jardin d'enfants de l'époque victorienne.

MUSEUM OF EDINBURGH
142 Canongate ✆ +44 131 529 41 43
museumsandgalleries@edinburgh.gov.uk
Ouvert du lundi au samedi, de 10h à 17h. En août, ouvert aussi le dimanche entre midi et 17h. Entrée libre.
La visite d'Edimbourg ne prend que plus de saveur, une fois visité ce musée attrayant et didactique qui nous en présente l'histoire. On découvre d'abord que le quartier de Canongate était autrefois un village indépendant d'Edimbourg. Quantités d'anecdotes sur le quotidien des habitants de la ville sont évoquées à travers des objets d'époque : pots de chambre qu'ils jetaient par la fenêtre chaque soir en criant « *Gardy loo* ! » (déformation du français : « gare à l'eau ! »), protections en tissu de damas que glissaient les demoiselles dans leurs chaussures, afin de limiter le contact de leurs pieds (sujets aux verrues) avec les rues crasses…
On découvre aussi les tentatives d'assainissement effectuées pour améliorer le quotidien des citadins, tels ces énormes tuyaux d'acier et de bois par lesquels on faisait venir de l'eau d'une source située à quelques kilomètres au sud du château jusqu'au centre, en profitant du dénivelé naturel. Sans grand succès, car le métier de porteur d'eau (les caddies) ne disparut pas pour autant…
Une grande section est consacrée au port de Leith par lequel arrivaient toutes les marchandises des colonies et de l'Orient avant qu'on ne construise au XIXe siècle canaux et voies ferrées. La visite se termine par une partie consacrée à la *New Town* où l'on trouve les plans originaux proposés par l'architecte James Craig, concepteur de la nouvelle cité. On apprend également en quoi les pubs eurent un rôle social fort important à jouer dans les relations entre *Old Town* et *New Town*…

NATIONAL LIBRARY OF SCOTLAND
George IV Bridge ✆ +44 131 623 37 00
www.nls.uk
Ouvert en semaine de 10h à 20h. Le samedi, ouvert de 10h à 17h et à partir de 14h le dimanche. Entrée libre.
La National Library expose régulièrement une sélection de manuscrits, gravures et autres œuvres sur papier autour de thématiques variées. Deux expositions temporaires sont programmées pendant l'année. The John

Murray Archive est exposé de façon permanente. On y trouve, parmi d'autres manuscrits célèbres, l'original de *Origin of Species* de Charles Darwin.

NATIONAL MUSEUM OF SCOTLAND
Chambers Street
✆ +44 131 247 44 22
www.nms.ac.uk
Ouvert du lundi au dimanche de 10h à 17h. Entrée et audioguide gratuits. Compter au moins 2 heures de visite.
Ouvert en 1998, ce musée passionnant présente pour la première fois toute l'histoire de l'Ecosse, des origines jusqu'à nos jours. Plus de 10 000 objets historiques sont exposés de manière très pédagogique.

THE OLD MORAY HOUSE
A côté de St John Street
partie sud de Cannongate
Construite en 1624 par une comtesse, cette maison est emblématique des constructions que se firent construire les nobles et riches marchands venus à Canongate pour échapper à la Old Town devenue surpeuplée et malfamée. Olivier Cromwell y aurait résidé lors de ses passages dans la ville, en 1648 et 1650. L'édifice abrite actuellement une école supérieure.

PALACE OF HOLYROODHOUSE
The Royal Mile ✆ +44 131 556 51 00
www.royalcollection.org.uk
D'avril à octobre, de 9h30 à 18h. De novembre à mars, de 9h30 à 16h30. Se présenter 1 heure au minimum avant la fermeture. Adultes £15,10, plus de 60 ans et étudiants (sur justificatif) £13,75, jeunes de moins de 17 ans £8,55, gratuit pour les moins de 5 ans.
Résidence officielle de la reine lors de ses séjours en Ecosse, ce palais fut le théâtre d'événements marquants de l'histoire écossaise. Il est connu notamment pour avoir été la demeure de Marie Stuart, et son secrétaire Rizzio y fut assassiné. Y sont exposés les portraits de plus de 80 rois écossais, réalisés par Jan de Wet entre 1684 et 1686. Le palais est fermé lors des visites de la famille royale et d'autres grandes occasions.

THE QUEEN'S GALLERY
Holyrood Palace ✆ +44 131 556 51 00
www.royalcollection.org.uk
Entrée 5.50 £. Ouvert tous les jours, de 9h30 à 16h30 du 1er novembre au 31 mars. Du 1er avril au 31 octobre, ouvert jusqu'à 18h. Dernière admission une heure avant fermeture.
Au cours de ses 500 années de règne, la famille royale a acquis une collection somptueuse d'œuvres d'art en provenance du monde entier. Ces dernières sont visibles au gré d'expositions thématiques organisées dans les galeries de ses trois résidences officielles que sont la palais de Westminster Palace, le château de Windsor et la Queen's gallery de Holyroodhouse. On peut y voir les plus grands maîtres de la peinture classique, baroque ou flamande mais aussi des pièces acquises lors des voyages de la famille royale dans le monde. Une exposition fut par exemple consacrée à des pièces rapportées du Mexique. Les amateurs d'art ne manqueront donc pas de prendre connaissance du programme en cours lors de leur passage.

REID CONCERT HALL
Entrer par Bristo Square
Teviot Place
www.music.ed.ac.uk/euchmi/rch
Ouvert le mercredi de 15h à 17h et le samedi de 10h à 13h. Pendant le Fringe festival, ouvert du lundi au vendredi de 14h à 17h. Entrée libre.
En plein cœur de la Old Town et pourtant si discret ! C'est normal, les horaires d'ouverture sont assez peu étendus. On trouve dans ce hall d'époque victorienne un beau rassemblement d'instruments de musique, dont certains aux formes étranges que l'histoire a oubliés. Les plus anciens datent de 400 ans. Sur place, des guides jouent pour vous les instruments dont vous apprécierez aussi le son. Si vous êtes de passage dans le coin aux bons horaires, allez donc y faire un tour !

THE SCOTCH WHISKY EXPERIENCE
354 Castlehill, The Royal Mile
✆ +44 131 220 04 41
Fax : +44 131 220 62 88
www.scotchwhiskyexperience.co.uk
Ouvert tous les jours de 10h à 18h (dernière visite guidée à 17h), et jusqu'à 18h30 de juin à août. Bus : St Andrews Bus Station. Plusieurs visites guidées possibles ; premier prix à partir de £12,50 par adulte.
Si vous n'allez pas dans les *Highlands* et que vous voulez connaître les secrets de la fameuse *water of life*, ce musée vous apportera les connaissances essentielles sur la fabrication du whisky écossais. On vous y apprend également la distinction entre whisky de malt, de grain et à base de mélanges. La visite se termine par la dégustation du whisky du jour.

SCOTTISH PARLIAMENT

✆ +44 131 348 52 00
Fax : +44 131 348 56 01
www.scottish.parliament.uk

Ouvert les lundi et vendredi de 10h à 16h et du mardi au jeudi de 9h à 18h30. Bus 35 ou 36, descendre à Holyrood. Au choix : visites guidées toutes les 20 minutes entre 10h20 et 15h40 du lundi au vendredi et jusqu'à 14h20 d'octobre à mars. Les dimanches et périodes de vacances, visites entre 11h20 et 16h.

Conçu par l'architecture Eric Miralles, le Parlement écossais est un édifice ambitieux dont la forme a voulu entrer en résonnance avec celle du Salisbury Craig. Sa visite sera d'intérêt pour les amateurs d'architecture. Deux options : un tour gratuit de ses différents espaces ou un tour payant à la thématique focalisée sur l'architecture particulière des lieux et les pièces artistiques acquises par le Parlement – photographies, peintures et sculptures ayant un lien avec les thématiques développées dans l'édifice par Miralles.

ST GILES' CATHEDRAL

High Street ✆ +44 131 225 94 42
Fax : +44 131 225 95 76
www.stgilescathedral.org.uk

Ouverte de 9h à 19h de mai à septembre, jusqu'à 17h samedi et de 13h à 17h le dimanche. D'octobre à avril, ouverte jusqu'à 17h et à partir de 13h le dimanche.

Erigée sur l'emplacement d'une église bien plus ancienne, cette cathédrale de style gothique fut construite pour l'essentiel au XVᵉ siècle. L'édifice a été construit en l'honneur de saint Giles, un ermite français qui vécut entre les VIIᵉ et VIIIᵉ siècles. Ce protecteur des lépreux et boîteux était particulièrement populaire au Moyen Age. Les quatre piliers centraux sont la partie la plus ancienne de l'édifice et datent de 1120. D'autres chapelles ont été ajoutées à partir du milieu du XVIᵉ siècle. Ne manquez surtout pas celle de l'ordre du Chardon qui se cache au fond, construite en 1911 pour l'ordre de chevalerie de même nom. Son plafond richement orné absolument impressionnant et ses boiseries sculptées sont une source sûre de plaisir esthétique !

THE SURGEONS' HALL MUSEUM

Nicolson street
✆ +44 131 527 16 49 / +44 131 527 16 78
www.museum.rcsed.ac.uk

Du 31 juillet au 5 septembre, ouvert du lundi au vendredi, de 9h à 16h et à partir de midi le week-end. Le reste de l'année, ouvert de lundi à vendredi, de midi à 16h. Entrée 5£.

L'architecte écossais William Playfair, à qui l'on doit la National Gallery of Scotland, fut également un grand collectionneur de pièces médicales. Regroupées dans ce musée, ces pièces composent l'une des plus importantes collections au monde de pièces anatomiques, d'instruments de chirurgie et de specimen pathologiques dont les plus anciens remontent au XVIIIᵉ siècle. Une immersion impressionnante dans l'histoire de la médecine, le traitement et l'exploration du corps humain.

TALBOT RICE GALLERY

The University of Edinburgh, Old College, South Bridge ✆ +44 131 650 22 10
www.trg.ed.ac.uk

Ouvert du mardi au samedi de 10h à 17h. Entrée gratuite.

Scottish Parliament (Parlement Écossais).

La galerie d'art contemporain la plus importante d'Edimbourg. On a pu y voir par le passé des pointures comme David Batchelor, artiste de la célèbre galerie londonnienne Saatchi ou l'artiste écossaise Lucy McKenzie, nominée au Turner Prize. Un incontournable pour les amateurs d'art actuel.

THE WHITE HORSE CLOSE

En bas de Canongate,
face au Parlement écossais

Dans les beaux édifices restaurés de cette cour intérieure pittoresque datant du XVIe siècle se trouvaient autrefois les écuries royales et une ancienne taverne, la White Horse Inn, où se reposaient les écuyers avant de partir à Londres.

THE WRITERS' MUSEUM

Lady Stair's Close Lawnmarket
✆ +44 131 529 49 01
museumsandgalleries@edinburgh.gov.uk

Ouvert du lundi au samedi, de 10h à 17h. Egalement le dimanche au mois d'août entre midi et 17h. Entrée libre.

Le musée a pour cadre la *Lady Stair's House*, étroite maison construite en 1622 où l'on circule par un adorable escalier en colimaçon. L'Ecosse des XVIIIe et XIXe s'incarne merveilleusement à travers les personnalités de Robert Burns (1759-1796), Walter Scott (1771-1832) et Robert Louis Stevenson (1850-1894). Elles se dévoilent par touches, à travers manuscrits, peintures, portraits et objets personnels. Les amateurs de photographie se régaleront en regardant celles du séjour de Stevenson en Polynésie où le bel écrivain pose avec une élégance toute britannique parmi ses amis. Avec Robert Burns, poète-paysan qui contribua beaucoup à l'essor du romantisme, c'est la vie à la campagne que l'on découvre, à travers peintures et gravures pittoresques inspirées de ses poèmes. Le pauvre Walter Scott est le moins gâté des trois, que des reconstitutions en cire un peu kitsch ne ressuscitent guère…

West End

6 TIMES SCULPTURES

75 Belford Road
www.nationalgalleries.org

On peut démarrer le circuit du musée ou de Dean Village : suivre Hawthornbank Lane jusqu'à la berge où la direction de la Scottish National gallery est indiquée par des panneaux.

Itinéraire complet du circuit sur le site Internet du musée.

Célèbre pour ses interventions *in situ* dans d'importantes villes britanniques (*The Angel of the North* à Newcastle, *Another Place* près de Liverpool) le sculpteur londonien, Antony Gormley, a installé un ensemble de silhouettes humaines sculptées dans la rivière de Leith. La première se trouve enterrée jusqu'aux épaules devant la Scottish National Gallery of Modern Art et les cinq autres baignent dans l'eau. On se laisse surprendre par leur présence au fil d'une agréable promenade sur les berges verdoyantes de la rivière que l'on rattrape du musée et jusqu'au Dean village. Un circuit que l'on peut aussi poursuivre jusqu'au port de Leith, où se trouve la dernière sculpture.

DEAN GALLERY

73 Belford Road ✆ +44 131 624 65 58
www.nationalgalleries.org

Ouvert tous les jours de 10h à 17h (19h le mardi). Entrée gratuite.

Ce musée a ouvert ses portes en 1999 et propose une collection d'œuvres dadaïstes et surréalistes. Les travaux d'Eduardo Paolozzi y tiennent une place importante, l'artiste ayant fait don d'une importante partie de ses œuvres à la National Gallery of Scotland. Son atelier est également reconstitué. On y voit les coulisses de son travail créateur à travers un joyeux fatras d'objets et d'outils de travail. Le musée jouit également d'un parc splendide où l'on trouve des œuvres land art. Idéal pour une halte au vert, loin de l'agitation de la ville.

DEAN VILLAGE

De Princes street, prendre les Bus 37, 37A ou 41 et descendre à Dean Bridge. Dean Village se trouve sous le pont.

Cette paisible bourgade abritait dès 1128 des moulins, activés par le courant de la rivière, et approvisionnait en farine la ville d'Édimbourg. En bas de Bell's Brae, on découvre un petit ensemble de maisons en pierre, dont certaines avec des façades à colombages. Sur l'une d'elles, reconnaissable à sa façade jaune, on observe le symbole de la corporation des boulangers, deux pelles à enfourner le pain qui se croisent. En s'engageant dans Hawthornbank et une fois enjambé le pont passant au-dessus de la rivière, on rejoint un pittoresque sentier qui mène à la Scottish National Gallery of Modern Art et la Dean Gallery. On s'y promène dans une délicieuse atmosphère de sous-bois, bercé par le murmure de la rivière, le chant des oiseaux et surpris en chemin par les sculptures d'Antony Gormley.

SAINT BERNARD'S WELL

St Bernard's Well
A partir de Dean Village, suivre le sentier de la Water of Leith walk, direction Miller Row.

La légende attribue la découverte de cette source à Bernard de Clairvaux, fondateur de l'ordre des Cisterciens, au XIIe siècle. Les vertus curatives de l'eau lui auraient permis de se remettre d'une maladie. Plus tard, des analyses chimiques de l'eau attestent de son intérêt médical pour apaiser les dérèglements intestinaux. En 1788, un lord achète la source et y fait construire un petit temple d'inspiration néo-classique dédié à la déesse de la santé, Hygieia. Cet édifice pittoresque a fait l'objet de nombreuses peintures. On en trouve notamment une dans le salon de la Georgian House. Des marches permettent d'accéder à une terrasse en contrebas du temple, d'où l'on a de jolies vues sur la rivière. Le sentier rejoint Dean Terrace qui débouche sur Stockbridge.

SCOTTISH NATIONAL GALLERY OF MODERN ART

75 Belford Road ✆ +44 131 624 62 00
www.nationalgalleries.org
Ouvert tous les jours de 10h à 17h. Entrée gratuite.

Tous les grands noms de l'art du XXe siècle vous attendent ici : Picasso, Braque, Matisse, Warhol, Lichtenstein. Egalement des artistes majeurs de la scène contemporaine comme Douglas Gordon ou Bill Viola. Dans les superbes jardins du musée, des sculptures sont également exposées dont une réalisée par le célèbre Henry Moore. Un lac artificiel a également été conçu par Charles Jenks. En période estivale, les pelouses en terrasse sont occupées par les visiteurs venus y pique-niquer ou prendre un bain de soleil en contemplant les cygnes fendant paisiblement les eaux. Une belle occasion de se reposer avant de découvrir d'autres sculptures disséminées dans le parc.

SHOPPING

Pour acheter des spécialités écossaises, passez dans Rose Street ou au Royal Mile. Princes Street offre l'essentiel des grands magasins où acheter des cadeaux typiques, de l'alimentation ou des gourmandises.

SCOTTISH RUGBY STORE

Murrayfield Stadium
EH12 5PJ
✆ +44 131 346 5044
www.scottishrugbydirect.com
Ouvert du lundi au samedi de 9h à 17h.

La boutique de Murrayfield vous permettra de faire sensation en tribune et de rapporter des souvenirs siglés «XV du Chardon» à toute la famille.

Bons plans

ARMSTRONG & SONS

83 The Grassmarket
✆ +44 131 220 55 57
www.armstrongsvintage.co.uk
Ouvert du lundi au jeudi, de 10h à 17h30, le vendredi et le samedi jusqu'à 18h et le dimanche à partir de midi.

Depuis 1840, la famille Armstrong sélectionne des pièces de choix au gré des modes qui passent. Les nostalgiques trouveront ici des vêtements et accessoires dignes d'une victorienne distinguée, d'une lolita des sixties ou d'une vamp intemporelle. Les vrais fans ne manqueront pas les deux autres boutiques de cet empire de la mode, sur Clerk street et Teviot Place. Des adresses pour se faire un look sur mesure et ne ressembler à personne d'autre qu'à soi même !

ELAINE'S VINTAGE CLOTHING

55 St. Stephen Street
✆ +44 131 225 57 83
Ouvert du mardi au samedi, de 13h à 18h.

Passionnée de mode, Elaine a l'œil vif quand il s'agit de déceler les pièces intéressantes. Dans sa boutique, les vêtements sont soigneusement choisis et rangés avec intelligence. Si l'on a une idée précise en tête, lui en parler. Elle s'assurera qu'aucune des pièces qui pourraient vous intéresser ne soit oubliée. De plus, son goût est sûr et elle prodigue des conseils avisés. On essaye les vêtements dans une ambiance chaleureuse, en bavardant avec cette ancienne habitante de la Butte Montmartre et en écoutant ses disques, d'un goût également très sûr. On passerait des heures dans cette boutique. Un *must* du quartier à ne surtout pas manquer !

MARY'S LIVING AND GIVING SHOP

34 Raeburn Place
✆ +44 131 315 28 56
Ouvert tous les jours de 10h à 17h.

Raeburn place est un endroit célèbre pour ses multiples *charity shops* où l'on peut faire de très bonnes affaires. La plus intéressante d'entre elles se trouvent à cette adresse. Vêtements bien choisis et exposés dans cette boutique avec Diesel, Levis, Silver Island, de bonnes marques à petits prix. Des accessoires de jeunes créateurs également à la vente. On prendra le temps d'y jeter un œil.

■ **UNICORN ANTIQUES**
65 Dundas Street
✆ +44 131 556 71 76
www.unicornantiques.com
Ouvert de midi à 18h30 le lundi et le mercredi et à partir de 10h30 les autres jours de la semaine. Fermé le dimanche.
Vases asiatiques, tirelire fleurie, porcelaine anglaise, set à thé complet, anciennes poignées de portes, miroirs et miniatures fantaisistes. L'un des plus incroyables rassemblements d'antiquités du quartier vous attend à cette adresse. Les découvertes se poursuivent dans l'immense sous-sol qui a des allures de marché aux puces à lui tout seul ! A parcourir avec curiosité, ne serait-ce que pour le plaisir des yeux.

Inverleith et Leith

Artisanat – Déco – Maison

■ **ANTA**
32 North West Circus Place
✆ +44 131 220 16 93
www.anta.co.uk
Ouvert de 10h à 18h, du lundi au samedi. Fermé le dimanche.
Pour les tweeds et cachemires aux mélanges de couleur originaux et toujours élégants, c'est ici ! On peut acheter du tissu au mètre pour faire des rideaux ou des housses de coussin. La boutique propose elle-même des sacs de voyage, des écharpes, des abat-jour et des poufs carrés tapissés du même tissu. Egalement de belles pièces en grès ornées de chardons. Une styliste vous réalise aussi de superbes corsets sur mesure. Une adresse à ne pas manquer si l'on est amateur de textiles.

Panier gourmand

■ **THE IJ MELLIS CHEESEMONGER**
6 Bakers Place
www.mellischeese.co.uk
Si vous souhaitez vous confectionner de savoureux sandwichs pour les déguster lors d'une balade le long du water of Leith ou dans les jardins du Royal Botanic, c'est une bonne adresse. On y trouve tous les fromages britanniques, bien loin de se limiter aux seules pâtes sèches de style Cheddar. Il y a de délicieux Bleux, les Stiltons parfumés du Shropshire, également des fromages irlandais à découvrir...

■ **PECKHAMS**
48 Raeburn Place
✆ +44 131 332 88 44
www.peckhams.co.uk
Ouvert du lundi au samedi, de 8h à minuit et le dimanche de 8h à 11h.
Dans le quartier de Stockbridge, c'est une référence en produits gourmands ! Biscuits et thés, Christmas puddings, oak biscuits, fromages... La boutique propose aussi des paniers garnis thématiques, aux associations intéressantes et à la présentation très chic. Egalement de petites fioles de whisky sous la forme de coffrets de dégustation, façon whisky trail avec cartes à l'appui ou par régions. Une très bonne adresse pour faire un cadeau gourmand et sophistiqué.

New Town

Artisanat – Déco – Maison

■ **CATH KIDSTON**
58 George Street
✆ +44 131 220 15 09
Ouvert du lundi au samedi, de 10h à 18h et le dimanche de 11h à 17h.
Le magasin des mamans et des enfants : vareuses, savons à la rose, jouets, sets à pique-nique, linge de maison, chemises de nuit et accessoires douillets d'intérieur. Le tout dans un style british très fleuri !

Cadeaux

■ **CONCRETE WARDROBE**
50A Broughton Street
✆ +44 131 558 71 30
Ouvert du lundi au samedi de 10h à 18h et le dimanche de 12h à 16h.
Un bon choix de pièces de jeunes créateurs écossais vous attend dans cette petite boutique : sacs en feutre, papiers à lettres décorés, bijoux faits à la main, chapeaux et sacs, T.shirts *arty*, foulards en soie imprimée... Des objets de qualité accessibles à toutes les bourses pour faire un cadeau original ou pour rapporter un joli souvenir d'Edimbourg.

Mode – Sport

21ST CENTURY KILTS

48 Thistle Street ✆ +44 131 220 9450
www.21stcenturykilts.com
Ouvert du mardi au samedi, de 10h à 18h.
Le styliste Howie Nicholsby vous accueille en personne dans la boutique où sont exposés les kilts de sa création. La fameuse jupe à plis se décline ici en cuir, en jean et pourquoi pas en tweed rose bonbon, à la demande d'une de ses clientes. On vient donc s'offrir une création sur mesure dans le tissu de son choix. Vin Diesel, Robbie Williams et Madonna se sont déjà offert ce plaisir, pourquoi pas vous ? Howie ne déguise personne, il trouve ce qui convient à chacun. En sortant de chez lui, on se dit que le kilt est une alternative ultra séduisante au traditionnel pantalon. Messieurs, qu'attendez-vous pour exposer plus souvent vos jambes ?

BELINDA ROBERTSON

13a Dundas Street ✆ +44 131 557 81 18
www.belindarobertson.com
Ouvert tous les jours jusqu'à 18h et jusqu'à 17h le dimanche.
Surnommée la Reine du Cachemire, Belinda Robertson propose cardigans, pulls, calicots ou capes aux coupes fluides et épurées. La palette de couleurs, subtile, décline 131 teintes différentes à découvrir sur le nuancier de la boutique. L'idée : pouvoir commander le modèle de son choix dans l'une de ces couleurs. Egalement à la vente, des savons spécialement conçus pour nettoyer ce lainage fragile.

CATH KIDSTON

58 George Street ✆ +44 131 220 15 09
Voir page 659.

JOEY D

54 A Broughton Street
✆ +44 131 557 66 72 – www.joey-d.co.uk
Ouvert du lundi au dimanche, de 10h30 à 18h.
Joey D assemble de vieux vêtements en une suite de collages insolents pour leur donner une seconde vie. Un sac paramilitaire se transforme en baise-en-ville, une ceinture de balle en accessoire de mode. Il mélange le jean, la toile de jute et le cuir en un patchwork insolite pour créer des sacs à main uniques ou des kilts ornés de grosses boucles de ceintures montées par trois. Des créations étonnantes à voir (et à essayer) dans sa boutique-atelier.

KAKAO BY K

45 Thistle Street ✆ +44 131 226 35 84
www.kakao.co.uk
On bénéficie de l'œil avisé d'une styliste scandinave venue vendre à Edimbourg une sélection des meilleures créations de son pays. Le point fort de cette adresse ? Les robes du soir, chics et sensuelles sans être voyantes pour autant. De finitions parfaites, aux formes et matières recherchées, difficile de ne pas craquer pour l'une d'entre elles.

LAURA ASHLEY

51 George Street
✆ +44 131 225 11 21
www.lauraashley.com
Dans un bel édifice d'époque géorgienne, la boutique est ici bien fournie. Articles très *british* dans leur esthétique : cardigans ornés de petits chiens, pulls vert profond, chemises à plis aux imprimés de style Liberty...

THREADBARE VINTAGE SHOP

66a Broughton Street
www.threadbare-edinburgh.co.uk
Blottie dans un basement, la boutique compte un nombre impressionnant de vêtements et accessoires rétro allant de la pièce rare à la curiosité d'époque à petit prix. La disposition est dense dans cette caverne d'Ali Baba aux murs barriolés par les tissus et la bonne musique donne envie de prendre son temps. On vous guide aussi volontier si vous avez une idée précise en tête. Dans un coin de la boutique, les créations de Cécile Paul, la propriétaire : de longs cardigans aux coupes asymétriques.

Panier gourmand

JENNERS FOOD HALL

48 Princes street
Le bel édifice de Jenners trône sur Princes Street depuis 170 ans. Dernièrement, on a rafraîchi la grande dame à grands coups de rénovations. Dans ce Food Hall flambant neuf, on trouve de nouveaux produits gourmands dont la séléction se focalise sur l'Ecosse. Poissons fumés, conserves gastronomiques, thés, sélection pointue de whiskies et produits d'une institution italienne de la ville, Valvona and Crolla.

WHITTARD OF CHELSEA

23 Princes Street
✆ +44 131 556 93 40
Ouvert du lundi au samedi, de 9h à 18h et le dimanche de 10h à 17h.
Une bonne adresse pour ceux qui veulent rapporter du thé dans leurs bagages et avoir l'embarras du choix. A la mandarine ou à la pêche melba, à la pomme granny, à la poire

ou au gingembre, les parfums se déclinent en associations originales et le packaging est soigné. Egalement tous les accessoires nécessaires à la préparation du thé.

Old Town

Artisanat – Déco – Maison

■ **MOLETA MUNRO**
4 Jeffrey Street
✆ +44 131 557 48 00
www.moletamunro.com
Un couple de designers britanniques est à l'origine de ces créations étonnantes. Une fois passés sous le prisme de leur imagination et de leur savoir-faire, lampes, étagères, tables basses ou tabourets se transforment en de surprenantes pièces d'ameublement. Evidemment, ce n'est pas très facile à glisser dans ses bagages, mais cela vaut le coup d'œil et l'on pourra toujours craquer pour des coussins décorés de silhouettes animales, des verres à cognac en forme de toupie ou un set à pique-nique dernier cri.

■ **THE RED DOOR GALLERY**
42 Victoria Street ✆ +44 131 477 32 55
reddoorgallery.blogspot.com
Ouvert du lundi au samedi de 12h30 à 17h30 et le dimanche jusqu'à 17h.
Une mignonne petite boutique qui propose des pièces de jeunes créateurs écossais : T-shirts illustrés, coussins imprimés, affiches et gravures originales, broches et sautoirs... Egalement de belles cartes postales. Certaines se plient ou se montent en kit pour former une pièce en volume. Idéal pour une surprise postale d'esprit typiquement *scottish*.

Cadeaux

■ **HANNAH ZAKARI**
43 Candlemaker Row ✆ +44 131 516 32 64
www.hannahzakari.co.uk
Ouvert du mercredi au samedi de 11h à 17h et le dimanche de midi à 16h.
Tout est *girly* chez Hannah Zakari. La boutique a de faux airs de boudoir. De jolis sacs en cuir de plusieurs couleurs ou en tissu brodé pendent à un mur, de petites gravures aux dessins naïfs sont exposées sur un autre et des bijoux fantaisie sont soigneusement rangés sous des vitrines.

■ **OWL & LION**
15 Grassmarket
✆ +44 131 220 09 00
www.owlandliongallery.com
Ouvert du mardi au samedi, de 10h à 17h.
La boutique s'est spécialisée dans les cahiers imprimés et les livres faits mains. Les graphomanes trouveront ici toutes sortes de carnets aux jolies couvertures et agréables textures de papier. On trouve également des livres d'artistes entre 5 et 7 £. Le concept : de courts textes au titre évocateur, notamment ceux de l'artiste écossais Leonard Mc Dermid qui décrit de petits morceaux de vie. Par leur jolie mise en page et leur typographie, ces livres sont aussi de beaux objets. On appréciera aussi les élégants T-shirts gris antracite ornés de dessins épurés et les cartes postales.

Librairie

■ **BLACKWELL BOOKSHOP**
53-62 South Bridge
✆ +44 131 622 82 22
bookshop.blackwell.co.uk
Ouvert jusqu'à 20h en semaine et 18h le week-end.
Envie soudaine de redécouvrir des auteurs classiques de la littérature britannique ? Les éditions Oneworld Classics publient tous les écrivains incontournables du pays : A. Radcliffe, R.L Stevenson, M. Shelley, D.H Laurence... Une partie de la librairie est exclusivement dédiée à l'Ecosse, avec une sélection de biographies, de CD et DVD. Egalement un bon choix de livres illustrés portant sur Edimbourg et sur l'Ecosse. Au mois d'août, la librairie suit également le Festival de littérature d'Edimbourg, l'un des plus importants du Royaume-Uni, en vendant les romans des nouveaux talents de la littérature britannique.

■ **DEAD HEAD COMICS**
27 Candlemarker www.deadheadcomics.com
Une adresse pour les amoureux de comics. Il y en a pour tous les goûts. De vieux héros légendaires, tel Superman, côtoient de frêles créatures de mangas ou des bimbos et chevaliers agressifs de l'heroïc fantasy. C'est aussi le moment de se tenir au courant sur les jeunes dessinateurs écossais à l'humour souvent corrosif voire un peu gore. Le grand chevelu qui enchaîne clopes sur clopes sur le pas de la porte est le propriétaire. Il se fera un plaisir de vous guider dans sa boutique.

Mode – Sport

■ **BARNARDOS VINTAGE**
116 West Bow Grassmarket
✆ +44 131 225 47 51
www.barnardos.org.uk

La boutique est comme une chambre d'adolescente nostalgique aux murs recouverts de posters de ses idoles : Elvis, Monroe, Hendrix... Vestes en tweed et tuniques baba cool voisinent avec une coiffeuse de grand-mère exhibant broches et colliers. Un panier abrite bérets en moumoute synthétique. Sacs à mains, jeans, salopettes, chaussures coquettes et vestes en cuir, joliment désuets, sont bien sûr aussi au rendez-vous...

FABHATRIX

13 Cowgatehead Grassmarket
✆ +44 131 225 92 22 – www.fabhatrix.com
Déjà un bon choix de chapeaux entre £28 et £40. Ouvert du lundi au samedi, de 10h30 à 18h et certains dimanches de 13h à 17h.
Edinburgh qui est une ville très dandy se devait de compter au moins un chapelier à la hauteur. C'est chose faite. Les chapeaux sont suspendus à de longues cannes de bambou, esthétiquement exposés dans l'espace de la boutique. Borsalinos, hauts-de-forme, voilettes, chapeaux cloches ornés de plumes ou de fleurs en tissu et autres couvre-chefs... Toutes les têtes devraient trouver leur bonheur. C'est forcément un peu cher, quoique la qualité du travail soit certaine et les chapeaux fort bien dessinés. Alors pourquoi ne pas s'offrir une petite folie et ressortir coiffé ?

Panier gourmand

DEMIJOHN LIQUID DELI

32 Victoria Street ✆ +44 131 225 32 65
www.demijohn.co.uk
Ouvert du lundi au samedi, de 10h à 18h et le dimanche de 11h30 à 17h.
C'est le concept sympathique de ce *liquid deli* qui retient d'abord : il est en effet possible de goûter absolument tous les produits en vente ! On teste au choix les liqueurs britanniques, les whiskies écossais, ou de curieux vins au gingembre mais aussi des huiles et des vinaigres. Au vu des mélanges de saveurs indiquées sur les étiquettes, il y a vraiment de quoi être très curieux ! Des vendeurs, vous guident dans cette approche ludique de la dégustation. Si vous souhaitez rapporter quelques délices liquides à la maison, on verse votre choix dans une jolie bouteille italienne spécialement conçue pour Demijohn. Côté packaging, on se régale aussi avec de petites boîtes de produits bien assortis et des fioles aux allures de parfum !

WHISKY SHOP

28 Victoria Street ✆ +44 131 225 46 66
www.whiskyshop.com
Ouvert de 10h à 18h du lundi au samedi et le dimanche de 12h30 à 18h.
Cette boutique intimiste et coquettement arrangée propose la boisson nationale sous toutes ses formes : petits coffrets de dégustation, bouteilles de différentes dimensions mais également des whiskies conservés en fût dont l'âge et les noms font rêver. Choisir un whisky est une entreprise tout aussi délicate et complexe que de choisir un parfum. Mais que ceux qui n'y connaissent rien se rassurent, on les aidera à trouver celui qui convient le mieux à leur palais. The Whisky Bible est également à la vente.

West End

HELEN BATEMAN

16 William Street ✆ +44 131 220 44 95
www.helenbateman.com
Ouvert du lundi au samedi, de 9h30 à 18h.
En matière de chaussures, la créatrice Helen Bateman tient à coup sûr le haut du pavé en Ecosse ! Plusieurs types d'escarpins, classiques dans la forme mais originaux avec des tissus imprimés zèbre ou carreau multicolore et les talons de couleur différente. Des modèles ultra chics à la finition impeccable, des peaux sophistiquées, le tout à des prix encore raisonnables. Egalement d'adorables chaussons. Une boutique qui vaut le détour !

REMUS

16B Stafford Street ✆ +44 131 225 67 73
La bonne adresse pour apporter une touche d'élégance et de fantaisie britanniques chez vous. Dans l'esprit du Art and Craft, de nombreux accessoires déclinent leurs motifs décoratifs fleur ou insecte. On aime notamment les souris d'ordinateur ou les porte-clés transparents avec un insecte à l'intérieur. Egalement excellents, les Trofeo Trophies, des sculptures décoratives en kit fabriquées en MDF que l'on remonte une fois chez soi, aux formes de tête de cerf ou de mangeoire à oiseau...

TRINKET

18 William Street ✆ +44 131 226 46 04
www.trinketjewels.co.uk
Ouvert du lundi au vendredi de 10h à 17h et jusqu'à 16h30 le mercredi. Fermé le dimanche.
Dans cette boutique joliment arrangée, on trouve le meilleur de la création écossaise indépendante en matière de bijouterie ainsi qu'une sélection craquante d'accessoires vintage pour mettre en valeur une robe ou un chemisier de façon chic et originale : broches Art nouveau, boutons de manchette des années 1930 aux années 1980, sautoirs en argent. Egalement des sacs à main à franges ou à perles, en cuir ou en laine.

Au sud, des petites chaînes montagneuses de Pentland, Moorfoot et Lammermuir Hills, dont les collines situées au sud d'Édimbourg se prêtent à d'agréables promenades, les Borders constituaient jadis la première ligne de défense des Ecossais contre les Anglais. Les douces collines de la région, sont ponctuées de maisons et de forteresses témoignant d'époques, tour à tour, prospères et violentes. Traversée par la Tweed et par le Southern Upland Way, le chemin de randonnée le plus long d'Ecosse, la région des Borders est relativement peu peuplée. Ses petites villes sont actives et cossues et sont le berceau des rugbymen de ce pays.

▸ ***Transports.*** *Il n'y a pas de chemin de fer dans les Borders, mais un service de bus très efficace relie Carlisle, Édimbourg et Berwick-upon-Tweed. Les axes majeurs sont des routes à deux voies en excellent état.*

KELSO

Cette ultime ville des Borders était considérée par Walter Scott comme le plus beau village d'Ecosse. Son abbaye fut la plus grande de la région. Construite au XIIe siècle par David Ier, elle fut détruite en 1545 par le comte de Hertford. Ce qui en reste aujourd'hui permet d'imaginer ce que fut Kelso au Moyen Age.

■ FLOORS CASTLE
✆ +44 1573 223 333
A 3 km de Kelso, au nord-ouest. Ouvert de mai à octobre de 11h à 17h. Compter £7 l'entrée.
Construit en 1721 par William Adam, c'est un des plus célèbres châteaux écossais. L'intérieur, encore habité, est riche en meubles français des XVIIe et XVIIIe siècles. La demeure possède 365 fenêtres, une pour chaque jour de l'année ! Il y a des collections de porcelaines et quelques toiles de maître. Le jardin est aussi réputé. Les inconditionnels du film *Greystoke* reconnaîtront Floors Castle.

■ MELLERSTAIN HOUSE
Mellerstain House
✆ +44 1573 410 225
www.mellerstain.com
En poursuivant l'A6089, avant Gordon. Ouvert en mai, juin et septembre les dimanche et mercredi de 12h30 à 17h. En juillet et en août, ouvert aussi les lundi et jeudi. Entrée : £4. Visite guidée à 14h.
C'est une magnifique demeure construite par William Adam et son fils entre 1725 et 1778. L'intérieur est somptueux.

■ MRS JUDY CAVERS
Crosshall Farm, Greenlaw
✆ +44 1890 840 220
Compter de £27 à £35. Ouvert toute l'année.
A une dizaine de kilomètres à l'est de Kelso, cette maison de campagne est confortable et chaleureuse. Pour ceux qui souhaitent marcher dans la campagne des Borders.

■ THE ROXBURGHE HOTEL AND GOLF COURSE
Heiton ✆ +44 1573 450 331
Fax : +44 1573 450 611
www.roxburghe-hotel.com
Entre Jedburgh et Kelso, au sud de Heiton Village. Compter de £92 à £118 par personne. Ouvert toute l'année.
Le duc de Roxburgh en personne a veillé à la décoration des 22 chambres de cet établissement considéré comme l'un des plus charmants petits hôtels de luxe du Royaume-Uni... Un parc, une rivière, des chevaux, des collections de tableaux, le bar installé dans l'ancienne bibliothèque, une fabuleuse cave à vin, un restaurant et 2 fantômes donnent l'idée de cette maison de campagne à l'écossaise. Bonnie Prince Charlie aurait planté des roses blanches dans le parc de cette fastueuse demeure avant de marcher vers le sud, en 1745, durant le second soulèvement des Highlanders contre l'Angleterre. Une adresse pour ceux qui voudraient se faire plaisir... rien qu'une fois !

JEDBURGH

Première ville d'Ecosse sur le trajet Newcastle-Édimbourg (son bureau de tourisme est le plus important de la région), riche en souvenirs historiques.

Pratique

■ OFFICE DU TOURISME DE JEDBURGH
Murray's Green ✆ +44 870 608 04 04
Ouvert tous les jours de 10h à 17h, fermé le week-end en hiver.
Il s'occupe de réservations de B&B dans la région. Vous trouverez aussi des annexes de l'office du tourisme dans la plupart des principales villes de la région.

Se loger

ALLERTON HOUSE
Oxnam Road, Jedburgh
✆ +44 1835 869 633
www.allertonhouse.co.uk
Compter £35 par personne.
A 5 minutes de la ville, cette demeure georgienne a reçu le Borders Best Breakfast Winner en 2007.

GLENBANK HOUSE HOTEL
Castlegate, Jedburgh
✆ +44 1835 862 258
www.glenbankhotel.co.uk
Proche du centre-ville. De £30 à £44 par personne.
Cet hôtel possède son propre parking ainsi qu'un *beer garden* très convivial.

À voir – À faire

CASTLE JAIL
Castle Gate
✆ +44 1835 864 750
Ouvert de Pâques à octobre, du lundi au samedi, entre 10h et 16h30. Le dimanche entre 13h et 16h. Entrée : £2.
On peut se rendre à pied du centre du village jusqu'à cette ancienne forteresse construite en haut d'une colline. Elle abrite un musée portant sur l'histoire de la région.

FERNIEHURST CASTLE
Ferniehurst Castle www.ferniehirst.com
Au sud de la ville, à environ 3 km. Ouvert uniquement le mercredi après-midi.
C'était un poste frontalier qui a toujours été détruit avant même qu'on ait réussi à le reconstruire. Aujourd'hui enfin en bon état, ce beau château fait office de musée régional.

JEDBURGH ABBEY
Abbey Bridge End ✆ +44 1835 863 925
Ouvert de 9h30 à 17h30 d'avril à septembre et de 9h30 à 16h30 le reste de l'année. Entrée : £5,50.
C'est la troisième et la plus saisissante des 4 principales abbayes des Borders. Elle est relativement bien préservée et on remarquera sa magnifique rosace (Saint Catherine's Wheel) ainsi que son superbe portail normand. Un bureau de visite donne des détails sur la vie des moines installés dans ces murs depuis le XIIe siècle.

MARY QUEEN OF SCOTS HOUSE
Queen Street ✆ +44 1835 863 331
Ouvert de mars à fin novembre de 10h à 16h30. Entrée : £3.
La demeure de la reine Marie est également à visiter : ce petit musée raconte sous un angle original l'histoire de cette reine au destin malheureux qui eut notamment un roi de France pour époux.

Jedburgh Abbey.

MELROSE

ABBAYE CISTERCIENNE

Datant de 1136, elle fut détruite plusieurs fois comme tous les édifices des Borders. Ici est enterré le cœur de Robert Bruce, libérateur de l'Ecosse. La rénovation date de 1385 et le travail de la pierre est l'un des plus élaborés de l'époque. Ne ratez pas le cochon qui joue de la cornemuse sur le toit !

MOTOR MUSEUM

A 200 m de l'abbaye. Une collection privée de voitures, motos et vélos datant de 1909, ainsi que de jouets anciens.

En suivant la rivière Melrose vers l'est, on passe devant la vue préférée de Walter Scott. Un panneau indique l'endroit où l'écrivain aimait s'arrêter et où même ses chevaux firent une halte le jour de son enterrement : Dryburgh Abbey (dont le cloître est très bien préservé bien que l'église soit en ruine).

OFFICE DU TOURISME DE MELROSE

Abbey House
✆ +44 1896 822 555 / +44 870 608 04 04
bordersinfo@visitscotland.com
Ouvert l'été de 9h à 17h30 et de 10h à 14h le reste de l'année.

THE TOWNHOUSE HOTEL

St Boswells, Roxburghshire
✆ +44 1896 822 645
www.thetownhousemelrose.co.uk
Compter de £57 à £80 pour une chambre double.
Située dans un bel hôtel particulier, cette maison conviviale saura vous charmer. Les alentours sont jolis comme tout et les plats servis plus qu'honorables.

GALASHIELS

ABBOTSFORD HOUSE

Melrose, Abbey St, Galashiels
✆ +44 1896 752 043
Fax : +44 1896 752 916
www.melrose.bordernet.co.uk/abbotsford
Avant d'arriver à Galashiels sur la B6360. Ouverte de mars à octobre de 9h30 à 17h du lundi au samedi et le dimanche de 11h à 16h de mars à mai et en octobre et de 9h30 à 17h de juin à septembre. Entrée adulte £7 et £3,50 pour les enfants.
La maison de sir Walter Scott est restée plus ou moins en l'état depuis la mort, en 1832, du célèbre romancier écossais. L'énorme bibliothèque est particulièrement impressionnante.

OLD GALA HOUSE

Scott Crescent ✆ +44 1896 752 611
Ouverte entre mars et octobre. Entrée libre.
Cette belle maison du XVIe siècle abrite un musée consacré à l'histoire locale et une galerie d'art. Les jardins valent également qu'on s'y promène.

Dans les jardins de la Old Gala House vous trouverez une sculpture étonnante : un arbre tout de métal. Il s'agit de l'un des deux *Tree of tranquility* d'Ecosse. Ces « arbres de la tranquillité » ont été créés par une association à destination des parents ayant perdu un bébé avant sa naissance. Lorsqu'une telle situation se produit, les parents peuvent ajouter gratuitement une feuille de métal gravée sur l'arbre, en souvenir de l'enfant disparu. Site Internet : www.simbacharity.org.uk

YARROWFORD

BROADMEADOWS YOUTH HOSTEL

Selkirk,
Yarrowford ✆ +44 1750 763 72
broadmeadows@syha.org.uk
Prendre la petite route à côté de la poste.
Environ £19 pour une nuit en dortoir.
Il s'agit de la plus ancienne auberge de jeunesse d'Ecosse, ouverte en 1931. Les dates d'ouverture variant d'une année sur l'autre, on recommande d'appeler pour réserver. Jolie petite maison blanche le long d'un chemin. On peut louer des vélos dans le village.

PEEBLES

L'attrait de ce bourg paisible tient surtout à son emplacement au cœur des Borders, une charmante région dont les doux reliefs se prêtent aux excursions à pied ou à vélo. Il s'agit également d'un centre de pêche prisé. Les habitants sont ici très accueillants.

Se loger

CRINGLETIE HOUSE HOTEL

Eddleston (au nord de Peebles sur l'A703)
✆ +44 1721 725 750
Fax : +44 1721 725 751 – www.cringletie.com
Fermé entre décembre et janvier. Entre £100 et £190 par personne pour 1 chambre double, avec petit déjeuner.
Une vieille maison baronniale de style victorien avec terrasses, tourelles, jardin, bosquets et une vue superbe sur la campagne depuis les chambres. Elle a appartenu au colonel Cringletie, auquel le Québec s'est rendu après la mort du général Wolfe.

ÉDIMBOURG
Musselburgh
Livingstone
Dalkeith
A68
Penicuik
A7
PENTLAND HILLS
Carlops
Leadburn
A702
West Linton
Lamancha
A701
Romanno Bridge
A703
MOORFOOTS HILLS
Blackhope Scar
651 m
Heriot
Gala Water
Oxton
Carfraemill
Fountainhall
Stow
Blyth Bridge
Lyne Water
Peebles
Skirling
Stobo
Kirkton Manor
Biggar
Broughton
TWEEDDALE
Innerleithen
Walkerburn
Clovenfords
Tweed
Galashiels
Traquair
Drumelzier
Dun Rig
741 m
Culter Fell
748 m
Tweed
A701
Yarrow
Yarrow
Selkirk
A7
ETTRICK FOREST
Tweedsmuir
Cappercleuch
Ettrickbridge
Ashkirk
Talla Reservoir
Megget Reservoir
St Mary's Loch
Fruid Reservoir
Talla Linnfoots
A708
Ale Water
ETTRICK VALLEY
Source de la Tweed
Hart Fell
808 m
Ettrick
Buccleuch
Roberton
Hawick
Newmill
TEVIOTDALE
Teviot
Craik
Teviothead
A7
Roan Fell
567 m
LIDDESDALE
Castleton
Newcastleton
Kershopefoot
Voie rapide
Route principale
Route secondaire
Piste cyclable de la Tweed
Ville principale
Localité importante
Localité
Site paysager
Abbaye
Château
Centre d'information
Office des parcs nationaux
Parc national

Borders
Cockburnspath
A1
St Abbs
Coldingham Bay
Coldingham
Eyemouth
Grantshouse
Eye Water
LAMMERMUIR HILLS
Meikle Says Law
533 m
Cranshaws
Abbey St Bathans
Reston
Ayton
Burnmouth
Longformacus
Preston
Allanton
Mordington
Berwick-upon-Tweed
Foulden
A6105
Duns
Hutton
Paxton
Tweedmouth
Whitsome
Blackadder Water
Westruther
Polwarth
East Ord
Ladykirk
A6105
Swinton
A697
Greenlaw
A697
A6112
Tweed
Farne Islands
Legerwood
Eccles
A1
Vers Alnwick
Gordon
Stichill
Bingham
Coldstream
Till
Earlston
Ednam
Ednam
A68
Melrose
Kelso
Dryburgh
St. Boswells
A699
Roxburgh
Heiton
Maxton
A698
Town Yetholm
Kirk Yetholm
Linton
Nisbet
Eckford
Morebattle
Crailing
Lanton
Jedburgh
Crailinghall
A698
Oxnam
Howman
Cocklawfoot
Bedrule
Denholm
Windy Gyle
619 m
Edgerston
A6088
Bonchester Bridge
Hindhope
THE CHEVIOT HILLS
A68
NORTHUMBERLAND NATIONAL PARK
Peel Fell
601 m
Saughtree
Otterburn
Kielder
Kielder Water
N
0
10 km

Vous y admirerez le plafond en trompe l'œil et les jardins de la cuisine ceinturés de murs. Le restaurant de l'hôtel propose, parmi ses spécialités, le canard en sauce au gin et aux mûres, et le flétan au gingembre et à la ciboulette. Une cave intéressante, surtout en vins de Bourgogne.

VENLAW FARM
✆ +44 1721 722 040
Fax : +44 1721 722 040
www.venlawfarmpeebles.co.uk
Entre £25 et £35 par personne.
Sheila Goldstraw vous accueille dans sa ferme où elle a aménagé trois confortables chambres. Parfait pour prendre un grand bol d'air et vivre en harmonie avec la nature.

VIEWFIELD BED AND BREAKFAST
1 Rosetta Road ✆ +44 1721 721 232
mmitchell38@yahoo.com
Entre £25 et £32 par personne.
Trois agréables chambres dans cette jolie maison victorienne. Vous serez bien accueilli par Mrs Mitchell qui vous laisse profiter de son jardin.

Se restaurer

KAILZIE GARDENS RESTAURANT
✆ +44 1721 722 807
www.kailziegardens.com
De Peebles, suivre la B7062 en passant par Kailzie Gardens (à 5 km). Ouvert tous les jours de 11h à 17h. Pour le high tea, compter environ £10.
Au centre d'un jardin planté de vieux arbres et peuplé d'oiseaux aquatiques, une ancienne écurie fidèlement restaurée. L'établissement sert à déjeuner.

Sortir

TIBBIE SHIELS INN
St. Marys Loch
✆ +44 1750 422 31
A l'extrémité du Saint Mary's Loch – que longe la route –, ce fut un des rendez-vous préférés des écrivains du XIXe siècle. Ce bar est encore ouvert de nos jours. Attention cependant entre novembre et mars où il n'ouvre qu'à partir du jeudi.

À voir – À faire

BOWHILL HOUSE AND COUNTRY PARK
✆ +44 1750 22 204
www.bowhill.org
La résidence est ouverte aux visiteurs (£7) en juillet de 13h à 16h et en août de 14h à 15h30. Le parc est ouvert du 4 au 19 avril, tous les week-ends de l'année et l'été. En dehors des heures d'ouverture, une visite de groupe peut être organisée sur rendez-vous.
C'était la maison de Walter Scott. Elle abrite des œuvres de Raeburn, Van Dyck, Canaletto, Vinci et Reynolds, des meubles d'André Boulle et une partie de la collection de portraits miniatures de la famille Scott de Buccleugh.

CASTLE VENLAW HOTEL
Castle Venlaw ✆ +44 1721 720 384
www.venlaw.co.uk
Surplombant l'ancienne ville royale de Peebles, ce château à l'accueil informel est des plus chaleureux. L'attention est portée sur chaque détail et le restaurant propose une variété de plats raffinés.

CORNICE MUSEUM OF ORNAMENTAL PLASTER WORK
L Grandison & Son, Innerleithen Road
✆ +44 1721 720 212
Exposition de différentes manières de travailler le plâtre.

NEWARK CASTLE
Newark Castle est un château du début du XVe siècle. Le mur, sur sa face ouest, est décoré du blason de Jacques Ier. 100 prisonniers ont été fusillés ici en 1645, après la bataille de Philiphaugh. La visite de cette ruine exige de la prudence. Demander à y entrer au Buccleugh Estates, à Bowhill.

ROBERT SMAIL'S PRINTING WORKS
7-9 High Street, Innerleithen
✆ +44 1896 830 206
Dans le village d'Innerleithen, à l'intersection des routes A72 et B709.
Ce petit musée reconstitue une imprimerie de l'ère victorienne.

TRAQUAIR HOUSE
Sur la B709, à proximité d'Innerleithen
✆ +44 1896 830 323 – www.traquair.co.uk
Ouvert tous les jours et toute l'année. Uniquement les week-ends en novembre. Horaires très variables. Consulter le site.
Cette maison, qui passe pour être la plus vieille des maisons habitées en Ecosse, date du XIIe siècle. Le propriétaire actuel continue à brasser sa propre bière dans une brasserie du XVIIIe siècle, et les Bear Gates (anciennes grilles), fermées en 1745, ne seront pas rouvertes tant qu'un Stuart ne sera pas remonté sur le trône ! La visite de la maison (en été) permet de découvrir, entre autres collections, des lettres importantes de la famille royale des Stuart.

Glasgow

La ville de Glasgow a peu de vieilles pierres à offrir. Hormis sa cathédrale et une maison lui faisant face, rares sont les vestiges de ses origines médiévales. Le centre-ville date essentiellement des XVIIIe et XIXe siècles. La partie d'époque victorienne est dense, brutalement rythmée par la structure en damier des rues se coupant à angle. A l'est de la ville, le maillage de celles-ci se desserre, donnant au quartier de Merchant City une allure plus élégante. L'absence quasi totale d'un patrimoine à admirer fait écho à l'histoire agitée de cette ville qui n'eut guère le luxe de se reposer sur ses lauriers. Du petit bourg médiéval au marché dynamique encouragé par le clergé, elle devenait, une fois signé le traité d'union avec l'Angleterre, un pôle majeur d'échange du Royaume-Uni avec ses colonies d'Amérique du Nord. La guerre d'indépendance sonnant le glas de cette économie prospère, Glasgow se tourna vers l'industrie navale et la fabrication de tramways d'une qualité telle qu'il fut décidé qu'elle en construirait un maximum pour le Royaume-Uni. L'émigration massive d'Italiens et d'Irlandais venus chercher du travail date de cette période d'explosion industrielle. Glasgow sut ensuite se relever de la période de récession violente qui s'ensuivit, frappant de plein fouet sa population. Débarrassée des noires fumées de l'ère victorienne qui encrassaient ses façades, comptant actuellement parmi les pôles culturels les plus dynamiques du Royaume-Uni, Glasgow est l'exemple éclatant d'une reconversion réussie. Elue capitale de la culture en 1990 et ville britannique de l'architecture et du design en 1999, elle frappe par son caractère dynamique et entreprenant. Etudiants et artistes du monde entier sont attirés par cette ville encore jeune et ouverte aux possibles, comme par sa prestigieuse School of Art. Des associations alternatives s'emparent des entrepôts laissés par l'héritage industriel pour y monter concerts, expositions ou performances théâtrales. Le networking est un sport auquel on s'adonne ici avec un humour et une bonne humeur non dénués de professionnalisme, dans les clubs et les soirées qui animent la vie nocturne. L'ambiance est à l'effervescence, et Glasgow la ville d'Europe qui compte peut-être le moins de personnes blasées au mètre carré…

QUARTIERS

Centre

Le City Centre, partie la plus récente et populaire du centre, date du XIXe siècle. Ses rues se coupant à angle droit, selon une structure en damier, répondent aux critères rationalistes de l'urbanisme victorien à l'architecture très hétéroclite. On regroupe sous ce terme les édifices datant du règne de la reine Victoria (1837-1901). Construits pendant l'ère prospère de la révolution industrielle, leurs façades sont souvent ornées de balcons sculptés, de vitraux sur les portes et de grilles coquettement ouvragées, en une esthétique qui mixe librement références au passé et innovations modernes.

Buchanan et Sauchiehall Street en sont les axes les plus animés. La première est le paradis du shopping pour les Ecossais. La jeunesse y flâne en écoutant les musiciens de rue et se donne rendez-vous sur les marches du Glasgow Royal Concert Hall. Sauchiehall Street pulse également à un rythme nocturne et ne désemplit pas jusqu'au petit matin. L'atmosphère y est vraiment exubérante.

Merchant City est la partie du centre qui s'étend à l'est de Queen Street.

Elle est la plus ancienne de la ville et Glasgow Cross en est le cœur. Ce carrefour où se croisent Salt Market, Trongate et High Street fut un point névralgique de marché et d'échanges commerciaux, du Moyen Age jusqu'au XVIIe siècle. De cette période il ne reste rien, si ce n'est le Tolbooth Steeple. Cette tour en brique rouge rehaussée d'une horloge turquoise est le seul vestige du Tolbooth Townhouse, ancien centre administratif et judiciaire de la ville où se trouvait également la prison.

Le quartier tel qu'on le voit aujourd'hui s'est essentiellement développé au XVIIIe siècle. Le commerce de tabac, de café et de thé battait son plein sur les docks, en une ambiance assez Far West. Banques et entrepôts s'érigeaient sur les rives de la Clyde, transformées en un quartier des affaires qui comptait aussi son casino.

Le centre-ville de Glasgow

Ce passé prospère de la ville reste visible à travers les élégants immeubles construits autrefois par les magnats du tabac (qu'on surnommait « The Tobacco Lords ») et les anciennes banques aux façades imposantes où les enseignes de luxe ont aujourd'hui leur quartier. La boutique de vêtements Jingsaw, sur Ingram Street, a ainsi élu domicile dans la Glasgow Saving Bank, un édifice d'inspiration baroque qui a également servi de showroom à Armani. Cela vaut vraiment la peine d'entrer dans la boutique pour en admirer les volumes et la décoration.

East End

Le Townhead, situé dans la partie nord-est de la ville, est le quartier où se dresse la cathédrale St Mungo. Au sud-est (East End ou Lowhead) se situent la River Clyde et le Glasgow Green Park. Ces deux extrémités de Glasgow sont reliées par un axe qui traverse de part en part le centre, colonne vertébrale de Glasgow à ses origines. Un quart d'heure suffit pour se rendre à pied d'un point à l'autre de la ville. Si le Townhead offre un patrimoine touristique évident, avec sa Provant's House d'époque médiévale, sa sombre cathédrale et son vaste cimetière aux pierres tombales dévorées par la mousse, l'East End ne présente à première vue qu'assez peu d'intérêt. Une bonne façon de replonger dans le passé industriel de ses rives est d'aller boire un verre au Clutha Vaults ou (et !) au Scottia Bar, les deux plus anciens pubs de la ville situés au 167 et 112 Stockwell Street. Leurs murs recouverts de photographies datant de la révolution industrielle et qu'accompagnent bien souvent des légendes en font de véritables petits musés. On y voit les images d'une Clyde hérissée de grues, d'échafaudages et de cheminées fumantes. On découvre le quotidien des dockers et des ouvriers d'antan... Avec un peu de chance, vous glanerez aussi des anecdotes et témoignages sur cette période des plus anciens clients du pub... Perpendiculaire à Stockwell Street, Bridgegate, une rue d'anciens entrepôts où l'on trouve également une ancienne halle aux poissons au volume impressionnant.

West End

Ce quartier s'étend vers l'ouest de la ville, à partir de Charing Cross. Le West End se caractérise par ses avenues spacieuses que bordent d'élégants immeubles victoriens. Lorsque le soleil est au rendez-vous, leur façade rouge contraste joliment avec les étendues de verdure des parcs et jardins qui ponctuent le quartier. La présence de l'université y amène une population jeune et cosmopolite. En termes de bars et de sorties, le quartier ferait presque de l'ombre au centre-ville. Byres Road et Great Western Road sont les axes les plus animés du quartier où l'on trouve pubs et restaurants, mais surtout les meilleurs magasins de fruits et légumes et boutiques d'alimentation.
A l'ouest de Great Western Road, une fois passé le Kelvinbridge s'étend Hilhead, quartier bohème un peu campagne où fantasques jardins potagers et friches anarchiques jouxtent les habitations. En suivant Bank Street, on arrive sur la partie vallonnée de l'université et du Kelvingrove Park.
Son articulation harmonieuse d'espaces consacrés à la culture et aux loisirs de plein air en fait un des lieux de promenade favoris des Glaswégiens qui y baladent leur chien, y font leur jogging ou leurs sorties familiales. Courts de tennis, terrains de croquet et de skateboard animent le parc. Visiter l'imposante université de style néogothique, qui trône sur ses hauteurs, permet également de jouir d'une vue plongeante sur les alentours et sur l'édifice majestueux du Kelvingrove Museum en face.

SE DÉPLACER

L'arrivée

Avion

GLASGOW AIRPORT
Arran Court Paisley
✆ +44 870 040 00 08
www.glasgowairport.com
Sur la M8 ouest à 20 minutes de la ville. Vols nationaux et internationaux.

PRESTWICK AIRPORT
✆ +44 1292 511 000
✆ +44 871 223 07 00 – www.gpia.co.uk
Situé à 48 km du centre de la ville.
Ce petit aéroport accueille surtout des vols charters. A 45 minutes de Glasgow en train, Ryanair vous fait bénéficier d'une réduction de 50 % en présentant votre billet d'avion ; compter £3 pour le trajet jusqu'à Central Station. Trains toutes les 30 minutes.

Train

■ CENTRAL STATION
1 Gordon Street
✆ +44 141 335 43 52
M° St Enoch.
Tous les trains urbains et grandes lignes pour le Sud. Gare d'Euston à Londres. Correspondance avec l'underground : Saint Enoch.

▸ **Consigne et objets trouvés :** respectivement £5,50 et £3 par bagage, également en gare routière.

■ QUEEN STREET STATION
Queen Street ✆ +44 8457 484 950
M° Buchanan.
Grandes lignes en direction du nord et de l'est et réseau urbain de transports au nord et à l'est du Clyde, notamment Edimbourg. Correspondance avec l'underground (métro) : Buchanan Street.

Bus

■ BUCHANAN BUS STATION
10 Killermont Street
✆ +44 141 333 37 08
Le hall est ouvert du lundi au samedi de 6h à 23h et les guichets jusqu'à 22h.
Terminus des lignes pour l'ensemble de la Grande-Bretagne. Les prix sont imbattables pour les longues distances.

■ FIRST TRANSFORMING TRAVEL
197 Victoria Road
✆ +44 141 423 66 00
Ouvert de 8h30 à 16h45 du lundi au jeudi et de 8h30 à 16h le vendredi. Appeler le 0871 200 22 33 pour connaître les horaires des bus.
Réseau qui fonctionne tous les jours. Egalement un service de nuit.

■ SCOTTISH CITY LINK COACHES
10 Killermont Street
Buchanan Bus Station
✆ +44 870 550 50 50
www.citylink.co.uk
Ouvert 7j/7, de 8h à 20h.
Tarifs très avantageux en réservant par Internet.

Voiture

■ ARNOLD CLARK CAR & VAN RENTAL
226 South Street
✆ +44 845 607 45 00
www.arnoldclarkrental.com
A partir de £19 par jour, £100 par semaine.

En ville

■ GEAR BIKES
19 Gibson Street
✆ +44 141 339 11 79
gearbikes.com
15 £ par jour, 60 £ pour la semaine. D'avril à septembre uniquement.

■ GLASGOW TAXIS LTD
140 Boden St
✆ +44 141 429 29 00
www.glasgowtaxis.co.uk
Compter environ 5 £ pour une course d'un extrême à l'autre du centre.

■ WEST END CYCLES
16 Chancellor Street
✆ +44 141 357 13 44
Proche de la station de métro Kelvin Hall. £15 par jour, £50 pour la semaine. De mars à avril uniquement.

PRATIQUE

Tourisme – Culture

■ OFFICE DU TOURISME DE GLASGOW
11 George Square
✆ +44 141 204 44 00
Fax : +44 141 221 35 24
www.seeglasgow.com
En avril du lundi au samedi de 9h à 18h ; en mai, juin et septembre de 9h à 19h ; en juillet et août de 9h à 20h. Ouvert le dimanche de 10h à 18h. D'octobre à mars, ouvert de 9h à 18h (sauf le dimanche).

Représentations – Présence française

■ ALLIANCE FRANCAISE
3, Park Circus
✆ +44 141 331 40 80
www.afglasgow.org.uk

SE LOGER

Il est impossible de trouver un Bed and Breakfast à moins de £20 par personne dans le centre-ville et très difficile d'en trouver un en haute saison. Réservez longtemps à l'avance auprès de l'office de tourisme. Petit conseil : pour trouver des prix modérés, cherchez à l'est de la ville.

Centre

Bien et pas cher

BLUESKY HOSTEL
65 Berkeley Street ✆ + 44 141 221 1710
www.blueskyhostel.com
Entre £12,50 et £15 en dortoir, selon la saison et le moment de la semaine. Environ £17 par personne en chambre double. Petit déjeuner et accès Internet compris.
Cette auberge est un vrai paradis pour les jeunes voyageurs… et donc un enfer pour les moins jeunes ! Très décontractée, l'ambiance est à la fête, qui se poursuit dans le salon et sur le perron jusqu'au petit matin. Les chambres ne sont pas exceptionnelles mais propres, les sanitaires sont corrects mais c'est surtout pour les relations humaines qui se nouent que l'on vient ici. Très bien placée, à la limite entre le centre-ville et West end, cette auberge un peu bohème est surtout très proche de Sauciehall street, ce qui est extrêmement pratique pour ceux qui sortent tard dans la nuit et veulent rentrer à pied n'importe quand. A noter, l'accès Internet (deux ordinateurs) et la connexion wi-fi sont gratuits. Quant aux prix, ils défient toute concurrence !

EURO HOSTEL
318 Clyde Street ✆ +44 141 222 28 28
www.euro-hostels.co.uk/glasgow
Lit dans dortoir à £20. Chambre simple à partir de £26.
Une immense auberge de jeunesse correcte mais assez impersonnelle. A proximité du centre-ville et de petits commerces, c'est une bonne option dans cette catégorie de prix avec un rapport qualité/prix tout à fait honorable. On peut apprécier la cuisine aménagée où l'on prépare son repas en rencontrant d'autres voyageurs.

THE VICTORIAN HOUSE
212 Renfrew Street ✆ +44 141 332 01 29
Fax : +44 141 353 31 55
www.thevictorian.co.uk
Une cinquantaine de chambres à prix abordables, compter 35 £ par personne.
Un bon rapport qualité/prix pour cette adresse du centre-ville.

UNIVERSITY OF STRATHCLYDE
Cathedral Street ✆ +44 141 553 41 48
www.rescat.strath.ac.uk
Compter £29 par personne, petit déjeuner inclus.
Entre mi-juin et mi-septembre, l'université loue des chambres occupées le reste de l'année par ses étudiants.

Confort ou charme

ADELAIDE'S GUESTHOUSE
209 Bath Street ✆ +44 141 248 49 70
Fax : +44 141 226 42 47
www.adelaides.co.uk
Chambre simple à partir de £36, double £60.
Des prix raisonnables pour une localisation très centrale et une architecture originale.

KELVINGROVE HOTEL
944 Sauchiehall Street ✆ +44 141 339 50 11
Fax : +44 141 339 65 66
www.kelvingrovehotel.com
Compter entre £25 et £70 par personne. Prix variables selon la saison.
Un bon service pour cette guesthouse située à 5 minutes du centre-ville et des magasins.

Le City Chambers.

■ **MCLAYS GUESTHOUSE**
264/276 Renfrew Street
✆ +44 141 332 47 96
Fax : +44 141 353 04 22
www.mclays.com
A proximité de la Glasgow School of Art. Chambre double de £48 à £56.
Les familles seront bien soignées et logées dans des chambres spacieuses.

■ **NOVOTEL**
181 Pitt Street ✆ +44 141 222 27 75
Fax : +44 141 204 54 38
www.novotel.com
A partir de £69 pour 1 chambre simple avec petit déjeuner inclus, £90 pour une chambre double.
Récent à Glasgow, ce Novotel est le premier à s'être implanté en Ecosse. Avec tout le confort auquel on est habitué, vous ne perdez pas vos marques avec la langue française et vous êtes dans le quartier idéal pour partir à la découverte de la ville. Le petit déjeuner vaut le coup de s'attarder.

■ **RENNIE MACKINTOSH HOTEL**
218-220 Renfrew Street
✆ +44 141 333 99 92
www.rmghotels.com
Chambre double à £68. Simple à £50.
Ce Bed and Breakfast puise son originalité dans sa décoration inspirée du travail de l'artiste Mackintosh. Les roses sont cubiques et le fer forgé omniprésent. Le petit déjeuner a valeur de repas pour la journée. Service de lessive et pressing disponible et Internet gratuit.

Luxe

■ **BLYTHSWOOD SQUARE**
11 Blysthswood Square
✆ +44 131 274 74 09
www.blythswoodsquare.com
A partir de £95 par personne avec petit déjeuner écossais.
A Blythswood Square, avec 88 chambres et quelques suites. Des salles de conférence et un Spa sont à disposition.

■ **GLASGOW HILTON**
1 William Street ✆ +44 141 204 55 55
Fax : +44 141 204 50 04
www.hilton.co.uk/glasgow
Chambre double de £122 à £172.
Avec son design futuriste, le Hilton du centre-ville vous offre le meilleur service dans des chambres spacieuses avec le réseau Internet sans fil et la climatisation. Son restaurant Cameron's est l'un des meilleurs de la ville, combinant la cuisine écossaise aux recettes françaises.

East End

Bien et pas cher

■ **BOTANIC HOTEL**
1 Alfred Terrace
✆ +44 141 337 70 07
www.botanichotel.co.uk
Compter de 23 à 29 £ pour 1 chambre simple ou double.
Ouverte toute l'année, cette guesthouse est simple mais chaleureuse.

■ **CAMPING CRAIGENDMUIR LIMITED**
Stepps
✆ +44 141 779 41 59
Fax : +44 141 779 40 57
www.craigendmuir.co.uk
Deux personnes et leur tente sont accueillies pour 14 £ en haute saison.
Ouvert toute l'année. Douches, eau chaude, branchement électrique. A 15 minutes en train ou en bus de Glasgow.

■ **STRATHCLYDE PARK CARAVAN AND CAMPING SITE**
366 Hamilton Road Motherwell
✆ +44 1688 266 155
www.northlan.gov.uk
Ouvert d'avril à octobre. Tente familiale : £9.
Plus grand que le précédent, son cadre est aussi plus agréable avec sa vue sur la rivière Clyde.

Confort ou charme

■ **CLAREMONT B&B**
2 Broompark Circus
✆ +44 141 554 73 12
www.claremont-guesthouse.co.uk
A 10 minutes en bus du centre. Compter de £20 à £30 par personne.
Ce B&B possède 2 chambres, et vous êtes particulièrement choyé par les propriétaires.

■ **CRAIGIELA HOUSE B&B**
35 Westercraigs
✆ +44 141 554 34 46
craigieleahouse@yahoo.co.uk
Ouvert toute l'année. Chambre double à £40.

L'hôtel dispose de trois chambres. Une attention particulière est donc portée aux résidents et à leurs besoins.

SAINT JUDE'S
190 Bath Street ✆ +44 141 352 88 00
www.saintjudes.com
Un petit hôtel au style contemporain abrité dans une belle maison victorienne. Les chambres sont très épurées et c'est sans doute l'endroit idéal pour passer un week-end romantique.

Luxe

THE KNOWES
32 Riddrie Knowes ✆ +44 141 770 52 13
www.sol.co.uk/t/theknowes
Compter de £145 à £240 par personne.
Discrétion, confort et charme qualifient cet hôtel au mobilier traditionnel teinté d'art moderne. Un parking privé est réservé à la clientèle.

West End

Bien et pas cher

BELGRAVE GUESTHOUSE
2 Belgrave Terrace Hillhead
✆ +44 141 337 18 50
Fax : +44 141 337 17 41
www.belgraveguesthouse.co.uk
Métro Kelvinsbridge, dans le quartier ouest. De £24 à £30 par personne en chambre double. Simple de £21 à £24.
Un B&B familial proche de l'université et de Kelvingrove Art Gallery. Chaque chambre possède une télévision, un lecteur DVD, de quoi repasser et une connexion à Internet (wi-fi). Une family room est disponible.

GLASGOW YOUTH HOSTEL
8 Park Terrace ✆ +44 141 332 30 04
www.glasgowhostel.co.uk
M° Kelvinbridge, puis 10 minutes de marche à pied. Bus 44 ou 59, arrêtez-vous au premier stop sur Woodlands Road puis 5 minutes de marche. Prix : entre £18 et £20 en dortoir.
Auberge installée dans une belle et grande maison victorienne, ouverte 24h/24. Très bon point de départ pour visiter Glasgow.

UNIVERSITY OF GLASGOW
73 Great George Street
✆ +44 141 330 41 16 /
+44 141 330 23 18
www.cvso.co.uk
Réduction avec la carte étudiant.
La cité universitaire, ouverte toute l'année, propose des chambres (simple/double) aux voyageurs à partir de £26,20 par personne.

Confort ou charme

KIRKLEE HOTEL
11 Kensington Gate
✆ +44 141 334 55 55
Fax : +44 141 339 38 28
www.kirkleehotel.co.uk
A partir de £37,50 par personne pour 1 chambre double.
Les chambres, avec télévision, sont spacieuses, confortables et chauffées. Et les couche-tard peuvent s'offrir un dernier verre au bar.

THE KELVIN GUEST HOUSE
15 Buckingham Terrace Great Western Rd
✆ +44 141 339 71 43
Fax : +44 141 339 52 15
www.kelvinhotel.com
De £26 à £30 par personne en chambre double.
Une maison victorienne aux chambres claires et coquettement arrangées. Proche des jardins botaniques et de l'université. Confortable, bonne cuisine.

Luxe

THE GEORGIAN HOUSE
29 Buckingham Terrace, Great Western Road
✆ +44 141 339 008
www.thegeorgianhousehotel.com
Compter de £240 à £350 pour 1 chambre double.
Une jolie maison restaurée à la mode victorienne, proche du jardin botanique et à 20 minutes de l'aéroport. Accès gratuit à Internet.

HILTON GLASGOW GROSVENOR
1-9 Grosvenor Terrace, Great Western Road
✆ +44 141 339 88 11
Fax : +44 141 334 07 10
www.hilton.co.uk/glasgowgrosvenor
Compter de £46 à £165 pour 1 chambre simple ou double, selon la saison.
Plus petit que le Hilton du centre-ville, celui-ci permet de se relaxer davantage en bénéficiant d'une vue imprenable sur les Botanic Gardens. En outre, vous ne manquerez pas d'être séduit en passant une soirée au piano-bar à moins que l'imposante cheminée du salon ne vous suffise.

SE RESTAURER

Peu de restaurants proposent des spécialités écossaises. Mais on peut trouver un bon haggis dans un pub traditionnel. L'importante communauté italienne explique le nombre important de restaurants. Une autre tendance écossaise est la croissance des restaurants végétariens branchés à la cuisine créative. Et évidemment les restaurants pakistanais, c'est le moment d'essayer un bon curry.

Centre

Bien et pas cher

CAFE GANDOLFI
64 Albion Street ✆ +44 141 552 6813
Fax : +44 141 552 8911
www.cafegandolfi.com
Ouvert du lundi au samedi de 9h à 23h30, le dimanche à partir de midi. Plats légers pour environ £6, compter £18 pour un menu.
A mi-chemin entre un salon de thé et un restaurant proposant des spécialités culinaires écossaises. Beau mobilier en bois. L'établissement existe depuis 1979 et il est très apprécié par les Ecossais qui connaissent la devise : *well fed well blessed.* Il est conseillé de réserver (même pour déjeuner !).

RUST
100 Bath Street ✆ +44 141 332 33 90
ruthbar100@aol.com
Ce bar-restaurant sert à manger de midi à 20h.
Leurs pâtes et leurs plats épicés sont bien préparés. L'ambiance est jeune et branchée, les lumières sont tamisées et l'on passe de la musique pop ou électro.

Bonnes tables

BABBITY BOWSTERS
16-18 Blackfriars Street
✆ +44 141 552 50 55
Ouvert tous les jours de 10h (12h30 le dimanche) à minuit. Compter de £10 à £20.
Le plus coté des bars-restaurants, avec quelques chambres, vite remplies (à partir de £30 par personne). Un restaurant végétarien, où l'on déguste quand même de la panse de brebis farcie… Bonne ambiance de pub et un beer garden très animé l'été. Concerts de musique traditionnelle le week-end.

RAB HA'S
83 Hutcheson Street
✆ +44 141 572 04 00 – www.rabhas.com
Ouvert tous les jours de 11h à minuit. Menus entre £12 et £15.
Un des restaurants de Glasgow intégrant à sa carte le très folklorique haggis que les Ecossais se plaisent à railler. L'équilibre délicat des épices parfumant la farce en fait une expérience gastronomique à tenter. Une subtile alchimie de saveur caractérise aussi la crème au citron et aux herbes accompagnant le filet de saumon. Le caractère à la fois traditionnel et innovant du décor est aussi convaincant que le contenu de l'assiette.

RAWALPINDI TANDOORI INDIAN RESTAURANT
321 Sauchiehall Street
✆ +44 141 332 41 80
www.rawalpindi-tandoori.co.uk
Ouvert tous les jours de midi à minuit en semaine, 1h le dimanche. Compter £10 pour le pre-theatre menu servi de 17h à 19h, £25 pour un menu à 2, et environ £15 pour 1 plat.
Le cadre de ce restaurant indien est reposant et le personnel agréable. Demandez conseil pour les plats plus ou moins épicés. Une bonne adresse.

West End

Bien et pas cher

ASHOKA WEST END
1284 Argyle Street
✆ +44 141 339 33 71
www.harlequinrestaurants.com
Ouvert de 17h à 00h30 du dimanche au jeudi et jusqu'à 1h les vendredi et samedi. Compter £15.
Les restaurants indiens Ashoka ne sont pas populaires par hasard à Glasgow. On est autant séduit par les parfums de leur cuisine que par les saveurs qui se dégagent de chaque plat.

Autre adresse : Egalement au 19 Ashton Lane Tél +44 141 337 1115.

MC PHABB
23 Sandyford Place
✆ +44 141 221 07 70
www.mcphabbs.com
Ouvert tous les jours de midi à Minuit. Compter £7 pour un haggis.
Un charmant pub avec une terrasse. Très connu des habitants du quartier, l'accueil y est chaleureux et la nourriture bien meilleure que celle généralement servie dans les pubs. Le haggis est servi dans une sauce à la crème de whisky.

LA TASCA

39-43 Renfield Street
✆ +44 141 204 51 88
Fax : +44 141 204 51 99
www.latasca.co.uk
Ouvert de 12h à minuit. La plupart du personnel est espagnol et la décoration haute en couleur. Compter environ 5 £ pour une assiette de tapas ou 10 £ une paella.

THE LOFT

Ashton Lane, Hillhead
✆ +44 141 341 12 34
www.g1group.co.uk
Au-dessus de Grosvenor Cinema. Restaurant ouvert de midi à 22h (à partir de 10h le week-end).
Ce bar-restaurant jouit d'une vaste superficie, et son style élégant et très branché attire de nombreux étudiants. On y mange des pizzas, des pâtes ou des salades pour £7 à £10. Et l'on y reste volontiers pour prendre un verre !

WHISTLER'S MOTHER

116-118 Byres Road, Hillhead
✆ +44 141 576 05 28
Fax : +44 141 576 05 28
whistlersmother@ukonline.co.uk
Restaurant ouvert de 10h à 20h45 et les week-ends jusqu'à 21h45. Bar jusqu'à minuit.
Vous ne serez pas étonné de la déco, tout à l'honneur de James Abbot McNeill Whistler. Ce café-bar du West End propose des plats simples mais savoureux pour £10. L'ambiance est détendue et la musique bien choisie.

Bonnes tables

CITY MERCHANT

99 Candleriggs
✆ +44 141 553 15 77
www.citymerchant.co.uk
Ouvert du lundi au samedi de midi à 22h30.
City Merchant est connu pour sa cuisine aux saveurs sophistiquées ! Plats écossais ou européens au choix.

MOTHER INDIA

28 Westminster Terrace
✆ +44 141 221 16 63
www.motherindia.co.uk
Ouvert du lundi au jeudi de 17h30 à 22h30. Vendredi de midi à 23h. Samedi et dimanche de 13h à 22h. Compter £25 par personne.
Une institution à Glasgow ! Certains le considèrent même comme le meilleur restaurant indien du royaume. Souvent complets après 19h, ses trois étages au décor pourpre sont éclairés aux chandeliers. Familles et collègues y partagent un repas, savant équilibre d'épices. Service courtois et portions appréciables. Un must pour déguster la cuisine indienne.

THE STRAVAIGIN

28 Gibson Street ✆ +44 141 334 26 65
www.stravaigin.com
Ouvert du lundi au vendredi de 9h à 1h, le samedi et dimanche de 11h à 1h.
Contrairement aux idées reçues, il est possible de vivre une expérience gastronomique de premier ordre en goûtant à la cuisine traditionnelle écossaise. C'est ce que vous propose ce restaurant, qui, ouvert depuis dix ans, a également choisi d'élargir sa carte avec des propositions innovantes, mêlant les recettes typiques du pays à des influences culinaires étrangères. Un incontournable pour les curieux de cuisine écossaise.

Luxe

BRIAN MAULE AT CHARDON D'OR

176 West Regent Street
✆ +44 141 248 38 01
www.brianmaule.com
Ouvert du lundi au vendredi de midi à 14h30 et de 18h à 22h et le samedi de 18h à 22h30. £25 le plat principal. Compter £45 pour un menu complet, £58 pour le repas de fête.
Brian Maule a été chef au Gavroche de Londres (2-étoiles au Michelin) pendant huit ans avant d'ouvrir son propre établissement à Glasgow en 2002. Sa cuisine est classique mais exquise avec tout juste ce qu'il faut de touche personnelle pour faire des plats uniques.

GAMBA

225a West George Street
✆ +44 141 572 08 99
www.gamba.co.uk
Compter £40 pour 1 menu, £50 pour le menu Gamba Super Menu. Ouvert du lundi au samedi de 12h à 14h30 et de 17h à 22h30.
Si vous êtes amateur de fruits de mer, c'est sûrement dans ce restaurant qui a reçu de multiples récompenses que vous serez le mieux servi. Le cadre allie raffinement et style méditerranéen.

GLEDDOCH HOUSE HOTEL

Old Greenock Road, Langbank
Renfrewshire ✆ +44 147 554 07 11
Fax : +44 147 554 02 01
www.oxfordhotelsandinns.com
En quittant Glasgow, prendre la M8 direction Greenock, puis la B789 sortie Langbank-Houston. Compter £20 environ le midi et £35 le soir.

Il n'y a pas de meilleur cadre pour déjeuner au-dessus d'une rivière et conclure un excellent repas par une promenade à cheval, une partie de squash ou de golf (8-trous). Option détente : sauna ou farniente au bord de la piscine. Ce restaurant (qui est aussi un hôtel) joue la carte des plaisirs.

■ **LA PARMIGIANA**
447 Great Western Road
✆ +44 141 334 06 86
www.laparmigiana.co.uk
Ouvert de midi à 14h30 et de 17h30 à 22h30.
Ce restaurant italien est sans nul doute le plus sophistiqué de la ville et le service est impeccable. Carte des vins excellente. Si ce restaurant vous fait envie mais que vous ne voulez pas casser votre tirelire, profitez du pre-theatre menu pour £12,50.

■ **STRAVAIGIN**
28 Gibson Street ✆ +44 141 334 26 65
www.stravaigin.com
Ouvert du lundi au mercredi de 17h à 1h et du jeudi au dimanche de midi à 1h. Plats principaux entre £10 et £23.
Contrairement aux idées reçues, il est possible de vivre une expérience gastronomique de premier ordre en goûtant à la cuisine traditionnelle écossaise. C'est ce que vous propose ce restaurant, qui, ouvert depuis dix ans, a également choisi d'élargir sa carte avec des propositions innovantes, mêlant les recettes typiques du pays à des influences culinaires étrangères. Un incontournable pour les curieux de cuisine écossaise.

■ **UBIQUITOUS CHIP**
12 Ashton Lane ✆ +44 141 334 50 07
www.ubiquitouschip.co.uk
Le restaurant est ouvert jusqu'à 23h. Bar, à l'étage jusqu'à 1h. Compter £35 pour un bon repas.
Recommandé par toutes les publications gastronomiques, ce restaurant original propose des produits écossais d'une grande finesse. La viande de cerf et les moules sont un régal… On trouve aussi une bonne sélection de vins et plus de 150 whiskys.
Le bar de l'étage est souvent fréquenté par Alastair Gray, importante figure littéraire.

SORTIR

D'apparence plus rude qu'Edimbourg, la ville est particulièrement réputée pour sa vie nocturne, ses bars et ses night-clubs bondés. Sauchiehall Street est la rue des excès du samedi soir.

Cafés – Bars

Centre

■ **THE 13TH NOTE**
50-60 King Street ✆ +44 141 553 16 38
www.13thnote.co.uk
M° St Enoch. Ouvert du dimanche au jeudi de 17h à 20h.
Les grandes baies vitrées ne vous laissent pas découvrir les talents cachés de ce bar qui propose de la musique tous les soirs dans son sous-sol. La programmation est très variée mais surtout rock (compter environ £4 le concert). Vous pouvez également manger dans la partie resto pour environ £8.

■ **MONO**
12 King Court ✆ +44 141 553 24 00
M° St Enoch.
Ce bar-restaurant qui a élu domicile dans une ancienne station de train jouit d'espace, plein de personnalité. On y déguste de petits plats végétariens très « nouvelle cuisine », dans une ambiance lounge et branchée qu'animent, les week-ends, groupes de pop et de rock ou DJ. S'y trouvent aussi une boutique de disques à la sélection pointue et de nombreux vinyles d'électro.

■ **NICE'N'SLEAZY**
421 Sauchiehall Street
✆ +44 141 333 96 37
www.nicensleazy.com
M° Cowcaddens. Dans ce bar haut en couleur se croisent musiciens, graphistes et étudiants de la Glasgow School of Art qui se trouve quelques pâtés de maisons plus bas. La personnalité du lieu tient beaucoup à sa sélection musicale rock'n'roll qui allie aux classiques (Lou Reed, Sonic Youth, PJ Harvey…) des groupes indépendants actuels. On peut aussi y faire une partie de billard. Concerts et soirées DJ au sous-sol… ça déménage !

■ **STATE BAR**
148 Holland Street ✆ +44 141 332 21 59
M° Cowcaddens.
Son grand bar central et circulaire encourage la convivialité et les échanges. Assurément

l'un des pubs les plus esthétiques et chaleureux du centre. C'est également un bon endroit pour aller voir les matchs de foot ou de rugby. Irlandais, Gallois et Anglais s'y rassemblent et se passionnent, mais sans débordements.

WAXY O'CONNOR'S
44 West Street ✆ +44 141 354 51 54
www.waxyoconnors.co.uk
M° Buchanan.
Ce pub géant au décor extraordinaire est un plaisir pour les yeux. De petits escaliers en bois sculpté desservent une suite de mezzanines et balconnets suspendus au-dessus d'une fosse centrale d'où l'on observe en plongée le rassemblement agité d'Ecossais regardant les matchs de foot. Alentour, l'espace s'articule en multitude d'alcôves, petits salons et niches dont le décor en bois est un pastiche médiéval des plus sophistiqués. Sur les murs courent des troncs d'arbre sculptés dont les branches plongent dans le plafond.

East End

THE SCOTIA BAR
112 Stockwell Street ✆ +44 141 552 86 81
www.scotiabar.net
M° St Enoch. Ouvert de midi à minuit (jusqu'à 1h le week-end).
Ce plus vieux pub de Glasgow où brûle un feu de bois est situé près des rives de la Clyde. Ses murs recouverts de photos perpétuent la mémoire du développement sauvage des abords de la Clyde que l'on découvre peuplée de dockers, hérissée d'échafaudages et de grues… Une bonne occasion de s'instruire un verre à la main et dans un cadre chaleureux.

West End

ORAN MÓR
Top of Byres Road
✆ +44 141 357 62 00
www.oran-mor.co.uk
M° Hilhead.
En face du Botanic Garden. Ce pub du West End se paye le luxe d'occuper l'espace entier d'une église ! Des Ecossais tirés à quatre épingles y sirotent pieusement leur pinte, entre les murs de pierre apparente qu'ornent de grands vitraux. Idéal si l'on recherche calme et confort.

THE LISMORE
206 Dumbarton Road
✆ +44 141 576 01 03
M° Kelvinhall.
Un bar écossais typique qui sert plus de 125 whiskies. Pour goûter l'eau de vie locale, on se délecte du whisky du mois servi pour juste £1,75. Des visages sont gravés sur les vitraux et les murs aux sculptures en pierre donnent un certain cachet à l'ensemble. Une excellente adresse pour rencontrer des locaux de tous âges.

THE TCHAÏ OVNA
House of Tea, 42 Otago Lane
✆ +44 141 357 45 24
tchaiovna.com
M° Kelvinbridge. Ouvert tous les jours de 11h à 22h.
Ce tearoom alternatif niché au fond d'une impasse est parfait pour se réchauffer. On s'y love dans des fauteuils déglingués et canapés couverts de coussins, autour de petits poêles électriques. La carte propose des thés du monde entier dont elle décrit soigneusement les saveurs. Au menu également, une sélection de pâtisseries, des assiettes végétariennes gourmandes et un curry indien authentique. Le décor d'influences à la fois britannique, asiatique et orientale, ainsi que l'ambiance musicale très seventies donnent à ce lieu un véritable cachet. On y fume aussi le narguilé dehors, au-dessus de la rivière Clyde, enroulé dans des couvertures prêtées par la maison.

UISGE BEATHA
232 Woodlands Road
✆ +44 141 564 15 96
Ouvert de 12h à minuit.
Ce pub qui porte le nom de la boisson nationale (mais en gaélique !) en propose bien évidemment une sélection intéressante (plus de 110 whiskys vous attendent au bar à n'importe quelle heure !). C'est l'un des favoris de la bohème de Glasgow. Son éclairage aux bougies, ses vieux tableaux à l'huile et ses têtes de cerfs trônant au-dessus des canapés en cuir lui donnent un côté vieillot et authentique.

Clubs et discothèques

Centre

ARCHES
253 Argyle Street ✆ +44 870 240 75 28
www.thearches.co.uk
M° St Enoch. Entrée : de £10 à £15 suivant les DJ invités.
Réputé pour sa programmation de DJ promettant de bons sets house ou électro, ce club attire un public arty et branché et organise une nuit gay tous les mois.

THE GARAGE
490 Sauchiehall Street
✆ +44 141 332 11 20
www.garageglasgow.co.uk
M° Cowcaddens.
C'est une institution dans la ville. Les Ecossais de plus de 25 ans vous en parleront avec un mélange de tendresse et de dédain. Et pour cause, c'est là qu'ils y ont pris leurs plus mémorables cuites d'adolescents ! De très jeunes étudiants s'échauffent furieusement dans cette boîte à la musique mainstream et dont le prix des verres défie toute concurrence. Un petit bar à cocktail et le G2, autre salle au sous-sol passant surtout du R'n'B, attirent aussi un public un peu moins jeune.

THE SUBCLUB
22 Jamaïca Streen ✆ +44 141 248 46 00
www.subclub.co.uk
M° St Enoch. Créée dans les années 1980 par deux DJ en vogue, c'est la meilleure adresse pour les clubbers invétérés, amateurs de sets house sophistiqués. On y fait jouer les labels les plus branchés, comme Ninja Tune ou Headbanger. C'est aussi le meilleur endroit pour découvrir la scène électro écossaise et internationale du moment. Programmation complète des sets de la semaine sur leur site Internet.

THE BUFF
142 Bath Lane ✆ +44 141 248 17 77
www.thebuffclub.com
Ouvre à 23h. Entrée £3.
Une boîte qui fait vibrer sa piste de dance grâce à des sons funks, discos. Un public mixte pour ce club plus confidentiel mais qui permet de passer une bonne soirée loin des beuveries de Sauchiehall Street.

West End

THE BOHO
59 Dumbarton Road ✆ +44 141 357 66 44
www.thebohoclub.co.uk
A côté de la station de métro Kelvinhall.
Pour ceux qui souhaitent effectuer en douceur la transition du pub au night club, voici un endroit où il est encore possible de discuter sans avoir à trop lever la voix. De petites tables ont été installées en retrait de la piste de danse, autour d'une cheminée moderne souvent allumée. Le DJ enchaîne tubes historiques et du moment pour une clientèle plutôt chic et tranquille et pour des couples venus chercher une atmosphère glamour. Les serveuses arborent shorts noirs et bas résilles, dans un esprit cabaret.

THE WOODSIDE SOCIAL CLUB
329 North Woodside Road
✆ +44 141 337 16 43
M° Kelvinbridge. Soirées DJ entre 22h et 3h du matin. Compter entre £4 et £5.
Les vendredi et samedi, des DJ investissent cette salle des fêtes au décor ringard et défraîchi, tout droit sorti des années 1970. Pour sa soirée, le collectif Superfly customisait les lieux en projetant sur les murs des détails de tableaux de Lichtenstein. Lèvres, regards et chevelures glamours se télescopaient sur de vieilles tapisseries en un collage surréaliste. Le style varie en fonction du DJ, mais la tendance y est nettement marquée pour les oldies but goodies (entre sixties et eighties). Les férus de musique se rendent à ces soirées avec l'assurance d'y écouter des disques choisis avec amour, par affinités électives…
Pour découvrir le programme du week-end, on passe dans la semaine jeter un œil aux flyers épinglés dans le hall d'entrée…

Spectacles

Centre

CENTRE FOR CONTEMPORARY ARTS (CCA)
350 Sauchiehall Street
✆ +44 141 352 49 00
www.cca-glasgow.com
M° George Cross. De la danse et du théâtre dans ce lieu qui est aussi un centre d'art contemporain. Le Cryptic Theatre est une compagnie parmi les plus prestigieuses et avant-gardistes de Glasgow. Performance, danse et pantomime s'y mêlent pour un résultat visuel souvent époustouflant.

CITIZENS THEATRE
119 Gorbals Street
✆ +44 141 429 00 22
www.citz.co.uk
Fermé le dimanche.
Ce théâtre fondé en 1943 par James Bridie, l'un des auteurs dramatiques les plus connus d'Ecosse, est un incontournable pour les vrais amateurs. Subventionné par la ville de Glasgow et désireux d'être accessible au plus grand nombre, il offre des places aux tarifs vraiment intéressants. On joue ici les pièces de dramaturges internationaux de première envergure (Brecht, Genet, Tchekhov…).

■ **ROYAL SCOTTISH ACADEMY OF MUSIC AND DRAMA (RSAMD)**
100 Renfrew Street ✆ +44 141 332 41 01
www.rsamd.ac.uk
Le centre musical et théâtral de Glasgow propose une programmation variée au répertoire à la fois classique et moderne.

■ **THÉÂTRE ROYAL**
282 Hope Street ✆ +44 141 240 11 33
www.theatreroyalglasgow.com
Pour les amateurs d'opéra et de ballet. Le Scottish Opera se produit de septembre à juin, en trois mini-saisons ponctuées par des visites à Newcastle, Edimbourg, Inverness et Aberdeen. Le Scottish Ballet invite d'autres compagnies à séjourner à Glasgow. On joue aussi parfois des pièces dramatiques.

■ **TRON THEATRE**
63 Trongate ✆ +44 141 552 42 67
www.tron.co.uk
C'est probablement le théâtre de la ville le plus tourné vers les pièces contemporaines. Il en produit lui-même en partenariat avec le Traverse Theatre d'Edimbourg. Donc pas de grands noms connus ici, mais plutôt l'envie de contribuer à l'essor du théâtre d'aujourd'hui et d'en programmer le meilleur à Glasgow.

À VOIR – À FAIRE

Visites guidées

■ **CITY SIGHTSEEING GLASGOW**
153 Queen Street ✆ +44 141 204 04 44
www.citysightseeingglasgow.co.uk
Compter £9 pour les adultes et £7 pour les étudiants. Entre 9h30 et 16h. Départ tous les quarts d'heure d'avril à octobre et toutes les demi-heures de novembre à mars sur George Square, en face de l'office du tourisme.
Commentaire audio en français. Ces visites sont pratiques si vous avez peu de temps à passer dans la ville et souhaitez en avoir un aperçu complet. Le circuit dure 1h15 et s'arrête aux principaux sites touristiques.
Les billets étant valables sur une durée de 48 heures, vous pouvez descendre du bus pendant le circuit pour visiter plus longuement un endroit et remonter ensuite dans le bus suivant.

■ **PURE DEAD BRILLIANT TOURS**
Fax : +44 141 585 30 74
www.puredeadbrillianttours.com
Compter par personne entre £7 et £30 la visite thématique et entre £60 et £120 pour louer les services d'un guide pour la demi-journée ou la journée complète.
Depuis août 2006, Rod Alexander et son équipe (les guides parlent anglais, français, suédois, espagnol, russe, polonais...) font visiter Glasgow et ses environs comme le ferait un ami : avec humour, toujours à l'écoute de vos envies, de vos attentes, de vos goûts. Glasgow caché, le Glasgow du football, les parcs et jardins, les lieux des films et séries TV tournées à Glasgow, les brasseries, les lieux de crimes... . les thématiques des visites sont originales et très nombreuses que ce soit à pied, en métro, en voiture, pour quelques heures ou toute une journée.
Tous les circuits peuvent être réservés en ligne avec un système de paiement sécurisé (Paypal) par l'office de tourisme, ou le jour même avec le guide. Le nombre de places est limité, il est donc recommandé de réserver à l'avance.

Centre

■ **BURRELL COLLECTION**
Pollok Country Park, 2060 Pollokshaws Road
✆ +44 141 287 25 50
Fax : +44 141 287 25 94
A 10 minutes de la station de train de Pollokshaws ou avec les Bus 45, 47, 48 et 57. Visite gratuite de 10h à 17h, et les vendredi et dimanche à partir de 11h.
Sir William et lady Burrell ont fait don, en 1943, de cette collection de textiles, de meubles, de céramiques, d'objets d'art et de tableaux, dont une superbe partie est consacrée à la France du XIXe siècle.

■ **CITY CHAMBERS**
Sur Georges Square
✆ +44 141 287 40 18
www.glasgow.gov.uk
Ouvert de 9h à 16h30. Gratuit. Visites guidées à 10h30 et 14h30.
Construit par les riches et puissants marchands de l'ère victorienne, cet immeuble magnifique, au cœur de la ville, est décoré de marbre italien, de mosaïques et de bois précieux.

GALLERY OF MODERN ART
Royal Exchange Square
✆ +44 141 229 19 96
Ouvert de 10h à 17h, le jeudi jusqu'à 20h et à partir de 11h le vendredi et le dimanche. Gratuit.
Au cœur de la ville, cette galerie pleine d'allure a été inaugurée en 1995 et abrite sur 4 étages une collection d'œuvres d'artistes du XXe siècle et contemporains.

GEORGE PLACE
Une jolie place sur laquelle se trouve la City Chambers, un bâtiment victorien particulièrement extravagant. Il fut construit à l'époque où la richesse de la ville était à son apogée. On y voit aussi les statues de grandes personnalités écossaises : Robert Burns, James Watt, Walter Scott, Lord Clyde…

GLASGOW CATHEDRAL
Cathedral Square ✆ +44 141 552 68 91
Fax : +44 141 552 09 88
www.historic-scotland.gov.uk
Ouvert d'avril à septembre du lundi au samedi entre 9h30 et 17h30 et le dimanche à partir de 13h. La cathédrale ferme à 16h en hiver.
De style prégothique du XIIe siècle, elle est le témoin de ce que furent les grandes églises du sud de l'Ecosse. Derrière l'édifice, le cimetière Necropolis, conçu sur les mêmes plans que le Père Lachaise, offre une vue imprenable sur la ville.

GLASGOW GREEN
land@glasgow.gov.uk – www.glasgow.gov.uk
Ouvert de l'aube à la tombée de la nuit. M° St Enoch. On peut s'y rendre à pied ou à vélo (piste cyclable) à partir du métro et en longeant la Clyde.
Cet endroit particulièrement apprécié par les habitants de Glasgow a été le théâtre d'événements historiques. Bonnie Prince Charles y passa en revue ses troupes en 1746, avant la bataille de Culloden, qui marqua la fin de l'indépendance écossaise. James Watt y découvrit en 1765 le principe de la compressibilité de la vapeur, élément moteur de la révolution industrielle. Le parc fut aussi le lieu de revendications sociales, prolétariennes, féministes… Le parc reste aujourd'hui le lieu d'expression des défenseurs de causes, semblable au speakers' corner de Londres. Le People's Palace, musée de la ville et de ses habitants, s'y trouve donc fort logiquement…

GLASGOW SCHOOL OF ART
11 Dalhousie Street ✆ +44 141 353 45 26
Fax : +44 141 353 47 46
www.gsa.ac.uk
Visite guidée mais rapide pour £5. D'avril à septembre, du lundi au dimanche, toutes les demi-heures entre 10h30 et 14h30. D'octobre à mars, trois visites par jour du lundi au samedi, à 11h, midi et 14h.
Le chef-d'œuvre de Charles Rennie Mackintosh a été récemment élu « l'édifice favori des 175 dernières années en Grande-Bretagne ». 100 ans après son achèvement, le bâtiment continue à remplir sa fonction initiale d'école d'art, mais les visiteurs peuvent profiter d'une visite guidée par les élèves ou voir une exposition.

HOUSE FOR AN ART LOVER
Bellahouston Park,
10 Dumbreck Road ✆ +44 141 353 47 70
www.houseforanartlover.co.uk
Ouverte d'avril à septembre du lundi au mercredi de 10h à 16h et du jeudi au dimanche de 10h à 13h, et d'octobre à mars le week-end de 10h à 13h.
Dans un très beau parc, une maison dessinée par Mackintosh en 1901.

THE LIGHTHOUSE
Scotland's Centre for Architecture, Design and the City
11 Mitchell Lane ✆ +44 141 221 63 62
www.thelighthouse.co.uk
Ouvert tous les jours de 10h30 à 17h (à partir de 11h le mardi et midi le dimanche). Gratuit.
Une interprétation de l'œuvre de Mackintosh, exposition d'architecture et de design dans un cadre ultramoderne, lumineux, intéressant. Vue panoramique de la ville au 6e étage de la tour.

POLLOK HOUSE
A côté de la Burell Collection
✆ +44 141 616 64 10
Fax : +44 141 616 65 21
museums@cls.glasgow.gov.uk
Tous les jours de 10h à 17h. Compter £6 l'entrée.
Peintures espagnoles (Goya, Le Greco, Murillo) dans un très beau bâtiment victorien dessiné par William Adam et achevé en 1752.

PROVAND'S LORDSHIP
3 Castle Street ✆ +44 141 552 88 19
Ouvert du lundi au jeudi et le samedi de 10h à 17h, le dimanche à partir de 11h. Gratuit.
En face de la cathédrale, construite en 1471, la plus vieille maison de Glasgow a appartenu au chapelain de Saint Nicholas Hospital. Entièrement aménagée avec des meubles d'époque, on y trouve des chaises, coffres et armoires en bois sculpté, ornés de motifs celtes, mais aussi quantité d'objets domestiques.

SAINT MUNGO MUSEUM OF RELIGIOUS LIFE AND ART
2 Castle Street
✆ +44 141 553 25 57
Ouvert de 10h à 17h (à partir de 11h le vendredi et le dimanche). Gratuit.
Situé à côté de la cathédrale, ce musée prétend être le seul à considérer, sur un pied d'égalité, les religions du monde : pas seulement les plus grandes telles que le judaïsme, l'islam, le christianisme et le bouddhisme, mais aussi les religions de communautés diverses, africaines, américaines et orientales. On trouve aussi un café et un jardin japonais.

THE TALL SHIP GLASGOW HARBOUR
100 Stobcross Road
✆ +44 141 222 25 13
www.thetallship.com
Ouvert de 10h à 17h de mars à octobre et de 11h à 16h le reste de l'année. Compter £4,50.
Le Glenlee est l'un des derniers trois-mâts construits dans les chantiers de la Clyde (1896). Une belle exposition sur ce navire et sur le glorieux passé du port de Glasgow.

THE TENEMENT HOUSE
145 Buccleuch Street
✆ +44 844 493 21 97
www.nts.org.uk
Ouvert de mars à octobre de 13h à 17h.
Réaménagé par le National Trust, cet appartement témoigne de la vie dans un immeuble victorien au XIXe siècle. Miss Agnes Toward y a vécu pendant 50 ans, jusqu'en 1965, et de nombreux objets lui ayant appartenu y sont exposés.

THE TRAMWAY
25 Albert Drive
✆ +44 845 330 35 01
www.tramway.org
A 5 minutes de la station de train de Pollokshaws ou avec les bus 45, 47, 48 et 57. Ouvert du mardi au vendredi de midi à 17h et le week-end jusqu'à 18h. Le dimanche de midi à 18h.
On doit à Peter Brook d'avoir le premier attiré l'attention sur cet entrepôt où se fabriquaient autrefois des tramways. Le volume de cette « cathédrale industrielle » lui donna envie d'y monter un spectacle à l'échelle tout aussi audacieuse, *Mahabharata*. En 1989, c'était au sculpteur britannique Andy Goldsworthy de s'approprier les lieux pour y réaliser son installation *Snowballs*. Ce lieu est à voir autant pour ses qualités architecturales que pour son histoire, étroitement liée à celle de Glasgow et relatée sur des panneaux comptant de nombreuses photos d'archives. On peut se balader librement dans l'édifice, y boire un verre et même y manger sur le pouce. Un charmant jardin a été aménagé derrière le bâtiment, où l'on entend le ronronnement de trains qui passent…

TRADES HALL
85 Glassford Street ✆ +44 870 403 51 94
Fax : +44 141 248 55 66
www.tradeshallglasgow.co.uk
Ouvert du lundi au vendredi de 9h à 17h et le samedi de 9h à midi. Entrée gratuite.
Dessinées par Robert Adam et ouvertes en 1794, ces halles qui servent aujourd'hui de cadre somptueux pour des meetings ou des mariages sont aussi ouvertes à la visite. On passe d'une pièce à l'autre, découvrant une architecture spacieuse et séduisante. Des Audioguides sont à disposition, ils nous renseignent sur le passé commercial de Glasgow depuis l'époque médiévale.

East End

PEOPLE'S PALACE AND WINTER GARDENS
Glasgow Green ✆ +44 141 271 2962
Ouvert tous les jours de 10h à 17h, les vendredi et dimanche à partir de 11h. Gratuit.
On y retrace l'histoire du peuple de Glasgow de 1750 à nos jours, avec les mouvements historiques et sociaux qui ont transformé et animé la cité. On y découvre aussi bien les mouvements des suffragettes que les projets d'aménagement de la Clyde ou de lutte contre l'alcoolisme.

West End

BOTANIC GARDENS
730 Great Western Road
✆ +44 141 276 1614
Fax : +44 141 276 1615
gbg@land.glasgow.gov.uk
Au bout de Byres Road. Le parc est ouvert jusqu'à la tombée de la nuit, les serres de 10h à 16h45 (16h15 en hiver). Entrée gratuite.
Les plantes du monde entier s'y sont donné rendez-vous. On y trouve, entre autres, une collection d'orchidées et de bégonias de renommée internationale.
Le Kibble Palace, construit par un architecte-cycliste-acrobate, est un exemple des serres à la Taj Mahal du règne de Victoria. Mieux vaut s'y rendre tôt l'après-midi, quand tout est ouvert au public.

CLYDE ARC

Cutty Sark Place
Clyde River www.clydewaterfront.com
Traversée en voiture, à pied, à vélo ou avec le Bus 26.
Appelé affectueusement le « Squinty Bridge » (le pont de travers) par les habitants de Glasgow, le Clyde Arc impressionne par sa courbe élégante, résolument contemporaine, qui traverse la Clyde River de biais. Ouvert officiellement le 18 septembre 2006, il a été designé par le cabinet Edmund Nuttall Ltd., qui, par son inventivité, a pu décrocher en 2002, par la voie d'un concours, ce contrat monumental. Le Clyde Arc, autant par son assymétrie futuriste que parce qu'il a permis de désenclaver les rives de la Clyde, est devenu le symbole de la renaissance urbanistique de Glasgow.

HUNTERIAN ART GALLERY

University of Glasgow,
82 Hillhead Street ✆ +44 141 330 54 31
www.hunterian.gla.ac.uk
Ouvert du lundi au samedi de 9h30 à 17h (fermé les jours fériés et pendant les vacances scolaires).
Ce bâtiment moderne contient la partie la plus intéressante de l'héritage de Hunter. Sont exposées les œuvres de peintres européens comme Rembrandt, Rubens, Pissaro ou Rodin. Les XIXe et XXe siècles ne sont pas en reste avec McTaggart, Guthrie et le peintre américano-écossais James McNeill Whistler. Sont rattachées à la galerie une reconstitution de l'appartement de Charles Rennie Mackintosh et l'exposition de ses aquarelles.

HUNTERIAN MUSEUM

University of Glasgow University Avenue
✆ +44 141 330 42 21
www.hunterian.gla.ac.uk
Ouvert du lundi au samedi de 9h30 à 17h (fermé les jours fériés et pendant les vacances scolaires). Entrée gratuite.
Fondé par le physicien William Hunter, c'est le plus vieux musée du pays où sont exposés des collections de pièces de monnaie, de minéraux et des objets datant de l'époque romaine. Il retrace également les inventions des plus grands hommes écossais, expose les équipements et matériels des hommes de science et de médecine.

KELVINGROVE ART GALLERY AND MUSEUM

Argyle Street ✆ +44 141 276 95 99
Fax : +44 141 276 95 40
www.glasgowmuseums.com
Ouvert de 10h à 17h du lundi au jeudi et le samedi, et à partir de 11h les vendredi et dimanche. Entrée gratuite.
Le musée doit sa grande popularité à son emplacement dans le Kelvingrove Park. Les couples y amènent leurs enfants qui s'émerveillent devant les animaux empaillés du musée d'Histoire naturelle, d'autres passent boire un café sous la vaste voûte centrale de ce bâtiment aux volumes agréables. Aux étages, une collection de peinture très variée alterne avec des tableaux écossais et une intéressante section consacrée à Mackintosh, de la peinture italienne de la Renaissance, des tableaux impressionnistes et de l'école de Barbizon. Entre autres merveilles…

MUSEUM OF TRANSPORT

Kelvin Hall 1 Bunhouse Road
✆ +44 141 287 27 20
Ouvert de 10h à 17h, les vendredi et dimanche à partir de 11h. Entrée gratuite.
Des véhicules exposés par centaines et la reconstitution d'une rue du Glasgow de 1938 figurent dans ce musée fort distrayant.

UNIVERSITY OF GLASGOW

University Avenue ✆ +44 141 330 55 11
Fax : +44 141 330 62 40
Ouverte de mai à septembre du lundi au samedi de 9h30 à 17h et le dimanche de 11h à 15h, d'octobre à avril du lundi au samedi de 9h30 à 17h.
Les origines de l'université de Glasgow remontent à l'an 1451, lorsque le pape Nicolas V octroya le droit à William Turnbull, alors maire de la ville, d'établir un centre de réflexion et d'apprentissage à Glasgow. Ce n'est qu'en 1870 que les premières fondations furent posées sur le site actuel, et l'édifice de style gothique date de cette époque. La visite est intéressante tout comme celle de la chapelle.

SHOPPING

Glasgow est considérée par les Ecossais comme le paradis du shopping.
Une foule y afflue le week-end (dimanche inclus) dans les centres commerciaux et les rues commerciales du Style Mile comme St Enoch Centre ou Royal Exchange Square. Le jeudi, les magasins ferment même à 20h.

Centre

GEOFFREY TARTAN WEAVING AND HIGHLAND DRESS

309 Sauchiehall Street
✆ +44 141 331 23 88
www.geoffreykilts.co.uk
Ouvert du lundi au samedi de 9h à 17h30 (jusqu'à19h le jeudi) et de 11h à 17h le dimanche.
Une spécialité pour cette boutique très chic : le kilt.

JAMES PRINGLE KNITWEAR

130 Buchanan Street
www.jamespringle.co.uk
Si vous ne montez pas dans le Nord, voici l'endroit le plus approprié pour acheter des articles de laine ou autre souvenir d'Ecosse.

MR BEN RÉTRO CLOTHING

Unit 6 King's Court au bout de King Street
✆ +44 141 553 19 36
A côté du Mono et du 13th Note. Ouvert de 10h30 à 17h30 du lundi au samedi et le dimanche de 13h à 17h.
Le plus grand magasin vintage de Glasgow et l'adresse à ne pas manquer pour les vrais amateurs de sapes rétro. On trouve dans cette immense caverne d'Ali Baba accessoires et vêtements en pagaille des trois décennies dorées : sixties, seventies et eighties.

THE BARRAS MARKET

Kent Street
✆ +44 141 552 46 01
Fax : +44 141 552 49 97
www.glasgow-barras.com
A l'est d'Argyle Street, entre Gallowgate et London Road. Ouvert le week-end de 10h à 17h.
Dans East End, immense bazar de produits ménagers, d'objets d'art, de meubles, d'électronique, de vêtements, de bric-à-brac, ces puces sont les plus grandes et les plus connues d'Ecosse. Elles cachent parfois quelque trésor antique. Alors cherchez bien et arrivez tôt. Un *egg buttie*, œuf au plat dans du pain, vous aidera à combattre le froid.

West End

Mode – Sport

GLORIOUS CLOTHING

41 Ruthven Lane
✆ +44 141 357 56 62
M°Kelvinbridge.
A 5 minutes du métro, tout au bout d'une charmante impasse pleine de bars et restaurants, la boutique mélange une sélection de vêtements de jeunes créateurs à ses articles vintages. Gros choix de sacs à main et chaussures.

HANDBAGS

158 Dumbarton Road
Beaucoup de vêtements dégriffés : Dorothy Perkins, Miss Sixty, Levis…

Panier gourmand

FRUITS, ROOTS & VEGETABLES

457 Great Western Road
Les nostalgiques des marchés, inexistants à Glasgow, peuvent se consoler dans ce magasin aux cageots débordant de fruits et légumes à la mine réjouissante. Tout y est fait pour ouvrir l'appétit et donner envie de se mettre en cuisine. On trouve même ici des fruits rouges, des mangues et des ananas ! Parfait pour conjurer une journée de grisaille.

Autre adresse : 351 Byres Road.

PECKAMS & RYE

124-126 Byres Road
✆ +44 141 357 14 54
www.peckhams.co.uk
Idéal pour y faire des cadeaux ou composer son panier garni avant de rentrer. On trouve dans cette boutique des gourmandises sucrées salées au packaging très british : chips au vinaigre balsamique, bière au gingembre, chutney. Egalement des soupes écossaises classiques comme celle de chevreuil à la canneberge. Du pudding, des *oat biscuits*, du Isle of Mull cheddar et des boulettes de haggis exquises (on a goûté !).

ROOTS, FRUITS & FLOWERS

451-457 Great Western Road
✆ +44 141 339 5817
www.rootsfruitsandflowers.com
Difficile en Ecosse de trouver de bons fruits ou de décentes tomates. C'est chose possible dans ce magasin bio (*organic food*) aux prix forcément plus chers que la moyenne. On trouve aussi de nombreux produits à base de fruits et légumes, comme ces délicieux assortiments de fruits séchés en sachet, des confitures et des biscuits, mais aussi des épices, du café, du chocolat et des cacahuètes du Brésil… Un coin de la boutique est également dédié aux fleurs.

LANARK

Pratique

OFFICE DU TOURISME DE LANARK
Horsemarket Ladyacre Road Lanark
✆ +44 1555 661 661
Fax : +44 1555 666 143
lanark@see.glasgow.com
Ouvert toute l'année.

Se loger

CLYDE VALLEY CARAVAN PARK
Kirkfieldbank Lanark
✆ +44 1555 663 951
Ouvert d'avril à octobre. 10 £ pour une caravane et l'électricité.
Au bord de la rivière à Kierfieldbank. Les tentes ne sont pas acceptées.

MRS FINDLATER
Jerviswood Mains Farm
Cleghorn Road Lanark
✆ +44 1555 663 987
www.jerviswoodmains.com
Entre £26 et £35 par personne. A 2 km au nord de Lanark sur l'A706.
Margaret Findlater vous accueille chaleureusement dans sa maison de campagne datant du XIXe siècle. Le petit déjeuner est délicieux.

NEW LANARK MILL HOTEL
Mill One New Lanark
✆ +44 1555 667 200
www.newlanark.org
Compter £54 par personne, petit déjeuner compris.
Confortable, très bonne cuisine. L'occasion de séjourner dans un cadre unique au monde, un ancien moulin du XVIIIe siècle reconverti en hôtel 4-étoiles.

NEW LANARK YOUTH HOSTEL
Wee Row Rosedale Street
✆ +44 1555 666 710
www.syha.org.uk
De £12 à £16 par personne. Ouvert de mars à octobre.
Cette auberge dispose d'installations très modernes et présente l'avantage d'être située à New Lanark.

À voir – À faire

FALLS OF CLYDE WILDLIFE RESERVE
Bonnington
✆ +44 1555 665 262
www.swt.org.uk
Ouvert toute l'année de 11h à 17h et de midi à 16h en janvier et février. Entrée : £1 par personne, £2 par famille.
La très belle réserve naturelle de New Lanark est composée de 59 hectares, si vous avez peur de vous y perdre, des visites et des expositions sont proposées.

NEW LANARK VISITOR CENTRE
New Lanark Mills
✆ +44 1555 661 345
www.newlanark.org
Ouvert tous les jours de 11h à 17h. Entrée : £7 (réductions).
Pour voyager à travers les 200 ans d'histoire de la filature de coton désormais classée au patrimoine mondial de l'humanité.

BIGGAR

Pratique

OFFICE DU TOURISME DE BIGGAR
155 High Street
✆ +44 1899 221 066
Ouvert de Pâques à septembre de 10h à 17h du lundi au samedi.

Se loger

ELPHINSTONE HOTEL
145 High Street
✆ +44 1899 220 044
www.elphinstonehotel.co.uk
De 32 à 47 £ pour une chambre double, petit déjeuner compris.
Situé au cœur de Biggar, cet hôtel nouvellement agrandi est tenu de père en fils par une famille dont la réputation n'est plus à faire. Les repas y sont excellents.

Se restaurer

SHIELDHILL CASTLE
Quothquan ✆ +44 1899 220 035
De Biggar, prendre la B7016 en direction de Carnwath et tourner à gauche après 3 km sur

la route de Shieldhill (à 2 km). Compter 25 £ par personne.

L'élégance définit cette maison du XIIe siècle transformée en restaurant. Feu de cheminée, panneaux de bois muraux, éclairage discret, tapis aux motifs héraldiques, et un style de cuisine jeune et audacieux : les venaisons aux framboises, romarin et gingembre donnent le ton du restaurant.

À voir – À faire

■ BIGGAR GASWORKS MUSEUM

Gasworks Road ✆ +44 1899 221 050

Ouvert de juin à septembre entre 14h et 17h. Entrée £1.

Retrace l'histoire de l'industrie du gaz de charbon qui fut la principale source d'énergie dans les villes jusqu'à une époque encore récente.

■ BIGGAR PUPPET THEATRE

Broughton Road

✆ +44 1899 220 631

www.purvespuppets.com

Prendre la B7016 vers l'est. Ouvert toute l'année. £6,15. Entrée sur réservation uniquement.

Situé à la sortie de la ville, ce théâtre victorien miniature (à peine une centaine de places), très connu en Ecosse, présente des spectacles interprétés par des poupées.

■ **LEADHILLS & WANLOCKHEAD RAILWAY**
✆ +44 1555 820 778
www.leadhillsrailway.co.uk
Ouvert les samedi et dimanche de 11h à 17h.
c'est l'unique voie de transport touristique reliant Leasdhills et Wanlockhead à travers les vieilles mines de charbon. On peut visiter le musée attenant à la station de chemin de fer.

■ **MOAT PARK HERITAGE CENTER**
✆ +44 1899 221 050
info@biggarmuseumtrust.co.uk
Ouvert de Pâques à mi-octobre, de 11h à 16h30 et le dimanche à partir de 14h. Entrée £2.
Installé dans une ancienne église du centre-ville, il présente l'histoire des vallées de la Clyde et de la Tweed, de la préhistoire jusqu'à nos jours.

TROON

Se loger

■ **PIERSLAND HOUSE HOTEL**
15 Craigend Road
✆ +44 1292 314 747
Fax : +44 1292 315 613
www.piersland.co.uk
Compter de £67 à £105 par personne.
Construit en 1899, c'est l'une des meilleures demeures d'Ecosse pour goûter aux fameux malts. L'hôtel dispose de deux restaurants.

■ **SOUTH BEACH HOTEL**
73 South Beach
✆ +44 1292 317 448
Fax : +44 1292 312 033
www.southbeach.co.uk
Compter de £30 à £70 par personne.
Cet hôtel, facile d'accès, est situé dans le quartier touristique de la ville.

■ **TIGH DEARG**
Norma Livingstone 31 Victoria Drive
✆ +44 1292 311 552
www.tighdearg.com
Maison familiale qui propose des chambres à £24.
Proche de la plage, des terrains de golf et du ferry.

Sports – Détente – Loisirs

■ **KILLMARNOCK (BARASSLE) GOLF CLUB**
29 Hillhouse Road
✆ +44 1292 313920
Fax : +44 1292 318300
www.kbgc.co.uk
Un beau parcours pour un club classieux.

■ **ROYAL TROON GOLF CLUB**
Craigend Road
✆ +44 1292 311555
Fax : +44 1292 318204
www.royaltroon.com
Sport et traditions se conjuguent parfaitement dans ce club.

Parc publique de la ville de Troon.

AYR

Transports

GARE ROUTIÈRE
Sandgate
✆ +44 8705 808 080 / +44 870 608 26 08
www.nationalexpress.com

Pratique

OFFICE DU TOURISME D'AYR
22 Sandgate
✆ +44 845 225 51 21
www.ayrshire-arran.com
Ouvert de 9h à 18h (17h d'avril à octobre).

POLICE
King's Street ✆ +44 1292 266 966

ROYAL BANK OF SCOTLAND
22 Lainshaw St
En face de l'office du tourisme.

Se loger

Bien et pas cher

CANTER HOLM
9 Racecourse Road Ayr
✆ +44 1292 880 919
www.canterholmayr.com
Compter de £25 à £30 par personne. 5 chambres.
Maison victorienne dans le centre de la ville, salles des bains très agréables.

HEADS OF AYR CARAVAN PARK
Dunure Road Ayr
✆ +44 1292 442 269
Fax : +44 1292 500 298
www.headsofayr.com
Ouvert de mars à octobre. Tente : à partir de 12 £ la nuit, caravane : 170 £ la semaine.
A 8 km au sud de la ville, au bord de la mer, pas très loin de Dunure Castle.

Confort ou charme

ABBOTSFORD HOTEL
14 Corsehill Road Ayr
✆ +44 1292 261 506
www.abbotsfordhotel.co.uk
Compter £40 par personne.
Situé à 10 minutes du centre-ville et proche des terrains de golf, cet hôtel dispose d'une vingtaine de chambres dont 2 familiales. Le restaurant a été reconnu pour la qualité de ses mets

THE CRESCENT
26 Bellevue Crescent
✆ +44 1292 287 329
carrie@26crescent.freeserve.co.uk
Compter entre £32 et £45 par personne.
Mrs McDonald a aménagé cette maison victorienne, située dans le centre, avec goût, et accueille une clientèle de golfeurs. Les chambres disposent de salles de bains.

Luxe

SAVOY PARK HOTEL
16 Racecourse Road
✆ +44 1292 266 112
Fax : +44 1292 611 488
www.savoypark.com
Compter de £60 à £85 par personne.
Un bel hôtel de taille moyenne où l'on se sent vite chez soi. Le personnel est charmant. La salle à manger donne sur un ravissant jardin et vous êtes à quelques minutes à pied du bord de mer.

WESTERN HOUSE HOTEL
Craigie Road
✆ +44 870 055 55 10
www.ayr-racecourse.co.uk
Compter £85 pour une chambre double.
Entouré de terrains de golf et à 5 km seulement de l'aéroport de Prestwick, cet hôtel possède un restaurant de très bonne qualité ainsi qu'un espace bar. Accès gratuit à Internet.

Se restaurer

FOUTERS
2a Academy Street
✆ +44 1292 261 391
Face à l'office du tourisme. A partir de £15 le menu.
Produits écossais préparés à la française ! Cerf mijoté dans une sauce à l'orange et beurre glavva, volailles à la confiture… Oui, les mythes sont encore bien vivants ! La carte des vins a de quoi vous faire oublier le mal du pays !

STABLES COFFEE HOUSE
Queens Courts
41 Sandgate
✆ +44 1292 283 704
Ouvert du lundi au samedi de 9h à 17h en hiver et de fin avril à octobre jusqu'à 20h30. Compter £12.
La carte intéressante est accompagnée de vins anglais choisis par le propriétaire.

Sortir

TAM O'SHANTER INN

230-234 High Street ✆ +44 1292 611 684
Le pub et le restaurant sont séparés par une petite ruelle. Compter £12 pour un menu. Passez ensuite de l'autre côté de l'établissement pour une chaleureuse ambiance de pub.

À voir – À faire

BURNS COTTAGE & MUSEUM

Alloway ✆ +44 1292 443 700
Ouvert de 10h à 17h30 d'avril à septembre et de 10h à 17h d'octobre à mars (£4).
C'est le début du *Burns Heritage Trail*, que l'on peut suivre en voiture à travers la région où vécut Burns. L'itinéraire fléché permet de visiter tous les sites importants où est passé l'auteur de *Tam O'Shanter* : Mauchline à l'est d'Ayr, Burns House Museum, Poosie Nancy's Tavern, Mauchline Castle et le Burns Memorial, et, à Tarbolton entre Ayr et Mauchline, le Bachelors Club où Burns retrouvait ses camarades célibataires pour réciter des vers et se soûler copieusement. Et bien d'autres lieux encore…

BURNS MONUMENT

Alloway ✆ +44 1292 443 700
www.robertburns.org
Ouvert d'avril à octobre entre 9h et 18h et d'octobre à mars entre 10h et 16h.
Près du pittoresque Brig O'Doon, où le cheval de Tam se fait prendre la queue par la sorcière à la cutty sark (« chemise courte », d'où le nom du fameux voilier). Bêtement, Tam félicite la sorcière ainsi parée, ce qui va provoquer une série d'ennuis… Ainsi débute le poème épique de Burns, *Tam O'Shanter.* Dans le bâtiment, des reliques de 1820.

BURNS NATIONAL HERITAGE PARK

Murdoch's lone Alloway
✆ +44 1292 443 700
www.burnsheritagepark.com
Ouvert de 10h à 17h30 d'avril à septembre et de 10h à 17h d'octobre à mars.
On peut y acheter un billet valable 3 jours (£5) pour visiter l'ensemble des lieux à la mémoire du poète.

TAM O'SHANTER EXPERIENCE

Alloway ✆ +44 1292 443 700
Fax : +44 1292 441 750
Ouvert d'avril à septembre de 10h à 17h30 et d'octobre à mars de 10h à 17h.
Théâtre audiovisuel contant l'histoire de Tam O'Shanter.

Sports – Détente – Loisirs

AYRSHIRE OPEN QUALIFIER CARD

34-36 Canmore Street
Dunfermline, Fife ✆ +44 1383 629 940
www.ayrshiregolfpass.co.uk
Carte pour un jour (en week-end) : £140 les 3 parcours de golf et £220 pour les 4 parcours.
Cette carte vous donne accès à trois ou quatre très beaux parcours : le Prestwick St. Nicholas golf club (www.prestwickst.nicholas.com) ; le Kilmarnock Barassie golf club (www.kbcg.co.uk) ; le Irvine Bogside golf club (www.theirvinegolfclub.co.uk) et le Dundonald (www.lochlomond.com).

GOLF SOUTH AYRSHIRE PASS

South Ayrshire Council, County Buildings
Wellington Square ✆ +44 1292 616 255
www.golfsouthayrshire.com
Pass de 7 jours (valable 6 mois) pour les non-résidents : £270 ; £65 pour les moins de 18 ans.
Ce pass vous donne accès au 8 parcours très selects du South Ayrshire. Des pass moins chers peuvent aussi être achetés qui permettent d'accéder à moins de parcours...

PISCINE

Citadel Leisure Centre
South Harbour Street ✆ +44 1292 269 793
Entrée adulte : pour la piscine £2,30, pour le club de gym £3,20.
Dans ce centre sportif 3-étoiles, on trouve plusieurs bassins, des terrains de squash, un sauna, un Jacuzzi, etc.

Shopping

AYRSHIRE FARMERS MARKET

✆ +44 1292 521 765 / +44 1655 770 217
www.ayrshirefarmersmarket.co.uk
On trouve dans cette boutique tous les produits locaux. Aussi bien des viandes comme le bœuf ou le chevreuil que du saumon fumé, mais aussi du chutney, des légumes frais, des soupes faites maison ou du miel. Le meilleur jour pour y passer est le mercredi, lorsque les produits frais viennent d'être livrés et que l'on a encore beaucoup de choix.

DIAMOND FACTORY

Queens Court, 22 Sandgate
A côté de l'office du tourisme.
Vous pouvez y voir le travail sur les pierres précieuses. Mais attention aux heures de visite des cars de touristes. A l'étage, accueil sympathique, mais non francophone.

Dumfries et Galloway

De Glasgow, de nombreuses excursions sont possibles pour se mettre au vert, le temps d'une journée. La société de transport SPT (Strathclyde Passenger Transport) propose une offre intéressante pour ces escapades, la Zone Card. Elle offre des trajets illimités en bus ou en train et en ferry pendant un week-end pour la modique somme de £15 à £40 suivant le nombre de zones choisies. Des dépliants vous indiquant la zone possible à parcourir sont disponibles dans toutes les stations de métro. L'achat de la carte se fait cependant dans les stations de train First ScotRail ou au métro St Enoch (Glasgow).

PORTPATRICK

FERNHILL HOTEL

Portpatrick

✆ +44 1776 810 220

Fax : +44 1776 810 596

info@fernhillhotel.co.uk

De £58 à £79 par personne en chambre double et en bed and breakfast.

Avec une vue imprenable sur le village et le port, cet hôtel est idéal pour se reposer et jouir d'un calme agréable. Sinon, profitez du terrain de golf, des jardins et des possibilités de pêche que présente l'hôtel. La carte des vins du restaurant de l'hôtel est particulièrement bien fournie !

KNOCKINNAAM LODGE

✆ +44 1776 810 471

www.knockinaamlodge.com

A partir de £275 en B&B et pour deux.

Cette authentique maison de campagne, un peu à l'écart du port, offre une belle vue sur la mer et une plage privée. La cuisine est réputée et emprunte à la tradition française. La qualité de l'hébergement (10 chambres) et l'isolement du site sont tels qu'Eisenhower et Churchill eurent ici des rendez-vous secrets durant la dernière guerre.

LOGAN BOTANIC GARDEN

Logan Botanic Garden

✆ +44 1776 860 231

A 2 km au nord de Port Logan. Ouvert de 10h à 18h d'avril à septembre et jusqu'à 17h en mars et en octobre. Compter £4.

La région du Mull of Galloway bénéficie de la douceur apportée par le Gulf Stream si bien que vous ne serez pas étonné d'y trouver de superbes fleurs exotiques ou autres plantes tropicales.

PORTPATRICK DUNSKEY GOLF COURSE

✆ +44 1776 810 273

www.portpatrickgolfclub.com

Décrit comme le meilleur terrain de golf du sud de l'Ecosse. Réservation nécessaire en saison touristique.

GALLOWAY FOREST PARK

Le Galloway Forest Park est le plus grand espace sauvage du sud de l'Écosse. Ses vallées à demi-boisées et ponctuées de lacs abritent une faune de cerfs et de renards, ainsi que des myriades d'oiseaux migrateurs. L'ensemble est idéal pour le cyclisme et les randonnées. Au centre du parc, la vallée de Glen Trool est le lieu historique où Robert Bruce débouta les Anglais en 1307, première victoire des Ecossais dans leur guerre pour l'indépendance.

Le Merrick (842 m) est le point culminant du sud-ouest, il mérite quelques heures de marche (mais attention ! prévoyez des vêtements chauds, même s'il fait doux dans la vallée, il fait plus frais en altitude, et de toute façon la météo est capricieuse et les changements de temps brutaux). Cette promenade, qui ne présente pas de difficultés particulières, vous prendra la journée.

KIRKCUDBRIGHT

Pratique

BANQUES

Saint Cuthbert Street

Bank of Scotland et Royal Bank en centre-ville. Si vous avez besoin de changer de l'argent le week-end, adressez-vous au Royal Hotel, qui prend au passage une commission.

OFFICE DU TOURISME DE KIRKCUDBRIGHT
Harbour Square
✆ +44 1557 330 494
www.kirkcudbright.co.uk
Ouvert du lundi au samedi entre 10h et 16h.

POLICE
High Street
✆ +44 845 600 57 01

Se loger

BRIGHOUSE BAY HOLIDAY PARK
✆ +44 1557 870 267
www.gillespie-leisure.co.uk
Borgue, au sud-ouest de Kirkcudbright. Compter de 14 à 20 £.
Son cadre est idyllique, on y trouve des baignoires et la possibilité de pratiquer les activités les plus diverses. Une balade à cheval sur la plage, par exemple…

GLADSTONE HOUSE
48 High Street
✆ +44 1557 331 734
www.kirkcudbrightgladstone.com
Compter de £35 à £59 par personne.
Une élégante maison géorgienne avec quelques chambres. Accueil très chaleureux.

SELKIRK ARMS HOTEL
High Street
✆ +44 1557 330 402
www.selkirkarmshotel.co.uk
Compter environ £50 par personne pour une chambre double. Ouvert toute l'année. Chambres avec salle de bains.
Dans cet hôtel datant du XVIIIe siècle, Robert Burns a écrit *Selkirk Grace*. En plein centre-ville, c'est peut-être l'établissement le plus réputé de la région. Avec un peu de chance, vous trouverez quelqu'un qui parle français.

Se restaurer

CASTLE RESTAURANT
5 Castle Street
✆ +44 1557 330 569
www.thecastlerestaurant.net
Déjeuner jusqu'à 14h30.
Que vous soyez végétarien ou carnivore, vous trouverez ici de quoi combler votre palais !

Sortir

MASONIC ARMS
19 Castle Street
✆ +44 1557 330 517
Bonne ambiance et clientèle aimable pour ce pub situé dans une maison à la belle architecture.

À voir – À faire

BROUGHTON HOUSE AND GARDEN
12 High Street
✆ +44 1557 33 04 37 / +44 844 493 22 46
www.nts.org.uk/Property/14/
Ouvert d'avril à juin et en septembre, du jeudi au lundi entre midi et 17h. Ouvert tous les jours en juillet et en août, de midi à 17h (dernière admission : 16h30). Entrée : £8.
La maison de Hornel, où travaillaient les artistes de la Glasgow School, a été transformée en galerie-musée et expose plusieurs tableaux du peintre et architecte Charles Rennie Mackintosh. Une de ses amies proches, Jessie King, tint une galerie à Paris, le Shealing Atelier, de 1911 à 1920. Quelques-unes des œuvres de cette illustratrice sont au Stewartry Museum (Saint Mary's Street), dont la collection d'objets hétéroclites comprend les mécanismes d'un vieux phare et les vestiges de la première voiture de Kirkcudbright. A cette époque, la loi exigeait que quelqu'un marche devant le véhicule en agitant un drapeau rouge !

MCLELLANS CASTLE
✆ +44 1557 331 856
Près de Harbour Square, en face de Greyfriars Church (les greyfriars étaient les premiers moines à travailler en dehors des monastères), les ruines de ce château – jamais reconstruit – datent du XVe siècle.

THE STEWARTRY MUSEUM
St Mary Street
✆ +44 1557 331 643
David.Devereux@dumgal.gov.uk
Ouvert de novembre à avril du lundi au samedi de 11h à 16h, en mai, juin et septembre du lundi au samedi de 11h à 17h et le dimanche de 14h à 17h, en juillet et août du lundi au samedi de 10h à 17h et le dimanche de 14h à 17h et en octobre du lundi au samedi de 11h à 16h. Entrée gratuite.

▶ **A Newton Stewart,** vous pouvez quitter la route de la côte pour vous balader à l'intérieur du Galloway Forest Park (A714 puis à droite, en direction de Glentrool Village).

TOLBOOTH ART CENTRE DE KIRKCUDBRIGHT
✆ +44 1557 331 556
www.kirkcudbright.co.uk

Ouvert toute l'année : de novembre à avril du lundi au samedi de 11h à 16h, en mai, juin et septembre du lundi au samedi de 11h à 17h et le dimanche de 14h à 17h, en juillet et en août du lundi au samedi de 10h à 17h et le dimanche de 14h à 17h.

On peut encore voir des morceaux de fer incrustés dans les murs extérieurs : pour punir les malfaiteurs, les habitants les plaçaient en effet contre les murs et les bombardaient d'insultes et de projectiles. John Paul Jones, fondateur de l'US Navy, fut emprisonné ici pendant quelques jours pour avoir volé les plateaux en argent de l'île de Saint Mary (il avait espéré séquestrer le propriétaire). Il fut libéré après avoir fait son mea culpa par écrit.

Sports – Détente – Loisirs

■ **THE FORESTRY COMMISSION**
www.forestry.gov.uk
Bureaux dans presque toutes les villes de la région ou sur Internet. Sont signalés les chemins répertoriés et conçus spécialement pour les randonneurs ou les cyclistes.

■ **G&G CYCLE CENTRE**
10 Academy Street
✆ +44 1387 259 483
www.cycle-centre.com
Ouvert toute l'année de 9h à 17h (du lundi au samedi).
Un grand choix de vélos à acheter ou à louer.

CASTLE DOUGLAS

Pratique

■ **OFFICE DU TOURISME DE CASTLE DOUGLAS**
Markethill Car Park
✆ +44 1556 502 611
www.visitdumfriesandgalloway.co.uk
Ouvert d'avril à octobre.

■ **POSTE**
100 King Street

Se loger

■ **DOUGLAS ARMS HOTEL**
206 King Street
✆ +44 1556 502 231
Fax : +44 1556 504 000
www.douglasarmshotel.com
Compter de £45 à £50 par personne.
Dirigé par la famille McLaren, cet hôtel est idéalement placé. Le restaurant offre des plats traditionnels écossais faits maison.

■ **THE KINGS ARMS HOTEL**
St Andrew Street
✆ +44 1556 502 626
www.galloway-golf.co.uk
A partir de £42 par personne pour une nuit. des réductions sont possibles à partir de deux nuits réservées.
La cuisine y est excellente tout comme les alcools servis au bar. Possibilité de réservation de golf et de pêche.

À voir – À faire

■ **THREAVE CASTLE**
Threave Castle
✆ +44 7711 223 101
www.historic-scotland.gov.uk
A l'ouest de Castle Douglas sur l'A75. Ouvert d'avril à septembre, du lundi au dimanche de 9h30 à 17h30.
Il se trouve sur une île de la rivière Dee. Au bout d'un chemin, il faut sonner pour obtenir une barque qui vous emmènera au château, voire dans le donjon de cette forteresse des descendants de sir James Douglas, meilleur ami de Robert Bruce. Archibald the Grim, ainsi nommé pour sa férocité à la guerre, fit construire cette tour au XIVe siècle.

■ **THREAVE GARDENS**
Threave Garden
✆ +44 844 493 22 45
Les jardins sont ouverts de 9h30 au coucher du soleil, les serres ferment à 17h. Entrée : £5.
Les jeunes horticulteurs y passent 2 ans pour obtenir le diplôme de maître jardinier. En échange de ces études, ils entretiennent les jardins.

Sports – Détente – Loisirs

■ **CASTLE DOUGLAS CITY CENTRE**
Church Street
✆ +44 1556 504 542
www.cdbikes.co.uk
Ouvert toute l'année de 9h à 17h (du mardi au samedi). Egalement ouvert le lundi entre mai et octobre.
Réparation, vente d'accessoires, un magasin très complet.

■ **GALLOWAY CYCLING HOLIDAYS**
Fineview, Abercromby Road Castle Douglas
✆ +44 1556 502 979
www.gallowayholidays.co.uk
Ouvert d'avril à octobre, les contacter à l'avance.
Ils peuvent vous arranger des itinéraires à vélo, voire des séjours complets.

CLARENCEFIELD

■ **CAERLAVEROCK CASTLE**
Caerlaverock Castle
Quelques kilomètres plus loin. Ouvert de 9h30 à 17h30 d'avril à septembre et de 9h30 à 16h30 d'octobre à mars.
Cet édifice triangulaire en grès rouge, gardé par des tours redoutables, semble flotter au centre de douves toujours pleines. On le dit imprenable malgré la réussite de 2 sièges, dont l'un a duré 13 semaines. Les murs sont ornés de pierres sculptées. Une catapulte est restée en place, prête à lancer ses pierres. En hiver, le domaine est le lieu de repos de centaines d'oies sauvages !

■ **COMLONGON CASTLE**
Clarencefield
✆ +44 1387 870 283
Fax : +44 1387 870 266
www.comlongon.co.uk
Compter 50 £ environ par personne. Réservation recommandée. Pour dîner, compter 35 £.
L'hôtel est situé dans une maison accolée à une forteresse de 1640, dont les murs sont épais de 4 m. La direction propose une dizaine de chambres, dont certaines ont des lits à colonnes, d'autres un Jacuzzi. Sur la table de nuit, chocolats et fleurs. Le petit déjeuner peut être servi dans la chambre. Avant le dîner, l'usage veut que l'on aille explorer le donjon à la lueur d'une bougie.

■ **WWT CAERLAVEROCK WETLANDS CENTRE**
Eastpark Farm
✆ +44 1387 770 200
www.wwt.org.uk
Ouvert toute l'année du lundi au samedi de 10h à 17h. Entrée £5.
Réserve naturelle où se reposent oies sauvages, cygnes et autres oiseaux d'octobre à avril. Safaris organisés à 11h et 14h chaque jour.

DUMFRIES

Dernier témoin de l'ancien royaume de Galloway et site de nombreuses batailles, Dumfries est liée au souvenir du poète Robert Burns, qui y mourut en 1796. Le centre de la plus importante ville du Sud-Ouest est construit en belles pierres de couleur grise ou rouge, et il fait bon y flâner. La journée, l'ambiance de la ville est assez animée et décontractée, les habitants ouverts et agréables. En revanche, dès 17h, la ville se vide et prend une tournure assez sinistre. Dumfries reste néanmoins la base idéale pour découvrir la région.

Transports

■ **ARNOLD CLARK CAR & VAN RENTAL**
361 Annan Road
✆ +44 845 607 45 00
www.arnoldclark.com
Ouvert toute l'année. Location de voitures à partir de 19 £ par jour.

■ **SAINT MICHAELS SERVICES**
9 Saint Michael Street
Essence. Ouvert 24h/24.

Pratique

■ **OFFICE DE TOURISME DE DUMFRIES**
64 Whitesands
✆ +44 1387 253 862

■ **POLICE**
Cornwall Mount
✆ +44 845 600 57 01

■ **ROYAL BANK OF SCOTLAND**
151 High Street et 68 Whitesands
Ouvertes de 9h15 à 16h45.

Se loger

■ **ABERDOUR HOTEL**
16-20 Newall Terrace
✆ +44 1387 252 060
www.aberdour-hotel.co.uk
Compter de 30 à 50 £ par personne.
Petit mais confortable, cet hôtel vous séduira par son atmosphère chaleureuse et l'accueil de ses hôtes. La nourriture y est excellente.

■ **THE CAIRNDALE HOTEL & LEISURE CLUB**
English Street
✆ +44 1387 254 111
Fax : +44 1387 240 288
www.cairndalehotel.co.uk

Compter £109 pour une chambre. Parking, accès gratuit à Internet, piscine avec Jacuzzi, sauna et salle de gymnastique sont à disposition dans cet hôtel. Restaurant ouvert de 12h30 à 14h et de 19h à 22h. Café de 9h à 21h. Déjeuner à partir de £8 environ et dîner à partir de £15.
Menu standard, mais cadre particulièrement agréable, à côté de la piscine de l'hôtel. Goûtez au *Death by chocolate* (la Mort par le chocolat) !

■ THE MOREIG HOTEL
67 Annan Road
✆ +44 1387 255 524
www.moreighotel.co.uk
Ouvert toute l'année, compter £40 pour une chambre avec petit déjeuner traditionnel.
Très bien situé, cet hôtel est une excellente base de départ pour visiter la région.

■ RAYOLA
Mrs Whannel
19 Terregles Street
✆ +44 1387 250 266
✆ +44 7703 459 967
r.whannel@btinternet.com
Ouvert toute l'année.
On y loge en famille pour environ £25 par personne.

Sortir

■ GRACEFIELD ARTS CENTRE
28 Edinburgh Road
✆ +44 1387 262 084
Ouvert du mardi au samedi de 10h à 17h.
Expositions permanentes et temporaires d'artistes écossais et internationaux. Toutes les infos sur les événements culturels de la région.

■ PISCINE DUMFRIES SWIMMING POOL
Park Lane
✆ +44 1387 252 908

À voir – À faire

■ DUMFRIES MUSEUM
Rotchell Road
✆ +44 1387 253 374
✆ +44 1387 265 081
www.dumfriesmuseum.demon.co.uk
Ouvert toute l'année : d'avril à septembre du lundi au samedi de 10h à 17h et le dimanche de 14h à 17h, et d'octobre à mars du mardi au samedi de 10h à 13h et de 14h à 17h. Entrée £3.
Relate l'histoire de Dumfries et de Galloway : la vie des habitants, les outils utilisés, les reptiles préhistoriques. Possibilité de rejoindre l'observatoire jouxtant le musée. L'expérience d'une des plus anciennes *camera obscura* au monde, en haut de la tour, est particulièrement bluffante.

■ GREYFRIARS CHURCH
4 Georgetown Crescent
www.greyfriarsdumfries.com
C'est ici que Robert Bruce a poignardé le Red Comyn, son rival pour la Couronne, qui l'avait trahi au profit des Anglais. Une excommunication s'ensuivit. La persévérance et l'ingéniosité de Bruce, traits caractéristiques du tempérament écossais, sont illustrées par deux légendes. La première raconte qu'au moment de sa fuite Bruce aurait enfourché son cheval à l'envers pour faire croire à ses poursuivants qu'il allait dans la direction opposée. L'autre légende relate que Robert Bruce, démoralisé, se cacha un jour dans une grotte. Il y remarqua une araignée qui, pour tisser sa toile à la perfection, dut s'y reprendre à sept fois. Cette anecdote lui redonna la force et le courage de continuer la lutte.

■ ROBERT BURNS CENTRE
Mill Road
✆ +44 1387 264 808
Ouvert toute l'année : d'avril à septembre du lundi au samedi de 10h à 20h et le dimanche de 14h à 17h et d'octobre à mars du mardi au samedi de 10h à 13h et de 14h à 17h.
Abrité dans un ancien moulin à eau, ce musée explore les liens qui ont existé et existent toujours entre Dumfries et le poète.

■ ROBERT BURNS HOUSE
Burns Street
✆ +44 1387 255 297
D'avril à septembre, ouvert du lundi au samedi de 10h à 17h et le dimanche de 14h à 17h et d'octobre à mars de 10h à 13h et de 14h à 17h. Fermé le dimanche et le lundi.
Burns vécut dans cette maison auprès de sa femme, Jean Armour, jusqu'à sa mort. Ses affaires y sont toutes rassemblées. Le conservateur raconte comment le beau-père de Burns lui refusa la main de sa fille Jean. C'est à la suite de cet échec que le poète écrivit le fameux ouvrage de Kilmarnock. Il voulait laisser une trace de lui dans la région, avant d'émigrer en Jamaïque. Ce projet de voyage ne s'est jamais réalisé.

Le Centre

Facilement accessibles de Glasgow, le centre et la côte ouest sont des régions extrêmement prisées des Ecossais pour les escapades au vert.
A 20 min en bus de la ville, Le loch Lomond est particulièrement apprécié, d'ailleurs ses rives sont classées parc national. Cerclé de montagnes et ponctué des petites îles boisées, il enchante par son esthétisme à couper le souffle. Les nombreux bras de mer irriguant la région du centre expliquent sa nature luxuriante, que la National Forestry Commission a su mettre en valeur en dressant des cartes et des propositions d'itinéraires. Le Queen Elisabeth Forest Park et la forêt d'Argyll, sur la péninsule de Cowal, seront très appréciés des amateurs de forêt. La route de la côte ouest qui serpente entre lochs et montagnes fait défiler d'impressionnants paysages aux reliefs et couleurs constamment changeants.

LOCH LOMOND

A l'intérieur des terres, le loch Lomond (33 km au nord-ouest de Glasgow) est le plus vaste loch de Grande-Bretagne (35 km de longueur, 9 km de largeur) et étonne par ses contrastes. A son extrémité nord, il est étroit, profond, enserré par de hautes montagnes (le Ben Lomond, 974 m, et les Arrochars Alps) ; au sud, il est large, peu profond et agrémenté de 37 ravissantes îles boisées.

BALLOCH

Balloch est un bon point de chute pour contempler la partie sud du loch Lomond en se promenant dans la nature environnante. Si vous n'avez que l'après-midi ou la journée, le mieux est de faire un saut au National Park Gateway pour se procurer un plan et vous documenter sur les autres sites de la région. On repart un peu vite de ce lieu aménagé pour le tourisme de masse, inesthétique et triste hors saison, en longeant la rivière Leven. Cygnes et canards peuplent ce bras étroit du loch qui va se jeter dans le Firth of Clyde. On passe le Balloch Bridge et ses bateaux de plaisance sagement alignés en direction du Moss O'Balloch Park dont l'entrée se situe sur Balloch Road.
Une allée majestueuse bordée d'arbres centenaires mène au château de Balloch. Celui-ci n'est pas ouvert au public, mais son emplacement sur les hauteurs des vallées attenantes au loch Lomond en fait un lieu de contemplation privilégié. Construit au XIX*e* siècle, il correspond aux visées esthétiques de l'époque du Landscape movement où de riches aristocrates choisissaient attentivement l'emplacement de leur demeure pour se délecter du spectacle de la nature environnante. Des bancs permettent de jouir confortablement de ce point de vue étudié qui transforme la nature en un véritable tableau. Derrière le château s'étend une vallée luxuriante de chênes et de sapins au creux de laquelle on entend soudain le clapotis d'une rivière. En suivant son chemin, on la voit accélérer sa course et dégringoler en cascade avant de se jeter dans le loch…

Pratique

■ **BALLOCH TOURIST INFORMATION CENTRE**
Balloch Rd
© +44 8707 200 607

■ **NATIONAL PARK GATEWAY CENTRE**
Loch Lomond Shores, Ben Lomond Way
© +44 8707 200 631
Ouvert toute l'année de 10h à 17h, 18h en été.
On trouve un plan détaillé du site et des suggestions d'itinéraires. Des activités y sont également organisées (marches, promenades à vélo, croisières en bateau).

Se loger

■ **ANCHORAGE GUESTHOUSE**
31 Balloch Road
© +44 1389 753 336
www.anchorage-guesthouse-balloch.com
Compter 25 £.
Sur les bords du loch Lomond. M. Bowman vous accueille chaleureusement dans sa maison qui date de 1886. 5 chambres avec salle de bains attenante.

WILLOWDALE
12 Old Luss Road
✆ +44 1389 756 481
www.lochlomondshores.co.uk
Compter 26 £ par personne.

À voir – À faire

LOCH LOMOND BIRD OF PREY CENTRE
Stirling Road
✆ + 44 7751 862416
www.llbopc.co.uk
Adultes £3,50 et enfants £2,50.
Pour ceux qui rêvent d'approcher au plus près des races imposantes et rares d'oiseaux (faucons, hiboux et même Orla, un aigle royal).

Sports – Détente – Loisirs

LOCH LOMOND AQUARIUM SEA-LIFE
A la sortie de l'A82 en direction de Balloch
✆ +44 1389 721 500
Ouvert tous les jours à partir de 10h.
Si les requins ne vous effraient pas, venez découvrir cet aquarium traversé par un tunnel contenant plus de 200 000 litres d'eau et recensant près de 1 000 créatures tropicales !

THE CARRICK
De Vere Cameron House
✆ +44 1389 755565
Fax : +44 1389 713281
www.thecarrick.com
Un sublime parcours de golf.

HELENSBURGH

THE HILL HOUSE
Upper Colquhoun Street
Helensburgh
✆ +44 1436 673 900
Ouverte de 13h30 à 17h30 d'avril à octobre.
Cette maison est l'un des exemples les plus complets et les plus raffinés de l'art de Charles Rennie Mackintosh. Ses propriétaires, harcelés par les visiteurs, se sont sauvés en courant.

KILLIN COTTAGE B&B
10 Lomond Street
✆ +44 1436 670 923
www.killincottage.co.uk
Compter de 25 à 45 £ par personne pour une chambre dans cette jolie petite maison de ville. Le matin, petit déjeuner écossais, continental ou végétarien au choix.
A 5 minutes à pied de la gare et des commerces. Franca, suisse d'origine, parle anglais, allemand, italien et comprend le français !

LINN BOTANIC GARDENS
Cove, Helensburgh, Dunbartonshire
G84 0NR
✆ +44 1436 842 242
www.linnbotanicgardens.org.uk
Ouvert de 11h à 17h tous les jours, 3 £ par personne.
Belles « collections » de végétaux rares et vue sur le loch.

LUSS

CAN YOU EXPERIENCE
11 Haldane Terrace Balloch
✆ +44 1389 602 576
✆ +44 1389 75 62 51
www.canyouexperience.com
Ouvert d'avril à octobre. Exemple de tarif : compter £18 pour 3 heures de marche avec un guide.
Cette compagnie propose de multiples activités à pratiquer dans la région du loch Lomond : excursions avec un guide, locations de vélos, canoës, kayaks, etc. Les amateurs de truites se rendront sur la rivière Clyde, entre le 15 mars et le 30 septembre. Prenez la direction du Forth & Clyde Canal, vous y pêcherez une grande variété de poissons.

CULAG LOCHSIDE GUESTHOUSE
Luss, Loch Lomond
✆ +44 1436 860 248
Fax : +44 1436 860 674
www.culag.info
Compter de 20 à 35 £ par personne pour une chambre.
Cette adorable guesthouse est située sur les rives du loch Lomond et possède une vue imprenable sur le Ben Lomond…

THE LODGE ON LOCH LOMOND
Luss Argyll
✆ +44 1436 860 201
www.loch-lomond.co.uk
Ce lieu situé à 40 minutes de Glasgow est le plus romantique que l'on puisse trouver pour se délecter des abords du loch Lomond. On peut y déjeuner ou juste y boire un verre au coin du feu sur des canapés confortables en contemplant ses rives où l'on peut ensuite se promener. Chambres d'hôtel et Spa sont également proposés.

Côte ouest de l'Ecosse

Helensburg
Dunoon
Greenock
Port Askaig
Islay
Bridgend
Craighouse
Knapdale
Tarbert
Kennacraig
Bute
Johnstone
M8
Largs
GLASGOW
Beith
Rinns Point
Gighc Island
Lochranza
Tayinloan
Kintyre
A78
A77
Mull of Oa
Arran
Ardrossan
Saltcoats
KILMARNOCK
Carradale
Irvine
A71
Brodick
Kilbrannan
Lamlash
Holy Island
Troon
A83
Firth of Clyde
AYR
Machrihanish
Campbeltown
20 km
Aisla Craig
A77
Irlande du Nord
Sanda Island
Mull of Kintyre
STRATHCLYDE

■ **SWEENEY'S CRUISES**
Balloch ✆ +44 1389 752 376
Fax : +44 1389 721 082
www.sweeney.uk.com
Compter entre £5,50 et £9,80.
La compagnie organise des croisières de 1 ou 2 heures sur le loch Lomond. C'est l'occasion d'y contempler les nombreuses îles boisées ponctuant le loch, de jouir d'une vue panoramique sur le Ben Lomond et le village de Luss.

BALMAHA

Situé sur la rive est du loch, ce village est régulièrement animé par le passage des randonneurs du West Highland Way et des bateaux de pêche. Plus calme que celle de l'ouest, la côte est du loch est très prisée des campeurs qui trouvent en ses rives sablonneuses et ses sous-bois un cadre idyllique pour y planter leur tente. Les possibilités de randonnées sont nombreuses dans la région, à commencer par celle sur le Ben Lomond, au départ de Rowardennan. Par la côte est, où se trouve un segment du fameux sentier West Highland Way de 152 km et que foulent de nombreux marcheurs à partir du printemps, on relie Glasgow à Fort William. Plus à l'est encore, dans le delta formé par le loch Katerine et les villages d'Aberfoyle et de Callander, s'étend la région des Trossachs. Ses vallées verdoyantes contrastent fortement avec les âpres montagnes qui l'entourent. Nul besoin d'être un sportif chevronné pour apprécier la beauté de cette nature aux doux reliefs que l'on découvre aisément à pied, à vélo ou à cheval. Le tourisme se tourne d'ailleurs essentiellement vers ces activités de plein air dont l'offre est ici généreuse. La région compte aussi ces lochs pittoresques, dont le splendide et incontournable loch Katerine que l'on explore en bateau en vapeur…

Pratique

■ **BALMAHA NATIONAL PARK CENTRE**
✆ +44 1389 722 600 / +44 1389 722 126
www.lochlomond-trossachs.org
Vouz y trouverez toutes les informations pratiques nécessaires à la visite du parc naturel et du Loch Lomond.

Se loger

■ **ANCHORAGE HOTEL B&B**
✆ +44 1360 870 394
www.anchoragecottage.co.uk
Ouvert d'avril à septembre. A partir de £90 pour la nuit et le petit déjeuner. Possibilité de demander un déjeuner à emporter pour £6,50. Accès Internet gratuit.
A mi-chemin entre Balmaha et Rowardennan, cette grande maison familiale est un havre de paix sur la rive est du loch Lomond. Un jardin et une jetée privés, où l'on peut pêcher et même nager si le temps le permet, sont réservés aux hôtes.

■ **CASHEL CARAVAN & CAMPING SITE**
A 5 km de Balmaha ✆ +44 1360 870 234
www.forestholidays.co.uk
Fermé en février. Compter de £13 à £16 par tente.

■ **OAK TREE INN**
Balmaha
✆ +44 1360 870 357
www.oak-tree-inn.co.uk
A partir de £75 par personne en chambre double.
La maison confortable donne sur la Conic Hill et l'on trouve tout le confort souhaité dans les chambres qui ont toutes leur salle de bains individuelle. Aussi un restaurant, où l'on cuisine des plats traditionnels écossais.

■ **ROWARDENNAN HOTEL**
Loch Lomond
✆ +44 1360 870 273
Fax : +44 1360 870 054
www.rowardennanhotel.co.uk/
Compter £95 par personne, petit déjeuner écossais inclus.
A une heure de Glasgow, cet hôtel entouré de collines boisées et donnant sur le loch Lomond promet un dépaysement total. Ses propriétaires ont de plus choisi de le meubler dans un style écossais traditionnel… L'hôtel compte un restaurant où l'on cuisine à base de produits frais et son Rob Roy McGregor Bar au cadre confortable où l'on sert de bons malt whiskys.

À voir – À faire

■ **BEN LOMOND**
Ardess Lodge Rowardennan
✆ +44 1360 870 224
benlomond@nts.org.uk
4 heures sont nécessaires pour atteindre le sommet de cette montagne qui promet une vue spectaculaire sur le loch.

■ **CONIC HILL**
Balmaha
Cette montagne de 358 m est accessible à partir du parking du village. Prevoyez 2 heures

de marche pour la gravir et vous jouirez d'une vue splendide sur cette partie du loch Lomond ponctué de nombreuses petites îles boisées. Une bonne alternative pour qui serait intimidé par l'ascension du Ben Lomond !

INCHCAILLOCH ISLAND NATURE RESERVE

Littéralement « île de la vieille femme » en gaélique. Un ferry partant de Balmaha assure la liaison jusqu'à l'île. Renseignements sur le site – www.lochlomond-islands.com

MILAROCHY BAY

Une baie discrète cerclée d'arbres qui mérite d'être mentionnée pour sa grande beauté. Située entre Balmaha et Rowardennan, elle offre un cadre particulièrement apaisant pour reprendre son souffle entre deux randonnées. Il est également possible de camper dans les environs.

STIRLING

45 000 habitants. Royal Burgh et ville universitaire, Stirling abrite l'un des plus beaux châteaux d'Écosse. C'est ici que Robert Bruce, aidé par les chevaliers Templiers, vainquit les Anglais. Un monument est consacré à la mémoire du plus grand révolutionnaire écossais, William Wallace. Stirling, profondément attachée à son histoire, garde une saveur locale. Le château, protégé par tous les habitants, est bien préservé. Résistance, tradition et fierté restent les gardiens efficaces du cœur de la ville.

Transports

BUS

Goosecroft Rd
www.citylink.co.uk
Les trajets sont effectués par Scottish Citylink. Départs et informations à Goosecroft Road Station.

GARE FERROVIAIRE

Goosecroft Road ✆ +44 870 608 26 08
Stirling est aussi central que Perth. De nombreux trains partent pour Aberdeen, Inverness, Edimbourg, Glasgow et pour Londres. Trains toutes les heures pour Edimbourg et même plus souvent pour Glasgow, sauf le dimanche (service réduit).

Pratique

BANQUES

Dans le centre-ville.

CHANGE

Le samedi, change à Thomas Cook, Murray Place, de 9h à 17h30.

HOPITAL : STIRLING ROYAL INFIRMARY

Livilands Gate
✆ +44 1786 434 000

OFFICE DU TOURISME

41 Dumbarton Road
✆ +44 1786 475 019
Ouvert d'avril à mai du lundi au samedi de 9h à 17h, en juin de 9h à 18h, en juillet et août de 9h à 19h et jusqu'à 16h le reste de l'année.

POLICE

Randolphfield, St Ninians Road
✆ +44 1786 45 60 00
www.centralscotland.police.uk

POSTE

84 Murray Place
Ouverte de 9h30 à 17h30, et le samedi de 9h à midi.

Se loger

Bien et pas cher

AUBERGE DE JEUNESSE STIRLING YOUTH HOSTEL

Saint John Street
✆ +44 870 004 11 49
stirling@syha.org.uk
Ouverte toute l'année. Compter environ £16.
Située à côté du château, l'auberge est abritée dans une ancienne église. L'établissement est bien tenu.

Confort ou charme

CASTLECROFT

Ballengeich Road
✆ +44 1786 474 933
Fax : +44 1786 466 716
www.castlecroft-uk.com
Chambre simple à £40 environ, chambre double de £55 à £70. Petit déjeuner inclus.
Les chambres ont toutes une salle de bains privée et la maison, située sous le château au bas de la falaise, a une vue superbe vers le nord et l'ouest.

WEST PLEAN HOUSE

Denny Road, sur l'A872
✆ +44 1786 812 208
Fax : +44 1786 480 550
www.westpleanhouse.com
Compter £40 par personne pour une chambre double. Chambre simple à £50. Petit déjeuner inclus.

Une maison de ferme en pleine campagne où la qualité de l'accueil est primordiale. La chambre double dispose d'une salle de bains séparée mais privée tandis que les autres chambres ont une salle de bains attenante. On vous renseignera sur les excursions à faire à cheval ou sur la pêche dans les environs.

Luxe

PARK LODGE HOTEL

32 Park Terrace
✆ +44 1786 474 862
Fax : +44 1786 449 748
www.parklodge.net
Compter £90 par personne.

Cette somptueuse demeure géorgienne est idéalement située en face du château avec la vue également sur les jardins. Excellent restaurant.

STIRLING HIGHLAND HOTEL

Spittal Street
✆ +44 1786 272 727
stay@barcelo-hotels.co.uk
Chambres de £89 à £107. Compter £35 pour dîner.

Ancien lycée de Stirling, cet hôtel entouré d'une cour est entièrement fait de vieilles pierres. L'établissement, à l'ambiance rétro, a toutefois conservé le caractère de l'école. Les salles de classe ont été transformées en bar et en salons. Encouragez le pianiste avec un fortifiant car ses soirées sont longues ! Le club de loisirs comprend piscine, gym, billard, squash et sauna. Deux restaurants, l'un italien à la sauce américaine et l'autre plus classique, vous accueillent dans une atmosphère scolaire créée par des murs de bois et de brique.

Se restaurer

THE BARNTON BAR & BISTRO

3 Barnton Street
✆ +44 1786 461 698
Ouvert en semaine de 10h30 à 21h30, les vendredi et samedi jusqu'à 1h du matin et le dimanche de 11h à 23h.

Cette ancienne pharmacie, transformée en bistrot, est fréquentée par des étudiants qui apprécient l'esthétique d'un écran sculpté en acajou, derrière lequel l'apothicaire concoctait autrefois ses préparations. La bière, le café, les sandwichs et les quiches sont servis sur des tables en marbre.

Sortir

PORT CUSTOMS

61 Port St

Sur la jonction de Port Street et Upper Craigs.

Derrière le bar, une superbe collection peu ordinaire de Toby jugs, des pots en forme de tête grimaçante. Il est rare d'y voir des femmes. Et lorsqu'il leur arrive d'y pénétrer, un bref silence les accueille. Ici, on joue aux dominos entre hommes !

THE SETTLE INN

91 Saint Mary's Wind Stirling

Ouvert du dimanche au mercredi de 12h30 à minuit (1h le week-end).

Le plus vieux bar de la ville (1733) a su préserver une ambiance très locale. Le plafond est voûté, le feu brûle dans la cheminée et la bière coule.

À voir – À faire

ARGYLL'S LODGING CASTLE WYND

Argyll's Lodging, Argylls Lodging, Castle Wynd

✆ +44 1786 431 319

Mêmes horaires que le château, il existe un ticket combiné avec ce dernier ou bien entrée séparée pour £4,50.

Cette superbe demeure fut construite aux alentours de 1630 et devint la propriété du comte d'Argyll une quarantaine d'années plus tard. Les pièces principales ont été restaurées et tout est fait pour rappeler le glorieux passé de cette maison de famille.

BANNOCKBURN HERITAGE CENTRE

✆ +44 1786 812 664

A 3 km au sud de la ville, sur l'A9. Ouvert tous les jours, d'avril à octobre de 10h à 17h30, de 10h30 à 16h en hiver. Entrée : £3,50.

Ce centre raconte l'histoire de l'Ecosse. La bataille de Bannockburn y est plus particulièrement détaillée : le roi Edouard Ier fut battu en 1314 par l'armée de Robert Bruce. Celui-ci avait ordonné à ses archers de ne pas tendre les cordes de leur arc sous la pluie, ce qui leur permit de noyer les Anglais sous des flots de javelots. Un futé qui a ainsi gagné le château de Stirling et l'indépendance de son pays.

BLAIR DRUMMOND SAFARI PARK

✆ +44 1786 841 456

www.blairdrummond.com

A quelques kilomètres de Doune. Ouvert de mars à octobre. Entrée : 9 £.

Vous verrez des lions que vous pourrez suivre en voiture.

LE CHÂTEAU DE STIRLING

Castle Wynd ✆ +44 1786 450 000

D'avril à septembre, visites de 9h30 à 18h. D'octobre à mars de 9h30 à 17h. Entrée : £8,50.

Indiscutablement le plus magnifique des châteaux royaux et militaires du pays. Centre politique de l'Ecosse entre le XIIe et le XVIIe siècle, tous les Stuart l'avaient adopté comme résidence principale et beaucoup d'entre eux y passèrent une jeunesse dorée. Le musée des Argyll & Sutherland Highlanders est à l'intérieur.

CHURCH OF THE HOLY RUDE

Saint John Street

C'est la seule église d'Ecosse où fut couronné un roi (Jacques VI, en 1587). L'orgue est remarquable, et le toit médiéval un exemple rare de construction en bois. Au XVIIe siècle, un désaccord fut à l'origine de l'édification d'un mur qui coupait l'église en deux. Il n'est tombé qu'en 1936.

Château de Stirling.

MAR'S WARK
Castle Wind
En haut de Broad Street, on peut voir l'ancienne maison du comte de Mar qui était pro-Jacobite. Durant les soulèvements de 1715 et 1745, la façade de sa demeure fut criblée de boulets de canon.

MUSÉE DES VOITURES DE DOUNE
✆ +44 1786 841 203
www.scottish-antiques.com
Il abrite une superbe collection d'automobiles de luxe dont l'une des plus vieilles Rolls Royce du monde.

NATIONAL WALLACE MONUMENT
Abbey Craig ✆ +44 1786 472 140
www.nationalwallacemonument.com
Au nord-est du centre-ville. Ouvert en janvier, février et novembre, décembre de 10h30 à 16h, en mars, mai et octobre de 10h à 17h, en juin de 10h à 17h et en juillet et août de 9h à 18h. Entrée : £4.
Cette tour imposante célèbre le plus grand révolutionnaire écossais, William Wallace (1267-1305), qui battit les Anglais au Stirling Bridge en 1297. Son épée, énorme, est conservée dans la partie haute de la tour d'où une très belle vue s'étend sur le pays.

STIRLING OLD TOWN JAIL
St John Street ✆ +44 1786 450 050
www.oldtownjail.com
Ouvert d'avril à septembre de 9h à 18h, d'octobre à mars de 9h30 à 17h et de novembre à février de 10h30 à 16h30. Compter £6.
Des acteurs vous font revivre la vie des prisonniers du XIXe siècle. Profitez de l'ascenseur pour admirer la vue sur la vallée depuis le toit de la prison.

ABERFOYLE

Ici résidait le brigand notoire et bien-aimé Rob Roy McGregor, voleur de moutons. Un Robin des Bois version écossaise ! En 1994, Jessica Lange et Liam Neeson ont prêté leurs traits à l'adaptation cinématographique de la vie de ce héros écossais (Rob Roy). Ils sont, paraît-il, repartis bouleversés par la beauté des paysages écossais. Aberfoyle était aussi l'une des régions préférées de Walter Scott, qui la décrivit comme « un rêve de fée ». Cette contrée de lochs abrite le seul grand lac d'Écosse, the lake of Menteith, au bord duquel on découvre Inchmahome Priory, un prieuré du XIIe siècle fondé par les Augustins.

Transports

Comment y accéder et en partir

Le bus est le seul mode de transport en commun. Il part de Glasgow et passe par Stirling avant d'arriver à Aberfoyle. Sa fréquence est assez faible, même, en été, on recommande de bien se renseigner sur les horaires à Buchanan Station à Glasgow. Il existe aussi une piste cyclable qui relie Balloch (accessible en bus) à Aberfoyle. Elle est cependant ardue par endroits.

Se déplacer

LOCATION DE VELOS
Trossachs Holiday Park
Aberfoyle Perthshire
✆ +44 1877 382 614
Fax : +44 1877 382 732
www.trossachsholidays.co.uk
Des VTT de toutes les qualités et de toutes les tailles (environ £9 la demi-journée et £15 la journée complète) et un terrain de camping tout confort (compter £18 l'emplacement de caravane et £16 pour une tente).

Pratique

FORESTRY COMMISSION
David Marshall Lodge
✆ +44 1877 382 383
De novembre à février, ouvert de 10h à 16h du jeudi au dimanche. De mars à octobre, ouvert tous les jours de 10h à 16h.
Elle vous fournira toutes les informations nécessaires sur la faune et la flore ainsi que des suggestions d'itinéraires et d'activités à faire sur place.

LOCH LOMOND & THE TROSSACHS NATIONAL PARK HEADQUARTERS
National Park Headquarters
The Old Station Balloch G83 8BF
✆ +44 1389 722 600
www.lochlomond-trossachs.org
Pour toute information sur le parc national.

OFFICE DU TOURISME D'ABERFOYLE
Main Street ✆ +44 1877 382 352
Ouvert d'avril à octobre tous les jours de 10h à 17h et le week-end de 10h à 16h le reste de l'année.

QUEEN ELIZABETH FOREST PARK VISITORS CENTRE
✆ +44 1877 382 258
www.forestry.gov.uk/qefp
A 2 km d'Aberfoyle, sur l'A61. Ouvert de mars à novembre de 10h à 17h, 18h l'été et de 10h à 16h l'hiver.
On y trouve toutes les informations sur les chemins de randonnée et pistes cyclables de cette forêt qui s'étend de l'est du loch Lomond au cœur des Trossachs. Il est également possible d'y faire de l'équitation et de la pêche.

Se loger

DUNDARROCH COUNTRY HOUSE
Brig O'Turk, Callander, Perthshire
✆ +44 1877 376 200
Chambre simple à £40, double à £35 par personne.
Cette maison charmante, aux robinets dorés, renferme toutes sortes d'objets d'art et d'antiquités. Alfred Hitchcock a tourné *Les Trente-Neuf Marches* dans le voisinage. Le cadre est peu conseillé aux couples avec enfants.

INVERSNAID PHOTOGRAPHY CENTRE
Inversnaid Lodge, Aberfoyle, Stirling
✆ +44 1877 386 254
www.inversnaidphoto.com
Bed & Breakfast à partir de 34,50 £.
Dans cette maison perdue dans les bois et qui surplombe le loch Lomond, André Goulancourt et Linda Middleton organisent des stages de photographie, avec de grands noms de l'audiovisuel (alors réservez longtemps à l'avance et appelez 15 jours avant votre arrivée pour savoir si les chambres ne sont pas occupées par les stagiaires). Le décor est soigné et les chambres, très agréables, ont toutes une salle de bains. Vous pourrez profiter d'un studio-photo et de judicieux conseils sur les plus belles lumières et les plus jolis coins. Mais la maison n'est pas prévue pour les enfants.

ROMAN CAMP HOTEL
Callander ✆ +44 1877 330 0033
www.romancamphotel.co.uk
Compter 49 £ pour dîner et la chambre double est à partir de 150 £.
Cette pittoresque maison de campagne construite en 1625 compte l'un des meilleurs restaurants de Grande-Bretagne (trois rosettes) et un splendide jardin.

STONEY PARK BED & BREAKFAST
Loch Ard Road, Kinlochard
Aberfoyle, Stirling
✆ +44 1877 382 208
www.stoneyparkb-b.co.uk
A partir de £25 par personne en bed and breakfast et chambre double.
Attention, certaines chambres n'ont pas de salle de bains ! Toutefois, elles sont spacieuses et très joliment décorées. Le jardin et la campagne aux alentours valent le coup pour s'y promener.

À voir – À faire

BALQUIDDER
On peut aller voir la tombe de Rob Roy et de sa femme Mary dans le cimetière du hameau de Balquidder, près de la plaque proclamant « *MacGregor despite them* » (« MacGregor malgré eux tous »).

ÉCOSSE

© ISTOCKPHOTO.COM/BMPIX

Église de Balquidder.

BRACKLINN FALLS
Bracklinn Road, Callander (East End)
La promenade balisée démarre du parking du village. On passe d'abord sous de spectaculaires rochers que surplombe le Ben Ledi avant de longer une rivière qui mène à ces impressionnantes cascades courant à travers une gorge profonde avant de se jeter dans le Keltie Water.

LOCH KATERINE
On peut passer un après-midi entier sur les rives de ce loch absolument splendide situé au nord d'Abeyrfoyle (suivre l'A821) pour y faire une promenade ou pique-niquer. C'est le moment de se détendre et de se laisser aller à la contemplation de cette étendue d'eau transparente où se reflètent des collines boisées. Elle inspira le poème de Walter Scott, *The Lady of the Lake.*

ROB ROY AND THE TROSSACHS VISITOR CENTRE
Ancaster Square, Callander
✆ +44 1877 330 342
www.robroyway.com
Venez écouter l'histoire de Rob Roy, le héros des Highlands qui a inspiré des générations de romanciers et de réalisateurs.

SCOTTISH WOOL CENTRE
Main Street ✆ +44 1877 382 850
www.scottishwoolcentre.co.uk
Près de l'office du tourisme. Ouvert d'avril à octobre de 9h30 à 18h et de 10h à 17h le reste de l'année.
Intéressant pour les démonstrations de chiens de berger.

Sports – Détente – Loisirs

ABERFOYLE GOLF CLUB
Braeval
✆ +44 1877 382 493
www.aberfoylegolf.com
Compter 24 £ par personne pour une journée en semaine et 30 £ le week-end.
Ce terrain de golf bordé de montagnes est probablement l'un des plus beaux d'Ecosse. Son cadre sublime est un must qui réjouira les amateurs.

FOREST HILLS WATERSPORTS
Centre Kinlochard
✆ +44 1877 387 775
Ce centre offre bon nombre d'activités de plein air, sur loch ou en forêt. Au programme : exploration du loch Ard en bateau à voile et moteur, canoë ou planche à voile, après-midi de pêche ou de golf. Les sportifs et amateurs de sensations fortes peuvent faire du quad cycling, du 4X4 en forêt ou descendre cascades et cours d'eau en kayak.

STEAMSHIP SIR WALTER SCOTT
Loch Katrine par Callander
✆ +44 1877 332 000
www.lochkatrine.com
Des croisières en bateau à voile sont organisées toute l'année sur le loch. Le superbe bateau à vapeur « Walter Scott » ne fonctionne qu'entre mars et octobre. On peut louer des vélos pour faire des balades autour de ces eaux tranquilles où se trouvent un bar et un restaurant.

PÉNINSULE DE COWAL

CAIRNDOW

Pratique

HERE WE ARE
Clachan Cairndow ✆ +44 1499 600 350
Fax : +44 1499 600 331
www.hereweare-uk.com
Ouvert toute l'année du lundi au dimanche de 10h à 16h30. En été, jusqu'à 17h30.
Ce point d'information situé juste à côté du loch Fyne Oyster Bar est à consulter absolument avant de redescendre vers la péninsule de Cowal. Vous y trouverez des plans détaillés de celle-ci. Une brochure réalisée par l'entreprise de protection et d'entretien de l'Argyl Forest Park indique de nombreuses promenades à faire dans les environs.

Se loger

CAIRNDOW STAGECOACH INN
✆ +44 1499 600 286
Fax : +44 1499 600 220
www.cairndowinn.com
Chambre double à £30 par personne. Repas de midi à 21h. Le bar est ouvert jusqu'à minuit.
C'est l'une des auberges les plus paisibles qui soient et on vous y accueille d'une façon extraordinairement décontractée. Dans cet ancien

relais de diligence, qui compta la reine Victoria parmi ses illustres clients, non seulement les chambres sont agréables, mais on peut profiter d'un sauna, d'un solarium et d'une salle de gym. Ambiance chaleureuse garantie au bord du loch. On peut aussi demander une voiture par téléphone de la gare d'Arrochar.

Se restaurer

■ THE CREGGANS INN

Strachur ✆ +44 1369 860 279
Fax : +44 1369 860 637
www.creggans-inn.co.uk

Descendre l'A815 au fond de Glen Kinglas en direction de Tighnabruach. Ouvert toute l'année. Déjeuner de 12h30 à 14h15. Dîner, plus formel, de 19h30 à 21h30. Compter £30 pour le dîner et £70 par personne en chambre double.

Cet hôtel-restaurant, avec son menu de grande maison écossaise, est l'un des plus réputés de la région. Huîtres, crevettes et homards sont frais et originaux.

■ THE INVER COTTAGE

Strathlachlan ✆ +44 1369 860 537
www.invercottage.co.uk

Ouvert du mercredi au samedi de 10h30 jusqu'à tard, le dimanche jusqu'à 17h, fermé le lundi et mardi (et le mercredi en hiver). De Creggans Inn, suivre l'A886 puis la B8000.

Tout le monde vous l'indiquera. Ses fondations ont les pieds dans l'eau et l'intérieur est chauffé par un feu de bois et de tourbe. Charmant comme sa propriétaire, ce restaurant propose des produits frais locaux dans une ambiance qui donne envie de prendre son temps. Spécialités : les fruits de mer et les desserts.

■ LOCH FYNE OYSTER BAR

✆ +44 1499 600 264
Fax : +44 1499 600 234
www.lochfyne.com

Sur l'A83, entre Arrochar et Inveraray, près du village de Clachan. Ouvert de novembre à mars de 9h à 18h et jusqu'à 21h le reste de l'année.

Ce restaurant est réputé en Ecosse pour ses huîtres, ses moules et son saumon fumé. S'y trouve également une poissonnerie vendant les produits du loch Fyne.

À voir – À faire

■ ARDKINGLAS WOODLAND GARDEN

Argyll PA26 8BH ✆ +44 1499 600 261
Fax : +44 1499 600 241
www.ardkinglas.com

Ouvert toute l'année, entrée £3.

Ce luxuriant jardin avec vue sur le loch Fyne se distingue par sa grande variété de rhododendrons et de conifères. Le printemps reste la période idéale pour en contempler la richesse florale.

LOCHGOILHEAD

■ ARDROY OUTDOOR EDUCATION CENTRE

Ardroy Cottage
✆ +44 1301 703 391
✆ +44 1301 703 353
www.outdooreducation.co.uk

Canoë, escalade, randonnée sportive à travers gorges et montagnes. On trouve ici ce qu'il faut pour une montée d'adrénaline en pleine nature… en toute sécurité. Des moniteurs vous accompagnent pour vous initier à ces sports divers.

■ CARRICK CASTLE

Carrick

Prendre la direction Carrick sur la B839.

La ruine de ce château construit au XIVe siècle sur la rive ouest du loch Goil est à découvrir dans un cadre naturel superbe de vallées verdoyantes.

La famille d'Argyll y gardait ses archives secrètes et ses prisonniers.

■ DRIMSYNIE HOUSE HOTEL

Drimsynie House Hotel
✆ +44 1301 703 247
Fax : +44 1301 703 538
www.drimsynie.co.uk

Compter de £25 à £35 par personne.

Drimsynie House est un beau manoir qui donne sur le loch Coil. Il est établi au cœur de Drimsynie Estate, et vous pouvez profiter de son terrain de golf et de son centre de loisirs avec piscine, sauna et Jacuzzi.

■ THE SHOREHOUSE INN

The Shore House Inn
✆ +44 1301 703 340
Fax : +44 1301 703 322
www.theshorehouse.net

Chambres doubles de £77 à £98.

Cette vieille maison, à l'ambiance d'une petite auberge de campagne, est meublée et décorée sans prétention. Son charme réside dans sa situation au bord du bras de mer. Il y a un tout petit bar-restaurant en bas. Des clients jurent avoir entendu un fantôme, affirmation démentie par les propriétaires.

La côte ouest

Le trajet d'Inveraray à Oban est probablement l'un des plus beaux d'Écosse. Il fait partie des 12 National Tourist Routes signalées par le pays. Les rives du loch Fyne nous accompagnent jusqu'à Lochgilphead. Cette région d'agriculture et de pêche était l'un des centres du Scottish Kingdom. Lorsque la route se rapproche de la côte, on jouit d'un très beau front de mer : les îles du Jura, de Mull et de Skye apparaissent. Une fois à Oban, ville portuaire surnommée « la porte des îles », il y a beaucoup à voir : la baie donnant sur l'île de Kerrera, de nombreuses boutiques et galeries d'art et, bien sûr, le départ des bateaux vers les îles.

OBAN

S'étirant le long d'une baie, tournée vers le large, Oban est tout entière tendue vers les îles que les visiteurs de passage convoitent déjà. On goûte un peu de cette atmosphère de transit en s'attardant au bar du Caledonian Hôtel. Centre de transport des Hébrides du Sud et port de pêche le plus animé de cette partie de la côte, Oban possède l'office de tourisme le plus affairé d'Écosse. Cette bourgade portuaire fort appréciée des Ecossais offre son lot de petites boutiques et galeries où peintres et photographes exposent des œuvres de couleur locale. Blasés par les milliers de cars dégorgeant leur cargaison de touristes, les habitants sont peut-être un peu moins chaleureux par ici... Les rencontres les plus sympathiques se font avec les marins pêcheurs que l'on croise dans les pubs. Habitués à voyager, ils sont souvent de bon conseil et prompts à donner d'intéressants tuyaux sur la région. On vous en donne déjà un : si vous êtes un peu fatigué de l'animation parfois excessive des lieux, accordez-vous une petite escapade sur l'île de Kerrera que vous voyez en face...

Transports

Comment y accéder et en partir

CALEDONIAN MAC BRAYNE
Railway Pier ✆ +44 1631 566 688
www.calmac.co.uk
Desservent 22 îles et 4 péninsules, de la côte ouest. Et de l'île d'Arran, au sud, à l'île de Lewis dans le nord.

NATIONAL EXPRESS
✆ +44 8705 808 080
www.nationalexpress.com
Assure le trajet jusqu'à Inverness, Glasgow ou même Londres.

SCOTRAIL
✆ +44 845 601 59 29
www.scotrail.co.uk
De Glasgow, 2 trains par jour. Correspondances pour Fort William et Mallaig, à Crianlarich.

SCOTTISH CITYLINK
Leonard St
✆ +44 870 550 50 50
www.citylink.co.uk
Liaisons par bus avec Glasgow, Campbeltown, Fort William et Inverness. Billets en vente à l'office du tourisme.

WEST COAST MOTORS
17 George Street
✆ +44 8708 506 687
www.westcoastmotors.co.uk
Bus locaux pour Connel, Appin, Kilmartin.

Se déplacer

EVO BIKES
29 Lochside Street
✆ +44 1631 566 996
Compter £14 par jour.

Pratique

BOOTS PHARMACY
34 George Street
✆ +44 1631 562 517

LAVERIE AUTOMATIQUE
Oban Dry Cleaners, Stevenson Street
✆ +44 1631 563 554
Ouverte du lundi au vendredi de 9h à 17h.

LORN AND ISLANDS DISTRICT GENERAL HOSPITAL
Glengallan Road
✆ +44 1631 567 500

POLICE
Albany Street
✆ +44 1631 510 500

URGENCES
Appelez la police qui se mettra en contact avec un pharmacien ou un médecin.

Tourisme / Culture

■ FORESTRY COMMISSION
Millpark Road ✆ +44 1631 566 155
www.forestry.gov.uk
Ouvert du lundi au vendredi entre 9h et 17h.
Renseignements sur les chemins et les itinéraires praticables en forêt.

■ OFFICE DU TOURISME
Argyll Square ✆ +44 1631 563 122
www.oban.org.uk
Ouvert toute l'année, tous les jours, de 9h à 19h en été et jusqu'à 17h le reste de l'année.
Accès Internet et exposition.

Argent

■ BANQUES
Ouverte de 9h15 à 16h45.
Royal Bank of Scotland, face à l'office du tourisme.

Moyens de communication

■ INTERNET
Oban Library
77 Albany Street ✆ +44 1631 571 444
kevin.baker@argyll-bute.gov.uk
Accès gratuit à Internet (fermé le mardi et le dimanche).

■ POSTE CENTRALE
Lochside Street ✆ +44 1631 510 450
Ouverte du lundi au vendredi de 9h à 17h30 et le samedi de 9h à 12h30.

Se loger

Bien et pas cher

■ CORRAN HOUSE
Victoria Crescent Corran, Esplanade
✆ +44 1631 566 040
www.corranhouseoban.co.uk
De £16 à £19 en dortoir et de £25 à £40 par personne en chambre double.
A mi-chemin entre l'hôtel et l'auberge de jeunesse, cet hôtel, qui peut paraître assez impersonnel de prime abord, a des atouts à faire valoir. Une grande cuisine équipée permet de préparer ses repas avec la vue en prime. On peut partager des chambres de 5, 4 ou 3 lits pour environ £17 par personne. Certaines d'entre elles offrent une vue splendide sur l'île de Kerrera et de Mull. Un pub extrêmement chaleureux se trouve au sous-sol (mais pas sous les chambres !), où jeunes en transit et clientèle locale causent allègrement. La terrasse extérieure à la nuit tombante est un délice. On y boit son verre en regardant rêveusement de petites lumières s'allumer sur l'île d'en face.

■ OBAN YOUTH HOSTEL
Corran Esplanade (presque à l'angle de Corran Brae) ✆ +44 1631 562 025
oban@syha.org.uk
Compter £22 (pour les non-membres) pour un lit dans un dortoir et £65 pour une chambre double avec salle de bains.
Les chambres avec vue sur la baie se trouvent dans la partie la plus ancienne de l'édifice. Celle-ci compte moins de salles de bains que l'annexe où des dortoirs de quatre à six lits ont chacun la leur... mais pas de vue sur la baie ! Les parties communes sont propres et agréables. On trouve une grande cuisine équipée avec de nombreuses plaques, un salon avec télévision et une salle à manger. Une connexion Internet payante se trouve également dans une pièce attenante à la cuisine.

Confort ou charme

■ HAWTHORNBANK GUESTHOUSE
Dalriach Road
✆ +44 1631 562 041
hawthornbank@btinternet.com
A 5 minutes à pied du centre-ville. De £32 à £40 par personne en chambre double.
La position surélevée de cette guesthouse vous assure une vue magnifique sur la baie d'Oban et les îles de Mull et de Kerrera. Les chambres sont bien arrangées dans cet établissement de premier choix.

■ ROINEABHAL COUNTRY HOUSE BED & BREAKFAST
Roineabhal, Kilchrenan, by Taynuilt
✆ +44 1866 833 207
Fax : +44 1866 833 477
www.roineabhal.com
D'Oban, prenez l'A85 en direction de Taynuilt et bifurquez à droite sur la B845, direction Kilchrenan. A partir de £50 par personne avec petit déjeuner inclus. Compter £45 pour le dîner et le vin compris.
Un excellent pied-à-terre pour découvrir l'Argyll, à proximité du loch Awe et l'opportunité de faire une étape dans un B&B de luxe entre Glasgow et Oban ou Fort William. Le dîner, préparé par Maria, est un must, à base de produits locaux (langoustines, saumon, coquilles Saint-Jacques...) dans le respect des traditions écossaises.

■ **ROSENEATH GUESTHOUSE**
Dalriach Road
✆ +44 1631 562 929
Fax : +44 1631 567 218
www.roseneathoban.com
Compter £35 par personne en chambre double et £40 pour un occupant seul.
La tradition de l'hospitalité écossaise ne s'est pas perdue dans cette maison. Prenez votre temps pour savourer votre petit déjeuner tout en profitant de la vue sur la baie. Le charme d'une maison victorienne et tout le confort que l'on peut souhaiter.

Luxe

■ **ISLE OF ERISKA**
Ledaig, près d'Oban
✆ +44 1631 720 371
Fax : +44 1631 720 531
www.eriska-hotel.co.uk
Suivez l'A828 en direction de Fort William, à 10 km. Pour une chambre double, compter entre 290 et 400 £. Possibilité de dîner pour 40 £.
L'Isle of Eriska se trouve à l'embouchure du loch Creran. Dans un cadre particulièrement privilégié, cette grande maison seigneuriale conviendra à tous ceux qui souhaitent une retraite totale. Possibilité de louer un cottage de deux chambres pendant une semaine ou un week-end.

■ **KNIPOCH HOTEL**
Knipoch
✆ +44 1852 316 251
Fax : +44 1852 316 249
www.knipochhotel.co.uk
A 7 km d'Oban vers le sud. Entre £84 et £114 par personne.
Situé sur le loch Feochan, ce petit hôtel de 22 chambres convient plutôt aux couples : de la cheminée qui vient de la cathédrale d'Ypres au whisky distillé avant la Seconde Guerre mondiale, en passant par le saumon fumé sur place, tout promet un séjour de qualité. Nicholas Craig, le directeur, est un amateur d'alcools divers et aime que l'on partage ses goûts. Plein d'humour, il donne à l'hôtel une tonalité toute particulière.

■ **MANOR HOUSE HOTEL**
Gallanach Road
✆ +44 1631 562 087
Fax : +44 1631 563 053
www.manorhouseoban.com
Compter entre £115 et £215 pour une chambre avec vue sur la mer. Celles donnant sur la mer sont nettement plus chères. Les prix étant très variables en fonction des périodes, on recommande vivement de consulter le site Internet.
Cette maison, qui date de 1780, a été construite pour les ducs d'Argyll. Elle trône sur la baie d'Oban depuis laquelle on aperçoit l'île Kerrera. Son intérieur est somptueux et élégant, et son excellente cuisine (il faut goûter à la soupe de poisson) est due au chef propriétaire. Une piscine intérieure et un sauna sont à votre disposition.

Se restaurer

Bien et pas cher

■ **THE BARN**
Cologin Lerags
✆ +44 871 917 00 07
Quitter l'A816 à 5 km au sud d'Oban. Ouvert de mars à novembre et le week-end entre décembre et février.
Ce bar, situé dans une vieille auberge de cow-boys des Highlands, vous offre des repas simples dans l'esprit traditionnel écossais. Les animaux de la ferme courent un peu partout, quelques notes de musique également (concerts 3 ou 4 fois par semaine le soir, en été).

■ **THE FISH AND CHIP SHOP**
116 George Street
✆ +44 1631 562 426
www.obanfishandchipshop.co.uk
Un classique à Oban, le *fish and chips* que l'on déguste en se promenant le long de la baie. Il est ici bon et gras, juste comme il faut…

■ **THE LORNE**
Stevenson Street
✆ +44 1631 570 020
www.obanlorne.co.uk
A partir de £8.
Au menu : musique live le week-end. Snack fort agréable avec un choix de plats simples et bien cuisinés. Fait également pub.

Bonnes tables

■ **EE-USK**
North Pier ✆ +44 1631 565 666
www.eeusk.com
Pour le déjeuner, ouvert de midi à 15h (14h30 en hiver) et pour le dîner, ouvert de 17h45 à 21h30 (21h en hiver).Plats : environ £17. Pour une repas complet, compter entre £25 et £30.

Elégant restaurant sur le port d'Oban qui propose d'excellents poissons et fruits de mer.

■ **THE STUDIO**
Craigard Road
✆ +44 1631 562 030
Ouvert tous les soirs de 17h à 22h. A partir de £10.
Les menus sont alléchants et le choix à la carte n'est pas mal non plus. Spécialités de la mer et bonne viande également. Il est conseillé de réserver.

Luxe

■ **WATERFRONT RESTAURANT**
N° 1 The Pier
✆ +44 1631 563 110
www.waterfrontoban.co.uk
Ouvert tous les jours de février à décembre. Compter au minimum £25.
Les produits frais de la mer y sont cuisinés finement : succulents filets de sole, coquilles Saint-Jacques... Le restaurant situé au premier étage offre une vue superbe sur la baie. Un café se trouve également au rez-de-chaussée. Goûtez notamment aux huîtres chaudes, délicieux et original !

Sortir

■ **THE LORNE**
Stevenson Street
✆ +44 1631 570 020
www.obanlorne.co.uk
Ouvert de 11h à 1h du matin (2h du jeudi au dimanche).
Un pub où locaux et touristes viennent prendre un verre ou manger un morceau. Les fumeurs sont ici chouchoutés ! Un espace couvert et chauffé leur est destiné, avec petites enceintes pour y diffuser la musique de l'intérieur !

■ **THE OBAN INN**
Stafford Street
✆ +44 1631 562 484
Repas servis à l'étage jusqu'à 21h, 22h entre mars et octobre (compter £5).
Cet ancien hôtel reconverti en bar n'a pas perdu son caractère d'antan. Beaucoup d'ambiance et de chaleur humaine.

À voir – À faire

■ **CASTLE STALKER**
✆ +44 7789 597 442
✆ +44 1631 730 354
www.castlestalker.com
A 23 miles au nord d'Oban en remontant l'A828 en direction de Fort William.
£10 pour les adultes. Horaires et périodes d'ouverture variables, se renseigner sur le site Internet.
Ce château se trouve sur le loch Laich. Ce fort du XIXe siècle est sans doute l'un des plus pittoresques et des plus photographiés du pays. Il a tout juste la place de tenir sur son îlot ! On profitera de la vue sur celui-ci et le loch Linnhe en buvant un thé au Castle Stalker View.

ÉCOSSE

Castle Stalker.

DISTILLERIE D'OBAN
Stafford Street
✆ +44 1631 572 004
Oban.distillery@diageo.com
Ouvert d'avril à juin et en octobre du lundi au samedi de 9h30 à 17h, en mars et novembre du lundi au vendredi de 10h à 17h, en juillet et septembre du lundi au vendredi de 9h30 à 19h30 et de décembre à février du lundi au vendredi de 12h30 à 16h. Prix : £7.
Belle et ancienne distillerie, attention, choisissez-bien votre horaire de visite car elle est extrêmement fréquentée.

DUNSTAFFNAGE CASTLE
✆ +44 1631 562 465
www.historic-scotland.gov.uk
A la sortie d'Oban, direction Fort William. Ouvert toute l'année. De 9h30 à 17h30 entre avril et septembre. D'octobre à fin mars entre 9h30 et 16h30. Fermé le jeudi et le vendredi. Tarifs : £3,50 pour un adulte, £1,75 pour un enfant.
Ce château du XIIIe siècle a été bâti par les MacDougall sur les rives du loch Etive. Installé sur un promontoire rocheux, cet édifice vous est présenté dans le Visitor Centre. Jetez également un œil à la petite chapelle qui se cache sous les arbres.

INVERAWE COUNTRY PARK & SMOKEHOUSE
Taynuilt Argyll
✆ +44 1866 822 446
info@inverawe.co.uk
Un joli parc qui se caractérise par l'abondance de ses oiseaux et de ses fleurs. Promenades en forêt, le long de petites rivières et du loch Etive. On se relaxe ensuite dans le confortable tea-room à la vue spectaculaire sur le Glen Lonan et sa rivière, dont on peut aussi déguster sur place les poissons… L'endroit parfait pour marquer une bonne pause.

MacCaig's Tower.

MACCAIG'S TOWER
Duncraggan Road
Construit sur les hauteurs de la ville par un philanthrope qui voulait fournir du travail aux maçons chômeurs, cet édifice est souvent appelé le McCaig Folly. De son sommet, on jouit d'une vue panoramique sur le port et les îles des alentours.

RARE BREEDS FARM PARK
Glencruitten
✆ +44 1631 770 608
Ouvert du 15 mars au 31 octobre. Entrée : £6 pour un adulte (enfant £4).
Lamas, chèvres, lapins, volailles et vaches de races peu ordinaires se retrouvent ensemble dans une ferme d'exploitation typique. Cette rencontre avec les bêtes sera particulièrement appréciée des enfants, qui peuvent librement les caresser, leur donner à manger ou prendre dans leurs bras les plus petits d'entre eux.

SCOTTISH SEALIFE SANCTUARY
Barcaldine, Connel
✆ +44 1631 720 386
www.sealsanctuary.co.uk
Ouvert de 10h à 16h l'hiver et de juin à octobre jusqu'à 18h. Entrée : £9,15 et £7,15 pour les enfants.
Certainement l'un des meilleurs musées consacrés à la vie aquatique sur la côte ouest.

Visites guidées

BOWMAN'S TOURS
Queens Park Place
✆ +44 1631 566 809
www.bowmanstours.co.uk
Diverses excursions sur les îles y sont proposées, dont une sur les îles de Mull, Iona et Staffa. Départ : 10h. Retour : 17h45 et 20h si l'on revient de Staffa. Entre £31,40 et £44, tarif variable selon la distance des îles. Réductions pour les enfants.
▶ **Autre adresse :** Bowman's Tours and Excursion Centre, The Waterfront Restaurant

SEA.FARI ADVENTURES
Easdale
✆ +44 1852 300 003
www.seafari.co.uk

A 25 km d'Oban, sur l'A816, direction sud. Prendre ensuite la direction d'Easdale, sur la B844. Ticket adulte entre £35 et £44. £27 pour les enfants. Propose aussi des excursions vers Iona et Staffa (£70) et vers Colonsay (entre £35 et £44).

C'est armés de K-way et de gilets de sauvetage fournis par la compagnie qu'on embarque sur ces bateaux gonflables orange au moteur puissant pour une rencontre extraordinaire avec les animaux marins. On vous emmène comme en rêve voir des dauphins, des phoques et des colonies d'oiseaux peuplant les falaises des îles. Une escapade idéale pour ceux qui n'auraient pas le temps de s'offrir une véritable traversée sur une île et souhaiteraient tout de même découvrir cette faune autrement inaccessible.

Shopping

■ RICHARD CHILD GALLERY
4 John Street
✆ +44 1631 570 470
Ouvert de 10h à 17h de mardi à samedi. En été, également ouvert le lundi et jusqu'à 17h40.
Expositions et vente de photographies de paysages écossais.

■ SWEETIES
100 George Street
✆ +44 1631 566 699
www.sweetiesscotland.co.uk
Ouvert toute l'année de 10h à 18h.
Le bonbon traditionnel sous toutes ses coutures, plus de 350 variétés ! On y trouve aussi d'excellentes glaces, les fameuse et suaves *ice creams*…

KILMARTIN

■ KILMARTIN CHURCH
Kilmartin
www.kilmartin.org
On trouve dans le cimetière de cette église de belles stèles sculptées et des croix celtes.

■ KILMARTIN HOUSE MUSEUM
Kilmartin, Lochgilphead, Argyll PA31 8RQ,
✆ +44 1546 510 278
www.kilmartin.org
Ouvert tous les jours de mars à octobre de 10h à 17h30. Horaires variables en hiver.
Ce musée présente justement les sites archéologiques de la région. Il a récemment reçu un prix pour ses installations interactives ingénieuses et didactiques. Vous y trouverez également les renseignements nécessaires pour localiser les multiples sites archéologiques visibles sur la vallée de Kilmartin.

INVERARAY

Avec ses seulement 650 habitants, cette ville portuaire nous fait signe au bout de la route étroite longeant le loch Fyne. Ses jolies maisons blanches s'alignant le long de la baie du loch Shira charment d'emblée. Hors saison estivale, cette belle endormie fascine. Vidée de présence humaine, la perspective de sa rue principale, filant droit des rives de la baie jusqu'aux dernières maisons, fait songer aux tableaux de Chirico où la vie semble être suspendue. Il suffit alors de pousser la porte de la grande auberge du George Hôtel pour s'apercevoir qu'il n'en est rien ! Cette ville était autrefois un point névralgique de la région, à l'époque où l'on circulait essentiellement par voie de mer et où la pêche au hareng battait son plein. La devise de la ville « Qu'il y ait toujours un hareng dans ton filet ! » prend tout son sens lorsqu'on apprend que cette activité était nomade, les pêcheurs suivant à la trace le va-et-vient des poissons entre les lochs et la mer.

Pratique

■ BANQUES
Ouvertes de 9h30 à 15h30 et de 14h30 à 16h45 du lundi au vendredi.
Royal Bank et Bank of Scotland.

■ OFFICE DU TOURISME
Front Street
✆ +44 1499 302 063
www.inveraray-argyll.com
Ouvert du lundi au samedi de 9h à 17h, à partir de 10h en hiver.

■ POLICE
Dalmally Road

Se loger

■ ARGYLL CARAVAN PARK
✆ +44 1499 302 285
Fax : +44 1499 302 826
www.argyllcaravanpark.com
Près du Wildlife Park, à quelques kilomètres au sud de la ville sur l'A83. Compter £25 l'emplacement avec électricité et eau. Pour une location de caravane fixe, compter £120 pour deux nuits.
Emplacement magnifique.

THE GEORGE HOTEL
Main Street
✆ +44 1499 302 111
www.thegeorgehotel.co.uk
Compter £75 par nuit pour une chambre double standard. £95 pour une Master Room, et de £140 à 165 pour les suites. Petit déjeuner compris.
Une grande maison des plus chaleureuses et confortables pour y passer la nuit. Elégamment meublées, les chambres sont aussi pleines de fantaisie, décorées d'anciens portraits et paysages à l'huile. La plupart ont des salles de bains avec baignoire. Certaines sont aussi dotées de Jacuzzi et d'une cheminée où l'on peut faire du feu !

LOCH FYNE HOTEL & LEISURE CLUB
Inveraray
Argyll
✆ +44 870 950 62 82
www.crerarhotels.com
Chambre double de £110 à £190. Toutes les 71 chambres sont pourvues d'une salle de bains.
Cet hôtel a été récemment rénové et agrandi et il peut se vanter d'avoir abrité le cabinet de guerre de Winston Churchill pendant la préparation du débarquement allié. L'établissement dispose d'une piscine couverte et d'un sauna.

THE FIRST HOUSE
Inveraray
Argyll
✆ +44 1499 302 170
Fax : +44 1499 302 366
www.thefirsthouseinveraray.co.uk
Compter de £25 à £65 par personne.
Construite en 1751, c'est la plus vieille des maisons de la « nouvelle ville ». Le décor, entièrement rénové, est plaisant et met en valeur son caractère. Certaines chambres ont vue sur le loch. La maison est également spécialisée dans les plats végétariens.

Se restaurer

THE FIRST HOUSE
Fern Point
✆ +44 1499 302111
www.thefirsthouseinveraray.co.uk
Compter £20 pour un menu complet.
L'ancienne écurie et la forge ont été transformées en un restaurant végétarien.

THE LOCH FYNE HOTEL & SPA
Shore Street
✆ +44 1499 302980
Compter environ £15.
Goûtez leur soupe de tomates à la crème et au drambuie, le saumon local fumé ou leurs steaks. Le service est excellent.

Sortir

FURNACE INN
Furnace
Ouvert de midi à minuit, l'hiver de 17h à minuit.
Ce petit bar caché dans le village de Furnace est peu connu des touristes. On peut y jouer au billard et s'y restaurer.

THE GEORGE HOTEL
Main Street
✆ +44 1499 302 111
www.thegeorgehotel.co.uk
Ce bar, qui fait également hôtel, chaleureux et familier, offre la meilleure ambiance, entre feu de bois, pierres de taille et sol pavé. Grand choix de whiskys pour les amateurs... Un jardin s'ouvre aussi pour ceux qui cherchent à se rafraîchir l'esprit.

À voir – À faire

THE ARGYLE WILDLIFE PARK
✆ +44 1499 302 264
Sur l'A83, à quelques kilomètres au sud d'Inveraray.
Cette réserve naturelle abrite des animaux du monde entier. Chats sauvages, blaireaux, renards arctiques et argentés, hiboux et chouettes rares s'intéressent aux visiteurs qui les nourrissent !

AUCHINDRAIN TOWNSHIP
Open Air Museum
by Inveraray
Argyll
✆ +44 1499 500 235
www.auchindrain.org.uk
Ouvert d'avril à septembre, de 10h à 17h.
Reconstitution de la vie dans les Highlands à l'époque victorienne.

CRARAE GARDEN
Sur l'A83, en direction de Lochgilphead
✆ +44 1546 886 614
www.nts.org.uk/property/19/
Ouvert de 9h30 au coucher du soleil. Le centre d'information est ouvert d'avril à septembre entre 10h et 17h.

Ce jardin surplombant le loch Fyne est exceptionnel par sa grande variété d'arbres, d'azalées et de rhododendrons.

Autre adresse : www.gardens-of-argyll.co.uk/

DON NE QUAICH
C'est le nom de la petite montagne à côté du château. Une promenade courte et aisée conduit à son sommet, qui offre une vue superbe sur le loch et ses environs.

INVERARAY BELL TOWER
The Avenue
www.inveraraybelltower.co.uk
Ouvert de fin avril à fin septembre entre 10h et 13h et 14h à 17h.
Le plus bel ensemble de cloches d'Ecosse (il y en a 10) et la seconde collection du monde (en poids). On peut y découvrir les sonneurs de cloches ainsi que les mécanismes de ces dernières.

INVERARAY CASTLE
Cherrypark
✆ +44 1499 302 203
www.inveraray-castle.com
Ouvert d'avril à octobre, de 10h à 17h45. Le dimanche, ouverture à partir de midi. Entrée : adulte £6,80, enfant £4,60.
Nous sommes ici chez le duc et la duchesse d'Argyll, au milieu de tapisseries, d'armures, de meubles français du XVIIIe siècle et de céramiques. L'arbre généalogique des Campbell rappelle que ce château fut la propriété de l'un des clans les plus puissants d'Ecosse. A visiter aussi pour l'élégance de son parc.

INVERARAY JAIL
Centre-ville
✆ +44 1499 302 381
www.inverarayjail.co.uk
Ouvert tous les jours de 10h à 18h. Entrée £7,95.
Ce musée vivant reconstitue le déroulement d'un procès devant un tribunal et retrace la vie des gardiens et des prisonniers dans une prison du XIXe siècle. Vous apprendrez ce qu'était le travail forcé à cette époque.

INVERARAY MARITIME MUSEUM
✆ +44 1499 302 213
Ce joli bateau à voile amarré sur la baie ne passe pas inaperçu. Un musée y a été aménagé, qui compte des installations interactives pour les enfants. On peut boire un verre à bord.

Sports – Détente – Loisirs

ARGYLL ADVENTURE DALCHENNA
Dalchenna Farm, Inveraray, Argyll
PA32 8XT
✆ +44 1499 302 611
www.argylladventure.com
Sur l'A83 (à 5 minutes d'Inveraray). Ouvert d'avril à octobre.
Ce centre de loisirs propose quantité d'activités de plein air destinées aussi aux enfants. Promenades à cheval le long du loch Fyne et dans les forêts des alentours, escalade, trampoline... On peut y passer quelques heures ou la journée entière.

LOCH AWE BOATS
✆ +44 1866 833 256
www.loch-awe.co.uk
Sur la B840, en direction de Dalmally Road.
Un quart d'heure en voiture suffit pour se rendre dans ce centre destiné aux plaisirs de la pêche et de la découverte du loch Awe. L'expédition peut-être faite en barque, en canoë ou en bateau à moteur. On y trouve sur place l'équipement de pêche requis qu'on peut louer ou acheter. Les débutants sont les bienvenus. Ils y apprennent ici l'art de la pêche en toute tranquillité. Bed & Breakfast et camping sont également disponibles à proximité.

Shopping

LOCH FYNE WHISKY
Main St W
✆ +44 1499 302 219
Les bouteilles de whisky s'étalent du sol au plafond où elles sont artistiquement suspendues. Cette boutique a la réputation d'être tenue par de fins connaisseurs. On trouve ici le Loch Fyne whisky. D'un parfum doux et légèrement fumé, il a récemment remporté une médaille de bronze lors d'une compétition internationale.

AUCHINDRAIN

TOWNSHIP OPEN AIR MUSEUM
Inveraray ✆ +44 1499 500 235
www.auchindrainmuseum.org.uk
Ouvert du 1er avril à fin octobre de 10h à 17h. Compter £4,50.
Visitez cette ancienne maison de paysan écossais et plongez-vous dans le quotidien de ces hommes rudes. Un autre son de cloche que celui des châteaux...

LOCHGILPHEAD

A la tête de loch Gilp, la ville est le centre administratif du conseil du « département ». A proximité, on trouve des menhirs, des cimetières préhistoriques et des cercles de pierres néolithiques. Ardrishaig, à côté de Lochgilphead, marque le début du canal de Crinan, qui permet aux navigateurs d'éviter le Mull of Kintyre, rendu célèbre par la chanson éponyme de Paul McCartney, et d'aller directement vers le nord, au départ du Firth of Clyde et du loch Fyne. Toujours surchargé pendant l'été, le canal a été dessiné et construit en 1817 par Thomas Telford, l'architecte de nombreuses églises des Highlands. Ses rives seraient hantées par des fantômes de moines. Ce canal d'un peu moins de 15 km fut construit entre 1793 et 1817 entre les villages d'Ardrishaig et Crinan afin d'éviter aux bateaux le passage difficile par le Mull of Kintyre, à la pointe de la péninsule. Son élaboration, laborieuse et plusieurs fois sujette à des embûches techniques, demanda les efforts conjugués de trois ingénieurs. C'est l'une des réalisations les plus brillantes de la période industrielle. Ce raccourci vers le Sound of Jura est aujourd'hui extrêmement utile pour les voiliers en partance vers les îles. Des vallées fertiles bordent de bout en bout le canal, qui forment un paysage particulièrement exceptionnel autour du bassin de Crinan d'où l'on peut voir les îles de Mull, de Jura et de Scarba.

Pratique

■ BANQUES

Ouvertes de 9h15 à 16h ou 17h.
Deux banques se trouvent dans Poltalloch Street avec guichets automatiques.

■ OFFICE DU TOURISME

Lochnell Street ✆ +44 1546 602 344
Ouvert de Pâques à octobre de 10h à 17h (jusqu'à 18h l'été).

Se loger

■ CRINAN HOTEL

Rue principale de Crinan
près de Lochgilphead
✆ +44 1546 830 261
Fax : +44 1546 830 292
www.crinanhotel.com
Compter £110 par personne, dîner compris.
Situé à l'embouchure du canal de Crinan, cet hôtel bénéficie de vues imprenables sur l'île de Jura. Le restaurant est connu en Écosse et propose entre autres de délicieux fruits de mer.

■ EMPIRE TRAVEL LODGE

Union Street ✆ +44 1546 606 606
www.empirelodge.co.uk
Chambre double à £60. Simple à £35.
Ancien cinéma de la ville, reconverti en B&B. Les chambres sont toutes modernes avec salle de bains attenante.

■ THE ARGYLL INN

69 Lochnell Street ✆ +44 1546 602 221
Fax : +44 1546 603 915
www.theargyllinn.co.uk
A partir de £20 par personne en chambre double.
Une auberge familiale où vous aurez un bon aperçu de l'hospitalité en Ecosse.

■ TIGH-NA-GLAIC

Crinan ✆ +44 1546 830 245
Compter £25 par personne avec le petit déjeuner.
Vous trouverez ce B&B derrière le Crinan Hotel. Cette petite maison qui compte trois chambres est située en haut d'une colline et offre une vue splendide sur le canal de Crinan.

Se restaurer

■ THE STAG HOTEL AND RESTAURANT

47 Argyll Street ✆ +44 1546 602 496
Fax : +44 1546 603 549
Compter £17.
Les adeptes de la cuisine naturelle ou régionale apprécieront ce restaurant qui ne propose que des produits locaux. Essayez leur syllabub au whisky, spécialité de Kintyre.

■ THE TAYVALLICH INN

Tayvallich par Lochgilphead
✆ +44 1546 870 282
Fax : +44 1546 870 333
www.tayvallichinn.co.uk
Ouvert de midi à 14h et de 18h à 21h. Bar jusqu'à 1h en semaine, jusqu'à 23h le dimanche. Compter environ £6 pour déjeuner, £15 pour dîner.
De nombreux navigateurs se restaurent en été dans ce petit bar-restaurant bien abrité de la brise du port. Ses fruits de mer et ses coquillages sont un véritable régal. Le bar est fort apprécié des gens du coin, qui s'y retrouvent tous en fin de soirée.

Sortir

■ LOCK 16

Loch Crinan
Crinan PA31 8SR
Au nord-ouest du canal.

La multitude de lochs autour du canal de Crinan ne porte pas de nom, mais des numéros. Ce bar se trouve donc sur le loch n° 16. Très populaire dans le milieu marin, c'est le lieu où plaisanciers, pêcheurs et badauds se retrouvent le soir, surtout le week-end.

À voir – À faire

CANAL DE CRINAN

Crinan

Attention ! Bus de Lochgilphead à Crinan uniquement le mardi et le jeudi.

Cette promenade le long du canal est vraiment un classique de la région. On recommande de prendre un bus de Lochgilphead jusqu'à Crinan et de déjeuner sur la baie charmante que ponctuent de petits voiliers en mouillage avant de revenir à pied jusqu'à Lochgilphead. On passe par les adorables villages de Bellanoch et Cairnbaan. Offrant des haltes possibles, ils rendent le périple confortable, ne demandant par ailleurs aucune aptitude physique exceptionnelle. Juste le goût de la marche ! Au nord de Bellanoch, sur le canal, se trouve Dunadd. Cet ancien siège des rois de Dalriada date de 500 av. J.-C. On y voit un sanglier gravé sur le rocher, emblème de la famille Campbell d'Argyll, et une marque profonde qui a la forme d'un pied. D'après certains historiens, les rois posaient ici leur pied lorsqu'on les couronnait en les bénissant avec de l'eau. A en juger par la taille de cette empreinte, les hommes de l'époque devaient être plus petits qu'aujourd'hui…

CRINAN WOODLAND WALK

Loch 14

Deux heures de marche. Pour plus d'informations sur le trajet, consulter le site Internet.

Cette excursion au départ du loch 14, derrière le canal de Crinan, vous emmène en haut d'une colline où fougères et jacinthes s'épanouissent au printemps. On y a une vue panoramique sur le loch et le château de Duntrune, avec pour ligne d'horizon les îles de Jura, de Scarba et les collines de Mull. La balade se termine au pont MacKenzie, non loin du Crinan Hôtel où l'on peut se rafraîchir au bar et se restaurer.

ÉGLISE DE LOCHGILPHEAD

High Street

A l'intérieur de l'édifice se trouvent des vitraux dessinés par Edward Burne-Jones (1813-1898), une des figures du mouvement préraphaélite.

TARBERT

Pratique

OFFICE DU TOURISME

Harbour Street © +44 8707 200 624

Ouvert de Pâques à octobre de 10h à 17h et seulement le week-end de novembre à mars.

POLICE

Harbour Street

Se loger

GLENORCHY GUESTHOUSE

Pier Road Tarbert Loch Fyne

© +44 1880 820 623

Fax : +44 7899 815 589

Compter £25 par personne.

Cette grande maison en pierre surplombe le sud du loch Tarbert et offre une vue privilégiée sur le loch Fyne et la péninsule de Cowal. Les chambres sont confortables et sympathiques. L'hôtel possède également un bateau sur le loch Awe avec lequel il organise des parties de pêche.

SPRINGSIDE

Pier Road

© +44 1880 820 413

Fax : +44 1880 820 413

www.scotland-info.co.uk/springside

Compter £30 par personne en bed and breakfast.

Quatre chambres dont deux familiales avec vue sur le port, ce B&B constitue une base idéale si vous souhaitez prendre le ferry pour Islay, Gigha, Cowal Peninsula ou l'île d'Arran. Alison Marshall vous préparera un full scottish breakfast qui vous tiendra au corps.

Se restaurer

THE KILBERRY INN

Kilberry by Tarbert

© +44 1880 770 223

www.kilberryinn.com

A 16 km de Tarbet par la B8024. Ouvert de Pâques à octobre, du mardi au dimanche de 12h15 à 14h15 et de 18h30 à 22h. Compter environ £35 par personne pour déjeuner.

Cette confortable chaumière, près du vieux Kilberry Castle, propose toutes sortes de condiments et de légumes macérés, ainsi que des saucisses de campagne aux pommes et au cidre. On y appréciera aussi le chevreuil sauvage, le saumon fumé et la bière locale. Tous les produits sont de la région.

SKIPNESS SEAFOOD CABIN
Skipness Estate
✆ +44 1880 760207
Fax : +44 1880 760208
www.skipnessseafoodcabin.co.uk
Ouvert de fin mai à fin septembre de 11h à 19h. Compter environ £15.
Très agréable restaurant exotique avec un large choix de fruits de mer. A découvrir, autant pour les mets que pour l'emplacement.

CAMPBELTOWN

Se loger

CAMPING TAYINLOAN
Points Sands Caravan Park
✆ +44 1583 441 263
www.pointsands.co.uk
Ouvert d'avril à octobre. Tente à partir de £12 par nuit.
Sur la côte ouest de la péninsule, ce camping bien équipé et proche de la plage se situe en face de l'île de Gigha. Ceux qui souhaitent profiter de la mer en y faisant de la planche, du surf ou d'autres activités nautiques trouveront ici informations et adresses. On peut aussi louer de petits pavillons de deux ou trois chambres avec cuisine équipée et salle de bains. A partir de £215 par semaine.

CARRADALE HOTEL
Adjacent au Carradale Golf Course
Aird's Place
Sur la côte dans le petit village de Carradale (au nord de Campbeltown)
✆ +44 1583 431 223
www.carradalehotel.com
On peut aussi y accéder en ferry depuis l'île d'Arran.
A partir de £45 par personne avec le petit déjeuner (tarifs dégressifs au nombre de nuits passées, £40/nuit si vous restez 4 nuits). Ajoutez £23 si vous souhaitez dîner.
Marcus et Morag Adams mettent un point d'honneur à accueillir chaleureusement leurs hôtes. Les chambres sont propres et confortables, avec salle de bains privative. On déguste poissons et fruits de mer au restaurant. Le bar de l'hôtel invite à se laisser aller à un verre de whisky de malt dans le jardin, en contemplant l'île d'Arran.

DUNVALANREE
Port Righ, Bay Carradale
✆ +44 1583 431 226
www.dunvalanree.com
Entre £30 et £65 par personne avec petit déjeuner inclus. Vous pouvez dîner en ajoutant £25.
Pour commencer par le plus séduisant, cet hôtel se situe juste à côté d'une grande plage de sable blanc. Les chambres aux teintes crème meublées de bois clair sont reposantes et l'on y trouve, en plus de tout le confort souhaité, un programme suggérant des activités à faire dans les environs. En été, la petite terrasse-jardin pourrait presque nous donner l'impression de se trouver quelque part en Méditerranée. On se restaure également très bien de produits de la mer soigneusement cuisinés.

THE HUNTING LODGE HOTEL
Bellochantuy ✆ +44 1583 421 323
www.huntinglodgehotel.com
De £36 par personne jusqu'à £68 pour une chambre avec vue sur la mer.
L'hôtel donne sur l'Atlantique et les îles de Gigha, Islay et Jura. On n'y est guère loin de la plage et des phoques… S'y trouvent aussi un restaurant et un bar qui a été primé en 2006 pour son excellente sélection de malt whiskies.

À voir – À faire

ABBAYE ET CHÂTEAU DE SADDELL
Kintyre – Saddell
Argyll and Bute
info@landmarktrust.org.uk
Tout près de Carradale, en longeant la côte vers le sud sur la B842, environ au niveau d'Ugadale.
L'abbaye commença à être construite en 1148 sur ordre de Somerled, dont le petit fils allait donner son nom au clan Donald, ancêtre des MacDonald, seigneurs des îles. Il y fit venir des moines d'Irlande qui vécurent selon les préceptes cisterciens d'abstinence et de vie consacrée aux travaux physiques. On trouve dans cette abbaye de grandes stèles de pierre richement sculptées où ornements celtes abstraits voisinent avec bateaux, dragons et silhouettes de guerriers armés.
Non loin de l'abbaye et construit par l'évêque d'Argyll sur les rives d'une petite baie, le château date de 1508. N'étant pour l'instant pas ouvert au public, on vient juste le contempler dans son joli cadre naturel.

Des plages à n'en plus finir. Les plus belles se trouvent sur la côte ouest et à la toute pointe de l'île, sur le fameux Mullof Kintyre célébré par la chanson éponyme de Paul McCartney. Son phare construit en 1788 n'est qu'à une vingtaine de kilomètres des côtes irlandaises…

Les îles de la côte ouest

BUTE

Transports

■ **CALEDONIAN MACBRAYNE FERRIES**
Wemyss Bay ✆ +44 8000 665 000
www.calmac.co.uk
Liaison de Wemyss Bay à Rothesay en 30 min. En été, une liaison avec l'île d'Arran est également assurée.

Pratique

■ **OFFICE DU TOURISME**
15, Victoria Street, Rothesay
✆ +44 8707 200 619

Se loger

■ **THE ARDYN HOTEL**
38 Mounstuart Road, Rothesay
✆ +44 1700 502 052
Fax : +44 1700 505 129
www.theardynehotel.co.uk
Compter de 35 à 70 £ par personne.
Situé sur le front de mer avec une vue impressionnante, cet hôtel est certes petit mais véritablement agréable.

■ **GLENDALE GUESTHOUSE**
20 Battery Place, Rothesay
✆ +44 1700 502 329
www.glendale-guest-house.com
Ouvert toute l'année. De £30 à £35 par personne en chambre double.
Guesthouse à l'architecture victorienne et à la vue impressionnante.

■ **MRS B DOOLEY**
Craigewan, 26 Auchnacloich Road
✆ +44 1700 504 029
A partir de £25 par personne. Ouvert de février à novembre.
Accueil chaleureux avec l'accent écossais !

À voir – À faire

■ **ROTHESAY CASTLE**
Castlehill St, Rothesay, Isle of Bute
✆ +44 1700 502 691
Ouvert tous les jours d'avril à septembre entre 9h30 et 17h30 et d'octobre à mars du lundi au mercredi et le samedi entre 9h30 et 16h30, le jeudi de 9h30 à midi et le dimanche de 14h à 16h30. Entrée : £4.
Forteresse royale du XIIIe siècle.

HOLY

■ **HOLY ISLE FERRY**
Lamlash Bay ✆ +44 1770 600998
✆ +44 1770 700463 / +44 7970 771960
www.holyisland.org
Sur le port, à Lamlash,
le long de la route A 841
Holy Isle Ferry assure la traversée entre Lamlash à Arran et Holy Isle. C'est une si petite compagnie qu'elle n'a pas de site Internet à elle. Consultez le site du centre bouddhiste de Holy pour connaître les horaires et écrivez un mail ou appelez Tom Sheldon ou Jim Blakey pour vous en assurer.

GARBH EILEACH

■ **FARSAIN CRUISES**
Craobh Haven, Argyll and Bute
✆ +44 1852 500 664
Au sud d'Oban, sur l'A83, 18 miles au nord de Lochgilphead
Réservez à l'avance.
Propose des ferries pour les îles mais aussi des activités pêche et plongée.

KERRERA

■ **FERRY DE GALLANACH**
Kerrera Ferry ✆ +44 1631 563 665
www.kerrera-ferry.co.uk
A environ 3 km au sud d'Oban
sur la route côtière
En été, départ toutes les demi-heures de 10h30 (8h45 le week-end) à 12h30 puis de 14h à 17h. Adultes : £5.00 ; enfants : £2.50.
Les petits ferries menant à l'île de Kerrera se prennent au sud d'Oban même si des bateaux touristiques (plus chers) partent aussi du port d'Oban même.

ARRAN

BRODICK

Transports

ARRAN TRANSPORTS
Pier Buildings, Brodick
✆ +44 1770 302 166
Location de voiture. Ouvert de 7h à 18h30 du lundi au samedi, à partir de 8h30 le dimanche. Compter £47,50 par jour.

Bus. Ils longent la côte et desservent tous les villages entre Brodick et Blackwaterfront. Leurs horaires de passage se calquent sur ceux des ferries. Nul besoin de se rendre aux arrêts de bus indiqués. Il suffit de se poster sur la route et de lever le bras à leur passage.

CALEDONIAN MACBRAYNE
Port d'Oban
✆ +44 8000 665 000
Fax : +44 1475 635 235
www.calmac.co.uk
C'est par le port d'Oban qu'on accède à Brodick sur l'île d'Arran (comme pour la plupart des îles du centre de la côte ouest).

LOCATION DE VÉLOS
Arran Adventure Centre, Shore Road, Brodick
✆ +44 1770 302 244
www.locationdevelos.com

Pour le shopping et les détails pratiques, prenez soin de faire l'essentiel à Brodick, où vous trouverez une banque, une poste et une pharmacie. Il est également possible de retirer de l'argent dans les hôtels centraux des villages (système de cash back).

Pratique

ARRAN ADVENTURE
Auchrannie Road
✆ +44 1770 302 244
www.arranadventure.com
Une grande diversité d'activités proposées, du kayaking au VTT en passant par l'escalade, la randonnée etc. Possibilité de louer du matériel ou bien de prendre des cours. Un spécialiste du sport.

OFFICE DU TOURISME À PRESTWICK
15a Skye Road
✆ +44 845 225 51 21
www.ayrshire-arran.com
Ouvert de mai à septembre du lundi au samedi de 9h à 19h30 et d'octobre à avril du lundi au jeudi de 9h à 17h et jusqu'à 19h30 le vendredi et le samedi.

Se loger

BLACKWATERFOOT
SMorvern House, Blackwaterfoot
✆ +44 1770 860 254
www.blackwaterfoot-lodge.co.uk
A partir de £20 par personne.
Les chambres sont spacieuses et l'hôtel dispose d'un parking et d'un local à vélos.

GLENN OUSE
Glenn House, Brodick. Mrs Meteyard
✆ +44 1770 302 092
A partir de £25 par personne, mais il faut rester au minimum 2 nuits.
Base idéale pour les randonnées à pied.

KILMICHAËL COUNTRY HOUSE HOTEL
Glen Cloy, By Brodick, Isle of Arran
✆ +44 1770 302 219
www.kilmichael.com
De £78 à £205 par personne.
Spacieux et apaisant, cet hôtel ne manquera pas de vous séduire par la chaleur de son accueil, ses repas exquis (il a reçu un *award winning food*) et son atmosphère douillette. Il a été reconnu comme l'un des 200 meilleurs hôtels de Grande-Bretagne.

KINCARDINE LODGE
Lochranza
✆ +44 1770 830 223
www.lochranza.co.uk
£94 pour une chambre double en bed and breakfast pour une nuit. Tarifs dégressifs dès la deuxième nuit pour atteindre £60 la chambre pour un séjour de 7 nuits.
Situé dans le plus charmant village de l'île, l'hôtel donne sur la baie de Lochranza. Au menu, plats écossais, à prendre au restaurant, au bar ou en chambre et grand choix de malt whiskies à la carte !

Se restaurer

Bien et pas cher

BRODICK BAR AND BRASSERIE
Auchrannie Road
✆ +44 1770 302 169
Au port. Compter 15 £ le plat.

En face de la poste, derrière Wooley'Bakery. Ce pub est ouvert toute la journée et propose des plats copieux à un prix raisonnable.

■ **LOCHRANZA HOTEL**
Lochranza
✆ +44 1770 830 223
Au nord. Cette grande maison blanche donnant sur la baie est la seule du village à servir des repas le soir. Le steakpie y est délicieux... Le bar est surtout réputé sur l'île pour son excellente sélection de whisky où l'on trouve celui de la distillerie du village. Une guitare est fixée au mur, sur laquelle les gens de passage jouent souvent entre deux verres. L'ambiance est ici vraiment chaleureuse et l'on peut jouir aux beaux jours de la terrasse surplombant le jardin.

Bonnes tables

■ **BEST WESTERN KINLOCH HOTEL**
Blackwaterfoot
✆ +44 1770 860 444
Compter £15 environ le repas.
Sur la côte du sud-ouest de l'île, le village de Blackwaterfoot est charmant avec ses petites bicoques de pêcheurs dont les jardins fleuris accueillent parfois un désordre de cannes à pêche, vieux clubs de golf ou roues de vélo... Une belle plage se trouve également à cet endroit de la côte. Comme tous les autres, cet hôtel jouit d'un emplacement enchanteur. Le restaurant aux larges fenêtres, très bien orienté, est irradié de lumière et l'on y voit le roulis d'une mer écumeuse, souvent agitée par ici... Les habitants du village laissent volontiers cet endroit aux visiteurs, lui préférant un petit bar qui donne sur l'autre côté de l'hôtel... L'ambiance y est ici tamisée et la télévision toujours allumée les soirs de matchs de foot ou de rugby.

■ **CREELERS SEAFOOD RESTAURANT**
Brodick
✆ +44 1770 302 810
www.creelersofarran.co.uk
Au nord de la ville sur la route du château. Compter £20, ouvert midi et soir.
Des spécialités de poissons et de fruits de mer évidemment très frais mais également des plats végétariens.

■ **KILDONAN HOTEL**
Kildonan
✆ +44 1770 820 207
www.kildonanhotel.com
Dîner pour environ £25. Egalement, la possibilité de prendre une chambre pour £99 par personne.
Au sud. L'emplacement géographique du restaurant à la toute pointe de l'île en fait un lieu exceptionnel. L'ancienne bâtisse de l'hôtel est la plus populaire et fonctionne comme une brasserie. L'ambiance y est fort sympathique pour passer boire un verre en soirée. Un restaurant plus chic et raffiné a été aménagé dans la large baie vitrée, construite avec goût dans le prolongement de l'ancienne bâtisse. On y dîne en face d'une mer immense, avec pour horizon le phare de la petite île de Plada. Idéal pour un dîner romantique...

À voir – À faire

■ **ARRAN HERITAGE MUSEUM**
Rosaburn ✆ +44 1770 302 636
www.arranmuseum.co.uk
Entrée £3 (enfants : £1,50). Ouvert tous les jours d'avril à octobre, de 10h30 à 16h30.
Arran se distinguant par des formations géologiques exceptionnelles, il serait dommage de manquer ce rendez-vous qui donne quelques notions de cet aspect de l'île, et présente également son histoire et son archéologie.

■ **BRODICK CASTLE AND GARDEN**
Cladach
✆ +44 1770 302 202
Le château est ouvert d'avril à octobre et le parc accessible toute l'année. Compter 10 £ pour la visite combinée du parc et du château.
L'emplacement stratégique du château surplombant la baie de Brodick ne passa guère inaperçu des Vikings qui y établirent les premiers leur siège. On peut voir dans l'édifice datant du XIIIe siècle, autrefois demeure de la duchesse de Montrose, une collection de peintures, d'argenterie et de trophées de chasse.
La visite s'impose cependant surtout pour le jardin, accessible toute l'année et gratuit lorsque le château est fermé. S'étageant au-dessus de la mer, il renferme une grande variété de plantes exotiques qui furent importées d'Australie ou de Nouvelle-Zélande à l'époque victorienne. L'étroit sentier menant des hauteurs du château jusqu'à la Bavarian Summer House est un itinéraire délicieux de cet immense jardin, qui redescend jusqu'à la mer. On y passe à travers une végétation luxuriante, et devant des cascades de rhododendrons en fleurs, dans les effluves iodées du grand large.

Sports – Détente – Loisirs

■ ARRAN ADVENTURE
Brodick Bay
✆ +44 1770 302 244
www.arranadventure.com
Kayak, trekking en montagne, expéditions nautiques jusqu'aux Kyles of Bute et l'Aisla Kraig. Escalade, voile…

■ ARRAN HELI-TOUR
✆ +44 1770 860 256
✆ +44 7770 860 526
www.arranhelitours.co.uk
Tarifs en fonction de la durée du vol sur une base de £37 le quart d'heure.
Pour voir d'en haut les reliefs accidentés de l'île…

■ PONY TREKKING
North Glen Sannox
✆ +44 1770 810 222
Ouvert tous les jours sauf le dimanche. Compter £15 pour 1 heure d'équitation et £28 pour 2 heures.
La beauté des paysages se prête merveilleusement à une découverte de l'île à cheval…

■ SEABIRD ODYSSEY- RSPB
✆ +44 131 311 6500
http : //clydeserver.com/narspb/node/30
Les samedis d'été, sur les ferry effectuant la liaison entre Ardrossan et Brodick, vous aurez de grandes chances de rencontrer les volontaires du RSPB, organisme de protection des oiseaux. Les amateurs d'ornithologie auront ici l'opportunité de parler avec de vrais professionnels et d'en apprendre beaucoup sur ces fameux *seabirds*.

Shopping

■ ARRAN ACTIVE
Cladach, Brodick
✆ +44 1770 302 416
www.arranactive.co.uk
Dans cette boutique pour marcheurs, on trouve plans et livres sur l'île, chaussures et chaussettes de marche, bottes et imperméables, lampes de poche et autres accessoires de voyage. C'est aussi l'endroit où l'on trouve les plus belles cartes postales de l'île.

■ ARRAN AROMATICS
The Home Farm, Brodick
✆ +44 1770 302 595
www.arranaromatics.com
Ouvert du lundi au samedi de 9h30 à 17h30, le dimanche de 10h à 17h.
On trouve dans ce centre artisanal, huiles essentielles, parfums et produits de beauté réalisés à base de plantes.

■ THE ARRAN BREWERY
Cladach, Brodick ✆ +44 1770 302 353
www.arranbrewery.com
Visites organisées, du mardi au samedi entre 10h et 17h et le dimanche entre 12h30 et 17h.
On s'abreuve ici de la bière très parfumée de l'île dont on peut aussi découvrir le procédé de fabrication.

■ ARRAN CHEESE SHOP
✆ +44 1770 302 788
A 15 minutes à pied au nord de Bordick. Le célèbre fromage d'Arran se trouve dans toutes les boutiques gourmandes d'Ecosse… On peut ici le goûter sur place avant de faire d'éventuelles emplettes.

CLADACH

■ GOATFELL
874 m. Impossible de ne pas remarquer cette montagne dès l'entrée au port, dont les contours élancés et la pointe coiffée de neige donnent toute son allure à la baie de Brodick. Environ 5 heures sont à compter pour son ascension à partir de Cladach. On jouit une fois à son sommet d'une vue panoramique remarquable sur le Firth of Clyde.

LOCHRANZA

■ ISLE OF ARRAN DISTILLERY AND VISITOR CENTRE
The Distillery, Lochranza
✆ +44 1770 830 264
www.arranwhisky.com
A la sortie sud du village. Ouvert de mi-mars à octobre de 10h à 18h et sur rendez-vous le reste de l'année.
On découvre lors d'une visite guidée les secrets de fabrication de ce whisky d'un arôme doux et fruité…

Hébrides

Un des lieux d'Écosse les plus reculés. Cet archipel de 200 km s'étend au nord-ouest de l'Écosse. 29 600 habitants vivent aujourd'hui sur les 13 îles occupées depuis 6 000 ans : Lewis, Harris, Bernera, Scalpay, Berneray, North Uist, Baleshare, Grimsay, Benbecula, South Uist, Eriskay, Barra et Vatersay. Elles comprennent 4 réserves naturelles nationales et beaucoup de sites reconnus. Plages de sable, fleurs sauvages, et beaucoup d'espèces d'oiseaux peuvent être admirées sur la côte ouest. Les habitants de ces Western Isles sont bilingues avec le gaélique et l'anglais, mais une influence scandinave est aussi remarquable, notamment dans le nom des lieux presque tous d'origine nordique. Les Vikings ont en effet envahi les îles au IXe siècle et s'y sont établis jusqu'au traité de Perth, en 1280.

LEWIS

La ville principale est Stornoway, un joli port. Le cadre vous plonge dans l'atmosphère des aventures de Tintin dans *L'Île noire*…

Transports

■ **BRITISH REGIONAL AIRLINES**
✆ +44 870 850 98 50
www.britishairways.co.uk
1 ou 2 vols quotidiens.

■ **CALEDONIAN MACBRAYNE**
Railway Pier, Oban
✆ +44 8705 650 000
www.calmac.co.uk
Ferries d'Ullapool à Lewis, en 2 heures 30. D'Uig (île de Skye), Tarbert à Lewis, 1 heure 45.

■ **EASTERN AIRWAYS**
Airport Industrial Estate,
Wick Airport, Wick
✆ +44 870 366 91 00
www.easternairways.com
1 vol quotidien aller-retour d'Aberdeen à Stornoway.

■ **FIRST SCOTRAIL**
✆ +44 845 748 49 50
www.nationalrail.co.uk
Le *Freedom of Scotland Travel Pass* est très appréciable. Il est valable de 4 à 15 jours.
▶ **Autre adresse :** www.firstscotrail.com

■ **FLYBE**
Clyst Honiton, Exeter
✆ +44 871 700 20 00
www.flybe.com
Départs de Glasgow à Benbecula et Barra ; et de Glasgow, Edimbourg et Inverness à Stornoway.

■ **SCOTTISH CITYLINK COACHES**
Buchanan Bus Station,
10 Killermont St
✆ +44 870 550 50 50
www.citylink.co.uk
Il y a très peu de bus sur les îles, voyez avec l'office du tourisme.

■ **STORNOWAY BUS STATION**
Southbeach Street, Stornoway
✆ +44 1851 704 327

Pratique

■ **OFFICE DU TOURISME**
26 Cromwell Street
✆ +44 1851 703 088
www.visithebrides.com
Ouvert du lundi au samedi de 9h à 17h l'hiver, et de 9h à 18h l'été.

■ **POUR TOUT RENSEIGNEMENT**
✆ +44 1851 703 088
www.visithebrides.com

Se loger

■ **BRAIGHE HOUSE**
20 Braighe Road
✆ +44 1851 705 287
www.braighehouse.co.uk
Compter £50 pour une chambre double. Gratuit pour les enfants en dessous de 5 ans.
2 jolies maisons avec vue sur la mer, ouvertes toute l'année.

■ **THE PARK GUESTHOUSE AND RESTAURANT**
30 James Street
✆ +44 1851 702 485
Fax : +44 1851 703 482
www.theparkguesthouse.co.uk
£43 par personne en chambre double. Ajoutez £12,95 pour le dîner.
10 chambres dont 7 avec salle de bains attenante dans une maison victorienne.

Skye

Gairloch
Port Henderson
Redpoint
Duntulm Castle
Kilmaluag
Duntulm
Staffin Bay
Flodigarry
Balgown
Brogaig
Staffin
Waternish Point
TROTTERNISH
Idrigil
Uig
Culnaknock
Trumpan
Geary
Loch Snizort
Tote
Lower Diabaig
Fearnmore
Dunvegan Head
WATERNISH
A87
A855
Sound of Raasay
RONA
Loch Dunvegan
Lusta
Kingsburgh
Greshornish
Boreraig
Clachamish
Eyre
A850
Kensaleyre
Edinbane
Bernisdale
Milovaig
Colbost
Borve
Skeabost
Brochel Castle
Dunvegan
Brochel
B884
Herebost
Moonen Bay
Orbost
Portree
Applecross
Inner Sound
Roag
B885
RAASAY
Harlosh
Penifiler
Eabost
Bracadale
Camustianavaig
Oskaig
Toscaig
Ullinish
Struan
B883
Achnahanna
Loch Bracadale
Portnalong
A863
Inverarish
Gedintailor
CROWLIN ISLANDS
Plockton
Fiskavaig
Peinchorran
Drynosh
Carbost
Talisker
Sconser
SCALPAY
Erbusaig
Sligachan
MINGINISH
Kyle of Lochalsh
Luib
A87
PABAY
Loch Alsh
Kyleakin
Eynort
STRATHAIRD
Upper Breakish
Broadford
Glennbrittle
Cullin Hills
Kylerhea
Torrin
Loch Brittle
Castle Keep
Heaste
Drumfearn
Elgol
Loch Scavaig
Ord
Loch Eishort
A851
Tokavaig
Isleornsay
Loch Hourn
Taskavaig
Teangue
SLEAT
Cuillin Sound
CANNA
Armadale
Sound of Canna
Kilmory
Ardvasar
Sound of Sleat
Aird of Sleat
Inverie
Kinloch
Pointe de Sleat
RUM
Mallaig
Morar
Bracora
N
0
10 km
Sound of Rum
Cleadale
Arisaig
Galmisdale
Sound of Eigg
Loch nam Uamh
Île de Skye
Roshven
Sound of Arisaig
EDIMBOURG
Glasgow
Ardtoe
Ockle
Achosnich
Acharacle
Salen
Kilchoan
Glenbeg
IRLANDE DU NORD
ANGLETERRE

STORNOWAY HEB HOSTEL
25 Kenneth Street
✆ +44 1851 709 889
www.hebhostel.com
Ouvert toute l'année. Compter £16 avec le petit déjeuner.
Sympathique auberge familiale très correcte avec cuisine, « laundry », accès à Internet et surtout sourires et conseils !

À voir – À faire

ARNOL BLACK HOUSE
Arnol ✆ +44 1851 710 395
www.historic-scotland.gov.uk
Ouvert toute l'année entre 10h30 et 16h, sauf le dimanche. Entrée £5.
Une chaumière traditionnelle qu'on a aménagée comme au XIXe siècle.

BALLANTRUSHAL
Au nord de Lewis, Port Ness
Impressionnants monolithes, hauts de 5,7 m, sur la route A857.

BORGH POTTERY
Fivepenny House, Borve
✆ +44 1851 850 345
www.borgh-pottery.com
Ouvert du lundi au samedi de 9h30 à 18h.
Atelier de poteries à la main. Démonstrations toute l'année.

CALLANISH STANDING STONES
Callanish
✆ +44 1851 621422
Fax : +44 1851 621446
www.callanishvisitorcentre.co.uk
Trois sites de mégalithes composent cet ensemble de pierres debout. Taillées dans du gneiss de Lewis, ces menhirs, dont certains font jusqu'à 4 mètres de hauteur, sont disposés en croix ou en cercle. Ils sont datés de près de 3 000 ans avant J.-C. et forment, par leur structure unique en Ecosse, une attraction majeure de l'île de Lewis.

LEWIS LOOM CENTRE
The Old Grainstore, 3 Bayhead Street
✆ +44 1851 704 500
Ouvert toute l'année entre 10h et 17h. Près des ruines du château de Lewis, non ouvert au public.
Musée sur l'histoire locale et démonstrations de fabrication du Harris Tweed. Egalement, une boutique de vêtements en tweed.

MUSEUM NAN ELEIAN
Francis Street Stornway
✆ +44 1851 709 266
Ouvert d'avril à septembre de 10h à 17h30 (fermé le dimanche) et d'octobre à mars, du mardi au vendredi de 10h à 17h et le samedi de 10h à 13h. Entrée gratuite.
Sur l'histoire de l'île et sur les Hébrides dans le monde viking.

HARRIS

HARRIS HOTEL
Scott Road Tarbert ✆ +44 1859 502 154
Fax : +44 1859 502 281
www.harrishotel.com
Ouvert toute l'année. Entre £49 et £75 par personne en chambre double.
L'hôtel est tenu par la famille Cameron depuis quatre générations et l'hospitalité est une de leurs qualités. Les chambres sont agréables et lumineuses.

SKYE

Deux routes mènent à l'île de Skye. La première n'est pas très adaptée à la course de vitesse car, sinueuse et mal en point, elle disparaît souvent brusquement sans que l'on puisse prévoir sa direction. Cet itinéraire, qui s'adresse à ceux qui ont le temps, permet de faire un détour par la péninsule d'Ardnamurchan. L'autre route, beaucoup plus rapide, passe par Invergarry Shiel Bridge et Kyle of Lochalsh.

Premier itinéraire : de Fort William à Mallaig. A partir de Fort William, prendre l'A830 jusqu'à Mallaig puis le ferry jusqu'à Skye, Road to the Isles. Le viaduc de Glenfinnan, première construction en béton au monde, supporte le chemin de fer en face du monument à la mémoire des Highlanders à Glenfinnan. Le train à vapeur l'emprunte tous les jours pour relier Fort William à Mallaig, d'où un ferry vous conduira à l'île de Skye (Armadale). Le trajet vaut vraiment la peine d'être suivi ! Arisaig, village à l'ambiance tranquille, locale, a tendance à devenir de plus en plus populaire : la pêche, les plages de sable argenté ou blanc et les petites baies caractérisent ce coin insolite. Vous trouverez sur le port quelques bateaux qui vous conduiront sur les îles Rhum, réserve naturelle, Eigg et Canna.

PORTREE

Pratique

BANK OF SCOTLAND
Portree
Ouverte du lundi au vendredi.
Le guichet automatique n'accepte pas toujours les cartes étrangères.

Autres banques à Broadford, ouvertes de 9h30 à 16h45. Change au Portree Hotel, le week-end.

OFFICE DU TOURISME MEALL HOUSE
Somerled Square Portree
✆ +44 1478 612 137
Ouvert toute l'année du lundi au samedi de 9h à 17h (18h en été) et le dimanche en été.

PHARMACIE MACLEOD
5 Wentworth Street, Portree
✆ +44 1478 612 100

POLICE
Somerled Square Portree

Se loger

Bien et pas cher

PORTREE INDEPENDENT HOSTEL
Old Post Office The Green
✆ +44 1478 613 737
www.hostelskye.co.uk
Près de l'office de tourisme. Compter entre £14 et £19 pour un lit en dortoir.
Auberge correcte et agréable.

TORVAIG CARAVAN AND CAMPING SITE
Torvaig Portree
✆ +44 1478 611 849
Ouvert d'avril à octobre. Compter £7.

Confort ou charme

ALMONDBANK
Viewfield Road
✆ +44 1478 612 696
Fax : +44 1478 613 114
www.visithighlands.com
Compter entre £30 et £35 par personne.

SLIGACHAN HOTEL
Sligachan
✆ +44 1478 650 204
Fax : +44 1478 650 207
www.sligachan.co.uk
Sur l'A87, entre Portree et Broadford. Paniers de pique-nique sur demande pour environ £5. Chambres pour environ £40.
Les amateurs de cuisine végétarienne et de fruits de mer – arrosés d'une grande variété de bières ! – trouveront leur bonheur dans cette vieille auberge au pied des Cuillins. Petits plats réconfortants (autour de £6) dans une ambiance cosy autour de la cheminée du Seumas' Bar. Très bon point de départ pour une randonnée dans la montagne.

VIEWFIELD HOUSE
Viewfield Road
✆ +44 1478 612 217
Fax : +44 1478 613 517
www.viewfieldhouse.com
Ouvert de mi-avril à fin-octobre. Compter entre £45 et £65 par personne.
Cette maison victorienne abrite un petit hôtel au charme certain, dans un environnement calme à 10 minutes à pied du centre de Portree.

Luxe

CUILLIN HILLS HOTEL
✆ +44 1478 612 003
www.cuillinhills-hotel-skye.co.uk
Entre £60 et £140 par personne avec petit déjeuner.
Un établissement prestigieux adossé aux Cuillins et surplombant la baie de Portree. Lits à baldaquin et décoration traditionnelle. Le restaurant est excellent.

THE ROYAL HOTEL
Bank Street
✆ +44 1478 612 525
www.royal-hotel-skye.com
Ouvert toute l'année. £115 pour une chambre double avec petit déjeuner.
Tout proche de l'office du tourisme, la plupart des chambres donnent sur le port. Certaines chambres ont été spécialement aménagées pour les familles, qui facilitent le quotidien de couples avec enfants. L'hôtel a récemment ouvert un centre de remise en forme et un sauna que les hôtes peuvent utiliser à leur convenance.

Se restaurer

MARMALADE
✆ +44 1478 611 711
Fax : +44 1478 611 722
www.portreehouse.co.uk
Compter £15.

Un nouveau restaurant vient de s'installer dans cette élégante maison géorgienne qui donne sur un jardin. L'ambiance y est jeune, plutôt chic et branchée, mais très relax. On vient ici pour passer un bon moment en dégustant une cuisine aux parfums méditerranéens. On y trouve tous les classiques italiens : salades agrémentées d'olives marinées et herbes aromatiques, bruschetta (pain frotté à l'ail et à l'huile d'olive), une sélection sympathique de pizzas et de pâtes et, bien entendu, du tiramisu à la carte des desserts. On peut aussi boire un verre au bar ou y passer la nuit (£40 par personne dans une chambre double).

■ **PRINCE OF INDIA**
Bayfield Road
✆ +44 1478 612 681
Ouvert chaque jour de l'année.
Possibilité de commander des plats non indiens.

Shopping

■ **SKYE BATIKS**
The Green
✆ +44 1478 613 331
www.skyebatiks.com
Ouvert toute l'année à l'exception du dimanche en hiver.
Vêtements, batik, artisanat.

BROADFORD

Pratique

■ **BROADFORD HOSPITAL**
(Mackinnon Memorial Hospital)
✆ +44 1471 822 491
Ouvert 24h/24.
C'est le plus grand hôpital de l'île.

Se loger

Bien et pas cher

■ **BROADFORD BACKPACKERS**
High Road
✆ +44 1471 820 333
www.broadford-backpackers.com
Très bon rapport qualité/prix dans cet hostel où les chambres sont propres, confortables et le personnel toujours prêt à rendre service. Aux alentours, l'épicerie, les boutiques, les restaurants, la plage et le réseau de transport sont joignables à pied.

© BRUNO DELACOTTE – FOTOLIA

Phare et falaise.

■ **BROADFORD YOUTH HOSTEL**
Pier Road
✆ +44 870 004 11 06 /
+44 1471 822 442
broadford@syha.org.uk
A l'ouest du village. Ouvert de mars à septembre. Compter de £14 à £19. Accès Internet.

Confort ou charme

■ **BRAIGH A ROID**
Mrs Catherine and Ewen Roberston
Heaste Road
✆ +44 1471 820 221
Ouvert d'avril à septembre. Compter de £28 à £34 par personne.
A quelques minutes du centre de Broadford, cette guesthouse est installée dans un décor authentique superbe entre Broadford Bay et les montagnes.

■ **THE SKYE PICTURE HOUSE**
Ard Dorch
✆ +44 1471 822 531
Fax : +44 1471 822 305
www.skyepicturehouse.co.uk
Compter de £30 à £45 par personne.
Cette jolie guesthouse donne sur le lac.

Luxe

■ HOTEL EILEAN IARMAIN
Sleat Peninsula ✆ +44 1471 833 332
Fax : +44 1471 833 275
www.eileaniarmain.co.uk
Depuis broadford, sur la route pour Armadale, tournez à gauche vers Isleornsay puis à nouveau à gauche après 500 m.
12 chambres et 4 suites. Entre £65 et £145 par personne.
Petit hôtel au charme des plus appréciables.

Se restaurer

■ THE RENDEZ-VOUS
Breakish
✆ +44 1471 822 001
www.corriecottages.co.uk
Entre Broadford et Kyleakin. Compter £20 le menu.
Bonne cuisine écossaise à base de produits frais. Réservation conseillée.

DUNVEGAN

Se loger

■ ATHOLL HOUSE
Atholl House, Isle of Skye, Scotland IV55 8WA, ✆ +44 1470 521 219
www.athollhotel.co.uk
Ouvert de mars à décembre. A partir de £43 par personne.
Peggy et Calum Morrison sont nés sur l'île et ont appris le gaélique avant l'anglais ! Cela fait plus de 25 ans qu'ils accueillent les visiteurs dans leur hôtel et ils vous feront passer un séjour des plus conviviaux.

■ KINLOCH CAMPSITE
Millburn Dunvegan
✆ +44 1470 521 210
www.kinloch-campsite.co.uk
Ouvert d'avril à fin octobre. Compter £5.

■ ROSKHILL HOUSE
Roskhill
✆ +44 1470 521 317
Fax : +44 1470 521 827
www.roskhillhouse.co.uk
De £40 à £50 par personne.
Les chambres sont lumineuses et bien entretenues. Le salon a gardé son caractère d'antan, lorsqu'il servait de bureau de poste au village ; Dunvegan Castle et Talisker distillery sont à proximité.

Se restaurer

■ LOCHBAY SEAFOOD
Stein
Waternish
✆ +44 1470 592 235
www.lochbay-seafood-restaurant.co.uk
Compter £25. Ouvert d'avril à octobre, du mardi au samedi.
Comme son nom l'indique, ce restaurant met à l'honneur les produits de la mer et ce n'est pas l'un des plus chers pour le homard. Le feu crépite dans la cheminée, la baie s'illumine, l'intimité de ce restaurant, petit et simple, garantit le succès de votre repas. Réservation conseillée le soir.

■ THE THREE CHIMNEYS RESTAURANT
Colbost ✆ +44 1470 511 258
www.threechimneys.co.uk
Ouvert toute l'année pour le dîner, d'avril à octobre du lundi au samedi pour le déjeuner. Compter £50 pour un menu complet le soir.
Il fait bon manger dans cette chaumière, près de l'une des trois cheminées. Le restaurant vous propose aussi bien des menus végétariens que des plats à la carte. C'est certainement l'endroit le plus réputé de l'île alors pensez à réserver. En 2002, il a été classé 28e sur les 50 meilleurs restaurants du monde par le magazine *Restaurant*.

Sortir

■ STEIN INN
Waternish
MacLeods Terrace Stein
✆ +44 1470 592 362
Fax : +44 1470 592 362
www.steininn.co.uk
Au nord de Dunvegan, dans le petit village de Stein.
Petit bar bien typique mais également insolite donnant sur la mer.

À voir – À faire

■ COLBOST CROFT MUSEUM
Colbost
✆ +44 1470 521 296
Ouvert d'avril à octobre. Entrée £1,50.
Ce musée présente l'histoire des crofters (petits cultivateurs) au XIXe siècle.

■ GLENDALE TOY MUSEUM
Holmisdale House Glendale
✆ +44 1470 511 240
www.toy-museum.co.uk

A l'ouest de Dunvegan. Ouvert toute l'année de 10h à 18h. Entrée £3 et £1 pour les enfants.
Musée du jouet et atelier de jeux en bois.

Shopping

SKYE SILVER
The Old School Colbost Dunvegan
✆ +44 1470 511 263
www.skyesilver.com
A 12 km de Dunvegan par la B884, vers Glandale. Ouvert de mars à octobre de 10h à 18h.
Bijoux typiques de l'île.

KYLEAKIN

BLAIRDHU HOTEL
✆ +44 1599 534 760
Fax : +44 1599 534 623
www.blairdhuhouse.co.uk
A partir de £30 par personne.
Un hôtel au calme qui possède tout le confort nécessaire.

CLIFFE HOUSE B&B
The Pier
✆ +44 1599 534 019
www.cliffehousebedandbreakfast.co.uk
A partir de £28 par personne. Fermé en décembre et en janvier.
Situé dans un petit village de pêcheur, le B&B jouit d'un cadre naturel des plus pittoresques. Des chambres donnent sur la mer et la salle à manger offre une vue panoramique imprenable, pour contempler au chaud le coucher du soleil avant de rejoindre sa chambre douillette. *Full scottish breakfast* au programme du matin.

KING HAAKON
Kyleakin
✆ +44 1599 534 164
Ouvert de 21h jusqu'à tard.
Peu connu des touristes, ce bar viking garde encore sa couleur locale. Le roi Norse s'arrêta ici avant d'être vaincu au Clyde en 1263.

SKYE BACKPACKERS
Kyleakin Youth Hostel
✆ +44 1599 534 510
www.skyebackpackers.com
A partir de 15 £.
La maison fonctionne selon le système des auberges de jeunesse, tout en restant ouverte la journée. L'ambiance y est à la fois détendue et affairée.

UIG

Se loger

FLODIGARRY COUNTRY HOUSE HOTEL
Flodigarry Staffin ✆ +44 1470 552 203
Fax : +44 1470 552 301
www.flodigarry.co.uk
Compter £60 par personne et £80 avec le dîner.
Au pied des Quiraings, cet hôtel vous fera vivre un séjour parfaitement authentique dans les Highlands et vous serez on ne peut mieux dans l'une des 19 chambres que Flora MacDonald vous proposera.

KILMUIR HOUSE
Kilmuir ✆ +44 1470 542 262
Fax : +44 1470 542 461
www.kilmuir-skye.co.uk
Compter £28. Pour manger, £10 supplémentaires.
Roy et Sally Phelps ont restauré cette ancienne maison de pasteur, entourée d'un jardin et située dans les landes qui regorgent d'oiseaux et de moutons. La plupart des grandes chambres, confortables, ont une vue sur la côte ouest de Skye, apparemment très désolée. Roy vous fera aussi profiter de ses talents de cuisinier.

UIG BAY CAMPSITE
10 Idrigill, Uig ✆ +44 1470 542 714
Ouvert toute l'année. Compter £4,50 pour un adulte et £1,50 pour un enfant.

Se restaurer

FLODIGARRY COUNTRY HOUSE
Staffin ✆ +44 1470 552 203
www.flodigarry.co.uk
Ouvert de 12h30 à 14h30 et de 19h à 22h. Bar de 11h à 23h. Compter £10 environ pour déjeuner, £36 pour dîner. Réservation recommandée pour dîner.
L'endroit est aimé des marcheurs, d'autant plus qu'il offre une vue superbe sur Gairloch et le continent. Les plats, cuisinés avec beaucoup d'originalité, varient chaque jour.

Shopping

UIG POTTERY
The Pier
Uig ✆ +44 1470 542 421
www.uigpottery.co.uk
Ouvert toute l'année.
Poteries locales avec des décorations inspirées des paysages marins.

Les Highlands

Le nom déjà fait rêver. Les Highlands, qui occupent tout le nord-ouest du pays et couvrent à peu près un tiers des terres, concentrent à peine un dixième de la population écossaise ! On distingue deux grands ensembles : au sud, les monts Grampians, entre les Lowlands et la dépression du Glen More ; au nord, les deux chaînes parallèles des North West Highlands et des monts de Ross. Des 787 îles du pays, le plus grand nombre se situe ici ; au large, des montagnes, lochs, rivières et plateaux font de cette zone la plus sauvage et la plus riche en animaux d'Europe.

Le caractère de la région est surtout lié aux traditions et à la culture du Highlander, figure à la fois romantique, respectable et violente. La notion de clan, qui prévalait déjà au Moyen Age, existe toujours : le droit du sang, qui autorisait les chefs à être les maîtres incontestés de leurs enfants fut à l'origine d'une longue suite de batailles entre clans, chaque chef cherchant à obtenir pour sa « famille » le pouvoir politique, social et économique. Les membres des clans Cameron, MacDonald, MacLeod, MacKenzie et Campbell notamment menèrent parfois des politiques fort éloignées de l'intérêt national. Leur pouvoir prit fin entre 1745 et 1748, période la plus importante de l'histoire des Highlands. En 1745, Charles Edouard Stuart, fils de Jacques III, dit le « jeune prétendant », soutenu par la France, s'empare de l'Écosse et rallie autour de lui les Highlanders. Il prend Édimbourg, mène la guerre jusqu'à Derby et tente de continuer jusqu'à Londres, où il espère prendre la Couronne. Convaincu par ses alliés de n'en rien faire, il revient en Écosse. Plus tard, son armée sera battue à Culloden, par les forces du duc de Cumberland. A la suite de cette boucherie, des mesures de répression et d'éviction furent prises et la destruction du système de clans dans les Highlands fut ordonnée.

1748 voit l'abolition des Heritable Juridictions : les chefs des Highlanders perdent les droits absolus qu'ils avaient sur leurs clans. C'est le début des Clearances, ou éviction de communautés entières par le feu et la violence, avec une cruauté qui culmine dans le Sutherland, entre 1810 et 1820. Les aristocrates et les grands propriétaires écossais préfèrent retirer leurs terres aux Highlanders indisciplinés et y élever leurs moutons en pâturage à leur place. Ces derniers, affamés, appauvris, déracinés, émigrent alors en masse en Amérique.

A la suite de la famine qui sévit en 1848-1849 et qui porta un coup fatal à la côte ouest, de riches propriétaires accaparèrent les terres. D'énormes terrains de chasse furent créés. C'est seulement après la Seconde Guerre mondiale, lorsque se développa une politique régionale poursuivie avec plus ou moins de constance, que les Highlands reprirent leurs droits. Les Highlanders ne se sont jamais remis de cette négation de leur culture, et ces faits tragiques restent encore bien ancrés dans toutes les mémoires.

FORT WILLIAM ET LOCHABER

FORT WILLIAM

C'est le général MacKay qui nomma cette ville. Il commandait les régiments de Sa Majesté le roi William III et reconstruisit le fort en 1690. Cette ville, touchée par le départ de milliers de Highlanders durant les Clearances, fut la première cité d'Ecosse à connaître la fée électricité. Aujourd'hui, elle est surtout célèbre pour son usine de pâte à papier. Le West Highland Way, qui commence à Milngavie, se termine ici. Aujourd'hui, Fort William est la base arrière de tous les randonneurs et touristes du monde entier. Les boutiques de matériel de randonnée s'alignent sur la rue principale, les *guesthouse*, appels à excursions, etc., sont pléthore. Le tout donne à la ville une atmosphère de ruche tantôt stimulante tantôt irritante et surfaite.

Transports

EASYDRIVE CAR AND VAN RENTAL
36a Ben Nevis Estate
✆ +44 1397 701 616
www.easydrivescotland.co.uk

OFF BEAT BIKES
117 High Street
✆ +44 1397 704 008
www.offbeatbikes.co.uk

£15 pour la journée, £80 pour 7 jours.
Conseils et café offert !

Pratique

BELFORD HOSPITAL
A l'est de la ville
✆ +44 1397 702 481

MACKLEENERS'
7 Ben Nevis Industrial Estate
✆ +44 1397 705 381
Pour laver votre linge avant de partir randonner… et surtout après !

M&S DENTAL CARE
50 High Street
✆ +44 1397 702 147
Dentiste.

PHARMACIE BOOTS
19 High Street
✆ +44 1397 705 143

POLICE ET OBJETS PERDUS
High Street
✆ +44 1397 702 361

Tourisme – Culture

OFFICE DU TOURISME
Cameron Square High Street
✆ +44 845 701 801
www.visit-fortwilliam.co.uk
Horaires variables : du lundi au samedi de 9h à 19h de juin à septembre, de 9h à 18h d'avril à mai, et de 10h à 17h d'octobre à mars.
Bureau de change. Consultation Internet.

OFFICE DU TOURISME DES HIGHLANDS
Peffery House Strathpeffer Ross-Shire
✆ +44 1997 421 160
Fax : +44 1997 421 168
www.visithighlands.com

Argent

BANK OF SCOTLAND
62 High Street
www.bankofscotland.co.uk

CHANGE
Au Nevisport
Ouvert 7 jours sur 7, de 10h à 17h.

ROYAL BANK
6 High Street
Ouvert de 9h à 16h45, le jeudi jusqu'à 18h.

Se loger

Bien et pas cher

AUBERGE DE JEUNESSE
Glen Nevis Youth Hostel
✆ +44 1397 702 336
www.glennevishostel.co.uk
Ouvert toute l'année. Compter £19 pour un lit.
Base idéale pour les excursions autour du Ben Nevis, l'hôtel met à disposition de ses hôtes cuisine équipée et salle de télévision confortable. Il est possible de louer une chambre privée. Des locaux sont disponibles pour ranger son vélo.

LINNHE LOCHSIDE HOLIDAYS
Corpach, Fort William ✆ +44 1397 772 376
Fax : +44 1397 772 007
www.linnhe-lochside-holidays.co.uk
Emplacements pour tentes et caravanes, entre £8 et £14, location de chalets (compter £350 la semaine). Magasins, laveries, accès au lac.
Excellent entretien et très belles vues sur le loch Eil ou le Ben Nevis.

MYRTLE BANK GUESTHOUSE
Mrs Dora Mount, Achintore Road
✆ +44 1397 702 034
www.myrtlebankguesthouse.co.uk
Ouvert toute l'année. Entre £15 et £34 par personne petit déjeuner inclus.
Confortable et lumineuse, cette maison située à l'entrée de la ville affiche très vite complet. Le petit déjeuner est servi à l'hôtel juste en face.

Confort ou charme

BEN VIEW GUESTHOUSE
Belford Road ✆ +44 1397 702 966
www.benviewguesthouse.co.uk
Ouvert de mars à octobre. Compter de £25 à £35.
Cette maison à la façade en briques orange et marron est adaptée aux grandes familles, et on les y recevra avec chaleur.

Luxe

CROLINNHE
Grange Road ✆ +44 1397 702 709
www.crolinnhe.co.uk
A partir de £110 par personne pour une chambre double.
Une élégante demeure victorienne qui a été complètement réaménagée en 1998. Trois chambres luxueuses dont une avec Jacuzzi. Mrs MacKenzie met les petits plats dans les grands pour vous recevoir.

Butt of Lewis
Lewis & Harris
Lewis
Stornoway
North Harris
Tarbert
South Harris
Rubha Cóigeach
WESTERN ISLES
Rubha Réidh
Outer Hebrides
St Kilda
North Uist
South Uist
Barra
Gairloch
Talladale
Waternish Point
The Little Winch
Uig
Rona
Wester Ross
Inner Sound
Torridon
Shieldaig
Dunvegan
Portree
Bracadale
Raasay
Skye
Lochcarron
A890
Mer des Hébrides
Kyle of Lochalsh
The Cuillins 993 m
Broadford
Kyleakin
A87
Cuillin Sound
Sound of Sleat
Ardvasar
Rùm
Knoydart
Mallaig
Eigg
A830
Inner Hebrides
Loch Shiel
Sunart
Ardnamurchan
Salen
Strontian
Coll
Tobermory
Loch Sunart
Morvern
Sound of Mull
Lochaline
Loch Linnhe
A828
Tiree
Salen
Mull
Ben More 966 m
Craignure
Oban
Loch Scridain
Fionnphort
Ross of Mull
A816
20 km

Les Highlands

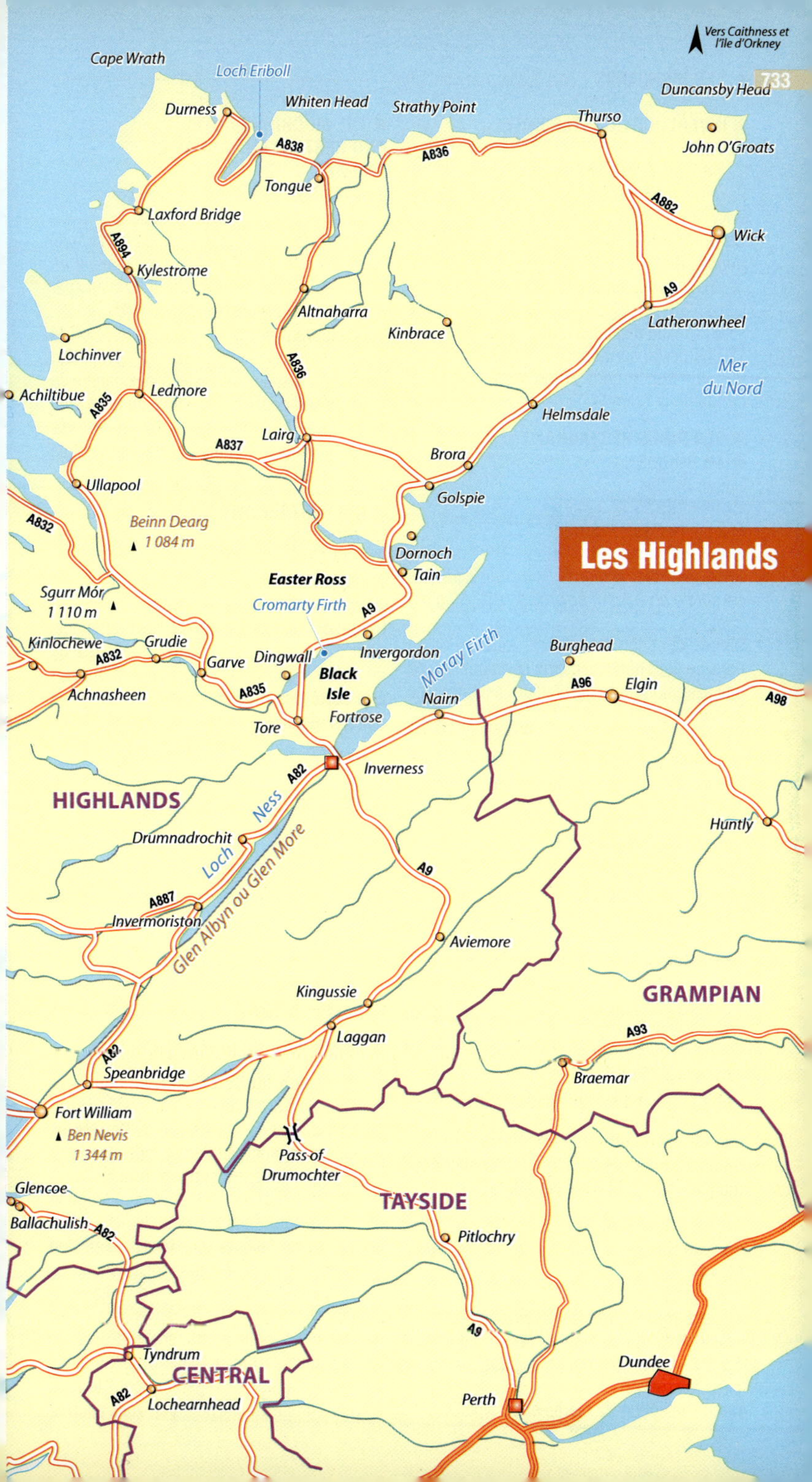

■ **INVERLOCHY CASTLE HOTEL**
Torlundy
✆ +44 1397 702 177
Fax : +44 1397 702 953
www.inverlochycastlehotel.com
Compter environ £300 pour une chambre double, jusqu'à £645 pour une suite pendant la saison touristique.
Construit en 1863, la reine Victoria y séjourna une dizaine d'années plus tard. Les 17 chambres sont spacieuses et ont toutes une vue sur le parc et les montagnes. La crème de la crème !

■ **OLD PINES RESTAURANT WITH ROOMS**
Spean Bridge
✆ +44 1397 712 324
Fax : +44 1397 712 433
www.oldpines.co.uk
Près de Fort William. Compter £55 par personne en B&B et à partir de £82,50 dîner compris.
Simplicité et confort extrême vous attendent dans ce petit hôtel au calme (8 chambres) où une attention toute particulière est apportée à ce que vous trouverez dans votre assiette. Ici, on utilise des produits organiques autant que possible et vous pourrez goûter aux pains, scones et *shortbreads* faits maison. Quant aux poissons et aux crustacés, ils sont en provenance directe de Mallaig et vous pouvez être assuré de manger la meilleure viande d'Ecosse.

Se restaurer

■ **CRANNOG SEAFOOD RESTAURANT**
Town Centre Pier
✆ +44 1397 705 589
www.crannog.net
Ouvert de midi à 15h et de 18h à 22h. Compter de £11 à £25 environ.
Dans l'ambiance simple de ce restaurant aux baies vitrées, situé sur la jetée, vous aurez le choix entre huîtres, saumons, truites, harengs, haddocks, moules, langoustines, maquereaux… et plats végétariens.

■ **THE GROG AND GRUEL**
66 High Street
✆ +44 1397 705 078
www.grogandgruel.co.uk
Ouvert toute l'année jusqu'à minuit. Le restaurant est à l'étage du pub. Compter de £9 à £14 pour des burgers, pâtes, pizzas et plats tex mex.
Bonne sélection de bières et de whiskys.

■ **THE MOORINGS HOTEL AND RESTAURANT BANAVIE**
Banavie
✆ +44 1397 772 797
www.moorings-fortwilliam.co.uk
Prendre la route pour Mallaig et tourner à droite après le canal. Compter £25 pour manger et, si vous souhaitez rester dormir, £50 la nuit par personne pour une chambre double.
Ce restaurant décoré de bois sombre et de tissus fleuris est une réussite. Nous vous suggérons la soupe de poulet à la coriandre, la lotte sur salade avec une sauce de tétragone à la crème, la galette de pommes de terre dans une sauce de baies et d'herbes. Mais attention au prix des vins !

■ **N°4 RESTAURANT**
Cameron Square
✆ +44 1397 704 222
www.no4fortwilliam.com
A droite de l'office du tourisme.
Un bel établissement où l'on sert du haggis pour moins de £5, des plats de viande ou de poisson pour £12. On trouve notamment à la carte des moules et de l'agneau élevé dans la région.

Sortir

■ **THE GROG AND GRUEL**
66 High Street
✆ +44 1397 705 078
www.grogandgruel.co.uk
Le pub sert à manger jusqu'à 18h puis le restaurant prend le relais à l'étage.
Bien installé vous pourrez écouter de la musique traditionnelle certains soirs en été.

À voir – À faire

■ **ASCENSION DU BEN NEVIS**

▶ **Ascension du Ben Nevis.** En amont au sud-est de Fort William, Glen Nevis est la base de départ de l'ascension du Ben Nevis, la plus haute montagne de Grande-Bretagne (1 343 m). Pour les simples promeneurs, les chemins partent de la route qui longe le Glen. Plus haut dans la vallée, les alpinistes trouveront des falaises sculptées par l'érosion glaciaire. L'ascension commence à Achintee Farm, à trois bons kilomètres du village de Claggan. Il faut compter en moyenne 4h pour monter et 2h pour redescendre. Suivez le chemin jusqu'au loch Meall An T'Suidhe ; à 600 m, il bifurque à gauche pour la face nord et à droite pour le sommet. Vous pourrez alors apprécier le paysage qui s'étend de Ben Lomond aux Hébrides extérieures, et de Torridon aux Cairngorms. Par-dessus Glen Nevis, au-delà de la vallée, les Mamores semblent mordre le ciel de leurs dents de quartz. Le vent dépasse souvent les 70 nœuds. En général, les ouragans et les nuages ne laissent percer le soleil que deux heures par jour. Vous devez donc vous équiper de vêtements chauds, de bonnes chaussures de marche et de vivres. Car même s'il fait beau en bas, il peut faire très froid en haut. Ce sera probablement une des marches les plus mémorables de votre vie, cela en vaut la peine. Munissez-vous d'un plan détaillé ! D'autres balades à pied, plus faciles, peuvent être faites dans les environs.

- **Dans la forêt d'Achriabhach,** reprendre l'A82 vers Inverness, depuis le centre de Fort William, prendre Glen Nevis Road, la 2e sortie à 8 km. Le départ s'effectue après le pont qui franchit les Lower Falls. Le chemin est balisé par des signes de couleur. Durée : 1h.
- **Glen Nevis, Steal Falls.** Avec le même point de départ que pour l'itinéraire précédent, suivre la route qui mène aux pics Stab Ban et Sgurr A Mhaim jusqu'au bout, puis démarrez une marche qui vous conduit de la rivière Nevis à la colline Meall Cumhann, dans la forêt et jusqu'aux chutes de Steal. Durée : 1h30.
- **Brochures d'itinéraires** disponibles à l'office de tourisme de Fort William.

THE WEST HIGHLAND MUSEUM
Cameron Square
✆ +44 1397 702 169
www.westhighlandmuseum.org.uk
Ouvert d'octobre à mai de 10h à 16h et jusqu'à 17h en juillet et en août. Le dimanche uniquement en été de 14h à 17h (£3).
Musée sur l'histoire des Jacobites, collections de tartans, histoire naturelle, archéologie et géologie. Livret avec explications en français.

GLENCOE

Transports

BUS SCOTTISH CITYLINK
Leonard St
✆ +44 870 550 50 50
www.citylink.co.uk
Liaison de Fort William à Glencoe en 30 minutes ; depuis Glasgow, compter 2 heures 30 de trajet.

Pratique

OFFICE DU TOURISME
A Ballchulish
✆ +44 1855 811 866
Ouvert de 9h à 18h l'été et de 9h à 17h l'hiver. A 2 km à l'ouest de Glencoe sur l'A82. Ouvert d'octobre à avril de 9h à 17h et d'avril à septembre de 9h à 18h.

Se loger

Bien et pas cher

AUBERGE DE JEUNESSE
Youth Hostel
✆ +44 1855 811 219
www.syha.org.uk
Ouverte toute l'année. Compter £15 en dortoir.
Située au beau milieu de la nature à la sortie de Glencoe, vous y serez confortablement hébergé.

RED SQUIRREL SITE
Clachaig Road
✆ +44 1855 811 256
www.redsquirrelcampsite.com/
Sur la route en arrivant à Glencoe. Compter £8 par personne, tentes uniquement.

Confort ou charme

CREAG MHOR LODGE
Onich
✆ +44 1855 821 379
www.creagmhorlodge.co.uk
Ouvert toute l'année. A partir de £30 par personne.
Ne vous fiez pas au décor de la réception de cette grande maison victorienne, car les chambres sont spacieuses et les baignoires nombreuses. Cet hôtel, avec bar et restaurant, est le préféré des skieurs. Belle vue sur le loch Linnhe.

LYN LEVEN GUESTHOUSE
West Laroch Ballachulish
✆ +44 1855 811 392
Fax : +44 1855 811 600
www.lynleven.co.uk
De £25 à £41 par personne.
Cette guesthouse est réputée pour son hospitalité et l'attention qu'on porte aux skieurs et randonneurs. Les chambres sont lumineuses et confortables et le salon jouit d'une belle vue sur le loch.

Luxe

■ **ONICH HOTEL**
Onich ✆ +44 1855 821 214
Fax : +44 1855 821 484
www.onich-fortwilliam.co.uk
Entre £49 et £97 par personne.
Avec une vue superbe sur la montagne, cet hôtel offre confort et chambres luxueuses dont quelques-unes possèdent leur propre balcon. Au restaurant, on vous servira les produits de la mer locaux cuisinés à l'écossaise.

Se restaurer

Bien et pas cher

■ **CLACHAIG INN**
✆ +44 1855 811 252
Fax : +44 1855 812 030
www.clachaig.com
Compter £10.
La bonne ambiance quasi permanente du bar en a convaincu plus d'un de descendre des pics pour prendre un pot, avant de remonter voir le coucher (ou le lever) du soleil. Propose également des chambres en B&B entre £38 et £42. Tarifs dégressifs à partir du deuxième soir.

Bonnes tables

■ **ARDSHEAL HOUSE**
Kentallen of Appin
✆ +44 1631 740 229
Fax : +44 1631 740 342
Fait également B&B. Compter de £40 à £80 environ (dîner compris).
Venaison dans une marmelade de champignons sauvages, sauce au porto et au romarin... Voilà de quoi vous mettre en appétit.

■ **FOUR SEASONS BISTRO AND BAR**
Inchree Onich, au sud de Fort William
✆ +44 1855 821 393
Fax : +44 1855 821 287
Ouvert de 18h à 21h30.
Le cadre est reposant et les plats sont à base de produits frais (menus végétariens et fruits de mer à la carte), accompagnés de bières et whiskies écossais.

Luxe

■ **HOLLY TREE HOTEL**
Kentallen Pier Kentallen, près de Glencoe
✆ +44 1631 740 292
Fax : +44 1631 740 345
www.hollytreehotel.co.uk
Ouvert de mars à novembre. Propose également des chambres. Nuitée : de £45 à £120 (en formule B&B).
Cette ancienne gare a été transformée en restaurant, pour le plus grand plaisir des gourmets.

■ **ONICH HOTEL**
Onich
✆ +44 1855 821 214
Fax : +44 1855 821 484
www.onich-fortwilliam.co.uk
Compter environ £18 pour déjeuner, £28 pour dîner.
Dans ce restaurant au superbe panorama se dégustent poulets à la Kiev, scampi, poissons frits...

À voir – À faire

■ **THE ALUMINIUM STORY VISITOR CENTRE**
Linhne Road Kinlochleven
✆ +44 1855 831 663
www.higland.gov.uk
Ouvert toute l'année du lundi au vendredi. Gratuit.
Une exposition vous explique les procédés de production de l'aluminium, jadis la principale source de revenus du village.

■ **GLENCOE VISITOR CENTRE**
The National Trust for Scotland
✆ +44 1855 811 307
Fax : +44 1855 812 010
glencoe@nts.org.uk
Ouvert toute l'année de 10h à 17h. Tarif : £4,50.
Ce centre vous renseigne sur la faune et la flore de la région ainsi que sur son histoire et le fameux massacre de Glencoe.

Sports – Détente – Loisirs

■ **GLENCOE SKI CENTRE**
Kings House
✆ +44 1855 851 226
www.glencoemountain.com
Ouvert toute l'année.
La plus vieille station de ski d'Ecosse, établie en 1956. Dans la vallée de Glencoe, vous aurez toutes les facilités pour partir en expédition ou skier.
Les skieurs se tourneront du côté des pistes de Meall A'Bhuiridh, accessibles par télésiège.

MALLAIG

Transports

BRUCE WATT SEA CRUISES

✆ +44 1687 462 320

Départs à 10h15 et 14h15 le lundi, mercredi et vendredi tout au long de l'année.

Pratique

OFFICE DU TOURISME

✆ +44 845 225 51 21

www.road-to-the-isles.org.uk

Ouvert tous les jours d'avril à octobre de 10h15 à 15h45, et les lundi, mardi et vendredi de novembre à mars.

Se loger

ARISAIG HOTEL

Main Road, Arisaig

✆ +44 1687 450 210

Fax : +44 1687 450 310

www.arisaighotel.co.uk

A partir de £60 par personne en chambre double. Déjeuner de midi à 14h30 et dîner de 18h à 21h. A environ 12 km de Mallaig.

Un bon feu de bois brûle dans la cheminée de ce petit hôtel accueillant. On se sent très vite considéré comme un membre de la famille. 13 chambres spacieuses et un bon restaurant.

DOUNE-KNOYDART

Doune, Knoydart, Highlands PH41 4PL

✆ +44 1687 462667

www.doune-knoydart.co.uk

Environ £75 par nuit et par personne incluant le petit déjeuner, le déjeuner et le dîner. Prix variables.

Doune est l'argument de plus pour visiter la péninsule de Knoydart, un des derniers bastions sauvages en Europe. Vous aurez envie de vous relaxer ou d'entrer en action (plongée, voile, randonnées...) dans ce paradis sauvage, composé de chambres avec salles de bain dans un beau lodge en pin, d'une jolie maison à louer et d'un restaurant plusieurs fois récompensé.

LEVEN HOUSE B&B

Mrs E. MacMillan, Borrodale Arisaig

✆ +44 1687 450 238

www.thelevenhouse.co.uk

£30 par personne en chambre double.

Cette petite maison offre deux chambres doubles ou familiales avec salle de bains. La vue depuis les fenêtres y est prodigieuse et on goûte à l'hospitalité à l'écossaise.

SHEENA'S BACKPACKERS LODGE

au carrefour, en face du port

✆ +44 1687 462 764 / +44 1687 462 708

www.mallaigbackpackers.co.uk

Ne cherchez pas « Sheena's Backpackers Lodge », il n'y a pas d'enseigne, l'auberge se trouve dans le restaurant Tea Garden, que vous ne pouvez pas rater. £16 la nuit par personne en dortoirs mixtes.

Auberge correcte bien que très exiguë, le petit salon un peu désuet ne manque pas de charme. Avec les économies que vous aurez effectuées grâce au logement vous pourrez peut-être aller faire un tour en bas, du côté du restaurant. Les plats sont alléchants et la terrasse toute fleurie très agréable.

Se restaurer

THE PRINCE'S HOUSE

Glenfinnan

✆ +44 1397 722 246

www.glenfinnan.co.uk

Compter £20 environ. Egalement un hôtel.

Dans ce restaurant situé près d'un ruisseau, on apprécie la fraîcheur de la nature. Vous pourrez essayer les langoustines aux petits pois et au citron, les lasagnes de blé complet aux épinards et champignons, sauce fromage... Pour le dîner, on vous propose une spécialité à ne pas manquer, le Prince Charles' Camanachd. Composé d'avoine grillée, de miel de bruyère, de crème fraîche, de Drambuie (type de whisky écossais) et de framboises écossaises, c'est un vrai délice !

À voir – À faire

MALLAIG HERITAGE CENTER

Station Road

✆ +44 1687 462 085

www.mallaigheritage.org.uk

Ouvert du lundi au samedi de 11h à 16h d'avril à juin et en octobre, et de 9h30 à 16h30 de juillet à septembre. Entrée : £2.

Ce centre raconte l'histoire locale et l'archéologie, il évoque les industries de la vapeur et de la pêche.

► **D'Arisaig, poursuivez jusqu'à Morar,** sur l'A830. Vous y trouverez des plages sublimes, à proximité de la rivière la plus courte d'Ecosse et du loch le plus profond : le loch Morar (1 017 pieds, environ 300 m). Vous atteindrez Mallaig quelques kilomètres plus loin.

NORD-OUEST

KYLE OF LOCHASH

CLUANIE INN
Cluanie, Glenmoriston
✆ +44 1320 340 238
Fax : +44 1320 340 293
www.cluanieinn.com
Sur l'A87, entre le loch Cluanie et Kintail. Compter £10 environ pour déjeuner, £20 pour dîner. C'est aussi un hôtel (de £50 à £75 la chambre double).
Il est presque le seul bâtiment en vue : montagnes, gorges et lochs entourent cet abri insolite et confortable, où brûle un feu de bois. Il est possible d'organiser des balades guidées dans les alentours.

CONCHRA HOUSE
Aldelve Dornie ✆ +44 1599 555 233
www.conchrahouse.com
Entre £29 et £38 par personne selon la saison.
Une belle maison douillette et parfaitement située pour la vue sur le loch et les montagnes. Ce fut le siège du clan Macrae of Conchra avant qu'Eilean Donan Castle ne soit construit.

OFFICE DU TOURISME
✆ +44 1599 534 276
www.visitlochalsh.co.uk
Ouvert de 9h à 17h.

GAIRLOCH

Transports

DEPANNAGE – ESSENCE
Forbes Garage, Aultbea, Achnasheen
✆ +44 1445 731 200
Ouvert du lundi au samedi. Dépannages et urgences le dimanche.

Pratique

BANK OF SCOTLAND
Bank Brae, Pier Rd, GAIRLOCH, Ross-Shire IV21 2BE
www.bankofscotlandhalifax.co.uk
Ouverte de 9h30 à 16h45, du lundi au vendredi.

CHANGE
A l'office du tourisme entre Pâques et octobre, le week-end.

OFFICE DU TOURISME
✆ +44 1445 712 130
www.highlandwelcome.co.uk

Se loger

Bien et pas cher

CARN DEARG YOUTH HOSTEL
Carn Dearg
Ross-shire
✆ +44 1445 712 219 / +44 870 155 32 55
carndearg@syha.org.uk
A 5 km au nord de Gairloch, sur la route de Melvaig. Compter £19 par personne en dortoir. Dortoirs de 6 ou 8 lits.
Cette petite maison simple et bien tenue est accessible uniquement à pied.

RUA REIDH LIGHTHOUSE HOSTEL
Melvaig, à environ 16 km de Gairloch
Ross-shire ✆ +44 1445 771 263
Fax : +44 1445 771 263
www.ruareidh.co.uk
Fermé en janvier pour les hébergements. Compter £13 par personne en dortoir et à partir de £17,50 par personne en chambre double (£24 avec salle de bains attenante). Compter £6,50 pour le petit déjeuner (gratuit seulement en hiver) et £15,50 le dîner.
Ce B&B, installé dans un phare sur une falaise, est aussi un centre d'activités sportives et d'explorations. Le phare a été construit en 1910 par un cousin de Robert Louis Stevenson et il est maintenant complètement automatisé. 6 chambres et 2 dortoirs.

Confort ou charme

DUNDONNELL HOTEL
Little Loch Broom Dundonnell
✆ +44 1854 633 204
Fax : +44 1854 633 366
www.dundonnellhotel.com
Sur l'A832, à mi-chemin entre Gairloch et Ullapool. A partir de £37,50 par personne, pour 5 nuits au minimum, sinon à partir de £43 par personne pour une nuit, £50 en été.
Cet hôtel familial fait pension complète, et l'ambiance y est chaleureuse et détendue. Il constitue une base idéale pour partir à la découverte des montagnes et lochs de Wester Ross. Certaines chambres ont la vue sur le Little Loch Broom. Réservez longtemps à l'avance.

KERRYSDALE HOUSE
Kerrysdale ✆ +44 1445 712 292
Fax : +44 1445 712 292
www.kerrysdalehouse.co.uk

A 1 mile au sud de Gairloch. De £33 à £40 par personne.
Un B&B présentant un excellent rapport qualité/prix.

OLD SMIDDY GUESTHOUSE
2B Laide, Rossshire
✆ +44 1445 731 696
www.oldsmiddyguesthouse.co.uk
Ouvert de mars à octobre. De £76 à £84 en B&B. Ajouter £30 pour le dîner.
3 chambres doubles tout confort avec vue sur Gruinard Bay.

Luxe

POOL HOUSE HOTEL
Poolewe
Ross-shire ✆ +44 1445 781 272
Fax : +44 1445 781 403
www.poolhousehotel.com
Sur l'A832, à 10 km au nord de Gairloch. La chambre double de £125 à £250 par personne.
Pour un séjour des plus romantiques sur les rives du loch Ewe. Les chambres sont spacieuses et respirent le luxe. Le restaurant est réputé et jouit d'une vue splendide sur Inverewe Garden.

SHIELDAIG LODGE HOTEL
Shieldaig
✆ +44 1445 741 250
Fax : +44 1445 741 305
www.shieldaiglodge.com
Sur la route entre Kyle of Lochalsh et Gairloch.
Ouvert de mars à début novembre. Compter de £32 à £79 par personne suivant la saison.
8 chambres tout confort avec vue sur la baie.

Après cet arrêt « art de vivre », poursuivez votre route jusqu'à Torridon, où le *Visitor Centre* vous présentera l'histoire naturelle de cette région peuplée de montagnards et de cerfs.

Se restaurer

MOUNTAIN COFFEE COMPANY
Strath Square
Ouvert tous les jours de 9h30 à 17h30 d'avril à octobre.

THE MYRTLE BANK HOTEL
Low Road Gairloch
✆ +44 1445 712 004
Fax : +44 1445 712 214
www.myrtlebankhotelgairloch.co.uk
Compter entre £36 et £44.
La cuisine est de qualité dans cet hôtel tenu par le chef. Vous seront proposés cuisine locale, poissons et fruits de mer, curries, steaks, etc.

THE STEADING RESTAURANT
Gairloch
✆ +44 1445 712 449
Ouvert de 9h30 à 21h. Juste derrière le Heritage Museum.
Assiettes de fruits de mer dans une ambiance de vieux croft.

À voir – À faire

GAIRLOCH HERITAGE MUSEUM
Achtercairn House
✆ +44 1445 712 287
www.gairlochheritagemuseum.org.uk
Près de l'office du tourisme. Ouvert du lundi au samedi, de Pâques à septembre, de 10h à 17h (£3). En octobre, ouvert du lundi au vendredi entre 10h et 13h30.
La reconstitution des coutumes des habitants depuis l'époque des Pictes et de la vie des crofts (maison, école, travail domestique) mérite une visite. Plusieurs prix ont récompensé la qualité de cette exposition.

INVEREWE GARDEN
Poolewe
✆ +44 1445 781 200
www.nts.org.uk
Ouvert tous les jours, de 9h30 à 21h en été et jusqu'à 15h en hiver. Entrée : £8.
Promenades guidées dans les jardins de mai à août, à partir du *National Trust Visitor Centre*. Les jardiniers vous accompagneront parmi les plantes du monde entier (Chili, Argentine, Himalaya, Pacifique sud) qui colorent les parterres depuis 120 ans. Magasin et restaurant ouverts d'avril à octobre. Vente d'essences naturelles et de plantes.

RED POINT
Au sud de Gairloch, dans ce petit village, où – semble-t-il – les Vikings n'ont jamais mis les pieds, se trouvent les plus belles plages du coin.

TORRIDON COUNTRYSIDE CENTRE
✆ +44 1445 791 221
Ouvert tous les jours du 31 mars à fin septembre, entre 10h et 18h. Entrée : £3.
Toujours en montant vers le nord, vous atteindrez les grandioses solitudes de Loch Maree et de ses îles intactes.

ULLAPOOL

Se loger

Bien et pas cher

ARDMAIR POINT CARAVAN AND CAMPING PARK
Ullapool ✆ +44 1854 612 054
Fax : +44 1854 612 757
www.ardmair.com
Ouvert d'avril à septembre. Compter entre £8 et £15 pour une tente.
Très bel emplacement pour ce camping bien organisé.

AUBERGE DE JEUNESSE
Shore Street
✆ +44 1854 612 254
ullapool@syha.org.uk
Ouvert de mars à octobre. A partir de £19 pour un lit en dortoir.
Informations utiles sur les activités à faire dans la région.

OAKWORTH
Riverside Terrace Ullapool
✆ +44 1854 612 290
www.oakworthbandb.co.uk
Ouvert de janvier à novembre. Compter de £18 à £25.
Ce bungalow en plein cœur d'Ullapool a été réaménagé. Il compte 3 chambres qui possèdent chacune WC et salle de bains.

Confort ou charme

THE CEILIDH PLACE
14 West Argyle Place
✆ +44 1854 612 103
www.theceilidhplace.com
De £48 à £68 pour une chambre double. Possibilité de dîner à partir de £15.
Cet endroit est à la fois reposant et parfait pour ceux qui recherchent une pointe culturelle écossaise dans leur lieu de séjour. Des expositions sont régulièrement organisées dans la librairie de l'hôtel et vous aurez sûrement l'opportunité d'assister à un ceilidh.

TANGLEWOOD HOUSE
Tanglewood
✆ +44 1854 612 059
Fax : +44 1854 612 059
www.tanglewoodhouse.co.uk
A la sortie d'Ullapool, sur l'A835. Compter de £48 à £55 par personne, dîner à £35 pour un menu.
Ce coquet chalet possède 3 chambres avec vue sur le loch Broom. Les petits déjeuners et dîners préparés par Anne Holloway sont de purs délices.

ACHILTIBUE

LES CASCADES DE KIRKAIG
Au pied du Suilven, célèbre montagne d'Assynt, dont le nom signifie « pain de sucre ».

CHÂTEAU D'ARDVRECK
Construit en 1597 par le clan McLeod, ancienne prison du marquis de Montrose, en 1650. Ruines situées sur l'A835, au bout du loch Assynt.

THE HYDROPONICUM
Ullapool
✆ +44 1854 622 202
www.thehydroponicum.com
Ouvert d'avril à octobre tous les jours de 10h à 16h.
Là poussent, entre autres, des quantités de fraises, bananes et figues de façon un peu particulière. L'hydroponie consiste à cultiver des plantes sans que leurs racines s'enfoncent dans la terre. Ainsi, par exemple, se dresse devant vous un rosier qui semble être en apesanteur. Et ça marche !
Ce « jardin du futur » a été créé par Robert Irvine. Des kits hydroponiques s'achètent sur place pour vous permettre de poursuivre l'expérience chez vous.

SMOKEHOUSE ALTANDHU
✆ +44 1854 622 353
www.summerislesfoods.com
Ouvert de Pâques à mi-octobre, du lundi au samedi de 9h30 à 17h.
On prépare ici de la viande ou du poisson à emporter, mis en saumure et fumé au bois de chêne.

LOCHINVER

Se loger

THE ALBANNACH HOTEL
Lochinver, Lairg IV27 4LP, Royaume-Uni
Baddidarroch,
✆ +44 1571 844 407
Fax : +44 1571 844 285
www.thealbannach.co.uk
Ouvert de mi-mars à novembre. A partir de £120 par personne.

5 chambres et un restaurant très réputé. Réservation conseillée.

ARDGLAS GUESTHOUSE

Lochinver, IV27 4LJ, Royaume-Uni
Ardglas,
✆ +44 1571 844 257
Fax : +44 1571 844 632
www.ardglas.btinternet.co.uk
Compter £20 par personne. Ouvert toute l'année.
8 chambres au calme. La salle à manger donne sur le loch et le village.

MRS MACLEOD

Ardmore 80 Torbreck
✆ +44 1571 844 310
Ouvert du 28 mai jusqu'à fin septembre. Environ £25 par personne.
Accueil chaleureux et chambres confortables.

NEWTON LODGE

Kylesku
✆ +44 1971 502 070
Fax : +44 1971 502 070
www.newtonlodge.co.uk
Ouvert de Pâques à octobre. Entre £80 et £84 par personne.
Ce petit hôtel dispose de 7 chambres très confortables, et vous profiterez d'une vue unique entre loch et montagne.

Se restaurer

FISHERMANS MISSION

Sur la jetée, Lochinver, près du Culag
www.lochinvermission.org.uk
Ouvert du lundi au vendredi de 9h30 à 18h.
On y préparait surtout de la nourriture pour les marins. A présent, la porte est également ouverte aux visiteurs attirés par ce Fish & Chips de qualité un peu supérieure.

THE OLD SCHOOL RESTAURANT

114 Inshegra
✆ +44 1971 521 383
www.oldschoolklb.co.uk
Entre Kinlochbervie et Rhichonich, sur l'A838. Ouvert tous les jours d'avril à fin octobre entre 18h et 20h.
Le meilleur rapport qualité/prix de la région.

THE RIVERSIDE BISTRO

Main Street
✆ +44 1571 844 356
Ouvert tous les jours en été, de 9h à 22h. Compter £5 le midi et environ £15 le soir.
Le plus populaire de la ville.

Sortir

BAR DU KINLOCHBERVIE HOTEL

Kinlochbervie
✆ +44 1971 521 275
www.kinlochberviehotel.com
Chambres à partir de £35 par personne.
Ambiance garantie, grâce aux nombreux pêcheurs, qui font du village le plus important port de pêche de la côte. Déjeuner réservé aux petits appétits.

THE CULAG HOTEL

The Pier ✆ +44 1571 844 270
Ce bar est fréquenté et animé par tous les gens du coin qui cherchent un peu de réconfort et de bonne humeur. Vous pouvez aussi y déjeuner de poissons et de fruits de mer provenant directement des bateaux.

À voir – À faire

EAS-COUL-AULIN

Au sud-est de Kylesku
Cette cascade de 200 m est la plus haute de la Grande-Bretagne. Pour la voir, prenez un bateau ou allez-y à pied, elle se trouve à 5 km de la route environ.

Shopping

HIGHLAND STONEWARE

Baddidarroch ✆ +44 1571 844 376
www.highlandstoneware.com
Un large choix de poteries à ramener à la maison.

DURNESS

MACKAY'S ROOM AND RESTAURANT

Durine
✆ +44 1971 511 202
Fax : +44 1971 511 321
www.visitmackays.com
De £50 à £55 par personne.
L'hôtel se veut chic et élégant. Les 6 chambres se distinguent toutes l'une de l'autre, et la détente est de mise dans tout l'établissement. Peatstacks, le restaurant de l'hôtel, propose des plats traditionnels des Highlands et rendra heureux les amateurs de crustacés.

OFFICE DU TOURISME

Sangomore
✆ +44 8452 511 368
Ouvert d'avril à octobre du lundi au samedi entre 10h et 17h, et de novembre à mars du lundi au vendredi de 10h à 13h30.

■ **SMOO CAVE**
www.smoocave.org
A l'intérieur se déverse une cascade qui peut être explorée en été au moyen d'un petit bateau qui part de l'entrée de la grotte. Les plages de sable doré s'étendent un peu partout, certaines surplombées par d'immenses falaises (les falaises les plus hautes du pays se trouvent d'ailleurs à Cap Wrath au nord de Sandwood Bay). Cette grande plage est accessible à pied, au-delà d'Oldshoremore, en marchant vers le nord. Munissez-vous de nourriture et de vêtements chauds.

■ **SMOO CAVE HOTEL**
Sutherland
Lerin ✆ +44 1971 511 227
Fax : +44 1971 511 227
www.smoocavehotel.co.uk
Compter £25 par personne.
Comme son nom l'indique, cet hôtel est situé à proximité des Smoo Cave et vous y serez confortablement installé.

NORD-EST

TONGUE

■ **BEN LOYAL HOTEL**
✆ +44 1847 611 216
Fax : +44 1847 611 212
www.benloyal.co.uk
De 35 à 40 £ par personne.
Dans un établissement surplombant le château fort de Castle Bharraich, sur la côte, Mel & Pauline Cook, vos hôtes, cultivent leurs propres légumes, veillent sur les aigles et les loutres qui vivent alentour, ainsi que sur les cerfs qui viennent ici manger à toute heure de la journée.

■ **RHIAN GUESTHOUSE**
Rhian Cottage
✆ +44 1847 611 281
www.rhiancottage.co.uk
Ouvert toute l'année. Compter de £30 à £45 par personne.
Charmante guesthouse dans un coin magnifique. Accueil chaleureux.

ALTNAHARRA

■ **ALTNAHARRA HOTEL**
✆ +44 1549 411 222
Fax : +44 1549 411 233
www.altnaharra.com
A environ 28 km au nord de Lairg sur l'A836. Compter entre £65 à £75 par personne, petit déjeuner compris. Possibilité de déjeuner pour les clients comme pour les non-résidents.
Sa réputation est excellente. Ses propriétaires sont également des spécialistes de la pêche en eau douce, d'où leur clientèle nombreuse de pêcheurs.

WICK

Transports

■ **BUS**
Station Road, près de la gare
Highland Omnibus : service Citylink
✆ +44 8705 505 050
Dunnets, service local.

■ **DÉPANNAGE**
Richard's Garage, Francis Street
✆ +44 1955 604 123
Fermé du samedi après-midi au lundi matin.
Location de voitures et de vélos.

Pratique

■ **OFFICE DU TOURISME**
Whitechapel Road ✆ +44 1955 602 596

Se loger

■ **MACKAYS HOTEL**
Union Street
✆ +44 1955 602 323
Fax : +44 1955 605 930
www.mackayshotel.co.uk
De £48 à £70 par personne pour 1 chambre double.
En plein centre-ville, cet hôtel bien équipé propose des chambres très confortables.

Se restaurer

■ **QUEEN'S HOTEL**
Francis Street
✆ +44 1955 602 992
Compter entre £15 et £20 pour un menu complet.
Bon rapport qualité/prix.

À voir – À faire

WICK HERITAGE CENTRE
20 Bank Row ✆ +44 1955 605 393
Ouvert de Pâques à octobre du lundi au samedi de 10h à 17h. Entrée : £2.
Ce centre retrace la belle époque des flottilles de pêche, quand la population de la ville atteignait 40 000 habitants. On pouvait alors traverser tout le port sur les bateaux !

JOHN O'GROATS

BENCORRAGH HOUSE
Upper Gills, Canisbay, John O'Groats
✆ +44 1955 611 449
www.bencorraghhouse.com
Ouvert toute l'année sauf pendant les fêtes de Noël et du nouvel an. Compter de £40 à £52 par personne.
L'extérieur peu avenant de la maison est rapidement démenti par la chaleur et la vivacité de l'accueil. Les chambres sont simples. Le bar est d'autant plus agréable que toute la famille joue de la musique.

THE CASTLE OF MEY
Mey Dunnet Head ✆ +44 1847 851 473
www.castleofmey.org.uk
Ouvert tous les jours entre 10h30 et 16h de mai à septembre à l'exception de deux semaines fin juillet-début août. Tarif : £7,50.
Une collection de photos de la famille royale est exposée dans le château de la reine mère qui passait ses vacances en Caithness. Elle aimait séjourner ici, s'accouder sur son muret et discuter avec ses voisins.

THE LAST HOUSE IN SCOTLAND
Wick ✆ +44 1955 611 250
Près de John O'Groats.
Ce musée de la mer raconte les courants, anomalies et particularités de la côte, les naufrages et les pilotes qui se battaient pour être les premiers à passer le Pentland Firth.

LYBSTER HARBOUR VISITOR CENTRE
✆ +44 1593 721 520
Ouvert de mai à septembre. Près de Lybster, à 16 km de Wick.
Un musée interactif a été aménagé dans cette vieille maison de croft, qui présente l'histoire du port. Les habitants qui demeuraient à un bout de la maison, construite comme les longhouses des Vikings, pouvaient observer les animaux à l'autre bout. Levez la tête pour regarder les structures de bois du toit. C'était la première prouesse que les hommes devaient réaliser s'ils voulaient se marier. Car le bois est une matière très rare en Caithness.

HELMSDALE

Pratique

CENTRE DE TOURISME
Strath Ullie, The Harbour Shore Street
✆ +44 1431 821 402 – www.helmsdale.org

Se loger

HELMSDALE HOSTEL
Stafford St ✆ 0870 821 636
www.helmsdalehostel.co.uk
Avant la sortie nord de la ville, en direction de Wick. Ouvert de mi-mai à septembre, environ £15 en dortoir, £60 la chambre double.
Petite auberge de jeunesse avec des dortoirs propres et bien aménagés.

KINDALE HOUSE
5 Lilleshall Street ✆ +44 1431 821 415
www.kindalehouse.co.uk
A partir de £20 par personne.
Cette guesthouse propose un service haut de gamme. Vous pouvez également y dîner.

MRS SYLVIA BLANCE
Broomhill House ✆ +44 1431 821 259
www.blancebroomhill.com
Compter de £18 à £35 par personne.
Guesthouse très agréable au charme désuet.

Se restaurer

LA MIRAGE
9 Dunrobin Street ✆ +44 1413 821 615
www.lamirage.org/index.html
Compter £15. Des grappes de raisin sont suspendues au plafond rose, comme chez les Grecs, et les parasols encombrent l'intérieur. Nancy, la propriétaire, fait tout pour ressembler à Barbara Cartland. Un cadre original pour goûter à une cuisine simple mais copieuse.

NAVIDALE HOUSE HOTEL
NAVIDALE ✆ +44 1431 821 258
Fax : +44 1431 821 170
www.navidalehousehotel.co.uk
A 1 km au nord de Helmsdale sur l'A9. De midi à 13h45 et de 19h à 20h45. Compter £20.
Ancien logis de chasse des ducs de Sutherland, c'est une grande maison de campagne située sur la falaise. Feu de cheminée, vue panoramique, voilà le cadre idéal pour une halte d'une heure ou d'un jour. Essayez leur aile de raie au beurre de câpre et crevettes roses.

À voir – À faire

TIMESPAN HERITAGE CENTRE
Dunrobin Street ✆ +44 1431 821 327
www.timespan.org.uk
Ouvert de Pâques à octobre de 10h à 17h et le dimanche à partir de midi.
Ce musée retrace l'histoire de la région, des Clearances jusqu'à l'époque de la ruée vers l'or de Kildonan. Les Clearances, ce furent ces migrations forcées de paysans écossais au XVIIIe siècle partant vers les colonies dans des conditions de voyage scandaleuses. Au milieu des expositions sur la sorcellerie et l'herboristerie locale, une robe de Barbara Cartland rappelle que l'auteur vient chercher l'inspiration à Strathnaver. Ceux qui rêvent encore d'un temps révolu où les chercheurs d'or faisaient la loi s'adresseront, pour toute information sur les mines d'or, au magasin Le Mirage Dunrobin Street à Helmsdale. Car on embauche !

BRORA

DUNROBIN CASTLE
✆ +44 1408 633 177
Situé entre Brora et Golspie. Ouvert d'avril à mi-octobre.
Ancien siège des ducs et comtes de Sutherland, c'est la représentation féerique d'une architecture audacieuse. Certains tiennent l'endroit pour une des plus magnifiques demeures seigneuriales de toute l'Écosse. Restaurée au début de ce siècle, elle ne peut laisser indifférent.

INVERNESS ET LOCH NESS

DORNOCH

DORNOCH CASTLE HOTEL
Castle Street
Surtherland ✆ +44 1862 810 216
Fax : +44 1862 810 981
www.dornochcastlehotel.com
Compter de £161 à £293 par personne. Réservez à l'avance car beaucoup de mariages sont organisés ici comme dans de nombreux châteaux écossais.
Les 18 chambres ont plus ou moins de caractère, mais la vue sur les jardins est splendide.

DORNOCH CATHEDRAL
www.dornoch-cathedral.com
Ouverte toute l'année du lundi au vendredi de 7h30 à 20h.
Datant du XIIIe siècle, elle a été sérieusement endommagée en 1570 et fut enfin restaurée en 1835 sous l'impulsion de la comtesse de Sutherland.
De nos jours, on remarque surtout ses nombreuses gargouilles et sa tour carrée où l'on peut monter pendant l'été.

THE ROYAL GOLF HOTEL
1st Tee Dornoch
Sutherland
✆ +44 667 458 800
Fax : +44 667 458 818
www.royalgolfhoteldornoch.co.uk
Compter £140 environ pour une chambre double.
La plupart des chambres ont vue sur le Royal Dornoch Golf Course et elles ne manquent pas d'élégance. L'hôtel est également le lieu de séjour idéal pour profiter de la trentaine de parcours de golf de la région.

INVERNESS

Centre important de commerce, port et point de jonction entre la rivière et les routes, Inverness suscita la convoitise d'un certain nombre de chefs guerriers et de rois. Son histoire n'est faite que de batailles. En témoignent les sièges successifs de son château construit en 1057 : en 1303, Inverness Castle est assiégé par Edouard Ier et, 7 ans plus tard, par Robert Bruce ; puis, en 1429, par Alasdair et, en 1455, par John, tous deux Lords of the Isles. Cela n'empêcha pas la ville de prospérer, d'autant plus que le canal de Thomas Telford vit le jour en 1803 – Caledonian Canal – suivi en 1855 par l'arrivée du chemin de fer. L'ère victorienne et l'engouement pour les sports amenèrent le tourisme. La popularité d'Inverness augmenta lorsqu'en 1920, les membres du gouvernement choisirent cette ville pour y discuter entre autres du problème de l'Irlande. Jusqu'alors, Londres avait été l'unique lieu de ces rencontres. La Seconde Guerre mondiale permit à Inverness de se développer, par le biais d'activités hydroélectriques et forestières. Actuellement, avec ses 42 000 habitants, c'est la plus grande ville du nord de l'Écosse et le siège administratif des Highlands.

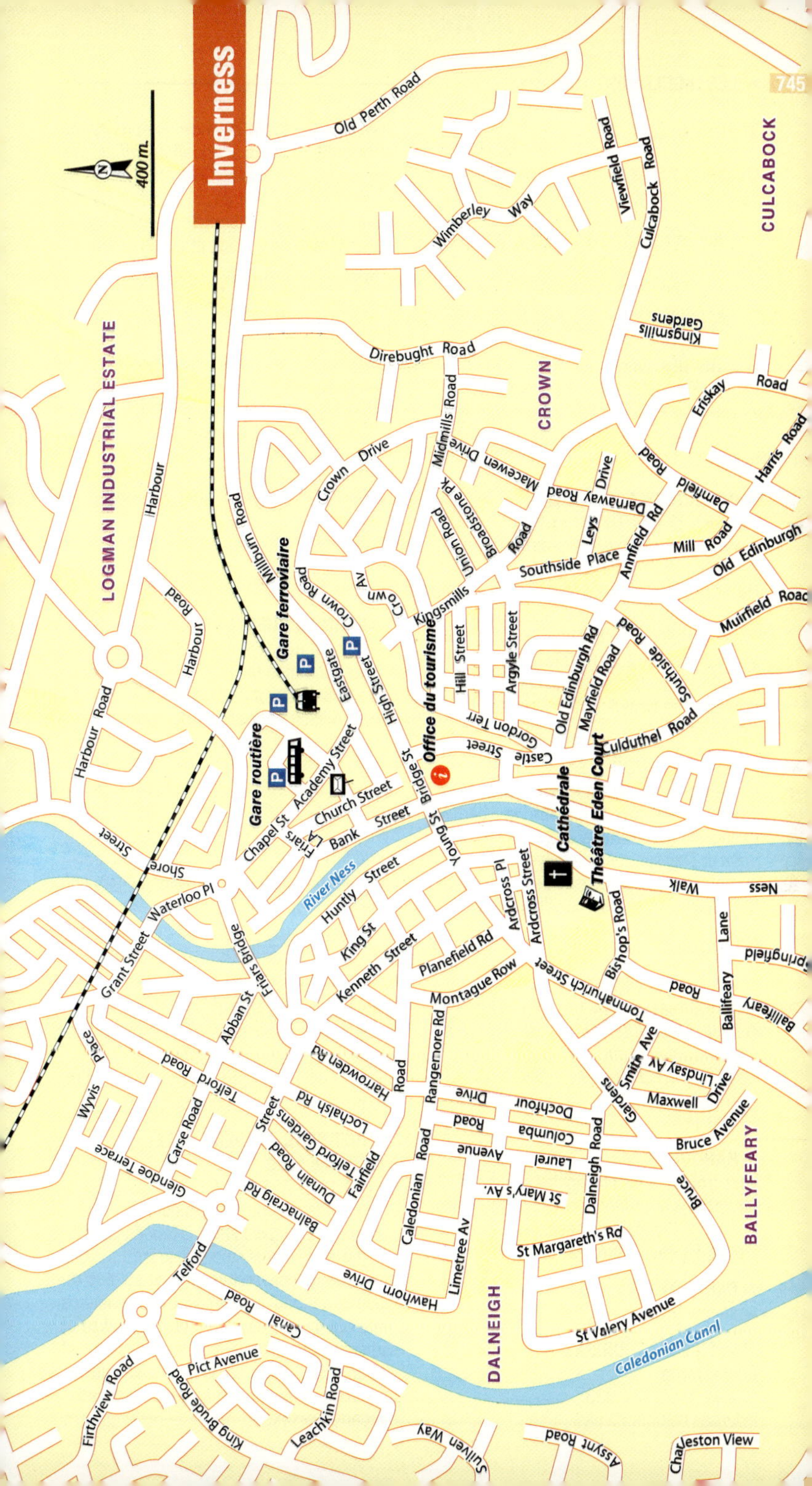
Inverness
400 m.
N
Old Perth Road
Wimberley Way
Viewfield Road
Culcabock Road
CULCABOCK
Kingsmills Gardens
Direbught Road
CROWN
Midmills Road
Crown Drive
Eriskay Road
Harris Road
Damfield Road
Macewen Drive
Darnaway Road
Leys Drive
Broadstone Pk
Union Road
Road
Crown Road
Crown Av
Kingsmills
Southside Place
Annfield Rd
Mill Road
Old Edinburgh
Muirfield Road
Millburn Road
Gare ferroviaire
LOGMAN INDUSTRIAL ESTATE
Harbour Road
Harbour Road
Harbour Road
Eastgate
High Street
Office du tourisme
Hill Street
Argyle Street
Old Edinburgh Rd
Mayfield Road
Southside Road
Gordon Terr
Castle Street
Culduthel Road
Gare routière
Academy Street
Church Street
Bridge St
Cathédrale
Théâtre Eden Court
Chapel St
Friars La
Bank Street
Shore Street
Waterloo Pl
River Ness
Huntly Street
Young St
Ardcross Pl
Ardcross Street
Ness Walk
Grant Street
Friars Bridge
King St
Kenneth Street
Planefield Rd
Bishop's Road
Lane
Springfield
Road
Tomnahurich Street
Ballifeary
Ballifeary
Montague Row
Abban St
Harrowden Rd
Road
Rangemore Rd
Smith Ave
Lindsay Av
Maxwell Drive
Wyvis Place
Telford Road
Lochalsh Rd
Drive
Dochfour
Gardens
Carse Road
Street
Telford Gardens
Road
Columba
Bruce Avenue
Glendoe Terrace
Dunain Road
Fairfield
Caledonian Road
Avenue
Laurel
Dalneigh Road
Bruce
BALLYFEARY
Balnacraig Rd
St Mary's Av.
Limetree Av
St Margareth's Rd
Telford
Hawhorn Drive
DALNEIGH
Canal Road
St Valery Avenue
Caledonian Canal
Pict Avenue
Firthview Road
King Brude Road
Leachkin Road
Sulven Way
Assynt Road
Charleston View

Transports

Comment y accéder et en partir

■ BUDGET RENT A CAR
Railway Terrace ✆ +44 1463 713 333
Fax : +44 1463 713 185
www.budget.co.uk/highlands
Ouvert toute l'année, du lundi au vendredi de 8h à 17h30 et le samedi de 8h à 16h.

■ GARE ROUTIÈRE
Farraline Park ✆ +44 1463 222 244
Ouverte tous les jours de 8h30 à 17h30.
Consigne à bagages et cafétéria (mêmes horaires).

■ INVERNESS AIRPORT
Dalcross ✆ +44 1667 464 000
www.hial.co.uk/inverness-airport.html
A 16 km d'Inverness sur l'A96.
De £10 à £13 en taxi (bus 2 fois par jour pour le centre-ville correspondant aux vols en provenance de Londres et Stornoway, 20 minutes, £2,50). Vols pour Londres, Glasgow, Manchester, Belfast et Birmingham. Vols sur les Orcades, les Shetlands et les Hébrides.

■ TRAIN STATION
Academy Street ✆ +44 845 748 49 50
Trains de Glasgow, Edimbourg et Aberdeen. Changement à Inverness pour Kyle of Lochalsh, Wick et Thurso. L'unique moyen de se rendre au nord-ouest de l'Ecosse est de prendre le train puis le bus jusqu'au village souhaité.

Se déplacer

■ HIGHLAND CYCLES
Telford Street ✆ +44 1463 234 789
Ouvert du lundi au samedi de 9h à 17h30. Location uniquement du 1er avril au 1er octobre. Compter £16 la journée.

Pratique

■ BANQUES
Vous trouverez les principales en centre-ville, Royal Bank sur High Street ainsi que Bank of Scotland, Clysdale en face de la gare et la Lloyds TSB sur Church Street.

■ DENTISTE
Academy Street

■ OFFICE DU TOURISME
Castle Wynd
✆ +44 1463 234 353
inverness@host.co.uk
Ouvert de 9h à 17h d'avril à octobre (fermé le dimanche), de 9h à 18h en juin et jusqu'à 19h en juillet et en août. Ouvert du lundi au vendredi de 9h à 17h de novembre à mars.
Réservation pour l'hébergement et les transports. Bureau de change et accès Internet.

■ PHARMACIE BOOTS
Eastgate Centre High Street
Ouvert de 9h à 17h30.

■ POSTE
Queensgate
Ouverte de 9h à 17h30 du lundi au vendredi et de 9h à 12h30 le samedi.

■ RAIGMORE HOSPITAL
Old Perth Road ✆ +44 1463 704 000

Se loger

Bien et pas cher

■ ABERMAR GUESTHOUSE
25 Fairfield Road ✆ +44 1463 239 019
www.abermar.co.uk
Entre £25 et £35 par personne.
Jim et Allison sont originaires du nord des Highlands et ils vous accueillent chaleureusement. Les chambres doubles sont spacieuses et confortables et les simples très cosy ; toutes sont très bien entretenues et ne manquent de rien. Si vous n'avez pas encore goûté au porridge, profitez-en, on le prépare divinement bien ici. Une très bonne adresse toute proche du centre.

■ BAZPACKERS HOTEL
4 Culduthel Road
✆ +44 1463 717 663
www.bazpackershostel.co.uk
De £15 à £17 en dortoir, £18 à £44 par personne en chambre double.
Hostel simple et propre, les douches sont un peu petites mais l'accueil chaleureux.

■ INVERNESS STUDENT HOTEL
8 Culduthel Road
✆ +44 1463 236 556
www.scotlands-top-hostels.com
Compter £14 par personne (6 lits par chambre).
Conçue sur le même modèle que les auberges de jeunesse (couvre-feu à minuit et 2h30 du matin le vendredi et samedi), cette résidence reste cependant ouverte toute la journée et son ambiance est détendue. Arrivez tôt, c'est vite complet ! Si tel est le cas, vous pourrez toujours gagner l'auberge de jeunesse indépendante voisine.

Confort ou charme

■ CLACH MHUILINN B&B
Mrs J. R. Elmslie, 7 Harris Road
✆ +44 1463 237 059 – jacqi@ness.co.uk
De 41 à 45 £ par personne en chambre double.
Un peu éloignée du centre-ville, cette maison n'est pas facile à trouver. Vous y trouverez des informations futées pour vous balader dans le coin : Mrs Elmslie écrit des articles sur les excursions à faire dans la région.

■ GLENDRUIDH HOUSE HOTEL
Druid Glen Old Edinburgh Rd South
✆ +44 1463 226 499
Fax : +44 1463 710 745
www.cozzee-nessie-bed.co.uk
Entre £59 et £89 par personne pour une chambre double.
Fort agréable pour la vue sur la ville, la maison, réservée aux non-fumeurs, a été conçue par un architecte imaginatif qui lui a donné toutes les formes possibles. Les chambres sont toutes des suites et le restaurant est excellent.

■ LOCH NESS COUNTRY HOUSE HOTEL
Dunain Park Hotel ✆ +44 1463 230 512
www.lochnesscountryhousehotel.co.uk
Sur l'A82 direction Fort William. Chambres doubles à partir de £105 par personne.
Cette maison de campagne avec tour et tourelle sur ses propres terres se trouve tout près de la ville. Son restaurant a été récompensé de nombreuses fois. Il faut compter environ £30 pour y dîner. Prenez bien soin de réserver.

■ MELROSE VILLA
35 Kenneth Street ✆ +44 1463 233 745
www.melrosevilla.com
Compter de £30 à £45 par personne.
Passer la nuit dans cette charmante villa victorienne à l'ambiance chaleureuse est une bonne option.

■ MORAY PARK GUESTHOUSE
1 Moray Park ✆ +44 1463 233 528
www.moraypark.com
Ouvert toute l'année, chambre double de £50 à £90.
Une dizaine de chambres simples et confortables.

Luxe

■ CULLODEN HOUSE
Milton of Culloden ✆ +44 1463 790 461
Fax : +44 1463 792 181
www.cullodenhouse.co.uk
Chambres doubles de £125 à £200 par personne.
Cette maison georgienne, désormais hôtel de classe internationale, était le logis de Charles Edouard Stuart durant sa campagne à Culloden. Son ennemi Cumberland, vainqueur de la bataille, s'y installa à son tour après 1746. Ambiance raffinée, intérieur confortable. Le restaurant est excellent et ouvert à tous.

Se restaurer

Bien et pas cher

■ GIRVANS
2-4 Stephen's Brae
✆ +44 1463 711 900
Ce salon de thé sert toute la journée à manger et nous vous conseillons leurs salades à environ £7 pour déjeuner.

■ RAJAH INDIAN RESTAURANT
2 Post Office Avenue
✆ +44 1463 237 190
www.rajahindianrestaurant.com
Ouvert tous les jours de midi à 23h. Restaurant indien qui fait également des plats à emporter. Compter £5 pour le déjeuner, £15 pour le dîner.
L'établissement est chaleureux, le personnel agréable et la cuisine réussie. Une adresse tout à fait recommandable.

Bonnes tables

■ THE MUSTARD SEED
16 Fraser Street
✆ +44 1463 220 220
www.themustardseedrestaurant.co.uk
Ouvert tous les jours de midi à 15h et de 17h30 à 22h. Compter £6 le midi pour une entrée et un plat, et £20 pour le menu du soir.
L'un des restaurants très prisés de la ville, décoration contemporaine et plats locaux. Réservation conseillée.

■ THE WATERSIDE BRASSERIE
19 Ness Bank
✆ +44 1463 233 065
www.thewatersideinverness.co.uk
Scottish breakfast servi de 7h à 16h, déjeuner servi de midi à 16h, high tea de 16h à 18h et dîner jusqu'à 21h30. Compter entre £12 et £18 pour un plat à la carte.
Il ne vous reste plus qu'à choisir votre moment pour manger un morceau en profitant de la vue sur la rivière.

Luxe

LOCH NESS COUNTRY HOUSE HOTEL

Dunain Park Hotel
✆ +44 1463 230 512
www.lochnesscountryhousehotel.co.uk
Compter £25 environ.
Cuisine primée de nombreuses fois à l'échelle nationale. Un établissement où crépite un bon feu. Tableaux et antiquités. Le chef vous garantit une cuisine succulente et un grand choix de desserts accompagnés des meilleurs malts.

THE RIVER HOUSE RESTAURANT

1 Greig Street
✆ +44 1463 222 033
www.riverhouseinverness.co.uk
Ouvert du mardi au samedi de midi à 14h et de 18h30 à 22h. Entre £24 et £32 pour un menu.
Cuisine écossaise haut de gamme servie dans un restaurant à l'ambiance feutrée.

Sortir

BLACKFRIARS

Academy Street
✆ +44 146 323 38 81
Ce pub sert également à manger (copieux burgers) et l'ambiance est plutôt bonne. Concerts live tous les soirs en été.

GELLIONS

12 Bridge Street
✆ +44 146 323 36 48
gellions.co.uk
Ouvert de 11h à 1h du matin.
Musique live régulièrement. Très bonnes séances de ceilidh (danse) le samedi.

HOOTANANNY

67 Church Street
✆ +44 1463 233 651
www.hootananny.com
Mobilier en bois, éclairage à la bougie et de la musique tous les soirs (highland ceilidh le samedi) garantissent à ce pub une ambiance particulièrement appréciée. L'établissement est rapidement devenu incontournable. On y sert également à manger, essayez donc le haggisburger accompagné de la ratatouille du chef pour £6 environ.

THE PHOENIX BAR

108 Academy Street
✆ +44 146 324 59 90
Solide, en bois et fréquenté par des habitués presque toute la semaine. Un vrai bar !

À voir – À faire

ABRIACHAN NURSERIES

Loch Ness Side ✆ +44 1463 861 232
www.lochnessgarden.com
Ouvert de février à novembre de 9h à 19h.
C'est le seul jardin botanique des environs. Trois ares de plantations sur les bords du loch Ness.

CAWDOR CASTLE

Nairn ✆ +44 1667 404 401
www.cawdorcastle.com
A 8 km au sud-ouest de Nairn. Tous les jours, de mai à octobre de 10h à 17h30. Tarif : £7,30.
La demeure des Thanes de Cawdor depuis 1370, protégée par un pont-levis et une imposante tour médiévale, contient des collections de tableaux, de mobilier, de livres, de porcelaine et de tapisseries. Shakespeare y a installé Macbeth, bien que le château ait été construit après la mort du roi.

CULLODEN BATTERFIELD VISITOR CENTRE

✆ +44 1463 790 607 – www.nts.org.uk
A 10 km au nord d'Inverness sur la B9006. Ouvert de 10h à 16h de novembre à mars, et de 9h à 18h d'avril à octobre. Tarif : £5.
Culloden fut le lieu de la défaite des armées de Charles Edouard Stuart à la fin du soulèvement des jacobites en 1746. Le musée, entouré par les cimetières des clans, est passionnant. Sur le champ de bataille sont indiquées les positions occupées par les clans et régiments en 1746.

FORT GEORGE

✆ +44 1667 460 232
www.historic-scotland.gov.uk
A 20 km au nord-est d'Inverness. Ouvert toute l'année, d'avril à septembre de 9h30 à 17h30, et d'octobre à mars de 9h30 à 16h30.
Le château, édifié après le deuxième soulèvement des jacobites, entre 1748 et 1769, n'a jamais été attaqué. Ses murs mesurent plus d'un kilomètre de longueur et le château d'Edimbourg pourrait se poser sur son terrain de parade ! Le musée militaire, très complet, retrace l'histoire des Queens Own Highlanders, l'un des régiments écossais les plus réputés.

INVERNESS CASTLE

41 Castle St
Il surplombe la rivière Ness. Les Jacobites s'en sont emparés en 1746. Son aspect rose actuel date d'une réfection de 1837 à 1847. Il abrite aujourd'hui une cour de justice et

une garnison militaire. La statue de Flora MacDonald, héroïne qui aida dans sa fuite Bonnie Prince Charlie, orne son front.

INVERNESS MUSEUM AND ART GALLERY
Castle Wynd
✆ +44 1463 237 114
Du lundi au samedi de 10h à 17h, à l'exception de la période de Noël. Gratuit.
Musée sur l'histoire des Highlands et exposition d'artistes écossais et internationaux dans la galerie.

THE TOWN HOUSE
Le Premier ministre Lloyd George y tint le premier Conseil des ministres en dehors de Londres en 1921 pour traiter de la question irlandaise.

Sports – Détente – Loisirs

EDEN COURT THEATRE
Bishops Road ✆ +44 1463 234 234
www.eden-court.co.uk
Ce centre culturel abrite une salle de concerts, un cinéma, une galerie d'art ainsi qu'un restaurant et des cafés. Renseignez-vous sur la programmation.

JACOBITE-EXPERIENCE LOCH NESS CRUISES
Tomnahurich Bride Glenurquhart Road
✆ +44 1463 233 999
www.jacobite.co.uk
Ouvert toute l'année.
Cette compagnie établie en 1973 propose des promenades en bateau sur le loch Ness et des tours en minibus en faisant notamment des étapes à Urquhart Castle et Drumnadrochit.

LOCH INSH WATERSPORTS
Kingraig
✆ +44 1540 651 272
www.lochinsh.com
A 45 minutes au sud d'Inverness, 10 km au sud d'Aviemore. Ce centre vous propose de faire de la voile, du canoë, de la planche à voile, du vélo et bien d'autres choses encore. Possibilité de louer des chalets ou de loger en B&B.

Shopping

CAMPBELL & CO
The Highland Tweed House, Beauly
✆ +44 1463 782 239
Ouvert du lundi au samedi de 9h à 13h et de 14h à 17h30.
A 20 km à l'ouest, une maison de tailleurs spécialisés dans le tweed et dans le cachemire. Les prix, relativement élevés, correspondent à la qualité des articles.

CHISHOLMS HIGHLAND DRESS
47-51 Castle Street ✆ +44 1463 234 599
www.kilts.co.uk
Ouvert toute l'année de 9h à 17h30 et jusqu'au coucher du soleil l'été.
Kilts de qualité entre £150 et £380.

HIGHLAND WINERIES
Moniack Castle Kirkhill par Inverness
✆ +44 1463 831 283
Fax : +44 1463 831 419
www.moniackcastle.co.uk
Producteurs de liqueurs et de vins... faits à partir de tout sauf du raisin ! On trouve des vins de cerise, de prune, de gingembre et même de bouleau ! Dégustation et visite vont de pair. Vous pourrez même dîner aux chandelles dans le château.

THE VICTORIAN MARKET
Academy Street
www.invernessvictorianmarket.co.uk
Fondé en 1870, ce marché couvert abrite une quarantaine de magasins spécialisés.

LOCH NESS

Cette région douce et vallonnée, qu'irrigue la rivière Spey, se consacre à l'agriculture, à l'élevage et surtout à la fabrication de whisky de malt. Une quarantaine de distilleries s'y trouvent, parmi les plus prestigieuses du pays. Les fines bouches pourront aussi goûter des produits gastronomiques de qualité et les amateurs de vieille pierre se réjouir en découvrant de nombreux châteaux et abbayes d'époque médiévale.

ROHAN BED AND BREAKFAST
Lower Cultie ✆ 0044 01456 486 495
✆ 0044 07762 565 346
www.stayrohan.co.uk
A partir de £28 par personne.
Voici une adresse qui va plaire aux amoureux des secrets bien gardés hors des sentiers battus ! A la fois proche du loch Ness et de ses nombreuses activités, l'hôtel est isolé en pleine campagne. Ce couple italo-écossais sait recevoir ses hôtes avec une grande gentillesse et la décoration des chambres poursuit cet enchantement. La propriétaire Enrica possède également un appartement avec jardin, selon vos envies.

GLEN AFFRIC – GLEN CANNICH

■ **GLEN AFFRIC YOUTH HOSTEL**
Allt Beithe
✆ +44 870 155 32 55
www.syha.org.uk
Ouvert généralement de mars à octobre. Compter £19 par personne.
Dans Glen Affric, loin de la route, au nord du loch Affric, l'auberge de jeunesse est uniquement accessible à pied.

■ **URQUHART CASTLE**
✆ +44 1456 450 551
A 30 minutes en bus au sud d'Inverness, tout près de Drumnadrochit sur l'A82. Ouvert tous les jours de 9h30 à 18h (16h30 d'octobre à mars). Tarifs : £6,50 (adulte), £3,25 (enfant).
Ce château du XIIe siècle en ruine, avec une vue superbe sur le loch Ness, fut le lieu de nombreux tournages et constitue un point stratégique pour toute recherche de monstre. La visite étant assez chère, on peut se contenter de prendre des photos depuis le parking.

DRUMNADROCHIT

Se loger

Bien et pas cher

■ **KERROW HOUSE**
Cannich
✆ +44 1456 415 243
www.kerrow-house.co.uk
Ouvert toute l'année. Prix de £25 à £32.
Une vieille et belle maison de 200 ans, près de la rivière et assez loin du village. Hilary et Howard Johnson vous proposent aussi de faire du cheval, de la pêche, des pique-niques et des balades en carriole à cheval.

■ **MR MACDONALD HAIG**
Borlum Farm Drumnadrochit
✆ +44 1456 450 358
www.borlum.co.uk
A 25 km d'Inverness. Ouvert toute l'année. A partir de £240 la semaine.
Confortables et spacieux, au bord du loch Ness, les cottages offrent une vue splendide sur le lac. Ses propriétaires se sont spécialisés dans les trekkings à cheval et s'arrangent avec vous pour d'autres activités (canoë, pêche…).

Confort ou charme

■ **GLENMORISTON ARMS HOTEL**
Invermoriston ✆ +44 1320 351 206
Fax : +44 1320 351 308
www.glenmoristonarms.co.uk
Compter de £95 à £135 pour une chambre double.
Auberge à la cuisine traditionnelle où les repas sont de qualité, malgré des prix étonnamment bas. Plus de 100 whiskies vous sont proposés. Le sens de l'hospitalité est ici très développé. Une des chambres dispose d'un lit à baldaquin et d'un Jacuzzi.

■ **THE OLD PIER HOUSE**
Fort Augustus ✆ +44 1320 366 418
jenny@oldpierhouse.com
De £35 à £50 par personne. Possibilité de dîner sur place. Pour les chalets, compter £250 pour 2 personnes à la semaine et £550 pour la location d'un grand chalet (5 ou 6 personnes).
Au sud-ouest du loch Ness, ce croft situé entre forêt et loch possède sa propre jetée (sports nautiques, voile, ski nautique, pêche et kayak). Il est aussi possible de louer des chalets. Des chevaux, que l'on peut monter (£25 les 2 heures), sont également dans la propriété.

Luxe

■ **FOYERS BAY HOUSE**
Lower Foyers Loch Ness
✆ +44 1456 486 624
Fax : +44 1456 486 337
www.foyersbay.co.uk
Compter de £75 à £95 par personne avec le petit déjeuner. Ajouter environ £15 si vous souhaitez dîner.
Cinq chambres tout confort dans cette belle maison victorienne avec vue sur le loch Ness. L'établissement est classé dans la catégorie des guesthouses et dispose d'un restaurant, la réservation est donc possible en pension complète.

À voir – À faire

■ **LOCH NESS CENTRE AND EXHIBITION**
✆ +44 1456 450 573
www.loch-ness-scotland.com
Tous les jours d'avril à mai de 9h30 à 17h, de juin à septembre de 9h à 18h, en octobre de 9h30 à 17h30 et de novembre à mars de 10h à 15h30. Entrée : £6,95.
L'exposition raconte l'histoire du fameux monstre Nessie, avec un survol des différentes hypothèses émises par des scientifiques aussi rigoureux qu'imaginatifs.

RÉGION D'ABERDEEN

FINDHORN

FINDHORN BAY HOLIDAY PARK
Forres
✆ +44 1309 690 203
Fax : +44 1309 690 933
www.findhornbayholidaypark.com
Ouvert de décembre à octobre. 21 caravanes. Compter £225 par semaine, électricité et gaz inclus.
Vous pouvez passer une charmante semaine dans un éco-chalet et apprécier la quiétude de la nature autour ou vous aventurer dans les villages voisins.

ELGIN

Pratique

OFFICE DU TOURISME
17 High Street
✆ +44 1343 542 666
Ouvert toute l'année de 9h à 17h, et jusqu'à 18h en été.

OFFICE DU TOURISME D'HUNTLY
✆ +44 1466 792 255
Ouvert d'avril à octobre.

Se loger

ARDGYE HOUSE
sur l'A96
✆ 0044 1343 850618
www.ardgyehouse.co.uk
A partir de £30 par personne et par nuit.
L'arrivée est impressionnante face à cette maison datant de 1904 à l'architecture édouardienne, correspondant à l'époque où le roi Edouard VII exerçait son pouvoir. Cette propriété idyllique peut être une parenthèse de choix et de style à votre voyage. L'heureuse propriétaire des lieux, Carol McInnes, est ouverte à toutes les exigences.

MORAYDALE GUESTHOUSE
276 High Street
✆ +44 1343 546 381
Fax : +44 1343 546 382
www.moraydaleguesthouse.com
A partir de £38 par personne en chambre double.
Petite guesthouse fort agréable avec un joli jardin.

NORWOOD HOUSE
11 Seafield Place
✆ +44 1542 840 314
www.norwoodguesthouse.co
Environ £35 par personne.
Cette maison géorgienne abrite 5 chambres qui invitent à la détente. L'accueil est chaleureux et il y a possibilité de dîner.

THE RICHMOND
Richmond, 48 Moss Street
✆ +44 1343 542 561
Fax : +44 1343 542 561
www.elginbedandbreakfast.co.uk
Ouvert toute l'année. De £26 à £44 par personne.
Alison et Jock Anderson vous accueillent dans leur maison victorienne avec tout le confort moderne.

À voir – À faire

BALLINDALLOCH CASTLE
Lagmore Ballindalloch
✆ +44 1807 500 205
www.ballindallochcastle.co.uk
Sur l'A95, à 13 km au sud-ouest de Craigellachie. Ouvert du 6 avril à fin septembre de 10h30 à 17h. Compter £7 pour la visite.
La légende raconte que le seigneur des lieux avait commencé à construire le château sur un site que des forces mystérieuses n'avaient pas approuvé. Les murs furent détruits en une nuit et les constructeurs reçurent l'ordre de déplacer les fondations sur le site actuel. Le château est la propriété de la famille Macpherson-Grants depuis 1546.

ELGIN CATHEDRAL
Elgin Cathedral
✆ +44 1343 547 171
Ouvert de lundi à mercredi et le samedi et dimanche, de 9h30 à 16h. Entrée : £3.
Erigée en 1224, elle fut incendiée en 1390. Désormais en ruines, elle est surnommée « la lanterne du Nord ».

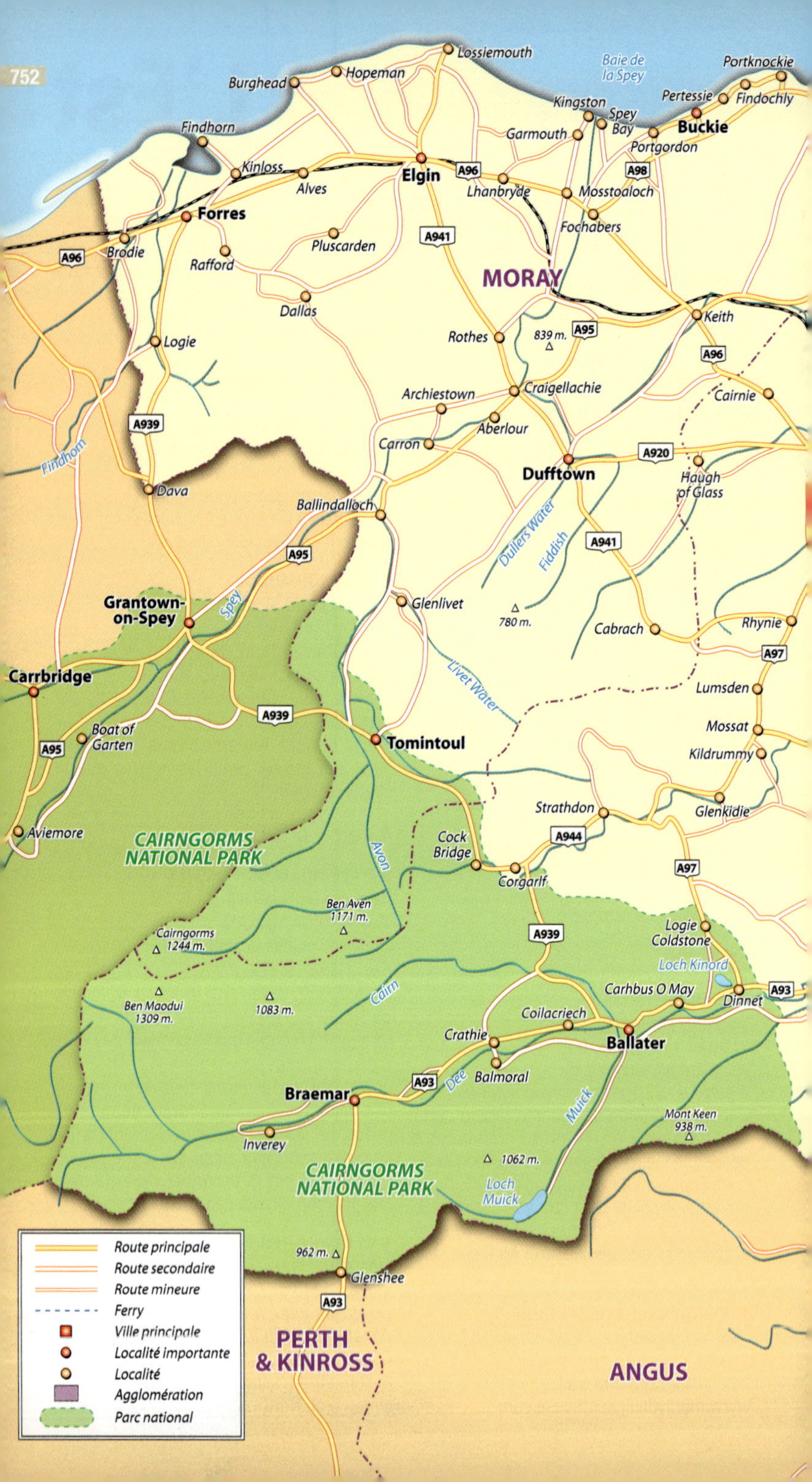
Lossiemouth
Baie de la Spey
Portknockie
Burghead
Hopeman
Kingston
Pertessie
Findochly
Spey Bay
Buckie
Findhorn
Garmouth
Portgordon
Kinloss
Alves
Elgin
A96
Lhanbryde
A98
Mosstoaloch
Forres
Fochabers
A941
Brodie
A96
Rafford
Pluscarden
MORAY
Dallas
Keith
Rothes
839 m.
A95
A96
Logie
Archiestown
Craigellachie
Cairnie
A939
Aberlour
Carron
A920
Findhorn
Dufftown
Haugh of Glass
Dava
Ballindalloch
Dullers Water
Fiddish
A95
A941
Grantown-on-Spey
Spey
Glenlivet
780 m.
Cabrach
Rhynie
A97
Carrbridge
Livet Water
Lumsden
A939
Boat of Garten
Tomintoul
Mossat
A95
Kildrummy
Strathdon
Glenkidie
Aviemore
CAIRNGORMS NATIONAL PARK
Avon
Cock Bridge
A944
Corgarff
A97
Ben Aven 1171 m.
Cairngorms 1244 m.
A939
Logie Coldstone
Loch Kinord
Ben Maodui 1309 m.
1083 m.
Cairn
Carhbus O May
A93
Dinnet
Coilacriech
Crathie
Ballater
Balmoral
A93
Dee
Braemar
Muick
Mont Keen 938 m.
Inverey
1062 m.
CAIRNGORMS NATIONAL PARK
Loch Muick
962 m.
Glenshee
A93
PERTH & KINROSS
ANGUS
Route principale
Route secondaire
Route mineure
Ferry
Ville principale
Localité importante
Localité
Agglomération
Parc national

L'Est de l'Ecosse

■ HUNTLY CASTLE

✆ +44 1466 793 191
www.huntlycastle.co.uk
Ouvert tous les jours d'avril à septembre de 9h30 à 17h30, et d'octobre à mars de 9h30 à 16h30 (fermé les jeudi et vendredi). Entrée adulte £4,70, enfant £2,80.
Ce château fut reconstruit par les Gordon à leur retour d'un voyage culturel, pour montrer leur goût, nouvellement acquis, du faste et leur passion de l'héraldique. La cheminée est assez grande pour contenir une petite voiture. Les toilettes de l'époque, en parfait état, font aussi partie de la visite.

■ LEITH HALL À HUNTLY

Huntly ✆ +44 1464 831 216
Ouvert les week-ends en mai, juin et septembre et tous les jours en juillet et en août. Les jardins sont ouverts toute l'année, de 9h au coucher du soleil. Compter £8.
Un château ? Plutôt une sorte de manoir, construit sur une période de trois siècles par une famille de militaires. Il abrite le patrimoine des chefs des grandes familles Leith et Leith-Hay. Y sont exposés des vêtements appartenant au géant de la famille, Andrew Hay, ainsi qu'une maison de glace, ancêtre du réfrigérateur. Dans le jardin trône le tombeau d'un perroquet enterré avec les honneurs militaires !

■ SPYNIE PALACE

A 3 km au nord d'Elgin.
Se renseigner sur les horaires de visite à la cathédrale. Ce fut la résidence de l'évêque de Moray du XIVe siècle jusqu'en l'an 1686. Seule subsiste réellement la tour construite par l'évêque David Stewart, qui offre une vue incomparable sur le loch Spynie et le Moray Firth.

Sports – Détente – Loisirs

■ HUNTLY NORDIC AND OUTDOOR CENTRE

Ski Lodge Hill Of Haugh
✆ +44 1466 794 428
Fax : +44 1466 794 428
www.nordicski.co.uk/hnoc/
Ce centre organise des courses de ski cross-country et loue du matériel de ski traditionnel et des VTT.

Shopping

■ GORDON & MACPHAIL

58-60 South Street
✆ +44 1343 545 110
retail@gordonandmacphail.com
Ouvert toute l'année du lundi au samedi de 9h à 17h.
Ils font eux-mêmes la mise en bouteille et le mélange de leur whisky. Superbe sélection de malts.

ABERDEEN

220 000 habitants. On l'appelle la « ville argentée », car la pierre granitique de ses immeubles scintille de tous ses éclats lorsque le soleil s'y pose. On pourrait aussi la nommer la « ville verte » pour ses jardins, bosquets et plantations. Aberdeen, capitale de l'industrie pétrolière de la Grande-Bretagne, est la troisième ville d'Écosse et une cité universitaire depuis 1495. Sa position stratégique en avait fait, dès le Moyen Age, un important Royal Burgh selon le système mis en place par le roi David pour stimuler la croissance économique et encourager la stabilité. Le Royal Burgh avait le monopole sur tous les produits locaux et devait au roi des taxes payées par les marchands. Les artisans, encouragés à émigrer en Écosse, bénéficiaient d'un statut social et de contrats de vente gratuits.

Près du pont de Brig O'Balgownie, construit en 1329 sur le Don et seul moyen de traverser la rivière durant 500 ans, Old Aberdeen tenta de tirer profit de sa situation, en planifiant son jour de marché 24 heures plus tôt que celui, plus important, de Castlegate. La cité profita également de la Réforme, qu'elle avait adoptée, pour renforcer son activité.

La destruction des monastères et des cathédrales libéra des terres, vite reprises par des hommes d'affaires et des agriculteurs. Le XVIIe siècle vit les Lowlanders prospérer, à l'inverse des Highlanders. Question de mentalité ! Les uns étaient travailleurs, patients, calculateurs, les autres étaient des guerriers mal organisés. Tracez une ligne du loch Lomond à Stonehaven et vous avez séparé les Highlands des Lowlands : les grandes villes sont toujours à droite de cette ligne. Aberdeen était la plus proche du « détroit » des Lowlands, ce qui contribua sans aucun doute à favoriser son essor.

Le XIXe siècle fut sa période la plus florissante grâce au commerce du granit (deuxième carrière d'Europe à Rubislaw), du textile, des bovins, de l'orge. Les importantes activités de pêche, puis les loisirs sportifs touristiques contribuèrent également à la prospérité de la ville. Le papier, le pétrole et le bâtiment sont les autres ressources de la région. Richesses économiques mais aussi richesses historiques et touristiques : celles des plages le long de la côte, des falaises vertigineuses, des golfs, des sites historiques à n'en plus finir et des montagnes tout à côté. Quant à l'Aberdonien, il mérite d'être connu : c'est un personnage solide, futé et généreux, dont le crâne, de forme carrée, est unique au monde !

Transports

Comment y accéder et en partir

■ ABERDEEN STATION
Guild Street
✆ +44 845 755 00 33
Trains pour Edimbourg (2h30), Glasgow (2h45), Inverness (2h15), Dundee (1h15), Perth (1h45) et Stirling (2h15). Billetterie ouverte de 7h30 à 19h, le dimanche de 8h30 à 19h.

■ AÉROPORT
A Dyce, 11 km au nord-ouest d'Aberdeen
✆ +44 870 040 00 06
Vols pour Londres, Manchester, Norwich, Newcastle. Vols internationaux pour Amsterdam, Bergen, Esbjerg, Paris…

■ ARNOLD CLARK
Girdleness Road
✆ +44 1224 249 159
www.arnoldclark.com
Ouvert de 8h à 18h (de 11h à 17h le dimanche).
Tarifs intéressants.

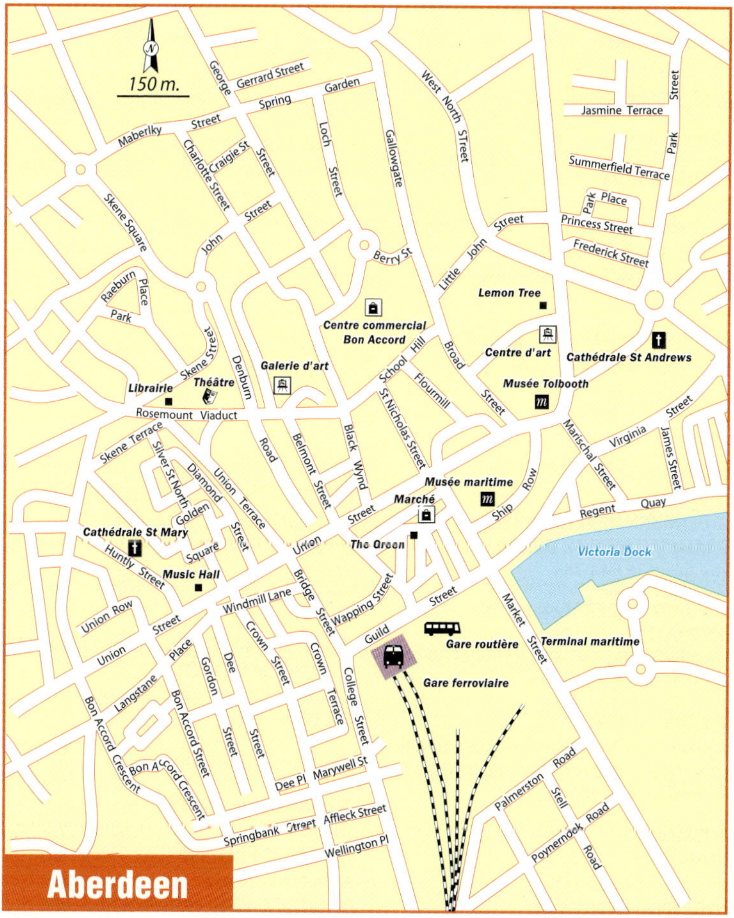

BUS STATION
Guild Street
✆ +44 12 2421 2266
La principale compagnie de bus est Bluebird Buses. Bus pour Edimbourg, Glasgow, Dundee, Perth, Stirling et Inverness.

HERTZ
A l'aéroport
✆ +44 1224 722 373 – www.hertz.co.uk

NORTHLINK FERRIES
Jamieson's Quay
✆ +44 845 600 04 49
www.northlinkferries.co.uk/
Vous y trouverez les horaires détaillés des embarquements à destination de Lerwick (Shetland) et Kirkwall (Orkney).

Se déplacer

ALPINE BIKES
70 Holburn Street ✆ +44 1224 211 455
www.alpinebikes.com
Ouvert tous les jours. A partir de £16 la journée de location.

BUS LOCAUX
Union Street
En ville, on ne rend pas la monnaie, munissez-vous de petites pièces ou d'une carte. Procurez-vous l'Aberdeenshire & Moray Public Transport Guide à l'office du tourisme.

CENTRAL TAXIS
68-72 Sinclair Road
✆ +44 1224 898 989
www.centraltaxisaberdeen.co.uk
24h/24.

Pratique

DENBURN HEALTH CENTRE GRAMPIAN HEALTH BOARD
✆ +44 1224 644 744

HÔPITAL ABERDEEN ROYAL INFIRMARY
Foresterhill Road ✆ +44 845 456 60 00
Au nord-est du centre.

LAUNDRETTE
555 George Street et 198 Holburn Street
Ouvert du lundi au vendredi de 8h30 à 18h et le week-end de 10h à 17h.

POLICE
Queen Street
✆ +44 1224 639 111
www.aberdeenpolice.org

Tourisme / Culture

ABERDEEN & GRAMPIAN
27 Albyn Place
✆ +44 1224 288 828
Fax : +44 1224 288 828
www.aberdeen-grampian.com
Vous trouverez ici toutes les informations sur la région.

OFFICE DU TOURISME
23 Union Street ✆ +44 1224 288 828
Ouvert du lundi au samedi de 9h30 à 17h. En juillet et en août, ouvert de 9h à 18h30 du lundi au samedi et le dimanche de 10h à 16h.
Réservation d'hébergement, bureau de change, Internet (£1 les 20 minutes).

Argent

BANQUES
Dans Union Street
Ouvertes de 10h à 17h, du lundi au vendredi.

THOMAS COOK
335-337 Union Street
✆ +44 845 308 91 01
www.thomascook.com
Change. Ouvert du lundi au samedi de 9h30 à 17h30.

Moyens de communication

INTERNET
Aberdeen Central Library
Rosemount Viaduct
✆ +44 1224 652 500
www.aberdeen-internet.com
Ouvert du lundi au samedi de 9h à 19h (17h le samedi).

POSTE CENTRALE
Saint Nicholas Centre
Upperkirkgate
✆ +44 845 722 33 44
Ouvert de 9h à 17h30 du lundi au vendredi, le samedi de 9h à 12h30.
Un autre bureau de poste se trouve au 489 Union Street.

Santé – Urgences

PHARMACIE BOOTS
161 Union Street
✆ +44 1224 211 592
www.boots.com
Ouvert du lundi au samedi de 8h à 18h.

Se loger

Bien et pas cher

■ ABERDEEN YOUTH HOSTEL
8 Queen's Road Aberdeen
✆ +44 870 004 11 00 – www.syha.org.uk
Bus 14 ou 15 du centre-ville (bus station). Environ £20 par personne. Ouverte toute l'année jusqu'à 2h du matin.
Une vieille demeure de caractère abrite cette auberge bien équipée.

■ ALDERSYDE GUESTHOUSE
138 Bon Accord Street
✆ +44 1224 580 012
www.aldersydeguesthouse.co.uk
Compter de £35 à £45 par personne en chambre simple ou double.
Une guesthouse tout en granite comprenant 7 chambres équipées tout confort.

■ LOWER DEESIDE HOLIDAY PARK
Maryculter
✆ +44 1224 733 860
www.holiday-parks.co.uk
A moins de 10 km d'Aberdeen. Emplacement à partir de £15 par jour.
Le site comprend un magasin, une laverie et des jeux.

Confort ou charme

■ ARDEN GUESTHOUSE
61 Dee Street
✆ +44 1224 580 700
Fax : +44 1224 585 396
www.ardenguesthouse.co.uk
Compter de £30 à £40 par personne.
L'accueil est chaleureux, mais cette guesthouse vaut surtout pour sa situation très centrale. Vous irez facilement à pied voir The Art Gallery, le Maritime Museum et vous vous trouvez à proximité des centres commerciaux, pubs et restaurants.

■ BIMINI GUESTHOUSE
69 Constitution Street
✆ +44 1224 646 912
Fax : +44 845 280 49 62
www.bimini.co.uk
De £30 à £45 par personne.
Près de la plage et du centre-ville, un établissement tenu par Coll Morrisson qui met son monde à l'aise grâce à son sens de l'humour et à sa grande hospitalité.

■ BURNETTS GUESTHOUSE
75 Constitution Street
✆ +44 1224 647 995
www.burnettsguesthouse.co.uk
Compter de £25 à £60 par personne pour une chambre simple ou double.
Proche du centre-ville, les Burnetts se feront un plaisir de vous aider à vous rendre à la plage, au centre de conférences, aux expositions ou même au club de football. Le petit déjeuner vaut le coup de s'y attarder !

■ CRAGGANMORE
63 Springbank Terrace
✆ +44 1224 572 867
www.cragganmoreguesthouse.co.uk
Compter £25 par personne pour une chambre double avec salle de bains privative et petit déjeuner et £20 pour une chambre double standard.
Résidence victorienne classée, cette guesthouse familiale propose 6 chambres confortables et décorées avec goût. Vous y serez au calme tout en étant à proximité des rues commerçantes animées par les bars et restaurants. On vous offre aussi des places de parking gratuites, un luxe à Aberdeeen où les emplacements sont très chers.

Luxe

■ ABERDEEN DOUGLAS HOTEL
43-45 Market Street
✆ +44 1224 582 255
Fax : +44 1224 582 966
www.aberdeendouglas.com
Environ £125 pour une chambre double.
Très bel hôtel en centre-ville, à moins de 5 minutes à pied de la gare d'Aberdeen. Il y a aussi un restaurant Molly's qui met à votre disposition les produits frais locaux.

■ BRENTWOOD HOTEL
101 Crown Street ✆ +44 1224 595 440
Fax : +44 1224 571 593
www.brentwood-hotel.co.uk
Compter entre £40 et £90 par personne.
Situé en plein centre-ville, à proximité des centres commerciaux, théâtres et stations de bus et train, cet hôtel dispose également d'un restaurant et d'un bar.

ÉCOSSE

■ **THE MARCLIFFE AT PITFODILS**
North Deeside Road ✆ +44 1224 861 000
Fax : +44 1224 868 860
www.marcliffe.com
Sur l'A93 en direction de Braemar. Compter £245 par personne.
Hôtel 5-étoiles de luxe, calme et élégant, situé dans un cadre pittoresque à 10 minutes du centre d'Aberdeen. L'établissement compte 37 chambres et 2 suites toutes décorées de façon distincte. Le restaurant propose une cuisine raffinée où légumes du jardin accompagnent poisson, viande et gibier du terroir. Enfin, l'hôtel a été inauguré en 1993 par Mikhail Gorbachev, et vous risquez fort d'y croiser une personnalité politique ou une star du show-biz…

■ **SKENE HOUSE ROSEMOUNT**
96 Rosemount Viaduct
✆ +44 1224 645 971
Fax : +44 1224 626 866
www.skene-house.co.uk
Compter entre £81 et £251 par nuit et par suite (jusqu'à 6 personnes par chambre).
98 suites dans cet hôtel de luxe où tout est fait pour que vous vous sentiez chez vous. L'hôtel est à votre disposition pour vous réserver visites guidées, terrains de golf ou voitures de location.

Se restaurer

Bien et pas cher

■ **ASHVALE**
46 Great Western Road
✆ +44 1224 575 842
www.theashvale.co.uk
Ouvert tous les jours de midi à 23h. Compter £6 environ.
Un Fish & Chips hors du commun. Si vous arrivez à finir leur *ashvale whale*, la maison ne manquera pas de vous en offrir un deuxième, gratuit !

Bonnes tables

■ **CIAO NAPOLI**
10 Bon Accord Crescent
✆ +44 1224 213 223
www.ciaonapoli.co.uk
Dans une rue adjacente à Union Street. Ouvert du lundi au samedi de midi à 14h30 et de 17h30 à 22h30.
Au calme. Cuisine italienne et méditerranéenne servie dans une ambiance feutrée, parfait pour un dîner en tête à tête.

■ **NARGUILE KEBAB HOUSE**
77-79 Skene Street ✆ +44 1224 636 093
Ouvert de 17h à 22h, tous les jours. Comptez £16 environ.
Pourquoi ne pas faire un tour du côté de l'exotique gastronomie grecque ou turque ? Essayez le Sultan sofrasi, un plat pour deux.

■ **THE ROYAL THAI**
29 Crown Terrace ✆ +44 1224 212 922
www.royalthaiaberdeen.co.uk
Ouvert tous les jours jusqu'à 22h30 (dernière commande). Compter environ £10.
Ce restaurant thaï est fort réputé à Aberdeen.

■ **SIMPSON'S**
59 Queen's Road
✆ +44 1224 327 777
www.simpsonshotel.co.uk
Ouvert tous les jours. Compter £15 environ.
La somptueuse brasserie de cet hôtel sert des plats qui font honneur à la cuisine écossaise en y ajoutant des saveurs du monde entier.

■ **THE WILD BOAR**
19 Belmont Street ✆ +44 1224 625 357
Ouvert tous les jours. Compter £10.
Dans ce bistro, on sert un large choix de plats végétariens ainsi que de succulents desserts.

Luxe

■ **KILDRUMMY CASTLE HOTEL**
Kildrummy par Alford
✆ +44 1975 571 288
Fax : +44 1975 571 345
www.kildrummycastlehotel.co.uk
A944, à l'ouest de la ville. Compter £35,50 pour le dîner.
La réputation culinaire de l'hôtel croît d'année en année. Sa cuisine traditionnelle s'apprécie dans le confort et la tranquillité d'une immense pièce avec vue sur le château en ruines de Kildrummy, datant du XIIIe siècle. Réservation impérative pour le dîner.

■ **SILVER DARLINGS**
Pocra Quay North Pier Footdee
✆ +44 1224 576 229
www.silverdarling.co.uk
De midi à 14h et de 18h30 à 21h30, fermé à midi le samedi et le dimanche. Compter £15 le midi et £30 le soir.
Situé à la pointe la plus à l'est, sur la rive nord de la rivière Dee, c'est le restaurant préféré de nombreux visiteurs d'Aberdeen. Vous vous régalerez de fruits de mer et de poissons. Réservation conseillée.

Sortir

Cafés – Bars

THE BLUE LAMP
121 Gallowgate
✆ +44 1224 647 472
www.bluelamp.com
Un bar populaire, connu des étudiants, très souvent plein le week-end notamment grâce à ses concerts de styles variés.

MA CAMERON'S INN
Little Belmont Street
✆ +44 1224 644 487
Le plus vieux pub de la ville sert des plats tout à fait corrects accompagnés d'une sélection de bières intéressante.

MALONES ABERDEEN IRISH BAR
90 Shiprow
✆ +44 1224 565557
www.malonesaberdeen.com
Dans ce pub irlandais, vous trouverez une ambiance animée, chaleureuse et amicale. Tous les événements sportifs sont retransmis. Les concerts en soirée vous invitent au *craic* (terme irlandais qui signifie bonne conversation), moment agréable !

THE PRINCE OF WALES
Saint Nicholas Lane
✆ +44 1224 640 597
Le bar le plus long de la ville offre aussi les meilleures bières dans une ambiance à ne pas manquer.

UNDER THE HAMMER
North Silver Street
✆ +44 1224 640 253
Ouvert jusqu'à 2h.
Bar à vins situé dans une cave. Ambiance beaucoup plus éclectique que dans les autres bars du centre-ville. Parfois très bruyant le week-end !

À voir – À faire

ABERDEEN ART GALLERY
Schoolhill
✆ +44 1224 523 700
www.aagm.co.uk
Du lundi au samedi de 10h à 17h et le dimanche de 14h à 17h.
Cet important centre culturel possède une collection assez prestigieuse de tableaux des XIXe (préraphaélites, peintres anglais et écossais) et XXe siècles.

ABERDEEN MARITIME MUSEUM
Shiprow
✆ +44 1224 337 700
www.aagm.co.uk
Ouvert du lundi au samedi de 10h à 17h et le dimanche de midi à 15h. Entrée gratuite.
Dans la rue la plus ancienne de la ville, une maison du XVIe siècle raconte l'histoire des chantiers de bateaux de pêche et de l'industrie pétrolière. Film vidéo, maquettes et tableaux.

ABERDEEN TOWN HOUSE
1 Union Street
New Town House est un bâtiment imposant datant de la fin du XIXe siècle tout en incorporant des éléments du XVIIe. On reconnaît un style flamand de l'époque et la tourelle singulière est devenue un symbole de la ville. La bâtisse est d'une ampleur qui ne permet pas vraiment de la rater, et son emplacement stratégique sur Union Street offre aux visiteurs une transition en douceur entre le vieil Aberdeen et la ville moderne.

CASTLE FRASER
The Stables
✆ +44 1330 833 463
A 25 km à l'ouest d'Aberdeen. Ouvert d'avril à juin du mercredi au dimanche de 11h à 17h, en juillet et août tous les jours de 11h à 17h, et en septembre et octobre les mercredi et dimanche de midi à 17h. Compter £8.
C'est sans doute le château le plus spectaculaire, construit par deux familles de maçons, Bel et Leiper. En vous promenant dans les jardins clos, vous découvrirez un cadran carré.

COMPAGNIE DE BUS STAGECOACH BLUEBIRD
✆ +44 871 200 22 33
www.stagecoachbus.com
Elle propose un ticket valable une journée dans la vallée de la Dee, entre Aberdeen et Braemar.

CORGARFF CASTLE
Castle Lodge
✆ +44 1975 651 460
Sur l'A99. Ouvert d'avril à septembre de 9h30 à 17h30, et de novembre à mars de 9h30 à 16h30 seulement le week-end. Tarif adulte : £4,70 et £2,80 pour les enfants.
Les graffitis visibles sur les murs de cette forteresse nous apprennent qu'au XVIIIe siècle, les soldats étaient venus contrôler les Highlanders battus à Culloden. Ces mêmes soldats apportaient en fait un soutien économique aux distilleries qu'ils étaient censés détruire.

À la découverte du whisky

Entre Elgin et Aberdeen se situe la partie de l'Écosse la plus connue pour ses whiskys. On y trouve plus de la moitié des distilleries du pays dont 8 des plus importantes ont créé des centres d'accueil pour les visiteurs. Vous pouvez en visiter un grand nombre en suivant le Speyside Way qui va de Tomintoul à la mer, près de Lossiemouth à environ 60 km. Quant à y faire vos achats... la plupart de ces marques sont moins chères dans le supermarché en bas de chez vous. Si vous êtes en voiture, passez plutôt par deux distilleries différentes (il n'y a pas dix mille façons de distiller !) et dégustez les fruits des travaux des maltsmen, avant ou après la visite d'un des châteaux superbes qui peuplent la région.

GLENFARCLAS DISTILLERY
Ballindalloch
✆ +44 1807 500 257
www.glenfarclas.co.uk/
Sur l'A95 à 8 km au sud d'Aberlour. Ouvert d'avril à septembre du lundi au vendredi de 10h à 17h et le samedi, de juin à septembre, de 10h à 16h. D'octobre à mars, du lundi au vendredi de 10h à 16h. Tarif : £3,50, gratuit pour les moins de 18 ans.
Un des seuls whiskys vendus dans le commerce à afficher un taux de plus de 60 % d'alcool. Mieux vaut le goûter après la visite de Ballindalloch Castle ! Et pour que le whisky n'ait vraiment plus de secret pour vous, faites un tour à la plus grande tonnellerie de la région.

GLENFIDDICH DISTILLERY
Dufftown
✆ +44 1340 820 000
Fax : +44 1340 822 083
www.glenfiddich.com
Bus direct d'Elgin. Ouverte toute l'année du lundi au vendredi de 9h30 à 16h30, et de mi-avril à octobre également le samedi de 9h30 à 16h30 et le dimanche de 12h à 16h30.
A Dufftown, c'est l'exposition la plus complète. La visite classique est gratuite et se termine par une dégustation de Glenfiddich Special Reserve ; votre guide, habillé en kilt, vous fait faire le tour de la distillerie, de la salle de maltage à la mise en bouteille. Il existe aussi la visite du connaisseur (sur rendez-vous uniquement). Elle dure de 2 à 3h et coûte £15. On y déguste 6 whiskys différents. On découvre toute la gamme proposée par Glenffidich, le single malt le plus apprécié au monde, et la saveur si précieuse de la poire, dû au vieillissement en fût de chêne. A deux pas de la distillerie, s'il vous reste un peu de sens critique, Balvenie Castle est un véritable petit bijou de la Renaissance. (01340) 820 121. Ouvert d'avril à septembre.

GLEN GRANT DISTILLERY AND GARDEN
Elgin Road
Rothes
✆ +44 1340 832 118
Fax : +44 1340 832 104
Ouvert du 17 mars à mi-décembre, du lundi au samedi de 9h30 à 17h et le dimanche de midi à 17h. Entrée : £3,50. Gratuit pour les moins de 18 ans.
Après une visite guidée de la distillerie, vous pourrez aller vous promener à loisir à travers le parc datant de l'ère victorienne, derrière le pavillon. Une jolie promenade.

STRATHISLA DISTILLERY
Seafield Avenue
Keith
✆ +44 1542 783 044
Fax : +44 1542 783 056
www.maltwhiskydistilleries.com
Ouverte du 6 avril au 30 octobre, du lundi au samedi entre 9h30 à 16h et le dimanche de midi à 16h. La gare de Keith se situe à 600 m de la distillerie et l'arrêt de bus à 500 m. Tarifs : £5 pour un adulte, gratuit pour les moins de 18 ans. Les enfants de moins de 8 ans ne sont pas admis.
La plus vieille des distilleries (fondée en 1786) est aussi l'une des plus belles. On y goûte notamment du Chivas Regal de 12 ans d'âge. Près de Keith, Drummuir Castle, château victorien dans le style des maisons-lanternes, récemment restauré, était le siège du clan MacDuff Centre. Une fois familiarisé avec les méthodes de distillation, rendez-vous dans une distillerie plus petite ouverte au public (consultez la *Whisky Map of Scotland*, publiée par Collins&Bartholomew). Observez alors la différence.

Retrouvez l'index général en fin de guide

CRAIGIEVAR CASTLE

Alford

✆ +44 1339 883 635

Ouvert toute l'année de 12h30 à 17h30. Entrée £10.

Chef-d'œuvre de l'architecture baronniale écossaise, ce château de conte de fées fut construit en 1626 pour le marchand Forbes, dit Danzig Willie. Il est mondialement célèbre pour ses plafonds, ses panneaux de bois ciselé et ses collections d'objets superbes.

DUTHIE PARK WINTER GARDENS

Accès par Polmuir Road ou Great Southern Road. Ouvert toute l'année, tous les jours à partir de 9h30.

De ce jardin comptant une très grande variété de fleurs, on retiendra notamment les serres tropicales hautes en couleur, le jardin japonais, une muraille florale et même un cactus qui parle…

FYVIE CASTLE

Turriff

✆ +44 1651 891 266

www.fyviecastle.com

Près de l'A947, à 13 km au sud-est de Turriff. Ouvert d'avril à septembre de midi à 17h (fermé les jeudi et vendredi) et de juillet à août de 11h à 17h. Tarif adulte : £8.

Bel exemple d'équilibre harmonieux, il fut construit par cinq grandes familles (d'où les 5 tours) au XVIe siècle, sur des fondations datant du XIIIe et fut occupé par les membres des familles royales. Tout y est grandiose : l'escalier, les jardins de James Giles, la galerie de portraits…

HADDO HOUSE

✆ +44 1651 851 440

www.haddo.co.uk

A une vingtaine de kilomètres au nord d'Aberdeen. Ouvert du 31 mars au 30 juin et du 1er septembre à début novembre de vendredi à lundi entre 11h et 17h. En juillet et août de 11h à 17h tous les jours. Entrée : £8. Les jardins et le parc sont ouverts à partir de 9h30.

Ce manoir du début du XVIIIe siècle, plus ou moins bien conservé, fut dessiné et construit par William Adam (reconnu par certains comme le père de l'architecture écossaise et maître d'œuvre de la nouvelle ville d'Edimbourg). Les différentes parties de la demeure sont délimitées en fonction de leur rôle : d'un côté, les vivres ; de l'autre, les serviteurs et les enfants ; au centre, les lords, ladies et le personnel. Les jardins à l'italienne sont dus à James Giles.

KILDRUMMY CASTLE

✆ +44 1975 571 331

www.kildrummycastlehotel.co.uk

A environ 60 km à l'ouest d'Aberdeen. Ouvert d'avril à octobre de 9h30 à 17h30.

Le plus noble des châteaux du nord, probablement restauré au milieu du XIVe siècle, et théâtre des fameuses Belly Cheers, fêtes organisées entre nobles.

KING'S COLLEGE

Old Aberdeen

Ouvert de 10h à 17h.

La première université d'Aberdeen, fondée en 1495.

MARISCHAL COLLEGE

Broad Street

✆ +44 1224 274 301

Entrée gratuite. Ouvert du lundi au vendredi de 10h à 17h et le dimanche de 14h à 17h.

Le deuxième plus grand édifice en granite au monde. Construit au XIXe siècle, il abrite un musée d'antiquités chinoises et égyptiennes ainsi qu'une collection ethnographique très complète avec des pièces d'Afrique et du Pacifique.

PITMEDDEN GARDEN

Pitmedden House

✆ +44 1651 842 352

Ouvert tous les jours du 1er mai au 30 septembre de 10h à 17h30.

Ce jardin, impressionnant par sa beauté, est surtout une reconstitution historique des parterres du XVIIe siècle que l'on trouvait dans la région.

PROVOST SKENE'S HOUSE

Guestrow Broad Street

✆ +44 1224 641 086

www.aberdeencity.gov.uk

Ouvert du lundi au samedi de 10h à 17h et le dimanche de 13h à 16h. Entrée gratuite.

Cette maison date de 1545, et l'on y observe plusieurs pièces avec différents styles d'intérieur, des peintures murales ainsi qu'une exposition sur l'histoire locale.

SAINT MACHAR'S CATHEDRAL

The Chanonry, Old Aberdeen

✆ +44 1224 485 988

www.stmachar.com

Ouvert tous les jours de 9h à 17h.

Cette cathédrale en granit a été édifiée au XIIIe siècle et fortifiée au XVe.

■ **SAINT MARY'S CATHEDRAL**
Huntly Street ✆ +44 1224 640 160
www.stmaryscathedralaberdeen.org
Ouvert tous les jours de 8h à 17h.
De style gothique, elle a été construite à l'époque.

■ **TOLQUHON CASTLE**
✆ +44 1651 851 286
www.historic-scotland.gov.uk
Près de Pitmedden. Ouvert d'avril à septembre de 9h30 à 17h30. En hiver, ouvert le week-end seulement de 9h30 à 16h30. Tarif adulte : £3,70.
Construit au début du XVe siècle, le château fut le fief des Forbes, famille riche et flambeuse. Les emplacements pour les canons sont là plus par souci esthétique que par nécessité militaire. A noter tout particulièrement, les pavés hexagonaux et le parquet dans le hall.

■ **VICTORIA PARK GARDENS**
Une partie de cet immense parc est conçue pour les aveugles, et un dédale est adapté aux personnes handicapées. Les odeurs sont particulièrement délicieuses.

Sports – Détente – Loisirs

■ **ABERDEEN ARTS CENTRE**
33 King Street
✆ +44 1224 635 208
www.aberdeenartscentre.org.uk
Productions théâtrales assez variées. Parfois, des projections de films d'art et d'essai.

■ **ROYAL ABERDEEN GOLF CLUB**
Links Road
✆ +44 1224 702571
Fax : +44 1224 826591
www.royalaberdeengolf.com

Shopping

■ **GLEN GRANT DISTILLERY**
Rothes, Morayshire AB38 7BS
✆ 44 (0) 1340 832 103
Fax : 44 (0) 1340 832 118
Visites de février à décembre.Du lundi au samedi de 9h30 à 16h et le dimanche de 12h à 16h. Entrée à £3,50. Interdit aux enfants de moins de huit ans.
Créée en 1840, par les frères John et James Grant, la distillerie voit le jour dans un cadre parfait pour produire une base exceptionnelle à son whisky, grâce à des ingrédients de qualité et aussi grâce au Spey, fleuve qui longe la structure familiale. Un peu plus tard, le neveu Grant reprend l'affaire en 1872 et innove dans l'aménagement pour moderniser la distillerie. Albert Stephen est aujourd'hui «le maître des fûts» et assure l'avenir de ce bel héritage. La gamme du Glen Grant Scotch se reconnaît par sa couleur or pâle, son corps léger et frais. Lorsque l'on déguste ce breuvage, on se croirait presque dans le cadre majestueux dans lequel il est né : ce single malt varié, 5 ans ou 16 ans d'âge, aux notes boisées ou fruitées, il y en a pour tous les goûts, tous les palais ! De nombreuses fois récompensé, le Glen Grant Scotch n'a plus rien à prouver tant sa qualité reste exceptionnelle et son savoir-faire unique. La distillerie est ouverte au public et n'hésitez pas à vous promener dans ses jardins dans lesquels vous pourrez humer les senteurs cachées du single malt...

PERTH ET ANGUS

BRAEMAR

Pratique

■ **BANK OF SCOTLAND**
7-9 Invercauld Rd, Braemar, Ballater AB35 5YP,
www.braemarscotland.co.uk
Ouverte de 9h à 16h45, le jeudi jusqu'à 17h30.
Pas de guichet automatique.

■ **OFFICE DU TOURISME**
✆ +44 1339 741 600
www.braemarscotland.co.uk
En face du Fife Arms Hotel. Ouvert toute l'année de 10h30 à 16h30, et le dimanche de midi à 16h30.

■ **POLICE**
30 Mar Road ✆ +44 8456 005 700
Une équipe de sauvetage en montagne pourra vous renseigner sur les sports alpins, les routes praticables et les refuges. Attention, il faut savoir qu'il est plutôt dangereux de s'y promener entre le mois d'août et la mi-octobre, car c'est la saison de la chasse.

Se loger

Bien et pas cher

■ **INVERCAULD CARAVAN SITE**
Glenshee Road
✆ +44 1339 741 373

Ouvert de décembre à octobre. Environ £15 pour une tente.
Très bien équipé.

■ **YOUTH HOSTEL**
21 Glenshee Road ✆ +44 1339 741 659
www.syha.org.uk
Fermé en décembre. Compter £19 environ.
Bonne base pour les randonnées, une maison confortable et bien équipée. Bon arrêt sur la route des distilleries.

Confort ou charme

■ **BRAEMAR LODGE HOTEL**
Glenshee Road
✆ +44 1339 741 627
Fax : +44 1339 741 627
www.braemarlodge.co.uk
A 2 minutes de Braemar. De £25 par personne pour les dortoirs à £60 pour les chambres doubles.
Cette ancienne maison de garde-chasse vous assure un précieux confort à proximité de la station de ski de Glenshee. Quoi de plus agréable que de vous prélasser au coin d'un bon feu de bois. Au choix : lits en dortoirs, cabine ou chambre classique.

■ **CLUNIE LODGE**
Clunniebank Road
✆ +44 1339 741 330
www.clunielodge.com
Compter à partir de £35 par personne pour une chambre double.
Parking privé et petit déjeuner copieux dans cette belle maison victorienne.

■ **FIFE ARMS HOTEL**
Mar Road
✆ +44 1339 741 644
Fax : +44 1339 741 545
Juste en face de l'office du tourisme. Compter £35 par personne et £40 avec le dîner.
Les chambres ne sont pas extraordinaires, mais l'hôtel est très bien équipé pour les personnes handicapées et accueille les participants des compétitions olympiques pour paraplégiques. Vous pouvez déjeuner dans cet établissement décoré de têtes de cerfs menaçantes.

■ **INVER HOTEL**
Crathie Ballater
✆ +44 1339 742 345
Fax : +44 1339 742 009
www.inverhotel.com
A l'Ouest de Braemar.
Compter £45 par personne. Dîner à partir de £20.
Cette grande maison blanche bordée de collines boisées offre un cadre charmant pour marquer une halte. Les chambres sont claires, confortables, décorées dans un style épuré et traditionnel. Elles possèdent toute une salle de bains. Le bar a pour cadre un salon aux fauteuils en cuir, tournés vers le feu de cheminée. Il y a également un restaurant où l'on cuisine autant que possible à base de produits locaux.

Se restaurer

■ **BRAEMAR LODGE RESTAURANT**
Glenshee Road
✆ +44 1339 741 627
www.braemerlodge.co.uk
Compter £20 pour un repas.
On déguste au restaurant de l'hôtel une cuisine traditionnelle écossaise tout en profitant d'une vue panoramique sur le Ben Avon. Nous vous conseillons la truite au Drambuie ou le steak au fromage bleu écossais.

À voir – À faire

■ **BRAEMAR GATHERING**
Coilacriech, Ballater
Braemar Royal Highland Gathering,
✆ +44 1339 741 098
www.braemargathering.org
Entrée £15.
Début septembre, ne manquez pas les Braemar Gathering, ce sont les Highland Games les plus populaires du pays et ils sont présidés par la reine en personne !

Sports – Détente – Loisirs

■ **GLENSHEE SKI CENTRE**
Cairnwell Braemar
✆ +44 1339 741 320
Fax : +44 1339 741 665
www.ski-glenshee.co.uk
Ouvert tous les jours pendant la saison de ski de 8h30 à 17h.

PERTH

Transports

Comment y accéder et en partir

■ **AA**
✆ +44 0800 887 766
Dépannage 24h/24.

ARNOLD CLARK
Girdleness Road ✆ +44 1224 249 159
www.arnoldclark.com
Location de voitures.

BMW CAR RENTAL
The Triangle
✆ +44 1738 492 090
www.car-rental-scotland.co.uk
Idéal si vous recherchez une location de voiture luxueuse et prestigieuse en Ecosse. Tout est mis en œuvre pour que votre location de BMW ou Mini soit à votre goût. Le service est personnel, les voitures sont dotées d'un maximum de confort et des meilleurs standards de qualité.

BUS STATION
Leonard Street
✆ +44 870 608 26 08

GARE FERROVIAIRE
Leonard Street ✆ +44 8457 484 950
Trains réguliers vers Dundee (35 minutes), Edimbourg (1 heure 30), Glasgow (1 heure 25), Inverness (2 heures 30) et Aberdeen (2 heures 30).

SCOTTISH CITYLINK
Pour les trajets nationaux
✆ +44 870 550 50 50
www.citylink.co.uk
Liaisons fréquentes avec Aberdeen, Edimbourg, Dundee et Glasgow.

Pratique

BANK OF SCOTLAND
John Street
www.bankofscotlandhalifax.co.uk

MURRAY ROYAL HOSPITAL
Muirhall Road
✆ +44 1738 621 151

OFFICE DU TOURISME
Lower City Mills West Mill Street
✆ +44 1738 450 600
www.perthshire.co.uk
Ouvert toute l'année de 9h30 à 18h30 et le dimanche de 10h30 à 15h30.

POLICE
20 Perth Road Stanley
✆ +44 1738 828 343

POSTE
109 South Street
Ouvert du lundi au vendredi de 9h à 17h30 et le samedi de 9h à 12h30.

ROYAL BANK OF SCOTLAND
South Street.

Se loger

Bien et pas cher

ABERDEEN GUESTHOUSE
218 Great Western Road
✆ +44 1224 211 733
Fax : +44 1224 211 733
www.guesthousesaberdeen.co.uk
Compter de £28 à £35 par personne.
Un charmant B&B dans une maison de caractère située à 10 minutes du centre-ville et proche des stations de bus et ferries.

ACKINNOULL GUESTHOUSE
5 Pitcullen Crescent
✆ +44 1738 634 165
www.ackinnoull.com
Compter de £22 à £35 par personne.
Très accueillante, cette guesthouse est située à 10 minutes à pied du centre-ville. Base idéale pour visiter la ville.

Confort ou charme

SUNBANK HOUSE HOTEL
50 Dundee Road
✆ +44 1738 624 882
Fax : +44 1738 442 515
www.sunbankhouse.com
Compter à partir de £40 par personne.
Cette élégante maison victorienne surplombe la ville et la rivière Tay. Vous n'êtes qu'à 10 minutes en voiture de Scone Palace et à 5 minutes à pied du centre-ville de Perth. Les 9 chambres présentent toutes élégance et confort, et le personnel est attentionné. La cuisine est appréciable mais ne vous attendez pas à goûter des plats traditionnels écossais.

Luxe

BALLATHIE HOUSE HOTEL
Stanley
✆ +44 1250 883 268
Fax : +44 1250 883 396
www.ballathiehousehotel.com
A partir de £95 par personne. Compter £130 avec le dîner compris.
A une dizaine de kilomètres au nord de Perth. Cet hôtel somptueux sur les rives de la Tay fut construit en 1850, à l'image d'une maison de campagne. Les chambres et les salles de bains sont meublées d'antiquités. Y dormir évoque l'élégance des nuits de l'aristocratie

victorienne. Le restaurant est également réputé avec une très bonne sélection de vins. Pêche, tir et chasse sont organisés par l'hôtel, mais il faut s'y prendre à l'avance. Possibilité de louer du matériel de pêche.

■ MURRAYSHALL HOUSE HOTEL
Scone
✆ +44 1738 551 171
Fax : +44 1738 552 595
www.murrayshall.com
A partir de £50 par personne en B&B, £80 dîner compris.
A seulement 7 km de Perth, cet hôtel se dresse au milieu d'un splendide parc de 150 ha, tout près des terrains de golf. Chaque chambre possède radio, télévision avec le câble et téléphone.

Se restaurer

■ LET'S EAT
77 Kinnoull Street
✆ +44 1738 643 377
www.letseatperth.co.uk
Compter entre £12 et £16 pour déjeuner et entre £17 et £22 pour dîner.
Les murs rouges vous mettront du baume au cœur. La cuisine, simple mais savoureuse et à base de produits frais, a fait la réputation de ce restaurant maintenant bien établi. Une très bonne adresse à l'ambiance détendue.

■ MURRAYSHALL COUNTRY HOUSE HOTEL
Scone
✆ +44 1738 551 171
Fax : +44 1738 552 595
De 19h à 21h30. Compter environ £28.
A 7 km de Perth, le restaurant, entouré de ses 150 ha de terres, est aussi impressionnant que la facture. Cela dit, votre palais se réjouira d'un tel menu : pigeon à la compote de chou rouge, saumon et turbot avec queues de langoustine…

■ SALUTATION HOTEL
34 South Street
✆ +44 1738 630 066
Fax : +44 1738 633 598
Compter environ £15 pour dîner.
L'hôtel a maintenant plus de 300 ans, et vous mangerez de manière traditionnelle dans sa belle brasserie à haut plafond.

■ SCARAMOUCHE
103 South Street
✆ +44 1738 637 479
Des plats simples mais copieux, servis dans une chaleureuse ambiance.

Sortir

■ FOUNDRY BAR
3 Murray Street
✆ +44 1738 636 863
Cette ancienne fonderie est devenue un pub très apprécié et on y sert plus d'une vingtaine de bières différentes.

■ THE RHUMBA CLUB ICE FACTORY
6 Shore Road
✆ +44 1738 630 011
www.icefactory.co.uk
C'est l'endroit où vous pourrez danser et faire la fête au son d'une musique assez consensuelle.

À voir – À faire

■ THE BLACK WATCH REGIMENTAL MUSEUM
Balhousie Castle. Hay Street
✆ +44 131 310 85 30
Ouvert tous les jours de mai à septembre de 10h à 16h30, et d'octobre à avril de 10h à 15h30 (fermé samedi et dimanche). Gratuit.
Ce château du XVe siècle abrite un musée du régiment Black Watch créé en 1740 pour veiller sur les Highlands. Vous apprendrez tout sur l'histoire militaire de 1745 à nos jours.

■ BRANKLYN GARDEN
116 Dundee Road
✆ +44 1738 625 535
Ouvert d'avril à octobre, de 10h à 17h. Compter £5.
Sa collection de plantes attire des spécialistes du monde entier, en particulier pour les rhododendrons, les plantes alpines, les bordures herbacées et les jardins de tourbe. Les meilleures saisons pour visiter ces arpents, considérés comme les plus beaux jardins privés du pays, sont le printemps et l'automne.

■ CAITHNESS GLASS
Inveralmond
✆ +44 1738 492 320
www.caithnessglass.co.uk
Sur l'A9, au nord de Perth. Ouvert toute l'année du lundi au vendredi de 9h à 16h30 et le week-end de 10h à 16h
On y fabrique des objets en verre soufflé, et on voit les artisans à l'œuvre dans leur atelier. Possibilité d'acheter des objets en verre ou en cristal à la boutique.

■ **PERTH MUSEUM AND ART GALLERY**
78 George Street ✆ +44 1738 632 488
Ouvert du lundi au samedi de 10h à 17h. Entrée gratuite.
Musée retraçant l'histoire de Perth et sa région abordant aussi l'aspect géologique. D'importantes collections d'objets en argent et en verre également en exposition.

■ **SAINT JOHN'S KIRK**
Saint John's Place, ✆ +44 1738 450 600
www.st-johns-kirk.co.uk
John Knox y fit un discours et prêcha un fameux sermon en 1559. Il affirma la nécessité de débarrasser l'Eglise de l'idolâtrie et fut, en quelque sorte, le précurseur de la Réforme et de la fondation de l'Eglise protestante en Ecosse.

■ **SCONE PALACE**
Scone Palace
✆ +44 1738 552 300
www.scone-palace.co.uk
A la sortie de Perth, sur l'A93 en direction de Braemar. Ouvert du 1er avril à fin octobre de 9h30 à 17h (dernière admission à 16h45). Entrée : £7,50.
Construit près d'un campement romain, ce palais est la maison du comte de Mansfield, actuellement responsable de la gestion des propriétés du royaume. Kenneth MacAlpin y fut couronné, inaugurant la tradition des célébrations sur la pierre de Scone, ou « pierre du destin », datant de 848. Quarante-deux des rois d'Ecosse y furent couronnés. Le palais possède une collection d'œuvres d'art étonnante : des pièces en ivoire parmi les plus belles au monde, les horloges de Viner, Thomire, Moinet, Mercier ; le petit bureau de Marie-Antoinette créé par Reisener ou le buste d'Homère réalisé par Bernini… Les tapisseries de Marie Stuart figurent aux côtés de 77 vernis Martin, vases en papier mâché du XVIIIe montés par des orfèvres de Londres. Il y a encore les chaises de Chippendale, les coffres de Boulle… C'est somptueux. Vous trouverez un vieil orgue splendide au bout de la Roaring Gallery, ainsi appelée parce que la reine Victoria y pratiquait le curling, appelé *the roaring game* (le jeu grondant), en raison du grondement des pierres sur la glace.

▶ **Près du palais, Moot Hill** est la colline sur laquelle se tenaient les représentants de chaque région, qui juraient fidélité et allégeance au roi. De nombreuses lois furent approuvées en ce lieu. Dans l'arbre, la cloche sonnait à chaque décret.

DUNDEE

Quatrième ville d'Écosse et grand port de pêche sur la mer du Nord, Dundee est connue pour son jute, jadis pilier de l'industrie régionale qui lui valut le surnom de « Juteopolis ». Elle est aussi réputée pour le Dundee cake, le journalisme et le satiriste William MacGonnagall. La ville est cernée par le Dundee Law, ancien volcan, d'où son autre appellation de « colline de feu ».
Aujourd'hui, ce centre industriel possède raffineries de pétrole, chantiers de constructions navales et confitureries. Créé par William the Lion en 1191, le Royal Burgh fut assiégé en 1296 par Edouard Ier. La ville ne cessa par la suite d'être incendiée : Edouard II y mit une première fois le feu en 1336 en voulant installer Balliol sur le trône, puis les Anglais firent de même en 1385 pendant les guerres d'indépendance. Le dernier pyromane fut le marquis de Montrose qui concrétisa en 1645 son désir passionné de tout voir brûler. La devise de Dundee est Prudence et sincérité…

Transports

Comment y accéder et en partir

■ **ARNOLD CLARCK**
14-22 Trades Lane
✆ +44 1382 225 382
www.arnoldclark.com
Ouvert du lundi au vendredi de 8h à 18h, le samedi de 8h à 16h et le dimanche de 9h à 16h.

▶ **Parking gratuit après 18h.** Attention, le reste du temps, les contractuels sont zélés !

■ **DUNDEE AIRPORT**
Riverside Drive
✆ +44 1382 643 242
A 5 minutes du centre-ville en voiture. Vols tous les jours pour Londres (liaison avec Jersey l'été). Pas de bus faisant la navette jusqu'au centre-ville, compter £4 en taxi.

■ **SEAGATE BUS STATION**
Seagate, pour les trajets nationaux, contacter Scottish Citylink
✆ +44 8705 505 050
www.citylink.co.uk

■ **TRAIN BRITISH RAIL**
Taybridge Station
✆ +44 845 748 49 50

Services réguliers tous les jours. Trains en provenance de Glasgow (via Perth), Edimbourg, Londres et Aberdeen.

■ **TRAVEL DUNDEE**
44 East Dock Street,
pour les trajets locaux
✆ +44 1382 201 121

Autre adresse : Strathtay Scottish pour les trajets régionaux Tél +44 1382 228 054

Se déplacer

■ **HANDY TAXIS**
✆ +44 1382 566 666

■ **TELE TAXIS**
223 Clepington Road
✆ +44 1382 889 333

Pratique

■ **NINEWELLS HOSPITAL**
✆ +44 1382 660 111
Service d'urgence ouvert 24h/24.

■ **PHARMACIE BOOTS**
High Street
✆ +44 1382 221 756

■ **POLICE**
West Bell Street
✆ +44 1382 223 200

Tourisme / Culture

■ **OFFICE DU TOURISME**
21 Castle Street
✆ +44 1382 527 527
Ouvert de juin à septembre du lundi au samedi de 9h à 18h et le dimanche de midi à 16h, et d'octobre à mai du lundi au samedi de 9h à 17h.

■ **SCOTTISH TOURIST GUIDES ASSOCIATION**
Old Town Jail,
St John Street, Stirling
✆ +44 1786 451 953
www.stga.co.uk
Des professionnels reconnus par Visit Scotland vous guident à travers monuments et sites célèbres de la région. Une visite de ses distilleries est également proposée.

Argent

■ **BANK OF SCOTLAND**
2 West Marketgait
✆ +44 1382 317 500
www.bankofscotland.co.uk

■ **ROYAL BANK OF SCOTLAND**
133 Albert Street
✆ +44 1382 462 256
www.rbs.co.uk
Ouverte du lundi au vendredi, de 9h45 à 16h45, le jeudi jusqu'à 17h30.

■ **THOMAS COOK**
Union Street
✆ +44 845 308 91 01
www.thomascook.com
Change. Ouvert du lundi au vendredi de 9h (10h le jeudi) à 17h30.

Moyens de communication

■ **INTERNET CAFÉ**
Overgate Shopping Centre
Debenhams, ✆ +44 845 616 161

■ **POSTE**
4 Meadow Side ✆ +44 845 722 33 44
Ouverte de 9h à 17h30, le samedi de 9h à 19h.

Se loger

Bien et pas cher

■ **UNIVERSITY OF DUNDEE**
West Park 319 Perth Road
✆ +44 1382 647 181
www.dundee.ac.uk
L'université propose l'hébergement en dortoirs de juin à septembre ainsi que des locations de chambres (occupées par les étudiants pendant l'année).

Confort ou charme

■ **ANDERSON'S GUESTHOUSE**
285 Perth Road
✆ +44 1382 668 585
www.andersonsdundee.co.uk
A partir de £25 par personne.
Située à l'ouest de la ville et proche de la station de bus pour le centre-ville, cette guesthouse possède quelques chambres qui donnent sur la rivière Tay. wi-fi.

■ **MERLINDALE**
Perth Road
✆ +44 1764 655 205
www.merlindale.co.uk
De £35 à £40 par personne en chambre double.
Luxueuse maison géorgienne proche du centre-ville, Jacuzzi disponible sur réservation, parking, grand jardin, bibliothèque et télévision satellite.

Luxe

APEX CITY QUAY HOTEL AND SPA
1 West Victoria Dock Road
✆ +44 845 365 00 00
Fax : +44 870 444 08 08
www.apexhotels.co.uk
Chambres à partir de £45 par personne.
Cet hôtel moderne jouit d'une belle situation sur les quais de Dundee. Les chambres sont parfaitement équipées avec lecteur CD et DVD et le centre de loisirs propose un espace détente japonais Yu avec Jacuzzi, hammam, sauna, etc.

HILTON DUNDEE HOTEL
Earl Grey Place ✆ +44 1382 229 271
Fax : +44 1382 200 072
www.hilton.co.uk/dundee
A partir de £80 la chambre double.
A proximité du Tay Road Bridge, l'hôtel offre une belle vue sur la rivière tandis que confort et équipements modernes sont au rendez-vous. Le restaurant propose une cuisine plus que satisfaisante et vous pourrez vous détendre au centre de loisirs qui dispose d'une piscine chauffée.

Se restaurer

Bien et pas cher

CUL DE SAC
10 South Tay Street ✆ +44 1382 202 070
A côté du Rep Theatre. Ouvert de midi à 22h.
Café-bar-restaurant où vous mangerez des plats légers dans une ambiance décontractée.

JUTE CAFÉ-BAR
152 Nethergate ✆ +44 1382 606 246
www.dca.org.uk/cafe/welcome.asp
Au Dundee Contemporary Arts Centre. Ouvert tous les jours de 10h30 à minuit (23h le dimanche).
Profitez d'un événement au centre d'art contemporain pour grignoter un sandwich ou prendre le temps de savourer un plat de pâtes dans ce café branché.

Bonnes tables

AGACAN KEBAB HOUSE
113 Perth Road
✆ +44 1382 644 227
Ouvert du mardi au dimanche.
Un restaurant turc haut en couleur et en saveurs où la plupart des plats sont cuisinés à base d'agneau ou de poulet.

BEEFEATER
Gourdie Croft Kingsway West
✆ +44 1382 561 115
A 4 km du centre-ville, vers Perth. Compter £10.
Tous les autochtones vous conseilleront ce restaurant. C'est là qu'ils viennent déjeuner ou dîner. Beefeater offre une cuisine traditionnelle à base de poissons frits.

CAFÉ BUONGIORNO
11 Bank St ✆ +44 1382 221 179
dianescobie@sky.com
Les classiques sont au menu de ce restaurant italien où il faut rester jusqu'au dessert, notamment pour le tiramisu.

Sortir

THE GLOBE
South Tay Street West Port
✆ +44 1224 624 258
Cet établissement est largement fréquenté par des étudiants.

HOGSHEAD
13-23 The Academy, Belmont Street
✆ +44 1224 625 590
Une large sélection de bières à la pression.

O'NEILL'S IRISH BAR
80 North Lindsay Street
✆ +44 1382 205 931
Les soirées sont animées, souvent de la musique traditionnelle live.

À voir – À faire

ARBROATH
Sur l'A92.
Patrie des *smokies* (fumeries de poisson) – le haddock le plus réputé d'Ecosse –, Arbroath est aussi l'endroit où fut déclarée l'indépendance de l'Ecosse. Arbroath Abbey, fondée en 1178 par William the Lion et dédiée à saint Thomas de Canterbury, est aujourd'hui en ruine. Des parties importantes subsistent cependant, parmi lesquelles la résidence d'un abbé. La déclaration d'Arbroath eut lieu ici en 1320. William the Lion y fut enterré. L'Arbroath Signal Tower Museum couvre, entre autres, un large aspect de la vie locale et de l'industrie du lin qui soutenait l'économie pendant la révolution industrielle.

BROUGHTY CASTLE MUSEUM
Broughty Ferry ✆ +44 1382 436 916
A 7 km à l'est du centre-ville. Ouvert de 10h à 16h. Fermé le lundi d'octobre à mars. Gratuit.

Le vieux phare qui veillait sur l'estuaire est désormais transformé en musée d'histoire locale. Y sont évoqués le sauvetage, la pêche, les ferries, la croissance de la ville, mais surtout l'histoire de l'ancienne industrie de pêche à la baleine.

■ DISCOVERY POINT

Discovery Quay
✆ +44 1382 309 060
Fax : +44 1382 225 891
www.rrsdiscovery.com
Ouvert d'avril à octobre du lundi au samedi de 10h à 18h et le dimanche de 11h à 18h, de novembre à mars du lundi au samedi de 10h à 17h et le dimanche de 11h à 17h. Dernière admission 1 heure avant la fermeture. Entrée : £8 pour les adultes et £5 pour les enfants.
C'est à bord de cette gigantesque machine que Robert Falcon Scott tenta de conquérir le pôle Sud en 1901. Le *Discovery* fut en effet le premier bateau à avoir été doté de 1 800 chevaux dans un moteur à triple explosion, de 3 m de bois pour fendre la glace et de trois-mâts supportant des milliers de mètres carrés de toile. Après son retour de la première Antarctic Expedition, le navire fut acheté en 1904 par la Hudson Bay et destiné au commerce de cette compagnie avec le Canada.

■ DUNDEE CONTEMPORARY ARTS (DCA)

152 Nethergate
✆ +44 1382 909 900
www.dca.org.uk
Ouvert du mardi au jeudi de 11h à 21h et du vendredi au samedi jusqu'à 18h. Entrée libre.
Cet énorme espace dédié à l'art contemporain est la fierté de la ville. Il compte des galeries d'exposition sur 5 étages, des salles de cinéma et un café devenu très branché dans la ville. On peut voir ici photographies, installations, vidéos, sculptures ou peintures d'artistes de la scène artistique actuelle et internationale.

■ EDZELL CASTLE

✆ +44 1356 648 631
Au nord de Brechin sur la B966. Ouvert tous les jours d'avril à septembre de 9h30 à 17h30 et d'octobre à mars de 9h30 à 16h30 (fermé les jeudi et vendredi). Entrée adulte : £4,70 et £2,80 pour les enfants.
Son jardin, orné de sculptures symboliques inégalables – un vrai chef-d'œuvre – fut achevé en 1604 par sir David Lindsay. Montez dans les forêts de Glen Doll sur la route de Jock, entre Glen Clova et Glen Prosen sur le Kilbo Path. Vous aurez les meilleures vues sur Strathmore, les Grampians et les Sidlaw Hills, sur les pentes et les premiers pics de Glen Clora, ainsi que sur la ligne qui sépare les Highlands des Lowlands.

■ FRIGATE UNICORN

Victoria Dock
✆ +44 1382 200 900
www.frigateunicorn.org
Ouvert d'avril à fin octobre de 10h à 17h, et de novembre à mars du mercredi au vendredi de midi à 16h et les samedi et dimanche de 10h à 16h. Tarif adulte : £4.
C'est le deuxième bateau historique à voir dans le port de Dundee. Le *Frigate Unicorn* est le dernier navire de guerre à voile encore en état de flotter. Il fut conçu il y a 170 ans pour la guerre, mais ses 46 canons ne servirent finalement jamais… Son intérieur somptueux est aujourd'hui consacré à la culture et à la restauration.

■ HOUSE OF DUN

Montrose
✆ +44 1674 810 264
houseofdun@nts.org.uk
Sur l'A935, entre Montrose et Brechin. Ouvert du 1er mai au 31 octobre entre 13h30 et 17h30. Compter £8 pour visiter la maison et les jardins.
Dessinée par William Adam, en 1750, la House of Dun a la particularité d'accueillir aujourd'hui encore des tisserands (Angus weavers) qui travaillent sur des métiers à tisser Jacquard datant du début du XIXe siècle.

■ MACMANUS COLLECTIONS UNIT

Barrack Street
✆ +44 1382 432 364
www.mcmanus.co.uk
Pour les dates d'ouverture, consulter le site du musée. Musée relatant l'histoire de la ville à travers son archéologie, sa faune et sa flore ainsi que ses costumes d'époque.

■ MILLS OBSERVATORY

Balgay Park Glamis Road
✆ +44 1382 435 967
Ouvert d'avril à septembre, du mardi au vendredi de 11h à 17h et le week-end de 12h30 à 16h. Entre octobre et mars, ouverture jusqu'à 22h les lundi et vendredi. Gratuit.
Construit en 1953 et muni d'un télescope à réfraction, c'est le seul observatoire de Grande-Bretagne où est présent en permanence un astronome. Des expositions sur l'exploration de l'espace y sont organisées.

VERDANT WORKS
West Hendersons Wynd
✆ +44 1382 309 060
www.verdantworks.com
Ouvert d'avril à octobre de 10h à 18h (le dimanche de 11h à 18h), et de novembre à mars du mercredi au samedi de 10h30 à 16h30 (possibiliité de combiner le ticket avec le Discovery Point).
Cette ancienne usine explore le passé de Dundee et son commerce de toile de jute. On y voit les machines à l'œuvre, et des installations interactives permettent d'approcher plus concrètement cet univers de manufacture. Le musée accueille également des expositions temporaires portant sur des thèmes variés.

Sports – Détente – Loisirs

CARNOUSTIE GOLF LINKS
Links Parade
✆ +44 1241 853 789
www.carnoustiegolflinks.co.uk

PIPERDAM GOLF AND LEISURE RESORT
Piperdam ✆ +44 1382 581 374
www.piperdam.com
Un centre de loisirs où l'on pratique, entre autres, le golf, la pêche et la natation.

SAINT ANDREWS ET LE ROYAUME DE FIFE

SAINT ANDREWS

14 000 habitants. Chef-lieu du golf et de l'université la plus ancienne d'Écosse, capitale de l'ancien royaume de Fife, Saint Andrews aurait été fondée par saint Rule ou Regulas au VIe siècle. La cité devint Royal Burgh en 1140 et gagna en prestige avec la construction de sa cathédrale, achevée en 1358. Celle-ci devint la première église activement protestante. La population de l'épiscopat de Saint Andrews représentait alors 24 % de la population du pays. A cette même époque se mettaient en place les règles du golf. A peine furent-elles définies que sa pratique fut interdite successivement par Jacques II, Jacques III et Jacques IV, car il détournait, soi-disant, les jeunes d'une activité quasi obligatoire, le tir à l'arc. Le golf fut de nouveau autorisé par Jacques VI en 1502. Alors que l'université fonctionnait depuis le XVe siècle, c'est seulement au XVIIe siècle que Saint Andrews prit l'aspect d'une ville universitaire. Les traditions commencèrent à s'installer et l'on vit de jeunes étudiants vêtus de rouge accueillir le pasteur au bateau, le dimanche. Cela n'a pas changé, seul le pasteur a disparu du décor… La ville respire aujourd'hui la vie estudiantine, dont l'université compte 4 000 étudiants, établissement particulièrement réputé qui attire de nombreux américains. Le week-end, ils envahissent la plage de Saint Andrews, qui prêta son sable fin aux scènes de *Chariots de feu*. La mentalité est ici assez différente de celle du reste de l'Écosse, le royaume de Fife étant resté longtemps insulaire et isolé par les rivières Tay et Forth.

Transports

BUS STATION
City Road ✆ +44 1334 474 238
Départ pour Dundee toutes les 30 minutes. Départ pour Stirling toutes les 2 heures, et liaisons également avec Edimbourg et Glasgow.

GOLF CITY TAXIS
23 Argyle Street ✆ +44 1334 477 788
www.golfcitytaxis.co.uk
Egalement près des stations de bus et de la gare.

SPOKE CYCLES
37 South Street ✆ +44 1334 477 835
www.spokescycles.net
Ouvert du lundi au samedi de 9h à 17h30.

Pratique

MEMORIAL HOSPITAL
Abbey Walk ✆ +44 1334 472 327

OFFICE DU TOURISME
70 Market Street
✆ +44 1334 472 021
Ouvert de 9h30 à 17h.
Très accueillant et efficace.

PHARMACIE BOOTS
109 South Street
La liste des pharmacies de garde est affichée sur la vitrine de l'office du tourisme.

POLICE
North Street
✆ +44 1334 418 900

Se loger

Bien et pas cher

SAINT ANDREWS TOURIST HOSTEL
Inchcape House St Mary's Place
✆ +44 1334 479 911
www.standrewshostel.com
Ouvert toute l'année. De £12 à £14 par personne.
Propre et confortable, donc un rapport qualité/prix défiant toute concurrence.

Confort ou charme

DOUNE HOUSE
5 Murray Place
✆ +44 1334 475 195
Fax : +44 1334 475 195
www.dounehouse.com
Compter de £35 à £45 par personne, selon la saison.
L'accueil est chaleureux et une attention toute particulière est accordée aux golfeurs. On leur prépare notamment un délicieux scottish breakfast et l'on vous renseignera volontiers sur les autres points d'intérêt de la ville ainsi que sur les endroits où sortir.

GLEN DERRAN GUESTHOUSE
9 Murray Park
✆ +44 1334 477 951
Fax : +44 1334 477 908
www.glenderran.com
A 250 m du Old Course. De £40 à £60 environ par personne pour une chambre double. Réductions négociables pour des séjours plus longs.
Ce n'est pas par hasard si Maggie et Ray Pead se sont vu attribuer plusieurs récompenses pour la qualité de leur hébergement. Les 5 chambres de cette guesthouse sont très bien entretenues et vous trouverez télévision et chaîne hi-fi dans chacune d'elle.

Luxe

THE OLD COURSE HOTEL
St Andrews
✆ +44 1334 474 371
Fax : +44 1334 477 668
www.oldcoursehotel.co.uk
A partir de £90 par personne en chambre double.
Dès que l'on pénètre dans cet hôtel 5-étoiles, situé au cœur du golf, on est frappé par sa luminosité, sa solidité, son élégance et son espace. La cheminée est en marbre, la bibliothèque invite à la détente, le salon est protégé des balles par des vitres blindées ! La piscine est en mosaïque. Le restaurant, au quatrième étage, domine le magnifique golf. Vous pouvez choisir entre 31 sortes de thés. L'ensemble est confortable et intime à souhait, ce qui est étonnant dans un si grand établissement.

RUFFLETS COUNTRY HOUSE & GARDEN RESTAURANT
Strathkinness Low Road
✆ +44 1334 472 594
www.rufflets.co.uk
A partir de £105 par personne.
Considérée comme l'un des meilleurs hôtels de Grande-Bretagne, cette splendide maison de campagne propose 25 chambres luxueuses dont la plupart jouissent d'une vue sur les magnifiques jardins de la propriété.

Se restaurer

Bien et pas cher

BRAMBLES RESTAURANT & COFFEE SHOP
5 College Street
✆ +44 1334 475 380
www.lerustique.co.uk
Ouvert de 11h à 22h. Brasserie. A partir de £5 pour un plat le midi et de £20 à £30 pour un menu complet pour le dîner.
Si les brasseries françaises viennent à vous manquer, vous pouvez venir déjeuner ici…

LITTLEJOHNS RESTAURANT
73 Market Street
✆ +44 1334 475 444
www.littlejohns.co.uk
Déjeuner à partir de £5 environ et entre £8 et £12 pour dîner.
Jeune, joyeux et pas cher, ce bar est très fréquenté. Des trains miniatures font des tours de piste au milieu d'un bric-à-brac alambiqué.

Bonnes tables

THE GRANGE INN
Grange Road
✆ +44 1334 472 670
www.thegrangeatstandrews.com
Au sud de Saint Andrews. Déjeuner les samedi et dimanche seulement. Compter £26 environ pour le dîner.

Dans une vieille étable restaurée, aux murs en verre. Les repas y sont variés. Goûtez au haggis (panse de mouton farcie), à la casserole de venaison, à la tarte aux poires chaudes avec glace au caramel. L'ambiance est agréable et c'est dans l'ensemble un excellent restaurant.

Luxe

PEAT INN

Peat Inn

✆ +44 1334 840 206

www.thepeatinn.co.uk

Sur l'A915, à environ 10 km de Saint Andrews. Ouvert du mardi au samedi. Pour déjeuner, mieux vaut venir avant 13h. Dîner de 19h à 21h30. Compter £22 pour le déjeuner et entre £32 et £45 pour le dîner.

Caché dans un petit village du XVIIIe siècle, ce restaurant est l'un des plus réputés de Grande-Bretagne. Dans un décor à la fois classique et moderne, près d'un feu de cheminée, on vous propose un menu constitué de plats peu copieux mais très nombreux. Quant à la carte des vins, elle est longue de 25 pages… Mieux vaut réserver à l'avance.

THE VINE LEAF RESTAURANT

131 South Street

✆ +44 1334 477 497

www.vineleafstandrews.co.uk

A partir de 19h, sauf le dimanche et le lundi.

Un petit bistrot très sobre à l'ambiance chaleureuse. Au menu : spécialité de gibier local, de fruits de mer et des plats végétariens. Essayez le strudel d'asperges à la crème aigre, la terrine de pigeon au condiment à l'abricot, suivis de la lotte en croûte filo avec une sauce au safran. Finissez par une mousse de chocolat blanc au Drambuie, ou bien par une glace aux groseilles et au géranium doux. Il est conseillé de réserver en raison du petit nombre de couverts.

Sortir

THE BYRE THEATRE

Abbey Street

✆ +44 1334 475 000

www.byretheatre.com

L'architecture moderne du théâtre offre un espace élégant et spacieux pour son restaurant et son bar. Le premier donne sur de jolis jardins. On joue du jazz au bar tous les jeudis soir et une musique variée les vendredis. Un bel endroit pour se détendre.

GIN HOUSE

116 South Street ✆ +44 1334 473 473

Ce pub sur deux étages donne rendez-vous aux étudiants et propose des soirées DJ le week-end.

LUVIANS

84-86 Market Street

✆ +44 1334 477 128

www.luvians.com

Les glaces les plus réputées de la côte se dégustent ici.

À voir – À faire

BOTANIC GARDENS

Canongate ✆ +44 1334 476 452

www.st-andrews-botanic.org

Ouvert tous les jours de mai à septembre de 10h à 19h, et d'octobre à avril jusqu'à 16h. Entrée : £2.

De renommée internationale, les jardins de Saint Andrews s'étendent sur une dizaine d'hectares et présentent de belles espèces dans le parc et sous les serres. Une bonne idée de promenade.

BRITISH GOLF MUSEUM

Bruce Embankment

✆ +44 1334 460 046

www.britishgolfmuseum.co.uk

Tous les jours, d'avril à octobre de 9h30 à 17h30, et de novembre à mars de 10h à 16h. Adulte : £6.

Tout ce que vous avez toujours voulu savoir sur le golf, son histoire, ses héros, ses modes, plus quelques tuyaux pour améliorer votre jeu. En tout, cinq siècles de ce sport, autrefois hors la loi.

SAINT ANDREWS CASTLE

The Scores

✆ +44 1334 477 196

Fax : +44 1334 475 068

www.historic-scotland.gov.uk

Entrée : £5.

Ce château en ruine, datant de 1200, fut reconstruit plusieurs fois. Le cardinal Beaton y fut assassiné en 1546, après avoir fait brûler des protestants. Cet édifice, qui surplombe la mer, possède un donjon en forme de bouteille ainsi qu'un passage souterrain.

SAINT ANDREW'S CATHEDRAL

The Pends Museum et Saint Rule's Tower

✆ +44 1334 472 563

Fax : +44 1334 472 563

www.historic-scotland.gov.uk

Ouvert de 9h30 à 17h30 d'avril à septembre et jusqu'à 16h30 d'octobre à mars. Entrée : £5 (valable aussi pour le château).
La cathédrale, fondée en 1160, était de loin la plus grande d'Ecosse avant la Réforme. Des milliers de pèlerins venaient se recueillir autour des 31 autels et de la châsse de saint Andrew, patron de l'Ecosse. Le panorama qu'offre la tour vaut la peine de tenter son ascension.

■ ST ANDREWS UNIVERSITY

✆ +44 1334 463 324
www.st-andrews.ac.uk
Visites guidées certains mercredis de l'année. Informations à l'office du tourisme ou sur le site Internet de l'université.
Les bâtiments de l'université fondée entre 1410 et 1414 sont bien trop nombreux et variés pour que l'on s'attache à la description de chacun d'entre eux. L'université fut ouverte en 1410, mais la tradition académique était déjà bien instaurée. En effet, à Dull, près d'Aberfeldy, une école enseignait déjà la médecine, les sciences et la religion depuis l'an 700. L'évêque de Dunkeld en fit don au prieuré de Saint Andrews. Ainsi, on peut dire que l'université de Saint Andrews est de 500 ans plus ancienne que celle d'Oxford…

Sports – Détente – Loisirs

■ RÉSERVATION POUR TOUS LES GOLFS

Old Course, Eden Course, Jubilee, New, Strathtyrum
✆ +44 1334 466 666
✆ +44 1334 474 371
www.standrews.co.uk

■ SAINT ANDREWS OLD COURSE

Le plus vieux golf du monde. Pour y jouer, vous devrez fournir un certificat de handicap ou une lettre d'introduction. La réponse vous sera donnée 24 heures plus tard. Mais c'est loin d'être le seul golf de la région : 15 des meilleurs golfs du pays se trouvent dans les environs de la ville, à moins de 30 minutes en voiture (renseignements auprès de l'office du tourisme).

Shopping

■ VERY CRAFTY

Lower Largo
91 Main Street,
✆ +44 1333 320 006
Fax : +44 1333 320 006
Ouvert du mardi au samedi de 10h à 17h.
« Fife's specialist Craft Shop ». Accessoires, cartes postales, matériel de bureau, souvenirs, cadeaux et coin café.

CERES

■ THE PEAT INN

Peat Inn
✆ +44 (0) 1334 840206
Fax : +44 (0) 1334 840530
thepeatinn.co.uk
Midi, menu à partir de £18 et soir, menu à partir de £35. Réservation fortement conseillée.
Sur la B940, le Peat Inn est un tour de force orchestré par le chef Geoffrey Smeddle, formé par Herbert Berger et Chris Galvin, tous deux étoilés. A l'image de ses innombrables récompenses, ce restaurant est une destination privilégiée pour les gourmets et sa réputation n'a jamais été aussi forte. Des chambres luxueuses sont également à louer.

KINROSS

■ CARLIN MAGGIE'S

191 High Street ✆ +44 1577 863 652
Fax : +44 1577 863 652
Compter £10 pour déjeuner et environ £25 pour dîner.
Cette maison bleue, au bas de la rue principale, réserve aux gourmets une bonne cuisine à base de poissons et fruits de mer.

■ CROFTBANK HOTEL

30 Station Road ✆ +44 1577 863 819
Compter £47 environ pour une chambre et de £17 à £25 pour un repas.
Les chambres confortables et fort agréables de cette maison victorienne ont été rénovées récemment. Le restaurant, situé dans les 3 pièces du rez-de-chaussée, propose roulades de saumon fumé, mousses de sole, poulet aux abricots et aux poireaux avec une sauce au vin blanc.

■ LE LOCH LEVEN CASTLE

✆ +44 7778 040 483
Ouvert de mars à septembre de 9h30 à 17h30, et en octobre jusqu'à 16h30 Entrée : £4,60.
Une tour du XIVe siècle, entourée d'un mur du XVIe. Marie Stuart y fut emprisonnée, puis libérée par le fils de son gardien. Remarquez l'escalier construit à l'envers pour le gardien de l'époque, qui était gaucher ! Des bateaux partent pour le château tous les jours pendant l'été. Le loch Leven abrite par ailleurs des milliers de truites.

Les Orcades

Tout à fait dans le Nord de la Grande-Bretagne, entre la mer du Nord, la mer de Norvège et l'océan Atlantique, se trouvent deux archipels assiégés par les vagues et battus par les vents : les îles Orcades et les îles Shetland. Les îles Orcades (Orkney) se situent à seulement 10 km au nord de la pointe septentrionale du Mainland écossais. 150 km plus au nord, les îles Shetland sont perdues à mi-distance entre l'Ecosse et la Norvège. Le sud des Shetland est traversé par le 60e parallèle : ces îles sont à peu près à la même latitude qu'Oslo et Helsinki et que la pointe méridionale du Groenland. Les Orcades comptent 75 îles et îlots et les Shetland une centaine, qui couvrent respectivement des surfaces de 1 000 et de 1 500 km^2. Seules 20 îles des Orcades et 15 îles des Shetland sont habitées toute l'année. Les populations sont de 20 000 et 24 000 habitants.

MAINLAND

KIRKWALL

La principale île de l'archipel des Orcades, appelée Mainland, se divise en deux parties : l'est et l'ouest, plus vaste et plus sauvage. Une route relie l'est du Mainland aux îlots de Lamb Holm et puis aux îles de Burray et de South Ronaldsay en passant sur les « barrières de Churchill », 4 digues construites pendant la Seconde Guerre mondiale pour empêcher les sous-marins allemands d'entrer dans la baie de Scapa Flow.

Transports

Comment y accéder et en partir

BRITISH AIRWAYS
7520 Astoria Boulevard
✆ +44 870 850 98 50
www.ba.com
Des vols relient quotidiennement Kirkwall, la capitale des Orcades, à Sumburgh aux Shetland, à Aberdeen, Inverness, Edimbourg et Glasgow.

CYCLE ORKNEY
Tankerness Lane ✆ +44 1856 875 877
Fax : +44 1856 875 877
www.cycleorkney.com
VTT à partir de £10 la journée.

JOHN O'GROATS FERRIES
Ferry Office John O'Groats Caithness KWI 4YR
✆ +44 1955 611 353
www.jogferry.co.uk
Assurent des traversées quotidiennes pour les piétons, de mai à septembre, entre John O'Groats et Burwick dans les Orcades.

LOGANAIR
✆ +44 1856 872 494
www.loganair.co.uk
Réserver sur www.flybe.com

LOGANAIR – KIRKWALL AIRPORT
✆ +44 1856 886 210
www.hial.co.uk/kirkwall-airport

Autre adresse : www.loganair.co.uk

NORTHLINK FERRIES
Kiln Corner Kirkwall Orkney KW15 1QX
✆ +44 845 600 04 49
Fax : +44 1856 879 588
www.northlinkferries.co.uk
De Scrabster à Stromness (1h30), 2 à 3 traversées aller-retour en semaine et 2 traversées aller-retour les samedi et dimanche. Correspondances en bus avec Kirkwall. D'Aberdeen à Kirkwall, 4 traversées hebdomadaires (6h environ).

NORTHLINK ORKNEY AND SHETLAND FERRIES LTD
Kiln Corner, Ayre Road,
Kirkwall
✆ +44 845 600 04 49
www.northlinkferries.co.uk

ORKNEY CAR HIRE
Junction Road
✆ +44 1856 872 866
Fax : +44 1856 875 300
www.orkneycarhire.co.uk

ORKNEY MARINAS LTD
Grassethowe St Ola Kirkwall
✆ +44 1856 871 313
www.orkneymarinas.co.uk
Liaisons et visites guidées des îles par bateau.

0
20 km
Papa Westray
Knap of Howar
North Ronaldsay
Noup Head
Pierowall
Westray
Skelwick
Midbea
vers Lerwick
Burness
Broughtown
Overbister
Kettletoft
Sanday
Calfsound
Benstonhall
Loth
Wasbister
Rousay
Eday
Westness
Backaland
Brough Head
Birsay
Gurness
Broch
Brinian
Twatt
Aith
Marwick Head
The Loons
Burgar Hill
Stronsay
Tingwall
Rothiesholm
Dounby
Skara
Brae
Mainland
Cottascarth
Balfour
Shapinsay
Yesnaby
Sandgarth
Kirkwall
Ring of Brogar
Stromness
Greenigo
Scapa
Gritley
Skaill
Clestrain
Hobbister
Scrabster
Houton
Linksness
Rackwick
Hoy
Lyness
Bow
St. Margaret's Hope
South
Ronaldsay
Burwick
Liaisons maritimes

■ **PENTLAND FERRIES LTD**
Pier Road St Margaret's Hope Orkney
✆ +44 1856 831 226
www.pentlandferries.co.uk
Liaisons pour passagers à pied ou en voiture entre Gills Bay, près de John O'Groats, et St Margaret's Hope dans les Orcades (3 traversées quotidiennes, 1h).

■ **SCARTH CAR HIRE**
Great Western Road ✆ +44 1856 872 601
Fax : +44 1856 872 750

Pratique

■ **ALFOUR HOSPITAL HEALTH CENTRE AND DENTAL CLINIC**
New Scapa Road ✆ +44 1856 888 000

Tourisme / Culture

■ **OFFICE DU TOURISME**
The Travel Centre, West Castle Street, Kirkwall
✆ +44 1856 872 856
Fax : +44 1856 875 056
www.visitorkney.com

■ **OFFICE DU TOURISME**
Orkney Tourist Board, 6 Broad Street Kirkwall, Orkney, KW15 INX
✆ +44 1856 872 856
Fax : +44 1856 875 056
www.visitorkney.com
Bureau de change. Ouvert tous les jours de juin à août de 8h30 à 20h, de septembre à mai du lundi au vendredi de 9h à 17h et le samedi de 10h à 16h.

■ **OFFICE DU TOURISME DES ORCADES**
6 Broad Street ✆ +44 1856 872 856
Fax : +44 1856 875 056
www.visitorkney.com
Fait aussi bureau de change et réservation d'hôtels.

Argent

■ **BANQUES**
Vous trouverez les banques habituelles sur Broad Street et Albert Street.

Moyens de communication

■ **POST OFFICE**
Junction Road
www.postoffice.co.uk
Ouvert du lundi au mardi de 9h à 17h et le samedi de 9h30 à 12h30.

Se loger

Bien et pas cher

■ **PICKAQUOY CARAVAN & CAMPING SITE**
✆ +44 1856 879 900
www.pickaquoy.net/campsite
Sur l'A965, à la sortie de la ville à l'ouest. Ouvert de mai à septembre. £11,50 l'emplacement pour une tente moyenne et £18 pour une caravane.
Emplacement plutôt agréable pour ce grand complexe de loisirs et de sports.

■ **SYHA KIRKWALL HOSTEL**
Old Scapa Road ✆ +44 1856 872 243
www.syha.org.uk
A Kirkwall. Compter de £19 à £22.
Dortoir de 3 ou 4 lits. A 15 minutes à pied du centre-ville.

Confort ou charme

■ **ALBERT HOTEL**
Mounthoolie Lane ✆ +44 1856 876 000
Fax : +44 1856 875 397
www.alberthotel.co.uk
Compter de £120 à £150 par personne.
Cet hôtel traditionnel est situé dans le centre-ville et conviendra parfaitement aux familles ou aux couples. De bons plats sont servis au Lounge Bar.

■ **AYRE HOTEL**
Ayre Road
✆ +44 1856 873 001
Fax : +44 1856 876 289
www.ayrehotel.co.uk
De £75 à £180 par personne petit déjeuner inclus.
C'est le meilleur hôtel de la ville. Dans une belle bâtisse blanche située sur le port, vous serez confortablement installé et certaines chambres ont vue sur la baie (supplément). La pension complète est conseillée si vous pouvez vous le permettre.

■ **BARONY HOTEL**
Birsay
✆ +44 1856 721 327
Fax : +44 1856 721 302
www.baronyhotel.com
Nord-ouest de Mainland. Ouvert d'avril à octobre. A partir de £40 par personne en bed and breakfast.
Hôtel avec vue panoramique sur Boardhouse Loch et restaurant. Idéal pour aller pêcher.

■ RÉSERVATIONS
Education Department, Orkney Islands Council Kirkwall
✆ +44 1856 873 535
Fax : +44 1856 874 615
Centrale de réservation, pour toutes les infos sur les formes d'hébergement dans les Orcades.

Se restaurer

■ THE FOVERAN HOTEL
St. Ola
✆ +44 1856 872 389
www.foveranhotel.co.uk
Sur l'A964 en direction d'Orphir. Compter environ £28.
Sans doute l'un des meilleurs restaurants de l'île, sachant que la gastronomie n'est pas le point fort du coin. La cuisine est faite à base d'excellents produits frais et vous serez servi dans une ambiance agréable avec vue sur Scapa Flow.

Sortir

■ THE BOTHY BAR
The Albert Hotel
Le bar de l'hôtel est un bon endroit pour prendre un verre en particulier de whisky, et l'on y joue parfois de la musique traditionnelle.

■ NEW PHOENIX CINÉMA
Pickaquoy Leisure Centre Pickaquoy Road
✆ +44 1856 879 900
En plus du cinéma, le centre possède un club de fitness et un café.

À voir – À faire

■ BISHOP AND EARL'S PALACE
Watergate
✆ +44 1856 871 918
Ouvert tous les jours d'avril à septembre de 9h30 à 17h30. Tarif : £4.
Les bâtiments furent construits aux alentours de 1600 par Patrick Stewart, comte d'Orkney, qui occupa les lieux pendant une courte période avant d'être emprisonné, puis exécuté.

■ HIGHLAND PARK DISTILLERY
Holm Road
✆ +44 1856 874 619
www.highlandpark.co.uk
A la sortie sud de la ville. Des visites guidées sont organisées du lundi au vendredi de 10h à 17h, ainsi que les samedi et dimanche entre mai et août de midi à 17h. Tarif : adulte £6.

■ LOCH OF SPIGGIE
Loch of Spiggie
Ce lac protégé et entouré de pâturages couvre 115 hectares. Outre les oiseaux nicheurs, comme le grand cormoran et l'oie cendrée, on peut y rencontrer quelques espèces rares. En automne, le lac sert d'étape à plus de 300 cygnes chanteurs venus d'Islande et de Laponie. Depuis plusieurs années, l'un d'eux a cessé de migrer et s'y est établi. Ce grand oiseau, au plumage entièrement blanc, se remarque à son long cou droit, à son bec jaune à pointe noire.

■ THE ORKNEY MUSEUM
Broad Street
The Orkney Museum ✆ +44 1856 873 191
Ouvert du lundi au samedi de 10h30 à 17h. Entrée gratuite.
Cette maison qui date du XVIe siècle a été soigneusement restaurée pour abriter le musée racontant l'histoire des Orcades. Des objets datant du néolithique sont notamment exposés.

■ SAINT MAGNUS CATHEDRAL
Palace Rd – www.stmagnus.org
Ouverte du lundi au samedi de 9h à 18h. Dimanche de 13h à 18h. Entrée libre.
Fondée par Rognvald Kolson, comte d'Orkney, en 1137, cette cathédrale gothique ne fut achevée qu'au XIVe siècle et de nombreuses modifications furent apportées au cours des siècles suivants. A remarquer, le vitrail à gauche de la nef, ajouté en 1987 pour le 850e anniversaire de l'édifice.

STROMNESS

Au sud-ouest du Mainland, Stromness est le port des car-ferries du Mainland et du bateau pour le nord de l'île de Hoy. Depuis 1590, la petite baie abritée d'Hamnavoe a servi d'escale aux navires parcourant les mers nordiques. Bâtie tout en longueur sur la côte orientale de la baie, elle compte aujourd'hui 2 500 habitants. De part et d'autre de la rue principale, pavée, les vieilles maisons, grises et austères, séparées par d'étroites ruelles, ne manquent pas de charme.

Pratique

■ OFFICE DU TOURISME DE STROMNESS
The Ferry Terminal Pier Head
✆ +44 1856 850 716
Fax : +44 1856 850 777
stromness@visitorkney.com

Se loger

FERRY INN
John Street
✆ +44 1856 850 280
Fax : +44 1856 851 332
www.ferryinn.com
A proximité du débarcadère des ferries. A partir de £27 par personne.
Cet hôtel propose 12 chambres et possède un restaurant et un bar.

POINT OF NESS CARAVAN & CAMPING
Orkney
✆ +44 1856 873 535
Au sud du village. Pour ce camping, compter £8 l'emplacement.

STROMNESS HOTEL
Ferry Terminal Building,
The Pier Head
✆ +44 1856 850 298
Fax : +44 1856 850 610
www.stromnesshotel.com
Compter de £39 à £49 par personne.
Un imposant bâtiment en pierre abrite le meilleur hôtel du centre-ville. Vue sur le port et Scapa Flow. Restauration sur place.

À voir – À faire

STROMNESS MUSEUM
52 Albert Street ✆ +44 1856 850 025
www.orkneyheritage.com
Ouvert tous les jours d'avril à septembre de 10h à 17h. D'octobre à mars du lundi au samedi de 11h à 15h30. Entrée : £3.
Musée sur l'histoire naturelle et maritime locale rappelant le passé des Orcadiens et de la Hudson's Bay Company.

EVIE

OFFICE DU TOURISME
✆ +44 1856 751 270 / +44 1856 751 254
www.eviedale-orkney.co.uk
A Evie. Vous pouvez y louer des cottages de 2 à 5 personnes à la semaine, du samedi au samedi (310 £). En basse saison, il est possible d'y rester une seule nuit si les cottages sont libres.

HOY

LYNESS

Au sud-ouest du Mainland, Hoy est la deuxième île des Orcades en superficie et la plus élevée. Son nom vient du vieux scandinave haey et signifie « l'île haute ». Le relief est particulièrement accentué dans la partie septentrionale de l'île, dominée par les 479 m de Ward Hill. Le nord de Hoy aux somptueux paysages constitue 3 926 hectares de réserve. De Moaness, où arrive le bateau de Stromness, une petite route contourne Ward Hill, qui mène à la côte ouest et à proximité de la pierre de Dwarfie : ce bloc de près de 10 m de longueur est le seul exemple en Grande-Bretagne d'une tombe taillée dans le rocher, et remonte à 3 000 ans avant notre ère.
De Rackwick, un sentier permet de gagner, en une heure et demie de marche, le célèbre « vieil homme » de Hoy, un piton de 137 m de hauteur, détaché de falaises de grès rouge de la côte nord-ouest. La côte s'élève ensuite jusqu'à Saint John's Head en haut de laquelle caquettent les pétrels fulmars. La randonnée offre de belles vues sur Rora Head, la pointe occidentale de Hoy.

HOY YOUTH HOSTEL
recreation@orkney.gov.uk
Près de Moaness Pier. Ouvert toute l'année.
Dortoirs de 4 lits. Récemment rénové avec l'ajout d'une cuisine.

ORKNEY FERRIES
Shore Street, Kirkwall ✆ +44 1856 872 044
Fax : +44 1856 872 921
www.orkneyferries.co.uk
Si l'on ne souhaite pas venir avec sa voiture, mieux vaut emprunter les ferries pour passagers qui relient Stromness à Moaness, dans le nord de Hoy : la *Jessie Ellen* tous les jours de juin à août, et le *Scapa Ranger* du lundi au vendredi le reste de l'année, en une demi-heure de trajet.
▶ **Un minibus relie Moaness et Rackwick en correspondance avec le ferry.** Renseignements auprès de North Hoy Transport Tél +44 1856 791 315.

RACKWICK YOUTH HOSTEL
Rackwick
8 couchages. Ouvert d'avril à septembre. £11,15 par personne.
Idéal pour effectuer la randonnée jusqu'à The Old Man.

Les Shetland

Aux confluents de l'océan Atlantique, de la mer du Nord et de l'océan Arctique se situe la centaine d'îles qui constituent l'archipel des Shetland (130 km ²) et marquent l'extrême nord des îles Britanniques. C'est à ce positionnement géographique extrême que le phare de Muckle Flugga doit son surnom de « dernière fenêtre sur le monde » ! L'île la plus importante est Mainland, où se trouve la capitale, Lerwick. On trouve peu d'arbres dans cette nature rude et sauvage, essentiellement composée de massifs rocheux.

MAINLAND

La principale île des Shetland, appelée Mainland, allonge ses 909 km² entre Sumburgh Head au sud et Fethaland au nord. Les côtes sont extrêmement découpées, si bien que l'on n'est jamais à plus de 5 km de la mer.

LERWICK

Sur la côte orientale du Mainland, face à l'île de Bressay, la capitale des Shetland compte 7 500 habitants, soit près du tiers de la population. Fondée au XVIIe siècle, Lerwick, la « baie boueuse » des Vikings, devint un port important au XIXe siècle, prenant le pas sur Scalloway, l'ancienne capitale, sur la côte occidentale.

Transports

BOLTS CAR HIRE
Toll Clock Shopping Centre
26 North Road
✆ +44 1595 693 636
www.boltscarhire.co.uk

CAR-FERRY NORRONA DE LA COMPAGNIE SMYRIL LINE
✆ 00298 345 900 – www.smyril-line.com

Pour connaître les horaires des ferries entre les différentes îles Shetland, consultez le site – www.shetland.gov.uk/ferries – ou bien appelez au tél : +44 1595 743 970 pour des informations générales ou pour réserver.

Lerwick – Fair Isle : le mardi, en 4h30. Boîte vocale Tél +44 1595 743 978. Réservations Tél : +44 1595 760 222.

Lerwick – Out Skerries : le mardi et le vendredi, en 2h30.

Nord du Mainland (Laxo) – île de Whalsay (Symbister) : toutes les 2 heures, en 30 minutes. Boîte vocale Tél : +44 1595 743 973. Réservations Tél : +44 1806 566 259.

© LARS JOHANSSON – FOTOLIA

Lerwick, une ville qui vit au fil de l'eau.

Shetland
Hermaness
Valsgareth
Norwick
Haroldswick
Baltasound
Keen of Hamar
Unst
Cullivoe
Uyeasound
Belmont
Gutcher
Yell
Oddsta
Fetlar
Mid Yell
Funzie
Houbie
Otterswick
West Yell
Burravoe
Ulsta
Fair Isle
Stonybreck
Point of Fethler
Isbister
Collafirth
Esha Ness
Tangwick
Urafirth
Steness
Hillswick
Toft
St. Magnus Bay
Brae
Vidlin
Skaw
Brough
Isbister
Hillside
Papa
Stour
Voe
Laxo
Symbister
Whasay
Melby
West
Burrafirth
Mainland
Setter
South Nesting Bay
Heglibister
Walls
Garderhouse
vers les îles Féroé
et l'Islande
Culswick
Girlsta
Bressay
Lerwick
Scalloway
Noss
Hamnavoe
Easter Quarff
Foula
vers Kirkwall
Ham
Cunningsburgh
vers Aberdeen
et Stromness
Sandwick
Moussa
Levenwick
St. Ninian's Isle
Bigton
Scousburgh
Liaisons maritimes
Loch of
Spiggie
0
20 km
Jarlshof
Sumburgh Head

Nord du Mainland (Toft) – sud de l'île de Yell (Ulsta) : toutes les 30 minutes, en 20 minutes. Réservations Tél : +44 1957 722 259.

Nord du Mainland (Vidlin) – Out Skerries : le vendredi et le samedi, en 1h30. Boîte vocale tél : +44 1595 743 975. Réservations Tél : +44 1957 722 259.

Ouest du Mainland (Walls) – île de Foula : 2 fois par semaine, en 2h30. Boîte vocale Tél +44 1595 743 976. Réservations Tél : +44 7881 823 732 – bookings@atlanticferries.co.uk

Sud du Mainland (Grutness) – Fair Isle : le mardi et le samedi, en 2h45.

Ouest du Mainland (West Burrafirth) – île de Papa Stour : lundi, mercredi et vendredi, en 40 minutes. Boîte vocale Tél +44 1595 743 977. Réservations Tél : +44 1957 722 259.

Nord de Yell (Gutcher) – île d'Unst (Belmont) : toutes les 30 minutes ou toutes les heures, en 10 minutes.

Nord de Yell (Gutcher) – Unst (Belmont) – île de Fetlar (Oddsta) : 4 à 5 fois par jour, en 30 minutes.

GRANTFIELD GARAGE
North Road ✆ +44 1595 692 709
www.grantfield-garage.co.uk
Ouvert du lundi au dimanche de 8h à 23h.
Cette compagnie loue à la fois des voitures et des vélos.

SHETLAND ISLANDS COUNCIL
Town Hall Lerwick Shetland
✆ +44 1595 693 535
Fax : +44 1595 744 509
www.shetland.gov.uk

Pratique

OFFICE DE TOURISME
Market Cross Commercial Street
✆ +44 1595 693 434
Fax : +44 1595 695 807
Ouvert de mai à septembre, du lundi au vendredi, de 8h à 18h, le samedi de 8h à 16h et le dimanche, de 10h à 13h. D'octobre à avril, du lundi au vendredi, de 9h à 17h.
Beaucoup de documentation et bureau de change.

OFFICE DE TOURISME
Market Cross
Commercial Street ✆ +44 1595 693 434
Ouvert d'avril à octobre, du lundi au vendredi de 8h à 18h et le week-end de 8h à 16h. De novembre à mars, du lundi au vendredi de 9h à 17h.
Documentation importante et bureau de change.

SCOTLAND'S NATIONAL BOOKING AND INFORMATION CENTRE
✆ +44 845 225 51 21
info@visitscotland.com

SHETLAND ISLANDS TOURISM
✆ +44 1595 693 434
www.visitshetland.com

Se loger

AUBERGE DE JEUNESSE
Isleburgh House, King Harald Street
✆ +44 845 293 73 73
reception.islesburgh@shetland.gov.uk
Compter £19. Ouvert d'avril à septembre.
Une grande maison victorienne abrite cette auberge très bien équipée et parfaitement entretenue. Dortoirs de 4 lits.

CARRADALE GUEST HOUSE
36 King Harald Street ✆ +44 1595 692 251
Fax : +44 1595 692 251
www.carradale.shetland.co.uk
A 5 minutes à pied du centre. Compter de £25 à £35 la nuit, £45 avec dîner compris.
4 chambres, dont une double et une familiale dans une maison de style victorien.

GRAND HOTEL
149 Commercial Street
✆ +44 1595 692 826
Fax : +44 1595 694 048
www.kgqhotels.co.uk
Compter £55 par personne en chambres doubles.
Situé dans le centre, à côté du port, cet hôtel n'a rien perdu de sa splendeur victorienne. Seul night-club de l'île les vendredis soir.

KVELDSRO HOUSE HOTEL
Greenfield Place
✆ +44 1595 692 195
Fax : +44 1595 696 595
www.shetlandhotels.com
A partir de £60 par personne en chambre double.
L'hôtel propose des prestations haut de gamme et bénéficie de la vue sur le port. Les chambres sont luxueusement meublées et confortables ; vous avez le choix entre le bar, où l'on sert des plats simples et abordables, et le restaurant, chic, où la cuisine est une valeur sûre.

ÉCOSSE

Se restaurer

CLICKMIN CAFE

Clickmin Leisure Complex Lochside
✆ +44 1595 741 000
mail@srt.org.uk
Ouvert du lundi au jeudi de 11h à 21h et du vendredi au dimanche de 11h à 20h.
Grand choix de salades, sandwichs, soupes, jus de fruits et toasts.

MONTY'S BISTRO

5 Mounthooly Street
✆ +44 1595 696 555
Fermé le dimanche et le lundi midi. Compter £20.
Une cuisine écossaise moderne est préparée dans ce restaurant fort prisé de Lerwick.

OSLA'S CAFE

88 Commercial Street
✆ +44 1595 696 005
www.oslas.co.uk
Ouvert du lundi jusqu'à 20h et 21h le samedi. Le dimanche, de midi à 17h. Plats principaux à £7.
Pizzas, sandwichs et *fish and chips*. Les gourmands seront comblés par la sélection de *pancakes* servis dans ce café très cosy.

À voir – À faire

BÖD OF GREMISTA

Gremista ✆ +44 1595 695 057
Ouvert de mai à mi-septembre, du mercredi au dimanche de 10h à 13h et de 14h à 17h. Entrée gratuite.

Falaises de Noss.

Datant du XVIIIe siècle, cette ancienne baraque de pêcheur abrite aujourd'hui un musée dédié à Arthur Anderson, le fondateur de la compagnie P&O Ferries.

FORT CHARLOTTE

1 Charlotte Street – fortcharlotte.co.uk
Construit en 1665 pour défendre la baie de Bressay, le fort a été reconstruit en 1781 puis modifié à l'époque victorienne. Malheureusement, il n'en reste aujourd'hui que les remparts.

▶ **Par beau temps, allez vous promener** le long des petites falaises du Knab, à la pointe méridionale de la ville, ou jusqu'au loch of Clickimin, immédiatement à l'ouest de la ville. Sur un îlot de ce petit lac, relié à la rive par une digue, se trouve un broch, fort circulaire remontant à l'âge du fer, parfaitement conservé. Le lac est fréquenté par de nombreux canards, notamment des fuligules morillons.

SHETLAND MUSEUM & ARCHIVES

Lower Hillhead ✆ +44 1595 695 057
www.shetlandmuseumandarchives.org.uk
Ouverte tous les jours de 10h à 17h.
Le musée a rouvert ses portes au printemps 2007 après un complet réaménagement. Vous trouverez les nouveaux horaires sur leur site. Un petit musée sur l'histoire de l'archipel.

▶ **Par beau temps,** allez vous promener le long des petites falaises du Knab, à la pointe méridionale de la ville, ou jusqu'au loch of Clickimin, immédiatement à l'ouest de la ville. Sur un îlot de ce petit lac, relié à la rive par une digue, se trouve un broch, fort circulaire remontant à l'âge du fer, parfaitement conservé.

SUMBURGH

CROFT HOUSE MUSEUM

Boddam, Dunrossness ✆ +44 1950 460 557
Plus au nord. Ouvert d'avril à septembre de 10h à 13h et de 14h à 17h. Entrée gratuite, sur donation.
On visite ici une ferme du milieu du XIXe siècle, qui fut occupée jusque dans les années 1960. Les ressources principales venait de la mer, et l'homme était généralement pêcheur, tandis que la famille travaillait la terre. Le site offre une perspective intéressante de la vie à cette époque, dénuée de superflu et s'en tenant au strict minimum vital. La ferme est particulièrement bien conservée et le site, pittoresque, mérite notamment le détour.

Muckle Flugga.

■ **SITE ARCHÉOLOGIQUE DE JARLSHOF**
Jarlshof ✆ +44 1595 695 057
A proximité de l'aéroport de Sumburgh
Tout à fait au sud du Mainland. L'endroit était déjà habité 2 000 ans avant notre ère, mais les ruines les mieux conservées sont celles de maisons de l'âge du bronze tardif (entre 600 et 1 000 ans avant J.-C.) et de l'âge du fer, d'un broch et d'une maison circulaire plus récents, et des fermes vikings.

▸ **Non loin de là, Sumburgh Head,** la pointe méridionale du Mainland, possède des falaises de 80 m de hauteur, où nichent notamment des guillemots de Troïl et des cormorans huppés, ainsi que quelques grands corbeaux.

■ **SUMBURGH HOTEL**
Sumburgh Virkie
✆ +44 1950 460 201
Fax : +44 1950 460 394
www.sumburghhotel.com
Chambre double à partir de £90. A proximité du site de Jarlshof.
L'hôtel dispose d'un bar et d'un restaurant. Belle vue depuis certaines des chambres.

UNST

Au nord de Yell et de Fetlar, Unst, l'île la plus septentrionale des Shetland et donc de Grande-Bretagne, s'étend sur 19 km du nord au sud et 8 km d'est en ouest, et compte près de 1 000 habitants. Comme Fetlar, Unst est couverte d'une végétation similaire à la toundra arctique, bien que l'on trouve habituellement ce milieu beaucoup plus au nord. Dans l'herbe nichent de nombreux limicoles, comme le pluvier doré, le courlis corlieu et le bécasseau variable. C'est un paysage beaucoup plus riche qu'on ne pense : dans chaque creux, dans chaque vallon se cachent des lacs plus ou moins grands, et chaque lac accueille au moins un couple de plongeons catmarins. Veillez à ne pas approcher ces oiseaux : les déranger met en danger leur nidification.

■ **AUBERGE DE JEUNESSE GARDIESFAULD**
Uyeasound (au sud de l'île)
✆ +44 1957 755 2989 /
+44 1957 755 279
www.gardiesfauld.shetland.co.uk
Compter £13 par personne. Ouvert d'avril à septembre.
L'auberge de jeunesse la plus au nord du Royaume-Uni offre des dortoirs de 11 ou 6 lits et a été entièrement rénovée. Cette maison blanche possède en outre un certain charme.

■ **BALTASOUND HOTEL**
Baltasound ✆ +44 1957 711 334
www.baltasound-hotel.shetland.co.uk
Pour commander un plat, compter £7 environ.
Quasiment la seule option de l'île.

■ **BUNESS COUNTRY HOUSE**
Baltasound
✆ +44 1957 711 315
Fax : +44 1957 711 815
buness-house@zetnet.co.uk
Ouvert toute l'année. Compter £61 par personne en chambre double et £41 de plus pour le dîner inclus.
Un B&B de tout confort dans une bâtisse du XVIIe siècle décorée à l'indienne. Possibilité de dîner sous la véranda en savourant d'excellents produits locaux, tel le saumon.

■ **NORTHERN LIGHTS CAFE**
Haroldswick ✆ +44 1957 711 250
northernlightsunst@hotmail.co.uk
Ouvert toute l'année, du lundi au samedi de 10h à 16h et le dimanche de 14h à 17h.
Produits locaux avec un choix de plats biologiques et diététiques.

FAIR ISLE

A mi-distance du Mainland shetlandais et des Orcades, Fair Isle couvre 765 hectares, soit 5 km de longueur sur 2,5 km de largeur. « L'île paisible » des Vikings ne compte aujourd'hui qu'une cinquantaine d'habitants. Rattachée administrativement aux Shetland, elle appartient au National Trust for Scotland, et abrite un observatoire très actif d'oiseaux.

Transports

■ **AVION**
Des vols opérés par Loganair relient Fair Isle à l'aérodrome de Tingwall, près de Lerwick, ainsi qu'à Kirkwall aux Orcades.

■ **BATEAU**
Depuis Grutness, à la pointe sud du Mainland shetlandais, le mardi et le samedi, en 2h45. Depuis Lerwick, le mardi, en 4h30. Si vous n'avez pas le pied marin, mieux vaut prendre l'avion.

Pratique

■ **NATIONAL TRUST FOR SCOTLAND**
Clarkston High Flenders Road Greenbank Garden ✆ +44 1416 162 266
www.nts.org.uk
Consultez également le site www.fairisle.org.uk

Se loger

■ **FAIR ISLE LODGE AND BIRD OBSERVATORY**
Fair Isle ✆ +44 1595 760 258
www.fairislebirdobs.co.uk
Ouvert d'avril à octobre. Compter £60 par personne en chambre double.
L'observatoire offre un gîte et un couvert de grande qualité. Réservez longtemps à l'avance, en particulier en septembre et début octobre. Les visiteurs peuvent assister et participer aux travaux des ornithologues (relève matinale des pièges, initiation au baguage…).

À voir – À faire

■ **NATIONAL TRUST FOR SCOTLAND**
Clarkston High Flenders Road Greenbank Garden ✆ +44 1416 162 266
www.nts.org.uk
Consultez aussi le site : www.fairisle.org.uk
La richesse ornithologique de Fair Isle est exceptionnelle : 350 espèces ont été observées sur ce réduit océanique. Comme toute île rocheuse de l'Atlantique Nord, Fair Isle abrite de nombreux oiseaux de mer : plus de 20 000 macareux nichent en haut des falaises, tandis que l'intérieur de l'île est occupé par de belles colonies de sternes arctiques. Elle possède une sous-espèce de troglodyte qu'on ne trouve nulle part ailleurs, distincte de la sous-espèce endémique des Shetland.
Mais Fair Isle est surtout célèbre parce qu'elle attire un très grand nombre de migrateurs, inhabituels ou même égarés venant de partout : Amérique du Nord, Sibérie, etc. Des pièges à oiseaux, inoffensifs, ont été installés pour identifier les espèces rares, qu'on observe surtout en période de migration. Même en été, on peut attraper de petits passereaux, comme un roselin cramoisi venu de Laponie, ou encore un bec-croisé des sapins qui vit communément dans les forêts de conifères, notamment dans les Alpes. En été, c'est le baguage des oiseaux nicheurs, jeunes et adultes de toutes espèces, qui constitue l'activité principale d'une journée à Fair Isle. L'opération consiste à capturer l'oiseau, au moyen d'un filet s'il s'agit d'un adulte capable de voler et de lui passer autour de la patte une petite bague de métal dont l'immatriculation permet de l'identifier. Près de 250 000 oiseaux de plus de 250 espèces ont été bagués à Fair Isle.
Fair Isle est aussi renommée pour la confection traditionnelle de pulls de laine parmi les plus beaux des Shetland.

ORGANISER SON SÉJOUR

Elgin Cathedral.

Pense futé

ARGENT

Monnaie

La Grande-Bretagne est hors zone Euro. Le pays s'est en effet prononcé par référendum en automne 2002 contre le passage à la monnaie européenne. La monnaie locale est donc toujours la livre sterling (£).Une livre ou pound comprend 100 pences (abrégé « p ») et la plus petite unité est le penny. Vous trouverez des pièces de 1, 2, 5, 10, 20, 50 p et £1. La pièce de £2 a été introduite en mars 1998. Les billets sont de 5, 10, 20 et £50. Il n'existe aucune restriction quant aux montants entrant ou sortant de l'Angleterre.L'import comme l'export est libre, en revanche au-delà de 10 000 livres, vous devez faire une déclaration en douane.

- **Attention :** si vous vous rendez en Ecosse, vous pourrez rencontrer certains types de billet différents de ceux émis par la Banque d'Angleterre. Ces billets ont parfaitement cours légal, ils sont émis par les trois banques écossaises :
- **Bank of Scotland :** 5 coupures différentes (5, 10, 20, 50 et 100).
- **The Royal Bank of Scotland :** 5 coupures différentes (1, 5, 10, 20 et 100).
- **Clydesdale Bank :** 5 coupures différentes (5, 10, 20, 50 et 100).

Les visuels sont différents et les billets reprennent à chaque fois le nom de la banque émettrice. Vous pouvez, si vous le souhaitez, utiliser ces billets en Grande-Bretagne (mais sachez que les Anglais n'en sont pas très friands).

Taux de change

- **1 £ = 1,22 € / 1 € = 0,81 £.** Il s'agit du cours croisé au 25/12/12. Contrairement à la monnaie unique instaurée dans la zone euro, le taux de la Livre sterling n'est pas fixe (bien que relativement stable).

Coût de la vie

D'une manière générale, vivre en Grande-Bretagne coûte plus cher qu'en France. Cependant, de nombreuses disparités existent entre les régions. Ainsi, vivre à Londres ou à Edimbourg s'avère naturellement être plus coûteux que dans le reste de la Grande Bretagne.

Banques et change

En semaine, les banques sont ouvertes de 9h à 17h et le samedi jusqu'à 12h. Vous trouverez des services de change dans les banques, les bureaux de change, les grands hôtels et 24h/24 dans les principaux aéroports et même dans certaines grandes enseignes comme les Marks & Spencer. Faites attention aux frais liés à l'utilisation de votre carte bancaire, paiement et retrait. Toutefois, les retraits dans les distributeurs d'argent s'avèrent plus avantageux que l'achat de Livres sterling dans les bureaux de change. Le système anglais est différent de celui de la France, vous aurez systématiquement à payer une commission plus ou moins variable selon le lieu.

NATIONAL CHANGE
✆ 01 42 66 65 64
www.nationalchange.com
N'hésitez pas à contacter notre partenaire en mentionnant le code PF06 ou en consultant le site Internet. Vos devises et chèques de voyage vous seront envoyés à domicile.

Moyens de paiement

En ville, vous pouvez payer vos achats avec votre CB pratiquement partout (attention aux frais ou commissions). Seuls les B&B ont tendance à les refuser. Dans les campagnes, le liquide est le mode de paiement le plus courant. Certains grands magasins offrent la possibilité de payer en Euros. C'est le cas par exemple à Hamleys à Londres.

Cash

A chaque retrait hors de la zone euro avec votre carte, une commission est retenue à la fois par la banque du distributeur et par votre banque. Les tarifs qui s'appliquent se composent d'une commission fixe et de frais proportionnels au montant retiré ou payé. Pour éviter donc de multiplier les frais, pensez à grouper vos retraits d'argent.

Transfert d'argent

Avec ce système, on peut envoyer et recevoir de l'argent de n'importe où dans le monde en quelques minutes. Le principe est simple : un de vos proches se rend dans un point MoneyGram® ou Western Union® (poste, banque, station-service, épicerie...), il donne votre nom et verse une somme à son interlocuteur. De votre côté de la planète, vous vous rendez dans un point de la même filiale. Sur simple présentation d'une pièce d'identité avec photo et de la référence du transfert, on vous remettra aussitôt l'argent.

Carte de crédit

- **Avant votre départ,** pensez à vérifier avec votre conseiller bancaire la limitation de votre plafond de paiement et de retrait. Demandez, si besoin est, une autorisation exceptionnelle pour la période de votre voyage.
- **En cas de perte ou de vol** de votre carte de paiement, appelez le serveur vocal du groupement des cartes bancaires Visa® et MasterCard® au (00 33) 892 705 705 ou (00 33) 836 690 880. Il est accessible 7j/7 et 24h/24. Si vous connaissez le numéro de votre carte bancaire, l'opposition est immédiate et confirmée. Dans le cas contraire, l'opposition est enregistrée mais vous devez confirmer l'annulation à votre banque par fax ou lettre recommandée.
- **En cas de dysfonctionnement de votre carte de paiement** ou si vous avez atteint votre plafond de retrait, vous pouvez bénéficier d'un *cash advance*. Proposé dans la plupart des grandes banques, ce service permet de retirer du liquide sur simple présentation de votre carte au guichet d'un établissement bancaire, que ce soit le vôtre ou non. On vous demandera souvent une pièce d'identité. En général, le plafond du *cash advance* est identique à celui des retraits, et les deux se cumulent (si votre plafond est fixé à 500 €, vous pouvez retirer 1 000 € : 500 € au distributeur, 500 € en *cash advance*). Quant au coût de l'opération, c'est celui d'un retrait à l'étranger.

Traveler's Cheques

Ce sont des chèques prépayés émis par une banque, valables partout, et qui permettent d'obtenir des espèces dans un établissement bancaire ou de payer directement ses achats auprès de très nombreux lieux affiliés (boutiques, hôtels, restaurants...). Ils sont valables à vie. Leur avantage principal est l'inviolabilité : un système de double signature (la deuxième étant faite par vous devant le commerçant) empêche toute utilisation frauduleuse. A la fin de votre séjour, s'il vous en reste, vous pourrez les changer contre des euros ou les restituer à votre banque qui les imputera à votre compte courant. A noter que le paiement par chèque classique est rarement possible à l'étranger. Lorsque c'est le cas, l'utilisation est compliquée et très coûteuse.

Pourboires, marchandage et taxes

- **Taxes.** La taxe sur la valeur ajoutée (VAT en anglais) est de 17,5 %. Vous la trouverez incluse dans tous les produits. Il faut cependant faire attention car certains hôteliers et restaurateurs affichent souvent leurs tarifs sans la TVA.

Pour les ressortissants de pays qui pratiquent une TVA inférieure, il est intéressant d'en obtenir son remboursement. Pour cela, il vous suffit de demander une facture dans les magasins et de la présenter à la douane. Le remboursement sera automatique à l'aéroport de Heathrow ou chez vous après envoi de la facture au magasin.

Duty Free

Puisque votre destination finale est hors de l'Union européenne, vous pouvez bénéficier du Duty Free (achats exonérés de taxes). Attention, si vous faites escale au sein de l'Union européenne, vous en profiterez dans tous les aéroports à l'aller, mais pas au retour. Par exemple, pour un vol aller avec une escale, vous pourrez faire du shopping en Duty Free dans les trois aéroports, mais seulement dans celui de votre lieu de séjour au retour.

DÉCALAGE HORAIRE

Il est toujours une heure plus tôt qu'en France. Le dernier dimanche de mars, on avance les horloges d'une heure pour passer à l'heure d'été (British Summer Time, BST). En automne (dernier dimanche d'octobre), on passe à l'heure d'hiver (Greenwich Mean Time, GMT).

ÉLECTRICITÉ, POIDS ET MESURES

- **1 inch :** 2,54 cm.
- **1 mile :** 1,6093 km.
- **1 pint :** 142 dl.
- **1 livre :** 470 g.
- **1 pound :** 453 g.

L'adoption du système métrique est en passe de se généraliser, même si certains corps de métiers rechignent.Voltage en 240 et prises à trois broches. Transformateurs en vente chez les quincailliers. Précisez que vous voulez un transformateur pour l'Angleterre, sinon vous aurez un adaptateur pour le continent !

FORMALITÉS, VISA ET DOUANES

Pour effectuer un séjour en Grande-Bretagne, il suffit au ressortissant français, belge ou suisse d'être titulaire d'une carte d'identité ou d'un passeport en cours de validité. Les moins de 18 ans voyageant sans leurs parents doivent être en possession non seulement d'une carte d'identité ou d'un passeport en cours de validité, mais aussi d'une autorisation de sortie du territoire établie par leur commissariat de police ou leur mairie. Dans le cas de parents divorcés, ils doivent présenter, en plus, une autorisation parentale signée par le conjoint qui en a la charge.
Attention aux conditions d'entrée pour vos animaux de compagnie. Consultez les fiches pays de l'Ecole vétérinaire de Maison Alfort : www.vet-alfort.fr/ressources/anivoyage/.

Obtention du passeport

Les passeports délivrés en France sont désormais biométriques. Ils comportent votre photo, vos empreintes digitales et une puce sécurisée. Pour l'obtenir, rendez-vous en mairie muni d'un timbre fiscal, d'un justificatif de domicile, d'une pièce d'identité et de deux photos d'identité. Le passeport est délivré sous trois semaines environ. Il est valable dix ans. Les enfants doivent disposer d'un passeport personnel (valable cinq ans).

Voyagez futé avec la carte internationale d'étudiant (ISIC)

La carte ISIC donne à son titulaire un statut d'étudiant reconnu en Grande-Bretagne et lui permet de bénéficier de nombreuses réductions (certains vols internationaux, transports locaux, hébergement, loisirs, musées, etc.). Vous pouvez l'obtenir pour le prix de 13 €. www.isic.fr

- **Conseil futé.** Avant de partir, pensez à photocopier tous les documents que vous emportez avec vous. Vous emporterez un exemplaire de chaque document et laisserez l'autre à quelqu'un en France. En cas de perte ou de vol, les démarches de renouvellement seront ainsi beaucoup plus simples auprès des autorités consulaires. Vous pouvez également conserver des copies sur le site Internet officiel mon.service-public.fr – Il vous suffit de créer un compte et de scanner toutes vos pièces d'identité et autres documents importants dans l'espace confidentiel.

Douanes

Si vous voyagez avec 10 000 € de devises ou plus, vous devez impérativement le signaler à la douane. En dehors de ce cas, vous n'avez rien à déclarer lors de votre retour en France. Vous êtes autorisé à acheter pour vos besoins personnels des biens dans un autre Etat membre de l'UE sans limitation de quantité ou de valeur. Seules exceptions : tabac et alcool pour l'achat desquels, au-delà des franchises indiquées, vous devez acquitter les droits de douane et la T.V.A. Les franchises ne sont pas cumulatives.

Tabac

- **Jusqu'à 5 cartouches de cigarettes** (soit 1 kg de tabac) sans aucune formalité.
- **De 6 à 10 cartouches,** vous devez produire un document simplifié d'accompagnement (DSA) à obtenir auprès de la douane.
- **Ramener plus de 10 cartouches** de cigarettes (ou 2 kg de tabac) est interdit dans tous les cas. Saisie et pénalité sont alors à prévoir.
- **Attention, les quantités** ci-dessus s'appliquent par moyen de transport, pour les véhicules particuliers et les camions, quel

que soit le nombre de passagers à bord. Si le transport s'effectue en moyen de transport collectif (car, train, bateau, avion) ces quantités s'appliquent par passager adulte.

DOUANES FRANCAISES

✆ 0 811 20 44 44

www.douane.gouv.fr

HORAIRES D'OUVERTURE

Ces horaires ne sont qu'une indication et peuvent varier d'une ville à l'autre. A Londres, les commerces restent ouverts plus tard.

- **Banques :** de 9h à 17h du lundi au vendredi. De 9h à 12h30 le samedi (en fonction des agences).
- **Musées :** de 10h à 17h30 en semaine, aux environs de midi jusqu'à 17h ou 18h le dimanche.
- **Magasins :** de 9h30 à 17h30 ou 18h du lundi au samedi.
- **Principaux bureaux de poste :** de 9h à 17h30 ou 18h du lundi au vendredi ; de 9h à 12h30 le samedi.

JOURS FÉRIÉS

Mis à part les fêtes de fin d'année et le vendredi saint, les jours fériés seront toujours un lundi.

- **1er janvier :** fête du Nouvel An sur Trafalgar Square à minuit, Londres.
- **13 avril :** vendredi saint.
- **Lundi de Pâques** (Easter Monday).
- **Le premier lundi de mai :** Early May Day.
- **Le dernier lundi de mai :** fête du printemps (Spring Bank Holiday).
- **Le dernier lundi d'août :** fête de l'été (August Bank Holiday).
- **25 et 26 décembre :** Noël (Christmas).
- **27 décembre** : Christmas Bank Holiday.

LANGUES PARLÉES

Les Britanniques ne sont pas vraiment connus pour être des polyglottes émérites. Ceci étant dit, ils ont conscience de leurs carences et font de plus en plus d'efforts pour communiquer. Si quelqu'un s'essaie au français avec vous, ne répondez surtout pas en anglais, vous le vexeriez.

- **Apprendre la langue :** Il existe différents moyens d'apprendre quelques bases de la langue et l'offre pour l'auto-apprentissage peut se faire sur différents supports : CD, cahiers d'exercices ou même directement sur Internet.

ASSIMIL
11, rue des Pyramides (1er)
Paris ✆ 01 42 60 40 66
Fax : 01 40 20 02 17
www.assimil.com
Métro Pyramides (lignes 7 et 14).
Assimil est le précurseur des méthodes d'auto-apprentissage des langues en France, la référence lorsqu'il s'agit de langues étrangères. C'est aussi une nouvelle façon d'apprendre : une méthodologie originale et efficace, le principe, unique au monde, de l'assimilation intuitive.

POLYGLOT
www.polyglot-learn-language.com
Ce site propose à des personnes désireuses d'apprendre une langue d'entrer en contact avec d'autres dont c'est la langue maternelle. Une manière conviviale de s'initier à la langue et d'échanger.

TELL ME MORE ONLINE
www.tellmemore-online.com
Sur ce site Internet, votre niveau est d'abord évalué et des objectifs sont fixés en conséquence. Ensuite, vous vous plongez parmi les 10 000 exercices et 2 000 heures de cours proposés. Enfin, votre niveau final est certifié selon les principaux tests de langues.

POSTE

Vous pouvez envoyer des fax, des télégrammes et des télex dans les grands hôtels et dans la plupart des bureaux de poste, ouverts de 9 à 17h30 du lundi au vendredi et le samedi de 9h à 12h30. La poste restante fonctionne dans les bureaux de poste des villes de moyenne et grande importance et par arrangement dans les villages.

▶ **Express mail.** Trois, voire quatre levées par jour sont effectuées, tandis que les boîtes aux lettres rouges poussent comme des champignons.

QUAND PARTIR ?

Bien que le lieu commun veuille qu'il pleuve toujours en Grande-Bretagne et que le territoire ne se prête pas aux séjours balnéaires, il faut savoir que le pays jouit de plusieurs climats selon la zone géographique. Dans tous les cas, il vaut mieux se munir toute l'année d'un bon pull et d'un coupe-vent pour ne pas se laisser surprendre. En règle générale, l'été est la saison idéale pour séjourner en Grande-Bretagne. Evitez l'hiver et la mi-saison si vous comptez profiter de la campagne. Par contre, pour les amateurs de « sensations fortes » et de nature, l'hiver constitue la meilleure période pour contempler la force des éléments naturels : sous la pluie et le vent, la côte est magnifique, les couleurs somptueuses... et les touristes un peu nombreux, sauf bien evidemment durant les fêtes de fin d'année.

Climat

L'été est la saison idéale pour séjourner en Grande-Bretagne. Evitez l'hiver et la mi-saison si vous comptez profiter de la campagne.

▶ **Il ne pleut pas tous les jours en Angleterre.** L'hiver est souvent froid et humide, les températures varient entre -1 et 6 degrés. Quand la mer est plus chaude que la terre, cela empêche les températures de descendre en dessous de 0 °C. Les précipitations sont légèrement différentes selon les régions, elles sont plus importantes dans le Devon et les Cornouailles qu'à Londres. Le nord de l'Angleterre, tout le long du mur d'Hadrien, est particulièrement froid. La neige et le gel y sont régulièrement au rendez-vous. L'été, le thermomètre peut atteindre 22 °C, mais pensez à emporter des vêtements chauds pour le soir, car la température baisse. Le printemps et l'automne sont des mois imprévisibles et les températures varient fortement.

▶ **L'Ecosse présente un climat humide** (la moyenne des précipitations est de 127 cm/an en moyenne). Les températures sont douces et connaissent des variations modérées : si la température dépasse rarement 20 °C en été, le mercure descend peu en dessous de 0 °C en hiver. On peut cependant distinguer deux grandes zones climatiques en Ecosse. La côte ouest voit passer le courant tiède du Gulf Stream, venu du golfe du Mexique, le climat y est donc particulièrement doux compte tenu de la latitude. A l'inverse, la mer du Nord et ses courants froids expliquent les longs hivers et les étés plutôt austères de la côte est. A noter aussi le caractère très changeant des Lowlands et des îles écossaises, balayés de toutes parts par les vents marins.

▶ **Le pays de Galles** jouit quant à lui d'un climat océanique, doux et humide (127 cm de précipitations/an pour la côte ouest qui diminuent au fur à mesure que l'on s'éloigne de la côte, à l'est des montagnes). Les étés sont frais (en moyenne 15,6 °C) et les hivers peuvent être très froids, en particulier dans les montagnes, où les fortes chutes de neige ne sont pas rares.

MÉTÉO CONSULT

www.meteo-consult.com

Sur ce site vous trouverez les prévisions météorologiques pour le monde entier. Vous connaîtrez ainsi le temps qu'il fait sur place.

SANTÉ

En Grande-Bretagne, les conditions sanitaires sont similaires à celles que l'on retrouve en France et l'hygiène est globalement respectée dans la majorité des établissements. L'eau du robinet est potable mais il est toujours préférable de privilégier l'eau en bouteille, pour échapper à la diarrhée du voyageur (ou turista) qui peut frapper n'importe où, même sous ces latitudes.Pour vous protéger du soleil, même si les risques sont modérés, pensez à porter des lunettes de soleil et une crème solaire à fort indice de protection, surtout en Cornouailles.

▶ **NHS**. Les touristes européens bénéficieront, sous l'égide du National Health Service (NHS, sécurité sociale anglaise), de la gratuité des soins en cas d'accident ou d'urgence, sur présentation de leur passeport ou de leur carte d'identité. La protection sociale est assurée par les municipalités, parfois conjointement avec les prestataires et les organismes locaux du NHS. Vérifiez auparavant que l'hôpital ou le médecin dépend bien du National Health Service. Pensez à vous munir de la carte européenne d'assurance maladie (soins dans les pays de l'UE) auprès de votre caisse d'assurance maladie. Cela facilitera la prise en charge en cas de soins sur place. Les ressortissants de l'Union européenne peuvent bénéficier de soins gratuits en se faisant inscrire temporairement, par le médecin consulté, sur le registre du NHS.
www.nhs.uk

Conseils

Pour vous informer de l'état sanitaire du pays et recevoir des conseils, n'hésitez pas à consulter votre médecin. Vous pouvez aussi vous adresser à la Société de médecine des voyages du centre médical de l'Institut Pasteur au ✆ 01 40 61 38 46 (www.pasteur.fr/sante/cmed/voy/listpays.html) ou vous rendre sur le site du Cimed (www.cimed.org), du ministère des Affaires étrangères à la rubrique « Conseils aux voyageurs » (www.diplomatie.gouv.fr/voyageurs) ou de l'Institut national de veille sanitaire (www.invs.sante.fr).

En cas de maladie

Un réflexe : contacter le Consulat de France. Il se chargera de vous aider, de vous accompagner et vous fournira la liste des médecins francophones. En cas de problème grave, c'est aussi lui qui prévient la famille et qui décide du rapatriement. Pour connaître les urgences et établissements aux standards internationaux : consulter les sites www.cimed.org – www.diplomatie.gouv.fr et www.pasteur.fr

Assistance rapatriement – Assistance médicale

▶ **Assurance – Assistance médicale**. Sachez tout d'abord qu'il est possible de bénéficier des avantages de la Sécurité sociale, même à l'étranger. A l'international, des garanties de sécurité sociale s'appliquent et sont mises en œuvre par le Centre des liaisons européennes et internationales de Sécurité sociale (www.cleiss.fr) chargé d'aiguiller les ressortissants dans leurs démarches. Mais cette prise en charge a ses limites. C'est pourquoi souscrire à une assurance maladie peut s'avérer très utile. Les prestations comprennent la plupart du temps le rapatriement, les frais médicaux et d'hospitalisation, le paiement des examens de recherche ou le transport du corps en cas de décès.

Grippe aviaire

La Grande-Bretagne fait partie des pays touchés par l'épizootie de grippe aviaire. Il s'agit d'une infection virale (virus influenza H5N1) touchant habituellement les volatiles. Toutefois, le virus peut se transmettre occasionnellement à l'homme lors de contacts proches. Cette transmission ne concerne en principe que des personnes en contact direct avec les animaux atteints, mais certains cas ont pu faire penser à une exceptionnelle transmission de personne à personne. Le virus grippal se transmet par voie aérienne. Les risques sont donc à prendre en grande considération. Pour cela, il est recommandé de suivre les précautions générales d'hygiène lors des voyages dans les pays en développement :

▶ **Evitez tout contact avec les volailles**, les oiseaux et leurs déjections. C'est-à-dire ne pas se rendre dans les élevages ou sur les marchés aux volailles.

▶ **Evitez de consommer des produits alimentaires crus** ou peu cuits, en particulier les viandes ou les œufs.

▶ **Lavez-vous régulièrement les mains** à l'eau et au savon ou avec un soluté hydro-alcoolique

Encéphalopathie spongiforme bovine

L'encéphalopathie spongiforme bovine (ESB) ou « maladie de la vache folle » est une pathologie neurodégénérative incurable touchant les bovins. En Grande-Bretagne, la maladie a pris des allures épidémiques pendant les années 1980-90, notamment à cause de l'utilisation de carcasses d'animaux contaminés pour la confection de farines animales.Cette maladie appartient au groupe des maladies à « prions » transmissibles à l'homme sous une forme de la maladie de Creuzfeldt-Jakob (MJC). Cette nouvelle forme de la MJC humaine se contracte après l'ingestion de viande contaminée par l'ESB. Désormais, les risques de contracter cette maladie en Grande-Bretagne sont infimes. Les services sanitaires ont pris en charge l'abattage systématique de tous les troupeaux dans lesquels un bovin présente des signes de la maladie. 174 cas en Angleterre ont été signalés en 2011, 25 en France la même année.

Rapatriement sanitaire par les opérateurs de cartes bancaires. Si vous possédez une carte bancaire Visa® et MasterCard®, vous bénéficiez automatiquement d'une assurance médicale et d'une assistance rapatriement sanitaire valables pour tout déplacement à l'étranger de moins de 90 jours (le paiement de votre voyage avec la carte n'est pas nécessaire pour être couvert, la simple détention d'une carte valide vous assure une couverture). Renseignez-vous auprès de votre banque et vérifiez attentivement le montant global de la couverture et des franchises ainsi que les conditions de prise en charge et les clauses d'exclusion. Si vous n'êtes pas couvert par l'une de ces cartes, n'oubliez surtout pas de souscrire une assistance médicale avant de partir.

SÉCURITÉ SOCIALE
11, rue de la Tour des Dames Cedex 09
75436
Paris
✆ 01 45 26 33 41

Trousse à pharmacie

La plupart des médicaments français existent en Grande-Bretagne, mais souvent sous un autre nom. En cas de traitement particulier, emportez avec vous la composition et la description du médicament afin que le médecin anglais trouve un équivalent.

Médecins parlant français

Il faut se présenter dans une surgery (cabinet médical) pour obtenir un rendez-vous chez le médecin. Vous ne pouvez pas choisir votre médecin généraliste (GP – general practitioner), il vous sera attribué selon votre quartier de résidence. Ce même médecin est habilité à vous recommander auprès d'un spécialiste. Seul problème : obtenir un rendez-vous peut prendre plusieurs semaines, voire plusieurs mois.A Londres, pour consulter un médecin généraliste, il est possible de s'adresser au dispensaire français de Londres où exercent des médecins francophones.

MEDICARE FRANCAIS
Dr Alain Hawawini et Dr René Rousseau,
3 Harrington Gardens
✆ +44 20 7370 49 99
www.medicare-francais.co.uk
Généraliste.

Hôpitaux / Cliniques / Pharmacies

Vous pouvez vous présenter aux urgences des hôpitaux britanniques. L'attente sera souvent longue, mais les soins gratuits.

LATHAM HOUSE MEDICAL SURGERY
Sage Cross Street, Melton Mowbray,
Leicester
✆ +44 16 6450 3000
www.lhmp.co.uk
Le plus grand centre hospitalier de Grande-Bretagne.

Urgences

EN CAS D'URGENCE
✆ 999
Numéro national commun pour les ambulances, la police, les pompiers et les garde-côtes.En cas d'incident ou pour avoir la liste des médecins francophones exerçant en Grande-Bretagne, n'hésitez pas à vous rapprocher des différentes antennes du consulat de France.

ROYAL SUSSEX HOSPITAL
Eastern Road
BRIGHTON
✆ +44 1273 696 955

SÉCURITÉ ET ACCESSIBILITÉ

Dangers potentiels et conseils

La Grande-Bretagne n'est pas un pays dangereux. Mais, comme en France ou ailleurs, les mêmes conseils s'imposent : évitez de fréquenter seul certains quartiers la nuit venue, et évitez également d'afficher ostensiblement des signes de richesse pouvant attirer l'attention de pickpockets, surtout dans les lieux touristiques. Et, Grande-Bretagne oblige (surtout dans les grandes villes industrielles, comme Glasgow ou Manchester), méfiez-vous des hooligans ivres les soirs de matchs.

Pour connaître les dernières informations sur la sécurité sur place, consultez la rubrique « Conseils aux voyageurs » du site du ministère des Affaires étrangères : www.diplomatie.gouv.fr/voyageurs.

TÉLÉPHONE

Comment téléphoner ?

- **Pour appeler de Grande-Bretagne en France :** composer le 00 33, puis les 9 chiffres du numéro de votre correspondant, le 153 pour les renseignements internationaux, le 192 pour les renseignements sur Londres et sur la Grande-Bretagne. Ces deux numéros sont gratuits.
- **Pour obtenir un opérateur international :** composer le 155. Ce numéro vous permet aussi d'obtenir un numéro en PCV (« reserved charge call »). Pour téléphoner facilement depuis l'étranger vers la France et dans certains cas vers d'autres pays.
- **Pour téléphoner depuis la France :** (00 44) + indicatif de la ville + numéro de votre correspondant.
- **Pour téléphoner de Grande-Bretagne en Grande-Bretagne :** il faut toujours faire le 0 avant l'indicatif de la ville.

Quelques préfixes à connaître :

- **Appel gratuit :** numéro commençant par 0500 ou 0800
- **Appel facturé au tarif local :** 0845
- **Appel facturé au tarif national :** 0870
- **Appel facturé avec un tarif majoré :** 09

Téléphone mobile

Si vous souhaitez garder votre forfait français, il faudra avant de partir, activer l'option internationale (généralement gratuite) en appelant le service clients de votre opérateur. Une fois à l'étranger, vous payez la communication, que vous émettiez l'appel ou que vous le receviez. Certains opérateurs proposent aussi des forfaits limités à des prix avantageux. N'hésitez pas à contacter votre opérateur pour vous évitez une surprise désagréable à votre retour. Attention, le forfait Free à 2 euros ne fonctionne pas à l'étranger. Enfin, petite astuce qui vous permettra de faire quelques économies. Si vous possédez un smatphone, désactivez les échanges de données en 3G. Préférez le mode Wifi gratuit !

Cabines et cartes prépayées

Autrefois gérée par la poste, la British Telecom est devenue l'industrie la plus lucrative du pays, grâce à l'application d'une technologie datant des années 1960. Elle est aujourd'hui privatisée.A Londres, le visiteur devra faire face à une variété ahurissante de téléphones : à pièces, à télécartes (phonecards), à carte de crédit. Les légendaires cabines rouges se font de plus en plus rares, n'acceptent que les pièces et ne peuvent pas recevoir d'appels. Les communications sont un peu moins onéreuses le soir à partir de 18h, les week-ends et les jours fériés. Plus simple et moins cher, optez pour les call center internationaux, courants dans les villes.

Skype et MSN

Pas besoin de combiné mais d'un ordinateur et d'une connexion Internet pour téléphoner avec Skype ou MSN. Les deux personnes cherchant à entrer en contact doivent avoir téléchargé l'un de ces deux logiciels gratuits. L'utilisation est ensuite très simple : un micro, un casque et une webcam si vous en avez une, et vous pouvez discuter pendant des heures sans payer un centime (connexion Internet exceptée). Attention, si vous voulez appeler sur un téléphone (fixe ou mobile) depuis Skype, il vous faudra créditer votre compte de 10 € minimum. Les tarifs sont néanmoins très avantageux.

S'informer

AVANT SON DÉPART

Le rôle principal de l'ambassade est de s'occuper des relations entre les Etats, tandis que la section consulaire est responsable de sa communauté de ressortissants. Ainsi, pour tout problème concernant les papiers d'identité, la santé, le vote, la justice ou l'emploi, il faut s'adresser à la section consulaire de son pays. En cas de perte ou de vol de papiers d'identité, le consulat délivre un laissez-passer pour permettre uniquement le retour dans le pays d'origine, par le chemin le plus court. Il faut, bien entendu, avoir préalablement déclaré la perte ou le vol auprès des autorités locales.

AMBASSADE DE GRANDE-BRETAGNE
35, rue du Faubourg-Saint-Honoré (8e)
Paris ✆ 01 44 51 31 00
ukinfrance.fco.gov.uk
Ouvert de 9h à 13h du lundi au vendredi et de 14h30 à 16h le mercredi.

BRITISH COUNCIL
9, rue de Constantine (7e), Paris
✆ 01 49 55 73 00 – Fax : 01 47 05 77 02
www.britishcouncil.org
Renseignements sur les études en Grande-Bretagne. Vous y trouverez également un service de presse.

CONSULAT GÉNÉRAL
16, rue d'Anjou (8e), Paris
✆ 01 44 51 31 00 – Fax : 01 44 51 31 27

- **A Amiens :** 03 22 72 08 48
- **A Biarritz :** 05 59 24 21 40
- **A Bordeaux :** 05 57 22 21 10
- **A Boulogne-sur-Mer :** 03 21 87 16 80 – 06 07 01 21 77
- **A Calais :** 03 21 19 43 60 – 06 08 61 36 31
- **A Cayenne :** 0 594 31 10 34 – 0 594 30 42 42
- **A Cherbourg :** 02 33 78 01 83
- **A Clermont-Ferrand :** 04 73 34 24 29
- **A Dunkerque :** 03 28 66 11 98
- **A Fort-de-France :** 0 596 61 88 92 – 0 596 61 56 30
- **Au Havre :** 02 35 19 78 89
- **A Lille :** 03 20 12 82 72
- **A Lorient :** 02 97 87 36 49
- **A Lyon :** 04 72 77 81 70
- **A Montpellier :** 04 67 15 52 07
- **A Nantes :** 02 51 72 72 60
- **A Nice :** 04 91 15 72 10
- **A Nouméa :** 00 687 28 21 53
- **A Marseille :** 04 91 15 72 10
- **A Papeete :** 00 689 706 382
- **A Pointe-à-Pitre :** 0 590 82 57 57
- **A Saint-Malo :** 02 23 18 30 30
- **A Saint-Denis-de-la-Réunion :** 0 262 34 75 76 – 06 92 85 41 68
- **A Toulouse :** 05 61 30 37 91 – 06 86 21 46 82
- **A Tours :** 02 47 43 57 97 – 06 08 01 31 35
- **A Saumur :** 02 41 52 90 54

OFFICE DE TOURISME DE GRANDE-BRETAGNE
www.visitbritain.com
N'est pas ouvert au public.

SUR PLACE

Ambassades et consulats

AMBASSADE DE FRANCE
58 Knightsbridge
Knightsbridge
Londres
✆ +44 20 7073 1000
Voir page 128.

Tourisme

Dans les offices du tourisme des grands centres touristiques, ouverts en général de 9h à 17h, il arrive qu'on vous fasse payer les brochures d'information et les cartes. Dans les petites villes, l'office de tourisme est souvent fermé en hiver, entre le 1er novembre et le 1er avril.

BILLETS D'AVION, SÉJOURS, CITYTRIPS, CROISIÈRES, THALASSO...
www.libertytv.com
0892 700 313
(0,34€/min)
libertyTV
VOTRE TÉLÉ
DES VACANCES
CANALSAT
canal 202
numericable
canal 82
DARTY BOX
canal 155
Alice
canal 72
orange
canal 110
Bbox
Bouygues
canal 202
SFR
canal 209
free
canal 154
France TéléVision
canal 144
ASTRA

■ **CITY OF LONDON INFORMATION CENTRE**
Saint Paul's Churchyard, City of London
Londres ✆ +44 (0) 20 7332 1456
Voir page 802.

■ **FERMANAGH LAKELAND TOURISM**
Wellington Road
ENNISKILLEN ✆ +44 28 6632 3110
www.fermanaghlakelands.com
En face de la station de bus.
Ouvert toute l'année du lundi au vendredi de 9h à 17h30 (19h en juillet et août), de Pâques à septembre le samedi de 10h à 18h, le dimanche de 11h à 17h.
Un excellent office du tourisme, très fourni en dépliants.

MAGAZINES ET ÉMISSIONS

Presse

Les journaux anglais, réputés les meilleurs du monde, disposent d'un marché inégalé (douze quotidiens nationaux et neuf journaux du dimanche). Outre-Manche, deux adultes sur trois lisent un quotidien du matin, et trois sur quatre un hebdomadaire dominical. Un marché alléchant divisé en deux genres distincts : d'un côté, les tabloïds populaires tel le *Sun*, friands de scandales et de chair nue, volontiers outranciers et xénophobes ; de l'autre, la presse « de qualité » qui, du *Times* à *l'Independent*, entretient la tradition britannique de rigueur journalistique et d'investigation poussée.

▶ **Daily Express** – www.express.co.uk – 700 000 exemplaires, quotidien. L'un des principaux tabloïds du pays. Journal conservateur et populaire dont la une est ornée de la devise « Forward Britain », « En avant la Grande-Bretagne ».

▶ **Daily Mail** – www.dailymail.co.uk – 2 400 000 exemplaires, quotidien. C'est le journal par excellence des classes moyennes. Populaire, influent et conservateur, il refuse d'être classé parmi les tabloïds et se définit comme un « compact newspaper ».

▶ **Daily Mirror** – www.mirror.co.uk – 1 888 000 exemplaires, quotidien. Le *Daily Mirror* est, avec le *Sun*, le journal populaire par excellence. Alors que les journaux britanniques sont majoritairement conservateurs, le *Daily Mirror* soutient ouvertement les travaillistes et est le seul à être favorable à l'adoption de l'euro par le Royaume-Uni. C'est l'un des quotidiens les plus vendus de Grande-Bretagne.

▶ **Daily Telegraph** – www.telegraph.co.uk – 1 100 000 exemplaires, quotidien. Ce grand journal de droite (propriété du Canadien Conrad Black), offre à un public vieillissant une information de qualité dans le respect des « valeurs morales traditionnelles ». Malgré sa réputation de journal un peu démodé, le *Daily Telegraph* tente de rajeunir son image en multipliant les suppléments, notamment celui consacré à l'actualité multimédia. Un journal complet.

▶ **The Economist** – www.economist.com – 1 100 000 exemplaires, hebdomadaire. Economies, sociétés, politiques, technologies... L'un des hebdomadaires les plus influents du monde des affaires internationales. Il a beau être britannique, il fait 44 % de ses ventes aux Etats-Unis, contre 17 % en Grande-Bretagne.

▶ **Evening Standard** – www.thisislondon.co.uk – 350 000 exemplaires, quotidien. Créé en 1860, ce journal du soir fait partie du groupe Associated Newspaper (Daily Mail, Mail on Sunday). Son contenu est composé principalement d'infos sur la capitale ainsi que de quelques infos nationales et internationales. Il est vendu chez les libraires mais aussi dans la rue et à l'entrée du métro par des vendeurs aux puissantes cordes vocales. L'*Evening Standard* propose régulièrement des suppléments gratuits (culture, logement...).

▶ **Financial Times** – www.ft.com – 400 000 exemplaires, quotidien. Le *Financial Times* est le journal de référence en matière économique, la couleur saumon du quotidien londonien a fait le tour de la planète pour devenir la couleur des pages économiques de dizaines de journaux dans le monde. Le FT n'est pas le plus vendu des journaux économiques, mais ses sites d'impression dispersés dans le monde lui permettent d'être lu simultanément à Tokyo et à Paris.

▶ **The Guardian** – www.guardian.co.uk – 400 000 exemplaires, quotidien. Le *Manchester Guardian* and *Evening News*, fondé en 1921 par C.P. Scott, s'est modernisé, sans rien céder jusqu'à présent sur son programme d'origine : l'indépendance, la qualité et des idées de gauche. Ayant pris le parti de ne pas publier en ligne la totalité des articles parus dans leurs versions papier, le *Guardian* et *l'Observer* (journal du dimanche) ont également décidé de ne pas organiser leur contenu comme le font la plupart des journaux sur leurs sites web. Les responsables de l'édition électronique ont développé des sites thématiques particulièrement bien construits. Les amateurs de football peuvent ainsi faire un détour par les pages de : www.footballunlimited.co.uk entièrement dédiées au ballon rond et grâce auxquelles le football britannique n'aura plus aucun secret pour vous. Les autres pourront potasser les offres d'emploi regroupées sur un site particulier : www.jobsunlimited.co.uk

- **The Independent** – www.independent.co.uk – 230 000 exemplaires, Royaume-Uni, quotidien. Un journal national d'excellente facture, mais qui peine à trouver sa place entre le *Guardian* et les grands titres de droite, tiraillé entre deux actionnaires, le Mirror Group, et l'Irlandais Tony O'Reilly, aux ambitions contradictoires. Résultat : l'*Independent* a la réputation d'être trop politiquement correct. C'est le quotidien national qui a les ventes les plus basses.
- **Metro** – www.metro.co.uk – Version allégée et gratuite de l'*Evening Standard* lancée en 1999, *Metro* est un vrai succès. Il offre des nouvelles nationales, internationales et people faciles à lire. Parfait quand on vient de se réveiller. Vous les trouverez à l'entrée du métro (si vous passez tôt car ils partent comme des petits pains…)

The Big Issue

Bimensuel 120 000 exemplaires. Vendu par les sans-abri le *Big Issue* ne se contente pas de parler des deux millions de personnes qui cherchent un toit en Grande-Bretagne. Les vendeurs peuvent aussi écrire des poèmes, faire un témoignage, écrire un article : 4 pages par numéro leur sont réservées.

- **The Spectator** – www.spectator.co.uk – 60 000 exemplaires, Royaume-Uni, hebdomadaire. Revue de droite qui traite de politique, économie, art, *The Spectator*, créé en 1828, appartient depuis 1989 au groupe de presse Telegraph Group.
- **The Sun** – www.thesun.co.uk – 3 780 000 exemplaires, Royaume-Uni, quotidien. Né en 1911, racheté en 1969 par Rupert Murdoch, *The Sun* est LE tabloïd britannique : populaire, conservateur, vindicatif, crapoteux, xénophobe, anti-européen…

Floors Castle.

- **The Times** – www.timesonline.co.uk – 811 000 exemplaires quotidien. Fondé en 1785, c'est le plus vieux quotidien britannique et le plus connu. Il a été racheté en 1981 par Rupert Murdoch. Conservateur et influent, il représente plus que jamais la voix de l'establishment. Dotés d'une solide réputation de sérieux et d'une aura dépassant les frontières du royaume, *The Times* et *The Sunday Times* ont installé leurs éditions en ligne en janvier 1996. Alors que les versions papier du quotidien et de l'édition dominicale diffèrent largement dans leur fonctionnement, leurs sites web sont conçus sur le même modèle, permettant au visiteur de naviguer de l'un à l'autre sans se perdre.

Journaux du dimanche

- **Independent on Sunday** – www.independent.co.uk – 285 000 exemplaires. Version dominicale du quotidien *The Independent*, créée en 1990.
- **News of the World** – www.newsoftheworld.co.uk – 3 450 000 exemplaires. Appartenant au *Sun*, c'est LE journal à scandale, toujours à la recherche de « scoops ».
- **The Observer.** 440 000 exemplaires. Le plus ancien des journaux du dimanche (1791) est l'un des plus beaux fleurons de la « qualité anglaise » et la propriété du Scott Trust, comme *The Guardian*.
- **The Sunday Telegraph.** 886 300 exemplaires. Cette version dominicale du *Daily Telegraph*, dont il partage la même rédaction, est née en 1961.
- **The Sunday Times** – www.sunday-times.co.uk – 1 450 000 exemplaires, Royaume-Uni. Fondé en 1822, il a fusionné avec *The Times* en 1967. L'enfant chéri de Rupert Murdoch, est aujourd'hui l'un des meilleurs journaux britanniques de qualité publié le dimanche, en tout cas le plus lu.

Vous trouverez cette présentation de la presse britannique sur le site de Courrier International, que nous remercions.

Radio

BBC. La BBC émet sur les grandes stations nationales suivantes :

- **1** : musique pop actuelle mélangeant tubes et morceaux plus underground.
- **2** : musique pop, jazz.
- **3** : musique classique, culture.
- **4** : débats, théâtre, jeux, infos.
- **Capital** : musique top 50.
- **XFm** : musique rock.

RADIO FRANCE INTERNATIONALE
www.rfi.fr
89 FM à Paris. Pour vous tenir au courant de l'actualité du monde partout sur la planète.

Télévision

Il existe une multitude de chaînes de télévision en Grande Bretagne. BBC1 et BBC2 sont par exemple des télévisions publiques sans publicité, surtout réputées pour leurs téléfilms et leurs documentaires. ITV, Sky, Channel 4 ou ESPN sont des chaînes privées avec chacune leurs thématiques propres.

LIBERTY TV
www.libertytv.com
Cette chaîne non cryptée propose des reportages sur le monde entier et un journal sur le tourisme toutes les heures. La « télé des vacances » met aussi en avant des offres de voyages et promotions touristiques toutes les 15 minutes.

Sites Internet

Tourisme

ENGLISH-HERITAGE.ORG.UK
www.english-heritage.org.uk
En anglais.
Ce site recense tout le patrimoine culturel anglais. De nombreuses photos accompagnent les informations sur les sites archéologiques et les événements liés à l'histoire.

LONDONTOURISTBOARD.COM
Londres
www.londontouristboard.com
Un site disponible en français, pour vous aider à planifier votre visite. Informations pratiques (logement, centres d'intérêt de la ville, sorties, expositions, événements saisonniers), et carte interactive.

STREETMAP.CO.UK
Londres
www.streetmap.co.uk
A l'aide d'un moteur de recherche, on obtient les cartes et les plans de nombreuses villes anglaises.

THISISOXFORDSHIRE.CO.UK
Londres
www.thisisoxfordshire.co.uk
Guide en ligne sur la région d'Oxford, en anglais.

VISITBRITAIN.COM
Londres
www.visitbritain.com

Outre les informations touristiques et événementielles générales sur l'ensemble du Royaume-Uni, des idées de séjour ainsi qu'une présentation des différents modes de déplacement, une rubrique économique, et une rubrique gay.

■ **WESTCOUNTRYLINKS.CO.UK**
Londres
www.westcountrylinks.co.uk
Guide touristique sur l'ouest de l'Angleterre (Somerset, Dorset, Devon and Cornwall).

■ **YORKPRESS.CO.UK**
Londres
www.yorkpress.co.uk
Guide en ligne sur la ville de York, en anglais.

Sites officiels

■ **AMBAFRANCE-UK.ORG**
Londres
www.ambafrance-uk.org
Ce site officiel de l'ambassade de France informe en anglais sur les conditions pour venir en France. On y trouve un index *La France de A à Z*, les informations nécessaires pour venir au Royaume-Uni ou s'y installer et des dossiers traitant de politique.

■ **DIRECT.GOV.UK**
Londres
www.direct.gov.uk
En anglais.
Site officiel du gouvernement britannique.

■ **LONDON.GOV.UK**
Londres – www.london.gov.uk
Très axé sur la culture et la politique de la ville, exclusivement en anglais, il donne des informations pratiques sur les infrastructures et les services (transports urbains, pompiers, etc.).

■ **UKINFRANCE.FCO.GOV.UK/FR**
ukinfrance.fco.gov.uk/fr
Les bureaux de l'ambassade de Grande-Bretagne en France sont situés 35 rue du Faubourg Saint-Honoré à Paris. Le bâtiment, appelé « chancery », abrite une équipe de diplomates et d'employés qui travaillent et soutiennent le gouvernement britannique dans sa politique et ses objectifs internationaux. Les consulats de Grande-Bretagne en France se trouvent à Paris, Bordeaux et Marseille. L'ambassade de Grande-Bretagne à Paris, le consulat de Bordeaux et la Délégation commerciale du Royaume-Uni à Lyon fournissent également toute une palette de services commerciaux.

L'Écosse sur Internet

■ **FRANCO-ECOSSAISE.ASSO.FR**
www.franco-ecossaise.asso.fr
Le site de l'Association franco-écossaise. Conseils pratiques, informations générales et de belles photos sur l'Ecosse.

■ **SCOTLAND.GOV.UK**
www.scotland.gov.uk
Site du gouvernement écossais. En anglais. Site axé sur les institutions politiques écossaises.

■ **VISIT SCOTLAND**
www.visitscotland.com
Le site de l'office du tourisme national écossais. Incontournable pour préparer votre voyage. Réservez votre hébergement en ligne et profitez des nombreuses offres spéciales (hôtellerie, restauration...).

Le pays de Galles sur Internet

■ **CARDIFF.GOV.UK**
www.cardiff.gov.uk
Site officiel de la ville de Cardiff. En anglais.

■ **SOUTHERNWALES.COM**
www.southernwales.com
Le site touristique qui vous emmène à la découverte du sud du pays de Galles. Site en anglais.

Robert Ier d'Écosse.

ORGANISER SON SÉJOUR

Comment partir ?

PARTIR EN VOYAGE ORGANISÉ

Voyagistes

Spécialistes

Vous trouverez ici les tour-opérateurs spécialisés dans votre destination. Ils produisent eux-mêmes leurs voyages et sont généralement de très bon conseil car ils connaissent la région sur le bout des doigts. A noter que leurs tarifs se révèlent souvent un peu plus élevés que ceux des généralistes.

AGUILA
Espace Lunel Littoral, 177 B, avenue Louis-Lumière, Lunel
✆ 04 67 13 22 32 – Fax : 04 67 82 53 97
www.aguila-voyages.com
Aguila vous emmène en voyage avec un photographe. Prises de vue avec un professionnel, critiques d'images, apports théoriques, une autre façon de découvrir un pays. Partez en Ecosse pour capter les lumières des Highlands.

BMS
64, Boulevard de Sébastopol (3e), Paris
✆ 01 42 66 07 07 – Fax : 01 42 66 07 17
www.bms-travelshop.com
Spécialiste du voyage à la carte et du sur mesure en Grande-Bretagne, BMS dispose d'une offre de produits, pour les individuels et les groupes, plus que conséquente pour construire un voyage réussi au Royaume-Uni : hébergement (Bed & Breakfast, hôtels, manoirs, auberges, demeures de charme), transports (Eurostar, avion, Superfast, ferry, National Express, Euro Tunnel, liaisons aéroports-centre-ville, billets de chemin de fer Britrail) mais aussi des Pass pour faciliter la logistique de votre voyage (Great British Heritage Pass, accès libre à 584 propriétés et jardins sur le territoire britannique, le Britrail Pass et le Freedom of Scotland qui permettent de circuler librement de façon illimitée sur l'ensemble ou partie du réseau ferré).

CHASSE PÊCHE LOISIRS VOYAGES
Le Cannet-des-Maures ✆ 04 94 73 20 43
Fax : 04 94 73 41 18 – http : //cplv.fr
Pour les amateurs de chasse et de pêche plusieurs séjours sont proposés par le tour-opérateur. Grand gibier, petit gibier et poissons de rivière vous attendent en Ecosse.

CLIO
34, rue du Hameau (15e)
Paris
✆ 08 92 70 04 74
www.clio.fr
Le tour-opérateur Clio, inspiré par la muse de l'histoire, vous emmène à la découverte de la Grande-Bretagne à travers plusieurs séjours. Découvrez Londres, le Pays de Galles, les trésors d'Ecosse ou le sud de l'Angleterre.

COMPTOIR DES VOYAGES
2-18, rue Saint-Victor (5e)
Paris
✆ 0 892 239 339
www.comptoir.fr
« La route du whisky » ou « Nouvel an à l'écossaise » sont les séjours que propose Comptoir des voyages ainsi que «De manoirs en châteaux» ou «Shetlands et Orcades».

COULEUR VOYAGES
12, quai du Maréchal-Joffre (2e)
Lyon
✆ 04 72 40 50 60
Fax : 04 72 40 50 61
www.groupecouleur.fr
Ce tour-opérateur propose des séjours qui combleront sans aucun doute les amateurs de sports. En Grande-Bretagne, vous pourrez partir supporter vos équipes préférées grâce à des packages pour les week-ends qui proposent les accès dans les stades les plus prestigieux de football (Arsenal, Chelsea, Liverpool) ou de rugby (Cardiff et tous les matchs de la coupe d'Europe).

EVANEOS
✆ 09 70 40 89 28
www.evaneos.com
Evaneos.com s'adresse à tous les amateurs de voyages en liberté et sur-mesure qui veulent maîtriser leur budget et payer le vrai prix de leur voyage… sans sacrifier la qualité. Jeunes ou seniors, individuels, couples, familles ou copains, la plate-forme les met en relation avec les agents locaux pour leur permettre de découvrir un pays à leur rythme, de façon plus ou moins sportive, en bivouac ou en 5 étoiles, toujours selon leurs goûts personnels, hors des sentiers battus et en toute sécurité.

GREENS DU MONDE

BP 04
Ramatuelle
✆ 0 825 800 917
Fax : 04 94 55 97 78
www.greensdumonde.com
Greens du Monde, spécialiste du séjour golf propose d'allier parcours sur les greens et découverte du pays en France et dans l'Europe francophone. Greens du monde propose un forfait pour passer une semaine dans le berceau du golf : St Andrews (4 green fees au choix sur les 2 parcours du resort). Il est aussi possible de choisir un autre forfait, avec hébergement dans un hôtel situé à 30 min de St Andrews.

INTERHOME

15, avenue Jean-Aicard (7e)
Paris
✆ 0 805 650 350
Fax : 01 48 06 88 43
www.interhome.fr
Il vous suffit de choisir le logement qui vous convient sur la brochure ou le site Internet, et Interhome s'occupe de réserver le lieu de votre choix à vos dates.

INTERMÈDES

60, rue La Boétie (8e)
Paris
✆ 01 45 61 90 90
Fax : 01 45 61 90 09
www.intermedes.com
Intermèdes, spécialiste du voyage culturel, propose divers séjours à destination de la Grande-Bretagne. Dans les voyages axés sur le thème « l'Art des Jardins », vous êtes invités à découvrir les jardins du sud de l'Angleterre, ou encore ceux du Pays de Galle et de l'Ecosse. Vous trouverez également un circuit de 5 jours à la découverte des Cornouailles. Des circuits à travers toute la Grande-Bretagne sont également programmés, ainsi qu'un séjour de 3 jours à Londres. Tous les voyages sont accompagnés d'un conférencier.

MONDES ET MERVEILLES

7, rue du 29 Juillet (1er)
Paris
✆ 01 42 60 34 54
Fax : 01 42 60 34 59
www.european-garden-tour.com
En petits groupes animés par un conférencier, Mondes et Merveilles propose à ses clients de découvrir et visiter les plus beaux jardins du monde. Vous pourrez opter pour un séjour à la carte ou des circuits déjà préparés.

MONDORAMAS VOYAGES

ZI Athelia 4
375, avenue du Mistral
La Ciotat ✆ 04 42 36 03 60
Fax : 04 42 36 03 70
www.mondoramas.com
Ce tour-opérateur propose plusieurs séjours en Grande-Bretagne : « Angleterre, Jardins Royaux », « Ecosse Légendaire : circuit autocar », « Edimbourg et Glasgow », « Royaume Uni : circuit autocar Angleterre, Ecosse et Pays de Galles ».

NEW EAST

45, rue Lesdiguières, Grenoble
✆ 04 76 47 19 18 – Fax : 04 76 47 19 14
www.new-east.fr
Ouvert du lundi au vendredi de 9h à 12h et de 14h à 18h.
Une bande de copains se prend au jeu pour proposer des séjours et circuits en autocar avec des séjours en liberté à petit budget. Devant le succès rencontré par la formule New East, de nouvelles destinations en autocars s'ouvrent pour les plus belles villes d'Europe de Lisbonne à Stockholm en passant par Ljubjana ou Vienne. Avec 20 ans d'expérience, New East propose aujourd'hui d'embarquer pour la Planète Europe pour les individuels et groupes, programmés lors des fêtes, événements et vacances scolaires. Les thèmes sont multiples : séjours culturels, vacances d'hiver, festivals, voyages d'études, week-end de fête, séminaire d'intégration ou tout simplement séjour liberté…

NOVO TRAVEL

✆ 04 76 43 30 81 – http : //novo.travel
Voyagenbus.com, spécialiste du Royaume-Uni, propose des voyages en autocar grand tourisme à destination de Londres, des départs plusieurs fois par semaine depuis Paris, Lyon, Marseille et les grandes villes françaises. Au programme également, des combinés Londres-Amsterdam, le nouvel an à Londres en formule « nuit blanche », « clubbing » et formule 3 et 5 jours sur place, le Carnaval de Notting Hill et les grands festivals comme Download, Reading, Sonisphere, Hard Rock Calling et un Tour d'Europe avec étape à Londres. Formules à petits prix et tarifs promo à certaines dates, avec hébergement en hostel et hôtel 3 étoiles, petits-déjeuners, temps libre sur place, et option tour de ville en bus panoramique. Séjours sur mesure et à tarifs préférentiels pour les groupes, collèges, lycées, étudiants, associations et comités d'entreprise.

■ **QUARTIER LIBRE**
Le Britannia, Allée C, 20, boulevard Eugène-Deruelle
Lyon ✆ 04 78 53 39 28
Fax : 04 78 53 39 17
www.quartier-libre.fr
Quartier libre propose des autotours, des circuits, des courts séjours en Ecosse, ou vous laisse composer votre voyage avec vol, hôtel et location de voiture.

■ **TERRES D'AVENTURE**
30, rue Saint-Augustin (2e)
Paris ✆ 0 825 700 825
Fax : 01 43 25 69 37
www.terdav.com
Spécialiste du voyage à pied, Terre d'Aventure organise des randonnéesdans les îles anglo-normandes ainsiq u'en Ecosse dans les Higlands et les Western Isles.

Autre adresse : 6, rue Saint-Victor 75005 Paris.

■ **TERRES OUBLIÉES**
14, rue Aimé Collomb
Lyon ✆ 04 37 48 49 90
Fax : 04 78 60 19 94
www.terres-oubliees.com
Le savoir-faire de l'équipe de Terres oubliées s'observe à travers la diversité des formules proposées : des voyages d'exploration, qui s'adressent à ceux pour qui l'effort et l'isolement sont un moteur d'émotions. Plusieurs voyages sont proposés à destination de l'Ecosse.

■ **TRANSEUROPE – CITYTRIPS**
5-7, place de la Gare
Lille
✆ 03 28 36 54 80
www.transeurope.com
Spécialiste des séjours citadins, Transeurope propose une sélection d'hôtels et d'hébergements de charme dans plusieurs villes de Grande-Bretagne. Le tour-opérateur s'occupe également des réservations pour le transport à des prix intéressants.

■ **VOYAGES 4 A – INTERCARS TRAVEL**
306, rue de l'Industrie
Tarnos ✆ 05 59 23 90 37
Fax : 05 59 64 85 31
www.voyages4a.com
Spécialisé dans les déplacements en autocar à tarifs économiques, Voyages 4A parcourt les plus grandes villes européennes et propose notamment des séjours à Londres, en combiné avec Amsterdam. Egalement spécialisé dans les voyages à thème, Voyages 4A offre la possibilité de découvrir la capitale anglaise à l'occasion d'événements comme le carnaval de Notting Hill Gate, de divers festivals ou de journées shopping. Possibilité de voyage combiné Londres-Amsterdam bus + hôtel.

■ **VOYAGEURS DU MONDE**
55, rue Sainte Anne (2e)
Paris ✆ 01 42 86 16 00
www.voyageursdumonde.com
Juste 1 800 m² consacrés aux voyages ! Depuis plus de trente ans, Voyageurs du Monde construit pour vous un univers totalement dédié au voyage sur mesure et en individuel, grâce aux conseils pointus transmis par des spécialistes qualifiés sur leur destination de cœur ou d'origine. Vous bénéficiez de leur aide pour la préparation du voyage mais aussi durant toute la durée du voyage sur place. Tous les circuits peuvent être effectués avec des enfants car tout est question de rythme. Vous invitez votre petite tribu familiale, enfants, petits-enfants, VDM vous propose des tarifs étudiés au cas par cas, des découvertes pour les adultes et des activités ludiques pour les enfants. Choisissez parmi la bonne centaine de voyages sur mesure proposés.

Réceptifs

■ **CARDIFF HISTORY AND HAUNTINGS**
CARDIFF
✆ +44 75 388 786 09
Voir page 532.

■ **WAVERLEY EXCURSIONS**
36 Lancefield Quay
GLASGOW
✆ +44 141 221 81 52

Sites comparateurs et enchères

Plusieurs sites permettent de comparer les offres de voyages (packages, vols secs, etc.) et d'avoir ainsi un panel des possibilités et donc des prix. Ils renvoient ensuite l'internaute directement sur le site où est proposée l'offre sélectionnée.

■ **EASYVOYAGE**
www.easyvoyage.com
Le concept d'Easyvoyage.com peut se résumer en trois mots : s'informer, comparer et réserver. Des infos pratiques sur quelque 255 destina-

tions en ligne (saisonnalité, visa, agenda...) vous permettent de penser plus efficacement votre voyage. Après avoir choisi votre destination de départ selon votre profil (famille, budget...), Easyvoyage.com vous offre la possibilité d'interroger plusieurs sites à la fois concernant les vols, les séjours ou les circuits. Enfin grâce à ce méta-moteur performant, vous pouvez réserver directement sur plusieurs bases de réservation (Lastminute, Go Voyages, Directours, Anyway... et bien d'autres).

ILLICOTRAVEL

www.illicotravel.com

Illicotravel permet de trouver le meilleur prix pour organiser vos voyages autour du monde. Vous y comparerez les billets d'avion, hôtels, locations de voitures et séjours. Ce site très simple offre des fonctionnalités très utiles comme le baromètre des prix pour connaître les meilleurs prix sur les vols à plus ou moins 8 jours. Le site propose également des filtres permettant de trouver facilement le produit qui répond à tous vos souhaits (escales, aéroport de départ, circuit, voyagiste...).

LOCATIONDEVOITURE.FR

✆ 0 800 73 33 33 / 01 73 79 33 32

www.locationdevoiture.fr

Notre coup de cœur : Le site compare toutes les offres de 8 courtiers en location de voitures, des citadines aux monospaces en passant par les cabriolets et 4x4. En Angleterre, vous trouverez facilement sur 199 villes différentes l'offre la plus intéressante pour votre location de voiture. En plus du prix, l'évaluation de l'assurance et les avis clients sont affichés pour chacune des offres. Plus qu'un simple comparateur, vous pouvez réserver en ligne ou par téléphone. C'est la garantie du prix et du service !

PARTIR SEUL

En avion

De nombreuses villes en Grande-Bretagne sont desservies par les compagnies aériennes. Il est possible de trouver des allers-retours à 70€ au départ de Paris pour Londres mais compter en moyenne entre 120 et 170€ pour rejoindre d'autres villes. A noter que la variation de prix dépend de la compagnie empruntée mais, surtout, du délai de réservation. Pour obtenir des tarifs intéressants, il est indispensable de vous y prendre très en avance ou à la dernière minute...

Principales compagnies desservant la destination

Pour connaître le degré de sécurité de la compagnie aérienne que vous envisagez d'emprunter, rendez-vous sur le site Internet www.securvol.fr ou sur celui de la Direction générale de l'aviation civile : www.dgac.fr

AIR FRANCE

✆ 36 54

www.airfrance.fr

Air France et KLM desservent tous les jours une quinzaine de villes de Grande-Bretagne, Londres, Cardiff, Edimbourg, Glasgow, Aberdeen, Liverpool, Manchester, Southampton...

Des vols tous les jours sont assurés depuis Lyon vers Brimingham et de Nantes vers Londres.

BRITISH AIRWAYS

✆ 0 825 825 400

(0,15 €/min d'un poste fixe)

www.ba.com

British Airways assure plusieurs liaisons quotidiennes et directes de Paris à destination de Londres, Birmingham et Manchester. Des vols vers d'autres villes notamment Edimbourg et Cardiff font une escale à Londres.

BRUSSELS AIRLINES

✆ 0 892 64 00 30

www.brusselsairlines.com

La compagnie propose des vols entre plusieurs villes françaises et Londres.

CITYJET

✆ 0871 666 5050 – www.cityjet.com

City Jet dessert Londres en vol direct plusieurs fois par semaine depuis Paris, Nantes, Deauville, Brive. Des connexions sont possibles pour se rendre à Edimbourg, Manchester et Dundee.

EASYJET

✆ 0 826 10 26 11 – www.easyjet.com

De Paris, Easy jet dessert tous les jours en vols directs Londres, Bristol, Newcastle, Liverpool, Glasgow et Edimbourg.

Depuis Marseille, Bordeaux, Toulouse, Lyon et Nice, Londres ainsi que Bristol, Liverpool et Birmingham sont accessibles toute l'année. Durant les mois d'été, les destinations sont plus nombreuses.

■ **FLY.BE**
Belgique www.fly.be
Fly.be propose des vols à destination des villes de Grande-Bretagne depuis de nombreuses villes de France. Ce site recense toutes les compagnies *low cost* européennes pour offrir les meilleurs tarifs.

■ **RYANAIR**
✆ 0 892 232 375 – www.ryanair.com
Depuis de nombreuses villes de France, Ryanair dessert Londres, Leeds, Glasgow, Edimbourg...

En train

■ **EUROSTAR**
✆ 0 892 35 35 39 – www.eurostar.com
L'Eurostar est le service de train à grande vitesse qui relie directement le cœur de Paris au centre de Londres en 2 heures 35. Des départs quotidiens en semaine (environ toutes les heures) de Paris Gare du Nord à Londres St Pancras. A titre indicatif, vous trouverez l'aller-retour à partir de 66 €. Le train relie également Lille à Londres en moins de 2 heures. D'autres gares Eurostar existent en Angleterre : Ebbsfleet International, Ashford International et Stratford International.

■ **TRAIN DE LUXE**
MC 98 0000 Monaco
1, rue du Gabian le thalès
www.traindeluxe.com
Ce site Internet présente l'offre la plus complète de circuits en train de luxe dans le monde entier. Orient Express, Eastern and Oriental Express, Transsibérien… sont présents dans le catalogue du site. Les promotions sont disponibles dès leur publication par les compagnies ferroviaires. Choisissez votre destination et votre mois de départ, différents circuits vous seront alors proposés selon vos souhaits. Devis gratuit en ligne ou par téléphone.

En bus

■ **IDBUS**
38, Rue de Seine
Vitry-sur-Seine
✆ 0892 68 00 68
www.idbus.fr
Lancé en juillet 2012 par la SNCF, IDBUS propose de rejoindre plusieurs villes d'Europe du Nord : Londres, Amsterdam et Bruxelles, et ce, depuis Paris et Lille. Plusieurs allers-retours quotidiens sont proposés pour relier ces différentes villes. Entre 60 et 100 € l'aller-retour.

▶ **Sur les destinations proposées,** IDBUS se veut être une alternative de choix à la voiture. C'est pourquoi les IDBUS offrent un confort certain : autocars de standard quatre étoiles, dernières technologies, attente confortable en gare, choix des sièges lors de la réservation, grande attention durant le voyage. Enfin, les différents horaires sont variés et sont adaptés à vos désirs.

■ **NATIONAL EXPRESS C/O EUROLINES**
55, rue Saint-Jacques (5e)
Paris
✆ 0 892 89 90 91
Fax : 0 892 89 90 91
www.britbus.com
Ouvert du lundi au vendredi de 9h30 à 18h30 et le samedi de 10h à 17h.
National Express est le service régulier d'autocars en Grande-Bretagne. Il dessert plus de 120 destinations à travers le pays. Vous pouvez réserver vos billets depuis Paris auprès de la compagnie EuroLines, qui vous propose également une grande gamme de séjours en Grande-Bretagne, organisés en autocar.

En bateau

■ **BRITTANY FERRIES**
Avenue Grand Large
✆ 0825 828 828 – www.brittanyferries.com
Brittany Ferries propose jusqu'à 12 départs par jour vers l'Angleterre (ferry croisière ou navire rapide). Départs de Caen, Saint-Malo et Cherbourg vers Portsmouth (situé à 120 km de Londres), mais aussi des liaisons Cherbourg-Poole (à 187 km de Londres), Roscoff-Plymouth et Santander-Plymouth (environ 370 km de Londres).

■ **DFDS/LD LINES**
DFDS Seaways – Car Ferry Terminal
Ligne Calais-Douvres
Calais
✆ 03 28 59 01 01 / 02 32 14 68 50
www.dfdsseaways.fr
Ouvert de 2h à 0h. 1 voiture + 4 personnes : de 39 à 74 €.
Les terminaux ferries de Calais et Dunkerque sont idéalement situés près de grands réseaux autoroutiers. A la descente du ferry, vous mettrez le pied en Angleterre et plus particulièrement dans le Kent. Le Kent est un comté très

diversifié avec des paysages typiques, 560 km de côtes et des lieux chargés d'histoire. Ce comté est également connu comme «le Jardin de l'Angleterre». Le terminal ferries de Douvres donne directement sur un vaste réseau routier et vous pourrez explorer facilement le reste de la Grande-Bretagne, que ce soit Londres, l'Ecosse ou l'Ouest».

DFDS SEAWAYS – CAR FERRY TERMINAL
Calais
✆ 03 28 59 01 01 / 02 32 14 68 50
www.dfdsseaways.fr
Ouvert de 2h à 0h. 1 voiture + 4 personnes : de 39 à 74 €.
Les terminaux ferries de Calais et Dunkerque sont idéalement situés près de grands réseaux autoroutiers. A la descente du ferry, vous mettrez le pied en Angleterre et plus particulièrement dans le Kent, un comté très diversifié proposant paysages typiques, 560 km de côtes et des lieux chargés d'histoire. Ce comté est également connu comme « le Jardin de l'Angleterre ». Le terminal ferries de Douvres donne directement sur un vaste réseau routier et permet ainsi d'explorer facilement le reste de la Grande-Bretagne, que ce soit Londres, l'Ecosse ou l'Ouest.

EUROMER
5, quai de Sauvages
Montpellier
✆ 04 67 65 95 14
www.euromer.net
Euromer propose de nombreuses traversées depuis la France jusqu'en Grande-Bretagne. Les liaisons sont de Calais vers Douvres, du Havre vers Porthmouth, de Dieppe vers Newhaven, de Cherbourg, Le Havre, Caen et Saint Malo vers Porthmouth, de Roscoff vers Plymouth, de Cherbourg vers Poole et de Boulogne vers Douvres.

MY FERRY LINK
Londres ✆ +44 3 21 17 70 26
Voir page 121.

En voiture

Pour rejoindre Londres, vous mettrez environ 5 heures. Depuis Paris, prendre l'A1 direction Lille, puis l'A16 vers Calais. La sortie 42 mène directement à l'Eurotunnel et terminer sur la M20 direction Londres.
Pour calculer précisément votre itinéraire, consultez les sites www.viamichelin.fr ou www.mappy.fr

EUROTUNNEL
✆ 0 811 36 52 99 – www.eurotunnel.com
Réservation et renseignements du lundi au samedi de 9h à 17h30 (jours fériés inclus).
Vous traversez la Manche, à bord d'une navette (un wagon fermé, en fait) dans lequel est enfermé votre véhicule. Votre famille et vous-même serez installés confortablement, à l'intérieur de votre véhicule. La liaison entre Calais et Coquelles-Folkestone (ville portuaire près de la capitale anglaise) se fait en 35 minutes.

En France, le terminal Eurotunnel est situé sur l'autoroute A16, sortie 42. Présentez-vous entre 30 minutes et 2 heures avant l'horaire réservé de départ.

Location de voitures

ALAMO – RENT A CAR
✆ 0 825 16 22 10 / 0 891 700 200
www.alamo.fr
Actuellement, Alamo possède plus de 1 million de véhicules au service de 15 millions de voyageurs chaque année, répartis dans 1 248 agences implantées dans 43 pays. Des tarifs spécifiques sont proposés, comme Alamo Gold aux Etats Unis, le forfait de location de voiture tout compris incluant les assurances, les taxes, les frais d'aéroport, un plein d'essence et les conducteurs supplémentaires. Alamo met tout en œuvre pour une location de voiture sans soucis.

AUTO ESCAPE
✆ 0 892 46 46 10 / 04 90 09 51 87
www.autoescape.com
En ville, à la gare ou dès votre descente d'avion. Cette compagnie qui réserve de gros volumes auprès des grandes compagnies de location de voitures vous fait bénéficier de ses tarifs négociés. Grande flexibilité. Pas de frais de dossier, pas de frais d'annulation, même à la dernière minute. Des informations et des conseils précieux, en particulier sur les assurances.

AUTO EUROPE
✆ 0 800 940 557 – www.autoeurope.fr
Réservez en toute simplicité sur plus de 8 000 stations dans le monde entier. Auto Europe négocie toute l'année des tarifs privilégiés auprès des loueurs internationaux et locaux afin de proposer à ses clients des prix compétitifs. Les conditions Auto Europe : le kilométrage illimité, les assurances et taxes incluses dans de tout petits prix et des surclassements gratuits pour certaines destinations.

■ **AVIS**

✆ 0 820 05 05 05

www.avis.fr

Avis a installé ses équipes dans plus de 5 000 agences réparties dans 163 pays. De la simple réservation d'une journée à plus d'une semaine, Avis s'engage sur plusieurs critères, sans doute les plus importants. Proposition d'assurance, large choix de véhicules de l'économique au prestige avec un système de réservation rapide et efficace.

■ **BSP AUTO**

✆ 01 43 46 20 74

www.bsp-auto.com

Ouvert tous les jours de 9h à 22h. Devis gratuit. A partir de 28 € par jour pour une durée de 7 jours en catégorie A.

La plus importante sélection de grands loueurs dans les gares, aéroports et centres-villes. Les prix proposés sont les plus compétitifs du marché. Les tarifs comprennent toujours le kilométrage illimité et les assurances. Les bonus BSP : réservez dès maintenant et payez seulement 5 jours avant la prise de votre véhicule, pas de frais de dossier ni d'annulation, la moins chère des options zéro franchise.

■ **DEGRIFAUTO**

✆ 01 45 19 76 45

www.degrifauto.fr/

Dégriftour – Location de voiture est une marque du groupe Last Minute Network Limited, spécialisé dans la location de voiture à prix dégriffé partout dans le monde.

■ **HERTZ**

✆ 0 810 347 347

www.hertz.com

Vous pouvez obtenir différentes réductions si vous possédez la carte Hertz ou celle d'un partenaire Hertz. Le prix de la location comprend un kilométrage illimité, des assurances en option, ainsi que des frais si vous êtes jeune conducteur. Toutes les gammes de voitures sont représentées.

■ **HOLIDAY AUTOS FRANCE**

✆ 0 892 39 02 02

www.holidayautos.fr

Avec plus de 4 500 stations dans 87 pays, Holiday Autos vous offre une large gamme de véhicules allant de la petite voiture économique au grand break. Holiday Autos dispose également de voitures plus ludiques telles que les 4x4 et les décapotables.

■ **LOCATIONDEVOITURE.FR**

✆ 0 800 73 33 33

Voir page 803.

SÉJOURNER

Se loger

- **Les hôtels** sont classés de 1 à 5 étoiles.
- **Les guesthouses**, du genre maison d'hôtes et les Bed and Breakfast (B&B) sont chez l'habitant.
- **Les auberges de jeunesse** se trouvent quelquefois sur des sites préservés et parfois même, en Ecosse, dans des châteaux.

Les offices du tourisme (il y en plus de 800 en Grande-Bretagne) vous aideront à trouver un logement pour la nuit, quelquefois moyennant commission. En Ecosse et au Pays de Galles, ce service est très souvent gratuit.

Chambres d'hôtes

Bed and Breakfast signifie littéralement « lit et petit déjeuner ». Vous noterez entre les différents établissements un écart important de prix mais aussi de confort. Le terme « familial » signifie simplement le fait d'être hébergé dans une maison privée.

Auberges de jeunesse

Les auberges de jeunesses n'ont pas de limite d'âge. Toutes proposent des chambres souvent collectives. Certaines possèdent des chambres pour les familles et offrent également des possibilités de repas très bon marché et une variété d'activités de loisirs. Pour connaître toutes les adresses des auberges de jeunesse visiter le site anglais (www.yha.org.uk) ; écossais (www.syha.org.uk) ; irlandais (www.hini.org.uk) ou adressez-vous à la Fédération unie des auberges de jeunesse (FUAJ). Il existe aussi de nombreux établissements indépendants (www.independenthostelguide.com).

Campings

La qualité des services proposés par les campings comporte cinq catégories. Soyez discret si vous faites du camping sauvage en Ecosse. La Forestry Commission gère des terrains de camping dans les sept parcs forestiers de Grande-Bretagne et la New Forest. Certains d'entre eux offrent des réductions pour des groupes de jeunes. Dans les régions rurales de Grande-Bretagne, le camping est souvent possible sur les terres arables avec la permission des agriculteurs. Les terrains de camping et de caravaning plus grands possèdent souvent une section pour les campeurs. Procurez-vous également l'indispensable guide *Where to stay : Camping and Caravan Parks in Britain*, qui est disponible gratuitement dans les bureaux de la BTA.

CAMPING CHÈQUE

www.campingcheque.fr

Camping Chèque est la garantie d'un tarif unique de 15 € la nuit pour 2 personnes auprès de 588 campings 3, 4 et 5-étoiles, en basse saison dans 26 pays d'Europe (+ le Maroc).

Quelle que soit la destination, ce Camping Chèque permet d'économiser de 10 à 60 % sur les tarifs des campings. Il comprend l'emplacement pour 2 personnes avec le camping-car, la caravane, la tente ou la caravane pliante + 1 voiture + l'électricité. Plus d'informations sur le site Internet.

Bons plans

- **Locations**. Des forfaits vacances sont pratiqués par certaines compagnies de ferries (Brittany Ferries notamment), bateau + location de cottage. Un guide de location pour les vacances paraît tous les ans, on peut se le procurer à la librairie W.H.Smith à Paris. Pour les échanges de maisons ou d'appartements, vivre dans une ferme, un cottage, un bungalow ou un chalet, adressez-vous aux organismes suivants. Pour conduire une voiture de location, il faut avoir plus de 21 ans, voire 23 ans. L'âge maximum est de 70 ans.

- **Résidences universitaires**. Les résidences universitaires sont ouvertes aux touristes uniquement pendant les périodes de vacances scolaires (Noël, nouvel an, Pâques et de juin à septembre). Le tarif par nuit varie de £20 à £40, petit déjeuner compris. Elles proposent également un hébergement en location à la semaine, ainsi qu'une variété d'activités de loisirs. Très répandues en Grande-Bretagne, elles sont gérées par la BUAC :

BRITISH UNIVERSITIES ACCOMMODATION CONSORTIUM (BUAC)

Box 1562E,
University Park
NOTTINGHAM
✆ +44 115 950 45 71
Fax : +44 115 942 25 05

Représente plus de 60 universités et collèges dans toute la Grande-Bretagne.

Se déplacer

CONDOR FERRIES

Gare maritime de la Bourse
Terminal Ferry du Naye
BP99
Saint-Malo
✆ 0 825 135 135
www.condorferries.fr

Condor Ferries propose la desserte annuelle des deux îles Jersey, Guernesey au départ de Saint-Malo sur des car-ferries rapides, associant la technologie la plus performante au confort optimal. Nombreuses formules et tarifs avantageux pour les excursions journée et séjours en B (tél) B ou hôtel de charme. A bord : salons spacieux climatisés, bar d'ambiance, restauration, aire de jeux pour les enfants, salon club class, large boutique Duty free, ponts extérieurs de promenade.

Bus

NATIONAL EXPRESS

✆ +44 8450 130 130
www.nationalexpress.com

National Express est le service régulier d'autocars en Grande-Bretagne. Il dessert plus de 120 destinations à travers le pays. Réservation des billets depuis Paris auprès de la compagnie EuroLines, qui vous offre également une grande gamme de séjours en Grande-Bretagne, organisés en autocar. La carte Britexpress vous accorde - 30 % sur les services d'autocars de la National Express et les compagnies associées pendant trente jours. La carte Explorer utilisée sur le réseau d'autocars écossais Scottish Citylink vous permet de découvrir toute l'Ecosse en une semaine. En vente à Transchannel Away. Pensez aussi aux Post Bus écossais pour les régions insolites et plus difficiles d'accès car le transport public disparaît de plus en plus au fur et à mesure que l'on se dirige vers le nord.

Train

Avec le réseau de chemin de fer, vous vous déplacerez partout en Grande-Bretagne. Les places en deuxième classe sont économiques et confortables.

De nombreux tarifs spéciaux sont disponibles, mais n'oubliez pas de vérifier s'il y a des restrictions de voyage, par exemple les jours fériés ou les heures de pointe. A chaque fois que vous prenez le train, demandez au guichet quel type de billet sera le plus économique pour vous. La British Rail International (Agence nationale des chemins de fer britanniques) dessert tout le réseau intérieur du pays.

Les « Pass » ferroviaires
Britrail Pass. www.britrail.com – Cette carte vous permet de visiter librement l'Angleterre, l'Ecosse et le pays de Galles. Les tarifs se calculent selon les jours consécutifs de voyage (4, 8, 15, 22 jours ou un mois). Il n'est pas en vente en Grande-Bretagne et il vous faudra l'acheter avant de partir.Britrail Flexi Travel Pass. www.britrail.com – Permet de voyager pendant un nombre de jours précis sur une période de deux mois. Par exemple, quatre, huit, quinze jours. Une formule idéale pour visiter plusieurs villes à un moindre coût.

BRITRAIL
Est représenté par British Marketing Service
64, boulevard de Sébastopol
75003 Paris
Paris ✆ 01 42 66 07 07
www.bms-travelshop.com
Vous pourrez y obtenir les horaires et les tarifs des trains en Grande-Bretagne et acheter vos billets. L'agence propose également à la vente un vaste choix de cartes forfaitaires valables sur tout le réseau ferroviaire britannique.

Voiture

Routes. Conséquence de la politique de restriction budgétaire de Margaret Thatcher, les routes en Grande-Bretagne avaient été laissées à l'abandon. Les utilisateurs ont fait pression sur les gouvernements locaux pour qu'une politique de travaux sur le réseau routier soit mise en place et effectivement appliquée. Aujourd'hui, nombre de routes sont en travaux et les embouteillages sur les autoroutes sont fréquents. Les cartes routières de plus de deux ans sont périmées car, une fois leur lifting terminé, les routes changent de numéro. Et comme en Grande-Bretagne il est plus important de connaître le numéro de la route que sa direction, sans une carte routière récente, vous allez être perdu. Pendant la première année qui suit les travaux, l'ancien numéro est encore indiqué sur les panneaux routiers. Mais après cette période, la précieuse indication disparaît.

Autoroutes. Elles sont rarement continues mais pratiquement toujours gratuites : il s'agit le plus souvent de tronçons, prolongeant une simple route de grande circulation, mis à part la M 6 d'Exeter à Carlisle (limite de l'Ecosse), la M 1 de Londres à Duncaster et toutes les M du nord au sud (aucune d'est en ouest). Les autoroutes sont éclairées (système de démarcation lumineux sur la chaussée). La vitesse autorisée est de 80 miles à l'heure depuis 2011.

Conduite. Les Britanniques roulent à gauche. Le volant est donc à droite et les vitesses à gauche. On ne peut doubler que du côté droit, les ronds-points se prennent dans le sens des aiguilles d'une montre, et les voitures débouchent de la gauche. Sur une route à plusieurs voies, chacune des voies peut être contrôlée par des feux différents (feu vert pour tourner à gauche, feu rouge pour aller tout droit, etc.). Le port de la ceinture de sécurité est obligatoire à l'avant et à l'arrière. La vitesse est limitée à (80 m/h) 128 km/h sur les autoroutes, (60 m/h) 96 km/h sur les routes principales et généralement (30 m/h) 50 km/h dans les villes. Le compteur des voitures anglaises indique les miles et parfois les kilomètres.Les Britanniques sont des automobilistes extrêmement courtois. Ils respectent la signalisation, ont tendance à s'arrêter pour vous laisser manœuvrer et ne klaxonnent jamais inutilement quand ils sont coincés dans un embouteillage. Et surtout, ils respectent les nombreux passages piétons dont la priorité n'est jamais remise en cause (sauf en cas de feu vert, bien entendu).Pas d'alcool au volant (0,5 g/l de sang maximum).

Taxi

Très répandus dans le pays.Les chauffeurs sont souvent plutôt aimables et les voitures spacieuses et confortables. Vous les arrêtez d'un signe de la main lorsque le voyant jaune « for hire » (à louer) est allumé. Il est recommandé de donner au chauffeur un pourboire de 10-15 % du prix de la course.

Auto-stop

Il est peu répandu en Angleterre, sauf en cas de panne ou d'accident. En Ecosse, l'auto-stop est facile hors des grandes villes. Postez-vous de préférence près des stations-service plutôt que le long des routes. Evitez toutefois de trop compter sur la voiture des autres tout au nord et sur les îles, où la circulation est particulièrement réduite.

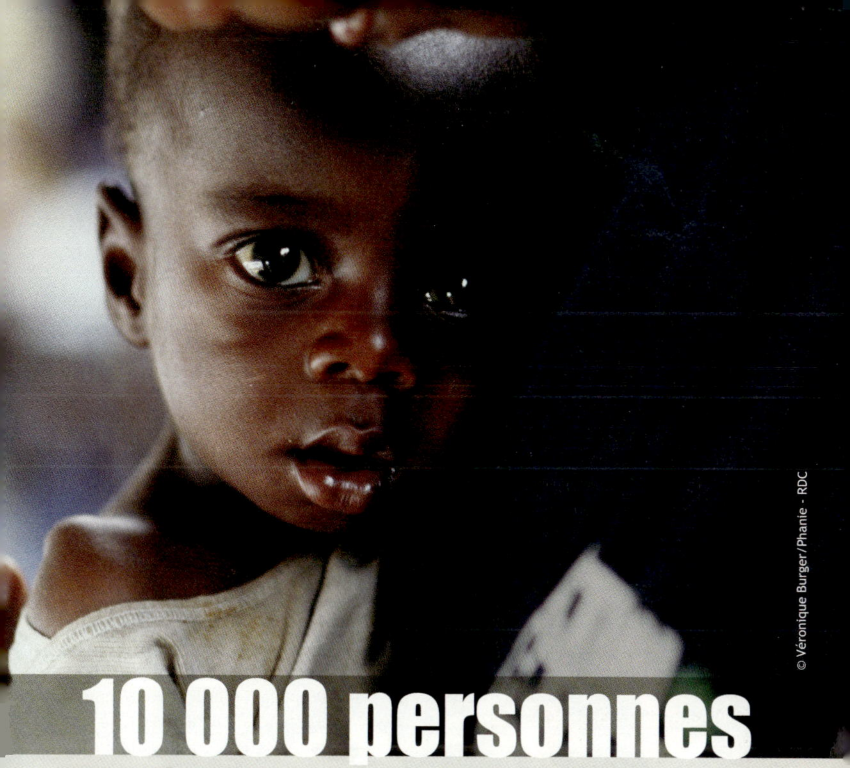
© Véronique Burger/Phanie - RDC

CITY TRIP
BY petit futé
AMSTERDAM
BARCELONE
BERLIN
BRUXELLES
BUDAPEST
DUBLIN
ÉDIMBOURG
FLORENCE
GENÈVE
ISTANBUL
LISBONNE
LONDRES
MADRID
MARRAKECH
MILAN
MONTRÉAL
NEW YORK
PARIS
PRAGUE
ROME
ST-PÉTERSBOURG
SÉVILLE
VENISE
VIENNE
WEEK-ENDS ET
COURTS SÉJOURS
LA PETITE COLLECTION QUI MONTE
Barcelone
Londres
Marrakech
Paris
New York
Rome
plus d'informations sur www.petitfute.com

Index

J / K

L

M

N / O

P

Collaborez à la prochaine édition

Grande-Bretagne

Collaborez à la prochaine édition

Grande-Bretagne